石家庄

2012 年鉴

SHIJIAZHUANG YEARBOOK

石家庄市人民政府 编

河北人民出版社

图书在版编目（CIP）数据

石家庄年鉴. 2012/石家庄市人民政府编. —石家庄：河北人民出版社，2012.12
ISBN 978-7-202-07080-2

Ⅰ. ①石… Ⅱ. ①石… Ⅲ. ①石家庄市—2012—年鉴
Ⅳ. ①Z522.21

中国版本图书馆CIP数据核字（2012）第288757号

书　　名　石家庄年鉴2012
编　　者　石家庄市人民政府

责任编辑　杨永林
美术编辑　于艳红
责任校对　付敬华
版式设计　速诺传媒
封面设计　王　鹏
翻　　译　李书清

出版发行　河北人民出版社（石家庄市友谊北大街330号）
印　　刷　济南黄氏印务有限公司
开　　本　889毫米×1194毫米 1/16
印　　张　44.25
字　　数　1 157 000
版　　次　2012年12月第1版　　2012年12月第1次印刷
印　　数　1-3 000
书　　号　ISBN 978-7-202-07080-2/Z·162
定　　价　300.00元

石家庄市地方志编纂委员会

名誉主任：	孙瑞彬	省委常委、市委书记
主　　任：	姜德果	市委副书记、市长
常务副主任：	王大虎	市委常委、常务副市长
	胡儒钗	市委常委、市委秘书长
	程　凯	市委常委、副市长
	李　清	市级领导
副 主 任：	王中联	市人大常委会副主任
	贾连海	市政协副主席
	丁建民	警备区参谋长
	郭广生	市级领导
	孟胜林	市政府秘书长
委　　员：	宋学恭	市委常务副秘书长
	蒲国良	市政府常务副秘书长
	王云辉	市委组织部副部长
	赵志敏	市政府办公厅副主任
	张素珍	市政府办公厅督查专员
	王武德	市委农村工作委员会常务副书记
	赵顺法	市发展和改革委员会主任
	闫纯锴	市教育局局长

王雁南	市科学技术局局长
刘月照	市民政局局长
李晋宇	市财政局局长
高新城	市人力资源和社会保障局局长
张　炬	市环境保护局局长
李文昌	市建设局局长
田嘉一	市商务局局长
李耀峰	市文化广电新闻出版局局长
唐　青	市体育局局长
徐拥政	市统计局局长
梁传刚	市国家税务局局长
马提福	市地方税务局局长
曹新华	市工商行政管理局局长
曹立波	市地方志办公室主任

《石家庄年鉴》特邀编委

郝竹山　周永会　吕军英　时国校　杨立中　王德庆
盛庆功　毕凤鸣　李旭阳　赵拴文　王　云　高名安
杨国芳　聂英武　李赶坡　高玉柱　尹全振　罗二虎
宋存汉　王孟新　刘铁侃　黄俊清

《石家庄年鉴》终审

程　凯　李　清　郭广生　孟胜林　赵志敏　张素珍

《石家庄年鉴》

主　　　编：曹立波

副　主　编：刘建洲　武光宇　薛鹏飞

编辑部主任：薛鹏飞

责任编辑：（按承编顺序为序）

徐陈卫：特载、文献法规

郭尚武：大事记

肖海军：市情概览、工业、城乡建设与环境保护、信息产业、国内外贸易•旅游、县（市）区概况

王建峰：公共管理和社会组织

石玉杰：社会团体、政法、军事

彭连忠：农业、交通运输、金融、综合经济管理

赵振献：科学技术、教育、文化、卫生•体育、社会生活

苟志俊：图照、人物

韩　芳：统计资料

编 辑 说 明

一、《石家庄年鉴》是石家庄市人民政府主办的一部全面记述石家庄市市情的权威性大型综合性地方年鉴。本年鉴自1993年始，逐年编纂出版，向国内外发行。

二、本年鉴以邓小平理论、“三个代表”重要思想和科学发展观为指导，如实记录上一年度石家庄市政治、经济、军事、文化、科技、教育等方面的情况，充分反映各行各业取得的成就，客观记述改革和建设中的经验与教训，是各级领导和机构实施决策的重要依据，是国内外了解石家庄最准确、最权威的资料性文献。

三、本卷为2012年卷，总第17卷，着重记述2011年度经济社会发展情况。本年鉴采用分类编纂法，由类目、分目、条目三部分组成。共设特载、大事记、市情概览、公共管理和社会组织、政法、军事、农业、工业、城乡建设与环境保护、交通运输、信息产业、国内外贸易•旅游、金融、综合经济管理、科学技术、教育、文化、卫生•体育、社会生活、县（市）区概况、人物、文献法规、统计资料等23个类目。条目统一用黑体字加【】表示。记述时间月日未标注年份均为2011年。为反映工作实际，记述用地、占地、耕地面积有的使用“亩”，其余均采用国家规定的法定计量单位。从2011年开始，纳入规模以上工业统计范围的工业企业起点标准从年主营业务收入500万元提高到2000万；2011年全社会固定资产投资绝对数与2010年不可比，比上年增速是按可比口径计算值；固定资产投资统计起点标准从计划总投资50万元提高到500万元，统计范围从城镇扩大到城镇和农村企事业组织，定义为“固定资产投资（不含农户）”。

四、年鉴组稿采取部门供稿与责任编辑采编相结合的方式。市直各部门，各县（市）区政府及有关单位均指定专人撰写，并经主管领导审核。

五、本年鉴数据一般截至2011年底，个别事情记述上限适当追溯，下限稍有延长，以供读者了解发展脉络。全局性数据以石家庄市统计局提供的数据为准。统计资料由市统计局提供。因统计口径等原因，有关部门提供的个别数据与统计资料中的数据不尽一致，采用时请予注意。

◆ 2011年7月10日，中央政治局委员、中央书记处书记、中宣部部长刘云山（前排中）到西柏坡学习考察。

◆ 2011年7月1日，中央政治局委员、国务院副总理王岐山（右二）到西柏坡学习考察。

◆ 2011年11月12日，中央政治局委员、中央书记处书记、中组部部长李源潮（前排中）到西柏坡学习考察。

◆ 2011年3月23日，中央政治局委员、中央政法委副书记王乐泉（前排中）到西柏坡学习考察。

◆ 2011年9月22日，国家质检总局局长支树平（前排中）到石家庄市粮食企业视察调研。

◆ 2011年10月11日，国家烟草专卖局局长姜成康（前排左二）、省烟草专卖局局长钱江（前排右二）到石家庄市烟草专卖局（公司）在建物流中心视察指导。

◆ 2011年10月12日，国家民委主任杨晶（前排右二）、省民宗厅厅长陈会新（前排右三）到石家庄市华泰家园视察指导。

◆ 2011年10月1日，河北省委书记张庆黎（前排中）到石家庄市电业局慰问共产党员服务队。

◆ 2011年6月1日，原河北省委书记张云川（前排中）到石家庄市建华家园廉租房小区视察。

◆ 2011年8月22日，省委常委、市委书记孙瑞彬（前排右二），珠海格力电器股份有限公司总裁董明珠（前排左二）视察石家庄格力工业园。

◆ 2011年10月17日，省委常委、市委书记孙瑞彬（前排右二）到市国税局桃园分局考察创先争优工作。

石家庄市公安局

◆ 石家庄市副市长、公安局党委书记、局长　郭运兴

2011年，市公安局在市委、市政府和省公安厅的正确领导下，深入贯彻落实中央、省、市三级政法工作会议和全国公安厅局长座谈会、全省公安局长座谈会精神，以创建全国最平安省会城市为总目标，以“三项建设”和“三项重点工作”为主线，主动服务第一要务，自觉履行第一责任，公安工作和队伍建设均取得了长足的发展和进步。在市区建立了110个集巡逻防控、接警处警、交通管理、窗口服务、接受求助、法制宣传六项功能于一体的综合警务服务站，通过屯警于街、昼巡夜查、全天服务，打造了新的防控前沿阵地和便民服务窗口。市公安局在全省公安机关全年“三级两类一网考”中，名列全省第一。全市共有159个集体和2527名民警立功授奖。市公安局党委被省委授予“全省先进基层党组织”荣誉称号；市交管局被全国总工会授予全国五一劳动奖状，并连续六年夺得“安康杯”竞赛优胜单位，是全国政法系统唯一获此殊荣的单位；出入境管理处被全国妇联授予“全国三八红旗集体”荣誉称号，被省公安厅评为集体二等功和2010年度全省公安出入境管理工作先进单位；新乐市公安交通管理大队党支部被中央政法委授予“全国政法系统先进基层党组织”荣誉称号；户政处被公安部评为全国公安机关治安系统“大走访”开门评警活动先进集体；警卫处被公安部政治部评为先进党支部；监管处被公安部监管局评为“清网行动先进集体”；市第一看守所被公安部确定为“全国公安监管部门执法规范化建设示范单位”、“全国看守所管理机制创新示范单位”；市第二看守所被公安部评为“全国公安监管部门信息技术应用先进单位”；审计处被省审计厅授予“全省内部审计先进单位”荣誉称号；情报中心被省公安厅授予集体二等功；治安支队被省烟草专卖局、省公安厅联合授予“全省卷烟打假工作特殊贡献奖”；刑警支队副支队长张国群、正定县局胡斌卫被公安部授予“全国公安系统二级英雄模范”荣誉称号；长安分局新浩城警务站主任冯志宏（女）被评选为感动省城十大人物；长安分局民警杜丛林被命名为“石家庄市文明公民标兵”。

◆ 10月1日，省委书记张庆黎深入桥西分局瑞特综合警务服务站慰问基层民警

◆ 6月25日，市局召开建党91周年暨创先争优表彰大会

◆ “感动省城十大人物”石家庄市公安局长安分局新浩城综合警务服务站主任冯志宏

◆ 石家庄市公安局党委一班人

◆ 石家庄市公安局综合警务服务站启动仪式

石家庄市交通运输局

◆ 市政府党组成员、交通运输局局长　罗二虎

2011年是“十二五”规划的开局之年，石家庄市交通运输局在市委、市政府的正确领导下，坚持以科学发展观为指导，以加快转变发展方式为主线，紧紧围绕转型升级、跨越赶超两大任务，不断解放思想，更新观念，圆满完成全年各项工作任务，实现了“十二五”良好开局。年内石家庄市交通运输局被省委评为先进基层党组织，继续保持了全国交通运输行业文明单位、省市文明单位荣誉称号。

2011年，石家庄市交通运输局共完成基础设施建设投资95.86亿元。开工建设了西柏坡高速三期、三环辅道等工程，实现了西柏坡高速一二期、行政学院连接线等工程竣工通车，建设农村公路917.3千米，完成干线大中修23项408.7千米，桥梁加固18座4913.2延米。认真落实工程三级质量保障体系，对工程项目实行监督全覆盖，工程优良率均达到100%，干线公路技术状况指标达到85.2，工程质量和形象均得到社会好评；大力实施公路通行环境综合整治提升工程，投资4092.26万元，栽植各类树木153.4万株，实现了国省干线适宜路段绿色全覆盖，营造了“畅、洁、绿、美、安”的公路通行环境；积极推行客运行业服务质量信誉考核机制，大力开展道路运输市场专项治理活动，查处各类违章车辆2018辆次，进一步净化了客运市场环境。大力实施城乡公交一体化，新购置环保公交车400辆，新建公交站亭78座，全市公交出行分担率达到24%，平均运速达到21.43千米/小时，方便了市民出行。继续实行货运源头单位二次公示制度，推行“黑名单”和责任倒查制度，选树了“无双超示范县”、“无双超信用企业”等一批典型，超限超载率下降到2.1%，低于全省目标要求0.9个百分点，有效维护了路产路权。

◆ 石铜路是我市向南的一条重要出入市口，对我市向南经济发展起到重要作用，全长4.6千米，一级公路，双向六车道。

◆ 西柏坡高速公路全长71千米，双向四道(部分六车道)，是我市通往革命圣地西柏坡的红色旅游之路。

◆ 行政学院路是连接西柏坡纪念馆至中组部旧址的通道，按城市道路标准建设，2011年4月1日开工建设，6月6日全线竣工通车，仅用时66天，创造了石家庄速度。

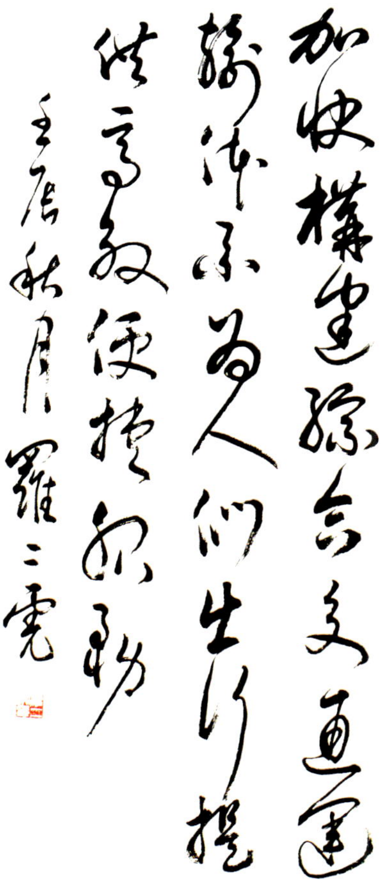

◆ 全市交通运输系统干部职工欢聚一堂，用一台丰富多彩的文艺晚会庆祝2011年度取得的工作成绩。

石家庄警备区

◆ 2011年5月21日，北京军区政委刘福连中将莅临警备区视察指导工作

◆ 警备区王亚光司令员在军区“八个方面”安全工作基本建设规范建设试点集训中介绍经验

◆ 警备区李国伦政委在军区计划生育服务管理工作会议上介绍经验

2011年，警备区在省军区党委和市委、市政府的正确领导下，深入贯彻落实科学发展观，认真学习领会党的十七届五中、六中全会和胡锦涛主席“七一”重要讲话精神，紧紧围绕国防和军队建设主题主线，坚持科学筹划搞建设，瞄准一流抓工作，开拓进取谋发展，圆满完成了上级赋予的各项工作任务，保持了科学发展的良好势头。北京军区刘福连政委莅临警备区视察指导工作，给予高度评价。警备区被省军区表彰为“军事训练先进单位”，被《解放军报》评为“读报用报先进单位”一等奖，被北京军区表彰为“新闻宣传先进单位”和“军人保障卡扩试工作先进单位”。平山县民兵森林扑火分队被评为“全国民兵工作先进单位”。

◆ 开展冬季适应性训练，提高严寒条件下“打、行、吃、住、藏”能力

◆ 开展征兵宣传活动，激发青年参军热情

◆ 深化非战争军事行动能力建设试点成果，提高遂行多样化军事任务能力

◆ 召开国防动员规范化建设现场观摩会，提高国防动员平战转换能力

石家庄市人力资源和社会保障局

市人社局坚持民生为本人才优先努力为建设幸福石家庄做出积极贡献

◆ 石家庄市人力资源和社会保障局局长 高新城

2011年，市人社局认真贯彻落实市委、市政府的决策部署，坚持以民生为本、人才优先为主线，开拓进取，狠抓落实，超额完成全年各项目标任务，实现了“十二五”良好开局。年内，我市荣获2011年全国民营企业招聘周组织工作突出城市、河北省发展劳务经济先进单位等称号，人社局被评为全省引进国外智力先进单位、全省大中专毕业生就业工作先进单位。

全民创业就业成效显著。市委、市政府出台《关于鼓励和支持全民创业若干政策》，召开了全市鼓动和支持全民创业广播电视大会。各级各有关部门广泛深入进行宣传发动，积极开展创业服务。2011年全市进行创业培训1.42万人，发放小额担保贷款5.4亿元，全民创业热潮蓬勃兴起，带动就业显著增长。2011年全市城镇新增就业10.5万人，下岗失业人员再就业4.41万人。2011年市委、市政府制定了进一步促进高校毕业生就业若干政策的意见和有效工作联动机制，各级各有关部门大力开展高校毕业生就业服务，共举办高校毕业生专场招聘会80场，并建立了“一对一”就业推荐帮扶制度。到2011年末，全市实现高校毕业生就业4.17万人，就业率达到99.2%，没有出现登记失业的应届高校毕业生，实现了“登记失业率为零”的工作目标。社会保障体系进一步完善，各项社会保险覆盖面进一步扩大。全市城镇职工基本养老保险参保人数达到158.7万人，城镇基本医疗保险达到247.5万人，工伤保险达到103.7万人，失业保险达到89.8万人，生育保险达到120.3万人。启动第三批8个县（市）新农保试点和11个县（市）城镇居民社会养老保险试点，全年新农保参保256.6万人，城镇居民养老保险参保4.9万人。人才队伍建设取得新成效。大力开展引才活动，全年引进人才2.3万人。开展引进海外高层次人才“百人计划”活动，入选人数列全省首位。专家队伍建设力度加大，全市建立博士后工作站6家、海外高层次人才创新创业基地3个、留学回国人员创业园区2个。高技能人才培养进一步加强，新培养高级工1.13万人，技师3447人。积极引进国外智力，全年实施聘请外国专家项目15个。

◆ 全市社保卡首发仪式

◆ 局长高新城主持全市人力资源和社会保障工作会议

◆ 局领导深入人才招聘会现场

◆ 高级技工学校建设奠基仪式

◆ 高校毕业生就业专场洽谈会现场

石家庄市工商行政管理局

◆ 局长曹新华在全市工商行政管理工作会上讲话

2011年，全市工商系统立足本职，围绕大局，强化监管，优化服务，积极为转型升级、跨越赶超，建设幸福石家庄创造良好的市场环境，圆满完成各项目标任务。

一是创新服务方式，优化发展环境，积极促进全市经济实现跨越赶超。优化发展环境，支持全民创业，截至2011年底，全市各类市场主体总计达35.59万户，注册资金总额3474亿元；实施商标战略，提升企业核心竞争力，全市中国驰名商标达到28件，地理标志证明商标达到5件；推动银企合作，帮扶各类企业融资，帮助各类企业落实贷款或授信123.72亿元。

二是加大执法力度，提升监管水平，积极维护公平有序的市场经济秩序。加大流通环节食品安全监管力度，制定食品安全监管“9个最”工作标准，全力推进食品安全电子监管系统建设，将4324家食品经营户纳入电子监管系统，21万个批次食品实现网上追溯，按时超额完成安装目标；集中开展“打击侵犯知识产权和假冒伪劣商品”专项行动，共查处案件2683件，捣毁制售假窝点10个。移送公安机关处理8件；积极开展“红盾护农”专项行动，严厉查处无照经营、假冒伪劣、虚假宣传等九类农资经营违法行为，大力推广种子留样试种做法；保持打击传销高压态势；开展反不正当竞争执法、虚假违法广告整治、清理无照经营等专项行动。切实维护消费者合法权益，2011年共受理消费者申诉举报41232件，立案查处侵犯消费者权益案件5027件，为消费者挽回损失612万元。

◆ 召开2011年全市工商系统工作会议

◆ 工商人员检查圣诞礼品市场

◆ 工商人员向学生讲解如何识别问题食品

◆ 销毁问题食品

◆ 工商人员大合唱

石家庄市文化广电新闻出版局

◆ 石家庄市文化广电新闻出版局党组书记、局长 李耀峰

◆ 市领导视察石家庄民间工艺博物馆

2011年，市文广新局以科学发展观为统领，紧紧围绕全市工作大局，以文化惠民为宗旨，以建设文化强市为目标，以改革为动力，狠抓工作落实，各项工作任务圆满完成，涌现出一批新亮点，实现了许多新突破。

文化惠民活动扎实推进。为民办实事任务全部超额完成，城乡电影放映55062场，优秀剧目展演和送戏下乡演出1017场，“彩色周末”演出1670场，新建农家书屋1636家；公益场馆全部实行365天免费开放并延时服务，有效满足了市民文化需求。特别是市美术馆组织举办的《全国重大历史题材美术作品展》，吸引观众10万余人（次），创10个巡展城市新高，受到文化部领导高度评价。

文化艺术舞台日益繁荣。“第十三届中国吴桥国际杂技艺术节”取得圆满成功，受到文化部和省主要领导充分肯定；评剧现代戏《红叶》荣获河北省第十届“五个一工程”奖；动画电影《西柏坡》荣获第14届电影“华表奖”；市京剧团演员赵玉华荣获中国戏剧梅花奖，至此，我市“戏曲梅花”增至“7枝8朵”。举办欢乐大广场、鼓王争霸赛、农民艺术节等品牌文化活动，极大地丰富和活跃了人民群众的文化生活。

文化产业发展态势良好。瞄准“十二五”期间把文化产业打造成为支柱性产业目标，按照超常发展、跨越发展要求，重点培育和发展了演艺娱乐、出版印装、广电传媒、文化旅游、民间工艺品等传统产业，形成怀特古文化茶城、古韵文化广场等多个年销售额5亿元以上的艺术品市场；组织举办第九届印刷包装机械器材展览会，合同订货额达1亿元；配合有关部门，成功组织第六届国际动漫博览交易会；加强文化龙头企业培育，8家企业被命名为“河北省文化产业示范基地”。积极谋划园博园艺术长廊、民生路历史文化街区等一批重点文化产业项目，霞光大剧院（演艺中心）项目完成立项。

文化市场得到有力净化。积极开展打击侵犯知识产权、制售假冒伪劣商品、非法出版物、传播淫秽色情信息等专项行动，共查处涉非涉黄案件11起，收缴各类非法音像制、出版物20余万册（张、盘）；收缴并销毁各类违

◆ 文化部领导检查我市信息资源共享工程工作

◆ 石家庄美术馆举办国家重大题材美术作品巡回展

◆ 评剧现代戏《红叶》剧照

◆ 鼓王争霸赛

◆ 石家庄市京剧团优秀青年演员赵玉华获得中国戏剧梅花奖

规电子游戏机320台，违禁电路板2600余块，取缔无证经营场所25家；查处网络文化大案要案5起。2011年，市文广新局被国家扫黄打非领导小组授予全国扫黄打非先进集体。

新闻出版工作成效显著。积极开展“版权卫士网上行”活动，查处侵权盗版案件10起，办结总署交办的重点案件3起，受到国家、省版权局的表彰，并被评为河北省版权管理工作先进集体和打击侵犯知识产权和制售假冒伪劣商品专项行动先进集体。结合省印刷复制业专项整治“百日行动”等活动，加强法律法规培训，组织开展清理整顿专项行动,进一步规范了新闻出版市场。年内，石家庄市新闻出版工作被国家新闻出版总署和人社部授予全国新闻出版系统先进集体。

广电行业管理规范有序。加强广播影视行业监管，大力规范播出秩序。紧紧围绕安全播出这一中心，全面加强广播电视监管，开展了抵制广播电视低俗之风、卫星地面接收设施治理整顿等专项活动，加大对违规违纪播放行为查处力度，确保了正常的播出秩序和广播电视安全播出。加快了有线电视网络数字化建设，实现双向网覆盖用户近45万户。

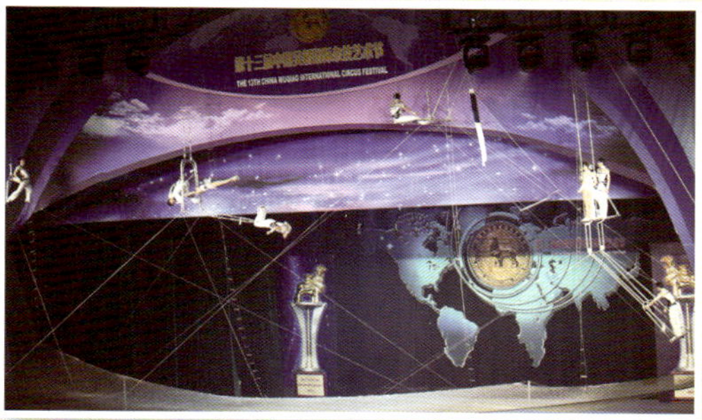

◆ 第13届杂技节

◆ 图书馆免费开放

◆ 送戏下乡

◆ 我市开展集中销毁违法音像制品活动

◆ 彩色周末文艺演出

石家庄市畜牧水产局

◆ 国务院总理温家宝视察石家庄市鸡粪有机肥产业

◆ 国务院副总理回良玉(前排左一)视察石家庄市基层动物防疫体系建设

2011年，全市畜牧系统以科学发展观为指导，以建设现代牧渔业为核心，以调结构转方式为主线，突出抓好牧渔业科学发展、重大动物疫病防控、牧渔产品质量安全监管三项重点工作，实现了牧渔业健康稳步发展。年末全市肉、蛋、奶、水产品产量分别达到76.2万吨、106.3万吨、119万吨和3.5万吨，同比分别增长2.0%、2.5%、4.5%和1.1%，牧业产值占大农业产值比重达到41.7%，比上年增长1.7个百分点。一是牧渔业转型迈出新步伐。调结构转方式，积极实施中东西区域协调发展战略，逐步形成特色鲜明、规模适度、优势突出、效益良好的区域布局结构。产业化龙头企业实现跨越式发展，君乐宝晋升为国家级产业化龙头企业，“君乐宝”商标被国家工商总局认定为驰名商标。争取项目资金4190万元，累计扶持148个养殖场（区）进行改造升级，建成省级以上标准化示范场73个。二是牧渔产品质量安全监管实现新突破。组织开展专项行动，加大对牧渔产品质量安全违法行为的打击力度。严格落实产地检疫与质量检测、屠宰检疫与宰前质量检测、市场监管与监督抽检“三同步”制度和“一证两书”制度，基本实现了牧渔产品质量监测全覆盖。三是重大动物疫病防控取得新成效。抓好强制免疫、强化监测检

◆ 农业部政策法规司司长李生(前排左三)到我市调研畜牧行政综合执法工作

◆ 市畜牧水产局局长吕军英检查我市肉品市场

◆ 农业部副部长高鸿宾（左二）在副市长张树志（右二）、市畜牧水产局局长吕军英（右一）等陪同下视察规模养殖场

测，实现了“力争不发生，确保不蔓延”的防控目标。组建飞行监测队，在辛集市举行了突发重大动物疫情应急演练观摩会。四是生鲜乳质量安全实现新提升。在奶牛小区强力推行“四统两分”养殖模式；在市局中心监控室增设了GPS定位和可视对讲系统，推进了奶站视频监管上档升级；在全市403家奶站推行“十项制度、一项规程和八项要求”，进一步完善了工作机制。在农业部和省局多次对奶站拉网式检查中合格率均达到100%，农业部副部长高鸿宾到我市视察，给予高度评价。五、自身建设取得新成果。局系统积极开展“强四化、树四风”自身建设活动，制定完善各类制度、规范551项，汇编成册15本，形成全覆盖、无缝隙的制度规范体系。通过开展活动，市局系统干部队伍作风明显转变，精神面貌焕然一新，工作局面充满生机与活力。

◆ 石家庄市畜牧水产局推进畜牧业发展暨十大重点项目点评会

◆ 标准化奶牛养殖场一角

◆ 重大动物疫情应急演练

石家庄市供销合作总社

◆ 2012年6月28日，市政协副主席李屏东出席市供销社书法绘画展（右二），市社党委书记、理事会主任毕凤鸣陪同参观。

◆ 2012年4月26日，新合国际开工奠基仪式在项目现场隆重举行。

近年来，市供销社系统在市委、市政府的正确领导下，坚持以科学发展观为主题，以建设全新供销社为目标，以创先争优活动为载体，大力实施项目、网络“双轮驱动”战略，深入推进网络立社、项目强社、富农兴社、机制活社、品牌亮社“五大攻坚战”，各项事业蓬勃发展，重点工作亮点纷呈，全新供销社建设迈出坚实的步伐。

一、项目建设取得新突破，现代产业体系初具规模

按照巩固、完善、提高、拓展的思路，大力实施项目驱动战略，扎实推进“5531”工程，培植了一批支柱产业、骨干企业和知名品牌。2011年，全系统共谋划和建设项目68个，规划总投资69.53亿元。其中，1亿元以上项目12个，有6个项目列入省重点；26个项目开工建设，累计完成投资13.12亿元。一批重点项目进展顺利。正定国际物流园项目、石家庄小商品加工制造产业园项目、石家庄国际会展中心项目、石家庄再生资源科技工业示范基地等重点项目和一批县（市）区供销社取得了突破性进展。

二、新网工程深入推进，农村流通环境显著改善

围绕改造、提升、整合、优化的思路，突出经营网络“连结城乡、供销并举、综合经营、系列服务”的特点，扎实推进新网工程建设。2011年，共培育网络龙头企业27家；各类配送中心78家，连锁配送网点总数达到7334个；建设农副产品购销网点达到978家；新建和升级改造日用品超市达到1808家；建设各类市场达到36家，交易额达15亿元；建设具有电子商务、网上开店、科技服务、质量控制等多功能的示范安全农资超市117家，圆满完成市政府交办的办实事工程，为改善农村消费环境，促进流通现代化发挥了重要作用。

◆ 赞新合国际项目规划设计图

◆ 2012年3月20日，正定县供销社举行塔元庄村供销合作社成立、社区综合服务中心落成暨河北瑞天塔元庄综合超市加盟店开业典礼仪式。

◆ 2012年4月23日，举行行唐县鸿际汽车运输有限公司开业典礼仪式。

三、合作经济组织蓬勃发展，助农增收取得实效

坚持为党委和政府分忧，积极发挥农合联的组织、引导、领办作用，大力发展农民合作经济组织，做强做优服务平台。发展乡级农合联办事机构180个，领办各类专业社、行业协会1643家，辐射带动27.95万户，为农民推销农产品15.2亿元，助农增收1.6亿元；建设社区综合服务中心195家，辐射村庄1250个，较好地满足了农民群众的生产生活需求；为16个县（市）的41家专业社提供风险保障1200多万元，赔付受灾农户106.2万元，解决了农民的后顾之忧。

四、两大重点工程扎实推进，县级社综合经济实力明显增强

按照“政府主导、供销社主办、农民主体、合作制体制、市场化运作、社会化服务”的总体思路，扎实推进基层社组织体制改革。2011年，全市有86家基层供销社完成改建重建任务，发展团体社员928个，个人社员7192个，基层社的综合实力和服务能力稳步提升。大力推进县级商贸综合体项目。2011年，市、县政府与省社、市社分别签署了战略合作框架协议，共谋划商贸综合体项目17个，规划总投资43.06亿元，项目内容涉及星级酒店、商场超市、高档住宅、写字楼及配套设施。赵县、新乐市等重点项目进展顺利。

2011年，国务院总理温家宝就赞皇县原村土布专业合作社工作作出重要批示；副总理回良玉就正定城关供销社工作作出重要批示；全国人大常委会副委员长、民革中央主席周铁农，全国政协副主席、民革中央常务副主席厉无畏，原中华全国供销合作总社党组书记、理事会主任李成玉及总社班子成员，省人大常委会副主任黄荣等领导先后到我社视察指导工作；省委常委、纪委书记臧胜业就项目建设、农民合作组织建设、基层社组织创新工作作出重要批示，给予充分肯定。年内，市社被评为全国文明单位、全国“五五”普法先进单位、河北省文明单位、河北省普法先进单位、石家庄市文明单位、市社会治安综合治理先进单位等荣誉称号。

◆ 2012年3月12日，全市春季农资大篷车下乡服务月活动在行唐县正式启动。

◆ 赞皇县农家庄园项目规划设计图

石家庄市工商业联合会

◆ 中央统战部副部长、全国工商联党组书记、第一副主席全哲洙到石调研中小企发展情况。省人大副主任、省工商联主席黄荣，市委常委、统战部长高天，市人大副主任、工商联主席王中联陪同调研。

◆ 2011年底，市工商联召开全市民营企业家联谊会，省委常委、市委书记孙瑞彬发表热情洋溢的讲话，为全市民营经济发展提振信心。

石家庄市工商联成立于1950年6月19日。工商联是中国共产党领导的以非公有制企业和非公有制经济人士为主体的人民团体和商会组织，是党和政府联系非公有制经济人士的桥梁纽带，是政府管理和服务非公有制经济的助手。工商联坚持团结、服务、引导、教育的方针，引导会员坚决拥护中国共产党的领导，坚定走中国特色社会主义道路，积极投身社会主义建设；引导会员践行社会主义核心价值体系，自觉把自身企业的发展与国家发展结合起来，把个人富裕与全体人民共同富裕结合起来，把遵循市场法则与发扬社会主义道德结合起来，倡导爱国、敬业、诚信、守法、贡献，争当优秀社会主义事业建设者。

近年来，市工商联在市委、市政府正确领导下，紧紧围绕全市经济工作中心，大力实施“三力同助”即：政策上给力、环境上助力、工作上发力，倾力打造了大经贸招商和民营企业园区行两大工作“品牌”，在促进我市非公经济健康发展，引导非公经济人士健康成长，推动经贸交流与合作，积极参政议政等方面做出了积极贡献。

近年来，累计参与“石洽会”、“正博会”10余次，自行组织经贸招商活动20余次，累计邀请来自30多个国家和地区的500多位客商，签订合作项目50余个，总投资额312.78亿元；累计组织“民营企业园区行”活动40多次，覆盖全市23个县（市）区和高新区，促成项目签约及意向近250亿元；先后建立国（境）内外友好商会48家，组织举办对外恳谈会、洽谈会等21次；累计扶持成立小额贷款公司5家，促成为中小企业发放贷款10亿多元。

参政议政再上新高度。累计提交政协提案98件，政

◆ 2011年正博会期间，时任市委副书记、市长艾文礼与市工商联邀请的韩国代表团在一起。

◆ 2011年3月23日，市工商联举办民营企业专场招聘会，组织200多家企业提供岗位10000余个。时任省委常委、统战部长刘永瑞，市委副书记刘云峰等省市领导亲临现场视察指导工作。

协大会发言5次，完成各类调研报告35篇。2011年、2012年年市工商联集体提案《关于进一步优化我市发展环境的建议》和《关于改善省会空气质量的建议》连续两年列为市政协1号提案。2011年，代市委、市政府起草了《关于鼓励和支持民营经济加快发展的若干政策措施》，于3月8日以市委、市政府名义下发（石发〔2011〕9号）（简称“民营经济50条”）。

光彩事业流光溢彩。连续开展“百企帮百村扶千户”、“同心同向助民生”等活动，与110个村签定帮扶项目137项，安置21000名农民就业，落实帮扶资金2亿多元。累计组织30多家商会、2万余家企业参与光彩事业，捐赠钱物累计上亿元，先后受到全国、省、市各种表彰和奖励达300多人次。一大批民营企业先后被评为“全国就业与社会保障先进民营企业”；26位企业家副主席、副会长被评为省、市优秀社会主义事业建设者。

组织队伍建设大上新台阶。目前，市工商联直属商会已达47家，直属会员达到200多家，会员总数32256家，其中企业会员14652家，团体会员186个，会员结构不断优化。

近年来，市工商联先后被国家人力资源和社会保障部、全国工商联授予“全国工商联系统先进集体”、“全国光彩事业组织奖”、提案工作“优秀案例”等荣誉称号。“民营企业专场招聘会”得到全国总工会、全国工商联的通报表彰。连年被评为全省工商联系统“信息工作先进单位”、“为民营经济服务先进单位”，每年受到市委、市政府的表彰和奖励。

◆ 石家庄市工商联第十四届领导班子召开主席会议，研究工作。

◆ 市工商联新建“商会大厦”于2011年11月正式投入使用，进一步提振了我市工商联的综合形象。

◆ 市委副书记、市长姜德果与市工商联第十三届领导班子合影

◆ 2011年5月19日，在“民营企业园区行”暨“同心同向助民生推进会”活动现场，天山集团向赞皇县第二幼儿园捐款80万元。市领导胡儒钗、王中联、张小国出席捐建仪式。

◆ 2011年工商联组织建设取得大发展，图为10月28日，市委常委、统战部长高天，市人大副主任、工商联主席王中联等出席市工商联保定商会成立大会。

◆ “石洽会”期间，市人大副主任、工商联主席王中联会见来自美国、英国、德国、加拿大、澳大利亚、西班牙、日本、荷兰等国客商。

石家庄市农业局

◆ 团结拼搏、求真务实的领导班子

2011年，市农业局在市委、市政府的正确领导下，紧紧围绕转型升级、跨越赶超目标，坚定发展现代农业方向不动摇，牢牢把握工作大局，狠抓关键措施落实，不断强化政策、科技、责任、服务、执法“五种意识”，大力弘扬团结协作、真抓实干、争先创优、勤政廉洁、高效快捷“五种作风”，团结进取，奋力拼搏，圆满完成各项目标任务，实现了“十二五”良好开局。2011年全市粮食播种面积1154.8万亩，亩产460.4千克，总产531.7万吨，单产、总产双超历史，实现连续八年丰收。小麦单产442.9千克，藁城市高产示范核心区石麦18号示范田实打实收亩产达711.5千克，刷新全省冬小麦单产纪录。玉米平均亩产521千克，单产过千斤。藁城市、赵县、正定县、栾城县、新乐市、无极县6个县市建成“吨粮县”。在全国粮食生产表彰奖励大会上，我市藁城市、赵县、辛集市3县（市）荣获全国粮食生产先进单位称号，占到全省获奖县（市）总数的十分之三，辛集市农业局刘彦涛荣获全国粮食生产先进工作者称号，石家庄市农科院郭进考、藁城市农业技术推广中心马吉利两人荣获全国粮食生产突出贡献农业科技人员称号，晋州市农民王超荣获全国种粮售粮大户称号。我市被省政府命名为粮食高产先进市。以实施新一轮“菜篮子”工程为契机，按照规模化、设施化、标准化、品牌化要求，以发展设施蔬菜特别是新型日光温室为重点，突出抓好京石、石德沿线和城郊区域集中生产带建设，全市蔬菜产业发展呈现出向优势区域集中、呈规模化发展、设施面积显著增加特点。全年瓜菜播种面积244万亩，亩产5164千克，总产1260.1万吨。其中设施面积98.7万亩，占总面积的40.5%。省委常委、省农村工作领导小组组长臧胜业对石家庄市蔬菜发展专门作出批示，给予充分肯定。农产品质量安全监管不断加强，在农业部全年四次例行监测中，我市蔬菜农药残留合格率达到99.6%，比全国平均水平高2.5个百分点，居全国先进水平。2011年，全市农村土地承包经营权流转、基层农技推广体系建设、农业综合执法等多项工作在全省均处于领先地位。

◆ 召开农产品质量安全监管会议

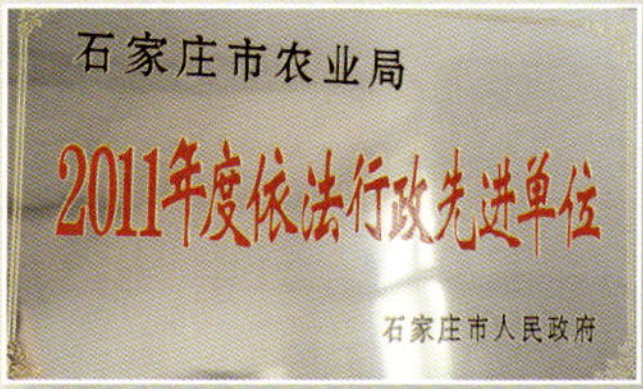

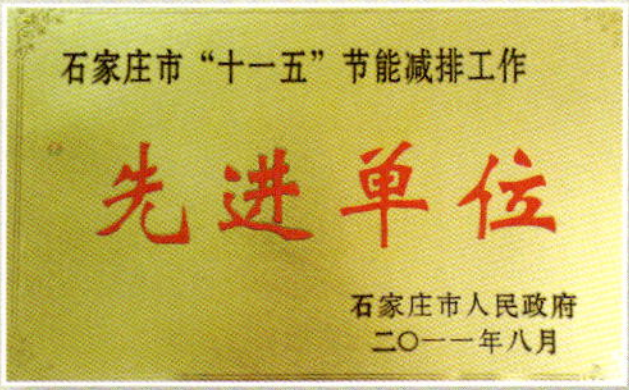

◆ 省委常委、市委书记孙瑞彬，市长艾文礼等察看小麦长势情况

◆ 市委副书记刘云峰等调研蔬菜生产

◆ 农业机械化

石家庄市社会科学院

社科花园春意闹　群花绽放满目春

◆ 领导参加科普活动

◆ 社科专家进社区

2011年，市社科院理论宣传教育工作以党的十七届五中、六中全会和省第八次党代会精神、市九次党代会精神以及胡锦涛同志“七一”讲话精神为重点，全年讲课80多场，录制节目26期，有力地巩固了全市人民共同奋斗的思想基础。社会科学研究坚持贴近全市经济社会发展实际，服从服务于全市中心工作。国家级课题《中国共产党精神建设》由光明日报出版社出版；《石家庄通史》古代卷、近现代卷出版；全年完成省级课题9项，市级课题6项；发表理论文章40余篇。社科联拓展工作思路，发挥了党委联系社科工作者的桥梁纽带作用。“省会第九届社会科学普及周”以“社科专家走基层，社科知识大普及”为主题，开展了社科咨询、主题展览、学术研讨、社科讲座和社科成果展示等60多项系列活动。优秀青年专家评选，推出一批有影响力的青年学者。学会管理不断创新。“燕赵讲坛”作为我市宣传文化战线的一项惠民工程，提档升级，拓展广度深度，发挥了品牌效应；国内及省、市许多知名学者专家莅临讲坛，名家荟萃，使这一惠民工程持续火爆。

燕赵讲坛

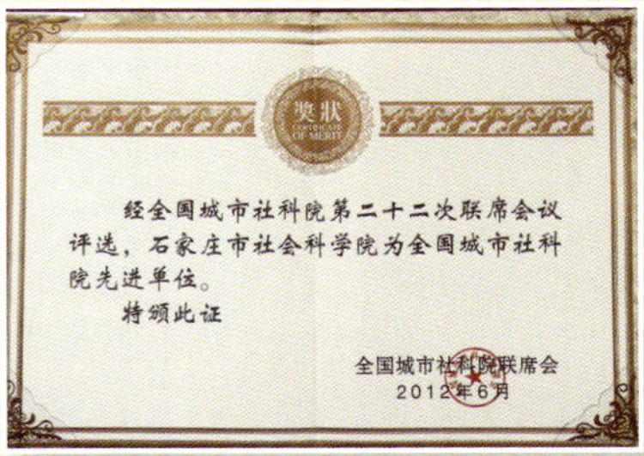

学术研究成果

谈固社区

◆ 石家庄市长安区谈固社区党委书记　马敬华

谈固社区素有"金谈固"美誉，位于石家庄市东大门，东起东二环路，西至翟营大街，北起和平东路，南至裕华东路；管辖面积8平方千米，社区现有3600余户、常住人口1.26万人，居民楼86栋。社区现为党委建制，下设10个党支部，党员280余人。

2003年底，马敬华开始担任谈固社区党委书记，他坚持"权为民用、情为民系、利为民谋"的行为准则，做到"心里有民、事事利民、落实亲民、困难助民、受益报民"要求，在近十年努力和奋斗下，让一个曾经被称为"省级上访村、乱村"实现了"由乱到治、由治到稳、由稳到富、由富到强凤凰"涅槃式的转化。马敬华作为一个基层党组织带头人，用成绩换得了广大群众的赞誉，被社区居民亲切地称为"我们的好当家人，我们的贴心人。"

一、坚韧不拔努力求索，为民安居赢民心

2003年底，谈固村面临最大一个问题也是老百姓非常敏感、曾经导致社区大混乱的问题，那就是居民楼建设。当时社区有很多外债，无力启动项目，老百姓怨声载道。马敬华面对这一严峻课题，不回避、不泄气、不屈服，他扑下身子，千方百计向群众求良策，在充分尊重民意和集思广益下，采取"借船过河，滚动发展"思路，由施工方垫资，先后为社区居民建设了52栋35万平方米欧式风格"金谈固家园"多层居民住宅楼和占地面积2万多平方米的鑫固广场，3200余户居民喜迁新居，实现了每户一套或多套新楼房的夙愿，圆了多年来的"新居梦"。

二、扭住党建核心，以和谐促稳定

2003年，针对谈固村党组织涣散，人心不稳，社区混乱现状，马敬华以党员教育为突破口，努力抓党建工作。在中央提出"和谐社会"建设总体思路上，谈固村推出"三个和谐"建设、"三带三责三兑现"等具有鲜明社区特色的自有理论，并投资100多万元建成800余平方米高标准、现代化社区党员活动中心和新闻中心，实现社区"六室五栏三站三校一报"硬件创建目标。2006年，又投巨资在金谈固家园新建了总建筑面积约6000平方米的党建中心和文体活动中心。这些载体发挥了教育党员、引导群众，共建和谐的作用。经过春风细雨的教育，社区面貌有了很大改观，实现了谈固"由治到稳"关键性的一步。同时，社区制定居民代表大会和"一会两组"议事规则，坚持社区重大问题由社区居民民主决定，重大事项民主决策，充分发挥党员议事理事、理财、监督作用，增强了工作透明度。社区实行各项民主举措后，社区群众的气顺了、矛盾化解了、社区稳定了、党组织威信高了、党群干群关系融洽了、社区邻里和睦了，党员和群众的心齐了、干事的劲足了、社区事业发展了。

三、为民谋福增富，让党的温暖惠及千家万户

自2003年上任起，马敬华提出用"四常"、三关"指导社区具体工作，即"常怀爱民之心、常听利民之言、常思惠民之策、常兴富民之举"，"关注民生、关心民情、关切民意"。十几年来，谈固社区基本实现每户一套或多套新楼房夙愿，为516户退休居民安置了公寓楼，为2200余户居民安置了一套高层福迁楼，建设了2万余平方米的鑫固广场，打造出一个安居乐业的新家园。2010年，谈固社区投资4000多万元完成退休居民（男年满45～59周岁、女年满35～54周岁）纳入城镇职工基本养老保险参保。社区福利实行每季度及春节、中秋节、元宵节等重大传统节日为退休居民发放一次大米、白面、食用油等。几年来，

◆ 金谈固家园

◆ 裕华路沿街商业综合体

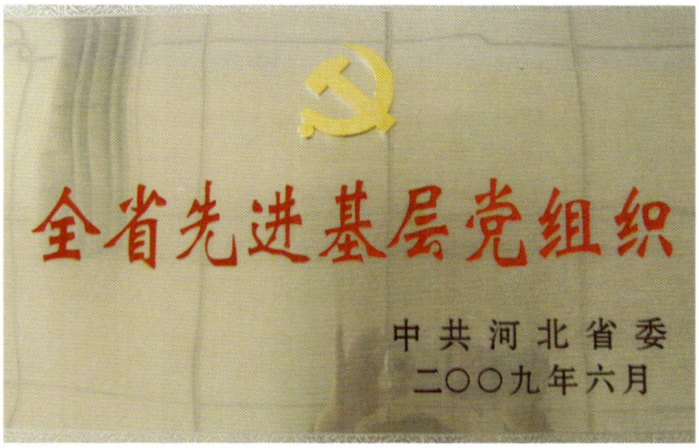

◆ 2009年6月，获得全省先进基层党组织

社区挤出资金共为退休居民发放一次性补贴1000多万元。

四、推行社区股份制，实现谈固长治久富宏伟蓝图

为保证谈固社区长治久富，马敬华积极推行社区股份制。2010年底，谈固社区实施股份制改造，马敬华以全票当选为改制后成立的河北金谈固投资集团股份有限公司董事长。2011年底，马敬华高票当选为谈固社区党委书记。

2004年以来，谈固社区先后被全国妇联、民政部、文化部等五部委联合授予"全国学习型家庭创建示范社区"；被省会文明委授予"文明社区"，被市委组织部评为党建工作示范社区；被长安区委授予全区首家党建工作五星级社区，被长安区委、区政府授予星级和谐社区创建先进单位。2006年、2009年，谈固社区党委被河北省委、石家庄市委、长安区委分别授予"先进基层党组织"光荣称号。2007年6月，马敬华被石家庄市委授予"优秀共产党员"光荣称号。

◆ 社区街道商铺林立

中国建设银行河北省分行营业部

◆ 建行河北省分行资深客户经理、营业部总经理尹全振在营业部2011年新年客户答谢会上致辞

与客户同发展　与社会共繁荣

建设银行河北省分行营业部是建行在省会石家庄设立的二级分行，是一家集多项金融服务于一身的大型金融企业之一，现有在册员工2447人，营业部下辖机构网点104个（含营业部本部），其中，县支行12个（赵县为单点型支行），县支行下辖6个分理处、13个储蓄所；市区机构73个（含营业部本部），其中：支行26个，直管网点46个。营业部本部内设部门17个、经营性中心10个（包括公司业务经营一中心、二中心、三中心、机构、国际、房地产、投行、小企业、造价、票据）。

该部认真贯彻落实上级行工作会议精神和各项工作部署，克服严峻经济形势和激烈市场竞争带来的挑战，按照省行党委"一行一策"发展策略要求，围绕"以市场为导向，以客户为中心"经营理念，团结带领员工不断推进改革创新，提升管理和服务水平，主要业务指标实现了系统内领先、同业进位的目标，基础管理、风险防控能力进一步增强，产品创新应用成效明显，投行业务多项产品在重点客户实现突破。

该部坚持以人为本，认真履行社会责任，努力创建和谐企业、综合实力、服务水平、创新能力、社会形象得到社会各界和客户的广泛认可和好评，连续19年成为当地金融企业中唯一一家省级"文明单位"，多年获得市行风评议金融系统第一名，获得由河北省人力资源和社会保障厅、河北省总工会、河北省企业家协会授予"AAA级河北省劳动关系和谐企业"称号，基层机构涌现出一大批市级文明单位及省行级、总行级"文明单位"。

◆ 市总工会为建行河北省分行营业部所属西大街支行举行全国"工人先锋号"授牌仪式

◆ 营业部举办信用卡分期业务中心开业庆典，河北省分行副行长周小知、营业部总经理尹全振为信用卡分期业务中心揭牌

◆ 召开2011年工作会议

◆ 举办中小企业融资业务推介会

◆ 参加石家庄市金融理财节

◆ 举办第六届职工羽毛球比赛

中国邮政储蓄银行石家庄市分行

◆ 2011年7月2日中央政治局委员、国务院副总理王岐山到我行裕华东路支行调研指导工作

◆ 中国邮政集团公司总经理李国华视察我行裕华东路支行

中国邮政储蓄银行石家庄市分行自2008年成立以来，始终按照“服务城乡大众，支持‘三农’、支持中小企业发展”的市场定位，坚持“夯实基础、防范风险、加快转型、健康发展”的思路，深入贯彻落实科学发展观，深化“省会行意识”，引领全行员工团结一致、开拓创新、奋勇拼搏，全力加速我行现代化商业银行转型步伐，较好地完成了各项目标任务。2011年7月2日我行出色的完成了国务院副总理王岐山到我行裕华东路支行调研指导工作的接待任务，向国家领导展现了邮政储蓄银行转型过程中的良好形象，受到了高度评价。

2011年，我行实现收入4.2亿元，同比增长32.20%。个人业务快速发展，全年储蓄存款余额增长13.65亿元，代理保费4.8亿元，信用卡发放量突破1万张。公司业务以项目开发为基础，完成业务中心从县区到市区的转变，全年新增对公存款21.86亿元，公司业务时点余额达到63.91亿元。信贷业务，截至2011年12月31日，总规模达到32.77亿元，比年初净增15.56亿元。其中个人贷款业务结余22.64亿元，小企业贷款余额达10.13亿元。

2012年，在市委、市政府的正确指导下，在上级业务部门的大力支持下，我行将继续为石家庄市全体市民提供更加优秀的服务，为促进全市经济社会又好又快发展做出新的更大的贡献！

◆ 中国邮政集团公司书记张亚非视察我行裕华东路支行

◆ 2011年度石家庄市银行业金融机构反抢劫演练在我行友谊南大街支行举办

◆ 开展反假币宣传

◆ 我行举办创富大赛 为创业者提供发展平台

◆ 我行与市劳动服务就业局联合召开贯彻全面创业精神暨小额贷款工作推进会

中国光大银行石家庄分行

◆ 2011年9月28日中国光大银行廊坊分行正式开业（右五为中国光大银行副行长马腾，左四为中国光大银行石家庄分行行长高名安

中国光大银行成立于1992年8月，总部设在北京，是一家全国性的股份制商业银行。中国光大银行的股东单位中国光大集团是中央直属的骨干企业，创办人为原全国人大副委员长、原全国政协副主席王光英。2010年8月18日，中国光大银行在上海成功上市（股票代码：601818），与中、农、工、建四大国有银行的大股东均为财政部直属的中央汇金公司。

截至2011年末，中国光大银行在全国26个省（自治区）、直辖市72个主要经济中心城市设立分支机构676家，包括一级分行34家、二级分行31家、营业网点611家，拥有员工28000余人，经营网络覆盖全国。

自成立以来，伴随着中国金融业的发展进程，中国光大银行不断开拓创新，锐意进取，在为社会提供优质金融服务的同时，取得了良好的经营业绩，在综合经营、公司业务、国际业务、理财业务等方面培育了较强的竞争优势，基本形成了各主要业务条线均衡发展，零售业务贡献度提升，风险管理逐步完善，创新能力日益增强的经营格局。在英国《银行家》杂志2011年发布的按总资产排名“世界1000家大银行”中，光大银行列第89位。

如今的光大银行，正凭借强大的股东背景，全国的经营网络，高素质的员工队伍，卓越的创新能力，按照“一年奋力起步，三年改变面貌，五年形成自身特色，十年勇争同业前列”的指导思想，落实“更有内涵的发展”，推进模式化经营，努力打造国内最具创新能力的银行。

中国光大银行石家庄分行成立于1999年3月18日，是中国光大银行在河北省设立的一级分行，业务范围覆盖河北全省。截至2011年末，除在石家庄地区外，光大银行石家庄分行在唐山、邯郸、廊坊三地拥有三家二级分行，分行共拥有11家营业网点，员工约600人。

中国光大银行石家庄分行2008年、2009年、2010年连续三年荣获河北省政府颁发的“金融贡献奖”。2011年又荣获省政府颁发的“金融创新奖”。石家庄分行致力于为大中型行业龙头企业以及资质优良的中小企业，财政、政府机构客户、同业和广大个人客户提供专业的公司及零售银行产品服务。

◆ 2011年10月15日中国光大银行石家庄分行召开第四届秋季运动会

◆ 2011年5月7日中国光大银行石家庄分行组织青年员工义务植树

◆ 2011年7月中国光大银行石家庄分行举办“发扬优良传统、重温入党誓词”活动

石家庄市第三医院

石家庄市第三医院占地66482.7平方米，现有52个临床医技科室，25个病区，编制床位800张。职工1355名，其中专业技术人员1129名，省市知名专家、市级拔尖人才、享受政府特殊津贴专家16名。2011年，市三院以科学发展观统领全局，紧紧围绕“聚焦第一”的目标，注重品牌建设，建成集检验、超声、CT、手术室全套配备及一条龙式快速救治的急救绿色通道，其中创伤急救为省级重点发展学科，急救医学、骨科专业为市级重点学科，神经科、呼吸专业、麻醉为市级重点发展学科，中医风湿骨伤为市级重点专科。加强国内外技术交流，与美国尼奥有限公司合作，建立了再生医学实验室，并成功开展干细胞移植手术。先后有韩国、澳大利亚、日本、法国、美国知名专家来我院进行学术交流、手术表演。与国内十几所知名医院开展技术合作，全军脊柱外科中心河北临床基地在我院挂牌成立。科研教学工作成效显著，承办了第二届全国中青年颈椎病专题论坛和心血管病诊治新进展两次国家级学术活动，举办了全市第一届骨科护理培训班，并开展省级继续教育项目13项。硬件设施配置快速加强。门诊楼投入使用：购置了佳能移动DRX光机、德国KARL STOK2关节内窥镜，东芝移动式C型臂X射线系统，西门子彩色超声诊断系统等多套先进大型医疗设备。信息化建设不断推进，建成、试运行了门诊、住院医师工作站等。广泛深入开展“三好一满意”、“创先争优”、学习刘琼芳等活动，优质护理服务病区覆盖全院，内强素质，外树形象，实现了经济效益和社会效益的双丰收。2011年市三院正以史无前例的速度实现科学发展。

◆ 市三院门诊病房综合楼效果图

◆ 医疗联合体揭牌

◆ 举办第二届全国中青年颈椎病论坛

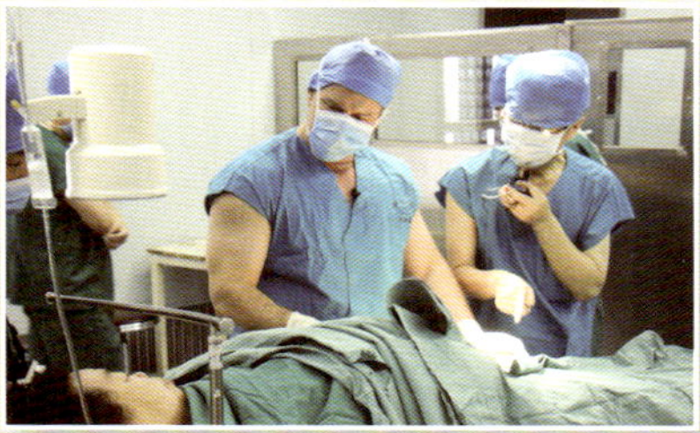

◆ 美国尼奥医学中心克里斯托弗·桑迪诺教授在我院进行自体骨髓干细胞移植治疗股骨头坏死和骨性关节炎手术

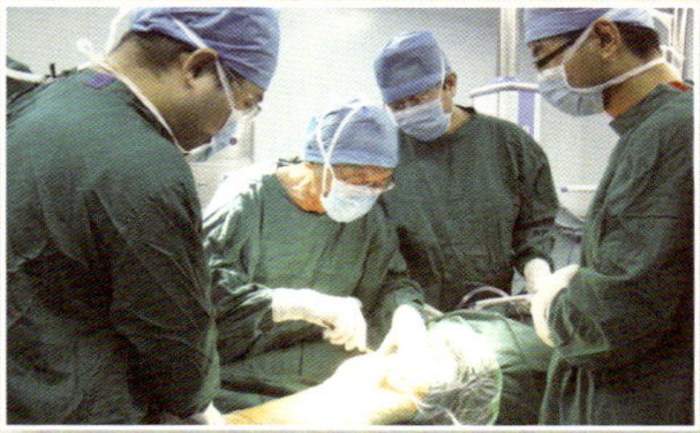

◆ 澳大利亚西南威尔士大学医院Dr.chung+Wui+Kwong教授在我院进行膝关节置换手术

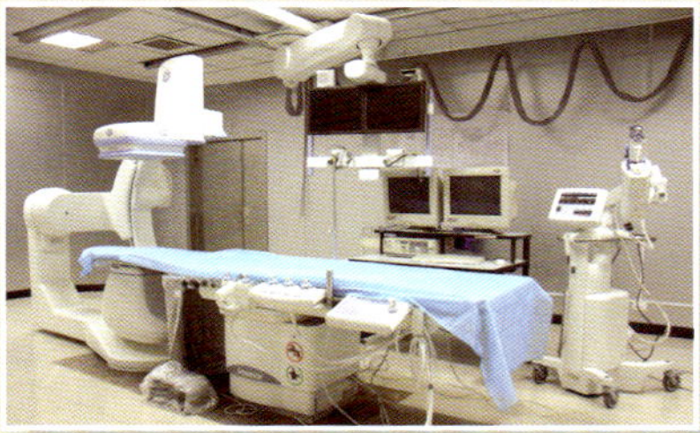

◆ 导管机GE+Innova3100—IQ

◆ 给石市环球中心工地农民工送医送药

◆ 总参通信部石家庄干休所送来感谢信和锦旗

河北敬业集团

◆ 集团办公楼

企业现状：河北敬业集团是一家以钢铁为主业，兼营化工、酒店、房地产、贸易等的大型集团公司。主要产品为螺纹钢、中厚板、热卷板、水杨酸、阿斯匹林。现有员工20500名，总资产136亿元，已形成铁钢材各1000万吨的规模，是全世界最大的水杨酸生产基地。2011年集团实现销售收入426亿元，上缴税金6.3亿元，在中国500强企业名列234位，河北百强第6名，石家庄百强企业第一位，是河北省委常委、石家庄市委书记孙瑞彬的重点联系企业。

产品研发：集团已成功开发了船板、桥梁板、锅炉板、压力容器板、抗震螺纹钢等高附加值品种。目前已获得中国船级社认证、欧盟CE认证、八国船级社认证，锅炉板系列、压力容器板系列认证，螺纹钢产品（HRB400）、低合金高强度中厚钢板（Q345B—E）获得中国钢铁工业协会冶金产品实物质量认定（金杯奖），产品畅销国内并出口到30多个国家和地区，参与到三峡工程、世博会中国馆、南水北调等国家重点工程建设中。

节能减排：敬业集团始终将环境保护、节能减排放在首位，在节能减排、循环经济方面投入超过10亿元，煤气、蒸汽、炉渣、工业用水等全部回收利用，实现了经济效益和环境效益同步发展。

企业文化：集团注重企业文化建设，营造了“请人、留人、用人、育人”以人为本的企业文化，注重提高员工素质，整合人力资源，打造学习型团队，为企业又好又快发展提供了强大动力。

社会责任：敬业集团认真执行党和国家的各项方针政策，致力于企业的发展壮大，带动了周边地区餐饮业、运输业的发展，间接安排就业2.5万余人，致富了一方百姓。同时还积极参与修路、建学校、救灾、捐资贫困山区等公益事业，累计投入超2亿元。

发展愿景：在“十二五”期间，敬业集团将做好三篇文章，即搞好节能减排循环经济、对现有装备进行挖潜改造、变单纯的制作业为个性化加工配送服务，并逐步扩大非钢经济，培育新的效益增长点，年销售收入递增25%，在2015年底达到1050亿元，上缴税金达到16亿元。

◆ 螺纹钢产品

◆ 螺纹钢生产线

◆ 热轧卷板产品

◆ 热轧卷板生产线

◆ 中板产品

◆ 中板生产线

路劲地产河北分公司

路劲地产是路劲基建有限公司(1098.HK)(以下简称“路劲”)房地产业务的旗舰公司。路劲地产于2003年乘着中国房地产业的发展春风进入市场，直接拥有及发展以“隽御”为品牌的7个住宅及商业项目，分布于广东省的广州、江苏省的苏州及常州，拥有大量行业中精英人才的管理团队,在全国13个城市（北京、石家庄、济南、青岛、东营、上海、常州、苏州、 郑州、洛阳、武汉、广州、深圳）布点，总可开发建筑面积（GFA）储备达780万平方米。按中国房地产业协会、中国房地产研究会及中国房地产测评中心2011年发出的报告，路劲地产在外资房地产开发企业中位列第3名，是中国房企50强之一。

路劲地产专注于国内住宅项目的投资、开发和销售，产品类型包括低层至高层住宅、公寓、大型综合性住区、别墅等。在“用心筑造品质生活”理念指引下，不断创造出设计先进、施工精良的产品，成为区域标志性项目。

路劲地产致力于成为值得信赖的房地产企业，为客户提供优质的产品和服务，为员工提供良好的事业发展机会，为股东提供高投资回报，为社会发展做出贡献。

路劲地产河北分公司，是路劲地产集团有限公司（“路劲地产”）在全国布局的六大区域分公司之一。依托路劲地产集团有限公司的雄厚实力，路劲地产河北分公司在石家庄精心耕耘，开发建设有国际城四期国际经典生活社区、路劲·蓝郡大型水景别墅社区，先后获得“联合国绿色人居奖”、“国家精瑞奖”等国际国家大奖和最受欢迎楼盘等本地奖项，受到社会各界广泛认可。

路劲地产河北分公司秉承母公司一贯“务实管理、专业为先、团队制胜”的经营管理哲学，全面贯彻“诚实、务实、勤奋、量化”的价值衡量体系，努力奋进，为客户打造优质居住和生活空间。同时，路劲河北将继续秉承“责任地产”这一殊荣，不遗余力地为河北省区域经济及文化发展作出更大的贡献。

◆ 国际城实景

蓝郡实景

◆ 国际城四期鸟瞰图

◆ 蓝郡鸟瞰图

◆ 国际城

石家庄市桥东区

◆ 省委常委、市委书记孙瑞彬在建安路社区调研创先争优活动和社区建设情况

2011年，桥东区委、区政府牢牢把握主题主线，以创先争优为动力，以加快建设幸福桥东为目标，千方百计稳增长、调结构、惠民生、促和谐，推动区域经济社会实现了又好又快发展。

经济建设，坚持以总部经济为龙头、以项目建设为支撑，大力实施“优二强三兴五圈”发展战略，初步形成了总部经济、金融保险、现代物流、文化创意、旅游会展等多元发展的大服务业格局，经济发展的质量和效益进一步提升，实力活力明显增强。2011年全区完成地区生产总值124.1亿元、全部财政收入41.6亿元，同比分别增长13.8%、27.38%；每平方千米纳税额达到1亿元，位居全省前列；财政收入和服务业增加值占GDP比重分别超过全市平均数20、40个百分点，均位居全市首位。

城区建设，突出人本理念，深挖文化内涵，着力提升城区品位和竞争力。全年共拆除旧城旧村33.15万平方米，新增建筑面积114.82万平方米，建设回迁楼35.02万平方米，城管与商户结对子、城管进校园、创建“鲜花公厕”等做法被省市多家媒体报道。大力整合城区文化资源，加快推进北、中、南三大文化产业聚集区建设，初步形成了大众文化产业、商贸文化产业、地产文化产业、艺术文化产业、特色文化产业5朵金花竞相斗艳的良好局面，为老城区增添了新魅力。

社会建设，在全市率先出台幸福桥东指标体系，制定了38项具体指标和若干民生实事，全年全区民生投入达到5.68亿元，民生保障水平和群众幸福感不断提升。各项事业成效突出、亮点频现，全年共获得国家级荣誉10项、省

◆ 风景优美的太平河

◆ 勒泰中心项目封顶

级荣誉25项，群众工作统揽信访工作、社区网格化管理、综治信息系统建设等42项经验做法得到中央和省级领导肯定。

党的建设，以创先争优为引领，大力实施“三五”争创战略，全区各级党组织共建立完善制度机制70余项，推出创新性服务举措600多项，在全区营造了“干事创业、风正劲足”的良好局面。村转社区“双轨制”党建工作第四次得到中央政治局委员、中央书记处书记、中央组织部部长李源潮重要批示，创先争优工作多次得到省委常委、市委书记孙瑞斌肯定，基层党建创新、党风廉政建设、优化发展环境等多项经验做法在省市推介。

◆ 位于裕华东路中段“亿元楼”——中铁商务广场

◆ 西美商务酒店

◆ 新源乐汇城

◆ 民生路历史文化长廊项目复原建筑

◆ 流动儿童在“桥东区第一届流动人口家庭文化节”上表演舞蹈

◆ 平安南大街阳光大厦附近“鲜花生态公厕”

石家庄市井陉矿区

◆ 河北鑫跃焦化有限公司

2011年以来，新一届区委班子深入分析矿区区情，按照主题主线要求，落实市“中东西三大区域发展战略”，进一步理清了矿区科学发展的路径，明确了“加速实现矿区全面转型”的奋斗目标，确定了“十二五”期间全区实现“产业转型升级、工业园区和项目建设、城市建设上水平、统筹城乡发展、保障和改善民生”五个新突破的总体思路，提出了“一年打基础、两年求突破、三年初见成效”的“三步走”战略及“争创国家级转型发展示范区”转型发展目标。

坚持把破解发展瓶颈作为全面转型的关键，在项目、交通、环保、土地、环境五个方面，集中力量，强力攻坚，取得重大进展。2011年11月11日被国务院确定为第三批25个资源枯竭型城市之一，将连续9年享受中央财力转移支付资金支持和专项资金、贴息贷款、项目布局倾斜等一系列优惠政策；区工业园区于7月被列为省级园区，为矿区转型升级、跨越赶超创造了新的发展机遇。

坚持把保增长与转方式、调结构相结合，狠抓重点项目建设。2011年实施投资亿元以上项目28个，总投资156亿元，列入市重点项目4个，矿峰新型干法水泥、民海化

◆ 集中开工仪式

工粗苯精制等亿元以上大项目竣工，为经济结构调整、转型升级奠定了坚实基础。精品农业和三产服务业加快发展，全区各项经济指标稳步增长，财政收入实现5.02亿元，同比增长10.7%，在连续两年下降情况下首次实现回升。

坚持把城镇建设上水平和统筹城乡发展作为实现转型升级、跨越赶超重要抓手，谋划实施总投资5.1亿元的7大类44项城建工程，会展中心、人民广场二期等25项工程竣

工，总投资达2亿元。实施“供热管网扩能改造、垃圾填埋场后续工程”等一大批重点市政工程，城市承载能力和城市品位有效提升。城乡统筹和新民居建设转入有序轨道。

坚持把改善民生作为重中之重，全力做好9大类19项为民办实事、好事项目。教育条件进一步改善，医疗卫生体制改革加速推进，就业、养老、最低生活保障为一体的社会保障体系进一步健全，信访稳定和安全生产、食品药品安全工作常抓不懈，社会和谐稳定局面得到巩固，人民群众幸福指数不断提升。

坚持把环境建设作为矿区实现全面转型、科学发展的生命线，举全区之力实施环境综合整治百日攻坚行动，同时推进服务型政府建设，为矿区发展初步营造了“廉洁、高效、廉价”的政务环境。

◆ 市镇全貌

◆ 城区住宅楼群

◆ 清凉山滑雪场

◆ 红纬花园

◆ 七百亩生态公园一景

大美天成　山水鹿泉

◆ 市委书记　郝竹山

◆ 市长　周永会

鹿泉市西倚太行山，东南北三面呈月牙型环绕省会主城区，面积603平方千米，辖9镇、3乡和2个省级开发区，208个行政村，户籍人口39万，区域居住人口近50万。近年来，鹿泉市按照“加速融入省会主城区、主动服务省会主城区”的思路，着力建设“休闲新区、经济强市、幸福鹿泉”，推动全市步入了科学发展的快车道，正在成为华北地区县域经济发展的一颗璀璨明珠。

历史文化源远流长。战国时称石邑，隋设立鹿泉县，唐改称获鹿县，金、元时称镇宁州，明清恢复获鹿县建制。1994年5月经国务院批准，撤销获鹿县，设立鹿泉市。

区位交通优势明显。地处晋、冀交通咽喉，距北京298千米，距天津330千米，距石家庄火车站15千米，距石家庄民航机场20千米。全市有7个乡镇（区）与石家庄市主城区接壤，11条主干道与省会对接，石太、京广等7条铁路穿境而过，京昆、青银等4条高速公路和307国道等9条国省干道纵横交错，公路密度达到1.4千米/平方千米，位居全国前列。

自然资源得天独厚。鹿泉是距省会主城区最近的有真山真水的县（市），境内有13座水库、8条河流和3条大型灌渠，有水泥灰岩、大理石等十几种矿藏。依托山水资源先后建成了国家4A级景区抱犊寨、石家庄动物园、石家庄

◆ 金隅鼎鑫

◆ 君乐宝乳业

◆ 石家庄·中国半导体光谷

植物园等10个景区，形成长约25千米的西山旅游景观带，年接待游客360多万人次。

发展环境优质高效。坚持环境带动全局，着力加快全域都市化进程，建成区优良天数达到333天，连续四年在全省新老“双三十”考核中名列第一，连续三次荣获河北省宜居城市金奖，被评为全国绿化模范市和省级园林城市、卫生城市。深入推进“效能革命”，成立了企业权益保护委员会，建成高标准的政务服务中心，打造出“程序最简、时间最短、效率最高、服务最优”的政务环境。

综合经济实力较强。以调结构、转方式为主线，由水泥业一业独大逐步形成以休闲服务和电子信息、轻工食品、装备制造、新型建材为主的“1+4”产业发展新格局，初步实现了资源型经济向多元化新型经济的转变。大力实施经济开发区、绿岛火炬开发区、西部山前生态型新区和西北部工业区“四区”带动战略，先后引进建设了恒大金碧天下、三一重工等一批优质项目，入驻鹿泉的国内外500强企业达到13家。2000年以来，全市综合经济实力始终位居全省十强之列。2011年，地区生产总值完成261.4亿元，财政收入完成17.2亿元，全社会固定资产投资完成172.7亿元，城镇居民人均可支配收入达到19441元，农民人均纯收入达到10063元。

◆ 高速列车过家园

◆ 曲寨农民新居

◆ 北斗路

◆ 龙凤湖

◆ 封龙山云海

◆ 抱犊寨长城

冀中明珠　璀璨藁城

◆ 中共藁城市委书记　王普增

◆ 藁城市人民政府市长　高玉柱

藁城市紧邻省会石家庄，辖14个乡镇、1个省级经济开发区、236个行政村，人口78.2万，面积836平方千米，是省会最大的组团城市，先后荣获全国科技进步先进县、全国文化先进县、全国国土资源节约集约模范县、河北省双拥模范城、河北省园林城、河北省卫生城等荣誉称号。

——历史文化悠久灿烂。藁城西汉元鼎四年（公元前113年）置县，1989年7月经国务院批准撤县建市，境内有台西商代遗址、前西关商代遗址、九门古城址和梅花惨案遗址4处国家、省级文物保护单位，耿村故事、宫灯、战鼓被列为国家和省级非物质文化遗产名录。藁城物产丰富、人杰地灵，素有“冀中明珠”、“河北粮仓”、“燕赵天府”之美誉。

——综合实力持续提升。“十一五”以来，全市地区生产总值年均递增12%以上、2011年达到390.5亿元，财政收入连跨8个10亿元台阶、达到88.3亿元，县域综合实力稳居省会之首、全省前列。工业经济实力雄厚，拥有规模以上企业356家，其中纳税超千万元企业18家、超亿元企业2家；现代农业全国领先，先后八次荣获全国粮食生产先进县称号，被确定为国家现代农业示范区、全国农产品加工示范基地和全省蔬菜产业示范县；服务业蓬勃发展，国御温泉顺利通过4A级景区认定，农业观光园被评为省级农业旅游示范点，省会东部40平方千米休闲度假区已具雏形。

——发展后劲明显增强。连年开展重点项目攻坚活动，五年累计完成固定资产投资659.5亿元，建设投资超千万元项目388个、超亿元项目45个，先后有10家世界500强和8家大型央企在我市投资布局，形成了竣工投产一批、开工建设一批、谋划储备一批的良性循环。园区建设成效显著，藁城经济开发区2011年实现税收36.4亿元，连续两年在全省省级开发区综合考评中名列第一，成为省政府优先推荐晋升国家级开发区的重点园区；化工基地一期7个项目竣工投产，2011年实现主营业务收入282.7亿元；藁城工业新区成功升级为省级工业聚集区。

——城乡环境不断改善。强力推进“三年大变样”、“三年上水平”工作，累计投入43.2亿元，实施重点城建项目243个，共计拆迁、拆违、拆陋51.4万平方米，城市绿地率、人均公园绿地面积分别达到36.4%和10.87平方米，连年荣获省燕赵杯金奖和人居环境奖。深入开展“蓝天碧水”工程，先后投入6.8亿元，实施重点节能减排项目76个，对94台套落后设备和63条生产线进行了淘汰关闭。2011年，全市空气质量二级及以上天数320天，重点流域出境断面稳定达标。

今后，我们将继续以科学发展观为指导，紧紧围绕“省会当排头、全国进百强”目标，不断加快转型升级、跨越赶超步伐，全力打造省会先进制造业中心、国家现代农业示范区、省会新兴休闲度假区，努力建设民富、市强、社会和谐稳定新藁城。

◆ 国家生物产业基地核心区

◆ 国内头孢行业领军企业——华药集团华民药业

◆ 全国制药百强企业——石家庄四药有限公司

◆ 藁城全景

◆ 日处理10万吨的藁城市污水处理厂

◆ 河北省农村新民居建设优秀示范村——只照村

◆ 迎宾大道

◆ 藁城市水上公园

◆ 四明楼

◆ 4A级景区——国御温泉度假小镇

◆ 藁城纸雕宫灯

◆ 石家庄（藁城）现代农业观光园

辛　集　市

◆ 辛集市委书记聂英武陪同上级领导视察辛集国际皮革城

◆ 辛集市委副书记、市长巴利凯陪同上级领导视察辛集国际皮革城

辛集市原为束鹿县，汉高祖六年置县，1986年撤县建市，至今已有2200多年历史。全市总面积1100平方千米，人口61.9万，辖7乡8镇15个居委会、344个行政村。城市建成区面积27.8平方千米，人口22.6万，城镇化率41.53%。综合经济实力连续位居河北省30强，被省确定为首批扩权县（市）和重点培育的高品质中等城市。

工业经济实力雄厚。已形成皮革、化工、钢铁机械、农产品加工等特色支柱产业，省级辛集经济开发区、省级工业聚集区新城清洁化工园区承载功能日益完善。皮革业是最具生机和活力的特色产业，是全国最大的羊皮服装生产基地和亚洲最大的制革基地，被国家命名为“中国皮革皮衣之都”。化工业有60多年发展历史，是世界最大的钡锶盐生产和出口基地，也是中国昊华化工集团重点扶持发展的四大基地之一。钢铁机械业规模不断壮大，澳森钢铁有限公司是我市钢铁机械业的龙头，连续4年被评为全国制造业500强。特色农业发展迅速。培育形成梨果、蔬菜、优质麦、优质棉等龙型经济格局，连续5年被评为省农业产业化先进县（市）；是河北省梨果出口基地示范县（市），被国家命名为“中国鸭梨之乡”；是国家确定的商品粮生产基地，粮食综合生产能力位居全省第二，2011年被评为全国粮食生产先进县（市）。城市面貌日新月异。初步构建起“七纵十横”中等城市道路框架，建设了日处理能力10万吨的城市污水处理厂和日处理能力260吨的城市垃圾填埋场，配套设施日益完善。城市绿化覆盖率37.5%，被评为全国十佳卫生城、全国城市建设管理优秀城市、省级园林城、省级卫生城。商贸服务繁荣发达。“河北一集”久负盛名，拥有国际皮革城、金街不夜城等8个大型专业市场，圣帝凯莱五星级酒店等重点商贸服务设施相继建成投用，肯德基、北国等国内外知名连锁企业入驻辛集，全市社会消费品零售总额连年位居石家庄各县（市）首位。文化教育底蕴深厚。素有“诗洋画海金束鹿”的美誉，涌现出公木、赵望云等一批文化名人。玉雕、农民画、皮贴画是辛集独具特色的文化产业，农民画被列为河北省非物质文化遗产。拥有全国重点“河北辛集中学”和省重点“辛集市第一中学”，被评为全国文化先进地区、中国现代民间绘画画乡、全国民间文化艺术之乡。

◆ “中国皮革皮衣之都”标志性建筑、国家AAAA旅游景区——辛集国际皮革城

◆ 省级工业聚集区——基础设施完备的辛集市清洁化工园区

站在新的历史起点，我市认真贯彻落实省委建设“经济强省、和谐河北”和石家庄市委“转型升级、跨越赶超”的决策部署，在辛集市第七次党代会上创造性提出了“十二五”时期的发展思路和战略重点，确定了实现“四大跨越”，建设繁荣富裕文明幸福辛集的奋斗目标。“四大跨越”即由初级中等城市向高品质中等城市跨越、区域经济强市向区域经济中心跨越、中国皮都向世界皮都跨越、传统文化教育大市向现代文化教育强市跨越。2011年，全市地区生产总值完成318.19亿元，全部财政收入14.08亿元，公共预算收入7.06亿元，全社会固定资产投资146.30亿元，城镇居民人均可支配收入18528元，农民人均纯收入8777元。

◆ 城中村改造示范工程——辛集镇杨家方碑村九方丽都住宅小区

◆ 争创全省最靓丽、最清洁、最幸福高品质中等城市中的辛集市城区景观

◆ 灯光璀璨的辛集市市府街、教育路交叉口夜景

◆ 省级经济开发区——正在成为辛集经济发展核心动力区的河北辛集经济开发区

◆ 绿化、美化、亮化的城市居民休闲娱乐场所——雷锋广场

◆ 河北省重点中学——辛集市第一中学鸟瞰图

◆ 正在建设中的辛集市经济适用住房工程——祥和家园住宅小区

◆ 世界中学生女子篮球比赛冠军——辛集市第一中学女子篮球队

历史文化名城——正定

◆ 杨崇勇（左）、孙瑞彬（右）、张志刚共同为第四届正博会启幕。第四届正博会共有910家企业参展，其中境外企业317家，现场交易额实现8500万元，同比增长26.9%，签订购销合同100.2亿元，实现综合经济效益101亿元，同比分别增长466.7%和450.7%。

正定是国家历史文化名城、国家可持续发展示范区，辖8个乡镇、2个街道办事处、174个行政村，面积470平方千米，人口47万。2011年，正定县委、县政府紧紧抓住省会北跨发展机遇，以科学发展观统领全局，团结带领全县人民开拓进取、扎实工作，各项工作都取得显著成绩，实现了“十二五”良好开局。全县地区生产总值达到198.1亿元，同比增长8.7%，全部财政收入完成10.1亿元，其中地方一般预算收入达到6.2亿元，分别增长25.5%和23.5%。先后被评为全国文化先进县、生态示范县、科技进步先进县、粮食生产先进县，连续两次荣获“中国民间文化艺术之乡”，连续六年荣获“全国最具投资潜力中小城市百强”。一是投资和项目建设力度加大。始终把投资和项目建设作为经济工作的总抓手，千方百计破解瓶颈制约，着力优化发展环境，加大招商力度，一批大项目、好项目相继落地。2011年全社会固定资产投资完成129.4亿元，同比增长25.7%，38个重点项目完成投资21.9亿元，占年度计划的101%。二是工业支撑能力显著增强。大力实施“工业强县”战略，紧紧抓住对标、技改、创新等关键环节，培育龙头，塑造品牌，做大做强现有企业。2011年，规模以上工业企业达到129家，完成增加值83.8亿元，同比增长5.4%，实现利税33.5亿元，同比增长7.04%。常山药业成功上市融资，实现了我县企业上市“零突破”。三是现代服务业发展提速。充分发挥自身区位、交通优势，大力发展商贸流通产业，着力提升“三产”比重。2011年，全县社会消费品零售总额实现72.2亿元，市场交易额完成116亿元，年均分别增长15.9%和17%。现代服务产业园区和商贸物流产业聚集区被批准为省级园区。成功举办第四届“正博会”，实现综合经济效益101亿元，增长450.7%。全年实现旅游直接收入4102.26万元，增长12.91%。四是“三农”工作扎实推进。坚持现代农业发展方向，不断夯实农业发展基础，着力优化农业布局，大力发展特色高效农业。2011年，小麦、玉米单产总产双超历史最好水平，肉、蛋、奶产量分别达到7.97万吨、12.76万吨和10.91万吨，分别增长7.2%、0.5%和5%。县级以上龙头企业达到28家，农民专业合作社达到150个，产业化经营率达到70%。五是城市面貌明显改善。立足高起点，坚持高标准，不断加大城市建设和管理力度，城市功能和环境不断优化，古城形象和品位显著提升。2011年，路网建设、园林绿化、古城风貌恢复等十个方面50个重点项目累计完成投资21亿元，顺利通过国家历史文化名城复核和省级园林县城检查评估。六是文化事业亮点纷呈。充分挖掘历史文化名城资源，不断加大基础设施投入，大力推进“文化名城”建设，不断满足人民群众日益增长的文化需求。2011年，编

◆ 新建成的迎旭公园。迎旭公园位于东外环东侧，全长1080米，东西宽180米，占地面积18公顷，是我县第一座大型综合性公园。

创了《古郡传奇》、《常山少年·赵云》、《田野的希望》等一批文化精品，河北梆子《审女婿》荣获全国“群星奖”，广播剧《责任》荣获全省“五个一”工程奖。累计建成农家书屋96个，县文化馆晋升国家一级文化馆。七是人民生活水平显著改善。坚持将群众关注的热点、难点作为工作的着力点、落脚点。2011年，8个方面25件利民实事顺利完成，新增就业岗位2450人，城镇登记失业率控制在3.39%以内。新农合门诊统筹和大病统筹全面实施，城镇居民社会养老保险试点工作全面启动。

◆ 常山生化成功上市表彰大会现场。2011年8月19日，河北常山生化药业股份有限公司在深圳证券交易所创业板成功挂牌上市，实现了我县企业上市零的突破。

◆ 小麦喜获丰收。2011年全县粮食播种面积61.9万亩，总产达到34.2万吨，与上年同比增长9.3%。其中，小麦面积31.8万亩，总产达到16.4万吨，玉米面积30.1万亩，总产达到17.8万吨，夏粮、秋粮产量双创历史新高。

◆ 河北梆子新编历史剧《常山少年赵云》。该剧讲述少年赵云拜师学艺、立志报国、护佑一方的动人故事，填补了以河北梆子戏曲艺术形式演绎赵云的一项空白，在社会各界引起强烈反响。

◆ 河北久强建材有限公司车间一角。河北久强建材有限公司是我省最大的集研发、生产、销售为一体的混凝土外加剂企业，公司综合实力名列全国同行业前茅，河北省首位。2011年4月21日，河北久强有限公司与世界500强瑞士西卡集团成功合资。

◆ 2011年8月22～23日，国家检查评估组到我县就国家历史文化名城保护进行检查评估，专家组对我县古城保护工作给予充分肯定，我县顺利通过历史文化名城复评。

千年古县——深泽县

◆ 2012年春季项目集中开工仪式

深泽县地处冀中平原腹地，石家庄、保定、衡水三市交界处，位于环首都、环京津、环渤海经济圈，总面积286平方千米，人口25.2万，是享誉省内外的千年古县、革命老区，更是一座充满活力和希望的产业新城。

深泽历史悠久，文化底蕴深厚。深泽是千年古县，汉高祖八年即为侯国，迄今已有2200多年的历史。巍峨耸立的北极台、金碧辉煌的古文庙是这座城市历史和文化的象征。深泽是革命老区，早在1925年10月建党，是河北省最早建立党组织的县之一。作为冀中抗日根据地的模范县，在抗日战争期间，先后同日军发生战斗70余次，共有8700多人参军，2300多人为国捐躯，并培养了大批党员干部。据不完全统计，深泽籍及在深泽工作过的省军级以上干部达30余人，处级以上干部达5000余人。

深泽产业兴盛，后发优势明显。开放的深泽经济腾飞。近年来，该县紧紧抓住石家庄市实施工业经济“东部突破”的重要战略机遇期，累计投资5亿多元，完善了园区水、电、路、讯、气等基础设施，形成了高标准规划、高起点建设、高效率推进的生动格局，取得明显成效。2009年，深泽县生物产业园被确定为石家庄国家生物（医药）产业基地“两区三园”中的一园；2011年，该县工业园区被省政府批准为首批省级工业聚集区。千秋节能、科瑞集团、鸿泽塑胶、龙泽制药、爱普药业等一大批央字头、国字头和省市重点企业先后落户该县，成为助推经济发展新的增长极，全县规模以上企业达到300多家，初步形成以生物医药、轻工纺织和机械制造为重点的三大主导产业。河北农哈哈机械有限公司作为该县本土企业，是中国北方农机具生产制造的龙头企业，被国家农业部确定为农机定点生产企业，“农哈哈”商标被评为“中国驰名商

◆ 深泽公园一角

◆ 国家驰名商标重点企业农哈哈公司

◆ 重点企业鸿锐集团深泽基地

标”。农业上，该县在注重和加强大田作物稳产增收工作的同时，着力围绕名、优、新、奇、特做文章，重点发展了杜社万亩葡萄生产基地、马里万亩蔬菜生产基地、白庄万亩白山药和西北马万亩薄皮核桃等“四个万亩”生产基地。全县优质果品面积达到8万亩，无公害蔬菜种植面积达到3万亩，绿色、无公害农产品品牌达到12个，具有一定规模的农业产业化龙头企业达到50多家，形成集观光、旅游、娱乐为一体的新型农业经济。

深泽景美人和，社会事业蒸蒸日上。在科学发展观的指引下，该县按照“产业向城区集聚、人口向县城集中”的发展思路，大力加强县城基础设施建设，形成“七纵七横两环”的路网格局，完成华丽文体广场、北极台公园、文庙广场的升级改造，启动县城污水处理厂升级工程，县城基础设施的承载能力进一步提升。北方明珠、林枫盛世等高档住宅区成为县城建设的新地标。特别是随着“深泽湖”的谋划建设，深泽走上了人文古城、三水丽都的发展新路。以国家非物质文化遗产坠子戏为代表的深泽文化，享誉省内外，成为深泽对外文化交流的靓丽名片。此外，该县科技教育、医疗卫生、广播电视等各项社会事业发展也走在全市先进行列。

在新一届县委、县政府的正确领导下，勤劳奋进的深泽人民牢固树立“小县能有大作为、小县能干大事业”的豪情壮志，紧紧围绕“实力、宜居、绿色、平安的幸福深泽”发展定位，锐意进取、开拓创新，必将推进深泽经济社会发展取得新的更大成就。

◆ 深泽中学

◆ 纺织行业重点企业鹏辉公司

◆ 深泽城市建设

◆ 深泽县供水公司

◆ 深泽宾馆

◆ 深泽公园

◆ 省级文物永济桥

◆ 无公害蔬菜

◆ 省级重点文物北极台

“龙飞凤舞”——赞皇县

◆ 中共石家庄市委常委、赞皇县委书记　张小国

◆ 赞皇县人民政府县长　宋存汉

赞皇县地处太行山中段东麓，距河北省会石家庄33千米，辖1个省级经济开发区，9乡2镇，8个居委会，212个行政村，25万人口，总面积1210平方千米，是全国绿化百佳县、全国经济林建设先进县、全国果品特色县、中国赞皇大枣之乡、中国核桃之乡。

赞皇县历史悠久，文化底蕴深厚。自隋开皇十六年（596年）置县，已历1400多年，历史上出过三状元、六宰相、三十五进士，史称“文星聚秀之地”，是著名的唐相故里。县境内历史人文古迹众多，拥有国保文物1处、省保文物2处、县保文物66处。2005年被联合国地名专家组命名为全国首批“千年古县”。革命战争年代，邓小平、陈锡联、秦基伟等老一辈无产阶级革命家在这里战斗生活过，2000多优秀赞皇子弟为新中国成立献出宝贵生命，享有“冀西十三县，赞皇是模范”的美誉。

赞皇县生态环境良好，自然资源丰富。全县森林覆盖率51.7%，以赞皇大枣（全国惟一的自然三倍体品种）、核桃、板栗为重点的经济林达68万亩；以非金属矿为主的矿产资源品种30多个，总储量达110亿吨。旅游资源得天独厚，品位上乘，龙头景区嶂石岩是国家级风景名胜区、国家4A级景区、国家地质公园，拥有世界最大的天然回音壁，嶂石岩地貌与张家界地貌、丹霞地貌并称为中国三大砂岩地貌。国家4A级景区棋盘山景区以及窦家寨、天台山、五马山、许亭唐相故里等景区景点极具旅游开发价值。

赞皇县基础设施完善，投资环境良好。赞昔公路、京赞公路、平赞高速、石武高铁等主干线纵横贯通，已经融入省会半小时交通圈，区位优势日益凸显。河北赞皇经济开发区纳入省级经济开发区行列，处于石家庄南部工业区的核心位置，开发区规划面积10平方千米，主要承接建材、医药、化工、轻工等产业。县政府出台了《招商引资和项目建设奖励办法》，所有投资项目审批在县行政服务中心实现“一站式”办结，对入住的重大项目全程实行

◆ 省委常委、市委书记孙瑞斌到赞皇县调研指导教育下山扶贫工程

◆ 省委常委、宣传部长艾文礼在赞皇参加省、市“走进太行，温暖万家”三下乡集中示范活动

◆ 市委常委、县委书记张小国陪同省委常委、副省长杨崇勇视察赞皇旅游工作

◆ 县长宋存汉与国务院扶贫办主任范小建对话新农村建设

“保姆式”服务。

新一届县委、县政府提出 “后发加力、赶超进位、绿色崛起”总体目标，大力实施以工业为“龙”，旅游业为“凤”的“龙飞凤舞”发展战略，以打造“省会西南后花园”和“国家级生态县”为着力点，全面加强基础设施建设，累计实施150余项重点工程，总投资40多亿元。全县工业化、城镇化进程不断加快，综合经济实力显著提升。2011年，全县生产总值完成70.1亿元，增长12.8%；全部财政收入3.3亿元，增长32.5%；社会消费品零售总额25.4亿元，增长17.2%；城镇居民人均可支配收入15261元，增长12.5%；农民人均纯收入3405元，增长10.5%，各项经济指标增幅位居全市前列。

◆ 赞皇大粒樱桃

◆ 赞皇大枣、核桃种子搭载神舟八号飞船

◆ 雄险奇秀嶂石岩

高 邑 县

◆ 2012年十大重点项目集中开工仪式

◆ 招商引资项目签约仪式

◆ 惠及民生的府前路西延工程

2011年是“十二五”规划开局之年，全县上下积极应对国内外复杂经济形势，牢固树立“小县能有大作为、小县能干大事业”的雄心壮志，同心同德、凝心聚力，经济社会呈现出又好又快的发展势头。年内全县地区生产总值实现54.6亿元，财政收入实现3.1亿元，其中公共财政预算收入完成1.6亿元，城镇居民可支配收入15229元，农民人均纯收入7204元。

项目建设实现新突破。2011年全县固定资产投资完成34.2亿元，增长28%。全面实施项目建设“1135”工程，左安铝业、金翱单晶硅等10个亿元以上项目竣工投产，鸿锐PVC、兴龙包装等10个亿元以上项目开工建设，谋划洽谈亿元以上项目达到30个，项目投资规模近500亿元。坚持全民招商、以商招商，加大招商力度，相继与德国阿门特公司和意大利潘德曼公司、河北弗莱德公司签订总投资30亿元和总投资32亿元的两个特大项目，实现了我县招商引资的新突破。其中，投资32亿元的冷藏车项目即将开工。大力优化发展环境，组建完善了行政服务中心，实行“一条龙”办公、“一站式”审批，服务水平显著提高。

工业经济跨上新台阶。2011年全县规模以上工业增加值完成25.1亿元，增长20.4%。积极申报省级经济开发区，城东工业区通过市发改委审批。开展园区基础设施建设年活动，园区道路、电力等载体功能进一步增强。整合技改资金，重点扶持10家龙头企业实施技术改造；鼓励力马、福隆、圣泽等优势企业在建陶行业内开展兼并重组，打造行业领军企业。

农业农村工作取得新成效。按照“园区发展、基地育苗、科技增效、精品蔬菜”的思路，继续实行蔬菜产业奖励政策，新发展蔬菜3万亩；狠抓示范园区建设，规划建设了两个万亩示范区、五个千亩示范方、十个百亩精品园，启动众林、垚淼两个高标准、现代化、生态型蔬菜示范园区建设；大力开展“农超对接”、“农企对接”，建成4个蔬菜配送中心，千秋合作社被授予“中国50佳合作社”；强化品牌占领市场意识，完成4个“绿色食品认证”，申报2个以上省级著名商标，打响高邑精品蔬菜品牌，并成为全市大机关蔬菜供应基地。粮食生产实现单产、总产“九连增”。千秋小镇、良庄新区等新民居建设稳步推进。

县城面貌呈现新气象。围绕“一县两城、带状发展”总体思路，按照无处不精美、无处不精细、无处不精心、无处不精彩的具体要求，聘请同济大学专家，高起点、高标准完成县域发展总体规划，扎实推进刘秀公园建设、完成了107国道和南环路亮化提升、东环路改建、府北路扩建等八大工程。全面启动石武高铁西客站站前广场建设。加强城市管理，建立了科学高效、运转协调的大城管体制，县城形象进一步提升，被省政府确定为省级园林县城，正在争创省级文明城市、国家级园林县城。

民生幸福得到新提升。财政资金重点向民生领域倾斜，全年民生资金投入1.56亿元，占全部财政支出的26%。投资1300万元改善办学条件，学前三年教育和高中段教育得到全面普及；启动城乡居民社会养老保险，从政策层面实现了社会养老保险的全覆盖；率先在全省为70岁以上老人每人每月发放30元生活补贴；投资800万元，完成全县107个村卫生室建设；建成农村“幸福院36所”，“高邑经验”在全市推广；全面深入推进“三五”维稳工作机制，中央政法委书记周永康对此作出重要批示，石家庄市现场会在高邑召开，实现了社会稳定。

◆ 现代化纺织基地生产车间

◆ 建陶产业基地生产车间

◆ 70岁以上老人生活补贴发放仪式

实施“二次创业” 推进跨越发展

——石家庄国家高新技术产业开发区

◆ 省委常委、市委书记孙瑞彬视察格力空调项目

◆ 市委副书记、市长姜德果到格力项目视察

◆ 高新区规划馆开馆

◆ 格力公司生产线

◆ 河北欣意电缆开工建设

◆ 中国网通公司外景

近年来，石家庄国家高新技术产业开发区（简称高新区）坚持科学发展，思路明确，措施有力，发展速度明显提高，活力日益增强，取得了一系列发展成果。

一、科学制定发展规划，确定跨越发展思路

确立“解放思想、二次创业、跨越发展、铸造辉煌”的总体方向，明确“项目至上、环境保障、科技引领、和谐发展”的发展思路，制定高新技术产业集聚和创新要素集聚两大战略，提出“大项目支撑、集群化推动、园区化承载”的发展路径，努力为实现全省领先、国内一流、特色鲜明的发展目标而奋斗。认真制定全区规划，先后邀请深圳雷奥公司、河北省宏观经济研究所、中国科学院科技政策与管理科学研究所共同编制了高新区概念规划、产业规划、“十二五”规划、创新型园区建设方案等，积极发挥规划引领作用。

二、建设现代产业体系，综合实力加速递增

促进特色产业高端化、规模化，初步构建了以战略性新兴产业为主导的现代产业体系。目前，聚集各类企业2900多家，其中，工业企业700多家，外商投资企业72家，上市企业13家。形成生物与现代医药、信息网络、精密装备制造和现代服务业四大主导产业，主要指标呈现递增之势。2011年，全区完成总收入1653.1亿元，同比增长32%；工业总产值1240亿元，同比增长29%；利税191亿元，同比增长32%；出口创汇10.45亿美元，同比增长57%。

三、提升自主创新能力，创新氛围日益浓厚

构建了以企业为主体产学研相结合的创新体系，全区市级以上企业技术中心和工程技术研究中心达59家，占全市的35%。其中国家级7家，省级19家。建设创新型特色园区取得实质性进展，创建方案已经科技部批准。研发投入增加，占GDP的比例接近3%，达到先进高新区水平。打造高新技术创业孵化平台，建设了生物医药专业孵化器，组建了全市科技企业孵化器联盟，2011年全区有国家级科技孵化器3家。

四、不断优化发展环境，大幅提升承载能力

基础设施配套日趋完善，建成区已形成“四横八纵”的路网骨架，达到了“九通一平”，为吸引项目落户石家庄高新区奠定了良好基础；软环境不断优化，相继制定出台了《关于深入推进发展环境建设的实施意见》、《关于加强对损害发展环境行为监督检查的实施办法》等一系列制度规定，掀起一场力度空前的“效能革命”；成立招商投资服务公司、城建投资有限公司和孵化器服务公司，建成行政服务大厅，加大为企业服务力度，投资创业环境全面优化。

石家庄装备制造基地

◆ 省委副书记、省长张庆伟视察石飞公司

◆ 市委副书记、市长姜德果视察南车集团

◆ 石家庄煤机公司掘进机生产线

石家庄装备制造基地是国内唯一集飞机、火车、汽车于一域的大型装备制造基地，是打造全省装备制造业发展的重要增长极，是争创国内一流、国际知名的新型生态工业聚集区。

石家庄装备制造基地是在原栾城县窦妪工业区、元氏县马村工业区基础上发展演变而成，1996年经国务院批准，产业定位是化工、机械卫星城。2006年被市政府确定为石家庄“六大基地”之一，产业定位装备制造业。2008年12月被省政府列为首批省级产业聚集区，2011年被批准为河北省工业聚集区、新型工业化产业示范基地。

装备制造基地西起107国道，东至京珠高速，北连南石环，南至潴龙河。控制区面积70平方千米，规划区面积44平方千米，起步区19平方千米，建成区面积9.1平方千米。规划结构为“一心两轴两带”，即综合服务中心，体育大街产业轴、衡井公路生活服务轴和洨河生态湿地带、高压走廊绿化带。基地以“三机两车一新”（飞机、煤矿机、电机、火车、汽车、新能源）为龙头，重点发展通用航空、轨道交通、汽车制造、基础装备、专用机械、机电制造、新兴装备七大产业，配套建设物流、生活服务区。2011年，装备制造基地“三机两车一新”基本落地，形成了投资强度大、产业聚集效益好、关联配套链条广的产业发展格局。

◆ 深化航空产业战略合作协议签约仪式

目　录

公共管理和社会组织

政　法

军 事

农　业

工　业

城乡建设与环境保护

交通运输

信息产业

国内外贸易·旅游

金　融

综合经济管理

科学技术

教 育

文 化

卫生·体育

社会生活

县（市）区概况

人 物

文献法规

统计资料

CONTENTS

Featured Articles

Events

City Survey

Public Administration and Social Organizations

Politics and Laws

Military Affairs

Agriculture

Industry

Urban Rural Construction and Environmental Protection

Traffic Transportation

Information Industry

Domestic and Foreign Trade & Tourism

Banking

General Economic Management

Science & Technology

Education

Culture

Public Health & Sports

Social Life

An Introduction of Cities and Counties

Figures

Literatures & Regulations

Statistical Data

石家庄年鉴 Featured Articles

特　载

特　　载

肩负起转型升级跨越赶超的历史重任 为建设幸福石家庄而努力奋斗

——2011年9月26日在中国共产党石家庄市第九次代表大会上的报告

中共河北省委常委、市委书记　孙瑞彬

同志们：

现在，我代表中共石家庄市第八届委员会向大会作报告，请予审议。

一、过去五年的工作回顾

市第八次党代会以来的五年，是石家庄发展历程中极不平凡的五年，是应对重大挑战、经受重大考验、取得重大成就的五年。五年来特别是党的十七大以来，在党中央和省委的正确领导下，市委团结和带领全市人民，坚持以邓小平理论和“三个代表”重要思想为指导，深入贯彻落实科学发展观，积极应对国际金融危机冲击，努力克服重大突发事件和自然灾害的不利影响，着力解决发展中的突出矛盾和问题，胜利完成了第八次党代会提出的各项任务，开创了省会改革开放和现代化建设的新局面。

综合经济实力显著增强。始终坚持以经济建设为中心不动摇，着力优化发展环境，加快推进工业强市，支持鼓励全民创业，保持了经济平稳较快增长，圆满完成了“十一五”规划目标。2010年，全市地区生产总值完成3401亿元，年均增长12.2%；全部财政收入完成387.9亿元，地方一般预算收入完成163.6亿元，分别比2005年增长1.3和1.4倍；全社会固定资产投资完成2958亿元，增长2.1倍。产业基地建设扎实推进，一批重点项目相继竣工，发展后劲明显增强。经济实力的壮大，为民生的改善和社会事业的发展奠定了坚实的基础。

经济发展方式加快转变。坚持保增长和调结构相统一，经济增长的质量和效益显著改善。农业结构进一步优化，综合生产能力稳步提高。重点产业调整振兴成效明显，主导产业增加值占规模以上工业的比重达56.4%，规模以上工业增加值利润率、销售收入利润率位居全省第一，工业整体素质和效益明显提升。服务业发展势头强劲，增加值占地区生产总值的比重由37.7%上升到40.5%。民营经济快速发展，占经济总量的比重达65.7%。国家创新型试点城市全面启动，自主创新能力不断增强。节能减排取得阶段性成果，淘汰了一批落后产能，污染治理和环境保护迈出新步伐。全市经济正在步入又好又快发展的轨道。

城乡建设实现重大突破。紧紧抓住全省实施城镇面貌三年大变样和省委、省政府高度重视省会建设的重大机遇，科学组织，加大投入，强力攻坚，圆满完成了三年大变样各项任务，获得全省“突出贡献奖城市”称号。省会建设取得重大突破，城市总体框架逐步拉开，主城拆迁改造步伐加快，正定新区建设全面启动。生态环境质量明显改善，绿化美化亮化上档升级，城市管理水平明显提高。一大批重大基础设施项目相继竣工，人居环境、载体功能和聚集能力全面提升，现代都市气息快速显现。县城和小城镇建设步伐加快，农村新民居建设扎实推进，统筹城乡发展迈出坚实步伐。全市城镇化率由42.8%提高到50%。这五年，城镇面貌变化之大，是历史上从来没有过的。

改革开放取得重大进展。国有企业改革基本完成，一批大中型企业成功重组。投融资体制改革深入推进，市场化融资平台逐步健全。强力推进“效能革命”，行政管理体制改革不断深化，削减行政许可项目136项，发展环境得到优化。村级集体财富积累机制不断完善，林权制度、农技推广体系改革基本完成。各项配套改革稳步推进，市场体系不断完善。对内对外开放不断扩大，加强了与国内外500强企业的联系与合作，成功举办了石洽会、正博会等一系列大型商贸会展活动，格力电器等一批重大项目落户我市，累计实际利用外资27亿美元，引进国内资金1077亿元，外贸进出口总额累计完成322亿美元。改革开放的不断深化，为经济社会发展提供了动力、增添了活力。

社会事业实现全面进步。先进文化建设扎实推进，宣传思想工作得到加强，文化体制改革取得突破性进展。文化事业和文化产业迅速发展，打造了“燕赵讲坛”等一批特色文化品牌，创作了《璀璨时空》等一批文化精品，组建了市报业、广电、演艺三大文化企业。思想道德建设和精神文明建设成效显著，市民素质和城市文明水平得到提升。教育、科技、卫生、体育、人口和计划生育等各项社会事业全面发展。启动实施了山区教育扶贫工程。基层医疗卫生服务体系进一步完善。我市被命名为“河北省卫生城市”，荣获“全国义务教育均衡发展工作先进地区”、“全国未成年人思想道德建设工作先进城市”、“全国科普工作先进集体”、“全国群众体育先进单位”等荣誉称号，被确定为全国人口和计划生育综合改革示范市。经济建设和社会事业协同发展的局面正在形成。

人民群众得到更多实惠。坚持把改善民生摆在突出位置，大力实施重点民生工程，加大对困难群众的帮扶力度，让改革发展成果惠及全市人民。2010年，城镇居民人均可支配收入达18290元，农民人均纯收入达6577元，年均分别增长12.7%和9.6%。五年城镇新增就业43万人，城镇登记失业率控制在省下达的指标以内。社会保障体系进一步完善，保障范围不断扩大，保障水平逐步提高。住房保障体系加快建立，困难家庭居住条件逐步改善。妥善处置了三鹿奶粉事件，食品药品安全监管机制不断健全，“食品安全最放心城市”建设扎实推进。坚持每年为人民群众办一批实事好事，受到老百姓的好评。2010年，我市居民幸福指数在全国294个城市中排名第一，人民群众对省会的认同感、归属感、自豪感大大增强。

和谐稳定局面巩固发展。坚持以人民当家作主为核心，大力推进社会主义民主政治建设。人大、政协工作不断加强，统战工作成效明显，群团职能作用充分发挥，各族各界群众紧密团结。党管武装工作得到加强，争创全国双拥模范城“七连冠”取得新成效。群众工作逐步深化，信访形势保持稳定。“五五”普法规划圆满完成，群众法制素质普遍增强。社会管理创新工作稳步推进，我市被列为全国社会管理创新综合试点市。社会治安防控体系进一步完善，110综合警务服务站建成投用，人民群众安全感不断增强。安全生产工作以及公共安全、防灾减灾体系建设不断加强，城市安全水平得到提升，省会政治稳定、社会安定、人民安居乐业的良好局面进一步巩固和发展。

党的建设取得新成效。扎实开展深入学习实践科学发展观活动，广大党员干部的思想政治素质和落实科学发展观的自觉性明显提高。深入开展创先争优活动，广大基层党组织的战斗堡垒作用不断增强，创出了“楼院党支部”、村转社区“双轨制”、重点工程项目中建立临时党组织等经验做法，涌现了一批优秀党员干部典型。圆满完成了县乡党委换届工作。大力加强民主集中制建设，完善了各级党委（党组）工作机制，形成了心齐气顺、干事创业的良好局面。积极创新基层党建工作，党组织覆盖面和影响力不断扩大，进一步夯实了党的执政基础。坚持正确的选人用人导向，不断完善干部考核机制，深化干部人事制度改革，公开选拔了一批优秀年轻干部充实到县（市）区党政班子，改善了领导班子结构，增强了干部队伍的活力。扎实推进党风廉政建设和反腐败斗争，反腐倡廉建设科学化水平不断提高。各级党组织凝聚力、战斗力、执行力的显著提升，为各项事业发展提供了坚强的组织保证。

同志们，在过去的五年中，全市各级党组织紧紧团结率领广大党员干部群众，战胜了前进道路上的各种困难，取得了改革开放和现代化建设的重大成就。这些成绩的取得，是坚持以党的十六大、十七大精神为指导，全面贯彻落实科学发展观的结果；是省委、省政府正确领导，省直各部门、驻石各单位以及驻石人民解放军和武警部队大力支持的结果；是市四大班子齐心协力，全市各级党组织和广大党员干部群众团结奋斗的结果；是各民主党派及各界人士风雨同舟、密切合作的结果；是离退休老领导、老同志亲切关怀、鼓励鞭策的结果。在此，我谨代表中共石家庄市第八届委员会向大家致以崇高的敬意和衷心的感谢！

五年来特别是党的十七大以来，我们走过了难忘的历程，也积累了一些宝贵的经验，值得在今后工作中加以坚持：一是坚持科学发展，立足石家庄实际谋划发展路径，推动了经济社会又好又快发展。我们始终扭住发展这个第一要务不放松，紧紧围绕实现省会科学发展、率先发展，加强调查研究，深化市情认识，寻找科学发展路径，提出在城乡统筹发展的原则指导下，全力实施中东西三大区域经济协调发展战略，加速工业化、城镇化和农业现代化进程的工作思路，并制定实施了一系列配套政策和举措，有力地指导和推动了全市经济社会的发展。二是坚持解放思想，打破不可能“怪圈”，开创了各项工作的新局面。我们始终把解放思想作为推动一切工作的“总阀门”，引导各级干部紧紧围绕发展凝心聚力、开拓创新，突破思维定势，以开阔的视野、创新的思维破解工作中遇到的各种难题。特别是在城镇面貌三年大变样和重点工作的实践中，把过去的“不可能”变成了“可能”，把以前的“办不到”变成了“办得到”、“办得好”，为我市今后发展提供了宝贵的精神财富。三是坚持以人为本，高度关注民生，激发了广大人民群众投身建设和发展的积极性。我们始终把维护好、实现好、发展好广大人民群众的根本利益作为一切工作的出发点和落脚点，正确处理改革发展稳定的关系，积极回应人民群众的关切，真心实意为人民群众办实事、办好事，先后谋划启动了山区教育扶贫、高校毕业生零失业、食品安全整治等重大民生工程，着力解决了一批关系民计民生的突出问题，增强了各级党委、政府的凝聚力和号召力，激发了全市人民热爱石家庄、建设石家庄的积极性和创造性。四是坚持优化发展环境，掀起“效能革命”，城市发展活力和竞争力不断提升。我们始终把环境建设作为加快经济社会发展的“命门之穴”，努力打造健康文明的人文环境、和谐稳定的社会环境、公平有序的市场环境、全民参与的创业环境，特别是坚定不移地推进“效能革命”，大力改善政务环境，一个适合资本流入成长、人民安居乐业的良好环境正在逐步形成。五是坚持党要管党，全面加强党的建设，营造了风清气正、干事创业的浓厚氛围。我们始终把领导班子和干部队伍建设牢牢抓在手上，不断增强党的意识，严肃政治纪律，大力加强民主集中制建设，狠抓干部作风，坚持搞五湖四海，树立正确的用人导向，注意把有激情、状态好、作风硬、能干事、有作为的干部提拔调整到重要领导岗位，营造了良好的政治生态。六是坚持总揽全局、协调各方，充分调动各方面积极性，党的领导核心作用进一步得到加强。我们始终把市委及其常委会的自身建设摆在重要位置，积极适应党委领导体制新变化，不断改进领导方式，完善工作制度，支持和保证人大、政府、政协依法依章开展工作，注意发挥市四大班子的整体作用，建立了重大事项沟通协调机制，对重点工作实行市级领导分工负责制，形成了党委统一领导，各级组织协调联动，各条战线团结奋斗的良好局面。

在充分肯定成绩的同时，我们也要清醒地看到存在的问题和差距。主要是：制约科学发展的思想和体制障碍还需进一步破除，优化发展环境还任重道远；产业档次比较低，自主创新能力比较弱，发展方式还比较粗放，经济增长的质量和效益还不够好，转变发展方式的任务还很繁重；县域经济实力还不够强，城乡差距明显，统筹城乡发展的任务十分艰巨；城市化和城市现代化水平还比较低，省会功能还不完善，县城和小城镇建设还需加力；利益诉求大量增加，社会矛盾更加复杂，保障改善民生、创新社会管理、维护社会稳定的任务仍然很重；一些干部的精神状态、思想作风和素质能力与新形势新任务的要求还不够适应，一些基层党组织还比较薄弱，领导班子和领导干部的执政能力和领导水平还有待进一步提高。对这些问题，我们一定要高度重视，采取切实措施，认真加以解决。

二、今后五年的指导思想和奋斗目标

今天，石家庄已经站在了一个新的历史起点上。今后五年，是全面建设小康社会的关键时期，是加快转变发展方式的攻坚时期，是爬坡过坎、加快发展的拼搏时期。展望未来，我市面临着难得的发展机遇。世界多极化和经济全球化深入发展，有利于我们更好地利用两个市场、两种资源发展自己。我国经济长期向好的趋势没有改变，工业化、信息化、城镇化、市场化加速推进，为我们提供了巨大的市场空间；国家大力推进京津冀区域经济一体化，省委、省政府高度重视省会发展，明确提出把石家庄作为京津冀第三极来培育，决定实施冀中南经济区战略，有利于我们借力京津创新资源、强化中心城市地位，加速实现区域崛起和振兴；随着高速铁路、高速公路及航空业的快速发展，以石家庄为中心的“一小时交通圈”即将形成，与京津及周边省会城市的“同城效应”逐步显现，区位优势更加明显。我市是全省的政治、文化、科技、教育、金融、信息中心，人流、物流、资金流、信息流汇聚，有利于我们聚集先进生产要素。特别是在完成各项艰巨工作任务中，广大干部经受了锻炼和考验，造就了一支敢打硬仗恶仗、善于攻坚克难的干部队伍，为我们完成新任务、实现新目标提供了坚实可靠的保障。与此同时，我们也面临着诸多不利因素。主要是国际金融危机影响深远、债务危机不断加剧，世界经济增长减缓；国内宏观经济环境趋紧，面临的不确定因素还很多；经济社会发展的资源环境约束不断加大，传统发展模式难以为继；投入不足的滞后效应尚未消除，跨越发展的产业技术支撑比较薄弱；各地竞相发展的形势咄咄逼人，不进则退，慢进也要落后。总之，机遇前所未有，挑战十分严峻。我们必须深刻认识面临的形势，进一步增强机遇意识、责任意识和忧患意识，审时度势、趋利避害，化危为机、主动作为，以更加奋发有为的精神状态，把握新形势，抢抓新机遇，增创新优势，实现新突破，努力开创我市科学发展的新局面。

今后五年的指导思想是：高举中国特色社会主义伟大旗帜，以邓小平理论和“三个代表”重要思想为指导，深入贯彻落实科学发展观，顺应人民群众过上美好生活的新期待，以科学发展为主题，以加快转变经济发展方式为主线，紧紧围绕转型升级、跨越赶超两大任务，坚持统筹城乡发展，大力实施中东西三大区域经济协调发展战略，加速工业化、城镇化和农业现代化进程，全面推进经济建设、政治建设、文化建设、社会建设、生态文明建设和党的建设，确保“十二五”规划胜利完成，努力缩小城乡、区域、贫富差距，促进共同富裕，加快向繁华舒适、现代一流省会城市迈进，在全省率先全面建成小康社会，努力建设幸福石家庄。

转型升级、跨越赶超，是从我市实际出发提出的今后一个时期的两大历史性任务，是贯彻落实科学发展观在我市的具体化。转型升级、跨越赶超，就是要大力优化经济结构，转变发展方式，加快产业升级，提升综合实力，加强社会建设，推进管理创新，使石家庄进入全面、协调、可持续发展的“快车道”，在全国省会城市中的位次大幅前移。

建设幸福石家庄，是全市人

民的共同期待，也是全市各级党组织的政治责任和庄严使命。我们要与全市人民一道，用我们全部的智慧和勤劳的双手，努力把石家庄建设成为“经济发达，就业充分，收入增加，保障健全，环境友好，生态改善，文化繁荣，城乡文明，诉求畅通，公平正义，平安和谐，宜居宜业”的美好家园。

围绕上述总体要求，今后五年全市经济社会发展的主要目标是：

——经济实力大幅提升。经济增长速度和效益高于全省平均水平，经济总量和财政收入翻一番，基本达到全面小康要求。综合经济实力居全省“领跑”地位，在冀中南经济区的主导作用得到充分发挥，京津冀第三极的地位得到确立和凸显。

——发展方式明显转变。产业结构调整取得重大进展，传统产业实现转型升级，战略性新兴产业增加值实现翻番，主导产业核心竞争力显著增强，农业现代化步伐加快，现代服务业在国民经济中的比重有较大提高。自主创新能力大为增强，经济增长的科技含量明显提升。节能减排全省领先，生态环境质量大幅改善。

——城镇建设实现突破。城乡面貌发生结构性变化，省会主城区大规模改造提升基本完成，正定新区建设初具规模，基础设施支撑能力和城市综合服务功能进一步增强，城市品位大幅度提升。县城建设实现重大突破，新农村建设取得显著成效，城乡发展趋于协调。城镇化率明显提高，实现全市人口由农村主导型向城市主导型转变。

——社会建设全面加强。科技、教育、文化、卫生、体育等各项社会事业快速推进，公民素质和城市文明程度普遍提高。社会主义民主法制更加健全，社会管理创新取得实效，各项制度日趋完善，人民权益得到保障，维护社会公平正义，保持社会和谐稳定。

——人民生活显著改善。生活水平实现阶段性提升，农民人均纯收入翻一番，城镇居民收入较快增长，城乡、区域、贫富差距进一步缩小，人民富裕程度普遍提高，生活质量明显改善。覆盖城乡的基本公共服务体系逐步完善，社会保障水平进一步提高。城乡就业规模持续扩大，物价水平保持基本稳定，住房条件明显改善，贫困人口实现稳定脱贫，人口保持长期均衡发展，城乡居民幸福指数不断提升。

三、加快转变发展方式，实现全市经济发展新跨越

发展是第一要务。建设幸福石家庄，必须以强大的经济实力作后盾。要始终坚持发展是硬道理，加大经济结构调整力度，加快转变经济发展方式，加速提升综合经济实力，推动全市经济又好又快发展。

（一）强力推动区域经济协调发展，增创经济发展新优势。按照中东西三大区域经济协调发展战略的要求，中部主城区和组团县（市）以发展高新技术产业、战略性新兴产业和现代服务业为重点，大力发展城市经济，打造全市经济社会发展的龙头带动区和城乡现代化建设标志区；东部县（市）以大上工业、上大工业为主攻方向，以产业聚集区建设和招商引资为突破口，加快实现东部发展的新跨越；西部县（区）重点发展绿色工业、生态农业、农副产品加工业和休闲旅游业，突出生态屏障建设，在确保生态安全的基础上，加快富民强县步伐。强力推进东部产业新城、大西柏坡、空港工业园、南部工业区四大战略性工程建设，打造省会新的经济增长极，为中部隆起、东部突破和西部加快发展提供强大支撑。坚持以钢铁般的意志优化发展环境，强力推进“效能革命”，切实把我市打造成最适合资本成长、最适合创业的城市，努力让企业家高兴，让老百姓满意，让全民创业的激情充分释放，让“铜板”在石家庄的每一寸土地上都跳动起来。

（二）加快推进新型工业化，强力实施工业突破。要坚定不移地实施工业强市，大力改造提升传统产业，强力培育以生物医药、装备制造、电子信息为龙头的战略性新兴产业，努力实现存量做优、增量做大、主导产业做强，锻造强大的现代工业体系。大力加强产业链建设，支持工业50强加快发展，鼓励支持行业骨干企业和重点龙头企业兼并重组和规模扩张，推动生产要素向优势企业和产品集中，培育一批主导产业的龙头企业和知名品牌，打造

一批“百亿级”企业，增强聚集、辐射和带动能力，提升我市工业核心竞争力。实施中小企业成长工程，努力培育一批“小巨人”企业。深化拓展对标行动，引导鼓励每个企业向同行业最优看齐。引导和支持企业坚持不懈地加大技改投入，加快技术进步，推动企业向产业高端迈进。坚持市、县领导联系重点企业制度，全面做好工业运行服务保障工作。大力提升工业聚集区的规模、档次和功能，着力打造循环化工基地、高端医药园等一批“千亿级”园区。切实优化投资结构，加大对实体经济特别是技术改造、产品升级和战略性新兴产业的投入，大规模引进现代工业资本，重振我市工业的雄风。

（三）大力发展现代服务业，培育壮大服务型经济。坚持把发展服务业放在更加突出位置，重点发展生产性服务业，提升发展生活性服务业，构建与新型工业化相配套、与城市化进程相吻合、与扩大开放相协调、与居民需求相适应的现代服务业体系。加快发展现代物流业，努力打造全国重要物流节点城市。大力改造提升传统商贸流通业，推动南三条小商品、新华集贸等重点市场完善功能、上档升级，强化华北重要商埠地位。加强市场体系建设，大力发展电子商务，形成有形市场与无形市场并存、要素市场与商品市场并举的多元化市场格局。积极吸引国内外企业在石设立区域性总部，努力建设总部经济聚集区。进一步优化金融生态环境，着力破解中小企业融资难问题，提升省会金融业竞争力和服务水平。高标准建设石家庄国际服务外包开发区，打造北方重要服务外包产业聚集区。以大西柏坡红色旅游区为龙头，大力整合旅游资源，打造国内外热点旅游目的地城市，努力把旅游业培育成支柱产业。着力打造石洽会、杂技节、动博会、药博会、正博会等知名会展品牌，大力繁荣会展经济。进一步做大做强夜经济，全面发展便民利民的生活性服务业，不断提高城乡居民生活品质。

（四）进一步深化改革开放，增强发展的动力和活力。要积极推进各项综合配套改革，努力为推动科学发展，实现转型升级、跨越赶超扫除体制机制障碍。深入推进国有企业改革重组，增强发展活力，盘活国有资产，实现保值增值。鼓励支持全民创业，加快发展民营经济，充分发挥其繁荣经济、扩大就业的重要作用。深化行政管理体制改革，下决心转变政府职能，提高行政效能，努力打造服务型政府。加快行业协会建设与改革，充分发挥其自律管理、维护市场秩序、协助政府管理行业的作用。积极稳妥实施事业单位分类改革，创新公共服务体制机制，推进非基本公共服务市场化改革。要实施更加积极的开放战略，加快全方位、多层次、宽领域的对内对外开放。高标准建设产业聚集区，尽快取得国家保税区政策，强化内陆港功能，打造高水平对外开放平台。加强与沿海地区的产业互动，推进与西部地区能源合作向纵深发展，打造“东出西联”开放格局。全面推进与京津对接，建立互利共赢的区域合作新机制。以企业为主体，以产业链为纽带，加大招商引资力度，大力引进战略投资者，持之以恒地推进各类项目建设。进一步优化外贸外经结构，积极开拓国际市场，扩大高附加值产品出口，鼓励有实力的企业开展跨国经营，在更高层次上参与国际分工与合作。

（五）努力打造创新型城市，推动经济发展向创新驱动转变。要大力实施“科教兴市”和“人才强市”战略，做好国家创新型试点城市的各项工作。进一步强化政策引导，加大投入力度，加快建立以政府为主导、企业为主体、市场为导向、产学研相结合的技术创新体系，培育一批有核心竞争力的创新型企业，推动“石家庄制造”向“石家庄创造”转变。抓好产业升级技术支撑平台建设，聚焦产业发展的关键领域和重大技术难题进行科技攻关，大力推进集成创新和引进、消化吸收再创新，加强国内外科技交流与合作，为改造传统产业和培育新兴产业提供有力的技术支撑。建立风险投资体系，引导更多资本进入创新领域。创新和完善产、学、研互利共赢合作机制，加快推进科技成果转化为现实生产力。牢固树立人才是第一资源意识，大力培养、引进、留住和用好高层次创新创业人才和团队，使我市成为高端创新人才的聚集地。建立完善激励创新的体制机制和利益导向，大力倡导和弘扬崇尚科学、鼓励创新、宽容失败、追求卓越的创新文化，激发全社会创新活力，使石家庄成为创新激情竞相迸发、创新人才脱颖而出、创新成果不断涌现的热土。

（六）提高生态文明建设水平，努力建设生态城市。要统筹经济社会发展和生态环境建设，着力构建资源节约型、环境友好型社会，创建国家环保模范城市，加快生态城市建设步伐。大力发展绿色、低碳、循环经济，加快构建节约、高效、环保的生产方式和产业结构。强力推进节能减排，突出抓好“双三十”示范工程，严格控制新建高能耗、高排放项目，积极推广清洁生产技术，加大废物资源化利用和无害化处理力度，坚定有序地淘汰落后产能。加强环保能力建设，提高环境执法水平，强化城乡污染治理和环境保护工作，解决损害群众健康的突出环境问题，努力让全市老百姓喝上干净的水、吃上放心的食品、呼吸新鲜的空气、享受绿色的空间。大力实施生态屏障建设，加强太行山生态保护，加大植树造林和水土保持力度。切实加强生态文明教育，推动形成文明、节约、低碳的生活方式和消费模式。建立健全生态补偿、生态应急保障、生态建设考核奖惩以及财税金融政策扶持机制，努力形成符合可持续发展要求的生态建设管理体系。把严格水资源管理作为加快转变经济发展方式的战略举措，加快推进水利改革发展，加强水利基础设施建设，大力发展民生水利，努力建设节水型社会。加强滹沱河等重点流域和岗南、黄壁庄水库等重点水源地的水生态保护和水环境治理，实现水资源的可持续利用。

发展是解决一切问题的关键，也是今后五年最为紧迫而艰巨的任务。全市各级党组织要“咬定青山不放松”，始终把发展牢牢地抓在手上，全面提高我市整体经济实力和综合竞争力，努力把“蛋糕”做大，为建设幸福石家庄筑就坚实的物质基础。

四、加强城乡统筹，大力推进社会主义新农村建设

我市是农业大市，城乡差距明显。解决好“三农”问题是党委、政府工作的重中之重，广大农民群众是我们的深情牵挂。建设幸福石家庄，必须坚持统筹城乡发展，培育壮大县域经济，加快缩小城乡差距，努力增加农民收入，全面提升农村发展水平，让改革发展成果更多地惠及广大农民群众。

（一）加强统筹规划，推动城乡一体协调发展。要坚持工业反哺农业、城市支持农村和多予少取放活的方针，做好全省统筹城乡发展试点工作，大力创新体制机制，使政策最大限度地向“三农”倾斜。以环省会、环县城等区域为重点，梯次推进城乡规划、产业发展、基础设施、公共服务、劳动就业和社会保障、社会管理等“六个一体化”，辐射带动周边区域发展，逐步实现城乡之间公共资源均衡配置、生产要素自由流动、经济社会协调发展。把农村新民居建设作为统筹城乡发展的重要抓手，协调推进农村产业发展、基础设施建设、人居环境改善，提升农村整体发展水平。

（二）发展壮大县域经济，奠定新农村建设的物质基础。要制定和完善支持县域经济发展的政策措施，设立县域发展专项基金，支持重大产业项目建设。大力发展县域工业，打造特色主导产业和龙头企业，培育特色产业集群，提高县域经济综合竞争力。加强县域产业聚集区建设，狠抓项目建设和招商引资，大规模吸引资金、技术、人才向县域集聚。有序推动省会主城区产业向县域扩张，促进县域产业扩量升级。大力发展农副产品加工业，突出“一乡一业”、“一村一品”，培育壮大一批农业产业化龙头企业。到“十二五”末，力争我市在全国百强县中榜上有名，一半以上的县（市）进入全省30强行列，使县域经济成为全市经济发展不可替代的强大引擎。

（三）强化农业基础地位，大力推进农业现代化。要实施最严格的耕地保护制度，划定永久基本农田，全面提高农业综合生产能力，确保粮食安全和基本农产品供应。大力调整优化农业结构和区域布局，做大做强农业优势产业，打造一批国内外知名农业特色品牌，大幅提升农业综合效益。大力发展现代设施农业、都市农业和观光休闲农业，建设一批特色农业示范园区。加大农业科技创新和技术推广力度，建立

健全农业社会化服务保障体系。坚持以工业化的理念抓农业，积极吸引社会资本注入农业，用先进技术改造农业，用现代物质条件装备农业，促进农业向专业化、标准化、品牌化、社会化大生产转变。大力推进农业产业化经营，加强农民专业合作组织和行业协会建设，提高农民组织化程度，畅通农产品流通渠道，增强农民抗御市场风险的能力。大力推进土地综合整治，实施水网设施恢复工程，积极发展节水农业，增强农业抗御自然灾害的能力。

（四）实施帮扶农民增收工程，大幅提高农民收入水平。要认真贯彻落实党的各项强农惠农政策，切实减轻农民负担。加大对“三农”的投入力度，建立财政支农投入稳步增长的长效机制，保证各级财政对农业农村投入增长高于财政经常性收入增长幅度。大力实施帮扶农民增收工程，支持农民发展现代特色高效农业，通过提高农业综合效益增加收入。加强农民就业服务和社会保障工作，推进农村劳动力转移，不断增加农民工资性收入。大力支持农村二、三产业发展，鼓励农民创业致富，以创业带就业，以就业促增收。加大扶贫开发力度，实施对口帮扶，帮助贫困地区农民和低收入群体尽快脱贫致富，努力实现城乡居民收入差距明显缩小，贫困地区农民与全市农民人均收入水平差距明显缩小。

（五）深化农村改革，增强农村发展的内在动力。要坚持和完善农村基本经营制度，保持农村土地承包关系稳定并长久不变，完善土地承包经营权流转市场，积极稳妥地推进土地适度规模经营。推进农村征地制度改革，保证土地增值收益主要用于农业农村。深化完善农村财富积累机制，发展壮大集体经济，切实保障村级组织运转和公益事业发展。深化农村金融改革，发展农村新型金融组织和小额信贷，引导信贷资金投向“三农”。深化林权制度、小型水利产权制度、农技推广制度等方面改革，不断增强农村发展活力。

“三农”问题事关全局。农业强则基础强，农民富则全民富，农村稳则社会稳。我们比以往任何时候都要更加关爱农民、关心农业、关注农村，加快建设社会主义新农村步伐，让广大农民群众过上更加殷实舒心的好日子。

五、加快城市化和城市现代化进程，努力打造繁华舒适、现代一流省会城市

城市是人类社会文明进步的主要标志和重要载体。建设幸福石家庄，必须坚持以人为本的城市建设理念，大力实施城镇建设三年上水平，加快城市化和城市现代化步伐，增强城市承载服务功能和聚集辐射能力，大力提升区域竞争力，推动城市建设出品位、生财富、惠民生。

（一）强力推进省会城市建设，努力打造京津冀都市圈第三中心城市。要按照“一城三区四组团”的发展格局和500万人口的城市规模，拓展发展空间，优化城市结构，完善省会功能，加快建设国际知名、国内一流的现代化省会。全面提升城市规划设计水平，注意增加城市文化内涵，切实增强规划的严肃性和执行力，以规划设计的高水平保证城市建设的高品位。坚持把正定新区建设摆在突出位置，按照“低碳、生态、智慧”的理念，统筹新区的城市建设和产业发展，精心打造创新、宜居、魅力之城，使之成为河北的名片。全面改造提升老城区，大力实施便民设施整治建设工程，努力将老城扮靓做美，大幅提升城市功能和人居品质。加快推进现代化公共服务和商业综合设施建设，高标准建设体育中心、会展中心、文化中心，建成一批大型城市综合体和中央商务区，打造省会新地标。加快推进藁城、鹿泉、栾城、空港组团的规划、建设和管理，努力打造布局合理、功能协调、特色彰显、充满活力的省会都市区。

（二）大力加强基础设施建设，提高省会综合承载能力。要把交通设施建设置于城市基础设施建设的突出位置，统筹推进航空、高铁、高速公路建设，构建内外贯通、立体交叉、通畅快捷的现代化交通体系，进一步强化交通枢纽城市地位。加强高速路网、国省县乡公路建设，实现县县通高速，打造主城区至县城“半小时交通圈”。大力推进农村公路建设，切实改善西部山区交通条件，积极推进城乡交通运输一体化，加快村村通公交步伐。加快省会都市区道路改造升级步伐，

大力发展公共交通，加快实施轨道交通，提高交通管理水平，大幅改善省会交通状况。加强市政基础设施特别是地下管网和城市防灾减灾等基础设施的建设改造，增强城市的安全保障、应急避险能力。大力实施滹沱河整治、环城水系、西部山前和环省会绿化带等重大生态基础工程，努力打造“绿色省会”。

（三）全面加强城市管理，大力提升管理水平。要对标先进城市，建立科学高效、运转协调、责权统一、保障有力的大城管体制。建立完善城管综合执法机构，提升城管执法效能，坚持文明执法，构建和谐城管。加强城市管理长效机制建设，提高城市管理制度化、规范化、常态化水平。大力提高城市管理快速反应能力和精细化水平，使城市时时有人管理、处处干净有序。创新城市管理方式，将市场机制引入城市管理，增强城市管理活力。大力提升城管装备水平，完善配套基础设施，不断强化城市管理手段。深入开展城市容貌综合整治，努力营造整洁舒畅、清爽宜人的城市环境。发动广大市民参与城市管理，建立城管部门与市民互动机制，不断提高老百姓对城市管理的满意度。

（四）强力推进县城和小城镇建设，大幅提升城镇化水平。要以省会城市为中心，优化全市城镇空间布局，积极支持辛集、平山、新乐等有条件的市和县城向次中心城市迈进，加快县城和特色镇建设步伐，努力打造环省会城镇群。统筹县域产业和县城建设，强力推进县城扩容升级、基础设施提档、载体功能完善、管理水平提升，加快“补课”与“赶超”步伐，推动县城建设跨越式发展。着力打造一批工业型、商贸型、旅游型特色城镇，引导鼓励有条件的农民到中小城镇务工经商、创业置业。积极创新和完善加快城镇化的配套政策，大力破除城乡壁垒，加快产业和人口向城镇聚集。

当前，我市正处在工业化、城市化加速发展的重要时期。我们一定要抓住难得的历史机遇，把城市打造成最适合人就业、生活、消费的地方，最适合人创造价值的地方，最适合生产要素聚集和便捷流通的地方，让全市人民共享城市化成果，将“城市，让生活更美好”的理想变为现实。

六、大力保障和改善民生，扎实推进和谐省会建设

发展的最终目的在于改善民生、造福百姓。这既是人民群众的共同心愿，也是我们的历史使命。要把民生摆在更加突出的位置，坚持做大“蛋糕”与分好“蛋糕”并重，积极构建民生财政，切实抓好以改善民生为重点的社会建设，大力推进公共服务均等化，着力解决好老百姓最关心、最直接和最现实的利益问题，努力使全市人民学有优教、劳有多得、病有良医、老有善养、住有宜居，不断提高老百姓的幸福感。

（一）完善就业、分配和社会保障体系，切实保障百姓福祉。要把促进就业放在经济社会发展的优先位置，实施更加积极的就业政策，强化政府促进就业职能，帮助无业者就业，扶持有志者创业，最大限度地满足劳动群众的就业需求。统筹做好城镇就业困难人员、农村转移劳动力以及退役军人等重点人群的就业工作，力促高校毕业生登记失业率为零。坚持效率与公平相统一，合理调整收入分配关系，着力解决收入分配不公的突出问题，构建企业和职工利益共享机制，让居民收入与经济发展同步增长，劳动报酬与劳动生产率同步提高。加强劳动监察执法，依法维护劳动者权益，构建和谐劳动关系，让劳动者体面劳动、有尊严生活。要以社会保险、社会救助、社会福利为基础，以基本养老、基本医疗、最低生活保障为重点，以商业保险、慈善事业为补充，不断扩大保障覆盖面，加大财政对社会保障方面的投入，逐步提高保障标准，建立健全与我市发展水平相适应、覆盖城乡、多层次、可持续的社会保障体系，做到应保尽保，实现人人享有基本社会保障。积极构建多层次住房保障体系，努力解决低收入家庭住房问题。加强对城乡困难群体专项救助，以逐步完备的社会保障和救助体系，充分体现社会主义大家庭的温暖以及党和政府的关怀。

（二）大力发展社会事业，让人民群众得到更多实惠。要优先发展教育事业，加大财政教育投入，营造更加浓厚的尊师重教氛围。积极发展学前教育，均衡

发展义务教育，全面普及高中教育，扎实推进山区教育扶贫，让每个孩子都享受到优质教育，努力实现教育公平。加快调整高等教育专业结构，整合优化职业教育，引导民办教育健康发展，努力为经济社会发展培养大批高端人才和高素质劳动者。要深化医药卫生体制改革，加快建立覆盖城乡的公共卫生服务、医疗服务、医疗保障和药品供应保障体系“四位一体”的基本医疗卫生制度，力争到“十二五”末人人享有基本医疗卫生服务。统筹城乡卫生事业发展，实施优质卫生资源倍增工程，加快市级医院布局调整和建设改造，打造一批现代化的医疗中心。积极推进医疗卫生资源向农村和城市社区倾斜，扩大基本药物使用范围，完善新农合制度，努力解决群众“看病难、看病贵”问题。大力加强卫生防疫工作，提高对各类疫情和突发公共卫生事件的应急处置能力。强力推进“健康石家庄”建设，不断提高全市人民的健康水平。全面做好人口和计划生育工作，着力提高出生人口素质，促进人口长期均衡发展。大力发展体育事业，完善全民健身服务体系，提高竞技体育水平，做大做强体育产业。完善城乡养老、助残服务体系，促进老龄和残疾人事业健康发展。高度重视和发展妇女儿童事业，切实保障妇女儿童合法权益。

（三）维护社会和谐稳定，打造最平安省会城市。要高度重视和正确处理新时期人民内部矛盾，切实加强源头治理，完善社会稳定风险评估机制，最大限度地减少各种矛盾问题的发生。严格落实维护社会稳定责任制，积极预防和妥善处置群体性事件，提高全社会治安防范和应对突发事件快速反应与处置能力。进一步完善“三位一体”大调解机制，深入开展矛盾纠纷排查化解工作，努力把矛盾化解在基层、解决在萌芽状态。坚持以群众工作统揽信访工作，积极畅通信访渠道，认真解决信访问题，依法规范信访秩序。加强社会治安综合治理，严厉打击各种违法犯罪活动，大力实施科技强警，充分发挥110综合警务服务站震慑犯罪、服务群众的作用。严格落实安全生产责任制，坚决防范和遏制重特大安全事故的发生。认真落实和完善我市食品安全全程监管、企业自律等“八大机制”，坚持重典治乱、常抓不懈，努力打造“食品安全最放心城市”。

（四）加强和创新社会管理，不断提升社会管理和服务水平。按照最大限度激发社会活力、增加和谐因素、减少不和谐因素的总要求，强化社会管理综合治理，全面做好全国社会管理创新综合试点工作。统筹协调各方面利益关系，建立科学有效的利益协调、诉求表达、矛盾调处和权益保障机制，切实维护群众合法权益。加强和完善流动人口和特殊人群服务管理，建立健全实有人口综合管理体系。加强和完善基层社会管理和服务体系建设，切实发挥基层组织和社会组织作用，强化城乡社区自治和服务功能。加强和完善公共安全体系建设，着力提高防控和应急处置能力。加强和完善信息网络管理，健全网上舆论引导机制，提高对虚拟社会的管理水平。坚持依法治市，加强地方立法，加大普法力度，严格依法行政，深入推进公正廉洁执法，不断提高执法公信力，切实维护社会公平正义。要把群众工作渗透到社会管理的各个方面，切实保障人民群众的知情权、参与权、表达权和监督权，建立完善党员干部联系群众制度，面对面、心贴心地做好群众工作，夯实社会和谐稳定的基础。

我们党的一切工作，归根结底都是为了实现好、维护好、发展好最广大人民的根本利益。我们要怀着对石家庄父老乡亲的无限热爱之情，把更多的精力用到关心群众生产生活上，把更多的财力投到群众直接受益的事情上，让全市老百姓得到更多实惠，生活更加顺心，笑容更加灿烂。

七、推动文化大发展大繁荣，努力打造文化强市

文化是城市的精神和灵魂，是区域综合实力竞争的重要因素。建设幸福石家庄，必须坚持社会主义先进文化前进方向，大力推进文化改革发展，充分发挥文化引导社会、教育人民、推动发展的功能，努力打造文化强市，让全市人民共享文化发展成果，为省会发展提供强大的思想保证、精神动力和智力支持。

（一）加强和改进宣传思想工

作，巩固全市人民团结奋斗的共同思想基础。要把社会主义核心价值体系建设融入市民教育和精神文明建设全过程，用党的理论创新成果武装党员、教育人民，用全市人民的共同理想和省会发展的美好愿景来凝聚人心、感召群众，激励全市人民为建设更加幸福美好的生活而团结奋斗。牢牢把握正确的舆论导向，坚持团结稳定鼓劲、正面宣传为主，加强主流媒体和新兴媒体建设，唱响主旋律，打好主动仗，用正确的舆论宣传引导群众、组织发动群众，增强舆论引导的权威性、公信力和影响力。切实加强思想政治工作，密切关注社会思潮，及时把握舆情变化，把思想政治工作同解决实际问题结合起来，最大限度地消除分歧、凝聚共识、促进和谐、推动发展。加强人文关怀，注重心理疏导，培育奋发进取、理性平和、开放包容的社会心态，引导人们冷静理性、合法有序地表达诉求，自觉维护安定团结的局面。加大对外文化交流和宣传力度，进一步提高石家庄在国内外的知名度、美誉度。

（二）深入推进精神文明建设，积极创建全国文明城市。要把思想道德建设摆在精神文明建设首位，用社会主义荣辱观引领社会风尚，全面推进社会公德、职业道德、家庭美德、个人品德建设，突出抓好青少年德育培养。大力实施市民文明素质提升工程，深入开展群众性精神文明创建和公民道德实践活动，努力提高全市人民的道德修养和文明素质。大力弘扬以“两个务必”为核心的西柏坡精神，坚守传承石家庄人包容谦和、勤劳淳朴、豁达豪爽、诚实守信的人文品质，并在改革开放、创新创业的伟大实践中大力培育新时期城市精神。统筹“全国双拥模范城”、“国家卫生城市”、“国家生态园林城市”、“国家森林城市”、“国家科技进步示范市”创建工作，全面提升城市发展水平和文明程度，力争早日跨入全国文明城市行列。

（三）积极推进文化创新，增强文化发展活力。要加强文化精品创作生产，创作一批彰显我市特色、富有时代气息、思想性艺术性观赏性俱佳、深受群众喜爱的文化精品，推出一批在全国叫得响的文化名人、文化名品，不断提升省会的文化品位。统筹文化的保护挖掘和传承创新，发挥文化资源丰厚的优势，积极打造特色文化品牌。以正定古城文化保护挖掘为契机擦亮历史文化品牌，以“大西柏坡”建设为龙头叫响红色文化品牌，以反映和讴歌石家庄时代风貌为重点打造现代文化品牌，进一步提升城市魅力，增强文化软实力。深化文化体制改革，着力在培育市场主体、完善市场体系、健全政策法规等方面实现新突破，不断解放和发展文化生产力。

（四）大力繁荣文化事业，保障和改善文化民生。要加强公共文化服务体系建设，深入实施文化惠民工程，积极构建基层文化网络服务平台，基本建成覆盖城乡、惠及全民的公共文化服务体系。高标准建设和改造提升省会博物馆、图书馆、美术馆、大剧院等大型公共文化设施，打造文化设施新亮点。充分发挥各类文化场馆的功能和作用，使之成为传播先进文化、陶冶道德情操、提升市民素养的重要阵地。大力倡导全民读书，努力建设学习型城市。加大对公益性文化事业的投入和扶持力度，加强基层文化队伍建设，做好文化遗产保护工作。广泛开展丰富多彩的公益性、群众性文化活动，提高广大群众精神文化生活质量和水平，满足不断增长的精神文化需求。

（五）加快发展文化产业，培育文化消费市场。要坚持社会效益和经济效益相统一，以文化创意为龙头，以现代传媒、动漫游戏等产业为重点，建成一批文化创意产业园，实施一批文化产业项目，培育一批骨干文化企业，努力把文化产业打造成我市的支柱性产业。优化文化产业发展环境，完善文化产业配套政策，鼓励创办文化企业，引导市民转变文化消费观念，积极培育文化消费市场。切实加强文化市场监管，深入开展“扫黄打非”活动，净化社会文化环境，确保省会文化市场健康发展。

在石家庄这片热土上，我们的先辈创造了璀璨的人类文明。进入新时期新阶段，我们要以高度的文化自觉和文化自信，推动文化大发展大繁荣，不断提升我市文化软实力，创造出无愧于历史、无愧于时代、无愧于子孙的新的灿烂文化。

八、以改革创新精神全面加强党的建设，把全市各级党组织建设成为能够担当历史重任的坚强领导核心

事业发展，关键在党、关键在人。完成今后五年的奋斗目标，必须紧扣党的执政能力建设和先进性建设主线，以改革创新的精神全面推进党的建设新的伟大工程，不断提高党的建设科学化水平，为推动全市改革开放和现代化建设提供坚强的组织保证。

（一）加强思想理论武装，提高思想政治水平。要始终坚持把思想政治建设摆在首位，深入推进学习型党组织建设，抓好各级党委中心组理论学习，大规模开展干部教育培训。坚持用中国特色社会主义理论武装头脑，进一步坚定理想信念，不断增强执政意识、忧患意识、使命意识和贯彻落实党的路线、方针、政策的自觉性、坚定性和创造性，始终在思想上、政治上、行动上同党中央和省委保持高度一致。坚持理论联系实际，切实把理论武装成果转化为谋划发展的思路、推动工作的本领，不断提高运用科学理论指导实践、解决问题的能力。坚持改造客观世界与改造主观世界结合起来，引导广大党员干部强化党性锻炼和党性修养，常怀为民之心，常修为政之德，常思奋起之志，始终恪守共产党人的精神家园。

（二）加强领导班子和干部队伍建设，提高执政能力和领导水平。要坚决贯彻执行省委关于各级领导干部共同遵守的“约法八章”，进一步加强民主集中制建设，严格党内组织生活，充分调动班子成员的积极性，努力营造团结和谐、风清气正、干事创业的良好局面。树立正确的选人用人导向，坚持德才兼备、以德为先的用人标准，真正把政治坚定、有真才实学、实绩突出、群众公认的优秀干部选拔上来，将有限的干部岗位资源提供给优秀干部，提高选人用人的公信度，让想干事的有机会、能干事的有舞台、干成事的有地位，不让老实人吃亏，不让投机钻营者得利。不断优化各级领导班子配备，切实选好配强“一把手”，增强领导班子的整体战斗力。进一步深化干部人事制度改革，加大竞争性选拔和从基层一线培养选拔干部工作力度，推行优秀后备干部到基层和多岗位培养锻炼制度，注重在完成急难险重任务中考察和发现干部，加强优秀年轻干部、少数民族干部、女干部、党外干部的培养选拔工作，加大干部交流轮岗力度，始终使干部队伍充满活力。创新和完善体现科学发展观要求的干部综合考核评价机制，加大考核结果的运用力度，激发广大干部干事创业热情。坚持严格要求与热情关怀干部相统一，注意关心干部的思想和生活，使各级干部心情舒畅地投入工作。认真做好老干部工作，落实好政治、生活待遇，充分发挥老同志的积极作用。

（三）加强基层组织建设，夯实党的执政基础。要认真落实基层党建责任制，坚持和完善基层党建述职承诺制度，围绕增强基层党组织推动发展、服务群众、凝聚人心、促进和谐的作用，积极探索新形势下基层党建新路子，大力提高基层党建科学化、民主化、制度化水平。积极适应工业化、城市化加速发展的新形势，注意选好配强市区、县城、近郊乡镇（办事处）、村（居委会）的基层班子。积极适应社会结构、党员流向的新变化，准确把握农村、企业、社区、学校、机关事业单位以及非公有制经济组织、新社会组织党建工作的特点和定位，增强党建工作的创新性和实效性，扩大党组织的覆盖面和影响力，提高基层党组织的凝聚力和战斗力。认真落实“一定三有”激励保障机制，充分调动基层干部的积极性。加强对党员的教育管理服务，改进党员发展工作，优化党员队伍结构，切实增强党员意识，使每个党员都成为一面旗帜。深入开展创先争优活动，建立健全长效机制，引导各级党组织和党员干部创科学发展之先、争和谐稳定之优，使各级党组织的战斗堡垒作用和党员的先锋模范作用更加凸显，努力营造崇尚先进、学习先进、争当先进的良好氛围。

（四）加强党的作风建设，提高各级党组织执行力。要大力弘扬以人为本、亲民为民的作风。牢固树立群众利益比天大的理念，始终保持党同人民群众的血肉联系，带着感情、责任和追求，实实在在地为老百姓解难事、办实事、做好事。大力弘扬求真务实、真抓实干的作风。真正把心思扑

在抓发展上，把精力用在干事业上，把功夫下在促落实上，多干打基础、利长远的事，坚决反对心态浮躁、急功近利，努力克服形式主义、官僚主义。大力弘扬敢闯敢试、奋发有为的作风。始终对事业充满激情，保持高昂的精神状态，不怕困难，敢为人先，迎难而上，勇争第一，决不允许固步自封不改革、墨守成规不创新、消极畏难不干事。大力弘扬只争朝夕、优质高效的作风。各项工作都要高标准、严要求，快部署、快推进、快落实，在保证质量、安全和效果的前提下，能快则快尽量快，以时不我待的紧迫感，推动各项工作又好又快发展。大力弘扬谦虚谨慎、团结拼搏的作风。用坚强的党性保证团结，用共同的事业维护团结，用真挚的情感增进团结，以班子的团结带动上下级之间、干群之间和全社会的团结和谐，形成万众一心干事业、群策群力谋发展的生动局面。

（五）加强惩防体系建设，提高反腐倡廉科学化水平。要全面贯彻“标本兼治、综合治理、惩防并举、注重预防”的方针，切实把反腐倡廉建设融入经济、政治、文化、社会和党的建设之中，积极构建具有石家庄特色的惩治和预防腐败体系。深入开展党性党风党纪教育，大力推进廉政文化建设，强化教育的说服力，努力提高党员干部廉洁从政的自觉性。坚持以制度建设为主线，强化用制度管权、管事、管人，增强制度的约束力，提高反腐倡廉制度化、法制化、科学化水平。大力推进行政权力公开透明运行，突出抓好对管钱管物管工程、有审批权力部门的制约和监督，织密监督防范之网，大力提升监督的实效性，预防和减少各类职务犯罪。加大对违纪违法案件的查处力度，坚决纠正损害群众利益的不正之风，大力彰显惩治腐败的威慑力，以党风廉政建设和反腐败斗争的实际成效取信于民。广大党员干部要时刻自重、自省、自警、自励，讲党性、重品行、做表率，带头廉洁从政，履行“一岗双责”，做到立身不忘做人之本、为政不移公仆之心、用权不谋一己之利，不为名所困，不为物所累，不为利所惑，永葆共产党人的蓬勃朝气、昂扬锐气、浩然正气和立党为公、执政为民的政治本色。

各级党委要充分发挥总揽全局、协调各方的领导核心作用，改革和完善党的领导方式和执政方式，大力支持人大、政府、政协更加富有成效地履行职能、发挥作用。切实加强同各民主党派、工商联、无党派人士合作共事，做好民族、宗教、侨务、对台工作，不断壮大最广泛的爱国统一战线。坚持党管武装原则，做好国防动员、民兵预备役和双拥工作。进一步加强和改进党对工会、共青团、妇联等人民团体的领导，支持他们依照法律和各自章程创造性地开展工作，积极参与社会管理和公共服务。巩固和扩大基层民主，充分保证人民群众依法行使民主权利。只要我们同心同德、群策群力，不动摇、不懈怠、不折腾，就一定能够凝聚起转型升级、跨越赶超的强大合力，就一定能够战胜前进道路上的任何艰难险阻，就一定能够开创石家庄更加灿烂美好的明天。

同志们，一代人有一代人的使命。实现今后五年的奋斗目标，历史地落在了我们的肩上，使命光荣，责任重大。市委号召，全市各级党组织和全体共产党员，要更加紧密地团结在以胡锦涛同志为总书记的党中央周围，高举中国特色社会主义伟大旗帜，在省委的正确领导下，紧紧依靠全市1000万人民，脚踏实地，艰苦奋斗，为在我省率先全面建成小康社会，打造繁华舒适、现代一流省会城市，为让石家庄的老百姓更加热爱这座城市，让世界更加关注这座城市，让生活在这座城市的人们更加幸福而努力奋斗！

政府工作报告

——2012年1月12日在石家庄市第十二届人民代表大会第五次会议上

石家庄市人民政府市长　姜德果

各位代表：

现在，我代表市人民政府向大会作政府工作报告，请予审议，并请各位政协委员和列席会议的同志提出意见。

一、2011年工作回顾

刚刚过去的一年，是实施“十二五”规划开局之年，是中共石家庄市第九次代表大会胜利召开之年。面对国内外错综复杂的形势，我们在省委、省政府和中共石家庄市委的坚强领导下，坚持以科学发展为主题，以加快转变经济发展方式为主线，紧紧围绕转型升级、跨越赶超两大任务，全力以赴保增长、调结构、控物价、惠民生，较好地完成了市十二届人大四次会议确定的目标任务，实现了“十二五”良好开局。

综合实力跃上新台阶。预计全市生产总值完成4000亿元，增长12%；全部财政收入完成488.9亿元，其中地方一般预算收入完成221亿元，分别增长26%和35%；规模以上工业增加值完成1700亿元，实现利税770亿元，分别增长16%和25%；社会消费品零售总额完成1640亿元，增长18%。全民创业成效明显，民营经济持续健康发展。中东西三大区域协调发展，中部区域隆起效应逐步显现，东部区域整体突破取得较大进展，西部山区发展加快步入良性循环。

重点建设取得新成效。全市固定资产投资完成3000亿元，增长25%以上。重点项目建设取得新进展，71个项目开工建设，73个续建项目超额完成年度投资计划，格力电器、神威现代中药制剂等52个项目竣工投产。正定新区、东部产业新城、空港工业园、大西柏坡基础设施和产业项目建设同步推进，取得实质性进展。五大产业基地和南部工业区建设步伐加快，华药白蛋白、青岛啤酒等49个项目竣工投产。“20+X”重点商贸项目和“10+X”物流项目加快推进，综合保税区申办取得阶段性进展。省会夜经济成效显著，一批美食休闲广场、特色商业街建成开业。西柏坡高速公路一、二期竣工通车，西阜高速公路开工建设，石家庄国际机场航站楼改扩建工程主体完工。

转型升级迈出新步伐。传统产业升级改造步伐加快，完成技改投资680亿元，增长25%。战略新兴产业实现增加值267亿元，增长25%。产业园区进档升级提速，石家庄·中国半导体光谷建设全面启动，7个经济开发区和11个产业集聚区列入省级序列，产业聚集效应日趋明显。高新区二次创业成效显著，示范带动作用明显增强。现代物流、总部经济、服务外包、文化旅游等现代服务业规模壮大，服务业增加值占GDP总量的比重达到40%以上。科技创新能力明显提高，新增高新技术企业35家，市级以上企业（工程）技术中心36个，取得省以上科技成果205项。淘汰落后产能任务超额完成，节能减排目标如期实现，大气和水环境质量持续改善，全年市区二级以上天气达到320天，市域5条主要河流水质基本达到省定标准。

城镇面貌发生新变化。围绕城市建设上水平，实施重点工程80项，完成投资1500亿元。城市规划引领作用增强，聘请国内外一流规划大师和设计团队，编制完成了21项重要规划和单体设计。城市综合交通体系日臻完善，铁路新客站及六线隧道主体工程基本完工，中华北大街、胜利大街等11条道路改造全面完成。城市居住条件明显改善，103个保障性安居工程项目、45048套保障性住房开工建设。城中村拆迁改造稳步推进，637栋城中村回迁楼开工建设，305栋竣工、2.3万户居民回迁新居。15个旧住宅小区环境综合整治全面完成。良村热电、鹿华热电等7个项目全部竣工，新增供热能力3710万平方米。城市标志性景观打造成效明显，勒泰中心、河北航空城等十大城市综合体建设加快推进，列入全市风貌特色十大工程的园博园、会展中心、体育中心开工建设，以万达广场建成开业为标志，城市风貌特色增添新亮点。城市生态环境明显改观，全面推进“一河两环”工程，环城水系全线通水，滹沱河市区段16千米的河道具备蓄水条件，全长11.6千米的滨河景观大道竣工通车，民心河二期南栗明渠建成投用，新建公园、广场8座，新增绿地708公顷，建成区绿地率达到41.5%。城市精细化管理效果显著，以管理重心下移为重点的大城管体制基本理顺，万米网格化管理深入实施，主城夜景亮化提档升级。城区主干道全部实现机械化清扫，108条路段实现全天候保洁。县城扩容提质加快推进，736个项目开工建设，完成投资478亿元，县城人居环境、承载功能和聚集能力进一步提升。全市城镇化率达到51.5%。

统筹城乡取得新进展。认真落实各项强农惠农政策，各级财政用于“三农”支出达到68.6亿元，增长37.2%。农业综合生产能力稳步提高，粮食亩产、总产分别达到472.7公斤和545.9万吨，粮食连续八年丰收，单产总产双超历史最高水平。畜牧、蔬菜、果品三大优势产业规模不断扩大，质量品质明显提高。农业产业化经营总量达到800亿元以上，增长12%。大力实施太行山和环省会绿化工程，森林覆盖率达到30%。农田水利建设加力提速，完成10座水库除险加固，新打维修机井3586眼，发展节水灌溉30万亩，改造中低产田5.9万亩。农村生活环境进一步改善，新改建农村公路917千米，新开通市区至组团县（市）公交线路10条。新民居建设稳步推进，新增省级新民居示范村250个，建成了一批设施配套、美观宜居、群众满意的新民居。

改革开放实现新突破。国企改革向纵深推进，金刚集团、宝石集团等一批大中型企业成功重组，5家集体企业和18个城中村集体组织完成改制。行政审批制度改革不断深化，全市321项行政许可和非行政许可审批事项削减到245项。医药卫生体制改革深入推进，全市乡镇卫生院综合改革基本完成，农村普遍实行大病统筹，全市44个政府办社区卫生服务机构和所有乡镇卫生院全部实行了基本药物制度。投融资体制改革取得新进展，渤海银行在省会设立分行，新增小额贷款公司11家，石药集团等5家企业成功发行债券，以岭药业等3家企业挂牌上市。对内对外开放不断扩大，石洽会、正博会、药博会等大型经贸活动成功举办，格力电器、可口可乐等一批国际国内产业巨头前来我市投资办厂。全市实际利用外资8亿美元，引进市外资金500亿元；外贸进出口总额完成130亿美元，增长18%。

民生幸福实现新提升。围绕实施八项重点民生工程，市财政用于民生支出295.8亿元，增长38.8%。城镇居民人均可支配收入达到20120元，农民人均纯收入达到7560元，分别增长10%和15%。城镇新增就业10.5万人，下岗失业人员再就业3.75万人，转移农村劳动力15.2万人，应届高校毕业生就业4.13万人，城镇登记失业率控制在3.79%以内。养老、医疗、失业等五项保险覆盖面进一步扩大，新型农村养老保险和城镇居民养老保险分别在11个县（市）试点，失业保险市级统筹开始实施，新农合参合率达到96.8%，所有农村实施了门诊统筹并做到出院即报。城镇退休职工养老保险、新农合筹资、城乡低保标准继续提高。建立保障标准与物价上涨挂钩联动机制，困难群体生活得到保障。全市新增廉租住房补贴家庭2000户，分配入住廉租房5034套。解决了40万农村人口的饮水安全问题，3.5万农村贫困人口实现稳定脱贫。为民承诺的27件实事基本完成。我市居民幸福指数在全国

294个城市中排名第一，人民群众对省会的归属感、认同感、自豪感大大增强。

社会事业取得新进步。教育事业加快发展，学前三年教育入园率达到88.3%，义务教育均衡发展，高中教育优质资源进一步扩大，职业教育水平不断提升，高等教育质量稳步提高。484所中小学校舍安全工程竣工投用，幼儿师范学校顺利实现升格转型，职教园区建设加紧推进。山区教育扶贫工程成效明显，28所寄宿制学校建成投用，1.8万余名贫困山区学生实现了集中就读。推出一批文化精品，戏剧《女人九香》、动画电影《西柏坡》、纪录片《石破天惊》等优秀作品荣获国家级大奖。第六届国际动漫博览交易会成功举办，动漫实训基地与考试中心开始运行，动漫产业产值达到12亿元。新建农家书屋1636个，市图书馆、博物馆、美术馆等公益场馆免费开放，"彩色周末"、"石演大舞台"等群众文化活动丰富多彩。全市乡镇卫生院全部配备了基本的诊断设备和救护车辆。4041所农村标准化卫生室建成投用，基本实现"一村一室"的目标。深入开展"首席医师"进社区、千名医师下乡村活动，"十大"名医、名护、名科等评选命名深受市民称赞。全民健身运动广泛开展，竞技体育取得优异成绩。深入实施计划生育惠民行动，低生育水平保持稳定。国防动员和双拥共建深入开展，"六城同创"统筹推进，精神文明建设成果丰硕，获全国文明城市提名资格。妇女儿童、老龄慈善、扶贫助残等事业不断发展，民族宗教、外事侨务、防震减灾、气象人防、社科档案等各项事业都取得新成绩。

政府建设得到新加强。依法行政水平不断提升，自觉接受人大法律监督和政协民主监督。办理人大代表建议367件、政协委员提案629件，办结率均达100%。深入开展创先争优活动，强力推进效能革命，发展环境进一步优化。大力推行行政权力公开透明运行，专项资金、小金库、公车治理工作取得明显成效。认真落实市县乡三级干部大接访制度，一批信访积案和遗留问题得到解决。食品药品监管专项治理成效明显。重特大安全生产事故得到遏制。社会管理创新综合试点工作成效显著，社会治安防控体系进一步完善，110座综合警务服务站建成投用，全市政治稳定、社会安定、人民安居乐业。

各位代表！去年以来，我市经济社会发展取得的优异成绩，是省委、省政府和市委正确领导的结果，是全市人民团结奋斗、共同努力的结果。在此，我代表市政府，向全市人民，向人大代表、政协委员，向各民主党派、工商联、无党派人士、人民团体和社会各界人士，向驻石人民解放军、武警官兵，向中直、省直机关驻石各单位，向所有关心石家庄发展的国内外朋友，致以崇高的敬意和衷心的感谢！

在充分肯定成绩的同时，我们必须清醒地看到，我市经济社会发展还存在一些突出的困难和问题，主要是：区域经济社会发展还不够协调，部分企业经营困难，经济增长下行压力加大，市场物价高位运行，城乡居民生活受到影响，资金紧张矛盾突出，土地瓶颈制约趋紧，外贸出口形势严峻，节能减排任务艰巨。与此同时，制约我市发展的产业结构档次低、发展方式粗放、自主创新能力不强、社会事业发展滞后等深层次矛盾更加凸显，县域经济实力不够强，城乡差距还比较明显。新型城镇化和城市现代化水平还比较低，省会城市基础设施和功能尚须下大力完善，城市管理的规范化、标准化、精细化水平还比较低。改善民生和社会建设方面还有不少亟待解决的问题。政府职能转变还不够到位，优化发展环境任重道远。对此，我们一定要高度重视，采取有力措施，切实加以解决。

二、2012年工作的总体要求和主要目标

今年是全面落实市第九次党代会精神的第一年，是深入实施"十二五"规划承上启下的关键一年，做好今年的政府工作意义十分重大。

综合分析今年的形势，既有许多有利条件，也面临严峻挑战。世界经济在曲折中复苏，新一轮科技革命孕育重大突破，国际范围内产业结构调整和转移进一步加快，有利于我们在更大范围、更宽领域、更高层次上参与经济合作与竞争。国家继续实施

积极的财政政策和稳健的货币政策，着力扩大内需，优化融资结构，为我们争资金、上项目提供了难得机遇和空间。京津冀区域经济一体化纳入国家“十二五”规划，冀中南地区被列为国家层面的重点开发区域，省委、省政府对省会建设高度重视，省第十一届人代会第五次会议明确提出“提升省会城市功能，打造河北第一窗口”，这些都为我们全面提高城市规划、建设和管理水平，加速建设现代化省会城市、京津冀区域中心城市和生态宜居城市，提供了前所未有的历史性机遇。特别是市第九次党代会描绘了我市未来发展的宏伟蓝图，开启了建设幸福石家庄的新征程。全市广大干部群众推动科学发展、创造幸福生活的认识更加统一，转型升级、跨越赶超的信心更加坚定，聚精会神搞建设、一心一意谋发展的氛围更加浓厚。同时也必须看到，国际国内形势依然复杂严峻，世界经济增速减缓、美国经济持续低迷、欧洲主权债务危机不断发酵，经济复苏的不确定性因素增多。我国经济增长下行压力和物价上涨压力并行，经济持续向好的基础尚不稳固。加之我市经济结构性矛盾与实体经济实力不足相互叠加，短期问题与长期矛盾相互交织，我们面临着“转型”和“赶超”的双重压力。对此，我们必须切实做到头脑更加清醒、谋划更加周密、准备更加充分，在挑战和压力面前抢抓机遇，在转型升级、攻坚克难之中谋求突破，努力在新一轮竞争中抢占先机、争取主动、跨越赶超，奋力实现更好更快地发展。

今年政府工作的总体要求是：坚持以邓小平理论和“三个代表”重要思想为指导，深入贯彻科学发展观，全面落实中央经济工作会议和省第八次党代会精神，围绕市第九次党代会作出的战略部署，以建设幸福石家庄为目标，锁定转型升级、跨越赶超两大任务，深入实施中东西三大区域经济协调发展战略，加快工业化、城镇化和农业现代化进程，着力稳增长、控物价、调结构、抓创新、惠民生、促和谐，推动全市经济社会更好更快发展，努力在建设经济强省、和谐河北中发挥带头作用，以优异成绩迎接党的十八大胜利召开。

今年全市经济社会发展的主要预期目标是：地区生产总值增长11%，全部财政收入增长14%，其中一般预算收入增长15%；全社会固定资产投资增长19%，社会消费品零售总额增长18%，外贸进出口总值增长10%，实际利用外资增长10%；单位生产总值能耗和二氧化碳排放量均下降3.89%，化学需氧量、氨氮和二氧化硫排放总量分别削减1%、1%和0.5%；城镇居民人均可支配收入增长11%，农民人均纯收入增长11%；城镇登记失业率控制在4.5%以内；居民消费价格涨幅控制在4%左右；人口自然增长率控制在7.9‰以内。

实现今年经济社会发展目标，必须突出把握好“稳中求进”的工作总基调，在稳定增长中加快转型，在转型升级中跨越发展。坚持把转型发展作为加快推进产业升级的主攻方向，更加注重调整经济结构和转变发展方式；坚持把创新发展作为实现跨越赶超的中心环节，更加注重体制机制创新和科技创新；坚持把绿色发展作为建设“两型”社会的根本途径，更加注重节能减排和环境保护；坚持把统筹发展作为推动经济社会发展的基本方略，更加注重推进城乡一体化和中东西区域协调发展；坚持把和谐发展作为打造全省首善之区的必然要求，更加注重保障和改善民生。

三、2012年主要工作任务

今年全市改革发展任务十分繁重，必须全面落实国家宏观调控政策，多措并举保增长，积极作为促转型，攻坚克难求跨越，努力开创省会建设的新局面，着力做好以下几个方面的工作：

（一）深入实施中东西发展战略，全力构筑区域经济协调发展新格局。坚持顺应自然规律，遵循经济规律，发挥比较优势，优化产业空间布局。中部区域，重点发展高新技术产业、新兴产业和现代服务业，以打造东部产业新城为重点，着力整合“两区三基地”（高新区、藁城开发区，循环化工、装备制造、纺织服装基地）优势资源，凝聚发展合力。市区大力发展现代物流、电子商务、研发设计、服务外包、金融保险等生产性服务业，提升商贸流通、总部经济、社区服务、文化娱乐、休闲保健、餐饮住宿等生活性服务业。东部区域，以大上工业为主攻方向，以产业聚集区建设和招商引资为突破口，坚持改造提升传统产业与发展壮大新兴产业并重，依据国家产业政策，强化集群集约，延长产业链，提升价值链，努力在推进产业集群、打造各具特色的支柱产业上实现新的突破。西部区域，以发展绿色工业、生态农业、农副产品加工业和休闲旅游业为重点，突出生态屏障建设，加快富民强县步伐，在改造提升传统加工业、做大做强旅游业和消除区域贫困上取得实质性进展。

（二）加强重点项目建设，提升经济发展的支撑力。牢固树立抓项目就是抓发展的理念，坚持政策聚焦、要素聚集、力量聚合，高起点、高标准推进项目建设。今年全市安排省市重点项目160项，总投资2900多亿元，年度计划投资600亿元以上。加快续建项目建设进度，在保质量、保安全的前提下，科学调度，全力推进，确保格力三期、以岭药业中药产业化等35个项目竣工投产；对已具备开工条件的重点项目，进一步优化资源要素配置，破解瓶颈制约，给予重点保障，争取石炼化工业气体岛一期、南车集团石家庄产业园、LED系列应用产品产业化等70个重点项目尽快开工建设；谋划一批具有支柱和引领作用的立市、立县大项目。瞄准国家产业政策和投资方向，切实加强项目储备管理，确保进入储备库项目达到1000项以上。认真抓好项目包装论证工作，加大与国家、省重点项目计划的对接力度，力争更多的项目进入国家和省计划盘子。

（三）做大做强工业经济，增强经济发展的拉动力。按照“二产抓提升”的要求，进一步强化工业主导地位，加快工业强市步伐。实施传统产业升级计划。以精深加工、节能降耗、重组整合为着力点，继续开展行业企业对标行动，对照国内外行业先进标准，加强研发力量，提升配套能力，延长产业链条，加大技改力度，年内重点实施千万元以上技改项目200项以上。实施新兴产业倍增计划。以核心关键技术研发、自主技术产业化为着力点，启动实施信息产业升级、生物产业创新发展、半导体照明产业化、新材料特色产业链壮大四大工程，加快发展物联网，培育壮大战略性新兴产业。突出抓好生物医药、光电信息产业，力争将生物医药产业培育成我市工业经济的第一支柱产业，将光电信息产业打造成中国北方最大的光电信息产业集群，全市战略性新兴产业增加值增长25%以上，力争用三年时间实现战略性新兴产业规模倍增。实施“千亿园区”培育计划。以国家级高新区、省级工业聚集区和经济开发区为载体，重点抓好石炼化千万吨炼油综合改造、安瑞科一期、石煤机扩能等一批重点项目，省级工业聚集区、经济开发区主营业务收入增长20%以上。力争经过3年努力，高新技术开发区、藁城经济开发区、循环化工基地均达到千亿级园区规模。实施“百亿企业”塑造计划。以工业50强为依托，认真落实工业扶持政策，鼓励引导骨干企业实施规模扩张，推动生产要素向优势企业和产品集中，着力培育一批国际国内知名品牌，加速打造一批具有核心竞争力的大型工业“航母”，主营业务收入百亿元以上企业达到7家。力争经过3年努力，华药、石药等4家企业销售收入超500亿元，全市“百亿级企业”达到14家。实施节能减排攻坚计划。坚持结构调整、技术进步、管理创新三措并举，铁腕治污、刚性降耗，确保完成节能减排约束性指标。突出抓好新老“双三十”、“双千”企业的治理，加强对重点耗能企业的能源审计，强化对环保重点监控企业的在线监控，推进污染减排重点工程建设。严格控制高能耗和产能过剩企业扩大产能，禁止新上高排放项目，加快淘汰落后产能。

（四）毫不放松地抓好“三农”工作，力促农业增效、农民增收。按照“一产抓特色”的要求，扎实推进农业现代化，促进农业增效、农民增收、农村发展。提升粮食生产能力。认真落实强农惠农政策，大力开展高产创建活动，加快500万亩粮食生产核心区建设。今年全市粮食总产保持在505万吨以上，力争实现“吨粮市”目标。提高农业综合效益。以优质、高产、高效、生态、安全为目标，发展壮大畜牧、蔬菜、果品三大优势产业，在农产品出“特色”上创品牌、增效益。加大农业产业化投入力度，支持180家市级农业产业化龙头企业做大做强，重点抓好中粮可口可乐、天天乳业等一批投资亿元以上产业化项目。进一步完善基层农技服务网络，加强农产品质量安全体系建设。改善农村生产生活条件。年内完成治理河流4条，除险加固病险水库15座，整治河道堤防20千米，治理水土流失160平方千米，发展节水灌溉30万亩，解决40万农村人口饮水安全问题。加快农村垃圾污水处理设施建设，完成新一轮农村电网改造，促进农村无线通讯全面升级。提高农民收入水平。大力实施帮扶农民增收工程，吸引农民进城务工经商，有效扩大农民非农就业。加强农民就业培训，积极发展劳务经济，增加农民工资性收入。鼓励支持种养能手、返乡农民工创办实业，增加经营性收入。认真落实国家新10年扶贫开发纲要，全面启动260个扶贫开发重点村整村推进计划，年内确保3.5万人实现稳定脱贫。加快统筹城乡发展步伐。以省会周边、新区、县城及产业基地等区域为重点，大力推进城乡规划、产业发展、基础设施、公共服务、劳动就业和社会保障、社会管理“六个一体化”，逐步实现公共资源均衡配置，生产要素自由流动，经济社会协调发展。积极稳妥地推进新民居建设，建成一批高标准农村新型社区。

（五）**加快发展现代服务业，培育壮大服务型经济**。按照“三产抓拓展”的要求，力促服务业发展提速、比重提高、结构提升。加快发展现代物流业。突出抓好南部综合物流聚集区、正定商贸物流产业聚集区建设，重点实施“10+X”现代物流项目，确保晋冀北方物流交易中心等一批项目竣工投用，冀中现代物流配送中心等一批项目开工建设，加速打造全国重要物流节点城市。大力发展金融保险业。积极吸引国内外大型商业银行在省会设立分支机构，争取县级农村信用社改农村商业银行在我市先行试点，发展小额贷款公司、村镇银行等金融机构，积极搭建银企合作平台，努力扩大信贷投放，创新灵活多样的金融产品，支持培育一批企业上市融资。做大做强旅游业。全面规划整合旅游资源，打造精品线路，完善配套设施，加大宣传推介力度，着力提升西柏坡、苍岩山、嶂石岩、抱犊寨、伏羲台、封龙山、正定古城等十大旅游精品景区管理水平，重点推进驼梁—五岳寨—天桂山5A级景区创建，推出一批旅游特色村、星级农家院，组建一批大型旅游集团，努力把石家庄建设成为国内外热点旅游目的地城市。培育壮大服务外包和会展业。高标准建设石家庄国际服务外包开发区，力争把服务外包业打造成为全市新的经济增长点。大力繁荣会展经济，打造石洽会、皮博会、动博会、药博会、正博会等知名会展品牌，会展经济总量增长50%以上。改造提升传统商贸服务业。加快大型商贸综合体和特色商业街建设，突出抓好“20+X”重点商贸流通项目，年内万象天成、希尔顿等五星级酒店落成开业。加强夜经济精品项目建设，全面提高夜经济的档次和品位，进一步提升省会的繁华度。坚持多措并举，有效扩大城乡消费需求。落实国家房地产调控政策，促进房地产市场健康发展。

（六）**推进城镇建设上水平，倾力打造一流省会城市**。围绕打造河北第一窗口，完善配套设施，提升城市功能，聚集优势产业，强化精细管理，全力推进城镇建设上水平、出品位、生财富。主城提升增亮点。加快新源财富大厦、勒泰中心、中国美食街等一批集高端商务办公、大型商业购物、休闲娱乐于一体的大型城市综合体和中央商务区建设。加快新客站广场拆迁及周边路网建设和商业开发。加快胜利大街地下商业街建设进度。继续实施城中村拆迁改造工程，推进回迁楼建设。新区建设出形象。按照“低碳、生态、智慧”的理念，加快正定新区建设，大力推进会展中心、体育中心等26个功能性项目建设。进一步加大路网、公建配套、景观整治力度，年内初步形成两环、三横、三纵的主路网框架，力争河北出版集团、华侨大厦等总部经济项目“五一”前开工，尽快使新区建设有一个大的变化。完善设施强功能。加快西阜高速公路建设，开工建设平赞、石太二通道和南绕城高速公路。推进干线公路升级改造，加快三环辅道建设，确保石铜公路建成通车，启动正无公路藁城、无极段和京港澳高速市区连接线建设。

进一步完善交通配套设施，启动空港综合交通枢纽、新火车站综合客运站建设。扩大热源热网覆盖面，加快旧小区供热管网改造，新增供热能力2350万平方米。园林绿化添新景。改造提升文化广场等5座公园，启动环城水系东线、西线景观绿化、游船码头工程。提速民心河二期建设，确保年底前9.55千米河道整治全面竣工。在城市主干道沿线和重要节点见缝插绿多植树，新建10处游园绿地，新增城市绿廊绿道20千米，中心城区人均绿地面积达到5.8平方米以上。城市管理上水平。积极推进城市管理体制机制创新，加快实现综合执法，构建管理与执法高效统一的大城管格局，大力提升城市管理的标准化、规范化、精细化水平。引入市场化运作模式，以竞争机制助推市政公用服务质量提升。增加环卫作业机械设备，把二环路纳入机械化保洁范围，努力提高主次干道全天候保洁率。提升裕华路、中山路、中华大街等重要路段和繁华商业区域的夜景景观。加大对建筑渣土乱撒乱倒和建筑工地扬尘噪音的治理力度，努力营造洁净舒畅、清爽宜人的城市环境。围绕县城扩容升级，着力推进县城重大功能性项目建设。同时，着力打造一批工业型、商贸型、旅游型特色小城镇，加快形成具有石家庄特点、体现时代特征的现代城镇体系。

（七）加大改革开放和创新力度，增添科学发展的动力和活力。继续深化重点领域和关键环节改革，拓展对外开放的广度和深度，推动经济发展向创新驱动转变。加快改革攻坚步伐。大力推进国有企业改革重组，支持骨干企业兼并扩张。完善公司法人治理结构，盘活国有资产，实现保值增值。切实抓好投融资平台建设，加强政府债务管理。加大综合保税区跑办力度，力争尽快得到国家批准。全面推进事业单位分类改革，完成事业单位分类清理规范工作。全方位扩大对外开放。进一步加大招商引资力度，深化与京津及长三角、珠三角发达地区的合作，发挥外侨作用，搭建合作交流平台，密切与国际友城和港澳台的联系，引进一批大公司、大集团，提高利用外资的规模和水平。积极开拓国际市场，优化出口商品结构，加快出口基地建设，促进出口稳步增长。提高科技创新水平。以创建国家创新型城市为目标，加大产业技术创新力度，培育更多的自主知识产权、自主品牌和创新型企业，重点支持高新区创建国家创新特色园区，新认定高新技术企业20家，新增市级以上创新型企业30家，新培育市级以上工程技术研究中心10家。深入实施“十大人才工程”，面向国内外引进一批科技领军人才和创新创业团队，立足本市重点培养一批企业经营管理人才、技能型人才、农村实用人才，真正让人才优势成为石家庄的第一竞争力。发展壮大民营经济。认真落实促进民营经济发展的各项政策措施，进一步完善服务体系，加快融资担保、人才培训、科技信息、创业辅导基地建设。继续实施中小企业成长工程，对重点民营企业和成长型中小企业，在土地、资金、技术上给予重点支持，打造一批“小巨人”企业。大力推进全民创业，积极扶持小微企业发展，努力营造能人创企业、百姓创家业、干部创事业的浓厚氛围。

（八）大力发展社会事业，全面加强和谐石家庄建设。坚持以人为本，优化公共资源配置，推进公共服务均等化，促进社会和谐进步。提高教育发展水平。实施学前教育三年行动计划，年内新改扩建农村规范化公办幼儿园100所。继续推行义务教育学校标准化建设，改造提升200所中小学校园环境，实现县域义务教育初步均衡。突出抓好学生营养餐改善，加强中小学校车安全管理。巩固提高高中阶段教育普及水平，加快第15中学迁建工程建设，打造一批社会公认、河北一流的优质高中。推进职业教育规模化、集团化办学，启动建设正定新区职教园区。加强高等院校特色学科、重点学科建设，全面提高教育质量。加快发展文化事业。深化文化体制改革，推动文化大发展大繁荣。继续开展道德模范、中国好人和感动省城人物等评选活动。以推进“六城同创”为载体，深入开展创建全国文明城市活动。加大投入力度，加强公共文化基础设施建设，完善市县乡村四级公共文化网络。加强公益文化场馆建设，年内启动建设霞光大剧院和丝弦大戏院，打造文化设施新亮点。加强非物质文化遗产保护和利用。支持文化精品创作，打造文化品牌。大力发展文化产业，围绕现代传媒、印刷出版、动漫游戏、民俗文化等六大产业板块，改造传统产业，培育壮大新兴业态，做大做强报业、广电、演艺三大文化企业集团，着力培育一批主业突出、竞争力强的大型文化企业。年内启动建设动漫大厦和园博园艺术长廊，突出抓好北方书城二期建设，打造华北一流的图书批发交易市场。积极发展卫生事业。加快建立覆盖城乡的居民公共卫生和基本医疗服务体系，加强县乡村医疗机构建设，抓好基层卫生人才队伍特别是全科医生培养，提高基本公共卫生服务均等化和管理服务水平。切实做好公共卫生保障工作，实施“健康知识普及行动”，有效防控重大疾病和传染病。推进市级优质卫生资源倍增工程，市中心医院、市一院、市儿童医院、市四院新院址项目开工建设。维护社会和谐稳定。加大社会管理创新推进力度，在110综合警务站服务功能完善、流动人口一证通、社区建设、物业管理、创新互联网管理模式等方面实现新突破。加强信访和行政复议，畅通群众利益诉求渠道，维护公平正义。加强重点行业和领域安全生产监管，严格落实安全生产责任制，强化安全防控措施，坚决遏制重特大事故发生。健全公共安全应急机制，提高突发事件应急处置能力。进一步完善社会治安防控体系，严厉打击各类刑事犯罪，深入开展“打黑除恶”专项行动，始终保持对犯罪分子的高压态势，切实保障人民群众生命财产安全。加快发展体育等各项事业。广泛开展全民健身运动，不断提高竞技体育水平，开工建设全民健身（游跳）中心，沿环城水系基本建成宽3米、长100千米的环城自行车健身绿道。继续做好人口和计划生育工作，综合治理出生人口性别比偏高问题，稳定低生育水平。依法保障妇女和未成年权益，关心支持残疾人事业。开展“六五”普法，加强法制宣传教育。全面贯彻党的民族政策，依法管理宗教事务。支持工会、共青团、妇联等人民团体发挥桥梁纽带作用，做好外事侨务、防震减灾、气象人防、社科档案等各项工作。加强国防教育和国防后备力量建设，深入开展双拥共建，巩固发展军政军民团结。

（九）实施民生幸福工程，持续提升人民群众的幸福感。今年市级财政安排20亿元集中实施十大民生工程：一是实施就业保障工程。进一步完善培训提高、就业帮扶、创业带动三位一体的就业服务体系，强化对高校毕业生、退役军人、农村转移劳动力、城镇就业困难人员等重点人群的就业服务，着力提升就业技能和就业质量，确保城镇新增就业9.9万人，实现农村劳动力转移15万人，全市城镇登记失业率达到省控指标以下，保持零就业家庭动态为零，应届高校毕业生登记失业率为零。扩大保险覆盖面，城乡居民养老保险制度实现全覆盖。继续提高企业退休人员基本养老金和城乡低保标准，确保高于全省平均水平。推进医疗保险市级统筹，提高基本医疗保障水平。加快建立政府主导和社会参与、居家养老和机构养老相结合的养老服务体系，重点推进敬老院、光荣院、福利院“三院合一”建设，年内示范性老年公寓建成投用，新建农村互助幸福院1100个。关心城镇特困群体，完善社会救助体系，健全保障标准与物价上涨挂钩联动机制，及时发放临时价格补贴。二是实施教育扶贫工程。加大市县两级财政投入力度，年内再新改建28所寄宿制中小学，确保深山区中小学生全部实现集中就读。把发展职业教育作为教育扶贫工程的关键一环，大力改造提升县级职业教育水平，使每一个未能考上大学的贫困山区孩子都能接受良好的职业教育，掌握一技之长，以此改变自己和家庭的命运，从根本上实现脱贫。三是实施医疗惠民工程。进一步完善基层医疗卫生服务网络，健全城市社区医疗保障网络，抓好乡镇卫生院农村卫生室一体化管理，全面提升农村基层医疗卫生机构管理服务水平，做到农民群众小病不出村，常见病和多发病不出乡，大病不出县。新增60所政府办社区卫生服务机构，市区每个街道办事处设置1所政府办社区卫生服务中心，做到城市居民大病到医院，小病康复在社区。继续落实基本药物制度，50%的县级医院实行基本药物零差率销售，新农合筹资标准由230元提高到290元，最高支付额由6万元提高到8万元，切实解决群众“看病难、看病贵”问题。四是实施食品安全工程。以创建食品安全最放心城市为目标，强化监管手段，实行综合执法，提升食品安全监管效能。深入开展“食品安全提升年”活动，加大食品安全专项整治力度，建立肉类蔬菜流通追溯体系，对重点区域、重点领域、重点企业、重点环节、重点品种实施更加科学严格的监管，确保群众饮食放心。今年市内五区各规范建设10个餐饮服务食品安全示范店。五是实施住房保障工程。继续加大廉租住房和公共租赁住房建设力度，在保证工程质量的前提下，加快施工进度，确保按时保质完成任务。全年开工建设各类保障性住房3.69万套，确保5000套租赁住房分配到保障家庭，6300万元补贴发放到2万户廉租住房保障家庭。六是实施蓝天碧水工程。突出抓好城市大气、水污染控制和治理，以国家提高对省会城市大气环境质量考核标准为契机，综合整治全市394家建材企业，治理西柏坡高速两侧可视范围内82家建材和小水泥企业，主城区范围内623台分散燃煤锅炉两年内全部拆除或改电改气，大力发展天然气、沼气、太阳能清洁能源，提高清洁能源使用率。加强水源地水质保护，确保岗南、黄壁庄水库主要水质指标稳定保持在国家地表水二类水质标准，主要河流监测断面水质达到省控标准。开展大规模植树绿化活动，重点抓好西柏坡高速、三环公路、京石铁路、京港澳高速、307和308国道市区段、主城区到四组团道路两侧的植树绿化，推进西部山前、环城水系和滹沱河两岸绿色长廊工程建设，今年完成造林绿化17万亩，全市森林覆盖率达到30.6%。七是实施便民市场工程。进一步完善市场建设规划，抓好各类市场的建设、改造、提升。积极发展便利店、肉菜店、餐饮店、洗衣店以及修理维护等便民利民的生活服务业项目，方便市民日常生活。大力推进早餐工程和放心馒头工程建设，积极扶持龙头企业发展，规范馒头等主食品市场和早餐车经营管理，方便人民群众生活。年内建成60家具有网上开店、科技服务、质量控制等多功能的放心农资超市。八是实施交通改善工程。大力提升主城区路网承载能力，完成友谊大街改造等8条续建道路，打通建明中路等5条断头路，整修市区破损严重的小街巷30条。全方位加强城市交通管理，改善交通秩序，充分利用现有道路资源，最大限度提高城市道路通行能力。新开辟5条城乡公交线路，购置新型公交车450辆。实施农村公路“村村连通”建设，年内完成农村公路120千米。九是实施供热提质工程。全面加强市区热源热网建设，确保小区入住与供热保持同步。大力提高老旧小区供热质量，年内完成120个老旧小区供热二次管网改造，确保采暖期不能让一户老百姓受冻。十是实施文化惠民工程。继续办好燕赵讲坛、高雅艺术演出、群众性书画展等形式多样、丰富多彩的文化活动，在城乡免费放映电影5万场以上，每村每月放映一场，“彩色周末”群众性文艺演出1000场以上，专业艺术院团城乡演出800场以上。市图书馆、群艺馆、博物馆、美术馆、民间工艺博物馆等公益场馆实行365天免费开放。

各位代表！保障和改善民生是我们义不容辞的责任，在此，我代表市人民政府向全市人民郑重承诺：我们将努力做到像抓经济建设一样抓民生保障，像落实经济指标一样落实民生工程，加快推进速度，加大落实力度，确保如期圆满完成。

四、切实加强政府自身建设

新形势新任务对政府工作提出了更高要求，新目标新举措要求我们必须以改革创新精神，切实加强政府自身建设，加快思想转型，推进能力升级，全面提升推动科学发展的执行力，切实肩负起“转型升级、跨越赶超”的历史重任。

（一）奋发有为，保持良好精神状态。面对竞相发展的激烈竞争，市政府各部门必须切实增强责任感、紧迫感、使命感，强化机遇意识、忧患意识、进取意识，大力弘扬不甘落后、奋勇争先的精神，面向全国找准坐标点，对标先进找准起跑线，努力实现争先进位。必须大力弘扬勇于担当、敢为人先的精神，坚决破除陈旧观念和惯性思维，突破制约发展的体制机制障碍，推动各项工作上水平。必须大力弘扬求真务实、真抓实干的精神，始终保持一个好的精神状态、一个好的工作作风、创造一流的工作业绩，以旺盛的工作热情和强烈的事业心，不断推动全市经济社会发展迈上新台阶。

（二）**善于学习，提高科学发展能力**。坚持把学习作为一种政治责任和精神追求，深入系统地学习政治理论和现代知识，不断更新知识结构，树立开放的思想观念，打开解放思想的总开关，用改革的办法、创新的思维解决新矛盾新问题。系统研判宏观经济形势和产业发展趋势，深入了解国家产业、土地和金融政策，掌握经营管理城市和经营管理企业的基本常识，以自身知识结构的转变、能力素质的提高，推动全市产业加快升级、发展方式加快转变。坚持把中央和省委、省政府的决策部署与石家庄市情相结合，尊重科学，遵循规律，实事求是，创新工作思路，创新方式方法，唱好地方戏，打好特色牌，营造新亮点，努力在改革创新中开拓省会发展进步新天地。

（三）**高效服务，一心为民谋福祉**。牢固树立以人为本、执政为民的理念，带着感情、责任和追求，实实在在地为百姓解难事、办实事、做好事。坚持把优化发展环境作为一项“永不竣工的工程”，全面推行公开承诺制、首办责任制、限时办结制、考核评议制，提速办事效率，提高服务质量。大力精简审批事项，该取消的坚决不能保留，该下放的坚决予以下放，努力创造在全省审批项目最少、程序最简、费用最低、服务最优的服务环境。

（四）**强化责任，脚踏实地抓落实**。围绕各项目标任务，逐级建立主体明确、责权对称、层级清晰、奖罚分明的责任体系。以责任制促落实，以责任制保成效，形成一级抓一级，层层抓落实的工作局面。切实加强对重大决策落实情况的监督检查，确保政令畅通，加强绩效管理，落实行政问责，实行责任追究。进一步改进文风会风，开短会、讲短话、求实效，排除一切干扰，摒弃私心杂念，把心思和精力集中到干事创业上，以“踏石有痕、抓铁留印”的过硬作风，扎实推进各项工作落到实处。

（五）**依法行政，真心实意受监督**。忠实履行法律赋予政府的各项职责，把依法行政贯穿到政府工作的各个领域、各个环节，严格按照法定权限和程序想问题、做决策、办事情。认真接受人大的法律监督、政协的民主监督和社会舆论监督，广泛听取各民主党派、工商联和无党派人士的意见和建议。建立健全公众参与、专家论证和政府决定相结合的行政决策体制，真正做到科学决策、民主决策。进一步健全行政执法体制规范管理模式，完善运行机制，激励行政执法人员严格执法、公正执法、文明执法，让公平正义的阳光普照到每一位公民。

（六）**廉洁从政，树立政府好形象**。全面贯彻“标本兼治、综合治理、惩防并举、注重预防”的方针，进一步加强廉政勤政教育，切实提高公务员队伍廉洁从政的自觉性。坚持以制度建设为主线，以权力监控为核心，建立健全惩治和预防腐败体系，从源头上防止和减少腐败问题的发生。深入开展民主评议活动，坚决纠正行业不正之风，切实维护人民群众的合法权益，始终做到勤政廉政、干净干事，确保我们所做的各项工作经得起历史的检验，对得起养育我们的人民，努力建设一个人民满意的政府。

各位代表！做好今年的工作，任务艰巨，责任重大，使命崇高。让我们在省委、省政府和中共石家庄市委的坚强领导下，深入贯彻科学发展观，认真落实中央和省的一系列决策部署，坚定信心，迎难而上，开拓进取，扎实工作，奋力开启建设幸福石家庄的新征程，谱写石家庄又好又快发展的新篇章，以科学发展的新成绩迎接党的十八大胜利召开！

关于石家庄市2011年国民经济和社会发展计划执行情况与2012年国民经济和社会发展计划（草案）的报告

——2012年1月12日在石家庄市第十二届人民代表大会第五次会议上

石家庄市发展和改革委员会主任　赵顺法

各位代表：

我受市政府委托，向大会作石家庄市2011年国民经济和社会发展计划执行情况与2012年国民经济和社会发展计划（草案）的报告，请予审议，并请市政协委员和其他列席人员提出意见。

一、2011年计划执行情况

2011年，面对复杂的国内外形势，全市各级各部门紧紧围绕主题主线，以“转型升级、跨越赶超”两大任务为中心，优化发展环境、强化工作措施、狠抓工作落实，全市经济社会保持了平稳较快发展，实现了“十二五”的良好开局。

——三次产业协调发展。预计全年地区生产总值完成4000亿元，同比增长12%，与计划持平。农业生产稳中有增。粮食生产连续8年获得丰收，总产量达到545.9万吨，同比增长7.5%，高于计划41.9万吨，创历史新高。畜产品产量稳定增长，预计全年肉、蛋、奶产量分别达到78万吨、109万吨、121万吨，同比分别增长4.6%、4.5%、5.9%。工业经济回升向好。预计规模以上工业增加值完成1700亿元，同比增长16%，高于计划1个百分点；规模以上工业利润完成500亿元，同比增长25%，高于计划9个百分点；规模以上高新技术产业增加值完成267亿元，同比增长25%，与计划持平。工业运行质量较好，规模以上工业增加值利润率达到29.4%，销售收入利润率达到7%，均居全省前列。现代服务业加快发展。开元环球中心、勒泰商业中心等“20+X”重点商贸项目和栗源农产品物流交易中心等“10+X”重点物流项目建设快速推进，2011年共有6个项目开工建设、5个项目竣工投用。国际会展中心开工建设，成功举办了药博会、正博会、动漫节等展会。以大西柏坡红色旅游为龙头的旅游开发全面推进，金融服务业有序发展，对产业的支撑作用进一步增强。

——投资保持较快增长。预计全年固定资产投资完成3000亿元，同比增长25%，高于计划5个百分点。第三产业投资占据主体地位，1～11月，完成投资1750.3亿元，占全市固定资产投资的比重达到61.9%；主导产业增势明显，1～11月，生物医药、装备制造、纺织服装产业投资分别增长77.8%、61.1%、35%，均高于全市平均水平。

——重点项目建设进展顺利。1～11月，120项省重点建设项目共完成投资408.1亿元，占年度计划的122.7%。石药药物制剂及医药财富中心等45个项目开工建设，双鸽肉品加工等4个项目竣工，河北航空城基地、新客站广场及道路配套工程、园林博览园3个前期项目提前启动。85项市重点建设项目共完成投资214.2亿元，占年度计划的150.5%。

——财政收入实现快速增长。预计全部财政收入完成488.9亿元，同比增长26%，高于计划12个百分点，其中一般预算收入完成221亿元，同比增长35%，高于计划20个百分点，增长创十年以来最好水平。财政收入占 GDP 比重达到 12.2%，比上年提高 0.8 个百分点，一般预算收入占全部财政收入的比重达到 45.2%，比上年提高 3 个百分点，收入质量进一步提高。金融运行平稳，截至 11 月底，全市金融机构贷款余额 3630.1 亿元，比年初增加 376.3 亿元；存款余额 6705.7 亿元，比年初增加 628.2 亿元。存量存贷比为 54.1%，增量存贷比为 59.9%，增量存贷比高于存量存贷比 5.8 个百分点，信贷投放进一步增大，满足了多层次融资需求。

——重点改革稳步推进。金刚集团、宝石集团等 5 家国有企业完成改制；电动工具厂、冲剪机床厂等 5 家集体企业和 18 个城中村集体经济组织完成改制工作；城区供销社、司法局所属 3 家事业单位改革进入职工安置成本测算阶段；医改五项重点任务进展顺利，221 家乡镇卫生院综合改革基本完成。

——内外开放不断扩大。认真组织香港投洽会、廊坊投洽会、石洽会等重大招商活动，成功举办北京、天津市校(院)合作项目对接会，积极开展与京企、央企、国内 500 强企业合作，预计全年引进市外资金 500 亿元，同比增长 52.8%，高于计划 34.8 个百分点。引进外资取得突破，与可口可乐、韩国乐天、印尼力宝、瑞典爱立信等世界 500 强企业成功签约，部分项目已经取得实质性进展。预计全年实际利用外资 8 亿美元，同比增长 25%，与计划持平。对外贸易不断增长，预计全年外贸进出口总值 130 亿美元，同比增长 18%，高于计划 6 个百分点，其中出口 66.5 亿美元，同比增长 18%，高于计划 4.5 个百分点。

——民生得到持续改善。预计全年农村居民人均纯收入 7560 元，同比增长 15%，高于计划 6 个百分点。城市居民人均可支配收入 20120 元，同比增长 10%，与计划持平。城镇新增就业达到 10.5 万人，高于计划 1.2 万人。城镇登记失业率控制在 3.79% 以内，低于目标 0.71 个百分点。筹建廉租住房 5200 套，新开工 7015 套，解决了 5034 户低收入家庭的住房困难。新建改建标准化学校 30 所，农村卫生体系建设如期完成。城市建设三年上水平取得实效，城市环境进一步改善，市区二级以上优良天数达到 320 天，其中一级天气 36 天，较上年同期提高 2 天。解决了农村 40 万人的饮水安全问题。基本完成了与人民群众密切相关的 27 件实事。

——经济社会和谐发展。教育、科技、文化、卫生、体育各项事业全面进步，社会管理创新工作取得新的成绩，安全生产形势和社会治安环境持续好转。8 个约束性指标均可完成年度计划目标，预计城镇参加基本养老保险人数达到 158.7 万人，万元生产总值能耗下降 4%，万元工业增加值取水量下降 8%，万元生产总值二氧化碳排放量降低 4%，化学需氧量、二氧化硫、氨氮排放量均下降 1.5%。氮氧化物排放量下降比例控制在全省平均水平。

2011 年，全市经济社会发展中还存在着一些突出矛盾和薄弱环节。一是产业结构仍需进一步优化，产业档次不高，低附加值产品所占比重过大，综合竞争力不强。二是要素瓶颈制约亟需解决，土地指标供给不足，中小企业融资困难，项目建设受到影响。三是物价持续高位运行，居民消费价格指数高达 105.5，对居民生活、企业生产和市场流通影响加剧。四是消费增长低于预期，预计全年社会消费品零售总额完成 1640 亿元，同比增长 18%，低于计划 1 个百分点，消费市场需要进一步扩大。这些矛盾和问题需要我们在今后的工作中着力解决。

二、2012 年经济和社会发展总体要求和主要目标

（一）总体要求。坚持以邓小平理论和“三个代表”重要思想为指导，深入贯彻科学发展观，全面落实中央经济工作会议和省第八次党代会精神，围绕市第九次党代会作出的战略部署，以建设幸福石家庄为目标，锁定转型升级、跨越赶超两大任务，深入实施中东西三大区域经济协调发展战略，加快工业化、城镇化和农业现代化进程，着力稳增长、控物价、调结构、抓创新、惠民生、促和谐，推动全市经济社会更好更快发展，努力在建设经济强省、和谐河北中发挥带头作用，以优异成绩迎接党的十八大胜利召开。

（二）主要经济社会发展目标

——预期性指标

1. 地区生产总值增长 11%。

2. 全部财政收入增长 14%，其中一般预算收入增长 15%。

3. 固定资产投资增长19%。

4. 规模以上工业增加值增长14%。

5. 规模以上工业利润增长17%。

6. 社会消费品零售总额增长18%。

7. 实际利用外资增长10%。

8. 外贸进出口总值增长10%，其中出口总值增长9%。

9. 居民消费价格指数控制在104左右。

10. 城市居民人均可支配收入增长11%。

11. 农村居民人均纯收入增长11%。

12. 城镇登记失业率控制在4.5%以内。

——约束性指标

1. 城镇参加基本养老保险人数160.4万人。

2. 城镇职工基本医疗保险参保率达到95%以上。

3. 城镇居民基本医疗保险参保率达到95%以上。

4. 新型农村合作医疗参保率达到95%。

5. 城镇住房保障覆盖率达到15.8%。

6. 保障性安居工程建设量3.69万套。

7. 人口自然增长率控制在7.9‰以内。

8. 万元生产总值能耗降低3.89%。

9. 万元生产总值二氧化碳排放量降低3.89%。

10. 万元工业增加值取水量降低6.9%。

11. 化学需氧量排放量削减1%。

12. 二氧化硫排放量削减0.5%。

13. 氨氮排放量削减1%。

14. 氮氧化物排放量与2011年持平。

三、2012年重点工作和主要措施

2012年，全市发展改革任务繁重，必须扭住发展这个第一要务不放松，坚持“稳中求进”的总基调，坚持保增长和调结构两手抓，坚持快发展和转方式相统一，在复杂多变的国际国内形势面前，抢占先机，争取主动，加快“转型升级、跨越赶超”步伐，努力实现经济社会发展新的突破，着力做好以下十个方面的工作。

（一）实施中东西发展战略，推动区域经济协调发展。一是加强分类指导。按照中部率先隆起、东部实施突破、西部加快发展的总体要求，科学确定年度工作目标，有针对性地指导各县（市）区发挥自身优势，打造各具特色的经济增长极。二是加强规划引导。切实发挥《中东西三大区域经济协调发展规划》的引导作用，加快中部现代服务业和新兴产业发展；推进东部工业聚集区建设；提升西部生态农业、绿色工业、旅游业发展水平，推动区域经济协调发展。三是加强政策支持。认真落实我市促进现代农业、新兴产业、主导工业、现代服务业发展的一系列扶持政策，研究西部生态补偿政策，促进各个区域产业集聚、功能提升、分工协作、互动发展，进一步加快富民强市步伐。

（二）加快产业结构升级，推动发展方式转变。一是优化产业布局。按照“十二五”规划和中东西发展战略要求，坚持活跃全局和重点突破，突出区域优势和产业特色，强化产业分工和纵向协作，努力通过先行示范，推动全市三次产业的集约、集聚、集优发展。二是做强优势产业。改造旧的、发展新的、培育好的，大力扶持以生物医药、装备制造、电子信息为龙头的战略性新兴产业，着力打造高端医药产业园、中国半导体光谷等一批特色产业集群。大力支持常山纺织、神威药业等一批行业骨干企业和重点龙头企业壮大规模、提升实力，着力打造石药、华药等一批主营业务收入超百亿的工业“航母”。认真落实《关于鼓励和支持民营经济加快发展的若干政策措施》，切实加大支持力度，重点扶持高新技术企业和符合国家产业政策的中小企业发展。三是提升产品结构。加快企业技术改造，扩大终端产品和高附加值产品生产比例，着力培育博深、以岭等一批具有自主知识产权、市场占有率高、国内外影响大的知名品牌，以争创名优产品带动产业升级。四是增强创新能力。以国家创新型试点城市建设为契机，创新主体、创新平台、创新载体，强化政策扶持，加强人才引进，完善体系建设，不断提高技术创新对产业结构升级的支撑能力。

（三）加大项目建设力度，推动全市跨越赶超。一是加大项目谋划力度。高度重视重大产业支撑项目的谋划包装，组织专门力量编规划、做可研、搞论证。依托高端机构、优势产业、产业链条以及中央企业、国内500强、世界500强，集中推动中国半导体光谷孵化园等一批科技含量高、产业关联度大、带动作用强的大项目。二是加大前期跑办力度。组织专门力量，发挥好多种积极性，千方百计争取国家和省支持，争取更多的项目列入国家和省计划盘子。三是加大项目推进力度。对天山超高压成套电力设备、华药总部基地等已列年度计划项目，明确责任，搞好服务，及时督导，按照建设进度抓好落实，确保项目早开工、早投产、早达效。四是加大中小项目支持力度。谋划建设一批“园中园”项目，争取在高新区高端医药园、藁城开发区、装备制造基地等省级聚集区建设一批面向中小企业、高新技术企业和战略性新兴产业的孵化园、加速器。

（四）加强经济运行调节，确保经济稳定增长。一是加强经济运行监测。实时收集经济指标完成情况，强化监测、强化分析、强化对策，确保经济平稳运行。二是加强工业运行监管。全力保障重点企业煤、电、油、运、气等要素需求，及时协调解决企业生产经营中的问题。加强安全生产管理，杜绝各类事故发生。三是深入开展对标活动。引导企业从产品的研发、生产、营销、服务等各个环节，对照国内一流企业，提高对标深度，扩大对标广度，细化对标行动，努力实现跨越赶超。四是切实抓好节能减排。坚决淘汰落后产能，大力推广先进适用技术，抓好循环经济示范工程和节能减排项目，将节能减排目标任务分解到县（市）区和重点企业，强化责任，综合施策，严格奖惩。五是保持物价基本稳定。加强重要商品市场调控和产运销衔接，组织好收购储备，适时增加市场投放。加大市场价格监测预警和价格执法力度，保障正常市场供给和秩序。

（五）加快推进园区建设，力促产业集聚发展。一是加强园区基础设施建设。积极实行“政府主导、市场运作”的开发模式，大力引进战略投资者，加快推进高新区、市管七大基地、11个省级经济开发区、24个工业聚集区的基础设施建设。二是加强园区招商工作。创新招商方式，拓宽招商渠道，加大招商力度。瞄准京津、长三角、珠三角等经济发达地区，采取“以外引外”、“以企引企”等多种方式，吸引更多投资落地园区。三是加强园区项目建设。优化生产要素配置，努力破解制约瓶颈，确保际华职业装等已签约项目尽快落地，确保金石化肥30万吨合成氨、石飞航空基地一期等已经开工项目尽快竣工投产。

（六）大力发展现代服务业，培育壮大服务型经济。一是优先发展现代物流业。按照全市发展规划，合理调控物流布局，着重抓好南部物流园等26个重点项目建设，打造全国重要物流节点城市。二是大力发展金融保险业。优化金融环境，扩大金融开放，提升省会的金融业竞争力。重点抓好省会金融核心区和金融后台服务中心建设。三是积极发展品牌会展业。加快会展中心建设，着力打造石洽会、药博会、正博会和动博会等会展品牌。四是做大做强文化旅游业。重点发展现代传媒、印刷包装、动漫游戏、民俗文化、文化市场、演艺娱乐六大产业，加快形成文化产业主导引领、相关产业联动发展的发展体系。以大西柏坡红色旅游区为龙头，打造国内外热点旅游目的地城市。五是培育扶持服务外包和总部经济。研究制定加快总部经济发展的扶持政策，努力建设总部经济聚集区，大力吸引国际国内知名企业在石设立区域性总部。高标准建设石家庄国际服务外包开发区，把服务外包业打造成为全市新的经济增长点。

（七）统筹城乡协调发展，继续抓好“三农”工作。一是推进农业基础设施建设，改善农村生产生活条件。积极推进农村土地综合整治，突出抓好农田水利工程建设，积极发展节水农业，大力提升农业综合生产能力。加强社会主义新农村规划建设，完善农村基础设施和公共服务设施，促进农村公共服务均等化。二是调整农业产业结构，大力发展现代农业。以土地经营规模化、农业生产规模化、农副产品加工规模化为导向，重点实施粮食高产创建、农产品质量安全保障等“十大工程”。在确保粮食安全的基础上，在特色品种上下功夫、在设施农业上下功夫、在高效农业上下功夫，努力提高农业生产综合效益。三是加大政策扶持力度，促进农民持续增收。加强农民专业合作组织和行业协会建设，提高农民组织化程度，增强农民的抵御市场风险能力。加大“三农”投入力度，落实好强农惠农富农政策，实施好农村扶贫开发项目建设，稳步提高农民收入水平，逐步缩小城乡差别，全面提升农村发展水平。

（八）**加强城市建设管理，持续提升城市品位。**一是进一步完善城市功能。拓展城市发展空间，突出抓好正定新区、空港工业园和东部产业新城等重点区域建设，突出抓好中央商务商业区和现代化城市综合体建设。加快城市基础建设，确保京石、石武客运专线竣工通车，新客站建成投用，西柏坡高速三期完工，西阜高速、平赞高速和京昆高速石太北线开工建设。加快和平路、体育大街快速路等市区道路改造升级步伐，大力发展公共交通，改善省会交通状况。加快气化省会工程建设，提高省会环境质量。二是进一步提高管理水平。创新和完善城市管理体制和运行机制，加快城市数字化管理平台建设，建立城市管理快速反应机制，努力提高城市管理规范化水平。加强市政设施维护，确保重要干道支道设施完好。三是进一步加快县城和小城镇建设。优化全市城镇空间布局，完善全市城镇建设体系。加快县城和特色镇建设，加快城镇综合商务中心建设，加快城乡污水处理和垃圾处理一体化建设，加强城镇街道综合治理，进一步提高城镇档次，完善载体功能，加快产业和人口向城镇聚集。

（九）**加大改革开放力度，提高对外合作水平。**一是扎实推进行政和医疗卫生体制改革。积极推进行政管理体制改革，继续清理、精减和规范行政许可事项。加快推进医药卫生体制改革，健全基层医疗卫生机构运行机制，深入推进药品生产流通领域改革。深化文化体制改革，做大做强文化产业。继续推进科技、教育及涉农体制改革。二是持续推进重点领域改革。加快企业改革，完成市钢家具厂、商标印刷厂等集体企业改制。抓好城中村集体经济组织改制，完成14个城中村集体经济组织改制。稳妥推进事业单位改革，完成事业单位分类清理规范工作。三是大力推进对内对外合作。加强与中央企业、大型民企合作、发达地区企业以及知名跨国企业对接，加强京津高端机构、大专院校、科研院所对接，认真组织香港投洽会、厦门投洽会、石洽会等重大经贸活动，积极引进一批战略投资、重大项目、先进技术和高端人才。实施品牌发展战略，培育一批具有较高知名度和较强带动力的出口品牌。巩固欧美、日本等传统市场，开拓南美、中东等新兴市场。

（十）**加快发展社会事业，着力保障和改善民生。**一是千方百计扩大就业。实施更加积极的就业政策，加强职业技能培训和公共就业服务，多渠道开发就业岗位，统筹做好各类人群的就业工作。二是努力提高居民收入。加快推进分配制度改革，努力促使城乡居民收入与经济发展水平相适应。三是加快完善社会保障体系。抓好企业退休人员、城镇居民和新型农村养老保险工作，扩大社会保险覆盖面。加快推进医疗保险市级统筹，提高基本医疗保障水平。积极推进保障性安居工程建设，加大廉租住房、公租房建设力度。四是大力发展社会事业。加强学校基础建设，实施校舍安全工程，抓好山区教育扶贫。完善基层医疗卫生服务网络，满足群众基本医疗卫生需求。加强体育设施建设，推动全民健身活动开展。加强食品安全监管，确保人民食品安全。抓好社会管理创新工作，抓好与群众利益密切相关的实事落实，真正让广大百姓享受到更多实惠、生活得更加幸福！

关于2011年市本级预算及市总预算执行情况和2012年市本级预算及市总预算（草案）的报告

——2012年1月12日在石家庄市第十二届人民代表大会第五次会议上

石家庄市财政局局长 李晋宇

各位代表：

受市政府委托，现将2011年市本级预算及市总预算执行情况和2012年市本级预算及市总预算（草案）的报告提请大会审议，并请市政协各位委员和其他列席人员提出意见。

一、2011年财政预算执行情况

2011年，在市委的正确领导和市人大常委会的监督支持下，全市财政工作坚持以科学发展观为指导，全面加强收支管理，努力发挥调控作用，着力保障改善民生，不断推进改革创新，主动解决突出问题，较好地完成了十二届人大四次会议确定的各项工作任务，为实现转型升级、跨越赶超和建设幸福石家庄目标提供了坚实的物质保障。

（一）全市财政收支执行情况。据快报统计，2011年，全市全部财政收入完成488.9亿元，超年初预算46.7亿元，增长26.1%；地方一般预算收入完成221.2亿元，超年初预算33亿元，增长35.2%；政府基金收入完成140亿元，增长5.1%，受土地出让金减收影响，比年初预算减收11.3亿元。

全市年初支出预算为210.6亿元，加上级税收返还、转移支付、超收收入、地方政府债券转贷收入，减去上解支出，支出预算调整为411.9亿元，实际完成393.2亿元，占调整预算的95.5%，增长28.9%；基金预算支出135.9亿元，增长3.1%。

全市一般预算支出项目的完成情况是：教育支出84.9亿元，增长21.3%；社会保障和就业支出29亿元，增长25.7%；农林水事务支出31.6亿元，增长28.3%；城乡社区事务支出31.9亿元，增长38%；医疗卫生支出38.1亿元，增长38.2%；住房保障支出14.6亿元，增长353.1%；文化体育与传媒支出5.7亿元，增长51%；科学技术支出6亿元，增长34.2%；环境保护支出10.7亿元，增长23.6%；一般公共服务支出42.1亿元，增长18.6%；公共安全支出25.3亿元，增长16.3%；资源勘探电力信息事务支出11.7亿元，增长53.6%；商业服务业等事务支出9.8亿元，增长68.6%。各项法定支出和重点民生支出得到较好保障。

（二）市本级财政收支执行情况。市十二届人大四次会议批准2011年市本级一般预算收入为75.1亿元（含城区市级分享收入，下同），实际完成95.2亿元（快报统计），占预算的126.8%，增长34.3%；支出预算69.1亿元，加上级税收返还、转移支付、超收收入、地方政府债券转贷收入，减去上解支出，调整为142.7亿元，实际完成135.6亿元，占调整预算的95%，增长32.5%。实现当年收支平衡，略有结余。

市本级政府性基金收入完成72.3亿元，下降20.8%，主要是土地出让金收入比上年减收22.7亿元。市本级政府性基金支出完成76.3亿元，下降11.7%。

市本级一般预算支出项目的完成情况是：教育支出13.6亿元，增长29.5%；社会保障和就业支出 8.3 亿元，增长 33.6%；农林水事务支出 5 亿元，增长 59.5%；城乡社区事务支出 16.3 亿元，增长 34.5%；医疗卫生支出 8.4 亿元，增长 13.7%；住房保障支出 8.8 亿元，增长 429.9%；文化体育与传媒支出 3.3 亿元，增长 65.2%；科学技术支出 2.5 亿元，增长 31.4%；环境保护支出 4.3 亿元，增长 58.5%；一般公共服务支出 10.3 亿元，增长 32%；公共安全支出 13.1 亿元，增长 19.3%；资源勘探电力信息事务支出 6.9 亿元，增长 62%；商业服务业等事务支出 3 亿元，增长 81.6%。

一般预算超收及使用情况已经市人大常委会第 32 次会议审查批准。

上述预算执行情况均为快报数，待决算和省批复结算事项后还会有些变化，届时再向市人大常委会报告。

（三）预算执行的主要措施。——多措并举，综合治理，着力提高财政“蛋糕”的规模和质量。始终坚持“实事求是、应收尽收、不搞虚收”的指导思想，提升规模和优化结构两手抓，积极构建综合治税新格局，全面实现涉税信息资源共享。大力推进生产性企业主辅分离，全市 267 户工业企业实现服务业剥离，增加地方税收 4.5 亿元；加强重点行业、重点企业、重点税源监控，对交通运输、房地产、建筑安装等行业开展专项稽查，增加税收 7 亿元。全市全部财政收入增收额突破百亿元，收入增幅创 1994 年分税制改革以来最好水平。财政收入占 GDP 的比重比上年提高 0.8 个百分点，达到 12.2%；一般预算收入占全部财政收入的比重比上年提高 3 个百分点，达到 45.2%。财政实力进一步壮大，收入质量明显提高，全市经济和社会发展的财力基础更加雄厚。

——以人为本，突出重点，着力加强民生财政建设。一是支持教育事业优先发展。大力实施山区教育扶贫工程，全市投入资金 1.9 亿元，市本级安排 6000 万元，用于 6 个山区县深山区学生到城镇免费就学，新建和改造校舍 8.3 万平方米，转移安置学生 1.8 万人。落实农村义务教育经费保障机制政策，小学生均经费提高到 555 元，初中提高到 755 元。安排资金 9.4 亿元，支持实施校舍安全工程，完成 D 级危房改造 106.3 万平方米。二是积极鼓励全民创业。安排资金 2000 万元，以创业培训、小额贷款贴息、补贴孵化园等方式支持全民创业。安排资金 3000 万元，用于开展就业培训和鼓励企业接收高校毕业生就业，4.2 万名高校毕业生全部实现就业。三是大力推进社会保障扩面提标。落实资金 15.3 亿元用于提高新农合和城镇居民医保补助标准，新农合和城镇居民医保人均财政补助标准由 120 元提高到 200 元。推进新农保扩大试点范围，试点县达到 11 个。提高城乡低保水平，城市低保平均标准达到每人每月 375 元，农村低保平均标准达到每人每年 2000 元，农村五保户分散供养平均标准每人每年 2500 元，为全省最高水平。四是加大医疗卫生事业投入。落实资金 7 亿元，支持 4312 个村标准化卫生室建设和乡镇卫生院改善医疗条件，积极推进乡镇卫生院基本药物实行零差率销售，农村看病难、看病贵问题得到有效解决。五是切实增加“三农”投入。全市用于“三农”的支出达到 68.6 亿元，同比增长 37.2%，促进了农业增产、农民增收、农村发展。安排统筹城乡发展专项资金 3 亿元，支持城乡一体化发展和新民居建设。落实村级“一事一议”财政奖补资金 1.6 亿元，实施项目 2262 个，387 万农村人口受益。六是大力支持文化体育事业发展。市级投入资金 3700 万元，支持公益文化设施免费开放，安排资金 2000 万元，扶持动漫产业发展。投入 1100 万元，对县级文化馆、图书馆、乡镇文化站进行升级改造。七是加大保障性住房支持力度。筹资 19.8 亿元，确保 45048 套保障性住房开工建设，财政投资额是“十一五”时期投入总和的 1.2 倍。八是积极推进平安省会建设。投入 6400 万元，建成 110 个市区警务服务站，做到屯警于街、便民服务，人民群众安全感和幸福指数得到提升。2011 年，全市财政民生支出达到 295.8 亿元，比上年增长 38.8%，占财政总支出比重达到 75.2%。

——加强调控，完善机制，着力促进经济发展方式转变。落实国家积极财政政策，兑现家电和摩托车下乡财政补贴 2.5 亿元，拉动消费超过 24 亿元。统筹整合现代产业资金 6 亿元，集中支持传统产业改造和战略性新兴产业发展。落实 2.5 亿元用于企业技改贴息、对标行动、创名牌产品和驰（著）名商标、淘汰落后产能、流动资金贷款贴息和支持中小企业发展，传统产业竞争力和中小企业发展活力进一步增强。安排5500万元，支持华药集团、全市50强企业和重点产业战略支撑项目发展，做大做强支柱产业和企业。筹措2.5亿元支持空港工业园、高端医药园和南部工业区建设，促进企业向园区集中、生产要素向园区聚集。拨付7300万元用于夜经济延时电费补贴、打造夜经济综合体和特色街区建设，商贸服务业水平进一步提升。用足用好财政政策，支持投融资体系建设，推进组建城投集团、水务集团，帮助地产集团、发投公司等传统融资平台向一般性公司转型，构建符合城市发展需要和市场经济要求的政府投融资体系。

——深化改革，不断创新，着力提高财政管理科学化精细化水平。牢固树立改革意识，用超前眼光和战略思维积极谋划、推进各项财政改革。预算管理方面，全面规范各类非税收入管理，除教育收费以外的所有预算外收支全部纳入预算管理，扩大专项资金绩效评价范围，对农业、教育、社会保障、新民居建设等13大类专项资金开展绩效跟踪，加强项目库建设，预算管理科学性规范性进一步提高；国库管理方面，市级所有预算单位资金纳入国库单一账户管理体系，县（市）区国库集中收付制度改革全面启动，市级行政事业单位全部推行公务卡结算，公务消费更加规范透明；政府采购方面，实行政府采购项目、信息、程序、竞价“四公开”，在全省率先启动电子化政府采购，全市政府采购额完成78.3亿元，节约资金4.7亿元；财政监督方面，完善投资评审机制，深化财政派驻监督改革，财政监督体系进一步完善。

总的来看，2011年年初确定的各项预算任务得到较好完成，但财政运行中还存在一些不容忽视的问题，主要是：财政收入规模和质量有待提高，预算编制的科学性还需改进，预算执行规范性、严肃性仍需加强，政府债务压力依然巨大。对于这些问题，在今年工作中需认真解决、逐步化解。恳请各位代表、委员对财政工作加强监督并提出宝贵意见和建议。

二、2012年财政预算安排情况

2012年是实施“十二五”规划承上启下的关键一年。宏观经济形势的不确定性、复杂性使财政工作面临空前压力和挑战，确保全年收支平衡任务极为艰巨。

根据面临的形势和任务，全市预算安排的指导思想是：深入贯彻落实科学发展观，认真落实市第九次党代会和市委九届二次全会精神，紧紧围绕转型升级、跨越赶超和建设幸福石家庄目标，以科学发展为主题，以加快经济发展方式转变为主线，以建设民生财政为重点，不断壮大财政实力，切实加强财政管理，积极发挥调控职能，着力保障和改善民生，着力促进现代产业体系建设，着力加快城乡统筹发展，着力推进省会城市建设，为全市经济社会又好又快发展提供财力保障。

（一）全市收支计划安排情况。综合考虑各种增减收因素，本着量力而行、积极而为的原则，2012年全市全部财政收入计划安排557.5亿，比上年增长14%。其中，地方一般预算收入计划安排254.5亿元，比上年增长15%。初步汇总的全市一般预算支出安排276.2亿元，比上年预算增长13.9%。

全市政府性基金收入预算安排182.2亿元，比上年增长30.1%。其中，国有土地有偿使用权出让收入安排175亿元，增长33.3%。按照收支平衡和专款专用的原则，相应安排全市政府性基金支出182.2亿元。

（二）市本级支出预算安排情况。市本级一般预算收入安排95.9亿元（含城区市级分享收入），可比增长12.8%（剔除上年一次性收入）。按照现行体制测算，市本级一般预算收入加上级补助收入5.2亿元、县（市）区上解收入1.5亿元，减上解上级支出6.8亿元及补助县（市）区支出6.5亿元后，市本级一般预算可用财力为89.3亿元，比2011年预算安排财力（考虑预算外收入纳入一般预算管理因素，财力基数由69.1亿元调整为76.1亿元）增长17.3%。

本着量财办事、收支平衡的原则，安排市本级一般预算支出89.3亿元，增长17.3%。其中，机关事业单位人员经费、公用经费等基本性支出安排48.6亿元，增长18.3%，占总支出的54.4%；经济建设和事业发展等专项支出安排38.4亿元，增长14.9%，占总支出的43%；总预备费安排2.3亿元，增长43.8%，占总支出的2.6%。

具体项目的安排情况是：一

般公共服务支出安排8.3亿元，增长8.9%；公共安全支出安排12.4亿元，增长14.6%；教育支出安排15.2亿元，增长44.5%；科技支出安排3亿元，增长18.3%；文化体育与传媒支出安排2亿元，增长19.9%；社会保障和就业支出安排4.1亿元，增长22.7%；医疗卫生支出安排9.9亿元，增长44.8%；节能环保支出安排1.6亿元，增长30.4%；城乡社区事务支出安排6.5亿元，增长22.6%；农林水事务支出安排4.6亿元，增长31.7%；资源勘探电力信息事务支出安排6.5亿元，增长8.3%；商业服务业等事务安排1.6亿元，增长12.9%。

市本级政府性基金收入预算安排104.5亿元，比上年增长44.6%。其中，国有土地有偿使用权出让收入安排100亿元，增长50.3%。按照收支平衡和专款专用的原则，相应安排市本级政府性基金支出104.5亿元。

需要说明的是，以上预算安排认真坚持了勤俭节约、民生财政、集中财力办大事和绩效预算原则。特别在大力压缩公用经费和专项公用经费的前提下，加大了民生财政投入力度，市级一般预算安排民生方面支出64.5亿元，占总支出的72%。其中，安排资金20亿元，重点保障了全市民生幸福“十大工程”。

三、确保完成2012年预算任务的主要措施

（一）坚持规模提升与质量优化并重，进一步壮大地方财政实力。围绕实现全年收入目标，认真落实积极财政政策，加大财政调控力度，着力提高发展质量，不断壮大财源基础。加快构建综合治税新格局，深入推进生产性企业主辅分离，强化地方税收和非税收入征管，着力提高地方财政实力。更加注重优化收入结构、提高收入质量，努力提高财政收入占GDP的比重、税收收入占全部财政收入的比重和一般预算收入占全部财政收入的比重。

（二）坚持勤俭节约的理财方针，进一步严格财政支出管理。牢固树立“过紧日子”的思想，从严控制一般性支出，大力压缩“三公”经费。增强预算执行严肃性，严格控制预算调整和追加。严格财政资金投资评审，扩大绩效评价范围，确保财政资金使用安全、高效。

（三）坚持集中财力办大事的理财原则，进一步加大资金统筹整合力度。统筹整合一般预算、政府基金预算资金，完善决策机制，规范管理权责、程序和办法，集中财力保重点。加强跟踪问效，强化全程监督，对发展性资金全面开展绩效评价，把人民群众的每一分血汗钱都花出效益、用在刀刃上。

（四）坚持以改革创新为动力，进一步深化各项财政管理改革。完善市对县（市）区的财政体制，规范转移支付制度，促进基本公共服务均等化，充分调动县（市）区发展的积极性、主动性。加强预算项目库管理，对重大项目实行先评审后入库。大力推进预算绩效管理，明确绩效目标，强化绩效问责。健全国库单一账户体系，全面推行公务卡改革。深化财政监督改革，构建派驻监督、专项监督、日常监督、财政评审监督“四位一体”的财政监督体系。提高政府采购公开透明度，扩大电子化政府采购试点范围。深化行政事业单位国有资产管理改革，推进资产管理和预算管理、财务管理有机结合。大力推进投融资平台市场化改革，积极探索新方式、新机制，有效防范和化解债务风险。

（五）坚持为民理财和依法理财，进一步增强财政工作公开性、透明度。积极推进预算公开，扩大人民群众的参与权、知情权、监督权。大力推进财政法制建设，健全财政法规，规范理财行为。主动接受人大法律监督、政协民主监督和社会舆论监督，严格执行人民代表大会及其常委会各项决议，及时办理人大代表建议和政协提案，虚心听取各方面的意见和建议，建设让人民放心、让群众满意的石家庄财政。

各位代表，做好今年财政工作，关键在人。各级财政部门要进一步转变工作作风，提升工作效能，提高服务水平，认真履行职责，圆满完成全年预算任务，尽心竭力为全市经济社会发展保好驾、护好航，为实现我市转型升级、跨越赶超和建设幸福石家庄做出新的更大贡献！

石家庄年鉴 Events

大事记

大事记

2011 年

1 月

1 日，2011 年体彩杯河北省第 5 届石家庄市第 41 届元旦长跑活动暨市直机关开展全民健身活动启动仪式在省会文化广场举行，近 2 万名市民以长跑形式迎接新年。

△市委、市政府致电祝贺石家庄广电中心获得“中国建设工程鲁班奖”。

9 日，在北京人民大会堂举行的“2010 中国经济发展论坛”上，石家庄、深圳、大连等十大城市当选“2010 中国最具创新力城市”。

10 日，召开全市县乡党委换届工作会议，启动县乡两级党委换届工作。

13 日，举行市图书馆“全国古籍重点保护单位”揭牌仪式。

18 ～ 21 日，召开市政协第十一届委员会第四次会议。

19 ～ 22 日，召开市第十二届人民代表大会第四次会议，市长艾文礼向大会作《关于石家庄市国民经济和社会发展第十二个五年规划纲要的报告》。

28 日，平山县“西柏坡温泉滑雪场”正式开业。这是平山县首家滑雪场，位于平山县温泉度假区南 4 千米北马冢村。

31 日，全市开始执行个人住房转让营业税新政，即个人购买不足 5 年住房对外销售，全额征收营业税；个人购买超过 5 年（含 5 年）非普通住房对外销售，按照其销售收入减去购买房屋价款后的差额征收营业税；个人购买超过 5 年（含 5 年）普通住房对外销售，免征营业税。

△ 1 月份，经市政府批准，市房产市场稽查大队在市住房保障和房产管理局挂牌成立。

2 月

1 日，省委常委、市委书记孙瑞彬到桥东区卫生队、华电裕华热电厂、市供电公司、市公交总公司、市供水集团看望春节期间坚守工作岗位干部和职工。

△全市未出售公有住房租金标准，由每平方米使用面积平均 2.50 元提高到平均 3.00 元。

9 日，市委、市政府召开全市优化发展环境广播电视大会。省委常委、市委书记孙瑞彬在会议上向全市发出动员令，要求各级各部门和广大干部增强责任感、危机感和紧迫感，围绕打造良好的发展环境特别是政务环境，在全市迅速掀起一场力度空前的“效能革命”。

11 日，省委副书记、省长陈全国到石家庄市调研工业项目技改升级工作，考察了石家庄旭新光电科技有限公司液晶玻璃极板项目建设现场及华药集团华民有限责任公司新型头孢项目固体制剂车间、粉针制剂车间和产品检验中心。陈全国强调，要贯彻落实科学发展观，以工业技术改造为抓手推动传统产业改造升级，走出一条靠技改带动调结构转方式的好路子。

△省委组织部副部长张古江一行 3 人，到石家庄市调研县乡党委换届工作。

△召开全市发展改革暨项目建设工作会，提出：2011 年力争地区生产总值增长 13%；按照省会中东西三大区域经济协调互动发展战略，实施“三大打造”，即把中部区域打造成省会经济发展新高地，把东部区域打造成省会经济发展新的增长极，把西部区域打造成省会生态屏障；推进“四个重点工程”，即东部产业新城、大西柏坡、空港工业园、南部工业区建设。

12 日，西柏坡干部学院（河北行政学院）及西柏坡圣地城红色胜典主题公园一期工程举行开工奠基仪式。省长陈全国出席仪式并宣布工程开工。

△省委常委、市委书记孙瑞彬主持召开市委常委会扩大会议，传

达学习胡锦涛总书记2月1～3日考察河北时的重要讲话精神，研究贯彻落实意见。

14日，省长陈全国到石家庄市考察正定新区三里屯回迁区、太行大街和环城水系三标段泊水公园施工现场，并主持召开省政府第八十二次常务会议，研究部署正定新区和环城水系建设。

△第53届格莱美颁奖大典在美国洛杉矶举行。美国华裔音乐人田志仁制作的专辑《Calling all Dawns（呼唤黎明）》获得格莱美“最佳古典跨界专辑”与“最佳配器伴奏”两项大奖，参与专辑演唱的石家庄姑娘贾茹涵作为唯一中国艺术家获得本届格莱美奖。

15日，以国务院残工委副主任、民政部副部长窦玉沛为组长的国务院残工委检查组到石家庄市检查残疾人工作。

△召开市规划委员会第21次会议，原则通过《石家庄空港工业园》规划。按照规划，石家庄空港工业园北侧与新乐市城东工业组团相接，东侧至规划的京港澳高速，南面到规划的张石高速公路支线，西侧到现状的京港澳高速。近期起步区规模34平方千米，远期规模124平方千米。

16日，市长艾文礼在石家庄市会见瑞银投资银行执行董事蔡志坚，香港山成集团总裁陈华俊，香港山成集团北京分公司总经理吴琼，中国动画学会会长、央视动画有限公司董事长余培侠等，双方就加快发展石家庄动漫产业基地进行了交流和探讨。

18日，召开城镇面貌三年大变样总结表彰暨城镇建设三年上水平工作动员部署大会，对全市城镇面貌三年大变样工作进行总结表彰，对城镇建设三年上水平进行安排部署。

△市区二环路快速公交环线开通。

20日，市长艾文礼到鹿泉经济开发区信息产业基地调研，考察了中电科54所天线产业化项目、中电科13所半导体照明产业化项目和聚光砷化镓太阳能电池项目。艾文礼强调，要依托中电科54所和13所的科技研发优势，加快科技成果转化，带动信息产业链延伸和发展，做大做强信息产业，使之成为全市战略支撑产业。

△新疆生产建设兵团党委常委、副政委、纪委书记翟小衡率“干部作风建设年”考察团到石家庄市考察。

21日，国家粮食局副局长任正晓到石家庄市调研国有粮企改革发展与军粮应急保障工作，考察了家家惠速冻水饺厂、家家惠馒头厂、市军供库、省军供库等，并实地查看了全市国有粮企改革发展与军粮应急保障情况。

△市长艾文礼主持召开市政府第四十九次常务会议。会议研究并原则通过《石家庄市医疗纠纷预防和处置暂行办法》、《石家庄市公共租赁住房管理暂行办法》、《石家庄市生活饮用水二次供水卫生监督管理办法》、《关于加快城市化进程深化户籍制度改革有关问题的意见》、《关于大力实施质量兴市战略的意见》、石家庄市2011年农业农村工作要点等。

△市长艾文礼、市委副书记刘云峰在市亚太大酒店会见以阿里地委副书记、行署专员达娃扎西为团长的西藏阿里地区党政代表团一行。

22日，农业部副部长高鸿宾到石家庄市督导抗旱促春管工作。高鸿宾考察了藁城市丘头镇徐村小麦万亩示范片和藁城市动物疫病预防控制中心。

△召开全市金融工作会议。会上宣读了《关于兑现支持金融业发展政策意见的决定》，对新上市企业和新入驻银行实行奖励。

△召开全市政法工作会议。会议贯彻了2011年2月19日胡锦涛总书记在省部级主要领导干部社会管理及其创新专题研讨班开班式上的讲话精神以及全国、全省政法工作会议精神，总结2010年全市政法工作，对2011年工作进行部署。会上印发了《石家庄市社会管理创新工作实施方案》，对2010年度政法系统“百佳标兵”和全市社会治安综合治理工作先进集体进行表彰。市长艾文礼出席会议。

△在全国无偿献血表彰大会上，石家庄市第六次被评为全国无偿献血先进市。

24日，国家粮食局局长聂振邦一行5人到行唐县考察。聂振邦考察了行唐县只里乡习村“万亩高产示范片”麦田，查看了冬小麦的长势情况。

△省委常委、宣传部长聂辰席到石家庄深度动画公司、河北出版物发行中心、正定新区、正定县，

就推进河北文化艺术中心和太行明珠塔等重点项目建设，做好正定古城历史文化遗存保护开发等进行调研。

△市长艾文礼会见参加高新区高端医药产业园基础设施建设项目启动仪式的中国郑和舰队资本国际集团董事局主席、中国太平洋建设集团创始人严介和。

25日，石家庄市举行第十二届社会科学优秀成果奖颁奖大会。石家庄历史名人课题组的《石家庄历史名人》系列丛书获得社会科学特别奖，另有一等奖11项，二等奖20项，三等奖40项。

△市文化产业协会揭牌成立。

26日，召开全市农村工作暨统筹城乡发展工作会议。会议确定2011年全市农业农村工作目标为：全市农林牧渔业增加值增长3%以上，农民人均纯收入增长9%以上；粮食播种面积保持在1100万亩，粮食总产达到504万吨；肉、蛋、奶产量分别达到77万吨、105.8万吨和119.4万吨，分别增长3%、2%、5%；完成造林绿化13.8万亩，森林覆盖率提高0.58个百分点。

28日，市第十二届人民代表大会常务委员会第二十六次会议决定：任命王大军为市政府副市长；石家庄市人民代表大会常务委员会农村经济委员会、城乡建设环境保护委员会分别更名为石家庄市人民代表大会常务委员会农业和农村委员会、城乡建设和环境资源委员会。

△2月份，河北省正定乒乓球训练基地被国家商务部批准为国际服务贸易出口企业，"正定乒乓"正式注册为国际品牌。这是河北省第一批、石家庄市第一家、国家体育总局乒羽运动管理中心所设五大乒乓球训练基地首家国际服务贸易出口机构。

△2月份，市建设局发出《关于2010年外地进石建筑施工企业专项检查情况的通报》，对外地进石施工企业专项检查中查出的山西四建集团有限公司、江苏江中集团有限公司，江苏南通三建集团有限公司，河北中凯建设工程有限公司等4家公司给予通报批评，并停止其2011年在石家庄市的建设工程投标资格。

3月

3日，市青年创业指导服务中心在东马路正式挂牌运行。

7日，召开全市各界妇女纪念"三八"国际劳动妇女节101周年座谈会。来自全市各行各业妇女代表60余人参加会议，市妇女代表赵陵铺镇党委书记刘玉芳、辛集市梅岚粮食专业合作社理事长樊灵芝等围绕"巾帼创新业，建功'十二五'"主题，畅谈体会和交流经验。

9日，市城投集团为泰华街高架工程和建设大街南延道路工程融资10亿元城投债券在上海交易所成功发行。

10日，美国纳斯达克石家庄工作站正式建立。

△市政府与中国农业科学院签订农业科技战略合作协议；中国农科院石家庄市科研试验示范基地揭牌。

12日，是中国第33个植树节。省委常委、市委书记孙瑞彬，市长艾文礼以及市四大班子领导和市直机关干部职工、驻石部队官兵2500余人到西山省会义务植树基地栽植树苗。

18日，市工商联沧州商会成立。

23日，中共中央政治局委员、中央政法委副书记王乐泉到西柏坡纪念馆学习考察。

△在2011年度河北省科学技术奖励大会上，石家庄市20项成果获得省科学技术奖，其中省自然科学奖2项，省科技进步奖18项。

24日，西柏坡行政旅游服务中心项目在平山县柏里村开工奠基。

27～31日，市经贸代表团参加2011年河北省（香港）投资贸易洽谈会，签署外资项目合作协议17个，协议利用外资6.4亿美元。

29日，市志愿服务基金会揭牌成立。这是河北省成立的第一家志愿服务基金会。

△河北威远生物化工股份有限公司整体搬迁升级改造项目在石家庄循环经济化工示范基地举行开工奠基仪式。

30日，石家庄市"十二五"期间规划年销售收入超百亿元企业与市领导联系制度正式启动。

△可口可乐公司在藁城市独资建设饮料生产线项目签约。

4月

2日，京石铁路客运专线石家庄机场停车站站房工程开工建设。

△市政府与中国南车股份有

限公司签署战略合作框架协议，主要涉及中国南车石家庄公司整体搬迁产业升级项目。

8日，石邢（石家庄－邢台）公路赞皇段开工建设。

△赞皇县第二中学举行奠基仪式，标志石家庄市山区教育扶贫工作在该县启动。

9日，法国大学科技学院院长联合会与市十五中学举行合作签约挂牌仪式，20名十五中高中生成为首批拿到预录取资格的学生。

11日，省政府在平山县举行西阜高速公路（西柏坡－阜平）开工奠基仪式。

13～14日，市长艾文礼率领对标学习考察团到浙江省杭州市考察城市综合体、现代先进产业、文化创意产业、标志性街区和亮点工程、重大基础设施建设、住房保障、城市管理、旧城和城中村改造等项目，实地参观了杭州国家级开发区、钱江新城、金沙酒店、太子湾公园、宋城景区主题公园、大型城市综合体、高档住宅小区、现代先进产业、文化产业等项目。

16日，世界500强企业美国康明斯集团和天远科技有限公司签署合资合同，双方以50:50的股比联合组建"康明斯天远科技有限公司"，合作开发和应用车用及非公路用发动机远程控制解决方案。

17日，国药控股股份有限公司与乐仁堂医药集团股份有限公司共同投资组建的"国药乐仁堂医药有限公司"在河北会堂举行成立揭牌仪式。

18日，石家庄良村热电有限公司1号30万千瓦热电联产机组顺利通过168小时试运行，正式转入商业运营。

21日，国家陆地搜寻与救护基地（河北基地）在石家庄市正定县奠基。该基地为华北地区唯一国家级陆地搜寻救护基地。

22日，市工商联莆田商会成立。

25日，"2011中国北方五金机电、陶瓷卫浴产品展销会"在石家庄润德市场开幕。

26～29日，举办2011中国·石家庄（正定）国际小商品博览会。

27日，市环城水系建设工程竣工仪式在东南环水系泊水公园举行。

△市生态文明建设促进会成立。

28日，中华北大街高架工程竣工通车。

29日，石家庄市被命名为河北省卫生城市。

△4月份，市委、市政府出台《关于扶持我市动漫产业发展的意见》。

5月

6日，中国社会科学院发布《2011年中国城市竞争力蓝皮书：中国城市竞争力报告》，首次对294个城市进行"幸福感指数"调查和排名，石家庄市排名第一位。

17日，全市首块"食品电子监管系统经营户"公示牌颁发给桥西区"帅帅便利店"，标志食品安全电子监管系统在石家庄市正式启用。

18日，河北中山日化股份有限公司投资建设的众能无纺布项目奠基开工。该项目位于石家庄市高新区，总投资1.6亿元，厂区占地面积4.48万平方米。

△参加2011年中国·廊坊国际经济贸易洽谈会，石家庄市签约项目20项，总投资364.84亿元，协议引进资金340.81亿元。

23日，由市政府主办的"2011年中国·石家庄医药健康产业合作与发展洽谈会"在市中茂海悦酒店开幕。

27日，市医疗纠纷调处中心成立，标志全市医疗纠纷第三方调解机制正式建立。

29日，石家庄·中国半导体光谷专家论证会在河北翠屏山开幕。国内光电产业界19位知名专家到会，论证建设石家庄·中国半导体光谷的必要性、可行性和发展定位。

6月

1日，市儿童福利院落成使用。同日，中国首个专门救助弃婴生命设置的"婴儿安全岛"在市社会福利院门前小木屋建成。

3日，市妇女第十四次代表大会在市人民会堂举行，555名妇女代表和44名特邀代表参加会议。大会审议通过《石家庄市妇女第十四次代表大会关于大会工作报告的决议》，选举产生市妇联第十四届执行委员会主席、副主席、常务委员和执行委员，葛瑞芳当选为第十四届执行委员会主席。

6日，市81中学英语教师田芳在2011年CCTV"希望之星"

英语风采大赛（教师组）河北省赛区决赛中，夺得特等奖。

10日，由中国文联、中国戏剧协会主办的第25届中国戏剧梅花奖大赛颁奖晚会在成都市举行。石家庄市京剧团国家一级演员赵玉华获得梅花奖，参赛剧目是关派名剧《铁弓缘》，扮演剧中人物陈秀英。

11日，中国社科院经济所和首都经贸大学联合发布首个《中国城市生活质量指数报告》。全国30个省会城市生活质量排名中，石家庄市排名第七位。

△市工商联浙江丽水商会成立。

13日，市政府第55次常务会议决定建立冬春蔬菜储备制度。

21日，中国南车石家庄产业园在市装备制造基地开工奠基。

24日，省委常委、市委书记孙瑞彬会见广东省佛山市政协主席蔡河义。佛山市考察团30余人重点考察了高邑县化工设备制造、陶瓷生产及开发区建设。

25日，举行西柏坡革命旧址正式面向社会公众开放仪式。

28日，由石家庄润柏医药科技有限公司与爱尔兰十字动保制药集团合作建立的中欧联合实验室揭牌。

29日，全市召开庆祝中国共产党成立90周年表彰大会。表彰农村党建工作先进县9个，先进基层党组织100个，优秀共产党员100名，优秀党务工作者100名，优秀村（城市社区）党组织书记100名，重点工程建设创先争优活动先进基层党组织26个，重点工程建设创先争优活动优秀党员47名，追授优秀共产党员5名。

7月

1日，根据市政府《关于开展城镇居民社会养老保险试点工作的实施意见》，城镇非从业居民在户籍地自愿参加城镇居民养老保险试点工作正式启动，年满60岁可按月领取养老金。

1～2日，中共中央政治局委员、国务院副总理王岐山到石家庄市考察工作，主持召开小企业金融服务座谈会，并到西柏坡纪念馆学习考察。在小企业金融服务座谈会上，王岐山听取了部分国有商业银行和地方金融机构代表的发言。王岐山强调，金融系统要有保有压，优化信贷结构，加强对小企业等薄弱环节的资金支持，多措并举缓解小企业融资难问题。省委书记张云川、省长陈全国，市委书记孙瑞彬、市长艾文礼等陪同学习考察或参加座谈。

4日，建华家园廉租住房小区开始办理入住手续，首批353户家庭领到廉租房钥匙，成为2011年第一批廉租房小区居民。

5日，全省首家流动人口服务中心在石家庄市长安区建成启用。

7日，市新建人防指挥中心揭牌。

△美国《财富》公布2011年世界500强企业名单，组建仅3年的冀中能源集团入列榜上第457位。

8日，市公安局在省会文化广场举行综合警务服务站启动仪式，覆盖全市城区110座综合警务服务站正式运行。

10日，中共中央政治局委员、中央书记处书记、中央宣传部部长刘云山在省委书记张云川、省长陈全国陪同下到西柏坡纪念馆学习考察。

14日，河北四方通信设备有限公司在香港联交所主板成功上市，发行3.71亿股，募集资金4.5亿港元。

15日，石家庄雨润农产品全球采购中心在鹿泉市开工建设，总投资102.09亿元，总建筑面积256.65万平方米。

16日，2011全国显示应用技术信息交流会在石家庄市召开。

17～19日，第九届“全国中小学信息技术创新与实践活动”比赛在鹿泉市一中举行，石家庄市中小学获得一等奖6个，获得恩欧希教育信息化发明创新奖（特等奖）5人。

19日，市区首批50辆空调公交车上线运行。

20日，市政协主席王华清、副主席曹社会、秘书长郜存悦带领部分市政协委员就一号提案《关于进一步优化我市发展环境的建议》办理情况到市工业和信息化局、市金融办、市行政服务中心、市优化办、市工商局、市地税局、市质监局进行视察督办。

△全市推进群众工作现场交流会在晋州市召开。

△市创业孵化中心正式启动，位于建设北大街40号和美大厦，使用面积5000多平方米，办公场所70余间，可同时入驻50余家微小企业进行孵化。

21日，中央委员、全国政协经济委员会副主任、中国工经联会长李毅中考察市部分重点企业及新建项目，重点考察了石药工业园欧意药业八车间和石家庄钢铁有限公司绿色厂区及转炉炼钢车间。

△平山县政府与国大集团和恒大集团举行签约仪式，总投资30亿元的国御温泉小镇和总投资50亿元的恒大山水城两个旅游项目落户平山。

21～22日，市委宣传部举办新任县（市）区委宣传部长培训班，对新任宣传部长进行理论工作、新闻工作、社会宣传、文艺工作、精神文明建设等培训。

26日，在北京召开的"2011年度（第九届）《中国机械500强研究报告》发布会"上，冀中能源机械装备石煤机公司获得"中国机械500强"和"中国机械500大"两个荣誉称号。

26～31日，由市文化产业协会主办的"首届特邀书画名家作品年展"在市博物馆举办。

27日，全国人大常委会财经委员会调研组到石家庄市就保障性住房建设工作进行调研。市长艾文礼、市委副书记刘云峰会见全国人大调研组一行。

△以国土资源部耕地保护司司长严之尧为组长的国务院城乡建设用地增减挂钩试点和农村土地整治清理检查抽查组到石家庄市，对矿区新民居建设工作进行指导考察。

28日，石家庄高新区以岭药业在深圳证券交易所正式挂牌上市，成为河北省第一家登陆A股市场的中药企业，此次发行6500万股。

30日，第二届灵寿旅游文化节在国家4A级景区、国家森林公园、著名避暑胜地五岳寨开幕。

△7月份，根据中国旅游研究院发布的2011全国游客满意度调查报告，石家庄市在50个样本城市中名列第19名，首次进入全国前20名。

△7月份，石家庄市出台《关于推进食品生产加工行业诚信体系建设实施方案》，全面推进"诚信责任可落实、诚信行为可监督、诚信效果可评价、诚信奖惩有制度"的食品生产加工企业诚信体系建设。

8月

1日，国家蛋鸡产业技术体系——"蛋鸡标准化规模养殖支撑技术研究与示范"专题研讨会在石家庄市召开。

△由市林业局主办的果品质量安全宣传月活动启动仪式在桥西蔬菜批发市场举行。

△河北桑迪亚医药技术有限责任公司在高新区举行投产启动仪式，标志国内一流新药研发外包企业桑迪亚医药技术（上海）有限公司正式落户石家庄市。

2日，市城乡规划局正定新区分局挂牌成立。

3日，市妇产医院与中国工程院院士、中南大学湘雅医学院教授夏家辉签订合作协议，双方决定在遗传性疾病诊断与预防方面开展科研协作。

5日，省委常委、市委书记孙瑞彬会见陕西省委常委、西安市委书记、市人大常委会主任孙清云等西安市党政考察团。西安市党政考察团一行44人到石家庄市推介2011西安世界园艺博览会、考察石家庄市城市建设。

△市拆迁管理办公室正式更名为市房屋征收管理办公室，并举行挂牌仪式。

6日，河北省玄元股权投资基金管理股份有限公司在石家庄挂牌，这是河北省成立的首家旅游文化产业股权投资基金。

8日，中国儿童少年基金会与国际知名品牌古驰捐建的全国首家"弱视儿童治疗中心"和"弱视医疗培训中心"在河北医科大学第一医院揭牌。两个中心分别由市妇女儿童活动中心和河北医科大学第一医院负责运营。

8～17日，市第十四届全民运动会在河北省体育馆举行。参加本届运动会的运动员近6000名，设田径、乒乓球、羽毛球、航模、台球、拔河、健身秧歌等25个大项，比赛突出健身性，全民性，竞赛奖励从金银铜牌变为一二三等奖。

9日，青岛啤酒（石家庄）有限公司一期工程年产20万千升啤酒项目竣工投产。

10日，全市召开工业结构调整和发展工作会议，对加快全市工业发展进行研究部署。省委常委、市委书记孙瑞彬，市委副书记、市长艾文礼出席会议。

11日，市长艾文礼主持召开市规划审批委员会第二十四次会议，讨论并原则通过正定新区起步区外城市设计及控规、石家庄市近期建设规划（2011－2015）、人防工程规划、石家庄国家生物产业基地控制性详细规划调整。

△召开县级国防动员规范化建设现场观摩会，对全市县级国防动员规范化建设进行动员部署。

12日，市长艾文礼在全市养老服务体系建设工作会议上指出，要以改善民生、促进和谐为目标，以创新机制、健全网络为重点，坚持政府主导、政策扶持、社会参与、公民互助、规范推进，努力在全省率先走出一条与经济社会协调发展的社会养老服务新路子。

14日，市长艾文礼率领市商务代表团与埃塞俄比亚总理梅莱斯·泽纳维在北京进行商务会晤，双方就加深合作进行了交流与座谈。

15日，2011年计划投放省城300辆空调车全部到位。

△总投资3亿多元、建筑面积10万多平方米的河北出版物发行中心在市高新技术开发区开业运营。这也是中国北方最大的出版物配送展示中心。

15～16日，以中央外宣办人事局局长安玉林为组长的中央督导检查组到石家庄市，督导检查贯彻落实中央宣传部等六部委《关于加强地方县级和城乡基层宣传文化队伍建设的若干意见》工作情况。

16日，省委常委、常务副省长、省医改领导小组组长赵勇到栾城县就基层综合医改进行调研。

17日，河北东明实业集团院士工作站正式揭牌。中国工程院院士石碧任工作站首席专家。

△华北制药集团华日公司收到美国辉瑞公司无菌强化普鲁卡因青霉素钾产品审计通过确认书，成为世界第一大制药集团辉瑞公司在中国的无菌人用原料药供应商。

18日，中央组织部党员教育中心副主任李志宏带领调研组一行5人，到石家庄市调研大学生村官培训工作。

19日，市环保治安办公室正式成立。这是河北省成立的第一家市级环保治安办公室。

△10家市级医院网上双向转诊全部开通。

22日，由住房和城乡建设部、国家文物局有关专家组成的国家历史文化名城检查评估专家组，到石家庄市正定县检查国家历史文化名城和中国历史文化名镇名村保护工作。专家组听取了正定历史文化名城保护工作情况，观看了正定县历史文化名城保护纪实片，并到正定古城保护规划沙盘，查看了古城文物建筑分布和规划保护情况，实地考察了隆兴寺、天主教堂历史建筑、天宁寺以及多个历史文化街区等文物建筑的保护、修缮工作。

△7个新设立省级开发区（园区）举行集中揭牌仪式，分别是河北平山西柏坡、无极、晋州、赞皇、行唐经济开发区和河北正定现代服务产业园区、河北矿区工业园区。

23日，石家庄良村热电有限公司2号30万千瓦热电联产机组顺利通过168小时试运行，标志良村热电一期工程全部投产。

24日，市第十二届人大常委会第二十九次会议审议通过《石家庄市人民检察院关于提请批准设立石家庄市冀中南地区人民检察院的议案》，决定批准设立市冀中南地区人民检察院。

△“2011中国·石家庄第六届国际动漫博览交易会”全国首届青少年动漫作文大赛颁奖仪式在市人民会堂举行，评选一等奖12个，二等奖28个，三等奖58个，优秀奖105个，先进组织单位25个，优秀辅导教师40名。

26日，市保安协会成立。

29日，省委书记张庆黎在省委常委、市委书记孙瑞彬，市长艾文礼陪同下，到西柏坡纪念馆学习考察。

31日，市工商联汽车经销商会成立。

9月

2日，省委副书记、代省长张庆伟到石家庄调研，参观了西柏坡纪念馆、中共中央和解放军总部旧址、七届二中全会会址、老一辈革命家旧居、中央军委作战室旧址及正定新区规划展厅，考察了滹沱河综合整治工程规划和建设、华药集团河北华民药业公司、万达广场城市综合体项目和方北城中村改造项目。市长艾文礼陪同调研。

2～4日，举办2011石家庄第三届医疗机构特色专科特色诊疗技术暨医疗器械博览会。

3日，2011中国企业500强榜单在四川省成都市发布，由市企业联合会、企业家协会推荐的河北敬业企业集团有限责任公司、河北省物流产业集团有限公司、河北建工集团有限责任公司、石家庄北国人百集团有限责任公司4家企业入选。

6日，省委常委、常务副省长赵勇就生物医药产业发展到河北省（石家庄）高端医药产业园调研。

△市劳教所改建工程举行奠基仪式。

7日，副省长沈小平带领省农业厅、省发改委等省直单位负责人到藁城市、晋州市就农业产业化及秋粮生产工作进行调研。

△武警石家庄士官学校（原武警石家庄指挥学院）举行挂牌仪式。

8日，省委书记张庆黎在省委常委、市委书记孙瑞彬陪同下，到正定县看望慰问广大教师和教育工作者，并就抓好全省教育工作同当地干部群众进行交流。

△东风汽车改装车产业园项目在石家庄市举行战略合作框架协议签约仪式。

8～11日，参加在福建省厦门市举办的第十五届中国国际投资贸易洽谈会，签约项目6项，总投资13993.8万美元，协议外资8841.63万美元。

10日，北国超市中华北店广场开业。

14日，省政府在石家庄举行“西柏坡国家5A级旅游景区揭牌仪式”。这是石家庄首家国家5A级旅游景区，也是全国首批、河北省第一家以红色为主题的5A级旅游景区。

15日，“石家庄市第九届装饰设计大赛暨首届设计师沙龙”启动。

15～16日，四川省委副书记、省长蒋巨峰率领四川省党政代表团到石家庄市参观考察城市建设和经济建设。河北省委副书记、代省长张庆伟，省委常委、副省长杨崇勇，省委常委、市委书记孙瑞彬，市委副书记、市长艾文礼等陪同考察。

16日，由省教育厅、省体育局主办，市教育局、市体育局承办的省第十六届中学生运动会在市精英中学开幕。市长艾文礼出席开幕式。

△全国无偿献血宣传招募培训班暨经验交流会在石家庄召开。会上，中国输血协会高度评价石家庄市动员社会力量，保证临床用血安全的经验做法，并向全国推广。

17日，第九届全国科普日石家庄市系列活动在鹿泉市海山广场启动。本次活动为期7天。活动主题为“节约能源资源、保护生态环境、保障安全健康、促进创新创造”。

△省会中山东路与青园街交叉口东北角的北国东尚MALL开业。北国东尚MALL耗资约1.2亿元，商场内地上六层、地下两层，商业面积6.5万平方米。

20日，环渤海工经联联席会第五次（石家庄）联席会议暨招商项目发布会在石家庄市河北会堂召开。会议由中国工经联主办，市工业经济联合会（经济团体联合会）承办。本次会议主题是“交流合作，共谋发展”。中央委员、全国政协经济委员会副主任、中国工经联会长李毅中出席会议。省委常委、市委书记孙瑞彬，市长艾文礼会见李毅中。

△东方城市购物广场正式换标为“银座商城东购店”。

21～22日，以中央纪委驻住房城乡建设部纪检组组长杜鹃为组长的中央加快转变经济发展方式检查组到石家庄市督导检查。

23日，市园林绿化行业协会成立。

△裕华万达广场正式开业。

23～25日，由中国国际贸易促进委员会河北省分会、河北省工业和信息化厅、市政府联合主办的2011河北国际信息产业周在石家庄国际科技博览中心举行。石家庄市在2011河北国际信息产业周上发布项目31个，签约项目、合作意向或合同104项，达成意向或合同总金额37亿元。

24日，2011中国城市创新论坛暨促进城市发展科技奖颁奖会在北京人民大会堂举行。石家庄在此次会议上获得首届“促进城市发展科技奖”。

△在开发区火炬广场举行石家庄第九届自行车环城赛。

26日，省委副书记、代省长张庆伟到石家庄市调研节日市场供应。省委常委、副省长杨崇勇，副市长张殿奎等陪同调研。

△由中国东方航空集团公司捐建的“西柏坡领袖风范雕塑园”在西柏坡纪念馆落成。

26～29日，中国共产党石家庄市第九次代表大会在市人民会堂举行。出席大会代表应到600名，因病、因事请假12名，实际到会代表588名。孙瑞彬代表中共石家庄市第八届委员会向大会作了题为《肩负起转型升级、跨越赶超的历史重任，为建设幸福石家庄而努力奋斗》的报告。

30日，第一家星巴克石家庄门店在万达广场开业，这是河北省首家星巴克咖啡店。

10 月

1 日，西柏坡高速公路一期工程（高庄至北沟段）通车。

1 ~ 4 日，全国首届动漫真人秀大赛决赛在市人民会堂举行。北京 D 剧团的《黑猫警长》获得本次大赛金奖。

8 日，中国民生银行鹿泉支行开业。

11 ~ 19 日，参加在浙江省举行的第八届全国残疾人运动会，夺得 27 枚奖牌。其中金牌 15 枚、银牌 8 枚、铜牌 4 枚，两人破三项世界纪录。

12 日，省委常委、市委书记孙瑞彬就市场物价工作进行专题调研，实地察看了西三庄无公害蔬菜生产基地、桥西蔬菜中心批发市场和北国超市，听取了物价等部门的汇报。

13 日，以“绿色发展——‘十二五’的突破与变革”为主题的 2011 年全国环保局长石家庄论坛在石家庄市举办。环保部副部长潘岳，省委常委、市委书记孙瑞彬为论坛发表的《2011 年全国环保局长论坛石家庄宣言》揭牌。

14 日，井陉县文化产业协会成立。这是石家庄市首家县级文化产业协会。

18 日，石家庄市设立综合保税区可行性研究报告专家评审会在空港工业园召开。经认真评审，专家组一致同意《设立石家庄综合保税区可行性研究报告》通过评审。

△中粮可口可乐饮料（河北）有限公司在石家庄藁城经济开发区举行奠基典礼。

△省会第一家心理健康服务中心在长安区长丰街道办事处社区卫生服务中心挂牌成立。

19 ~ 20 日，第六届中国·石家庄国际医药博览会在省会文化广场举行。200 多家国内外医药生产企业展示了医药生产企业的新产品、新成果、新技术。

21 日，石武高速铁路（石家庄－武汉）钢轨铺设完毕。

△ 2011’中国（河北）非公有制经济发展论坛投资项目推介会暨签约仪式在河北会堂举行，石家庄市 40 个项目实现签约，引资总额 530 亿元。

22 ~ 30 日，由国家文化部和省政府共同主办，石家庄市人民政府和河北省文化厅等共同承办的第 13 届中国吴桥国际杂技艺术节在省艺术中心举行。朝鲜平壤国家杂技团的《空中飞人》、俄罗斯莫斯科尼古灵马戏团的《大跳板》、中国河北省杂技团的《行车蹬人》获得本届金狮奖。

23 日，省委常委、常务副省长赵勇到井陉县考察中小企业经营情况，考察了石家庄原火陶瓷有限公司、河北华博精细化工有限公司，并与部分中小企业经营者进行座谈。

24 日，省委常委、市委书记孙瑞彬专题调研保障性安居工程建设情况，考察了桥东区、裕华区和市本级主导建设的保障房项目。

△市工商联医药流通商会成立。

25 日，省委副书记、代省长张庆伟到石家庄钢铁有限责任公司、石家庄飞机工业有限责任公司调研。

26 日，召开首届“环卫工人节”庆祝大会。

△省重点文化建设项目、省重点建设工程项目——“世界华文传媒国际交流中心”项目在石家庄市高新区奠基开工。

27 ~ 31 日，在市人民会堂举办 2011 中国·石家庄第六届国际动漫博览交易会。本届动博会签约项目 13 项，签约总额 55.575 亿元；发布项目 3 项，总金额 3770 万元。

28 日，举行首批社会保障卡发放仪式。

31 日，石家庄日报社在石家庄新闻网（www.sjzdaily.com.cn）开通数字报纸语音读报和检索功能。

△ 10 月份，石家庄市荣获科技部设立、中国城市发展研究会颁发的“首届促进城市发展科技奖”。这是新中国成立后中国社会科学研究领域首次颁发城市发展大奖。

△ 10 月份，国家中医药管理局确定石家庄市为全国首个以设区市为单位的基本公共卫生服务中医药服务项目试点地区。

△ 10 月份，神威药业“一种可提高清开灵氨基酸含量的制备方法”的清开灵工艺技术发明获得国家专利授权，结束了神威药业清开灵注射液、清开灵软胶囊等核心产品没有专利技术支撑的历史空白。

11 月

1 日，西柏坡高速公路二期工程（北沟至西柏坡段）通车。

2 日，省委常委、市委书记孙

瑞彬调研社会治安工作，察看了裕华分局槐底派出所、长安分局博物馆警务站、市公安交通管理局交通控制中心和市公安局机关。

4 日，石家庄国际会展中心在正定新区奠基。

6 ～ 8 日，举办“2011’中国·石家庄国际投资合作洽谈会”。签约内外资项目 54 个，其中外资项目 20 个，引资额 25.6 亿美元，内资项目 34 个，引资额 560.13 亿元。

8 日，在北京召开的第十三届中国专利奖颁奖大会上，石药集团恩必普药业的“丁苯酞软胶囊及其制备工艺”项目获得中国专利金奖。

△西柏坡国御温泉度假小镇开工奠基。

10 ～ 11 日，省委书记张庆黎就推动经济社会各项事业健康快速发展到石家庄市调研。对石家庄提出：发展建设要走在前头，城市建设要创一流，稳定工作要带好头，党的建设要上水平。省委常委、副省长杨崇勇，省委常委、市委书记孙瑞彬，市长艾文礼等陪同调研。

12 日，国务院食品安全委员会办公室监督检查司副司长于军带领国务院食品安全委员会第二督查组到石家庄市，对食品安全状况进行督促检查。督查组查看了藁城市高效农业示范场、石家庄信誉楼百货有限公司、燕赵花园酒店管理公司、河北石家庄国家粮食储备公司、北国商城地下超市等地。

12 ～ 13 日，中共中央政治局委员、中央书记处书记、中央组织部部长李源潮到河北省调研创先争优活动，并在石家庄召开创先争优调研座谈会。12 日，李源潮参观了西柏坡纪念馆、中共中央旧址、中央组织部旧址，并到平山县梁家沟村调研。13 日，李源潮考察了石家庄职工服务中心、京石高速西兆通服务区和石家庄城市规划馆。省委书记张庆黎，省委副书记、代省长张庆伟，省委副书记付志方、省政协主席刘德旺，市委书记孙瑞彬等陪同考察和座谈。

14 ～ 16 日，全国人大常委会委员、内务司法委员会副主任委员张学忠带领全国人大常委会立法调研组到石家庄市开展《老年人权益保障法（修订）》立法调研活动。

16 日，市科技局与藁城市政府联合举办“促进区域产业发展技术对接会”。

16 ～ 21 日，参加在深圳市举行的第十三届中国国际高新技术成果交易会，石家庄市参会企业成交高新技术合资合作项目 7 项，总金额 7190 万美元。

18 日，“新型药物制剂与辅料”国家重点实验室暨石药集团中央药物研究院启用仪式在高新区石药集团总部举行。

18 ～ 20 日，2011’第三届中国（石家庄）国际皮革裘皮博览会在国际科技博览中心举行。展出品类包括原皮、皮革裘皮服装、皮草、皮具、皮件、箱包、毛皮、PU 及 PVC 合成材料、皮革机械设备、皮革化工及皮革五金制品等，参展企业签订贸易合同及合同意向 3 亿元。

23 日，全市首家晚期癌症患者关怀机构——河北医大四院宁养院正式揭牌。

24 日，市第一中学正定新区分校举行开工典礼。

25 ～ 28 日，在江苏省昆山市举行的中国少年科学院“小院士”课题研究成果展示交流会上，石家庄市南马路小学学生范梦祥被授予“中国少年科学院小院士”称号，南马路小学被评为“中国少年科学院科普教育示范基地”。

29 日，市工商联龙岩商会成立。

30 日，举办市首届“金牌调解员选拔大赛”总决赛，周文龙获得“金牌调解员总冠军”称号。

△ 11 月份，《石家庄市中东西区域总体规划》通过专家评审。

△ 11 月份，井陉县张河湾水电站建成并网发电。

12 月

1 日，市“12320”公共卫生公益电话开通 5 周年暨升级改造启用仪式在市疾控中心举行。

3 日，市“12348”法律援助热线正式升级为司法行政服务热线。

4 日，柳州市委副书记、市长郑俊康率柳州市考察团到石家庄考察城市建设，柳州代表团考察了市规划馆、大马庄园、万达广场、中山华府以及植物园等。

5 日，公安部副部长张新枫到石家庄市调研公安信息化建设。

7 日，省会异地搬迁改造项目——晋煤金石化工投资集团金万泰公司年产 30 万吨尿素装置试开车成功，生产出首批“太行山”牌尿素产品。

8日，省委常委、市委书记孙瑞彬到赞皇县调研山区教育扶贫工作。

△市第十二届人大常委会第三十一次会议决定，接受艾文礼辞去石家庄市人民政府市长职务，任命姜德果为市人民政府副市长、代理市长。

12～13日，省人大常委会副主任、省人大城乡建设和环境资源委员会主任委员王增力带领省森林覆盖率净增量目标考核组，到石家庄市就城乡绿化工作进行检查考核。市委副书记、代市长姜德果汇报全市城乡绿化工作。

13日，国家测绘地理信息局授予石家庄市“全国数字城市建设示范市”称号。同日，“石家庄市地理信息公共平台”开通。

△市民政局、市慈善总会宣布，安徽省赵圣松设计的会徽标识选为市慈善总会会徽标识。

15日，全市召开2011年度劳动竞赛表彰暨工人先锋号命名大会，命名“工人先锋号”101家。

△市工商联永年商会成立。

16日，市工商联邯郸商会成立。

17日，市中山路与休门街西南侧台湾大洋百货石家庄店正式营业。这是台湾大洋百货集团在大陆开设的第18家大型门店，总面积2.2万平方米。

17～19日，市委副书记、代市长姜德果到新乐市、正定县、行唐县、灵寿县、桥西区等县（市）区农村、城镇、企业、学校、市场、园区调研城镇建设、物流市场、工业基地、商贸流通等。

19～21日，以全国人大常委会办公厅副秘书长何晔晖为组长的中央信访工作督导组13人到石家庄市，对信访工作督导检查。

△19日至2012年2月28日，举办第七届清凉山冰雪旅游文化节。

20日，在全国精神文明建设工作表彰大会上，石家庄市5个村镇、7个单位分别获得“全国文明村镇”、“全国文明单位”荣誉称号。

24日，国内首套260万吨／年上行式柴油液相循环加氢工业装置，在石家庄炼化完成全流程，生产出合格产品，实现开工一次成功。

26日，国务院在北京召开全国粮食生产表彰奖励大会，石家庄藁城市、赵县、辛集市3县（市）在此次会议上获得“全国粮食生产先进单位”称号。

△省委常委、副省长聂辰席到石家庄市检查节日市场供应，先后到桥西蔬菜中心批发市场、北国超市先天下店考察。

27日，经市第十二届人大常委会第三十二次会议审议通过，决定自2012年起，每年9月16日设立为“石家庄生态日”。

△由团中央、中华全国青年联合会、欧美同学会共同主办的“2011海外学人回国创业周”石家庄交流活动启动。团中央统战部部长刘佳晨、团省委书记梅世彤、市委副书记刘云峰、副市长王大军参加交流活动。

△市工商联唐山商会成立。

30日，省委副书记、代省长张庆伟在省委常委、市委书记孙瑞彬陪同下，到石家庄市检查指导长途客车运营安全、城市居民供暖等工作。

市情概览

市情概览

行政区划

【地理位置】 石家庄市是河北省省会，全省政治、经济、科技、金融、文化和信息中心，是国务院批准实行沿海开放政策和金融对外开放的城市。石家庄地处河北省中南部，环渤海湾经济区。位于北纬37°27′～38°47′（误差±1′），东经113°30′～115°20′（误差±1′）之间，东与衡水市接壤，南与邢台市毗连，西与山西省为邻，北与保定市交界。南北最长处148.018千米，东西最宽处175.383千米，周边界长760千米。辖区总面积15848平方千米，其中市区面积456平方千米。在首都北京的西南方向，距北京283千米。

【区划设置】 石家庄市辖6区17县（市），即长安区、桥东区、桥西区、新华区、裕华区、井陉矿区、井陉县、正定县、栾城县、行唐县、灵寿县、高邑县、深泽县、赞皇县、无极县、平山县、元氏县、赵县、辛集市、藁城市、晋州市、新乐市、鹿泉市。另有4个派出机构（国家级高新技术产业开发区、西柏坡管理局、正定新区、空港工业园）行使所在地域行政管辖权。全市共有镇124个，乡96个，办事处54个，居委会556个，行政村4372个。

【区划调整】 经河北省人民政府批准：深泽县撤赵八乡，改设赵八镇；正定县设三里屯街道办事处，撤诸福屯镇，改设福屯镇办事处。

（周连颖）

建制沿革

石家庄市域有着悠久的历史。据《禹贡》记载，夏禹时期为冀州地。春秋时期域内先后建有鲜虞国（都城在今正定新城铺一带）、鼓国（都城在今晋州城西）、肥国（都城在今藁城市城西南城子村一带）。战国时期鲜虞人又建立中山国（都城在今平山县城北下三汲一带）。秦始皇统一中国后，全面推行郡县制，属巨鹿郡（郡治今巨鹿县）。西汉高祖三年（公元前204年），始置恒山郡。汉文帝初，因文帝名恒，讳改恒山郡为常山郡。汉高祖十一年（公元前196年），改秦时的东垣县（县治今石家庄市东古城）为真定县，并于汉武帝元鼎四年（公元前113年）置真定国（都城在今东古城）。三国时期，为魏地，分别属常山郡、安平郡、赵国、巨鹿郡、中山国。西晋统一后，分别属冀州常山郡、中山国、巨鹿郡、赵国、博陵国。隋代，分别属恒山郡（后改恒州，郡治真定，今正定镇）、赵郡（郡治平棘，今赵州镇）、信都郡（郡治今冀州市）、高阳郡（郡治今定州市）。五代时期，属河北成德军节度使，域内有镇州（州治今正定镇）、赵州（州治今赵州镇）、定州（州治今定州市）、祁州（州治今无极镇）。宋代，属河北西路（路治今正定镇）。元代，属中书省真定路（路治今正定镇）、保定路（路治今保定市）、广平路（路治今永年县）等。明代，属京师正定府（府治今正定镇）、保定府（府治今清苑县）。清代，属直隶省真定府（府治今正定镇，清雍正元年改正定府）、保定府（府治今清苑县）、赵州（州治今赵州镇）、定州（州治初属祁州，雍正十二年改今定州市）。民国元年（1912年），中华民国成立，仍沿清制。民国3年（1914年），裁府设道。民国14年（1925年）6月24日，中华民国临时执政命令直隶省建立“石家市”，实行市自治制；8月29日中华民国临时执政又以1273号指令批准将石（家）庄、休门合并，取首尾各一字，更名为石门市，组建石门市政公所，筹建市制。民国17年（1928年），南京国民政府通令全国，取消所有市政公所，废除原来的“市自制”。至此，建市工作遂告搁浅。民国27年（1938年）1月15日，组建伪石门市政公署筹备处。民国28年（1939年）10月7日，伪中华民国临时政府行政委员会以秘字第1027号指令，正式批准设立石门市。民国36年（1947年）11月12日石门市解放，12月26日石门市更名为石家庄市。民国37年（1948年）9月26日，石家庄市改属华北人民政府领导。民国38年（1949年）1月24日阳泉市划归石家庄市（当年8月又划归山西省）；8月1日石家庄市归河北省人民政府领导，为省辖市。1949年石家庄专区初设，辖14县1镇。1958年4月28日，石家庄市由省辖市改为专辖市。1960年5月3日，国务院批准撤销石家庄专区，改为石家庄市。1961年5月，国务院批准恢复石家庄专区建制。石家庄专区辖石家庄市和25个县。1962年6月，国务院批准设立衡水专区，石家庄专区所辖衡水等8县划归衡水专区，此后石家庄专区辖石家庄市和17个县。1967年11月21日，石家庄地区革命委员会成立，专区改称地区。1967年12月20日，石家庄市革命委员会成立。1968年1月29日，河北省会迁至石家庄市。1978年3月11日，石家庄市划为河北省直辖市。1978年7月，石家庄地区革命委员会撤销，成立河北省石家庄地区行政公署。1982年8月12日，撤销石家庄市革命委员会，恢复石家庄市人民政府。1993年6月30日，石家庄地区行政公署与石家庄市人民政府合并，成立新的石家庄市人民政府。

市　标

【概况】 1997年7月根据市人大代表提出的议案以及市政府领导的批示，由市园林局开始着手准备市花市树的评选工作，8月正式启动评选工作。通过民意测验和专家评审，于9月16日初步确定月季和槐树为市花市树，11月，市政府研究同意，12月，提请市第九届人大常委会第30次会议审议批准，正式确定月季为石家庄市市花，槐树为石家庄市市树。

【市花】 月季　属蔷薇科、蔷薇属，系木本落叶灌木，原产中国，已有2000多年的栽培历史，被誉为“花中皇后”，花色艳丽，千姿百态，香味馥郁，品种繁多，露地栽培从春到秋处处可见其绰约丰姿，是美好、友谊、和平的象征。月季适应性强，抗寒抗旱，对土壤要求不高，栽培繁殖容易，管理技术易掌握，易于推广普及。石家庄市的月季栽培有着悠久历史，通过引种、繁殖、培育，已经广泛用于街道、公园、庭院、广场的绿化、美化。同时也是插花、切花、盆景制作的理想植物材料，深受广大市民的喜爱。月季不仅具有极高的观赏价值，且具有极高的经济价值。月季的花、花蕾、叶、根皆可入药，并能制作高级香精、香料。月季还能代表石家庄人顽强不屈、坚韧不拔的品格，展示出石家庄人奋发图强、不断进取的精神风貌。

【市树】 国槐　属豆科槐属，系落叶乔木。国槐原产于中国，栽培历史悠久，抗逆性强，寿命长。石家庄市有百年以上的古槐多达71株，其中500年以上的古槐就达58株，且仍然枝繁叶茂，生机勃勃。国槐树干端直，树冠宽广，展叶早落叶晚，是优良的庭荫树和街道树，其花芳香，又是优良的蜜源植物。国槐性强健，具有很强的萌芽力，耐强修剪，更新能力强，耐寒、耐旱、耐瘠薄，并对二氧化硫、氯气、氯化氢等有毒气体抗性较强，是良好的抗污、滞尘、耐烟毒树种。石家庄市以国槐用作行道树的街道达120多条，占全市街道的41.87%，是街道的主要骨干树种之一。国槐的经济价值高，木材坚硬，耐水湿，材质优良，可供建筑、家具、造船、雕刻等用，全株可入药，花蕾可作黄色染料，种子可榨油、制皂。国槐在民间是吉祥、幸福、美好的象征，中国人民自古以来把它作为吉祥树、幸福树，它能代表石家庄人顽强不屈、坚韧不拔的品格，展示出石家庄人奋发图强、不断进取的精神风貌。

自然资源

【矿产资源】 石家庄市东部为华北平原，西部为太行山区。西部山区地质构造复杂，成矿条件良好，拥有比较丰富的矿产资源。至2011年底，全市发现矿种有59种（包含亚种为61种），矿产地423处，其中大型矿产地28处，中型矿产地62处，小型189处。金属矿产分为黑色金属、有色金属、贵金属、放射性、稀有稀土金属等几大类。黑色金属矿产：铁矿分为磁铁矿、赤铁矿、褐铁矿，以磁铁矿为主。磁铁矿保有储量为2870万吨，主要分布在平山县、赞皇县；钒钛磁铁矿储量35651吨，主要分布在赞皇县和元氏县；锰矿储量2.2万吨，主要分布在灵寿县。有色金属矿产：铜矿发现矿点10余处，储量1109.9万吨，主要分布在平山县、灵寿县。铝土矿探明储量3190.2万吨，保有储量3000万吨，主要分布于赞皇县、井陉县；铅矿探明储量1369.3万吨，铅锌矿储量50吨，分布在平山县。贵重金属矿产：金矿主要分布于灵寿县、平山县，行唐县亦有发现，矿体为石英脉型，探明储量13.24万吨，品位一般在2～8克，矿石可选性好。非金属矿产除少数非金属矿产是用来提取某种非金属元素，大多数非金属矿产是利用其矿物或矿物集合体（包括岩石）的某些物理、化学性质和工艺特性等。冶金辅助原料非金属矿产：主要有夕线石、萤石、熔剂灰岩、冶金白云岩、冶金石英岩、冶金脉石英、耐火黏土。耐火黏土主要分布在井陉县境内，为中石炭统沉积矿床，共生铝土矿，伴生硫铁矿，保有储量6881.0万吨。建材及其他非金属矿产：主要有石墨、压电水晶、熔炼水晶、滑石、石棉、白云母、长石、石榴子石、刚玉、蛭石、方解石、石膏、水泥灰岩、玻璃石英岩、玻璃砂岩、陶土、高岭土、白垩、芙蓉石、水泥配料页岩、水泥配料黄土、水泥配料黏土、砖瓦黏土、饰面板岩、大理石、珍珠岩、片麻岩、透辉石、辉闪长岩、辉岩等。其中装饰石材、云母、蛭石预测储量巨大，大理石、花岗岩储量近1万亿立方米。石灰岩矿为寒武纪及奥纪沉积矿床，规模大，质量好，开采条件简单，总储量339.7亿吨。井陉的石灰岩分布较广，储量大，其品位为全国之首。刚玉储量180.2万吨，分布于灵寿县、平山县。金红石储量约6.7万吨，分布于平山县。页岩石料（俗称坩子土）储量50.04亿立方米，主要分布在鹿泉市。此外，平原河沙丰富，新乐市、元氏县、鹿泉市、正定县等县市古河道、滹沱河等河滩广为分布，预测储量317.6亿吨。

（张凤兰）

【能源资源】 石家庄市煤炭资源主要集中在井陉县，其次是赞皇、元氏两县。煤种有肥煤、焦煤、无烟煤、气煤等。石油、天然气资源主要分布在辛集市、晋州市凹陷中。已探明油田或构造有：河庄油田、河庄西油田、台家庄油气田、南小陈油田、晋40断块、赵兰庄构造。石家庄市煤炭保有储量为9107.8万吨，主要分布在元氏县和井陉矿区。石油和天然气资源主要分布在辛集市、晋州市，油气田地质储量5.1亿吨，含油面积3.04万平方米，天然气储量19.2亿立方米。2011年石家庄市拥有户用沼气41万多户，大、中、小型沼气池工程173处，年可产沼气14536万余立方米，折合标煤10.4万吨左右，年减排二氧化碳2.76万吨左右。太阳能热水器累计达84.29万平方米。完善沼气物业管理服务中心18个，初步建成村级物业服务网点861个，形成一个比较完整的建、管、用、服务一条龙工作体系。石家庄市太阳能资源处于较为丰富的地带，年辐射量为1259～1350千卡／平方厘米，年日照时数为2563～2852小时，占可照时数的58%～65%，太阳能利用方面主要有太阳能热水器、太阳能灶等。省级新民居建设示范村鹿泉市北新城村投资990万元建成村民住宅楼2栋，面积11000平方米，全部采用水源热泵地温中央空调系统，在全市农村新民居建设利用新能源方面起到示范作用。

（张凤兰　刘栋）

【生物资源】 石家庄市生物资源比较丰富。动物现知陆栖（包括两栖）脊椎动物 223 种。其中，以鸟类最多，其次是兽类，两栖类及爬行类较少。野生动物种类有金钱豹、野猪、狍子、狐狸、狼、松鼠、獾、黑眉锦蛇、豺、黄羊、刺猬、雀鹰、天鹅、灰鹤、啄木鸟、麻雀、猫头鹰、石鸡、家燕、草兔、黑斑蛙、环颈雉、灰喜雀、斑鸠。其中国家珍贵稀有动物有金钱豹、斑羚、褐马鸡、天鹅等。褐马鸡为中国特有珍稀动物，仅见于山西、河北。现有畜禽几十个品种，地方畜禽品种有深县猪、大马身猪、大尾寒羊、小尾寒羊、河北奶山羊、太行山羊、冀南黄牛、太行牛、太行驴、柴鸡、河北鹅、虎皮黄兔。引进的畜禽品种有牛类：河北西门塔尔牛、南阳牛、荷兰黑白花奶牛、蒙古牛、短角牛、西门塔尔牛、夏洛来牛、海福特牛、利木赞牛、安格斯牛、爱沙尼亚牛、蒙贝利亚牛。马类：蒙古马、伊犁马、苏高血马。驴类：关中驴、渤海驴、泌阳驴。猪类：迪卡猪、冀合白猪、大约克夏猪、长白猪、杜洛克猪、汉普夏猪、北京黑猪、施格猪、PIC 猪、皮特兰猪。羊类：美利奴羊、波尔华斯羊、考力代羊、茨盖羊、新疆细毛羊、萨能奶山羊、边区莱斯特羊、罗莫尼玛须羊、波尔山羊。鸡类：尼克鸡、白洛克鸡、宝万斯鸡、京红鸡、海赛克斯鸡、伊莎鸡、艾维茵鸡、罗曼鸡、爱拨益加鸡、雅康鸡、雅发鸡、海兰系列、京白系列。兔类：青紫兰兔、比利时兔、加利福尼亚兔、黑优兔、安哥拉兔、法国巨型兔、獭兔、丹麦兔、新西兰兔、日本大耳白兔、塞北兔。鸭类：康贝尔鸭、麻鸭、北京鸭。鹅类：石头鹅、郎德鹅。特养品种：梅花鹿、马鹿、兰狐、银狐、苏乌里貉、白玉蜗牛、散大蜗牛、落地王鸽、白羽鸽、美国牛蛙、七彩山鸡、乌骨鸡、鹌鹑、貂、小香猪、海狸鼠、蝎子、鹧鸪、麝鼠。鱼类资源主要有 50 多个品种。主要经济鱼类有：鲤、鲢、鳙、草、鲫、鲂、鳊、鲶、泥鳅、黄颡、乌鳢、黄鳝、鲴等，小杂鱼类主要有：白条、棒花、马口、麦穗、鳑鲏、鰕虎鱼、翘嘴等，另外还有中华鳖、青虾、蚌、螺、莲藕等，引进发展的品种主要有：罗非、牛蛙、中华绒螯蟹、淡水白鲳、池沼公鱼、大银鱼、太湖新银鱼、日本白鲫、高背鲫、彭泽鲫、鳜鱼、革胡子鲶、大口鲶、罗氏沼虾、彩虹鲷、虹鳟鱼、金鳟鱼、香鱼、欧洲丁鱼岁、大口胭脂鱼、中国胭脂鱼、加州鲈、鲟鱼、白斑狗鱼、银大麻哈鱼、斑点叉尾鮰、雅鱼等。

石家庄植被属暖温带针阔混交林，植被类型由自然植被和人工植被组成。植被结构复杂，种类繁多，植物资源合计 2500 余种。其中草本植物占 80% 以上。木本植物有 44 科 74 属 144 种，乔木有 26 科 35 属 75 种，灌木有 23 科 34 属 43 种。主要树木分类，阔叶树：杨树、柳树、国槐、刺槐、臭椿、香椿、红椿、合欢、苦楝（井陉）、漆树、黄连木、白榆、青檀（井陉）、梧桐、泡桐、杜仲、银杏、椋子木（井陉）、五角枫、栾树、黄金树、楸树、枫杨、悬铃木。灌木：柽柳、胡枝子、葛藤、紫穗槐、黄栌、锦鸡儿、枸杞、珍珠梅、绣线梅、鼠李、酸枣、沙枣、沙棘、女贞、六道木、丁香、夹竹桃、照山白、荆条、野杜鹃。针叶树：油松、华山松、雪松、云杉、桧柏、园柏、测柏、柞树、落叶松、水杉。经济木：苹果、梨、桃、杏、山楂、板栗、李、葡萄、石榴、柿子、核桃、大枣、花椒、桑、猕猴桃。草场分四类：山地草甸类草场，地处深山，处于原始状态，资源很少被利用；山地灌木类草场，草高 40 ～ 70 厘米，盖度 60 ～ 80%；丘陵草丛类草场和低温草甸草场。药用植物资源丰富，有 1039 种，野生药材上百种，人工种植药材 230 多种。另外还有水生芦苇、莲藕等。人工种植牧草：紫花苜蓿、粒粒苋、串叶松香草、冬牧－70 黑麦草、聚合草、沙打旺、苦卖菜、草木栖、鲁梅克斯、克孜连科。天然野生牧草共有 121 个科，1116 种，其中菊科牧草占 135 种，禾本科占 109 种，豆科占 98 种，蔷薇科占 58 种，百合科占 46 种。有代表性的野生牧草主要有：野豌豆、直立黄芪、达乌里黄芪、野苜蓿、无芒雀麦、隐子草、冰草、披碱草、老芒麦、鹅冠草、早熟禾、胡枝子、山葱、白羊草、青木栖状黄芪、野古草、大油芒、白茅、铁杆蒿、野青茅、狗哇花、棘豆等。

【水资源】 2011 年，全市地表水资源量为 6.65 亿立方米，地下水资源量为 16.06 亿立方米，扣除地表水和地下水资源的重复计算量，全市水资源总量为 19.60 亿立方米，比上年增加4.78亿立方米，比多年平均值21.16亿立方米减少1.56亿立方米。

供水量 全市供水量32.31亿立方米，其中地表水供水量5.89亿立方米，占总供水量的18.2%；地下水供水量26.42亿立方米，占总供水量的81.8%。

用水量 全市用水量32.31亿立方米，其中农田灌溉用水量21.15亿立方米，占65.4%；工业用水量3.16亿立方米，占9.8%；居民生活用水量2.98亿立方米，占9.2%；林牧渔畜用水量2.51亿立方米，占7.8%；城镇公共用水量0.926亿立方米，占2.9%；生态用水量1.59亿立方米，占4.9%。

地下水 年末全市平原区地下水平均埋深36.43米，较2010年同期水位下降0.71米。监测点最大埋深高邑县城关58.54米，最小埋深鹿泉市山尹村2.50米。

废污水 全市废污水总排放量为4.49亿吨，其中工业废水排放量1.91亿吨，生活废污水排放量2.28亿吨，环境废污水排放量0.30亿吨，分别占总排放量的42.5%、50.8%、6.7%。处理废污水量3.65亿吨，占总排放量的81.3%。

地表水 全市地表水总监测河段长度为571.4千米，其中165.0千米为干河。在有水的406.4千米监测河段中，水质劣Ⅴ类的河段161.0千米，占有水河段的39.6%；水质Ⅴ类的河段0千米，占有水河段的0.0%；监测水质为Ⅳ类的河段67.0千米，占有水河段的16.5%；监测水质在Ⅲ类及以下的河段178.4千米，占有水河段的43.9%。

（徐长江）

【土地资源】 石家庄市土地资源类型多样，适宜性广，光、热、水土条件适宜，土地利用率和生产率高，但地域差异明显，土地后备资源不足。石家庄市土地资源类型按土地利用现状划分，根据全国统一规定，结合全市实际情况，采用二级分类系统。共分8个一级地类，36个二级地类。石家庄市东、西部自然和社会经济条件明显差异，按地貌类型和土地利用主导方向，分为西部山区林木地，中部山麓、平原建设用地区和东部平原农业地区三个地区分区。石家庄市土壤类型主要有山地草甸土、棕壤、褐土、潮土、盐土、风沙土、新积土、粗骨土、石质土、沼泽土、水稻土等11个土类，22个亚类，81个土属，270个土种。2011年全市严格落实耕地保有量和基本农田保护面积，确保基本农田保护面积稳定在52万公顷。强化基本农田保护管理，市、县、乡镇、村层层签订耕地保护责任书；基本农田保护图、表、卡、册及标识得到完善。全年以企业搬迁、城中村（旧城）改造、大片区征收为重点，采取措施、明确责任，扎实开展正定新区、铁路入地、城中村改造、空港工业园和新火车站等重点项目的土地收储工作。2011年全市共收储土地27379.46亩，超额完成市政府下达26800亩的土地收储任务。其中企事业单位收储2585.57亩（含药博园）；旧城及城中村改造6566.26亩；农用地转用、征收6534.71亩；正定新区征地5170亩；滹沱河生态园项目555亩；铁路入地1025亩；高新区2723.80亩；环城水系1980亩；新客站项目239.12亩。

（张凤兰）

人　口

【概况】 截至2011年底，市户政部门登记人口2818571户，9972927人。其中城镇人口4135938人，占41.47%；农村人口5836989人，占58.53%。市属六区人口为652928户，2467361人。全部为城镇人口。市辖17县（市）人口为2165643户，7505566人。其中城镇人口1668577人，占22.23%；农村人口5836989人，占77.77%。全市总人口较2010年增长81279人，增长0.8%，其中城镇人口增长35217人，农村人口增加46062人。自然增长89803人，增长率为9.04‰；机械增长−4786人，增长率为−0.48‰。市属六区人口较2010年增长28631人，增长率为1.16%，其中自然增长19356人，机械减少14935人。市辖17县（市）人口较2010年增长52648人，其中自然增长

70447人，机械增长10149人。2011年全市共报出生147549人，出生率为14.86‰。年内死亡人口57746人，死亡率为5.81‰。全市总人口中有男性5023631人，占50.37%；女性4949296人，占49.63%。市属6区人口中有男性、1216716人，占49.31%；女性1250645人，占50.69%。

【人口分布】 全市人口平原地区人口稠密，城镇及市区人口密度更大，山区相对稀少。按县（市）区统计，长安区122781户，432237人，全部为城镇人口；桥东区95220户，384499人，全部为城镇人口；桥西区：126701户，506800人，全部为城镇人口；新华区：137813户，489653人，全部为城镇人口；裕华区：141761户，557851人，全部为城镇人口；矿区28652户，96321人，全部为城镇人口；井陉县107102户，329288人，其中城镇人口73007人；栾城县88287户，327492人，其中城镇人口75193人；正定县126136户，475478人，其中城镇人口113135人；行唐县140930户，450247人，其中城镇人口63780人；灵寿县101142户，335312人，其中城镇人口73559人；高邑县52151户，191848人，其中城镇人口54298人；深泽县81357户，257983人，其中城镇人口37540人；赞皇县84899户，261612人，其中城镇人口34469人；无极县140851户，516754人，其中城镇人口77863人；平山县154680户，485198人，其中城镇人口70194人；元氏县98632户，426561人，其中城镇人口81167人；赵县165950户，588359人，其中城镇人口97893人；辛集市207797户，626759人，其中城镇人口254640人；藁城市215076户，798368人，其中城镇人口243123人；晋州市153364户，543246人，其中城镇人口93507人；新乐市131939户，499853人，其中城镇人口128133人；鹿泉市115350户，391208人，其中城镇人口97076人。

【民族构成】 在全国56个民族中，2011年末石家庄市拥有51个民族。总人口中汉族9868408人，占98.95%；回族56600人，占0.57%；满族32648人，占0.33%；剩余48个少数民族共计15213人，约占总人口的0.15%；另外还有其他未识别民族的56人（包括穿青人），外国人加入中国籍的2人。

【年龄构成】 2011年总人口中，6周岁以下的881059人，占8.8%；18岁以下1910314人，占19.15%；18岁至35岁的3039046人，占30.47%；35岁至60岁的3556451人，占35.66%；60岁以上的1467116人，占14.71%。（人口数据为市公安局户政部门提供）

（赵光）

民族·宗教

【民族】 石家庄市是一个少数民族散居城市。2011年，全市有民族51个，除汉族外，共有少数民族50个。少数民族人口104461人，占全市总人口的1.02%。其中，少数民族农业人口40685人，占39%；非农业人口63776人，占61%。市区（含井陉矿区）内有少数民族21595人，占少数民族总人口的20.6%。全市各县（市）区中，少数民族人口超过万人的县（市）、区有6个：无极县15488人，桥西区13174人，新华区12763人，裕华区11417人，桥东区10642人，藁城市10210人；超过千人的县市区有长安区9088人，新乐市8631人，正定县4272人，辛集市1896人，鹿泉市1667人。全市有3个民族乡，即无极县高头回族乡、藁城市九门回族乡、新乐市彭家庄回族乡，总人口101631人，其中少数民族27082人，占民族乡总人口的27%，占全市少数民族人口的26%。全市少数民族中以回族人口居多，共计56600人，占少数民族人口的54%。其次为满族32648人，占31%。第三为蒙古族5534人，占5.3%。此外，人口在千人以上的少数民族有：壮族1529人，占1.5%；土家族1615人，占1.5%；苗族1195人，占1.1%；朝鲜族1021人，占0.9%。其他少数民族共计4319人，占4.1%。

【宗教】 石家庄市有道教、佛教、伊斯兰教、天主教、基督教五种宗教。至2011年底，全市共有信仰五种宗教公民29万人，占全市总人口的2.9%，分布在全市23个县（市）、区的211个乡（镇）、街道办事处。

道教 全市信仰道教公民1.3万余人，主要分布在鹿泉、平山、藁城、元氏、赞皇、新乐、栾城等7个县市。有教职人员近39人，宗教活动场所19处。较著名的道观有位于鹿泉市的十方院和抱犊寨金阙宫，平山县天桂山的青龙观等。市级宗教团体1个（石家庄市道教协会），有县（市）级道教协会3个。

佛教 全市信仰佛教的公民8.8万人，主要分布在赵县、正定、辛集、藁城、井陉、赞皇、鹿泉等县市。有教职人员221人，佛教活动场所77处，较著名的寺院有：赵县柏林禅寺、正定县临济寺，鹿泉市龙泉寺和市内谛音寺。市级宗教团体1个（石家庄市佛教协会），县（市）级佛教协会6个。

伊斯兰教 全市有信仰伊斯兰教的公民5.8万人。主要分布在市内五区和无极、藁城、新乐、正定、辛集等县（市）。有清真寺15座，教职人员26人。市级宗教团体1个（石家庄市伊斯兰教协会）。

天主教 全市有信仰天主教公民10.6万余人，分布在全市的211个乡（镇）、街道办事处的937个村、居委会。宗教活动场所195处，有神修人员72人。市级宗教团体2个(石家庄市天主教爱国会、天主教石家庄教区)。

基督教 全市有信仰基督教公民6.5万人，分布在24个县（市）、区的249个乡（镇）、街道办事处的1318个村、居委会。宗教活动场所210处，有牧师、长老47名。有市级宗教团体2个（石家庄市基督教三自爱国运动委员会、石家庄市基督教协会）。县建立宗教团体6个。

（赵光　张建营）

风景名胜

【概况】 石家庄旅游资源丰富，名胜古迹众多。有文化名城、故国遗址、古寺名桥、革命圣地等大量珍贵历史遗存；有丰富多彩的社会旅游资源，包括商贸会展、民俗民艺、都市风情等旅游景观。拥有全国重点文物保护单位25处，省文物保护单位141处，市、县文物保护单位240处；国家级历史文化名城1座，国家级森林公园3处（仙台山、五岳寨、驼梁山），省级森林公园9处（南寺掌、西柏坡、棋盘山、藏龙山、沕沕水、海山岭、封龙山、洞阳坡、高山寨），野生动植物自然保护区4处（平山县驼梁自然保护区、灵寿县漫山自然保护区、赞皇县嶂石岩自然保护区、井陉县南寺掌自然保护区）。2011年，西柏坡景区被评为国家5A级旅游景区，灵寿县秋山景区、平山县黑山关景区、辛集国际皮革城被评为国家4A级景区。到2011年末，石家庄市共有A级景区27家，其中，5A级景区1家，4A级景区21家，3A级景区3家，2A级景区2家。

【纪念馆、陵园】 **革命圣地西柏坡** 国家爱国主义教育基地，国家4A级景区。距省会石家庄80千米。1948年5月至1949年3月中共中央在西柏坡居住10个月，召开了全国土地会议、中共七届二中全会，指挥了三大战役，赢得了解放战争决定性的胜利。西柏坡依托红色旅游资源优势，大力开发和培育红色旅游市场，形成了中共中央旧址，陈列馆、纪念碑、石刻园、五大书记铜像等10多个旅游景点，使西柏坡成为资源丰厚，感染力和震撼力强的独特景区。

华北军区烈士陵园 位于石家庄市区内，是中国兴建较早、规模较大、造型艺术水平较高的烈士陵园之一。这里长眠着抗日战争时期，解放战争时期的无数革命先烈，伟大的国际主义战士白求恩、柯棣华也在其中。陵园自建成以来，受到老一辈无产阶级革命家的关怀和重视，毛泽东、刘少奇、朱德等中央领导曾亲临陵园，凭吊先烈。

【风景区】 **驼梁山** 位于石家庄市平山县境内西北部，距离石家庄市150千米，距离山西省五台山45千米，景区面积22平方千米，主峰海拔2281米，是河北省五大高峰之一。驼梁山集森林风光、草原风光、山岳风光为一体，自然生态呈现原始状态，以凉、静、野而闻

驼梁云顶草原

名，是太行山中段生物多样性最丰富、最具代表性的典型区域。森林生态系统发育良好，从山谷到峰顶分布着白桦、松柏、枫树等树种及灌木草本植物，涉及102科、686个高等树种，植被覆盖率达98%。驼梁山是国家大型水库——岗南水库、黄壁庄水库和滹沱河的主要水源涵养地，也是阻挡来自西部高原风沙、寒流侵袭石家庄的重要生态屏障。2009年11月驼梁自然保护区晋升为国家级自然保护区。

天桂山 位于平山县境内，国家4A级景区。它既有雄秀交融的天然风光，又具有皇家园林的高贵气质和道家仙山的神秘色彩，是一个寻古探幽的绝佳去处。天桂山是北方珍贵的岩溶地貌区，形成了众多的天然溶洞等奇特景观，不仅风光绝佳，景色迷人，而且还是一处远近闻名的道教圣地，有“北武当”之称，至今还保存有许多道观。1997年为迎接香港回归祖国，在天桂山百丈危崖上镌刻的“归”字，高97米，宽49米，已载入吉尼斯世界纪录。名山巨字，珠联璧合，堪称天下奇观。

苍岩山 位于井陉县境内，国家级重点风景名胜区，国家4A级景区。它以“一奇、三绝、十六景、七十二景观”名扬海内外，素有“五岳奇秀一揽山，太行群峰唯苍岩”的盛名。1988年被评为国家级重点风景名胜区，1994年被国务院审定为中国历史文化名山。大自然的鬼斧神工使苍岩山中心地带形成了奇异的断崖绝壁及优越的生态环境，获得第73届奥斯卡最佳外语片奖的影片《卧虎藏龙》的部分外景就是在苍岩山拍摄。

仙台山 位于井陉县辛庄乡，距石家庄市50千米。仙台山主峰海拔1195米。山峰奇秀，俨然一尊大佛巍然屹立。树木繁多，自然景色优美，每至汛期，百泉汇合飞流直下，山光水影，宛如银河倒悬，仙朗凌空，故名仙台山。仙台山景观分上、中、下层，最下一层的仙台山牌坊，用太行山南麓独有的大红袍石料建成，风格别致，步石台阶经通天门，攀栏直上通天峡，过一崭，一步一景点，一石一奇观。有卧鹰岩、雀吸岩，如来讲经，蘑菇石，蝴蝶展翅石，青蛙望日等。东西北三面悬空。

清凉山 位于石家庄市矿区西部，距市区48.5千米。清凉山主要由下古生界灰岩构成，在大地构造上地处井陉县凹陷的西缘，在内外应力长期共同作用下形成温带喀斯特景观，经亿万年风雨侵蚀，使清凉山既有北方山峰雄伟壮观之势，亦有南方山川秀丽险峻之韵。因山势峻峭，古木苍翠，景色秀丽，山腰间多有天然溶洞，清泉常流，夏日置身于此，清风习习，心旷神情，实为避暑胜地，故名“清凉山”。

嶂石岩 国家级重点风景名胜区，国家4A级景区。以奇特、秀丽、多姿、壮观的自然风光著称。以嶂石岩山势造型命名的“嶂石岩地貌”，是和丹霞地貌、张家界地貌并称的国内三大砂岩旅游地貌之一。嶂石岩景区作为嶂石岩地貌的命名地，地貌类型最齐全，特征最突出，素有“百里赤壁，万丈红绫”之称，2003年被评为国家地质公

万丈红崚嶂石岩

园。景区内有国内最大的天然回音壁，弧形陡壁，高耸云天，其体量之大，回音效果之好，堪称一绝，已载入吉尼斯世界纪录。景区内许多山峰海拔高度都在千米以上，是观日出、赏云海的最佳地点。嶂石岩“佛光”也是不难见到的自然奇观。

五岳寨 位于石家庄市灵寿县西北部深山区，因五座山峰并列耸立，且有五岳之特点而得名。属河北省漫山自然保护区的一部分，总面积88平方千米。五岳寨于2004年被国家旅游局评定为AAAA级旅游区，2006年评定为河北省地质公园。景区内山高林密、繁花似锦、群山拱翠、云海波澜且气温湿润凉爽、空气清新，动植物及水资源极为丰富，大小瀑布数百个。海拔2000余米的亚高山草甸可让游人感受到“风吹草低见牛羊”的坝上草原境界。幽险的峰谷景观，浓厚的边塞区域特色，使景区成为集旅游观光、健身疗养、避暑度假、寻奇涉幽、登山探险、科学考察为一体的高品位、多功能自然风景区。

抱犊寨 位于鹿泉市境内，距石家庄市区16千米，国家级4A景区。山寨的四面都是峭壁，山路曲折环复，山顶处却有600多亩的平坦土地。古代时农民要抱牛犊上山，养大后让其耕田，因此而得名。

封龙山 又名飞龙山，位于石家庄市区西南15千米，鹿泉市城南20千米。西倚太行山，东临平原，主峰海拔812米。封龙山自然风光秀丽，以沟深林茂，清泉碧溪，奇峰怪石为胜。封龙山历史文化璀璨，曾有五通汉碑、三大书院、四大禅林、三大石窟、两大道观。早在唐代《十道志》中就被列为河北名山，以封龙山历史文化而论，汉代李躬、唐代郭震、姚敬曾讲学于此山。五代以后，书院文化崛起，真定名士、文学家、史学家、政治家李 与学者张著在此创办学院。到北宋，见诸记载的河北书院仅有3处，全在封龙山中。元代著名学者、数学家李冶在此著书讲学，时有著名文学家元好问、教育家张德辉在此讲学授业，人称“龙山三老”。古代名家在此培养出大批杰出人才，使封龙山成为河北古代教育圣地之一。

石家庄植物园 位于市区西部，占地5000多亩，园内种植各类植物达1100多种，建有科普教育与儿童游乐区，植物系统分类区，观赏植物品种展示区，植物进化展示带，水上游憩区，盆景园区，温室、宿根花卉展示区，拥有草木葱翠、鲜花烂漫的美景让人陶醉不已，还有丰富的文化内涵和科普知识。

天山海世界 国家4A级景区，位于市内裕华区，整个戏水大厅绿草如茵，椰林葱葱，众多的游乐设施，可提供多种娱乐方式，构成一座都市水上“迪斯尼”乐园。

另外，风景区还有沕沕水、蟠龙湖、温塘度假区、东方巨龟苑等景点。

【古迹】 **古城正定** 距石家庄13千米，是国家级历史文化名城，历史上与保定、北京并称“北方三雄镇”，是河北中部的政治、经济和文化中心。城内汇集着唐、宋、元、明、清几代不同风格的古代建筑，被誉为“中国古代建筑博物馆”。境内现存国家级重点文物保护单位7处，省级重点文物保护单位5处，县级重点文物保护单位26处。驰名中外的隆兴寺是正定最著名的景点，位列全国十大名寺，是国家4A级景区。寺院中荟集了隋唐以来大量的建筑、壁画、雕塑等艺术珍品，其中有6处文物堪称“全国之最”。其中最著名的是铜铸千手观音，它举高21.3米，是世界古代铜铸佛像中最高大的一尊。除此之外，寺内有堪称宋代建筑孤例的摩尼殿，被鲁迅先生誉为东方美神的倒坐观音，有中国时代最早、体量最大的木制转轮藏，还有被推崇为隋碑第一的龙藏寺碑、设计巧妙的铜铸毗卢佛等珍贵遗存。古城内的临济寺是临济宗的发源地，在佛教界享有盛誉，临济宗在国内广为流传，还名扬海外，至今在日本、东南亚、美国都有大量临济宗信徒，每年春、夏之际，来自海内外的广大信徒都前来朝拜祖庭，盛况空前。正定不仅文物众多，而且也是名人的故乡和冠军的摇篮，家喻户晓的三国名将赵云赵子龙就是正定人，国家乒乓球训练基地建在正定，被称为“中国乒乓运动的福地”、“冠军的摇篮”。

安济桥 位于赵县境内，又称大石桥、赵州桥，是中国现存最早的敞肩式大型石拱桥，所谓敞肩就是大拱两端各有两个小拱，这种形式的采用使桥身看起来更加轻盈，造型更加精巧，同时也节省石料，减轻桥身重量，更为重要的是可以辅助渲泄洪水，减少水流阻力。在欧洲，这种桥梁直到19世纪才开始流行，晚于中国1200多年。安济桥开启了“敞肩拱桥”的先河，对中国乃至世界桥梁建筑产生了巨大而深远的影响，被公认为世界拱桥的鼻祖，在桥梁建筑史上占有极其重要的地位，被称为“天下第一桥”。

柏林寺 位于赵县县城南端。创建于东汉末年，唐代高僧玄奘法师赴西天取经前，曾在这里学习经文达一年多。20 世纪 80 年代末，著名法师净慧任寺院主持，他含辛茹苦，广结善缘，恢复寺院，广传佛法，使柏林寺恢复了当年的勃勃生机，声名日益显赫。如今的柏林寺不仅是礼佛弘法的圣地，更成为与赵州桥联拱双璧的旅游佳境。

柏林寺

毗卢寺 位于石家庄市区。是全国重点文物保护单位，它以保存珍贵的明代宗教壁画而享誉中外，壁画的内容包涵佛、道、儒三教人物故事经画 122 组共 500 多身，线条流畅、色彩艳丽、服饰精美，是中国古代壁画艺术的瑰宝。

伏羲台 位于新乐市。是中华民族人文始祖——伏羲氏寓居的地方，距今已有六七千年的历史，现已形成伏羲台、人祖庙等多处景观为主体的伏羲文化旅游区。

古中山国遗址 位于灵寿县境内。河北先秦四大古都之一，出土文物 19000 余件，数量之庞大，器具之精美令人叹为观止，这其中还创下了多项世界文化之最和中国文化之最，展示了 2000 多年前神秘的战国文化，是石家庄历史文化的重要组成部分，越来越受到世人的关注。

另外古迹还有井陉县境内的秦皇古驿道，是古代通往山西入长安的“国道”，历史上秦始皇东巡病故于沙丘，其遗体曾经从这条驿道送往咸阳。于家石头村是明朝大将于谦的故乡，已建成中国民族文化村，村内建筑全部采用太行山的石头为原材料，颇有地方特色。

（刘伟东）

气　候

【**概况**】 2011 年，市气象局贯彻落实国务院办公厅《关于加强气象灾害监测预警及信息发布工作的意见》通知要求，加强气象灾害防御工作和气象信息员队伍建设，培训气象信息员 6000 余人次，发送各类气象预报预警信息 30 余万条。全年石家庄市年平均气温 13.5℃，较常年偏高 0.7℃，四季气温普遍偏高，但夏季高温日数少，37℃以上高温日数仅出现 17 站次。全市年平均降水量 520.8 毫米，较常年偏多 7.5%，属正常年份，但降水多局地性，时空分布不均，各县(市)降水量差别极大，其中市区最多为 674.2 毫米，赵县最少为 409.6 毫米。四季中，秋季多阴雨天气，降水显著偏多，春季降水偏少，冬、夏两季降水接近常年。全市年平均日照时数 2182.8 小时，比上年减少 2.5%，春季日照偏多，冬、夏、秋季比常年偏少，受持续阴雨和大雾天气影响，秋季日照显著偏少。全年气象主要特点有：连阴雨天数明显偏多；阶段性干旱明显；高温、沙尘、大雾、雷暴、暴雨日数少于常年，但局部降水强度大；大风、冰雹和强降温寒潮天气较常年明显偏少。总体而言，2011 年气象灾情属于“中等偏轻”年份。

【**气温**】 全市年平均气温介于 12.7 ~ 14.3℃之间，平均值为 13.5℃，较常年偏高 0.7℃，是 1992 年以来的第 20 个连续偏暖年。其中，市区年平均气温最高为 14.3℃，赵县最低为 12.6℃。与常年相比，除井陉县平均气温与历年持平外，其余县（市）普遍偏高

0.1～0.8℃，其中正定县、石家庄市区、栾城县、行唐县、新乐市、无极县和晋州市为高值中心，平均偏高0.9～1.2℃。全年四季平均气温普遍偏高，其中春季和夏季偏高均为1.1℃。

冬季 全市平均气温在-1.6～0.4℃之间，比常年偏高0.5℃，其中赞皇县、藁城市、深泽县比常年偏低，新乐市、正定县、石家庄市区、栾城县、无极县、晋州市和辛集市偏高，其他地区持平。

春季 全市平均气温在13.6～15.8℃之间，比常年偏高1.1℃，全市气温普遍偏高，其中行唐县和正定县偏高最多为1.8℃。

夏季 全市平均气温在26.1～27.3℃之间，比常年偏高1.1℃，其中行唐县、栾城县、正定县偏高最多为1.4℃。

秋季 全市平均气温在13.2～14.2℃之间，比常年偏高0.5℃，其中行唐县和无极县偏高最多为0.9℃。

【降水】 全市年平均降水量为520.8毫米，与常年同期（484.4毫米）持平。全市年降水量空间分布极不均匀，其中市区降水最多为674.2毫米，东南部县（市）降水量较少，其中赵县最少为409.6毫米。与常年相比，除东南部县（市）降水略偏少外，其他县（市）普遍偏多，其中市区、无极县、藁城市降水量偏多2～3成。

冬季 全市降水量在10.0～16.9毫米，平均为13.5毫米，较常年偏多不到1成，其中藁城市最多，赵县最少。与常年相比，正定县、赞皇县和赵县降水偏少1～3成，行唐县、藁城市、辛集市、灵寿县偏多1～3成，其他县（市）降水接近常年平均值。

春季 全市降水量在21.5～69.4毫米，平均为43.8毫米，较常年偏少3成左右，辛集市最多，高邑县最少。与常年相比，除辛集市偏多2成，其他县（市）普遍偏少，其中高邑县、元氏县为显著偏少。

夏季 全市降水量在232.3～451.1毫米，平均为330.4毫米，与常年持平，石家庄市区最多，辛集市最少。与常年汛期相比，辛集市、赵县偏少2～3成，藁城市、石家庄市区和无极县偏多2～4成，其他县（市）正常，另外，2011年暴雨发生16站次，比常年平均值22站次偏少。

秋季 全市降水量91.3～167.3毫米，平均为133.7毫米，比常年同期偏多近6成，高邑县最多，无极县最少。石家庄市区、井陉县较常年异常偏多8成，行唐县、无极县、深泽县和灵寿县偏多2～4成，其他县（市）显著偏多5～8成。

【日照】 全市年平均日照时数为2182.8小时，比常年偏少333.6小时。全市各地日照时数分布不均，其中辛集市日照时数最多为2541.1小时，井陉县和赵县最少，分别为1871.2小时和1874.4小时。与常年相比，全市日照普遍偏少，其中灵寿县和元氏县偏少不足50小时，井陉县较常年偏少761.5小时。

冬季 全市日照时数在375～600小时，辛集市最多，井陉县最少。与常年相比，除石家庄市区、灵寿县、正定县和辛集市略偏多外，其他县（市）普遍偏少16～195小时。

春季 全市日照时数在691.4～877.8小时，灵寿县最多，井陉县最少。与常年相比，除井陉县偏少外，其他县（市）普遍偏多21～161小时。

夏季 全市日照时数在401.6～691.2小时，平均比常年偏少100.6小时，辛集市最多，无极县最少。与常年相比，除元氏县略偏多外，其他县（市）普遍偏少10.1～261.6小时，其中西部山区和东部藁城市偏少100小时以上。

秋季 全市平均日照时数为408.5小时，较常年偏少178.6小时，与常年相比，元氏县偏少86.9小时，行唐县、无极县、井陉县、平山县、藁城市异常偏少200小时以上，其他显著偏少100～200小时。

【异常天气】 全年石家庄市虽未出现明显气象灾害，但是干旱、强对流、暴雨、大雾、连阴雨和寒潮降温等灾害性天气还是给人们生活和社会经济带来一定的影响和损失。

干旱 2010年12月25日至2011年1月26日，全市没有出现有效降水，3月全市降水在0～1毫米之间，较常年显著偏少。4月中上旬，石家庄平均气温较常年偏高，6个县（市）月降水量比常年异常偏少，其他县（市）偏少3～7成。持续降水偏少、气温偏高加剧麦田土壤水分蒸发，麦田出现旱情。根据气象干旱监测，石家庄西部出现中旱或轻旱，其他县（市）出现重旱。

强对流 4月22日，石家庄全区17个县（市）出现雷暴天气，其中晋州市10个村镇出现冰雹，冰雹直径 0.5 ~ 1.5cm 左右，造成小麦经济损失 200 万，果树损失 8300 万元，次日深泽出现大风天气。6 月 6 日下午，石家庄出现雷阵雨天气，井陉县和元氏县伴有短时大风；鹿泉市李村镇、大河镇、黄壁庄镇、宜安镇、获鹿镇、开发区等 28 个村农作物遭受冰雹和风灾袭击，其中李村镇受灾较重，部分麦田出现倒伏，油葵和蔬菜叶片受损。据统计，此次气象受灾 31429 亩，成灾 3567 亩，其中小麦 28700 亩，蔬菜 1047 亩、油葵 670 亩、其他作物 1012 亩。6 月 23 日 19 时 07 分，正定县出现雷阵雨天气，19 时 59 分～ 20 时 07 分出现大风，最大风速 22.4 米 / 秒，23 日 19 时 07 分～ 24 日 16 时 40 分，累计降雨量 77.5 毫米；受灾人口 3380 人，农业经济损失 24.41 万元，直接经济损失 793.85 万元，涉及 7 个乡镇，其中农作物受灾面积 500 亩，经济作物 1879 亩，树木 1351 棵，果树 160 亩，蔬菜大棚 130 个。

夏季暴雨 7 月 1 ~ 3 日出现强降水过程，暴雨 3 站次，全市平均过程降水量为 31.7 毫米，最大过程降水量出现在藁城市，为 59.5 毫米；7 月 24 ~ 25 日再次出现较强降水过程，全市平均过程降水量为 25.5 毫米，高邑县最大，为 47.9 毫米；7 月 28 ~ 29 日出现区域性大到暴雨，平均过程降水量 51.3 毫米，无极县最大，为 78.8 毫米；8 月 9 日出现局地性强降水，雨量分布极其不均，其中行唐县、灵寿县、平山县、鹿泉市、栾城县、元氏县和赞皇县的部分乡镇和石家庄市区西部雨量超过 50 毫米，市气象台雨量最大为 129 毫米，东部县（市）雨量大部不足 5 毫米。

强降温 3 月 14 日，出现强降温天气过程。全市平均气温从 3 月 13 日的 14.1℃降至 14 日的 7.4℃，平均降幅达 6.7℃，其中井陉县和辛集市降温幅度超过 8℃，分别为 8.6℃和 8.2℃，达到寒潮标准；10 月 25 日南部地区日最低气温下降幅度在 9.0℃以上，部分县（市）出现初霜冻。

大雾 全年出现大雾天气 226 站次，较常年明显偏少。大雾集中出现在 10 月 21 ~ 22 日、11 月 22 日和 11 月 30 日 ~ 12 月 7 日，其中 11 月末至 12 月初的大雾持续 8 天，期间全市大雾出现 68 站日，部分地段能见度不足 100 米。大雾天气对交通运输影响很大，石家庄的高速公路多次限行、机场航班延误或取消。

【气象服务】 针对 2011 年出现的重大、关键性和转折性天气过程，市气象部门全力做好决策气象服务、公众气象服务和专业气象服务，及时准确的向地方政府及公众提供各种天气预报、预警、雨情、灾情等气象信息。全年发布《重要天气报告》14 期、《天气预报信息》67 期、《专题气象报告》15 期、《雨情快报》133 期、各种灾害性天气预警信号 76 期。准确预报春季第一场透雨。5 月 7 ~ 8 日石家庄出现 2011 年入春第一场透雨，除赞皇和高邑降水量 5 ~ 15 毫米外，其他大部分县（市）超过 25 毫米，其中平山县、行唐县、藁城市、晋州市、辛集市、赵县、深泽县部分乡镇超过 40 毫米，辛集市的田庄最大为 61.4 毫米。汛期预报服务。2011 年石家庄出现几次明显的强降水过程，7 月 1 ~ 3 日和 24 日的中到大雨；7 月 29 ~ 30 日大到暴雨；8 月 14 日傍晚到 15 日夜间中到大雨，东、南部大到暴雨；8 月 17 ~ 19 日大雨，局部暴雨，气象台对这几次降雨过程均提前做出准确预报和针对性服务。春运预报服务。2011 年春运期间，气象台主动联系，积极服务。5 月 21 日，市气象局被春运工作领导小组办公室评为先进集体。为农气象服务。印发《关于推进气象为农服务体系建设的实施意见》，为提高全市农业气象服务水平和农村气象灾害防御能力提供了强有力的政策支持。针对麦收期，做好短时临近预报预警，及时发布气象灾害预警信息，争得预警发布时间提前量；麦收期间，气象台做好滚动预报服务，细化预报内容，明确降水时间、范围及量级，让群众及时做好小麦收割和晾晒。

【气象场站建设】 7 月 1 日，完成 3G 数据传输备份网络建设，正式在全区投入使用。7 月 25 日，完成全区 17 套新一代风云卫星数据广播系统建设，并投入使用。12 月 20 日，完成行唐县、赵县、井陉县、栾城县、赞皇县、晋州市等 6 个县级局称重式降水安装和投入使用。12 月 23 日，完成行唐县新型自动站建设；12 月 25 日，完成小壁林区生态自动站建设；12 月 28 日，完成鹿泉新型自动站建设和投入使用。

表 1　　2011 年石家庄市主要气象要素

要素	月份	1	2	3	4	5	6	7	8	9	10	11	12	年
降水量（毫米）	累积值	0	13.5	0.2	6.4	36.1	63.2	157.7	230.2	113.2	14.6	36.6	2.5	674.2
	距平	−3.9	6.1	−11.1	−11.4	−0.8	6.5	16.6	81.9	65.1	−12.7	23.4	−2.6	157.1
气温（℃）	平均值	−2.8	1.5	9.6	16.3	21.5	27.4	28.5	26.0	19.7	15.1	7.6	0.0	14.2
	距平	−0.6	0.7	2.3	1.0	0.6	1.7	1.7	0.6	−1.0	1.0	1.7	0.1	0.8
雨（雪）日	累积值	1	6	2	8	9	15	13	13	11	10	12	7	107
相对湿度	平均值	29	50	27	38	48	52	64	77	72	68	72	61	55
日照（小时）	累积值	198.0	105.6	273.9	273.0	276.5	208.5	164.8	153.0	173.3	165.1	92.5	117.6	2201.8
气压（百帕）	平均值	1022.5	1014.3	1013.1	1004.6	999.8	993.9	993.2	998.2	1006.4	1011.4	1015.8	1021.6	1007.9
极大风速（米/秒）	风向	NW	E	W	NNE	NNW	N	NNW	ENE	N	NNE	W	W	W
	风速	8.3	8.3	12.9	12.8	12.6	11.8	11.7	12.4	10.2	10.9	11.3	7.2	12.9

备注：距平值为 2011 年的值与 1971 ～ 2000 年 30 年的平均值之差。“/”表示无降水。

石家庄市气象局

局　长：张秉祥

副局长：郭彦波（9 月免）　连志鸾　李海青（9 月免）

石志增（9 月任）　智利辉（9 月任）

（连志鸾　李国翠　索妮莎）

国民经济与社会发展

【概况】 2011 年，全市实现地区生产总值 4082.7 亿元，比上年增长 12.0%。其中，第一产业增加值 415.0 亿元，增长 4.3%；第二产业增加值 2031.9 亿元，增长 13.6%；第三产业增加值 1635.8 亿元，增长 12.1%。三次产业结构比例为 10.1 ∶ 49.8 ∶ 40.1。全年市区居民消费价格指数比上年上涨 5.7%，其中食品价格上涨 10.0%。工业生产者出厂价格指数比上年上涨 7.7%，工业生产者购进价格指数比上年上涨 10.4%。年末城镇登记失业率为 3.81%，比上年回落 0.01 个百分点。全年民营经济实现增加值 2698.5 亿元，比上年增长 13.9%，占全市生产总值的比重为 66.1%；实缴税金 303.3 亿元，增长 29.6%，占全部财政收入的比重为 62.0%。

地区生产总值(亿元)

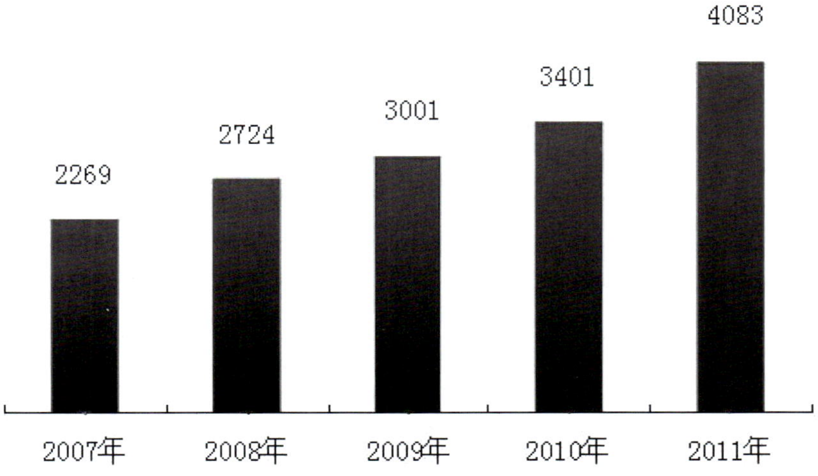

表 2　2011 年石家庄市各类价格指数（以上年同期为 100）表

指　标	全　市	市　区
居民消费价格总指数		105.7
食品		110.0
烟酒		101.1
衣着		105.7
家庭设备用品及维修服务		101.7
医疗保健和个人用品		104.6
交通和通信		99.6
娱乐教育文化用品及服务		100.4
居住		108.4
工业生产者出厂价格指数	107.7	
工业生产者购进价格指数	110.4	

【农业】　农业获得丰收。全年粮食播种面积 76.99 万公顷，比上年减少 0.3 万公顷，下降 0.4%；粮食总产量 531.72 万吨，同比增长 4.7%。其中夏粮总产 252.97 万吨，增长 7.4%；秋粮总产 278.75 万吨，增长 2.4%。畜牧业、蔬菜、果品三大优势产业产值达到 533 亿元，占农林牧渔业总产值比重 73.3%，同比提高 1 个百分点。农业产业化经营率为 63%，比上年提高 1.7 个百分点。全年新增有效灌溉面积 2.1 万公顷，新增节水灌溉面积 2.8 万公顷。农业机械总动力 1977 万千瓦，比上年增长 0.9%。实际机耕面积 48.35 万公顷，占农作物播种面积 47.9%；机械播种面积 66.94 万公顷，占 66.2%，同比提高 0.7 个百分点；机械收获面积 48.95 万公顷，占 48.4%，同比提高 4.5 个百分点。农村用电量 74.75 亿千瓦时，同比增长 4.8%。

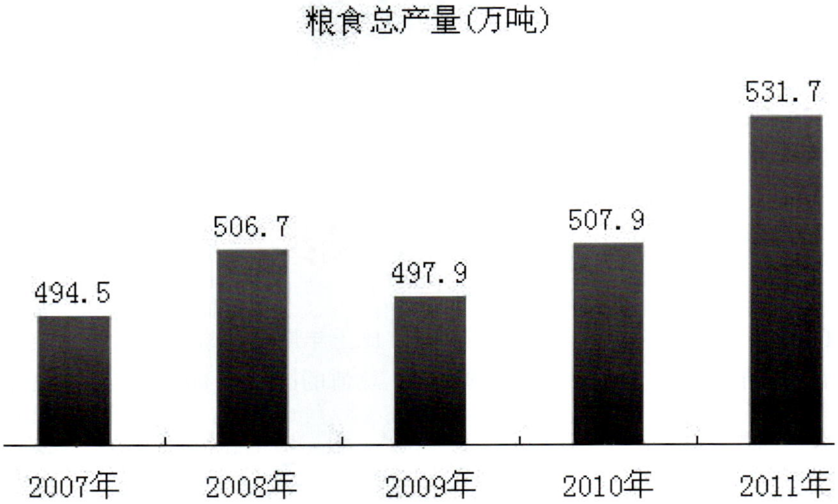

表 3　2011 年石家庄市主要农产品产量及其增长速度表

产品名称	产量（万吨）	比上年增长 ±%
粮食	531.7	4.7
油料	21.5	0.8
棉花	1.3	−9.7
蔬菜	1222.0	1.8
园林水果	218.8	3.9
肉类总产量	76.2	2.0

（续表）

产品名称	产量（万吨）	比上年增长 ±%
猪肉	43.9	2.6
蛋类	106.3	2.5
奶类	119.0	4.5
水产品	3.5	1.1

【工业和建筑业】 工业运行平稳。2011年，全市拥有规模以上工业企业2367个，累计完成增加值1746.27亿元，同比增长16.2%，比全省累计增速高0.1个百分点。其中，国有及国有控股企业增长4.9%，集体企业增长21.2%，股份制企业增长15.5%，外商及港澳台企业增长13.0%。从轻重工业看，2011年，全市规模以上重工业企业累计完成增加值937.1亿元，同比增长16.5%，比全市平均增速高0.3个百分点，占全市比重为53.7%，较2010年提高2.3个百分点；轻工业企业完成增加值809.2亿元，同比增长15.8%，比全市平均增速低0.4个百分点，重工业增速快于轻工业0.7个百分点。从全市工业三大区域看，东部9个县（市）工业增长较快，成为带动全市工业快速增长的主要力量。2011年，东部9个县（市）完成工业增加值672.3亿元，同比增长20.1%，比2010年提高1.1个百分点，占全市比重38.5%，较2010年提高0.5个百分点；中部10个县（市）区完成工业增加值773.9亿元，同比增长11.5%；西部5个县完成工业增加值300.1亿元，同比增长17.8%；东部工业发展速度最快，发展速度高于全市平均水平3.9个百分点。从七大主导行业完成情况看，2011年，全市七大主导行业累计完成增加值1471.7亿元，同比增长16.0%。其中，装备制造业增长较快，全年累计完成增加值274.9亿元，同比增长20.8%，高于全市平均水平4.6个百分点；医药工业完成增加值103.8亿元，同比增长10.2%。其他工业行业情况为：建材工业增长19.0%；食品工业增长17.5%；钢铁工业增长16.1%；纺织服装业增长14.1%；石化工业增长13.2%。至2011年末，全市规模以上工业实现利润502.9亿元，比上年增长24.4%。2011年，全市拥有资质等级以上建筑企业252个，完成建筑业总产值729.9亿元，比上年增长30.7%，其中建筑工程产值656.2亿元，增长27.9%。

规模以上工业增加值（亿元）

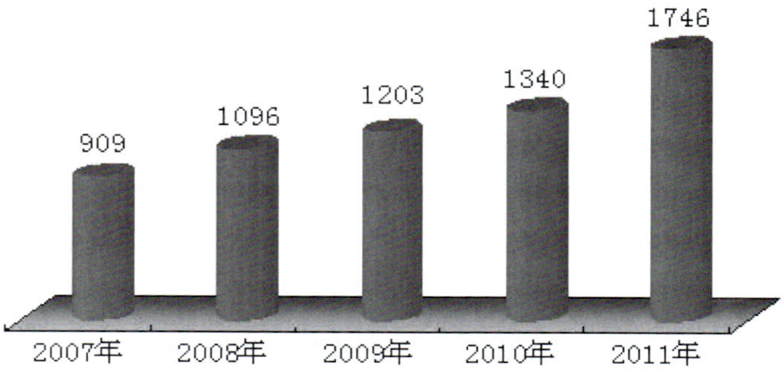

规模以上工业利润（亿元）

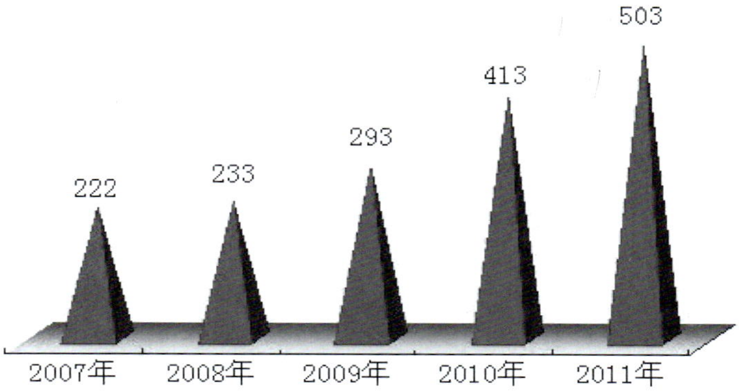

表 4　　2011 年石家庄市主要工业产品产量表及其增长速度表

产品名称	产　量	比上年 ±%
原油加工量	412.2 万吨	− 1.9
原煤	64.0 万吨	− 47.8
焦炭	366.3 万吨	28.5
发电量	398.3 亿千瓦时	3.2
合成氨	118.5 万吨	−8.3
水泥	5389.8 万吨	20.9
生铁	989.8 万吨	34.0
钢材	978.3 万吨	14.2
机制纸及纸版	92.3 万吨	17.8
化学药品原药	40.4 万吨	35.5
服装	16177 万件	14.0
纱	50.7 万吨	21.0
棉布	34.1 万米	0.8
乳制品	70.1 万吨	33.6
软饮料	33.1 万吨	2.1
卷烟	243.5 亿支	4.7
交流电动机	409.5 万千瓦	− 6.9
泵	1.3 万台	11.7
人造板	305.2 万立方米	− 8.6

【固定资产投资】 固定资产投资快速增长。全年全社会固定资产投资 3101.2 亿元，比上年增长 26.5%，其中固定资产投资（不含农户）3021.5 亿元，比上年增长 26.0%。城镇投资中，第一产业完成投资 57.7 亿元，与上年持平；第二产业完成投资 1081.6 亿元，增长 22.0%，第三产业完成投资 1882.2 亿元，增长 31.8%，占全市固定资产投资比重达 62.4%。2011 年，全市有省级重点建设项目 120 项，总投资 2976.4 亿元，

年计划投资332.7亿元，完成投资721.63亿元，占年度投资计划的195.3%；市级重点建设项目85个，总投资1701.98亿元，年度计划投资142.33亿元，完成投资329.05亿元，占年度投资计划的231.19%。

【国内贸易】 全年社会消费品零售总额完成1663.0亿元，比上年增长18.0%。其中，城镇消费品零售额完成1301.7亿元，增长18.6%；乡村消费品零售额完成361.3亿元，增长15.6%。在限额以上批发和零售企业(单位)商品零售额中，粮油食品饮料烟酒类比上年增长42.2%；服装鞋帽针纺织品类增长26.0%；日用品类增长28.3%；家用电器及音像器材类增长29.5%；中西药品类增长43.0%；石油及制品类增长29.4%；汽车类增长11.1%。

【对外开放和旅游】 对外贸易实现“双增长”。2011年全市实现对外贸易进出口总值141.7亿美元，同比增长27.7%。其中，出口总值70.8亿美元，增长22.3 %；进口总值70.9亿美元，增长33.7%。对外出口中，私营企业出口42.2亿美元，比上年增长30.2%，占出口总值比重的59.6%；外商投资企业出口12.9亿美元，下降7.6%；国有企业出口13.1亿美元，增长42.3%。全年实际利用外资8.1亿美元，同比增长27.1%，其中外商直接投资3.7亿美元，增长50.4%。年内新批准设立外商投资企业19个，新增合同总金额8.7亿美元，增长36.3%；合同外资额4.7亿美元，增长95.7%。

旅游业发展强劲。全年接待国际游客13.6万人次，创汇收入4942.6万美元，分别比上年增长15.9%和12.7%；接待国内游客3247万人次，旅游收入197.4亿元，分别比上年增长38.1%和

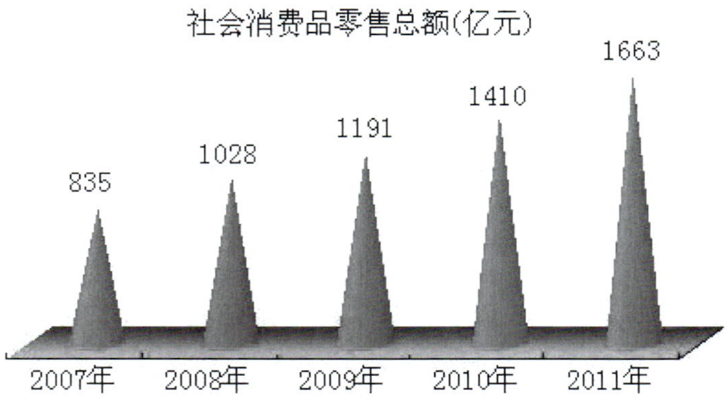

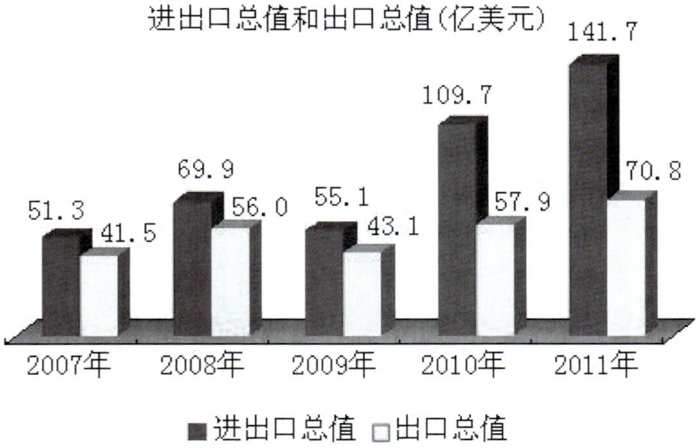

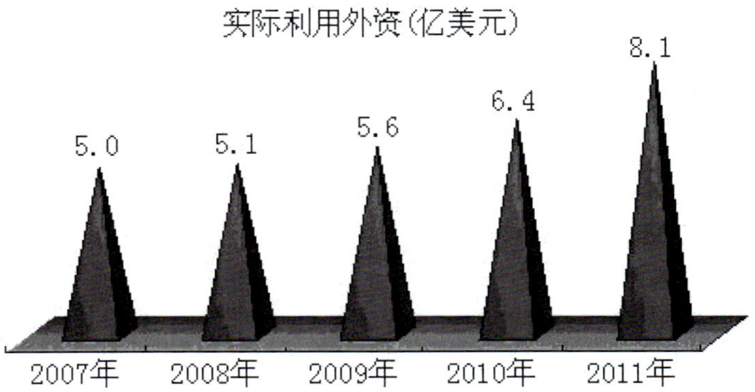

52.6%。全年旅游总收入200.6亿元，同比增长51.7%。

【财政和金融】 财政收入大幅增长。2011年，全市全部财政收入完成488.9亿元，超预算10.6个百分点，同比增收101亿元，增长26.1%，增速创下1994年“分税制”改革以来最高水平；一般预算收入完成221.2亿元，超预算17.6个百分点，同比增收57.6亿元，增长35.2%。2011年全市全部财政收入和一般预算收入增速，分别高于全省各设区市平均水平0.9和3.2个百分点。财政收入质量优化，全部财政收入占GDP的比重达到12.2%，同比提高0.8个百分点；一般预算收入占全部财政收入的比重为45.2%，同比上升3个百分点。2011年，全市一般预算支出403.5亿元，同比增长32.2%，其中一般公共服务支出41.6亿元，增长17.1%；公共安全支出25.5亿元，增长17.5%；科学技术支出6.3亿元，增长40.4%；教育支出87.5亿元，增长25.0%；医疗卫生支出38.1亿元，增长38.2%；社会保障和就业支出29.3亿元，增长27.0%；城乡社区事务支出38.4亿元，增长66.1%；农林水事务支出33.1亿元，增长34.4%。环境保护支出10.9亿元，增长25.1%。

金融业发展稳定，融资融券活跃。至2011年末，全市金融机构人民币各项存款余额6715.3亿元，比年初增加637.8亿元，其中储蓄存款余额3243.6亿元，比年初增加332.0亿元；人民币各项贷款余额3659.8亿元，比年初增加405.9亿元；存贷款余额、新增存贷款等指标均居全省第1位。

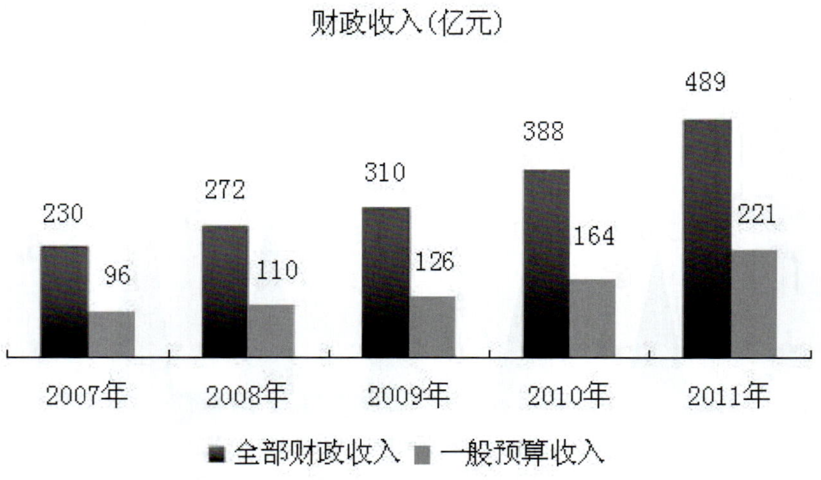

【科学技术和教育】 科技创新能力提升。全年取得科技成果270项，新增省级自主创新产品14项，获省突出贡献奖1项，省科技进步奖20项，市科学技术特别奖4项，市科技进步奖83项。其中达到国际领先水平1项，达到国际先进水平43项。全年申请专利4035项，授权2487项，分别比上年增长22.1%和8.2%。教育事业健康协调发展。年末全市拥有普通中学427所，招生16.1万人，在校生49.7万人，毕业生18.0万人；中等职业学校163所，招生8.1万人，在校生24.7万人，毕业生8.0万人；小学1642所，招生13.1万人，在校生70.1万人，毕业生9.9万人；幼儿园823所，在园人数20.7万人。

【文化、卫生和体育】 文化建设“亮点”增多。年末全市共有艺术表演团体18个，艺术表演场所16个，文化馆、群艺馆24个，公共图书馆25个。有线电视用户103.5万户，有线数字电视用户85.2万户。广播综合覆盖率为99.4%，电视综合覆盖率为99.4%。卫生医疗服务能力增强。年内全市共有医疗卫生机构（含诊所）6458个，比上年增加4044个，其中医院174个，疾病预防控制中心（防疫站）25个，妇幼保健院（所、站）25个，社区卫生服务中心（站）208个，村卫生室4031个。年末卫生机构实有床位4.08万张，比上年减少0.32万张，其中医院拥有床位3.09万张，比上年增加0.09万张。全市拥有卫生技术人员5.1万人，比上年增加0.4万人，其中执业医师1.9万人，注册护士1.7万人。体育事业稳步发展。2011年，全市选手在省级以上比赛中共获金牌185枚，银牌157枚，铜牌124枚。年内全市建成国家级体育传统学校3所，省级25所，市级99所。年末全市共有社会体育指导员7693人，社会体育指导站624个，拥有各类晨、晚练点2000多个，参加体育活动人数占到全市总人口的37%，其中市区常年参加体育锻炼人数占到全市总人口的40.01%。到2011

年底，全市体育彩票销售 3.7 亿元，比 2010 年增长 54%。

【城市建设和环境保护】 全年公路通车总里程达到 15768.67 千米，路网密度达到 110.9 千米／百平方千米。其中，高速公路 4 条、400.64 千米，国道 4 条、417.81 千米，省道 33 条、1483.73 千米，县道 43 条、1548.73 千米，乡道 4941.36 千米，专用公路 218.99 千米，村道 6728.05 千米。桥梁 3813 座、200643.3 延米。至 2011 年末，石家庄城市公共汽车营运线路达到 184 条，比上年增加 18 条；营运车辆 3489 辆，比上年增加 329 辆；年客运总量 58556 万人次，比上年增加 7290 万人次。城市绿地大幅提高，生态环境显著改善。2011 年，石家庄市突出实施西山生态观光园建设、万树进村、太行山绿化、退耕还林、大西柏坡绿化等生态绿化工程，完成造林绿化 37.01 万亩，同比增加 38%。新建公园广场 8 座，到年末全市有公园广场 62 座。新增绿地 708 公顷，建成区绿地率达到 41.6%，绿化覆盖率达到 47%，建成区人均公园绿地面积达到 14 平方米，中心城区人均公园绿地面积达到 5.5 平方米。环境保护力度增强。2011 年，石家庄市区环境空气质量处于 II 级及优于 II 级天数达到 320 天，占总天数的 87.7%，其中 I 级天数 36 天，II 级天数 284 天，III 级天数 45 天，无 IV 级、V 级天。优良天数比 2010 年增加 1 天，其中 I 级增加 2 天，II 级减少 1 天；城市环境空气以“煤烟型”污染为主，呈现由“煤烟型”污染向“复合型”污染转化的趋势，主要污染物为可吸入颗粒物；城区空气污染指数为 2.36。至 2011 年底，全市化学需氧量、氨氮、二氧化硫排放量比 2010 年分别削减 1.6%、1.8%、2.0%，氮氧化物排放量上升 5.0%。年末全市有环境监测站 18 个，城市水环境功能区水质达标率达到 100%。

【人口、人民生活和社会保障】 年末全市常住人口 1027.98 万人，比上年末增加 10.46 万人。出生人口 13.16 万人，出生率为 12.8‰；死亡人口 6.51 万人，死亡率为 6.13‰；自然增长率为 6.67‰，比上年下降 0.06 个千分点。全年城市居民人均可支配收入 20534 元，同比增长 12.3%，农民人均纯收入 7822 元，同比增长 18.9%；城市居民人均消费性支出 12519 元，同比增长 18.5%，农民人均生活消费支出 5457 元，同比增长 37.9%。城市居民人均建筑面积为 29.3 平方米；农民人均住房居住面积 39.9 平方米。年末全市城镇职工参加基本养老保险人数为 162.3 万人，比上年增加 11.5 万人，其中离退休参保人数为 38.4 万人。年末全市城镇参加基本医疗保险人数为 247.6 万人，比上年增加 29.0 万人，其中城镇职工参保人数为 129.6 万人，城镇居民参保人数为 118.0 万人。全市参加失业保险人数为 89.8 万人，增加 0.2 万人；工伤保险人数为 103.8 万人，增加 9.7 万人；生育保险人数为 120.3 万人，增加 5.2 万人。17 个县（市）开展新型农村合作医疗，参加新型农村合作医疗的人数达 604.4 万人，参合率达 96.8%。年末全市共有 20.8 万人享受居民最低生活保障，其中城镇 5.6 万人，农村 15.2 万人。

（市统计局）

城市居民人均可支配收入与农民人均纯收入（元）

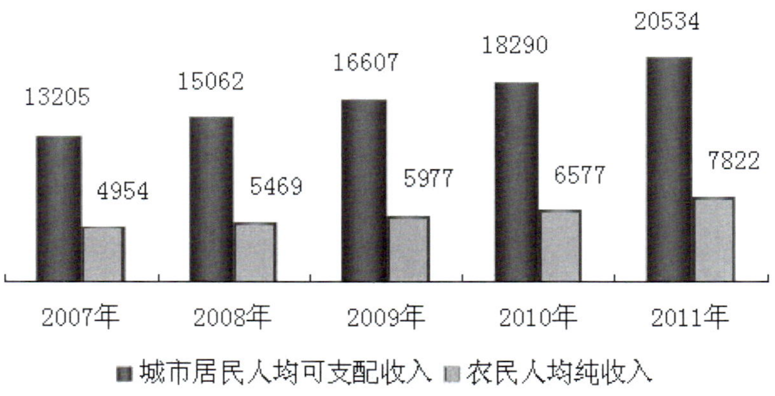

【获得“中国最佳创新管理城市”称号】 1 月份，中国城市管理创新高层论坛暨中国城市管理品牌公益评选颁奖盛典在北京举行，石家庄市在本次论坛上获得“中国最佳创新管理城市”称号。本次论坛由中国城市发展促进会、联合国人居环境发展促进会、商务时报社等单

位发起组织，国家有关部委领导、行业专家等围绕“城市管理未来创新之道”的主题，进行了全面诠释和解读。本次“中国最佳创新管理城市”公益评选活动，通过“协会推荐、初选评审、媒体公示、大众投票、专家终评”等严格筛选，并就各参评城市的城市规划、管理机制、管理理念等进行了综合评定，最终择优选拔产生。此次和石家庄市一同获奖的省会城市还有河南省郑州市。

（靳晓磊）

【打造夜经济】 3月15日19时30分，省会夜经济启动仪式在北国先天下举行，全市商贸服务业集体行动，将营业时间延迟到22：30。为强化政策扶持，降低企业成本，市政府要求各级有关部门严格落实省政府《关于加快发展城市夜经济的指导意见》、市政府《关于推进夜经济发展的实施意见》和市政府办公厅《关于丰富市民夜生活，繁荣省会夜经济的安排意见》，加大各项政策扶持力度。市商务局负责综合协调，指导各县（市）区抓好夜经济载体的培育。市文化局负责组织娱乐场所和文化广场，开展夜间文化娱乐活动。市工商部门在证照办理等方面提供方便。市税务部门在经营管理、税收等方面给予减免扶持。市、县财政部门安排专项资金，用于奖励扶持大型专业性或综合性夜经济载体建设，对企业举办的主题休闲美食广场、美食节等活动项目给予适当补贴。政府还分行业对延时企业给予电费补贴。市旅游局负责组织开展夜间旅游工作，把外地游客请进来，吸引本地市民走出门。市公安部门加强夜间治安防范，安装专业安保设备、增加警力、加强巡逻，及时打击违法犯罪行为，确保消费者和企业员工夜间出行安全。市区21条公交线路延长运营时间，末班车在23：30后收车。为解决夜消费重点区域周边停车难题，每天22：00至次日6：00，把不影响交通地段、地块作为停车场使用。

按照打造夜经济要求，3月15日起，全市三横六纵主干道（三横指中山路、裕华路、槐安路，六纵指建设大街、中华大街、体育大街、平安大街、友谊大街、建华大街）、13条特色街区（夜市）、14个区域消费商圈、8家国家级商业示范社区区域内所有门店，近3000家单位、5000余家商户积极响应，均将营业时间延长至22：30后。所有延时营业商铺门前，悬挂标牌，标明延时时间、监督电话。北国商城、先天下广场、新百广场、东方购物广场、家乐福保龙仓、华润万家、新世隆超市等大中型商贸企业，举行多种形式的促销活动，带动吃、喝、住、游、娱、体、美、学、医综合发展，满足了广大市民不同层次的夜间休闲消费需求。市内六区打造夜经济部分特色街区情况：（一）长安区。(1)广安街中心线地下商业街——时尚聚集地。地址：广安大街地下，北起和平东路，南至中山东路。营业时间：到22时30分。经营主打：服装鞋帽、家居饰品、化妆品、餐饮等。特点：全程有19个出入口，其中10个设有自动扶梯。从南到北由八大街区、五大板块组成，包容了数万种时尚新潮服饰，多家品牌专卖店，时尚休闲男女服装、鞋帽、饰品、化妆品。逛饿了，还可以顺道品尝商街里的风情美食。(2)滨河休闲夜市——民心河边的风情小吃。地址：中山路东明桥两侧。营业时间：19时至22时30分。经营主打：特色餐饮、日用百货、工艺品等。特点：滨河休闲夜市依托民心河设计规划，经营品类有文化娱乐、工艺饰品、花鸟鱼虫以及特色餐饮，周边居民在遛弯同时可以购物、尝美食。（二）裕华区。(1)石门1925特色商街——感受异域文化。地址：建华南大街与东岗路交汇处。营业时间：全天经营。经营主打：集购物、文化、休闲、娱乐为一体的综合街区。特点：夜晚的石门1925街区显得别有味道。占地近2万平方米，总建筑面积近约7万平方米。石门好吃街、红酒第一街、石门酒吧街、名优特一条街，每条街都有不同的主题。火锅、川味小吃、俄罗斯烧烤等石门1925显示出不同的文化。(2)怀特富强商业街。地址：富强大街槐中路至槐安路段，全长400多米。营业时间：全天经营。经营主打：电子产品、餐饮、服装、花鸟虫鱼等。特点：怀特富强商业街两侧店铺为两层建筑，由怀特集团投资建设，以电子产品、餐饮、服装、花鸟虫鱼等为主要经营特色。（三）桥东区。(1)民生路历史文化长廊——承载历史。地址：从中山路、大经街处南行500米路西。营业时间：到22时30分。主打：石家庄古建筑。特点：民生路文化长廊东起大经街，西到胜利街，全长

370余米，是石家庄最早的城区，是一条“拾起历史记忆片段”的历史文化长廊。(四)桥西区。南小街酒吧街——酒吧聚集地。地址：北起中山路，南至裕华路。营业时间：全天经营。经营主打：酒吧、娱乐、餐饮。特点：当夜幕降临，霓虹灯照耀下的南小街便散发出比白天更迷人的诱惑力。哈瓦那音乐咖啡、欧博酩庄德国啤酒、苏格兰酒吧、SEVEN酒吧等多家特色知名酒吧入驻；味好家牛排、麦当劳、峨眉小镇、澳客西餐自助等特色餐饮和美容、休闲、养生行业汇聚于此。(五)新华区。(1)绿荫广场夜市——遛弯+休闲购物。地址：旧中华大街，南至宁安路，北至和平路，接近石家庄市商业繁华区新华市场和居民生活区。营业时间：约19时至23时。经营主打：特色餐饮、小百货、小工艺品、服装鞋帽。特点：绿荫广场夜市全长200米，全部进行了亮化美化，以经营特色餐饮、小百货、服装鞋帽等为主，采取统一设计、统一管理、统一制式、统一标准的建设和管理模式，南北两端建设了两座标志性街标，设置了治安亭，安装了电子监控，为附近市民提供了夜间消闲消费的场所。(2)北大街海鲜特色街——海鲜又多又新鲜。地址：北大街新华路到兴凯路段。营业时间：上午7时至24时后。经营主打：特色海鲜。特点：街区全部进行了景观亮化、美化，以经营特色海鲜为主，是石家庄市唯一一条海鲜特色街区，给市民夜间休闲品尝海鲜提供了一个很好的场所。(六)高新区。闽江道休闲餐饮风情街——开发区夜晚最热闹的区域。地址：珠峰大街西段。营业时间：到22时后。经营主打：餐饮、娱乐等。特点：长约500米，主要经营餐饮、服装、娱乐等服务业。

【居民幸福感全国第一】 5月6日，中国社科院发布《2011年中国城市竞争力蓝皮书：中国城市竞争力报告》，首次对294个城市进行“幸福感指数”调查和排名。结果为：石家庄排名第一，山东临沂排名第二。居民幸福感调查主要是通过电话问卷进行随机抽样，以市民自己主观评价为主，实行5分制，让市民根据自己想法和感受进行打分，最后经过统计获得“幸福指数”，选出最幸福城市。调查内容主要涉及：硬件指标如居住状况、环境卫生、社会治安等，软件指标如道德风尚、人际关系等，共十余项内容。问卷内容涉及经济、住房、交通、社会生活等方面。石家庄市有上万名市民接受抽样调查。

（刘宝芝）

【城市生活质量排名全国第七】 6月11日，中国社科院经济所和首都经贸大学联合发布首个《中国城市生活质量指数报告》。全国30个省会城市生活质量排名中，石家庄市排名第七位。首次公布生活质量排名前10位的城市依次是广州、上海、南京、银川、呼和浩特、合肥、石家庄、北京、长春和福州。石家庄得分为56.27分，超过北京、长春、福州等城市。首个“生活质量指数”通过30个省会城市的7万余电话访问，由一系列客观指数和主观指数加权得出。主观指数包括收入、生活成本、医疗保障、生活环境、生活节奏及生活便利程度等满意度；客观指数包括人均财富、通货膨胀率、绿地面积、恩格尔系数等。

（张跃彬）

【4家企业入选中国企业500强】 9月3日，2011中国企业500强榜单在四川省成都市发布，由市企业联合会、企业家协会推荐的河北敬业企业集团有限责任公司、河北省物流产业集团有限公司、河北建工集团有限责任公司、石家庄北国人百集团有限责任公司4家企业荣登榜单，较2010年增加1家企业（河北省物流产业集团有限公司）。中国企业联合会、中国企业家协会按照国际通行方式，以2010年企业营业收入为入围标准，经专家委员会审定，排出2011中国企业500强。石家庄市的河北敬业企业集团有限责任公司以3438118万元的营业收入，名列中国企业500强第234位，新增的河北省物流产业集团有限公司以1653285万元的营业收入，名列中国企业500强第431位。二度进入中国企业500强榜单的河北建工集团有限责任公司，以1620000万元的营业收入名列中国企业500强第446位，较2010年提升51位次；石家庄北国人百集团有限责任公司以1619223万元的营业收入，名列中国企业500强第447位，较2010年提升25位次。

（范玉蕾）

【中东西区域规划通过专家评审】11 月份，《石家庄市中东西区域总体规划》通过专家评审。根据该规划，石家庄市构建中、东、西三大区域协调互动的经济发展格局，实现中部率先隆起，东部整体突破，西部加快发展。1. 中部区域打造9 大产业重点片区。中部区域，即石家庄都市区，以石家庄中心城区为核心，主要包括市内 5 区、高新区和鹿泉、正定、栾城、藁城四组团县（市），总面积 2657 平方千米。规划中部区域形成“3+3+1+2”九大产业重点发展格局。“3”大现代服务业核心：中心城区现代服务业与高端商贸增长区，建设现代商务产业集群、现代商业商贸产业集群和现代文化教育产业集群，整体提升中心城区的行政、商务、商贸、文化等现代服务业功能；正定新区现代服务业增长区，通过建设京津门户会展商务集聚区、京津服务外包集聚区和正定体育训练基地三大重点片区，确立正定新区作为石家庄商务新核心的地位；鹿泉现代服务业增长区，利用鹿泉西部优越的自然生态条件，建设京畿生态商务园，吸引京津商务外溢。“3”片先进制造业基地：东部新区，依托现有发展良好的生物医药、循环化工等产业基础，对资源进行整合和提升；新建内陆港，发展国际物流产业，形成东部新区新的增长点；空港－新乐京津产业协作区，依托石家庄正定机场，发展空港新城，空港（正定）组团重点建设航空物流区、服务生活区、产业研发区和产业休闲区四大片区；装备制造业基地，重点建设通用飞机、汽车及零部件、煤矿专用设备等现代装备制造业。“1”座历史文化名城。即正定古城，实施严格保护和整治，提升文化底蕴，发掘旅游潜力，打造重要的旅游目的地。“2”条生态休闲带：滹沱河生态休闲带，整合滹沱河风光带建设、正定湖建设、滹沱河生态休闲区建设等生态景观建设保护项目，打造都市区重要的蓝色景观岸线；西部生态旅游带，在改善生态环境、提升生态品质的基础上，整合休闲度假资源，完善相应设施。营造完善的都市区西部休闲旅游度假体系，构建省会西花园。2. 东部形成“三区一带多极”产业布局。东部区域，主要包括辛集、晋州、无极、新乐、赵县、深泽、行唐、元氏、高邑 9 个县（市），总面积 6050 平方千米。该区域突出发展工业、抓好项目建设，以产业聚集区建设为突破口，建设一批十几亿、几十亿、甚至超百亿的大项目、大企业，发展一批销售收入过百亿的大园区，以此提升全市的工业化水平，增强全市的综合经济实力。东部区域打造成为“三区一带多极”，即三个产业协作区——空港新乐产业协作区、辛集华北皮革综合产业协作区、南部冀南工业协作区；一条都市农业产业带；多个产业增长极核的产业结构，最终形成“6+6+7”的重点产业空间布局。“6”大市级重点产业核心区，重点打造 5 个重点工业聚集区和 1 个现代服务业核心区。空港协作区新乐工业区，协作空港新城发展，对接京津的先进装备制造业、生物医药产业；辛集皮革产业聚集区，通过辛集市经济开发区、皮衣总部基地等项目重点突出发展皮革加工及其相关的商贸物流产业；辛集重工业聚集区，通过南智邱冶金化工区和清洁化工园的建设，重点发展精细化工、冶金机械等产业；南部工业区元氏组团，发展机械加工、精细化工、物流仓储等产业；南部工业区高邑组团，重点发展建陶、水泥、煤焦化等新材料与新能源的研发与生产；万城高铁综合配套服务核心：重点发展物流商贸，高端商务等现代服务业。“6”大都市高效农业产业园，重点扶持 4 个规模高效都市农业生产基地和 2 个专门化农业加工与物流园，分别为行唐红枣产业聚集区、行唐奶牛养殖聚集区、赵县万亩雪梨休闲观光农业园、高邑绿色有机蔬菜种植基地、行唐乳业产业聚集区和无极农产品加工物流基地。“7”大县级重点工业聚集区，以县城为单位，结合现状产业发展基础与条件，每个县原则上设置 1 个县级工业集中区，集中力量，寻求突破。包括行唐工业区、晋州工业区、无极城北工业区、深泽工业区、赵县工业区、元氏县工业区、高邑县东工业区。3. 西部重点发展“两区一带”。西部区域，主要包括平山、井陉、灵寿、赞皇及矿区，区域以山地和丘陵为主体，总面积 7158 平方千米。重点发展绿色工业、农副产品加工业、生态农业和休闲旅游业，突出生态屏障建设，打造省会青山绿水后花园，在确保生态安全的基础上，加速富民强县进程。西部区域重点发展“两区一带”，即两个产业协作区——大西柏坡冀晋旅游协作区及井陉——矿区冀晋能源综合产业协作区；一条西部太行生态旅游与涵养带。两区：西柏坡冀晋旅游休闲产业协作区，以西柏坡为核心，整合温塘和周边山区旅游资源，形成旅游、观光、红色教育、度假休闲等一体化发展的地区；井陉——矿区冀晋能源综合产业协作区，在煤炭能源产业和建材产业的基础上实现提升，整合提升矿区循环经济园、新型建材产业园、井陉绿色产业园和秀林高科技产业园，完善煤炭物流配套，加强与山西省的联系和协作，重点发展煤炭衍生产业。一带：为西部太行生态旅游与涵养带，主要是对西部各区县的山区旅游资源、水库旅游资源、滹沱河旅游资源等进行统筹与整合，在保护和修复自然生态环境的基础上进行适度开发，实现生态与经济的共赢。县域经济发展，以县城为单位，结合现状产业发展基础与条件，每个县设置1～2个产业集中区，鼓励地方发展特色经济。其中，灵寿县主要整合现有产业园区，重点发展城东工业园区；平山县以电力产业和钢铁产业为依托，重点建设西柏坡科技园；矿区重点培育天户峪昊源苹果农业园，打造特色林果产业基地；赞皇县建设县城南部农产品加工园区，并在煤炭物流产业基础上建设煤炭物流送配中心。

（宋钧　张跃彬）

【生物医药成为第一主导产业】 2011年，全市以国家生物医药产业基地为依托，把生物医药产业确立为第一主导产业，加大培育力度，取得明显成效。至2011年末，全市规模以上生物医药企业达到136家，从业人员6.5万人，已建成世界上重要的维生素和抗生素生产基地，亚洲最大的阿维菌素生产基地和中国重要的现代中药生产基地。石家庄市的华北制药、石药集团、神威药业、以岭药业、第四制药等5家企业进入中国医药百强，8家企业成功上市（华北制药、石药集团、神威药业、以岭药业、第四制药、威远生化、奥星、常山生化），形成以石药集团、华北制药为代表的特大医药企业集团，以神威药业、以岭医药集团等为代表的现代重要企业群，以金坦生物、常山生化等为代表的生物制药企业群，以医大生物工程中心、亿生堂等为代表的生物医学工程企业群，以威远生化、远征药业、冀丰种业等为代表的生物农业企业群，以河北华丹、新宇三阳、兴柏药业等为代表的生物制造企业群，以柏奇化工、龙泽制药等为代表的医药中间体企业群。生物医药企业创新能力提升。全市集中了河北省95%以上的生物医药科技创新平台，拥有国家级工程研究中心1个，国家重点实验室2个、产业技术创新战略联盟牵头单位2个，国家级企业技术中心4个，省级企业技术中心9个，以及一大批省级重点实验室和工程技术研究中心。到2011年底，全市有生物产业两院院士3人，博士200余人，中级职称以上6400余人，拥有中国科学院遗传与发育生物学研究所农业资源研究中心、河北科技大学、河北医科大学、河北农林科学研究院等20余家有关高校及科研机构。拥有国家生物产业基地、国家医药出口基地、国家863高技术成果产业化基地、国家级创新药物孵化基地、国家级国际合作基地等一批国家级基地（园区），成为发展生物医药产业的有力支撑。医药龙头企业整体科研实力增强，集聚效应逐步显现。全市生物医药产业整合提速，形成了河北省高端医药产业园、经济技术开发区生物产业核心区、栾城生物产业园、赵县生物产业园、深泽生物产业园等五大生物医药产业园区，其主营业务收入约占全市生物医药产业的60%，全市生物医药产业产值约占全省比重的75%。为促进生物医药产业发展，石家庄市相继出台《关于加快建设国家生物产业基地的办法》、《生物（医药）产业调整振兴实施意见》、《高新技术成果落地奖励办法》等一系列促进生物产业发展的扶持政策与措施，投资环境得到改善。2011年，全市重点推进的投资亿元以上生物医药项目90项，总投资736亿元。其中，总投资120亿元的华药新工业园中的新头孢项目全部竣工，6条生产线已通过GMP认证，新制剂项目正加紧建设；总投资100亿元的石药新工业园中的FDA头孢制剂、口服制剂国际化项目已进入试车阶段；总投资31亿元的以岭药业现代特色中药及国际制剂产业化项目正在抓紧实施，一期工程提取车间、前处理车间已封顶；总投资40亿元的神威现代中药产业园项目一期主体工程已完工。

（雷婷）

【农村综合医改任务完成】 2011年，全市农村综合医改任务目标全面完成。4041个村卫生室完工。

2011 年 4 月，石家庄市在全省率先启动村卫生室标准化建设。市卫生局按照设计图纸、建设标准、标识标牌、外观形象“四统一”标准，根据每行政村人口 1000 人以下、1000 ～ 3000 人、3000 人以上三个档次，分别建设不低于 60 平方米、100 平方米、150 平方米的卫生室，实现诊室、药房、治疗室、观察室、处置室、健康档案室“六室”分开。至 2011 年末，省、市配套的 2.1 亿元资金全部落实到位，全市村卫生室标准化建设开工率达到 100%，并率先在全省实现每个行政村 1 个标准化村卫生室的目标。新农合补偿农民超千万人次。2011 年，全市新型农村合作医疗人均筹资额度从 140 元提高到 230 元，新农合参合率达到 96.8%，所有农村县（市）开展了门诊统筹，县、乡两级住院费用报销比例分别达到 65% 和 80%，最高支付限额达到 6 万元，实现“出院即报”。乡村卫生服务能力提升。2011 年，全市按照每个中心卫生院 100 万元、乡镇卫生院 60 万元、村卫生室 2.6 万～ 3.7 万元的标准，配置生化分析仪、心电图机、黑白和彩色多普勒超声诊断仪、X 光机、呼吸抢救等必备、适用的诊疗设备，到位省、市配套资金 1.43 亿元。全市乡镇卫生院和栾城县的所有村卫生室全部推行基本药物零差率销售，实行集中采购、统一配送，累计为群众减轻药品费用负担 4368.49 万元。为 221 个乡镇卫生院核定人员编制 7117 名，完成院长竞聘、全员聘任、绩效考核等基层综合改革任务。率先在全省所有乡镇卫生院设立公共卫生科，明确 2687 名公共卫生人员，从根本上健全了基层公共卫生服务网络。至 2011 年末，全市农村居民健康档案建档率达到 79.59%。

（王丽强）

【获得“2010 ～ 2011 年度河北省人居环境进步奖”】 2011 年，石家庄市按照“拓展空间、提升品位、塑造特色、改善人居”的总体思路，从“城市规划、居住环境、生态环境、城市管理、公共安全、资源节约、社会和谐”等七方面入手，全面推进人居环境创建工作，被河北省授予“2010 ～ 2011 年度河北省人居环境进步奖”。

（靳晓磊）

精神文明建设

【概况】 2011 年，省会文明办以建设社会主义核心价值体系为根本，以助力省会转型升级、跨越赶超，建设幸福石家庄为目标，创新载体，狠抓落实，培育道德新风，扎实开展精神文明创建工作。在全国文明城市、未成年人思想道德建设先进城市测评中取得优秀成绩，全国文明城市测评获得提名资格，未成年人思想道德建设测评获得河北省第一名，市 27 中学被评为全国未成年人思想道德建设工作先进单位。井陉县三合庄村廉政文化建设进农村典型经验在全省推广和学习；行唐县被全国伦理学会授予“孝义行唐”称号。谷岳潘获得全国道德模范提名奖，王惠周等 7 人获得“中国好人”称号。中央宣传部、中央文明办在石家庄市举办全国道德模范交流会。在全国首创依托物业公司建设社区志愿服务站 8 个，1 人被中央文明办评为全国优秀志愿者。

【文明城市创建活动】 制定《石家庄市创建文明城市测评标准及责任分解》，编制《石家庄市创建文明城市达标责任书》和各类《操作手册》共计 1600 余册。9 次召开省会文明委全会、调度会、推进会、培训会，将 359 条测评标准，逐条分解到各区、87 个责任单位，明确任务目标，确定具体责任人。制定《考评办法》，加强检查和考核。围绕“省会建设上水平，市民素质上台阶”，市内各区、市直各部门、各企事业单位、学校、社区以党校、团校、职工培训中心、市民学校等为阵地，以专兼职教员和社区干部、社区志愿者等为师资，编印和发放《市民文明读本》、《市民生活与法》、石家庄历史文化电视片《璀璨时空》等教材，在干部、职工、居民中开展公共文明礼仪、法律常识、石家庄历史文化知识教育培训。至 2011 年底，全市组织培训 3830 余场次，受训人员达 138 万余人次。开展“石家庄城市精神”表述语征集活动，收到全国各地短信、电子邮件、信函等近4000条城市精神稿件，营造了“住在石家庄、宣传石家庄、热爱石家庄、建设石家庄”的浓厚氛围。深化道德实践活动，开展“六个文明”创建工作。以城市公共秩序、公共卫生、公共环境、公共形象为重点内容，组织市公安交通管理局、市城管委、市交通运输局、市园林局、市体育局、市文广新局和市内五区，在公共场所结合迎接全国、全省文明城市测评，开展文明路口、文明剧场（体育场馆）、文明公交车（出租车）、文明窗口、文明楼道、文明公园（广场）“六个文明”道德实践活动。5次对文明示范社区和文明社区创建工作进行检查、考评，对创建中好的做法和不足之处及时点评，10月份在全市组织观摩和交流，促进了创建文明城市活动深入、扎实开展。

【农村精神文明建设】 坚持贴近实际、贴近生活、贴近群众，以建设社会主义核心价值体系为根本，着力培育乡村道德新风。各县市在开展乡风文明建设中，创建了许多有效的载体。高邑县组织开展首届感动高邑“十大孝星”道德人物评选活动；无极县开展了“十佳文明服务标兵”、“十佳文明服务窗口”“十佳文明诚信企业”两个“双十佳”评选工作，确定“十佳”单位和个人40个；新乐市开展“弘扬和孝文化，建设和谐家园”为主题的“孝老助老之星”、“阳光老人”评选活动，通过“村推、乡选、市评”，共选出村级“孝老助老之星”285名，“阳光老人”262名；行唐县开展弘扬传统美德，打造“孝义之县”工作，在全县范围内开展了“感动行唐‘十大恩爱夫妻’”评选活动；井陉矿区开展百佳评选表彰活动，推举出十佳人民公仆候选人18名、十佳窗口服务候选单位18个。开展以文化广场建设、村民中心建设为内容的四个一批创建活动，确定省级10个“三化”建设示范村、10个乡风文明建设示范村、10个文化广场示范村、10个文明集市建设示范点，引导农民群众走文明、科学、健康的生活方式。开展文明县（市）城创建，以公共场所交通秩序、市容环境治理、公共卫生环境治理为主要内容，重点开展公民道德素质提高活动、文明社区创建活动、文明窗口创建活动和举办一系列文化活动，县（市）城镇居民文明素质提升，城市容貌得到改观。2011年，井陉县宣传文化广场经验在全省农村精神文明建设会议上作了介绍经验；行唐县被全国伦理学会授予“孝义行唐”称号；井陉县三合庄村作为全省文明办典型在全省廉政文化进农村现场会上作了典型发言。

【公民道德建设】 开展文明公民标兵和道德模范评选表彰活动，全年评选表彰文明公民标兵121人。从107名推荐人中评选出“助人为乐、见义勇为、诚实守信、敬业奉献、孝老爱亲”等五方面石家庄第二届道德模范候选人20名，经市民投票评选，产生石家庄市第二届道德模范10名、道德模范提名奖10名。谷岳潘被评为全省道德模范，代表河北省参加了中央文明委在《人民日报》、《光明日报》等全国各大报纸、网站进行的全国道德模范评选，获得全国道德模范提名奖。通过新华社、《人民日报》、《光明日报》、中央电视台以及省市多家媒体对道德模范评选、树立活动进行报道，扩大了道德模范在社会上的影响。号召市民开展向道德模范学习活动，在全社会营造了人人学习道德模范，人人争当道德模范的良好氛围。组织道德模范巡回演讲和道德模范故事汇汇演活动，以全市道德模范、中国好人为原型，创作编排文艺节目10个，在全市机关、学校、社区、农村进行7场巡演，受教育人数达1万多人，受到市民的欢迎和好评，取得良好的社会效果。

（白世杰　崔文通）

【授予张岐山吴义华刘占会“见义勇为模范”称号】 2011年3月份，市政府决定，追授正定县勇救落水小姑娘的张岐山，授予勇斗劫匪的辛集市务工者吴义华“见义勇为模范”荣誉称号。2010年9月2日晚，在辛集市务工的吴义华与朋友勇斗劫匪，救下一名带小孩的妇女，自己腿部受伤。2011年2月18日，正定县农民张岐山为救一名不相识的小姑娘，沉入水底，英勇献身。刘占会是元氏县政府办公室一名普通干部。2011年11月24日上午，刘占会途经中国邮政储蓄银行元氏县南佐镇储蓄所时，遇3名歹徒对刚从储蓄所提取74万元现金的农民李某、刘某实施抢劫。刘占会毫不犹豫地冲向抓着钱袋的歹徒，将其扑倒在地，3名歹徒对刘占会拳脚相加，用辣椒水喷刘占会的眼睛、耳朵，并用凶器攻击，致刘占会头部、腰部、手背等处受伤。刘占会与歹徒殊死搏斗，歹徒最终逃走，被抢巨款物归原主。2011 年 11 月底，省会文明委授予刘占会石家庄市“文明公民标兵”称号，市政府授予其“见义勇为模范”荣誉称号。

【6 人获“见义勇为英雄”称号】 2011 年 11 月 3 日，“燕赵英雄颂——河北省第八次见义勇为英雄表彰颁奖典礼”举行，石家庄市 6 人获得“见义勇为英雄”称号”。其中，授予驻石某部战士习朝峰“全国见义勇为英雄”称号，授予勇救落水青少年的正定县退休干部王宏杰、石家庄机械化步兵学院军官李桂杰、勇斗歹徒的桥西区巡防队员朱淑萍(女)、正定县委干部陈宏伟、无极县农民杨振英（女）5 人“河北省见义勇为英雄”称号。2010 年 5 月 17 日晚，陈宏伟路过正定县子龙广场时，看见犯罪嫌疑人张彦松酒后疯狂行凶，陈宏伟与周围群众一起及时制止其施暴行为并移送公安机关。2010 年 5 月 25 日 16 时许，朱淑萍外出返回途中路遇犯罪嫌疑人持刀行凶，并与之展开搏斗，全身被捅 30 多刀后终因失血过多而昏倒在血泊中。2010 年 7 月 10 日下午，李桂杰在体育大街子龙大桥桥下勇救落水者，在体力不支的情况下，仍坚持用脚探寻，最终与人合力救出落水者。杨振英，女，1956 年 8 月出生，石家庄无极县农民，现在唐山市丰南区居住。2010 年 7 月 18 日晚 10 时许，杨振英行至唐山市丰南区欣荣楼 2 栋 5 门门口时，听到呼喊：“抢劫了，截住他。”紧接着发现一名骑摩托车男子仓皇迎面而来，杨振英不顾个人安危，张开双臂挡在摩托车前面，犯罪嫌疑人驾车将杨振英硬生生的撞倒后，也摔倒在地。随后，杨振英与他人一起将倒在地上的犯罪嫌疑人擒获，并移送给公安机关。事后，杨振英被送往医院救治并做开颅手术，经司法鉴定为重伤。王宏杰，73 岁，正定县教师进修学校退休干部，从 2002 年起连续八年参与社会治安志愿服务。

（余保成　戴丽丽）

【未成年人思想道德建设】 推进“城市、乡村学校少年宫”建设，全市各类学校开展少年宫活动项目 100 多项，老师辅导 5000 多人次，参与活动学生 10 万余人次。2011 年 11 月份，召开石家庄市中央专项彩票公益金支持乡村学校少年宫项目建设推进会，启动全市首批 12 个项目，利用学校已有设施，配备必要器材，面向农村未成年人开展了普及性公益活动。开展“做一个有道德的人”主题实践活动。春节期间，开展石家庄市第二届“百万中小学生春节感恩行动”；清明节期间，利用网络便捷优势，组织未成年人开展“网上祭英烈”活动；国庆节期间，组织“向国旗敬礼，做一个有道德的人”网上签名寄语活动。全年中小学生参与此类活动达到 200 多万人次。发挥先进典型和身边榜样示范作用，对事迹突出的贾清慧、高婷、张萌、刘宴宁、刘力等未成年人进行表彰和宣传，弘扬传统美德，倡导时代新风。开展道德模范、身边好人、美德少年、心理健康教育专家、优秀儿童剧、经典诵读、优秀童谣“七进校园”活动，以健康向上、丰富多彩的文化服务和产品占领未成年人思想道德建设阵地。

（白世杰　崔文通）

【志愿服务基金会成立】 3 月 29 日，市志愿服务基金会揭牌成立，这也是河北省成立的第一家志愿服务基金会。新成立的石家庄市志愿服务基金会为非公募基金会，基金会的原始基金数额为 450 万元人民币。基金会的本金为固定资金，开展工作主要用本金产生的利息或社会各界捐赠，主要用于资助省会各种志愿服务活动的开展。为规范基金会管理，市志愿服务基金会借鉴中国志愿服务基金会的管理办法，结合实际制定了石家庄市志愿服务基金会章程、基金会基金管理办法、基金会募捐管理办法、基金会的财产使用和管理办法等，完善了基金会的管理制度。基金会主要职责是资助本市志愿服务活动、奖励为志愿服务做出突出贡献的团体和个人，并对志愿者进行培训。志愿服务基金会还重点开展“关爱空巢老人”、“关爱外来务工人员”、“关爱残疾人”、“关爱服刑人员子女”等“四关爱”活动，同时，扩大社会公共服务能力，通过广泛动员志愿者带动全市人民积极参与各项志愿活动。7 月 9 日，石家庄市关爱农民工志愿服务活动启动仪式在恒大华府广场举行。“关爱农民工志愿服务活动”得到 30 多个单位及其干部职工的支持，西柏坡发电有限责任公司、市公路管理处、市供销社、市卫生局、石家庄印钞有限公司捐款均在10万元以上，全市捐款总额超过130万元。

（白世杰　崔文通　王更）

【王青松获“全国优秀志愿者”称号】 11月14日，中央文明办开展全国优秀志愿者和优秀志愿服务组织网上推荐活动，5972万网民踊跃投票，推荐评选出100名全国优秀志愿者和10个全国优秀志愿服务组织。12月5日，中央文明办公布2011年全国优秀志愿者和优秀志愿服务组织名单，石家庄市出租车司机王青松获得“全国优秀志愿者”称号。

【表彰优秀志愿者和优秀志愿服务组织】 12月5日是第26个国际志愿者日。省会文明办、市志愿者协会、市志愿服务基金会举行表彰大会，对全市50名优秀志愿者、10个优秀志愿服务组织、6个优秀志愿服务品牌、10个志愿服务工作先进单位和50名先进工作者进行了表彰。其中，50名石家庄市优秀志愿者为：王青松、赵渭忠、焦文更、时淑芳、温德军、贾德利、林步旭、李玉娟、侯秋辉、杨锦燕、王晓辉、赵新堂、米鑫、何立华、郭炳贤、李三水、谢燕贞、杨永、张素锐、窦秀明、赵书果、董红伟、李翔、赵茹斌、杜云肖、李小英、姬建辉、刘淼、许秀、李振英、张聚校、傅丛、杜爱友、唐小英、何英敏、韩鹏、吉立钢、靳国芳、王宏杰、张鑫磊、张禄子、贾振华、王楠、刘学志、张娟、贾有志、张金生、韩国友、姚秋福、贾欣菊；10个石家庄市优秀志愿服务组织为：省会助残车队、河北爱心无限网、石家庄爱心联盟、长安区志愿者协会、石家庄私家车志愿服务队、石家庄“文明使者”出租车爱心服务队、河北经贸大学经管学院青年志愿者协会、石家庄市“学雷锋车队”、裕华区尖岭小区志愿服务站、正定县治安志愿者协会城区街道分会。

（王更）

【首创社区服务新模式】 2011年，市文明办、市住房保障和房产管理局联合下发《关于建设社区志愿服务站的实施意见》。根据此《意见》，社区志愿服务站由市文明办协调、市房管局主管、物业公司主办，物业公司提供办公场地及设施，物业公司经理即为服务站站长，志愿者队伍中既包括物业员工、居民等本社区志愿者，也包括社区外的大学生、协会会员等志愿者；社区志愿服务站按照市文明办指导、市住房保障和房产管理局主管、物业公司主办的组织体系，做到制度、标识、网络三上墙，对自愿参加志愿服务的人员填写《石家庄市志愿者注册登记表》登记造册；志愿服务站每月最少开展一次志愿服务活动，并为社区孤寡老人、残疾人、农民工等需要帮助的困难群体建立详细的个人档案。1月18日，石家庄市8个由物业公司主办的社区志愿服务站正式授牌，全市400多名社区志愿者参加授牌仪式并进行了丰富多彩的志愿服务展示活动。到2011年末，全市组建试点社区志愿服务站8个，注册志愿者3000余人。

【5村镇7单位获第三批全国文明村镇、文明单位称号】 12月20日，在全国精神文明建设工作表彰大会上，中央文明委表彰第三批全国文明村镇、全国文明单位。石家庄市5个村镇、7个单位分别获得“全国文明村镇”、“全国文明单位”称号。全市获第三批“全国文明村镇”名单为：栾城县县城、晋州市周家庄乡周家庄村、元氏县槐阳镇铁屯村、藁城市廉州镇系井村、井陉县微水镇微水村。全市获第三批“全国文明单位”名单为：河北西柏坡发电有限责任公司、中国移动通信集团河北有限公司石家庄分公司、石家庄市卫生局、石家庄外国语学校、石家庄市供销合作总社、石家庄市公路管理处、中国农业银行河北省石家庄市广安支行。

省会精神文明建设办公室

主　任：薛建廷

副主任：沈学启

（白世杰　崔文通）

六大产业基地

【概况】 2011年，石家庄市六大产业基地完成固定资产投资134.83亿元，同比增长20.93%。其中，产业项目完成投资112.95亿元，同比增长7.43%，基础设施项目完成投资21.88亿元，同比增长18.53%。新开工项目68项，其中产业项目49项，基础设施项目19项；竣工项目65项，其中产业项目34项，基础设施项目31项。完成主营业务收入851.2亿元，实现工业增加值240.12亿元，完成税收76.04亿元。年内建成道路18条，新增通车里程43千米；累计建设道路99条，通车里程达到337千米。建成供（变）电站4座、污水处理厂1座，2759套保障性安居住房开工建设。化工基地公用管廊工程、装备基地汉崴街北延等19个项目开工建设；信息基地国宾路和装备基地汉崴街管网等31个项目竣工。产业项目建设顺利推进，凯恩利头孢菌素C双酶固化、中粮可口可乐饮料（河北）、石家庄星达汽车专用生产线、博盛集团万通机械等49个项目开工建设；中电13所聚光砷镓太阳能电池、高邑力马煤改燃气工程、砼外加剂生产线项目、石药集团研发中心等34个项目竣工投产。

【循环经济化工示范基地】 2011年完成固定资产投资27.9亿元，同比增长32.1%；主营业务收入308亿元，同比增长27%；实现工业增加值38亿元；税收41.2亿元。产业项目完成投资26.8亿元，同比增长32.67%。石炼化航煤加氢项目、石家庄陕鼓气体2×4万吨空分装置项目等8个项目开工建设；威远生化整体搬迁改造升级、白龙化工搬迁改造优化升级等6个项目续建；八维30万吨离子膜烧碱一期10万吨等2个项目竣工。基础设施项目完成投资0.92亿元。化工基地公用管廊工程等2个项目开工建设、石炼路拓宽改造工程1个项目续建、化工基地公共火炬工程1个项目竣工。

【国家生物产业基地】 2011年完成固定资产投资45.64亿元，同比增长1.2%；主营业务收入404.51亿元，同比增长41.68%；实现工业增加值170亿元，同比增长37.99%；完成税收30.74亿元。产业项目完成投资35.61亿元。凯恩利头孢菌素C双酶固化生产项目、中粮可口可乐饮料（河北）项目等18个项目开工建设，以岭现代特色中药产业化项目、华药新制剂项目等26个项目续建，石药集团研发中心项目、华药玻璃分公司搬迁等13个项目竣工。基础设施项目完成投资10.03亿元，同比增长15.56%。园区日处理能力1.5万吨污水处理厂等5个项目开工建设。

【装备制造基地】 石家庄装备制造基地规划区面积44平方千米，以“三机两车”（飞机、煤矿机、电机、火车、汽车）为龙头，重点建设通用航空、轨道交通、汽车制造、基础装备、专用机械、机电制造、新兴装备7个产业园，配套建设物流、生活服务区。2011年完成投资25.17亿元，同比增长31.85%；主营业务收入67.32亿元，同比增长39.23%；实现工业增加值17.23亿元，同比增长33.67%；完成税收2.08亿元。产业项目完成投资20.03亿元，同比增长31%。石家庄星达汽车专用生产线项目、石家庄安瑞科能源气体关键装备制造等12个项目开工建设，矿山机械研发制造中心、工程机械研发中心等6个项目续建，新华工业炉铆焊机加工项目、砼外加剂生产线等6个项目竣工。基础设施项目完成投资5.14亿元，同比增长35.26%。装备基地汉崴街北延、三苏庄园等7个项目开工建设，南车道路工程、万许高压线改造工程等12个项目竣工。

【信息产业基地】 2011年完成投资17.72亿元，同比增长25.32%；主营业务收入24.9亿元，同比增长38.33%；实现工业增加值7.54亿元，同比增长39.63%；完成税收0.8亿元。产业项目完成投资14.02亿元，同比增长27.34%。石家庄步沐电子有限公司电路板组装项目等2个项目开工建设，同辉电子有限公司130Lm/w半导体项目、五十四所天线产业化复合材料加工中心、物流中心项目等6个项目续建，100MW聚光砷化镓太阳能电池及发电系统产业化项目、石家庄冀腾智能仪表有限公司民用、工业用计量仪表项目等5个项目竣工。基础设施项目完成投资3.07亿元，同比增长18.21%。新泰大街雨水管道工程等2个项目开工建设，鹿华热电管网、污水处理厂等3个项目续建，国宾路、昌盛大街综合整治工程等5个项目竣工。

【纺织服装基地】 2011年完成投资3.22亿元；主营业务收入6.7亿元，同比增长59.52%；实现工业增加值0.56亿元，同比增长180%；完成税收0.14亿元。产业项目完成投资3.22亿元。常山纺织高档绿色环保服装面料1个项目开工建设；常山药业肝素系列产品产业化项目、润泰纺织服饰整体改造及产业升级等2个项目续建。

【南部工业区】 2011年完成投资15.18亿元；主营业务收入39.77亿元，同比增长135.05%；实现工业增加值6.79亿元，同比增长28.36%；完成税收1.08亿元。产业项目完成投资13.27亿元。博盛集团万通机械项目、河北瑞雪谷物精选机械制造等8个项目开工建设；天山国际制造产业园、河北玻尔陶瓷等10个项目续建，高邑力马煤改燃气工程、石家庄海森化工等8个项目竣工。基础设施项目完成投资1.91亿元。元氏县槐东污水处理厂等1个项目续建，滨河大道东段道路工程、山前工业大道、工业南路、恒泰路等5个项目竣工。2011年7月份，石家庄市研究并原则通过南部工业区控制性详细规划。按照此规划，到2020年，南部工业区计划建成冀中南地区乃至河北省内以先进制造业为主的大型生态产业集聚区。其中，城南工业组团以医药化工为主导产业；槐河北岸工业组团以循环化工为主导产业；万花山工业组团以轻工为主导产业；五马山工业组团以综合建材为主导产业；凤凰山工业组团以水泥建材、煤焦化为主导产业；洨河南岸工业组团以建筑陶瓷为主导产业。

（李克清）

石家庄国家高新技术产业开发区

【概况】 石家庄高新技术产业开发区（简称高新区）是1991年3月经国务院批准设立的首批国家级高新技术产业开发区。2005年6月，国家发展和改革委员会审核确定石家庄高新区政策区面积15.53平方千米，其中东区7.33平方千米，西区8.2平方千米。2009年10月，石家庄市委、市政府决定高新区对原裕华区宋营镇和原栾城县郄马镇实行托管，行政区域面积扩大到75平方千米。2011年，高新区实现工业总产值595.1亿元，同比增长36%；营业性总收入993.2亿元，同比增长34%；利税109亿元，同比增长36%；全社会固定资产投资117.5亿元，同比增长29.0%；财政收入25.1亿元，同比增长22.8%；引进省外、市外资金51.81亿元，完成市政府下达任务的167.13%；实际利用外资3963万美元，同比减少30.2%；规模以上工业万元增加值能耗下降4%。全年引进投资亿元以上项目37个，总投资356亿元。首次招商引进超百亿元大项目入区，其中投资百亿元的格力家电产业园是中国上市公司100强企业——格力集团在北方设立的最大生产基地。全年石药集团财富中心、台湾统一、新疆广汇、石家庄电信等入区项目出口创汇8.12亿美元。

2011年5月17日，高新区行政服务大厅揭牌

【项目建设】 全年高新区开展大规模项目集中开工活动3次，开工建设项目127个，总投资908亿元；争列河北省重点项目15项，位居石家庄市第一名。格力电器工业园项目，5天完成1800亩征地任务，20天完成3128个坟地迁移、35家企业搬迁以及高压主干线路迁改，59天实现20万平方米格力小家电项目建成投产，7个月实现62万平方米格力空调项目竣工下线。发展现代服务业，高标准完成河北省服务外包示范园区创建工作。2011年，高新区经省商务厅认定的服务外包企业数量和执行额均位居全省第一位。

（韩敏庄）

2011年5月28日，旭新液晶玻璃基板项目首条生产线池炉点火

2011年8月1日，高新区重点招商引资项目河北桑迪亚医药技术有限责任公司正式投产

2011年12月26日，举行高新区与安徽欣意电缆项目签约仪式

【工业经济】 全年实施工业技改项目40项，总投资23.6亿元。规模以上企业80%开展工业对标行动，争取到对标贴息专项资金750亿元，华能电力金具、河北医大工程中心等企业通过对标行动快速发展。至2011年末，全区61家入统规模以上工业企业主营业务收入增速超过30%的企业有22家，超过50%的有17家，超过100%的有7家；利税同比增速超过30%的企业有27家，超过50%的有24家，超过100%的有19家；利润同比增速超过30%的企业有27家，超过50%的有24家，超过100%的有20家。以石药集团、以岭药业、华药金坦、爱尔海泰等为代表的51家生物医药企业实现工业总产值154亿元；以中国电子科技集团第54所、13所，诚志永华，旭新光电等为代表的141家信息网络企业实现工业总产值125亿元；以国祥制冷、博深工具、冀凯集团为代表的108家精密装备制造企业实现工业总产值166亿元。

（韩敏庄　一凡）

【科技创新】 创新型特色园区建设取得实质性进展，创建方案通过国家科技部火炬中心评审。科技研发投入占到GDP的2.5%，接近全国先进高新技术产业开发区水平。新建孵化器7家，新增孵化场地面积34.4万平方米，孵化器总面积达到近80万平方米，其中石家庄科技中心和河北方大有限公司成功晋级为国家级孵化器。高端医药园基础设施建设启动，石药集团、四药集团、御芝林等知名企业总部进驻园区，一批国内外高端医药产业化项目签约，多个国家级重点实验室建成启用。至2011年底，高新区121个科技项目争取到国家专项资金8964.4万元；

【城区建设】 全年高新区完成城建投资19亿元，新建续建道路7条，大修道路1条，新通车里程9.4千米，新修供水管网41千米，污水管网62千米，迁改修建供电线路13千米，新建热力管网17千米。污水处理厂升级改造基本完成。人均公园绿地面积达到13.4平方米。城乡统筹发展规划编制完成，赵村、周通、南辛庄、西仰陵、留村等5个旧村改造全面启动，完成拆迁3852户，建设安置房49栋，开工面积99.66万平方米；泊水湾小区保障性住房建设顺利推进，超额完成石家庄市下达的任务目标。以“创精品、增靓点”为重点，推动城区环境提档升级；成立城市管理综合执法大队，开展市容环境综合整治，实施垃圾管理集中清理。

【社会事业】 投入4100多万元，改善教育、医疗卫生、文化娱乐等基础设施。长江社区卫生服务站等3个基层卫生服务中心基本建成。开展地沟油、问题奶粉、瘦肉精等专项整治活动，食品市场得到规范。全面推行城镇居民基本医疗保险，3个城中村启动居民参加城镇职工养老保险试点。加强安全生产隐患排查和治理，整改、消除不安全隐患1098个。

石家庄国家高新技术产业开发区

中共高新区工委书记：刘晓军（8月免）

工委副书记、管委会主任：赵拴文（8月任）

工委副书记、管委会副主任：关保松

工委副书记、纪工委书记：潘宗营

工委委员、管委会副主任：姚玉和 高全光 付庆文 高华树

（韩敏庄）

西柏坡管理局

【概况】 西柏坡管理局于2010年10月批准组建，总面积812平方千米。2011年，西柏坡管理局以原中共中央机关旧址恢复为契机，将“大西柏坡建设”作为“一号工程”，在规划编制、资金投入、建设用地、路网建设等方面加大政策支持和投入。全年西柏坡重点项目建设开工63个，总投资262.18亿元。旅游业发展势头强劲，全年旅游接待游客760万人次，门票收入2.1亿元，旅游总收入40亿元，分别比2010年增长31%、33%、38%，创下历史新高。至2011年末，大西柏坡及平山县建成5A景区1家，4A景区9家，3A景区1家，全国农业旅游示范点1家，省级农业旅游示范点3家，星级饭店14家，旅行社及旅游服务网点20多家，旅游从业人员达到5万余人。

【机构设置】 2010年9月29日，石家庄市委、市政府成立大西柏坡建设筹备领导小组和临时党委。2010年10月，经省编制委员会批准，组建中共西柏坡管理局工作委员会和西柏坡管理局，分别为石家庄市委、市政府的派出机构，规格为副厅级。根据市委、市政府授权，对西柏坡红色景区及平山县的旅游业行使规划、建设、管理、监督、协调和服务职能。西柏坡管理局内设党政综合办公室、规划建设管理处、旅游管理处、产业开发处、接待处、人事教育处、综合执法办公室7个处（室），规格为副处级，核定行政编制35人，工勤人员5人。西柏坡管理局成立后，平山县不再设旅游、接待机构，相关职能由西柏坡管理局统一承担。2010年10月20日，市机构编制委员会印发《关于组建西柏坡景区管理机构的通知》，明确西柏坡管理局下设3个相当副处级事业单位，分别为西柏坡红色景区管理处、西柏坡风景名胜区管理处、西柏坡温泉城管理处，西柏坡纪念馆成建制划归西柏坡管理局。2011年1月份和8月份，河北省委和石家庄市委分别任命西柏坡管理局领导班子和中层干部。2011年8月底，大西柏坡建设筹备领导小组和临时党委撤销。

（成丽斌）

【旅游】 突出大西柏坡龙头品牌，围绕“新中国从这里走来”、“圣地西柏坡、魅力新平山”等主题，以纪念中国共产党建党90周年为契机，聘请国内知名宣传策划机构，对旅游主题、旅游口号、旅游标识、旅游歌曲等进行整体包装和形象设计。在中央电视台《朝闻天下》栏目、

首都机场、周边省会电视台及重要媒体播放形象片，在省内报纸、电视台推出专版、专题，在京港澳高速公路设立宣传广告牌。参加“中国国际旅游交易会”等旅游宣传推介活动，举办西柏坡精神研讨会、西柏坡高层论坛，创办西柏坡文化旅游节、温泉桃花浴旅游文化节等特色活动。在原有红色旅游、观光度假旅游等产品基础上，开发西柏坡滑雪场等冬季旅游产品，填补了冬季冰雪旅游的空白。发展以新农村建设为代表的生态农业乡村游，拦道石、紫云山景区被评为“河北省乡村旅游示范点”。2011 年，西柏坡景区通过国家旅游局 5A 级旅游景区验收，驼梁景区正在按照国家 5A 级旅游区标准实施改造。

【温泉滑雪场开业】 1 月 28，平山县西柏坡温泉滑雪场正式开业。西柏坡温泉滑雪场位于平山县温泉度假区南 4 千米的北马冢村，是平山县首家滑雪场。该项目投资 6500 万元，海拔高差 158 米，雪道长 1000 米，拥有 1 万平方米的戏雪区和 3 万平方米的滑雪区，可容纳 2000 人同时滑雪。该滑雪场引进德国原装进口压雪车及意大利、美国最先进的造雪机等设备，是石家庄市规模最大、设施最好的滑雪场之一，弥补了平山县冬季冰雪旅游项目的空白。

【行政旅游服务中心奠基】 3 月 24 日，西柏坡行政旅游服务中心项目在平山县柏里村开工奠基。西柏坡行政旅游服务中心总建筑面积 12 万平方米，占地 500 亩，总投资近 5 亿元，包括 1 个规划展览馆、2 个生态岛、3 个中心（西柏坡行政管理中心、会议中心、游客接待中心），是一个集行政办公、商务会议、参观、休闲度假为一体的中高档旅游服务中心。

（霍向辉）

【西柏坡革命旧址正式开放】 6 月 25 日，河北省举行西柏坡革命旧址正式面向社会公众开放仪式。省委书记张云川、省长陈全国、市长艾文礼等省市领导出席旧址开放仪式。1948 年中共中央进驻西柏坡。1947 年 5 月至 1949 年 3 月，中央直属单位跟随中共中央陆续进驻。经考察认定，中央部委旧址共 34 处，分布在以西柏坡为中心的 9 个乡镇、28 个村庄。西柏坡革命旧址对外正式开放，形成以西柏坡纪念馆为龙头的爱国主义教育基地集群，丰富了西柏坡革命圣地的红色文化内涵。

【中国·西柏坡红色电影周开幕】 6 月 25 日，“2011 中国　西柏坡红色电影周”在平山县西柏坡纪念馆广场开幕。省委书记张云川、省长陈全国、国家广电总局副局长张丕民、八一电影制片厂厂长明振江、中国文联副主席丁荫楠、市长艾文礼等出席开幕式。“2011 中国·西柏坡红色电影周”由省委宣传部、国家广电总局电影局、省广电局和石家庄市政府共同主办，包括红色电影展播展映展览、红色电影之夜文艺晚会、红色电影创作座谈会等。举办以红色经典电影为载体电影周系列活动，庆祝中国共产党建党 90 周年，通过聚焦红色经典，回顾中国共产党的奋斗历史，激励党员干部和人民群众坚定理想信念，增强爱党爱国热情。

（岳金宏　张明星）

【国御温泉度假小镇开工】 11 月 8 日，西柏坡国御温泉度假小镇开工奠基。西柏坡国御温泉度假小镇已列为河北省重点项目和“十二五”规划重点建设项目，规划总占地 2000 亩，与著名红色革命圣地西柏坡隔湖相望，总建筑面积 53 万平方米，计划总投资 30 亿元。该项目以古中山国文化为主题，形成中山国主题文化湖景温泉、五星级温泉度假酒店、国民温泉疗养中心、养生度假村等亮点，建设集旅游、度假、会议、养生和生态人居为一体的温泉度假目的地。

（刘宝芝）

【《大西柏坡总体规划》（2011 ～ 2020）】 聘请中国规划设计院、清华规划设计院等 8 家国内外顶尖设计单位，投入 3300 多万元，编制《大西柏坡总体规划》、《大西柏坡空间发展战略规划》等 18 项规划，形成完备的规划体系。2011 年 6 月份，《大西柏坡总体规划》（2011 ～ 2020）经市规划委员会第 23 次会议原则通过。该规划明确大西柏坡范围包括平山县 5 镇 2 乡，即西柏坡镇、温塘镇、古月镇、下槐镇、岗南镇、北冶乡、苏家庄乡，包括岗南水库 56.8 平方千米，总面积达到 812 平方千米。发展定位：把大西柏坡打造成为集教育、旅游、休闲、度假、健身为一体，全国一流的红色旅游目的地，国家级爱国主义教育基地，国家级干部教育培训基地，国家级历史文化旅游景区，环京津休闲度假胜地，河北省旅游发展龙头景区。总体发展目标：通过实施“红色引领、交通优化、环境提升、产业升级、城乡融合”五大战略，打造“圣地西柏坡，魅力西柏坡，富裕西柏坡”。具体发展目标：通过3～5年发展，使西柏坡的红色开发建设进入国内一流水平，2015年游客超千万，旅游总收入超百亿。

【重点项目建设】 项目库建设启动，谋划5大类86个重点项目，总投资400多亿元。出台“三零三优”招商引资优惠政策，实行企业入驻零收益、工商注册零收费、服务环境零干扰，土地优先供、荣誉优先给、政策优先享。建立重点项目领导分包责任制，实行一个项目一抓到底，提供“一站式”、“保姆式”、“零距离”服务，保证项目按时间节点推进。至2011年末，总投资262.18亿元的西柏坡干部学院、中央部委旧址修复、西柏坡圣地城、红色胜典主题公园、西阜高速公路、西柏坡华润希望小镇等63个项目开工建设，其中圣地城特色木屋酒店、红色胜典、“七一”剧场项目、西柏坡丰碑林项目、西柏坡核心景区提升、动漫西柏坡等22个项目作为中国共产党建党90周年献礼工程于2011年7月1日前竣工投用。

西柏坡管理局

中共西柏坡管理局工委书记：王俊英

工委副书记、管理局局长：赵宏魁

工委副书记、管理局常务副局长：于俊岗（3月任）

工委委员、副局长：王荣丽

丰春雷

曹新杰

工委委员、纪工委书记：薛海青

（成丽斌）

正定新区

【概况】 正定新区于2010年10月批准组建，位于滹沱河北岸、正定县城东侧，跨正定县、藁城市，占用两县（市）土地比例分别为41%和59%，涉及正定县正定镇、诸福屯镇、南牛乡28个行政村，涉及藁城市张家庄镇、南孟镇、南董镇、九门乡34个行政村。全区总体规划面积135平方千米，人口140万人。起步区规划面积30平方千米，人口30万人，规划范围为滹沱河以北、正无公路以南、京港澳高速公路以东、太行大街东侧沿线以西，全部位于正定县境内，涉及正定县正定镇东关、东上泽、西上泽、三里屯、东临济、西临济、大临济、郭家庄8个村，占地13.14平方千米；涉及正定县诸福屯镇诸福屯、丁家庄、罗家庄、朱河4个村、占地16.86平方千米；总人口7506户、2.94万人。2011年，经市委、市政府批准，正定新区托管诸福屯、三里屯2个街道办事处，20个村。至2011年末，正定新区总面积50平方千米，耕地面积4200公顷，总人口5.4万人。

（辛维铎）

【生态专项规划】 2011年11月份，省城乡规划委员会举行第十次全体会议，原则通过《正定新区生态专项规划》（2011～2020年）。《正定新区生态专项规划》（2011～2020年）由上海世博会总规划师吴志强带领的设计团队设计完成，借鉴国际先进理念和上海世博会园区规划理念和生态技术，提出建构城市生态指标体系总表，其中包括能、水、物、气等自然要素6类；空间结构、道路交通灯城市空间要素6类；创建12个核心指标，24个调控指标和44个引导指标。该规划计划建设城市生态三级管控体系，即形成城市－街区－建筑三层级和选址、规划、建筑、施工、运营、改造六阶段的管控体系。提出到2020年，形成一个空间布局紧凑、生态交通引导、绿色建筑普及、智慧产业创新、低碳市政支撑的生态新区格局。

（宋钧）

【成立2个街道办事处】 根据市委、市政府《关于规划建设新区的意见》，2010年5月份，市政府将正定县正定镇10个村和诸福屯镇划归正定新区托管。2011年4月份，省民政厅正式批复成立三里屯街道办事处和诸福屯街道办事处。两个街道办事处为正定新区派出机构，行使辖区管理、监督、协调、服务等职能。

（李云萍）

【重点项目建设】 市政基础设施建设。昆明街等6条道路竣工通车，上海南大街等5条道路正在施工；西藏西大道和周汉河综合整治工程以及贵阳街、四川路等5条道路绿化照明工程正在进行前期工作，电力、热力、电信和液氨管线迁改工程同步实施。功能性重点项目进展顺利。年内，园博园完成工程量80%，主场馆主体、湖面施工和大乔木栽植、省内各市展区主体工程完工，周边环境整治和综合配套工程正在推进；市民服务中心、体育中心、会展中心、市第一中学新区分校项目开工建设；省二院、大型商业购物中心、华侨大厦等重大功能性项目和总部经济项目正在规划设计。基础配套工程有序实施。天然气调压站主体完工，垃圾转运站、雨水泵站正在基础施工。三里屯社区一期工程11栋高层回迁住宅楼封顶。

【招商引资】 通过整体打包和项目包装，国家农业发展银行批准正定新区三批贷款共75亿元，2011年到位资金32.9亿元。与9家大型投资公司签订总投资600亿元的基础设施和功能性项目合作协议。其中，与苏中集团、宝申投资公司签订总投资80亿元的基础设施建设BT框架协议，东门路等主要工程开始进点施工；与印尼力宝集团签订总投资8亿美元的会展中心、五星级酒店项目；与河北建投公司签订总投资16亿元的重点建设项目协议；与河北建工集团签订总投资20亿元的居民回迁安置房BT合作合同；与河北京鑫建业集团签订总投资10亿元的居民回迁安置房建设协议。创新招商方式，与美国洛克菲勒集团、泰国宝龙集团、上海绿地集团等100多家大机构、大企业客商对接洽谈。河北钢铁集团、省电力公司、省出版集团等多家区域性总部单位确定到正定新区落户。

（辛维铎）

【街路命名方案】 2011年8月份，市地名部门批准正定新区街路及跨滹沱河桥梁命名方案。按照批准的命名方案，正定新区一、二级街路使用全国省级行政区和省会城市作名称，其中用省级行政区名称命名东西向街路30条，用大城市名称命名南北向街路22条。街路东西分大道和路，南北分大街和街。东西向一级大道，以中央景观带分东西，北起正定新区北边缘，南至滹沱河北堤岸，由北向南依次是新疆大道、内蒙大道、青海大道、柏坡大道、西藏大道、迎旭大道、隆兴大道、广东大道、湖南大道、河北大道，其中原正无路命名为柏坡大道，取意新中国从这里走来；南北向一级大街，以柏坡大道分南北，西起京港澳高速公路，东至机场路，自西向东依次是重庆大街、北京大街、天津大街、上海大街、香港大街、澳门大街、台北大街、福州大街、南京大街、武汉大街、广州大街、长春大街，其中原西上泽大街命名为重庆大街，原新城大道命名为北京大街，原太行大街正定新区段命名为上海大街。二级街路命名，东西向路以中央景观带为界，一线两名，自北向南依次是吉林路、辽宁路、甘肃路、山东路、宁夏路、江苏路、山西路、浙江路、贵州路、陕西路、江西路、四川路、安徽路、广西路、湖北路、云南路、福建路，共17条；南北向为街，自西向东依次是成都街、兰州街、贵阳街、南宁街、西宁街、银川街、延安街、遵义街、太原街、郑州街、济南街、南昌街、瑞金街、井冈山街、合肥街、海口街、厦门街、金门街、苏州街、杭州街、大连街、青岛街，共22条。三级街路命名，很多融入正定县历史文化，如镇远路取意正定县西门镇远门；镇阳路、镇州路取意正定县历史代称或雅称等。其他白皮街、南屯路、早都街、周辛街、堤里街等来源于藁城市村庄名。

（靳晓磊）

【社会事业】 正定新区起步区内达到退休年龄8583名居民开始领取退休金，三里屯居委会居民全部纳入城镇职工养老保险范围，5.2万名常住居民全部参加城镇居民基本医疗并实现区级统筹。启动被拆迁村庄劳动力就业培训，第一批215人全部推荐就业，第二批园林园艺培训班150名学员正在培训。

石家庄正定新区

中共正定新区工委书记、管委会主任：

毛全球（1月免）

凌青利（1月任）
工委副书记、管委会常务副主任：
宋同原（8月免）
工委委员、管委会副主任：孙凤毅
李春华
工委委员、纪工委书记：
陶国田（8月任）
（辛维铎）

空港工业园

【概况】 空港工业园于2010年10月批准组建，位于石家庄市北部，是河北省重点打造的省级开发区。规划面积124平方千米，规划人口60万，涉及正定县、新乐市、藁城市3个县（市）的7个乡镇、1个街道办事处。起步区分为机场西南和东北两个片区，规划面积30平方千米，包括省级开发区20.16平方千米（含综合保税区5平方千米）。空港工业园发展定位以“两个枢纽、三个基地”（华北地区复合式交通枢纽、旅游枢纽；航空加工业基地、服务外包基地、综合性物流基地）为核心，打造集航空、高速公路、高速铁路、城市轻轨于一体的立体交通网络（毗连正定国际机场，107国道、京港澳、京昆高速公路纵横南北，石太、石张、青银高速公路横贯东西），以航空运输业、航空配套维修制造业、高端商务服务业等为重点，建设成为中国华北地区重要的国际门户和工业园区。

（蔡晓敏）

【举办项目集中签约仪式】 2011年3月份，空港工业园举行开工项目集中签约仪式，包括伏羲湾生态旅游休闲项目在内10个项目落户工业园区，总投资超过180亿元。此次签约10个项目分别是北京国泰上城置业有限公司投资的伏羲湾生态旅游休闲项目、河北林德康辉物流集团投资的物流及旅游综合服务中心项目、河北普莱电器有限公司投资的无氟冰箱生产项目、石家庄惠康食品有限公司投资的空港国际商贸物流园项目、香港新世纪物料供应及工程有限公司投资的年产8亿套三片式易拉罐项目、河北玖翔节能技术有限公司投资的高压转子变频器生产研发基地项目、石家庄市百川风机有限公司投资的特种风机生产项目、石家庄伊特机械设备制造有限公司投资的舞台机械设备制造项目、河北华瀚通保温管道有限公司投资的聚氨酯保温直埋管生产线建设项目、石家庄百博贸易有限公司投资的软木深加工生产项目。伏羲湾生态旅游休闲项目，总投资120亿元，主要建设高级酒店、会议中心等高端商务设施及湿地公园、伏羲乐园、人寿健康城等生态休闲设施；物流、保税加工及旅游集散中心项目，总投资30亿元，占地100公顷；无氟冰箱生产项目，总投资5.3亿元，占地13.33公顷；空港国际商贸物流园项目，总投资6亿元，占地34.67公顷；易拉罐生产项目，总投资5亿元，占地10.47公顷；高压转子变频器生产研发基地项目，总投资4.8亿元，占地8公顷；特种风机生产项目，总投资4.3亿元，占地4公顷；舞台机械设备制造项目，总投资2.6亿元，占地7.33公顷；聚氨酯保温直埋管生产线建设项目，总投资

2011年3月9日，石家庄空港工业园举行开工项目集中签约仪式

2.4亿元，占地4公顷；软木深加工项目，总投资1.1亿元，占地2.8公顷。

（范玉蕾）

【园区建设】 2011年，空港工业园总体规划和土地利用规划实现“两规合一”，可行性研究报告通过专家评审；工业园区概念规划、产业规划、区域环评以及起步区总体规划、城市设计、专项规划和西南片区控制性详细规划编制完成。一期三纵三横6条道路前期准备工作就绪，基础设施建设开工。组建园区投融资平台，新注册成立空港建投公司。年内，空港工业园正式申请综合保税区，已由国务院批转至国家海关总署。至2001年末，空港工业园共洽谈项目126个，审批办结项目14个，总投资96.26亿元；入统省、市重点前期项目库22个，列入省重点建设项目1个，总投资16.2亿元；列入市重点建设项目6个，总投资29.79亿元。

石家庄空港工业园

中共石家庄空港工业园工委书记、管委会主任：杨志乾

工委副书记、管委会副主任：赵同法

工委委员、管委会副主任：

李卫山

申春良

刘军 （8月任）

梁建坤（12月任）

穆增科（12月任）

李佳楠（12月任）

（蔡晓敏）

公共管理和社会组织

公共管理和社会组织

中国共产党石家庄市委员会

【概况】 2012年，中共石家庄市委坚持以科学发展观为指导，坚决贯彻落实党中央、国务院和省委、省政府一系列重大决策部署，特别是省委主要领导调整以来的一系列新精神、新要求，团结和带领全市广大干部群众，加快转型升级、跨越赶超步伐，努力建设幸福石家庄，开创了全市经济平稳较快发展、城市建设加速推进、社会和谐稳定、人民安居乐业和党的建设全面加强的新局面，实现了“十二五”良好开局。

圆满完成市县乡三级党委换届，营造了风清气正、干事创业的良好氛围。市委常委会坚持把市县乡三级党委集中换届，作为加强各级领导班子建设的重大机遇，严格按照中央和省委的统一部署和要求，以高度的政治责任感认真做好换届的各项工作。一季度，完成221个乡镇党委换届。9月初，完成23个县（市）区党委换届。一大批有基层工作经验，政治上靠得住、工作上有本事、作风上过得硬、群众信得过的干部走上领导岗位，县乡班子结构进一步改善，干部队伍活力和战斗力明显增强，形成干事创业的浓厚氛围。9月下旬，石家庄市召开第九次党代会，在省委正确领导下，大会取得圆满成功，实现了省委提出一个好报告、一个好班子、一个好风气“三个一”目标。明确今后五年目标任务。市九次党代会全面总结过去五年主要工作，客观指出存在的困难和问题，深刻分析面临的机遇和挑战，明确“转型升级、跨越赶超、建设幸福石家庄”主题，提出今后五年指导思想、主要目标和主要任务。大会确定的主题和提出的任务，引起与会代表及广大党员干部群众的强烈反响和高度赞同，起到统一思想、凝聚力量、鼓舞士气、振奋精神的重要作用，为做好今后五年工作指明方向。圆满完成市委换届选举。坚持把贯彻省、市委人事安排意图与行使代表民主权利相统一，各项工作细致到位，操作程序规范严谨，确保了市委换届选举工作顺利进行，成功选举产生新一届市委领导集体。63名市委委员和12名候补委员全部高票当选，市委书记、市委副书记以及各位市委常委全部满票当选。营造了风清气正换届环境。认真贯彻省委要求特别是张庆黎书记有关讲话精神，始终坚持纪律是“高压线”、换届是“试金石”、制度是“红绿灯”、作风是“传家宝”，高度重视并做好换届期间思想政治工作，营造了风清气正的换届氛围。市九次党代会胜利召开，为推进石家庄市“十二五”转型升级、跨越赶超、建设幸福石家庄奠定了坚实的思想基础和组织保证。

积极转变经济发展方式，推动经济又好又快发展。面对复杂多变的经济形势带来的严峻考验，市委常委会坚决贯彻落实中央和省委“稳增长、调结构、控物价、惠民生”决策部署，将应对复杂多变经济形势与解决自身发展中突出矛盾相结合，将保持经济平稳较快增长与转变发展方式相结合，实施中东西区域协调发展战略，强力推进工业突破，加快发展现代服务业，狠抓重点项目建设，加强金融工作，积极实施全民创业，促进了经济平稳较快发展。实施中东西区域协调发展战略，培育经济发展新优势。完善和落实推动三大片区协调发展的政策措施，编制完成《中东西区域经济协调发展规划》，分片区召开加快区域发展座谈会和工作调度会，深入各县（市）区调查研究，督导三大片区按照功能定位，完善工作思路，强化工作举措，加快推进中部隆起、东部突破、西部富民强县。积极推进经济发展方式转变，努力提高经济增长的质量和效益。坚持把推进产业结构优化升级作为转变发展方式的主攻方向，改造提升化工、建材、纺织服装等传统产业，加快培育壮大生物医药、电子信息、先进装备制造等新兴产业。2011 年全市工业技术改造投资增长 25%；新兴产业增加值增长 25%。坚持把园区建设作为转方式的重要载体，加大各类园区、产业聚集区整合和建设提升力度，全市新增 10 个省级工业聚集区和 7 个省级经济开发区（园区）。坚持把科技创新作为转方式的重要支撑，扎实推进国家创新型城市建设，全社会研究与发展经费占 GDP 比例达到 1.23%。坚持把节能减排作为转方式的有效措施，坚决淘汰落后产能，促进企业技术进步和产业优化升级，2011 年规模以上工业单位增加值能耗同比降低 8.1%。

坚持把工业作为全市经济发展的强大“引擎”，强力推进工业突破。研究制定《关于贯彻主题主线加快工业经济发展的意见》等政策措施，加大对工业结构调整和发展的政策扶持力度。加强工业运行调度和要素保障，为工业加速发展提供有力支持。组织企业深化拓展对标行动，持续推动产品提档次、企业增效益，企业整体素质和综合竞争力有了新的提高。召开全市全民创业广播电视动员大会，制定出台《关于鼓励和支持全民创业的若干政策》、《关于鼓励和支持民营经济加快发展的若干政策措施》，形成全民创业的浓厚氛围。着眼于解决企业贷款难问题，召开全市金融工作会议，优化金融生态环境，2011 年金融机构新增各项贷款余额 376.3 亿元，居全省第一位。实行市领导联系“十二五”期间规划销售收入超百亿元 14 家企业制度，及时帮助企业排忧解难，促进重点企业做大做强。推动国有企业改革向纵深发展，积极推进企业战略重组，金刚集团、宝石集团等一批大中型企业成功重组。

把发展现代服务业作为稳增长、调结构的重要抓手，大力推进省会服务业上档升级。充分发挥省会优势和区位优势，加快发展商贸和现代物流业，万达广场、内陆港改扩建等一批重点商贸和现代物流项目竣工投用，华北重要商埠影响力更加凸显。大力发展总部经济，加强与知名企业总部和跨国企业集团对接，一批有影响的金融、商贸、产业总部在石家庄市落户，成为省会经济发展的重要支撑。启动培育省会夜经济，加强政策引导和消费环境改善，一批美食广场、特色商业街区建成开业，延时营业企业夜间销售额同比增长 47.9%，约占全部销售额的五分之一。加快发展旅游业，旅游业总收入同比增长 45.9%，石家庄市获得“全国优秀生态旅游城市”称号。积极发展会展经济，举办杂技节、正定小商品博览会、动博会、药博会、石洽会等一批大型会展活动，品牌效应和经济效益进一步提升。

坚持巩固农业的基础地位不动摇，着力提高农业综合生产能力。认真落实各项强农惠农政策，紧抓住国家加快水利改革发展重大机遇，加强以农田水利建设为重点的农业基础设施建设，农业综合生产能力进一步提高。高度重视和稳定粮食生产，单产、总产均超历史最高水平。大力发展现代农业，完成《石家庄现代都市农业发展规划》，9 个现代都市农业示范园区建成开园。坚持以工业化的理念经营农业，引进和实施了一批国内外大企业投资的农副产品加工项目，规划实施了一批重点农业产业化项目，农业产业化经营总量增长 10% 以上。加大农产品安全监管力度，农产品质量安全水平有了新提高。启动实施帮扶农民增收工程，农民收入实现较快增长。

把项目建设摆在经济工作的突出位置，狠抓投资和重点项目建设。坚持市级领导分包重点项目制度，及时协调解决项目工作的突出问题和瓶颈制约。组织全市重点项目观摩拉练活动，加大项目建设考核力度，营造了抓投资、上项目的浓厚氛围。积极引导资金投向实体经济，组织实施一批符合国家政策的重大产业项目，投资力度进一步加大，投资结构进一步优化。积极扩大对外开放，市委常委一班人亲自参与重大招商活动，下大力引进战略投资者，格力电器等一批重大项目落户石家庄。成功举办中国（河北）非公有制经济发展论坛等一系列招商引资活动。

加快推进城镇建设上水平，掀起新一轮城镇建设高潮。以城镇建设创一流为目标，按照“五个体现”和“六个上水平”目标要求，对城镇建设上水平精心谋划，制定《石家庄市开展城镇建设三年上水平工作的实施意见》，谋划城市环境质量、城市承载功能、城市居住条件等八个方面、80项重点工程。组织开展对标杭州活动，重点实施了生态绿化、环境提升、路网建设等十大工程，坚持功能提升与形象改善、城市建设与产业发展、硬件建设与城市管理、中心城区与城镇建设统筹谋划、协调推进，着力推动城市环境质量、聚集能力、承载能力、居住条件、风貌特色、管理服务上水平。坚持经常听取城镇建设上水平工作进展情况汇报，实行市级领导分包重点工程责任制，加强对重点区域、重点工作督导和协调，及时研究解决工作中遇到的困难和问题，保证了各项重点工作和重大工程顺利推进。

把提高城镇综合承载能力作为首要任务，着力在城镇建设上水平、出品位、生财富、惠民生上做文章。高度重视规划引领作用，坚持高端设计、顶级规划，编制完成一批重点区域控制性详规和标志性建筑单体设计方面的规划，为城镇建设上水平提供了有力支撑。把聚集优质生产要素作为城市建设主攻方向，以重点区域建设为突破口，大力发展高端现代产业。主城区11家五星级酒店、20个城市综合体建设进展顺利，正定新区、东部产业新城、南部工业园、空港工业园基础设施和产业项目建设同步推进，取得实质性进展。把交通设施建设摆在城市建设突出位置，统筹推进铁路、航空、轨道交通、高速公路和城市道路等基础设施建设，铁路穿城入地、新客站、机场改扩建以及市区路网改造工程完成年度计划。把改善居民生活质量作为城市建设关键环节来抓，组织实施一系列惠民举措，大力推进城中村改造、旧小区改善等工程，居民居住条件明显改善；深入开展以大气污染、水污染治理为重点的环境治理行动，城市环境质量有了新的改善。截至12月27日，市区优良天数318天，其中一级天数36天，比2010年同期增加2天；市域主要河流出境断面均达到省考核要求。积极创新城市管理体制和运行机制，将市城管局改为市城管委，建立了数字化城市管理系统，大力推进城市管理精细化、标准化、规范化，城市管理水平实现明显提升。石家庄市获得“全国数字城市建设示范市”称号。

紧紧抓住石家庄市作为全省统筹城乡发展试点市的机遇，以统筹推进农村工业化、城镇化和农业现代化为载体，以具体项目为抓手，大力实施城乡规划、产业发展、基础设施、公共服务、劳动就业和社会保障、社会管理等“六个一体化”，推动重点工作、重点区域率先突破。坚持把县城和新民居建设作为统筹城乡发展的突破口，组织开展对标学习张北县活动，围绕县城扩容升级、基础设施提档、载体功能完善等重点工作，实施了总投资885亿元的县城建设项目，县城人居环境、载体功能和聚集能力有了新提升。积极有序推进农村新民居建设，全年共申报批准省级新民居建设示范村250个，联村并建点达到92个，示范村新批数量居全省前列。

高度重视保障和改善民生，营造和谐稳定的社会环境。市委常委会把保障和改善民生摆在更加突出位置，坚持做大“蛋糕”与分好“蛋糕”并重，把更多的财力用在保障和改善民生上，切实解决民生领域的突出问题，大力营造和谐稳定的社会环境。紧紧围绕人民群众最关心、最直接、最迫切的民生问题，谋划启动“十二五”就业富民、教育提升、医疗健康等“八大民生工程”，明确责任单位，加强调度，强力推进。把就业作为民生之本，突出抓了高校毕业生、农民工、复退军人、城镇困难群众的就业工作。积极推动扩大新农保试点和开展城镇居民社会养老保险试点工作，覆盖城乡的社会保障体系进一步完善。深化医疗卫生体制改革，新农合参合率达到96.8%，所有农村县（市）开展门诊统筹并实现出院即报，大病统筹全面启动，在全省率先全方位启动乡镇卫生院、村卫生室标准化建设和基本药物零差率销售工作，有效缓解了农村群众看病难、看病贵的问题。下大力抓好住房保障工作，积极构建以廉租房、公共租赁住房为主的多层次住房保障体系，全市2.5万户低收入住房困难家庭实现应保尽保。谋划并启动实施“山区教育扶贫”工程，6个山区县共规划新改扩建学校56所，28所建成投用，首批安置学生1.8万名。大力推进教育、科技、体育、人口计生等各项社会事业快速健康发展，中小学办学条件显著改善，面向基层的科技服务水平明显提高，人口计生工作扎实推进，群众体育蓬勃发展，石家庄市被评为全国科技进步考核先进市、被确定为全国流动人口计划生育公共服务均等化试点城市，在全国第七届城运会上奖牌总数创历史最好成绩。年初确定为群众办的27件实事基本完成。石家庄市居民幸福指数在全国294个城市中排名第一，人民群众对省会归属感、认同感和自豪感明显增强。

切实加强新时期宣传思想文化工作，文化引导社会、教育人民、推动发展的功能得到充分发挥。进一步加强学习型党组织建设，实施了大规模干部培训，不断把理论武装引向深入。组织开展庆祝建党90周年宣传教育活动，西柏坡等爱国主义教育基地宣教功能进一步增强。坚持正确的舆论导向，围绕全市大局和中心工作，组织开展一系列有影响、有深度的主题宣传报道活动，营造了齐心协力抓发展、促和谐的浓厚氛围。加大对外宣传力度，有力提升了石家庄市的知名度和美誉度。深化文化体制改革，着力推进国有文化企业管理体制机制建设，报业、广电、演艺等大型文化企业活力进一步增强。积极推进文化事业发展，加强公共文化服务体系建设，“燕赵讲坛”、“彩色周末”、高雅艺术演出等文化品牌的知名度、影响力提升，丰富了群众文化生活。文艺精品创作亮点纷呈，《滹沱沧桑》在中央电视台播出并获良好反响。出台一系列扶持文化产业发展的政策措施，着力培育演艺娱乐、印刷出版、动漫游戏、现代传媒等产业，文化产业规模不断扩大。以争创全国文明城市为目标，着力在提升市民素质和创造优美环境、优良秩序、优质服务上下功夫，掀起新一轮创建文明城市高潮，城乡文明程度得到较大提升。

坚持把维护社会和谐稳定作为重大的政治任务来抓，强化“发展是第一要务，稳定是第一责任”的意识。从解决影响稳定的源头性、根本性、基础性问题抓起，深入推进社会矛盾化解、社会管理创新、公正廉洁执法三项重点工作。进一步巩固和拓展“三位一体”大调解机制，建立健全市县乡村四级群众工作机构和网络平台，认真落实市县乡三级干部大接访制度，较好地发挥了服务群众、排查矛盾、解决问题的作用。深入开展处理信访突出问题“百日会战”和万名干部“下基层、访百姓、解难题、促和谐”活动，着力解决热点难点问题。建立县（市）区委书记和市直部门主要领导信访稳定工作定期述职、对主要领导约谈等制度，加大督导问责力度，群体性上访问题得到有效稳控。以全国社会管理创新综合试点市和全省群众工作试点市建设为契机，全面加强基层基础工作，进一步提高了社会管理科学化水平。积极推进警务机制改革，在省会建立了110个“110综合警务服务站”，有效发挥了震慑犯罪、服务群众作用，得到群众的普遍赞誉。狠抓社会治安综合治理，深入开展“打四黑除四害”等专项行动，保持了社会治安持续稳定。大力推进科技强警，市区公共安全视频联网系统三级平台主体完工。扎实推进食品安全最放心城市创建活动，制定出台了食品安全全程监管等“八大机制”，持续开展食品药品安全专项整治，查处一批群众反映强烈的食品安全问题。高度重视并切实抓好安全生产工作，有效遏制了重特大事故的发生，全市安全生产形势平稳。

强力实施“效能革命”，大力优化发展环境。市委常委会坚持以抓干部作风建设为突破口，以优化政务服务为重点，把提高行政效能作为最大的发展优势来打造，把优化发展环境作为最响亮的名片来培育，在全市掀起一场“效能革命”。召开全市优化发展环境广播电视大会，对优化发展环境进行全面动员。研究制定《关于进一步优化发展环境的若干规定》、《关于深入推进发展环境建设的实施方案》，组织开展“优化发展环境，我们怎么办”大讨论、“开门征求意见”等形式多样的活动，营造了大力优化发展环境的浓厚氛围。坚持把深化行政审批制度改革作为优化发展环境的关键环节，大力精简下放审批权限，再造工作流程，力争做到全省“审批项目最少、程序最简、办理最快、费用最低、服务最优”。将市级原有321项行政和非行政审批事项

精简到245项，削减24%；审批环节由1270个减少到792个，削减38%，有效解决了“政策摔跤”、“部门打架”等一系列问题。强力实行“一站式”审批服务，在全市广泛推行一次性告知制、一章办结制、首问负责制等“十项制度”，大大提高了政务效率和服务质量。坚持把创新民主评议方式作为优化发展环境重要手段，按照“为谁服务就让谁评议”的原则确定评议对象，广泛开展大会评议、现场评议、自我评议、公开承诺、开门整改等活动。通过真实公正的评议，对各参评部门和单位触动很大，促进了存在问题的整改，群众满意度不断提高。坚持把严格的行政问责作为保障活动成效的有力措施，认真落实《机关工作人员损害发展环境行为责任追究暂行办法》，对机关工作人员不作为、乱作为、吃拿卡要等问题严格问责。全年全市共查处损害发展环境的案件和问题771起，责任追究1134人，在广大干部中起到良好的警示作用。

全面加强党的建设，为推动省会科学发展提供坚强保证。市委常委会认真履行党要管党、从严治党的政治责任，全面贯彻中央和省委关于加强党的建设的总体部署，以改革创新的精神推进党的建设各项工作，努力建设坚强有力的领导班子，打造素质高、能力强、作风硬的干部队伍，为推动省会科学发展、率先发展提供了坚强的组织保证。

深入组织开展创先争优活动。坚持把争创活动与中心工作相结合，按照“长期有规划、中期有目标、眼前有成绩”的要求，努力在“见成效”上下功夫，实现了创先争优与经济社会发展“双促、双赢”。总结推广在重点工程建设中组建临时党组织的做法，加快重大工程推进步伐，得到中央领导的肯定。深化拓展全面对标、认责承诺、亮旗示范、夺旗争星行动，窗口单位和服务行业争创活动成效明显。选树了刘琼芳等一批优秀党员典型，中央领导对刘琼芳先进事迹作出重要批示，在全市形成学先进、争先进、当先进的浓厚氛围。

加强领导班子和干部队伍建设。通过完善党委（党组）理论中心组学习和民主生活会制度、开展谈心谈话等活动，切实加强各级领导班子的思想政治建设。认真贯彻执行民主集中制，各级领导班子科学决策、民主决策水平进一步提升。坚持正确选人用人导向，围绕实施中东西区域协调发展战略、推动重大工作部署的落实，科学调配使用干部资源，进一步优化了各级领导班子结构。积极深化干部人事制度改革，大力推行竞争上岗和干部交流，公开选拔一批优秀年轻干部充实到县（市）区党政班子。大力倡导和推行年轻干部到基层和急难险重岗位培养锻炼制度，注意把那些有激情、状态好、作风硬、肯干事、会干事的干部提拔调整到重要领导岗位，增强了干部队伍活力和战斗力。

加强党的基层组织建设。全面推行基层党建述职承诺制，强化各级党组织的管党责任。积极适应工业化、城市化加速发展新形势，加强市区、县城、近郊乡镇（办事处）、村（居委会）基层班子配备。积极适应社会结构、党员流向新变化，着力增强党建工作创新性和实效性，扩大了党组织的覆盖面和影响力。探索并在全市推广村转社区“双轨制”和基层党建网格化管理模式，以及正定县评选“农村好青年”、委派到本村任党支部书记助理或村委会主任助理做法，受到中央领导的肯定。从10月中旬开始，在全市农村基层组织中深入开展了“建制度、强规范、提素质、促和谐”主题实践活动，着力规范农村“两委”干部从政行为，提升农村干部素质，促进农村社会和谐稳定，取得阶段性成效。

坚持不懈地推进党风廉政建设。强化对中央和省、市委重大决策部署贯彻落实情况的监督检查，确保政令畅通。认真贯彻《廉政准则》，深入开展示范教育、警示教育和党纪政纪条规教育，党员领导干部廉洁从政意识不断增强。突出抓了权力运行监控机制建设，着力加强有审批权力部门和工程建设领域的反腐倡廉机制建设，惩治和预防腐败体系进一步完善。深入开展教育、医疗、交通等方面的专项纠风检查，严肃查处一批违纪违法案件，保持了惩治腐败的高压态势。严格执行党风廉政建设责任制，督促各级领导干部认真落实“一岗双责”，推动了党风廉政建设和反腐败工作深入开展。

【中共石家庄市委及有关工作部门组成人员】

书　　记：孙瑞彬
副书记：艾文礼（11月免）
　　姜德果（12月任）
　　刘云峰
市委常委：孙瑞彬
　　艾文礼（11月免）
　　姜德果（12月任）
　　刘云峰　李国伦
　　杨志辉（9月免）
　　栗进路（9月免）
　　孙万勇　王大虎
　　张铁力（4月免）
　　司存喜（4月任）
　　张小国（12月任）
　　刘晓军（9月任）
　　刘志鹏（4月任）
　　王俊钟　胡儒钗
　　高天　（9月任）
　　李震国（11月任）
　　程凯　（12月任）
市委秘书长：杨志辉（8月免）
　　胡儒钗（8月任）
常务副秘书长：宋学恭
副秘书长：刘吉广（4月免）
　　卢建新（3月免）
　　高尘　（3月任）
　　谷维真（6月任）
　　王勇军　崔大平
市委副秘书长兼研究室主任：
　　刘吉广（4月免）
市信访局局长、党组书记兼
市委副秘书长：魏晓流（1月免）
　　任建忠（1月任）

市纪律检查委员会

书　　记：李文起（4月免）
　　司存喜（4月任）
常务副书记：王增飞（4月任）
副书记：张治春（4月免）
　　刘吉广（4月任）
　　王增飞（4月免）
　　刘书平
　　徐将威（8月免）
　　梁建林（9月任）
纪委常委：王文朝（9月免）
　　梁建林（9月免）
　　韩秀华（9月任）
　　左素娥
　　尹新民（8月免）
　　李惠英
　　王涛(9月任,12月免)
　　刘军志（9月任）
　　郝建哲（12月任）

市委办公厅

副主任：唐克　李海峰
纪检监察员：杨福华

市委组织部

部　　长：王俊钟
常务副部长：张云雁
副部长：高新城　解晓东
　　王云辉　刘力

市委宣传部

部　　长：孙万勇
常务副部长：王惠周
副部长：薛建廷　郭纯阳
　　王中月（1月任）

市委统战部

部　　长：胡儒钗（8月免）
　　高天　（8月任）
常务副部长：刘国栋
副部长：哈宝伏（1月免）
　　白兰怀（6月免）
　　冯喜英
　　郝菊亭（8月任）
　　张志敏（6月任）
　　王溪波

市委政法委

书　　记：张铁力（4月免）
　　刘志鹏（4月任）
常务副书记：安忠起（4月免）
　　黄朝庆（8月任）
副书记：张树志
　　梁建斌（兼）
　　祁改
　　吕军英（8月免）
　　刘志魁

市直机关工委

书　　记：康瑞斌（3月免）
　　王玉国（3月任）
副书记：范志斌
　　聂忠海（兼纪工委书记）
　　胡国龙　杨宗波

市委农工委

书　　记：张树志
常务副书记：王武德
副书记：谢顺　王荣军
　　邸占欣

机构编制委员会

主　　任：左建平
副主任：邓京生　董胜国
　　霍永平

台湾工作办公室

主　　任：李风江
副主任：彭彩欣　王春立
　　杨文江

信访局

局　　长：任建忠
副局长：平国强　苏清才
　　田志　（6月免）
　　张建平
　　李增辰（6月任）

研究室

主　　任：刘吉广（4月免）
副主任：王运章　郭宗海
　　谭运江

老干部局

局　　长：王冬梅

副 局 长：兰永谦　宋成武

机关事务管理局

局　　长：古临江

副 局 长：殷玉良　张连发　李长亭　李素英　卢首往

【中共石家庄市委常委会议】 1月5日，孙瑞彬主持召开八届市委常委会第134次会议。研究了干部人事问题（市委常委会议纪要八届第134号）。

1月12日，孙瑞彬主持召开八届市委常委会第135次会议。讨论并原则同意《石家庄市国民经济和社会发展第十二个五年规划纲要的报告（讨论稿）》；讨论并原则同意《石家庄市国民经济和社会发展第十二个五年规划纲要（讨论稿）》；听取了市发改委关于2011年国民经济和社会发展计划（草案）指标安排情况的汇报；听取了市财政局关于2011年财政预算（草案）安排情况的汇报；听取了市政府办公厅关于2010年为群众办实事完成情况和2011年继续为群众办实事的汇报（市委常委会议纪要八届第135号）。

1月27日，孙瑞彬主持召开八届市委常委会第136次会议。讨论并原则同意市委、市政府《关于开展城镇建设三年上水平的实施意见（讨论稿）》；听取了关于表彰石家庄市城镇面貌三年大变样工作模范、先进评选推荐有关工作情况的汇报；听取了市委统战部关于全省统战部长会议精神及石家庄市贯彻意见的汇报；讨论并原则同意《石家庄市预防工程建设领域违纪违法问题暂行办法（讨论稿）》；讨论并原则同意《市容环境考评奖惩办法（试行）（讨论稿）》；讨论并原则同意《关于进一步加强省会出租汽车行业管理工作的意见（讨论稿）》；讨论并原则同意《石家庄市土地管理共同责任机制实施意见（讨论稿）》；讨论并同意市考核办《2010年度市直部门领导班子和市管干部考核方案》；讨论并同意市纪委关于给予高邑县原县委书记崔欣元开除党籍、开除公职处分的意见；研究了干部人事问题（市委常委会议纪要八届第136号）。

2月12日，孙瑞彬主持召开八届市委常委会第137次会议。传达学习了胡锦涛总书记在保定考察工作时重要讲话精神，研究了贯彻落实意见（市委常委会议纪要八届第137号）。

2月16日，孙瑞彬主持召开八届市委常委会第138次会议。讨论并同意市委《关于中国共产党成立90周年纪念活动的安排意见（讨论稿）》；听取市委研究室关于深入推进石家庄市发展环境建设建议实施方案的汇报；听取市委宣传部关于全省文化建设工作会议和宣传部长会议精神及石家庄市贯彻落实意见的汇报；听取市信访局关于全国全省信访局长电视电话会议和全省群众工作现场交流会议精神及石家庄市贯彻落实意见的汇报（市委常委会议纪要八届第138号）。

3月2日，孙瑞彬主持召开八届市委常委会第139次会议。传达学习了中央举办的省部级主要领导干部社会管理及其创新专题研讨班精神；讨论并同意《关于召开中共石家庄市第八届纪委第六次全会的安排意见（讨论稿）》；讨论并原则同意市委、市政府《关于加快水利改革发展的意见（讨论稿）》；讨论并原则同意市委、市政府《关于鼓励和支持民营经济加快发展的若干政策措施（讨论稿）》；讨论并原则同意市委、市政府《关于扶持我市动漫产业发展的若干意见（讨论稿）》；听取了市建设局关于2010年城建计划执行情况及2011年城建计划草案安排情况的汇报；听取了市纪委关于贯彻落实中央《关于党的基层组织实行党务公开的意见》有关情况的汇报；讨论并同意市委组织部《关于公开选拔副县级优秀年轻干部的实施意见（讨论稿）》；研究了干部人事问题（市委常委会议纪要八届第139号）。

3月24日，孙瑞彬主持召开八届市委常委会第140次会议。传达学习了全国“两会”精神；讨论并原则同意《关于推进物联网产业发展的实施意见（讨论稿）》；听取了市教育局关于山区教育扶贫工作有关情况的汇报；讨论并原则同意《关于进一步促进高校毕业生就业若干政策的意见（讨论稿）》；讨论并同意《关于鼓励和支持全民创业的若干政策（讨论稿）》；讨论并同意《关于加快保障性安居工程建设的实施意见（讨论稿）》；听取了市商务局关于夜经济建设工作的汇报；

讨论并同意市纪委关于给予市国土资源局原局长师吉奎开除党籍处分的意见、关于给予高邑县政协副主席郭胜铎党内严重警告处分和免职处理的意见；研究了干部人事问题（市委常委会议纪要八届第140号）。

4月21日，孙瑞彬主持召开八届市委常委会第141次会议。讨论并原则同意《市委市政府关于进一步优化发展环境的若干规定（讨论稿）》；讨论并原则同意《石家庄市优化发展环境民主评议工作暂行办法（试行）（讨论稿）》；听取了市房管局关于进一步加快推进保障性住房建设的汇报；讨论并同意《石家庄市中长期教育改革和发展规划纲要（2011～2020年）（讨论稿）》；讨论并同意《石家庄市医药工业“三年滚动发展”规划纲要（讨论稿）》；听取了市人口计生委关于全省人口计生工作电视电话会议精神和石家庄市计生工作情况汇报；讨论并同意市编办关于核定市文化广电新闻出版局等单位领导职数的意见；研究了干部人事问题（市委常委会议纪要八届第141号）。

5月12日，孙瑞彬主持召开八届市委常委会第142次会议。听取了市妇联党组关于召开石家庄市妇女第十四次代表大会有关事项的汇报；听取了市作风办关于全市深入推进干部作风建设情况的汇报；讨论并同意市委《关于印发市委常委工作分工的通知（讨论稿）》；研究了石家庄市党委换届期间的有关工作（市委常委会议纪要八届第142号）。

5月25日，孙瑞彬主持召开八届市委常委会第143次会议。听取了市纪委关于公务用车问题专项治理工作情况的汇报；听取了市纪委关于开展清理和规范庆典、研讨会、论坛活动工作情况的汇报；听取了市优化办关于2011年第一季度优化发展环境建设大会民主评议情况的汇报；研究了市编办关于市投资招商局、市人民检察院机构和领导职数事宜的意见；研究了干部人事问题（市委常委会议纪要八届第143号）。

6月10日，孙瑞彬主持召开八届市委常委会第144次会议。讨论并同意中共石家庄市第八届委员会第七次全体会议安排意见；讨论并同意关于召开中国共产党石家庄市第九次代表大会的决议（草案）和关于召开中国共产党石家庄市第九次代表大会的请示；讨论并同意关于推荐拟省委表彰和拟市委表彰的先进基层党组织等建议名单；听取了关于2011’中国（河北）非公有制经济发展论坛有关工作的汇报；听取了市信访局关于今年以来群众工作和信访工作情况的汇报；听取了市公安局关于综合警务站建设的情况汇报；听取了市委组织部关于县乡领导班子换届有关工作的汇报；研究了干部人事问题（市委常委会议纪要八届第144号）。

6月10日，孙瑞彬主持召开八届市委常委会第145次会议。研究了干部人事问题（市委常委会议纪要八届第145号）。

7月5日，孙瑞彬主持召开八届市委常委会第146次会议。学习胡锦涛总书记在庆祝中国共产党成立90周年大会上的重要讲话，研究石家庄市贯彻落实意见（市委常委会议纪要八届第146号）。

7月7日，孙瑞彬主持召开八届市委常委会第147次会议。听取了市发改委关于全市上半年经济运行情况分析及下半年重点工作的汇报；讨论并原则同意市委、市政府《关于实施帮扶农民增收工程的意见（讨论稿）》；听取了市纪委关于全省民主评议暨机关效能建设和加快转变经济发展方式监督检查工作电视电话会议精神及石家庄市贯彻落实意见的汇报；听取了市委统战部关于全省统战部长工作座谈会精神及石家庄市贯彻落实意见的汇报（市委常委会议纪要八届第147号）。

7月12日，孙瑞彬主持召开八届市委常委会第148次会议。研究了干部人事问题（市委常委会议纪要八届第148号）。

7月15日，孙瑞彬主持召开八届市委常委会第149次会议。研究了当前重要工作（市委常委会议纪要八届第149号）。

8月2日，孙瑞彬主持召开八届市委常委会第150次会议。传达学习了省委理论学习中心组学习会议、市委书记汇报座谈会、全省城镇面貌三年上水平工作会议精神；讨论并原则同意《关于贯彻主题主线加快工业经济发展的意见（讨论稿）》；听取了市检察院党组关于学习贯彻省委常委会关于渎职侵权检察工作重要指示的汇报；讨论并同意市委组织部关于市第九次党代表大会代表有关问题的意见；讨论并同意市编办关于市城管局、拆迁办更名及组建市商务综合执法局、社区办整体划转的意见；讨论并同意石家庄市省管干部2010年度考核评价等次建议（市委常委会议纪要八届第150号）。

8月13日，孙瑞彬主持召开八届市委常委会第151次会议。讨论并同意省委组织部反馈的《石家庄市委换届人事安排建议方案》；研究了干部人事问题（市委常委会议纪要八届第151号）。

8月19日，孙瑞彬主持召开八届市委常委会第152次会议。研究了干部人事问题（市委常委会议纪要八届第152号）。

8月25日，孙瑞彬主持召开八届市委常委会第153次会议。讨论并同意市法制宣传教育领导小组《关于在公民中开展法制宣传教育的第六个五年规划（2011－2015）（讨论稿）》；研究了干部人事问题（市委常委会议纪要八届第153号）。

8月31日，孙瑞彬主持召开八届市委常委会第154次会议。传达学习了省委书记张庆黎8月30日在省委常委扩大会议上的讲话，研究了石家庄市贯彻落实意见（市委常委会议纪要八届第154号）。

9月6日，孙瑞彬主持召开八届市委常委会第155次会议。讨论并原则同意《中共石家庄市第八届委员会第八次全体会议安排意见（讨论稿）》；讨论并同意市人大常委会党组《关于石家庄市县乡两级人民代表大会换届选举工作的意见（讨论稿）》；听取了市优化办关于第二季度大会民主评议结果及有关情况的汇报；讨论并原则同意石家庄市城投集团重组实施方案；讨论并原则同意《石家庄市食品安全监管工作八大机制（讨论稿）》；听取了市考核办关于县（市）区、市直部门领导班子和市管干部2010年度考核结果的汇报；讨论并同意石家庄市出席河北省第八次党代会候选人初步人选建议名单（市委常委会议纪要八届第155号）。

9月14日，孙瑞彬主持召开八届市委常委会第156次会议。传达学习了全省领导干部会议精神，研究了石家庄市贯彻落实意见；讨论并同意《关于认真贯彻省委〈关于各级领导干部共同遵守的约法八章〉的通知（讨论稿）》；讨论并原则同意《中共石家庄市第八届委员会工作报告（讨论稿）》；讨论并原则同意《中共石家庄市纪律检查委员会工作报告（讨论稿）》；听取了市委组织部关于市第九次党代会有关工作的汇报；听取了市联席办关于今年七月份以来信访工作的汇报（市委常委会议纪要八届第156号）。

9月17日，孙瑞彬主持召开八届市委常委会第157次会议。听取了市委宣传部有关工作情况的汇报（市委常委会议纪要八届第157号）。

10月19日，孙瑞彬主持召开九届市委常委会第1次会议。讨论并同意《关于市委常委工作分工的意见（讨论稿）》；讨论并同意《石家庄市“十二五”工业发展规划（讨论稿）》；听取了关于深化“打四黑除四害”专项行动的情况汇报；讨论并原则同意《关于在全市农村基层组织中开展“提素质、建制度、强规范、促和谐”主题实践活动的实施意见（讨论稿）》；讨论并原则同意《石家庄市农田水利建设实施方案（讨论稿）》；讨论并原则同意石家庄水务集团组建方案；讨论并同意市编办《关于设立市政府食品安全委员会办公室等单位机构规格的意见》（市委常委会议纪要九届第1号）。

10月25日，孙瑞彬主持召开九届市委常委会第2次会议。学习贯彻中共十七届六中全会精神；讨论并同意《市委关于贯彻落实省委“约法八章”的若干规定（讨论稿）》（市委常委会议纪要九届第2号）。

11月14日，孙瑞彬主持召开九届市委常委会第3次会议。学习贯彻省委书记张庆黎在石家庄市调研时重要讲话精神（市委常委会议纪要九届第3号）。

11月24日，孙瑞彬主持召开九届市委常委会第4次会议。传达学习了省第八次党代会精神，研究了石家庄市贯彻落实意见；听取了市纪委关于中央加快转变经济发展方式检查组来石检查工作有关情况及石家庄市贯彻落实意见的汇报；听取了市纪委关于全省惩治和预防腐败体系建设工作电视电话会议精神及石家庄市贯彻落实意见的汇报；讨论并同意市纪委关于给予石家庄市市政建设总公司副总经理程文长留党察看、行政撤职处分的意见，关于给予石家庄市工商局原副局长齐志刚开除党籍处分的意见（市委常委会议纪要九届第 4 号）。

11 月 29 日，孙瑞彬主持召开九届市委常委会第 5 次会议。讨论并原则同意《关于召开市委九届二次全会的安排意见（讨论稿）》；听取了市人大常委会党组关于召开石家庄市第十二届人民代表大会第五次会议和市政协党组关于召开政协石家庄市第十一届委员会第五次会议有关事项的汇报；听取了市优化办关于第三季度大会民主评议结果及有关情况的汇报；研究了干部人事问题（市委常委会议纪要九届第 5 号）。

12 月 26 日，孙瑞彬主持召开九届市委常委会第 6 次会议。听取了市信访局关于全省信访工作会议精神和石家庄市贯彻落实意见的汇报；研究了民主党派新一届领导班子人选问题；研究了干部人事问题（市委常委会议纪要九届第 6 号）。

12 月 31 日，孙瑞彬主持召开九届市委常委会第 7 次会议。听取了市优化办关于今年优化发展环境建设情况及明年工作建议的汇报；听取了市优化办关于石家庄市行政审批项目流程再造工作情况的汇报；讨论并原则同意《石家庄市科学和技术发展“十二五”规划（讨论稿）》；讨论并同意《石家庄市水利改革发展“十二五”规划（讨论稿）》；讨论并原则同意《关于调整市委有关工作领导小组（委员会、联席会议）的意见（讨论稿）》；讨论并同意市编办关于调整市公安特警支队机构规格的意见（市委常委会议纪要九届第 7 号）。

（夏清元）

【市领导与 14 家企业建立联系制度】 3 月 30 日，石家庄市“十二五”期间规划年销售收入超百亿元企业与市领导联系制度正式启动。省委常委、市委书记孙瑞彬在出席启动仪式上郑重表明市委、市政府全力支持企业、服务企业的态度，鼓励企业乘势加快发展，力争圆满实现“十二五”规划目标；市长艾文礼代表市政府与企业代表签订责任书；市人大常委会主任王增明、市政协主席王华清出席启动仪式；市委常委、常务副市长栗进路主持启动仪式；副市长刘明轩介绍了全市实行重点企业市领导联系制度情况。市委、市政府决定对销售收入在“十二五”期间规划超百亿元以上企业，实行市领导重点联系制度，由市委、市政府、市人民代表大会、市政治协商会议四大班子一把手，以及市委副书记刘云峰，市委常委、纪委书记李文起共 6 位市领导直接联系。列入市领导重点联系制度的企业，是根据现有企业正在实施或拟实施的产业升级项目完成后，在“十二五”期间规划销售收入超 100 亿元、500 亿元、1000 亿元的企业，共计 14 家，分别是：河北敬业集团、石药集团有限公司、中国石油化工股份有限公司石家庄炼化分公司、华北制药集团有限责任公司、河北曲寨集团有限公司、河北省高营企业集团公司、石家庄钢铁有限责任公司、冀中能源井矿集团、辛集市澳森钢铁有限公司、河北兴柏药业集团、石家庄飞机工业有限责任公司、石家庄常山纺织集团有限责任公司、石家庄以岭药业股份有限公司、河北诚信有限责任公司。14 家企业规划到“十二五”末共实现销售收入 3975 亿元，将占到全市 2300 家入统企业销售收入总额的 40%，利税达到 330 亿元，将占到入统企业利税总额的四分之一以上。市领导联系企业的运作实行领导直接联系、部门具体落实的方式。石家庄市成立销售收入超百亿元企业重点联系办公室。每月由市工信局到企业调研，了解企业存在问题，协同有关部门及时予以解决，并向各位分包领导汇报，市领导不定期到企业调研或听取企业汇报，企业遇重大问题及紧急情况，也可随时直接向对口联系的市领导反映。实行重点联系的企业优先享受市政府支持工业发展的一系列政策和措施。原则上每季度安排一次市领导与企业负责人联席会。同时，对重点企业实行动态管理。

（范玉蕾　曹燕）

组织工作

【概况】 2011 年，全市组织工作按照中共十七届五中、六中全会、省八次党代会和市九次党代会要求，紧紧围绕全市工作大局，突出县乡党委换届这一中心任务，扎实推进创先争优活动、深化干部人事制度改革、落实人才发展规划和加强基层组织建设等各项工作，全面提升了组织工作水平。全年有20项工作受到省以上领导53次批示肯定，其中评选“农村好青年”、围绕推进重点工程建设创先争优、村转社区“双轨制”、社区党建网格化管理、选树创先争优先进典型、关爱帮扶老党员等6项工作受到李长春、习近平、李克强、周永康、李源潮等中央领导8次批示肯定；中组部、省委组织部领导先后29次到石家庄市调研指导，给予充分肯定；全市县乡党委换届、窗口单位创先争优、大学生村官管理等15项工作，在全国、全省组织系统会议上作经验介绍；28项工作在中央新闻媒体或中组部内刊刊发。

【市县乡党委换届】 按照中央和省、市委部署要求，把市县乡领导班子换届作为组织工作重中之重来抓，坚持服务科学发展主题，突出抓好形成一个好报告、选出一个好班子两件大事，认真落实发扬民主、推进改革、严肃纪律三项举措，确保了市县乡党委换届工作圆满完成。周密组织实施，保证换届工作健康顺利推进。坚持早谋划、早部署、早操作，换届启动前4次召开县（市、区）委书记、组织部长座谈会，派出6个调研组到有关县（市、区）调研，广泛听取县乡干部对换届工作意见建议，并对23个县（市）区和221个乡镇领导班子情况摸底调查和分析测算，科学制定换届实施方案。提早考虑换届人事安排，按照“循序渐进、逐步推进、提前到位、确保稳定”思路，调整交流部分干部，做到每调整一次干部，与换届人事安排接近一步。建立市县两级换届工作领导机构，8次召开工作推进会、调度会，发出17个文件，对换届工作作出安排部署，提出明确要求。制定出台专门意见，实行市委常委包换届纪律宣传落实、包思想政治扎实有效、包换届工作有序推进、包当前工作统筹开展的“四包”责任制。抽调精干力量组成8个督导组，采取统一集中督导和不定期巡回督导相结合的方式，全程督导县乡换届工作，保证了中央和省委换届政策、纪律要求的贯彻落实。围绕发展大局，选好配强各级领导班子。着力选优配强党政正职，特别是按照“一城三区三组团”发展格局和城镇建设“三年上水平”工作需要，对市内区、组团县（市）及所辖乡镇和其他县（市）县城周边乡镇党政正职重点择优配备。大力选拔发展亟需人才和优秀年轻干部，面向全省国有和国有控股企业公开选拔15名副县（市、区）长，面向全市党群机关和事业单位公开选拔15名副县级优秀年轻干部，受到社会各界的广泛关注和普遍好评；根据中东西区域经济协调互动发展战略需要，优化配置党政交叉副县（市、区）长人选，中部9个县（市、区）优先考虑熟悉城市建设管理和商贸服务业干部、东部9个县（市）优先考虑熟悉工业经济和项目建设干部、西部5个县（区）优先考虑熟悉生态农业和旅游业干部。着力解决一批机构设置、干部配备等方面的历史遗留问题，保证换届工作顺利进行。通过换届，县乡领导班子结构得到优化。县（市、区）党政班子成员中大学以上学历由换届前91%提高到96.8%；党委、政府班子成员平均年龄分别下降4.3岁、4.4岁；女干部、少数民族干部和党外干部有所增加，知识、专业和工作经历结构更加合理。乡镇领导班子成员平均年龄下降0.6岁；本科以上学历所占比例提高17.5%；女干部所占比例提高2.3%，有乡镇街道工作经历的达到总数的96.6%。积极推进改革，促进优秀人才脱颖而出。县（市、区）班子换届考察，探索实行统一印制推荐测评票、统一时间召开民主推荐会等“五个统一”做法，细化和规范了民主推荐程序，有效防止了拉票贿选等现象的发生；探索改进换届人选推荐提名办法，综合运用会议推荐、谈话推荐结果和2008～2010年年度考核测评结果，提出拟提拔重用县（市、区）四大班子副职人选初选名单，并进行二次会议推荐，防止简单以票取人。加强干部德的考核，对现任班子成员和拟提拔考察对象，从“是否有拉票行为”等8个方面反向调查；组织“两代表一委员”和干部群众民意调查考察对象，并向考察对象居住地工作人员、街坊邻居等实行延伸考察，增强考核评价科学性。全面落实拟提拔干部个人住房、投资、配偶子女从业等任前“三项公示”制度，为防止干部“带病提拔”、把好选人用人关提供了制度保证。圆满完成鹿泉市山尹村镇、栾城县南高乡和藁城市张家庄镇3个公推直选乡镇党委班子成员试点。完善推行“两推一议”干部初始提名办法，采用这一办法调整了9个县（市、区）委书记、11个县（市、区）长。全面推行任用重要干部票决制，市委常委会通过票决方式任用正处级干部69名，各县（市、区）、市直部门和市属高校研究任用正科级干部也全部实行票决。推进干部交流轮岗，交流县级干部306人。实行干部任免全程记实，干部选拔任用工作过程监督强化。严肃换届纪律，营造风清气正的换届环境。制定下发《关于贯彻落实中央和省委有关县乡党委换届纪律要求的通知》、《关于严肃换届纪律有关问题的通知》等文件，对严肃换届纪律工作提出明确要求。开展了以“六个一”为主要内容的换届纪律宣传教育活动，全市科级以上干部人手一份换届纪律手册，签署一份承诺书；各级领导班子召开一次专题民主生活会，开展一次谈心活动；向各级领导干部致一封遵守换届纪律公开信，各级党委政府部门张贴一份宣传海报。建立信访、电话、网络三位一体监督平台，实行反映违反换届纪律问题专办制度，始终保持对不正之风的高压态势。在全市15152人参加的乡镇党委换届纪律问卷调查中，换届纪律知晓率达99.8%；23036人参加的换届风气测评中，测评平均分值为99.81。在全市991人参加的县（市、区）换届风气测评中，总体评价换届风气“很好”占98.28%，“好”占1.51%。中纪委、中组部换届风气督导组对石家庄市严肃换届纪律工作给予高度评价。石家庄市制作的换届纪律手册、宣传海报、展架等在中纪委和中组部换届实物交流展上，受到中纪委、中组部领导充分肯定。把思想政治工作贯穿换届始终，在换届启动、换届考察、确定人事安排方案、党代会选举等关键节点，组织开展谈心谈话7轮，两次邀请中国协和医科大学杨霞、北京师范大学郑日昌两名教授为全市部分领导干部和换届考察公示干部讲授心理健康知识，教育引导干部正确对待进退留转。石家庄市在换届中组织市、县两级党委领导干部深入联系点督导点评创先争优活动并与下一级领导干部谈心谈话的做法，受到付志方、梁滨等省领导的批示肯定。精心筹备，规范程序，认真做好市九次党代会的组织和选举工作。起草会议日程、选举办法等材料，加强对工作人员业务培训。扎实做好党代表选举、“两委”候选人推荐等工作，严密组织实施大会选举，会议期间，组织各代表团分别召开7次会议，充分讨论大会主席团、秘书长、代表资格审查委员会组成人员名单的确定，及大会选举办法、“两委”候选人名单等事项，实现了省市委正确指导与代表思想意志有机结合，确保了63名市委委员、12名候补委员、43名市纪委委员和100名出席省第八次党代会代表高票当选，12名市委常委以及1名市委书记、2名副书记全部满票当选。配合省委组织部做好市级班子换届考察工作，以及中组部考察组到石家庄市考察的有关工作。换届工作开展后，中组部、省委组织部领导11次到石家庄市就换届工作调研、督导和检查，均给予充分肯定。中组部部务委员、干部二局局长潘立刚认为，石家庄市委对县乡党委换届工作高度重视，组织指导有力，中央换届精神在石家庄市得到充分体现。在全省县乡党委换届工作调度会上，石家庄市以《以创先争优精神做好县乡党委换届工作》为题，作为唯一设区市做了典型发言。

【创先争优活动】 按照省委“三提升五强化一落实”要求，组织全市基层党组织和广大党员以建设幸福石家庄为统领，以优化发展环境、推动城镇建设三年上水平为切入点和着力点，扎实深入开展创先争优活动，取得良好成效。围绕中心工作，服务发展大局。总结推广在重点工程项目成立临时党组织开展创先争优的做法，在全市141个重点项目成立临时党组织，设立1200多个党员先锋岗、党员责任区和840个党员先锋队，组织14000多名党员广泛开展“人与人比武、组与组竞赛、段与段对标”活动，将党的政治优势和组织优势转化为助推工程建设的强劲动力。中央电视台《新闻联播》、《人民日报内参》、新华社《国内动态清样》和人民网等多次刊发报道石家庄市做法。在县乡党委换届工作中，专门印发《关于在县乡党委换届中认真做好创先争优工作的通知》，两次组织市县两级领导干部深入联系点督导点评创先争优活动，并广泛开展谈心谈话，教育引导广大干部带头讲党性、顾大局、守纪律，以平常心态正确对待进退留转，受到中央督导组和省委领导充分肯定。抓好党群共建，服务人民群众。着眼于将创先争优活动打造成群众满意工程，组织全市120个窗口单位开展“擦亮服务窗口”行动，召开全市窗口单位现场观摩暨创先争优活动推进会、窗口单位和服务行业“为民服务创先争优”活动视频会议，全面推行“四亮四创三评”为民服务机制，积极引导党组织夺旗、党员争星，打造“沟通零距离、工作流程零障碍、服务质量零差错、规定之外零收费、服务行为零投诉”服务品牌。2011年，全市窗口单位共咨询登记申报项目18293项，受理18995项次，办结18319项次，提前办结率达到89.67%。在全省窗口单位和服务行业为民服务创先争优活动视频会议上，石家庄市作了经验介绍。召开全市创先争优活动暨优化发展环境建设公开承诺大会，组织63个市直部门开展履诺践诺活动，各单位把公开承诺书编印成册，并在新闻媒体全文播发。围绕促进承诺事项落实，全市深入开展群众评议活动，400多名市县级领导干部深入农村、社区、机关事业单位及非公有制企业面对面征求群众意见和建议；组织党政机关、企事业单位党员干部和农村“两委”干部、高校教师、企业经营者、“两代表一委员”和离退休干部代表，对各单位开展民主评议，累计参加人数达41万人次。组织开展党员志愿服务活动，全市480支志愿服务队、1.4万名科级以上党员干部为16576名贫困儿童、孤儿、残疾人和孤寡老人进行志愿帮扶，捐款捐物累计1000多万元。联合网络媒体，在全省率先组织15名县委书记开展专项访谈，与网民互动探讨，网民点击量达3000多万人次。组织2212名副县级以上党员领导干部深入联系点7800余人次，帮助基层群众解决各类困难和问题6500个，办实事好事7927件。搞好典型培树，营造争创氛围。选树了滹沱河综合整治指挥部临时党委等126个先进基层党组织和刘琼芳、李振西、高能权等147名优秀共产党员，通过印发表彰决定、新闻媒体集中报道、召开先进事迹报告会等方式广泛宣传。市委印发开展向刘琼芳学习的《决定》和《实施意见》，在全市开展刘琼芳精神进农村、进社区、进机关、进学校、进企业“五进”，以及“寻找刘琼芳足迹”活动，高标准组建了刘琼芳先进事迹报告团，举办3次事迹报告会，并配合卫生部、省卫生厅在石家庄市举办报告会，掀起学习刘琼芳精神热潮，在提高省会美誉度、激励广大党员干部立足岗位作奉献等方面发挥了重要作用。省委追授刘琼芳为“优秀共产党员”，并组织在全省各市巡回报告。中宣部印发《通知》，就大力宣传刘琼芳事迹提出明确要求。新华社、中央电视台、人民日报、光明日报、中央《创先争优活动简报》等广泛报道，李长春、李克强、陈竺、张庆黎、梁滨、孙瑞彬等领导作出重要批示，高度评价刘琼芳先进事迹，要求深入总结、广泛宣传。组建李振西先进事迹报告团，在全市巡回报告，中央《创先争优活动简报》及新华、人民、新浪、网易等各大网站给予报道，孙瑞彬予以批示肯定。石家庄市创先争优活动的经验做法，4次得到中央领导批示，7次得到省委领导批示，中央创先争优活动简报刊发19篇，占刊发河北省稿件总数近三分之一；省委创先争优活动简报刊发28篇，刊发数量居全省前列。

【基层组织建设】 农村基层组织建设得到加强。围绕解决农村“两委”干部年龄老化、后备人才不足等问题，全面总结推广正定县评选“农村好青年”做法，制定出台市委《关于开展“农村好青年”评选活动加强农村后备干部队伍建设的意见》，在正定县召开现场会向全市推开。全市23个县（市、区）和高新区全部完成评选，评选出3275名“农村好青年”，均安排到所在村担任村党组织书记助理或村委会主任助理，形成“留住、备足、育好、选准”农村优秀青年干部工作机制。习近平、李源潮等中央领导对正定县评选“农村好青年”做法作出重要批示，给予充分肯定。在全省选拔农村优秀青年、加强村级后备干部和人才队伍建设座谈会上，正定县、栾城县作了经验交流。完善并推广大学生村官“四有一保”管理机制，建立大学生村官县乡村三级共管体系，完善“3+1”帮带制度和考核制度，促进大学生村官健康成长。全市859名大学生村官中，79名进入村“两委”班子，275名考取公务员或另行择业，形成大学生村官发展良性循环。2011年新选聘大学生村官280人。深化“千村帮扶活动”，制定下发《关于在创先争优活动中深化“千村帮扶活动”努力构建城乡统筹基层党建工作新格局的通知》，组织全市35名市级领导和443县（市、区）领导，84个市直部门和695个县直部门，与1396个村结对帮扶，实现了全市后进村和弱村全覆盖。市、县两级共签订各类帮扶协议1041项，投入资金3202万元，提供致富信息10493条。健全村级组织活动场所管理、使用制度，切实发挥其在增强组织功能、教育党员干部、联系服务群众等方面的作用。认真落实“四议两公开一监督”机制和农村干部“一定三有”机制，召开全市村级组织规范化管理调度暨推行“四议两公开一监督”机制现场会，拉网式检查督导全市推进两项机制情况，确保两项机制落实到位。推进农村干部“素质工程”，全年举办社会管理、岗位职责、专题教育等各类培训班585期，投入资金776万元，培训村干部4.5万余人次。扎实做好农村“两委”换届工作，及时摸排调研，掌握底数，分类排队。辑印《农村“两委”换届工作百篇典型案例》，制定出台换届工作《通知》、突发事件《应急预案》等10余个文件，并按照上级部署及时启动，健康有序推进。城市社区等领域党建工作全面推进。全面推行村转社区“双轨制”党建工作模式，制定出台市委《关于在全市村转社区中推行“双轨制”党建工作模式的意见》，全市36个村转社区有21个实现“双轨制”运行模式，有力地促进了村转社区各项事业的发展。抓住石家庄市作为全国加强和创新社会管理工作试点城市契机，创新实施以基层党建网格化为基础的社区服务管理模式，制发市委《关于建立完善以基层党建网格化为基础的社区服务管理模式的实施意见》，召开全市经验交流会，建立完善以街道“1+3”大工委制为核心、以基层党建网格化为基础、以现代信息技术为支撑、以加强和创新社会服务管理工作为目标的大党建工作格局。全市23个县（市、区）、高新区和62个街道、476个社区全部建立规范的社区党建工作台账，促进了社区党建工作规范化建设。桥西区实施阳光工程、领头雁工程、引带工程等基层党建“三项工程”做法。会同市总工会制发《关于进一步加强基层党建工作指导员和工会组织员队伍建设的意见》，开展“党建强、经济强”“双强百家”非公有制企业党组织评选活动，提升了非公企业党建工作水平。党员教育管理工作再上新台阶。实施“双育”工程，通过建立培训基地、加强培训等措施，全市10万多名党员掌握了实用致富技能。总结推广灵寿县经验，制定出台实施“关爱老党员工程”意见，采取一帮一、多帮一或一帮多的形式结对帮扶，村（社区）党组织全力配合，从居住、健康、精神等方面入手，关爱帮扶建国前老党员，增强了老党员的幸福感和党组织的凝聚力。以“忆党史、强党性、做先锋”为主题，组织全市各级党组织广泛开展讲党课、知识竞赛、送温暖等纪念建党90周年系列活动。做好“七一”表彰工作，在层层推荐、评选基础上，市委表彰100个先进基层党组织、100名优秀共产党员、100名优秀党务工作者、9个农村党建工作先进县、100名优秀村（社区）党组织书记、26个重点工程建设创先争优活动先进基层党组织和47名重点工程建设创先争优活动优秀共产党员。全市有2个基层党组织被命名为全国先进基层党组织，有10个先进基层党组织、21名优秀村（社区）党组织书记受到省委表彰。在农村推行“三推四制三优先”发展党员工作机制，提高了新发展党员质量。扎实做好党员电化教育和远程教育工作，开发了手机播放远教节目平台，依托电教网点实行“电教＋远教”双轨制教学，开展专家咨询辅导活动16次；围绕中心工作制作的《中组部在南庄村》、《风清气正扬帆远航》等10部电视纪实片，被中组部、省委组织部远教平台采用，并获全国、省级以上特等奖、一等奖12项，充分发挥了远教平台宣传组织工作、服务党员教育的职能作用。扎实推进党建研究，印发市委党的建设工作领导小组2011年工作要点，明确全市党建工作思路和重点。认真做好2011年度全市党建研究课题工作，完成2011年度省重点课题《非公有制企业党组织在推进企业科学发展、促进和谐劳动关系中的作用研究》，撰写的《关于加强和改进新形势下非公有制经济组织党建工作》获2010年度全省党建研究调研课题一等奖。

【干部队伍管理】 扎实推进大规模培训干部工作。制定印发全市《2011～2020年干部教育培训改革实施方案》，积极深化干部教育培训改革。围绕全市工作大局，市委组织部举办优化发展环境、社会管理及其创新、做好新形势下群众工作、心理健康等19期班次，培训各级各类干部2814人次，其中县处级干部1593人次。以基层干部科学发展和社会管理为主题，层层举办专题示范培训班，指导各县（市、区）、各单位培训干部10.8万人次。结合优化发展环境，举办4期离岗干部培训班，使参加培训的153名干部提高了认识，转变了作风。为上级举办的23期培训班选派学员431人。石家庄市统筹社会资源、建设“四个平台”做法，在全省干部教育培训改革视频会议上作典型发言。《河北干部教育》刊发石家庄市稿件数量居全省第一位。协调推进西柏坡南庄村中组部旧址修复布展工作，确保如期对外开放，受到中组部、省委组织部领导充分肯定。加强领导班子思想政治建设。通过完善理论中心组学习和民主生活会制度、开展谈心谈话等活动，加强各级领导班子思想政治建设。以“坚持以人为本执政为民理念、发扬密切联系群众优良作风和贯彻落实省委‘约法八章’”为主题，指导各县（市、区）召开领导班子民主生活会。乡镇党委换届结束后，及时出台《关于加强新一届乡镇党委领导班子思想政治建设的通知》，明确加强领导班子思想政治建设的目标任务和措施要求，督导抓好落实。加大干部日常监督工作力度。会同市纪委制定整治干部选拔任用工作中行贿受贿行为工作实施方案，完善整治用人上不正之风工作措施，各级党委（党组）成立整治工作协调小组24个，组织专题学习60余次。将中纪委、中组部联合通报的违规违纪用人典型案例印发各级党员干部，并列为全市各级党校和培训机构领导干部主体班次的教学内容，强化警示教育。开展诫勉谈话、函询等工作，谈话4人次、函询3人；对20名市管班子党政正职开展经济责任审计，回访了12家单位落实审计建议情况。按照有关规定，组织市管干部开展集中报告个人有关事项和配偶子女移居国（境）外情况工作。规范国家工作人员因私事出国（境）及证照管理，未发生一起滞留不归等违反外事纪律情况。改进和完善干部考核。按照市委统一部署，结合县乡换届考察，圆满完成2010年度县（市、区）、市直部门领导班子和市管干部考核工作。配合做好石家庄市省管干部2010年度考核工作。制定全市2011年度县(市、区)、市直部门领导班子和市管干部考核工作方案，组织开展2011年度考核。加强省考核石家庄市目标监控，组织召开分析协调会，对省考核石家庄市2010年度定量指标扣分项制定整改措施。规范干部宏观管理。本着“公开公正竞争择优”原则，采用“积分选岗”办法，妥善安置30名正团职军转干部，安排89名选调生到岗工作，取得良好的社会效果。做好援疆干部选派工作，确定1名库尔勒市公安局副局长人选并到新疆工作。圆满完成2010、2011年度公务员录用省市县乡四级联考，录用公务员602名，实现了“零纰漏、零差错、零事件”要求。在全省公务员管理和四级联考工作电视电话会议上，石家庄市介绍了做好四级联考的经验做法。完成县（市、区）、市直党群部门、参照公务员法管理单位、事业单位25716名科级以下人员2010年度考核和实施奖惩工作，产生优秀等次人员3745名，表彰上报二等功人选15名；将优化发展环境作为公务员考核和奖惩重要内容。公务员登记严格把关，全年办理公务员登记263名，调任审批48名。圆满完成为基层政法机关招录培养干警面试工作和事业单位公开招聘工作。

（刘坤）

宣传工作

【概况】 2011年，全市宣传思想文化工作按照高举旗帜、围绕大局、服务人民、改革创新总要求，认真贯彻中央和省、市委一系列决策部署，扎实推进文化改革发展各项工作，为促进全市经济社会又好又快发展提供了思想保证、精神动力、舆论氛围和文化条件。2月23日，召开全市宣传部长会议，传达全国和全省宣传部长会议精神，安排部署年度宣传思想文化工作。扎实开展“走基层、转作风、改文风”活动，落实干部职工深入群众走基层、融入百姓转作风、服务大众改文风要求。推出一批贴近群众、贴近生活新闻报道、文艺作品和文化活动，提高了宣传思想文化工作服务群众、服务中心工作的水平。围绕创先争优、优化发展环境、创建学习型机关等主题，开展学习实践“约法八章”、重温入党誓词等一系列形式多样的活动。适应文化体制改革新形势需要，加强企业领导班子和干部队伍建设，出台《关于加强市直国有文化企业领导班子和领导人员管理及考核的办法》，举办文化企业干部人事管理工作培训会，为加快国有文化企业发展提供了组织保证。加强宣传干部培训，举办全市新任宣传部长培训班和宣传文化干部培训班，100余名宣传干部参加培训。落实中央和省、市委要求，充实县、乡、村基层宣传文化队伍。建立市委意识形态工作联席会议制度，增强各级抓好舆情工作预见性和主动性，全年上报中宣部、省委宣传部舆情信息768篇（条），编发《宣传信息》56期，编报《意识形态舆情专报》5期，《石家庄打好“五张牌”庆祝建党90周年》被中宣部单篇采用。

【新闻宣传】 围绕市委、市政府中心工作和重大决策部署，突出科学发展主题和加快转变经济发展方式主线，超前策划，主动出击，持续开展了优化发展环境、“调结构，转方式”、加强文化建设等重点工作主题宣传、成就宣传和典型宣传，营造了转型升级、跨越赶超，建设幸福石家庄的浓厚舆论氛围。全面报道、深入解读党的十七届六中全会、省第八次党代会和市第九次党代会等系列重要会议精神。落实《关于加强在中央、省媒体宣传石家庄工作的实施办法》，强化领导，完善机制，协调联动，全年在省以上媒体发稿3500篇，其中人民日报、新华社、中央电视台等中央媒体刊播反映石家庄市发展成就稿件680余篇，发稿总量与头条数量均居全省首位。人民日报刊登长篇通讯《石家庄强化问责优化环境》、中央电视台《焦点访谈》以创新管理促和谐为题对石家庄市和谐拆迁工作经验给予报道。加大城市形象宣传力度，组织“知名媒体看河北”石家庄站、“重点网络媒体走进红色太行”、“城市巨变，映像石家庄”等大型外宣活动。规范新闻发布和新闻发言人制度，全年举办新闻发布会27场。为庆祝建党90周年，成功举办以“站在鲜红的党旗下”为主题的党委部门系列新闻发布活动，展示了党委公开透明形象。加强互联网管理，出台《关于加强和改进互联网管理工作的实施意见》，成立石家庄市互联网信息研究中心，启动网络舆情信息工作联席会议，初步形成互联网管理新格局。

【理论武装】 以“讲学习、强素

2011年6月25日，召开庆祝建党90周年“我们心向党”“北国杯”石家庄市群众歌咏大会

质，转观念、促发展”活动为抓手，以各级领导干部为重点，以各级党委（党组）中心组学习为载体，把学习型党组织建设引向深入。围绕贯彻中央和省、市委重要会议精神，邀请知名专家讲课，及时提供学习材料，为市委中心组学习做好服务保障。印发《2011年度全市干部理论学习重点和必读书目》，明确各级党组织和广大党员干部理论学习主要内容和具体要求。围绕学习宣传贯彻胡锦涛“七一”重要讲话精神、党的十七届六中全会和省、市党代会精神，组织集中宣讲活动50余场，举办了一系列理论座谈会和报告会，开展了“党委书记讲党课”活动。出版《石家庄通史》近现代卷，填补了石家庄市地方史研究一项空白。加强大型电视纪录片《璀璨时空》宣传推广，在中央电视台纪录频道和河北电视台播出，彰显了石家庄文化底蕴。拍摄制作反映正定历史文化纪录片《正定》，在央视纪录频道播出。“燕赵讲坛”精选名师和主题，加大宣传力度，全年举办各类讲座200多场，听众超过10万人次。增强哲学社会科学规划课题应用性和实用性，通过发动基层单位申报，委托省、市相关部门研究，确立了与全市经济社会发展实际密切相关课题43项，为市委、市政府科学决策了提供理论依据。组织“石家庄市纪念中国共产党成立90周年理论研讨会”，推出一批弘扬革命传统、服务现实发展的理论研究成果。

【思想道德建设】 集中开展庆祝建党90周年宣传教育活动，圆满完成23个西柏坡革命旧址修复工程并对外开放，丰富了红色文化内涵和教育功能，形成以西柏坡为龙头的爱国主义教育基地群。中宣部部长刘云山专程到西柏坡革命旧址参观学习，高度评价旧址修复工作。市主要新闻媒体开设《为党旗添光彩》、《走进红地标》、《党旗飘飘》、《红色记忆》等专题专栏，回顾光荣历史，展现辉煌成就。拍摄4集文献纪录片《没有共产党就没有新中国》，在中央电视台7频道播出。发动全市基层干部群众广泛参与，举办红歌比赛2200余场，书美摄展70余场，文艺演出3000余场，影视剧展映2500余场，超过百万人接受了红色教育。开展多种形式的爱国主义教育，4月2日成功举行石家庄市清明公祭革命烈士大会，孙瑞彬率领市四大班子领导向华北军区烈士陵园烈士纪念碑敬献花篮，社会各界代表2000余人参加公祭，在全市、全省乃至全国引起反响。国庆节期间，开展“五星红旗飘起来”活动，10万余面五星红旗飘扬在全市大街小巷，成为省会一道红色风景线。加强爱国主义基地建设，出台《石家庄市爱国主义教育基地建设管理和使用办法》，出版《石家庄市爱国主义教育基地巡礼》画册，成为广大市民特别是青少年进行爱国主义教育的优秀读物。在社区、农村、进城务工人员、大中专学生、企业职工等群体中，有针对性地开展思想政治工作，打牢团结奋斗的共同思想基础。加强宣传文化示范村建设和管理，健全规章制度，明确管理责任，经常性组织群众文化活动，投资100万元建成第八批40个宣传文化示范村。在赞皇县举行全市“三下乡”集中活动，捐赠钱物总金额达3938万元。完成五项省级思想政治工作研究课题，《石家庄政工论坛》水平提高。国防教育工作以《国防教育法》颁布10周年

2011年6月25日，举办西柏坡革命旧址开放仪式

为契机，开展了一系列特色活动，全民国防意识提高。

【文化事业】 加强文艺精品创作生产、指导，制定《石家庄市精神文明建设“五个一工程”评选办法》，定期召开精品创作生产座谈会、专题项目研讨会、重点作品调度会，抓好广播剧《安娥》、电影《夏天的拉花》、电视剧《新中国从这里走来》等一批重点作品创作工作。组织全市“五个一工程”申报评选活动，评选出获奖作品17件，有效推动了全市文艺精品创作生产。石家庄市电视片《璀璨时空》、广播剧《安娥》等11件作品分别获得河北省“五个一工程”入选作品奖和入选作品特别奖，获奖数量居全省首位，并获得组织工作奖。公共文化服务体系建设取得新进展，市级公益场馆、市图书馆、博物馆、美术馆、群艺馆、展览馆等公共文化设施对市民免费开放。推进县级公共文化设施建设，市内五区“两馆”建设及升级改造全面展开，各县（市）区分批次完成18个县城数字影院建设改造工作。完成183个乡镇综合文化站新建或改扩建任务，基本实现乡乡建有符合国家标准的文化站目标。开展丰富多彩的群众文化活动，“彩色周末”举办文化演出活动1670余场，“高雅艺术演出”引进剧目23场次，“千场电影进社区、万场电影进农村”活动放映电影5万多场。举办第十三届合唱艺术节、夜文化主题文艺调演等系列活动营造出浓厚的文化氛围。加强文化市场监管，修订完善“扫黄打非”工作长效管理责任制，多次开展集中行动和专项治理工作，检查场所5550家（次），销毁非法出版物20万张（册），查处位于农村、学校周边黑网吧342户，查处各类侵犯知识产权和制售假冒伪劣商品案件982起，为促进石家庄市文化大发展大繁荣和打造全国最平安省会城市营造了良好的文化环境。

【文化产业】 1月7日，召开全市文化产业发展工作会议，就深化文化体制改革、推进文化产业发展安排部署。报业、广电、演艺集团3家国有文化企业加快完善法人治理结构，科学设置内部架构，理顺运行机制。石家庄日报社推进体制、机制和人才再造工程，在新闻宣传、经营创收等多方面取得明显成效；石家庄广播电视台深化人事、分配等“五项制度”内部机制改革，谋划实施一批产业经营项目；市演艺集团完善组织架构，妥善安置好人员，推出一批演艺项目。现代传媒、动漫游戏、印刷出版、民俗文化、演艺娱乐、文化市场六大文化产业板块快速发展，各类文化产品走向市场，形成品牌。动漫产业实现跨越式发展，全年生产制作能力达到1.3万分钟，新增经文化部认定动漫企业1家，中国动漫实训考级中心建成投入运营，《赵云与咔哒盒子》、《顽皮豆豆的365个晴天》等一批原创动画片立项制作，《豆丁的快乐日记》第二部、第三部，《欢乐作坊》在澳门电视台、河北电视台播出。成功举办第六届国际动漫博览交易会，9个国家和地区以及国内340家知名动漫企业、院校3000余名客商参展参会，签约项目13个，签约总金额超过55亿元。推进石家庄动漫大厦暨中国动漫衍生产品展示交易中心、华文国际传媒中心、东方文化创意产业园等一批文化

2011年10月27日，中国动漫实训与考级中心揭牌

产业项目建设。组织第六次文化项目招商活动，收集市直各部门、各县（市）区文化事业产业项目108个，签约总金额达195亿元。

（韩振民）

统战工作

【概况】 2011年，全市统战工作坚持围绕中心找准定位，服务大局彰显优势，着力强化统战成员思想政治基础，牢牢把握转变经济发展方式主线，抓住关注民生促进和谐这一关键，创新思路举措、活动载体和机制方法，各项工作取得新的成绩。指导协助6个民主党派、23个县（市）区工商联成功换届。引导统一战线参与社会管理工作，统战宣传工作在全国专门会议上作典型介绍。“同心同向助民生”活动、党外干部教育培训、党外专家服务“三农”等3项工作在全省经验交流会上作经验发言。石家庄市开展的“民营企业园区行”、“职能部门企业行”、“同心同向助民生”、“党委领导下的大统战工作格局构建”等4项工作获得全省统战实践创新成果表彰。年内，市委统战部被中央统战部评为宣传工作先进单位；获得市级文明单位和“五五”普法先进集体称号。

【主要会议、活动】 2月25日，召开全市统战部长会议，全面总结2010年全市统战工作，对2011年度统战工作做出安排部署。3月8日，党外知识分子处成立，主要开展引导社会组织参与社会建设和社会管理工作；同日，市委常委、统战部长胡儒钗主持召开会议，专题研究部署全市引导社会组织参与社会建设和社会管理工作。3月18日，召开引导社会组织参与社会建设和社会管理工作座谈会，市工经联、市科协、市社科院、市司法局、市文广新局、市卫生局、市财政局等部门及部分社会组织负责人参加座谈会。4月22日，组织召开全市统一战线各界人士“同心同向助民生”活动启动仪式。6月23日，召开引导新的社会阶层代表人士参与社会建设和社会管理工作会议，市党外知识分子联谊会全体理事、各县（市）区统战部主管副部长等200余人参加会议，会议下发了《中共石家庄市委统战部引导新的社会阶层代表人士参与社会建设和社会管理工作实施方案》。10月18～19日，举办全市统战部长培训班，各县（市）区委统战部长、常务副部长等80余人参加培训。

【思想政治引领】 以建党90周年为契机，以“同心同向、共创辉煌”为主题，突出思想政治引领核心，在全市统战系统举办活动40多项。全年组织召开统一战线各界代表人士参加的座谈会、报告会等15场次；举办情况通报会、经验交流会8次，统一战线共同的思想政治基础得到新加强。组织市直统战系统近百名干部参与“统战工作学与思”活动，编辑印刷了《来自统一战线的思考》一书。

【民主党派市级组织换届】 12月29～31日，全市6个民主党派成功召开换届大会，35名候选人均高票当选，至此，各民主党派市级组织换届工作圆满结束。新一届民主党派领导班子学历层次高，年富力强，平均年龄为49.55岁。中共市委领导高度重视各民主党派换届工作，市委常委会两次专题研究，就党派换届工作提出明确要求。6个党派换届代表大会结束后，省委常委、市委书记孙瑞彬，市委副书记、市长姜德果，市委副书记刘云峰，市委常委、组织部长王俊钟，市委常委、秘书长胡儒钗，市委常委、统战部长高天等亲切会见各民主党派新一届领导班子成员。

【参政议政】 贯彻落实《中共河北省委关于新形势下进一步坚持和完善党领导的多党合作和政治协商制度的若干意见》（冀发〔2010〕4号）要求。围绕市委、市政府重要工作，动员全市各民主党派、工商联和无党派人士广泛开展“大调研、大献策”活动，形成24篇建言、51篇调研成果；举办“统一战线服务加快建设冀中南经济区专题研讨会”，形成专题调研报告11篇；提升《党外人士建言》专刊质量，畅通党外人士建言渠道，全年出刊47期。

【维护民族宗教领域和谐稳定】 开展民族和谐社区创建和“党的政策好、民族一家亲”主题宣传教育活动，扎实推进全市民族团结进步事业健康发展。做好宗教敏感期和省、市党代会等重大政治活动期间宗教工作，稳妥处理一批隐患苗头、热点难点问题和突发事件，确保了全市民族宗教领域和谐稳定。开展“弘扬爱国爱教传统、共建和谐省会”主题教育活动，召开以创建“和谐寺观教堂”和评选“五好信教群众”为主要内容的“一创一评”表彰大会，宗教界服务社会、适应社会能力得到显著增强。加强宗教团体自身建设，建立健全宗教场所及宗教教职人员各项管理制度，有效推动了宗教事务管理规范化。建立健全大统战宗教工作协调机

开展“同心同向助民生”活动

举办首届全市创建和谐寺观教堂先进单位和五好信教群众表彰大会

制、“四位一体”责任机制、跨区域宗教工作联防机制等多项工作机制，有力提升了宗教工作水平。

【服务经济】 在市委主要领导带动、倡导下，开展在非公有制企业中“职能部门企业行”活动。制定下发《关于鼓励和支持民营经济加快发展的若干政策措施》，全市35名市级领导联系105家民营企业，协助解决所联系企业生产经营中的具体困难和实际问题。市、县召开座谈会、恳谈会、现场办公会、征求意见会57次，梳理问题、建议360多条，组织职能部门走访企业230余家，为企业直接解决实际困难100余个，落实具体扶持政策16项。106家民营企业与银行达成89.7亿元融资意向。开展“海外企业家省会行”活动，来自美国、加拿大、澳大利亚以及香港、台湾等19个国家和地区在内的249名海外客商到石参加“正博会”和“石洽会”，举办项目对接座谈会3次，达成合作意向4个。开展“民营企业园区行”活动，促成120.5亿元工业项目落户园区。

【开展“同心同向助民生”活动】 根据中央及省、市委安排部署，结合开展庆祝中国共产党建党90周年活动，市委统战部在全市统一战线成员及广大统战干部中广泛深入开展“同心同向助民生”活动，打造了统一战线关注民生、服务社会“同心”品牌。此项活动以帮扶革命老区的老革命、老党员、老模范和贫困户为重点，以资金物资帮扶、智力技术帮扶和心理疏导帮扶为主要形式，帮助和解决了教育、医疗、住房、饮水、生活等方面的困难和问题。4月22日，举办“同心同向助民生”启动仪式，省委常委、市委书记孙瑞彬专门为活动开展写了《致全市统一战线各界人士的一封信》，对全市统一战线成员积极投身活动提出殷切希望。据统

计，全市开展各类助民生活动89次，涉及金额326.4万元。其中，捐款资助133.8万元，捐物价值192.6万元，结对帮扶7458人次；科教、义诊、法律、农技讲座受益群众达15万人。

【党外代表人士队伍建设】 加强党外代表人士队伍建设，研究制定《中共石家庄市委统战部2011年教育培训工作方案》，举办党外代表人士教育培训班24期，培训1045人。起草《中共石家庄市委统战部关于加强党外干部挂职工作实施方案》，推荐5名优秀基层党外干部参加全省中青年党外干部挂职锻炼。推进党外干部实职安排工作，2011年县（市）区换届中，23个县（市）区交流县级党外干部14名、新提拔9名。做好市、县两级工商联换届工作，成立换届工作领导协调小组，制定市、县两级工商联换届实施意见和换届方案，召开换届工作座谈落实具体部署安排，如期完成县级工商联换届任务。

【引导社会阶层人士参与社会建设和社会管理】 市委统战部从健全机制入手，搭建工作平台，丰富工作载体，引导新的社会阶层代表人士参与社会建设和社会管理。市委统战部起草，市委办公厅批转了《中共石家庄市委统战部关于引导新的社会阶层代表人士参与社会建设和社会管理工作的意见》和《中共石家庄市委统战部引导新的社会阶层代表人士参与社会建设和社会管理工作实施方案》，开展以“提供一批就业岗位、提出一批意见建议、做好一批善事好事、帮扶一批困难群众、选树一批先进典型”为主要内容的服务社会活动和党外专家服务“三农”科技行动，并于6月23日召开引导新的社会阶层代表人士参与社会建设和社会管理工作会议，做出具体安排和部署。

（田建章）

政法工作

【概况】 2011年，全市各级政法机关以创建全国最平安省会城市为目标，以构建“大维稳”机制和社会管理创新试点工作为着力点，以加强政法队伍建设职业化建设为保证，全面深化“三项重点”工作，强力推进政法综合治理维稳各项措施落实，有效维护了全市社会和谐稳定。年内，全市政法综合治理工作取得优异成绩，共有26个集体受到国家和省以上表彰。

【维护社会稳定】 深入化解社会矛盾。加强调解组织建设，在交通事故、医疗纠纷、劳动争议等矛盾多发领域新建行业调委会1099个，在186个公安派出所建立“联合调解室”，调解室总数达到6312个。深化司法调解工作，全市一审民事案件调撤率达到74%，行政案件调撤率达到36%，执行和解率达到53%。围绕群众关心的征地拆迁、教育医疗、环境保护、社会保障、劳动争议等热点难点问题，深入开展矛盾纠纷排查调处活动，排查化解各类矛盾纠纷65328起，化解率达98%。积极预防、妥善处置群体性事件。坚持源头治理，全面推进重大社会决策、重大工程项目社会稳定风险评估机制建设，88个重点建设项目落实社会稳定风险评估，有效防止了政策性涉稳问题产生。建立健全重大维稳事项沟通协调机制和情报信息会商机制，加强突发性、群体性事件应急处置，妥善处置了相关群众煽动聚集和上访事件。加强对敌斗争。健全情报信息网络，强化情报信息搜集研判，获取大量内幕性情报信息，查处、取缔宗教非法活动42起，防止境外宗教渗透活动6起。加大“法轮功”邪教组织打击力度，破获“法轮功”组织非法活动案115起，抓获涉案人员164人，遏制了“法轮功”邪教组织反弹势头。加强重要节日、政治敏感期安全保卫工作，出色完成中国共产党建党90周年、省市党代会等重要敏感节点安全保卫维稳任务。

【服务经济发展】 全市各级政法机关围绕“转型升级、跨越赶超”总体目标，充分发挥政法机关服务保障作用，积极营造公平有序、诚实守信市场经济环境，促进了经济健康发展。严厉打击经济领域违法犯罪活动。公安机关针对经济犯罪特点，有针对性地开展了打击侵犯知识产权“亮剑”行动、打击银行卡犯罪“天网－2011”行动等6个专项行动，破获各类经济犯罪案件310起，抓获犯罪嫌疑人471名，为国家、集体和个人挽回经济损失17亿元。检察机关大力查处贪污受贿、徇私舞弊、滥用职权、玩忽职守等违法犯罪行为，查办贪污贿赂案件147件207人，渎职侵权案件41件94人。审判机关坚持快审快判，审结集资诈骗、合同诈骗等各类案件148件，审结侵犯知识产权侵权案件327件，著作权侵权纠纷案124件。积极办理各类民商事案件。各级人民法院认真审理企业兼并、产权转让、经济纠纷、征地拆迁、资源开发等各类民商事和行政案件，共审结一审民商事案件44226件，二审民商事案件5765件，同比分别多结10326件和744件；审结行政案件928件，同比多结286件。加强法律服务。检察机关在正定新区、环城水系、大西柏坡、空港工业园建设等396个重点项目建设中，积极开展职务犯罪预防，共完善预防管理制度618项，为企业解决实际困难和问题87件。审判机关深入落实司法便民20条措施，开展“把庭开到乡村社区，把法送到田间地头”活动，有效减少了群众诉累。司法行政机关加强法律援助工作，打造了“半小时法律援助服务圈”，共办理法律援助案件4271件，为当事人挽回经济损失2100多万元。

【社会管理创新】 各级政法部门按照“建好一个平台、抓好三大建设、织好六张网络”工作思路，以全国社会管理创新试点工作为契机，以破解社会管理体制性、机制性难题为目标，以重点项目推进为抓手，健全工作机制，强化创新效果，社会管理创新工作取得突破性进展。推进警务体制改革。按照“全时空打击犯罪，零距离服务群众”要求，在市区重点部位、居民社区及易发案区域，建立110个集治安巡控、接警处警、交通管理、窗口服务、接受求助、法制宣传六项功能于一体的综合警务服务站。全年共处理各类警情10万余起，查处交通违法1.55万起，接受群众求助5.95万人次，街头犯罪明显减少。完善“大帮扶”工作体系。完善服刑在教人员未成年子女保护教育、刑释解教人员管控衔接、社区矫正对象服务帮扶工作机制，建立120个教育基地和66个就业基地，开通了心理咨询热线、QQ交流群、网络在线沟通平台，特殊对象实行GPS电子管理等。建立网格化社区服务管理模式。整合社区资源、搭建服务平台、实施区域统筹，全市各街道、社区大力推行“1+3”大工委制，即街道党工委下设居民区党委、驻区单位联合党委和综合党委，分别负责社区党组织、驻区单位党组织和“两新组织”党组织协调管理，初步形成以党建网格化为基础的社区管理新模式，得到周永康、李源潮等中央领导的充分肯定。创建互联网维稳工作新模式。探索建立网上信息监控、舆情导控和打击网络犯罪联动机制，推进网络数据实报和网吧上网实名制，全市1384家网吧全部安装实名登记管理系统和安全审计管理系统，组建网络评论员队伍1155人，初步形成警网联动式管控格局。

【平安建设】 各级政法机关按照“全时空打击犯罪、零距离服务群众”要求，强力推进平安创建工作，人民群众安全感和社会治安满意度提高。开展严打整治斗争。坚持黑恶必除、命案必破、侵财必打、逃犯必追，深入开展“打四黑除四害”、“飓风”等一系列严打整治专项行动，共破获各类刑事案件13623起，打掉犯罪团伙1470个，打击处理犯罪嫌疑人13183名，同比分别提升12.2%、69.4%、21.4%。开展全方位、多角度治安排查整治，全市重点地区、重点部位、重点行业、重点场所治安乱点得到有效整治。积极构建一体化治安防控体系。推进市区公共安全视频联网系统建设，新建视频监控点3291个，整合视频监控点6万个，实现主要街道、重点部位全覆盖。率先在全省组建市、县、乡三级应急处突队伍和城乡一体化治安防控应急小组，总警力达到3546名，治安防控能力明显增强，市区刑事发案率同比下降14.6%，社区“两人”案件同比下降11.4%，全市零发案社区达到162个。加强公共安全防范。加强交通、消防和危爆物品管理，开展“清车行动”、“道路交通安全大会战”等专项行动，全市一般程序道路交通事故同比下降25.8%，交通管理秩序持续好转。加强消防安全管理，加快公共消防基础设施和消防装备建设，初步形成覆盖城乡的应急救援体系。开展治爆缉枪专项行动，收缴2424.2千克炸药、1.3万枚雷管等一大批危险物品，涉枪涉爆案（事）件得到有效控制。

【涉法涉诉信访】 按照“堵源头、化积案、追责任”工作思路，推进案件督办和评查工作，化解一大批信访群众反映强烈的案件。开展重点案件协调督办、案件集中评查工作，加强执法监督和执法检查，政法机关执法、司法活动得到规范。全年督办各类案件53起，评查案件94件，发现问题案件56件，全部落实纠正。加强涉法涉诉联合接访中心建设，推进接访队伍规范化管理，接待群众和解决问题能力提升。全年市涉法涉诉联合接访中心接待群众来访3682起5719人，涉及案件965件；承办来信访案件1058件次，涉及案件1316起。开展涉法涉诉信访案件“百日攻坚”活动，妥善解决进京非访、赴省重访、省督办初访等各类案件786起，息诉率达到60%。加大非正常进京访打击力度，依法处理非正常进京访人员222人，其中劳教29人，拘留25人，警告39人，训诫121人。

【政法队伍建设】 坚持以构建政法干警核心价值体系为统领，强力推进规范化执法、专业化培训、精细化管理、标准化保障，全市初步形成“一统四化”政法队伍职业化建设工作体系。全面推进“一统四化”。组织召开全市政法工作暨政法队伍职业化建设推进会，编撰《石家庄市政法队伍职业化建设工作手册》，组织市直政法各部门分别编写本系统《职业化建设规范》，明确具体推进步骤和工作规范。开展主题教育实践活动。结合“创先争优”工作，开展“发扬传统、坚定信念、执法为民”主题教育实践活动，举办了首届“政法文化节”，组织了红歌演唱会、书画摄影展和文艺节目调演，提升了政法干警职业素养。加强政法领导班子建设。配合市委组织部做好协管政法系统干部工作，指导市公安局开展综合警务服务站主任竞争上岗工作，推动长安区、无极县等14个县（市）区政法部门领导班子交流和科级以下公务员轮岗，开展县（市）区政法领导班子和领导干部年度民主测评工作。落实育警惠警措施。加强政法队伍教育培训，全市政法机关组织举办各类培训班360期，培训干警1.2万余人次；坚持从优待警，积极为干警解决实际困难，资助3名因公牺牲、1名因公伤残和999名特困干警。坚持从严治警。大力推进政法系统惩防体系建设和党风廉政建设，严肃查处干警违法违纪行为，共接受群众举报223件（次），初核案件138件，给予党政纪处分32人。

（刘志强）

机关工委工作

【概况】 2011年，市直机关工委牢牢把握党建工作“服务中心、建设队伍”两大任务，以加强党的执政能力和先进性建设为主线，以夯实机关党的基层组织为重点，以创先争优活动和学习贯彻《中国共产党党和国家机关基层组织工作条例》为载体，以服务市委中心工作为目标，扎实推进市直机关党的思想、组织、作风、制度和反腐倡廉建设，在推动机关党建走前头、做表率上下功夫，为促进全市各项工作开展做出应有贡献。全年市直机关工委管理市直单位基层党组织86个，管理党员46894名。开展“送温暖、献爱心”活动。利用元旦、春节、“七一”等时机，走访慰问、救济市直机关建国前入党197名老党员和生活困难65名党员及19户特困职工家庭、90名困难职工、6名省市级劳模，发放慰问品和慰问金11万余元。

【创先争优活动】 多措并举，力求实效，扎实开展创先争优活动。结合市直机关实际，研究制定创先争优活动“对标定位、晋档升级”阶段实施方案、市直窗口单位“为民服务创先争优”活动实施方案和开展向刘琼芳学习活动实施方案。建立健全领导小组和办事机构，组织召开座谈会3次，推进会2次，确保活动各阶段、各节点有效衔接和扎实开展。严格落实联系卡制度、情况报告制度、情况交流制度和信息考评制度，加强与市直各单位沟通与联系，及时掌握活动进展情况。由市直机关工委领导带队，两次组成督导组，督导检查市直106个窗口单位“为民服务创先争优”活动情况。以点带面，营造出浓厚的活动氛围。坚持利用市直机关创先争优活动简报和活动网站，宣传报道机关活动动态，交流经验做法，促进共同提高。设立不同类型“先锋旗”、“模范星”、“业务能手”、“行业标兵”等，在市直机关培育选树各类先进典型86个。重点总结推广市第一医院原主任医师刘琼芳先进事迹，举办刘琼芳先进事迹报告会3场，有2000多名干部职工参加，掀起“学琼芳、见行动、争优秀、比贡献”活动热潮。引导市直各单位紧密联系自身实际，突出单位特色，谋划活动载体，取得实实在在的效果。

【思想建设】 坚持抓好各单位理论学习中心组学习和机关全体党员干部经常性学习，举办学习“十二五”规划《纲要》辅导讲座7场、胡锦涛“七一”重要讲话专题辅导6场、学习贯彻党的十七届六中全会和省市党代会巡回宣讲报告会5场以及中国周边局势报告会1场，有5000余名党员干部听取专题辅导和报告，提高了市直机关广大党员政治思想素质和理论素质。以机关党校为阵地，举办理论培训班4期，培训科级党员干部和理论骨干800名。完成市级文明单位复查审核和推荐上报工作，有力促进了市直机关精神文明建设。

【组织建设】 狠抓基层党组织领导班子建设，完善和健全基层党组织按时换届选举制度和程序，指导26个单位党组织按要求落实换届选举，调整书记、副书记47名、委员59名。召开市直机关出席市第九次党代会代表选举工作会，统筹兼顾，周密安排，沟通协调，高标准完成市直机关86个单位党代表选举任务。落实党员发展、培训、公示、预审制度，严把党员发展“入口关”。2011年，全市举办入党积极分子培训班1期，培训入党积极分子210名，发展党员1480名，预备党员转正1260名。重点贯彻落实党组织和党员活动日制度、党组织换届选举制度、发展党员工作制度、党费收缴使用制度，调研起草了《石家庄市贯彻〈中国共产党党和国家机关基层组织工作条例〉实施细则（讨论稿）》，推动机关党建工作走向制度化、规范化、科学化。树立典型，表彰先进。总结推广6个单位机关党建工作典型经验和做法；隆重表彰机关党建工作成绩突出先进基层党组织72个、优秀党员276名、优秀党务工作者45名。组织召开机关党建工作暨创先争优活动座谈会，评选机关党建工作研讨论文并给予表彰。

【党风廉政建设】 惩防并举、标本兼治，推动党风廉政工作有效开展。狠抓廉洁自律工作、“小金库”专项治理和机关党务公开等3项工作。抓好廉政教育谈话和诫勉谈话等制度落实。加强党员干部尤其是党员领导干部遵守党的纪律和各项法规制度监督。开展反腐倡廉教育。组织市直机关学习中纪委十七届六次全会和胡锦涛总书记的重要讲话以及省市纪委全会精神；市直代表队参加全市纪念建党90周年“颂党恩、扬正气、唱廉政、促发展”歌咏比赛，取得优异成绩。抓好案件查办。全年查办党员干部违反党纪政纪案件14件，案件涉及科级干部10人，一般干部4人，分别给予党纪政纪处分。受理群众来信来访78件。

【文化建设】 以庆祝中国共产党建党90周年为契机，坚持教育与娱乐结合，思想性与趣味性结合，抓住重点与突出特色结合方针，开展了一系列形式多样的活动。在机关各级党组织中深入开展“学习型党组织”创建活动，下发《关于2011年度干部理论教育学习重点和必读书目的通知》，明确学习重点，推荐必读书目。深化“党委书记讲党课”活动，68个党组织书记给党员上党课300余次，向市委宣传部推荐优秀教案24篇。利用国防教育日时机，广泛开展国防知识教育，并聘请陆军学院教授为科级干部培训班作报告。组织引导市直单位举办文艺汇演、红色歌曲大合唱、党务知识竞赛、有奖征文、诗歌征集、创先争优成果大展览和书画摄影展等，广泛开展“颂歌献给党”系列庆祝活动，唱响主旋律，激发爱党情、感党恩、跟党走热情。举办“我们心向党——庆祝建党90周年歌咏比赛”和“党团知识竞赛”，市直机关66支代表队、4000余名党员干部职工参加两项活动，营造了浓厚氛围。开展全民健身活动。研究制定《关于在市直机关开展全民健身活动的实施意见》，举行市直机关全民健身活动启动仪式。

举办体操表演、第三届健步走、乒乓球比赛等，共有2300余名干部职工参加，极大地丰富了市直机关文化生活。

（贾丽娟）

农业农村工作

【概况】 2011年，全市农业农村工作围绕调结构、转方式、促民生，大力推进城乡一体化建设，加快发展现代农业，强力促进农民增收和构建和谐农村，集中全力抓重点、求突破，开创了农村经济社会持续、稳定、健康发展新局面。按照“抓公开、抓议政、抓典型、抓后进”工作思路，推进全市村务公开和民主管理上台阶、上水平。根据市《村务公开民主管理“难点村”治理工作计划(2009～2011)》，下大力开展“难点村”治理，105个“难点村”全部得到治理，并通过国家和河北省检查验收。两次开展民主议政活动，全市参加人数78万余人，提出意见和问题3.2万条，现场答复2.4万条，占问题总数的72%；提出合理化建议2.18万条，建议被采纳1.66万条，占建议总数的76%。推进村务公开和民主决策工作，全市村民会议制度比较规范的有3895个村，比活动前增加239个，村民代表会制度比较规范的有4083个村，比活动前增加109个，各占总村数的87.8%和92.1%；村务公开程序比较规范的村有4342个，公开档案保管比较完善的有4378个村，分别占总村数的97.9%和98.7%。

【统筹城乡发展】 围绕城乡重点区域建设，在关系民生、关系全局重点领域和关键环节强攻关、抓推进。编制完成全市统筹城乡发展总体规划和高新区等三大重点区域总体规划，全面展开组团县和县级市城乡总体规划及其他县总体规划修编工作；按照“布局合理、产业集聚、用地集约”原则，在全市谋划369个重点项目，总投资47亿元，其中，村内道路、集中供水、集中供热、敬老院、光荣院、福利院“三院合一”建设等与民生关系密切、群众急需项目占到80%以上。新建、改建农村公路908千米，开通城乡公交线路7条，西柏坡高速公路修通投入使用。建设农村垃圾、污水处理设施131个。农村标准化卫生室开工率达到99%，新建农家书屋608个，免费安装体育健身设施100套，完成783个自然村广播电视“村村通”工程。推进山区扶贫教育工程，6个山区县新建、改扩建学校40所，赞皇县城第二中学、元氏七中等28所中小学全部完成，进驻寄宿制学校学习山区中小学生达到1.4万人。建成农村社区服务中心619个，享受最低生活保障贫困农民人数达到15.4万，保障标准位居全省第一。栾城县、灵寿县、新乐市等13个县（市）建成敬老院、光荣院、福利院“三院合一”民政事业服务中心，晋州市、平山县、行唐县等16个县（市）区开通医疗救助“一站式”结算。井陉县、赵县、赞皇县等9个县（市）农村标准化卫生室完工率超过60%。鹿泉市、辛集市、藁城市、矿区、高新区在推进城乡一体化建设上走在全市前列。

【新民居建设】 根据国家规范用地管理新情况，明确“重点带动、强力推进、规范运作、提升深化”总要求，坚持规范建设与加快推进“两手抓”，在建、新建相结合，在推进已开工示范村建设的同时，排除干扰抓规范、抓开工、抓进度，推动新民居建设步伐。调整思路明重点，在区域重点上，由“三环三沿”向“3567”区域转变；在选点布局上，由使用周转地新建向以原拆原建、滚动发展为重点转变，结合空心村治理，利用农村空闲地、废弃地等开展新民居示范点建设；注重抓典型、抓亮点，以点带面，示范带动全市新民居建设工作开展。实行定期调度联系会制度，推行台账管理、动态调整工作机制，建立健全示范村档案，实行“月统计、季调度、半年核查、年终总考核”和定期通报制度，有力推动了各项工作落实。开展新民居建设工程施工和建设质量专项督导检查、周转用地使用和拆旧复垦工作监督检查活动，组织新民居建设周转用地政策宣传培训，加大新技术、新材料、新能源推广应用力度。实施“百点样板工程”，按照新建村完工率达到80%以上或入住率达到60%以上、拆旧率达到20%以上标准条件，全市确定54个建设进展快、形象效果好、在区域内具有带动示范作用的新民居建设样板。全市新申报批准省级示范村 250 个，累计达到 670 个（新建 447 个、改建 223 个），总量、增量均居全省前列。累计开工示范村 479 个，建成 74 个，分别占示范村总数的 71.5% 和 11%。谋划建设联村并建点 92 个，涉及 342 个村。全市新开工住宅楼 6911 栋，完工 5417 栋，入住 3.4 万户；改造提升 5.2 万户。

【农业产业化】 按照以农业产业化带动城乡产业一体化发展思路，以项目建设为着力点，做强龙头企业，发展产业园区，壮大特色产业，推动全市农业产业化经营取得良好成效。全市农业产业化经营总量达到 786.6 亿元，龙头企业农产品加工转化率超过 73%。2011 年农业产业化项目建设"115 行动计划"，规划重点项目 193 个，完成投资达到 45 亿元，比 2010 年增长 20% 以上。其中，藁城青岛啤酒加工项目、洛杉奇禽肉屠宰及深加工项目等 54 个项目投资额 1 亿元以上。年末全市拥有农业产业化国家级重点龙头企业 3 家、省级重点 38 家、市级重点 180 家；180 家市级重点龙头企业实现销售收入 300 亿元，同比增长 21%；15 家企业获得省以上名牌产品或著名商标称号，其中君乐宝乳业有限公司获得"中国驰名商标"称号。全市符合农业部标准的"一村一品"专业村达到 530 个，占行政村总数的 12%；专业乡镇 33 个，占乡镇总数的 15%，专业村主导产业销售收入达到 360 亿元。晋州市马于镇北辛庄村被农业部认定为全国一村一品示范村镇。

【现代农业示范园区建设】 按照中东西三大片区协调发展产业定位，组织组团县（市）谋划建设了一批集观光旅游、休闲娱乐、农事体验于一体的现代农业示范园，近郊县谋划建设了一批满足城镇居民假日休闲、游乐和认种认养农畜产品多元需求的都市农业观光体验园。年内，全市谋划建设各类园区 66 个，其中都市区 10 个、组团县 28 个、其他县（市）28 个，总投资达 70 亿元，一半以上已开园或具备开园条件。藁城市、栾城县、新华区和高新区 4 个大型现代化农业观光园区规划占地 1880 公顷，总投资 26.3 亿元，已完成投资 3 亿元，核心区已开园迎客。长安区颐菲特色种植园、新华区上京生态园等 5 个休闲娱乐、认种认养、农事体验农业观光园具备开园条件。鹿泉紫藤葡萄、栾城范台草莓等一批特色观光采摘园，成为休闲旅游新热点，受到普遍欢迎。

（魏兰庆）

【南海颐和现代农业产业园暨陈村新民居项目签约】 3 月 12 日，石家庄市南海颐和现代农业产业园暨陈村新民居建设项目签约仪式在新华区陈村举行。南海颐和现代农业产业园占地 300 公顷，总投资 4.6 亿元，是石家庄市市区范围内第一个进入实际操作阶段的都市观光农业项目，由北京南海颐园国际有限公司与新华区杜北乡陈村合作开发。该园区集农业种植、农产品加工和先进技术展示、交易，及休闲、观光、旅游等为一体。园区建设分 A、B、C 三个功能区，A 区为彩色农业、国际商贸城、国际会展中心；B 区有垂钓园、儿童乐园、葡萄酒庄园、传统酒文化（高粱酒制作）、茶文化、小驴拉磨等休闲娱乐设施；C 区为传统手工业制作区和开心农场。陈村是省新民居建设试点村，该项目计划投资 6.8 亿元。规划建设村民住宅 30 万平方米，配建幼儿园、超市、文化站、村民活动中心等设施。

（霍向辉）

【帮扶农民增收工程】 制定《关于实施帮扶农民增收工程的意见》和《关于深入开展扶贫对口帮扶的通知》，重点针对增收难度大的 8 个县（市）820 个贫困村实行对口帮扶，按照"整村推进、分包到户"思路，组织动员 172 个市直部门和企事业单位、180 个重点产业化龙头企业、先进县区实行"一对一"对口帮扶。采取帮项目、帮资金、帮发展方式，实现"一个低收入家庭有一名非农就业劳动力，一个山区农户有一亩经济林，一个低收入村有一个农产品加工项目，一个低收入村有一个村级集体财富积累项目，一个帮扶单位每年为帮扶村办一件实事"的"五个一"目标，逐步缩小了区域差距、城乡差距和贫富差距。18 个农村县（市）区全部成立帮扶领导小组，252 个市直单位、企业及有帮扶任务的县（区）陆续组建帮扶工作小组，进入 820 个对口帮扶贫困村开展工作，确定帮扶项目 60 多个。2011 年全市农民人均纯收入实现大幅增加，达到 7822 元，增幅超过城镇居民收入 5 个百分点。

【村级财富积累机制】 农村县（市）区有序推进农村集体资产产权制度改革试点，筛选确定 6 个改制试点村；研究起草《石家庄市村级集体经济组织管理暂行办法》、《石家庄市农村县市区村级集体经济组织产权制度改革试点工作指导意见》，加强工作指导。落实财富积累机制工作调度和督导，实行每月一通报、每季一调度、半年一总结交流制度，督导检查了部分县（市）区示范村、亮点村、经济基础薄弱试点村，有效推动工作开展。年内，全市 18 个农村县（市）区共有 4342 村建立村级集体经济组织，占行政村总数的 99.8%，注册公司等经济实体 944 个，实施财富积累项目达到 413 个。

（魏兰庆）

机构编制

【概况】 2011 年，市机构编制委员会办公室（简称市编办）深化行政体制改革和乡镇机构改革，调整和优化机构设置，推进重点领域管理体制改革，加强社会创新，完善机构编制管理，较好地完成全年工作任务。全面推行实名制管理和编制使用核准制度。依照“超编只出不进，满编先出后进，空编循序渐进”原则，通过“一表、一单、一卡”（《编制使用申报表》、《编制使用通知单》、《人员入编核准卡》），核准机关事业单位编制使用，前置机构编制监督关口，变事后监督为事前监督，减少和避免机构编制资源使用随意性。全面启用电子编制证。推行电子编制证管理，通过公务内网，按照管理权限，可快速检索、浏览、报送、受理和审核机构编制事宜，向无纸化办公迈出重要步伐，提高了工作效率，降低了运行成本。实现事业单位网上登记管理。顺利完成全市 4853 家事业单位驱动光盘、操作手册订购和发放任务；在规定时间完成全市原有单机版数据审核和上报；分批专门培训市直单位和县（市）区 200 余名登记管理骨干人员，市县两级登记管理机关按时启动事业单位网上登记并顺利开展各项业务。开通机构编制内网和外网网站，建立实名制数据库。完成机房硬件建设和机构编制数据采集、录入、审核和汇总等工作，率先在全省实现省市县三级网络平台对接。至 2011 年底，全市机关事业单位实名制数据库录入人数 230758 人，其中市级 44541 人，县（市）区级 172745 人，乡镇（街道）级 13472 人。年内，市编办被中央编办、国家人力资源和社会保障部评为全国机构编制系统先进集体。

【乡镇机构改革】 根据《中共河北省委办公厅、河北省人民政府办公厅关于全省深化乡镇机构改革的指导意见》（冀办发〔2010〕27 号），1 月 10 日，召开石家庄市深化乡镇机构改革工作动员会，各县（市）区常务副县（市）区长、组织部长、编办主任，市直 16 个部门主要负责人参加会议。鹿泉市、正定县分别介绍开展乡镇机构改革试点经验，会议上宣读了《关于深化乡镇机构改革指导意见》，并就深化全市乡镇机构改革工作动员部署。年末圆满完成此次乡镇机构改革任务。2011 年，中央编办副主任何建中到石家庄市考察工作，专程到平山县、藁城市岗上镇实地检查，对全市乡镇机构改革工作给予肯定和表扬。中央电视台、人民日报等国内各大媒体专题报道了藁城市岗上镇推进乡镇机构改革的经验做法。至 2011 年底，全市乡镇政府职能转变，机构组合优化，工作效率提高，工作作风实现转变；通过改革，全市乡镇行政机构精简比例达 21%，乡镇事业单位精简比例达 24%。

【市县政府机构改革跟踪评估】 根据省编办《关于开展各市县政府机构改革情况评估工作的通知》精神，市编办印发《关于开展市政府机构改革情况跟踪了解和评估工作的通知》和《关于开展县级政府机构改革情况跟踪了解和评估工作的通知》，制定《“三定”规定执行情况统计表》，安排部署市县政府机构改革评估工作，并组织力量检查分析和评估市直部门落实“三定”规定情况、县级政府机构改革落实情况，及时发现和纠正了机构改革的偏向移位问题，确保了上级要求落到实处。

5月23～27日，由市委、市政府督查室和市编办牵头，会同市纪检（监察）、组织、人社、财政等部门，组成6个督查组，检查验收县级政府机构改革落实情况，率先完成市县政府机构改革评估工作。

【机构编制调整】 组建市轨道交通建设办公室，增挂市铁路建设工程指挥部办公室牌子，设定为市政府直属事业单位，规格为正县级。将市畜禽定点屠宰管理办公室和市酒类监督管理局合并，组建市商务综合执法局，设定为正县级事业单位。在市环境监察支队与市环境执法稽查大队合并基础上，组建市环境综合执法支队，设定为副县级事业单位。设立市西柏坡高速公路筹建处、市西阜高速公路筹建处，为市交通运输局所属事业单位，暂不定规格。将市交通医院由市交通运输局整体移交市卫生局管理，增挂市第九医院牌子，取消副县级规格。成立鹿泉经济开发区管理机构，设立鹿泉经济开发区党工委和管委会，分别为鹿泉市委、市政府派出机构，规格为副县级。成立辛集经济开发区管理机构，设立辛集经济开发区党工委和管委会，分别为辛集市委、市政府派出机构，规格为副县级。成立五岳寨旅游景区管理机构，设立灵寿县五岳寨旅游景区管理委员会，规格为副县级，属灵寿县人民政府派出机构，根据县政府授权，对五岳寨旅游景区及灵寿县旅游业、林业行使规划、建设、管理、监督、协调、服务职能。将灵寿县林业旅游局职责和编制划入五岳寨旅游景区管理委员会，对外保留灵寿县林业旅游局名称。全市各级政府设立食品安全委员会办公室，明确机构编制，确保食品安全实现“无缝隙、全过程”监管以及相关职能正常运转。将原市文化新闻出版局和市广播电影电视局整合设置为市文化广电新闻出版局。将市城管局更名为城管委，并调整市城管委机构编制。将市投资招商局由部门管理机构调整为市政府直属事业机构，更名为市投资促进局。提出石家庄日报社管理体制改革调整意见。完成县（市）、矿区文化市场行政执法机构组建和电视台、广播电台合并涉及的机构编制工作。下达23个县（市）区222个乡镇卫生院编制。重新审核市直69个部门所属466个事业单位机构编制，收回事业单位编制3535名。

（阮胜华）

台湾工作

【概况】 2011年，全市台湾工作（又称对台工作）围绕促进两岸关系和平发展和服务石家庄经济社会发展两个大局，主动作为，争创一流。全年组织65批团组到台湾开展经贸、文化、人力资源、教育、科技、农业等领域各种形式、规模、层面交流活动，签订一大批合作项目，提高了石家庄市在台湾岛内及海外知名度。主动邀请44批台湾经济上有实力、政治上有影响的企业和团组，到石家庄市参观访问、考察，与石家庄市相关产业、领域开展对接、洽谈合作事宜。发挥台资企业协会作用，引导台资企业和台商做社会公益活动。年内，石家庄国祥运输设备有限公司（台企）为石家庄市10所国祥希望小学捐赠体育活动器材25万元，颁发优秀师生奖、贫困师生奖、助学资金25万元，帮助改建小学厕所投入近20万元。

【经贸服务】 参加省、市组织的正定国际小商品博览会、石家庄国际投资贸易洽谈会等大型招商活动，邀请到参会台商200余人，并组织台商到石家庄市相关产业考察、洽谈和交流，签订2个投资合同，总投资19.36亿元；增资项目3个，增资额1.92亿元；达成投资合作意向15个。贯彻落实《台湾同胞投资保护法》及其《实施细则》，保护台商合法权益。加强对台资企业组织、指导、管理、协调，开展“下台企，送温暖”活动，搭建台商台企与政府沟通交流平台，落实“同等优先、适当放宽”、“特事特办”原则，与有关部门主动协商解决了部分台商多次入出境签注、子女入学、就医、驾照更换等具体问题。

【交流活动】 重点接待了中国国民党中央评议委员会主席团主席赵守博一行等5个交流团组到石家庄市开展经济、文化、教育交流活动；组织市教育文化考察团等36批团组到台湾开展文化、教育、环保、医药卫生等交流。成功举办河北省第二届冀台民俗美食文化博览会，搭建起石台间民俗文化、饮食文化、旅游事业交流平台。至2011年末，全市开展到台湾前期教育102人次。

【宣传采访】 做好台湾记者到石家庄市采访交流。全年接待台湾中时传媒集团、台湾电视事业股份有限公司3批记者到石家庄市采访和新闻交流，与有关单位商谈了新闻合作事宜。做好“魅力石家庄”专项入岛宣传，联系和组织《中国时报》、《时代周刊》、《旺报》、中国电视以及中时电子报等台湾媒体，集约到石家庄市开展7天采访，全面宣传介绍石家庄市的历史文化、城市建设、工业发展和旅游资源，提升了石家庄市在台湾和海外影响力、美誉度；采访期间，市长艾文礼接受台湾媒体专题采访。围绕正定国际小商品博览会、石家庄国际动漫博览会、石家庄国际投资贸易洽谈会等全市重大招商活动开展涉台宣传，邀请和组织国家、省、市多家新闻媒体现场采访、报道，播发各类宣传稿件100余篇。发挥《石家庄与台湾》网站优势，大力宣传石家庄市的历史文化、交通旅游、投资环境和城市建设成就，发布稿件15篇，编辑《台办工作简报》12期。

（潘新民）

信访工作

【概况】 2011年，全市信访部门以群众工作为统揽，围绕服务群众、保障民生、促进和谐，解决了大量群众反映信访问题，化解了大批社会矛盾，取得显著成效，信访形势总体保持了平稳、持续向好局面。圆满完成中国共产党建党90周年、党的十七届六中全会、全国、省市“两会”和省市党代会等重要政治活动和重要节点信访保障任务，维护了社会和谐稳定，得到省委、市委主要领导的充分肯定和中央联席办高度评价。敏感时段节点在抓好“周排查、周报告”基础上，适时开展矛盾纠纷隐患集中排查化解活动，实行“日排查、日报告”制度。全年排查集体访苗头和群体性事件隐患1493起，化解1451起，化解率达到97.2%。至2011年末，信访部门共受理群众信访总量5065件次，同比下降5%；省信访局受理石家庄市信访总量4447件次，同比下降3.4%；国家信访局受理石家庄市信访总量1616件次，同比下降3.6%。

【群众工作】 各级各部门围绕用群众工作统揽信访工作总要求，以确定为全省群众工作试点市为契机，扎实、深入推进群众工作。市、县、乡三级均成立群众工作领导小组和群众工作部，建立由“两个中心、一站一室”（行政服务中心、联合接访服务中心、群众工作站、群众工作室）构成群众工作四大平台，健全、完善了覆盖城乡群众工作网络。制定出台《2011年群众工作推进方案》、《石家庄市群众工作部站室工作制度》、《选派市直机关干部进驻群众工作站的实施办法》等文件和制度，初步实现群众工作制度化、规范化、常态化。9月份开始，市、县、乡三级机关抽调16202名机关干部，组成下派工作队，进驻县（市）区、乡镇（街道）、农村、社区和厂矿企业、学校等基层单位，开展万名机关干部下基层活动。全年下派工作队走访群众83万人次，排查化解各类矛盾纠纷和信访隐患8711件次，为民办实事、好事7099件次，赢得了群众广泛赞誉。

【开展接访约访下访活动】 全年开展市县乡三级干部集中大接访活动12次，接待群众2223批次5186人次，当场解决信访事项344件，落实领导包案1401件。每周三，两名市级党政领导到市信访接待中心接访约访，全年接待信访案件65件，全部按时办结。县级党政领导除参加三级干部大接访外，每天安排1名党政领导公开接访，全年接待群众来访94368人次，落实包案9471件，至2011年底，解决8934件，解决率达到94.3%。5月下旬，全市组织开展市直机关干部集中下访周活动，接待和处理群众信访事项1720件3341人次，当场解决1009件，解答群众咨询467件，立案交办、列入各级督办范围711件，取得良好的社会效果。

【信访积案和突出问题】 5月份，全市开展“信访积案化解攻坚月”活动，市联席办对中央联席办、国家信访局交办的96件信访积案，省联席会议集中交办的190户“非访”积案和自行筛选三批510件老案、难案和“钉子案”、“骨头案”，集中交办县（市）区和市直部门，实行挂账督办，全部提前办结，圆满实现中央和省提出6月底前“非访”积案全部化解到位的工作目标。9月下旬开始到2011年底，全市组织开展处理信访突出问题“百日会战”活动，分两批向各县（市）区和市直部门集中交办804件信访案件，全部明确县级党政包案领导，实行挂账督办。除3件非法集资案件不具备解决条件外，其余801件全部解决，圆满实现既定工作目标。

【督导问责】 市联席办、信访局不间断、高密度督导检查全市信访工作，实行到市以上集体访和非正常进京访“日通报”、“半月通报”和“月倒排”制度。各级政法机关依法加强处置非正常上访，规范了信访秩序。严格落实问责机制，全年问责包案领导和相关责任人22名。

【信访建设】 市信访局设立群众工作部，增设3个处室，增加行政编制10名。完成新信访接待服务中心建设任务，信访部门办公条件和软硬件建设水平显著提升。设立驻省接访室，最大限度地减少越级信访量。围绕市委、市政府中心工作开展信访调研，加强人民建议征集工作，及时反映社情民意，为领导决策当好参谋助手。2011年，市信访局在《河北信访》、省联席办《工作动态》等省级内刊发表文章45篇；连续第五年被省委、省政府授予“河北省人民建议征集工作先进单位”。

（刘旗）

政策研究

【概况】 2011年，市委研究室完成各类调研报告和重要综合文稿49篇，其中调研报告24篇，较上年增加12篇，市级以上领导批示30人次，批示率达100%，大多数成果进入市委、市政府决策；完成市委领导讲话6篇，市委及办公厅文件5个，编印《石家庄决策》刊物12期，编发《国际重要动态》、《国内发展动态》、《全国两会动态》、《各地党代会动态》等12期。年内，市委政策研究室被评为2011年度全省党委政研系统“创先争优”先进单位和调研工作优秀单位，《石家庄决策》第三次连续六年获得“全国城市十佳党刊”称号。

【决策服务】 围绕全市改革、发展、稳定的重点、热点和难点问题，精心谋划调研课题，集中优势力量调研攻关，推出一批有价值、有分量的决策建议和典型经验，在服务市委谋划工作、推动落实、解决问题方面取得新突破。全方位、深层次推进全市发展环境建设，市委研究室到合肥市、南宁市学习考察优化发展环境经验做法，形成《赴合肥、南宁两市关于发展环境建设的考察报告》，在此基础上完成《关于深入推进我市发展环境建设实施方案的建议》，提出具有较强针对性、可操作性对策建议，得到市委、市政府高度重视，此课题直接进入市委常委会专项议题审定，形成市委办公厅文件，促成全市上下、大力发展优化环境的“效能革命”。活动开展过程中，及时跟踪调研，完成《优化发展环境建设取得初步成效，存在问题不容忽视亟待强力解决》报告，对如何全面提升活动影响的深度和广度，提出切实可行的对策建议，孙瑞彬书记给予重要批示，指出“要用钢铁般的意志打造让人民群众高兴、让所有企业满意的发展环境，针对报告提出的问题，要研究既管用、还要引起震动的措施”。着眼做大做强全市工业经济，适时完成《强力夯实“两大支撑”，突出抓好“三个带动”》调研报告，提出力促工业突破、实现跨越赶超对策措施。围绕加快推进项目建设，完成《格力电器项目成功落户石家庄市的调查与启示》，深刻剖析格力高效落户石家庄市的缘由和启示，9月20日《石家庄日报》头版头条以《格力，选择了石家庄》长篇纪实通讯刊发，为宣传格力经验，推进更多项目落户石家庄市起到助威加力作用。及早谋划2012年全市主要工作，及时调研完成《关于2012年市委几项重点工作的建议》。还完成深入推进山区教育扶贫、加快水利建设、推动夜经济发展、加强调查研究等专题调研和深泽县实行“三个三”推进机制、大谈村党支部发挥战斗堡垒作用、市工信局打造企业之家等典型调研，这些调研报告为市委科学决策提供了可靠依据，较好地发挥了研究室“参谋部、智囊团”作用。加强全市调研工作指导、协调，坚持畅通上下联系渠道，强化调研载体建设，形成全市调研系统协调互动、共同提高局面。建立与市直部门和县（市）区统筹合作调研工作机制，围绕重点课题多次开展联合调研，实现了优势互补、资源共享。年初，组织召开全市调研工作会议，总结2010年调研工作，安排和部署2011年任务，表彰先进调研单位、先进工作者和优秀调研成果。针对2011年市县两级换届期间，部分县（市）研究室人员思想出现波动，调研文稿数量相对减少等情况，8月份及时召开全市县（市）区委研究室主任会议，统一调研人员思想，提出新的要求，有力推动了各县（市）区调研工作顺利开展。为活跃县（市）区调研工作，解放思想，开阔视野，在中国共产党建党90周年之际，组织部分县（市）区委研究室主任到井冈山等地学习考察，接受教育。注重丰富扩展信息载体功能，适时编发《国际重要动态》、《国内发展动态》、《全国两会动态》及《各地党代会动态》等，为市委领导多方位提供了信息决策服务。

【重要文稿起草】 坚持把起草好重要综合性文稿作为服务市委决策的重要职责，把握领导脉搏，紧扣中心工作，完成多个事关全市发展大局的重要文件和领导讲话起草任务。市第九次党代会是全市发展关键时期召开的一次重要会议，市委研究室和市委办公厅一起承担大会报告起草任务，在时间紧、任务重、要求高的情况下，经过反复座谈研讨、征求意见、修改完善，圆满完成《中共石家庄市第九次代表大会上的报告》起草任务，向市委交出一份“起草一个好报告”的满意答卷，得到市委领导和与会代表高度评价。为配合优化发展环境建设活动深入开展，市委研究室与市委办公厅共同起草《孙瑞彬同志在全市优化发展环境电视电话大会上的讲话》，成为全市发展环境建设的“动员号”和“进军令”。市委研究室还负责起草了《孙瑞彬同志在全市县处级主要领导干部社会管理及其创新专题研讨班上的讲话》、《孙瑞彬同志在全市教育工作会上的讲话》、《孙瑞彬同志在东部平原县（市）发展座谈会上的讲话》等，以及《市委关于深入推进发展环境建设的实施方案》、《市委关于进一步优化发展环境的若干规定》、《2011年市委工作要点》等重要文件。

【《石家庄决策》刊物】 全年完成《石家庄决策》12期近5万余册出刊发行，其中向全市各级党组织发送4万余册，上报及与外地交流6千余册。栏目设置，及时宣传市委阶段性重点工作，适时增添学习贯彻市委党代会精神、全民创业、优化环境、人文石家庄等新栏目，在保证各级党组织及时掌握和领会市委重大决策部署基础上，增强了可读性和吸引力。组稿选稿，编辑部每期都对所有来稿审读，综合分类，认真筛选，力求好中选优，确保了所采用稿件的内在质量。全年编辑文稿510篇，重要约稿28篇。10月份，在江西吉安召开的全国城市党刊研究会第20届年会上，《石家庄决策》被评为“全国城市十佳党刊”，这是继2007年以来连续3届6年获得此项荣誉。

（闫晓斌）

老干部工作

【概况】 2011年，全市老干部工作以全面落实离退休干部政治生活待遇为主线，坚持庆祝中国共产党建党90周年活动出亮点，改制破产企业离休干部管理破难点，开展创先争优活动谱新篇，圆满完成各项工作目标。至2011年底，全市有离退休干部80086人，其中离休干部6204人，退休干部73882人。离休干部中，红军时期7人，抗日战争时期1649人，解放战争时期4548人；省（部）级13人，地（市）级196人，县处级3714人，县处级以下2281人；离休干部平均年龄84岁。年末全市有离退休干部党员47988人，离退休干部党组织1020个。9月份，市委老干部局被中组部、人力资源和社会保障部评为全国老干部工作先进集体，市关心教育下一代工作委员会（简称市关工委）被中国关工委、司法部授予全国“关爱明天、普法先行”青少年普法先进集体称号。

【领导重视】 年内，省委常委、市委书记孙瑞彬多次对老干部工作作出重要指示，在庆祝建党90周年、参观工农业生产、事业单位离休干部预发工资性补贴、企业离休干部管理等工作给予极大支持。市委副书记、市长姜德果上任初就走访老干部，听取老干部意见建议。市委组织部把老干部工作纳入全市组织工作统一安排部署，市委常委、组织部长王俊钟经常参加老干部局举办的重要会议，多次陪同市级老领导参观工农业生产。

【开展教育和娱乐活动】 按照“庆祝建党90周年活动老干部最愿参加、唱红歌最有资格、忆党史感受最深、薪火相传责任最大”原则，开展形式新颖、内容丰富的庆祝活动。向老干部通报情况，组织参观考察工农业生产。春节前夕，市委召开全市情况通报会，市领导向老干部通报石家庄经济社会发展情况和组织工作情况，请老干部监督市县乡换届工作。5月份和6月份，连续两次组织老干部视察石家庄高新区、藁城现代农业观光园、环城水系夜景和市美术馆、植物园。开展“我为‘十二五’规划献一计”活动，组织市级老领导审阅《石家庄市第十二个五年规划纲要》（草案），老领导们撰写8篇调研文章得到市领导高度重视，市委书记孙瑞彬批示：“老同志心系石家庄的发展，为了这块土地上人民的利益仍在思考、惦念、操心。这对我们在职的同志是鼓励，更是鞭策。请送全体常委及有关市领导传阅”。市长艾文礼批示：“老领导、老同志心系石家庄的发展，为十二五建言献策，看后很受教育和启发，建议有关部门采纳，并在有关刊物刊发”。组织老干部合唱团参加中央电视台《激情广场·红歌颂党——西柏坡篇》节目录制，150名老干部全身心投入节目排练和录制，在中央电视台3频道播出后产生积极反响，展现了河北省和石家庄市老干部良好的精神风貌。举办离退休干部“双先”评选活动。全市评出先进离退休干部党支部94个，优秀老干部党员200名。举办离退休干部创先争优活动巡回报告会。2个先进离退休干部党支部和10名优秀老干部党员在全市作巡回报告，听众达5000多人；2名老干部作为石家庄市老干部先进典型还参加了全省老干部巡回报告会。开展“党旗映夕阳•红歌大家唱”——庆祝建党90周年系列文艺演出活动。市、县两级老年艺术团走进90所大、中、小学校园，与师生开展“大手拉小手，红歌进校园”活动。6月23日，在省艺术中心举办“党旗映夕阳·放歌石家庄”——全市老干部庆祝建党90周年大型文艺演出，老干部自编自演的《石家庄情怀》、《井陉拉花》等节目展示了“夕阳文化”的艺术魅力。市委老干部局承办全省老干部庆祝建党90周年文艺汇演，获得一等奖。组织“感受巨变·薪火相传”——90名老干部与90名90后手拉手游省城活动。老干部和青少年参观了泊水公园、中华北大街立交桥、市规划馆，感受“三年大变样”给省会带来的巨大变化，并在市广电中心参加《没有共产党就没有新中国》首映式。举办第17届市直机关老干部运动会。参加人数达3800多人，创下历史最多；市老干部门球队还参加了“中国·延安老干部门球邀请赛”，获得第二名。开展“庆90年看90部红色影片”活动。市老干部活动中心从年初开始，每周定时播放3部红色影片，吸引大批老干部观看，受到广泛欢迎。举办“感党恩、颂发展、促和谐”——庆祝建党90周年书画展。展出老年书画作品400幅，精选优秀作品出版了《永远跟党走》老年书画集。举办“党在我心中”党史知识竞赛。市老干部代表队在全省老干部党史知识竞赛中获得二等奖，市委老干部局获得优秀组织奖。

【生活待遇】 年内，市委老干部局与市组织部、财政局、人力资源和社会保障局联合制订下发《石家庄市关于对特困离退休干部帮扶的实施办法》，细化帮扶标准、责任分工和操作规程，建成帮扶工作标准化、规范化和科学化长效机制。协调市财政、人社等部门，争取老干部公用经费、特需经费、服务人员办公经费157.7万元，帮助困难自收自支和差额拨款事业单位解决离休干部预发工资性补贴809万元。培训新招聘39名老干部服务人员。

【活动场所建设】 年内，市财政投资300万元升级改造市老年大学硬件设施，更新教学设备，改善学习和活动环境。鹿泉市投入200万元扩建活动中心；平山县、辛集市、藁城市等县（市）加大财政投入，扩建教室，购置了教学设备。

【关工委工作】 落实顾秀莲等国家领导人对市关工委工作批示精神，下发《石家庄市企业关工委工作规则》和《关于加强企业关工委组织建设的意见》，引导老干部发挥余热作用。4月份，中国关工委和全国青少年普法教育办公室在石家庄市开展“关爱明天·普法先行”大型活动。6月份，中国关工委两位常委副主任视察石家庄市基层关工委建设情况，高度评价全市抓街道、社区关工委等。年内，石家庄市被中国关工委确定为全国“关爱明天·普法先行”两个试点城市之一。

（孙军波）

党史工作

【概况】 2011年，市委党史研究室结合党史部门实际，抓住纪念建党90周年契机，积极谋求党史工作科学发展，在党史研究、学习教育、部门建设上取得明显成效。按照市委指示，把起草《中共石家庄市委关于加强和改进新形势下党史工作的实施意见》作为首要任务抓紧抓好落实。6月17日，《中共石家庄市委关于加强和改进新形势下党史工作的实施意见》（石发〔2011〕14号）正式下发全市各级党委。该《实施意见》第一次就制约全市党史部门发展的机构、人员、编制、经费等问题提出明确要求，为全市党史工作科学发展奠定了坚实政策基础。该文件对全市党史工作作出重要部署，具有很强可操作性，是各级党委现阶段做好党史工作的纲领性文件，对于稳定基层党史干部队伍，鼓舞信心，促进全市党史工作科学发展具有长远意义。在迎接建党90周年之际，省、市委加快大西柏坡建设工作步伐，市委党史研究室从大西柏坡建设启动时被市委指定参加其中工作，利用党史资料、研究成果和专业人才优势，组织专门力量，从西柏坡精神研讨、革命遗址普查，到纪念场馆布展内容、资料审查，提出许多有价值的意见和建议，发挥了党史工作特有作用。1月5日，参加省委西柏坡建设领导小组召开以党史资料征集为主要内容的“西柏坡革命旧址修复史料收集和陈列布展”专题工作会议，省、市党史研究室和平山县三级党史研究室分别就征集工作汇报讲解和进展情况。3月3日，作为专家组成员参加河北省西柏坡建设论证会议，随省委督导组开展近2个月的西柏坡革命遗址场馆布展、资料审查等工作。6月份，中组部常务副部长沈跃跃视察西柏坡南庄村中组部遗址修复工作，就修复工作作出重要指示；市委常委、组织部长王俊钟要求市委党史研究室限期完成中组部在西柏坡南庄村历史资料收集整理工作；接到任务后，市委党史研究室立即行动，主要领导亲自挂帅，抽调专门人员组成编写班子，仅用15天时间就完成40万字资料收集、整理，编辑成册，受到市委领导高度评价。

【研究成果】 开展党史正本研究，推动“二卷本”编写上水平。“二卷本”编写是全市近年党史工作重中之重。2010年4月，全面展开资料征集编研工作，并取得阶段性成果；2011年以提前和高质量完成“二卷本”征编工作阶段性任务向建党90周年献礼为目标，开展“二卷本”资料征集工作查漏补缺、补充完善。同时，开始资料整理、研究和编写；7月13日，根据工作进展情况，专门召开编写工作点评会。总结前段工作，点评已完成初稿部分章节，找出不足，加以改进，确保了质量。全年召开征编工作调度会7次，专门调度二卷本资料征集、整理、编写工作，及时解决遇到的各种问题。截止到12月中旬，查阅文献档案2300多卷，文献资料1200余件，领导讲话630多份，报刊资料1900多份，其他参考书籍320余册；复印资料7500多份。年末“二卷本”资料征集、补充工作基本结束，初稿编写基本完成。编撰出版《中共石家庄历史简明读本》。为配合党史学习教育活动开展，市委党史研究室以《中国共产党石家庄历史》（1921～1949）为基础，从2010年10月份启动《中共石家庄历史简明读本》编写工作，到2011年5月份，全部完成该《简明读本》编写和校对。经市委领导亲自审定，于6月份出版印刷，约13.2万字。借助《简明读本》平台，党史学习教育走向通俗化，大中小学生喜闻乐见，方便了地方党史知识在群众中广泛学习和普及。完成《中共石家庄历史讲座材料》编写。按照中央和省委关于开展党史学习教育活动指示精神，年初市委党史研究室作出撰写石家庄地方党史讲稿安排，抽调1名副主任牵头亲自执笔撰写初稿，4名业务骨干配合，组成宣讲团。经过4个多月努力，到5月中旬，完成《弘扬光荣传统　建设新石家庄——中共石家庄历史讲座材料》编写工作，约4万字。

【宣传教育】 2011年是中国共产党建党90周年，党史研究室抓住有利时机，坚持创新方式和途径，发挥新闻媒体、纪念场馆等在党史学习教育中的重要作用，采取开展理论研讨、举办党史报告会等形式，组织了一系列体现石家庄地方党史特色的宣传活动，推动全市党史学习教育活动深入开展。加强理论研究，组织、筹备全省、全市纪念建党90周年理论研讨会。按照省委党史研究室关于《河北省党史系统纪念中国共产党成立90周年学术研讨会征文通知》要求，党史研究室于1月份以1号文件形式转发到各县（市）、区党史部门，及时作出安排部署，并安排专人多次督促落实；到5月份，收到论文32篇；组织专家仔细筛选，向省委党史研究室提交5篇论文参加研讨，其中1篇论文在研讨会上作典型发言。与组织部、宣传部联合组织召开全市纪念建党90周年理论研讨会。按照《中共石家庄市委关于中国共产党成立90周年纪念活动的安排意见》，市委把召开理论研讨会作为纪念活动一项重要工作，明确市委党史研究室为责任单位之一，具体负责研讨会组织、筹备、召开等工作；6月份，与市委组织部、宣传部等部门按期召开全市纪念建党90周年理论研讨会。举办多种形式纪念活动。开展党史“五进”活动，组织全市党史部门重新选聘一批热爱党史工作、热心党史宣传教育的联络员，组成一支110多人宣讲队伍，开展大规模的党史宣讲普及活动；基层党史部门领导带头进机关、学校、企业、农村、社区开展讲党课活动。全年党史部门组织党史教育宣传员到学校为中小学生上党史教育课11场，受教育人数达10000余人。报纸、电视台开办党史专栏。在《石家庄日报》开办《石家庄红色足迹》专栏，该栏目每周2期，主要刊发中共石家庄历史上的重要人物、重大事件和纪念文章，展示石家庄地方党组织发展壮大的光辉历程，宣传党带领人民在新民主主义革命和社会主义建设时期的丰功伟绩，增强全市人民跟党走、建设中国特色社会主义的信念和决心，为栏目撰写稿件30多篇；与石家庄广播电视台新闻综合频道联合开办《红色记忆》、《党旗飘飘》、《走进红地标》等栏目，提供和审定文字资料、影视资料十几万字。举办知识竞赛、图片展览、赠送书籍等活动。“七一”前夕，采取举办知识竞赛、图片展览、开办专栏等形式，掀起全市纪念建党90周年活动高潮，举办党史知识竞赛11场，出题1500多道，有2万多人参加党史知识竞赛活动，评选获奖人员190多名；举办图片展览7场次，参观干部群众8000多人；各级党史部门还选择部分单位、学校为示范点，采取赠送学习书籍、印发党史学习宣传资料等形式，以点带面，促进建党90周年纪念活动向基层延伸。截止到12月中旬，全市赠送党史图书3000余册，印发宣传材料17000多份。全年《党史工作通讯》出版10期，征订《党史博采》3985份，超额完成省下达征订任务485份。

中共石家庄市委党史研究室

主　任：张建国

副主任：王利利　柳泽启

（张献瑞）

党校工作

【概况】 2011年，市委党校贯彻落实《党校工作条例》、《行政学院工作条例》、《社会主义学院工作暂行条例》（下称三个《条例》）和中央《2010～2020年干部教育培训改革纲要》要求，以“教学改革深化年”、“科研工作提升年”和“学员管理强化年”为重点，突出主渠道、主阵地和主智囊团作用，圆满完成市委、市政府交给的各项工作任务。全年举办各类班次73期，培训人员6400余人，其中举办常规班次32期，培训学员2461人次，为省会转型升级、跨越赶超，建设幸福石家庄提供了智力支持，开创出一条具有石家庄地方特色和“一校两院”特点办学之路。落实开放办学，承办各类外来班次37期，培训各类人员3646人次，吸引上海、辽宁、湖南、湖北、江西、浙江、云南等省外机构前来异地教学，宣传了石家庄，扩大了省会影响。投入20余万元，完成职工家属楼供水、暖气和消防管道维修工程及房顶防水、地面整修工程；投入17.6万元，帮助扶贫联系点安装变压器，建设农家书屋，帮助群众解决了实际困难。开展“党旗飘飘，希望党校”党校教职工歌咏比赛以及“我与祖国共奋进，我与党校同发展”为主题的党史知识竞赛等活动，代表石家庄市参加全省“学党史、颂党恩、跟党走”党史知识电视竞赛，获得全省二等奖；反映该校活动纪录片《百舸争流力争先》获得全市党员电教片优秀奖；结合党校党建工作实践撰写的《创新机关党建工作，促进党校事业科学发展》入选中央党校“全国基层党建理论创新与实践案例”。年内，市委党校被市直机关工委评为“先进基层党组织”。

【教学改革】 适应教育培训市场化改革要求，市委党校大胆吸收借鉴先进地区办学理念和办学经验，实施品牌发展战略，加强以“西柏坡精神”、“经典著作解读”和“应急管理”等为龙头开展专题研发，形成9大专题、211个教学专题模块。其中，“西柏坡精神”专题教学和“追寻伟人足迹，重走‘赶考’之路”党性锻炼活动，在全国党校系统取得一定影响；“服务型政府建设”、“突发事件应对”和“媒体（舆情）应对”等初步产生品牌效应，成为全省领先精品课程，形成一批具有石家庄特点、体现“一校两院”特色的教学品牌。年内，在2011年首届全省党校系统“精品课”评选中，市委党校位居全省市级党校第一名。

【科研成果】 校院科研围绕市委、市政府中心工作，强化“为提高教学质量服务”和“为市委、市政府决策服务”功能。全年课题立项45项，其中国家社科规划课题1项，实现河北省近年市级党校在国家级课题申报零的突破，在全国副省级及省会城市党校中引起反响；省级课题立项13项，市级课题立项31项。完成科研成果245项，其中核心期刊6项，国家级20项，省级53项，市级166项，科研成果数量比2010年增长40%。《领导决策参阅》编发21期，其中14期得到市委、市政府领导批示或被政府有关部门采用，较好发挥了决策咨询作用。组织编写反映石家庄市情，突出干部培训需要的《石家庄市情干部读本》、《优化发展环境 实现跨越发展》和《建设经济强省和谐河北 推进幸福石家庄建设》等，在干部培训教材地方化方面迈出新步伐。精心谋划理论宣讲和学术交流活动，发挥理论引导作用。全年选派25名教师，开展宣讲活动187场，受众达18210人次。《学报》编发12期，发文160篇。其中特稿3篇，博士生导师文章10篇，博士文章21篇，专家、教授文章45篇，扩大了学术影响力。

【人才队伍】 实施人才强校战略，大力引进高层次人才。至2011年底，党校共有行政管理人员103名，专业技术人员65名，其中高级职称31名，中级职称24名。2010年根据校院学科建设专业需要，第一次面向全国“211”和“985”工程大学和省属重点高校，公开招聘博士生1名、硕士生4名，公开聘任12名省内外著名专家学者和部分领导干部作为兼职教授，优化了教学管理队伍结构。发挥校内讲堂作用，实施课题竞标、竞争上讲台、教师跟班听课制度，广泛开展校内练兵活动。

【基础设施建设】 争取财政专项资金10余万元实施水电管网改造；投资10余万元改造建设学员文体活动中心200平方米；在市园林局帮助下，投资30余万元建设园林化校园。市财政投资80余万元，在省内率先建设成情景模拟专业教室和媒体压力实训室，为采取仿真模拟教学培训提供了平台。

中共石家庄市委党校

校　　长：刘云峰
常务副校长：孙晋康
副 校 长：边雪城（11月免）
　　　　　杜新　（4月免）
　　　　　周建立　陈向勤
　　　　　高建庄　尹浩

（成鸿飞）

石家庄市人民代表大会

【概况】 2011年，石家庄市人大常委会坚持以邓小平理论和“三个代表”重要思想为指导，贯彻落实科学发展观和党的十七大、十七届六中全会精神，围绕全市中心工作，落实依法治国、建设社会主义法治国家基本方略，依法履行宪法和法律赋予各项职权，各方面工作都取得新的进展。成功举行市第十二届人民代表大会第四次会议，审议了市人大常委会、市政府、市法院、市检察院等七项工作报告，作出了相应决议。开展多次视察、检查和调研活动，针对存在问题提出许多建设性意见和建议。率先在全省探索开展专题询问工作，创新人大监督形式，提高了人大监督水平，收到良好效果。组织实施石家庄市药品安全监督管理、城市公共设施规划执行和义务教育等8项专项工作报告满意度测评。至2011年末，全市举行市人大常委会会议8次，审议议题66项，依法任免地方国家机关工作人员68人(次)，审议通过地方性法规1部，修订地方性法规1部；召开主任会议20次，研究和讨论议题118项。

【石家庄市第十二届人大常委会组成人员及各部门负责人】

主　任：王增明
副主任：许昆峥　王中联
　　傅世武　李屏东
　　郭领域　张石峰
　　董文志
秘书长：张院生
委　员：于奕峰
　　马恩来（回族）
　　王云　（女）
　　王仕平　王印行
　　王立国　王志勇
　　王彦英　王惠周
　　王增飞　卢素强
　　白凤楼（女）
　　吕国朝　刘贵
　　刘东才　刘国栋
　　刘国清
　　刘春艳（女）
　　安波
　　安忠起（4月免）
　　许凤琴　杨凤虎
　　杨印胜
　　李乃毅　李兵为
　　步淑段　肖荣智
　　吴秀超　何金录
　　张云雁　张美林
　　陈潮　（女）
　　宗立荣
　　胡翎　（女）
　　赵炳志　姜博卿
　　高书凯　康瑞斌
　　康德忠　韩国岐
　　彭少舫（女）
　　葛瑞芳（女）
副秘书长：王生力（10月任）
　　周全宁
　　徐习军（4月任）
　　严晋峰（4月任）
　　陈彦良
　　王占峰（10月免）

研究室
　主　任：马军
　副主任：徐习军（4月免）

选举任免代表工作委员会
　主　任：赵炳志
　副主任：时洪斌

法制委员会
　主　任：许凤琴

内务司法委员会
　主　任：卢素强
　副主任：杨传英

财政经济委员会
　主　任：刘国清
　副主任：张杰

农业和农村委员会
　主　任：何金录

城乡建设和环境资源委员会
　主　任：康德忠
　副主任：潘明文

教育科学文化卫生委员会
　主　任：高书凯
　副主任：倪华

民族侨务外事委员会
　主　任：吴秀超

信访办公室
　主　任：赵海奎

【市第十二届人民代表大会第四次会议】 1月19～22日，石家庄市第十二届人民代表大会第四次会议在市人民会堂举行。会议选举58人的主席团主持会议。推选王增明、许昆峥、王中联（女）、傅世武、李屏东（女）、郭领域、张石峰为主席团常务主席。544名市人大代表出席会议。会议听取和审议了市人民政府市长艾文礼所作的关于石家庄市国民经济和社会发展第十二个五年规划纲要的报告。审议了市发展和改革委员会主任赵顺法关于市国民经济和社会发展计划草案的报告，审议了市财政局局长李和平关于石家庄市2010年市本级预算及市总预算执行情况和2011年市本级预算及市总预算草案的报告，审议了市人民政府关于石家庄市十五家重点企业节能减排目标向代表承诺的专题报告，听取和审议了市人大常委会主任王增明所作的市人大常委会工作报告，听取和审议了市中级人民法院院长许广为所作的市中级人民法院工作报告和市人民检察院检察长蔡春和所作的市人民检察院工作报告。审议通过了关于市人大有关专门委员会更名的决定，通过了相应组成人员人选名单；审查和批准了石家庄市2010年国民经济和社会发展计划执行情况与2011年国民经济和社会发展计划，审查了石家庄市2010年市本级预算及市总预算执行情况的报告和2011年市本级预算及市总预算草案，批准了2010年市本级预算及市总预算执行情况的报告和2011年市本级预算，并通过了相应的决议。会议选举董文志为市十二届人大常委会副主任，张院生为市十二届人大常委会秘书长，选举王志勇为石家庄市第十二届人民代表大会常务委员会委员。出席市政协十一届四次会议的全体委员，市委、市人大常委会、市政府有关部门负责人，市群众团体和省属驻石家庄市协管或垂直管理部门的主要负责人列席会议。会议共收到市人大代表10人以上联名提出的议案34件。各专门委员会建议将1件代表议案交市人大有关专门委员会进一步调查研究，提出审议意见，提交市人大常委会审议决定。将其余33件议案转为代表建议、批评和意见，其中有些建议作为重点代表建议进行重点办理。

【市十二届人大常委会会议】 1月17日，市十二届人大常委会第二十五次会议在市人大常委会会议厅举行。市人大常委会主任王增明、副主任傅世武分别主持会议。市人大常委会副主任许昆峥、王中联、李屏东、郭领域、张石峰，秘书长王志勇出席会议。会议通过了市人大常委会关于补选市人大代表的代表资格的审查报告，审议通过了关于为石家庄市城建投资控股集团有限公司发行40亿元中期票据提供支持的报告，审议通过了关于市十二届人大四次会议主席团和秘书长名单草案。审议通过了市政府有关人事任免事项，审议通过了关于接受李波辞去市人大常委会委员请求的决定，审议通过了关于接受王志勇辞去市人大常委会秘书长职务请求的决定。

2月28日，市十二届人大常委会第二十六次会议在市人大常委会会议厅举行。市人大常委会副主任许昆峥、李屏东分别主持会议，市人大常委会主任王增明，副主任王中联、傅世武、郭领域、张石峰、董文志，秘书长张院生和委员共44人出席会议。会议审议通过了关于石家庄市人民代表大会常务委员会两个工作机构更改名称的决定，审议通过了有关人事任免事项。会议决定任命王大军为市政府副市长。

4月25～26日，市十二届人大常委会第二十七次会议在市人大常委会会议厅举行。市人大常委会主任王增明、副主任郭领域分别主持会议，副主任许昆峥、王中联、傅世武、李屏东、张石峰、董文志，秘书长张院生和委员共49人出席会议。会议听取和审议了关于全市药品安全监督管理工作情况的报告并进行满意度测评，听取和审议了关于全市农业工作情况的报告并进行满意度测评，听取和审议了关于城市公共设施规划执行情况的报告并进行满意度测评。会议审议通过了市人大常委会机关、市十二届人大财经委员会委员、市政府、市法院、市检察院有关人事任免事项。与会人员听取了全国人大研究室副主任李诚所作的关于专题询问的有关问题的辅导讲座。会议要求市政府及其有关部门，要进一步提高对药品安全监督管理工作重要性的认识，加大监管力度，完善执法机构，提高执法人员的行政执法能力，切实保障人民群众用药安全，促进全市医药经济健康快速发展。要进一步提高对农业工作重要性的认识，加快农业产业化，加速现代农业进程；要高度重视农产品质量安全，健全监测监管网络；要进一步加大对农业的投入，认真落实各项惠农政策；要进一步加强农技推广队伍建设，大力普及农业科技创新成果，促进全市农业再上新水平。要强化城市规划的引导作用，努力建设一批精品公共服务设施项目，打造一批精品片区；要牢固树立规划即法的理念，提高全社会的城市公共设施规划意识，加大城市公共设施规划的落实力度；要高度重视教育、卫生、体育、消防等公共设施规划建设，特别是新建居民区，要做到公共设施与建设项目同步规划、同步交付使用；要加快避难场所和停车场等设施的规划和实施，进一步完善城市功能，提高城市承载能力，提升城市品位。

6 月 27 ~ 28 日，市十二届人大常委会第二十八次会议在市人大常委会会议厅举行。市人大常委会主任王增明、副主任张石峰分别主持了会议。市人大常委会副主任许昆峥、王中联、傅世武、李屏东、郭领域、董文志，秘书长张院生和委员共 48 人出席了会议。会议听取并审议了市人大常委会关于贯彻实施《中华人民共和国未成年人保障法》执法检查情况的报告、听取并审议了关于建筑工程管理工作情况的报告并进行了满意度测评、听取并审议了关于少数民族和民族地方经济社会发展情况的报告、听取并审议了关于统计工作情况的报告并进行了满意度测评、听取并审议了关于文化产业发展情况的报告、听取并审议了关于水利改革发展工作情况的报告并进行了专题询问、听取并审议了《石家庄市房屋登记条例（修订草案）》；审议通过了市政府有关人事任免事项、审议通过了关于市十二届人大四次会议主席团交付市人大农业农村委员会审议的第 8 号代表议案审议结果的报告。会议要求市政府及有关部门，要把未成年人保护工作列入重要议事日程，加大对未成年人保护法的宣传力度，加强公益性未成年人活动场所的建设和互联网营业场所的监督管理，加强对未成年人犯罪预防和司法保护工作，保障未成年人的身心健康和合法权益。要加大对工程质量的监管力度，强化建筑工程安全管理，健全安全生产长效机制，加强建筑节能工作，提高能源利用率 。要进一步加大民族法规政策的宣传力度，加快少数民族和民族地方经济发展，加强民族干部队伍的建设。要不断研究和探索统计工作的新方法，发挥统计“监测器”和“晴雨表”的作用，进一步加强统计干部队伍建设，提高统计干部的理论水平和文化素质。要把文化产业作为新的经济增长点去培育，提高文化产业的规模，优化文化产业结构，健全文化产业体系，扩大文化市场消费能力，充分发挥科技和高端人才对文化产业的支撑作用，推动全市文化产业加快发展步伐。

8 月 23 ~ 24 日，市十二届人大常委会第二十九次会议在市人大常委会会议厅举行。市人大常委会主任王增明、副主任董文志分别主持会议。市人大常委会副主任许昆峥、王中联、傅世武、李屏东、郭领域、张石峰，秘书长张院生和委员共 40 人出席会议。会议听取并审议了市人大常委会关于检查《石家庄市河道管理条例》实施情况的报告，听取并审议了关于全市 2011 年国民经济和社会发展计划 1–6 月执行情况的报告，听取并审议了关于 2011 年 1–6 月份全市及市本级预算执行情况的报告和关于 2010 年市本级财政决算和市总决算情况的报告并批准了 2010 年市本级财政决算，听取并审议了关于全市 2010 年度市本级预算执行和其他财政收支的审计工作报告，听取并审议了关于义务教育工作情况的报告并进行了满意度测评；听取并审议了市人民检察院关于全市检察机关开展法律监督工作情况的报告通过了相应的决议，听取并审议了关于提请设立石家庄市冀中南地区人民检察院的议案，通过了相应的决议；审议通过了《石家庄市房屋登记条例》，审议通过了有关人事任免事项。会议要求市政府及有关部门，要进一步提高对依法管理河道工作重要性的认识，完善执法机构，提高执法能力，加强协调配合，共同搞好河道管理工作。

10 月 26 ~ 27 日，市十二届人大常委会第三十次会议在市人大常委会会议厅举行。市人大常委会主任王增明、副主任许昆峥分别主持会议。副主任王中联、傅世武、李屏东、郭领域、张石峰、董文志，秘书长张院生和委员共49人出席会议。会议听取和审议了市政府关于办理市十二届人大四次会议代表建议情况的报告；听取和审议了市中级人民法院关于开展刑事审判办案质量检查情况的报告；听取和审议了市人民检察院关于开展办案质量检查工作情况的报告；听取和审议了市公安局关于2010年度刑事案件质量检查情况的报告；听取和审议了关于实施大企业、大集团带动战略促进全市工业健康发展情况的报告并进行了满意度测评；听取和审议了关于地方政府性债务和融资资金审计情况的报告；听取和审议了关于城镇建设“三年上水平”工作情况的报告。会议补选张庆黎为河北省第十一届人民代表大会代表。会议还审议通过了有关人事任免事项。会议要求市政府及有关部门，要进一步提高对办理人大代表建议重要性的认识，切实加大协调力度和落实力度，健全办理监督机制，加快办理进度，提高办理质量，努力把代表建议办理工作做得更好；要继续深入开展法制理念教育、纪律作风教育和职业道德教育，进一步提高办案人员的综合素质和业务能力，继续完善内部监督制约机制，实现对办案流程的全程跟踪和监管，积极探索提高办案质量的新途径。继续解决好办案质量检查中发现的突出问题，巩固和发展案件质量检查的成果，推动办案水平和办案质量的整体提升；要突出抓好园区带动，重点培育和引进一批具有发展潜力、具有一定规模和实力的大企业大集团进入园区，要突出抓好科技拉动，鼓励企业增加技术创新投入，加强企业技术创新设施建设，要优化发展环境，突出抓好政策推动，培育一批企业“航母”，切实增强石家庄市工业的整体实力；要认真贯彻实施《审计法》等法律法规，充分发挥审计监督作用，提高防范政府债务风险的能力；要进一步强化城市规划的引导作用，推进民心工程建设，增强城市的承载能力，不断提升城市管理水平。会议还就学习贯彻党的十七届六中全会精神提出要求。

12月8日下午，市十二届人大常委会第三十一次会议在市人大常委会会议厅举行。市人大常委会主任王增明主持会议。副主任许昆峥、王中联、傅世武、李屏东、郭领域、张石峰、董文志，秘书长张院生和委员共49人出席会议。会议决定：接受艾文礼辞去石家庄市人民政府市长职务的请求，决定任命姜德果为石家庄市人民政府副市长、代理市长。

12月26～27日，市十二届人大常委会第三十二次会议在市人大常委会会议厅举行。市人大常委会主任王增明、副主任王中联分别主持会议，副主任许昆峥、傅世武、李屏东、郭领域、张石峰、董文志，秘书长张院生和委员共46人出席会议。会议听取并审议了市人大常委会代表资格审查委员会关于补选代表的代表资格的审查报告；听取并审议了市人大常委会关于召开市十二届人大五次会议有关事项的报告；听取并审议了市政府关于《2010年度市本级预算执行和其他财政收支的审计工作报告》中有关问题整改情况的报告；听取并审议了关于全市科技创新工作情况的报告；听取并审议了关于大西柏坡红色旅游工作情况的报告。会议还审议通过了有关人事任免事项，审议通过了市十二届人大五次会议有关名单草案和其他事项。会议决定，2012年1月12日召开石家庄市第十二届人民代表大会第五次会议。

【市人大常委会主任会议】 全年召开20次主任会议，研究和讨论118项议题，议定市人大常委会及其机关一系列重要日常工作，为市人民代表大会及其常委会认真履行宪法和法律赋予的各项职责发挥了重要作用。会议听取了关于实施国防教育法律法规工作情况的汇报、关于全市社区卫生服务工作情况的汇报、关于宗教工作情况的汇报、关于全市新闻出版工作情况的汇报、关于工业倍增计划落实情况的汇报、关于港澳事务工作情况的汇报、关于邮政工作情况的汇报、关于东部产业新城建设情况的汇报、关于农业综合开发工作情况的汇报、关于物价工作情况的汇报、关于市公安局信访工作情况的汇报。会议还研究确定了市人民代表大会、市人大常委会会议及其他会议的会务筹备和视察安排、地方立法、培训计划、工作部署、审查报告、专题询问、决议决定和人事任免草案等重要日常工作。

【市十二届人大常委会主任与“三长”联席会议】 2月22日，市人大常委会召开市人大常委会主任与市政府市长、市中级人民法院院长、市人民检察院检察长联席会议。市人大常委会主任王增明，市长艾文礼，市人大常委会副主任许昆峥、王中联、傅世武、李屏东、郭领域、张石峰、董文志，市中级人民法院院长许广为，市人民检察院检察长蔡春和参加会议。市人大常委会秘书长张院生，市政府秘书长张业和市人大常委会办公厅、市法院和市检察院办公室负责人列席会议。会议由市人大常委会主任王增明主持。 会议商定2011年市人大常委会听取和审议市“一府两院”专项工作报告并部署满意度测评与计划预算和审计工作报告、主任会议议题安排、立法工作安排和执法检查工作安排、专题询问工作安排和政府性重点项目资金使用监督安排计划。

【市十二届人大常委会第四期人大代表学习培训班】 7月12～15日，市人大常委会举办为期四天市人大代表学习培训班。市人大常委会副主任许昆峥出席人大代表培训班，100余名市人大代表参加培训班。许昆峥要求，各级人大代表要充分认识代表权利和代表义务的统一性，认真依法履行代表职责、发挥代表作用；各级人大常委会要强化做好代表工作的责任意识，活跃人大代表工作；要提高市人大代表闭会期间代表活动的质量，加大做好闭会期间市人大代表工作力度，逐步建立完善“谁选举、谁组织、谁服务、谁监督”的代表工作机制；要健全和完善人大代表工作机制，增强人大代表工作规范化；各级人大常委会要尽快着手建立健全与代表法相衔接的代表工作制度；各级人大代表要自觉规范履职行为，努力提高履职能力和水平；要切实加强对代表履职的服务和保障，营造代表履职的良好社会环境，加强对代表履职的司法保障，加强代表知情知政权及学习培训的保障，落实代表活动经费和时间保障，加强代表工作队伍自身建设。

【县(市)区人大常委会主任座谈会】 7月21～23日，市人大常委会组织召开全市各县（市）区人大常委会主任座谈会。市人大常委会主任王增明，副主任许昆峥、王中联、傅世武、李屏东、郭领域、张石峰、董文志，秘书长张院生和各县（市）区人大常委会主任以及市人大常委会各位副秘书长、各委办室主任、各县（市）区人大常委会办公室主任参加座谈会。各县（市）区人大常委会主任围绕加强人大常委会及其机关建设，提高全市民主法制建设的能力和水平进行了交流，并对市人大及其常委会工作提出建议。

（韦国清）

【新一届县乡人大代表产生】 至2011年12月底，全市各县（市）区投票选举产生出新一届县乡两级人大代表。全市共选出县（市）区人大代表4651名，其中干部代表1322名，占代表总数的28.4%；非中共党员代表1523名，占代表总数的32.7%；妇女代表1083名，占代表总数的23.3%；少数民族代表64名，占代表总数的1.4%。全市共选出乡镇人大代表13050名，其中干部代表2197名，占代表总数的16.8%；非中共党员代表4382名，占代表总数的33.5%；妇女代表3008名，占代表总数的23%；少数民族代表65名，占代表总数的0.5%。从选举结果看，各县（市）区较好地落实了关于基层代表特别是一线工人、农民和专业技术人员代表的比例比上届有所上升，妇女代表比例比上届有所上升，党政干部担任人大代表比例比上届有所降低，少数民族代表要保证的“两升一降一保证”政策。全市县级人大代表中基层代表所占比例比上届上升5%，妇女代表上升1.8%，党政干部代表下降4.1%，少数民族代表上升0.3%。此届县乡两级人大代表选举，广大选民积极参加投票，全市选民参选率达到87.6%。其中，无极县、裕华区、桥西区、桥东区、长安区、新华区、辛集市、正定县、深泽县、鹿泉市、元氏县、赞皇县、矿区、晋州市、高邑县等15个县（市）区的选民参选率达到90%以上。

（王静）

【办理代表建议、批评和意见】 2011年，市人大代表在市人代会期间和闭会期间提出建议、批评和意见377件，其中12件重点建议由相关专门委员会重点督办。为提高办理质量，市人大代表专题视察了代表建议办理情况，审议了市政府有关专项工作报告，向承办部门提出督导意见。市政府及有关部门积极采取措施，大力提高承办质量、办理时效和代表满意率，市人大代表和群众关注的一些热点、难点问题得到较好解决。其中加快农村卫生室建设、加强裕华高速路口整治、设立“环卫工人节”等建议均得到较好落实，社会反映良好。

【组织视察、检查和调研】 市人大常委会围绕全市经济发展、城市建设、社会稳定和社会生活中突出问题以及法律、法规、决议、决定的贯彻落实情况和广大人民群众关心的热点问题，组织市人大常委会组成人员、专门委员会委员和人大代表开展多次视察、检查和调研。围绕实施工业强市战略，专题视察空港工业园、高新区、装备制造基地、东部产业新城等园区；围绕发展现代农业，组织农业产业化视察；围绕提升经济发展质量，专题视察全市科技创新、大西柏坡红色旅游、政府性重点项目资金使用等工作；围绕优化发展环境，常委会充分发挥监督职能，强力助推“效能革命”，开展了多次专题视察和调研，共收集到十个方面150多条意见和建议，归纳梳理后，专题向市委报告，并转交市政府有关部门研究整改；围绕城镇建设上水平，专题视察滹沱河综合整治和园林绿化、正定新区建设、城中村改造、土地收储出让、城市管理等工作；围绕群众切身利益问题，专题视察全市保障性安居工程、物价、食品药品安全和医疗保障等工作；围绕文化教育事业繁荣发展，专题视察和调研全市部分文化创意产业、文化旅游产业和包装印刷产业发展情况以及部分省市级示范性中学；围绕维护社会和谐稳定，专题视察市公安局和市法院信访和民族侨务等工作。

【专题询问】 在市第十二届人大常委会第二十八次会议上召开联组会议，专题询问全市水利改革工作情况。此次专题询问，8位市人大常委会委员作为“询问人”，问题涉及中央一号文件贯彻落实、全市农田水利建设、水利建设资金投入、水资源管理利用等方面内容，市水务局、财政局、环保局等受询部门做了认真答询。询问和应答都遵循“公开的原则”——在公开的场合公开问答。以专题询问方式监督“一府两院”及其有关部门，在市人大历史上尚属首次，在全省也是首创之举。这是市人大常委会完善监督手段、提升监督效果的创新之举，标志着市人大常委会在深化监督工作上迈出新的一步。

【调研成果】 按照市人大常委会统一安排，市人大常委会各部门和各县（市）区人大常委会，围绕优化发展环境建设和经济发展转型升级、跨越赶超目标任务，充分发挥人大及其常委会职能作用，深入开展调查研究活动，取得丰硕成果。全年形成调研文章33篇，评出优秀调研成果一等奖2个，二等奖5个，三等奖9个。市人大常委会通报表彰了获奖调研成果。

（韦国清）

石家庄市人民政府

【概况】 2011年，是实施“十二五”规划开局之年，是中共石家庄市第九次代表大会胜利召开之年。面对国内外错综复杂的形势，石家庄市政府在省委、省政府和中共石家庄市委的坚强领导下，坚持以科学发展为主题，以加快转变经济发展方式为主线，紧紧围绕转型升级、跨越赶超两大任务，全力以赴保增长、调结构、控物价、惠民生，较好地完成了市十二届人大四次会议确定的目标任务，实现了“十二五”良好开局。

综合实力跃上新台阶。全市生产总值完成4082.7亿元，增长12.0%；全部财政收入完成489.0亿元，其中地方一般预算收入完成221.2亿元，分别增长26.1%

和 35.2%；规模以上工业增加值完成 1746.27 亿元，实现利税 773.9 亿元，分别增长 16.2% 和 21.89%；社会消费品零售总额完成 1663.0 亿元，增长 18.0%。全民创业成效明显，民营经济持续健康发展。中东西三大区域协调发展，中部区域隆起效应逐步显现，东部区域整体突破取得较大进展，西部山区发展加快步入良性循环。

重点建设取得新成效。全市固定资产投资完成 3021.5 亿元，增长 26.0%。重点项目建设取得新进展，71 个项目开工建设，73 个续建项目超额完成年度投资计划，格力电器、神威现代中药制剂等 52 个项目竣工投产。正定新区、东部产业新城、空港工业园、大西柏坡基础设施和产业项目建设同步推进，取得实质性进展。五大产业基地和南部工业区建设步伐加快，华药白蛋白、青岛啤酒等 49 个项目竣工投产。“20+X”重点商贸项目和“10+X”物流项目加快推进，综合保税区申办取得阶段性进展。省会夜经济成效显著，一批美食休闲广场、特色商业街建成开业。西柏坡高速公路一、二期竣工通车，西阜高速公路开工建设，石家庄国际机场航站楼改扩建工程主体完工。

转型升级迈出新步伐。传统产业升级改造步伐加快，完成技改投资 680 亿元，增长 25%。战略新兴产业实现增加值 267 亿元，增长 25%。产业园区进档升级提速，石家庄·中国半导体光谷建设全面启动，7 个经济开发区和 11 个产业集聚区列入省级序列，产业聚集效应日趋明显。高新区二次创业成效显著，示范带动作用明显增强。现代物流、总部经济、服务外包、文化旅游等现代服务业规模壮大，服务业增加值占 GDP 总量的比重达到 40% 以上。科技创新能力明显提高，新增高新技术企业 35 家，市级以上企业（工程）技术中心 35 个，取得科技成果 270 项。淘汰落后产能任务超额完成，节能减排目标如期实现，大气和水环境质量持续改善，全年市区二级以上天气达到 320 天，市域 5 条主要河流水质基本达到省定标准。

城镇面貌发生新变化。围绕城市建设上水平，实施重点工程 80 项，完成投资 1500 亿元。城市规划引领作用增强，聘请国内外一流规划大师和设计团队，编制完成了 21 项重要规划和单体设计。城市综合交通体系日臻完善，铁路新客站及六线隧道主体工程基本完工，中华北大街、胜利大街等 11 条道路改造全面完成。城市居住条件明显改善，103 个保障性安居工程项目、45048 套保障性住房开工建设。城中村拆迁改造稳步推进，637 栋城中村回迁楼开工建设，305 栋竣工、2.3 万户居民回迁新居。15 个旧住宅小区环境综合整治全面完成。良村热电、鹿华热电等 7 个项目全部竣工，新增供热能力 3710 万平方米。城市标志性景观打造成效明显，勒泰中心、河北航空城等十大城市综合体建设加快推进，列入全市风貌特色十大工程的园博园、会展中心、体育中心开工建设，以万达广场建成开业为标志，城市风貌特色增添新亮点。城市生态环境明显改观，全面推进“一河两环”工程，环城水系全线通水，滹沱河市区段 16 千米的河道具备蓄水条件，全长 11.6 的千米滨河景观大道竣工通车，民心河二期南栗明渠建成投用，新建公园、广场 8 座，新增绿地 708 公顷，建成区绿地率达到 41.5%。城市精细化管理效果显著，以管理重心下移为重点的大城管体制基本理顺，万米网格化管理深入实施，主城夜景亮化提档升级。城区主干道全部实现机械化清扫，108 条路段实现全天候保洁。县城扩容提质加快推进，736 个项目开工建设，完成投资 478 亿元，县城人居环境、承载功能和聚集能力进一步提升。全市城镇化率达到 51.5%。

统筹城乡取得新进展。认真落实各项强农惠农政策，各级财政用于“三农”支出达到 68.6 亿元，增长 37.2%。农业综合生产能力稳步提高，粮食亩产、总产分别达到 472.7 千克和 545.9 万吨，粮食连续八年丰收，单产总产双超历史最高水平。畜牧、蔬菜、果品三大优势产业规模不断扩大，质量品质明显提高。农业产业化经营总量达到 800 亿元以上，增长 12%。大力实施太行山和环省会绿化工程，森林覆盖率达到 30%。农田水利建设加力提速，完成 10 座水库除险加固，新打维修机井 3586 眼，发展节水灌溉 30 万亩，改造中低产田 5.9 万亩。农村生活环境进一步改善，新改建农村公路917千米，新开通市区至组团县（市）公交线路10条。新民居建设稳步推进，新增省级新民居示范村250个，建成了一批设施配套、美观宜居、群众满意的新民居。

改革开放实现新突破。国企改革向纵深推进，金刚集团、宝石集团等一批大中型企业成功重组，5家集体企业和18个城中村集体组织完成改制。行政审批制度改革不断深化，全市321项行政许可和非行政许可审批事项削减到245项。医药卫生体制改革深入推进，全市乡镇卫生院综合改革基本完成，农村普遍实行大病统筹，全市44个政府办社区卫生服务机构和所有乡镇卫生院全部实行了基本药物制度。投融资体制改革取得新进展，渤海银行在省会设立分行，新增小额贷款公司11家，石药集团等5家企业成功发行债券，以岭药业等3家企业挂牌上市。对内对外开放不断扩大，石洽会、正博会、药博会等大型经贸活动成功举办，格力电器、可口可乐等一批国际国内产业巨头前来石家庄市投资办厂。全市实际利用外资8.1亿美元，引进市外资金500亿元；外贸进出口总额完成141.7亿美元，增长27.7%。

民生幸福实现新提升。围绕实施八项重点民生工程，市财政用于民生支出295.8亿元，增长38.8%。城镇居民人均可支配收入达到20534元，农民人均纯收入达到7822元，分别增长12.3%和18.9%。城镇新增就业10.5万人，下岗失业人员再就业4.41万人，转移农村劳动力15.2万人，应届高校毕业生就业4.13万人，城镇登记失业率为3.81%，控制在省下达的4.5%以内。养老、医疗、失业等五项保险覆盖面进一步扩大，新型农村养老保险和城镇居民养老保险分别在11个县（市）试点，失业保险市级统筹开始实施，新农合参合率达到96.8%，所有农村实施了门诊统筹并做到出院即报。城镇退休职工养老保险、新农合筹资、城乡低保标准继续提高。建立保障标准与物价上涨挂钩联动机制，困难群体生活得到保障。全市新增廉租住房补贴家庭2000户，分配入住廉租房5034套。解决了40万农村人口的饮水安全问题，3.5万农村贫困人口实现稳定脱贫。为民承诺的27件实事基本完成。全市居民幸福指数在全国294个城市中排名第一，人民群众对省会的归属感、认同感、自豪感大大增强。

社会事业取得新进步。教育事业加快发展，学前三年教育入园率达到88.3%，义务教育均衡发展，高中教育优质资源进一步扩大，职业教育水平不断提升，高等教育质量稳步提高。484所中小学校舍安全工程竣工投用，幼儿师范学校顺利实现升格转型，职教园区建设加紧推进。山区教育扶贫工程成效明显，28所寄宿制学校建成投用，1.8万余名贫困山区学生实现了集中就读。推出一批文化精品，戏剧《女人九香》、动画电影《西柏坡》、纪录片《石破天惊》等优秀作品荣获国家级大奖。第六届国际动漫博览交易会成功举办，动漫实训基地与考试中心开始运行，动漫产业产值达到12亿元。新建农家书屋1636个，市图书馆、博物馆、美术馆等公益场馆免费开放，“彩色周末”、“石演大舞台”等群众文化活动丰富多彩。全市乡镇卫生院全部配备了基本的诊断设备和救护车辆。4041所农村标准化卫生室建成投用，基本实现“一村一室”的目标。深入开展“首席医师”进社区、千名医师下乡村活动，“十大”名医、名护、名科等评选命名深受市民称赞。全民健身运动广泛开展，竞技体育取得优异成绩。深入实施计划生育惠民行动，低生育水平保持稳定。国防动员和双拥共建深入开展，“六城同创”统筹推进，精神文明建设成果丰硕，获全国文明城市提名资格。妇女儿童、老龄慈善、扶贫助残等事业不断发展，民族宗教、外事侨务、防震减灾、气象人防、社科档案等各项事业都取得新成绩。

政府建设得到新加强。依法行政水平不断提升，自觉接受人大法律监督和政协民主监督。办理人大代表建议367件、政协委员提案629件，办结率均达100%。深入开展创先争优活动，强力推进效能革命，发展环境进一步优化。大力推行行政权力公开透明运行，专项资金、小金库、公车治理工作取得明显成效。认真落实市县乡三级干部大接访制度，一批信访积案和遗留问题得到解决。食品药品监管专项治理成效明显。重特大安全生产事故得到遏制。社会管理创新综合试点工作成效显著，社会治安防控体系进一步完善，110座综合警务服务站建成投用，全市政治稳定、社会安定、人民安居乐业。

【石家庄市人民政府及其工作部门组成人员】

市　　长：艾文礼（12月免）
　　　　　姜德果（12月代）
常务副市长：栗进路（8月免）
　　　　　　王大虎（8月任）
副市长：姜德果（12月任）
　　　　张妹芝（女）
　　　　张殿奎　刘晓军
　　　　刘明轩　张树志
　　　　张小国
　　　　王大军（2月任）
秘书长：张业
常务副秘书长：蒲国良（5月任）
副秘书长：杨智勇
　　　　　王溪波（1月免）
　　　　　裴晓青　邸占勋
　　　　　常志卷　朗金国
　　　　　高庆洲　宋国宏
　　　　　吴概球

一、市政府工作部门

办公厅
主　任：（空）
副主任：赵志敏

发展和改革委员会
主　任：赵顺法
副主任：张彦春　左力鸥
　　　　张书田　戴宝进
　　　　唐志勤

教育局
局　长：韩保来（兼书记）
副书记：翟力献
　　　　杜平等（兼纪委书记）
　　　　苏志远
副局长：马建国　马力
　　　　赵立芬　李立水

科学技术局
局　长：王雁南
副局长：张英才　纪卫国
　　　　张志敏　陈玉
　　　　郝金卓

工业和信息化局
局　长：吴飞
副局长：张庆绪　徐东
　　　　付庆文（4月免）
　　　　李丰基　卢昌明
　　　　单元林　邢卫建

民族宗教事务局
局　长：刘书军（1月免）
　　　　哈宝伏（1月任）
副局长：张贵民　贾琴英
　　　　王洪河
　　　　林海军（9月任）

监察局
局　长：张治春（4月免）
　　　　刘吉广（4月任）
副局长：王文朝
　　　　韩秀华（9月免）
李小平　周顺达

公安局
局　长：张铁力（5月免）
　　　　郭运兴（8月任）
常务副局长：许振霞
副局长：王云才　程蔚青
　　　　武瑞琪　李新乐
　　　　田朝民
　　　　朱玉宝（3月任）
　　　　张宝池

民政局
局　长：刘月照
副局长：刘瑞山　韩绍明
　　　　任跃民　甘国云

司法局
局　长：王建国
副局长：解晓东　任保山
　　　　张仲

财政局
局　长：李和平（5月免）
　　　　李晋宇（5月任）
副局长：彭占良
　　　　王华平（5月任）
　　　　刘生彦　高山
　　　　周巧娥

人力资源和社会保障局
局　长：高新城
副局长：刘桂江　刘建国
　　　　石景辉　袁民杰
　　　　田集生
　　　　董风雷（9月免）

国土资源局
局　长：张兰格
副局长：范振鹏　杜敏海
　　　　李少恒　梁伟

环境保护局
局　长：张炬
副局长：周同友（1月免）
　　　　岳存义　宋春元
　　　　耿富顺
　　　　梁国发（1月任）
　　　　张智华

城乡规划局
局　长：王晓临
副局长：杨若威　李惠林
　　　　张雅琳
　　　　张晋　（6月免）

建设局
局　长：李文昌
副局长：王增喜　郭彦军
　　　　周兴旺

曹新杰（9 月免）
李智强

城市管理局（2011 年 8 月撤销）
局　长：崔金刚（3 月免）
卢建新（3 月任）
副局长：王运泽（8 月免）
高乃善（8 月免）
周二焕（8 月免）

城市管理委员会（2011 年 8 月由城市管理局更名成立）
主　任：卢建新（8 月任）
副主任：王运泽（8 月任）
高乃善（8 月任）
周二焕（8 月任）

住房保障和房产管理局
局　长：李义增
副局长：白彦德　韩东波
王文兴　黄拴喜

交通运输局
局　长：贾连海（8 月免）
罗二虎（8 月任）
副局长：葛新生　孙宏普
路喜柱　张国庆

水务局
局　长：张维德
副局长：陈金成（3 月免）
田振堂
周自强（7 月免）
张俊立（3 月任）
王振华（7 月任）
崔文秀（3 月任）

农业局
局　长：刘占军
副局长：周树方（5 月免）
孙任虎（5 月任）
李建军　谷英海
杨锁成（5 月免）
吴振见

林业局
局　长：杨建秋
副局长：陈金城（1 月任）
贾斌
张振江（5 月任）
李玉明（8 月任）
李西平（8 月免）

畜牧水产局
局　长：高玉柱（8 月免）
吕军英（8 月任）
副局长：贾建平
刘海生
王玉坤（11 月免）
刘芬玲

商务局
局　长：罗北中（1 月免）
田嘉一（1 月任）
副局长：张和平　刘平
和健　李铭

文化广电新闻出版局
局　长：李耀峰
副局长：赵树斌　张秀芳
张文志　左春和
葛金平

体育局
局　长：唐青
副局长：贾建军　刘坤
黄增国　李辉

卫生局
局　长：闫纯锴
副局长：解晓芒
周育华（5 月免）
李淑琴　甄继革
林慧芳

食品药品监督管理局
局　长：毕拉祥（8 月免）
米志奇（8 月任）
副局长：张元礼　黄岩松
李俊　杜瑞行

人口和计划生育委员会
主　任：李志宏（女）
副主任：郝菊亭（9 月免）
崔芸（9 月任）
李志　武常贵
张红梅（女）

审计局
局　长：齐惠明
副局长：李景海　张家亮
李士宗（4 月免）
张建国（5 月任）
赵英然（女，8 月任）

国有资产监督管理委员会
主　任：段致平（8 月免）
毕拉祥（8 月任）
副主任：尚建斌　韦东
李建柱　宋夕元

安全生产监督管理局
局　长：崔云申（4 月免）
尚建斌（4 月任）
副局长：崔同英　安全喜
马锁柱　杨玉珠
张宝琪

统计局
局　长：徐拥政
副局长：戴贻辉　刘建强
杨进喜（5 月任）
杨建波（5 月任）

粮食局
局　长：翟力献（1 月免）
朱献军（1 月任）
副局长：刘振山　张伟
徐龙蛟
王国强（9 月免）

旅游局
局　长：王玉国（3 月免）
赵俊芳（3 月任）
副局长：黄健　（5 月免）
王树生　米进立

刘庆卫
张蕾 （8 月任）
丰春雷（8 月免）

法制办公室

主 任：郑国良
副主任：张若丕 赵成英
赵士宗（9 月免）
马福恒（9 月任）

外事办公室

主 任：杨秋贵（1 月免）
张聪 （1 月免）
副主任：樊为民 孟硕
范玉龙（9 月任）

人民防空办公室

主 任：马文刚（1 月免）
魏晓流（1 月任）
副主任：刘金虎（5 月任）
苏力 胡月平
姜辉

金融工作办公室

主 任：张新峰（2 月任）
副主任：张新峰（2 月免）
张春涛（6 月任）

二、市政府直属事业机构

投资促进局（2011 年 6 月由投资招商局更名成立）

局 长：马千里（6 月任）
副局长：陈卫平（6 月任）
苗先国（6 月任）

地震局

局 长：高翠君
副局长：赵万里 杨卫东

园林局

局 长：李英波
副局长：郝建国 孙志强
陈新位 赵好战

档案局

局 长：王彦明
副局长：梁立柱（9 月任）
赵克胜 胡建敏
党福民 朱银刚

三、部门管理机构

物价局（由发展和改革委员会管理）

局 长：霍国林
副局长：杨惠萍 卢金保
杜宪京 张旭
李辉斌（4 月任）

投资招商局（由商务局管理，2011 年 6 月撤销）

局 长：马千里（6 月免）
副局长：陈卫平（6 月免）
苗先国（6 月免）

【市第十二届人民政府第五次全体会议】 2 月 17 日，市长艾文礼主持召开市第十二届人民政府第五次全体会议，主要目的是全面贯彻落实党的十七届五中全会和省委、市委全会，省、市“两会”以及全市优化发展环境广播电视大会精神，动员全市上下深入贯彻落实科学发展观，进一步统一思想，坚定信心，改进作风，全面提高政府执行力，确保“十二五”起始之年起好步、开好局。一是统一思想，充分认识提高政府执行力的极端重要性，充分认识到提高执行力是政府工作的本质要求，是加快石家庄市转型升级跨越赶超的迫切需要，是人民群众的殷切期盼，是优化发展环境的必然选择。二是要把握关键，全面提高政府执行力，全市各级领导干部一定要进一步解放思想，破除惯性思维和路径依赖，在执行上比精神，在执行上比速度，在执行上见高低，奋力开创省会科学发展、跨越发展新局面。三是要把握当前，确保“十二五”起始之年各项工作起好步、开好局。要紧紧围绕主题与主线、突出跨越与赶超、突出统筹与重点、突出民生与民心，把“稳增长、调结构、控物价、惠民生”作为主攻方向和着力点，从正在做的事情入手，理清工作思路，集中精力抓大事、攻难事、办实事，以显著的执行绩效开创政府工作的新局面。

【市第十二届人民政府第六次全体会议】 7 月 11 日，市第十二届人民政府召开第六次全体会议。会议强调，各级各部门一定要坚定加快发展的信心，切实把思想和行动统一到胡锦涛总书记“七一”重要讲话精神上来，统一到省委、省政府和市委、市政府的决策部署上来，迎难而上，顺势而为，锁定目标，开拓进取，真抓实干，奋发有为地做好下半年各项工作，全力以赴抓落实，圆满完成全年各项目标任务，实现“十二五”良好开局。市长艾文礼作重要讲话，市委常委、常务副市长栗进路部署下半年工作，市委常委、副市长王大虎主持会议。副市长张妹芝、张殿奎、张小国、刘晓军、刘明轩、张树志、王大军，市政府党组成员郝建国，市政府秘书长张业出席会议。市人大常委会副主任郭领域、市政协副主席韩宪章应邀出席会议。

【市政府常务会】 1 月 4 日，市长艾文礼主持召开市政府第四十六次常务会议。会议决定，大幅提高石家庄市城乡低保标准和农村五保供养标准。标准调整后，石家庄市城市低保平均标准达到每人每月330元；农村低保平均标准达到每人每年1660元；农村五保分散供养平均标准每人每年2200元，集中供养平均标准每人每年3100元。会议还研究并原则通过《第三批削减全市行政审批事项的意见》和《2011年石家庄市城区热源热网建设的意见》，听取了《关于2010年38件实事完成情况和2011年谋划继续为群众办好七个方面实事》的汇报。市政府常务会组成人员栗进路、王大虎、张妹芝、张殿奎、张小国、刘晓军、刘明轩、张树志、马玉文、郝建国、陈启明、张业出席会议。市人大常委会副主任许昆峥，市政协副主席曹社会应邀出席会议。

1月21日，市长艾文礼主持召开市政府第四十七次常务会议，专题研究做好春节前对城乡困难群众的救助工作。会议要求，要坚决把中央和省关于对城乡困难群众发放生活补贴的各项政策落到实处，及时足额发放到位；对于政策救助规定以外的特殊群众，也要做到应救尽救，应保尽保，确保每个特困家庭、特困群众都要过好年。市政府常务会组成人员栗进路、王大虎、张妹芝、张小国、刘晓军、刘明轩、张树志、马玉文、张业出席会议。市政协党组副书记李天印应邀出席会议。

2月10日，市长艾文礼主持召开市政府第四十八次常务会议。会议提出，市政府及部门作为行政执行机关，作为优化发展环境的主体，必须在优化发展环境、推进“效能革命”中率先带头，必须在提高工作效能、创新服务、改进作风、狠抓落实、廉洁自律等五个方面率先带头。市政府常务会组成人员栗进路、王大虎、张妹芝、张殿奎、刘晓军、刘明轩、郝建国、陈启明、张业出席会议。市人大常委会副主任李屏东，市政协副主席贾连海应邀出席会议。

2月21日，市长艾文礼主持召开市政府第四十九次常务会议。会议研究并原则通过《石家庄市医疗纠纷预防和处置暂行办法》、《石家庄市公共租赁住房管理暂行办法》、《石家庄市生活饮用水二次供水卫生监督管理办法》、《关于加快城市化进程深化户籍制度改革有关问题的意见》、《关于大力实施质量兴市战略的意见》、石家庄市2011年农业农村工作要点等。市政府常务会组成人员栗进路、王大虎、张妹芝、刘晓军、刘明轩、张树志、张业出席会议。市人大常委会副主任郭领域应邀出席会议。

3月17日，市长艾文礼主持召开市政府第五十次常务会议，会议听取关于山区教育扶贫工作有关情况的汇报和关于夜经济建设工作的汇报。研究并原则通过关于推进物联网产业发展的实施意见；关于鼓励和支持全面创业的若干意见；关于加快保障性安居工程的实施意见和关于做好2011年承办人大代表政协提案工作的意见等。市政府常务会组成人员王大虎、张妹芝、张殿奎、张小国、刘明轩、王大军、陈启明、张业出席会议。市人大常委会副主任李屏东，市政协副主席武义青应邀出席会议。市政府有关部门负责人列席会议。

4月19日，市长艾文礼主持召开市政府第五十一次常务会议。会议听取保障性住房建设工作汇报。讨论并原则通过2011年立法计划（草案）、关于人力资源和社会保障事业发展“十二五规划”、关于加强职业培训促进就业的实施意见、关于支持现代物流产业聚集区发展的若干政策、石家庄市医药工业“三年滚动发展”规划纲要、石家庄市中长期教育改革和发展规划纲要，会议还听取了发展石家庄市无线数字广播电视传输覆盖网络的情况汇报等。市政府常务会议组成人员栗进路、王大虎、张妹芝、张小国、刘晓军、刘明轩、王大军、马玉文、郝建国、陈启明、张业出席会议。市政协副主席朱增海应邀出席会议。市有关部门负责人列席会议。

5月9日，市长艾文礼主持召开市政府第五十二次常务会议。会议听取石家庄市市区标准化菜市场建设管理、国际贸易城项目进展情况的汇报，研究并原则通过关于加快推进工业企业技术改造工作的实施意见、关于进一步提高特级教师生活待遇的意见等。市政府常务会议组成人员栗进路、王大虎、张妹芝、张殿奎、张小国、刘晓军、刘明轩、郝建国、张业出席会议。市人大常委会副主任李屏东，市政协副主席韩宪章应邀列席会议。

5月20日，市长艾文礼主

持召开市政府第五十三次常务会议。会议对保障性安居工程建设和2011～2012年度供热准备工作进行再研究再部署。会议强调，这两项工作事关民生，非常紧迫，各级各部门必须高度认识，牢牢抓在手上，全力以赴抓好推进和落实。市政府常务会议组成人员王大虎、张妹芝、张殿奎、刘明轩、张树志、郝建国、陈启明、张业出席会议。市人大常委会副主任郭领域，市政协副主席韩宪章应邀出席会议。

6月1日，市长艾文礼主持召开市政府第五十四次常务会议。会议研究并原则通过关于进一步加强食品安全工作的实施意见、石家庄市落实“菜篮子市长负责制工作方案”、石家庄市“菜篮子市长负责制考核评价办法”和关于实施帮扶农民增收工程的意见等，听取了关于当前工业运行工作的汇报，研究了石家庄市房屋登记条例（修订草案）。市政府常务会组成人员栗进路、王大虎、张妹芝、张小国、刘晓军、张树志、王大军，秘书长张业出席会议。市人大常委会副主任董文志应邀出席会议。

6月13日，市长艾文礼主持召开市政府第五十五次常务会议。会议听取全国保障性安居工程工作会议在石家庄召开情况和石家庄市贯彻落实会议精神的汇报。会议指出，全国保障性安居工程工作会议在石家庄的召开，是对石家庄市的鞭策和鼓励，石家庄市的责任更重、压力更大、动力更足，必须打破常规，加速推进，确保任务全面超额完成。市政府常务会议组成人员栗进路、王大虎、张妹芝、张殿奎、张小国、刘晓军、刘明轩、张树志、王大军、马玉文、郝建国、陈启明、张业出席会议。市人大常委会副主任郭领域、市政协副主席武义青应邀出席会议。

8月1日，市长艾文礼主持召开市政府第五十六次常务会议。会议听取关于第四批拟削减市本级行政审批项目、全面做好石家庄市援疆工作等情况的汇报，讨论并原则通过关于加快推进养老服务体系建设的意见、石家庄市2011～2015年农村养老服务设施建设实施方案、关于贯彻主题主线加快工业经济发展的意见等。市政府常务会组成人员栗进路、王大虎、张妹芝、张小国、刘晓军、刘明轩、张树志、王大军、马玉文、郝建国、陈启明、张业出席会议。市政协副主席韩宪章应邀出席会议。

9月7日，市长艾文礼主持召开市政府第五十七次常务会议，会议研究并通过石家庄市食品安全全程监管工作八大机制，听取第十三届中国吴桥国际杂技艺术节筹备情况和全市节能减排工作情况汇报。会议还研究了其他事项。市政府常务会议组成人员王大虎、刘晓军、张小国、马玉文、罗二虎、陈启明、张业出席会议。市政协副主席韩宪章应邀出席会议。

10月9日，市长艾文礼主持召开市政府第五十八次常务会议。会议就认真贯彻落实全省干部会议精神和市第九次党员代表大会精神，进一步做好当前和今后一个时期的各项工作进行安排部署。会议强调，从现在至年底，各级各部门要以贯彻落实市第九次党代会精神为主线，抓发展、抓稳定、抓民生、抓安全、抓落实、抓推进，确保完成各项任务目标。专门对近期道路交通安全工作进行了再部署。艾文礼强调，车祸猛于虎，责任重于山。各级各部门要以对人民生命高度负责的精神，抓好道路交通安全工作，坚决遏制重特大交通事故的发生。会议讨论并原则通过《石家庄市农田水利建设实施方案》、《关于加快我市家庭服务业发展的实施意见》、《关于提高我市城乡低保和农村五保供养标准意见》、《石家庄市防震减灾“十二五”规划》和《石家庄市“十二五”工业发展规划》等。市政府常务会议组成人员王大虎、刘晓军、张妹芝、张小国、刘明轩、张树志、王大军、马玉文、罗二虎、陈启明、张业出席会议。市人大常委会副主任董文志、市政协副主席韩宪章应邀出席会议。

10月24日，市长艾文礼主持召开市政府第五十九次常务会议。会议围绕贯彻落实全省领导干部会议和市第九次党员代表大会精神，认真分析当前经济形势，安排部署后两个月工作。会议强调，各级各部门一定要以一种“等不得”的紧迫感、“慢不得”的危机感、“松不得”的责任感、“停不得”的使命感，凝神聚力抓推进，心无旁骛抓落实，集中奋战两个月，全力确保圆满完成各项目标任务，确保实现“十二五”良好开局。市政府常务会议组成人员王大虎、刘晓军、张妹芝、张树志、王大军、郝建国、罗二虎、陈启明出席会议。市人大常委会副主任傅世武、市政协副主席韩宪章应邀出席会议。

11月30日，省委常委、市长艾文礼主持召开市政府第六十次常务会议。会议讨论并原则通过石家庄市《实行最严格水资源管理制度意见》。会议强调，石家庄是全国最缺水的城市之一，制定最严格水资源管理制度非常必要。要严格执行这一管理制度，加大宣传力度，真正在全社会建立起取水、供水、节水、排水的行为规范，做到以水定需，量水而行，加强水资源的管理，改善水资源环境，保证全市经济社会可持续发展。会议听取关于石家庄市行政审批项目流程再造工作的汇报。讨论并原则通过《石家庄市供热用热管理条例（草案）》、《石家庄市药品零售监督管理办法（草案）》等。市政府常务会组成人员王大虎、刘晓军、张妹芝、刘明轩、马玉文、郝建国、罗二虎、陈启明、张业出席会议。市人大常委会副主任董文志应邀出席会议。

【为民办实事25件】 2011年，市委、市政府确定为民办实事27件，除园博园项目因省政府调整计划改为2012年完成，新建50个邮政报刊亭因省邮政部门确定的生产厂家未按期履行合同推迟到2012年1月中旬安装外，其他25件均完成或超额完成。

表5　2011年石家庄市确定为民办27件实事一览表

序号	任务目标	责任单位	完成情况
1	新建和改、扩建2173所标准化村卫生室，并配备基本检测和诊疗设备。	市卫生局,有关县（市）人民政府	已完成4031个村卫生室标准化建设。为4240个村卫生室购置了基本检测和诊疗设备。
2	为106所乡镇卫生院配备和更新X光机、心电图、B超、呼吸抢救、救护车等诊疗设备。		为211个乡镇卫生院（含中心卫生院）配置了X光机、心电图、B超、呼吸抢救、救护车等诊疗设备。
3	全市乡镇卫生院、村卫生室和社区卫生机构全部配备使用基本药物，让群众用上安全有效、优质价廉的放心药。	市卫生局，各县（市）区人民政府	全市所有基层医疗卫生机构均配备了基本药物，43个政府办社区卫生服务机构和221个乡镇卫生院全部实施了基本药物零差率销售。
4	实施“健康知识普及行动”，组织百人讲师团，开展“十进”活动，在1000个单位或场所开展健康教育讲座、现场宣传活动,举办“百姓健康大讲堂”20期。	市卫生局，各县（市）区人民政府	以市政府名义印发了《石家庄市健康知识普及行动实施方案》，成立了百人讲师团，在1280个乡村、649个单位开展了健康知识普及活动。在市区举办“百姓健康大讲堂”23期。
5	建设100家具有网上供销、科技服务、质量控制等多功能的示范放心农资超市。	市供销社，各县（市）、井陉矿区人民政府	已建成100家具有网上供销、科技服务、质量控制等多功能的示范放心农资超市。
6	继续实施农村饮水安全工程，解决农村20万人饮水安全问题。	市水务局，有关县（市）区人民政府	通过实施农村饮水安全工程，解决了248个村、38万人的饮水安全问题。
7	市区新增供热能力3000万平方米以上。	市建设局、发改委	市区新增供热能力3710万平方米。

（续表）

序号	任务目标	责任单位	完成情况
8	新开工建设廉租住房5000套，筹集公共租赁房700套，对符合条件的低收入住房困难家庭发放廉租住房租赁补贴，实现应保尽保。	市住房保障和房产管理局、民政局、规划局，有关县（市）区人民政府	新开工廉租住房项目24个、7000套，筹集公共租赁住房831套。共为25364户廉租住房保障家庭发放租赁补贴4681万元。
9	对市区15个旧住宅小区进行环境整治改善，改善面积45万平方米。	市住房保障和房产管理局，市内五区人民政府、高新区管委会	对15个旧住宅小区进行了环境整治改善，改善面积85万平方米。
10	整修50条破损严重的小街巷，方便居民出行。	市城管委，市内五区人民政府、高新区管委会	对50条破损严重的小街巷进行了整修。
11	新增公交车300部，向组团县（市）、五大基地新开通10条公交线路。	市交通运输局，有关县（市）人民政府	新购置400部公交车并投入运营。已向组团县（市）、五大基地新开通11条公交线路（202路、快202路、319路、320路、323路、326路、328路、516路、536路、537路、游11路）。
12	新建1000个农家书屋，进一步解决农民读书难问题。	市文广新局，有关县（市）人民政府	新建农家书屋1636家。
13	继续开展“千场电影进社区、万场电影进农村”活动，在城市社区免费放映电影不少于1200场，在农村放映不少于15000场。	市文广新局，有关县（市）区人民政府	在社区免费放映电影1266场，在农村放映53796场。
14	组织优秀剧目展演和送戏下乡活动，在市区演出不少于100场，在农村演出不少于700场。组织举办不少于1500场“彩色周末”文艺演出，丰富群众文化生活。	市文广新局	优秀剧目展演和送戏下乡在市区演出109场，农村演出903场。在市区广场、公园等公共场所共举办“彩色周末”文艺演出1670场。
15	启动全民健身（游跳）中心建设；更新健身路径30条，新建农民健身工程80个。	市体育局，有关县（市）人民政府	该项目已完成立项、环评和规划选址意见书。已更新健身路径30条，新建农民健身工程80个。
16	抓好52个新农村科技示范村（试点）建设，引进90项农业新品种，做好科技知识普及和农业种植专项技能培训工作，培训农民60万人次。	市科技局，有关县（市）人民政府	组织省内有关专家深入52个科技示范村开展农业科技服务，建立了石家庄市新农村建设科技示范网。示范推广农作物新品种139项，培训农民80多万人次。举办了178场科普宣讲活动，受益群众3万多人。
17	完成30所中小学标准化学校建设。	市教育局，有关县（市）区人民政府	30所标准化学校建设已全部完成。
18	在17个农村县（市）建立计划生育家庭关怀扶助中心，帮助计划生育家庭解决生产、生活、就业、养老等方面的问题，增进计划生育家庭福祉。	市人口计生委，各县（市）人民政府	17个县（市）全部建立了计划生育家庭关怀扶助中心，302582个计划生育家庭受到救助帮扶，受益金额达3650余万元。

（续表）

序号	任务目标	责任单位	完成情况
19	对全市低保对象和农村五保对象实行医疗救助“一站式”即时结算服务，为救助对象提供便捷服务。	市民政局，各县（市）区人民政府	全市24个县（市）区全部建立并实行了医疗救助“一站式”结算服务。
20	加大扶贫开发力度，基本解决3.5万农村贫困人口脱贫问题。	市扶贫办，有关县（市）人民政府	通过扎实开展扶贫工作，解决了3.5万农村贫困人口脱贫问题。
21	市区空气质量二级以上天数稳定在320天以上。	市环保局，各县（市）区人民政府	市区空气质量二级以上天数达到320天，同比增加1天。
22	完成环城水系工程建设，实现“水通、船通、路通、景通、林带通”五通目标，形成水面217公顷、绿地477公顷。	市园林局，有关县（市）区人民政府	环城水系南线19千米已于4月份实现“五通”目标，东线12千米“七一”前实现了通水，新建河道31千米，新增水面276公顷、绿地481公顷。
23	建成集旅游观光、休闲娱乐、康体健身等功能于一体的园林博览园。（因省政府调整计划，改为明年完成）	市园林局、正定新区管委会	已完成工程总量的80%，挖湖堆山、会展中心、分展园等单体工程基本完成。
24	新建街旁游园20块，新增绿地600万平方米。	市园林局	省建投南侧等20处游园已建成开放。市区新增绿地708万平方米。
25	建成滹沱河市区段防洪堤及16千米景观带。	市水务局	市区段13.4千米防洪堤主体工程已完工，16千米景观带旅游观光路已建成通车。
26	在市区新建邮政报刊亭200个（11月7日市长办公会确定年内建设50个，剩余150个待各类占道亭棚整合规划完成后再定）。对新建和改造的住宅小区进行信报箱建设或补建，畅通群众通信服务渠道。	市邮政局、规划局	新建50个邮政报刊亭邮政部门正在催促生产厂家加紧制作，2012年1月中旬将安装到位。已将住宅信报箱建设纳入市行政服务中心联审联验程序，新建住宅楼全部配建信报箱。
27	在市区建立110个“110警务服务站”，提升市民安全感。	市公安局，市内五区人民政府、高新区管委会	110个“110综合警务服务站”已全部建成投用。

【诚信管理】 年内，“诚信石家庄”网站24小时对外开放，政府投资项目招投标信息实现及时更新。提供全市企业信用信息免费查询，实现参与石家庄市招投标项目企业信用信息上网填报。全年网站运营正常，发布新闻1.9万余条，政府关联事项4620条，浏览量达21万余人次，累计录入信息数据2.4万余条。全年接待企业办理诚信档案人员1000余人次，收录各类信息75.51万条，其中包括企业基本信息62.4万条，业绩信息0.64万条，良好信息0.23万条，提示和警示信息3.96万条，其他监管类信息6.4万条。全年更新信息5.63万条；政府关联事项信息795条（50万元以上），入库8.9万多家企业；为960家企业开通并建立诚信档案（包括外地企业）。坚持政府指导、重点推进、部门互动的原则，保证了全市18个政府部门的信用信息数据库连接和交换平台正常维护和运转，积极受理和审批政府采购5万元以上项目，其中投资50万元以上工程参与企业均建立诚信档案。

【服务协调】 全年受理市民来电来信及网上投诉22万件（次），

处解率达 96%；编发《市长公开电话日报》、《重要情况快报》312 期；承办市领导批件 124 件，办结率 100%；办理省直、驻军有关事项 56 件，满意率 100%。

（王建峰）

人力资源和社会保障

【概况】 2011 年，市人力资源和社会保障系统贯彻落实市委、市政府决策部署，坚持以民生为本、人才优先为主线，开拓进取，狠抓落实，超额完成全年各项目标任务，实现了“十二五”良好开局。举办创业政策咨询、创业项目推介、创业成果展示、大学生创业能力大赛、创业服务进高校等活动，启动创业帮扶“131 工程”大型创业援助公益活动。投资 230 余万元建成石家庄市创业孵化中心。2011 年，全市创业培训 1.42 万人，比上年同期提高 119.6%；发放小额担保贷款 5.4 亿元，同比增长 190.7%，创历史新高。全市新增个体工商户 4.8 万家，同比增长 15.2%；新增私营企业 1.6 万户，同比增长 26%。全民创业热潮蓬勃兴起，带动就业显著增长。2011 年，全市城镇新增就业 10.5 万人，实现下岗失业人员再就业 4.41 万人，城镇登记失业率为 3.81%，控制在省下达的 4.5% 以内。实现农村劳动力转移 15.5 万人。全面启动社会保障卡信息采集和发放工作，分 4 个批次开展信息采集，完成 105 万人信息采集工作。投入 1100 万元，全面提升乡镇人力资源和社会保障机构软、硬件水平。金保工程建设取得阶段性成果，完成数据中心硬件网络平台建设，应用系统建设稳步推进。编制人力资源和社会保障事业发展“十二五”规划，获得全国人事科学研究成果一等奖。年内，市人力资源和社会保障局（简称人社局）被省政府评为全省发展劳务经济先进单位，被省人社厅评为全省大中专毕业生就业工作先进单位、全省引进国外智力先进单位、“河北省人事计划工作先进单位”；被市政府评为全市“五五”普法先进单位。

（林建春）

【举办春风行动大型农村务工人员交流洽谈周】 2 月 21 ~ 28 日，组织举办全市“春风行动”大型农村务工人员交流洽谈周。此次活动共有 5204 家单位参会，提供岗位 12761 个，求职者 2.1 万人，其中 5742 人与企业达成就业意向。洽谈周中，80% 以上的用工单位开出每月 1500 元以上的工资标准，有的甚至达到 3000 元。经过市场磨练的务工人员表现理智，和高工资相比，多数人愿意选择规范性好的企业。

（李云萍）

【鼓励和支持全民创业】 3 月 31 日，市委、市政府出台《关于鼓励和支持全民创业若干政策》文件。该文件主要政策内容包括：（一）放宽创业领域和准入条件；（二）建立扶持创业专项资金；（三）加强创业培训；（四）加强融资支持；（五）加强财税支持；（六）加强创业补贴支持；（七）建立奖励机制。该政策自发布之日起执行，有效期 3 年。4 月 20 日，石家庄市召开全市全民创业广播电视大会，隆重表彰全市涌现出的“创业明星”和“创业标兵”，动员全市上下迅速掀起一场全民创业热潮。省委常委、市委书记孙瑞彬出席会议并讲话。市委副书记、市长艾文礼主持大会。市委常委、常务副市长栗进路宣读市委、市政府关于表彰“创业明星”和“创业标兵”的决定。创业标兵、创业明星代表，石家庄鹰特化工有限公司董事长赵春彩介绍成功创业的经验。各县（市）区委书记，市直机关各部门各单位主要负责人，公安、工商、税务、金融、城管等部门有关负责人和部分工作人员，市人力资源和社会保障局及所属单位副科以上干部，市直属企业集团和民营企业代表及受表彰的“创业明星”、“创业标兵”和农村劳动力、下岗失业人员、困难职工等各类人员代表约 1500 人在主会场参加会议。各县（市）区四大班子领导，县（市）区直属机关各部门各单位主要负责人，乡镇班子成员，人力资源和社会保障系统有关工作人员和各类代表在分会场参加会议。全市各级机关、乡镇（街道）、农村、社区和企事业单位组织收听、收看了会议直播。

（张明星）

【创业孵化基地达到 7 家】 11 月份，经市人社局和市财政局审核认定，全市新增 6 家单位为市级定点创业孵化基地。6家创业孵化基地分别是北方创业孵化基地、尔雅创业孵化基地、美东家政创业孵化基地、友利创业孵化基地、信息工程职业学院创业孵化基地、长安区青年创业孵化基地。至2011年末，全市共认定市级定点创业孵化基地7家。按照规定，凡属于河北籍常住户口、持有《就业失业登记证》、具备一定创业条件（有明确创业计划和创业项目）的创业人员和团队均可提出入驻申请。经专家评审通过后，可入驻孵化基地，入驻时间最长不超过3年。入驻后，创业者可享受所租驻地每日每平方米2元钱补贴，还可享受免费创业指导、融资服务、管理咨询、创业培训、事务代理、法律援助等一系列创业服务。

（李云萍）

【财政担保金用于自主创业再就业达5443万元】 2011年，全市共注入财政担保金5443万元，担保放贷5.4亿元，间接带动2.88万名下岗失业人员走上自主创业和再就业之路。在发放小额担保贷款时，把劳动密集型小企业和妇女、大学毕业生等个体创业者作为重点对象，其中个人贷款放贷3687笔，金额3.7亿元；劳动密集型小企业放贷61家，金额1.7亿元；妇女贷款占放贷总数的40%，残疾人占2%，大学生自主创业占20%。为加大对下岗失业人员的扶持力度，石家庄市还特别增加两项优惠条件：一是取消户籍限制，只要贷款人在贷款到期时未达到退休年龄，经营地在石家庄市市区内，无论是否本市户口，均可申请小额担保贷款；二是将符合相关条件的小额担保贷款额度，均提高一倍，其中对符合条件的自主创业人员，贷款额度由原来的5万元，提高到最高不超过10万元；劳动密集型小企业由原来的200万元，提高到最高不超过400万元。为缩短放贷程序，全市把过去由社区、街道办、区就业局、担保中心、银行五部门经办，压缩为由担保中心与经办银行两部门联合办公，放贷过程做到“一次性受理、一次性考察、一次性放贷”，即贷款人按要求准备齐全资料后，进入受理程序，从受理到放贷10个工作日办结。

（靳晓磊　程进升　孙福宝）

【实现“高校毕业生登记失业率为零”目标】 出台促进高校毕业生就业若干政策意见和实施方案、目标考核奖励办法等10余个配套文件，建立促进高校毕业生就业专项资金。各级成立高校毕业生就业工作领导小组，推动落实各项工作措施。全市举办面向高校毕业生各类招聘会80场，其中大型招聘会20场，进场用人单位1万多家，提供岗位17万个，达成就业意向3万人。建立“一对一”就业推荐帮扶制度，做到登记一个，推荐一个，就业一个。招募98名2011届应届毕业生、177名大学生村医开展志愿服务。征集见习岗位5760个，安排1137名应届高校毕业生到见习单位见习。开发基层管理岗位630个。2011年，全市实现高校毕业生就业4.17万人，就业率达到99.2%。没有出现登记失业应届高校毕业生，实现“登记失业率为零”工作目标。

（林建春）

【举办民营企业春季专场招聘会】 3月23日，由市工商联、市人力资源和社会保障局、市教育局联合主办的“石家庄市民营企业春季专场招聘会”在市人力资源服务中心举行。该场招聘会共有200余家用工单位参加，提供岗位1万多个，其中入场求职者有2万余人，当场达成意向的求职者4600人，占进场人数的23%。

（戴丽丽　李楠）

【出台促进高校毕业生就业若干政策】 2011年上半年，石家庄市为实现高校毕业生登记失业率为零的工作目标，按照市场配置与政府鼓励支持相结合原则，出台进一步促进高校毕业生就业若干政策，为高校毕业生就业提供多项便利。主要内容有：(1)企业接收高校毕业生给予社保、贷款等补贴。市中小企业接收择业期内登记失业的高校毕业生，签订2年以上劳动合同并缴纳社会保险费的，对企业应为其缴纳的社会保险费给予50%的补贴，补贴期限为1年。劳动密集型小企业接收登记失业的高校毕业生等城镇登记失业人员达到企业现有在职职工总数的30%（超过100人的企业达到15%）以上，与其签订1年以上劳动合同并缴纳社会保险费的，可根据实际接收人数按每人不超过 2 万元的标准，给予最高不超过 400 万元的小额担保贷款，贷款期限最长为 3 年，并按现行政策予以贴息。大型企业新增岗位和重点建设项目接收择业期内登记失业的高校毕业生，签订 2 年以上劳动合同并缴纳社会保险费的，每接收 1 名可申请不超过 1000 元的一次性新增就业补助。(2) 毕业生自主创业可申请 10 万元以内贴息贷款。登记失业的高校毕业生自主创业，可申请不超过 10 万元的小额担保贴息贷款，贷款期限一般不超过 3 年。对于合伙经营的，可申请人均不超过 10 万元、最高不超过 40 万元的小额担保贴息贷款。登记失业的高校毕业生自主创业，取得营业执照并正常经营 6 个月以上的，发放 5000 元一次性创业补助。高校毕业生创办企业吸纳择业期内登记失业的高校毕业生，签订 2 年以上劳动合同并缴纳社会保险的，除享受社保补贴政策外，每接收 1 名一次性奖励 1000 元。(3) 创建高校毕业生创业园，支持孵化创业。对所有进入园区的创业项目，给予办公场所免租金、行政事业性收费免缴和税收有关优惠政策，期限为 3 年。石家庄市还将认定一批有条件的企业为高校毕业生创业实训基地，安排有创业意愿和能力的高校毕业生进行不超过 6 个月的创业实训，增强其创办企业的能力。对创业实训基地按接收符合条件的高校毕业生数量给予实训补贴，补贴标准为每人每月 200 元。(4) 毕业生从事个体经营的，3 年内免收行政事业性收费。高校毕业生从事个体经营的，自其在工商部门首次注册登记之日起 3 年内，给予免收登记类和证照类等有关行政事业性收费及税收有关优惠政策。允许高校毕业生将符合经营条件的家庭住所、租赁房、临时商业用房等作为创业经营场所；各类市场、特色街区、早餐工程要优先安排登记失业的高校毕业生入驻经营，并按规定享受有关优惠政策。对持有《就业失业登记证》的毕业年度内高校毕业生从事个体经营（除建筑业、娱乐业以及销售不动产、转让土地使用权、广告业、房屋中介、桑拿、按摩、网吧、氧吧外）的，在 3 年内按每户每年 8000 元为限额依次扣减其当年实际应缴纳的营业税、城市维护建设税、教育费附加和个人所得税。(5) 为择业期内毕业生提供 6 个月培训，推荐就业岗位 2 次。对择业期内登记失业的高校毕业生，由人力资源和社会保障部门集中进行创业培训或职业技能培训，培训时间最长不超过 6 个月，培训期间给予每人每月 300 元生活补助，对培训机构补贴按有关规定执行。对参加培训的高校毕业生，人力资源和社会保障部门负责推荐就业岗位 2 次，实行边培训，边推荐，边就业。(6) 鼓励毕业生到基层就业。做好面向高校毕业生的“村官”计划、“农村义务教育阶段教师特设岗位计划”、“三支一扶”计划等农村基层服务项目，对报考上述项目的登记失业的高校毕业生，在同等条件下优先选用。启动市级“三支一扶”计划。每年在择业期内的高校毕业生中招募 100 名左右志愿者，安排到山区县和经济不发达县，开展支教、支医、支农和扶贫工作，服务期限为 2 年，服务期间参照省级“三支一扶”志愿者待遇执行。同时，面向择业期内就业困难高校毕业生，适当开发社区基层管理类岗位，协议期限为 2 年，参照公益性岗位人员待遇执行。

举办高校毕业生就业洽谈会

【就业（创业）服务进校园】 9月14日，河北省创业孵化园项目、创业培训和创业实训项目、高校毕业生就业见习计划等工作启动，石家庄信息工程职业学院被认定为首批省级创业孵化园，得到河北省重点扶持。全省计划每年组织2万名大学生创业培训，按政策给予培训补贴，开展创业实训，让大学生积累创业经验、提高创业能力。9月15日，河北省“就业（创业）服务进校园”活动在石家庄信息工程职业学院启动。同日，河北省大中专毕业生就业服务网、省市就业服务网与石家庄信息工程职业学院校园网正式联网，实现了全省就业服务网与大专院校校园网络的互联互通。

（李云萍）

【完善社会保障体系】 将48个村、2.76万名城中村居民和近1万名曾在企业工作未参保退休人员纳入企业养老保险社会统筹。调整机关事业单位工作人员缴费基数及离退休人员养老金统筹支付项目。出台城镇基本医疗保险市级统筹方案和城镇职工医保、城镇居民医保两个实施细则。规范工伤保险市级统筹管理，基本解决老工伤纳入社会统筹问题。实现失业保险市级统筹。各项社会保险全部完成扩面计划，到2011年底，全市城镇职工基本养老保险参保人数达到158.7万人，城镇基本医疗保险达到247.5万人，工伤保险达到103.7万人，失业保险达到89.8万人，生育保险达到120.3万人。启动第三批8个县（市）新农保试点和11个县（市）城镇居民社会养老保险试点，新农保参保256.6万人，参保缴费率达到93%；城镇居民养老保险参保缴费人数达到4.9万人。2011年企业退休人员基本养老金平均提高12%，月人均增加154元，达到1422元。扩大生育保险保障范围，提高待遇水平。工伤保险伤残津贴月人均增加250元，达到1400元；失业保险待遇月人均增加90元，最高的达到670元。组织开展失业保险基金收支、社保基金保值增值和就业专项资金专项检查，达到了完善内控制度、规范基金管理目标。

（林建春）

【失业保险实行市级统筹】 2月21日，《石家庄市失业保险市级统筹暂行办法》经市政府49次常务会研究通过，决定自2011年1月1日起，失业保险基金实行市级统筹，并遵循“五个统一”原则，即统一缴费基数核定、统一确定失业保险待遇项目及标准办法、统一事业保险业务流程、统一失业保险基金管理和使用、统一编制失业保险基金预决算。《石家庄市失业保险市级统筹暂行办法》规定，统一缴费基数核定，参保单位以全部职工上年度月平均工资总额为缴费基数，职工个人以本人上年度月平均工资收入为缴费基数。参保单位和职工个人缴费基数低于全市上年度在岗职工月平均工资60%的，以全市上年度在岗职工月平均工资60%为缴费基数；职工个人缴费基数高于全市上年度在岗职工月平均工资300%的，以全市上年度在岗职工月平均工资300%为缴费基数。新成立的用人单位和新录用的职工以及没有上年度月平均工资的，以全市上年度在岗职工月平均工资为缴费基数。全市上年度在岗职工平均工资总额按市统计局公布的数据为准。同时，在全市提出建立市失业保险中心数据库和失业保险基金实行专款专用的要求。

【《石家庄市调整机关事业单位养老保险社会统筹项目实施意见（试行）》开始执行】 2月21日，市政府第49次常务会研究通过《石家庄市调整机关事业单位养老保险社会统筹项目实施意见（试行）》，规定从2011年1月1日起执行。主要内容包括：（一）事业单位绩效工资纳入缴费基数。2011年1月1日起，事业单位绩效工资纳入缴费基数，在职人员需按新的工资总额缴纳养老保险费。缴费工资项目包括：岗位工资、薪级工资、绩效工资和未纳入绩效工资但纳入工资总额管理的各种津补贴及奖金等。（二）离退休人员补贴纳入统筹支付项目。根据规定，实行绩效工资后，离退休人员的津、补贴统一规范为离休人员补贴和退休人员补贴。规范后离退休人员补贴纳入统筹支付项目，由养老保险基金统筹支付的离退休人员项目包括：基本离退休费、离退休人员补贴、劳模荣誉津贴、教（护）龄津贴、部分离休人员按规定享受的每年1

～2个月生活补贴、护理费、交通费、养老保险津贴、丧葬费、回民补贴等。(三)机关人员缴费基数随工资调整。机关及参照公务员管理事业单位的参保工作人员，其养老保险缴费基数调整为工资制度改革后确定的工资总额。离退休人员也相应按调整后的项目发放。发放项目为：基本离退休费、离退休人员补贴、劳模荣誉津贴、部分离休人员按规定享受的每年1～2个月生活补贴、护理费、交通费、养老保险津贴、丧葬费、回民补贴、警衔津贴等。(四)自谋职业人员缴费基数相应调整。参加机关事业养老保险的自谋职业人员，参照《石家庄市事业单位实施绩效工资暂行办法》，按财政性资金基本保证事业单位绩效工资标准调整缴费基数，已退休人员的统筹项目也相应调整并由养老保险基金统筹支付。实行双基数缴费的离退休人员的缴费，按照调整后由养老保险基金支付的离退休人员养老金及离退休人员补贴总额纳入参保单位的缴费基数，由单位缴纳养老保险费。

（戴丽丽）

【发放首批社会保障卡】 10月14日，市人力资源和社会保障局开始安排部署全市社会保障卡首批发卡单位信息采集工作。10月28日，石家庄市举行社会保障卡首发仪式。全市首批共有160个单位、46万参保人员开始领取社会保障卡。社会保障卡是应用于人力资源和社会保障各项业务领域的集成电路（IC）卡，简称“社保卡”。河北省发行的社保卡还加载了金融功能，卡片装载着参保人员的姓名、性别、身份证号码等个人信息、参保缴费信息，具有在社保定点网点和金融网点查询、领取、支付、结算等功能。石家庄市社保卡发放后，首先应用于医保业务，与医保卡并行使用，并逐步取代现有医保卡。

（李云萍　苏卉卉）

【健全工资增长机制】 义务教育学校绩效工资实施工作初见成效；公共卫生和基层医疗卫生事业单位绩效工资实施工作基本完成，其他事业单位绩效工资稳步实施。将企业薪酬制度、劳动定额、工时定价、工资支付保障、特殊情况下的工资支付办法和标准、普通劳动者收入增长与经营者年薪收入增长比例等内容增加到协商内容之中，建成科学合理的工资分配和增长机制。至2011年末，全市建立工资集体协商制度企业1.27万家，建制率达到93%。

【稳定劳动关系】 全面开展劳动用工备案工作，到2011年底，全市有3426户企业纳入劳动用工备案系统，备案职工32万人，初步实现对企业劳动用工情况动态监管。开展清理整顿人力资源市场秩序、整治非法用工打击违法犯罪、农民工工资支付情况3项专项检查活动，补签劳动合同4.7万份，为4万人补缴社会保险费1799万元，为3.5万名劳动者追讨工资1.7亿元。完善劳动争议仲裁工作机制，加强调解预防。全年受理争议案件2952件，处理来信来访1.2万人次，有效维护了社会和谐稳定。稳妥做好企业改制中职工安置工作，涉及22家企业8270名职工，发放安置费用3.06亿元，解决历史形成的拖欠工资、保险、住房公积金3.44亿元。

【人才队伍建设】 市人社局会同市委组织部编制了石家庄市2011～2020年中长期人才发展规划纲要。举办第五届高级人才洽谈会，全年引进人才2.3万人，其中博士36人，硕士807人。开展引进海外高层次人才“百人计划”活动，石家庄市2名“海归”人员名列其中，入选人数在全省名列首位。完成约400名各级各类专家人选的选拔推荐工作，全市博士后工作站达到6家，建成海外高层次人才创新创业基地3个、留学回国人员创业园区2个。印发《关于加强职业培训促进就业的实施意见》，新培养高级工1.13万人，技师3447人。完成特别职业培训计划20万人。组织全市机关事业单位工勤人员参加实际操作技能考核6656名。技工院校全年招生9689人，职业技能鉴定7.6万人。圆满完成各项人事考试工作23项，参考人数达11.9万人。实施15个聘请外国专家项目，聘请18位经济技术专家和81名文教专家到石家庄市开展技术指导和外语教学。

【人事制度改革】 完善公务员录用省市县乡四级联考制度，出台事业单位公开招聘办法。开展公务员执法检查、完善科级职数备案，规范公务员登记，全面开展公安机关执法勤务机构警员职务套改工作。圆满完成全市行政机关工作人员年度考核，组织参与市城镇面貌三年大变样评选推荐，完成市政府系统第四批14个参照公务员法管理事业单位人员登记。组织政府部门科级公务员任职培训和《社会保险法》、转变经济发展方式等专题培训，培训1175人。开展“送课堂到机关”活动，培训4000多人，举办专业技术人员知识产权培训班130期，3.9万余人参加培训与考核。年内，石家庄市加强公务员队伍建设的做法在全省作了典型发言。圆满完成全市岗位设置工作，初步实现事业单位工作人员全员聘用，全市7730个单位，聘用人员17.83万名。出台转企改制人员安置有关政策，稳妥推进经营性事业单位转企改制工作。完成事业单位工作人员2010年度考核。修订职称工作办事程序，调整中级评委会10个，新组建中级评委会8个，完成高、中级专业技术职务任职资格评审6183人，发放各种考试资格证书4.54万册。完善军转干部安置办法，圆满完成481名军转干部接收安置任务；自主择业军转干部管理服务工作加强，就业率达到90%以上。

（林建春）

法制工作

【概况】 2011年，市法制工作贯彻落实国务院《全面推进依法行政实施纲要》、《关于加强市县政府依法行政的决定》和《关于加强法治政府建设的意见》，加强制度建设和法制监督，积极化解各类行政纠纷，为全市实现转型升级、跨越赶超目标和建设幸福石家庄提供了法制保障。落实市政府常务会议学法制度和专题法制讲座制度，围绕政府职能制订学法计划、选聘授课专家、印发学法资料。全年服务和保障市政府领导在政府常务会上集体学习了《社会保险法》、《侵权责任法》、《行政强制法》和《国有土地上房屋征收与补偿条例》4部法律法规；结合正定新区和城镇建设“三年上水平”实际，组织大型法制讲座1次，向各县（市）区政府和市政府各部门领导以及法制机构负责人宣讲了“土地政策和房屋征收补偿条例”知识。在市政府领导坚持学法带动下，各县（市）区政府和市政府各部门健全和完善了学法制度，普遍开展了会前学法和专题法制讲座活动，形成学法、遵法、守法、用法良好氛围，提高了各级领导干部运用法治思维和法律手段解决经济社会发展中突出矛盾和问题的能力。

【保障依法决策】 健全和完善公众参与、专家论证、风险评估、合法性审查和集体讨论决定的行政决策程序，发挥重大行政决策中的合法性审查把关作用，组织对加快转变经济发展方式、推动产业转型升级和事关重大项目建设审批、城中村改造、征地拆迁等涉及人民群众切身利益的政策措施开展合法性审查。2011年，全市合法性审查了《关于进一步优化市场主体发展环境的意见》、《大西柏坡旅游景区开发管理实施意见》、《公共租赁住房管理暂行办法》、《城市建筑垃圾管理规定》等109项重大行政决策，组织法律专家落实论证和风险评估，确保了政府行政决策的科学性、合法性。

【依法行政】 全面履行依法行政中统筹规划、综合协调、督促指导、政策研究和情况交流等职责，积极推进依法行政各项工作落到实处。2月25日，召开全市法制工作会议，印发《石家庄市2011年度依法行政工作安排意见》（石政办函〔2011〕14号），明确年度工作任务，通报表彰藁城市人民政府、石家庄市公安局等23个2010年度依法行政工作先进单位。严格落实依法行政评议考核制度。12月份，市法制办公室牵头，邀请市委考核办、市人大和市政协参加，分别评议考核了23个县（市）区政府、高新区和43个市直行政执法部门年度依法行政工作。《行政强制法》颁布后，及时组织清理涉及行政强制规定的法规、规章和规范性文件，依法明确行政强制实施的主体、依据和相关程序，并向社会公示，推动了依法行政工作深入开展。

【制度建设】 坚持科学立法。围绕全市中心和重点工作，将优化发展环境、减轻企业负担、关注民生等制度规范作为重点项目，制定出台法规、规章。全年向市人大常委会提交地方性法规草案2件，制定政府规章5件。保障房屋交易安全和规范供热用热行为，向市人大常委会提交《石家庄市房屋登记条例（修订草案）》和《石家庄市供热用热条例（草案）》；规范国有土地上房屋征收与补偿活动，制定《石家庄市国有土地上房屋征收与补偿暂行办法》；优化企业发展环境，维护企业合法权益，制定《石家庄市企业负担监督管理办法》；预防和妥善处置医疗纠纷，保障患者和医疗机构及其医务人员合法权益，制定《石家庄市医疗纠纷预防和处置暂行办法》；保障药品质量安全，促进药品零售业健康发展，制定《石家庄市药品零售监督管理办法》；预防和控制传染病的发生和流行，保障人民群众身体健康，制定《石家庄市生活饮用水二次供水卫生监督管理办法》。坚持民主立法。完善公众参与政府立法机制，切实保障人民群众意见、建议得到充分表达，合理诉求和合法利益得到充分体现，将《供热用热条例（草案）》、《公共安全视频图像信息系统管理办法（草案）》、《行政执法过错责任追究办法实施细则（草案）》和《机动车排气污染防治管理办法（草案）》等法规规章通过网络、报纸向社会公开征求意见，收到各类意见和建议300余条。拓宽法规规章起草渠道，在《国有土地上房屋征收与补偿暂行办法（草案）》起草过程中，首次邀请熟悉房地产法律事务和评估事务的2家社会专业机构全程参与起草工作，并组织省会规划、法律、评估和土地等方面专家参加论证，收到良好的社会效果。加强规范性文件管理。严格执行《河北省规范性文件制定规定》，完善规范性文件制发程序，建立专家论证、听证、社会风险评估等十项制度，对规范性文件的监督和责任追究方面，建立公众提请审查监督和责任追究制度，促进规范性文件管理科学化、法制化。加强县（市）区政府规范性文件备案管理。全年收到县(市)区政府上报规范性文件备案70件，经审查同意备案62件，通过政府网站及时公布了同意备案的规范性文件目录；加强市政府部门规范性文件前置合法性审查，全年前置审查市政府各部门规范性文件56件，对其中15件提出修改意见，决定暂缓制定4件，同意备案37件；加强规范性文件监督检查，组织集中审查、清理各县（市）区政府于2010年12月31日前发布实施的有效行政规范性文件，确认合法有效行政规范性文件115件，过期和需修改、废止文件68件。维护法制统一。坚持立“新法”与改“旧法”并重，加强清理地方性法规、政府规章和规范性文件工作。《行政强制法》颁布后，集中审查了涉及行政强制规定的37部地方性法规和3部政府规章，向市人大常委会提交出地方性法规清理意见和建议，向省政府法制办上报了政府规章清理意见；《国有土地上房屋征收与补偿条例》实施后，结合实际，及时出台《石家庄市国有土地上房屋征收与补偿暂行办法》，废止了《石家庄市城市房屋拆迁管理实施办法》；积极清理征地拆迁类规范性文件，依法废止5件，修订完善5件,有效维护了法制统一。

【行政执法】 加强监管涉企执法。贯彻落实市委、市政府关于优化发展环境一系列安排部署，强化对涉企行政执法监督。规范涉企检查评比活动，在审批市直执法部门入企检查基础上，会同市监察局建立“首违不罚”审核备案制度,明确“首违不罚”实施机关、适用范围、项目和条款等；各行政执法部门结合自身实际，制定完善了涉企检查“首违不罚”实施细则。为减轻企业负担，会同市工业和信息化局在全市126家减轻企业负担联系点中，聘任“企业负担和行政执法监督员”，赋予监督员查验执法证件、检查批准书、向相关职能部门通报违规增加企业负担和违规执法行为等职责，发挥了针对企业执法行为的监督作用。规范行政处罚行为。贯彻落实省政府《关于建立行政裁量权基准制度的指导意见》，结合实际，完善了石家庄市行政处罚自由裁量基准制度，扩大了规范行政裁量权范围，将行政许可、行政强制、行政征收等行为自由裁量权纳入基准制度的建立范围，较好地避免了行政执法行为主观随意性。落实重大行政处罚备案规定。全年备案审查16个部门实施的372件重大行政处罚案件；建立《行政处罚案件统计制度》，要求各执法部门于每季度第一个月15日前，将上季度实施的所有行政处罚情况实施统计，报送市法制办备案。加强行政执法人员培训，市直行政执法部门新进入执法岗位626人参加了行政执法资格培训考试，市直行政执法部门持有的8042个行政执法证件、行政执法监督检查证件开展了年检考试，提高了行政执法人员的综合素质。强化行政执法考核评比。以评议考核和案卷评查为抓手，开展行政执法案卷评查暨全省“百佳行政执法案卷”评选活动，在全市行政处罚和行政许可案卷评查、评比基础上，推荐6件行政执法案卷参加河北省“百佳行政执法案卷”评选，全部入选河北省“百佳行政执法案卷”，属全省地市级城市入选最多。认真受理行政执法举报、投诉案件，高度关注新闻媒体反映的问题，积极查处违规违法行政执法行为。全年共受理办结行政执法举报案件28件，及时纠正了不当行政执法行为，较好维护了公民、法人和其他组织的合法权益。贯彻落实《河北省行政执法过错责任追究办法》，制定《石家庄市行政执法过错责任追究实施细则》。

【行政复议】 贯彻落实《行政复议法》及其实施条例，以畅通复议渠道、创新办案方式、促进矛盾化解为重点，全面推进行政复议工作。全年收到行政复议申请187件，其中受理116件，答复59件、补正或告知8件、不予受理4件；办结行政复议案件101件，其中维持原具体行政行为51件、终止44件、撤销3件、驳回2件、调解结案1件。完善行政复议案件审理方式，对情况复杂、争议较大的案件，坚持运用听证方式当面审理，并由集体研究作出决定，全年共举行行政复议听证6次，集体会审3次；坚持将调解、和解方式贯穿到案情简单、争议不大的案件办理全过程，在办结的101件复议案件中，有45件通过调解、和解、申请人主动撤回复议申请，占办结案件的45%，达到了案结事了、定纷止争的效果。

【行政应诉】 贯彻落实《行政诉讼法》，以完善制度、规范程序为抓手，制定《石家庄市人民政府行政应诉工作办法》，明确政府法制机构和承办部门在行政应诉工作中的职责、工作程序和办理时限，建立结案报告制度和责任追究制度。对人民法院受理的行政案件，积极组织、协调政府及其部门出庭应诉、答辩，对涉及群体利益、影响面广的案件，加强与审判机关和复议机关沟通、联系，促进矛盾纠纷有效化解。全年办理行政应诉和行政复议答复案件67件，其中行政应诉62件、复议答复5件；行政应诉案件中，一审35件、二审21件、再审5件、重审1件。

【行政调解】 巩固和拓展“三位一体”大调解机制，开展行政纠纷调解工作由法制机构牵头，以相关职能部门为主，邀请法律专家参与，采取主动调解涉法涉诉行政纠纷方式，全年组织调解了北杜居委会复议案、高新区长江大道东延工程项目诉讼案、西柏坡高速征地补偿纠纷案等31起涉法涉诉行政纠纷，矛盾在合法、合情、合理轨道上得到较好解决，促进了社会和谐稳定。发挥行政机关化解行政争议和民事纠纷作用。年内，市司法局和市卫生局共同参与，成立“石家庄市医疗纠纷调处中心”，明确相关职责和调解流程；至年底，“中心”成立半年，受理医疗纠纷12起，成功调解5起。

（刘军）

民族宗教

【概况】 2011年，市民族宗教工作全面落实党的民族宗教政策，坚持在民族工作上“抓宣传、促团结、强发展、创品牌”，在宗教工作上“抓管理、强基础、保稳定、促和谐”，为全市社会稳定提供了支撑，为建设幸福石家庄做出了贡献。深入基层调查研究，到分包乡村帮扶慰问，向“千村帮扶联系点”捐助修路款5万元。开展宗教工作进重点乡、村问计基层干部；进民族乡村，问计少数民族群众；进宗教活动场所，问计宗教教职人员和场所负责人；进信众家庭，问计信教群众“四进四问”活动，掌握了全市民族宗教基本情况。重视信息调研工作，全年撰写调研文章40余篇，上报信息340余篇。年内，市民族宗教事务局（简称民宗局）被国家民委评为“全国民委系统法制宣传教育先进集体”，被省民宗厅评为“民族宗教工作先进单位”、“民族宗教信息工作先进集体”和“调研工作先进单位”。

【民族团结宣传教育】 按照省民宗厅关于开展“党的政策好，民族一家亲”主题教育活动要求，会同市委统战部，下发《关于组织开展“党的政策好，民族一家亲”主题宣传教育活动的通知》，在全市上下深入开展主题教育活动。4月19日和6月30日，新乐市、正定县分别开展了“党的政策好，民族一家亲”大型义诊和民族成就展活动。新华区在少数民族聚居社区开展“清真厨艺大赛”，长安区、桥东区、鹿泉市等县（市）区结合各自实际和特色也纷纷开展了形式多样的活动，收到良好的效果。在新乐彭家庄回族村大型义诊中，接待就诊群众近400人，为150人做了B超、心电图检查，受到少数民族群众高度赞扬。开展民族团结进步宣传月系列活动，在河北师大附属民族学院举办“民族团结你我共创”大型签名活动，千余名师生踊跃签名，将民族团结进步月活动推向高潮。会同市委统战部联合下发《关于开展民族团结进步创建工作的实施意见》，明确民族团结和谐社区创建标准，落实了创建活动“五进”（进机关、进企业、进学校、进农村、进社区）总体要求。强化城市民族团结和谐社区建设，向市政府申请专门扶持资金，加大建设工作支持力度，指导市内五区筛选培育新的对象，扩大试点范围，有力提升了以“民族团结和谐社区”为重点的城市民族工作深度和广度。

【创建民族工作示范村】 召开全市民族工作示范村建设推进会，贯彻省民宗厅《关于加快首批民族工作示范村创建的意见》。结合示范村工作，调动和发挥民委成员单位作用，并精心研究，向市政府提交了《关于我市2011年重点办好与人民群众切身利益密切相关的8个方面27件实事过程中向少数民族和民族地方倾斜的建议》，开展对口帮扶，确保少数民族地方得到更大的政策扶持，卫生、水务、文广新、体育、教育等市直部门充分响应，积极落实，纷纷安排和部署对口帮扶工作。10月份，省民宗厅检查验收全市民族工作示范村创建，4个试点村顺利通过验收。2009～2011年，全市各示范村累计实施创建项目33个，资金投入8729.48万元；修路硬化路面46480平方米，打井25眼，自来水管网改造8750米；新民居建设总投入5350万元；发展特色产业投入2230万元，促进农民人均增收2562万元；新建村民中心1900平方米，文化广场5000平方米。通过开展创建活动，民族乡村各族群众的生产生活条件得到明显改善。落实扶持项目。在充分征求意见，突出民族工作示范村建设、城市民族团结和谐社区创建等重点项目基础上，积极争取少数民族发展资金项目。2011年，省财政下达石家庄市少数民族发展资金180万元，支持了12个县（市）区17个项目；市本级少数民族发展资金40万元，扶持了5个县（市）区10个项目。做好“十二五”期间民贸民品定点生产企业管理工作。开展全市民贸民品生产企业情况摸底调查，确定增选6家企业并上报省民宗厅；推动全市民贸民品定点生产企业开展技改贴息贷款项目申报，享受优惠利率流动资金贷款贴息额2634万元，享受技改贷款贴息额45万元，为企业发展增添了后劲。

【推进民族聚集区建设】 以积极筹备参加全省第三届少数民族文艺调演为契机，弘扬和挖掘民族文化，制订参演方案，筛选参演节目，精心组织准备，在正式会演中，石家庄市选送3个节目分别获得一、二、三等奖。根据中宣部、教育部、国家民委要求，协调市教育局开展民族团结教育进学校、进课堂、进教材、进头脑“四进”活动，配备教材，设置课时，充实师资，推进民族团结教育向纵深发展。帮助民族乡村和民族地方加强文化、体育、卫生等基础设施建设，在市民宗局积极协调下，长安区组织81中、21中与藁城市九门民族中学开展“手拉手”帮教活动。市体育局在新华区新合街等11个社区安装了健身路径，在藁城市东蒲城等7个村（街）安装了农民健身工程，在新乐市彭家庄乡建设了带看台的灯光篮球场、健身路径和乒乓球台等乡镇体育健身工程。市文广新局在藁城市九门村等7个村建设农家书屋，在藁城市九门回族村等7个民族村及少数民族较为聚居的地方免费放映电影120场，组织优秀剧目展演和送戏下乡演出120场。市卫生局在正定县顺城关村等8个回族村建设标准化村卫生室，竣工6个，投入使用2个，8个标准化村卫生室建设总面积1466平方米，投入资金185.9万元；在无极县高头回族乡中心卫生院安排彩超、麻醉机、X线机等价值100万元设备；在藁城市九门回族乡一般卫生院安排心电监护仪、救护车、X线机等价值60万元设备；在新乐市彭家庄回族乡一般卫生院安排彩超、心电图机、X线机等价值60万元设备。召开各县市区和3个民族乡参加的全市民族统计工作会议，安排、部署和完成2010、2011年全市民族统计工作。结合民族文化和民族习俗，推行少数民族特色村建设，培育发展特色产业，繁荣少数民族文化。指导扶持藁城市九门村按照市政公路标准绿化、亮化、美化新赵线九门村段，规划、建成清真餐饮一条街，远近闻名，沿街门店达50余家，年营业额达1500多万元；辛集新城南街村建成牛羊鸡养殖、屠宰、加工、销售一条龙发展模式，形成清真糕点、香油、牛羊鸡肉、餐饮服务一条街。

2011年9月21日，举办清真厨艺大赛

【引导宗教适应社会】 组织宗教团体和教职人员深入挖掘、整理和阐释教规教义中有利于社会和谐、时代进步的内容。9月8日，市委统战部、市民宗局共同举办全市宗教界“弘扬爱国爱教传统，共建和谐省会”主题演讲活动，在此基础上，推举3名选手参加全省主题演讲比赛。指导市基督教举办神学思想建设研讨会，6名牧师长老作典型发言，70多名教职人员和同工参加研讨会。市道教界开展建党90周年唱“红歌”活动。总结十年全市开展伊斯兰教解经工作经验和做法，提高了伊斯兰教教职人员整体素质。开展惠民活动。鼓励、支持宗教团体建立健全公益慈善机构，开展慈善活动。年末全市佛教、天主教、基督教各建有公益慈善机构1个。开展“同心同向助民生”活动。市佛教界开展“百寺帮百村”活动，向贫困村、贫困户捐款130.05万元，面粉5200千克，大米2400千克，食用油240桶，衣物12000余件，资助特困儿童80名，开垦荒地133.33公顷；市基督教界向癌症患者、赵县孤儿院、晋州灾民捐款11.3万元，向孤寡老人和贫困家庭捐助米、油、面价值5200元，为鹿泉谷家峪村义务修路2千米，为社会各界群众义诊1300人次；市道教协会为聋哑儿童捐助助听器价值4万元；市天主教爱国会教徒向灵寿县贫困户捐献衣物1000余件。开展“一创一评”活动。2011年，经过评选，全市推荐虚云禅林等10个场所和释果通等10名信教群众上报河北省，受到表彰，其中基督教冯摩西长老作为全省五好群众代表在河北省表彰会议上作典型发言。12月1日，全市召开首届和谐寺观教堂先进单位和五号信教群众表彰大会，表彰了60个和谐寺观教堂创建先进单位和70名五好信教群众。年末全市有宗教场所465个，其中243个场所达到创建标准。宗教团体建设。开展宗教活动场所巡视制度；健全完善宗教团体工作制度，重视抓好规章制度落实；提升守法意识和宣传宗教政策法规主动性，推动宗教团体实行民主管理。2011年，重点调整了天主教石家庄教区临时管委会班子，制定、完善财务制度、会议制度和工作制度，促进了教区工作规范化、制度化。详细调查、了解、协调、处理市清真寺寺管会内部矛盾，制定解决矛盾措施，为伊斯兰教协会换届打下基础。经过市、县宗教干部和市佛教协会艰苦细致工作，完成有明老和尚圆寂后正定临济禅寺负责人推选、任用，实现平稳过渡。

【“两个专项”工作】 “两个专项”工作是指宗教教职人员认定备案和宗教活动场所财务监督管理工作。宗教教职人员认定备案于2011年全部完成。宗教活动场所财务监督管理，2010年确定26个宗教活动场所作为试点单位，其中省级试点单位5个，市级试点单位10个。至2011年末，各试点场所均成立财务管理小组，规范了会计、出纳制度，建立起会计账簿、会计凭证、会计报表，制定了年度预算并定期向信教群众公布财务收支情况。3月份，全面推行财务监管工作具体要求，并参加全省宗教活动场所财务监管工作经验交流会，石家庄市工作和管理模式得到省民宗厅肯定，予以推广。10月28日，市民宗局组织全市154名宗教活动场所财会人员开展上岗培训考试，并向149名通过考试人员颁发了宗教活动场所财会人员上岗资格证书，夯实了宗教活动场所财务监管基础。12月1日，召开全市宗教活动场所财务监管工作经验交流会，5个县（市）区作大会发言，7个县市作书面交流。

【依法治理基督教私设聚会点】 年内，在调查摸底基础上，分析研究了基督教46处私设聚会点情况，提出突出重点、先易后难、分类治理思路和办法。以解决安息日教派私设点作为治理工作重点，采取取缔、合并、以堂代点、整顿登记4种办法开展治理。深入10个县（市）区15个私设聚会点现场查看、逐个调研督导，除与私设点负责人座谈交流外，重点与县级宗教团体负责人谈话，沟通交流思想，宣讲国家关于宗教场所设立、登记及处理教派问题等方面的政策、法规，并向县级宗教工作部门提出解决意见和具体要求。年末全市46处私设聚会点，依法取缔16处，以堂代点5处，合并2处，整顿登记6处，正在整顿拟审批登记私设点17处。

【开展培训教育】 重视少数民族干部工作，选派少数民族科级干部参加在北京举办的少数民族中青年干部培训班，提高了少数民族干部素质。调查教职人员综合素质，全面分析教职人员男女比例、年龄结构、学历、参加省培训情况、政治安排、思想状况、在宗教团体安排情况等，做到有针对性地抓好教职人员队伍建设。加强神职人员思想教育，选派、组织11名伊斯兰教教职人员参加省伊斯兰教协会举办的“海里凡”培训班、全省宗教教职人员培训班和河北师大大专班学习，指导市伊斯兰教协会举办全市新编“卧尔兹”演讲比赛，提高了伊斯兰教教职人员整体素质和水平。组织天主教神职人员骨干到革命圣地延安参观学习，开展革命传统教育；组织市天主教上层人士参加省委统战部、省民宗厅举办的政策法规培训班，增强了天主教信教人员的国家意识、法律意识、责任意识和走独立自主、自办道路的信心。举办基督教形势教育报告会，市县基督教两会、重点场所负责人及部分宗教干部等300余人参加，增强了基督教界爱国爱教的自觉性。

【基层基础工作】 按照国办发

2011年9月8日，开展“弘扬爱国爱教传统 共建和谐社会”主题教育活动

〔2008〕33号文件和《河北省清真食品管理条例》规定，加大清真食品监管工作。2011年，协调解决了多起擅自悬挂清真食品招牌假冒清真食品问题，纠正了部分清真食品生产销售企业操作、流程、摆放不规范问题，维护了广大少数民族群众合法权益。指导有关县（市）区妥善处理十余起涉及少数民族群众矛盾纠纷，有效维护了民族团结大好局面。按照国家宗教局和省民宗厅文件要求，摸底调查和督导检查全市宗教教职人员参保情况，研究相关措施，推广一些先进县（市）区工作经验，为全面完成好宗教教职人员社会保障工作，维护宗教教职人员合法利益奠定了基础。加强数据库建设，召开全市宗教数据基础信息数据库建设工作会议，强化工作责任，培训专管人员，要求市县两级专人负责信息采集录入。到2011年底，国家宗教局信息采集系统全部完成，省民宗厅数据库基本录入完毕。完善民族宗教矛盾纠纷排查化解协调联动机制和预警机制，研究制定《石家庄市宗教工作“四位一体”目标管理责任体系》、《关于完善宗教工作矛盾纠纷排查机制的意见》、《关于集中开展信访突出问题百日会战活动的实施方案》，修订完善《石家庄市处置宗教突发性事件应急预案》，推广“主体在县，延伸到乡，落实到村，规范到点”工作方式，实现宗教工作重心下移、关口前移。年内，妥善处置解决了基督教大经街教产拆迁安置矛盾纠纷；圆满完成正定临济寺有明法师圆寂周年法会活动维稳工作。

（张建营　徐焕力）

外事侨务

【概况】 2011年，市外侨办按照“加强管理，规范程序，提升形象；发挥优势，助力经济，再树品牌”工作思路，圆满完成外事侨务各项工作任务。6月份、10月份组织美国、澳大利亚、日本、俄罗斯等国家20余名驻石家庄外国友人观摩全市三年大变样工程，参加河北电视台“激情大冲关”外国友人专场节目，活跃了驻石外国人生活，提升了石家庄国际知名度。12月份，成功举办一年一度驻石外国友人圣诞联欢活动。连续9年，日本长野市木下雅裕向赞皇县孤山直富希望小学捐资助学，2011年又捐资50万日元。至2011年底，全市海外联络员发展到550余人，与海外30余家海外华侨华人社团建立联络关系。年内，市外侨办获得全国侨办系统先进单位和市级文明单位称号，被授予全市“五五普法”先进集体、先进基层党组织、模范职工之家、“巾帼建功”先进集体等荣誉和称号。

【对外合作】 全年5位市级领导率团出访11个国家和地区，推动一大批对外合作项目洽谈合作。11月份，王大军副市长率团出访日本长野市，以参加石家庄市与长野市结好30周年庆祝活动为契机，与日本十几家企业洽谈交流，推动一批项目取得进展。10月份，市外侨办与商务局带领32家企业组成经贸代表团到非洲埃塞俄比亚访问，实地考察石家庄市在埃塞俄比亚建设的石家庄工业园。在全市举办的正定小商品博览会（简称正博会）、动漫国际博览会（简称动博会）、医药博览会（简称药博会）和石家庄国际投资贸易洽谈会（简称石洽会）等重大招商引资活动中，市外侨办挖掘外侨资源优势，服务大局，每

2011年12月21日，举办驻石外国友人圣诞联欢会

次都圆满完成邀请外国驻华使节、外国地方政府商务代表团、海外侨商代表团参会和翻译等任务。

【对外交往】 全年石家庄市与外国交往增多，人员往来密切。邀请加拿大等35个国家81名驻华使节，接待朝鲜劳动党书记处代表团、荷兰南荷兰省代表团、韩国天安市政府代表团等37个国外代表团410人次到石家庄考察访问、洽谈合作；派遣石家庄市代表团到日本长野市、韩国天安市等国际友好城市访问。与以色列卡梅尔市、瑞士蒙塔纳市、瑞典马尔默市建立友好联络关系。3名语言研修生到日本学成归国；市第三医院与韩国天安市檀国大学签署合作协议；市文化代表团到韩国参加一年一度韩国兴打令艺术节。与世界500强企业交流增强，美国AGT国际集团、英国纳斯达克公司、瑞典西纳普家具公司等500强企业代表团到石家庄洽谈合作。民间交往增多，石家庄市与日本长野市实现中学生互访；帮助石家庄外国语学校6名师生到美国得梅因市参加全球青年营活动；美国豪斯曼音乐代表团到石家庄访问演出；支持帮助石家庄外国语学校与瑞典法尔肯贝里市市立高中合作建立孔子学堂。

【外侨服务】 全年为69名（高考43人、中考26人）参加考试侨务人员子女办理加分手续；实施贫困归侨侨眷特别救助17户；为11名归侨侨眷提供实质性服务；为12名退休归侨职工办理补贴手续；对10家重点侨资侨属企业实行挂牌服务；与8家侨资侨属企业建立定点帮扶关系。利用元旦、春节、中秋、国庆等传统节日深入8个县（市）区，对25户80名困难归侨侨眷、55名侨界知名人士和20家侨资侨属企业开展慰问活动。6月份，配合省侨办成功接待全国人大华侨委员会视察团；12月4日，开展一年一度侨法宣传日活动，邀请和接待澳大利亚、美国等海外华侨华人12批70余人次。8月份，市人大常委会主任会议听取全市港澳工作情况汇报，这是近年市人大常委会第一次专题听取汇报，极大地推动了全市港澳工作。

【涉外管理】 实行企业团组和紧急任务团组开辟“绿色通道”快捷服务，积极为民营企业人员办理APEC商务旅行卡，提高办理效率；辑印新版《中国领事保护和协助指南》。年内，新西兰和日本发生地震后，及时与石家庄市驻两国公民取得联系，争取到外交部支持，为市民提供了必要的领事保护服务。拓展领事认证业务范围，与3家公证事务所建立合作关系，全年为出国旅游、探亲、留学等人员办理领事认证业务65份、办理因公护照签证79批254人次。涉外归口管理加强。全市实行重大涉外事项报告处置制度，严格外国人到中国邀请和签证管理。5月份，利用“石家庄市涉外法律服务中心”平台，成功举办全市涉外法律服务对接交流会。

（杨春丽）

经济研究

【概况】 2011年，市政府研究室强化责任、转变作风、提升效率，按要求、高质量地完成市领导交办和年初确定的各项目标任务。全年完成市领导交办《石家庄市国民经济和社会发展第十二个五年规划纲要的报告》、《关于整合资源，统筹推进，倾力打造省会东部产业新城的意见》、《关于统筹推进、突出重点 实现社会管理创新工作新突破的报告》等重要文稿10篇；撰写《关于统筹推进省会文化创意产业发展的思路与建议》、《关于拓宽农民增收渠道，实现人均纯收入翻番的思考与建议》等重点调研课题21篇；批示转化率达到85%以上。年内，市政府研究室获得全省调研咨询系统先进单位、市级普法先进单位称号，主办的市政府机关刊物《石家庄经济》被评为省会双十佳内部资料性出版物。

【重要文稿起草】 坚持高质量完成市政府领导交办事项和重要文稿起草作为服务全局、服务发展、服务领导决策的重要任务，积极适应全局性、综合性、创新性重要文稿多的新特点，按照“精心组织、力求创新、多出精品”思路，集中精力和人力，发挥研究室全体人员的整体效能，按时间、高质量地完成各项重要文稿起草工作，在服务领导层次和水平上均取得较大提升。撰写《政府工作报告》是研究室重要职能之一，研究室集中人力物力，组成起草小组，超前谋划，深入调研，精心构思，反复修改，较好地完成《石家庄市国民经济和社会发展第十二个五年规划纲要的报告》和《2012 年政府工作报告》，按要求顺利提交市十二届人大四次和五次会议审议，受到“两会”代表、委员一致好评，成为市政府指导全市经济社会发展的纲领性文件。按照市委书记孙瑞彬指示精神，研究室组织发改委、藁城经济开发区等 6 个单位和部门，在充分调研基础上，完成《关于整合资源，统筹推进，倾力打造省会东部产业新城的意见》，提出规划范围、发展定位、推进步骤、实现目标和体制机制等战略问题，为市委、市政府决策提供了依据。为加快推进石家庄市社会管理创新工作，在深入调研基础上起草了《关于统筹推进、突出重点 实现社会管理创新工作新突破的报告》、《我市发展总部经济的思路与对策》、《东部工业新城发展对策与建议》、《石家庄城市文化形象定位的基本要素》、《关于创建石家庄综合保税区的建议》等重要文稿，均受到市政府领导高度评价。

【研究成果】 按照“围绕中心、贴近实际、服务决策、提升层次”要求，加大调研工作力度，完成一批较高质量研究成果。结合和平路交通实际情况，撰写《和平路高架桥西延可以缓解局部交通涌堵问题》，提出“拉开、完善、提升、破解、提速”等对策建议。撰写《关于统筹推进省会文化创意产业发展的思路与建议》，提出通过创新运行机制、加强规划约束、强化政策支持、提高创新能力、增强可持续发展能力等措施，加快全市文化创意产业集聚区发展。着眼缩小城乡居民收入差距，破解城乡二元结构问题，调研撰写了《关于拓宽农民增收渠道，实现人均纯收入翻番的思考与建议》，提出提高产业化经营程度、解决资金难题、提高社员素质、建立专业合作社联合会等建议。还完成《我市会展业定位问题研究及对策建议》、《对我市老龄化情况的调查建议》、《破解四大瓶颈，实现四个转变，推进东部 9 县（市）工业经济跨越发展》、《关于推进职业教育校企合作实现“四方”共赢的对策建议》、《关于提升我市学前教育水平的调查与建议》等专题调研报告，为促进全市工作发挥了建议献策作用。

（谷鹏）

地方志工作

【概况】 2011 年，市地方志办公室（简称方志办）以学习宣传贯彻落实《地方志工作条例》、《河北省地方志工作规定》为动力，以全方位推进地方志书、年鉴、地情文献和为现实服务工作为目标，以全面完成市、县两级志书编修工作为重点，狠抓工作落实，全市地方志工作取得较大进步。年内，市志办被河北省评为“地方志工作先进集体”。修志工作。石家庄市辖 23 个县（市）区，包括市本级在内共需编修志书 24 部，其中桥西区、新华区为通志。2011 年，市地方志办公室按照省志办的部署与要求，推动全市地方志工作特别是二轮修志工作扎扎实实向前发展，取得了阶段性成果。《石家庄市志》（1991 ～ 2005）通过加强和对工业篇目采取承包撰稿方式，基本完成总纂稿。县（市）区志编纂出版 6 部，分别是《井陉县志》、《井陉矿区志》、《行唐县志》、《正定县志》、《栾城县志》、《长安区志》。另有《裕华区志》、《辛集市志》、《新乐市志》、《赞皇县志》、《赵县志》通过专家评审；《元氏县志》完成送审待组织专家评审；《藁城市志》、《晋州市志》、《灵寿县志》、《高邑县志》、《桥东区志》、《新华区志》通过市级初审；《平山县志》（涉及到下限下延问题）、《深泽县志》、《无极县志》、《桥西区志》等 4 部志书正在有序编纂中。部门专业志、乡（镇）村志编修工作深入开展，《井陉县财政志》、《元氏县财政志》、《高邑县财政志》、藁城市《贾村志》等志书完成出版发行；《赞皇县教育志》完成专家评审；元氏县《三道坡村志》完成总纂。年鉴工作。市方志办通过抓基层供稿质量、建立明确的时间进度要求和责任分工、加强责任编辑业务培训等，做到《石家庄年鉴》从 2005 年起，连续 5 年完善提质，编纂质量逐年提高。县（市）区通过贯彻落实国家和省地方志工作会议精神，围绕可持续发展做文章，扩大地方综合年鉴编纂工作覆盖面。至 2011 年末，全市地方综合年鉴编纂出版数量达到 6

家，分别是鹿泉市、晋州市、栾城县、井陉县、赵县和市本级，其中《石家庄年鉴》、《栾城年鉴》录入中国版协年鉴数据库，其他17个县（市）区全部启动地方综合年鉴编纂。地情资源开发利用、理论研究和方志信息工作。各县（市）区方志办、史志办为本地地情资源开发利用做了大量工作。元氏县出版《中国历史文化名山—封龙山》和《元氏历史文化概览》，正在编写《封龙山和蟠龙湖》；灵寿县完成明万历版《灵寿县志》大部分译注工作，并指导完成“北纪城秧歌”非物质文化遗产的抢救挖掘与申报工作；鹿泉市史志办继续与市电视台联合创办《足迹》栏目，宣传为社会作出重大贡献的鹿泉人及为鹿泉作出重大贡献的客籍人物，并为河北省英烈纪念园提供了部分英烈资料；藁城市方志办积极参与旧城改造、文明生态村建设、南水北调工程、地界勘查等方面工作发挥了信息咨询功效；深泽县方志办配合团县委编写《可爱的深泽》专题文史资料，为挖掘该县历史文化发挥了重要作用。年内，为调动全市地方志工作者刻苦钻研方志编纂工作业务和理论研究积极性，市方志办下发《关于进一步加强方志业务和理论研究的通知》（石志办字〔2009〕4号），规范了全市方志工作者在省级以上刊物发表理论研究文章，及在省级以上举办方志理论研讨评比中获得优秀论文等物质奖励办法。至2011年末，全市地方志工作人员在省级以上地方志刊物发表理论研讨文章4篇；全市印发方志信息15期40余条。

【省政府督查二轮志书编修】 9月20日，由省政府督查室副主任江克军、省方志办主任杨洪进等组成省政府联合督查组对石家庄市地方志工作，特别是二轮志书编修工作检查督导，市政府办公厅副主任赵志敏代表石家庄市就全市二轮修志工作做专题汇报。各县（市）区主管领导和方（史）志办主任参加会议并分别就本单位方志工作进行了汇报。省政府督查室副主任江克军、省方志办主任杨洪进分别对石家庄市二轮修志工作取得的成绩给予肯定并提出四点意见：一是提高认识，强化保障；二是对标先进，以快补晚；三是加强督查，确保落实；四是落实条例，依法行政。市政府办公厅副主任赵志敏表示将按照省政府工作部署，抓好落实，并以此次督查作为拐点，进一步做好全市二轮修志工作。

2011年9月20日，市地方志办公室主任曹立波（右一）向省政府督查组汇报修志工作完成情况

【召开全市方志工作调度会】 为贯彻落实河北省地方志工作会议精神，7月7日，市地方志办公室在汇文大酒店召开由各县（市）区地方志办公室主任、志书主编参加的工作调度会。会议传达学习了河北省常务副省长赵勇《在省地方志编纂委员会工作会议上的讲话》，听取了各县（市）区关于年初以来地方志工作进展情况汇报，并进行了点评和指导。会议总结回顾上半年工作进展情况，部署了下半年工作任务。会议要求各县（市）区要以学习贯彻省地方志工作会议精神为动力，以落实年度工作目标为重点，明确任务目标，加大工作力度，确保完成以编鉴修志为中心的各项任务。

【《裕华区志》（2001～2005）通过省终审】 2011年上半年，裕华区政府按照省市方志办领导和有关专家评审意见，由市方志办组织力量对区志进行认真修改，经过6个多月修改完善后报省地方志办公室终审。7月22日，《裕华区志》（2001～2005）顺利通过省方志办终审，评审领导和专家一致认为该志指导思想正确，体例完备，文风端正，语言朴实流畅，地方特色和时代特点突出，同意交出版社进行印前规范性审核把关。成书前，裕华区进一步做好了修改、核对、校对等工作，并收集整理200多幅有价值的珍贵照片充实到志书，使志书做到了图文并茂。

【《辛集市志》（1986～2005）通过专家评审】 2010年12月27～28日，《辛集市志》（1986～2005）评审会在辛集市金皇冠大酒店召开。中国地方志指导小组办公室处长张英聘，河北大学教授吕志毅，省地方志办公室原副主任王广才等方志专家应邀出席会议。晋州市、藁城市、深泽县、市桥西区方志办人员列席会议。辛集市志主编张文奇介绍志书编修情况，与会专家先后发言对志稿进行认真评审。评审专家一致认为《辛集市志》（1986～2005）评审稿观点正确、资料详实、语言精练，是一部质量较高的评审志稿，同意该志稿通过评审。同时，对存在的缺憾和不足提出具体的修改完善意见和建议。

【《赞皇县志》（1991～2005）通过专家评审】 3月7～8日，《赞皇县志》（1991～2005）稿评审会在赞皇县宾馆二楼会议室召开。省方志办原副主任王广才、副编审任丽英，衡水市原方志办主任武铁良、邢台市原方志办主任张西服等专家应邀出席会议。与会专家先后发言对志稿进行认真评审，认为该志稿观点正确，资料翔实，语言流畅，是一部基础较好，质量较高的评审志稿，对志稿中存在的缺憾和不足等提出具体的修改完善意见和建议。参会专家同意该志稿通过评审，并要求认真加以修改完善，将其打造成体例完备、质量上乘的优秀志书。

【栾城县史志办开展学习贯彻《地方志工作条例》五周年纪念活动】 5月18日，栾城县史志办在县城大桥路悬挂主题横幅标语，布置方志条例和知识问答展牌2块，向群众印发以宣传栾城县历史、县情、地情知识，县委、县政府中心任务和建党90周年为主要内容的宣传材料1000余份，并围绕以上内容现场进行有奖竞答活动，向群众发放《栾城县志》50本、《栾城年鉴》100本。

【《石家庄市交通运输大事记》(1991～2010）通过专家评审】 6月2日，由市地方志办公室和市交通局共同组织召开的《石家庄市交通运输大事记》（1991～2010）评审会在国海大酒店举行。省、市地方志办公室有关专家和编纂人员出席会议。与会专家分别作了评审发言，认为该大事记观点正确，资料丰实，体例完备，特点亮点突出，客观真实地反映了石家庄市近20年来交通运输事业改革、发展的历史轨迹和辉煌成就，具有较强的资政存史价值。对需要修改补充的地方提出具体的意见和建议。

【赞皇县召开教育志稿专家评审会】 5月30日，《赞皇县教育志》稿专家评审会在赞皇县宾馆召开。省教育厅史志鉴研究室、市教育局、市地方志办公室有关领导和专家应邀出席会议，赞皇县有关领导和县教育局领导出席会议并讲话。与会专家对《赞皇县教育志》稿给予充分肯定，同时提出具体修改建议和意见。会议确定通过该志稿评审。

【举办卫生志编纂经验交流暨培训会】 7月29～30日，市卫生局组织召开《石家庄市卫生志》编纂工作经验交流暨培训会。市卫生志编纂办公室全体工作人员、17个市直属医疗卫生单位和22个县（市）区卫生局主笔人员共60人参加会议。会上，市卫生监督局、市五院、市八院、井陉矿区卫生局和无极县卫生局的卫生志编纂主笔人员分别介绍了编纂工作经验，并现场展示卫生志资料样稿。市地方志办公室主任王孟新从方志学角度，为与会人员讲解了志书体例、规范等相关知识，以及在资料收集、选择和撰稿过程常见问题及解决策略，详细解答了卫生志编纂人员日常工作中遇到的困惑。会议要求继续加快进度，确保在规定时间节点内上报志稿。

【《藁城民政志》正式出版】 由藁城市民政局主持编纂的《藁城民政志》（上下册）正式出版。该书是石家庄市首部县级民政志书，在藁城市民政发展史上具有十分重要的意义。该志书上限为市境内民政活动之发端，下限到2008年，部分内容适当下延。全书客观、真实记述了藁城民政工作的历史和现状，重点反映了改革开放以来藁城民政事业的发展历程。该志书采用编、章、节结构，共设7编37章94节，140余万字，附有图照200余幅。书中述、记、志、图、表、录诸体并用，以志为主。首设概述，次为大事记，余为政区人口、自然环境、民情习俗、民政机构、民政事务、英烈人物及附录。该书资料翔实，体例完备，图文并茂，地域特色浓郁，集史料性、信息性、可读性于一体，具有较高的存史和研究价值。

【元氏县正式启动年鉴编纂】 2月28日，元氏县召开年鉴编纂工作会议，各乡镇、县直各部门、各驻元单位主管副职和办公室主任参加会议。会上宣读了《关于征集2010年年鉴材料的通知》和《关于调整元氏县地方志编纂委员会成员的通知》。县委常委、常务副县长王建华就编好元氏县2011卷年鉴编纂工作讲了具体意见，指出元氏年鉴作为系统的、权威性地情资料，是县委、县政府信息工程的重要基础资料，在制定各类规划、基础设施建设、资源开发、防灾减灾以及自然文化遗产申报等方面，有着其他资料书籍不可替代的作用。要求所属单位部门以严肃认真的态度和高度负责的精神落实县委、县政府这一工作部署，将年鉴编纂工作列入重要工作日程，抽调专人，严格分工，明确时间和质量要求，加强调度，确保按时、按质、按量完成年鉴编纂组稿任务。

【《栾城年鉴》编纂工作会议召开】 3月15日，栾城县政府召开《栾城年鉴》编纂工作会议。各乡镇、县直各部门主管副职及办公室主任参加会议。会上县方志办主任宣读了县委、县政府《关于做好2011卷〈栾城年鉴〉编辑出版工作的通知》，并对年鉴组稿、供稿工作进行讲解。会议总结了栾城县年鉴编纂工作取得的成绩，部署和安排了2011年年鉴工作，要求全县所属各单位和部门充分认识编纂年鉴工作的重要意义，认真梳理入鉴资料，着重记述各行业、各单位发展的新举措、新亮点，认真撰写年鉴条目，确保按时完成年鉴供稿、组稿任务，实现年鉴事业可持续发展。

【元氏县首部村志《三道坡村志》出版发行】 8月份，元氏县第一部村志《三道坡村志》正式出版发行。该志从明崇祯3年（公元1630年）三道坡有第一户居民开始，下限止于2006年6月30日，详细记述了该村的历史与现状，包括概况、村民、党政、生产、生活、特产、工程、文化、习俗、人物、民谚、大事、传说、血案等14个部分，共15万字，具有重要的资政、教化、存史作用。该志首次发行500册。

【《井陉年鉴》（2011）出版发行】 9月份，由井陉县委史志办组织编纂的《井陉年鉴》（2011）正式出版发行。《井陉年鉴》（2011）为大16开本，总第10卷，全卷共计48万余字，设12个类目、108个分目。该年鉴装帧庄重典雅，内文图文并茂，年鉴卷首设“领导视察”、“重要会议”、“农村建设”、“民生工程”、“绿色井陉”、“县城建设”、“文化井陉”等彩页若干张。内文主要记述了2010年全县经济社会发展的基本情况、发生在县域内的重大事件和重要活动，记述发展变化兼有适当年度对比，客观反映和记载了2010年全县物质文明、政治文明、精神文明和生态文明建设的新成就。

【正定县史志办举办建党90周年图片展】 6月29日，正定县史志办公室在该县子龙广场举办建党90周年图片展，展览共分4个部分，展出图片100余幅。第一部分为“正定党组织在战争年代”；第二部分为“永远的丰碑”；第三部分为“光辉的历程”；第四部分为“立党为公执政为民”。县委、县人大和县政府有关领导参观展览，并为参观的群众发放了正定党史书籍，参观干部群众达1000余人。通过展览，正定县广大干部群众进一步了解了党的历史，增强了热爱党和建设美好家园的热情。子龙广场展出后，按照县委主管领导的要求，县史志办还深入机关、学校、厂矿企业进行了巡回展出。

【《刘铁侃方志文集》出版发行】

2011 年“七一”前夕，《刘铁侃方志文集》由河北人民出版社正式出版发行，作者系石家庄市政府地方志办公室原主任刘铁侃。《刘铁侃方志文集》为 32 开本，内文 11 万字，附有照片 10 张，表格 2 个，以文为主，文图表互补；内容包括论文、志文、书评、讲话、规划、述职、其他共 7 个部分。该文集是刘铁侃参加方志工作 25 年参与两次修志的真实记录和经验总结，对修志工作有理论上的探讨，又有实践上的典型范例，从理论和实践结合上说明问题，可操作性强，是修志工作者乃至机关文秘人员值得学习、揣摩的一本有实用价值的理论书籍。

石家庄市地方志办公室

主　任：曹立波

副主任：刘建洲　武光宇

（王建峰　肖海军）

机关事务管理

【概况】 2011 年，市机关事务管理局认真履行管理、保障、服务职责，在保障机关运转、降低行政成本、改善干部职工生活等方面，发挥重要作用，做出积极贡献。贯彻落实《食品卫生管理规定》和《食堂饮食安全管理暂行规定》，严格执行《餐饮业食品原料采购索证登记》和《消毒登记》等制度，确保了机关食堂食品安全；采用“走出去、请进来”和岗位练兵、业务技能竞赛等方式，提高了炊管人员业务技能和生活服务保障水平。完善管理体制机制建设，督导全市 24 个县（市）区和 74 家市直单位开展公共机构节能；在全省率先统计上报公共机构能源消耗情况，率先开展考核评价，率先出台年度考核评价办法；积极参与“市节能宣传周启动仪式”和“能源紧缺体验日”活动；“十一五”期间，全市公共机构人均综合能耗降低率完成 21.15%，超额完成降耗 20% 目标任务。

【安全保卫】 定期召开市委、市政府机关安全工作会议，分析机关大院安全保卫形势，通报相关情况，针对突出问题，及时整改。保卫处配合内卫、公安、信访、消防等多部门协调联动，采用“人防、物防、技防”三位一体方式，大力加强机关大院安全管理。举办机关安全工作学习培训班，培训机关大院各委办局安全工作骨干 55 人。清理机关院内长期停放和过夜车辆，有效缓解了机关大院停车、行车压力。

【车辆管理】 年内，根据中央、省安排部署，机关事务管理局承担起全市公务用车专项治理。全市成立以市纪委书记司存喜为组长，机关事务管理局局长古临江为常务副组长兼办公室主任的公务用车专项治理工作领导小组。至 2011 年底，完成全市 24 个县（市）区、100 多个市直部门公务用车统计、登记工作，基本摸清全市公务用车底数，系统地掌握了公务用车的基本现状、配备水平、类型分布。

【基础设施建设】 全年机关大院实施基建施工 19 项，完成临时修补任务 32 项；编号造册市委、市政府两院运转设备 89 台；维修、保养、升级了市委大院中央空调；改造了政府小食堂；完成两院 9 部电梯安检工作。机关大院绿化种植草皮 4000 多平方米，摆放大型花钵 180 个，植物盆景 80 棵；五一”、“十一”节日摆放花坛 10 个，花卉近 30 万株，做到了三季有花、四季常绿，有效美化了机关大院办公环境。

【房地产管理】 建立房产电子档案，加强宿舍管理，建成消防培训进宿舍长效机制。高层宿舍管理初步实现由管理服务型向市场保障型转变。全年完成大小改造项目近 50 个，投资 150 万元升级改造了中山路、兴凯路两个高层宿舍的基础设施。正定新区机关建设项目基本完成行政中心设计方案、施工图纸、地质勘探及主体施工招标等工作。

（陈怀志　王东旭）

城乡基层政权建设

【概况】 2011 年，城乡基层政权建设按照市委《关于建立完善以基层党建网格化为基础的社区服务管理模式的实施意见》，全面实行“三级网格、四级管理、五大体系”网格化工作模式，形成党工委领导、办事处主抓、部门联动、社区主办、社会支持、群众广泛参与的和谐社区建设良好态势。

【基础设施建设】 农村社区按照城乡一体化发展要求，结合全市农村社区建设实验，注重加快农村社区公共服务设施建设。7月份，国家民政部命名赵县为“农村社区建设实验全覆盖示范单位”。社区工作队伍建设形势较好。年内，全市各社区全部成立社区党总支；党员服务队成为社区建设中坚力量；一大批思想素质好、组织能力强、热心为群众服务的人员走上社区工作岗位。社区信息服务网络建设。建成社区服务管理综合信息中心，搭建和完善了社区卫生、计划生育、文化、教育、体育、安全等服务网络，增强了社区服务的社会效应。针对新建社区服务中心，从规划建设上提出26条建议；在街道、社区等规划或建成的社区服务活动场所，配备了电子显示屏。2011年，长安区在全市首家建成“社区慈善超市”，极大方便了群众。

【社区服务管理】 开展志愿者社会救助、优抚、助残、老年服务、再就业、维护社区安全、科普和精神文明建设等活动，建立家政、维修、技能、物业等专业服务队伍，实现居民不出社区，就能享受交费、购物、家政、干洗、医疗和文体等多项服务。年内，桥西区开展“10分钟社区生活服务圈”试点建设活动，有54个社区开展试点；结合开展和谐社区建设和农村社区建设全覆盖工作，桥西区完成312个社区服务中心建设，占到该区总任务的104%，有力强化了社区建设品牌。

（市民政局）

中国人民政治协商会议石家庄市委员会

【概况】 2011年，市政协常委会贯彻落实市第九次党代会精神，以科学发展为主题，围绕转型升级、跨越赶超两大任务，团结和依靠参加政协的各党派团体和广大政协委员，认真履行政治协商、民主监督、参政议政职能，服务大局能力提高，服务履职水平提升，为“十二五”规划开局，推进建设幸福石家庄做出了新贡献。年内，组织筹备并成功举行市政协第十一届第四次全会，审议了市政协常委会工作报告、提案工作报告，协商讨论市政府工作报告及其他报告，通过各项决议和提案；召开常委会6次，审议和通过30项议题；召开主席会7次，研究讨论32项议题；审查交办提案760件；组织大会发言54篇；编辑《社情民意》内刊50期，编发《政协工作动态》20期、《石家庄政协》6期；围绕党政中心工作，开展一系列调研、视察、考察、座谈、论坛活动并提出意见和建议，发挥了协调关系、汇聚力量、建言献策、服务大局的重要作用。至12月31日，政协石家庄市第十一届委员会共有委员650名（辞去委员3名，卸免委员19名，撤销委员1名，增补委员22名），常委会组成人员128名。

【石家庄市政协第十一届常委会组成人员及工作机构负责人】

主　席：王华清（女）
党组副书记：李天印（1月任）
副主席：李天印（1月免）
　　陈百成（1月免）
　　韩宪章　朱增海
　　曹社会
　　王长华（不驻会）
　　武义青（不驻会）
　　王宝山（不驻会）
　　范振增（不驻会）
　　贾连海（1月任）
秘书长：郃存悦
常务委员：（按姓氏笔划排序）
　　于铁龙　王宣
　　王智　王文治
　　王文晔（女）
　　王艾华（女）
　　王冬梅（女）
　　王兰志　王英彬
　　王建国　王勋涛
　　王俊林　王俊奇
　　王智森　王镇元
　　仇银柱
　　邓小梅（女）
　　邓素雪（女）
　　龙建国（侗族）
　　申禧　叶少华
　　叶文祥
　　田玉卓（女）

田朝民 兰平信
冯书勤 冯润明
邢士林 曲仓坤
吕毅华（女）
乔茜 （女）
任映光 任新社
刘凯
刘真 （女）
刘小立 刘兴辉
刘运江 刘英光
闫凤利
祁改 （女）
许立 许广明
许素更 孙朝辉
孙德惠（女）
苏丽 （女）
李增禄
李雯 （女）
李潇 李小平
李风江 李志峰
李树国
李俊秀（女）
李振符 杨士斌
杨云乐
杨玉珍（女）
杨作昌
杨建华（女）
杨澜波 吴振见
闵晓进
张越 （女）
张力栓
张文武（满族）
张计刚 张书国
张玉辉（女）
张永健 张旭辉
张治春 张树清
张素丽（女）
张祥建 张景学
张富春
陆淳 （女）
陈克俭 陈泉州
武共义 范玉龙
范焕文
林丹 （女）
林金泰
尚晏芝（女）
罗北中 周书献
周志斌
赵国三（女）
赵明芳 赵金代
胡爱民 段文
段坤 （女）
耿云峰 夏玉颖
夏晓烨（女）
徐仁 （女）
高波
高茶芳（女）
高顺强 郭刚能
郭清常 黄超
曹伟
崔瑞芳（女）
康瑞峰（回族）
寇学臣（满族）
董文志
韩利华（女）
焦保华 甄忠义
甄金钟
廖岩 （女）
潘卫东

副秘书长：杨建华（女）
程共英（12月免）
卢亚利（女，12月免）
赵磊
苏丽 （6月任）
乔茜 （女，不驻会）
崔瑞芳（女，不驻会）
姜博卿（不驻会）
李俊秀（女，不驻会）
程鹏起（不驻会）
王丽欣（女，不驻会）
徐石 （女，不驻会）

办公厅

主 任：杨建华（女，兼）
副主任：王灵增

研究室

主 任：赵磊 （兼）
副主任：徐振声

提案委员会

主 任：陈克俭
副主任：盖和平
李献平（不驻会）
张炬 （不驻会）
周同友（不驻会）
赵志卿（不驻会）
唐克 （特聘，不驻会）
赵景芳（女，特聘，不驻会）

学宣文史资料委员会

主 任：段文 （6月任）
副主任：崔才 （6月免）
任新社（不驻会）
王勋涛（不驻会）
王智 （不驻会）
赵俊芳（不驻会）
梁勇 （不驻会）

财政经济委员会

主 任：周书献
副主任：焦永良
陈福财（不驻会）
唐秀珍（女，不驻会）
刘凯 （不驻会）
李振章（不驻会）
赵顺法（不驻会）
王晓临（不驻会）
崔爱萍（女，不驻会）
王俊林（不驻会）

农业委员会

主 任：杨澜波（6月免）

韩宝深（6 月任）
副主任：赵国三（女，不驻会）
冯书勤（不驻会）
楚行宇（不驻会）
师吉奎(6 月免，不驻会)
贾建平（不驻会）
李瑞进（不驻会）

教科文卫体委员会

主　任：周育华（女，6 月任）
副主任：张少华（女）
王文治（不驻会）
卢长锁（不驻会）
王英彬（不驻会）
唐青　（不驻会）
刘桂江（不驻会）
张毅　（不驻会）
仵增刚（不驻会）
肖建科（不驻会）
李耀峰(特聘，不驻会)

社会和法制委员会

主　任：武共义
副主任：李庆安(8 月任)
祁改　（女，不驻会）
赵金代（不驻会）
张玉辉（女，不驻会）
肖士杰（不驻会）
肖力　（女，不驻会）

民族和宗教委员会

主　任：武共义
副主任：李庆安（8 月任）
张贵民（不驻会）
陈泉州（不驻会）
康瑞峰（不驻会）
马铭江（不驻会）
邓元富（不驻会）

港澳台侨和外事委员会

主　任：王镇元
副主任：石志玲（女）
杨秋贵（不驻会）
罗北中（不驻会）
刘嫱嫱（女，不驻会）
许立　（不驻会）

【市政协第十一届委员会第四次会议】 1 月 18 ~ 24 日，市政协第十一届委员会第四次会议在人民会堂开幕。会议听取并审议了市政协主席王华清所作的政协石家庄市第十一届委员会常务委员会工作报告和副主席曹社会所作的政协石家庄市第十一届委员会常务委员会关于十一届三次会议以来提案工作情况的报告；列席了石家庄市第十二届人民代表大会第四次会议，协商讨论了市政府工作报告和其他相关报告；补选了十一届市政协副主席；通过了政协石家庄市第十一届委员会第四次会议各项决议；通过了政协石家庄市第十一届委员会提案委员关于十一届四次会议提案审查情况的报告；12 名委员代表在会上作发言；王华清主席在闭幕会上作重要讲话。会议期间，收到集体、委员个人及联名提案 760 件，经审查立案 660 件，立案率 86.8%。

【市政协第十一届常委会会议】 1 月 17 日，市政协十一届十四次常委会议在市政协机关五楼会议厅召开。会议听取了市委组织部有关人事事项的说明；审议通过了增补贾连海为市政协委员的建议名单，市政协主席王华清主持会议，副主席李天印、陈百成、韩宪章、朱增海、曹社会、王长华、武义青、王宝山、范振增，秘书长郜存悦出席会议。

1 月 19 日，市政协十一届十五次常委会议在市政协机关五楼会议厅召开。会议审议通过了关于接受李天印、陈百成辞去政协石家庄市第十一届委员会副主席请求的决定；审议了《政协石家庄市第十一届委员会副主席候选人建议名单》（草案），并决定将这个建议名单提交各委员小组酝酿讨论；审议通过《政协石家庄市第十一届委员会第四次会议选举办法》和监票人建议名单；审议了《政协石家庄市第十一届委员会第四次会议总监票人建议名单》（草案），并决定将这个建议名单提交全体委员酝酿讨论后，在全体会议上通过。市政协主席王华清主持会议。中共石家庄市委常委、统战部长胡儒钗应邀出席会议并作有关人事事项的说明。副主席李天印、陈百成、韩宪章、朱增海、曹社会、王长华、武义青、王宝山、范振增，秘书长郜存悦出席会议。

1 月 20 日，市政协十一届十六次常委会议在市政协机关五楼会议厅召开。会议审议通过政协石家庄市第十一届委员会第四次会议政治决议（草案）；政协石家庄市第十一届委员会常务委员会工作报告和提案工作报告决议（草案）以及政协石家庄市第十一届委员会提案委员会关于十一届四次会议提案审查情况报告（草案）。上述事项决定提交第四次全体大会通过。市政协主席王华清主持会议。党组副书记李天印，副主席韩宪章、朱增海、曹社会、王长华、武义青、王宝山、范振增、贾连海，秘书长郜存悦出席会议。

6月9日，市政协十一届十七次常委会议在市政协机关五楼会议厅召开。为庆祝中国共产党成立90周年，会议专门邀请省委党校王金池教授作《中国共产党领导的多党合作和政治协商制度的形成与发展》专题报告。会议听取并讨论了市人力资源和社会保障局《关于我市城乡居民社会保障体系建设情况》的通报；审议通过了学宣文史资料委员会更名为学习和文史资料委员会及成立市政协人口资源环境委员会的决定；审议通过了有关人事任免事项，同意苏丽任市政协副秘书长；同意段文任市政协学习和文史资料委员会主任，不再担任市政协学宣文史资料委员会主任职务；同意韩宝深任市政协农业委员会主任，并增补为市政协委员；同意周育华任市政协教科文卫体委员会主任；同意杨澜波辞去市政协农业委员会主任职务；同意崔才辞去市政协学宣文史资料委员会副主任职务；辞去孙三牛、孙玉钗、刘学林3名市政协委员职务。为密切人民政协与社会各界群众联系，本次会议还专门邀请10名公民旁听，这是十一届市政协广泛听取民声、反映民意，推出的一项新举措，也是提高参政议政质量的一次新尝试。市政协主席王华清，副主席曹社会分别主持会议。党组副书记李天印，副主席韩宪章、王长华、武义青、王宝山、范振增、贾连海，秘书长郜存悦出席会议，副市长刘明轩到会听取委员意见、建议。

9月7日，市政协十一届十八次常委会议在市政协机关五楼会议厅召开。围绕助推全市工业科学发展进行专题议政，8位市政协常委、委员登台发言，献计工业发展。市委副书记、市长艾文礼到会听取发言，并对8份发言一一批示，要求有关部门梳理、吸纳，切实把会议成果转化为指导和推动全市工业发展的具体措施。王华清主持会议并讲话。市委常委、常务副市长王大虎到会通报了市政协十一届四次会议以来提案办理情况和全市工业发展情况。市政协党组副书记李天印，副主席韩宪章、朱增海、曹社会、王长华、武义青、王宝山、范振增、贾连海，秘书长郜存悦出席会议。

12月28日，市政协十一届十九次常委会议在市政协机关五楼会议厅召开。会议决定2012年1月11日至14日召开市政协十一届五次会议。会上审议通过了关于召开政协石家庄市第十一届委员会第五次会议的决定；审议通过了大会议程、日程、常务委员会工作报告及报告人名单、提案工作情况报告及报告人名单、委员分组办法及召集人名单、大会秘书处秘书长、副秘书长名单及分工、列席人员（单位）名单；审议通过了有关人事任免事项，同意张发旺任市政协党组成员，同意程共英、卢亚利不再担任市政协副秘书长职务。市政协主席王华清主持会议。党组副书记李天印，副主席韩宪章、朱增海、曹社会、王长华、武义青、王宝山、范振增、贾连海，秘书长郜存悦等出席会议。

【助推科学发展】 紧跟市委决策部署，发挥自身优势，主动对接重点工作，广泛开展协商议政。把“助推工业科学发展”作为市政协十一届十八次常委会议中心议题，组织8名委员大会发言，邀请市政府市长、常务副市长通报情况、听取意见，与常委、委员面对面协商议政，其中提出41条意见和建议，市政府主要领导高度重视，逐件作出批示，要求有关部门积极采纳、抓好落实。组织力量就贯彻落实全市金融工作会议精神开展调研，就深泽县优化发展环境、实施全民招商的经验深入总结，向市委、市政府提交了《关于全市金融工作会议精神落实情况的调研报告》和《深泽县强势发展工业的调查与思考》，省委常委、市委书记孙瑞彬作出重要批示。深入信息产业基地、装备制造基地、循环化工基地、常山纺织集团和市行政服务中心开展主席集体视察。走访委员、企业征求意见，召开鼓励全民创业委员座谈会和民营经济发展若干政策解读会。组织委员围绕传统产业改造提升、企业对标行动、项目建设、节能减排等建言献策，提交大会发言和相关提案115件。以促进西部山区农田水利建设为重点，围绕城乡统筹组织委员深入有关县（市）开展专题调研，就加强编制规划、拓展投入渠道、创新工作机制、推广节水技术等提出针对性建议。围绕发展特色农业、建立现代农业观光园、畜牧业标准化建设、完善农业科技体系，组织委员通过提案、反映社情民意等形式积极建言，为促进全市城乡统筹发展提供了有益参考。就“发展夜经济、繁荣夜经济、做强夜经济”为主题，深入商场、饭店、文化场所开展专题视察，了解情况、听取意见，向市委、市政府报送了《关于开展夜经济建设工作情况的视察报告》。围绕省会城市建设上水平、出品位，就“一城三区四组团”城市发展新格局、正定新区建设、环城水系建设、西柏坡高速公路建设和“十大工程改造”开展主席集体视察。就加强公路交通建设开展专项调研，形成《关于我市公路交通建设情况的调研报告》，提出“破解资金瓶颈、用地制约、征迁难题，推动‘中东西’交通网络大发展”等建议。

【推动文化建设】 以“促进文化大繁荣大发展”作为市政协第二十二次主席会议中心议题，深入市美术馆、群艺馆、河北习三内画博物馆和东方美术学院调研，建议把文化建设放在更加突出的位置，拓宽思路和理念，培育特色文化品牌、发展文化产业、提高公共文化服务水平、加大文化人才培养引进力度。组织委员积极参与文化遗产日公益考古活动，参加了中山文化挖掘、中山国大遗址保护研究论证，开展“为文化建设献良策”活动。做好具有政协特色文史资料工作，完成《河北文史资料全书》（石家庄卷）征编工作。组织力量编辑《回望滹沱河》文史专著，为推动省会文化建设做出新的贡献。

【关注和改善民生】 坚持为民建言作为政协工作重要任务。把加强和创新社会管理作为重要课题，组织力量深入街道社区，了解基层情况，征集各方意见，就“建立网格化管理评价体系、健全城市网格化管理政策法规、完善社会矛盾调解机制、加强流动人口管理与服务”等提出建议。围绕人民群众广泛关注的教育、医疗、体育事业发展等问题，深入调研，形成“关于推进全市义务教育均衡发展、促进体育事业科学发展和加快妇女儿童医院建设步伐”等4个调研报告。就市民反映强烈的打车难问题，积极向有关部门反映，协商解决办法，有效缓解了打车难问题。组织委员视察市属高校教育现状、妇女儿童发展规划实施情况和保障性安居工程建设情况。全年征集民生类提案142件、社情民意信息200多条。坚持把为民谋利作为政协工作重要实践。以“人民政协服务人民，政协委员联系群众”活动为载体，开展送法律进社区和送医、送教、送科技“三下乡”活动，为基层群众提供医疗服务、教师培训、法律咨询3000余人次。协助省政协完成行唐县贫困山区希望小学建设工作，解决了19个行政村的学生上学问题。

【凝聚各界力量】 积极促进党派合作，支持各民主党派、无党派人士在政协各种会议上发表意见，参与全市大政方针及政治、文化和社会生活中重要问题的协商讨论。认真做好党派团体提案和社情民意信息征集、报送和跟踪反馈工作，联合开展调研、视察活动，加强政治协商，搞好合作共事。2011年，各民主党派共提交提案131件，反映社情民意200多条，提交大会发言30篇。积极促进民族团结、宗教和睦。把握各民族共同团结奋斗、共同繁荣发展主题，走访民族宗教界代表人士，参加少数民族节日和宗教庆典活动，加强与少数民族宗教界人士的联系。帮助协调宗教活动场所建设。就少数民族聚居区基础设施建设、基本医疗保障、到石务工经商少数民族群众的服务与管理等问题献计出力，为促进民族团结、宗教和睦发挥了作用。开展联谊交友活动。深化与台湾各界联系，组织经贸交流、城市建设考察团到台湾考察，拜访中华友好城市交流协会、台湾中华妇女创业协会、台北市河北同乡会，参观了台湾欣意有限公司、旺旺集团等企业，深入台资企业调研，密切了与台商的联系。配合和服务全国政协、省政协多位领导，就“调整国民收入分配结构、做好民族宗教工作、基础教育发展、壮大旅游业”到石家庄市调研视察。参加全国十六城市政协工作研讨会，学习借鉴做好新形势下政协工作的新经验。接待120批兄弟城市政协考察团到石家庄市考察，沟通信息，增进了友谊。召开县（市）区政协主席座谈会，交流经验，协调工作，形成横向联系更加广泛、纵向联系更加紧密的良好局面。充分发挥界别和委员作用，以“知情议政献良策，履职尽责助发展”为主题，开展百名委员“看变化、话发展”活动，通过视察城市建设、文化建设、工业项目建设和创新社会管理等工作，增强了为建设幸福石家庄献计出力的责任感和使命感。注重按照界别特点组织开展调研考察活动，推动委员通过界别渠道联系各界别群众、反映各界呼声。

（董伟）

中共石家庄市纪律检查委员会

【概况】 2011年，全市各级纪检监察机关贯彻落实中央纪委、省纪委全会和省八次党代会、市九次党代会精神，围绕建设“经济强省、和谐河北”和“转型升级、跨越赶超，建设幸福石家庄”的目标任务，以加快推进具有石家庄特色的惩防体系建设为主线，把握标本兼治、综合治理、惩防并举、注重预防的方针，全面推进党风廉政建设和反腐败斗争，全市反腐倡廉工作取得新进展、新成效。年内，市纪检监察机关着眼促进农村和谐稳定发展，以提升农村干部素质能力为根本，以规范农村“两委”干部从政行为为重点，精心谋划开展了农村基层组织“建制度、强规范、提素质、促和谐”主题实践活动，受到中央纪委、省纪委高度重视和肯定。

【重要会议】 2月9日，市委、市政府召开全市优化发展环境广播电视大会。市委常委、纪委书记李文起通报损害石家庄市发展环境的典型案例。省委常委、市委书记孙瑞彬作重要讲话，号召全市各级各部门和广大干部要切实增强责任感、危机感和紧迫感，围绕打造良好的发展环境特别是政务环境，在全市迅速掀起一场力度空前的“效能革命”。市委副书记、市长艾文礼主持会议。全市各级机关、乡镇（街道）、农村、社区和企事业单位，组织干部职工和广大群众收听收看了此次大会实况转播。

3月4日，市纪委八届六次全会在亚太大酒店召开。会议认真传达了中央纪委十七届六次全会、省纪委七届七次全会精神，全面总结了2010年全市党风廉政建设和反腐败工作，研究部署了2011年全市党风廉政建设和反腐败工作任务。市委常委、纪委书记李文起代表市纪委常委会作了题为《全面落实以人为本、执政为民的根本要求，努力开创全市党风廉政建设和反腐败工作新局面》的报告。省委常委、市委书记孙瑞彬作重要讲话。

4月28日，全市纪检监察机关案件检查暨宣教调研工作会议在亚太大酒店召开。会议认真贯彻全省纪检监察机关案件检查、宣教、调研工作会议精神，表彰了2010年度全市案件检查工作先进集体和先进个人，部署了2011年全市纪检监察机关案件检查、宣教、调研任务。市委常委、纪委书记司存喜作重要讲话。

8月15日，召开全市提高反腐倡廉建设科学化水平工作会议。市纪委副书记、监察局长刘吉广传达了全省提高反腐倡廉建设科学化水平座谈会精神。市委常委、纪委书记司存喜作重要讲话。

9月29日，中共石家庄市第九次代表大会选举产生了中共石家庄市第九届纪律检查委员会，市纪委九届一次全会选举产生了第九届市纪委常委、书记、副书记。在市纪委九届一次全体会议上，司存喜作了题为《新班子新起点、新作为新形象》的重要讲话，提出“一条心，向前看，创一流，做表率”四个方面要求。

10月21日，全市农村基层组织“建制度、强规范、提素质、促和谐”主题实践活动动员大会在市政府第三会议厅召开，市委常委、市纪委书记司存喜主持会议。副市长张树志宣读市委、市政府《关于在全市农村基层组织中开展“建制度、强规范、提素质、促和谐”主题实践活动的实施意见》。市委副书记刘云峰作动员讲话。

【重大决策部署】 全市各级纪检

监察机关认真履行维护政治纪律的职责，坚持不懈地抓好各项政治纪律的监督检查，督促各级干部认真落实省委“约法八章”。在市县乡三级党委换届工作中，突出抓好换届纪律执行情况的监督检查，营造了风清气正的换届环境。贯彻中央关于加快转变经济发展方式监督检查工作的重大决策部署，有计划、有步骤、有重点地监督检查落实国家产业政策、工程项目建设等，查处违规违纪案件和问题213件，狠抓问题整改，确保了党委、政府决策部署的贯彻落实。

【惩防体系建设】 严格落实中央《工作规划》、省委《实施办法》和市委《实施细则》，研究制定石家庄市《关于加快推进2011～2012年惩治和预防腐败体系建设的工作要点》。以权力运行监控机制建设为抓手，完善廉政风险评估防范、运行程序化和公开透明、绩效考核以及责任追究机制，规范推进公共资源交易平台建设，积极构建完善政务公开和政务服务体系。全面推进网络监控平台权力监控模式和政务公开门户网站规范化建设，石家庄市政府门户网站在全省政府网站绩效评估中获得第一名。党务公开和县委权力公开透明运行试点工作取得实效，反腐倡廉制度建设支撑能力增强。

【实施“效能革命”】 深入推进优化发展环境建设活动，全市各级纪检监察机关围绕市委、市政府安排部署，认真开展“问责风暴”、民主评议、开门整改、深化审批制度改革、行政服务中心建设、干部作风建设、群众反映强烈问题专项治理等工作。开展专项督查、明查暗访等活动，全市查处损害发展环境案件和问题771件，实施责任追究1134人，挽回经济损失1573万元。通过开展优化发展环境建设，各级干部工作效率和服务质量提升，有力促进了全市经济社会发展。

（王勇）

【优化发展环境广播电视大会】 2月9日，农历春节后上班第一天，市委、市政府召开全市优化发展环境广播电视大会。省委常委、市委书记孙瑞彬，市委副书记、市长艾文礼出席会议。市委常委、纪委书记李文起通报损害石家庄市发展环境的典型案例。省委常委、市委书记孙瑞彬在会议上向全市发出动员令：全市各级各部门和广大干部要切实增强责任感、危机感和紧迫感，围绕打造良好的发展环境特别是政务环境，在全市迅速掀起一场力度空前的“效能革命”。孙瑞彬指出：(1)发展环境是一个城市综合竞争力的核心，是一个地方经济社会发展的“命门之穴”。(2)要以更加坚决有力的举措，全面优化和提升石家庄市发展环境。通过创造一个适合资本流入、生长的发展环境来提升石家庄的优势，通过创造更加优于外地的发展环境吸引更多的资本进入石家庄。(3)优化政务环境建设是加强发展环境建设的重中之重。要把政务环境建设作为优化发展环境的突破口，全面优化提升石家庄市发展环境，使之成为推动全市转型升级、跨越赶超的“第一引擎”。(4)干部队伍作风是一个地方最重要的环境。抓环境改善必抓干部作风，抓干部作风就是抓发展环境。(5)会议多、文件多、领导事务性活动多是影响发展环境和工作效率的突出问题，必须下大力解决。(6)优化发展环境是一项系统工程，需要全社会的广泛参与和共同努力，要在全市营造出一种“人人都是发展环境，事事关乎石家庄形象”的浓厚氛围。市四大班子领导；市法院院长，检察院检察长；市四大机关正副秘书长；市内五区四大班子成员，高新区、正定新区领导班子成员，以及各区乡镇（办事处）书记；市直各单位领导班子成员及具有执法执纪职能的处室负责人；空港工业园、大西柏坡筹建小组办公室、六大工业聚集区主要负责人；市属高校、市属企业、驻石金融机构主要负责人在主会场参加会议。各县（市）、矿区四大班子成员，各乡镇（办事处）书记，乡镇长、办事处主任，县（市）区直部门领导班子成员在各分会场参加会议。全市各级机关、乡镇（街道）、农村、社区和企事业单位，组织干部职工和广大群众收听收看了此次大会实况转播。

（张明星）

【查办案件】 严肃查处违纪违法案件。建立完善以“领导包案、对口联系、分层调度、考核引导”为主要内容的工作机制，在全国率先试行市纪委派员列席县（市）区纪委审议案件常委会制度；深入开展“清积案、抓规范、上水平”和“案件质量、处分决定执行、回访教育”专项检查等活动，查办案件力度、质量和综合效果得到提升。至2011年末，全市立案2048件，同比增长26.81%，结案1995件，给予党政纪处分1997人，挽回经济损失4616.82万元。

【规范领导干部廉洁从政行为】 以学习贯彻《廉政准则》为重点，深入开展“三项教育”，针对腐败问题易发多发重点领域，利用反面典型和现身说法开展警示教育。抓好岗位廉政教育，落实了18920名乡科级以上干部党纪政纪法规知识考试。以迎接建党九十周年为契机，开展“万名党员干部重温入党誓词”、“领导干部讲党课”等活动。扎实推进廉政文化建设工程，丰富活跃廉政文化活动，取得良好教育效果。以强化党员领导干部监督工作为重点，认真落实“三项谈话”制度、党政机关和领导干部廉洁从政有关规定。拟提拔领导干部公示个人有关事项、领导干部述职述廉、函询提醒、领导干部廉政档案等工作继续深化。232名新任领导干部公示了住房、投资、配偶子女从业等个人事项；9670名领导干部落实了述职述廉。加强党政机关公务用车问题、公款出国（境）旅游、大操大办婚丧喜庆事宜和铺张浪费等行为治理，领导干部廉洁从政意识增强。

【维护群众利益】 专项整治涉农惠农资金管理使用情况、涉农行政事业收费项目、涉企收费项目等。扎实推进专项资金综合治理，督促整改问题资金848.1万元。开展规范教育乱收费及办学行为、查处公路“三乱”、医药纠风等工作。加强工程建设领域突出问题专项治理，整改有问题项目119项，查处违纪违法案件87件。“小金库”、商业贿赂等专项治理和清理规范庆典、研讨会、论坛活动取得实效。信访、下访工作机制深化，“化初访、促和谐，化积案、促稳定”和“四查四看”活动深入开展，促进了社会和谐稳定。

【落实党风廉政建设责任制】 以认真落实党风廉政建设责任制为龙头，以严格落实各级领导干部“一岗双责”为重点，围绕责任分解、责任考核、责任追究等关键环节，制定下发《2011年党风廉政建设和反腐败工作任务的分工意见》，各级各部门细化工作方案，专项督导、情况通报、定期检查、年度考核等各项制度措施得到较好落实。有效发挥各民主党派、工商联、无党派人士和人民群众在反腐倡廉建设中的作用，全市各界重视、支持、参与党风廉政建设和反腐败工作的氛围更加浓厚。

（王勇）

民主党派和工商联

【民主党派和工商联领导成员】

民革石家庄市委员会
主　委：范振增
副主委：夏玉颖
　　　　陈潮（女）
　　　　胡永权
　　　　乔茜（女）

民盟石家庄市委员会
主　委：郭斌
副主委：杨凤虎　尹兆旭
　　　　崔瑞芳　祝淑钗
　　　　武志永

民建石家庄市委员会
主　委：武义青
副主委：曹志刚
　　　　田荣凤（女）
　　　　李小平　姜博卿

民进石家庄市委员会
主　委：石汉文
副主委：李俊秀（女）
　　　　李立水　张运凯
　　　　寇学臣　王志臣

农工党石家庄市委员会
主　委：王宝山
副主委：王彦英　张祥建
　　　　宗立荣　程鹏起
　　　　陈志强

九三学社石家庄市委员会
主　委：王长华
副主委：王志国　于奕峰

邵新中　刘小立
王丽欣（女）
栾文楼

工商联合会

主　席：王中联（女）
党组书记：王溪波
常务副主席：韩国岐
副主席：徐石　（女）
闫志勇

中国国民党革命委员会石家庄市委员会

【概况】 2011年，中国国民党革命委员会（简称民革）石家庄市委员会在民革河北省委和中共石家庄市委的领导下，认真履行参政议政、民主监督职能，积极开展社会服务和促进祖国和平统一工作，为石家庄市经济社会又好又快发展做出贡献。设立石家庄民革网站，将参政议政、自身建设、社会服务、祖国统一等工作及时在网上公布和更新，为党员提供崭新的、现代化的交流平台，也为网友和社会了解市民革开辟出一个新窗口。至2011年末，市民革共发展党员27名，其中研究生学历6人，本科学历19人，高级职称8人，中级职称9人，民革特色27人，非公经济4人，女党员12人，平均年龄36.3岁，党员总数达到411人。年内，市民革机关被民革中央评为“民革全国机关工作先进集体”。

【思想建设】 继续落实“学习和践行社会主义核心价值体系”活动。在2010年市民革“学习和践行社会主义核心价值体系”活动取得突出成效基础上，2011年市民革继续深入开展此次活动。市民革以倡导党员建立积极健康的生活方式、增进党员交流为主题，举办了石家庄民革第二届羽毛球比赛、“三八”妇女节茶话会、植树节带领党员到“小壁林场”开展义务植树活动等系列学习和践行活动，通过开展活动，市民革面貌焕然一新，党员对组织、社会、国家的责任感增强。以中国共产党建党90周年和辛亥革命100周年为契机，大力加强思想建设。6月22日，市民革举办庆祝中国共产党建党90周年红歌会活动，吸引近百名党员积极参与。6月23日，市民革举办书画笔会，吸引十多位书画界党员和书画界友人参与，共创作书画作品30余幅。9月17日，市民革组织近60位党员聆听了省民革在冀图大讲堂举办的辛亥特别专题讲座——辛亥滦州起义。9月19～20日，市民革驻会副主委乔茜、市民革党员李铜生参加了民革省委会在河北保定举办的纪念辛亥革命100周年大会和民革中央将保定军校辟为“中国国民党革命委员会党史教育基地”挂牌仪式，党员李铜生的《从近代社会的发展看孙中山的民主共和思想和实践》和党员崔红芬的《辛亥革命与中国近代民族主义》两篇理论研究文章入选《民革河北省委会辛亥革命100周年研讨会交流材料》。9月20～24日，由主委范振增带队组织党员到延安、西安开展“同心同行”爱国主义教育活动，吸引近40名党员参与。9月24日，市民革联合省民革在市博物馆举行纪念辛亥百年书画作品展览。10月9日，市民革组织全体机关人员和部分党员收看辛亥革命100周年纪念大会，认真学习胡锦涛总书记的讲话精神。中共石家庄市第九次党代会召开后，市民革把学习贯彻党代会精神作为学习中心内容，力求学深学透、融会贯通，把党员思想认识统一到大会精神上来。10月8日，市民革机关开展“深入学习石家庄市第九届代表大会精神座谈会”，组织机关全体工作人员认真学习了市委书记孙瑞彬的讲话；10月10日，市民革组织退休老党员开展“金秋赏菊”活动，传达了市委书记孙瑞彬的讲话精神；10月12日，市民革召开九届十五次委员（扩大）会，组织全体市委会委员以及各个支部主委认真学习党代会文件。运用多种载体展示参政党新形象。年内，《可爱的老范——记民革石家庄市委会主委范振增》于6月4日在中央级媒体《团结报》头版刊登，提高了市民革知名度。全年市民革在中央民革的《团结报》上发表稿件7篇，在民革省委《河北民革》上发表稿件28篇。

【组织建设】 基层组织换届平稳有序。5月23日，市民革召开支部换届工作会，部署安排支部换届具体工作。6～8月份，市民革16个支部和1个小组完成基层支部选举。为让民革市委会工作及时有效，减少中间环节，取消了新华总支、长安总支；因人数过多，个别支部实施重新划分或调整；长安一支部和二支部分出部分党员成立长安三支，桥西支部分为桥西一支部和桥西二支部。换届后，民革市委会支部总数达到19个，其中支部主委男14名，女5名，平均年龄45.8岁。此次基层支部换届工作亮点是成立辛集支部。9月2日，民革市委会召开九届十四次委员会传达市委换届工作精神；9月12日，市委会召开九届十五次委员（扩大）会，传达《民革河北省委员会关于市级组织换届工作的意见》，成立民革石家庄市委换届工作领导小组，通过了《民革石家庄市委第十次代表大会代表名额及代表产生办法》（草案）、《民革石家庄市委第十次代表大会选举办法》（草案）和《民革石家庄市委第十次代表大会换届筹备工作进度表》，明确分配各支部代表名额数以及要求；10月11日，市民革召开九届十六次委员会，讨论和修改《民革石家庄市第十次代表大会工作报告》（讨论稿）；12月9日，市民革召开九届十七次委员（扩大）会，通过《民革石家庄市第十次代表大会工作报告》（讨论稿），第十次代表大会代表资格审查报告，第十次代表大会主席团、秘书长建议名单，省民革第十一次代表大会代表候选人建议名单，第十次代表大会议程（草案）、日程（草案）；12月29日，民革石家庄市第十次代表大会举行，经过全体代表共同努力，圆满完成会议各项议程。会议审议并通过民革石家庄市第九届委员会工作报告和民革石家庄市第十次代表大会决议，选举产生了新一届委员会主任委员、副主任委员和秘书长。范振增连任主任委员，夏玉颖、陈潮、胡永权、乔茜连任副主任委员，李春梅连任秘书长。支部活动丰富多彩。新华二支部社会服务工作突出，积极为社会奉献爱心，定期到市福利院慰问孤残儿童，与孩子们结下深厚友谊；桥东一支部举办了“纪念建党90周年、辛亥革命100周年书画展”、到生态农场调研等活动；裕华一支部秉承民革人文精神，彰显支部发展特色，举办首届趣味运动会，增强了党员合作精神；裕华二支部开展活动不拘一格，形式新颖，开展爬山比赛，包饺子比赛等，组织凝聚力提升。开展关心老党员活动。1～2月份，市民革走访慰问了20多名80岁以上老党员和机关离退休干部，并向老领导介绍了一年来市委会工作运行情况，认真听取了老党员对市民革工作的意见和建议；10月10日，市民革组织近20名退休老党员开展“金秋赏菊”活动，老党员们欢聚一堂，共赏菊花，纪念辛亥革命100周年。

【参政议政】 围绕中共石家庄市委、市政府中心工作，积极参政议政，并就石家庄市发展中的重大问题和人民群众关心的热点问题开展调查研究。民革市委会打破支部界限，整合资源，成立资源环境、教育科技、社会民生等10个参政议政小组，小组成员由该行业专家学者组成，涵盖社会经济各个方面。参政议政小组撰写了多篇高质量调研报告，成为参政议政的主力军。鼓励民革党员深入基层调研，对为参政议政工作做出突出贡献的先进支部和个人，给予一定物质奖励，充分调动了党员们参政议政的积极性和主动性。广泛发动、认真落实。5月6日，市民革召开2011年参政议政工作会暨“大调研 大献策”动员会，开展动员和部署。会议要求，要围绕推动石家庄市实现科学发展这个大局开展调研，在加强“三农”工作、加快推进“工业化”进程、推进结构调整、深化改革开放、构建和谐社会五个方面加大调研力度。9月2日，市民革召开九届十四次委员会，开展参展议政工作期中总结和下半年参政议政工作再动员、再部署。年内，市民革完成集体提案21件，其中《关于把应急水源地保障程度建设纳入我市“十二五”规划纲要的建议》、《围绕繁荣舒适两大目标，着力打造生态环境城市》两份提案入选大会发言，《围绕繁荣舒适两大目标，着力打造生态环境城市》获得市主要领导批示。

【社会服务】 2011年年初，中共市委统战部部署“同心同向助民生”活动后，市民革立即召开动员大会，广泛发动党员参与，加大落实力度。5月12日，市民革率先带领法律、农业、教育、医疗等方面专家学者30余人到晋州市开展同心同向助民生帮扶活动，获得当地群众一致好评。5 月15日，新华二支部部分党员到市社会福利院慰问孤残儿童，为孩子们奉献爱心，向福利院捐赠了食品及日常用品。7月23日，新华二支部到赞皇县黄北坪乡东马峪村开展扶贫，支援当地近6000元。9月份，市民革联合社会力量为晋州市4位家庭困难学子筹集学费数万元。

【推动祖国统一】 促进祖国和平统一，是民革的特色工作。市民革牢牢把握两岸关系和平发展主题，以加强两岸同胞交流，促进祖国统一为落脚点，加大对台工作力度，把促进祖国和平统一工作提高到一个新水平。2011年是辛亥革命100周年，市民革通过举办大量活动，表达了党员对祖国统一的深切期盼。多次组织党员参加"台湾和两岸关系形势报告会"，让党员们深刻理解、准确领会、及时把握对台工作政策方针。鼓励党员发挥同台湾地区和海外联系广泛优势，密切同台湾同胞联系，推动两岸人员往来和经济文化交流，达到从经济融合到政治融合，为促进祖国和平统一做出贡献。

中国民主同盟石家庄市委员会

【概况】 2011年，中国民主同盟（简称民盟）石家庄市委员会坚持以科学发展统领政治协商、参政议政和民主监督工作，自觉、主动接受中国共产党领导，积极巩固多党合作思想政治基础，努力做好各项工作，为全市社会和经济发展做出了应有贡献。12月29日，民盟石家庄市第十次代表大会召开，选举产生了民盟石家庄市第十届委员会。至2011年底，市民盟共有成员892人、基层组织36个。年内，市民盟新华区总支部和4名盟员获得民盟中央"纪念中国民主同盟成立70周年先进集体和先进个人"称号，民盟市委获得"全国各民主党派、工商联、无党派人士为全面建设小康社会作贡献先进集体"，副主委崔瑞芳代表民盟市委参加了在北京人民大会堂举行的表彰大会，受到全国政协主席贾庆林、中央统战部部长杜青林及各民主党派中央领导的亲切接见。

【思想建设】 始终把坚持正确政治方向放在各项工作首位。年内，民盟市委召开"学习中共十七届六中全会精神座谈会"和"纪念中国共产党成立90周年座谈会"，举行以"中国政党制度"为内容的报告会，采取多种形式认真学习胡锦涛在庆祝中国共产党成立90周年大会上的重要讲话精神，以及中共河北省委第八次、市委第九次党代会精神，推动全市基层民盟组织和广大盟员形成学习理论的良好风气，夯实和巩固了与中共合作共事的思想政治基础。继承优良传统，坚定理想信念。联合民盟省委举办"中国民主同盟成立70周年纪念大会"，组织50多名基层支部负责人参观"辉煌'十一五'大型图片展"和民盟中央陈列室，积极开展盟史教育；开展以政治交接、中国特色社会主义、社会主义核心价值体系为主题的系列学习教育活动，引导广大盟员认清形势，明确参政党的地位、性质和任务，提高了盟员接受中国共产党领导、坚定走中国特色社会主义政治发展道路的自觉性。加强理论研究，增强统战宣传实效。采取开展专题征文活动、召开统战理论和宣传会议、举办宣传骨干培训班等形式，提高和扩大了对外宣传力度；注重参政党理论建设，开展统战理论研究，以理论创新促进工作创新。2011年，民盟组织撰写的《统一战线引导新的社会组织服务社会管理创新方式方法问题的研究》获得中共河北省委统战部统战理论研究优秀成果一等奖和全国统战理论研究优秀成果三等奖；民主党派政治资源运用模式及优化》获得中共市委统战部统战理论研究优秀成果一等奖；民盟市委被民盟省委授予"统战宣传工作先进单位"称号，获得中共市委统战理论研究优秀组织奖和宣传信息工作三等奖。

【组织建设】 注重基层建设，组织发展健康有序。民盟市委深入贯彻"人才强盟、人才兴盟"战略，在重点吸收文教科技界代表性人物入盟的同时，适当发展法律、经济、金融和其他非重点界别盟员，一大批业务水平较好、参政议政能力较强、工作积极性较高的中青年加入民盟组织，盟的知识和专业结构得到改善，盟员整体素质提升。开展评先选优，组织活力持续增强。围绕创新活动方式、发挥骨干作用、有效凝聚盟员目标，举办“基层组织建设经验交流会”和第28期新盟员培训班，组织基础日益巩固。顺利实现政治交接和新老交替，圆满完成民盟市委换届任务。按照《民盟河北省委关于2011年市级组织换届工作的意见》和石家庄市《各民主党派市委关于做好换届工作座谈会纪要》等文件精神，经民盟市委九届十九次主委会研究讨论，成立换届工作领导小组，通过《民盟石家庄市委关于2011年换届工作意见》和《民盟石家庄市第十次代表大会代表产生办法》。12月29日，民盟市委召开“中国民主同盟石家庄市第十次代表大会”，选举产生了新一届委员会和领导班子成员，郭斌当选为第十届委员会主委。

【参政议政】 以科学发展为主题，以政协会议为平台，发挥参政议政、民主监督作用，积极建言献策，切实履行参政党职能。全年民盟市委向市政协十一届四次全会提交大会发言5篇、集体提案20件、个人提案34件，其中《关于进一步加强我市地下水资源管理的建议》、《关于加快我市发展旅游经济的建议》得到市委书记孙瑞彬、市长艾文礼的重视和批示。通过市政协《重点提案专报》提交《关于十二五规划应当加强我市农村环境综合整治的建议》，得到省委常委、市委书记孙瑞彬高度重视，批示有关部门抓好落实。参与重大课题调研，推进社情民意信息工作。组织各专委会积极参与中共市委统战部在全市统一战线中开展的“大调研、大献策”活动，举办社情民意信息员培训班，向各基层支部4次下发社情民意信息征集要目。年内，民盟市委上报的《关于对居民阶梯电价用电基数确定的几点建议》等2篇被全国政协采用，50余篇被民盟中央、省市政协、省市委统战部采用，其中《我市小麦春旱告急，应积极应对，确保丰收》引起市委书记孙瑞彬的关注并作出批示；民盟市委社情民意信息工作获得民盟河北省委二等奖、市政协一等奖，并被民盟河北省委、市政协评为反映社情民意信息先进单位。2011年，市民盟还在《河北日报》、《石家庄日报》、《燕赵晚报》、《乡音》杂志、省政协新闻网、中共河北省委统战部相知网等媒体刊登报道各类信息80余篇，扩大民盟市委参政议政影响力，取得良好的社会效果。参与重大问题协商，在政治生活中发挥作用。民盟市委主要领导多次参加中共市委、市政府和有关部门举行的政治协商会、座谈会和情况通报会，就全市经济社会发展、政府工作报告、民主党派工作、关乎百姓切身利益的民生民情等重大问题提出意见和建议；就国家、省、市重大会议和决定发表看法，坚决拥护和支持中共中央，中共省委、市委所作的各项决策。参加全市优化发展环境等行风评议和民主监督，参与石家庄环城水系、藁城生态农业观光园、中华北大街立交桥及正定新区等重点项目建设考察调研及视察活动，提出意见和建议，为促进廉政建设、行风建设、民主法治建设和创建和谐环境做出了应有贡献。

【社会服务】 以服务社会为抓手，发挥优势，树立民盟良好的社会形象。开展“农村教育烛光行动”。民盟市委组织石家庄重点中学优秀盟员教师，两次到元氏县一中及两所实验中学、邢台广宗一中开展教育帮扶，为500名教师进行中高考总复习和新课改辅导，增强了教师授课的针对性和有效性，受到受帮扶学校广大师生的欢迎。2011年，民盟市委被民盟河北省委评为2007～2011年社会服务专项工作（烛光行动）优胜单位。举行“让爱点亮人生”演讲活动。民盟市委邀请秦皇岛光明之路演讲团为石家庄科技职业学院千余名师生举行了一场题为“让爱点亮人生”的大型感恩教育演讲活动，深深感动了在场每一位学生和家长。演讲结束后，石家庄科技职业学院院长、盟员武志永向秦皇岛光明爱心孤儿院捐款5000元。开展“同心同向助民生”活动。贯彻落实中共市委统战部《关于开展“同心同向助民生”活动》精神，组织河北医科大学四院支部盟员到赞皇县医院开展了“民盟石家庄市委同心同向助民生”活动，在赞皇县中学举行了“同心同向助民生”活动捐赠仪式，全市盟员共为赞皇县中学20位贫困生捐献助学资金10000元，各类教辅书及课外读物3300余册，联合石家庄外事职业学院捐送《状元访谈录》光盘200

套，总价值 15 万元。联合河北医科大学第三医院、市妇联在省文化广场共同举办“关爱关节健康，提高生活质量”为主题大型义诊活动，主委陈百成带领 20 余名骨科专家参加义诊，向群众普及骨科疾病的科学防治知识，并向咨询患者赠送了科普资料。

（龚蕊）

中国民主建国会石家庄市委员会

【概况】 2011 年，中国民主建国会（简称民建）石家庄市委员会贯彻落实胡锦涛总书记在纪念中国共产党成立 90 周年大会上的讲话和中共十七届六中全会精神，深入开展树立和践行社会主义核心价值体系活动，把推动科学发展作为第一要务，把关注民生和经济社会发展作为重要责任，把自身建设作为主要职责，扎实履行民主监督、参政议政职能，为全市经济和社会事业科学发展做出了积极贡献。将学习胡锦涛总书记在纪念中国共产党成立 90 周年大会上的讲话和中共十七届六中全会等重要会议精神与深入开展树立和践行社会主义核心价值体系活动结合起来，从加强政治理论学习入手，夯实多党合作思想政治基础。开展大型专题纪念活动，引导会员牢记历史，弘扬优良传统。全会范围内通过征文、书画、演讲、主题报告等形式，开展纪念中国共产党成立 90 周年活动，宣传了民建与中共风雨同舟的光荣历史。抓住到邯郸市工作交流机会，组织基层支部主任参观了爱国主义教育基地——红旗渠。开展这些活动增强了会员爱国主义精神，坚定了走中国特色社会主义道路信念和接受共产党领导的自觉性。2011 年，市民建在《人民政协报》、《民讯》、《河北民建》、石家庄电台、电视台及有关网站等媒体发表或刊登文章、消息、图片 190 余篇。会刊《石家庄民建》办刊质量提高，栏目设置丰富，举办了征文、书画活动，围绕经济建设和群众关心的热点、难点问题组织稿源，反映民建会员心声，做到了有方向、有思考、有借鉴，极大地调动了广大会员积极性。至 2011 年底，全市共有民建会员 870 人，下辖 6 个总支、28 个支部、5 个专门工作委员会。年内，民建市委被民建省委、中共市委统战部、市政协评为宣传工作先进集体；所办刊物《石家庄民建》“会员风采”栏目被市文广新局评为优秀栏目。

【组织建设】 12 月 31 日，民建市委根据民建中央、民建河北省委关于换届工作文件精神和《各民主党派石家庄市委会关于做好 2011 年换届工作座谈会纪要》的工作部署，胜利召开民建石家庄市第十一次代表大会。选举产生武义青为民建石家庄市第十一届委员会主委。新一届委员会选举产生副主委 5 名、委员 48 名。2011 年，民建市委始终把基层组织建设放在重要位置，严把会员入会关，严格入会程序，严肃组织纪律；倡导“以活动带活力”理念，坚持基层组织活动形式灵活、务求实效原则，实现了把民建建设成为会员展示自我、开拓创新、努力学习、全面提高的大课堂。与各级党委、人大、政府、政协等部门和高等院校建成良好的沟通协商机制。市民建会员在各级人大代表、政协委员中共有 148 人次，其中 13 人担任县（处）级以上领导职务。落实民建中央、民建省委及中共市委统战部关于“加强基层组织建设”的指示精神，开展“访基层、知实情”活动，对基层支部活动提出具体要求。制定《民建石家庄市委总支部委员会换届程序及原则》，规范了总支、支部工作。提出“没有思路就没有出路，没有作为就没有位置，没有活动就没有活力”的理念，开展社会服务先进集体、先进个人、优秀信息员、优秀会员、优秀支部主任评比等活动，并在会刊《石家庄民建》上宣传报道。基层支部活动做到集中与分散相结合、定期与随机相结合、会议与其他活动相结合，增强了会员凝聚力。加强交流，组织支部主任、骨干会员到民建邯郸市委、郑州市委、西安市委、无锡市委开展交流活动，学习经验，寻找差距，推动基层组织建设。

【参政议政】 开展调查研究，积极探索参政议政工作新方法，建立和完善了《专委会工作条例》、《参政议政奖励办法》等工作制度。民建市委领导多次参加中共石家庄市委、市政府召开的各种民主协商会、座谈会和通报会，会前认真调研准备，做到协商中知无不言、言无不尽。2011年市政协三季度常委专题协商会上，主委武义青代表民建市委作了《转变发展方式、促进产业优化升级、发展战略新兴产业》发言，得广泛好评，市长艾文礼专门作出批示。至2011年末，民建市委共向中共市委、市政府和市政协提交调研报告、社情民意130余篇次，其中40余篇次被中共中央统战部、民建中央、民建省委、中共市委统战部、市政协采用。参政议政能力提高。年内，民建市委提交政协大会发言9件，集体提案23件，所提意见建议具有全局性、战略性、前瞻性，其中《关于高新技术产业跨越发展的建议》、《关于加强我市文化产业建设的建议》、《关于促进我市医药企业产业集群的建议》、《关于加快发展我市服务外包产业的建议》等多篇政协大会发言，得到中共省委常委、市委书记孙瑞彬和市长艾文礼的批示。落实省、市委统战部"关于在统一战线中开展'大调研、大献策'活动"，提交调研文章25篇。为保证调研质量，成立重点课题组，到郑州市、西安市、无锡市等外地调研，完成《转变发展方式、促进产业优化升级、发展战略新兴产业》、《加快建设国家创新型城市的调研》、《促进高新区健康快速发展》3个重点课题；市民建主委武义青撰写的《加快环京津高新技术产业带建设》在河北省委、省政府开展的"我为'十二五'规划献一计"活动中获得金奖，撰写的《加快建设环首都低碳经济带的政策建议》被中共中央统战部、中共河北省委统战部采用；民建市委提出《关于加快发展我市服务外包产业的建议》在石家庄市得到落实。关注社会热点，深入了解民情，积极反映民意。2011年，市民建多篇信息被中央统战部、民建中央和省市有关单位采用，达到了反映情况、服务决策的效果。如《应尽快实现全省医保联网"一卡通"》得到河北省有关领导批示；《建议建立政企恳谈机制解决企业实际困难》、《既要突出红色文化更需彰显绿色底蕴 打西柏坡建设应坚持环保先行》得到中共省委常委、市委书记孙瑞彬的批示，并予以落实；《纳入低碳经济理念，把省会建设成低碳城市》被中共石家庄市委办公厅、市委研究室评为石家庄市优秀调研成果一等奖。2011年，民建市委连续五年被民建河北省委、市政协评为反映社情民意信息工作先进单位。

【社会服务】 以"爱心与奉献"为主题，践行社会主义核心价值体系。民建二支部张小礼为长安区谈村小学和河北师大幼儿园赠送智力玩具200套价值6万元。桥东四支部主任张磊筹措扶贫资金10万元，连续3年救助5名贫困学生，并为栾城县、井陉县两所小学改善办学条件。5月13日，市民建启动"同心同向助民生——思源·扶老济困"行动，广大会员积极响应，捐款捐物近40万元。继5月25日首次对30户生活困难老党员、老革命、老模范慰问后，在"七一"、"八一"、"国庆节"等节日前夕又慰问了辛集市"三老"人员及220余户民建老会员，送去慰问金、慰问品15万余元，并编发专题简报10期。10月20～21日举办的"2011'中国（河北）非公有制经济发展论坛"征文评比中，市民建报送论文11篇，其中获得一等奖4篇、二等奖4篇；民建会员田惠岐牵线引进的台资企业，与市政府签约投资18亿元，成为此次论坛一大亮点。

（李建光）

中国民主促进会石家庄市委员会

【概况】 2011年，中国民主促进会（简称民进）石家庄市委员会贯彻落实中共十七届六中全会、省八次党代会、市九次党代会精神，围绕转型升级、跨越赶超两大任务建言献策，积极巩固自身建设成果和提高参政议政能力，为繁华舒适、现代一流省会城市建设做出了新贡献。积极参与河北省统一战线学会课题招标，通过论证评审成为全省15个中标课题组之一，经精心调研，课题于2011年初顺利通过评审结项。8月19日，全国政协副主席、民进中央常务副主席罗富和带领考察组到石家庄就机关建设开展调研，高度评价民进市委工作。年内，会员刘利平撰写的信息《关于加快大西柏坡建设的建议》被中共石家庄市委统战部《党外人士建言》专刊2011年第一期采用，吉朝珑撰写的《在我市恢复推广工间（前）广播体操的建议》获得市长艾文礼、副市长张妹芝批示，张海琴撰写的《关于破解职业学校招生难问题的几点建议》获得市委统战部部长胡儒钗批示。在全市统战理论研究优秀成果评比中，会员张留华撰写的《民主党派新一代代表人士成长规律和培养机制研究》获得一等奖，雷英军撰写的《建立“执政”与“参政”的良好互动》、李旭波撰写的《适应时代发展要求，提高参政议政能力》获得优秀奖。2011 年，民进市委被民进省委评为“参政议政工作先进单位一等奖”，被市委统战部评为党派团体信息工作先进单位。

【思想建设】 传达文件、精神，引导会员自觉主动学习。民进市委班子成员多次参加中共市委、市政府组织的情况通报会、征求意见会、研讨会，学习方针政策和统战理论。下发《关于开展学习贯彻胡锦涛总书记重要讲话精神活动的通知》，学习春节期间胡锦涛总书记到河北省保定看望慰问基层干部群众时发表的重要讲话，把广大会员思想和行动统一到胡总书记讲话精神上来，推动多党合作事业向前发展；全国“两会”召开后，下发《关于学习贯彻 2011 年“两会”精神的通知》，促进会员更好地把握国情，围绕中心、服务大局。组织会员参加民进中央《十二五规划纲要》网上答题活动，提高了政策意识和水平。按照民进中央深化学教活动要求，在第 27 个教师节前夕开展“双岗建功”宣讲活动，在支部选拔推荐 34 个双岗建功先进个人中选出 8 名会员组织宣讲，通过先进典型示范引领，广大会员牢固树立了社会主义核心价值观。开展纪念中国共产党成立 90 周年系列活动。民进市委转发《民进中央关于在全会开展纪念中国共产党成立 90 周年活动的安排意见》，开展“重温历史、同心同行”主题教育活动，引导广大会员以党为师、继承传统、坚定信念；邀请西柏坡纪念馆副馆长、研究员李庆安作“辉煌的历史、伟大的精神”主题报告会，加深会员对中国共产党的发展历史、理想信念和优良作风理解，报告会后民进市委向西柏坡纪念馆捐赠了由会员孟云魁、书法家狄山林共同创作完成的《毛主席与西柏坡》、《西柏坡颂》共计 18 幅轴红色作品；召开老中青会员座谈会，学党史颂党恩，缅怀党的光辉业绩；组织专场演出庆祝中国共产党成立 90 周年，会员积极参加表演抒发对党和国家的挚爱深情；七一建党节前夕组织书画界会员举办笔会，以艺术形式讴歌党的丰功伟绩。以会讯为主阵地做好宣传报道。所办刊物《石家庄民进》自改版后，辅以大量图片报道民进市委和各基层支部活动情况，会讯报道内容更加直观、可读性更强。全年市民进有 42 篇稿件被民进中央、中央统战部采用，32 篇被省政协、民进省委采用，因工作成绩突出被中共市委统战部评为“全市统战宣传工作先进单位二等奖”。发挥网站和校讯通两种新媒介作用，快捷有效开展会务工作。市民进网站第一时间发布通知、报道民进市委和基层组织各种会务活动；校讯通方便了民进市委及时准确的与支部主任、市委委员、各专委会、支部班子成员联系，节省会议、提高了工作效率。

【组织建设】 根据民进章程规定，市民进第九届委员会于 2011 年开展换届工作。按照早安排早准备原则，多次召开主委办公会、常委会、全委扩大会商议换届相关事宜。12 月 30 日，举行中国民主促进会石家庄市第十次代表大会，来自全市民进各基层组织 121 名会员代表欢聚一堂，共商会务，九届委员会主委石汉文作了题为《同心同行 不辱使命 为建设幸福石家庄再创辉煌》的工作报告。会议期间代表们学习了中共中央十七届六中全会精神和市第九次党代会精神，听取并审议了民进石家庄市第九届委员会工作报告；选举产生了民进石家庄市第十届委员会委员；推举出参加民进河北省第八次代表大会代表；审议通过民进石家庄市第十次代表大会决议。积极吸收高学历、高层次、有代表性人士入会。年内，市民进经过考察发展会员 45 名，会员总体趋于年轻化，结构更加合理化。3 月初，市民进河北国际学校支部成立，第 38 中学会员划归该支部，王志臣当选支部主任，曹迎春、崔景芬当选支部委员。按照民进中央填报会员信息，提高组织工作科学化、信息化水平要求，及时召开各支部组织委员会议传达，以支部为单位填写报表，完成全部会员信息录入工作。

【参政议政】 总结撰写提交提案议案情况，部署调研工作。组织各专门委员会召开工作会议，通报2010年度专委会活动情况和调研报告完成情况，各专委会根据《民进石家庄市委关于2011年调研课题指导要点》制定调研计划。召开信息员工作会议，通报2010年度各支部信息社情民意工作、会务信息情况，公布《民进市委参政议政奖励办法》，调动会员参政议政积极性。完善参政议政工作机制，召开参政议政工作年会，组织支部主任学习《民进石家庄市委参政议政工作制度》。在2011年召开的市政协全体会上，民进市委提交大会发言5个，其中口头发言《关于环城水系建设的几点建议》引起委员们强烈反响，得到省委常委、市委书记孙瑞彬、市长艾文礼的批示；书面发言《完善义务教育设施建设保障机制解决新建小区配套教育建设滞后难题》和《关于挖掘文化资源打造文化石家庄的建议》得到市长艾文礼批示。全年市民进提交提案75件，占大会提案总数的9.947%，为市政协29个参加单位之首；其中，集体提案34件，数量列全市各党派、工商联之首。2011年，在中共市委研究室组织的全市调研报告评比中，民进市委组织撰写的《加强我市村卫生室建设的调查与建议》和《推进校企合作助力我市经济腾飞》获得一等奖，被评为“调研工作优胜单位”；在市委统战部组织评比中，4篇调研报告被评为“各民主党派优秀调研文章”；在市政协组织评比中，民进市委获得“反映社情民意信息工作先进单位一等奖”，边志敏等5名政协委员被评为“反映社情民意信息工作先进个人”。

【社会服务】 扎实做好定点扶贫工作。春节前，民进市委开展送温暖、献爱心活动，发动会员为定点扶贫村赞皇县阳泽乡梁家湾村捐赠衣物520余件，募集捐赠电脑5台，向生活困难的村民分发了大米、食用油等生活物资，为136户村民每家购置了一副对联。广泛开展公益活动。9月21日，民进市委到东安社区开展“让科学走进您的生活”科普宣传活动，向社区法律宣传、环境保护、医疗保健、便民利民、艺术休闲、安全保障6个科普志愿者小分队代表颁发标志牌及市民安全应急手册，提出《低碳节能 时尚生活倡议书》；12月1日，由藏诺生物股份有限公司出资20万元，以民进市委名义设立奖学金，资助河北师范大学附属民族学院品学兼优的藏族学生，推动教育援藏工作；与市教育局、省硬笔书法协会、市语言文字工作委员会在全市中小学开展“规范汉字书写百千万工程”，培训书写教师277余人，并向第二批35所“规范汉字书写教育实验学校”挂牌。改善民生，打造“同心”品牌。贯彻落实民进中央关注民生、服务社会的精神和中共市委统战部“同心同向助民生”要求，与深泽县实现对接，开展帮扶工作。4月28日，联合民进河北省委组织会内医务和教育界会员30余人到深泽县开展大型义诊义教活动，省二院、三院、省医院妇科、儿科、眼科、骨科、内分泌、神经外科等10个科室专家到深泽县医院为患者义诊，活动中每位专家教授1名县医院大夫，起到传帮带作用，部分专家还与县医院医生一起查房，开展病例会诊，交流治疗方案，共义诊500余例；按照深泽县教研室讲课要求，市二中、24中、28中、41中、42中、外国语等学校17位名教师，分别给深泽县小学、初中和高中开展示范讲课活动；中秋节前，到深泽县开展慰问，捐赠食用油、大米等物品，扶贫款10000元。增强社会责任感。5月4日，联合省社科院书法文化研究中心、民进河北省文化艺术委员会、河北师范大学美术学院，在河北古韵艺术馆共同主办“感恩——寇学臣捐赠母校书法展”，展现中华传统书法艺术魅力，传播学子对母校拳拳之心和对家乡挚爱深情，引导更多人学会感恩、回报社会。开辟“新阵地”、巩固“老阵地”。平山实验中学是民进市委多年定点教育帮扶单位。5月11日，18名教育界会员到平山实验中学义教，9名老师分别与高一、高二各科教师座谈，解答探讨新课标的讲课方法、总体思路和预期效果，另有9名老师针对高三考生反映比较集中的问题开展示范讲课，课堂气氛活跃，取得非常好的效果。

（张伟）

中国农工民主党石家庄市委员会

【概况】 2011年，中国农工民主党（简称农工党）石家庄市委员会以自身建设为核心，学习和践行社会主义核心价值体系，履行参政党职能，圆满完成各项工作任务。做好社情民意信息工作，全年提交社情民意信息12篇，其中《关于发展我市夜经济的几点建议》得到市领导批示。至2011年末，市农工党发展新党员29名。其中，高级职称占35%，中级职称占24%；硕士以上学历5人；医卫界14人，其他10人；平均年龄37.2岁。

【思想建设】 引导和带领广大成员深入学习中国特色社会主义理论和中共十七大、胡锦涛总书记"七一"讲话、市九次党代会等重要会议和文件精神，落实领导带头、主要领导专题辅导、全委会议专题学习方式，农工党市委领导、机关干部和部分骨干成员还参加了省委统战部举办的民主党派、团体机关干部履职能力培训班和市政协举办的创新社会管理专题培训，号召各基层支委会结合工作实际，学习贯彻中共市委八届六次全会和市九次党代会精神，将思想统一到会议精神上来。扎实开展树立和践行社会主义核心价值体系活动。以做好农工党市委换届为契机，以各种纪念活动和党章、党史学习为载体，采取征文、座谈、研讨会、发放学习资料、选派骨干成员参加专题培训等形式，精心组织广大成员开展一系列学习教育活动，并对活动中涌现出来的先进成员和事迹组织广泛宣传。举办庆祝中国共产党建党90周年活动。下发《关于开展纪念中国共产党成立90周年征文活动，举办书画摄影作品展的通知》，精选7名书画家十余幅作品参加庆祝中国共产党建党90周年书法美术摄影展，精选优秀征文23篇出版纪念中国共产党建党90周年专刊；与农工党中央、农工党省委联合举办庆祝中国共产党建党90周年书法美术摄影展，农工党中央副主席刘晓峰亲临画展出席开幕式。此次展览汇集了省、市成员及中央书画院名家百余幅优秀作品，通过国画、油画、版画、书法等艺术手法，表达了庆祝中国共产党成立90周年的喜悦之情，体现了在中国共产党正确领导下，走有中国特色社会主义发展道路的坚定信心和决心。以宣传工作为抓手，增强思想教育成效。做好所属《石家庄农工》刊物出版，创新版面、活跃形式，出版庆祝中国共产党建党90周年专刊，开设相关理论学习专栏，成为广大成员学习交流的重要平台；做好农工党中央《前进论坛》征订工作，全年征订325份，位居全省前列。

【组织建设】 建立和完善领导班子议事制度、学习制度、考核制度，班子成员积极参加在中央社院举办的学习班、培训班。开展向兄弟市级组织学习和交流活动。倡导"重责任，积极主动，讲实效，不谈困难和条件"工作作风，强化服务意识。在中国共产党建党90周年之际，组织班子成员和市委委员、支部主委及骨干成员到井冈山参观学习。12月12日，召开七届十五次全委扩大会，开展领导班子成员五年述职、评议。做好组织发展工作。按照保持特色、改善结构、组织发展与后备干部队伍建设相结合原则，全年发展新党员29名。做好农工党市委换届。依据农工民主党章程和《中国农工民主党河北省委员会关于2011年市（设区市）级组织换届工作的意见》及中共石家庄市委统战部《各民主党派市委关于做好换届工作座谈会纪要》精神，认真筹备。12月31日，农工党石家庄市第八次代表大会在市颐园宾馆召开，选举产生了王宝山任主任委员的中国农工民主党石家庄市第八届委员会。

【参政议政】 发挥自身优势，强化参政党意识，以办实事、求实效为原则，参与全市重大政策协商，积极建言献策，取得良好的社会效果。围绕全市中心工作，制定有针对性的参政议政计划，召集参政议政骨干召开调研工作会议。讨论确定《加快物联网建设》等作为重点调研课题，与政府对口联系单位和农工党省委开展联合调研，撰写调研报告6篇。针对石家庄市"十二五规划纲要"制定，组织专家开展专题调研，农工党市委常委申禧在市政府召开的"十二五规划纲要"征求意见会上，提出“发展低碳经济，形成完整合理的产业布局”和“提高居民收入，使居民收入增长不低于GDP增长速度”等建议，受到市领导高度重视。做好政协大会发言和提案。在2011年市政协全会上提交大会发言5份、集体提案23份，其中《关于加强我市现代物业管理的建议》和《关于把旅游业打造成为我市支柱产业的建议》被市政协评为优秀提案；市农工党提交的《关于取消植物园门票的建议》、《石家庄市保护流浪儿童现状、问题及建议》和《关于街头饮食摊点食品安全治理的建议》的集体提案和个人提案被市电视台《提案追踪》栏目作了专访，收到良好的社会效果。

【社会服务】 争取农工党中央支持，申请将中共中央统战部旧址平山县李家庄村确定为农工党中央新农村建设服务点，向该村捐赠价值万余元医疗物品，用于村卫生室建设，并开展义诊活动。在中国初级卫生保健基金会帮助下，申请到新加坡连源基金会38万元扶贫基金，用于解决元氏县东城角村农民饮水困难。联合农工党省委、省卫生厅、省环保厅做好“环境与健康宣传周”活动，开展专题义诊。做好“国际科学与和平周”活动，组织专家到元氏县敬老院开展义诊和咨询。发挥农工党人才智力优势，开展“同心同向助民生”活动，将赵县谢家庄村确定为帮扶对象，举办专题讲座、开展义诊服务，并捐赠6万元器械和药品用于改善村卫生室条件。基层支委会积极开展社会服务工作。七一前夕，桥东区支部深入平山县古月镇，看望了2名生活困难的老共产党员，捐赠米、面、油等生活必需品，捐款2400元；省儿童医院支部多次到邯郸市肥乡县，看望身患“脑垂体发育不良”儿童，免费送医送药。

（马进旗）

九三学社
石家庄市委员会

【概况】 2011年，九三学社石家庄市委员会（简称市九三学社）全面加强自身建设，认真履行参政党职能，深化社会服务作用，各项工作取得新的成绩。全年九三学社市委及各基层组织撰写活动报道16篇，有14篇登载在九三学社省委网站，5篇登载在九三学社中央网站；在九三学社省委2011年出版的《九三冀刊》中，市九三学社有9篇文章入选。至2011年底，市九三学社共有成员562人，平均年龄52.7岁。其中，具有高级职称453人，占社员总数的80.6%；具有中级职称80人，占14.2%。年内，九三学社市委获得市政协2011年度反映社情民意信息工作先进单位二等奖，3名委员获得先进个人称号。

【思想建设】 开展学习中共十七大、十七届六中全会和市第九次党代会等会议精神活动。在庆祝中国共产党成立90周年前，组织基层负责人到保定市、张家口市等地参观学习和考察；组织省、市、区三级人大代表、政协委员到爱国主义教育基地——革命圣地西柏坡和中共中央统战部旧址，开展“重温历史 同心同行”主题教育；组织全体社员参观红色画展、红色文物收藏展等展览，坚定了社员走中国特色社会主义政治发展道路的决心和信心。参加河北省委统战部开展的思想建设与理论研究课题招标活动，九三学社市委竞标的《社会主义核心价值体系与民主党派发展研究》、《如何充分发挥民主党派作用》2项课题中标。参加市委统战部开展的统战理论调研成果评比，《关于建立和完善参政党内部监督机制的探讨》、《完善参政党内部监督机制的思考》分别获得2011年度全市统战理论研究优秀成果一等奖、三等奖；九三学社市委获得2011年度全市统战理论研究优秀组织奖及全市统战宣传工作先进单位二等奖。

【组织建设】 12月31日，召开九三学社石家庄市第十次代表大会，选举产生九三学社市第十届委员会主任委员1名、副主任委员6名、常委13名、委员27名，以及出席九三学社河北省第七次代表大会代表22名，顺利完成交接任务。贯彻落实九三学社中央组织发展原则，坚持发展和吸收高层次、高素质、有代表性优秀人士，积极开展新社员培训，增强了社员的政治责任感、使命感和凝聚力，收到良好的效果。2011年，市九三学社共发展社员20人，平均年龄37.9岁。其中，具有高级职称10人，占50%，中级职称8人，占40%;教育界8人，占40%；医卫界9人，占45%；科技界1人，占5%；具有博士学位10人，占50%，硕士学位2人，占10%。基层组织生活日益丰富。河北经贸大学支社组织社员到古城永年考察文化产业建设；中医学院支社开展向杨佳学习活动，组织社员畅谈体会，并以《有信念的人永远是光明的》为题发表在中共中央统战部、九三学社中央网站等媒介。2011年，九三学社市委6个基层组织获得社省委“先进基层组织”称号，18人受到表彰；2人获得九三学社中央优秀企业家称号。

【参政议政】 每逢高层协商，九三学社市委积极召集社内外专家调研讨论，广泛搜集、吸收各方面意见和建议。在市委、市政府召开的党外人士协商会、情况通报会上，九三学社市委就重大课题发表意见和建议，许多建议被采纳和实施。注重发挥专委会作用，在各自专业范围内建言献策，高层协商水平提高。年内，九三学社市委提出的《加大监督力度，提高“十二五”规划的执行力》获得2011年度全市优秀调研成果特等奖，《加强城市交通路网功能和辐射功能的建议》等2篇调研报告获得二等奖，九三学社市委社会服务处获得全市调研工作优胜单位。贯彻落实中共河北省委统战部、九三学社省委、中共市委统战部部署的“大调研、大献策”活动，组织专委会委员及骨干社员开展规模不等、形式多样的调研活动8次，完成调研报告14篇，择优选取8篇作为专项报告。其中，《关于建筑资源再利用策略的调研报告》等3篇调研报告上报九三学社省委，《关于如何加强循环经济化工示范基地建设，推进“工业强市”战略的调研报告》等5篇调研报告上报中共市委统战部；《城镇化进程中农民工社会保障问题》以书面发言形式，入选第六届九三学社中央主持的“九三论坛”；《关于进一步提升城市建设水平的建议》等8篇调研报告转化为市政协全会大会发言，《中小学生心理健康状况不容忽视，应加强监测与干预机制的建设》等10篇调研报告转化为全会集体提案。2011年初，九三学社市委及所属代表、委员向省、市、区“两会”等提交建言116份。其中，大会发言6份，集体提案22份，个人或联名提案、建议88份；2份发言得到市领导批示，3份提案被列为市重点提案，6份提案被评为市政协十一届三次、四次会议优秀提案。石家庄电视台、《石家庄日报》、《燕赵都市报》、石家庄人民广播电台等媒体对九三学社委员提出“关于取消固话月租”、“文明养犬”等诸多提案做了追踪报道。在市政协召开的提案工作经验交流会上，九三学社市委作了《围绕中心、服务社会，不断提高提案工作质量》交流发言。年末，在市政协全会宣传月期间，九三学社市委联合市政协学宣文史委、石家庄电视台，组织部分委员录制新闻片，展现委员风采，凸显出较强的参政议政能力。2011年，在市政协全会上，九三学社市委撰写的《全面掀起文化建设高潮，加快推进富民强市步伐》、《保护和传承民间非物质文化遗产，推动我市民间文化艺术产业化发展》等8篇发言材料入选，其中口头发言2份，领导批示5份；向全会提交并立案提案32份，其中重点提案5份，督办提案3份，领导包案1份。积极反映民意。全年向九三学社省委、市委统战部、市政协等报送社情民意96篇，其中11篇次被市政协《社情民意》及中共市委统战部《党外人士建言》专栏采用，4篇得到市领导批示。

【社会服务】 与对口单位辛集市委统战部联系沟通，制订实施方案和常态工作机制，推动“同心同向助民生”活动。5月27日，九三学社市委率领医务界专家、学者到辛集市大士庄村开展义诊咨询活动，为当地村民义诊200余例。省三院支社作为此项活动积极参与者，获得全市统一战线开展“服务民生、奉献社会”活动先进集体称号，1人获得先进个人称号；辛集电视台制作专题片，专题报道了此次活动。结合学习九三学社中央副主席丛斌在九三学社全国社会服务工作研讨会上的讲话，组织开展了第23届“国际科学与和平周”活动。11月13日，组织社内医务界专家到辛集市大士庄村帮扶点，在辛集骨科医院为当地村民提供免费手术、义务诊治等服务，受益200余人。

各基层组织认真学习《九三学社中央〈关于开展第二十三届中国“国际科学与和平周”活动的通知〉》及《丛斌副主席在九三学社全国社会服务工作研讨会上的讲话》文件精神，积极用行动开展贯彻和落实活动。市一院支社召开座谈会，组织社员研讨社会服务工作；省二院支社到正定县西平乐乡南化村开展义诊和社会调查活动，为100余名村民提供了咨询、诊治等服务。

（党大志）

石家庄市工商业联合会

【概况】 2011年，市工商业联合会（简称市工商联）发挥桥梁纽带和参谋助手作用，重视抓好经贸招商和民营企业园区行“两大品牌”活动，积极为全市经济和社会发展献计出力。会员、商会“两支队伍”蓬勃发展。至2011年底，市工商联直属会员达到143家，其中新发展会员22家；会员总数30269家，其中企业会员14652家，个人会员15431名，团体会员186个，会员结构得到优化；新成立直属商会9家，直属商会总数达到38家。2011年初，市工商联召开第十三届五次执委会，替补常委4名，增补常委13名，替补副主席1名，增补市总商会副会长6名。基层组织建设水平提高。根据省委统战部《关于我省工商联（总商会）换届工作的意见》的通知文件精神，结合石家庄市实际情况，出台《关于我市工商联（民间商会）2011年换届工作的实施意见》，并多次召开专题会议学习贯彻换届文件，督促23个县（市）区完成换届工作。换届后，全市23个县(市)区新增党组书记6名，新增专职副主席18名，新增秘书长10名。11月份，市工商联办公楼“商会大厦”正式投用。年内，市工商联获得全国工商联“优秀案例”先进单位称号；信息工作获得全省工商联系统第一名；自行组织的“民营企业专场招聘会”受到全国总工会、国家人社部和全国工商联通报表彰。

【经济服务】 参与正定国际小商品博览会（简称正博会）、石家庄国际投资贸易洽谈会（简称石洽会）等经贸招商。4月份，第四届“正博会”召开，市工商联邀请40多位国外客商参会，其中由35家企业组成的韩国京畿东部商工会议所代表团，成为正博会历史上最大的韩国经贸代表团。“石洽会”期间，邀请到韩国京畿东部商工会议所会长金骏泽等20多位国外客商，举行了“中韩企业家对接座谈会”，双方40多家企业现场开展项目对接，并就中韩互设产品展示厅、LED产品合作研发等4个方面达成合作意向。2011年“正博会”、“石洽会”期间，全市举办项目对接座谈会3次，达成合作意向8个。开展“民营企业园区行”、“职能部门企业行”活动。年内，组织“民营企业园区行”7次，全市有一定实力的92家企业深入新乐市、栾城县、晋州市、行唐县、赞皇县等县（市）工业园区，考察对接，促成总投资10亿元天然色素研发项目和总投资1.5亿元交直流电机生产基地项目落户行唐县工业园区；河北荣华汽车贸易有限公司投资3亿元的城市改造提升项目落户新乐市。与市委统战部组织10余家职能部门开展到河北省浙江商会部分民营企业走访，对华北鞋城、华北灯具城、河北金城房地产公司等企业提出的意见和建议予以妥善解决。千方百计加强中小企业融资支持。针对中小企业发展遇到的严峻形势，市工商联开展“银企合作一对一”活动，收集近80家中小企业贷款需求信息，与民生银行、中国银行等金融机构逐一对接，并帮助会员企业成立小额贷款公司3家。8月份，与建设银行河北分行营业部共同举办了“中小企业融资业务推介会”，全市108家中小企业参会并与银行现场开展对接交流，石家庄中汇冷弯焊管设备有限公司获得500万元贷款。成功举办“民营企业与大学生就业专场招聘会”。3月份，市工商联与市人社局、教育局联合举办“石家庄市民营企业大学生就业专场招聘会”，组织200多家民营企业提供就业岗位10000余个，达成就业意向4600多个。

【参政议政】 2011年，市工商联和市委统战部历时3个月，共同起草了《关于鼓励和支持民营经济加快发展的若干政策措施》（又称“民营经济50条”），经市政府常务会议、市委常委会研究通过，并以市委、市政府名义下发。召开民营经济50条发布解读座谈会，在《石家庄日报》、《燕赵商汇》等报刊媒体开展大篇幅、多角度、深层次的宣传和解读，使民营经济50条深入民营企业家心中，受到广大民营企业家好评。围绕中心工作，积极建言献策。年初，在市政协十一届四次全会上，市工商联提出进一步优化石家庄市发展环境的建议，省委常委、市委书记孙瑞彬批示："发展环境是石家庄的突出问题，可以讲是头等大事，这件事情连改进的时间都没有，要马上改，立刻见效，否则再好的蓝图都会落空"。市政协将此提案列为2011年1号提案，政协主席王华清亲自督办，10条建议全部被采纳，并出台相关文件和落实举措。加强提案工作针对性，推动全民创业。年内，市工商联提交了《关于我市实施全民创业，创建国家级创业型城市的建议》的提案，在委员中引起反响，省委常委、市委书记孙瑞彬等领导作出批示，要求相关部门抓好落实。随后，市政府出台了促进全民创业的优惠政策，市工商联与人社局等单位共同承办了全市全民创业大会。建立市领导和民营企业家沟通渠道。会同市委统战部，协助市委、市政府出台"市领导联系民营企业家制度"，每位市领导联系3家民营企业，有30多家商会会长和105位民营企业家列入名单，为民营企业反映诉求开通了"直通车"。

【**光彩事业**】 扎实开展"同心同向助民生"活动。全年组织"同心同向助民生"活动2次，参与商会30多家，企业90多家，达成初步意向8个，意向资金5亿多元。其中，市工商联副主席企业、河北天山实业集团向赞皇县中心幼儿园捐资80万元；利用"新奥威远环保型农技人才培训基金"为无极县培训温室大棚技术人才，受训人数超过1000人。积极帮助企业争取全国性奖项。推荐平山县刘家会万亩核桃基地入选"第四届光彩国土绿化贡献奖单位"，并被授予全国国土绿化十大林果基地称号；神威药业被评为"第四届全国就业与社会保障先进民营企业"；正元化工、先河环保科技公司被评为国家光彩十大环保先锋明星企业，受到国家环保部、全国工商联、中国光彩会联合表彰。

（陈军委）

社会团体

【**社会团体领导成员**】

总工会

主　　席：傅世武
常务副主席：刘凯
副 主 席：尤振昌
王艳芳
郭乃杰

共青团石家庄市委员会

书　记：空缺　（1～6月）
敦盾（6月任，11月免）
王涛　（11月任）
副书记：金福中（6月免）
魏洪涛

妇女联合会

主　席：葛瑞芳
副主席：邵平　苏彦英
马玉玲　姜红

科学技术协会

主　席：王英彬（1月免）
陈健敏（1月任）
副主席：羊文庆　刘书槐
张双更　高娟
秘书长：高娟　（兼）

文学艺术界联合会

主席、党组副书记：周喜俊

党组书记、副主席：郝建农
副主席：肖建科（兼秘书长）
马荣川

归国华侨联合会

党组书记、主席：胡翎
党组副书记、副主席：许立
党组成员、副主席：陈小兵

社会科学界联合会（与社会科学院、讲师团合并）

党组书记、院长（主席、主任）：肖力
党组副书记、副院长（副主任）：马建彬
副院长（副主任）：赵国华
赵惠娟
副院长（副主席、副主任）：
李贞年

残疾人联合会

理 事 长：王金斗（1月免）

顾玉平（1 月任）
副理事长：张爱艳　金玉惟

黄埔军校同学会
名誉会长：陈建中　孟昭夫
会　　长：张连枝
副 会 长：王敬之　徐丙生
秘 书 长：邱振贵（兼）

台湾同胞联谊会
会　长：廖海鹰
副会长：王爱鸽　陈瑛
秘书长：游艳红

消费者协会
名誉会长：张承禄　张殿奎
赵长栓
会　　长：路国庆
副 会 长：李景祯　汤化敏
卢金保　贾利民
夏玉颖　栗绪楼
王占云
秘 书 长：许毅敏
副秘书长：陈磊

工业经济联合会
名誉会长：沈志峰　方秉钧
陈启明
顾　　问：王同林　周世俊
彭造岭
会　　长：白起林
副 会 长：程宝怀　王习文
左喜书　张昌荣
杨耀波　王建良
杨成桂　于锡庆
吴宝河　王炳熙
姚振春　张征
李怀斌　唐秀珍
秘 书 长：杨志远
副秘书长：谢艳华　高国欣

红十字会
会　　　长：张妹芝（兼）
常务副会长：解晓芒
副　会　长：张玉安
秘　书　长：郝瑞起

石家庄市总工会

【概况】 2011 年，市总工会贯彻落实科学发展观，发挥职能作用，为全市经济和社会发展做出了积极贡献。女职工工作富有成效，新建女职工学校 60 个，累计达到 252 个。全年各级工会在中央和省内媒体刊发宣传稿件 550 余篇。年内，中共中央政治局委员、全国人大常委会副委员长、中华全国总工会主席王兆国，中共中央政治局委员、中央书记处书记、中组部部长李源潮分别到石家庄市调研，充分肯定市援助中心开展创先争优“夺旗争星”活动、服务职工做法和创建群众工作室工作；石家庄市推进工资集体协商工作经验在全国召开的“构建和谐劳动关系先进表彰暨经验交流会”上进行交流；市总工会金秋助学等品牌推向全国，中央电视台详尽报道了石家庄市先进经验，“金秋助学扶困育才”活动受助学生邓倩在全国总工会纪念送温暖工程 20 周年、帮扶中心建设 10 周年大会上作发言；率先在全省创新建立“首席工人”、“首席安全信息员”、“首席劳动争议调解员”三支队伍。2011 年，市总工会被全国总工会评为“‘十一五’时期社会主义劳动竞赛先进组织单位”；被市委、市政府授予“石家庄市城镇面貌三年大变样工作先进单位”；市总工会经费审查委员会被国家审计署授予 2008 ~ 2010 年度“全国内部审计先进集体”；财务工作被河北省、石家庄市分别授予“全省工会财务工作竞赛特等奖”和“市级工会财务先进单位”称号。

【培养职工素质】 开展“当好转型升级主力军、打好跨越赶超攻坚战”四大劳动竞赛活动，提升职工队伍素质，推动全市各项重点项目建设顺利进行。围绕全市“对标行动”、重点工程、省会城镇建设“三年上水平”建设和省新“双三十”节能减排示范工程开展劳动竞赛活动。全年开展劳动竞赛企业 10210 家，参赛职工 93 万人。联合市人社局连续第 7 年在全市开展职工职业技能竞赛活动，竞赛工种由 10 个增加到 14 个，543 名职工通过竞赛晋升了职业技术等级。全市建立职工创新工作室 126 家，择优 10 家命名为石家庄市第二批职工创新工作室；取得创新成果 3255 项，创收经济效益 9865 万元。深入开展“安康杯”竞赛活动，全市参赛企业 4700 家，职工 68 万人。年末全市签订劳动安全卫生专项协议企业达到 3985 家。完成 2011 年五一劳动奖章、奖状推选表彰工作。与市人社局、财政局联合发文，为市级劳动模范提高了退休待遇。95 家企业建立“首席工人”制度，96 家企业建立“首席安全信息员”制度。

（张云朋）

【7 单位获得“安康杯”竞赛先进集体】 10 月 20 日，市总工会举办全国“安康杯”竞赛先进集体

授牌仪式，市邮政局、河北白沙烟草有限责任公司、石家庄供电公司、中国电子系统工程第四建设有限公司、中国联合网络通信有限公司石家庄市分公司、石家庄焦化集团有限责任公司、市公安交通管理局等7家单位荣获全国“安康杯”竞赛先进集体称号。2010年，中华全国总工会和国家安全生产监督管理总局在全国企事业单位开展以“加强班组安全建设，强化一线教育管理”为主题的“安康杯”竞赛活动。

【首批女职工示范学校授牌】 11月16日，市总工会女职工示范学校授牌仪式暨女职工素质教育现场会在石家庄供电公司举行。市人大常委会副主任、市总工会主席傅世武出席会议，并为全市首批30个工会女职工示范学校授牌。到2011年末，全市女职工达到65万人，其中女农民工20余万人，职工队伍新情况要求打造新载体、新平台提升女职工素质。

（王静）

【101个集体获得“工人先锋号”】 12月15日，全市召开2011年度劳动竞赛表彰暨工人先锋号命名大会，表彰全市各种劳动竞赛中涌现出的先进单位和先进个人，并命名101家“工人先锋号”，此次会议上宣读了《关于表彰2011年度石家庄市劳动竞赛先进单位和先进个人的决定》。

（靳晓磊）

【基层组织建设】 以非公有制企业、劳务派遣企业为重点，加强区域性、行业性工会联合会建设。采取实地核查、分片包干、地税代征，推进基层组织建设。新建劳务派遣公司工会37家，发展会员10571人；新成立汽车流通服务、物业、保险3家行业工会联合会；新增基层工会组织554个，新发展会员57971人。开展企业工会工作规范化建设达标和创建职工之家活动，石家庄常山恒新纺织有限公司工会等8家单位获得全国模范职工之家。推进乡镇（街道）总工会标准化建设，全市25个乡镇（街道）总工会通过达标验收，辛集市辛集镇总工会等3个乡镇（街道）总工会获得全国百家示范乡镇（街道）总工会。贯彻落实省、市委群众工作会议精神和省总工会《实施意见》，在独立建会的14235家企事业单位建立群众工作室。

【首家全省物业行业工会联合会成立】 近年，全市物业行业发展壮大，从业人员增多，具备建立工会条件的物业企业近百家，企业职工达到上万人。为推进建立和谐稳定劳动关系，促进省会和谐社区建设，调动和发挥产业工人主力军作用，依据市总工会《关于加强行业工会联合会建设的意见》，在市总工会和市房产管理局支持下，市建设工会、市房产管理局工会、市物业协会联合成立筹备组，依法组建石家庄市物业行业工会联合会。这是河北省物业行业成立的第一家行业工会联合会。12月13日，市物业行业工会联合会成立大会暨揭牌仪式举行。来自石家庄市物业行业工会组织62名代表参加会议。会议讨论通过《石家庄市物业行业工会联合会章程》，选举出首届工会联合会委员会和经费审查委员会，5人当选工会联合会委员，3人当选经费审查委员会委员，回世江当选工会联合会主席，刘明当选经费审查委员会主任。

【构建和谐劳动关系】 以加强基层民主政治建设，维护职工合法权益为目标，以制度创新、机制创新、方式创新为动力，推进厂务公开民主管理工作深入发展。非公有制企业民主管理形式和渠道逐步拓宽，建制非公有制企业达到4315家。全市建立区域性职工代表大会548个，占应建制单位的95.5%，覆盖企业4600家。开展“企事业单位劳动规章制度规范年”活动，废止383条，修改471条，重新制定涉及职工切身利益各种制度2130条。开展劳动关系和谐单位创建活动，参加创建活动覆盖面扩大。年末全市开展创建活动企事业单位达到14255家，覆盖面达到90%，其中受到全国表彰劳动关系和谐企业6家，省级137家，市级243家，县级745家。2011年，市委、市政府下发《关于进一步深化和规范工资集体协商工作的意见》，召开全市工资集体协商“百日行动”和“要约行动”会议，创新建立约谈制度和函促制度，大力开展行业、区域、园区工资集体协商工作，指导帮助河北诺亚人力资源公司和创业园区分别签订全省首份劳务派遣工工资协议集体合同和高新区园区工资集体合同，并在全省推广此项工作经验。至2011年底，全市建制企业达到13622家，建制率达到86%，规范率达到60%以上；签订行业工资协议29分，覆盖企业1685家。

【健全维权机制】 建立健全劳动关系矛盾预警预防、化解调处和法律帮扶三大工作机制。企事业单位推行首席劳动争议调解员制度。全市建制试点单位达到793家，其中466家落实调解员补贴待遇。建立劳动关系矛盾预警信息员网络和劳动法律监督员队伍。年末全市信息员队伍发展到8652人，11002家企业建立起劳动法律监督组织，拥有法律监督员23883名。制定劳动关系矛盾红、橙、黄、蓝"四色"预警标准，实施企业对标动态管理。在全省首家成立市级职工劳动争议调解委员会。建成工会、人社局、法院、企业家协会等部门共同参与的劳动争议案件诉调对接机制，简化职工维权程序，成功实现降低成本，化解矛盾，工会维权维稳工作落到实处。实行定向法律援助。为11个产业工会和22家市直属基层工会委派职工维权法律顾问，落实法律援助向全体职工延伸。至2011年末，全市工会法律援助机构代理劳动争议仲裁案件101件、涉及222人，代理劳动争议诉讼案件50件119人，参与非诉调解案件166件308人，代拟法律文书49分，案件咨询614件次、2096人次，为农民工追讨薪资30余万元。

【困难职工帮扶救助】 转变服务方式，落实普惠化、项目化、实体化、社会化"四化式"服务职工工作新思路。元氏县等12个县(市)区困难职工帮扶中心转型升级为职工服务中心，成为工会服务职工的综合平台。开展"职工互助一日捐"活动，连续两次调整救助政策，降低门槛，为921名职工发放救助金380.3万元。实施"职工白内障光明项目"、困难职工子女先心病"爱心"项目、困难女职工"两癌"检查项目等关爱职工系列帮扶项目和非工伤意外伤害、家庭财产（火灾）损失两项保障，免费为152名职工做了白内障诊疗手术，免费为2680名困难女职工做了妇科"两癌"检查。筹措资金100万元，联合北国超市、公交公司、工商银行等7家爱心单位实施困难职工爱心工程，全市困难职工年享受实惠1200元。开展"金秋助学扶困育才"行动，下发《关于进一步深化"金秋助学扶困育才"全程帮扶机制的意见》，首次将困难职工子女纳入救助范围，全年共资助158人，发放市本级助学金28万元。开展"心系职工情、温暖进万家"送温暖工程，帮扶困难企业602个，受惠职工16140人次，受惠总金额418万元。2011年元旦、春节期间，市总工会筹集182万元走访慰问了特困职工、困难职工、困难农民工和困难企业。实施促进就业创业援助行动，以各级困难职工援助中心为阵地，举办培训班130期，培训12560人，职业介绍14670人，实现就业7610人。开展"千企万岗进县区"活动，全年协调1600家用工单位，提供就业岗位26560个，实现就业3520人。连续5年开展农民工文化服务流动车进工地、农民工医疗援助及举办"农民工兄弟，石家庄是咱的家"中秋节文艺联欢等关爱农民工系列活动。

（张云朋）

共青团石家庄市委员会

【概况】 2011年，共青团石家庄市委认真履行基本职能，积极推动共青团事业健康发展。开展乡镇（街道）团组织创新。全市所有222个乡镇、51个街道均建立9～21人共青团工作委员会，产生委员2967人。加强新任职团干部业务培训，指导完善工作机制、开展特色活动。开展"党团共建、创先争优"活动。全年共有558家非公有制经济组织和77家新社会组织建立共青团组织。启动团干部"学报告、提素质、树正气、创佳绩"主题教育活动。采取名师讲课、撰写党性分析材料、深入基层调研、干部讲坛、"幸福手拉手"直接联系普通青年等多种形式，促进了共青团干部作风有新气象、能力素质有新提高、认责承诺有新标准、工作业绩有新突破。加强团的外围组织建设，青联、少先队、青企协、志愿者协会等工作充满活力。承担全国少工委六届二次全委会现场观摩工作，团中央书记处书记、全国少工委主任罗梅及与会代表高度评价石家庄市少先队工作。全年市共青团组织在团中央网站刊发信息203篇，占全省信息刊发总量的46.5%；在团省委网站刊发信息511篇，信息总量居全省第一。年内，共青团新华区委、平山县委获得“河北省十佳团县（市）区委”称号，共青团藁城市委、井陉县委获得“河北省优秀团县（市）区委”称号。

【青少年思想教育】 以重要节日为契机，广泛开展理想信念教育。“五四”青年节期间，组织各级团组织和广大团员青年认真学习市委书记孙瑞彬“五四”青年节祝辞，所有中学集中开展新团员入团宣誓仪式；“六一”儿童节期间，举办全市庆“六一”国际儿童节“红领巾心向党”红歌汇报演出，团中央书记处书记汪鸿雁、市委副书记刘云峰等出席并观看；清明节期间，举办“永远不能忘记——西柏坡青少年缅怀革命先烈活动”，央视《新闻联播》予以报道。探索微博等青少年网络教育新途径。2011年，“石家庄共青团”微博粉丝超过44.9万人，综合影响力居全国政务微博第59位（河北省第3位、全国共青团系统第2位）；腾讯官方微博被评为2011年度全国“最勤劳的政务微博”；开设“石家庄快报”、“便民服务”等话题，开展微博党史知识竞答等活动，引导青年正确对待网络舆情；联合新浪网建立全团首个微博捐助渠道——“希望工程微力量”平台。全年处理各类群众咨询、求助事务130余件，河北新闻网（河北日报）专访报道了“石家庄共青团”微博救助贫困女孩的事迹。以纪念建党90周年为主题，全市组建1000支小分队共计4万余人开展大中专学生社会实践，《中国共青团》杂志专题报道此项活动。承办“2011年全国大学生骨干赴石家庄市暑期实践锻炼活动”，受到团中央高度评价。

【青春建功实践活动】 举办青年工人职业技能大赛50余场，参与青年工人5万余人；在重点工程一线组建青年突击队85支。发挥青联人才智力优势，开展建言献策、县区行等活动。深化青年就业创业工作。全年新建创业培训基地10家，培训创业青年3000余人次；在376家见习基地对接见习青年3500人；发放小额贷款3054笔，共计2.17亿元，带动8194人创业就业。争取团中央创业就业基金46万元，分别拨付全市23个县（市）区创业工作专项资金2万元。年内石家庄市大中专院校开展“青春大讲堂”活动被《中国青年报》在头版报道。建设“青年星光文化广场”，举办慰问重点工程农民工大型文艺演出等活动，大力支持全市夜经济发展；承办2011海外学人回国创业周石家庄交流活动；接待团中央青年企业家协会代表团30余名代表参加石家庄国际投资合作洽谈会；组织举办2011年石家庄——杭州创新、创意、创业合作对接会。

（胡必杰）

【青年创业指导服务中心成立】 3月3日，石家庄市青年创业指导服务中心在东马路正式挂牌运行。该中心由团市委、市劳动就业局指导开展工作。按照市人力资源和社会保障局批准，市青年创业指导服务中心是一所综合性服务机构，成立后主要职能是以大学生、青年农民工群体为重点，运用共青团组织网络，建立青年就业创业信息库、企业用工信息库、青年求职数据库，免费为青年提供就业信息查询、登记、应聘岗位等相关服务工作。该中心还联系指导全市各级青年就业创业见习基地开展工作，开展就业创业指导、技能鉴定等工作，对合格人员发给相应的国家职业资格证书，并按规定享受职业技能鉴定补贴，推荐优秀创业青年优先申请小额贷款。

【与杭州市开展创新创意创业合作对接】 8月27日，以共青团杭州市委书记黄海峰为团长的杭州青年企业家代表团到石家庄市开展合作对接活动。29日，“2011年石家庄——杭州创新创意创业合作对接会”在市亚太大酒店成功举办，来自杭州23名青年企业家代表和市有关部门及县（市）区、开发区、重点园区代表就城市规划、项目用地等政策进行了交流。

（李云萍）

【青少年文明创建】 启动“文明一起来、青春更精彩”创建文明城大行动。全市参与志愿服务53万人次，志愿服务总时间52万小时，新建志愿者服务基地132个，新增注册志愿者1.25万人，总数达到26万余人。全年新增国家级青年文明号2个、省级青年文明号12个、市级青年文明号165个；重新认定全市465家市级青年文明号。开展“幸福冬天”大型公益活动。组织“幸福冬天”山区教育行、走进困难群众、走进社区青少年服务中心、新春大保洁、公益微博转发赠礼等活动，累计捐赠棉衣物、多媒体教室、2012年《中国青年报》、文体用具、食品、善款等价值70余万元。《中国青年报》、中央人民广播电台等媒体报道“幸福冬天”大型公益活动40余篇次。2011年，团市委获得河北省青年志愿服务优秀组织奖；全市2个集体获得河北省“十佳青春风尚小分队”、2名个人获得“十佳青春风尚使者”称号；团中央书记处常务书记王晓、市委副书记刘云峰专题调研并充分肯定石家庄市青少年精神文明创建工作。

【青少年合法权益维权】 加强重点青少年群体社会管理创新。争取市财政支持，建立5个社区青少年服务中心试点，为新生代农民工、留守儿童、刑释解教青少年、服刑人员未成年子女等重点青少年群体提供法律服务、心理疏导、爱心助学、就业辅导、创业支持、困难帮扶等服务。开展关爱农民工子女志愿服务、“我的城市我做主”农民工子女体验式融入城市生活、共青团青联界别政协委员与新生代农民工“面对面”、结对帮扶等活动。深化希望工程“圆梦大学”、“爱心传递”等项目，全年团市委筹资208万元，援建希望小学2所，救助大、中、小贫困学生2000余名。

（胡必杰）

石家庄市妇女联合会

【概况】 2011年，市妇联以建设“坚强阵地”和“温暖之家”为目标，全面落实市妇联十四大提出各项任务，扎实开展创先争优活动，推动全市妇女儿童事业取得创新发展。下发《关于坚持党建带妇建进一步加强妇联基层组织建设的意见》，全市4800多个村、社区全部建立“妇女之家”。开展妇联基层组织示范县、乡、村创建活动，培养、树立省级基层妇联示范县（市）区1个、示范乡镇（街道）14个、示范农村（社区）95个，推荐3个乡镇、39个村（社区）参加第二批全国妇联基层组织示范创建工作。扩大妇联组织覆盖面，指导石家庄信息工程学院等高校成立妇委会。创新宣传理念，“三八”妇女节期间，首次在石家庄电视台黄金时段播放宣传男女平等公益广告。“六一”儿童节期间，成功举办“童心向党歌舞飞扬”文艺汇报演出，让孩子们度过一个欢乐祥和的节日。高标准、高规格做好西柏坡中央妇委会旧址修复工作，中国共产党建党90周年前正式对外开放，成为全国妇女干部革命传统教育基地。全年市妇联被全国妇联采纳信息400余篇，被国家和省级媒体采用26；妇女儿童网站全面改版。年内，市妇联获得全国“巾帼文明岗”、“河北省维护妇女儿童权益先进集体”和“石家庄市‘六五’普法先进集体”称号；信息工作被省妇联授予“上报全国妇联信息成绩突出奖”和全省“信息工作优胜单位”；调研工作被省妇联授予“调研成果评选活动优秀组织奖”。

（刘静）

【第十四次妇女代表大会召开】 6月3日，石家庄市妇女第十四次代表大会在市人民会堂举行。全

成功召开全市妇女第十四次代表大会

市555名妇女代表和44名特邀代表参加会议。大会审议通过《石家庄市妇女第十四次代表大会关于大会工作报告的决议》；选举产生石家庄市妇联第十四届执行委员会主席、副主席、常务委员和执委。葛瑞芳当选为第十四届执行委员会主席，邵平、苏彦英、马玉玲、姜红当选为第十四届执行委员会副主席。

（戴丽丽）

【提高妇女素质】 加强各类女性人才队伍建设，首次在清华大学举办市妇联执委研修班，提高执委履职能力。举办“妇女之家”示范点培训班，提升服务妇女群众能力和水平。依托“女性大讲堂”、“法律大讲堂”、“乡村（社区）女校”，开展绿色生活、法律维权、创业技能等讲座，培训妇女10万余人，培养法律明白人45000人，科技骨干1160人，创业带头人883人。发展壮大市民营女企业家商会，年末拥有分会16个，会员2000余名。在全市评选表彰百名“三八”红旗手、百个巾帼文明岗（星）”，推荐37名优秀女性成为省、市创业明星、创业标兵、突出贡献专家。召开全市各界妇女纪念“三八”节101周年座谈会，在优秀女性中开展“魅力女性心悦中秋幸福汇”活动，大力弘扬石家庄女性“睿智时尚、宽容善良、自信坚韧、进取自强”的时代精神，全面展示女性魅力。

【支持女性创业】 成立石家庄市妇女创业指导中心，每月8日举办“巾帼创业帮扶”活动，探索建立创业培训＋创业项目＋成功创业帮扶模式，长安区建北街道建立全省首家街道妇女创业指导中心。全年举办创业项目推介会、创业项目乡村（社区）行112次，推介项目100余个，达成创业就业意向4000余个；开展妇女创业小额担保贷款，全市725名妇女申请到贷款1.6亿元。启动“支持妇女手工编织业发展”项目，指导鹿泉市、藁城市、深泽县成立分会，吸纳会员357名；精心打造“红庄”品牌，推广药枕、丝带绣等18类600余个品种。按照“妇”字号＋联盟＋嫂子队伍模式，引领、规范、推动全市家庭服务业大发展，培训家庭服务员5000余名。开展“三年上水平，妇女当先锋”活动，做好文明家庭创建工作，共创建文明家庭1万户。搭建立体化巾帼志愿服务网络和城乡巾帼服务站平台，建立健全巾帼志愿者数据库，全市41160名巾帼志愿信息录入注册管理系统。开展“巾帼志愿服务月”活动，打造出正定“八大姐”、裕华区QQ妈妈群、桥西区“爱心门铃”等巾帼志愿服务品牌，其中鹿泉市宜安村“六大嫂”被授予全省优秀志愿服务品牌，裕华区尖岭社区等被授予“省级妇女之家示范点”、“省级巾帼志愿服务示范基地”称号。加强家庭教育理论体系建设，下发《关于进一步加强家长学校工作的指导意见》。开展“我和孩子做朋友”、“家校和谐之声”等讲座108场，受益群众4.9万人。建立市家庭教育指导中心，开通家教热线，评选表彰各类家教典型229个。2011年，全国红色足迹实地穿越骨干培训班在石家庄市举行，来自全国12个省（市）30多名妇联干部实地观摩了石家庄市“童心向党、城市穿越”活动。

（刘静）

【首家妇女儿童维权岗揭牌】 3月份，在“三八”妇女节到来前，市妇联向石家庄市首家“妇女儿童维权岗”授牌，免费为妇女进行法律咨询。石家庄市首家“妇女儿童维权岗”设在河北来仪律师事务所妇女权益保障部，由8名热爱公益事业、办案经验丰富的资深律师组成。主要工作范围是提供婚姻家庭、遗产继承等方面的法律咨询和法律服务。2部法律咨询热线已开通。

（戴丽丽　苏卉卉）

【促进社会和谐稳定】 维护妇女儿童权益，开展“温暖你我他，维权服务进万家”“三八”维权周活动，建立全省首家“妇女儿童维权岗”，开通河北婚姻家庭律师网，分析、解答信访典型案例。加强基层妇女维权站建设，在全省率先实现村级妇女维权站全覆盖；探索“妇女诉求绿色通道”运行机制，做到及时、有效化解婚姻家庭、土地、财产等矛盾纠纷，维护了妇女儿童合法权益，促进了社会和谐稳定。全年发放宣传资料5万余册，提供答疑1万余件，接待来信来访2103件，信访结案率达98%。高度重视两个（妇女、儿童）规划终期监测评估，市政府常务会议、市委常委会议专题听取石家庄市两个规划实施情况汇报，并代表河北省接受国家“两纲”终期督导检查，受到一致好评；研究降低新生儿出生缺陷等问题，将新生儿出生缺陷三级预防纳入2012年民生幸福十大工程20件实事。年内，石家庄市获得“全国实施妇女儿童发展纲要先进集体”。承办“受人口流动影响的儿童保护”和“儿童友好家园”项目，创造性地引入儿童社工公益岗位和专职妇女儿童见习岗位，探索出社区儿童服务新模式。发挥“母亲健康快车”作用，组织市六院等医疗专家到赞皇县、平山县等地农村开展“送健康”活动，为7.6万名妇女提供了健康咨询服务，为756名贫困妇女免费做了白内障手术，免费送医送药5.8万元。联合市卫生局、市四院等部门开展百万元救助贫困“两癌”患者活动，全市10万余名农村妇女落实“两癌”筛查。全年筹集爱心资金359万元，资助困境妇女儿童1万余名。

（刘静）

石家庄市科学技术协会

【概况】 2011年，市科学技术协会（简称市科协）机关共在在职人员27人；下辖市科技干部进修学院、市科技咨询服务中心、市青少年科技活动中心3个单位，工作人员30人；所属市级学会、协会、研究会45个，会员2.05万人；企（事）业科协、院校科协43个，会员4800余人；县（市）区科协23个，实有133人；乡镇、街道科协301个，工作人员9195人；农技协495个，工作人员72837余人。1月12日，召开市科协七届十四次常委会和七届八次全委会，通过题为《立足新起点 再创新突破 为推动科协事业跨越发展作出新贡献》的工作报告；8月17日，召开市科协七届十五次常委会，通过题为《肩负新使命 实现新跨越 为我市“十二五”开好局贡献力量》的工作报告，增补陈健敏为市科协七届委员会委员、常委、主席。开展专家建言献策活动，编发《专家建议》3期，其中《关于转变医药产业发展方式的建议》和《关于创建生态园林城市的几点建议》得到市委书记孙瑞彬批示，《增设专门机构 加强危废管理》得到市长艾文礼，常务副市长栗进路，副市长王大虎批示。年内，市科协获得中国科协“县级科协工作典型案例征文活动”组织奖。

【提高全民科学素质】 围绕《全民科学素质行动计划纲要》，按照“政府推动、全民参与、提升素质、促进和谐”指导方针和“大联合、大协作”工作机制开展工作。在全省率先制定《石家庄市全民科学素质行动规划》（2011～2015年）（石办发〔2011〕23号），明确提出“十二五”时期石家庄市全民科学素质工作的现状、发展目标、保障措施等。重点围绕“节约能源资源、保护生态环境、保障安全健康、促进创新创造”主题，全力抓好五类重点人群科学素质行动，实施好“五大工程”。应全国全民科学素质纲要实施办公室邀请，在总结贯彻落实《纲要》主要做法、经验和体会基础上，形成《提高全民科学素质 助推经济社会发展》的经验文章，并在全国地方全民科学素质计划纲要实施座谈会上作典型发言，受到中国科协提名表扬。在全省率先表彰“十一五”期间全民科学素质行动先进集体80个、先进个人80名，并命名33个第二批石家庄市“科学素质教育基地”。

（杜文君）

【新添11家省级科学素质教育基地】 8月9日，省科协命名30家单位为第二批“河北省科学素质教育基地”，其中省会有11家单位入选，总数达到19家，位列全省第一。第二批“河北省科学素质教育基地”单位是：省科技开发中心、省机电技工学校、市图书馆、省地名区划档案资料馆、省安全生产监督管理局安全科学技术中心、省妇女职业培训学校、石家庄神喻王果蔬科技开发有限公司、省农业广播电视学校、市第十二中学科技活动中心、行唐县农业部标准化果园科普示范基地和赞皇县华润农副产品开发有限公司核桃基地。

（焦莉莉）

【科学技术普及】 投入5万元统一制作科普画廊版面，保证两个月版面更新一次，有效利用了设施，增加了科普内容，得到基层单位一致好评。8月份，开展《省会科普伴您行》大屏幕播放活动，利用市区繁华地段电子大屏幕，以节约用水和食品安全、环境保护和低碳生活、医疗保健及青少年科普知识为主题，采取简单易懂、喜闻乐见的动漫形式播放，年末受众达到数万人次。开展“优化发展环境，科技惠民”系列行动。针对农民实际需求，到辛集市、元氏县、矿区等地及军营、社区开展行动，邀请省、市级知名专家53人次，解决技术难题50余件，受众达6000余人；举办健康知识讲座4次。开展全国科普日石家庄市系列活动。全市23个县（市）区围绕“节约能源资源，保护生态环境，保障安全健康”主题，重点突出“水情、水利、水资源”，安排重点活动52项，促进了社会和公众广泛参与，石家庄电视台、电台、石家庄日报等多家媒体予以报道。加大争取国家、省资金支持力度。2011年争取上级奖补、资助资金共278万元。其中“科普惠农兴村计划”获国家奖补170万元，省奖补53万元；“社区科普益民”获省奖补20万元；“第七批科普社会化资助项目”获省资助9万元；“第二届省优秀科普资源”获省奖励2万元；“第二批省科学素质教育基地”获资金6万元；“科普车”获省级资金18万元。积极扶持科普基地建设，评选了10个星级农技协、10个星级科普示范基地、10个科普教育基地，建立4个工作联系点，给予资金扶持18万元。2011年，石家庄市长安区、桥西区、新华区、裕华区、井陉县、行唐县、元氏县、辛集市、晋州市、新乐市、鹿泉市等11个县(市)区被命名为“2011～2015年度全国科普示范县（市）区”，石家庄市红纬小区居委会、联盟社区、康泰社区、九里庭院社区、和平路社区、栗新社区、富强电力社区、中苑社区、瑞国社区、石门社区、东安社区、电大街北社区、中华绿园社区、军晓社区、电业局师范街社区等15个社区被授予“2011～2013年度河北省科普示范社区”，51个农技协、48个科普示范基地、48名个人被省命名为“优秀农技协”、“优秀科普示范基地”、“优秀农村科普带头人”。

【青少年科技活动】 组织参加第26届全国及河北省“青少年科技创新大赛”，获全国一等奖2项、二等奖4项、三等奖1项，获奖高中组学生均获高考保送资格；在全省竞赛项目258项一等奖中，石家庄市选手获得112项；在展示项目中取得科学幻想绘画一等奖21项；优秀科技实践活动一等奖1项；优秀科技辅导员方案一等奖1项；获得优秀组织奖4个。参加2011年河北省青少年机器人展示活动，全省12项冠军中，石家庄市获得9项；参加第11届中国青少年机器人竞赛，市科协获得“优秀组织单位”和“节约水资源——2011年青少年科学调查体验活动”优秀组织奖。邀请中科院大气物理研究所高登义研究员等专家举办“极地变化与可持续发展”等青少年科普培训活动11次，受众达到3万余人。

【科技服务】 邀请中国科学技术咨询服务中心主任盛小列围绕国家知识产权战略，重点加强专利信息资源集成与共享，面向政府、科研单位和企业技术创新服务等内容举办报告会，市内23家企业科协及企业专利负责人听取报告，与会者一致认为增长了见识，开拓了思路。在2011年“金桥工程”立项上，评选出项目前景好、搭桥跨度大、经济效益高项目18项，其中一等奖5项，分别给予4000元奖金扶持。建立4家“院士专家企业工作站”、8家“河北省科技专家企业工作站”。开展第七届“石家庄市青年科技奖”评选活动，任国全、赵永祯、郭艳苏、王毅、曾艳丽、左晓磊、王英泽、张焱、杨博、李向国、张士昌、郭晓华、王月华、王力、张淑倩、李发堂、王亮、郄国伟、张建会、肖文静等20名青年科技工作者获市委、市政府表彰，其中1人获第十届河北省青年科技奖。12月7日，“科技工作者之家”暨科技活动中心正式揭牌，面积600余平方米、每次可接纳活动人员400余人，集科普宣传、学术交流、科技培训、青少年活动展示及运动健身等多种功能于一体。2011年，科技干部进修学院全年举办各类培训班69期；办理本科学位申请手续10人，招新生188人；举办就业技能培训班5期，参训189人，通过就业局验收108人；办理家政服务、网络工程、建筑专业人员《全国职业教育技术资格证书》220人。

【组织建设】 年内，市环境科学学会、市医学会、市预防医学会、市生物学会、市计算机学会、市风景园林学会、市纺织工程学会、市新型建材研究会、市南开校友会完成换届；长安区、桥西区、新华区、裕华区、矿区、辛集市、晋州市、鹿泉市、井陉县、元氏县、栾城县、无极县、平山县、灵寿县等县（市）区成立老科协；河北东华金龙化工有限公司、河北石家庄数英仪器有限公司、河北德瑞淀粉有限公司、辛集市国超新技术有限公司、石家庄科林自动化有限公司等5个非公有制企业成立科协组织。

（杜文君）

石家庄市文学艺术界联合会

【概况】 2011年，市文学艺术界联合会（简称市文联）坚持“二为”方向、“双百”方针和“三贴近”原则，发挥联络、协调、服务、指导职能，按照“精品生产抓高度，人才培养抓厚度，队伍建设抓宽度，文化活动抓广度”发展理念，围绕中心，服务大局，科学谋划、认真落实，带动十大文艺家协会，17个县（市）文联有效开展工作，超额完成各项任务。2011年，市文联下设办公室、宣传创作部、通联部、编辑部4个部室，下辖作家协会、书法家协会、美术家协会、摄影家协会、民间文艺家协会、音乐家协会、舞蹈家协会、影视家协会、戏剧家协会、曲艺家协会10个协会。至2011年底，市文联出版各类文艺图书60多部，在省以上发表文艺作品810多篇，其中全国大报大刊发表60篇，获各类奖500多项；组织谋划各类文艺活动180多次。采取文艺讲座下基层、进校园、创作会等多种方式，培训文艺新人上万名，营造出“走转改”常态化，育人才机制化，搞活动品牌化，建机构覆盖化，出成果精品化的良好局面。年内，市文联被省文联评为先进文联单位。

【纪念建党90周年文艺活动】 6月28日，由市委宣传部和市文联共同举办的纪念中国共产党成立90周年大型书法美术摄影展在市博物馆开幕。此次活动参与人数近千人，展出作品300余幅，接待参观群众近7000人次。举办“辉煌90年”征文、征歌活动。收到来稿上千件，在《太行文学》推出专号，《乐友》择优选登，其中郭灵胜的诗歌《嘉兴南湖》、张风奇的诗歌《永远的“毛泽东号”》、邢建军的诗歌《延安延安》、周喜俊的散文《西柏坡：中国历史上不朽的歌》、程雪莉的散文《一曲颂歌天下闻——曹火星与没有共产党就没有新中国》等作品分别在《人民日报》、《中国文化报》、《文艺报》等报刊发表。

（陈广山）

【举办省会第13届合唱艺术节】 9月15日，由市委宣传部、省音乐协会、市文联、石家庄警备区共同举办的省会第13届合唱艺术节在省军区礼堂举行。本届合唱艺术节决赛分为合唱组、歌咏组、小合唱组，进入决赛的73支参赛队从全市100多支报名队伍中脱颖而出。合唱艺术节是石家庄市打造的文化品牌，自1982年开始举办。

（岳金宏）

【文艺精品生产】 周喜俊创作的长篇电视剧《当家的男人》进入筹作、开拍阶段，同名长篇评书在《曲艺》2012年第1期开始连载，长篇小说在百花文艺出版社再版；康志刚的长篇小说《天天都有大太阳》在《中国作家》2012年第1期首篇刊发；唐慧琴的长篇小说《牵牛花》2011年与四川文艺出版社签约出版，中篇小说《拴马草》在《收获》发表；白庆果的2组组诗（共16首）年内两次登上《中国作家》；闫荣霞的散文《槐情满天》在《光明日报》发表；刘厦的组诗（6首）在《诗刊》发表；陈晔的散文《毛主席在花山》入选新课标全国版小学五年级语文课外读物；王梅芳的小说《祁梅玉的忧伤》、《脸红是种病》分别被《中篇小说选刊》和《小说选刊》转载；康志刚的小说《回门》被《小说选刊》转载；杨辉素的故事《最后的自梳女》在全国《民间文学》首篇发表；冯建林的长篇历史小说《大宰相李德裕》在《河北工人报》文艺副刊连载。在2011年度河北小说排行榜中，全省共10部作品，石家庄市青年作家创作的《回门》、《拴马草》、《脸红是种病》3部小说榜上有名，位居全省第一。2011年，全市文艺创作取得骄人的成绩。市民协杨辉素的故事《亲不亲，一家人》和《井陉拉花》获第十届中国民间文艺山花奖，全省夺得8个奖项，石家庄市有2项获奖，位居全省第一。市剧协赵玉华获得第34届中国戏剧梅花奖，石家庄市梅花奖升至7枝8朵，保持全省第一。在第十届河北省精神文明建设“五个一工程”评选中，石家庄市11件作品获奖，位居全省第一。在河北省作协年度十佳作品评奖中，唐慧琴、王梅芳2人获奖，位居全省第一。程雪莉的《故国中山》获国家新闻出版总署第三届“三个一百”原创图书出版工程奖；陈晔的《舞蹈的矿灯》获得第13届全国小小说佳作奖；在中国书协举办的全国十届国展、中国书协会员百人精品展等8项大展中，石家庄市书法家魏兵然、王墉、李西存等18人（次）入展；陈承齐的油画《进京赶考》入选中国美协举办的“纪念建党90周年美展”。

【文艺人才培养】 开展文艺讲座进校园活动。市作家协会结合未成年人思想道德建设和当代大学生素质教育，到行唐县第五中学和河北师范大学开展励志讲座，受众师生近3000多名；市音乐家协会到赞皇县东方学校和河北传媒学院开展音乐进校园、文明欢乐行活动；市摄影家协会到河北大学人民武装学院和驻军防空旅展出“建党90周年”等影赛作品。市曲艺家协会开展“道德模范故事汇”创作活动，到市戒毒所、市税务局等地巡演，用故事、评书、相声、数来宝、快板等喜闻乐见的艺术形式引领社会风尚，培养带动一批曲艺人才。组织基层文艺创作大会。12月份，召开深泽县文艺创作大会，各文艺家协会会员、青少年文艺爱好者及县直、各乡镇主管文艺领导800余人参加会议。该活动为基层文艺工作者营造了良好创作氛围，为基层文艺人才脱颖而出创造了有利条件。

【走基层、送文化下乡活动】 市作家协会组织省会作家采风团到藁城市采风，晋州市文联组织摄影家到天桂山采风，深泽县文联组织县美术家协会会员到河南林州采风，赞皇文联组织作家和文艺爱好者们到该县深山区采风。市书法家协会在河东街道办事处举办“书画大讲堂”，并组织市书法家到赞皇开展“文化三下乡”活动，现场书写、赠送春联300余幅；市摄影家协会深入赞皇秦家庄等山区村庄，拍摄全村百姓大合影；市音乐家协会、曲艺家协会联合到长安区东塔口村开展送文化下乡活动，受众人数近1万名。

（陈广山）

石家庄市归国华侨联合会

【概况】 2011年，市归国华侨联合会（简称市侨联）以服务转变发展方式为主线，围绕全市“转型发展、跨越赶超”两大任务，深化创先争优活动，发挥自身优势，凝聚侨心、汇集侨智，调动广大归侨侨眷和海外侨胞积极性，最大限度地凝聚侨界力量，为建设幸福石家庄做出了新贡献。制定《石家庄市归国华侨联合会事业发展五年（2011～2015）规划》，明确指导思想、工作思路和基本原则，提出具体任务目标和办法举措，为开创服务省会科学发展新局面奠定了坚实思想基础。制定《关于加强和改进新形势下侨联工作的意见》，明确发挥独特优势，服务经济发展；坚持为侨服务，参与社会管理；拓展联络联谊，促进对外交流与合作；履行参政议政职责，为省会发展建言献策；引进海外人才，服务人才强市战略；做好宣传工作，扩大对外影响等六个方面主要工作。开展创先争优活动，立足岗位展现作为、树立形象，涌现出王铭维、芦海英、赵铁英、李芬、李晓宇等获得全国先进、三八红旗手和优秀共产党员称号侨界模范；把创先争优活动与优化发展环境相结合，强化为侨服务意识，在提高服务能力和水平上下功夫；制定《岗位目标责任制》，强化目标管理，推进侨联机关规范化建设；实施素质提升工程，开展“侨联工作学与思”读书活动，理思路、转观念、创举措，完善工作机制；以机关党支部换届为契机，充实支部力量，以党建带侨建，筑牢战斗堡垒。全年市侨联有120人次获得市级以上奖励和表彰。2011年，市侨联被评为全省侨联系统实绩突出单位和信息宣传工作先进单位；被市委、市政府授予“五五”普法先进集体；并在全省侨联系统参与社会管理做好侨界群众工作经验交流会上作经验介绍。

【建党90周年活动】 开展“助力发展、侨心向党”为主题的省会侨界庆祝中国共产党建党90周年系列活动。向省会侨界发出《创先争优助发展 建功立业显作为》——为“十二五”规划做贡献的倡议，掀起侨界争当时代先锋、争做侨界楷模活动热潮；评选、树立和宣传了知名手外科专家凌彤、高级工程师陈庆华等老归侨代表，评选、树立戴广忠、张新元、杜锁平等工作在教育、医疗、公安岗位省会侨界创先争优先进典型，勤恳敬业机关优秀共产党员代表徐莉，以及优秀侨企党建工作代表布衣坊酒楼党支部等；开展“缅怀革命先烈、接受红色洗礼”党日活动，成立侨友合唱团，组织唱红歌活动，举办省会侨界迎庆建党90周年大会。

【服务经济发展】 服务重大经贸招商活动。石家庄国际投资贸易洽谈会（简称石洽会）和正定国际小商品博览会（简称正博会）是全市重点打造的两大品牌招商活动。作为组委会成员单位，市侨联以发挥资源优势、展现侨联作为、树立侨界形象为重要契机，广泛开展海内外联络，抓重点、求突破、务实效，圆满完成市政府确定的客商邀请和招商参展任务。在市侨联邀请下，来自美国、加拿大、澳大利亚、香港等16个国家和地区的120名侨（华）商参会，近20种海内外商品参展，达成合作意向金额50多亿。围绕省会中东西发展战略、新区建设，助推县域经济发展。为使省会侨界关注华侨大厦项目早出形象、早见成效，建立专人专项负责制，帮助侨商办理立项、规划、土地报批等手续，协调市规划和正定新区解决具体问题，推动华侨大厦项目在正定新区春节后正式开工；促项目签约，把侨资侨属企业发展、扩张与服务空港园区、助推县域经济发展相结合，搭建侨企项目对接平台，推动香港新世纪物料有限公司两个投资超5亿元项目成功签约空港工业园区和高邑县；邀请省市领导到侨企视察、调研，出席项目对接和侨商联谊活动，鼓励和指导企业做大做强，增强侨企发展的信心和动力，河北东旭集团瞄准国际尖端技术打造自主知识产权高科技产品，新龙科技集团与北京康福国际学校合作推升省会教育国际化水平，渝乡辣婆婆餐饮有限公司走出国门到澳大利亚开店，布衣坊酒楼被评为诚信企业，一大批侨资侨属企业成为助推省会经济实现又好又快发展的重要力量。推动引进海外人才。开展“凝聚海外人才力量、发挥海外人才优势，服务省会科学发展”主题活动，深入创业园区、省会高校、侨资侨属企业调研，积蓄一批为省会经济社会发展做出突出贡献的海外人才资源；召开座谈会、研讨会，了解海外人才所需所求，形成调研报告；以服务海外人才创新创业为着眼点，帮助回国创业博士姚继明、李玮、高春平等解决在发展中遇到的问题，并积极参与制定《石家庄市中长期人才发展规划纲要》；引导培森国际教育集团举办“智慧教育”论坛，促进省会教育界开展国际合作与交流，其中协助教育专家李亚光牵手“燕赵讲坛”，讲授成才智慧教育知识，传授科学育人国际教育理念，取得非常好的社会反响。

【参与社会管理】 确立参与社会管理即是“强化服务”理念，探索、实践参与社会管理的形式和方法，提高为侨服务针对性和实效性。突出侨联委员主体作用，突出做好三个结合，即与省会重大经贸活动相结合，引导侨联委员发挥海外渠道资源优势，以侨引侨、以侨引外，促进省会对外开放和交流合作；与服务县域经济发展相结合，组织委员参与“同心同向助民生”活动，搭建项目对接平台，宣传区位优势，在助力县域经济社会发展中实现共赢；与参政议政、建言献策活动相结合，发挥侨联委员人才荟萃、智力密集优势，围绕市委市政府关心、广大归侨侨眷海外侨胞关注的热点、难点，开展调研，献计策、提建议。发挥侨联各委员会手臂作用。发挥侨联“法顾委”作用，开展侨法宣传，普及法律知识，营造全社会依法维侨护侨氛围；发挥“华商会”作用，畅通侨企与政府沟通渠道，协调帮助解决侨企在推进项目中遇到的具体问题，创造利于企业发展的良好环境；发挥“老年委”平台作用，通过保健知识讲座、游览市容以及组织开展文艺活动，丰富精神生活，老年委已成为老归侨开展活动、联络感情、凝心聚力的有效载体和平台。密切关注省会广大归侨侨眷健康，分别为老归侨、侨联委员、在石家庄投资置业海外人才等近400人办理优先就诊、减免费用的医疗优惠卡，深受广大归侨侨眷的欢迎。发挥侨联基层组织作用。各县（市）区侨联坚持把维护好、发展好广大归侨侨眷和海外侨胞的根本利益作为工作出发点和落脚点，积极开展侨情调研，建立服务档案，依侨所需，据己所能，在促进侨企发展，维护侨界群众利益等方面做了大量细致和卓有成效工作。驻石各高校、科研院所侨联工作部门，从本单位海外人才密集实际出发，积极搭建新侨创新创业平台，为海外人才发挥优势创造了良好环境，凝聚了力量。2011年，市侨联组织为侨界群众解决生产生活实际问题500多件次，看望慰问生活贫困和生病住院归侨侨眷120余户，发放慰问品和慰问金4万余元。

【拓宽发展空间】 突出海外联络重点，积极培育海外资源。以经贸活动为载体，以春节、中秋、国庆等传统佳节为契机，以乡情、亲情、友情为纽带，加强与海外侨团、华商侨领联系交流。对在石家庄投资置业、创业发展的海外侨胞、港胞给予更多关注，建立定期联系机制，做好跟踪服务。在联谊活动中培育感情，在优质服务中涵养资源。全年邀请和接待来自美国、澳大利亚、西班牙、香港等16个国家和地区的海外侨社团、侨领、华商等团组20个，近200人次到石家庄参观访问；建立海外联络档案500余分；新聘请市侨联海外顾问25人，聘请海外顾问总数达到182名。加强系统内联系，夯实联络基础。强化与沿海发达地区省市侨联组织的联系，通过考察、调研、座谈等多种形式，密切与广东、福建、浙江等十几个沿海省分侨联组织的联系；加强与周边省会侨联组织联系，邀请太原市侨联到石家庄考察交流，共商强化联合、合作机制建立，并签订友好合作协议；强化与侨联商会组织联系，与北京华商会等签订合作协议，为省会华商会更有效的走出去活动创造了条件。发挥宣传平台作用，拓展发展空间。发挥《石家庄侨联》刊物、《侨联网站》、《动态信息》、《侨情专报》等组成的立体宣传平台作用，广视角、多层次宣传报道侨联开展的活动、侨界的动态、涌现出的先进典型及取得的成绩；加强与中国侨联、省侨联、市委办公厅、市委统战部等信息部门和新闻媒体联系，畅通宣传渠道，借助更高层面、更广范围主流媒体宣传侨联事业，提升省会侨联影响力。2011年，市侨联重大活动在人民日报海外版、中国新闻网、人民网、中国侨联网和中国侨联工作通讯均有报道，在石家庄市广播、电视等媒体发稿70多条。

【参政议政】 加强与省会各级侨界人大代表、政协委员联系，评选和树立参政议政、建言献策典型，引导和强化履职尽责、发挥优势、服务大局意识。组织侨界人大代表、政协委员围绕市委、市政府中东西区域经济协调发展战略，人才强市战略，加快正定新区、空港工业园建设，提升城市形象、塑造城市文化等开展调研、建言献策。汇集侨界人才智慧，撰写集体提案。2011年，市侨联在“两会”提交的《关于对标义乌 加快正定小商品城国际化步伐的建议》和《关于石家庄市正定新区发展的意见和建议》发言，得到市委书记孙瑞彬、市长艾文礼的批示。2011年，市侨联各级人大代表、政协委员共提交议案提案、批评建议、社情民意162件（次）。

（杨全占）

石家庄市社会科学界联合会

【概况】 2011年，市社会科学界联合会（简称市社科联，2010年市社科联与社科院合并）发挥自身优势，做好理论宣传、社会科学研究和社科联活动。召开学会秘书长工作会、举办秘书长培训班。向重点扶持县（市）区赠送学习电脑和图书。采取“专题宣讲”等形式送理论到乡镇，以面对面与基层干部群众开展学习交流方式，让广大干部群众了解形势、知晓政策、明白举措，推动中央、省、市各项政策贯彻落实，增强了市民对市情认识和对美好生活的期待。加强同省社科联和其他地市社科联业务交流和联系，组织市属学会参加全国性和地区性工作会议及学术活动，深化合作，扩大影响。全年编辑出版《石家庄社会科学》6期，《中心组学习参考》24期，《时事形势理论报告选》6期。年内，市电视台《理论之窗》节目、“燕赵讲坛”、社科网站成为全市干部群众政治理论文化学习的重要平台，其中《理论之窗》播出26期。

【政策宣讲】 在全市23个县（市）区开展党的十七届五中、六中全会精神宣讲活动，宣讲启动仪式第一次在企业（市公交总公司）举行。全年宣讲十七届五中全会精神26场、六中全会精神20场；解读“十二五”规划纲要7场，辅导“七一”讲话28场，解读市九次党代会精神5场，培训理论宣传骨干3场，共计89场；发放宣讲提纲、辅导材料1万余分，听课干部群众3万余人。

【研究成果】 根据市委、政府中心工作，结合社科院专业研究优势，完成国家级课题《中国共产党精神建设》专著，由光明日报出版社出版；《石家庄通史》近现代卷出版，当代卷完成总纂评审；完成市十二五规划《健康产业》子课题1项；与市财政局合作完成《民生财政发展报告》宣传手册；编制印刷《2005～2010年理论研究成果选编》。全年省、市批准立项课题15项，其中省级课题9项，市级课题6项；撰写发表理论文章40余篇，其中国家级3篇，省级15篇，市级23篇。

【“燕赵讲坛”】 “燕赵讲坛”是全市普及社会科学知识的重要平台和宣传先进文化的知名品牌，已成为沟通专家学者和基层群众的重要渠道。市社科联坚持贴近实际、贴近生活、贴近群众，坚持正确价值导向，科学设置讲座内容，遍请名师。至2011年末，举办讲座105场，其中主讲坛52场、分讲坛53场。

【社会科学普及】 10月22～28日，围绕“社科专家走基层，社科知识大普及”主题，举办“2011年石家庄市省会第九届社会科学普及周”活动，开展社科咨询、主题展览、学术研讨、社科讲座和社科成果展示等活动，20多个学术团体、50多位专家学者参与活动，组织讲座8场，展示展牌200余块，发放各类宣传材料2万余份，参与群众3万多人次。

（刘卫红　吴德钢）

石家庄市残疾人联合会

【概况】 2011年，市残疾人联合会（简称市残联）共为1.25万名残疾人提供服务。其中，完成白内障复明手术4428例，肢体残疾人安装假肢519名，贫困精神残疾人免费提供药品757名，特殊困难肢残者提供辅助用具补贴4000名。投入资金800余万元，对有培训愿望的8425名残疾人开展城镇技能和农村实用技术培训，80%以上参训人员掌握一技之长。1416名残疾人实现就业，其中186名残疾人实现分散就业或集中就业。收缴残疾人就业保障金1368万元，同比增长17%；财政代扣工作实现新突破，2011年财政代扣机关事业单位保障金1014万元。实施长江新里程项目得到中国残联项目组肯定，顺利通过检查验收。残疾人综合服务中心项目于2011年底实现主体移交，正在进行室内装修。7月6日，市残联与市民政、市财政联合出台《关于做好重度残疾人生活救助工作的通知》，落实重度残疾人首批享受低保3万人，新型农村社会养老保险实现个人零缴费，并在8个县（市）实施，惠及1.5万人。发放扶助资金110万元，扶持220名残疾人创业。扶持农村贫困残疾人1.5万余名。新增赵县、灵寿县、赞皇县、深泽县4个托养机构，至此全市建成托养机构23个；居家托养残疾人1649名，给予每人每年500元补贴，处于全省领先水平。实施农村贫困残疾人户危房改造400户。参加省第七届残运会，市运动员获得金牌40枚；参加第八届全国残运会，取得15金8银4铜，破3项世界纪录优异成绩。全年在各级各类报刊发稿件710条（件），其中省级以上385条（件）。2011年，市区通过国家无障碍设施建设示范城市验收，市区及“三市两县”（辛集市、藁城市、鹿泉市、元氏县、正定县）被评为全省无障碍设施建设示范城市。全年办理法律援助案件76件，结案42件，挽回经济损失83万元；接待残疾人到访152人次。

4月份起，全市开展为贫困和行动不便残疾人“换发残疾人证上门服务活动”，至2011年底，全市换发二代残疾人证19万余人。8月10日，市肢残人协会残疾人汽车驾驶员培训基地挂牌仪式暨河北省首批残疾人考驾学员开班仪式在河北省安通驾校举行。8月12日，市委副书记刘云峰到藁城市和石家庄市眼科医院调研县级残疾人综合工作情况、农村基层残疾人基层组织建设、贫困残疾人家庭危房改造、福利企业残疾人就业与扶残助残情况和贫困白内障患者康复情况。11月1日，石家庄电视台《公益行动》栏目首次开通手语节目，实现全市信息接收无障碍目标。11月16日，中国残联专家组到石家庄市长安区检查指导新一轮残疾人状况监测工作，专家组一行2人深入建北街道光华路调查小区，察看了新一轮残疾人状况监测工作前期准备材料，对此项工作给予肯定。12月1日，市残联、市救助站、市公安局联合行动，清理整治胁迫、诱骗残疾人流浪乞讨募捐违法犯罪行为，解救、救助、安置了流浪乞讨残疾人。至2011年底，全市解救、安置流浪残疾人21名。年内，市残联被中国残联授予“十一五”全国残疾人康复工作先进集体和“十一五”全国残联专门协会工作优秀奖，连续9年获得全省残疾人工作优胜单位。

【出台《关于加强志愿助残工作的意见》】 3月22日，市残联会同省会文明办、市人大、市政协等14个单位出台《关于加强志愿助残工作的意见》(石残联字〔2011〕11号)，提出全市“十二五”期间志愿助残工作具体意见；确定裕华区、正定县为全市志愿者助残试点县。7月份，裕华区参加了全省志愿助残工作研讨会。

【开展“志愿助残阳光行动”主题活动】 6月30日，市残联与桥东区志愿者到5户贫困残疾人家中开展志愿者慰问活动，送给每户慰问金500元；各县（市）区开展“志愿助残阳光行动”形式多样，主要采取结对帮扶、走访慰问、义诊服务、康复服务、举办残疾人宣传文体活动、课堂教育、法律咨询服务等方式，为残疾人服务1.9万人次。

【召开基层残疾人组织建设现场会】 年内，全市基层残疾人组织建设现场会召开，23个县（市）区残联理事长、组联部主任，沿东社区、系井村残协主席参加会议，并到长安区残联、沿东社区残协、藁城市残联、廉州镇系井村残协参观学习。会议总结推广了长安区、沿东社区、藁城市、廉州镇系井村的经验做法，提出巩固完善村、社区残疾人组织建设要求。在做好全省首批创建残疾人工作示范县（市）区活动基础上，全市开展了创建残疾人工作示范乡（镇、街道）、社区（村）活动，共有38个乡（镇、街道）、27个社区、37个村开展创建活动。

【出台贫困残疾人家庭廉租住房关怀政策】 4月份，出台《关于市区廉租住房实物配租实施细则的通知》，规定对进入配租范围内贫困残疾人家庭，住房保障部门要优先照顾解决；在《实物配租评分办法》中实行按残疾等级加分制度，确保残疾人在同等条件下住房优先权。年末残疾人家庭享受此项优惠政策1100户。

【创建省会残疾人维修就业（实训）基地】 4月30日，省会残疾人维修就业（实训）基地在石家庄广安街海龙电子城挂牌。该基地由省残联和市残联主办，省肢残人协会、市肢残人协会、海龙电子城3个单位承办。主要是为省、市两级残联免费技能培训残疾人电器维修人才提供实习和就业机会。

【“读书改变命运”征文】 6月份，为迎接8月11日全国“肢残人活动日”，鼓励广大肢残人学习知识、提高素质、自强自立、参与社会活动，市残联号召各级残联、肢残人协会组织，鼓励肢残人踊跃参加省残联组联部和省肢残人协会举办的“读书改变命运”有奖征文活动。经市残联初评，22篇优秀作品上报省残联参选，2篇作品获奖。

【全国特奥日活动】 7月20日是第五次“全国特奥日”，市残联在市体育运动学校开展趣味运动会活动，智残人家庭和志愿者200余人参加活动。活动主题是“家庭的参与，让特奥更精彩”，共开展了跳绳、托球跑、两人拍球、2

人3足赛跑、家庭接力跑等比赛，设一、二、三等奖和优秀奖。此次活动加深了人们对“特奥运动”的了解，提高了智障人士参与体育运动的积极性。

【肢残人李英涛获“天工艺苑百花杯”中国工艺美术精品金奖】 10月26～31日，河北省工艺美术大师、石家庄市桥东区肢协主席李英涛携带最新创作内画泼彩作品《芙蓉露冷秋衣薄》到杭州市参加全国第十二届中国工艺美术大师作品暨国际艺术精品博览会，获得本届博览会举办的“天工艺苑百花杯”中国工艺美术精品奖最高奖——金奖。

【举办残疾人秋季专场招聘会】 11月10日，市残联在51178部队职业技能培训学校举办残疾人秋季专场招聘会，20多家企业参加。参加此次招聘会残疾人503名，全部为51178部队职业技能培训学校二期毕业学生，其中订单式培训残疾人200名。招聘会现场有320多名残疾人达成就业意向，209名残疾人与招聘企业签订就业协议书。

【参加残疾人汽车场地竞技赛获奖】 11月11～13日，市肢协代表河北省参加由中国残疾人联合会支持，中国肢残人协会、中国聋人协会、中国残疾人体育运动管理中心和中国汽车工业协会联合主办，长安汽车全程赞助，在西安市渭水园举行的“2011长安汽车杯两岸三地残疾人汽车场地竞技赛”总决赛。市肢残人李庆朝获得左下肢残疾组全国决赛第三名，参赛选手薛宏和章英奇分别参加双下肢残疾组和右下肢残疾组比赛，取得全国第15名和第17名；市肢残人协会获得此次大赛“优秀组织奖”。

【举办第11期盲人按摩初级职称培训班】 11月21日，市第11期盲人医疗按摩初级职称培训班在银河宾馆6楼会议室开班，25名盲人医疗按摩医士参加了此次晋升医疗按摩医师培训，培训时间为期一周。培训班聘请市中医院推拿科主任孙彦林、原骨科主任谷树贵及市三院颈椎研究所主任龚树辉、按摩科主任柴宏侠分别教授解剖学、生理学、腧穴学、经络学、常见病按摩治疗、中医基础、诊断、按摩基础等课程。

【向贫困残疾人大学生及贫困残疾人子女大学生发放资助金51.1万元】 11月27日，市残联在颐园宾馆四楼会议室举行贫困残疾人大学生及贫困残疾人子女大学生资助金发放仪式。全市向78名残疾人大学生、133名贫困残疾人子女大学生实施资助，共发放资助金51.1万元。年内，按照大专生一次性每人资助2000元、本科生一次性每人资助3000元标准，市残联共资助本科生221名、大专生357名顺利完成学业。

【召开第20个国际残疾人日座谈会】 12月2日，市残联在金圆大厦三楼会议室召开第20个国际残疾人日座谈会，5个专门协会、企业代表、残疾人代表、社区残疾人专职委员代表、爱心企业代表、助残模范、残疾人个体创业代表及部分县（市）区残联理事长、省市多家新闻媒体记者、市残联各部室主任共30余人参加。会议通报了2011年度全市残联工作，征求了意见和建议。座谈会征求到关于残疾人康复、就业、组织联络、残疾人无障碍设施建设、残疾人医保等有价值的意见和建议10余条。

【首次通报表彰残疾人文化工作先进集体、优秀个人】 2011年初，全市开展残疾人文化工作先进集体、优秀个人争创活动。12月26日，市残联命名表彰了藁城市等10个残疾人文化工作先进县（市）区，桥西区仓南社区等16个残疾人文化活动示范社区（村），果晓明等11个残疾人文化示范户，王彦尊等15名优秀基层残疾人文化工作者。

【11县（市）新型农村社会养老保险残疾人参险零缴费】 年内，市残联积极协调市人社局扩大新型农村社会养老保险试点范围，由原来3个县（市）扩大至赞皇县等11个县（市），将政府为其代缴81元养老保险费提高至100元，实现残疾人免费入险，其中赞皇县出台《新型农村社会养老保险实施办法》和《城镇居民社会养老保险实施办法》，有390名重度残疾人享受到免费入险政策。

（王兆惠）

石家庄市黄埔军校同学会

【概况】 2011年，市黄埔军校同学会（简称市黄埔同学会）秉承“发扬黄埔精神，联络同学感情，促进祖国统一，致力振兴中华”宗旨，围绕全市工作大局，发挥优势特色，开拓了工作新局面。黄埔军校同学会是由黄埔军校同学组成的爱国群众团体。1997年，市黄埔军校同学会成立。从成立起，始终发挥桥梁、纽带作用，团结海内外广大黄埔同学为石家庄市繁荣富强和促进两岸交流做了大量工作，在反台独和促进祖国统一方面具有独特的优势。2011年，市黄埔同学会共有会员28名，会长张连枝为黄埔军校第23期学生，副会长徐丙生为黄埔军校第18期学生。

【理论学习】 为每位黄埔同学订阅《黄埔》杂志，下发《工作通讯》、《工作简报》等信息刊物，确保及时了解统战工作的方针政策和黄埔工作动态，与党中央保持一致。组织学习中共中央总书记胡锦涛在纪念辛亥革命100周年纪念大会上的重要讲话、河北省第八次党代会精神和市第九次党代会精神。鼓励撰写抗日战争回忆等文章，将心得体会收集后及时向市委统战部和省黄埔同学会报送，开展交流活动。

【制度建设】 建立“温暖黄埔之家”，健全和完善各项制度。建立困难同学帮扶制度，对在城市低于低保标准和农村生活困难同学，采取经常性帮扶；制定定期走访慰问制度，每逢重大节日前，分区分片走访慰问黄埔同学，了解身体和生活情况，听取意见和建议；建立黄埔同学来信来访制度，做到来信必回，来访必接，态度热情，服务周到，尽力帮助解决实际困难；形成人文关怀制度，将每位黄埔同学基本情况登记造册，随时保持联系，每逢生日，送上寿辰贺礼，生病时看望慰问，去世后协助料理后事。2011年，市黄埔同学会利用春节、元宵、端午、中秋等节日开展走访慰问黄埔同学活动，走访慰问15余次，发放慰问品和慰问金5万元。

【交流活动】 4月份，市黄埔同学会联同省黄埔同学会接待了来自法国、德国、意大利等21个国家的43位成员组成的欧洲华侨华人参访团，参访团成员大都是所在国家的华侨团体领导，担任华人社团会长、秘书长等职务，政治上、经济上有一定影响力，他们非常热心祖国建设和和平统一大业。参访团团长张曼新是黄埔后代，任欧洲中国和平统一促进会主席、欧洲华侨华人社团联合总会秘书长；副团长廖宗林是欧洲华侨华人社团联合总会第16届大会主席团主席、意大利罗马华侨华人联合总会名誉会长。还接待台湾道教法师联合会参访团、澳门辛亥黄埔协进会、“辛亥百年参访团”、台湾张梦晨、许历农、夏瀛洲将军，匈牙利周永平，俄罗斯华人中国和平统一促进会主席温锦华，加拿大河北同乡会会长史太平等海内外爱国团体和爱国人士，密切了石家庄市与台湾地区、欧洲的联系。6月15日，市黄埔同学会举办庆祝中国共产党建党90周年暨黄埔军校建校87周年座谈会，各县（市）区委统战部、民革、台联领导、省会部分黄埔同学及亲友20余人参加。召开“缅怀先烈，纪念七七事变座谈会”、“九九重阳节座谈会”、“勿忘国耻，牢记九一八座谈会”、“迎中秋、庆国庆茶花会”和“纪念辛亥革命100周年座谈会”等活动10多场次。举办黄埔子弟及亲属联谊座谈会3次。

（邱振贵）

石家庄市台湾同胞联谊会

【概况】 2011年，市台湾同胞联谊会（简称市台联）以做好争取台湾民心工作、为经济和社会发展做贡献为目标，积极扩大石家庄与台湾两地经济文化交流，发挥台联组织优势，圆满完成各项工作任务。走访慰问老台胞。1月13日，市台联领导班子成员到10余位老台胞及遗属家中开展慰问活动，与台胞亲切交谈，了解台胞身体、生活状况，询问遇到的困难，鼓励他们克服困难、乐观生活。召开贯彻市委八届六次全会精神暨迎新春茶话会。1月27日，在石家庄居住的50余位台胞及台商代表参加市台联召开的学习贯彻市委八届六次全会精神暨迎新春茶话会，会议要求全市台胞要深刻认识和正确把握市委八届六次全会精神实质，全面提升台联组织及广大台胞服务中心大局的能力和水平。召开贯彻省第八次党代会精神和市委常委（扩大）会议精神。12月2日，市台联组织驻石家庄台胞传达学习省第八次党代会精神和市委常委（扩大）会议精神，集中学习了省委书记张庆黎代表七届省委向大会所作的报告以及省委常委、市委书记孙瑞彬的重要讲话。种植“统一林”。4月12日，市台联与市政协台侨界政协委员、特聘委员及部分台胞台属30余人到小壁林区种植“统一林”。“统一林”于2003年开始种植，8年来“统一林”树木已枝繁叶茂，实现了“提升城市品位，改善生态环境”目标。8月1日，第十一届全国政协常委、台盟中央委员会副主席刘亦铭到石家庄市调研，要求市台联多做推动两岸经济合作、促进两岸和平稳定发展、推动祖国和平统一大业进程的事情。11月14日，市台联会长廖海鹰参加中华全国台湾同胞联谊会成立30周年纪念大会，来自中国大陆各地台胞代表，以及台湾岛内、港澳地区和海外台胞共600多人到会。中央政治局常委、全国政协主席贾庆林与廖海鹰握手合影。12月18日，市台联三届三次理事会召开，会议讨论和通过《围绕中心突出重点，抓住机遇开拓进取》工作报告。

【开展“忆党史颂党恩跟党走”活动】 5月13日，召开“忆党史 颂党恩”座谈会，从党的历史、党领导下所取得的成就、河北省和石家庄市的变化、冀台联络等角度开怀畅谈，用史实与身边鲜活的事例表达了对党的热爱和崇敬感情。5月22日，在石家庄国大集团国御温泉假日酒店广场组织“让我们和蓝天一起分享，放飞思念的风筝”——庆祝建党90周年台胞活动，表达了台胞感恩真情，亲近大自然、感受省会石家庄变化，联络同胞情、放飞对家乡宝岛思念之情。5月31日，举办庆祝建党90周年“粽叶飘香，感受幸福”主题活动，并看望了生病台胞林淑英，将粽子、牛奶、鸡蛋作为端午节礼物送到林淑英手中。6月28日，举行庆祝建党90周年“党在我心中”主题座谈会，与会台胞观看了由中央电视台军事节目中心、石家庄市委宣传部、石家庄广播电视台、中国视协台视纪录片学术委员会联合摄制的“没有共产党就没有新中国”专题片，回顾了中国共产党90年光辉历史。6月29日，与7家社团组织，在钟家庄社区街心广场举行“忆党史 颂党恩 跟党走”庆祝建党90周年活动，举办了“感恩辛勤建设者，城建三年上水平”、“感恩共产党，歌唱新时代”主题大会和“诗词歌赋 抒爱党深情 彩墨丹青家乡美景”书画表演等活动。

【联络邀请台商参加“正博会”】 以召开2011中国·石家庄（正定）国际小商品博览会（简称正博会）为契机，市台联积极参加由市委统战部组织的“海外企业家省会行”活动，联络邀请台湾岛内尊龙集团、台风尚国际贸易有限公司、丰汇科贸责任有限公司、佳味多食品有限公司等19家企业、40位台商到石家庄参加正定国际小商品博览会。参展项目包括服务业、食品业、环保设备、茶叶、艺术、保健、电子产品、化妆品等12个类别，其中盈彩可伊商贸有限公司所展产品在会展第一天被抢购一空。

【接待台湾香港考察交流团】 5月6～7日，以台湾桃园县新世纪爱乡协会理事长刘芳萍为团长的台湾工会干部两岸交流参访团一行24人到石家庄市交流参观访问。参访团与省总工会、省农林水利工会、省电信工会、河北移动工会、河北联通工会等进行了座谈。台湾木工工会、电信工会负责人介绍了各自工会在台湾工作情况，并与河北农林水利工会、河北电信工会等行业工会就职工权益、集体合同、劳动竞赛等事项开展交流和探讨。参访团还参观了赵州桥、柏林禅寺和正定国家乒乓球训练基地。此次参观考察活动促进了两岸工会间交流与合作，对共同维护两岸职工权益，为两岸基层职工谋福祉作了积极探索。5月11日，以吴汉梁为团长的香港房地产建筑业协进会一行28人到石家庄市参观考察，主要考察了正定新区建设。香港房地产建筑业协进会成立于1991年，是香港唯一集房地产、建筑、基建及房地产服务业圆桌会议领域的综合性非牟利团体，致力协助会员在“两岸四地”发展业务，以在内地为主。8月11～12日，以尹台澎为团长的台湾“中华中医药生技国际发展协会”一行12人到河北省参观考察，该考察团由中药商、中药厂、学术机构、生物药业、创业投资等负责人组成。在石家庄考察了神威药业集团、高新技术产业开发区、正定新区建设、省中医院等。8月19～20日，以台湾正信代书事务所负责人李坚铜为团长的台南大陆投资考察团一行13人到石家庄考察和洽谈投资事宜，该团成员大多数是第一次到大陆考察投资的台南中小企业董事长及总经理。考察团到高新区听取了投资、产业、发展概况、产业区位特点以及台资企业优惠政策介绍；台商代表介绍了各自公司情况以及投资意向，并到开发区台资企业——石家庄国祥运输设备有限公司考察参观。

【中青年台胞培训】 12月11～16日，市台联推荐在石家庄定居的18名中青年台胞参加省台联2011年全省中青年台胞理论研讨班。培训会举办了全国人大常委、全国台联会长梁国扬作的台情报告会、省社科院基础教学部主任赵秀忠教授作的《燕赵文化与河北人文精神》专题讲座、省社科院基础教学部副主任袁树平教授作的《十二·五规划解读》专题讲座、河北出版传媒集团公司党委书记、董事长、总经理杜金卿作的《十七届六中全会精神》解读。通过组织青年台胞参加省台联学习和活动，为全市青年台胞搭建起与全省青年台胞交流互动平台，实现了扩大交流范围、开阔眼界、培养集体意识、建立紧密联系目标。

（游艳红）

石家庄市消费者协会

【概况】 2011年，市消费者协会（简称市消协）以维护消费者合法权益为中心，以举办“消费与民生”年主题为主线，创新消费维权工作思路，加强消费教育与社会监督，改善消费环境，提升了消费信心；受理消费者投诉，依法维护消费者合法权益，提高了消协组织公信力和影响力。围绕“消费与民生”年主题和消协工作重点在省、市级媒体发布各类信息52篇，于淑洁获得“完美杯”河北省第二届消费维权新闻作品评选活动三等奖。通过曝光消费侵权案件，报道消费投诉情况、消协工作动态，发布消费提示、消费警示，宣传了消协建设。3月份，市消协被省政府保护办、省消协、省新闻工作者协会授予“2009～2010年度消费维权新闻宣传先进单位”，被市政府保护办授予“保护消费者合法权益工作先进单位”称号；12月份，市消协被中国消协授予“全国消协组织消费维权先进集体”，被省消协评为“社会监督工作先进单位”，并在沧州市召开的全省商品与服务监督工作会议上作经验介绍。

【开展3·15国际消费者权益日纪念活动】 贯彻落实2011年中国消协提出“消费与民生”年主题，开展纪念3•15国际消费者权益日活动，推进保护消费者合法权益。3月2日，召开市政府保护消费者合法权益办公会议，专门研究石家庄市2011年纪念3·15国际消费者权益日活动方案。3月8日，召开石家庄市2011年纪念3·15新闻发布会，市消协发布石家庄

2011年3月15日，举行“消费与民生”年主题启动仪式

市消费者协会2010年度消费者投诉热点分析；市工商局、卫生局、质监局、物价局、药监局通过新闻媒体向社会公布一批典型案例，震慑了不法分子，提高了消费者维权意识。3月15日，市政府保护办、市工商局、市消协在东明家具建华店举办2011年石家庄市“消费与民生”年主题启动仪式，隆重纪念3•15国际消费者权益日。启动仪式上表彰了一批2010年度保护消费者权益工作先进单位和先进工作者，市工商局等45家单位被市政府保护办授予“2010年度石家庄市保护消费者合法权益先进单位”称号；崔立卿等50人被授予“2010年度石家庄市保护消费者合法权益先进工作者”称号。启动仪式结束后，工商、卫生、质监、物价、药监、消协以及部分企业在现场开展大型宣传咨询服务活动，发放年主题和有关保护消费者法律法规宣传材料，现场受理了消费者投诉和咨询。市消协编辑出版《石家庄市纪念3•15国际消费者权益日专刊》一期。3•15期间，全市各级消协组织根据各自实际，利用广播、电视、报刊、网络等媒介，积极开展专题报道和宣传年主题活动，接待消费者咨询1万余件，受理消费者投诉726件，发放宣传材料15万余份。

2011年3月15日，开展“3•15国际消费者权益日”宣传活动

【消费教育指导】 举办放心装修大讲堂。3月19日，市消费者协会与市装饰协会、市物业委员会等多家单位在市人民会堂联合举办以“减少中间环节，节省装修费用”为主题的“放心装修”惠民周末公益大讲堂。此次大讲堂主要针对消费者详细讲解在装修过程中遇到的问题和应当注意的事项、消费者在装修时如何正确选择“散装”与“整装”及“散装”与“整装”的优缺点、消费者根据自身的情况如何去选择正确的装修方式以及签订装修合同应注意的事项等问题。开展消费维权进乡村、进集市活动。赵县利用乡镇“一会两站”组织农村消费者开展消费维权知识、投诉流程、典型案例讲解，强化了农村消费者消费维权观念；利用悬挂条幅、宣传车、村内街道宣传栏、广播站等广泛宣传《种子法》、《产品质量法》等法律法规，出动宣传车670余次，发放宣传资料35000份，接受投诉咨询670余人次，现场解决投诉12起。开展消费教育进校园活动。6月14日，晋州市工商局、消协、教育局联合举办“食品安全进校园活动启动仪式”，现场宣传《食品安全法》，讲解食品安全常识等内容，会后

举办出国留学消费大讲堂

以村“两站”为单位，摸底调查了学校周边食品摊点，开展对学校周边食品摊点清理工作。举办《出国留学消费指导手册》发布暨消费指导大课堂启动仪式。9 月 3 日，市消协联合北京金吉列出国留学咨询服务有限公司石家庄分公司在世纪大饭店举办了《出国留学消费指导手册》发布暨消费指导大课堂启动仪式，省市消协、金吉列领导和教育参赞以及 200 多名学生家长、学生，省市十多家新闻媒体参加此次活动。

【受理消费者咨询投诉】 积极参与繁荣夜经济活动。4 月 28 日晚，市消协与河北国美电器有限公司联合举办“点亮天空 行天下”国美 2011 首届消夏晚会，以繁荣夜经济为主题，倡导了省会夜消费；现场设立投诉咨询台、家电知识咨询台为夜消费广大消费者提供服务；晚会活动现场消费者热情参与，积极互动，收到较好的社会效果。6 月 16 日，市消协联合省消协、元氏县消协、工商局举办以“关注农民消费者”为主题的省市县消协投诉咨询服务日活动，此次活动接待消费者投诉咨询 210 人次，发放宣传材料 3000 余份，现场受理投诉案件 3 件，得到农村消费者的欢迎。2011 年，市消协系统及“一会两站”共受理消费者投诉 6328 件，解决 5886 件，解决率达 93%，为消费者挽回经济损失 511 万余元。投诉主要包括以下几个方面问题：通讯行业服务质量需提高；商品“三包”不详尽使消费者维权无据；虚假广告宣传充斥消费领域。

【社会监督检查】 推动服务行业改进服务质量和水平，重点开展社会问卷调查和消费体察活动。针对老年消费者消费需求、消费习惯、维权意识、权益受损情况等问题，开展老年人消费者权益保护问卷调查活动。9 ～ 10 月份，组织开展城市家装服务质量和消费者满意度调查活动。经常性深入消费前线明察暗访，开展消费体察活动，发现问题及时分析，并通过市消协网站及新闻媒体发布消费警示和消费提示 20 条，避免了消费者上当受骗。

深入农村受理消费者咨询、投诉

【创新消费维权】 立足发挥职责，促进民生，围绕重点工作，勇于创新，收到良好的效果。大力推广晋州市“四会合一”综合维权服务新模式经验，巩固和扩大了“一会两站”阵地，并赋予“一会两站”新的生机和活力。全年共受理各类消费者投诉 1230 件，办结率达到 98%，为消费者挽回经济损失 218 万余元。推广无极县“诉前调解”机制新办法，与人民法院联合处理群体及复杂消费纠纷，调解消费纠纷 96 起，避免诉讼 18 起，此项工作得到省消协的肯定与推行，并获得全省消协系统“工作创新奖”三等奖。

（李哲）

石家庄市工业经济联合会

【概况】 2011 年，市工业经济联合会（经济团体联合会，简称市工经联或经团联）履行经济类行业协会业务主管职责，攻坚克难，推进行业协会规范发展，指导行业协会和县（市）工经联（经团联）提升服务能力，在调查研究、信息服务和自身建设等方面取得成效，开创了事业发展的新局面。根据市直机关工委石直组〔2011〕14 号文件，批准设立市工经联（经团联）机关党委，负责指导全市经济类行业协会党建工作。11 月 21 日，市工经联（经团联）召开机关党委成立大会，按照《中国共产党基层组织选举工作暂行条例》规定，选举产生了市工经联（经团联）机关委员会，高国欣当选为机关党委书记，张顺福当选为副书记。指导建筑、出租车、装饰等8个行业协会组建基层党组织。年末全市行业协会党员人数达到241人。指导洗染行业协会、汽车流通协会、饭店烹饪协会等7家行业协会成立工会组织。

【发展规划】 根据《石家庄市国民经济和社会发展第十二个五年规划纲要》提出的任务目标，从市经济类行业协会发展实际出发，通过调查研究、专家论证、征求有关部门和行业协会等方面意见和建议，完成《石家庄市行业协会“十二五”发展规划》编制工作，并报市发改委审定，以石发改产业〔2011〕966号文件印发。该规划明确了行业协会2011～2015年发展的指导思想、基本原则和重点任务。11月27日，市委办公厅、市政府办公厅印发《关于进一步加强和改进新形势下工经联（经团联）和行业协会工作的意见》（石办发〔2011〕31号），再次将行业协会发展列入重要议事日程。

【规范管理】 根据市委、政府提出“在主导产业、重点行业、特色优势产业、新兴产业以及涉及民生行业中加快发展壮大一批有影响、有作为的协会组织”要求，积极推进相关领域行业协会组建工作，完成纺织、装备制造、园林绿化、金华商会等4家协会组建。年末全市经济类行业协会达到82家。推进医药、豆制品、面食、蔬菜、家政服务、中小企业融资等行业协会组织筹备工作，优化协会布局，扩大覆盖面。根据《社会团体登记管理条例》规定，印发《关于对全市经济类行业协会实施年检的通知》，开展行业协会年检初审。全面检查行业协会机构设置、制度建设、活动开展、行业代表性、行业自律及行业服务等情况，指导12家协会按照规范要求落实整改。制定印发《关于进一步加强行业自律、完善行规行约的通知》，指导行业协会制定行业自律公约、行业验收标准、施工规范标准等。至2011年底，全市有60%的行业协会建立和有效实施了行规行约。根据《石家庄市社会团体“小金库”专项治理工作实施方案》，召开全市经济类行业协会规范化治理专题工作会议，组织会计师事务所人员检查行业协会财务，并聘请财务和法律专家培训了行业协会会长、秘书长及财务人员。根据协会运作情况，建议市民政局注销了不规范、不作为的服装、家具行业协会。

（焦哲　许胜军）

【生态文明建设促进会成立】 4月27日，石家庄市生态文明建设促进会成立。标志全市生态保护建设事业，开始由政府负责向政府主导、全社会共同参与转变。市生态文明建设促进会以促进全市生态文明建设为根本任务，由市内有志于保护资源和生态环境，促进人与自然、社会和谐发展的广大理论和实际工作者及有关工作机构、社会组织、科研、大专院校、企事业单位代表自愿参加。该社会团体重点围绕生态市建设管理、发展循环经济、清洁生产、资源节约、饮用水源保护、食品安全、文明生态村和生态农业示范县的创建及农村生态环境保护等开展工作。石家庄市是河北省11个设区市中第一个成立生态文明促进会的城市。

（靳晓磊）

【经济服务】 召开行业协会行业统计与分析工作专题会议，指导建筑、装备制造、粮食、商联会、纺织、物流、食品、汽车流通等13家行业协会开始承担行业统计与分析工作，发挥协助政府部门管理行业职能。市企业家协会、现代物流协会、统计调查业协会、食品加工协会等开始试点政府购买服务。发挥招商引资优势，市工经联（经团联）在“正博会”招商中组织行业协会落实展位200多个，日本、广东、浙江、北京等地客商200余家参展。发展省会会展经济，市汽车流通协会于4月份、9月份举办了2011石家庄第五届、第六届汽车行业博览会，服务和促进了汽车流通业健康发展。市商业联合会根据市政府“扩大夜消费、做旺夜经济”部署，举办了以“全程联合大促销、繁荣省会夜经济”为主题的第三届石家庄购物节。购物节期间，大型综合商场及超市销售额同比增长30%以上。推动诚信经营、营造诚信环境。开展打造省会食品安全最放心城市活动，引导食品类协会加强行业自律，开展凭标准生产、做良心食品，放心粮油进农村、进社区等活动，实施“放心肉”工程。《石家庄日报》以《市工经联引导食品类协会加强行业自律——向食品添加剂说“不”》为题予以报道。

（焦哲　许胜军）

【发布百强企业名单】 10月26日，市企业联合会、企业家协会召开第十次会员代表大会暨第十届理事会，发布2011石家庄市企业100强名单。根据中国企业家协会要求，市企业联合会、企业家协会开展了2011石家庄市企业100强排序工作。在各县（市）区推荐和企业自愿申报的基础上，依据企业2010年度完成销售收入（或营业收入）指标，经评审委员会审定，并经市政府经济主管部门认定，最终，河北敬业集团、中石化石家庄炼化分公司、石家庄北人集团、华北制药集团、石药集团、河北天山实业集团、乐仁堂医药集团等百家企业荣登榜单。

（范玉蕾）

【县级工经联（经团联）建设】 至2011年底，全市有14个县（市）成立工经联（经团联）组织。4月上旬，在鹿泉市和晋州市分片组织召开了县（市）工经联（经团联）工作会议，交流了鹿泉市、深泽县、赵县等县（市）工经联（经团联）工作经验，了解和掌握了县级工经联（经团联）建设与作用发挥的基本情况，并就建设与发展开展谋划，向市委、市政府提出具体建议。县级工经联（经团联）积极培育组建县域行业协会，开展招商引资、调查研究、服务企业等活动，服务能力提升。年内，辛集市工经联（经团联）经济类行业协会发展到30余家，每一个协会都有龙头企业带动，形成“龙头企业＋行业协会＋农户”的特色农业产业发展模式；辛集市工经联还撰写《关于民营企业在市场经济发展中的生存初探》等调研文章。赵县工经联（经团联）全力打造“信息服务、政策咨询、合作交流、品牌建设”服务平台，根据产业结构调整情况，重点培育发展淀粉、纺织等行业协会，年末县域经济类协会组织达到30家。行唐县工经联（经团联）围绕县域经济发展重点问题开展调研，针对有关行业企业融资不畅、贷款难等问题，向政府提出鼓励中小企业发展建议。

【调查研究】 围绕全市中心工作、重点行业企业竞争力以及行业协会作用发挥等开展调查研究。根据“十一五”时期石家庄市入围“河北百强企业”和“行业排头兵”情况，系统整理和分析五年来的数据资料，完成《提升行业企业竞争力，为我市转型升级和跨越赶超提供支撑——从河北百强企业和重点行业排头兵排序看提高企业竞争力的重要性》调研报告。该报告在市委《决策》和《河北经济日报》、《石家庄日报》刊发，引起关注。为反映全市经济类行业协会发展取得的新成效，展示行业协会在贯彻落实市委、市政府重大决策部署，凝聚行业力量应对全球金融危机影响，推进行业自律、企业发展和引导企业诚信经营等方面的新风貌，撰写了《在服务发展大局中彰显作为——关于我市行业协会服务行业企业发展的调查》调研报告，在市委《决策》、《河北经济日报》刊发，该报告获得年度全市优秀调研成果一等奖。积极指导行业协会和县级工经联开展调查研究。辛集市工经联深入多家企业和乡镇调研，撰写了《浅析我市工业经济的运行特点》、《谈发展循环经济与工业生态体系建设》等文章。市建筑协会针对市区及四县搅拌站数量增长过快、盲目性增大等问题，深入企业调研，提出《关于严格控制市区及四县新建搅拌站的建议》；年内市建设局和工商局出台《关于加强预拌混凝土企业管理的紧急通知》，要求在市区及四县对新建、扩建搅拌站实行一站一证制度，建设施工单位不准使用无资质搅拌站的混凝土等。市商业联合会开展重大商业项目调研与咨询论证工作，举办省城夜经济可持续发展研讨会，撰写了《关于培育石家庄可持续发展夜经济的调查报告》；根据市委、市政府优化经营环境，丰富夜生活、发展夜经济部署，举办了20家商贸企业座谈会，围绕培养市场消费热点、改变经营环境、创新经营模式、发展夜经济和实现跨越式发展、建设中央商务区、特色商业街区、批发市场等进行座谈，向市政府及有关部门提出许多具有重要参考价值的意见和建议。

【重大活动】 9月份，成功举办环渤海工经联第五次（石家庄）联席会议暨招商项目发布会。环渤海区域北京市、辽宁省、山东省等15个省市工经联会长、秘书长共80多人参加会议。原工信部部长、中央委员、全国政协经济委员会副主任、中国工经联会长李毅中到会作重要讲话，5个省、市工经联介绍了工作经验。与会人员参观考察了石家庄市常山股份恒新公司、石药集团欧意药业。借环渤海工经联联席会议之机，全市发布招商项目175个。此次会议期间，市工经联（经团联）与鞍山市工经联建立了“友好合作伙伴”关系。11月25日，市委、市政府召开全市工经联（经团联）和行业协会工作会议，市委副书记刘云峰、副市长刘明轩等市领导及各县（市）区委副书记，主管工经联工作副县（市）区长、发改局长、工信局长、民政局长，市直有关部门主管领导及全市经济类行业协会会长、秘书长参加会议，此次会议安排部署了下阶段工经联（经团联）和行业协会工作。按照省工经联（经团联）部署，石家庄市行业企业参加了2011年“河北百强企业”排序（第十一届）活动，全市20家企业入围“河北百强企业”，30家企业入围“行业排头兵”，企业入围数量在全省各市独占鳌头。

（焦哲　许胜军）

石家庄市红十字会

【概况】 石家庄市红十字会成立于1956年12月9日。1986年恢复建会，挂靠市医学会，1996年转由市卫生局代管，2005年12月，改由市政府领导联系，规格由原来的科级调整为副县级，设会长1名(兼)，专职副会长1名(副县级)，科级职数2名，内设办公室、业务工作部2个机构，事业编制5名，工勤人员编制1名，人员参照公务员制度管理。2011年，市红十字会共有基层组织24个，团体会员28个，个人会员8304名，红十字青少年会员286名，注册红十字志愿者1545名。年内，县级红十字会基层组织建设发展较快，13个县（市）区理顺红十字会管理体制，独立开展工作，达到全市县（市）区总数的57%；市政府副市长、红十字会会长张妹芝在全省红十字会长会议上介绍了全市基层组织建设的经验；《中国红十字报》、《河北经济日报》整版报道了石家庄市红十字会全面建设的经验做法。2011年，市红十字会获得“全省红十字工作先进单位”称号。

【救助项目】 全年募集、争取上级专项款物1460.8万元，其中“博爱一日捐”活动筹资593.4万元，同比增长35%；发放各类救助款物1426.6万元，全市13600个家庭获得救助和受益。联合全市14家医疗会员单位启动“红十字千万元救助贫困大病患者”项目，救助患者1117名，救助金额122.4万元。争取中国红十字基金会“红十字帮帮基金”救助项目，救助8名艾滋病致孤儿童3年，每年救助3600～4800元；争取中国红十字基金会“小天使基金”，资助贫困白血病患儿6名，共计18万元；实施“天使阳光”基金救助贫困先心病儿童183名；争取中国红十字会总会粉苹果基金20万元，积极救助全市贫困妇女“两癌”患者。

【救护培训】 加强初级卫生救护培训，壮大应急救援队伍。全年安排培训330场（次），2640个学时，普及培训20905人次，其中公益培训5600人次。争取中国红十字总会训练中心组织的老牛基金会“老牛生命学堂－自救互救进校园教育计划”在石家庄开展，面对面培训市40中老师100名、学生2000名，赠送救护手册2000本、培训用品1000份，让大家掌握了基本自救互救知识和技能，把安全意识带进了校园和课堂。

【无偿献血和造血干细胞、遗体、角膜捐献】 至2011年底，石家庄市无偿献血志愿者达到13.6万人次，其中新增无偿献血者1.56万人，总献血量超过46吨，比2010年增长1.3吨。2011年石家庄医疗机构年临床用血量44吨，比2001年的19吨翻一番还多。为保障临床用血安全，市卫生部门和红十字组织支持采供血机构完善采血网络，在市区卓达小区和平山县、正定县、赵县等地建设固定献血屋，新购置采血车3辆，流动采血队伍增加到7支。2011年，石家庄市第六次获得“全国无偿献血先进城市”称号。造血干细胞捐献入库6973例，初筛240人，再动员52人、采集高分血18人，体检2人，实现捐献2人。新增遗体捐献登记志愿者123人，累计达到998人，实现捐献遗体50具。登记捐献角膜志愿者187人，实现捐献9例。

【"红十字老区行——纪念中国共产党成立90周年"活动】 年内，争取中国红十字总会举办的"红十字老区行——纪念中国共产党成立90周年"系列活动在石家庄举行。此次活动内容丰富，解放军302医院、武警总医院和红十字大巴车的国家级专家开展义诊活动，救助贫困先心病和白血病患儿50例，救助金额75万元；慰问平山县军烈属贫困家庭物资1500份，每份价值200元；资助平山县12所学校设立红十字书屋；培训平山县乡村医生100名；援建平山县等9个老区县村级卫生站10个；援建西柏坡纪念馆救护站1个；捐赠救护车1台；向赞皇县、灵寿县、行唐县、平山县等老区困难群众发放捐赠药品价值126.4万元；向11个县(市)1000个贫困老党员家庭每户送慰问金200元。

【"魔豆爱心工程"】 向中国红十字会总会争取，与淘宝网合作开展"魔豆爱心工程"公益项目。年内，联合市妇联、残联组织开展帮助自强自立、困难母亲改变命运，实现再就业活动，共动员165人参加弱势群体培训，经严格审查、面试、培训、考核，第一期21名贫困母亲每人得到1万元创业资金和1台电脑。

【对外交流】 2011年，中国红十字基金会负责人王志、秘书长刘选国、副秘书长黑德昆等领导班子成员一行28人到平山县西柏坡镇开展"送温暖"调研活动。接受天津市红十字会捐赠价值4万元体育用品。2次组织市县两级红十字会领导干部到山东省淄博和江西省上饶等先进地区学习和考察。参加国家红十字会总会报刊社在厦门市举行的"博爱理事会"年会，成为该会理事；参加首届海峡两岸红十字博爱论坛和省红十字会组团到韩国交流活动，开拓视野，增长了见识。参加省红十字基金会项目考察团，到石家庄市对口援助新疆库尔勒市红十字会备灾仓库建设项目考察，援助库尔勒市红十字会10万元。

（郝瑞起　翟璘）

政　法

政　　法

公　　安

【概况】 2011年，全市公安系统围绕创建全国最平安省会城市、建设幸福石家庄目标，担当重任，迎接挑战，创新思路，各项工作实现新的跨越。营造良好的政务环境，推出优化发展环境“六项公开承诺”，削减下放行政许可项目39项，精简行政审批环节49个，在市直单位优化发展环境民主评议中位列第二名。流动人口管理、户政工作位居全省第一名。在全省率先开办个人游业务，港澳游自助签注取证日期从5个工作日缩短为3个工作日。全年受理出（国）境证件申请128667人次，位居河北省首位。2011年，全市有159个集体和2527名民警立功授奖。市公安局党委被河北省委授予“全省先进基层党组织”称号；交通治安管理局被全国总工会授予“全国五一劳动奖状”；出入境管理处被全国妇联授予“全国三八红旗集体”称号；警卫处被公安部政治部评为先进党支部；刑警支队副支队长张国群、正定县公安局胡斌卫被公安部授予“全国公安系统二级英雄模范”称号；长安分局新浩城警务站主任冯志宏（女）被评选为感动省城十大人物；长安分局民警杜丛林被命名为“石家庄市文明公民标兵”。

【安全保卫】 采取主动进攻、综合施策方法，全力维护省会安全稳定。坚持情报主导，加强专案侦查和教育稳控，实施源头治理，排查化解矛盾纠纷2万余条，预防和减少了大批群体性事件。开展重点信访案件专项治理，上级交办案件化解息诉率达到100%。狠抓应急处置，圆满完成省市人大和政协“两会”、党员代表大会等系列重大安保任务及23次等级以上警卫任务。

（冯朝勇）

【保安协会成立】 8月26日，市保安协会成立大会暨第一届会员大会召开。大会推举市公安局党委书记、局长郭运兴为市保安协会名誉会长，选举并通过市公安局副局长王云才为市保安协会会长。市保安协会主要在政策协调、资质评定、考核发证、考察学习、培训交流、宣传推广、经营提效等方面为会员单位提供服务，发挥协会在公安机关和保安从业单位、人员之间的桥梁纽带作用，推进全市保安服务业健康发展。石家庄市保安服务业于1988年诞生，在公安机关监管下，已成为协助公安机关维护社会治安稳定的重要行业。至年底，全市共有保安从业人员32000余人。

（胡雁冰）

【刑事案件】 突出重点、亮剑攻坚，始终保持严打高压态势。全年开展“飓风行动”、“夏季严打”、“清网行动”、“冬季整治”、“亮剑行动”、“打四黑除四害”等系列专项打击行动，破获各类刑事案件11.3万起，同比增加179.1%；摧毁黑社会性质犯罪组织4个，打掉恶势力犯罪团伙27个；抓获网上逃犯5206名；命案破案率达到98.2%，创下多年新高。历时半年多“清网行动”，全市公安系统全警动员、全员参战，以决战决胜的勇气投入行动，抓获行动前网上逃犯2389名，其中命案逃犯54名，20年以上在逃犯3名，15年以上在逃人员24名，10年以上在逃人员114名，整体消减率达到90.12%，得到国家公安部充分肯定，省公安厅为市公安局荣记集体二等功。整治互联网淫秽色情信息行动，成功破获公安部督办“7·08”案件；打击“零包贩毒”专项行动，破获公安部督办案件3起、省公安厅督办案件7起，受到公安部通报表扬。

严厉打击危害民生、破坏经济秩序违法犯罪，破获“四黑四害”案件111起，破获“舜地集资”案件、“11·3”特大假冒注册商标案等经济犯罪案件245起。

【治安管理】 强化基础、多网布控，治安防控水平提升。依托综合警务服务站，推进“全时化”街面防控网建设。落实市委、市政府决策部署，适应形势需要，大胆改革警务机制体制，在市区建立110个集巡逻防控、接警处警、交通管理、窗口服务、接受求助、法制宣传六项功能于一体的综合警务服务站。实施屯警于街、昼巡夜查、全天服务制度，打造出新的防控前沿阵地和便民服务窗口。警务站建立后，全市共处理各类警情11.25万起，抓获违法犯罪人员784名，查处各类交通违法行为1.63万起，接受群众求助6.46万人次，110短信评议回访满意率达到97%，主城区街面发案同比下降23.5%。警务站已成为石家庄市社会管理创新一个亮点，中央媒体多次给予报道，社会各界普遍赞誉。依托四级巡控队伍，推进“层级化”防控网建设。加强市区、县市城区、乡镇和农村四级巡控队伍，初步形成有效衔接、点面一体的层级化巡逻防控机制。依托社区农村警务，推进“社会化”防控网建设。开展“院户联防”、“邻里守望”、“义务巡逻”等群众性防范活动，全市“安全小区”创建率达到85%，小区群众满意度达到90%以上。依托科技防范手段，推进“可视化”防控网建设。市区新增、整合视频监控点4500余个，基本实现主要街道和重点部位全覆盖；县市推进“平安互助网”建设，新增监控探头10万余个、报警探头3.8万余个。全年全市刑事发案同比下降9.7%。推进治爆缉枪专项行动，收缴炸药2.4吨、雷管1.3万枚、枪支55把、剧毒化学品6吨。

（冯朝勇）

【110座综合警务服务站运行】 7月8日，市公安局在省会文化广场举行综合警务服务站启动仪式，覆盖全市城区110座综合警务服务站正式运行。110座综合警务服务站按照“警务综合化、警力街面化、工作全时化、覆盖网格化、服务便捷化”要求，主要担负治安巡控、接警处警、交通管理、窗口服务、接受求助、法制宣传6项职能。警力配置，根据治安管辖面积和辖区治安实际，全市110座综合警务服务站分为三个等级，其中一级站11个，每站配备20名民警、20名协勤；二级站22个，每站配备16名民警，16名协勤；三级站77个，每站配备12名民警、12名协勤，实行4班3运转勤务模式，所配备民警占市区总警力的22.7%。2011年，全市根据警力实际，各警务站暂按三级站配备警力，共配备警力1320名、协勤1320名。管理体系，综合警务服务站隶属于公安分局，由派出所负责管理，接受市公安局指挥中心和分局指挥中心指令，接受所属派出所、分局及市公安局业务部门的指导、检查、考核。建设布局，综合警务服务站首批在市区建设110个，主要集中在中心街口、繁华商区、校园周边、复杂区域、出入市口、城郊接合部等命案易发案地区。装备配备，主要包括3类：一是站内固定设备，主要包括办公桌椅、电脑电话等办公设备，以及储物柜等生活设备等；二是车辆装备，包括每个警务站配备2辆警用巡逻车、2辆警用摩托车；三是民警个人装备，包括单警装备以及执法记录仪、手持电台等。

（胡雁冰）

【交通执法】 开展“清车行动”、“奋战一百天”、治理“三超一疲劳”、道路交通安全大会战等专项行动，始终保持交通执法严管高压态势。至2011年末，全市发生一般程序道路交通事故435起，造成276人死亡、340人受伤，直接财产损失158.84万元，同比下降24.87%、2.13%、30.18%和22.21%。创新交通事故处理机制，事故中队下放执勤大队，实行全员处理交通事故措施，80%轻微交通事故由一线值勤民警处理，解决了发现难、出警慢、撤除现场慢问题。开展“城市道路全视频、车辆通过全纪录、违法车辆全过滤、民警上岗全定位、摩托机动全覆盖、事故快处全参与、监控执法全天候、指挥调度全智能、车管业务全下放、文明交通全民化”等工程活动，实现省会市区道路安全畅通。年内，省公安厅在石家庄市召开全省交通管理工作会议暨石家庄市城市交通管理观摩会，在全省推广石家庄交通管理的做法；市交通治安管理局连续六年夺得“安康杯”竞赛优胜单位，获得全国“五一劳动奖状”，成为全国政法系统唯一获此称号单位。

（冯朝勇）

【市区86个路口新增电子警察】 12月13日，市公安交通管理局公示市区新增86处电子警察交通违法抓拍路口。其中56处是针对机动车走非机动车道、在禁左路口左转、轧双黄线、闯红灯、逆行、压线、超速等违法行为，另外30处是抓拍未办理通行证违法进入禁行路段的货车和六座（含）以上客车进入禁行路段。未办理通行证的货车及六座（含）以上货车的禁行路段，参阅2011年3月1日起施行的市公安交通管理局《关于加强市区道路交通安全管理的通告》。未办理通行证违法的货车和六座（含）以上客车不慎进入禁行路段，应尽快驶离禁行路段，在禁行路段内逗留时间超过4小时，计算为第二次交通违法。

（胡雁冰）

【消防救援】 2011年，全市发生火灾406起，直接财产损失241.4万元，同比下降38.1%，无重大火灾事故发生。全市新建消防站1个、消防装备维修中心1个、搜救犬基地1个，增建市政消火栓344座；新增各型车辆14部，救援汽垫船3部；订购芬兰101米博浪涛登高车1部，进口强臂破拆车1部、A类泡沫车6部、8吨水罐泡沫车2部共10部高、精、尖车辆；开展消防安全专项整治行动14次，出动检查人员74138人次，检查单位36307个次，罚款1651万元，责令“三停”单位465家，临时查封574家，拘留291人；重大火灾隐患全部整改销案33处；组织培训356次，培训监督人员43300人（次），为隐患单位节省整改资金300余万元，隐患整改周期平均缩短20%以上。建设全省一流消防教育馆，启动“家庭消防安全计划”。在省市主流媒体开办《省会119》栏目，平均收视率达到0.5以上；全市建成消防安全教育示范学校24所，招募中、小学校“消防小志愿者”1000名，实现“教育一个学生,带动一个家庭”目标。开展消防电视大赛和消防宣传日活动，市内6600辆出租车LED屏和2000余辆公交车移动电视循环播发消防宣传片，受教育群众达70万人次，形成高覆盖率、高到达率、高关注度宣传效果。全市1880家重点单位和1438家派出所监管单位通过“四个能力”（检查消除火灾隐患的能力、组织扑救初起火灾能力、组织人员疏散逃生能力、消防宣传教育培训能力）建设验收，达标率分别达到100%和93%。全市283个乡镇、街道办事处，1032个警务室，4667个社区、农村落实消防工作“大、中、小”三级网格制度，筑起一道坚固的消防安全防火墙。完成增援秦皇岛山火扑救等急难险重任务。市级消防行政审批业务进入市行政服务中心窗口办公，实施一站式服务。成立市、县两级应急救援指挥中心，建立由政府主导的应急救援支队，组建了地震、抗洪抢险、森林灭火、道路交通事故、地质灾害、水上事故、危险化学品事故、高层、地下等8支应急救援队伍、1支应急救援综合保障队伍及18支县（市）综合应急救援大队，形成覆盖城乡应急救援网络。高层、地下和石油化工两支作战指挥专业队伍重点加强特勤三支队伍攻坚训练，完善灭火救援专家组，建立7个类型数字化预案和社会联动机制，组织、协同社会力量开展大型灭火救援联合演习15次。2011年，市公安系统参加全省铁军比武获得6个单项第一名，总成绩位列第一；参加全国首届打造现代化公安消防铁军比武，市消防支队李任波夺得银牌，实现奖牌历史性突破。

【基础建设】 公安信息化建设，率先在全国完成警用地理信息平台1.6版本升级，获得中国GIS优秀工程银奖；信息化应用工作3次在全国性专门会议上介绍经验，公安部副部长张新枫给予充分肯定。执法规范化建设，县级公安机关全部完成“两个中心”（集中办案中心、涉案财物中心）建设，274个基层执法单位实现功能划分和物理隔离，公安部检查验收取得优异成绩，受到省公安厅通报表彰。和谐警民关系建设，开展“一帮三创”（“一加一”爱民帮扶，创建“平安家园”、“阳光窗口”、“先锋所队”）、“大走访”等活动，走访帮扶群众9.7万人次，民主评议行风取得行政执法系统全市第二名。社会管理创新实现“八项工程”（天网覆盖工程、应急处突响应工程、实有人口知晓工程、爆炸物品掌控工程、社会矛盾排查化解工程、立体防控工程、民生服务工程、虚拟社会管理工程）建设综合成绩名列全省第一名。

【队伍管理】 落实条令治警，做到规范养成，公安队伍职业化水平提升。全年举办各类培训34期、培训5883人。开展“创先争优”和“学守树”活动，推进“六力锤炼”（党性忠诚力、实战制胜力、争创内动力、自我管束力、形象亲和力、文化沉潜力）工程，“冷横硬、脏乱差、稀拉松”等顽症取得阶段性整治效果，违法违纪案件和民警分别下降77.1%和66.6%。落实从优待警政策，出台从优待警措施20条。

（冯朝勇）

检 察

【概况】 2011年，全市检察机关围绕市重大工作部署和打造最平安省会城市目标，以解决影响社会和谐稳定突出问题为突破口，加强与国家安全机关、公安机关、审判机关密切配合，发挥批捕、公诉等职能和服务群众、震慑犯罪作用，始终保持对犯罪分子高压态势。重点打击严重影响社会稳定和人民群众安全感的黑恶势力犯罪、严重暴力犯罪和多发性侵犯财产犯罪。全年批准逮捕各类犯罪嫌疑人5051人，提起公诉7557人。年内，全市检察机关共有15个单位受到国家级表彰，31个单位受到省级表彰，19个单位和61名个人受到市级以上表彰；新华区检察院被评为全国先进基层检察院，桥西区、裕华区、长安区、桥东区、行唐县检察院被评为省级先进检察院。

【维护社会稳定】 办理刘某某、张某某等102人黑社会性质组织犯罪案，李某某等12人团伙贩卖毒品案，盖某某等14人团伙抢劫、盗窃案，许某某等19人团伙盗窃等大案要案，维护了社会稳定。实施执法办案风险评估预警机制，落实各项办案制度和办案流程，推进执法规范化建设。推行刑事和解、民事申诉和解、释法说理等办法。探索建立健全化解信访积案长效机制，制定信访案件评查办法、风险评估实施细则和检调对接制度，畅通群众诉求渠道，接待群众来访963件，其中两级院检察长接访543人次；受理群众举报线索467件，移送立案127件；办理刑事申诉案53件，国家赔偿案18件。开展行政执法机关移送涉嫌犯罪案件专项监督活动，督促移送涉嫌犯罪案件54件、64人，公安机关立案23件、31人。

2011年6月2日，举办全市检察机关歌唱主旋律 红歌献给党歌咏比赛

【创新社会管理】 市检察院和15个基层检察院成立未成年人刑事检察机构，制定办理未成年人刑事案件实施意见，实行案件专人专办和人性化办案措施，开展案前社会调查、亲情热线电话、亲情会见等活动，加大教育挽救力度。以青少年维权岗为载体，广泛开展“检校共建”活动，采取法制宣传进校园等形式，推进在校学生接受法制教育。开展社区矫正监督活动，加强对服刑在教人员、监外执行罪犯等特殊人群帮教管理，依法监督纠正脱管、漏管问题。推动建立行政执法与刑事司法相衔接工作机制，将

两法衔接纳入全市社会管理创新试点项目，筹划建立了“网上衔接、信息共享”平台，两法衔接工作形成制度化、规范化。落实宽严相济刑事政策，立足社会治安实际，坚持全面把握、区别对待、当宽则宽、该严则严、宽严适度、注重效果原则，在依法严厉打击严重刑事犯罪同时，对未成年人犯罪、初犯、从犯、偶犯和轻微犯罪案件，根据案件具体情况，坚持教育、感化和挽救，在执法办案中融法、理、情于一体，打击和震慑了犯罪，维护了法制严肃性，尽可能减少了社会对抗。依法慎捕慎诉，全年不予批准逮捕598人，决定不起诉381人。

【惩处和预防职务犯罪】 重点查办城中村改造、工程建设、国土交通等重点领域权钱交易腐败案件和侵害民生民利渎职侵权案件。全年查办贪污贿赂犯罪案件155件、218人，渎职侵权犯罪案件43件、100人，其中大案118件、要案27人。统一指挥查办了河北钢铁技术研究总院院长常某贪污1000万元、河北华通金属材料有限公司晋州公司经理李某挪用公款7400万元、元氏县城建局局长赵某涉嫌滥用职权等有影响、有震动大要案。中央电视台3月15日曝光石家庄市非法加工餐巾纸窝点长期存在问题后，以涉嫌玩忽职守罪立案查处负有监管职责工商、质监执法人员3人。开展重点项目职务犯罪预防，把南水北调、高速铁路、正定新区、环城水系、大西柏坡、城中村改造等以及涉及民生的安居保障工程、新民居建设工程作为重点，对全市396个立项、再建、续建重大建设项目开展专项预防，协调解决实际困难和法律问题87件，帮助完善管理制度618项。加强对异地援建项目监管，对投资总额16亿元援建四川平武建设项目、援建新疆库尔勒工程项目实行跟踪审计预防，确保了援建资金安全。服务企业发展，为格力工业园、石家庄飞机制造工业公司等企业提供法律帮助；制定服务企业十项措施，查办涉及企业案件慎用扣押、冻结等措施，维护了企业生产经营秩序。

【诉讼监督】 9月份，市人大常委会听取市检察院关于法律监督工作情况报告，作出《关于加强人民检察院法律监督工作的决议》。全市检察机关贯彻决议精神，深化各项措施，加大对刑事诉讼、民事行政审判活动监督力度。以纠正有案不立、违法立案、以罚代刑和插手经济纠纷为重点，办理刑事立案监督案件175人，监督撤案52人。办理最高人民检察院、公安部联合挂牌督办犯罪嫌疑人党某某生产和销售伪劣种子案、孔某某利用网络销售伪劣化妆品案等重点案件。以纠正刑讯逼供、暴力取证、违法采取强制措施等问题为重点，开展侦查监督专项活动，依法纠正漏捕337人，纠正漏诉273人，书面纠正违法168件次；移交职务犯罪线索并立案2件2人。以纠正有罪判无罪、无罪判有罪、量刑畸轻畸重、违反法定程序为重点，开展刑事审判监督，提出抗诉76件。以纠正违法减刑、假释、暂予监外执行、超期羁押、体罚虐待被监管人为重点，开展刑罚执行监督，提出纠正意见102人次，纠正监外执行脱管漏管191人次，立案查办监管场所工作人员职务犯罪2件2人。冀中南地区人民检察院作为市检察院派出机构获得审批，专门负责刑罚执行和监管活动监督。以纠正裁判不公、侵害当事人合法权益为重点，开展民事行政诉讼监督，提请省检察院抗诉33件，向法院提出抗诉64件，改判或调解37件，提出再审检察建议126件，法院裁定再审33件。依法维护企业、公民合法权益，办

2011年8月30日，承办河北省检察机关公诉人论辩赛

理支持起诉、督促起诉案件74件。向法院提出执行监督检察建议36件，纠正29件。

【社会服务】 参加全市打击侵犯知识产权和制售假冒伪劣商品、危害食品安全、"打四害除四害"等专项行动，依法批准逮捕侵犯知识产权和制售假冒伪劣商品犯罪案件13件25人，批准逮捕危害食品、药品安全犯罪案件5件8人。贯彻落实关于加强渎职侵权检察工作重要精神，开展查办危害民生民利渎职侵权专项工作，依法查办社会保障、征地拆迁、食品安全等领域职务犯罪28人。开展"联系群众、服务群众、促进发展、促进和谐"活动，成立工作队深入乡镇、农村，组织法制宣传1258次，接访810件1120人，受理举报134件，平息上访67件。加强涉农资金监督，重点监管支农惠农资金发放和工程占地款返还，举办农村"两委"干部职务犯罪警示教育256次，办理各类涉农刑事犯罪案件453件494人，查办涉农职务犯罪案件134件189人。晋州市检察院办理牛某某挪用资金、诈骗、伪造金融票证案，克服单纯办案思想，促进赃款追缴，47户村民被骗124.7万元存款全部退还。

【队伍管理】 坚持把检察队伍职业化建设作为提升法律监督能力重要举措，加强领导，严密部署，扎实推进。开展专题教育活动。牢固树立省会检察院意识，开展"创先争优"、"发扬传统、坚定信念、执法为民"主题实践活动和"读红色经典、树理想信念"征文活动，围绕"为什么入党、为什么从检、为什么奋斗"开展大讨论，纠正了检察干警在党性观念、公正执法和理想追求上的思想偏差。加强执法规范化建设。严格执行最高人民检察院下发的《检察机关执法工作基本规范（2010年版）》，5～7月份开展检察执法工作基本规范电视电话网络集中轮训，两级检察院领导干部和业务部门及全体干警参加，采取专门培训、专家辅导等形式，实现了检察人员对执法工作基本要求熟知应会目标。开展岗位练兵、业务竞赛活动。把培训合格作为上岗、任职、晋升和续职必要依据，结合检察工作和检察人员岗位需要，制定基层检察院轮训计划，采取集中培训和网络培训等形式，实施技能培训和新进人、新任、新晋升人员培训及"刑法修正案（八）"、"刑事诉讼法律文书"、"发扬传统，坚定信念，执法为民"主题教育实践活动等业务培训。参加检察机关优秀公诉人选拔赛，市检察院取得全省团体第一名，其中1名选手被省检察院选定为代表参加华北区公诉人论辩赛。全年市检察院检察长和16名领导干部参加最高人民检察院培训，34名符合晋升四级高级检察官条件干警参加最高人民检察院晋升资格网络培训；68人参加省检察院领导素质能力培训班，26人参加省检察院刑事诉讼法律文书培训班，36人参加最高人民检察院委托省检察院举办的初任检察官培训；邀请院校知名专家教授开展专题讲座"我国周边的局势和热点问题分析"、"公务员礼仪"、"如何应对亚健康和工作压力"、"摄影知识讲座"等5期。

2011年8月22日，市检察官文学艺术联合会揭牌成立

【基层建设】 落实上级检察院领导联系基层检察院等制度。以第四届全国先进基层检察院评比为契机，总结新华区检察院获得"全国先进基层检察院"称号、桥西区检察院获得"省级先进检察院"的先进经验和做法，在全市检察机关推广。依据最高人民检察院《基层人

民检察院建设考核办法》，完善基层建设考核办法，鼓励开展创先争优活动，推动基层全面建设提升。2011 年，中央、省级财政转移支付市两级检察机关政法专项保障经费 4277 万元，其中办案资金 1931 万元，装备资金 2346 万元，新增办案用车 90 辆，购置办公办案设备 2704 台套；基层检察院招录检察人员 22 人，360 辆警车全部安装 GPS 卫星定位系统，检察公务用车实现全程监控。

【批准设立市冀中南地区人民检察院】 8 月 24 日，市第十二届人大常委会第二十九次会议审议通过《石家庄市人民检察院关于提请批准设立石家庄市冀中南地区人民检察院的议案》，决定批准设立市冀中南地区人民检察院，作为市人民检察院的派出机构，行使县一级人民检察院的职权，负责对本辖区应由市人民检察院履行监督职责的监管场所实施法律监督。具体职责为：对监狱、劳教所、看守所执行刑罚和监管活动是否合法实行监督；对人民法院裁定减刑、假释活动是否合法实行监督；对监狱管理机关、公安机关、人民法院决定暂予监外执行是否合法实行监督；对劳动教养机关的执法活动是否合法实行监督；对公安机关、司法行政机关管理监督监外执行罪犯活动是否合法实行监督；对刑罚执行和监管活动中的职务犯罪案件立案侦查、审查逮捕、审查起诉，开展职务犯罪预防工作；对服刑罪犯又犯罪案件和劳教人员犯罪案件审查逮捕、审查起诉，对立案、侦查和审判活动是否合法实行监督；受理被监管人及其近亲属、法定代理人的控告、举报和申诉；承办检察长交办的其他事项。

石家庄市人民检察院

检察长：蔡春和

副检察长：傅君佳　曹爱国

孙仁申　李彦平

纪检组长：邢玉杰

政治部主任：李芳栋

反渎职侵权局局长：杨光

（康同泽　李少威）

审　判

【概况】 2011 年，全市法院以“创先争优达标年”活动为载体，深入推进“社会矛盾化解、社会管理创新、公正廉洁执法”三项重点工作，有效发挥审判职能作用，为经济发展、社会稳定提供了司法保障和服务。全年受理各类案件 87784 件，审执结 84229 件，其中市中级法院受理 16924 件，审执结 14900 件。组织干警参加上级和本级业务培训 2600 余人次，编发办案指导丛书 4 卷 1 万余本。开展“效能革命”和“开门整改”活动，加大错案、瑕疵案件责任倒查和责任追究力度，处理违法违纪干警 13 人。参与“大西柏坡”建设，市中级法院与省法院、平山县法院共同修复的华北人民法院旧址顺利开馆。2011 年，市法院系统有 11 个集体、26 名个人受到省级以上表彰，桥西区法院获得“全国法院党建工作先进集体”称号，涌现出全国政法系统优秀党员刘秀娟、全省政法系统优秀党员翟造发等优秀法官群体。

【经济案件】 全年审结经济领域发生商事一审案件 14666 件，同比增加 743 件，其中审结买卖、借款、保险、服务等合同案件 8793 件；审结二审案件 1162 件，同比增加 316 件。为数千家企业挽回经济损失 23.29 亿元。深化与企业沟通联系机制，院领导带头深入华药集团、石药集团、石钢公司等企业调研，及时了解司法需求，深化保障企业发展九项措施。依法审结 50 件企业清算重组、股份转让等案件，审理了石家庄空调器厂、铝厂、宝石集团电视机厂等 22 家企业破产案件，妥善处置企业破产资产近 9 亿元，安置职工 5000 余人。年内，最高法院授予市中级法院“全国法院破产审判工作先进集体”称号。加强知识产权保护，以石家庄市作为国家创新型试点城市为契机，积极参与打击侵犯知识产权和制售假冒伪劣商品专项行动，依法审理双环汽车公司与本田技研工业株式会社 S-RV 汽车外观设计侵权案等 236 件知识产权案件，审结法律出版社、人民卫生出版社和高等教育出版社诉100余户图书批发商系列侵权纠纷案等150件著作权案件。围绕城市建设“三年上水平”工程，参与重点项目前期调研、法律咨询，审结推动城镇化进程中发生建设规划、建筑施工、房屋拆迁、土地征用等纠纷案件171件。

【刑事案件】 落实市委“创建全国最平安省会城市”构想，贯彻“宽严相济”刑事政策，推行量刑规范化改革，加大附带民事部分调解力度。2011年，全市审结一审刑事案件4967件，二审案件641件，判处犯罪分子8364人。开展打黑除恶和严打整治专项斗争，严惩黑社会性质组织案被告人46名，从快从严审理了郭某等45人团伙抢劫盗窃案、张某等10人团伙杀人案等具有重大影响的大案要案，有效遏制严重刑事犯罪上升势头，增强了人民群众安全感；依法审理集资诈骗、非法吸收公众存款、合同诈骗等破坏市场经济秩序犯罪案件179件，有序维护了健康的市场经济环境；参与“打四黑除四害”专项活动和严厉打击“黄赌毒”专项活动，审结生产销售伪劣商品、毒品犯罪、制作贩卖传播淫秽物品等犯罪案件98件，净化了食品、药品生产销售市场和文化市场。推行未成年人轻罪犯罪记录消灭制度，促进未成年人改造自新。参与社会治安综合治理。2011年，全市依法办理减刑、假释案件4477件，跟踪帮教非监禁刑人员600名；蓝天职业培训中心免费技能培训和就业帮扶刑释解教人员125名。

【民事案件】 全年审结一审民事案件32806件、二审案件5022件，同比分别增加2784件和1150件。其中，审结婚姻家庭、抚育扶养、遗产继承、相邻关系、房屋买卖等案件14098件，审结侵权伤害、医疗纠纷、工伤事故、产品事故等案件1713件。2011年，针对交通事故、劳动争议等案件增幅较大，市法院开展审判研讨，探索建立专门审判庭或合议庭，开辟维权“快速路”，审结此类案件9330件，有效维护了人民群众合法权益，促进了社会和谐。

【行政案件】 坚持监督与保护并重原则，积极深化协调机制，依法保护群众诉权和合法权益，引导行政机关依法行政，推进法治政府建设。开展适用简易程序试点工作，推行重大案件行政机关负责人出庭制度，促进行政争议快速有效解决。全年审结一审行政案件645件、二审案件243件，妥善处理行政机关申请法院强制执行案件3702件。

【审判执行】 制定实施《执行工作制度和规定》，用制度保障规范化执行。全市法院配备执法记录仪，实现执行全过程录音录像。完善执行联动威慑机制，加强与工商、税务、车管、房管等部门联动，首创全省法院第一家“执行网”，利用互联网等媒体，公开曝光拒不履行义务被执行人失信信息2367条，受理群众举报和咨询380条，征集被执行人财产线索126条，大力营造了自动履行执行义务社会氛围。开展大规模“反规避执行”活动。全年拘传被执行人124人次，拘留193人，按拒执罪移送公安67人，强制搜查169次，限制出境和限制高消费830人次，公开曝光410人次。严厉惩罚故意规避执行行为，一大批被执行人履行义务，取得较好的执行效果。2011年，全市执结各类案件16347件，执结标的额29.08亿元，其中350余件涉及人数众多案件全部和解、执行到位，极大地维护了司法权威和申请人合法权益。

【调解纠纷】 贯彻“调解优先、调判结合”原则，把矛盾化解作为“结案”标准。加强诉讼内调解，全面深化覆盖审判和执行程序全方位、全程、全员调解机制建设，做到一审、二审、监督和执行程序每一个环节尽力调解。加强诉讼调解和非诉讼调解衔接，参与人民调解、行政调解、司法调解“三位一体”大调解构建工作，建立“涉外案件诉调对接机制”和“劳动争议案件诉调对接机制”等。2011年，行唐县大调解中心和民调员联合会有效对接，桥西区法院“立案速裁调解”经验、裕华区法院“小额案件速裁调解”及藁城市、无极县、赵县法院“法官联系社区乡村”调解网络制度得到推广，调解工作前移、调解重心下移，诉内、诉外各种调解机制相互衔接，形成合力，多数纠纷在基层高效、快速化解，方便群众，降低了诉讼成本。到2011年末，全市一审民事案件调撤率达到73.73%，提高17.27个百分点；行政案件协调撤诉率达到34.83%，提高5.07个百分点；执行和解率达到53.06%，提高26.92个百分点，取得较好的社会效果。2011年，全市审理案件调撤率提高，申请强制执行案件同比减少4746件。

【涉诉信访】 坚持“有理推定、带着感情、穷尽一切手段、解决实际问题”理念，大力化解信访案件。建立长效机制。贯彻必须强化群众观念、必须坚持源头治理、必须建立长效机制、必须工作重心下移“四个必须”要求，实行信访评估预防、信访通报、约期接谈、多元化解和案件终结“五项制度”，规范信访秩序，高效开展接访和化解工作。集中开展会战。及时依法解决群众合理诉求，释法明理疏导不合理诉求，协调救助生活困难信访人；加强调解力度，实现信访人诉求利益。全年解决群众诉求2383个，解决率达88.1%；办结信访案件929件，确有错误改判19件，协调解决案件91件，实现1146人案结事了。加强源头预防，创新便民举措。落实司法便民措施20条，并采取发放监督卡等形式，加强与当事人沟通、联系；扩大巡回审判，实施审判庭开在乡村社区，法律送到田间地头办法，减少群众诉累；落实立案信访大厅为当事人提供诉讼引导、立案审查、立案调解、救助服务、查询咨询、材料收转、判后答疑、信访接待等“一站式”窗口服务。全年司法救助为困难当事人依法减、缓、免交诉讼费1460.84万元，为33名生活确有困难刑事被害人及亲属提供司法救济126万元。严抓案件质量和效率，推行信访风险排查评估制、原审法官对信访案件终身负责制，有效预防和减少了新信访案件的发生。全年案件服判息诉率达到98.1%。

【审判管理】 高度重视审判管理，在深化上下功夫、在落实上见成效、在巩固中求提高，积极维护司法公正。2011年，全市法院均成立审判管理办公室，并以开展“创先争优达标年”活动为契机，构建起“以专门机构为指导、制度建设为保障、信息化建设为支撑”的大审判管理格局。围绕全国法院统一实施审判质效考评23项指标，实行市法院领导班子成员分包督导基层法院制度，每月通报基层法院、市法院各庭以及法官综合排名，发挥激励作用。开展百万案件大评查、长期未结案件专项清理和执法大检查活动，促进办案质效提高。2011年，全市法院审判质效综合指数均超过全国、全省法院年平均水平。发挥人民陪审员作为群众代表参与审判职能作用。2011年，人民陪审员新增201名，总数达到562人，参与案件审理达到80%。推进审务公开，开展“法院开放日”活动，主动接受社会监督。2011年，桥西区法院与市电视台合作开办反映庭审实况《阳光审判》节目，播出11期，拓宽了接受监督渠道，宣传了法律知识和社会伦理，受到群众的欢迎。

石家庄市中级人民法院

院　　长：许广为

副 院 长：尹新民　刘士军

张保江　张瑞明

李增益　王荣菊

苏风雷

纪检组长：李耀江

执行局局长：李惊涛

（张晓旗）

司法行政

【概况】 2011年，全市司法系统以科学发展观为统领，对标先进，真抓实干，各方面工作均取得较好成效。3月22日，中共中央政治局委员、中央政法委副书记王乐泉及省、市党政主要领导到市少保中心考察，对石家庄市司法行政工作给予肯定。年内，中国关工委主任、原全国人大副委员长顾秀莲批示：“十分感谢你们对服刑在教人员子女的关爱。你们的工作做得很好，很有成效。”省委常委、市委书记孙瑞彬批示：“今年以来，司法局紧紧围绕市委的中心工作，以普法教育、法律服务为抓手，开展了富有特色的系列工作，为全市的经济发展做出了贡献。我代表市委向同志们表示感谢！当前，伴随着全市经济的快速发展，社会矛盾也十分突出，做好司法行政工作，特别是把普法教育工作扎实推进，提高全市人民的法律意识，形成人人知法、守法的良好局面，对实现转型升级、跨越赶超，建设幸福石家庄无疑是一个巨大的支撑和推动。市委相信同志们一定会在原来工作基础上，不断探索创新，为全市的经济社会发展做出新的贡献。”2011年，市司法局被中共中央宣传部、国家司法部评为全国“五五”普法工作先进集体，被国家司法部评为全国司法所建设工作先进单位，被中华全国人民调解员协会评为人民调解工作宣传先进单位；市普法办被国家司法部、中央综治办、中国关工委评为全国青少年普法教育先进集体；市劳教所被司法部评为“执法大培训、岗位大练兵”活动表现突出单位；市少保中心被国家司法部、人力资源和社会保障部评为“全国先进集体”；燕赵公证处被国家司法部、中国公证协会评为“全国优秀公证处”；在全省劳教系统规范化管理年活动年终综合工作考评中排名第一；获得全省劳教（戒毒）系统“2011年度优秀单位”、“2011年度党风廉政建设先进单位”、“2011年度信息宣传工作先进单位”。 2月19日，中央电视台《焦点访谈》栏目以“创新管理促和谐”为题，报道了石家庄市社会管理创新工作成果。4月23日，《法制日报》头版刊发“石家庄大调解、大帮扶，构建和谐城市”长篇通讯。年内，中央电视台连续4次深度报道石家庄市法律援助工作经验和做法；省、市新闻媒体刊发、报道石家庄市司法行政工作创新发展经验和做法文章320余篇。

【人民调解】 以《人民调解法》为抓手，筑牢化解矛盾纠纷、维护社会和谐稳定第一道防线。基层调解委员会建设。2011年，全市乡镇（街道）、村（居）设立调解委员会6312个，调解组织实现全覆盖。推行人民调解委员会“十有六落实”（有标识、有徽牌、有印章、有台账、有文书档案、有上墙制度、有办公桌椅、有电脑、有交通工具、有通讯工具；落实组织、落实人员、落实场所、落实经费、落实报酬，落实工作）、文书档案标准化建设和人民调解员“以案定补”（根据案件调解质量和数量发给一定误工补助）办法，基层调解委员会规范化水平提升，大量社会矛盾和纠纷在基层有效化解。拓展延伸调解领域。全年在矛盾纠纷多发领域新建行业调解委员会1099个，“石家庄市道路交通事故民事损害赔偿人民调解委员会”、“石家庄市医疗纠纷调解中心”、“石家庄市保险合同纠纷人民调解委员会”成立。2011年，县（市）、区成立交通事故调解委员会23个，医疗纠纷调解委员会23个，劳动争议调解委员会36个，物业纠纷调解委员会20个，企事业单位调解委员会995个。至2011年末，全市排查化解矛盾纠纷65328起，调解成功率达到98%。整合社会资源，建立联合调解机制。全市公安派出所普遍设立“联合调解室”，实现“民调进所”；与市电视台联合开办“调和”栏目，举办“首界金牌民调员大赛”，通过电视媒体现场调解矛盾、纠纷，扩大了调解工作的社会影响。2011年，高邑县创新建立“三个五”（“五级调解网络”确保矛盾纠纷第一时间有人管，十户设一员长、五十户明确一片长、每村明确一名专职调解员、乡镇成立调委会、县成立大调解中心，由乡、村、片、员搭建起来的“五级调解网络”，一级联一级，实现凡是有人群的地方就有调

2011年5月27日，市医疗纠纷调处中心成立揭牌

解组织、有调解员；“五大工作机制”确保所有信访问题能够及时案结事了，建立预警摸排制度、调解联动制度、会审制度、调解包案制度、调解员培训制度；“五大载体”助推大调解工作焕发出新生机，设计了民主说事会、开门调解、见面会、跟踪回访、绩效奖惩五个载体）工作机制，受到中共中央政治局常委、中央政法委书记周永康的肯定和批示；矿区、晋州市、元氏县总结、汇编、宣传、普及民调工作方式、方法，有效提高了调解效果；平山县、行唐县发挥离退休干部政治优势、政策优势和群众威望，化解一大批长期挂账疑难矛盾、纠纷；无极县提出“有纠纷我调解”口号，推行“片调员”工作机制，受到群众欢迎；鹿泉市、栾城县实行“基本工资＋补贴＋奖励”办法，增强了人民调解员工作积极性。

（闫长润　张雪敏）

【评出首批“金牌调解员”】 11月30日，在市司法局、市人民调解员协会联合举办的石家庄市首届“金牌调解员选拔大赛”总决赛中，市人民调解员周文龙获得“金牌调解员总冠军”称号。石家庄市首届“金牌调解员选拔大赛”于2011年9月1日启动，621名选手参赛，在石家庄各县（市）区社区、广场举行了8场预选、2场初选和1场社区群众投票活动，在石家庄广播电视台演播厅进行了3场复选，有12名选手通过主题演讲、问题竞答、模拟调解、才艺展示、实务资历、考试、档案评比等方面的测试和考察进入总决赛。总决赛由5位专业评委和25位群众评委现场打分，经过一系列考察比赛和大赛组委会审核，最终周文龙荣获石家庄市首届“金牌调解员总冠军”称号，人民调解员樊花明、高瑞奎、任海峰、高吭、周文龙、张益芳、杜卫杰、袁兰锁、马运英、高秋生被授予“金牌调解员”称号，调解志愿者杨百平、冯维涛被授予“金牌调解志愿者”称号。

（李云萍）

2011年8月24日，举办首届金牌调解员选拔大赛启动仪式

【信访接待】 按照全市开展化解涉法涉诉信访案件百日攻坚活动部署，市司法系统明确任务，责任到人，落实逐案化解方案和限期解决要求。市司法局党组认真研究涉法涉诉信访形势和任务，统一思想认识，将信访化解任务、责任和完成期限明确到人。根据工作安排和任务分工，落实信访工作领导包案制度。在督导协调基础上，市司法系统实行信访投诉案件发生和解决进度半月通报制度，增强了所属单位领导干部做信访工作的紧迫感，实现信访投诉案件解决进度增快，信访增量逐渐减少。

【社区矫正】 推进规范化建设，统一社区矫正工作档案，规范执法标准、执法程序和法律文书，完善审前社会调查内容，落实帮教协议书制度和必接制度，实现符合条件矫正对象接收率达到100%。鹿泉市公安、检察、法院、司法部门共同制定和印发《鹿泉市适用非监禁刑审前社会调查实施办法（试行）》，以规范文件形式推动审前社会调查工作顺利进行。提升信息化管理水平，全市有21个县（市）、区建立社区矫正信息管理系统。栾城县借助网络管理平台，创新教育模式，对社区矫正对象开展新生活、新思想、新情感、新行为为主要内容的“四新教育”。全市司法系统基层司法所改革管理体制，由原来乡镇（街道）管理为主，转变为以县（市）区司法局管理为主的双重管理体制。至2011年底，全市23个县（市）区全部实现双重管理，为社区矫正工作开展奠定了坚实基础。

【刑释解教人员安置帮教】 落实《石家庄市刑释解教人员安置帮教工作管理办法》以及衔接、三级帮教、排查回访等制度。加强重点人员排查回访，与北郊监狱、女子监狱等建立联系对接制度。市蓝天培训中心职能作用强化，招生 700 余人，有效提高了刑释解教人员就业技能。各县（市）、区建立过渡性安置帮教基地 43 个，提供技能培训 407 人次，指导就业 602 人次。长安区成立“归正人员培训基地”，实行学员免费技能培训，自主创业人员享受“零成本”注册、税收扣减以及 10 万元以下担保贴息贷款等优惠政策。

【法制宣传】 8 月 26 日，市委、市政府召开“五五”普法总结表彰暨“六五”普法动员大会，全面启动实施“六五”普法规划。制定出台《关于深化“法律八进”，开展“法治八建”创建活动的意见》。各县（市）、区创新普法方式方法，长安区司法局制订《“六五”普法规划责任目标分解方案》，将普法任务分解落实到 46 个成员单位；桥东区司法局创新普法形式，在石家庄监狱举办特殊人群法制讲座，将特殊人群普法教育纳入“六五”普法重点；鹿泉市司法局依托中小学生综合实践活动中心，成立青少年法育基地，共培训中小学生 3.5 万余人，受到社会好评；井陉县司法局开展深入推进法治县和依法行政示范单位创建活动，取得较好成效。

（闫长润　张雪敏）

【首家县级普法网开通】 年内，全市首家县级普法网站——栾城普法网开通，网址为 http://www.lcpfw.com。栾城普法网由该县司法局、普法办共同开办。该网站关注全国及省、市、县重大法治事件，了解最新法律动态，为群众零距离学习法律提供了一个全新的网络平台。网站首页设置政务公开、司法鉴定、法律援助、留言本等 8 个一级栏目，一级栏目下设有以案说法、法律快递等 16 个子栏目。该网站还与中国普法网、河北法制网等国家级、省级普法网站链接互动，资源共享，有效地提高了法制宣传教育效果。

（王军永　段志利）

【法律服务】 律师队伍开展建设管理年活动，以加强规范管理、增强行业自律，提升凝聚力和归属感为目标，举办大讲堂、运动会、十佳辩手等活动；推进律师队伍诚信建设，严格律师队伍违法行为处罚，为律师执业创造良好环境。“12348”法律援助热线升级为司法行政服务热线。12 月 3 日，石家庄市“12348”法律援助热线正式升级为司法行政服务热线。“12348”法律援助热线是市司法局 2002 年开通的一部专门为困难群众提供法律咨询、办理法律援助的热线。此次升级后，该热线转变成为全社会提供法律咨询、人民调解、律师服务、公证服务、普法宣传、法律援助、司法考试咨询等司法行政服务。

（闫长润　张雪敏　李云萍）

【法律援助】 年内，23 个县（市）、区全部建立省级规范化法律援助中心，277 个乡镇（街道）设立法律援助工作室，5040 个村（居）设立法律援助联络员；省会高校发展法律援助志愿者 5000 余人；市总工会、共青团、妇联等单位设立具有行业特色法律援助工作站；市内五区建立社区法律援助工作站 160 个，6000 户困难家庭建立法律援助电子档案，全市形成以法律援助中心为枢纽的工作网络。打造“半小时法律援助服

2011年8月26日，召开“五五”普法总结表彰暨“六五”普法动员大会

务圈”，确保受援人在半小时内，找到距离最近的法律援助机构。全年各级法律援助机构接听咨询电话38600人次，接待来访8763人次，办理法律援助案件4271件，为当事人挽回经济损失2100余万元。鹿泉市实施“三个列入”（把法律援助工作纳入司法行政及市经济和社会发展规划；把法律援助工作纳入党和政府主导的维护群众权益机制；把法律援助工作经费纳入同级财政预算），确立法律援助在维护稳定机制中起到重要位置；正定县在交通警察大队、看守所设立工作站，方便当事人需要；赞皇县开展农民工法律援助知识讲座，送法到乡村、工地；平山县为33名农民工追回欠薪，及时化解群体性上访事件；元氏县成立“预防青少年犯罪法律援助中心”，各乡镇及重点学校成立援助站。长安区法律援助中心成为区政府法律顾问团成员；新华区对持有“残疾证”、“失业证”、“低保证”人员免除经济标准审核。年末全市法律援助实现“应援尽援”。

【公证服务】 开展公证“三化一建设”（规范化、法制化、标准化，公证处建设）活动，首批市直4个公证处和8个县（市）公证处通过检查验收。市区公证服务主动对接城市建设、重点工程项目和商业银行信贷工作；县（市）公证服务主动服务村委会换届选举和新农村建设。平山县、晋州市、辛集市、赵县等县（市）公证工作以政府规范文件形式在乡镇村提倡推行，获得良好的社会效果。创新公证服务理念，推动公证工作贴近群众，贴近民生。提出“超前介入、事后延伸”工作思路，在居委会设立法律服务志愿者工作站；开展“公证法律进社区”活动，实现公证服务向基层延伸。

【司法考试】 围绕司法考试、考前培训两项重点工作，抓好法律职业资格档案和证书管理、司法考试报名、司法考试组织实施、法律职业资格申请审核和考前培训班工作。2011年，石家庄市司法考试共有4490人报名，设置考点4个，考场150个；9月17日、18日考试成功举行，实际参考3921人，参考率为87.32%。11月份，成功组织全省试点地区在职法律职业人员统一考试。全年法律职业资格证书备案1777人，职业变更备案125人。还完成通过2010年国家司法考试653人法律资格证书发放、备案。

【服刑在教人员未成年子女保护教育】 设立和投入专项资金，保障和改善市少保中心儿童学习和生活条件。制定、实施市少保中心整体迁建计划，开展教育教学体制改革，提高保护教育质量，促进服刑人员自觉改造。开展“亲情呼唤促新生”活动，42名参加此项活动孩子父母获得减刑奖励。3月份，省委常委、市委书记孙瑞彬就市司法局开展“亲情呼唤促新生”活动批示：“一定要不断总结，长期坚持下去”；12月30日，孙瑞彬给市少保中心同学回信，鼓励孩子们发奋读书、快乐成长，长大成为自食其力、遵纪守法，对国家、社会和家庭有用的人才。

（闫长润　张雪敏）

【劳教所改建工程奠基】 9月6日，市劳教所改建工程举行奠基仪式。新所占地面积7.33万平方米，建筑面积46892平方米，由办公区、监所区、备勤楼三大部分组成，总投资约1.2亿元。

（李云萍）

【劳教管理】 以“抓队伍、保稳定、求发展”为工作重心，以规范化和职业化建设为抓手，履行“首位意识”，落实“首要标准”，推动劳教所工作整体提高。用规范管理确保场所安全稳定。开展“监所管理规范化建设年”活动，首创全省劳教系统早交接班研判点评制度，被省劳教局在全系统推广。靠特色教育确保教育矫治质量。坚持有利于解教后安置就业放在第一位，丰富教改内容，实现劳教人员由外治、内治并重向以内治为主转变；拓展劳教人员职业技能培训新方式、新方法，教育效果提高。加强干警素质建设，确保队伍思想稳定。以“忠诚、奉献、敬业、公正、团队”为内容，开展劳教民警核心价值观教育活动，队伍凝聚力和向心力提高；鼓励和倡导民警参加学历教育，提高文化素质；排查整改民警队伍在思想上、作风上、行动上存在有碍场所安全稳定的差距和不足，实现干警零违纪。

（闫长润　张雪敏）

军　事

军　事

石家庄警备区

【思想政治教育】 学习贯彻中央军委主席胡锦涛“七一”重要讲话，采取网上交流、理论考试、编印下发学习要点等形式，掀起学习热潮。以担负省军区“坚定理想信念、忠实履行使命”主题教育试点为抓手，在深化培育当代革命军人核心价值观上取得成效。警备区总结的“瞻仰红色圣地、重温红色战史、解读红色文化、融入红色实践”做法，被解放军总政治部和北京军区转发。开展老干部“锤炼党性修养、永葆政治本色”专题教育，坚定了离退休老干部爱党、信党、跟党走的决心和信心。密切关注意识形态领域斗争新动向，针对热点、敏感问题，扎实做好一人一事思想工作，确保了官兵思想纯洁和稳定。2011年，警备区被《解放军报》评为“读报用报先进单位”一等奖，被北京军区表彰为“新闻宣传先进单位”。

【战备训练】 扭住战斗力建设这个中心不动摇，狠抓各项战备训练工作落实。警备区首长和机关带领正定县人武部，全过程、全要素参加“铸盾－2011”联合战役演习，锻炼和提高了组织指挥水平。加强训练设施建设，总部赋予的省级民兵通信兵训练中心建设进展顺利。拓展非战争军事行动能力建设试点成果，依托辛集市、行唐县、灵寿县人武部召开现场观摩会，在军地联合应急指挥机制、专业力量建设、装备器材配备和联训联演等方面更加规范。提高国防动员平战转换能力，修订完善本级 11 类 22 种专项预案、60 余种保障计划，形成“军地对接、上下衔接、实用高效”的预案体系；依托鹿泉市召开县级国

广大青年踊跃报名参军

向应征青年宣传国防知识，激发参军热情

防动员规范化建设现场观摩会，完成河北省国防动员委员会（简称国动委）六次会议赋予应急演练任务。2011 年，鹿泉市国动委、栾城县国动委，被北京军区国动委表彰为先进单位。警备区被省军区表彰为“军事训练先进单位”。桥东区民兵供水抢修分队、桥西区民兵电力抢修分队，被河北省国动委表彰为“先进单位”。

【党委班子和干部队伍】 扎实开展“加强党性修养、锤炼思想作风”教育整顿活动，以“六个强化、六个反对”为目标,逐级召开党委（常委）民主生活会，党员干部普遍受到党性锻炼。“五用一履行”清理整治取得初步成效，解决了一些棘手难点问题，市区人武部首次实现干部不超编，北京军区政委刘福连对治理干部“此超彼缺做法”给予肯定，军区政治部专门转发了石家庄警备区的经验及做法。以思想作风教育整顿为抓手，各级履职尽责责任意识和新官勇于理旧账使命意识强化，老干部移交等历史遗留问题有效解决。提高干部选拔使用的科学性和公信度。2011 年，警备区调整各级各类干部 192 人次，上下无杂音，树立了凭实绩进步、靠素质立身的正确用人导向。年内，警备区政委李国伦被北京军区表彰为“优秀党委书记”；平山县、正定县人武部党委被省军区表彰为“先进党委”。

【基层建设】 认真贯彻北京军区、省军区基层建设工作会议精神，大力解决民兵基层建设设施落后、装备器材不配套、专武干部素质不高等制约民兵工作发展的重点、难点问题。按照“市建营、县建连、乡（镇）建排”的编组规模要求，全市初步构建起专业对口、种类齐全、配套完善、覆盖全域的应急专业力量体系。结合市、县、乡党委换届工作，选拔一批优秀专武干部充实到各级党委班子，实绩突出的专武干部得以重用，有力地调动了民兵和专武干部队伍活力，提高了素质。2011 年，警备区“坚持军地一体抓建，不断提升民兵建设整体水平”做法在北京军区基层建设工作会议上介绍了经验；平山县人武部民兵防火分队被评为全国民兵工作先进单位；鹿泉市人武部荣立集体三等功；辛集市、平山县、元氏县、桥西区、裕华区人武部被省军区表彰为“先进人武部”；晋州市、正定县、赞皇县、井陉县、长安区人武部被警备区表彰为“先进人武部”；行唐县人武部党委原第一书记李震国、元氏县人武部党委第一书记吴时茂，被北京军区表彰为“忠诚党的武装事业新闻人物”；市民兵武器装备仓库荣立集体三等功。

【后勤保障】 探索军民融合加强后勤和装备器材保障的有效办法，提高非战争军事行动能力保障水平。2011 年，军地市、县两级投入 1000 余万元，配备了民兵应急专业装备器材，为有效遂行任务奠定了坚实基础。结合“铸盾－2011”联合战役指挥演习，修订完善保障主力军团跨区机动、综合防卫作战等方案预案，完成武警 114 师机动部署、武器弹药调运、新兵输送等大项保障任务。深化财务、住房、医疗和空余房地产租赁管理等制度改革，后勤综合保障效益提高。2011 年，警备区军人保障卡试点被北京军区表彰为“军人保障卡扩试工作先进单位”。

【安全稳定】 认真贯彻“石家庄集训”精神，始终把保持部队安全稳

2011年6月2日，警备区政委李国伦在北京军区无工作军人家属和营区流动人员计划生育服务与管理工作会议上，介绍石家庄市军民共建计划生育服务“一通三”工程的经验、做法

定作为主官工程、保底工程紧抓不放。高标准完成北京军区“八个方面”安全建设试点任务。围绕“两个以外”管理、武器弹药调运、车辆运行安全以及涉密载体等关键环节、要害部位和敏感目标，开展安全隐患排查治理，保持了部队安全稳定。依托行唐县、赞皇县、桥东区人武部，召开安全管理规范化建设现场观摩会，各级主动谋安全、抓安全意识和能力增强。2011 年，警备区、鹿泉市人武部、桥东区人武部被省军区授予“安全管理先进单位”。

【双拥共建】 发挥警备区军地桥梁纽带作用，协调地方党委和政府为驻军官兵办实事、办好事。妥善解决了驻军住房建设补办手续遗留问题；协调有关部门继续保留军人子女中考加 8 分优惠政策；拓展计划生育服务“一通三”工程建设试点，驻军官兵及家属健康水平提升，《解放军报内参》就此工作做专题向中央政治局、中央军委和解放军四总部领导汇报，北京军区首长、河北省委领导给予充分肯定；维护官兵合法权益，协调处理部队和官兵家属涉法维权问题 9 起。年内，桥西区人武部被省政府表彰为“城镇面貌三年大变样工作特别贡献奖”；警备区政治部军地协调办公室、新华区人武部被石家庄市政府表彰为“城镇面貌三年大变样工作特别贡献奖”。

（韩卫旭　南为民）

军事院校

石家庄陆军指挥学院

【军地交流活动】 1 月 30 日，应河北省省委、省政府邀请，战玉院长参加了河北省暨石家庄市军地领导座谈会、2011 年河北省春节团拜会和河北省双拥文艺晚会。7 月 20 日，衡水老白干酿酒集团到学院走访慰问。7 月 28 日，石家庄市委常委、石家庄警备区政委李国伦代表市委、市政府到学院走访慰问。9 月 28 日，应河北省委、省政府邀请，学院政委姜援朝、副院长杨保明在石家庄太行国宾馆参加了河北省政府 2011 年国庆招待会。9 月 30 日，应河北省双拥工作办公室等单位邀请，学院政委姜援朝在双凤山革命陵园参加省会军民向英烈纪念碑敬献花篮仪式。11 月 18 ~ 22 日，学院副政委王金义作为河北省党代表出席中国共产党河北省第八次代表大会。

【扶贫和捐赠】 11 月 23 日，学院政治部组织团以上领导干部和机关干部到扶贫点赞皇县尖山村参观慰问。12 月 30 日，赞皇县县长宋存汉等 6 人到学院走访慰问，宋存汉介绍了赞皇县经济建设发展情况，对学院多年对口帮扶表示感谢，并代表赞皇县委、县政府向学院赠送了“心系老区，军民情深”牌匾。12 月 31 日，学院政治部副主任甘春雷一行 3 人到西柏坡纪念馆参加捐赠仪式，捐赠修缮资金 5 万元。

（魏明）

军械工程学院

【概况】 2011 年，学院党委贯彻落实中央军委主席胡锦涛关于主题主线重大战略思想和全军、总装备部（简称总装）院校会议精神，加强顶层设计，坚持改革创新，扭住工作重点，认真抓好落实。学院两次召开常委会研究全军和总装院校会议精神的宣传和贯彻，召开团以上领导干部会、专家教授座谈会、机关办公会和党委扩大会议，按照总装领导关于院校是思想阵地、智力高地、战略要地、培训基地、学习园地的深刻阐述和关于培养造就坚定举旗人、合格接班人的指示要求，着眼使命任务拓展和武器装备信息化建设，开展理论创新，推进学习型党组织建设，做好体制编制调整，加强正规化管理，推进重点工程和提高后勤保障水平，增强科研创新能力，圆满完成以人才培养为中心的各项任务，学院全面建设迈上新台阶。

【开展首批名师评选活动】 根据全军和总装院校会议精神，学院党委决定实施名师工程。出台《关于实施名师工程的意见》和《学院名师首次评选办法》；组织开展首批名师和名师培养对象评选，成立以院长、政治委员为组长的名师工程领导小组和专家委员会。按照基层推荐、群众评议、专家评审、党委研究的程序，最终刘尚合等 20 人被评为首批学院名师，马振书等 33 人入选学院名师培养对象。

【张培林获得国家级教学名师奖】 年内，学院火炮工程系自行火炮教研室教授、博士生导师张培林获得“第六届全国高等学校教学名师奖”。“第六届全国高等学校教学名师奖”评选由国家教育部组织，每年举行一次，此届教学名师奖军队院校系统共有 2 位获奖者。

【举办第二届全国电磁环境效应与防护技术学术研讨会】 2011 年，由学院和中国工程院联合主办的第二届全国电磁环境效应与防护技术学术研讨会在河北省北戴河召开。中国工程院院士王小谟、张锡祥、刘尚合分别到会作专题学术报告，探讨相关领域前沿性问题。还邀请了 6 位来自四川大学、空军工程大学、中国船舶工业集团 701 所、罗德与施瓦茨中国有限公司等科研单位、大专院校和重点企业的专家代表交流发言，探讨国内外电磁兼容与防护技术的发展状况、发展趋势以及新理论、新技术、新方法及技术应用前景和开发。

【参加全国科技竞赛】 7 月 16 日，在北京航空航天大学举行的第七届“博创杯”全国大学生嵌入式设计大赛全国决赛中，由学院制作的“基于双无线网络家庭互联管理平台”获得本科组一等奖；8 月 20 日，在西北工业大学举行的第六届“飞思卡尔”杯全国大学生智能车竞赛全国决赛中，由学院制作的“星际探路者 1 队”获得摄像头组二等奖；8 月 23 日，在兰州市政府主办的“读者杯”2011 中国机器人大赛暨 RoboCup 公开赛中，由学院制作的机器人获得全国机器人武术擂台赛标准无差别组二等奖；10 月 20 日，在大连理工大学举办的第十二届“挑战杯”全国大学生课外学术科技作品竞赛决赛中，学院参赛作品“直升机应急逃生系统”以设计巧妙，应用性强，加工精美等特点得到评审专家和参赛师生的高度评价，获得特等奖。

【2 项发明成果在第二十届全国发明展览会获得金奖】 8 月 19 ~ 22 日，第二十届全国发明展览会在山东省威海市国际会展中心举办，此次展览会由国家知识产权局、科学技术部、全国总工会、威海市人民政府和中国发明协会共同主办，来自全国 30 个省市自治区、国务院有关部委、台湾地区 40 个展团参加，展出项目 1585 项。学院作为国防专利局展团成员，遴选 11 个项目参展，是全军参展项目最多单位。学院遴选的“一种多功能气相防锈油”、“调幅式安全锯”2 项成果获得金奖，还获得银奖 6 项和铜奖 3 项。

【参观“全国窃密泄密案例警示教育展”】 9 月 7 日，学院组织师以上单位机关干部、团以上领导干部和重要涉密岗位人员在河北省博物馆参观“全国窃密泄密案例警示教育展”。此次警示教育展由国家保密局、最高人民法院、最高人民检察院、公安部、国家安全部和解放军保密委员会联合主办，展览分“网络泄密触目惊心、间谍窃密危害严重、目无法纪追悔莫及、技术窃密无孔不入”四个部分。学院人员普遍反映，此次警示教育展紧贴保密工作实际，内容丰富、材料详实、形式多样，促使大家深刻认识到当前保密工作形势的严峻性、复杂性和长期性，强化了做好保密工作的自觉性和责任感。

【扶贫帮困】 2011 年，学院坚持“输血”与“造血”相结合，开展扶贫帮困工作。春节前，学院副政委白学平带队到扶贫点赞皇县黄北坪乡上桃坡村，走访慰问了该村困难群众。白学平详细了解扶贫点群众生产生活和脱贫致富情况，察看村小学和村容村貌，赠送该村 50 个困难家庭大米、面粉、食用油等慰问品及 5000 元慰问金。

（张国光）

武警石家庄市支队

【概况】 中国人民武装警察部队河北省总队石家庄市支队（简称石家庄支队），编制等级为旅级。1983年2月6日成立，2005年6月1日由原第八支队和原石家庄市支队合并组建。主要担负省、市等重要目标警卫和守卫、市辖看守所看守、临时押解押运、城市武装巡逻和处置突发事件任务。2011年，石家庄支队认真贯彻中央军委主席胡锦涛关于主题主线重要论述，围绕建设现代化武警总体目标，以科学发展观为指导，严格遵循武警党委确定“高举旗帜、聚焦中心、建强班子、夯实基础、创新发展”工作思路和总队党委提出“保一致、保稳定、保发展”总体要求，大力抓部队，全力打基础，科学谋发展，保持了部队建设稳中有升的良好局面。至2011年末，支队有效处置和排除不法分子企图翻墙进入警卫目标10起，飞机场放置炸弹重大险情1起，制止自杀自焚事件3起，受到河北省委、省政府的赞扬。

【思想政治教育】 坚持以党委机关为重点，持续和深入抓好思想理论武装。认真组织学习中央军委主席胡锦涛关于主题主线、建设现代化武警一系列重要论述及“七一”重要讲话精神，增强广大官兵履职尽责使命感、责任感。按照“舆论引导、文化熏陶、典型示范、实践养成和制度保障”思路，开展坚定理想信念、忠实履行使命、“培育当代革命军人核心价值观，争做党和人民忠诚卫士”主题教育活动，极大激发了广大官兵争做忠诚卫士的政治热情。

【党委班子建设】 抓学习强素质。按照建设学习型党组织要求，落实党委中心组学习和个人自学制度，研究和探索建设现代化武警旅级支队特点规律，提高了班子成员抓“两个确保”的实际本领。抓制度严规范。修订支队《党委议事规则》等17个文件，规范干部选拔任用、经费开支等问题。干部晋升实行“当场考核、现场排序、依次提升”晋选办法；士官选改、党员发展、官兵困难补助金发放、推荐提干和学兵名额确定实行名额公开、现场考试、结果公示。抓作风树形象。强化执行力建设，巩固“加强党性修养，锤炼思想作风”教育整顿成果，按照武警总部、总队明确七个专项问题治理，狠下决心，不为单位利益去“闯红灯”、打“擦边球”，带头听招呼守规矩，带头讲团结促和谐，带头务实事求实效，带头重廉洁严自律。

【现代化武警建设】 谋划现代化武警建设。支队以总部《建设现代化武警纲要》为依据，按照《总队“十二五”现代化建设规划》，把总部确定建设现代化武警三个阶段具体量化，明确目标任务，工作时间节点和具体责任、要求，有序推进工作进程。融入现代化武警建设重要思想。采取走“三步棋”。第一步，把执勤目标安全纳入省会城市平安建设总体规划，成立市、县政府主要领导参加的领导小组，完善工作机制，制定整改方案，明确工作时限和相关责任人；第二步，及时调度，重点突破，定期召开警卫、守卫、看守目标建设座谈会；第三步，以活动为载体，建起警地多道安全防线。重视经常性勤务教育和制度落实。始终如一坚持抓好执勤每一分钟、每一班哨，把建设现代化武警着力点放在提高官兵能力素质上，从规范官兵依法执勤思想和行为入手，组织学习《人民武装警察法》，并以部队历年发生执勤事故为教材增强官兵忧患意识，撰写执勤百题问答，制发成“口袋书”。加强临时勤务管控。总结制定《临时勤务组织指挥七步法》、《临时勤务训练把握的三个要点》，坚持一名副参谋长专司临时勤务组织指挥，实行长途押运勤务出发前主管领导现场把关，押运、押解途中随时联系与掌控，完成任务归队后总结报告讲评制度；对重要时段、敏感时期临时勤务提高指挥层次，做到万无一失。

【部队管理】 组织学习《建设现代化武警纲要》，培养明白人、实干家。采取集中领读、专题讲座、领导宣讲、经验介绍、下发函授作业、现场组织指导、季度考核讲评等方法和途径，有效提升了部队建设质量。

抓支部，提高基层自建能力。广泛开展“创先争优”活动，配齐配强书记队伍，实行县市中队主官缺位，从大中队副职满两年以上优秀干部中选任办法，不同勤务类别中队主官、干部间实行交叉任职，刚毕业学员有意识将其选入支委，参与支部建设。形成一套抓基层有效载体。实行党委机关指导基层“三个沉到一线”，具体指导抓建设坚持“六个一”工作法；大队明确“三盯一讲”；支队两月听取一次大队汇报工作制度；中队开展“四个对照”活动；新兵开展第二适应期“三帮一带”活动。利用“每日一小时警示教育”载体不间断实施官兵安全教育。以正规化检查验收为抓手，大力规范部队行为和秩序，提升部队建设标准。把“五个重点问题”治理放在干部身上，开展知恩图报教育、“三个珍惜”（珍惜缘分、珍惜岗位、珍惜生活）教育和知恩、知足、知责教育。抓住内部关系，建立官兵联系卡，公开常委电话，确保部队稳定。高度重视保密工作，落实各项涉密制度和措施。按照《实施办法》规定，做好士官选取和老兵复退工作，并开展“三个正确对待”教育。

【后勤保障】 按照正规化建设标准要求，规范基层“四配套”建设。坚持“标准经费不超支，易超难管经费要控死，地方资助经费不乱花”基本思想，严格“四类经费”管理。实行经费开支管理分析制度，落实基层地方资助经费收支两条线、开支请示报告制度，基层主官离任实行审计监督，支队家底经费达到总队全面要求。

（刘霖）

人民防空

【概况】 2011年，市人防部门按照“长期准备，重点建设，平战结合”方针，以科学发展观为指导，以军事斗争准备为牵引，贯彻落实第六次全国人民防空会议和全省人防会议精神，遵循战时防空与平时防灾相结合、长远建设与应急建设相结合原则，抢抓机遇，加快建设，创新发展，在工程建设、组织指挥、宣传教育、行政执法、机关“准军事化”建设等工作上取得突出成绩。全年办理拆除报废工程审批手续4项，报废人防工程面积0.34万平方米。调整充实人防执法队伍，开展执法人员培训，实行持证上岗。至2011年末，市区内人防工程总量达到300余万平方米，人均占有人防工程面积数达到国家规定标准；开发利用人防工程总量150余万平方米；完成产值营业额6.26亿元；安置社会从业人员近3万人，提供地下停车位5.2万个。年内，市人民防空办公室（简称市人防办）被国家人防办评为全国人民防空综合防护体系建设和管理先进单位，被市政府评为先进行政审批窗口。

【指挥系统】 完善人防指挥机构。落实市、县两级人防指挥部组成部门、实际编成人员和责任，并报省人防办备案，其中市人防指挥部由32个部门和15个单位组成，编制116人；指挥场所更加配套，新建人防基本指挥所7月7日揭牌并正式投入使用，原市委指挥所以备应急，机动指挥所、赞皇县后方基地建成，行唐县后方基地正在建设，形成基本、预备、机动和后方“四位一体”指挥所体系。人防专业队整组和训练任务完成。整组训练《人民防空法》规定的7种人防专业队和上级人防部门规定的伪装设障、引偏诱爆、信息防护、特种搜救4种新型人防专业队，训练5000人；参加省国防动员委员会应急力量演练。制订市人防信息化建设五年规划，完成“511”基本指挥所信息系统建设任务，构建起市人防基本指挥所与省人防办、市政府、警备区和市内5区相联通的光纤骨干网。全年市区固定警报器235台，机动警报器13台参加“七·七”警报试鸣活动，实际鸣响警报器240台；17个县（市）共有120台警报器参加警报试鸣活动。年末全市警报覆盖率达到98.3%。

【人防工程】 开展人防行政审批“绿色通道”，实行一站式受理、限时办结制度，行政审批项目由原来6项减并为3项，其中下放县（市）、区1项，其他纳入市投资促进中心并联审批，审批时间由原来

7个工作日压缩到3个。人防指挥所工程建设达到国内领先水平，实现全国第一家在一个城市建设两个同等级别的指挥工程。7月7日，市基本指挥所（511工程）投入使用，防护等级为2B级；市预备指挥所（1129工程），防护等级为2B级，工程主体完工。编制人防工程建设规划。《石家庄市人防工程建设规划》、《石家庄市地下空间开发利用规划》和《正定新区人防工程建设规划》获得市政府批准，开始实施；平山县等7个县（市）完成人防规划编制，《鹿泉市人防工程建设规划》通过专家评审，其余各县（市）人防工程建设规划正在编制中。2011年，全市监督验收防空地下室116个，建筑面积20余万平方米；质量监督检查防空地下室129个，总建筑面积63万平方米。全年批建防空地下室和自筹、引资修建人防工程50余万平方米。市区批建防护等级5级以上防空地下室总建筑面积2.82万平方米；批建防空专业队工程7个；批建应急避难场所4个。修建人防工程项目3个，总投资9500万元。

（张明金）

【新建人防指挥中心揭牌】 7月7日，市新建人防指挥中心揭牌。新建人防指挥中心按照“战时应战、平时服务、急时应急”要求，工程建设注重开发利用地下空间和提供应急避难、避暑纳凉场所；组织指挥建设注重应急指挥平台和指挥信息化建设，建成了可靠的应急指挥平台和较完备的防空警报体系。

（李云萍 苏丹丹）

【宣传教育】 围绕“构建人民防空精神长城”目标，注重破解人民群众“对人防知识不了解、对防护技能不掌握”两大难题，遵循“有创新、有特色、有震撼”三项基点，完善“分级负责、认真施教、定期督查、严格考评”四种机制，开展“进机关、进社区、进学校、进企业、进网络”五进活动。“12·4”法制宣传日等重大节日，在省博物馆等地组织大型人防宣传活动，引起广大群众共鸣和震撼。65所初级中学、162所高中及院校、党校（行政学院）防空防灾知识与技能教育步入制度化、规范化发展轨道。2011年，市人防办还与省电视台共同制作宣传片《铸盾》，编写“防空防灾应急知识”读本及图画龙凤册，加工制作印有“防空防灾、保国安民”遮阳伞和食品袋，编发“2012年防空防灾知识台历”，均取得良好的宣传效果。

（张明金）

农　业

农　业

概　述

2011年，全市农林牧渔业总产值727.3亿元，比上年增长3.1%，其中，畜牧业、蔬菜、果品三大优势产业产值533.0亿元，占农林牧渔业总产值的73.3%，比上年提高1.0个百分点。农林牧渔产业增加值414.9亿元，比上年增长4.3%，占全市国民生产总值的10.1%。全年粮食播种面积1154.8万亩，比上年减少0.35%，总产量531.7万吨，比上年增加4.7%，粮食生产夺得连续八年丰收。夏粮种植593.7万亩，总产量252.9万吨，比上年增加7.4%，其中小麦种植570.6万亩，与上年基本持平，总产量252.7万吨，增加7.4%，亩产442.9千克，增加7.2%。秋粮种植561.1万亩，总产量278.8万吨，比上年增加2.4%，其中玉米种植512.6万亩，比上年减少0.11%，亩产521千克，增加7.2%。棉花种植17.95万亩，比上年减少10%，总产量1.27万吨，减少9.3%，单产71千克，增加1.43%。油料种植91.8万亩，总产量21.5万吨，单产235千克，与上年相比，面积、总产、单产均略有增加。年内，赵县、藁城市、辛集市3个县(市)获得"全国粮食生产先进单位"称号；辛集市农业局刘彦涛获得"全国粮食生产先进工作者"称号；市农科院郭进考、藁城市农业技术推广中心马吉利获得"全国粮食生产突出贡献农业科技人员"称号；晋州市农民王超获得"全国种粮售粮大户"称号；石家庄市获得河北省"粮食生产高产先进市"称号。

林果业稳步发展。全年投入林业建设资金3.2亿元，比上年增长19.7%。其中，中央财政投资1.18亿元，省级财政资金2887万元，市级财政资金7396万元，县级财政资金9981万元。新封山育林12.9万亩，义务植树1300万株，新发展名优果树面积9万亩，均超额完成年度计划任务。重点推广以梨、枣、苹果等树种为主的12项果树标准化规程，全市标准化技术推广面积达到210万亩，无公害产地认定面积达到160万亩。至年末，全市干鲜果木种植面积332万亩，较上年增长2.8%；果品产量223万吨，较上年增长4.2%；果品总产值52.4亿元，较上年增长6.26亿元，占林业总产值的64.6%。

畜牧生产持续增长。全年争取农业产业化项目资金4190万元，扶持148个养殖场（区）改造升级，建成省级以上标准化示范场73个，君乐宝乳业晋升为国家级产业化龙头企业。截至2011年底，全市奶牛、猪、禽存栏数达到36万头、322.8万头、1.18亿只，比上年分别增长3.18%、5.35%、2.5%；全市生猪出栏407.7万头，增长1.4%，猪肉总产量43.9万吨，比上年增长2.6%；肉、蛋、奶总产量首次突破300万吨，分别达到76.2万吨、106.5万吨和119.0万吨，同比增长2.0%、2.5%和4.5%；畜牧业总产值303.2亿元，同比增长16.8%，占农业总产值的41.7%，较上年提高1.7个百分点；水产品总产量3.5万吨，同比增长1.1%，渔业总产值4.6亿元。

农业产业化经营水平提升。实施农业产业化"115行动计划"，规划重点项目193个，年度计划投资63亿元。藁城市青岛啤酒加工项目、洛杉奇禽肉屠宰及深加工项目等54个项目投资额亿元以上，年内完成投资45亿元。争取财政资金22088万元，扶持财政补助项目22个，中央财政贴息贷款项目15个，撬动项目单位、企业法人和受益农民投入资金17674.9万元，农业综合开发投资资金达到39762.9万元，跃居全省前列。实施商标战略，12家企业获得省以上名牌产品或著名商标称号，君乐宝获得“中国驰名商标”。1～10月份，180家市级重点龙头企业实现销售收入240亿元，同比增长24%。开展“一村一品”规范化建设，年内晋州市马于镇北辛庄村被农业部认定为全国一村一品示范村镇。至年末，全市专业村达到530个，占行政村总数的12%，专业乡镇33个，占乡镇总数的15%，专业村主导产业实现销售收入360亿元。推进现代农业观光园区建设，全年全市谋划建设现代农业观光园区66个，规划总投资70亿元。其中，四组团县（市）和市内五区谋划建设园区38个，总投资36.1亿元，规划总占地4.28万亩。藁城现代农业观光园、高新区现代都市农业园区和现代生态农业观光园区部分或正式开园；长安区颐非特色种植园、新华区上京生态园开园营业；裕华区都市休闲农业科技园、桥东区北城生态农业花卉种植基地一期开始营业；桥西区龙泉绿洲大谈现代农业科技生态观光园基础设施基本完成，具备开园条件。农业产业化经营总量达到800亿元以上，比上年增长12%，龙头企业农产品加工转化率超过73%，农业产业化经营率达到63%，提高1.7个百分点。

农业生产条件完善、提高。全年投资完成4.93亿元，建设农村公路917.3千米。新开通市区至组团县（市）公交线路10条。投资9亿元，投工428万个，完成工程量1113万立方米，除险加固水库10座，整治河道20.1千米，清理渠道37.5千米，完成田间渠道防渗46千米里，新增节水灌溉面积42万亩，新建维修小塘坝、水池、水窖、坑塘等各类小型水源工程984项，新打机井5523眼，修复旧井5407眼，新增有效灌溉面积31.5万亩，治理水土流失面积173平方千米，解决农村40万人饮水安全问题。争取土地治理项目资金11901万元，改造中低产田6.48万亩、建设高标准农田3.62万亩、生态综合治理1.58万亩。年末全市农业机械总动力1977.0万千瓦，比上年增长0.9%。实际机耕面积48.4万公顷，占农作物播种面积的47.9%；当年机播面积66.9万公顷，占农作物播种面积的66.2%，提高1.1个百分点；机收面积48.9万公顷，占农作物播种面积的48.4%，提高2.5个百分点。农村用电量74.7亿千瓦时，较上年增加3.35亿千瓦时，增长4.8%。

种 植 业

【概况】 2011年，全市种植业按照“稳面积、调结构、促转型、重科技、强管理、创高产、夺丰收”的工作思路，以列入全省粮食生产核心区和《国家新增1000亿斤粮食生产能力规划》13个粮食生产大县（市）为重点，扩大高产创建活动实施规模，扎实推进粮食“百千万”高产创建工程，全面落实各级各项强农惠农政策，引导农村土地承包经营权合理、有序流转，加快农民专业合作社规范化发展步伐，提升农业规模化生产整体水平，开展农业生产防灾减灾和病虫害专业化防治，克服秋冬春连续干旱等不利因素影响，夺得粮食生产连续八年丰收。3个县（市）4名个人获得全国粮食生产先进表彰奖励，石家庄市获得省“粮食生产高产先进市”称号。全年粮食播种面积1154.8万亩，较上年减少0.35%，完成计划的105%，总产量531.7万吨，增加4.7%，完成计划的105.5%。棉花种植17.95万亩，较上年减少10%，总产量1.27万吨，减少9.3%，单产71千克，增加1.43%。油料种植91.8万亩，总产量21.5万吨，单产235千克，与上年相比，面积、总产量、单产均略有增加。

【粮食生产】 制定出台《石家庄市2011年农业农村工作要点》和《深入推进粮食高产创建工作的实施意见》，推进粮食生产核心区建设，扎实开展粮食产能提升工程，兑现各项惠农政策和农业生产补贴，调动农民粮食生产积极性。全年粮食播种面积1154.8万亩，较上年减少0.35%，总产量531.7万吨，增加4.7%。夏粮种植593.7万亩，总产量252.9万吨，较上年增加7.4%，其中小麦种植570.6万亩，与上年基本持平，总产量252.7万吨，增加7.4%，亩产442.9千克，增加7.2%。秋粮种植561.1万亩，总产量 278.8 万吨，较上年增加 2.4%，其中玉米种植 512.6 万亩，减少 0.11%，亩产 521 千克，增加 7.2%。

【蔬菜生产】 制定出台《石家庄“菜篮子”工程市长负责制实施方案》及《考核评价方案》，投入财政扶持资金 1500 万元，发展设施蔬菜特别是新型日光温室，加强京石、石德沿线和城郊区域集中生产带建设，加快规模化、设施化、标准化、品牌化发展步伐。全年瓜菜种植面积 244 万亩，较上年增加 5.9%，总产量 1260 万吨，增加 5%，亩产 5164 千克，减少 0.85%，其中设施瓜菜种植面积 98.7 万亩，增加 16.8%，占总面积 40.5%，同比提高 6 个百分点。藁城市、高邑县、无极县、正定县、新乐市、鹿泉市、辛集市、栾城县、晋州市、深泽县、灵寿县、赵县、元氏县等 13 个蔬菜生产重点县（市）共建设万亩示范区 13 个、千亩设施蔬菜示范方 18 个，设施蔬菜面积达到各县（市）蔬菜面积的 45% 以上。省委常委、省农村工作领导小组组长臧胜业对石家庄市蔬菜生产成功经验给予肯定。

【标准良田项目】 按照农业部、省农业厅 2010 年提出“新增千亿斤粮食生产能力项目”安排，石家庄 12 个县（市）被确定为“河北省新增千亿斤粮食生产能力项目”建设县，分别是：藁城市、新乐市、晋州市、辛集市、鹿泉市、无极县、正定县、赵县、行唐县、深泽县、栾城县、元氏县，建设面积 13 万亩，总投资 6500 万元。至 2011 年底，全市建设标准粮田 13 万亩，完成埋设防渗输水管道 63.4 万米，部分管道投入使用；土地平整畦化、地力建设全部完成；机耕路工程完成 41.79 万平方米，部分县进入扫尾阶段。

【都市农业】 制定出台《石家庄市现代都市农业发展规划》，依照规划引领、市场运作、项目支撑原则，筹集财政资金 1075 万元，扶持都市农业园区重点项目 15 个，稳步推进现代都市农业有序、快速发展。至年末，市内各区及组团县（市）在建都市农业项目 29 个。初步建成藁城现代农业观光园、栾城万亩方田生态农业科技观光园、鹿泉紫藤葡萄庄园、桥东区北城高效农业（温室）种植基地生态园、新华区上京生态园、高新区佐美庄园、长安区圣农农业体验观光园和颐菲庄园等一批集高效、生态、安全、观光、休闲、旅游等为一体的现代都市农业示范园区，省会都市农业初具雏形。

【粮食生产高产创建活动】 以列入全省粮食生产核心区和《国家新增 1000 亿斤粮食生产能力规划》13 个粮食生产大县（市）为重点，开展粮食“百千万”高产创建、领导干部高产示范田建设及高产竞赛活动，扩大高产创建活动实施规模，在赵县、藁城市等县（市）实施整县制创建，在栾城县、正定县、新乐市、晋州市、辛集市等县（市）分别选择 1 个乡镇实施整乡制推进，其他县（市）抓好 1 ~ 2 个小麦、玉米高产万亩示范片建设。高产创建活动全面实行“三落实六统一”（落实人员、技术、标牌，统一品种、测土配方施肥、种植形式、肥水管理、病虫防治、农机作业），确保实现优质高产目标。2011 年，全市建立百亩高产攻关田 108 块、千亩展示田 70 块、万亩高产创建示范片 67 个，市县乡三级领导干部示范田达到 387 个，小麦高产示范片（方、田）实现主产乡镇全覆盖。农业部 22 个小麦和 34 个玉米万亩高产创建示范片平均亩产分别为 618 千米和 739 千米，高出全市平均亩产 175 千米和 218 千米。藁城市、赵县、正定县、栾城县、新乐市、无极县 6 个县（市）达到“吨粮县”水平，种植面积 470 多万亩。藁城市高产示范核心区石麦 18 号示范田实打实收亩产 711.5 千克，刷新全省冬小麦单产纪录。

【防灾减灾】 健全农业病虫害防控体系，实施植物保护工程，加强农业有害生物预警，完善应急防控物资储备。加强调度，推进联防联控、统防统治，提高有害生物应急防控和扑灭能力。健全气象防灾减灾体系，完善气象灾害应急预案，加强人工增雨和防雹体系建设，提高监测预警和人工影响天气作业能力。健全防洪保安和抗旱服务体系，提高防洪抗旱能力。推动政策性农业保险，帮助农民减少灾害损失。4 月 1 日，印发《关于进一步做好政策性农业保险的通知》（石政办函〔2011〕29 号），增强农业、农村和农民抵御自然灾害和意外事故风险能力，建立和完善农业保险机制。6月8日，下发《石家庄市农业局关于切实做好小麦病虫害防控工作的紧急通知》，搞好病虫害防控组织领导，有效减轻危害损失。7月20日，出台《关于推进气象为农服务体系建设的实施意见》（石政办函〔2011〕61号），计划用3年时间，在全市建立结构科学、布局合理、功能先进的市、县、乡、村四级农业气象服务体系。全年全市种植业参加保险448.7万亩，其中小麦237.9万亩、玉米210.5万亩、棉花0.3万亩，参险率达到42%，发生灾害21万亩，获得政策性农业保险赔偿960万元。

【专业化统防统治】 推进专业化统防统治，提高农业植保综合能力，保障农业生产、生态和农产品质量安全。5月13日，全省“一喷三防”暨统防统治现场会在石家庄鹿泉市召开，与会代表150人参观石家庄鹿泉市寺家庄镇联民土地托管合作社应用自走式喷雾器、机动喷雾器对小麦“一喷三防”进行统防统治和人工拔除麦田禾本科杂草、野杂麦现场。7月28日，河北省农作物病虫害专业化统防统治工作会议在石家庄平山县驼梁召开，省市农业部门120余人参加会议，此次会上宣读了第一批“全国农作物病虫害专业化统防统治示范组织名单”，“石家庄鹿泉市联民土地托管合作社”入选并授牌，市农业副局长杨锁成作典型发言，“鹿泉市联民土地托管合作社”董事长杜永峰作经验介绍。2011年，全市以推广大型施药机械为重点，大力扶持专业化服务组织，在抓好鹿泉市联民土地托管合作社、栾城县恒丰种植合作社、深泽县旺达种植合作社3个典型样板基础上，将典型样板示范面扩展到高邑县、新乐市、元氏县3个县（市）。至2011年底，全市专业化统防统治面积达到200万亩，高产创建示范田病虫草专业化统防统治率达到100%；购置机动喷雾器1300多台、大型施药机械12台，其中自走式大型喷雾机械发展到63台，并首次在防治麦蚜、小麦白粉病、防干热上使用大型机械，防治效果达到90%以上。

【农业综合执法】 年内，全市3275家农资经营门店、225家农资生产企业，全部建立“两图一卡”农业执法监管制度，实现农资市场执法检查全覆盖。以开展春夏秋冬4次农业综合集中执法整治行动为主，开展农产品“三品一标”、农药与蔬菜质量安全、韭菜等专项治理。2010年10月份至2011年6月份，开展打击侵犯品种权和制售假冒伪劣种子专项行动。2月25日至5月25日，开展农业综合执法春季行动，重点对农资批发市场、专业市场、集散地和农资生产、销售、使用量大的乡镇进行排查，加大大案要案查处力度，提高农业投入品供应质量。6月10日至8月31日，开展农业综合执法夏季行动，以农药监管为重点，对农药产品有效成分、隐性成分、登记证和标签标识实施监督检查，查处生产经营假劣农药、无登记证生产、添加未登记成分、扩大使用范围、一证多用、套证或冒证、标签不符合规定以及肥料产品标有农药功能等违法行为，禁止生产、销售和使用甲胺磷等5种高毒有机磷农药，或含有甲胺磷等5种高毒有机磷成分的复配剂。9月1日至10月31日，开展农业综合执法秋季行动，重点对小麦种子、种衣剂、肥料等农资经营企业和终端销售网点开展拉网式排查，发现问题追根溯源，严厉打击制售假冒伪劣农资行为。11月15日至12月31日，开展农业综合执法冬季行动，重点对冬季蔬菜用药及生产、销售环节进行执法检查，杜绝高毒违禁农药生产、经营、使用行为，确保“元旦”和“春节”农产品供应和质量安全。至2011年底，春夏秋冬4次执法集中行动，出动执法人员13580人次，检查农产品生产、经营单位及农资生产、经营单位12075家（次），责令改正违规违法行为329起，立案393起，实施行政处罚390起，移交司法部门3起，没收违法农资3032.1千克，罚款57万余元。

【农村土地承包经营权流转】 按照“依法、自愿、有偿”原则，引导农村土地承包经营权合理、有序流转。18个农村县（市）区全部成立土地流转服务机构，其中15个农村县（市）区设立土地纠纷仲裁委员会；18个农村县（市）区及69个乡镇统一安装土地流转管理软件；乡级土地流转机构达到212个，占到应建总数的96%。全年签订土地流转合同11万份，流转土地105.8万亩，占家庭承包耕地总面积的13.3%，较上年提高3.95个百分点。通过土地流转，全市

50 亩以上规模经营面积达到 24.2 万亩，较上年增加 11.3 万亩；500 亩以上土地流转大户达到 96 家，流转面积 13.5 万亩，较上年增加 15 家、4.5 万亩。

【农民专业合作社】 制定《石家庄市农民专业合作社规范化建设制度》，开展市级“十佳”示范合作社评选活动，发挥典型样板示范效应，推进农民专业合作社快速、有序、健康发展。经认真筛选、严格审查、科学评议，10 家合作社被市政府命名为“十佳”农民专业合作社示范社，分别是：赞皇县原村土布专业合作社、赞皇县汇川优质核桃专业合作社、辛集市乡友粮食专业合作社、辛集市康肽益养鸡专业合作社、晋州市凤祥养鸡专业合作社、藁城市绿生蔬菜专业合作社、鹿泉市联民土地托管农民专业合作社、高邑县千秋农业专业合作社、灵寿县灵洁食用菌专业合作社、井陉县青牧园红小豆专业合作社。至 2011 年末，全市新增农民专业合作社 700 家，总数达到 3300 家，合作社总数在全省位居第一名；入社农户 12 万户，辐射带动农户 110 万户，约占全市农户总数的 62%。

【农村经济监督管理】 完善农民负担监测网络，扩大网络监测覆盖范围，开展村级收费专项清理整顿活动，杜绝乱摊派乱收费行为，创建农村审计联络员制度，堵塞村集体资金管理漏洞，促进农村经济规范发展。2011 年，市级农民负担监测网络由 5 县市的 50 个村和 500 户扩大到 6 县市的 60 个村和 600 户；培训农村审计人员 1277 人次，审计 3729 个村，审计金额 16 亿元；农村会计持证上岗率达到 91%，农村财务委托代理县(市)达到 13 个，乡镇 130 个，涉及 2513 个村。

【惠农政策】 全年各级财政用于“三农”支出 68.6 亿元，同比增长 37.2%，争取省级以上项目资金 4.5 亿元；新增户用沼气 1.3 万户，推广测土配方施肥面积 1022.5 万亩，落实良种补贴资金 14274 万多元，落实小麦春管抗旱补助资金 1.34 亿元，落实国家和省农机购置补贴资金 8781.95 万元，享受购机补贴农户 8752 户，补贴各类农机具 15197 台。2011 年，全市对种粮农民粮食直补和农资综合直补从 2 月下旬开始，至 3 月 23 日全部结束，共发放补贴资金 7.56 亿元，其中粮食直补资金 1.02 亿元，与上年持平；农资综合直补资金 6.54 亿元，比上年增加 7918 万元，同比增长 11.69%。

【农产品质量安全监管】 开展“百村千户无公害蔬菜标准化示范工程”建设，打造高标准示范基地 20 个。开展无公害基地认定和产品认证，新申报环评认定无公害基地 26 个，新认证无公害农产品 29 个。至年末，全市通过农业部认定无公害基地累计达 119 个，认证无公害农产品累计达 125 个。落实属地政府领导、职能部门监管、市场单位主体三个责任，完善市、县、乡、村四级监管体系，建立健全农产品质量安全监管长效机制。招聘 64 名公益岗位人员在市区各大市场、超市开展驻场抽检，投入财政资金 100 万元，完善市级农产品质量安全监测监管指挥系统，新增市级检测点 20 个，累计达到 77 个，每月上传检测数据 35000 个，年检量较系统建立前增加 1 倍。至 2011 年末，全市检测蔬菜样品 52 万多个，创历史最高纪录；接受农业部例行监测 4 次，蔬菜农残合格率达到 99.6%，较上年提高 0.4 个百分点，比全国平均水平高 2.5 个百分点，位居全国先进水平。

（王凤楼 许瑞忠）

【农业节水】 2011 年，全市农业灌溉用水量为 21.15 亿立方米，占全市用水量的 65.4%，较 2010 年下降 1.8%，较 2006 年下降 3.1%。5 年间农业灌溉用水量在全市用水总量中所占比重逐年下降，主要是受益节水灌溉技术使用和种植结构调整。石家庄市多年平均水资源总量为 21.16 亿立方米，人均、亩均水资源量约为全国平均水平的 1/10 和 1/8，水资源短缺成为制约全市农业农村发展的重要“瓶颈”之一。2009 年起，石家庄市相继实施中低产田改造、高标准农田建设、土地整理、全国新增千亿斤粮食生产能力建设、现代农业水利建设、小农水重点县项目和农业节水等项目，到 2011 年末，全市共发展节水灌溉面积 541 万亩，占到耕地总面积的 62%。同时，依靠市农科院等科研院所，建立生产与科研相结合的科技创新体系，把农田节水关键技术列入重点攻关计划，研究和开发农作物节水品种，组装和集成节水高效配套技术，探索出在确保小麦产量前提下少浇1至2水的优良品种和技术贮备，育成“石家庄8号”、“石麦12号”、“石麦15号”、“石优20”等7个节水型小麦高产品种。2005～2011年，全市范围内推广应用节水型小麦837万亩，累计节水3.42亿立方米，增产2.15亿千克。全市还在设施蔬菜生产过程中广泛推广膜下滴灌、微灌、沟灌三大节水模式，改变大水漫灌旧模式，蔬菜生产实现亩节水300立方米以上。

（温婕　梁旭）

【无极县蔬菜栽培列入全国农业标准化示范区项目】 年内，在国家标准化管理委员会发布的第七批全国农业标准化示范区项目中，无极县蔬菜（黄瓜、韭菜）栽培标准化示范区位列其中，成为全市唯一一个列入第七批全国农业标准化示范区项目。项目执行时间为2011年至2013年。无极县无公害蔬菜基地以七汲镇为主，涉及大陈镇、郭庄镇、郝庄乡、北苏镇、南流乡，是河北省农业厅认证确定的首批无公害蔬菜生产基地。该基地已成立河北春无极农业科技有限公司、无极县绿野种植有限责任公司，注册有“绿风”、“春无极”、“阳初”等商标，建有无极县无公害蔬菜协会，会员9200户。无极县无公害蔬菜基地生产由专业技术人员全程指导，种植户按照无公害蔬菜生产操作规程生产，产地生产条件及生产农产品符合国家标准。示范区涉及40个蔬菜主产村，总面积4.9万亩。

【3县（市）获“全国粮食生产先进单位”称号】 12月26日，国务院在北京召开全国粮食生产表彰奖励大会，对全国200个产粮大县、300名突出贡献农业科技人员、300名种粮售粮大户和100名先进工作者给予表彰。石家庄藁城市、赵县、辛集市3县（市）获“全国粮食生产先进单位”称号。市农科院郭进考、藁城市农业技术推广中心马吉利2人获“全国粮食生产突出贡献农业科技人员”称号，晋州市前祖祥村农民王超获“全国种粮售粮大户”称号，辛集市农业局刘彦涛获“全国粮食生产先进工作者”称号。国务院对全国粮食生产先进单位给予1000万元奖励，先进个人享受全国先进工作者和劳动模范待遇。

（王凤楼　许瑞忠）

畜牧·水产业

【概况】 2011年，市畜牧水产系统以统筹城乡发展为契机，以调结构转方式为主线，以建设现代畜渔业为核心，按照“促发展、保增长，强监管、保安全”总体要求，以良种繁育、疫病防控、质量监测、饲料安全、技术推广五大体系建设为重点，推进畜牧规模化养殖、标准化生产、规范化管理、网络化监管，开创出生产发展与产业转型并进，经济效益与社会效益并重，质量安全与重大疫情双控的良好局面。实施中东西区域协调发展战略，形成特色鲜明、规模适度、优势突出、效益良好的区域布局结构。落实农业产业化扶持政策，建立健全龙头企业贷款担保机制，拓宽融资渠道，提升龙头企业实力和竞争力，推进产业化龙头企业跨越发展。开展“强四化树四风”（制度化、规范化、人文化、整洁化，勇于负责、真抓实干、事争一流、开拓创新）活动，制定完善各类制度、规范551项，汇编成册15本，基本形成全覆盖、无缝隙的制度规范体系。涌现出牧渔风采人物、服务基层标兵、卫生监督标兵、疫病防控标兵、质量监管标兵、规范执法标兵、生产技术标兵、经营销售标兵等八大类80名先进人物和一批先进集体、优秀个人，取得全市优化发展环境第三次民主评议第三名的好成绩。畜牧建设和管理取得成效，国家农业部、省畜牧局多次到奶站拉网式检查，合格率均达到100%；市政府、市畜牧水产局分别在全省现代畜牧业发展工作会和全省深入推进“瘦肉精”专项整治工作会作经验介绍和典型发言；全省奶站视频监控、秸秆青贮等现场会在石家庄召开，推广石家庄的经验和做法；《人民日报》等多家新闻媒体对石家庄市畜牧工作多次进行肯定性报道。2011年，全市争取农业产业化项目资金4190万元，改造升级养殖场（区）148个，建成省级以上标准化示范场73个，其中君乐宝乳业晋升为国家级产业化龙头企业，“君乐宝”被认定为中国驰名商标。至年末，全市肉、蛋、奶总产量首次突破300万吨，分别达到76.2万吨、106.3万吨、119万吨，较上年分别增长1.9%、2.5%、4.5%，畜牧业产值增速达到16.8%，占到农业总产值的41.7%，较上年提高1.7个百分点；水产品总产量3.5万吨，同比增长1.1%，渔业总产值4.4亿元。

【重大动物疫病防控】 组建飞行监测队，成立专项督查组，开展动物疫病强制免疫、动物疫病监测检测、动物防疫条件审核等，强化动物卫生监督管理，推行产地检疫和猪、牛、鸡屠宰检疫规范，实现了“力争不发生、确保不蔓延”的防控目标。6月2～4日，省畜牧业协会、北方牧业杂志社、省动物疫病预防控制中心、今日畜牧兽医编辑部在石家庄市北方大厦联合举办河北省第三届“猪业发展与猪病防控大会”。邀请中国畜牧业协会马闯副秘书长、中国工程院院士陈焕春教授等9名国内知名专家，就中国“十二五”猪业发展规划和2011年市场动态、疫病防控、生猪健康养殖等方面最新资讯和技术进行专题讲座。会上宣布成立河北省生猪体系建设技术创新团队（石家庄入选专家4名），发布河北省猪业安全生产宣言。11月10日，由省畜牧兽医局和石家庄市防治重大动物疫病指挥部主办，市畜牧水产局和辛集市人民政府承办的“河北石家庄（2011）突发重大动物疫情应急演练观摩会”在辛集市举办。全省10个地市400余人参会。观摩会以某养鸡场发生高致病性禽流感疫情为背景，演练疫情报告诊断与先期处置、应急响应与应急处置、终止响应与善后处理三部分内容，检验各级应急响应及疫情处置情况。11月16日，全国动物屠宰检疫（北方片区）观摩会暨河北省动物屠宰检疫技术大比武活动在石家庄晋州市举行，北方15个省、市、自治区动物卫生监督机构和新疆生产建设兵团参加观摩会，通过层层选拔，现场比赛打分，6个优胜单位和33名优胜个人获奖。

开展重大动物疫情应急演练

【畜产品质量安全监管】 以质量安全集中整治行动为抓手，开展“天网”等多项整治行动，查处“瘦肉精”类违禁品，加大大案要案查处，提高违法成本付出，震慑不法分子。建立企业瘦肉精自检室，签订猪源质量安全承诺书，开展生猪瘦肉精自检，落实食品安全主体责任，做到头头出具合格证明。落实产地检疫与质量检测、屠宰检疫与宰前质量检测、市场监管与监督抽检“三同步”和“一证两书”制度，扩大畜品质量安全监测范围，实现了监测无缝隙、全覆盖。启动兽药经营企业GSP（Good Supply Practice良好供应规范）达标活动，推进兽药、饲料企业规范化建设。2011年，市畜牧水产局举办全市生猪定点屠宰企业瘦肉精检测监管工作现场会和“双鸽杯”动物屠宰检疫暨“瘦肉精”检测技术大比武各1次，查处典型案件3起；3月14日，市畜牧水产局公开销毁2010年3月15日至2011年3月14日期间查获的假劣兽药及饲料添加剂21吨。6月2日，市畜牧水产局在新乐市召开全市生猪定点屠宰企业瘦肉精检测监管工作现场会，各县（市）区畜牧（农牧）局局长，农办主任，主管副局长、动物卫生监督所所长、各生猪定点屠宰企业主要负责人和质量负责人等130多人参会，与会人员现场参观了雨润集团新乐市飞腾肉类加工有限公司。6月14日，市畜牧水产局和新乐市畜牧水产局在新乐市公安局、广电局等部门配合下，出动执法人员50多名，捣毁东长寿村一户病死鸡加工黑窝点，无害化处理病死鸡产品近

1吨。同日，市畜牧水产局所属市动物卫生监督所执法人员在市区白佛村发现一肉品加工黑窝点，当场查获尚未加工猪头150千克、已加工猪肝440千克，发现四种食品添加剂（骨香精膏、胭脂红、红曲米粉、亚硝酸钠）并实施异地封存，经长安区政府协调，该案移交长安区质量技术监督分局调查处理。7月初，市畜牧行政综合执法支队实施后续执法检查石家庄市中天华信动物药业有限公司时，发现该企业搬离原生产地点现场有囤积兽药迹象；7月18日，执法支队获知该囤积点正在卸货信息，立即集结人员，控制卸货现场；经过近十个小时调查，查明该囤积点所囤积兽药均来自内蒙古自治区包头市一兽药生产企业，属未取得兽药经营许可证的情况下大量违法销售兽药，存在盗用其他企业兽药批准文号、扩大功能适应症等问题；执法人员依法对该批兽药实施异地扣押，共计70余个品种、1500箱，成为2011年兽药查处品种和数量最多的违法案件。10月20日，由市畜牧水产局主办，市动物卫生监督所承办，市畜产品质量监测中心、晋州市农业畜牧局、晋州市动物卫生监督所和双鸽集团协办的石家庄“双鸽杯”动物屠宰检疫暨“瘦肉精”检测技术大比武在双鸽集团晋州分公司举行，19个代表队、40名队员参赛。比赛活动进行两个项目，即屠宰检疫（100分）及“瘦肉精”检测技术（50分），最终6个代表队获得集体奖，18名个人获得个人奖，其中新乐市代表队获集体一等奖，藁城市、正定县代表队获集体二等奖，赵县、行唐县、栾城县代表队获集体三等奖，郭景辉、贺小云、孙继强获一等奖。至2011年末，全市完成畜产品检测10万批次，其中，市本级完成2.3万批次，检出阳性样品25批次，全部依法查处；在国家农业部例行抽检中，畜产品平均合格率达99.9%，位居全省首位。

动物检疫监督人员在肉品市场执法检查

【生猪良繁体系建设】 2010年12月13日河北省第二届种猪拍卖活动开始筹备，组建种猪评估组，2010年12月28日开始收猪（共121头）。一种方式采用美国全自动种猪生产性能测定30～100千克体重期间平均日增重、饲料效率，采用荷兰动物专用B超测定100千克背膘厚，将3个数据套入指数计算公式，从高到低排序得出前3名；另一种方式是按评估组指数进行排序得出前3名。最终17头种猪获得拍卖权，58头测定成绩优异种猪获得投标出售权。4月27～28日，由省畜牧兽医局主办、省种畜禽质量监测站及省畜牧业协会养猪分会承办的河北省第二届种猪拍卖会在石家庄灵寿县省种猪质量监督检验测试中心举行。省内农业院校及科研院所养猪学专家学者，全省规模养猪企业以及来自全国养猪业相关饲料、兽药、添加剂、器械等生产场家等约600余人参加拍卖会。本届拍卖会拍卖种公猪16头，投标售出种公猪56头。石家庄4头种公猪取得拍卖权，河北双鸽美丹畜牧科技有限公司722号杜洛克种公猪生长指数排名第一，723号杜洛克种公猪生长指数排名第三、评估组指数排名第二，424号长白种公猪生长指数排名第一，423号长白种公猪生长指数排名第三、评估组指数排名第一，占到拍卖总数的23.5%，其中722号杜洛克种公猪以22000元成交价创下河北省第二届种猪拍卖会最高成交价；12头种公猪取得投标出售权，河北双鸽美丹畜牧科技有限公司7头，石家庄双鸽食品有限公司玉村种猪场5头，占到投标竞标总数的20.7%；投标竞标引进种公猪13头。10月15～16日，河北省第三届种猪拍卖会在石家庄灵寿县河北省种畜禽质量监测站种猪质量监督检验测试中心举行。会议期间举办了种猪、兽药、生物制品、养猪器械设备、饲料及饲料添加剂等产品展销活动和中国养猪业报告会，中国农业大学教授杨汉春就养殖户最关注的猪病问题作题为“当前主要猪病的现状与防控”报告，省畜牧兽医局通报河北省生猪良种补贴项目实施情况。此次拍卖会测定全省22家种猪场种猪174头，有测定成绩种猪147头，合格种猪115头，19头种公猪获得拍卖权，77头测定成绩优异的种公猪获得投标出售权；拍卖种公猪17头，头均拍卖价9065元，其中河北双鸽美丹畜牧科技有限公司478号长白种公猪获得拍卖最高价22500元；投标售出种公猪50头，头均售价4160元。石家庄河北双鸽美丹畜牧科技有限公司478号长白种公猪测定成绩第一名、综合评定第二名，768号杜洛克种公猪测定成绩第一名，市牧工商开发总公司原种猪场125号大约克夏种公猪综合评定第一名；21头种公猪取得投标出售权，占到投标竞标总数的27%。

【10项标准通过审定】 6月17日，省质量技术监督局组织开展《发酵床养猪技术规程》省级地方标准审定。省标准审定委员会由省畜牧兽医局、市畜牧水产局和有关单位专家组成。专家组审阅了市质量技术监督局提出，市动物卫生监督所起草的《发酵床养猪技术规程》，认为该项标准选题准确，针对性较强，对规范发酵床养猪技术具有指导意义，一致通过审定。12月14日，市畜牧水产局召开2011年度市级畜牧地方标准审定会。市标准委员会由省、市兽医专家组成，主要审定2011年制定的九项市级地方标准草案。专家逐条逐款论证和审定每项标准的必要性、科学性、可操作性及标准格式、引用文献、规范性等，对各项标准提出具体修改意见，最终九项市级畜牧地方标准通过审定。

【发酵床养猪技术推广】 发酵床养猪是通过垫料和牲畜粪便协同发酵作用，快速转化生粪、尿等养殖废弃物，消除恶臭，抑制害虫、病菌，同时有益微生物菌群将垫料、粪便合成可供牲畜食用的糖类、蛋白质、有机酸、维生素等营养物质，增强牲畜抗病能力，促进牲畜健康生长。发酵床技术是一种效益高、低成本、无污染、零排放、发病率低的有机农业养殖技术。2010年，石家庄市畜牧技术推广站把此项技术列为重点推广的畜牧先进、适用技术之一，派出专门技术人员定期进行巡访和指导。2011年1月4日，省科学技术协会、省畜牧兽医学会在正定县东明养殖有限公司举行低碳环保发酵床养猪示范单位挂牌仪式，2家核心示范场正定县东明养殖有限公司、市牧工商开发总公司清凉山原种猪场被列为低碳环保发酵床养猪示范单位。6月份，《发酵床生态养殖技术示范与推广》项目列入2011年石家庄市重大科研课题计划。至2011年底，正定县、井陉矿区、辛集市建成3家核心示范场，并在藁城市、晋州市、新乐市、辛集市等地开展技术推广，发展到23家。

【生鲜乳品监管】 推行“四统两分”养殖模式，统一饲养、统一防疫、统一配种、统一挤奶，分牛计量、分户核算，提高奶业生产规范化管理。加强奶站视频系统建设，提升监控设备开启率，推进奶站视频监管上档升级。开展拉网式、地毯式检查，查找漏洞，逐条落实整改。5月29日，《人民日报》第5版“新

销毁假劣兽药饲料添加剂

农村周刊”，以“放心奶，从源头开始”为题，全方位跟踪报道了石家庄生鲜乳质量安全保证措施及奶业整顿发展成绩，《人民网》、《第一食品网》、《凤凰网资讯》、《普陀新闻网》、《浙江在线》、《衢州信息港》等数十家网站相继转载。9月14～16日，国家农业部副部长高鸿宾带领农业部兽医局、畜牧业司负责人及中国农业大学专家，到河北省保定市望都县，石家庄元氏县、行唐县养殖场户和加工企业，督查、指导秋季重大动物疫病防控和畜产品质量安全监管，高度评价石家庄市生鲜乳品质量安全监管工作。2011年，市畜牧局中心监控室完成GPS定位和可视对讲系统配备，拉网式检查奶站403家，检查率达到100%。至年末，全市无任何重大生鲜乳质量安全问题。

【开展畜产品质量安全“企业一日行”活动】 6月17日，邀请部分市人大代表、政协委员，市总工会、妇联、团市委、民主党派、街道办事处、市民代表，以及《石家庄日报》、《燕赵晚报》、《燕赵都市报》、《河北青年报》、市电视台、市新闻网6家媒体40多人组成参观团，开展畜产品质量安全“企业一日行”活动。参观团到灵寿县兆江养殖场、行唐县康源奶牛小区、新乐市雨润飞腾肉类加工有限公司参观了生猪养殖、屠宰，奶牛养殖、机械化挤奶全过程以及视频监控、分户留样、检疫检测、档案记录等质量安全措施落实情况，搭建起社会各界、生产企业、监管部门之间相互交流和沟通平台，社会各界对畜产品质量安全得到全面和深刻认识，提振了消费信心。

【畜牧业技术培训】 2月12日，市动物疫病预防控制中心召开飞行采血业务培训会，将飞行抽检与流行病学调查、兽医基础工作检查督导、技术指导科普宣传相结合，学习、讨论和交流了采血过程中自身安全与防护、采血技术等。3月5日，市畜牧兽医学会、市畜牧技术推广站、赞皇县畜牧局、赞皇县扶贫办共同举办养蜂业技术培训班，就蜜蜂春季繁殖标准化管理技术及优化高产技术、病虫害防治技术、普及高产稳产养蜂关键技术、促进蜂业标准化体系建设讲座指导，180余名养蜂农民参加培训。3月27～28日，由国家农业部奶业管理办公室和奶牛产业技术体系联合主办的“金钥匙”工程2011年首期培训班在石家庄开班，来自河北省61个国家标准化奶牛示范场场长、奶牛规模养殖场（小区）负责人、奶业主管部门监管人员和奶牛养殖技术服务人员等200余人参加培训，国家奶牛产业技术体系顾问、研究员肖定汉，研究员朱化彬及体系首席科学家李胜利教授分别就《乳房炎防治的综合技术措施》、《奶牛繁殖障碍病综合控制技术措施》、《降低饲养成本，提高奶牛饲料利用率技术》等内容作讲解和培训，国家奶牛产业技术体系专家还到藁城市、赵县奶牛场（小区）实施了现场指导和交流。4月29日，市畜牧水产局召开奶站视频监控网络系统运行操作培训会，市乳制品加工企业和县（市）区畜牧主管局项目负责人及视频监控操作人员参加，培训会邀请市联通分公司和赛因斯公司专业人士对石家庄市奶站视频监控系统操作运行和日常注意事项讲解和指导，重点讲解了视频监控网络系统基本操作程序、设备管理维护注意事项、生鲜乳收购站监控设备使用问题处理和管理维护注意事项。5月4日，市疫控中心召开动物疫病检测技术培训，邀请北京天之泰生物科技有限公司专家作专题讲座，国家、省、市级动物疫情测报站站长、部分县（市）疫控中心主任和市疫控中心人员等40余人参加，培训主要内容为高致病性猪蓝耳病的流行现状、防控技术及免疫效果评估和酶联免疫吸附试验诊断技术。5月16～22日，省农业厅畜牧兽医行业职业技能鉴定指导站在石家庄市举办畜禽繁殖工、饲养工职业技能鉴定培训班3期，参训人员家畜、家禽繁殖及畜禽饲养理论知识和操作技能提升，考核通过率达到100%。6月1日，市畜牧技术推广站、市畜牧兽医学会联合北京奶牛中心，邀请奶牛营养、育种专家在市北方大厦举办奶牛育种及养殖技术培训会，各县（市）区奶牛良种补贴项目主管局长、科（站）长及奶牛场（小区）负责人、技术人员、配种员等110人参加培训，北京奶牛中心主任乔绿等5人重点针对奶牛繁殖障碍的营养调理及兽医预防措施、奶牛的选种选配、奶牛的人工授精及性控冻精的人工授精技术操作要点等作专题讲座。7月1日，由市畜牧水产局、国家肉牛牦牛产业技术体系石家庄综合试验站联合主办，市畜牧兽医学会承办的养牛技术培训班在市北方大厦举行,来自各县（市）区主管畜牧工作科（站）长、家畜改良站站长、兽医站站长、规模化肉牛养殖场及奶牛养殖场（小区）负责人、技术员、配种员、兽医等125人参加培训，国家肉牛牦牛产业技术体系专家分别就高产奶牛饲养管理关键技术，奶牛及肉牛的营养、兽医、选种选配等饲养管理技术，肉牛生产设施与环境控制，胚胎移植技术在养牛生产中的应用等作讲解。9月15～16日，河北省秸秆青贮现场会在石家庄召开，省内11个地级市主管局长、饲料办主任参加会议，与会人员参观了鹿泉市宏源奶牛养殖场和元氏县恒达牧业有限公司，石家庄市在此次会议上作典型发言。11月29日，市“饲料生产企业现场观摩会”在正定县召开，各县（市）区饲料办主任、部分饲料生产企业主要负责人等100余人参加会议，与会人员到正定县六合兴达饲料有限公司、石家庄扬翔饲料有限公司、石家庄市宏发饲料有限公司考察了饲料生产加工过程，正定县饲料办就饲料企业规范化管理作经验介绍。

【对外交流】 3月7日和9日，河南省焦作市和安阳市考察团分别到石家庄学习奶站建设与管理经验。市畜牧水产局向焦作市、安阳市考察团介绍了市奶牛养殖小区及奶站建设、扶持政策措施、奶站规范化管理、奶站视频监控联网、奶价协调机制等工作经验，焦作市考察团考察了元氏县故城奶牛养殖园区，安阳市考察团考察了正定县金河奶牛养殖示范基地。4月14日，邢台市畜牧水产局到石家庄考察学习，开展对标工作。市畜牧水产局向考察团介绍了创先争优工作开展情况和信息化建设、长效监管机制建设以及重大动物疫病防控、畜产品质量安全、奶站整治、畜牧业发展等亮点。5月17～18日，甘肃省农牧厅、卫生厅、工商局组成联合考察团到石家庄就奶业整治考察学习，考察了正定县金河奶牛养殖基地，深入细致地了解了奶站管理和奶牛养殖技术。8月12日，邯郸市农业局9人到石家庄考察学习兽药GSP建设，考察了4家GSP验收合格兽药经营企业，详细了解了合格GSP企业经营场所、仓库条件、制度建设、兽药监管、人员培训、兽药购销渠道及各种记录等。12月19日，湖北省武汉市畜牧兽医部门到石家庄考察畜牧产业化、重大动物疫病防控、动物卫生监督及畜产品质量安全监管，在石家庄双鸽食品有限公司屠宰和熟肉制品加工车间以及石家庄双鸽美丹畜牧科技有限公司听取了企业生产经营和生猪出栏、屠宰环节“瘦肉精”检测情况介绍，在晋州市听取了动物卫生监督所驻厂屠宰检疫和“瘦肉精”监督抽检情况介绍，详细了解了石家庄市扶持畜牧业发展的政策措施和重大动物疫病防控、动物卫生监督、“瘦肉精”监管监测开展情况。

【动物防疫调研】 9月14～15日，国家农业部副部长高鸿宾到石家庄市元氏县华星兽药门市部、元氏县恒达牧业奶牛养殖园区、行唐县旭利奶牛养殖小区调研生鲜乳质量安全监管、抗生素类兽药经营使用及秋季重大动物疫病防控。11月15日，中国动物疫病预防控制中心主任才学鹏、副主任李明就基层动物防疫到石家庄市栾城县动物卫生监督所冶河分所、柳林屯分所和冶河镇大营村、西留村，柳林屯乡柳林屯村、北十里铺村，栾城县恒源乳业有限公司，栾城县动物疫病预防控制中心（省级动物疫情测报站）和藁城市旭昊畜牧有限公司（奶牛小区）、藁城市动物卫生监督所九门分所、南孟分所调研，详细了解基层站建设、经费保障、人员状况、工作开展、村防疫员补助、疫苗补助、强制免疫、日常防疫、防疫档案和标识等情况；才学鹏对石家庄市基层站标准化建设、村级标准化兽医室建设、规模场标准化兽医室建设、县级动物疫情测报站工作、基层防疫队伍建设、防疫经费保障、基层防疫工作等给予肯定，认为石家庄市基层站建设、标准化兽医室建设和动物防疫走在全国前列。

【休闲渔业】 年内，正定县完成现代渔业观光园项目规划2000亩；平山县占地1800亩的休闲渔庄主体建设基本完工；行唐鱼农生态庄园完成建设150余亩,并开始运行；栾城县乐众渔业生态观光园开始接待游客；鹿泉市投资350万元，硬化、亮化规划建设的“鹿泉市休闲渔业区”道路。至2011年底，全市建成集休闲、垂钓、餐饮、住宿为一体渔庄8个，以鹿泉市、正定县为主市区周边休闲、垂钓渔业庄园建设初具规模。

【3家单位获“河北省良种奶牛培育先进单位”称号】 1月15～16日，由省畜牧兽医局主办、省种畜禽质量监测站承办的2010年度奶牛品种登记和生产性能测定表彰培训会在石家庄召开。唐山市芦台经济开发区天成奶牛场等13个奶牛场，7市11县畜牧主管部门和64名个人获得表彰。石家庄市、鹿泉市、晋州市等畜（农）牧局获得“河北省良种奶牛培育先进单位”称号；石家庄市畜牧技术推广站刘亚男、鹿泉市农牧局赵永会、晋州市农牧局曹增满获得“河北省良种奶牛培育先进个人”称号；晋州市周家庄农牧有限公司雷小英、鹿泉市天成奶牛场白利涛、藁城市冀丰动物营养有限公司吴占军获得“河北省奶牛生产性能测定先进个人”称号。

【10个畜产品获“河北省名牌产品”称号】 1月28日，省质量奖审定委员会、省质量技术监督局以2011年第1号公告形式，公布“河北省名牌产品”等5个省级质量奖奖项，全省有37个畜产品（含饲料产品）获得“河北省名牌产品”称号，其中石家庄市10个畜产品入选，占到27%，在全省11个地级市中位列第一名。

表6　2011年石家庄市畜产品获得“河北省名牌产品”称号一览表

序号	注册商标	产品名称	生产企业
1	蕊源	蜂蜜	赞皇县蕊源蜂业有限公司
2	君乐宝	液体奶	石家庄君乐宝乳业有限公司
3	君乐宝	含乳饮料	石家庄君乐宝乳业有限公司
4	福来氏	生鲜冷却分割肉（猪肉）	河北凯隆达食品有限公司
5	奥开	生鲜冷却分割肉（猪肉）	石家庄双鸽食品有限责任公司
6	华牧	无公害鸡蛋	石家庄华牧牧业有限责任公司
7	康钛益	无公害鸡蛋	辛集市辛绿科技发展有限公司
8	红旅	无公害鸡蛋	河北西柏坡红旅食品有限公司
9	小山庄	无公害鸡蛋	赞皇县天然农产品开发有限公司
10	凯兴	蛋白饲料	石家庄凯兴饲料有限公司

【25家企业获“河北省畜牧业百强优秀企业”称号】 4月25日，省畜牧业协会通知，决定采取企业自愿申报、协会推荐、专家评审、公示公开的方法，在全省畜牧业协会会员范围内开展“河北省畜牧业百强优秀企业”评选活动。经过严格核实、考察、评选程序，最终评选出“河北省畜牧业百强优秀企业”100家。石家庄市有25家企业入选，占到全省的25%。9月29日，首届“河北省畜牧业百强优秀企业”表彰大会在石家庄市北方大厦举行。

表7　2011年石家庄市入选“河北省畜牧业百强优秀企业”一览表

序号	企业名称	企业法人
1	河北宝誉鑫食品有限公司	高思诗
2	河北飞龙家禽育种有限公司	王胜军

（续表）

序号	企业名称	企业法人
3	河北汇融牧业有限公司	魏勇心
4	河北省辛集市鸿安养殖有限公司	张凤坡
5	河北双鸽美丹畜牧科技有限公司	高秋菊
6	河北天丰家禽育种有限公司	杜过灵
7	河北兆江养殖有限公司	张国庆
8	河北中禽鹌鹑良种繁育有限公司	王建强
9	冀丰动物营养科技有限公司	张　峰
10	深泽县金玉良种奶牛繁育中心	田晓培
11	深泽县鑫鑫奶牛场	李恒昌
12	石家庄华牧牧业有限责任公司种禽分公司	张新国
13	石家庄市牧工商开发总公司	王成友
14	石家庄双鸽食品有限责任公司	高秋菊
15	石家庄水木生猪养殖基地	刘书军
16	石家庄天健畜牧有限责任公司	王志民
17	石家庄天泉良种奶牛有限公司	余文莉
18	石家庄新奥牧业有限公司	李书增
19	石家庄修远牧业有限公司	李入行
20	石家庄雨凡养殖有限公司	杨雨凡
21	石家庄赞皇县蕊源蜂业有限公司	陈秀英
22	石家庄中山牧业有限公司	聂春生
23	辛集市百旺牧业有限公司	史朝辉
24	赞皇县得亿种羊养殖场	时金祥
25	赞皇县天然农产品开发有限公司	梁变金

【行政执法】 10月份，河北省开展农业行政处罚案卷评查活动，“石家庄利德尔动物药业有限公司生产假兽药案”获评农业行政处罚优秀案卷，该案卷是参评案卷中唯一畜牧兽医类案卷。12月16日，举办全市畜牧行政执法骨干培训班，市畜牧行政综合执法支队和各县（市）区畜牧行政执法骨干近100人参加培训，采用法规宣讲、难点释疑、以案说法等形式，讲解畜牧行政执法程序、执法技巧、文书使用规范，并印发行政执法文书标准模板。至2011年底，全市各县（市）区成立农业（畜牧）行政综合执法大队12个；畜牧部门查处案件118起，移送涉嫌犯罪案件3起；动物卫生监督机构查处案件435起。

（王荣申　黄滨　李跃　戴建卫　尚琪　尹华丁　刘小静　贺小云）

林　业

【概况】 2011年，市林业系统以创建“国家森林城市”为核心，突出抓好西山生态观光园区、滹沱河城市森林公园、滹沱河百里绿色长廊、太行山绿化、退耕还林绿化、万树进村绿化、封山育林示范工程、京港澳高速公路绿色通道建设、酸枣接大枣等九大生态工程，开展全民义务植树活动，加快核桃、大枣、梨果等特色优势产业发展，推广果品无公害生产技术，加强果品安全生产管理，完善果品质检体系建设，编制林地保护规划，抓好森林资源保护，保证林业生态安全，推动林业整体发展。全年投入林业建设资金3.2亿元，比上年增长19.7%。其中，中央财政投资1.18亿元，省级财政资金2887万元，市级财政资金7396万元，县级财政资金9981万元。按用途分：生态建设资金2.02亿元（退耕还林8300万元、太行山绿化2900万元），森林抚育142万元，森林防火687万元，林业有害生物防治958万元，生态效益补助901万元，科技教育320万元，经济林等林业产业1602万元，财政事业费6502万元。完成人工造林24.1万亩，封山育林12.9万亩，“四旁”植树1602万株，中幼林抚育68.2万亩，花卉种植面积3.66万亩，干鲜果品产量223万吨，木材产量3.8万立方米，人造板产量98万立方米，森林和林业休闲旅游176万人次。林业产值81.1亿元，比上年提高11.3%，初步形成产、加、销、售后服务等系列化产业链条。受林业生产和人造板结构调整及价格提升等因素影响，果品生产、造林、花卉、人造板等行业产值有较大增长。其中，造林产值1.8亿元，比上年增长0.5亿元；果品产值52.4亿元，较上年增长6.26亿元；花卉产值2.6亿元，较上年增长0.4亿元；人造板产值10.8亿元，较上年增长2.2亿元。按行业分：林木培育种植45156万元，木材采伐2440万元，果品种植524067万元，花卉种植26218万元，野生动植物驯养繁殖540万元，果品加工24190万元，人造板108072万元，木质家具和木制品10878万元，木材加工1428万元，森林旅游与休闲产业11684万元，林业生态服务（城市林业）11389万元。

【造林绿化】 按照河北省每年新增森林覆盖率一个百分点要求，突出抓好西山生态观光园建设、万树进村、太行山绿化、退耕还林、大西柏坡绿化等生态绿化工程建设，完成造林绿化面积37.01万亩，同比增加38%。其中，人工造林24.1万亩，同比增加99.3%；新封山育林12.9万亩，同比减少18.35%；“四旁”植树1602万株，与上年基本持平。按工程项目类别分：太行山绿化工程完成人工造林3.6万亩，封山育林新封2.3万亩；退耕还林工程完成荒山荒地造林1.4万亩，封山育林新封2.2万亩，当年兑现粮食补助资金3488万元，兑现生活补助844万元，巩固成果资金3436万元，有12.6万户农民在退耕还林工程中受益；万树进村绿化工程完成植树500万株，新增绿化面积2.8万亩；百万亩封山育林示范工程以“封山”、“禁牧”为主题，带动200万亩市级封山育林示范工程，年末全市850万亩山场全部封禁。

【果树生产】 各地种植核桃积极性持续高涨，核桃种植区域从最初的平山县、赞皇县、井陉县、元氏县、鹿泉市、行唐县等山区县扩大到东部平原各县，成为植树造林的主要树种，许多地方整村、整乡发展核桃种植。2011年，赞皇县张楞、龙门两乡8个村万亩核桃基地新增集中连片种植面积1.146万亩，每个工程区面积最小300亩，其中新增500～3000亩集中连片区7片；元氏县北褚乡吴村连片造林2000余亩，实现耕地核桃化100%。至年底，全市核桃种植67.8万亩，较上年增加8.4万亩，同比增长12.4%，产量达到3.2万吨，同比增长19%，成为石家庄市继梨、枣之后第三大果品产业。深泽县万亩葡萄基地、行唐全国苹果产业体系“三优栽培”实验基地、赞皇鲜食枣设施栽培法、赵县梨矮化栽培法均取得成效。市财政投资30万元，重点扶持元氏县

栽植优质苹果

西岭核桃专业技术合作社、行唐县安太庄苹果种植专业合作社等10个代表性和示范带动性强的现代果业示范园区，开展提质增效，推动林果产业发展。2011年，全市干鲜果品种植面积332万亩，较上年增加9万亩，果品产量223万吨，同比增长4.2%，其中大枣产量24.7万吨，同比增长53.2%，大枣普遍增产，产量成倍增长。

【花卉产业】 按照一村一品、连片发展、规模化生产思路，发展花卉苗木产业，调整种植结构，促进农民持续增收。玉村仙客来，藁城观赏苗木，高邑、栾城鲜切花和绿化苗木，栾城草坪等花卉生产地域特色初现，示范带动作用逐渐增强。藁城市南董镇南洼村花卉苗木种植,形成以南洼、北高庄为中心（含花木购销及园林工程公司42家），占地1.1万亩的花木基地，辐射带动周边30余个村、2万多农户致富。2011年，全市花卉和观赏苗木种植面积3.7万亩，较上年增加7.7%；年产鲜切花854万只，盆花969万盆，观赏苗木881万株，草坪768万平方米；建立花卉市场55个，花卉从业人员1.4万人，花卉产业总值2.6亿元。10月18日，石家庄西三教花卉市场举行13周年庆典和新址开业仪式，新址位于老市场西2千米、南二环和石铜路交叉口附近，采用钢结构建设,总投资2000万元。12月26日，由省林业局、省花卉协会、市林业局、市花卉协会联合主办、市植物园花卉市场承办的“第七届河北省仙客来交易会暨2012年迎春花展”在石家庄市植物园花卉市场开幕，此次交易会自2011年12月26日至2012年1月22日，为期27天，展厅面积2000平方米，河北省15家仙客来生产企业参加会展，参展品种50余个。经过专家评审，定州市绿农花卉公司、张家口市农科院园林花卉研究所、霸州市桑源花木有限公司等三家仙客来种植企业获“第七届河北省仙客来展销交易会金奖”。

【全民义务植树活动】 3月12日，省委常委、市委书记孙瑞彬，市长艾文礼以及市人大、政协班子领导和市直机关干部职工、驻石部队官兵2500余人到鹿泉市西山省会义务植树基地参加义务植树活动。3月16日和3月19日，省领导张云川、陈全国、付志方、刘德旺、刘永瑞、孙瑞彬、景春华、柳宝全、侯志奎、马兰翠、张杰辉、沈小平、赵文鹤、段惠军、丛斌、孔小均、王刚等，与省会各界干部群众3000余人，到西柏坡参加义务植树活动，种下侧柏、火炬、刺槐、速生杨等2万余株。3月19日，原海军副政委冷宽中将、原空军工程大学副校长黄万荣少将、原二炮某基地政委熊元吉少将、原军械工程学院副院长黄金元少将、原空军导弹学院政治部主任李王炳少将、原总政纪检部副部长王东发少将到晋州市参加“将军林”植树活动。植树节期间，省会党政机关、驻军及各界干部群众约3万人分别到鹿泉市西山生态观光园区、小壁林区和滹沱河林区参加义务植树活动，植树10万余株。2011年,各县(市)区开展了不同形式的植树活动。井陉县实施“一川、一河、一城、一路、两翼、四带”绿化工程,植树节期间，县四大班子及17个乡镇、77个县直部门全部投入到植树活动，发动范围广、建设标准高；高邑县开展“春季造林大会战”活动，植树38万株。年内按照市委、市政府决策部署和西山生态园建设规划，设立省会全民义务植树基地，面积5000亩，位于西山生态观光园内，建设资金主要来源省直100个机关、大中型企业和社会团体直接投资或捐资。到2011年底，有近80个单位（企业）或团体直接参与或委托造林公司实施造林建设，完成植树33万株。至2011年底，全市城乡应参加义务植树公民552.3万人，实际参加478万人，尽责率86.5%；完成义务植树1300万株，人均2.7株；建立义务植树基地168处，面积20500亩。

【西山生态观光园】 1月4日，市政府第四十六次常务会议原则通过《关于建设西山生态观光园的实施方案》，对市区可视范围内西山区域实施绿化美化，项目总投资3亿元，规划总面积5万亩，人工植树250万株，封山育林2.5万亩。工程实施时间为2011年3月至2012年11月，2011年完成主体部分(80%)，2012年完善提高。该项目坚持生态优先、适地适树为基础，通过乔、灌、藤合理搭配，林、果、花互补，达到实现“春季山花烂漫、夏季绿树成荫、秋季硕果累累、冬季郁郁葱葱”的西山美景，把西山打造成集生态、旅游、休闲、观光于一体的生态观光园。2011 年 3 月份施工开始，市财政投资 3000 万元，重点用于 3000 亩核心区工程建设。核心区采取招投标形式，由具有园林绿化资质的专业公司承担施工任务。其余采取义务植树或农民投资投劳形式完成。至 2011 年底，西山生态观光园栽植各类树木 100 万株。其中，核心区造林 3329 亩，农民自建经济林 1 万亩，封山育林 2.5 万亩，义务植树 33 万株。

【大西柏坡造林绿化工程】 3 月份，省林业局和市政府联合编制《大西柏坡造林绿化工程规划》，计划利用 2 年时间完成“大西柏坡”造林绿化工程。项目区位于平山县中西部，涉及 6 个乡镇，42 个行政村，总人口 35.4 万人。主要造林工程区环绕岗南水库周围，高速公路绿化主要是道路两侧交通绿化范围外各 50 米。造林绿化面积 6.5 万亩，其中，以核桃为主经济防护林 5700 亩，以侧柏、杨树为主生态景观林 5.93 万亩。规划建设期限 2011 年 3 月至 2012 年 9 月。工程分两期完成，一期工程造林 3.28 万亩，其中西柏坡周围造林绿化 2.83 万亩，西柏坡高速公路两侧造林绿化 4500 亩，2011 年 6 月底前完成；二期工程造林 3.22 万亩，其中人工造林 6200 亩，封造结合 2.6 万亩，2012 年 9 月底前完成。工程完成后，项目区森林覆盖率由 25% 提高到 71%。至 2011 年底，一期工程任务完成，绿化造林 3.28 万亩，栽植各类树木 340 万株。

【国有林场危旧房改造】 根据国家林业局总体规划，石家庄市平山县前大地、灵寿县漫山、井陉县南寺掌、井陉县辛庄、赞皇县虎寨口等 5 个国有林场危旧房改造项目列入规划范围，涉及职工 225 户，计划改造面积 21550 公顷。2011 年，市国有林场危旧房改造全面启动，新增 28 户，其中平山县前大地林场 15 户，改造面积 1138.5 平方米，井陉县南寺掌林场 13 户，改造面积 909 平方米，至 5 月底全部开工建设，建设方式为职工自行维修加固、新建或购置新房。2011 年新增 28 户全部完成施工建设，除 3 户购置新房未交付使用外，其他 25 户均交付使用。另有井陉县辛庄林场 16 户竣工交付使用；赞皇县虎寨口林场 28 户竣工，尚未交付使用；灵寿县漫山林场 2 栋住宅楼竣工，其余 2 栋完成基础施工，处于地面施工建设中。至 2011 年底，市国有林场危旧房改造有 4 家任务完成，为平山县前大地、井陉县南寺掌、井陉县辛庄、赞皇县虎寨口；危旧房改造竣工 72 户，交付使用 41 户；1 家改造任务完成过半，为灵寿县漫山林场。

【森林资源管理】 按照“一法、一条例、一办法”要求，规范审核发证程序，建立采伐公示制度，扩大群众监督参与度，增加采伐审批透明度。2011 年，全市发放林木采伐证 450 份，采伐林木 31200 立方米，占森林采伐年度限额 51867 立方米的 60%，未出现超额采伐问题；3.2 万亩中幼林抚育和 5000 亩森林经营试点任务完成，顺利通过国家和省林业局检查验收；保护国家和省级生态公益林 103 万亩，发放森林生态效益补偿基金 900 万元；配合省林业局编制完成《全省林地保护利用规划》，推进林地保护利用；开展“爱鸟周”三十周年宣传教育、非法经营销售野生动物执法检查以及高尔夫球场清理整顿，救助环颈雉、猫头鹰、貉等野生动物 40 余只。2 月 25 日，平山县高山寨森林公园通过省级森林公园评审（面积 10.4 平方千米），年末全市省级森林公园达到 9 个（南寺掌、西柏坡、棋盘山、藏龙山、沕沕水、海山岭、封龙山、洞阳坡、高山寨），国家级森林公园 3 个（仙台山、五岳寨、驼梁山）。3 月 10 日，经省政府批准井陉县南寺掌正式成为省级自然保护区（面积 3058.4 公顷），年末全市野生动植物自然保护区达到 4 个（平山县驼梁自然保护区、灵寿县漫山自然保护区、赞皇县嶂石岩自然保护区、井陉县南寺掌自然保护区），保护区面积 60171 公顷，比上年增加 5.3%，其中国家级自然保护区 1 个（平山县驼梁自然保护区）。2011 年，全市接待森林旅游和林业休闲旅游 176 万人次，比上年增加 21%，实现旅游收入 1.17 亿元，比上年增加 12%，直接带动其他产业增值 1.07 亿元。

（乔建勇）

【新增 1 家省级自然保护区】 2011 年年初，南寺掌省级自然保护区顺利通过省级专家评审。至此，石家庄市在原有嶂石岩省级自然保护区、驼梁山省级自然保护区和五岳寨省级自然保护区 3

家基础上增加到4家。南寺掌省级自然保护区是在井陉县南寺掌国有林场和南寺掌省级森林公园基础上建设，地处太行山中段，总面积30.59平方千米，属森林生态系统类型自然保护区，以碧湖、茂林、奇峰“三绝”闻名，景区内各类植物达330余种，为中、低山和河谷地貌形态，保持了较为原始状态的次生林森林生态系统。

（赵靖）

【森林防火】 建立森林防火工作各级政府行政首长负责制，加强对森林防火组织领导，采取部门包干、区域联防、重点设防等形式，落实护林防火管控措施。通过张贴布告、电视台公益广告、手机短信服务等形式，开展全民防火意识教育。1月份，投资40万元首次引进便携式森林防火卫星应急通信系统，实现一体化协调运作，统一调配人力、物力和快速灭火；3月29日，市森林防火现场调度会在井陉县举行，重点安排和部署清明节期间森林防火；4月16日，市委、市政府召开山区8县党政主要负责人参加的全市森林防火工作紧急调度会，就安全防火特别是森林防火开展再安排、再部署；4月18日，省政府发布《关于森林草原封山防火的公告》，决定在非常时期采取非常之举，实行封山禁火，同日，石家庄市召开森林草原防火和消防安全工作电话会议，决定自即日起至5月31日，所有山场分级实施封山防火；4月19日，省委常委、纪委书记臧胜业带领省委、省政府防火督导组到石家庄督导、调研森林防火工作；5月4日，河北省召开森林草原防火工作紧急电视电话会议，会后，石家庄市就落实全省电视电话会议精神，安排、部署森林防火；10月13日，石家庄市召开森林防火工作会议，贯彻落实省政府《关于进一步加强森林草原防火工作的意见》和全省秋冬季森林防火工作会议精神，此次会议上，市政府同赞皇县等8个森林防火重点山区县和区签订2012年森林防火目标责任状。2011年，市财政投入防火经费400余万元，各级财政投入防火经费1500多万元，重点用于森林防火基础设施更新和防火物资储备库建设。驼梁、五岳寨、苍岩山、嶂石岩4个景区公路两侧新建护林防火护栏77.5千米，设立固定宣传碑牌158块；市森林火灾扑救应急大队和县级专业扑火队达到1080人，其中市应急大队350人，8个县级专业扑火队730人；出动执法检查14493人次，查处野外违法用火行政案件271起，刑事案件2起，治安拘留169人，刑事拘留2人。至年末，全市森林防火实现“确保森林受害面积小于0.3‰，确保不发生重大森林火灾，无人员伤亡”和“力争不发生，确保不成灾”目标。

（乔建勇 郄英杰 温婕 刘娴）

【有害生物防治】 按照“预防为主、科学防控、依法治理、促进健康”的方针，突出抓好重点区域、重大危险性、突发性、常发性林业有害生物防治，推广生物、物理、仿生、植物源药剂、天敌等先进防治技术，提高无公害防治率。2011年，重点开展美国白蛾、春尺蠖、红脂大小蠹、油松毛虫、杨扇舟蛾等主要病虫害调查监测、预报和防控。4月中旬，在越冬代美国白蛾成虫羽化关键期，开展人工捕杀成虫活动，捕杀美国白蛾成虫400余万头；4月27日至5月16日，在杨扇舟蛾、杨小舟蛾幼虫危害和美国白蛾孵化关键期，租用2驾农用飞机，对京港澳、石黄、京昆高速公路、石闫公路绿化带及滹沱河、磁河、木刀沟等防护林实施飞机防治作业，主要是喷施灭幼脲3号等生物制剂农药，完成飞机防治作业40架次，防治面积12万亩；6月下旬，在正定县、新乐市、行唐县、灵寿县、鹿泉市、深泽县、长安区、桥东区、新华区等美国白蛾发生区释放周氏啮小蜂2亿只防治美国白蛾，释放面积1.2万亩；11月29日，省林业局受省政府委托与市政府签订2011～2013年松材线虫病、美国白蛾等重大林业有害生物防控目标责任书。至2011年末，全市主要病虫害发生面积89万亩，没有出现大疫情灾害，属于正常偏重发生年份，其中美国白蛾发生面积9.10万亩，涉及14个县（市）区，83个乡镇（街道办），592个疫点村（街道、居民小区），属发生较轻年份；各类林业有害生物防治面积95.39万亩，防治率达100%，无公害防治率达92.1%，监测覆盖率达100%，测报准确率达93.48%，无成灾面积，成灾率为0‰，种苗产地检疫率为98.4%。

【果品安全监管】 2011年，全市新增果品储藏企业8家（气调库5家），新增储藏能力2096吨；新增专业合作社27个，农民经济人151人。至年末，全市有储藏库2096家（气调库26家），果品加工企业213家，果品销售服务企业707家（出口企业27家、内销企业680家），批发市场达到42个，专业合作组织和协会384个，会员5万人，农民经济人1.9万人。2011年春节、“人大和政协两会”、“五一”、“5·12防灾减灾日”等时期，开展《农产品质量安全法》和《食品安全法》宣传；8月1～31日，以“倡导绿色果品，享受健康生活”为主题，开展“果品质量安全宣传月”活动。按照“突出重点区域、重点企业、重点市场、重点果品”原则，开展果品质量安全检验检测，加强果品质量安全监控。建立果品质量安全监管信息系统，市本级在市果品质量安全检测中心设立中心监控室，各县（市）区在重点果园、果品企业、果品市场建立监测点，通过网络连接起市－县－监测点以及终端监测设备，实现了自动监测、实时上报。3月1日，市果品质量安全监管信息系统开通运行。至2011年底，全市完成定性、定量检测8000余个，抽检合格率达到99%。

【首届中国核桃节3个品种获奖】 9月9～11日，由国家林业局和河北省人民政府共同举办的首届中国核桃节在河北省邢台市举行，主题为“高标准建设、产业化发展”。全国政协副主席罗富和、国家林业局副局长张永利、39个省市林业厅局和全国重点核桃产业区县市及林业局、全国核桃产业相关企业协会大专院校科研机构专家和客商，约1700人参加此届核桃节。全国19个省、直辖市、自治区核桃主产区277家企业参加展示展销活动，产品有核桃坚果、核桃仁、核桃油、核桃饮料以及胶囊、粉、片、酒、工艺品等相关产品504种，参展客商800人。首届核桃节组委会对参展产品进行评奖，评出金奖18个、银奖32个、优秀奖65个。石家庄有3个品种获奖，其中平山县“辽宁1号”核桃获得金奖，元氏县西岭核桃专业合作社“西嶺牌辽7”核桃、赞皇县“赞美”核桃获得银奖。

（乔建勇）

水 务

【概况】 2011年，全市平均降水量554.8毫米，比多年平均值538.3毫米偏多16.5毫米，属平水年份。全市水资源总量19.60亿立方米，比多年平均值21.16亿立方米减少1.56亿立方米。全市用水量32.31亿立方米，供需缺口达12.71亿立方米，较2010年减少4.21亿立方米，供需缺口仍然较大。农业生产仍是用水大头。2011年全市总用水量32.31亿立方米，其中农田灌溉用水量21.15亿立方米，占65.4%；工业用水量3.16亿立方米，占9.8%；居民生活用水量2.98亿立方米，占9.2%；林牧渔畜用水量2.51亿立方米，占7.8%；城镇公共用水量0.926亿立方米，占2.9%；生态与环境用水量1.59亿立方米，占4.9%。综合比较，农业用水量为23.65亿立方米，占73.2%，仍是全市水资源使用大头。平原区地下水位下降趋缓。2011年，全市平原区地下水平均埋深36.43米，较2010年同期地下水位下降0.71米，下降速率趋缓。2011年，市区、灵寿、赵县、赞皇等地区地下水位略有回升。主要水库水质良好。2011年，全市4座大中型水库水质均在Ⅲ类以上。其中，岗南水库水质较好，监测水质全年保持在Ⅰ－Ⅱ类之间，满足各种用途的水质要求；黄壁庄水库水质除10月份因高锰酸盐指数评价为Ⅲ类外，其余月份均为Ⅰ－Ⅱ类，全年水质处于良好状态；横山岭水库除4月份高锰酸盐指数超标外，其余月份水质均为Ⅱ类；口头水库全年水质均处于Ⅱ－Ⅲ类之间。年内全市完成水库维修加固10座，整治河道20.1千米，治理水土流失面积173平方千米，解决农村40万人的饮水安全问题；发展节水灌溉面积30万亩，滹沱河综合整治工程16千米河道全线具备蓄水条件，形成水面面积900万平方米。2011年，滹沱河指挥部办公室受到河北省通报表彰，被授予“工人先锋号”称号；

参加2011年度河北省农田水利基本建设“海河杯”竞赛，石家庄赞皇县、藁城市获得二等奖。

【农田水利建设】　开展农村饮水安全、节水灌溉、灌区工程、水土保持、小型农田水利、防洪保安与抗旱水源等工程建设，通过政策引导、项目带动、小水改制等方式，调动社会各界投入农田水利建设，完成投资11.8亿元，其中省级以上财政投入4.8亿元，市级财政投入0.4亿元，县级财政投入0.8亿元；推行“一事一议”、市场运作等筹资筹劳方式，筹资筹劳约5.8亿元；投工428万个，完成工程量1113万立方米，新建、维修各类小型水源工程984项，新打机井5523眼，修旧井5407眼；藁城市、栾城县、辛集市、晋州市、行唐县、无极县6个小农田水利建设重点县项目和灵寿县、正定县、赞皇县、辛集市4个新增农资补贴水利项目全部竣工，完成投资12.6亿元，改善灌溉面积40.6万亩。

【节水型社会建设】　推进农业、工业、生活节水型社会试点建设，石家庄钢铁集团等7家高耗水企业水平衡测试完成，桥东污水处理厂再生水利用工程开工，全市城区工业用水重复利用率达到96.5%；实施绵河、冶河、槐南等灌区续建配套与节水改造，完成田间渠道防渗237千米，新增恢复改善灌溉面积118万亩；投资1.26亿元，完成高邑县农村节水示范项目及藁城市邱头镇等4个农业节水示范项目，发展节水灌溉面积30万亩；水榭花都等生活小区中水回用、雨水收集工程完成。

【水利项目建设】　寻找与国家水利投资政策结合点，逐项对接，积极争取中央财政水利项目资金。研究通过《水利发展“十二五”规划》，构建水利重点建设项目库，储备水利项目集群17类，总投资300多亿元。开展项目工程可行性研究，完成病险水库除险加固、中小河流治理、水土保持、灌区节水改造、饮水安全等80多个单项工程可研报告和初步设计，并通过专家审查。全年全市有50个水利建设项目列入国家、省水利建设规划盘子，累计争取资金17亿元。下发《石家庄市水利项目建设资金筹集管理办法》等文件，推进各项水利工程建设。2011年，南水北调邯石段(65.8千米）主干渠征迁安置基本完成，工程建设全面展开，南水北调配套工程《水厂以上供水管道可研报告》上报省南水北调办公室待批，《水厂及以下配水管网工程可研报告》（初稿）完成，正在征求意见，工程筹资、建设方案及水资源优化配置等工作有序展开；农村供水工程完成投资2亿元，建设供水工程221处，312个村40万人饮水安全问题得到有效解决；市区水表出户改造工程完成户表改造20860户，进点施工20980户。

【防汛抗旱】　立足防大汛、抗大旱，及早调整充实各级防汛组织，落实各项防汛责任制，修订和完善各类防洪预案，举办防汛知识培训班和抢险救灾、避险转移演练。针对市域内秋冬春季连续出现旱情，及时下拨抗旱资金3880万元，准确发布旱情信息和灌溉预报，派遣抗旱服务小分队58队次，指导群众适时灌溉、科学灌溉。加强水源统一调度和配置，采取蓄、引、提、调等措施，浇地1787万亩次。分析和研究汛情、水情、雨情，科学利用雨洪资源，在确保安全前提下，储备抗旱水源。全年全市大中型水库蓄水9.93亿立方米，比上年同期多蓄水1.2亿立方米。

【水保生态与环境建设】　滹沱河综合整治工程建设完成投资10亿元。7月1日，市区段16千米全线具备蓄水条件，形成水面900万平方米，建成绿地面积1.07平方千米；旅游景观路11.6千米全线通车；建成滹沱河防洪大堤13.4千米，集防洪、生态、景观于一体的综合整治工程初具规模。水土保持生态环境建设以国家水保重点工程为依托，以小流域为单元，开展坡改梯工程、水源地水保、城镇水保等工作；建设清洁型小流域，治理水土流失面积173平方千米。推进水电新农村电气化县建设，土贤庄等7座水电站建设有序开展，其中，井陉县张河湾水电站机组完成并网发电（试运行）；平山县、井陉县、灵寿县水电农村电气化县建设通过省政府验收；全年全市小水电站发电5660万千瓦时。

（徐长江）

【张河湾水电站建成发电】　11月份，井陉县张河湾水电站建成，开始并网发电。张河湾水电站位于井陉县甘陶河张河湾水库坝后，为张河湾水库配套工程。该站于2009年9月动工，装机容量640千瓦，年平均发电量255万度，由张河湾水库管理处利用国家投资和自筹资金建设，已通过省水利厅机组启动验收，进入试运行阶段。该电站开发方式为坝后式，主要利用西跃渠灌溉引水发电，经过第一次发电后渠水沿西跃渠引入景庄水电站进行二次发电，最后流入引甘济绵渠，实现了一水多用。

（梁旭）

【河北省城市水环境建设与管理高层论坛在石家庄开幕】 11月27日，河北省城市水环境建设与管理高层论坛石家庄市开幕。本次论坛由全球水伙伴（中国河北）、河北省老科协水利分会、石家庄市水务局主办。本次论坛旨在通过听取专家学术报告、交流代表学术论文等多种形式，共同总结河北省城市水环境建设和管理经验，查找出当前存在的主要问题及产生的原因，探讨解决问题的途径，为各级政府和水行政主管部门建言献策。全球水伙伴中国委员会常务副主席董哲仁和中国水科院水环境专家刘树坤分别作了题为《城市河流的自然化》及《城市河流与城市发展》的学术报告，参加论坛的代表考察了石家庄市滹沱河、太平河水系。

（温婕）

【水务管理】 制定和完善管理制度，开展水源地水质监测，严格取水许可监管和水资源管理。建设完成横山岭水库水质自动在线监测系统。定期发布岗南、黄壁庄水库等水源地水质监测报告。关停市区自备井95眼，非农户用取水计量设施一级安装率超过95%。完成电力、化工等行业水资源论证6项，查处违法案件10余起。《节水型社会建设"十二五"规划》上报审批；5月1日，《石家庄市水资源管理条例》颁布实施；11月23日，《石家庄市人民政府关于实行最严格水资源管理制度的意见》颁布实施。维护水事秩序，加大执法，成立水务治安办公室。完善河道防洪、采砂规划，加强河道日常监管，打击河道内非法采沙、乱倒垃圾等行为，审查市级涉河项目6项；

（徐长江）

农业机械

【概况】 2011年，市农机系统以农民增收和新农村建设为中心，大力推广农机新技术、新机具，开拓农机作业市场，开展农机社会化服务，保证了小麦收获作业顺利完成。全市农机购机补贴政策全面落实；普遍检修农机具1次，培训机手57000人次；主要农作物耕种、收机械化水平达到78.2%；农作物秸秆综合利用率达到95%；农机跨区作业4300台次，完成作业面积280万亩，为农民增加收入1.4亿多元；玉米联合收获技术、玉米秸秆青贮技术及小麦秸秆打捆技术、土地深松技术推广应用加快，全年玉米联合收获210万亩，较上年增加38万亩，增长22.09%；玉米机收率达到40.9%，增长7.6个百分点；玉米秸秆青贮、微贮312万吨，较上年增加3万吨，玉米秸秆饲料利用率达到48%，较上年提高1.7个百分点；土地深松126万亩，占到小麦播种面积的22.1%。到2011年底，全市拥有农业机械总动力1977万千瓦，较上年增加17.27万千瓦，增长0.88%，主要农业机械拖拉机20万台（大中拖2.85万台，增长12.5%），联合收获机械2.03万台（其中玉米联合收获机0.26万台，增长13.04%），较上年增加0.09万台，增长4.64%；全年机耕面积48.4万公顷，同比减少9.45%，机播面积66.94万公顷，同比增长0.72%，机收面积48.95万公顷，同比增长4.46%。

【农机服务】 发挥农机维修网点作用，调动收割机专业修理厂家和专项维修点的积极性，搞好农机具作业前检修。抽调技术人员组成农机维修队，送技术到田间、地头和农户，现场讲解维修过程中出现的疑难问题，保证农机具以良好技术状态投入作业。采取集中培训和进村培训的形式，灵活运用电化教学和实物教学等手段，培训各类农机人员5.7万人次。坚持网点供应和送货下乡两种渠道，加强产品"三包"

服务和农机配件供应服务。设立“农机加油绿色通道”，做好柴油调配和供应，满足了作业用油需要。设立调度指挥中心，抓好农机具协调调度。结成互助对子，落实“调余补缺”措施。开通服务热线，坚持24小时值班。执行县（市）区定时汇报制度，每天上报夏秋作业进度、机具余缺及安全生产情况，上午、下午各上报2次，出现问题随时解决。“三夏”期间出动各类农机具16万台（套），其中投入小麦联合收获机1.81万台（本地1.7万台，引进外地1100台），完成小麦联合收获554万亩，占小麦种植面积的97.1%，与上年持平；投入玉米免耕播种机1.5万台，完成玉米铁茬播种402万亩，占玉米播种面积的82%，创下历史最高水平。“三秋”作业投入机具20万台(套)，其中玉米联合收获机械3100余台、深松机具1869台、大中拖1.7万台、小拖12.3万台、秸秆还田机1.4万台、小麦播种机1.5万台、旋耕机1.4万台，完成玉米联合收获210万亩，占玉米种植面积的40.9%，较上年提高7.6个百分点；完成玉米秸秆还田480万亩，青贮240万吨；完成机械化深松面积126万亩，全面完成省下达的任务指标;完成小麦机播565.5万亩，占小麦播种面积的99.2%。

【购置补贴】 4次召开农机补贴专项整治及调度会议,组织各县（市）区农机局长和主管农机补贴工作负责人学习文件、开展警示教育。制定《关于农机购置补贴专项整治工作的实施意见》，编印《农业机械购置补贴专项整治工作文件汇编》，率先在全省实行承诺制，签订《严格落实购机补贴政策、严肃工作纪律承诺书》，承诺事项10项，自觉接受监督。补贴政策落实过程中，采取多种方式广泛开展补贴政策宣传。实际操作过程中，尊重农民知情权和自主权，公开公示补贴机具及购机农户名单，按照程序规范运作，坚持集体决策，加强工作监管。补贴方案确定上，与各县主管领导及财政部门沟通协调；重要环节确定上，实施集体决策，避免一个人说了算或一个部门说了算；大型机具采取人机合影，防止冒领、重复领。2011年，赵县被省农机部门列为首批农机补贴摇号示范县。至年底，全市落实中央和省两级农机购置补贴资金8781.95万元，受益农户8752户，补贴各类农机具15197台，其中手扶拖拉机1480台，大中型拖拉机1510台，小麦收割机552台，玉米收获机411台，各类播种机2178台，喷雾器800台，畜牧水产养殖机械278台（套），设施农业机械1757台（套）；市级补贴资金落实玉米收获机44台，拖拉机14台，深松机173台。

玉米机收

【新机具推广】 制定《关于大力推进玉米收获机械化发展的实施意见》，统筹农机管理、科研、推广、生产等方面力量和资源，明确和细化任务目标，层层落实责任，加大组织、协调和服务力度；协调生产企业组织机手技术培训，抓住深松作业整村、整乡推进有利时机，引导、鼓励、协调农机合作组织、农机大户和广大机手开展玉米机收、深松、旋耕、播种“一条龙”连片作业，实现玉米机收与深松作业互相配合，互相促进；授予28个玉米收机组和28名机手为全市“最佳玉米机械化收获示范机组”和“玉米机收先进个人”称号，开展经验介绍，发挥示范带动作用。至2011年末，全市新增玉米联合收获机411台，保有量达到3010台；完成玉米机收210万亩，机收率达到40.9%，较上年提高7.6个百分点。

【新技术应用】 依据全市农业基础实际情况，确定井陉县、正定县、栾城县、行唐县、灵寿县、高邑县、深泽县、赞皇县、无极县、平山县、元氏县、赵县等12个县为农机深松项目重点推广县。成立以各县县长或主管副县长为组长，财政、农机、各项目乡镇领导为成员的深松领导小组，负责深松项目协调、规划与管理。按照连片作业，整乡整村推进原则，实行农机干部包乡、包村，落实作业地块和作业人员，签订作业合同。召开深松作业专题演示会，提高机手和农民对深松作业的认知度。与河北省深松工作组到各项目县，开展深松项目各个环节督促检查。发挥农机购置补贴政策导向作用，选择符合当地作业质量要求的深松机具，共推广深松机具1800多台。“三秋”时节，投入深松机具1869台，深松面积126万亩，完成河北省下达的指标任务。

组织农业机械，开展跨区作业

【跨区作业】 成立跨区作业领导小组，全面协调农机跨区作业。加大市场监管力度，规范跨区作业秩序。赴河南实地考察，深入调查作业地小麦生长情况、作业价格、当地收割机保有量等作业环境，签订作业合同。建立健全汇报和信息反馈制度，及时掌握整体情况，调整作业区域和地点。5月21日起，组织4300台小麦联合收割机到河南省南部的南阳市、信阳市、驻马店市等地区开展作业，作业面积280万亩，为农民增收1.4亿多元。

（李君强）

【秸秆综合利用】 推广秸秆收贮机械，采取资金扶持、补贴等办法，鼓励、引导广大农户购买玉米收割机械、秸秆还田机械、青贮机械，增加机具保有量，提高秸秆还田率。夏季小麦秸秆综合利用以秸秆机械还田、机械打捆收集为主。适宜还田作业的县（市）区小麦联合收获机械全部安装秸秆切抛装置，开展小麦联合收获与秸秆切抛一体作业，小麦机收和秸秆粉碎还田一次完成，作业效率大幅提高。秋季玉米秸秆以机械还田、青贮、压块为主。推广玉米联合收获机械，实现玉米机收和秸秆粉碎还田一次性完成。养殖业发展较快、奶牛存栏数量较多的县（市）重点推广大、中型青饲料收获机，提高玉米秸秆饲料利用率；山区县采取生物沤制、生产有机肥、扩大食用菌种植等方式，消化农作物秸秆。全年出动各类农作物秸秆综合利用机具4万多台（套），其中拖拉机12000多台，还田机15000多台，饲（草）料加工机械8935台，青贮饲料机械47台，捡拾压捆机109台；安装小麦秸秆切抛机械11400多台，完成农作物秸秆机械化还田910万亩，农作物秸秆青贮、微贮312万吨，农作物秸秆综合利用率达到95%，其中玉米秸秆机械化还田490万亩，玉米秸秆饲料利用率达到48%，较上年提高1.7个百分点。经国家卫星遥感监测显示，2011年石家庄市秸秆焚烧火点个数为零。

（李君强　靳晓磊）

【农机安全管理】 按照《河北省安全生产责任目标管理实施意见》，与各县农机安全监理站签订农机安全生产责任书，推行安全生产责任制，严防发生农机生产事故。开展“平安农机”创建活动，出动宣传车168台次，印制宣传单10万张，农机安全知识手册4万本，宣传挂图8976套，制作宣传条幅482条。开展农机安全生产检查，纠正违章操作96起，消除事故隐患126个。开展农机安全监理“为民服务创先争优”示范窗口创建活动，争创群众满意窗口，争创优质服务品牌，争创优秀服务标兵。加强农机具牌证管理，督促农机户及时换发牌证。至2011年末，全市完成拖拉机注册登记1120台，拖拉机年检1500台，联合收割机注册登记300台，联合收割机年检650台，核发拖拉机、联合收割机驾驶证432个，开展安全培训9500人次。

石家庄市农业机械化管理处

处　长：康彦军

书　记：徐峰

副处长：李伯男　李新平

（李君强）

农业综合开发

【概况】 2011年，全市农业综合开发以项目建设为载体，以促进农业增效、农民增收为目标，坚持“大作为、大服务、大创新”工作理念，推进工作机制创新，加强项目运行管理，提高项目标准化、精细化、科学化管理水平，突出打造一个高标准农田示范圈，扶持一条农业产业化示范带，培育一批特色示范园区，实现由开发大市向开发强市转变。以中低产田改造为重点，加强农业基础设施建设，打造高标准农田和粮食生产核心区，提高农业综合生产能力。扶持果蔬种植业、畜牧养殖业、农产品加工业，推进农业产业化经营，打造优势产业集群，促进农业结构调整，为现代农业和社会主义新农村建设服务。至2011年底，全市争取各级财政资金22088万元，同比净增12992万元，确定扶持财政补助项目22个、中央财政贴息贷款项目15个，撬动项目单位、企业法人和受益农民投入资金17674.9万元。年末农业综合开发投资资金达到39762.9万元，跃居全省前列。

新竣工的机井房

【续建项目】 市、县两级农业开发办公室（简称农开办）严格执行建设标准和技术规范，严把资金使用关和项目质量关，较好地完成2010年度续建项目任务，共完成计划投资15213万元，其中财政投资8806万元（土地治理项目财政资金7206万元，产业化经营项目财政资金1600万元），扶持财政补助项目9个，贴息贷款项目12个，共计21个（原计划扶持24个产业化经营项目，终止3个：石家庄市惠康食品有限公司所承建的正定县年产4600吨蔬菜深加工产品扩建财政补助项目，受《石家庄正定县机场及周边区域规划》影响，原计划用地成为市政设施用地，且项目区内无其他适合建设用地，致使项目不能按计划正常实施，经报请河北省农开办批准，该项目被终止；栾城县恒源乳品专业合作社承担的石家庄市栾城县奶牛小区建设1500万元固定资产贷款贴息项目和栾城县鸣珠养殖有限公司承担的石家庄市栾城县种猪场养殖场建设1230万元固定资产贷款贴息项目，批复后，经市农开办到人民银行石家庄中心支行对项目贷款情况进行核查，发现存在申报造假违规现象，两个项目被终止）。6月份，省农开办组织全省续建项目综合考评，石家庄续建项目以“大、美、新、实、高”的开发特点，顺利通过省级检查验收，在河北省排名位居第二名。

【新立项目】 全年市农开办争取各级财政资金22088万元，比上年增加12992万元，增幅达到143%。其中，土地治理项目争取各级财政资金11901万元，改造中低产田6.48万亩，建设高标准农田3.62万亩，生态综合治理1.58万亩；产业化经营项目争取各级财政资金10187万元，扶持财政补助项目22个（设施蔬菜项目11个）、中央财政贴息贷款项目15个，扶持龙头企业24家、农民专业合作社10家，涉及种植、养殖和农副产品加工业。通过财政资金“撬动”作用，吸引项目单位、企业法人和受益农民投入资金17674.9万元，农业综合开发投资达到39762.9万元，跃居全省前列。9月27日，召开全市2011年度农业综合开发土地治理项目秋季施工动员会，印发《石家庄市农业综合开发土地治理项目工程管护办法》和《石家庄市农业综合开发土地治理项目工程监理办法》。至2011年末，22个财政补助项目正在施工，15个财政贴息项目财政资金全部拨付到位，土地治理项目完成全部主体工程。

表8　2011年石家庄市农业综合开发产业化经营中央财政贷款贴息项目表

单位：万元

序号	项目名称	项目单位	龙头企业级别	企业贷款情况					计划贴息资金	
				固定资产贷款		流动资金贷款		申请贴息合计	固定资产贷款贴息额	流动资金贷款贴息额
				贷款金额	申请贴息	贷款金额	申请贴息			
1	石家庄市栾城县肉食品冷链物流配送中心1600万元固定资产贷款贴息项目	河北凯隆达食品有限公司	省级	1600	43			43	39	
2	石家庄市栾城县种猪场建设1047.9万元固定资产贷款贴息项目	石家庄市皇威牧业有限公司	市级	1047.9	56			56	55	
3	石家庄市辛集市专用小麦加工生产线1000万元固定资产贷款贴息项目	河北黑马面粉有限责任公司	市级	1000	54			54	52	
4	石家庄市赞皇县核桃收购1920万元流动资金贷款贴息项目	石家庄丸京干果有限公司	省级			1920	42	42		38
5	石家庄市赞皇县青枣收购1530万元流动资金贷款贴息项目	石家庄荣康食品有限责任公司	市级			1530	42	42		31
6	石家庄市无极县棉籽收购6000万元流动资金贷款贴息项目	无极县振雄棉油厂	市级			6000	50	50		49
7	石家庄市鹿泉市鲜奶收购1950万元流动资金贷款贴息项目	石家庄君乐宝乐时乳业有限公司	市级			1950	55	55		54
8	石家庄市正定县玉米收购2950万元流动资金贷款贴息项目	石家庄市先锋饲料有限公司	市级			2950	130	130		108
9	石家庄市藁城市玉米胚芽收购670万流动资金贷款贴息项目	河北渤海油脂有限责任公司	市级			670	27	27		25
10	石家庄市晋州市果品收购1100万元流动资金贷款贴息项目	河北加一食品有限公司	省级			1100	32	32		30
11	石家庄市高邑县玉米收购2500万元流动资金贷款贴息项目	河北华辰淀粉糖有限公司	市级			2500	84	84		73
12	石家庄市高邑县鲜乳收购540万元流动资金贷款贴息项目	石家庄旭尔美生物科技有限公司				540	22	22		16

（续表）

序号	项目名称	项目单位	龙头企业级别	企业贷款情况					计划贴息资金	
				固定资产贷款		流动资金贷款		申请贴息合计	固定资产贷款贴息额	流动资金贷款贴息额
				贷款金额	申请贴息	贷款金额	申请贴息			
13	石家庄市正定县蔬菜、肉类收购3954万元流动资金贷款贴息项目	石家庄市惠康食品有限公司	省级			3954	122	122		119
14	石家庄市藁城市芝麻收购900万元流动资金贷款贴息项目	河北鑫利粮油有限公司	市级			900	38	38		34
15	石家庄市藁城市棉籽收购6000万元流动资金贷款贴息项目	河北常安油脂有限公司	省级			6000	156	156		155
合计				3647.9	153	30014	800	953	146	732

表9 2011年石家庄市农业综合开发产业化经营财政补助项目表

单位：万元

项目分类	项目名称	项目单位	建设地点	项目总投资						
				合计	小计	中央财政投资	地方财政配套			自筹资金
							小计	省级	市或直管县	
存量资金项目	石家庄市晋州市50万头生猪加工生产线迁建改造项目	石家庄双鸽食品有限责任公司	晋州镇十里铺	1089.5	280	200	80	64	16	809.5
	石家庄市元氏县840万株蔬菜种苗基地新建项目	河北国富恒联农牧有限公司	殷村镇故城村	880	280	200	80	64	16	600
	石家庄市平山县4000万株蔬菜种苗繁育新建项目	平山县国富金鑫奶业有限公司	东回舍镇北水村	988	280	200	80	64	16	708
	石家庄市行唐县300头奶牛养殖扩建项目	行唐县兴农奶牛养殖专业合作社	上碑镇西南街村	185.32	60	42	18	14	4	125.32
	石家庄市晋州市1500亩优质果品基地建设项目	晋州市长城果品专业合作社	马于镇北辛庄村	162.2	50	36	14	11	3	112.2
	石家庄市高邑县120吨设施蔬菜示范基地扩建项目	高邑县恒信农业新技术推广专业合作社	大营镇河北村	130	60	43	17	14	3	70
	石家庄市辛集市400亩果园标准化改造种植扩建项目	辛集市裕隆梨果专业合作社	马庄乡马庄村	132	60	43	17	13	4	72
调剂资金项目	石家庄市藁城市200头奶牛养殖基地扩建项目	藁城市河牧奶牛养殖服务专业合作社	梅花镇许家庄村	278.53	70	50	20	16	4	208.53
	石家庄市藁城市1768吨食用菌规范化栽培种植基地扩建项目	藁城市世信食用菌专业合作社	西关镇台营村	280	70	50	20	16	4	210
	石家庄市鹿泉市120吨香椿设施种植基地扩建项目	鹿泉市谷家香椿专业合作社	白鹿泉乡谷家峪村	141	49	35	14	11	3	92
	石家庄市赵县273万株蔬菜种苗繁育基地新建项目	河北佳利乳业有限公司	赵州镇封家铺村	926	280	200	80	64	16	646

(续表)

项目分类	项目名称	项目单位	建设地点	项目总投资						
				合计	小计	中央财政投资	地方财政配套			自筹资金
							小计	省级	市或直管县	
设施蔬菜项目	石家庄市元氏县年产496.1万千克设施蔬菜扩建项目	河北国富恒联农牧有限公司	因村镇故城村	3340	1400	1000	400	200	200	1940
	石家庄市元氏县年产224.2万千克设施蔬菜扩建项目	元氏县康丰牧业有限公司	因村镇故城村	1516	700	500	200	100	100	816
	石家庄市无极县年产226.8万千克设施蔬菜种植基地新建项目	石家庄广威农牧有限公司	北苏镇	1268	560	400	160	80	80	708
	石家庄市藁城市65万千克设施蔬菜种植基地新建项目	河北家家缘农产品有限公司	高效农业示范场	632	280	200	80	40	16	352
	石家庄市鹿泉市年产233.7万千克设施蔬菜种植基地新建项目	鹿泉邓村润丰特色种植专业合作社	李村镇	1140	420	300	120	60	60	720
	石家庄市无极县年产198万千克设施蔬菜种植基地新建项目	无极县广源蔬菜种植专业合作社	高头乡北虎村	1520	630	450	180	90	90	890
	石家庄市藁城市年产184.1万千克设施蔬菜农业科技示范园新建项目	藁城市东湖种植服务专业合作社	九门乡黄庄村	1500	700	500	200	100	100	800
	石家庄市赵县年产327.4万千克设施蔬菜种植基地新建项目	赵县旭海果汁有限公司	韩村镇黎村	1200	420	300	120	60	60	780
	石家庄市高邑县241万千克设施蔬菜有机种植基地新建项目	河北众林农业科技有限公司	中韩乡岗头村	1490	560	400	160	80	80	930
	石家庄市高邑县年产213.5万千克设施蔬菜种植基地新建项目	高邑县垚森蔬菜种植专业合作社	高邑镇曹留村	1466	700	500	200	100	100	766
	石家庄市藁城市年产316万千克设施蔬菜种植基地新建项目	河北东垣农业发展有限公司	九门乡黄庄村	2970	1400	1000	400	200	200	1570
合计				23234.55	9309	6649	2660	1461	1175	13925.55

石家庄市农业综合开发办公室

主　任：彭占良

副主任：石文更　戚忠奎　韩文波

（张喜娟）

农业科技

【概况】 2011年，市农村科技工作围绕农业科技创新、农业科技成果转化和农村科技服务三条主线，以农业增效、农民增收为落脚点，优化科技创新环境，加强科技创新和转化载体建设，结合重点产业发展，开展农民科技培训，落实农业科技特派员制度，引导支撑农村科技服务体系示范建设和科学技术普及能力建设，争取国家和省级农业科技成果转化资金项目，重点实施农牧业新品种选育、种养、农副产品精深加工专项研究，有序开展农业科技产学研活动，为全市现代农业和农村经济发展提供科技支撑。

至2011年底，全市争取省级支撑计划项目10项，经费890万元；安排实施市级科技计划项目48项，落实经费1159万元；选育动植物新品种75个(通过省级审定5个)，取得农业新品种18个；引进推广农业适用技术326项，示范推广农作物新品种139个，新品种推广面积1804万亩，畜禽推广数量303万头（只），年总收入11.06亿元；举办各类培训班35期，培训农民80万人次；选派第二批农业科技特派员100名，组建利益共同体19家，形成龙头企业3家，举办技术现场指导会300余场次，直接培训农民3300余人，辐射带动农民5000余人，发放资料8000份。

【农村科技研究与开发】 实施“优质高产专用型糯玉米新组合的选育与示范”、“多用途萱草优良品种引选及栽培技术研究”、“石家庄短毛黑水貂新品系的选育”等14个农产品培育项目，选育小麦玉米等动植物新品种（系）75个，通过省级审定5个；石麦15获得省农作物新品种选育补助经费350万元；石麦18实打实收701.9千克／亩，创下河北省小麦单产最高纪录；番茄抗黄化卷叶病新品种“Ty205”填补国家空白。实施“生猪安全生产全程质量控制技术集成与示范”、“良种奶牛高效胚胎生产综合配套技术研究及产业化开发”、“农田循环高效耕作关键技术（模式）研究与示范”等3项重大课题，推行标准化生产技术，通过关键技术研究及集成创新，建立产业发展配套技术体系39套。实施“石家庄市农村污水综合治理技术研究及示范”项目，建成农村污水处理设施4座，污水处理能力达500m^3/d，各项污水处理指标均达到《城镇污水处理厂污染物排放标准》(GB18918—2002)。实施“农业废弃物综合利用”项目，资源化利用养殖、种植废弃物，年处理养殖废弃物超过30万吨。开展“畜产品及其饲料中沙丁胺醇免疫检测技术研究”，成功研制出成本低廉的沙丁胺醇ELISA检测试剂盒和沙丁胺醇胶体金试纸条，可快速检测饲料及肉产品中“瘦肉精”残留。

（市科技局）

【与中国农科院签订农业科技战略合作协议】 3月10日，市政府与中国农业科学院签订农业科技战略合作协议。中央候补委员、中国农科院院长翟虎渠，省委常委、市委书记孙瑞彬出席签字仪式。中国农科院科技局、作物所、蔬菜所、资源与区划所负责人，市委农工委、市农业局等市直部门的主要负责人参加签字仪式。双方合作按照优势互补、突出重点、互惠互利和共同发展原则,将中国农科院科技创新、人才培养、社会服务等优势与石家庄市农业农村的资源基础和产业发展有机结合，实现科技创新、成果孵化、人才培养、资源聚集的多重功能，携手推动产学研合作和科技成果产业化，为全市农业农村经济持续健康发展提供强有力的科技支撑。中国农科院与市政府着重在6个方面加强合作：一是为农业和农村经济发展提供战略决策咨询。围绕石家庄市优势资源发展战略和区域发展相关重大农业科技问题，尤其是现代都市农业发展和农业可持续发展战略等，共同组织院士、学者、专家，开展战略研究和咨询活动。二是为粮食高产创建技术集成开展联合科技攻关。针对石家庄市不同区域、不同作物、不同生产潜力土地的地力水平和生产条件，确定优质小麦、玉米等主要粮食作物的产量目标。三是联合组织实施国家农业科技重大项目。围绕提高石家庄市的农业科技水平，双方联合组织申报和实施国家科技支撑计划项目及现代农业产业技术体系等重大农业科研、推广及产业化项目。四是合作推进农业产业化发展。与石家庄市农业产业化龙头企业紧密结合，建立一批优质专用农产品精深加工基地。五是共同争取和实施国际合作项目。双方联合争取和组织实施国际合作项目，加强对外农业科技合作，积极从国外引进高新技术和品种,共同开发研制新产品,为农业提质、增产、增效搞好配套服务，提升农业科技创新能力。六是加强人才培养与交流。中国农科院支持市农科院“博士后科研工作站”建设；市农科院定期或不定期选派科技和管理人员到中国农科院相关单位开展合作研究、长短期进修、学习深造以及挂职锻炼；聘请中国农科院各类专家为石家庄市农业生产相关领域重点工程、项目的技术顾问，帮助解决科研生产中遇到的技术难题。

【中国农科院石家庄市科研试验示范基地揭牌】 3月10日，中国农科院石家庄市科研试验示范基地揭牌。该基地位于赵县农业科学研究所，赵县县城东北赵藁公路两侧，现有耕地1043亩。示范基地由农业科技示范园、良种繁育基地生产区、种子加工和仓库区等区域构成。该基地主要进行小麦、玉米新品种选育工作，筛选出的优质强筋小麦新品种轮选061，因品质好、产量表现突出，2009年通过审定；还有4个品种分别参加了国家和河北省冬小麦品种区域试验。该基地重点定位在农业科研节水高产育种、高新科技成果展示、高产示范、农产品深加工产业孵化、现代农业展示、生态观光与农业科普教育上，并承担常规小麦育种、矮败小麦育种、航天育种和小麦栽培等试验。

（温婕）

【农业科研推广】 推进基层农技推广体系建设，全市18个县级农技推广机构全部落实场地、机构、人员、经费、制度“五落实”，129个乡镇区域站全部建成。6个县（市）列入全国基层农技推广体系建设示范县，5个县（市）列入省级基层农技推广体系建设示范县，全市基层农技推广体系建设与改革走在全省前列。创建农业科技“五位一体”（电视、电脑、电话、手机短信和农村大喇叭）进村入户模式，农村大喇叭工程在全市全面铺开，农业手机短信、彩信用户达20万户；建立科技进村服务站1980个（市级“明星站”225个），建立县级农资配送科技服务中心17个，覆盖所有农业县（市）；利用农技电波、科技下乡、农村广播等形式，培训农民110万人次。2月14日，石家庄市农科院“冬小麦节水高产新品种选育方法及育成品种”获得国家科技进步二等奖，创新“前水后旱，同一世代水旱复合选择”小麦节水高产育种新方法，实现节水和高产同步选择。2011年，全市筛选、确定推广适合石家庄市地域生产条件主导品种45个、主推技术25项；完成小麦玉米微灌水肥一体化技术项目105个；建立试验示范基地60个，培育科技示范户6000个。

（王凤楼　许瑞忠）

【“中兽药现代化技术集成创新与产业化示范”项目通过专家验收】 “中兽药现代化技术集成创新与产业化示范”是市科技局围绕重点产业发展推出的关键技术需求，是保障动物源性食品安全谋划和实施的重大科技项目，分4个专题实施，分别为“现代中兽药质量标准化研究与质控新技术应用”、“防治畜禽重要疾病现代中兽药的研究与开发”、“新型免疫调节剂及中药饲料添加剂的研制与应用”、“中兽药提取工艺研究”。该项目由河北中兽药产业技术创新联合体成员单位河北科星药业有限公司、河北康利动物药业有限公司、河北新华药业有限公司、河北远征药业、河北农业大学、河北科技师范学院、河北医科大学共同承担完成。项目于2008年开始实施，研制出兽药新品种18个，建立天然植物药品提取工艺20多种，原药材130多种，伪品、地区习用品10余种，薄层鉴别图谱库图谱150张，制定产品标准40多个，建成“石家庄市中兽药工程技术中心”、“石家庄市兽药工程技术中心”、“石家庄市企业技术中心”、“石家庄市中兽药质控技术工程中心”、“石家庄市动物专用抗菌药物工程技术研究中心”、“科星科技中心”等研发中心，为企业培养研究生13名，培养技术骨干150余人；发表有重大影响和促进产业科技进步的高水平论文15篇；申报国家发明专利9项，取得国家发明专利证书5项，在国家工商总局注册商标26个；开展培训200多场次，培训人员2万多人次。项目实施期间，生产中兽药1.4万吨，实现产值5.5亿元、利税9590万元。4月16日，市科技局邀请国家兽药协会、中国兽医监察所、国家新兽药评审中心、省畜牧兽医研究所、省畜牧兽医局、省兽药监察所、省动物卫生监督所等单位9名专家组成验收组，开展对河北中兽药产业技术创新联合体承担的“中兽药现代化技术集成创新与产业化示范”项目验收。验收组听取各承担单位工作报告和技术报告，审查相关资料，经质疑答辩和讨论，一致同意各专题通过验收。经认定，“白龙合剂提取工艺的研究”、“现代中兽药质量标准化研究与质控新技术应用”、“柴辛注射液提取及制剂工艺”、“公英青蓝合剂提取及制剂工艺”、“鱼金注射液提取及制剂工艺”等成果达到国际先进水平。

【新农村科技示范村试点】 按照《市级新农村建设科技示范村（试

点）建设标准》，组织专人到示范村督导检查，统一要求和规范科技示范村软硬件环境。探索科技支撑新农村发展长效机制，建立市新农村建设科技示范网（http://www.kjsfc.com），设置内容包括政策法规、支撑体系、实用技术等。至2011年末，全市新增市级示范村建设科研经费300万元，认定市级现代农业科技示范园区3个（晋州市周家庄农业科技示范基地、鹿泉市邓庄中华鳖养殖科技示范园区、元氏县无公害优质核桃生产示范基地）。

（市科技局）

【新增2家省级农业科技园区】 12月份，省科技厅完成2011年度省级农业科技园区评审认定，石家庄鹿泉市紫藤葡萄科技示范园区和正定县宏发良种奶牛养殖示范基地被认定为省级农业科技园区（试点）。至2011年末，全市拥有省级农业科技园区（试点）达到5家。

（焦莉莉）

【第二批农业科技特派员进驻农村】 农业科技特派员制度是市委、市政府加快科学技术转化为生产力推行的一项制度。2008年，首批130名特派员进驻农村和涉农中小企业，通过机制创新和制度创新把技术、人才、资金、管理等现代生产要素植根农村，2009～2011年培训农民13.15万人次，带动农民增收3207.70万元。2011年5月份，第二批100名农业科技特派员进驻农村。至年底，实施农业科技特派员制度共引进农业新技术63项、农业新品种53个，农业科技开发项目15项，组建利益共同体19家，形成龙头企业3家，开展技术现场指导300余场次，直接培训农民3300余人，辐射带动农民5000余人，发放科普资料8000份，培育了一批乡土人才和科技能人，加速了农业先进适用技术推广应用，推进了农业产业化发展。

【农业科技培训】 针对县域重点产业发展，采取集中办班授课、技术讲座、技术咨询、发放书籍资料、赠送音像光盘等形式，举办各类培训班35期。以各级各类建设项目、新农村建设科技示范（试点）及农业科技示范基地等为载体，开展农业科技特派员及农民科技致富带头人现场指导咨询活动。2011年，农民科技培训有序开展，培训农民80万人次，引进推广农业适用技术326项，示范推广农作物新品种139个，促进了农业增效、农民增收和农村经济结构调整。

【科技创新和转化载体建设】 打造农业科技型企业。开展科技技能和知识产权培训，帮助谋划申报国家和省农业科技项目，增强农业企业科技创新能力和知识产权意识；开展现代农业科技示范基地认定申报，推进现代农业科技示范基地建设。至2011年末，全市各级各类农业科技园区达到60余家，12家被认定为现代农业科技示范园区（基地），新品种推广、新技术转化、农民“零距离”培训、农民增收致富等四大平台初步建成。推进产业技术创新联盟。在成功创建河北中兽药产业技术创新联盟和石家庄饲料产业技术创新联盟基础上，4月16日，召开“中兽药现代化技术集成创新与产业化示范”项目总结暨河北中兽药产业技术创新联合体推进会，推进产、学、研融合。产业联盟组建后，引导联盟成员建立创新平台，实施品牌战略。2011年，全市建立起“河北省企业技术中心”、“中兽药质控工程技术中心”、“中兽药工程技术研究中心”等中心，企业技术创新能力及产业技术水平快速提升。

【争得农业科技成果转化项目资金240万元】 2011年，全市争取省级以上农业科技成果转化资金项目4项，经费240万元。其中，石家庄金太阳生物有机肥有限公司承担的“新型颗粒四合一肥料（生物复合肥）中试与示范”列入国家级农业科技成果转化资金项目，争得项目经费100万元；河北天和肉牛养殖有限公司承担的“应用动物胚胎生物技术快速扩繁纯种日本黑毛和牛核心育种群”项目列入国家级农业科技成果转化资金项目，争得项目经费60万元；河北兰德泽农种业有限公司承担的“节水、高产冬小麦新品种衡4399示范与应用”项目，石家庄瑞思达生物技术有限公司承担的“食用菌全营养素的示范与应用”项目列入省级农业科技成果转化资金项目，争得项目经费80万元。

【科技富民强县专项行动】 鹿泉市“奶牛标准化生产技术集成与

示范”项目列入2011年国家富民强县专项计划，获得专项支持经费162万元。平山县实施省级科技富民强县项目“平山县绿色核桃产业标准化基地建设”顺利通过专家验收。栾城县实施“生猪健康养殖及冷鲜肉加工配套技术示范”项目，引进、集成、示范与推广饲养技术、管理体系、环境控制、疫病防控、优质安全猪肉加工等技术。正定县围绕提高奶牛良种覆盖率、奶牛单产和牛奶品质，集成推广奶牛良种繁育、信息化管理等养殖关键新技术。科技富民强县专项行动项目实施后，加快了科技成果转化和农业资源开发利用，带动饲料加工、有机肥生产、无公害蔬菜等相关产业发展；探索出一条“秸秆高效转化、奶牛养殖、牛粪栽培食用菌、食用菌废料生产有机肥和沼气、生产无公害果蔬”产业模式，促进和推动县域经济发展。

【国家粮食丰产科技工程】 2011年，石家庄出现罕见的秋、冬、春季旱情，为保证小麦稳产增收，国家粮食丰产科技工程课题组严抓麦田管理，采取专家现场咨询、发明白纸、村喇叭广播、电视专题制作、巡回技术指导、举办技术培训会等方式开展小麦抗旱、春季管理、后期管理等科技培训和宣传。2011年，辛集市高产攻关田亩产615.45千克，核心区亩产544.24千克，示范区亩产530.61千克（比2009～2011年全市小麦平均亩产量462千克增产68.61千克）；赵县高产攻关田亩产632.54千克，千亩核心区平均亩产582.08千克，万亩示范区平均亩产548.26千克。

（市科技局）

工　业

工　业

概　述

2011年，石家庄市工业经济基本保持平稳向好的运行态势，生产增速高于全省平均水平，运行质量和效益指标位于全省前列，主营业务收入突破7000亿元，工业利税突破700亿元，主要工业指标全部达到并超过年度预期目标，实现"十二五"规划时期良好开局，为三年翻番目标打下好的基础。

全市规模以上工业完成增加值1746.3亿元，同比增长16.2%，总量占全市GDP的42.8%，对GDP增长贡献率达到59.6%。实现主营业务收入7154亿元，同比增长30.9%;实现利润502.9亿元，同比增长24.4%；实现利税773.9亿元，同比增长21.89%；综合效益指数306.7，同比下降37.5个点。工业增加值、利税、利润增速均完成并超过年度目标。亏损企业93个，同比增加11个；亏损企业亏损25.3亿元，同比增亏72%；亏损面为3.9%。工业品销售率97.8%，同比降低0.3个百分点；出口交货值247.7亿元，同比增长16.1%；工业用电量295.5亿千瓦时，同比增长6.17%；工业投入1067.9亿元，同比增长21.9%；其中工业技改投入632.8亿元，同比增长26.8%。

全年规模以上工业增加值同全国比较，高于全国平均值2.3个百分点，总量位于第18位（全国47个城市，主要包括省会城市及部分重点城市，不含直辖市），增速居第25位。同全省比较，增速高于全省0.1个百分点，利税、利润增速分别低于全省7.6个和10.4个百分点，三项指标分别居全省第7位、第8位和第9位；经济效益综合指数高于全省3.7个点，居全省第5位。

到2011年末，全市规模以上工业企业有2367家。其中，大型企业26家(占全市1.1%)、中型企业217家(占9.2%)、小型企业2124家(占89.7%)。国有企业48家(占2%)，集体企业66家(占2.8%)，私营企业1717家(占72.5%)，外商及港澳台资投资企业119家(占5%)，有限责任公司298家(占12.6%)，股份有限公司109家(占4.6%)，股份合作企业7家，联营企业3家。从业人员年平均人数78.6万人，同比增长37%；总资产3367.2亿元，同比增长24.4%；资产负债率52.2%，同比下降0.9个百分点；国有及国有控股企业93户，从业人员平均人数13.6万人，总资产1248.8亿元。

高耗能行业增速低于全市平均水平。2011年，黑色金属冶炼及压延加工业、石油加工和炼焦业、化学原料及化学制品制造业、非金属矿物制品业、煤炭开采和洗选业、电力热力的生产和供应业六大高耗能行业完成工业增加值610.3亿元，同比增长13.5%，低于全市规模以上工业增速2.7个百分点，占全市规模以上工业的34.95%(2010年占32.84%)。

全年工业50强企业生产稳定，产销衔接良好，总体运行平稳。完成工业总产值1872亿元，同比增长18.6；实现主营业务收入1921亿元，同比增长21.9%；实现利润72.9亿元，同比下降22%；实现利税176.8亿元,同比下降9.68%。主营业务收入和利税分别占全市规模以上工业的26.9%和23.1%。50家企业中，46家企业主营业务收入实现增长，其中12家增长30%以上;32家企业利润实现增长，其中16家增长30%以上。

年末全市高新技术企业有195家，比2010年增加35家。拥有国家级重点实验室2家，省部共建国家重点实验室培育基地2家，省级重点实验室37家，国家级工程技术研究中心1家，省级工程技术研究中心38家、市级工程技术研究中心74家。

在中国企业联合会、中国企业家协会公布的2011年中国企业500强名单中，石家庄市的敬业集团（排234位）进入中国企业500强综合排名；进入中国制造业企业500强的有敬业集团（排120位）、石药集团(排301位)、辛集澳森(排413位)、河北白沙烟草(排486位)。

全市年销售收入5亿元以上企业有243家，占全市规模以上工业企业总数的10.3%，实现销售收入3772.8亿元，占全市规模以上工业的52.7%。其中，销售收入5～10亿元企业174家，10～50亿元企业60家，50～100亿元企业2家：石钢公司84.9亿，曲寨集团64.3亿；过100亿元企业7家：敬业集团372.1亿、石炼化267.9亿、供电公司161.3亿、华药集团142.1亿、石药集团141.6亿、辛集澳森102.1亿、冀中能源井矿集团100.7亿元。

2011年，全市东、中、西部三个区域分别完成工业增加值672.3亿元、773.9亿元和300.1亿元，占全市比重为38.5%、44.3%和17.2%，同比分别增长20.1%、11.5%和17.8%，东部和西部增长高于中部及全市平均水平。实现利税总额分别为308.7亿元、378.1亿元和79.8亿元，分别占全市的40.3%、49.3%和10.4%，增长35.3%、14.8%和28.5%；实现利润总额分别为224.5亿元、217亿元和55.1亿元，增长32.1%、15.1%和35.7%。

全市工业产品达3600余种，创出一批在国内外具有较高市场占有率和较强竞争力的名牌优势产品。拥有8个中国名牌、24个中国驰名商标，均位居全省第一。青霉素、维生素C和土霉素年产量分别占全国总产量的40%、55%、60%，占世界总产量的30%、40%和50%左右。建成世界上重要的维生素和抗生素生产基地，亚洲最大的阿维菌素生产基地和中国重要的现代中药生产基地。2011年,全市134个工业产品（大品种）中，96种产品产量实现增长，占71.6%，其中52种产品产量增长超过20%。

全市主要工业产品中，产量占全省30%以上的主要有：皮革服装1805.6万件，占全省的99.6%，同比下降12.4%；瓷质砖13314.5万平方米，占全省的85.4%，同比增长28.5%；布37.9亿米，占全省的62.3%，同比增长2.4%；化学药品原药40.4万吨，占全省的57.8%，同比增长35.5%；人造板305.2万立方米，占全省的55.5%，同比下降8.6%；化肥（折纯）74.3万吨，占全省的42.3%，同比增长2.1%；水泥5389.8万吨，占全省的38.6%，同比增长20.9%；纱50.7万吨，占全省34.4%，同比增长21%；中成药13412吨，占全省的32.1%，同比增长0.6%；原油加工量412.2万吨，占全省的31.4%，同比下降1.9%；卷烟243.5亿支，占全省的31.4%，同比增长4.7%。其中变化明显的有（按2011年入统口径比较）：2011年化学药品原药产量是2010年的2.38倍，在全省的比重提高20.4个百分点；2011年人造板产量是2010年的48.4%，在全省比重降低22.6个百分点。占全省15%～30%之间的有：塑料制品64.6万吨，占全省的29.1%，同比增长25.1%；服装16176.6万件，占全省的26.1%，同比增长14%；乳制品70.1万吨，占全省的27.4%，同比增长33.6%；精甲醇22.6万吨，占全省的25.2%，同比增长3.8%；发电量398.3亿千瓦小时，占全省的20%，同比增长3.2%。全省产量较大、在全市比重相对较低的有：粗钢1013.7万吨，占全省7%，同比增长12.4%；生铁989.8万吨，占全省的7.2%，同比增长34%；钢材978.3万吨，占全省5.8%，同比增长14.2%。

全市规模以上轻重工业比重为46.3：53.7。从轻重工业看，2011年，全市规模以上重工业企业累计完成增加值937.1亿元，同比增长16.5%，比全市平均增速高0.3个百分点，占全市比重为53.7%，较2010年提高2.3个百分点；轻工业企业完成增加值809.2亿元，同比增长15.8%，比全市平均增速低0.4个百分点，重工业增速快于轻工业0.7个百分点。39个国民经济工业行业（石家庄市无石油及天然气开采业、其他采矿业2个门类，为37个大类）占全市工业增加值超过5%的8个行业依次是：化学原料及化学制品制造业（占9.52%）、皮革毛皮羽毛绒及其制品业（占规模以上工业9.49%）、黑色金属冶炼及压延加工业（占8.37%）、纺织业

（占 7.44%）、非金属矿物制品业（占 7.2%）、农副食品加工业（占 7.05%）、医药制造业（占 5.94%）、通用设备制造业（占 5.6%），8 个行业工业增加值占全市 37 个国民经济行业的 60.61%。按照大行业划分（国家无此划分标准，依据石家庄市情况，对全市 37 个工业门类，按相近原则进行归类、整合、划分，便于进行对照分析），全市 11 个大工业行业主要指标及比重情况见《2011 年石家庄市工业大行业主要指标占全市规模以上工业比重》表。

表 10　2011 年石家庄市工业大行业主要指标占全市规模以上工业比重

大行业	工业增加值			主营业务收入			工业利润		
	完成额（千元）	同比（±%）	占全市比重（%）	完成额（千元）	同比（±%）	占全市比重（%）	完成额（千元）	同比（±%）	占全市比重（%）
医药	10381453	10.24	5.94	47409131	17.57	6.63	3330816	−22.00	6.71
纺织服装皮革	33305129	13.87	19.07	126897012	31.04	17.74	10764880	24.91	21.68
石化	25885472	13.14	14.82	108784057	30.95	15.21	4962381	1.78	9.99
装备制造	27485768	21.01	15.74	110341053	33.11	15.42	10208047	41.44	20.56
电子	1787208	36.83	1.02	7821070	53.31	1.09	621905	48.06	1.25
食品	20331726	17.66	11.64	81937150	36.11	11.45	5844277	39.05	11.77
小口径轻工	14342615	23.08	8.21	53629721	35.10	7.50	4744587	38.21	9.56
热、电、气、水	6323032	5.35	3.62	32566300	8.85	4.55	−164987	10.85	−0.33
冶金	17627062	17.69	10.09	73438680	37.44	10.27	2745631	23.77	5.53
建材	13305245	18.92	7.62	51493348	34.74	7.20	5630088	32.46	11.34
煤炭开采洗选	3856127	11.77	2.21	21084459	25.71	2.95	966411	66.89	1.95
合计	174630835			715401981	30.91		49654036	24.44	

至 2011 年末，石家庄市拥有中国名牌产品（5 年有效期）8 个，分别是石家庄珍极酿造集团有限责任公司的“酱油”、石家庄珍极酿造集团有限责任公司的“醋”、河北电机股份有限公司的“690 伏以下及以下中小型电机”、河北东明皮革有限公司的“皮衣”、河北辛集東兰皮革有限公司的“皮衣”（公司整体已迁至北京市）、辛集物资开发有限公司的“皮衣”、河北九强建材有限公司的“高效减水剂”、常山纺织集团的“精梳纱线”；拥有中国驰名商标 27 件、河北省著名商标 375 件，数量均位居全省第一位。

冀中能源集团快速发展，销售收入首破 2000 亿元。2011 年，冀中能源集团销售收入 2019 亿元，资产总额 1160 亿元，同比增长 40.3%、24.7%，实现了“资产总额过千亿，销售收入双千亿”全年目标。冀中能源通过煤炭生产集约化，促使主业长足发展。建成 500 万吨以上矿井 1 个，300 万吨以上矿井 8 个，百万吨以上矿井 32 个，高效采煤队占到 60%。其中，油房渠矿、神通矿、来叶沟矿实现人均工效过万吨。产业协同增长。冀中能源所属华北制药新头孢项目放量生产，新制剂项目竣工；新头孢等生产线率先通过国家新版 GMP 认证，形成专业化生产基地，打造出制剂高端平台和青霉素类、头孢类、维生素产业链条，全年实现销售收入 130 亿元。冀中能源所属河北航空以转机型发展为重点，全年引进飞行员 100 多名，开辟 25 个城市 23 条优质航线，形成以 B737 和

E190为主要机型的自主运力体系。

进入世界500强。7月7日，美国《财富》公布2011年世界500强企业名单，组建3年的冀中能源集团位列榜上第457位。《财富》世界500强企业排名以公司年销售收入和利润为主要评定依据。至此，石家庄市成为拥有2个世界500强企业集团（河北钢铁集团和冀中能源集团）总部的省会城市。

（王慧茹）

医药工业

【概况】 2011年，全市医药行业处于转型升级阶段，增产未增收，主要原因是基本药物低价招标，价格大幅下降；抗生素限用，临床用量下降；新版GMP(《医药生产质量管理规范》)实施，企业成本增加。原材料、能源价格上涨，华药集团、石药集团等大型企业主要使用农副产品、精细化工、基础化工、石油化工等原辅材料，其中农副产品价格大幅上升，平均涨幅为10.55%。华药集团、石药集团主打产品7ACA（维生素名），历史上价格高时达1500元/kg，低时为850元/kg，2011年价格跌至历史最低点，为400元/kg。工业盐系列产品在价格震荡后，稳定在55元每十亿单位。VC价格低至32元/kg（高时在100元/kg）。到2011年末，全市医药行业拥有规模以上企业78家，完成工业增加值103.81亿元，同比增长10.24%，实现主营业务收入474.09亿元，同比增17.57%，实现利润33.3亿元，同比下降22%，实现利税48.58亿元，同比下降13.78%。全年生产化学原料药40.41万吨，同比增长35.5%，生产中成药1.34万吨，同比增长0.6%。

表11　　2011年石家庄市主要医药企业经营情况一览表

企　业	主营业务收入		利润		利税	
	金额（亿元）	比2010年（±%）	金额（亿元）	比2010年（±%）	金额（亿元）	比2010年（±%）
华药集团	142.11	21.89	0.7	−90.3	4.27	−57.2
石药集团	141.56	10.47	7.76	−41.39	10.2	−36.97
神威药业	26.08	1.28	8.84	1.41	11.17	0.28
以岭药业	16.96	5.58	4.01	4.55	6.16	4.15
四药集团	17.25	30.96	1.53	−16.48	1.98	−17.77

【编制《医药工业“三年滚动发展”规划纲要》】 2月26日，市政府组织召开《石家庄市医药工业“三年滚动发展”规划》(简称《规划》)专家咨询会议，邀请中国医药管理协会会长于明德、中国化学制药协会副会长潘广成及国家工业和信息化部、河北省医药行业协会、河北医科大学药学院、河北省工程咨询研究院、河北科技大学生物制造中心等单位的8位医药行业知名专家为医药工业发展开展决策咨询。省、市有关领导及市财政、发改委、规划、国土、高新区、(良村）开发区、生物医药产业基地等单位负责人,华药集团、石药集团、神威药业、以岭药业、四药集团、高营等6家重点企业主管领导参加会议。经讨论和提出修改完善意见、建议后，会议通过了《石家庄市医药工业“三年滚动发展”规划纲要》文稿。4月19日，经市政府常务会议审议通过；4月21日，市委常委会审议通过；5月18日，全市印发实施（石办发〔2011〕10号)。该《规划》规定：利用三年时间，全市医药工业总体规模翻一番，到2013年，销售收入达到800亿元以上，工业增加值达到200亿元以上，年均增长26.5%；制剂产品比重达到50%；医药产品结构取得明显改善。

（冯江平）

【河北省（石家庄）高端医药产业园】 至2011年年末，河北省（石家庄）高端医药产业园共有医药企业39家，其中投资2000万元以上有12家，国家重点实验室有2个，国家企业技术中心有2个，医药公共服务平台有8个，吸引了美国西南医学院生物芯片研究中心主任李全贞，长江学者、中国干细胞研究领军人物赵春华，美国纳米医学研究院院长魏启明，美国孵化器公司职业经理何良修等。2011年，河北省（石家庄）高端医药产业园在建产业化项目23个，总投资50.4亿元。其中新开工项目13个，包括投资18亿元的以岭现代特色中药产业化项目、藏诺生物新型藏药制剂及藏药研发基地项目等；续建项目10个，包括石药集团物流中心项目、永正润生总部及生物医学材料产业基地项目等；竣工项目7个，总投资5.5亿元，包括石药集团研发中心、以岭固体制剂车间改造项目等。

（范玉蕾　徐雁斌）

【"德泽龙"医药物流园区项目签约】 2月14日，栾城县人民政府与天津医药集团（河北）德泽龙医药有限公司就投资医药物流园区项目签约，标志石家庄市正在建设的生物医药基地又引进一个大项目。天津医药集团（河北）德泽龙医药有限公司，其前身系河北省医药公司药品批发配送中心，是一家集药品批发、物流、配送于一体的大型医药经营企业，年销售额达18亿元。此次签约医药物流园区项目，总投资达9.2亿元，分三期建设。一期投资2亿元，建设面积22000平方米，有立体库房、综合服务办公楼、职工宿舍等。二期建设4万平方米自动分拣库一座、三期建设5万平方米自动分拣库一座。2015年底，项目全部建成投产。

（范玉蕾　李韬　冀永辉）

【国药乐仁堂医药有限公司揭牌】 4月17日，国药控股股份有限公司与乐仁堂医药集团股份有限公司共同投资组建的"国药乐仁堂医药有限公司"在河北会堂举行成立揭牌仪式。揭牌仪式后，国药控股股份有限公司与河北省各设区市合作企业代表签署合作意向书。国药乐仁堂医药有限公司是中国医药集团与河北省政府战略合作的第一个项目，对促进全省医药行业发展具有重要意义。

（范玉蕾）

【新药研发外包企业桑迪亚落户高新区】 8月份，河北桑迪亚医药技术有限责任公司在高新区举行投产启动仪式，标志着国内一流新药研发外包企业桑迪亚医药技术（上海）有限公司正式落户高新区。成立于上海的桑迪亚医药技术有限责任公司，是国内一流的新药研发外包服务（CRO）公司，主要为全球100多家知名大型制药公司和生化公司提供优质、高效的"一站式"新药研发服务。桑迪亚河北分公司落户石家庄高新产业园区，与石家庄市医药企业形成产业对接和优势互补，可提升石家庄在京津冀的经济战略地位，为石家庄市生物医药支撑产业提供高端研发支撑、技术支撑及外包服务。

（雷婷）

【华药集团】 2011年，华药集团围绕产品提档升级，改进技术工艺，优化生产流程，产品的生产、成本、质量等技术指标提升。青霉素、VC、林可霉素等41个产品、53项技术指标超过2010年同期水平；VC、VB_{12}、青霉素等产品4项技术指标创下历史最好水平；12项重大技术专项中，有5项实现产业化；3项国家"十二五"科技计划项目和8项河北省科技计划项目完成；投入资金，实施13个单位或部门电子监管。实践"以用户满意为中心"质量经营，超越单纯产品质量范畴，涵盖决策、研发、原料、生产、物流、营销、服务及企业文化等经营全过程。以质量为核心，"华北"牌产品在国内外医药市场赢得广泛的认知度。年末华药集团拥有各类注册商标380多个，注册范围包括美国、日本、德国、英国等40多个国家和地区；产品销往80多个国家和地区，成为出口额最大的国内制药企业之一，其中青霉素、硫酸链霉素、阿莫西林、维生素C等品种产销量居世界前列。2011年，总投资40亿元的华药新制剂项目初步具备安装单机试车条件，该项目占地面积22公顷，建筑面积12.12万平方米。至2011年末，华药集团完成经营收入142.11亿元，同比增长21.89%，实现利润7000万元。

【石药集团】 2011年年中，"2010年度中国制药工业百强"排行榜揭晓，石药集团以年销售收入130.88亿元的业绩，名列“中国制药工业百强”第二位。至此，石药集团已经连续4年位居该榜第二名。中国制药工业百强评选活动由南方医药经济研究所和医药经济报社共同主办，其评选统计指标口径为年度销售收入，参评对象为在中国境内注册的以医药制造业为主营业务的制药企业。2010年，石药集团实现不含税销售收入130.88亿元，同比增长23.18%；实现利税16.05亿元，同比增长10.22%，上缴各类税金7.3亿元；直接出口创汇5.5亿美元，同比增长22%，位居国内医药行业首位。新型药物制剂与辅料国家重点实验室启用。11月18日，“新型药物制剂与辅料”国家重点实验室暨石药集团中央药物研究院启用仪式在高新区石药集团总部举行。“新型药物制剂与辅料”国家重点实验室暨石药集团中央药物研究院建设投资2亿元，使用面积达4.1万平方米，包括制剂技术研究所、合成技术研究所、综合技术研究所、天然药物与营养品研究所、生物技术研究所、酶工程研究所、药理中心，并配套建有符合国际认证标准的合成中试、制剂多功能中试研发平台。研究院全部采用高端研发设备，在新型制剂研究、分析检测、药理研究等方面具备很强的创新能力，是国内一流的新型药物孵化基地。“果维康”被认定为中国驰名商标。11月29日，国家工商行政管理总局网站公布2011年中国驰名商标评选结果，石药集团“果维康”榜上有名，成为石药集团继“石药”“欧意”之后获得的第3个中国驰名商标。2011年4月开始，国家工商总局开始受理2011年申报评选驰名商标材料，经过层层选拔，“果维康”商标被认定为中国驰名商标。本次河北省有11个商标被认定为中国驰名商标，石药集团是唯一一家获此殊荣的医药企业。自主创新实施战略转型。2011年，受抗生素限用、基本药物最低价中标、药品降价等政策影响，石药集团加大科研开发创新投入，培育自身科技创新能力，产品研发与技术创新步伐加快，产品结构得到优化。实施“从原料到制剂、从普药到创新药”战略转型，制剂销售比重增加到25%。列入“重大新药创制”科技重大专项的恩必普注射液IV期临床试验研究于6月25日正式启动，年末国家一类新药恩必普销售收入达到5亿元，成为中国第一个销售过亿的原研药，也成为全国原研药发展路径的典范。年内石药集团取得9个产品、10个生产批件、1个临床批件，申请临床注册品种6个，申请生产注册品种19个；在研新药项目170项，其中国家一类新药25个，涉及心脑血管、精神神经、内分泌、抗肿瘤等七大领域。2011年，石药集团实现不含税销售收入144亿元，同比增长11.5%；工业总产值120亿元；上缴各类税金7.5亿元；直接出口创汇5.5亿美元。

（范玉蕾）

【神威药业】 2月份，由神威医药科技股份有限公司承担的“中药注射剂质量标准化高技术产业化示范工程”经过两年多建设，通过国家验收并竣工投产。该项目核心技术由神威医药科技股份有限公司与北京清华大学合作研发，总投资7100万元，主要建设中国首条对中药注射剂进行近红外在线实施自动质量监控生产线，实现对中药注射剂产品42个关键工艺控制点自动质量监控和安全生产。主要是结合国际先进的检测分析技术，对现代中成药注射剂标准化生产关键技术进行控制，通过生产标准化、技术数字化和控制网络化提升和稳定中药注射剂的质量水平，解决中药注射剂的稳定性差、重金属超标、农药残留等问题。2011年，神威药业现代中药产业园综合制剂车间竣工，中药注射液车间、中药提取车间建筑面积10.3万平方米，按新版GMP及欧盟、FDA标准设计建造，年中药处理能力1.8万吨。全年重点开展中药材质量研究、系统基础研究、生产过程控制、中药注射液质量控制与提高产品安全性等科技创新。正式启动ERP三期项目，是全国首个“全面预算管理+商务智能+ERP”实施项目。8月份，“神威”商标获得澳门特别行政区商标注册证，到2011年末，该商标在东南亚、欧洲、非洲、美洲等几十个国家得到注册保护，形成有效的知识产权保护体系。2011年，神威药业获得中国中药行业首批企业信用AAA级评级；全年完成销售收入26.08亿元，同比增长1.28%，实现利润8.84亿元。

（雷婷）

【以岭药业】 2011年，国家发改委对国内729家国家认定的企业技术中心开展评价和排名活动，以岭药业技术中心位居第37名，成为该企业产品研发及科技创新的主力军。坚持以市场为龙头的企业创新发展战略，创立“理论－科研－新药－生产－营销”五位一体独特发展模式。年内，以岭药业获得国家大奖4项，国内外发明专利27项，创出具有自主产权名牌中药9个，成为国家重点高新技术企业和国家创新型企业，以岭商标成为中国驰名商标。全年以岭药业技术中心重点加大8个专利中药新药研发力度，加强与军事医学科学院、中国医学科学院、上海中医药大学等科研机构合作，为可持续发展奠定了基础。2011年，以岭药业研发生产的“参松养心胶囊治疗心律失常的应用研究”获得医药行业“十佳科技创新案例”，成为国家医疗保险乙类报销品种和国家重点新产品。至2011年末，以岭药业实现销售收入16.96亿元，同比增长5.58%，实现利润4.01亿元。

（焦莉莉）

【石家庄四药有限公司】 2011年，石家庄四药有限公司加快技术改造和创新，推进产销结构调整，扩展国内外中高端市场，在经济逆势中保持了健康发展的良好态势。两大省市级重点项目建成。年产500吨羟乙基淀粉系列特色原料药项目取得国家新版GMP证书并投产；新建年产5亿瓶（袋）注射剂现代化制剂项目按照欧盟认证标准设计，产能扩大1倍，并通过国家新版药品GMP认证现场检查。年内，该公司通过优化产销结构，巩固市场地位，依托结构调整形成成本优势和质量品牌竞争，软包装输液等和高附加值产品销售额占到总销售额的80%以上；阿奇霉素分散片、格列齐特片、盐酸地尔硫卓片等口服制剂产品销售上升，成为企业发展新增长极；扩建专业外贸营销队伍，参加世界各地专业展会，加快产品和商标国际注册力度，氨基酸注射液等20多种输液品种以及盐酸阿比朵尔胶囊等30多个口服制剂产品在近50个国家和地区成功注册和销售；通过国家新版GMP认证现场模拟检查和坦桑尼亚GMP质量审计；完成技术攻关项目20个、技术创新项目5个和10项验证计划，取得批准件123个。2011年，石家庄四药有限公司实现销售收入同比增长26%，利税继2010年再次超过2亿元。

【河北远征药业有限公司】 河北远征药业有限公司是石家庄市一家集兽药产品研发、生产经营、技术服务于一体的高科技兽药制剂企业，是中国专业生产优质、高效、绿色兽药的重要基地，也是国内生产规模最大、设备最先进的兽用制剂生产厂家。2011年，远征药业拥有2个厂区，8个现代化生产车间，16条GMP生产线。公司依托先进的技术设备，可生产粉针、水针、粉剂、散剂、片剂、颗粒剂、预混剂、灌注剂、消毒液、口服液、原料药等十一大系列共200多个产品，年产兽用粉针5亿支，水针4亿支，粉(散)剂6000万袋，消毒剂500万瓶，原料药200吨。该公司销售网络延伸至东南亚、西亚、非洲、俄罗斯等，在35个国家注册产品，销往50多个国家及地区，连续5年出口量排名国内第一。

（雷婷）

纺织工业

【概况】 2011年，全市纺织业延续回升态势，3月份开始，企业订单明显增加，开工率普遍上升，产量和效益提高。纺织用棉需求旺盛，纺织品和服装出口形势好转，纺纱产量保持增长。棉花价格快速上升，棉纱、棉布销售好转，产品价格提高，市场需求转旺，企业订单增加。年末全市拥有规模以上纺织服装皮革企业539家，其中纺织业264家，服装鞋帽制造业64家，皮革业193家，化学纤维制造业18家；实现工业增加值333.05亿元，同比增长13.87%；实现主营业务收入1268.97亿元，同比增31.04%；利润107.64亿元，同比增24.91%；利税146.61亿元，同比增31.73%。从业人员26.53万人，同比增加99.8%。主要产品纱产量50.73万吨，同比增长21%；坯布产量37.9亿米，同比增长

2.4%；服装产量1.61亿件，同比增长14%；皮革18870亿平方米，同比增长21.7%。

（冯江平）

【举办“魅力新华”纺博会】 5月份，举办中国　石家庄“魅力新华”第四届纺织服装博览会（简称纺博会）。本届纺博会由市政府、河北省纺织与服装行业协会主办，新华区政府承办，举办地点在新华集贸中心15家纺织服装类分市场，会期4天。纺博会期间，举行了服饰文化展演、时装走秀、市场宣传、品牌推介、洽谈订货，以及购物优惠、文艺节目、民俗文化展演等系列活动。8000多个商品品牌参展，26000余家纺织服装商品经销商到展会洽谈订货，日客流量36万人次，比日常增加50%以上。纺博会上，新尚元服装商城、品汇广场、新青年服装商城、银泰休闲服装城、天成商港等展区商品日成交额增加，总成交额达4.93亿元，订货额达2.84亿元。

（焦莉莉）

【中山日化众能无纺布项目开工】 5月份，河北中山日化股份有限公司（简称中山日化）投资建设的众能无纺布项目奠基开工。众能无纺布建设项目位于石家庄市高新区，总投资1.6亿元，其中厂区占地面积4.48公顷，建筑面积4万多平方米。该项目无纺布生产属高新技术产业，为幅宽3.2米丙纶纺粘热轧无纺布系列产品，建成后生产规模年产6000吨。项目具有生产流程短、生产效率高、生产成本低、产品强度高、品种多、用途广、耐酸碱、无毒性、无虫蛀、透气透水、易洗易干、不吸湿回潮、相对密度为现阶段化学纤维中最轻等特点，可在一次性卫生行业及耐久性行业得到应用，特别适合餐巾、西装衬布、医疗卫生一次性手术衣、手术帽、口罩、鞋套、妇女卫生巾、尿布、特殊行业一次性工作服等，可广泛应用于家居、装饰、包装、汽车内饰、建材、农用棚膜等领域。

（王巍）

【际华集团股份有限公司】 围绕建设最强最大的“军需品生产保障基地、职业装研发生产基地、职业鞋靴研发生产基地”战略目标，修订完善公司及子公司“十二五”发展规划，为公司可持续发展奠定了坚实基础。打造终端销售平台，进军户外服饰、高级定制业务，拓宽业务领域，“际华”品牌影响力增强。按照《军队被装协议采购暂行办法》规定，公司所属20户全资子公司与军队主管部门签署5年《军需被装产品生产协议》，巩固了公司在军需品市场核心供应商地位。推进产业链延伸，在天然橡胶和原料药等业务领域取得新进展。实施科技创新，制定三级研发体系项目分级管理规定，推进科研开发规范化、制度化进程。年内，公司与石家庄市政府签署产业园区职业装项目，总投资104亿元，完成立项请示、招投标申请表、项目备案登记表及信息登记表、项目资金证明、规划选址等资料。至2011年末，公司实现利润4.68亿元。

（冯江平）

【常山股份获得“中国纺织品牌文化50强”】 年内，中国纺织工业协会、中国纺织企业文化建设协会在海南省博鳌举行中国纺织品牌博鳌论坛。石家庄常山纺织股份有限公司（简称常山股份）在此次论坛上获得“中国纺织品牌文化50强”，是河北省唯一受到表彰的企业；常山股份董事长汤彰明获得“中国纺织品牌文化建设领军奖”（获此奖项全国纺织企业家29人）。常山股份研发试织新品种2000多个，其中牛奶、珍珠、天丝等新型纤维面料150个，10款新品入围中国流行面料，产品延伸到家纺、服装等终端产品，在国内注册有“金常山”等商标，在英国、香港注册有“C&S”（“常山”拼音字头，英文创造辉煌之意）和“IZI”（形似“子龙”，英文奋发图强之意）商标，企业销售额同比递增，效益名列中国棉纺织行业前20强。

（邵光毅　安东利）

【吉藁化纤】 吉藁化纤为吉林化纤集团子公司。吉藁化纤牵头组建天竹产业联盟，吸纳竹纤维上、中、下游产业链60多家纺织企业加入，形成一套完整的纺纱、织布、服装等竹纤维应用体系；旗下包括竹材浆粕和竹浆纤维各1家，纱线企业15家，织造企业16家，成品生产企业15家，渠道品牌企业8家，出口贸易企业3家，竹纤维检测2家。该联盟在渠道拓展、产品开发、市场维护、品牌建设方面实行差异化定位，采取采购、营销、零售协同，实现了整体、快速推进以竹浆纤维为核心的纺织产业链发展。年内天竹纤维终端产品中，针织内衣类使用量达到45.4%，其他领域产品使用量为4.0%。到2011年末，该企业竹纤维产量达到3.5万吨。

（焦莉莉）

【河北东明实业集团有限公司】 河北东明实业集团有限公司（简称东明集团）创建于1996年。2011年，公司拥有职工3000名，成为绵羊皮服装革产销量位列全国第一的中型民营企业。至2011年底，东明集团投入3亿元实施技术改造，投入2000万元实施环保污水处理，环境保护和治理达到规定和要求；无灰浸鞣、废灰液循环利用、废铬液循环利用工艺技术获得河北省科技厅科技成果奖，并在全国皮革行业推广。东明集团实施以客户需求为导向的市场扩张战略，每年用于新款服装设计投入达到300余万元；设立专门市场走访人员，及时反馈国际、国内市场需求动态；设立质检部、车间质检组及班组专职质检员等岗位，在企业内部整个生产流程实施下工序检上工序，每批产品、每个订单，均严格按照真皮生态皮革标准和皮革、皮革服装国家标准生产和检验，并通过ISO9001质量体系认证、ISO14000环境体系认证。2009年，“Dongming”商标及图被国家工商总局认定为“中国驰名商标”；2011年8月份，河北东明实业集团院士工作站正式揭牌。中国工程院院士、四川大学皮革化学与工程教育部重点实验室主任、皮革工程国家专业实验室主任石碧为工作站首席专家；石碧曾在2000年被联合国工业发展组织聘为皮革科技顾问和专家组成员，其“无铬少铬鞣法生产高档山羊服装革”成果获得国家科技进步二等奖，“橡碗栲胶分子降解－金属络合制造鞣剂”成果，获得国家技术发明二等奖。2011年，东明集团的制革、毛革、制衣产品进入到美国、加拿大、韩国、俄罗斯、香港等国家和地区。

（王巍　温婕）

【西曼集团】 西曼集团始建1985年，注册资本1200万元，固定资产9725万元，资产总额2.5亿元，是一家集生产、科研、贸易为一体的股份制企业集团。2011年，该企业拥有员工536人，其中中级以上专业技术管理人员150人；主要产品有皮革服装、水貂皮服装、羊剪绒服装、杂毛皮服装和尼克服等，研发产品有羊皮、牛皮、胎牛皮、烧毛系列服装，其中兔绒裘皮服装、出口梦幻系列服装、磨面光皮系列服装、精剪羊剪绒裘皮服装等填补了国内空白。该公司是辛集市最大的水貂皮生产企业，也是国内水貂皮大衣骨干生产企业。2011年，公司扩建和高标准装修西曼大厦1～2层营业大厅，营业面积由原来800平方米扩大到1600平方米，并在辛集市新国际皮革城3层设有800余平方米直销店。

（刘宝芝）

【大羽集团】 河北大羽羽绒制品有限公司成立于1987年，主要加工外贸羽绒服，拥有“大羽”羽绒服品牌。2011年，大羽制衣集团有限公司（简称大羽集团）销售网络遍布全国各地，出口产品畅销欧洲、美洲、亚洲等20多个国家和地区，并与沃尔玛、伊势丹等国际著名公司建立稳定的合作关系。该公司特聘新加坡高级设计师为主管，在天津设立“大羽设计工作室”，聘请北京市、天津市、上海市等服装学校专家和教授，在石家庄市也设有工作室；公司设计师团队有20余人，年开发羽绒服新品100多个投放市场。公司在大连市、石家庄市等地派驻信息员，根据市场实际需求调整生产。2005～2011年，该公司产品市场占有率、销售额连续7年在全国同行业中名列前十名。

（王巍）

石油化工业

【概况】 2011年，全市化学工业拥有规模以上企业334家，从业人员近8.5万人，总资产460.3亿元。全年完成工业增加值258.8亿元，占全市工业的14.82%，销售收入1087.8亿元，实现利税112.7亿元，利润49.6亿元，比2010年分别增长13.14%、30.95%、4.44%、1.78%。其中9家石油化工企业进入全市工业50强。主要产品大类有石油化学品、基本化学原料、有机化学品、化学肥料、化学农药及生物农药、橡胶制品等。年内销售收入过百亿企业有石炼化（267.85亿元），过20亿企业有河北诚信（35.8亿元），过10亿企业有正元化工（19.1亿元）、双联化工（16.7亿元）、白龙化工（11亿元）；利税过30亿元企业有石炼化（30.5亿元），利税超过5亿元企业有河北诚信（6.77亿元），利税过亿元企业有正元化工（1.45亿元）。主要产品生产量为原油加工量412.1万吨（同比下降1.9%），精甲醇22.6万吨（同比上升3.8%），合成氨118.5万吨(同比下降8.4%)，农用氮、磷、钾化学肥料总计（折纯）74.27万吨（同比增长2.1%），化学农用原药（折有效成分100%）3262吨（同比下降4.00%），橡胶轮胎3.26万条(同比下降0.90%)。

（屈子义）

【工业水处理工程研究中心通过验收】 年内，由市发改委首批批复建设的“石家庄市工业水处理工程研究中心”在高新区通过验收。这是石家庄市响应创建国家创新城市、提高产业创新能力，组织建设的首个市级工程研究中心。验收组由国内知名专家及石家庄市相关技术专家组成。专家组一致认为，该工程研究中心在制药行业水处理技术、企业废水资源化技术、绿色水处理化学品以及工业综合节水技术等产业化研发领域处于领先地位，突破了青霉素、维生素C等废水处理关键技术。石家庄市工业水处理工程研究中心依托石家庄开发区德赛化工有限公司建设，解决了石家庄市生物制药和循环化工等特色产业发展对水资源节约和综合利用的需要。该中心面积1900平方米，研发人员32人，其中硕士以上学历8人；专业仪器设备40多台套，固定资产总值480万元；承担国家、省、市科技项目5项，起草行业标准2项，获得国家和省科技成果奖3项，申请国家发明专利5项，其中授权专利1项，发表论文20余篇。通过在华北制药、石药集团等40多家企业应用，该中心年平均节水约1800万吨、减排COD1.5万吨、节省费用5000多万元，工程中心累计实现销售收入4000多万元。

（雷婷）

【行唐县生物环保垃圾处理厂开工】 2月23日，行唐生物环保垃圾处理厂开工。该项目总投资2.5亿元，占地13.33公顷，由河北赛克尔环保有限公司等2家公司与加拿大合资兴建。10月份，行唐县生物环保垃圾处理厂项目建成投产。该项目采用“赛克尔垃圾处理工艺技术”，主要利用循环再生技术，把生活垃圾、畜禽粪便等还原成可利用资源，整个处理过程实现“无污染、零排放”；日处理生活垃圾500吨，牛粪250吨、鸡粪50吨，含有机物废水50吨；每年消化玉米秸秆5.5万立方米；日产有机肥料57.5吨、沼气12.15万立方米。生活垃圾等原料通过密闭运输车辆进入厂区，所有可能出现污染的垃圾分拣、筛选等均在封闭地下车间实施；垃圾中剩余有机物，与秸秆、牛粪、鸡粪按比例混合，通过研磨、制浆、高温消毒后，进入发酵罐生产沼气；沼气提纯后，一部分作为厂区热源，一部分用于发电；有机物发酵产生的沼渣、沼液，被制成固态或浓缩液态有机肥。

（张跃彬　靳晓磊）

【威远生化整体搬迁升级项目奠基】 3月29日，河北威远生物化工股份有限公司（简称“威远生化”）整体搬迁升级改造项目在石家庄循环经济化工示范基地举行开工奠基仪式。威远生化是河北省首家上市公司，国家认定高新技术企业，拥有省级技术中心，主要从事精细化工产品，包括农药、兽药原料药及制剂的研发、生产和销售。拥有农药杀虫剂、杀菌剂、除草剂和兽药共140多个品种。农药、兽药销售收入位居国内前十名，是国家重点农药、兽药生产企业，是石家庄市主要出口创汇型企业。威远生化本部及所属石家庄生产基地原址位于城市中心发展规划区域内，为石家庄市规划搬迁的49家企业之一。该公司搬迁升级改造项目完成后，将建成农药原药、农药制剂、高端化工产品联产等装置，可实现产品结构的调整优化、原有产品的规模扩张和产品技术的升级换代。威远生化每年用于研发资金投入达到公司销售收入5%以上，清华大学、南开大学、中国农业大学、新奥科技发展有限公司等单位都与威远生化有多方位、深层次技术合作，建立有产学研结合的技术创新体系。2010年，威远生化的甲氨基阿维菌素获得“河北省名牌产品”，伊维菌素通过欧洲COS认证。到2011年末，威远生化在国内建立了覆盖28个省、1200多个县的销售网络和技术服务网络，拥有400余家经销商，6000多家零售商；75个产品完成国际注册，取得进入国际市场资质。

（范玉蕾　刘宝芝）

【民海化工环己酮项目投入试运行】 8月17日，井陉矿区循环经济煤化工产业园区的民海化工环己酮项目投入试运行。该项目总投资15亿元，占地33.33公顷，采用国际先进工艺技术，可消化吸收矿区焦化企业的富余煤气，合理利用资源，不产生废水、废气、废渣，推动能源产品向高科技、高附加值和高效洁净转变。

（范玉蕾）

【晋煤金石30万吨合成氨项目生产出首批产品】 12月7日，省会异地搬迁改造项目——晋煤金石化工投资集团金万泰公司年产30万吨尿素装置试开车成功，生产出首批“太行山”牌尿素产品。2010年2月28日，位于市区晋煤金石公司老厂区全线停车，并在新乐市工业园区建设30万吨合成氨异地搬迁改造项目。尿素是金万泰公司最重要的主导产品，尿素生产装置为新建装置，设计生产能力为年产30万吨，最大生产能力达年产40万吨。该装置采用国内比较成熟的二氧化碳气提工艺，与老厂区水溶液全循环法生产工艺相比，缩短工艺流程；氨耗、汽耗、电耗以及循环水消耗均得到减少，降低生产成本；采用原料二氧化碳气体脱氢技术，杜绝工艺过程燃爆的危险性，提高了尿素生产安全水平。

（屈子义　范玉蕾　卢建生）

【化工基地公用气体岛项目签署投资协议】 12月31日，石家庄市与盈德投资（上海）有限公司签署化工基地公用气体岛项目投资框架协议。该项目建成后，可为化工基地及周边企业供应多种专业化工业气体。盈德投资（上海）有限公司是国内最大的专业化工业气体生产供应商，拥有建设和运营工业气体生产装置的技术管理优势和香港联交所上市资本优势。工业气体岛项目建设，对于拉长化工示范基地煤化工产业链，改善石家庄市能源结构具有重要意义。

（范玉蕾）

【河北双吉化工有限公司】 河北双吉化工有限公司原名河北省辛集市化工三厂，始建于1972年。该公司是集科研、生产、进出口贸易为一体的国家重点农药生产企业，也是国内最大的农用杀菌、杀螨剂生产企业。产品主要涵盖硫磺悬浮剂、石硫合剂、代森锰锌等20多个具有高效、广谱、低毒、安全、无公害、无污染特性的农药品种，广泛用于玉米、小麦、大豆、花生、果树、蔬菜、花卉等农作物的病害防治。该公司曾获得全国星火计划成果博览会金奖、全国科技星火示范企业奖、全国民营化工先进企业、全国乡镇科技进步先进单位等多项国家级称号。2010年8月4日和2011年5月21日，公司申请代森锰锌的研磨络合锌、代森锰锌水分散颗粒剂的湿法、代森铵水溶液的复合型杀菌剂3项发明专利。到2011年末，该公司总资产达到2.2亿元。

（王巍）

装备制造业

【概况】 2011年，全市装备制造业拥有规模以上企业495家，从业人员13.5万人；总资产475.5亿元，同比增长32.1%；完成工业增加值274.9亿元，同比增长21.01%，高于全市平均水平4.8个百分点，占全市工业增加值比重15.7%，比上年末提高1个百分点，拉动工业增速提高3.2个百分点；出口交货值33.6亿元，同比增长31%；主营业务收入1103.4亿元，同比增长33.1%，高于全市平均水平2.2个百分点，贡献率达30.4%；实现利税138亿元，同比增长40.2%，创下近3年最好水平。工业50强重点企业中，装备制造企业完成工业总产值62.7亿元，同比增长15.6%，实现销售收入61.8亿元，利税6.3亿元，同比均增长19.1%。南车石家庄车辆有限公司、石飞公司、安瑞科气体机械、苹乐面粉机械、华北柴油机、博深工具、河北电机等 50 强企业销售收入实现两位数增长，其中南车石家庄车辆有限公司利税实现翻两番。双环汽车销售收入、利润同比分别下降 1.7% 和 77.2%。

【金属制品业】 全市金属制品业入统企业 110 家，完成工业增加值 60.4 亿元，同比增长 13.4%；主营业务收入 243.7 亿元，实现利税 27.7 亿元，同比分别增长 26.9% 和 34.9%。全年生产金属切削工具 5130 万件，同比下降 25.2%；亏损企业 3 家，比上年增加 1 家，亏损额比上年减少 168 万元。

【通用设备制造业】 全市通用设备制造业入统企业 169 家，完成工业增加值 97.8 亿元，同比增长 25.3%；主营业务收入 365.5 亿元，实现利税 45.6 亿元，同比分别增长 39.1% 和 37.2%。全年生产发动机 63 万千瓦，同比增长 23.5%，泵 1.3 万台，同比增长 11.7%，阀门 5.1 万吨，同比增长 15.3%，轴承 1500 万套，同比增长 54.7%，齿轮 3 千吨，同比增长 30.8%，减速机 1.6 万台，同比增长 56%，铸铁件、铸钢件分别为 38 万吨和 28 万吨，同比分别增长 61.2% 和 10.7%。亏损企业 6 家，比上年增加 1 家，亏损额比上年增加 8000 万元，其中金刚内燃机零部件集团有限公司亏损 7700 万元、市动力机械厂亏损 2700 万元、石家庄建筑机械有限公司亏损 700 万元、江淮动力机械有限公司亏损 670 万元。

【专用设备制造业】 全市专用设备制造业入统企业 73 家，完成工业增加值 36.1 亿元，同比增长 18.4%；主营业务收入 157.1 亿元，实现利税 18.6 亿元，同比分别增长 27.6% 和 44.3%。全年生产矿山专用设备 8700 台，同比增长 26.4%，中小型拖拉机 3200 台，同比增长 17.5%，环保专用设备 820 台，同比下降 7%。专用设备出口交货值同比下降 20.9%。亏损企业 5 家，比上年增加 1 家，亏损额比上年减少 1100 万元。

【交通运输设备制造业】 全市交通运输设备制造业入统企业 40 家，完成工业增加值 24.7 亿元，同比增长 10.6%；主营业务收入 100.5 亿元，实现利税 12.9 亿元，同比分别增长 15.9% 和 24.1%。全年生产铁路货车 1090 辆，同比增长 157.3%，改装汽车 4950 辆，同比下降 4.5%，摩托车整车 20 万辆，同比增长 178.2%。亏损企业 1 家，比上年减少 1 家，亏损额比上年减少 300 万元。

【电气机械及器材制造业】 全市电气机械及器材制造业入统企业 92 家，完成工业增加值 50.4 亿元，同比增长 33.6%，增速在分行业中排名第一。主营业务收入 218.1 亿元，实现利税 29.3 亿元，同比分别增长 50.1% 和 63.6%。全年生产电机 410 万千瓦，同比下降 6%，电力电缆 18 万千米，同比增长 57.6%，灯具及照明装置 19.2 万套（台），同比增长 41.3%。亏损企业 2 家，比上年减少 1 家，亏损额比上年增加 356 万元。

【仪器仪表及文化、办公用机械制造业】 全市仪器仪表及文化、办公用机械制造业入统企业 11 家，完成工业增加值 5.4 亿元，同比增长 4.3%；主营业务收入 18.4 亿元，同比下降 2 个百分点，实现利税 3.9 亿元，同比增长 12.9%。全年生产工业自动调节仪表与控制系统 2030 台、表 137 万只、眼镜成镜 460 万副，同比分别增长 17%、9% 和 22.7%。

（陈文）

【快速制造工程技术中心二期建设启动】 年内，快速制造工程技术中心二期建设正式启动。石家庄快速制造工程技术中心是由石家庄生产力促进中心与河北科技大学合作共建的非营利性、开放式公共服务平台，一期建设投入 360 万元，具备产品设计、逆向工程、快速产品加工、快速模具研发 4 项功能。该中心建于河北科技大学校内，建筑面积 4000 多平方米。该中心以研发平台为支撑，围绕制造业共性关键技术，开展技术咨询、技术培训、技术服务以及新技术、新产品、新工艺示范推广。2010 年 4 月 1 日，该中心被国家快速制造工程技术中心命名为“快速制造国家工程研究中心河北示范中心”。

（焦莉莉）

【安瑞科新厂区开工建设】 4 月 27 日，石家庄安瑞科气体机械有限公司新厂区在栾城县石家庄装备制造基地举行开工奠基仪式。石家庄安瑞科气体机械有限公司是现阶段中国最大的气体机械制造商、成套技术集成商之一。2007年，该公司通过资源整合，正式加盟中国国际海运集装箱（集团）股份有限公司。该公司拥有国际化研发力量和技术创新体制，自主研发的大容积钢质无缝气瓶填补国内空白，获得国家重点新产品称号。安瑞科气体机械有限公司新厂区项目总投资10亿元，主要建设9条气体储运设备生产线。

（范玉蕾）

【中国南车石家庄产业园开工】 6月21日，中国南车石家庄产业园开工奠基仪式在市装备制造基地举行。中国南车石家庄产业园项目总投资78亿元，占地133.33公顷，项目包括铁路货车造修业务等传统产业，同时包括工程机械、城轨车辆等新产业项目。计划分两期建设，一期工程完成铁路货车造修业务整体搬迁及产业升级；二期工程为新产业基地建设。

（雷婷）

【冀中能源石煤机公司入选中国机械500强和500大】 7月26日，在北京召开的“2011年度（第九届）《中国机械500强研究报告》发布会”上，冀中能源机械装备石煤机公司获得“中国机械500强”和“中国机械500大”两个称号。中国机械500强企业评选是由中国机械工业企业管理协会主办、机械工业经济管理研究院、世界企业实验室协办，全球制造商、中国机械网承办，是一项旨在反映国家机械工业发展状况的调查发布活动，从2003年开展此项活动起，已经连续举办九届。石煤机公司在“中国机械500强”排名为325位，比2010年提升58位；在“中国机械500大”排名为378位。

（陈晔）

【东风汽车改装车产业园项目落户赞皇县】 9月8日，东风汽车改装车产业园项目在石家庄市举行战略合作框架协议签约仪式。东风汽车改装车产业园项目由东风实业有限公司和河北诚实实业集团在赞皇县合作投资建设，项目占地66.67公顷，主要用于东风经济型汽车在华北地区的市场拓展，计划在“十二五”期间形成集改装、销售为一体，产能达到3～5万辆经济型车辆改装能力。主要向河北省供应五大系列产品，即自卸车系列、危险品运输车系列、散装水泥运输车系列、混凝土搅拌运输车系列、环卫车系列等专用车产品。还开展汽车保险、汽车金融、售后服务、零部件销售等汽车后市场业务。东风汽车公司是中国汽车行业骨干企业之一，销售规模位居行业第二。河北诚实实业集团是河北省汽车行业的龙头集团之一，是以商用及乘用汽车销售、汽车售后服务为主营业务的多元化实业集团。

【惠州百利宏控股有限公司收购金刚集团】 石家庄金刚内燃机零部件集团有限公司（简称金刚集团）创建于1958年，主营缸套、活塞、活塞环、气门等汽车内燃机配件，为石家庄市大型国有企业。在计划经济向市场经济转型过程中，因体制机制等瓶颈因素制约，金刚集团面临困难，形成诸多历史遗留问题，阻碍了企业发展，影响企业做大做强。2011年9月份，石家庄金刚内燃机零部件集团有限公司被惠州百利宏控股有限公司以1.2亿元正式收购，并完成产权整体转让。惠州百利宏控股有限公司是联想控股和联想集团股东，与联想集团和联想集团旗下所有子公司有长期合作关系。金刚集团改制后全部资产、负债均由惠州百利宏控股有限公司全资子公司金刚集团承担。

（雷婷）

【石家庄光晋阀门有限公司】 石家庄光晋阀门有限公司是晋州市周家庄乡的支柱型工业企业，前身是创建于1962年的河北省晋州县五金水暖厂。2011年，该公司拥有员工3000名，总资产3.5亿元。公司以“js”品牌为龙头，形成专业制造灰铸铁、合金铸钢、精铸不锈钢等多种驱动方式系列阀门上千个品种规格及门类齐全的阀门制造加工体系。公司投入1200万元改造铸造工艺，将传统人工造型改造为机械造型，产品质量显著提高；投入1500万元开发不锈钢阀门，形成从不锈钢精密铸造到年产各类不锈钢阀门及管件1500吨生产能力，全部出口国外；投入1500万元把部分落后的普通加工设备更新为先进的数控机床及全技能数控加工设备；投资300万元引进先进的材料金相分析仪、阀门物理实验机、材质光谱分析仪等检测设备，实行专职检验员检验每道工序。公司出口的灰铸铁阀门全部达到日本标准，出口的不锈钢阀门全部达到欧美标准。

（刘宝芝）

食品工业

【概况】 2011年，全市食品工业拥有规模以上企业223家，其中农副产品加工业185家，食品制造业54家，饮料制造业25家，烟草制品业1家。全年规模以上食品工业企业完成增加值203.31亿元，同比增长17.66%；主营业务收入819.37亿元，同比增长36.11%；实现利润58.44亿元，同比增长39.05%；利税108.55亿元，同比增长35.34%。农副食品加工经济效益稳步增长。生产小麦粉622.8万吨，同比增长70.2%；食用植物油21.9万吨，同比增长30.4%；乳制品70.1万吨，同比增长33.6%。食品制造业效益提高，主营业务收入86.93亿元，实现利润5.21亿元，利税8.14亿元，同比分别增长12.67%、25.55%、21.19%。石家庄双鸽集团公司、石家庄洛杉奇食品有限公司等企业保持良好发展势头。

【食品生产加工行业诚信体系建设】 7月31日，出台《关于推进食品生产加工行业诚信体系建设实施方案》。该方案要求建立健全和完善四大体系，即食品生产加工行业企业诚信管理体系，诚信信息征集和披露体系，诚信评价体系，政府部门协同推动、行业协会组织实施、食品企业积极参与、诚信责任有效落实的运行体系。该方案以加强企业自律为重点，以改善食品安全诚信环境、培育企业食品质量安全诚信意识、规范食品质量安全生产秩序为目标，旨在全面推进食品质量安全诚信体系建设。

（冯江平）

【青岛啤酒石家庄公司一期工程竣工投产】 8月9日，青岛啤酒（石家庄）有限公司一期工程年产20万千升啤酒项目竣工投产仪式在藁城市经济开发区举行。青岛啤酒（石家庄）有限公司年产40万千升啤酒项目是省、市重点项目。2009年8月4日正式签约，2010年8月5日开工，2011年8月8日出酒。一期工程年产啤酒20万千升，整个工程建设仅用一年时间。

（范玉蕾）

【与汇源集团签约饮料项目】 9月份，中国汇源集团（简称汇源集团）正式与鹿泉市签约饮料项目，一期总投资5亿元，占地13.33公顷，建设周期2年。汇源集团为中国果汁行业第一品牌，实力雄厚，在全国非常有影响力，是一个主营果、蔬汁及果、蔬汁饮料的大型现代化企业集团。2011年，汇源集团在全国各地创建现代化工厂30多家，链接名特优水果、无公害水果、A级绿色水果生产基地和标准化示范果园26.67万公顷，营销服务网络遍布全国。

（徐立康 冯战平）

【中粮可口可乐饮料（河北）有限公司奠基】 10月18日，中粮可口可乐饮料（河北）有限公司在石家庄藁城经济开发区举行奠基典礼。中粮可口可乐饮料（河北）有限公司厂区占地面积16.93公顷，厂房建筑面积约4.4万平方米，计划引进三条塑料瓶装专用生产线，包括一条汽水生产线和两条第三方配套的不含气饮料生产线。中粮可口可乐饮料集团是由中粮集团和可口可乐公司两大世界500强企业合资成立的饮料公司。中粮可口可乐河北厂投资4.68亿元人民币，是中粮可口可乐继北京市、天津市等可口可乐装瓶厂后管理的第12家装瓶公司。

（雷婷）

【参加2011首届环京津食品工业展览洽谈会】 12月8～11日，全市29家食品工业企业到河北省廊坊市参加“2011首届环京津食品工业展览洽谈会”，集中展示乳制品、酒类、马铃薯、杂粮杂豆、饮料、食用油、方便速冻食品、肉类、炒货九大类上百种食品，部分企业意向性接触了京津地区经销商。在此次食品工业展览洽谈会上，市工业和信息化局获得最佳组织奖。张家口塞北现代牧场有限公司的“现代牧业”牌乳品获得特等奖；河北沙城庄园葡萄酒有限公司等5家企业参展产品获得金奖；怀来县贵族庄园葡萄酒业有限公司等7家企业产品获得银奖。

【君乐宝乳业销量超过20亿元】 石家庄市君乐宝乳业有限公司（简称君乐宝乳业）依托华北地区绿色优质奶源带，凭借多年低温发酵乳行业研发与管理经验，产品扩展到低温、常温两大领域，形成酸牛奶、纯牛奶、花色奶，以及乳饮料等50多个品项，拥有红枣酸牛奶、五色谷养生牛奶、每日活菌活性乳酸菌饮料、酪爵庄园欧式酸奶酪、多谷力谷物浓浆饮品等多款行业领先产品。销售区域扩展到河北省、河南省、山东省、山西省、辽宁省、江苏省、安徽省等地。君乐宝乳业所有奶源均来自牧场、养殖小区，采用集中挤奶模式，杜绝散收奶。至2011年末，公司拥有托管监管奶厅227个、牧场10个；配备专业质量安全控制队伍100余人。君乐宝乳业投入1000多万元配备了高效液相色谱仪、气相色谱质谱仪、原子荧光光度计、牛乳成分快速分析仪、酸牛奶成分快速分析仪、牛乳微生物快速检测仪、冰点仪等国际一流先进检测设备，具备从原料奶、原辅材料、包装材料、生产过程到成品高标准检验控制能力，可实现对理化、微生物、添加剂、三聚氰胺、重金属、农药残留等50余项原奶项目和20余项成品项目检测。2011年，君乐宝乳业实现销售额超过20亿元，市场占有率位居全国第四，液态奶销量位居全国前十位，获得“中国驰名商标”称号。

【石家庄洛杉奇食品有限公司】 年内，石家庄洛杉奇食品有限公司（简称洛杉奇）在化验室配置先进的致病菌检测、农兽药残留检测等设备，实现了有效控制采购产品和生产环节，保证了出厂产品安全和质量。《食品安全法》发布后，洛杉奇公司按照法律法规要求，产品实行逐项检查和验证，重点在原料和食品添加剂索证及管理制度、预包装食品标签、出厂检验制度、食品召回制度等方面自检和完善。成立以总经理为组长的食品安全管理领导小组，全面负责产品安全和质量管理；公司品管部负责产品形成过程日常监督；实行食品安全管理领导小组不定期联查、董事长和总经理巡查及内审和管理评审制度，有效预防了产品形成过程中出现质量和安全隐患。

【石家庄双鸽食品有限责任公司】 石家庄双鸽食品有限责任公司是集生猪良种繁育、育肥、饲料加工、屠宰、预冷分割、熟肉制品深加工、冷冻冷藏、铁路运输、物流配送、连锁销售为一体的国家级农业产业化重点龙头企业。该公司实行规模化发展，加工基地技术升级，原肉品加工基地迁至晋州市，建成占地10公顷，年屠宰加工生猪150万头，年产肉制品5万吨的现代化肉品加工基地。2011年，公司实行采购每个批次进厂生猪必须接受“瘦肉精”抽检；生猪入厂必须附有“动物检疫合格证明和车辆消毒证明”，佩戴畜禽标识，出具由畜牧部门检疫检验后发放的无“瘦肉精”和无添加有害物质检测合格证书；产品出厂前批批自检，实现了各环节之间无缝隙对接。产品每个环节建有原始台账登记，出现问题，可实现质量追溯。质量追溯按照原料肉批次实行档案管理，细化和完善了统一制式记录表格，形成每批原料肉建立专项档案；销售产品根据生产日期和品种查验专项档案可追溯到源头；所有档案保留2年。

【益海（石家庄）粮油工业有限公司】 益海（石家庄）粮油工业有限公司是石家庄市农业产业化龙头企业，日加工优质麦1600吨，面粉产品包括金龙鱼、蓝匙、香满园、元宝4大系列近50余个品种。公司设有专门质量检验机构，专职检验人员经过质量监管机构培训，实行每批成品全部自检。磨粉车间拥有瑞士BUHLER最新一代设备，配套建设筒仓36个，总仓容量2万吨，麦仓24个，可同时处理多种不同性质的小麦，实现了全封闭管道内生产。公司拥有先进的检验化验设备和计量、储存、配粉配料、倒仓、集中打包等多功能先进面粉后处理工艺以及一流的粉师研发队伍，主要从事高等级专用面粉生产，面粉主要供应康师傅、宾宝、曼可顿、达利、肯德基等厂家。公司严格控制生产关键环节和检验环节，加强小麦粉生产加工各环节全过程监控，建立和完善了产品质量追溯制度，生产小麦粉所用小麦、食品添加剂、包装袋等全部符合国家规定和标准；未经检验和检验不合格产品实行不出厂、不上市制度。

【统万珍极食品有限公司】 统万珍极食品有限公司是一个以酿造调味品为主的专业化、国际化调味品制造公司，2009年6月由日本龟甲万株式会社、台湾统一企业集团和石家庄珍极酿造集团公司3方联合出资成立。1980年代末，该公司自主创新建成中国第一条“液态深层食醋生产线”，在行业内首先实现食醋生产工业化。1990年代初，该公司引进日本先进技术，结合自主创新，建成全国第一条高品质高盐稀态酱油生产线，“珍极”成为中国第一家可生产高档酱油的企业。至2011年末，该公司拥有各类工艺创新、研发设备及产品外包装设计专利18项。统万珍极食品有限公司整合日本龟甲万、台湾统一和珍极3家公司优势资源，“珍极”品牌市场范围从石家庄市扩展至全国，乃至美国、欧洲等市场，产品销售到零售业、餐饮业、加工业等行业，年销售金额由1994年不足3000万元，到2011年超过2亿元。

（冯江平）

轻 工 业

【概况】 2011年，全市轻工业拥有规模以上企业223家，其中木材加工27家，家具制造20家，印刷业20家，塑料制品78家，造纸56家，工艺品16家，其他6家；实现工业增加值143.45亿元，同比增长17.67%；主营业务收入536.29亿元，同比增35.1%；实现利润47.44亿元，同比增长38.21%；利税64.73亿元，同比增长35.52%。塑料制品64.5万吨，同比增25.1%；纸制品97.15万吨，同比增30.3%；家具制造226.39万件，同比增长26.3；日用玻璃制品21.98万吨，同比增长16.5%；人造板产量305.15万立方米，同比下降8.6%。塑料制品主营收入156.88亿元，同比增长38.02%；木材加工主营收入123.01亿元，同比增长52.99%；造纸业主营收入114.4亿元，同比增长27.99%。

（冯江平）

【藁城宫灯】 藁城市针对藁城宫灯“家家制作、户户销售”作坊式生产和“村、市不分，厂、市不分”等问题，按照“政府启动、业户参与、统一规划、合理布局”原则，在有“宫灯之乡”的屯头村村南规划建设占地9.33公顷宫灯园区和交易市场，完善水、电、路、讯等基础设施，引导企业进区发展、入市经营，在园区内形成“前店后厂、区市结合”的结构布局，拓展了宫灯文化产业发展空间。到2011年末，入区企业70多家，宫灯产品远销20多个国家和地区，年销售额2.5亿元。

（王欣）

【胶印厂与北京信安中彩公司签约】 12月15日，市胶印厂与北京信安中彩科技有限公司就福利彩票印制合作项目签约。市胶印厂隶属市民政局，是一家国有福利企业，是中国福利彩票印制定点单位。1978年7月27日，新中国第一张福利彩票由市胶印厂印制并在石家庄市发行。此次与北京信安中彩科技有限公司签约，主要是引进一套投资7000万元由意大利OMET公司生产、世界上最先进的彩票生产线。

（李云萍）

电力工业

【概况】 2011年，全市共有发电企业42家，装机总容量907.52万千瓦。省调直调电厂11家，机组容量为853.84万千瓦；地调直调地方电厂和企业自备电厂31家，机组容量为53.68万千瓦，其中地方电厂14家，机组容量37.78万千瓦，自备电厂17家，机组容量15.9万千瓦。石家庄电网共有110KV及以上变电站222座，变压器384台，总容量28195兆伏安。其中，500KV变电站3座，变压器6台，总容量5000兆伏安；220kV变电站34座，变压器70台，总容量10553兆伏安；110kV变电站149座，变压器308台，总容量12642兆伏安。500KV输电线路18线，220kV输电线路93条，总长度1910.41千米；110kV输电线路229条，总长度3036.92千米。全年全社会累计用电量413.28亿千瓦时，比上年同期增加29.74亿千瓦时，增长7.75%；年售电量352.16亿千瓦时，比上年增长8.11%。2011年石家庄网供最大负荷600.35万千瓦（出现在7月24日），比上年增长2.3%。城市电压合格率达99.84%，供电可靠率达99.92%，实现跨年度安全生产2237天。年内，石家庄电业局获得全国“五一”劳动奖状、全国文明单位、全国安康杯竞赛优胜企业、全国电力行业优秀企业等称号；连续24年保持河北省文明单位称号，连续10年保持全市民主评议行风第一名。

（陈香宇　汪永山）

【良村热电一期工程全部投产】 8月23日，石家庄良村热电有限公司2号30万千瓦热电联产机组顺利通过168小时试运行，标志良村热电一期工程全部投产。至此，良村热电实现双机投产，两台机组投产后可形成400吨／小时的工业用热和800万平方米民用采暖能力，对缓解河北南部电网负荷压力、满足石家庄东部区域工业用热将发挥重要作用。良村热电工程是河北省重点工程建设项目，是中电投集团公司在石家庄市投资建设的第一个热电项目。自工程开工以来，项目建设累计实现安全施工705天，实现了人身、机械设备事故“双零”目标，主要技术参数指标良好，主辅设备性能达到设计要求。

（杜志辉　郝晓霞）

【电力供应】 开展“抓执行、抓过程、建机制”安全风险管控活动，严抓基础管理，细抓现场管控，狠抓到岗到位，安全基础得到巩固。推进“控风险、防事故、保安全”主题反违章活动，开展暗访检查2404次，有效消除了风险和隐患。科学统筹生产计划，加强工程组织协调，完成大修技改工程477项，检修预试538项。加强应急管理，完善各类预案，完成全市92户高危及重要用户应急演练，市区应急自备电源配置率达到100%；成功应对“6•23”、“7•15”极端恶劣天气对电网冲击，圆满完成中国共产党建党90周年、中共河北省第八次党员代表大会等315项保电任务。“迎峰度夏”期间，电力负荷屡创新高，出现最大负荷超过600万千瓦的严峻形势，电网保持了安全可靠运行。

市电业局控制中心大厅

【电网建设】 坚持“按需发展、适度超前”原则，优化调整电网规划，

加快农村电网建设

修编完成“十二五”战略发展规划和11个子规划。《正定新区电力专项规划》通过市政府规划委员会审批。深化政企合作，学习借鉴外省市先进经验，起草《关于加快电网建设的若干意见》，共同推进电网建设。投资19.19亿元加快坚强电网建设，建成110千伏及以上线路303千米、变电容量55.45万千伏安。实施农网改造升级工程，完成农网投资4.89亿元，新建改造35千伏变电站22座，10千伏及以上线路914千米，配变电器2383台，低电压治理21.5万户。推进智能电网建设，在国家电网公司第二批智能化改造试点项目中，率先完成220千伏安托站智能化改造任务，实现调控一体化管理；桥东区配网自动化建设完成，建成智能小区1个，安装电动汽车充电桩150个，2个小区、1300余户实现光纤入户。

【供电服务】 实施“塑文化、强队伍、铸品质”服务品质提升工程。主动为电力客户提供优质、便捷服务，开通电费短信通知业务，研发互联网购电功能，加快电卡表推广进度。加强供电服务闭环管理，服务台“95598”实现市级集中受理，故障抢修平均到场时间18分钟，投诉举报处理率和供电服务承诺兑现率保持100%。开展“品牌塑造年”活动，与长城网联合举办“走进电力”专栏，搭建起与社会、媒体、群众沟通平台。全力服务省会“三年上水平”建设，扎实推进南水北调等国家重点工程配套建设，迁改10千伏及以上线路254条、205.59千米。加快新农村电气化进程，完成13个乡、230个村的建设任务。加强行风建设，组织开展领导接待日、电力开放日等活动，全年实现供电服务“零投诉”。

石家庄电业局

局长（总经理）：王文红（9月免）
赵亮　（9月任）

党委书记、副局长（副总经理）：
杜小波

副局长（副经理）：魏锁均
王新朝（9月免）
刘建华（9月任）
周京龙

（陈香宇　王晶）

冶金工业

【概况】 2011年，全市冶金工业拥有规模以上企业74家，从业人员3.02万余人，总资产292.3亿元；实现销售收入734.39亿元，完成工业增加值176.27亿元（占全市比重10.09%），分别比上年同期增长37.44%、17.69%；实现利润27.46亿元，利税38.71亿元，分别比上年同期增长23.77%和10.22%。5家冶金企业进入市工业50强。冶金工业主要产品有生铁、粗钢、钢材、铁合金、焦炭、黄金等，2011年主要产量为生铁989.78万吨，同比增长34%；粗钢1013.73万吨，同比增长12.4%；钢材978.34万吨，同比增长14.2%；铁合金5.18万吨，同比增长26.1%；焦炭366.28万吨，同比增长28.5%；黄金401千克，同比增长2%。河北敬业集团(简称敬业集团）工业总产值490.7亿元，比上年同期增长22.25%；石家庄钢铁有限责任公司工业总产值85.3亿元,比上年同期增长4.76%;辛集市澳森有限责任公司工业总产值102.58亿元，比上年同期增长66.92%；河冶科技有限公司工业总产值10.49亿元，比上年同期增长32.34%。

（林永军）

【再生资源科技工业示范基地项目签约】 年内，由市供销社与栾城县人民政府共同建设的再生资源科技工业示范基地项目正式签约。该项目位于石家庄装备制造基地，总投资21亿元，分两期建设。一期工程占地25.33公顷，总投资16.5亿元，主要建设基础设施，包括建设废旧家电、废旧汽车拆解、废旧金属加工及物流配送体系，搭建促进资源循环利用公共服务、信息服务、技术服务平台等，还建设年处理36万台废旧家电拆解加工生产线、年处理6万辆废旧汽车拆解生产线、年处理100万吨废金属（钢铁）加工生产线等。二期工程总投资4.5亿元，主要是汽车拆解后再制造项目,及其他“城市矿产”资源可以深加工利用的再制造项目生产线,配有加工配送物流中心等。

该项目总建设期限4年，其中一期工程2年，二期工程2年。

（王巍）

【敬业集团获“全国售后服务行业十佳单位”称号】 2010年6月份，敬业集团成立售后服务科，主要协调解决客户在合作过程中遇到的各种问题，重点为客户做全程订单跟踪服务，确保按期按质为客户交付订单，实现服务零缺陷。2011年4月2日，敬业集团钢铁公司在中国商业联合会、中国保护消费者基金会主办的“第五届全国售后服务评价活动揭晓发布暨售后服务高峰论坛”获得“全国售后服务行业十佳单位”称号。

（范玉蕾）

【河冶科技股份有限公司】 河冶科技股份有限公司是以高速工具钢为主导产品的高合金特种材料研发、生产企业。主要产品有：粉末冶金高速工具钢材料、高档高速工具钢材料、高档模具钢材料以及高温合金材料等。产品品种包括棒材、异型材、板材、带材、线材、细丝以及锻件等，是国内工模具钢材料替代进口材料的领军企业和龙头企业。产品广泛应用于机械制造、工具、航空、军工、汽车、冶金等行业，批量销往美国、日本、韩国、印度以及东南亚、欧洲、南美市场。2007年，公司启动“高合金特种材料系列产品产业化”技术改造项目，2011年基本建成。该项目占地18.6公顷，建筑面积10.5万平方米，投资总额超过7亿元；该项目在保留公司原有生产能力基础上，改造、新增设备、仪器145台（套），其中引进国外先进设备44台（套），建成一条具有国际先进水平的短流程、现代化高合金特种材料棒线材生产线；该项目已进入调试设备阶段，投产后年新增高合金特种材料4.02万吨，年可生产能力超过5万吨。

（林永军）

【石家庄钢铁有限责任公司】 石家庄钢铁有限责任公司（简称石钢公司）是河北省唯一一家大型特钢企业。2010年3月，石钢公司由河北钢铁集团托管，成为河北钢铁集团直属子公司。2011年，石钢公司“三高”（高端、高价、高效）产品比例达到51.92%，同比增长12.32%，实现批量向人本轴承、襄轴、长江轴等快锻和高标汽车轴承生产企业供钢，小批量向世界轴承领军企业SKF供钢；弹簧钢通过铁路专线认证，易切削非调质钢长期供应一汽集团、二汽集团、上汽集团；拥有客户2178家，其中39家战略客户，123家核心客户；拥有各类钢产品牌号529个；与用户签订技术协议1116个。至2011年末，石钢公司资产总额达到75亿元，年产特殊钢专业棒材260万吨，实现利税超5亿元。

（雷婷）

建材工业

【概况】 2011年，全市建材工业拥有规模以上企业256家，从业人员5万余人，总资产276.9亿元；销售收入514.93亿元，完成工业增加值133亿元（占全市比重7.62%），实现利税73.05亿元，利润56.3亿元，分别比上年同期增长34.74%、18.92%、31.23%和32.46%。3家建材企业进入市工业50强。全年建材工业主要产品产量为水泥熟料1555万吨，同比增长6.7%；水泥5389.8万吨，同比增长20.9%；石膏板3014万平米，同比增长8.5%；瓷质砖13314.5万平方米，同比增长28.5%；天然大理石建筑板材526.5万平方米，同比增长122%；平板玻璃925万重箱，同比增长172.8%。2011年全市建材企业销售收入过50亿的有河北曲寨集团有限公司（64.3亿元），过20亿的有鹿泉鼎鑫水泥有限公司（21.3亿元）；利税超过5亿元的有河北曲寨集团有限公司（8.2亿元）、鹿泉鼎鑫水泥有限公司(6.8亿元)。

【鹿泉鼎鑫水泥有限公司】 鹿泉鼎鑫水泥有限公司是石家庄工业50强企业，2007年3月由北京金隅集团有限公司（简称金隅集团）控股。该公司按照金隅集团实施“走出去、引进来”战略，抓住环渤海地区京津冀经济圈发展有利时机，扩大生产规模，年生产熟料750万吨，优质高标号水泥750万吨。公司下设3个生产分公司、1个矿山分公司和沧州金隅分公司。一分公司位于鹿泉市同阁工业区，拥有两条2500 T/D新型干法熟料水泥生产线；二分公司位于鹿泉市宜安镇，拥有两条5000 T/D新型干法熟料水泥生产线；三分公司位于鹿泉市宜安镇，拥有一条5000 T/D二档短窑国内第一条节能示范生产线，采用代表中国水泥最高水平天津水泥工业设计研究院自主研发的先进技术与装备，是节能减排样板工程。鼎鑫水泥大量用于南水北调、京沪高铁、京石客运专线、石武高铁、准朔铁路、石家庄三年大变样等重大工程项目。到2011年末，该公司有职工近2000人，总资产逾30亿元。

（王海涛）

【灵寿县新型水泥生产线竣工】 9月19日，灵寿县中山水泥有限责任公司日产4500吨熟料新型干法水泥生产线项目举行竣工投产仪式。该项目是河北省政府批准的重点项目，总投资6.2亿元，占地20公顷。该项目分为三期工程，其中一期工程采用国际先进的新型干法双系列悬浮预热预分解水泥生产工艺，建设日产4500吨水泥熟料生产线1条；二期工程建设年产187.1万吨水泥粉磨站1座；三期为余热发电工程，配带9MW纯低温余热发电站1座及其他配套设施。

（范玉蕾）

【旭新液晶玻璃基板生产线点火】 5月28日，石家庄旭新光电科技有限公司建设旭新液晶玻璃基板项目首条生产线窑炉举行点火仪式。石家庄旭新光电科技有限公司成立于2009年9月7日，该公司计划建设3条液晶玻璃基板生产线，年生产液晶玻璃基板245万平方米。首条生产线窑炉点火，标志该项目从建设阶段进入调试和试生产阶段，为打造石家庄液晶显示产业集群奠定了扎实基础。

（张跃彬）

【高邑县建陶会展中心开工】 10月份，总投资1.5亿元的高邑县建陶会展中心正式开工建设，这是该县提升建陶产业水平，完善建陶产业体系的一项重点工程。高邑县建陶产业发展迅猛，全县拥有建陶生产企业65家，生产线80条，年生产能力 2.2亿平方米，年销售收入28亿元，利税4.3亿元，从业人员15807人，产品拥有内墙、外墙、地板三大类别和微粉、抛光、通体、釉面等100多个花色品种，被认定为河北省建筑陶瓷产业集群、河北省建筑陶瓷特色生产基地，成为全国五大建陶基地之一。

（温婕）

中小企业

【概况】 2011年，全市民营经济单位个数达27.4万个，同比增长0.79%，其中民营企业43358个。民营经济从业人员315万人；完成增加值2751.6亿元，同比增长28.67%，占全市GDP的67.4%；实缴税金303.2亿元，同比增长29.65%，占全市财政收入的62.03%，首次突破60%，税收增幅首次超过财政收入增长。2011年，民营企业在运输、能源、融资成本、土地、工资、汇率等几种因素叠加，经营成本上升30%的情况下，实现规模以上民营企业上缴税金83.4亿元，同比增长42.13%，占到全部民营经济总量的27.5%。

【结构调整】 鼓励和推进民营资本向信息技术、节能环保、生物医药、新能源、高端装备、新材料等战略性产业发展。全年中小企业淘汰炼钢产能72万吨、炼锌产能0.3万吨、水泥产能8.8万吨、造纸产能2.27万吨；拆毁和封存餐巾纸厂生产设备12家。民营企业在装备制造业上快速发展，增幅居各行业之首。民营企业出口位居全省第一，其中向欧盟国家出口总值最高，向东盟国家出口快速增长，亚洲市场份额超过三成。

【创业服务】 发展创业辅导基地，为企业提供创业经营场所。至2011年末，全市建立创业辅导基地31家，新增8家，投资10.58

亿元，其中政府投资2.41亿元，新入驻企业895家，孵化企业99家，新增就业岗位6800个。拓展融资渠道，设立融资性担保公司167家，注册资金125亿元，担保额252亿元。争取到各级中小企业技术改造项目和中小企业专项资金近4亿元。大多数县（市）安排中小企业发展专项资金500万元。

【创业孵化中心启用】 7月20日，市创业孵化中心正式启动。市创业孵化中心位于建设北大街40号和美大厦，使用面积5000多平方米，有办公场所70余间，可同时入驻50余家微小企业进行孵化。入驻对象主要是有创业愿望和有一定创业能力的高校毕业生。该中心除提供创业场地外，还设有创业培训教室和专家指导室，常年有创业指导专家为创业者提供企业开业指导、创业政策咨询、企业管理、财务管理、技术支持、法律咨询等方面的创业服务。

【出台用人优惠政策】 10月份，石家庄市对中小企业吸纳高校毕业生就业给予一定补贴。劳动密集型小企业当年新招用登记失业高校毕业生、城镇登记失业人员、退伍士兵、进城求职的农村劳动力达到企业现有在职职工总数30%（超过100人的企业达到15%）以上、并与其签订1年以上期限劳动合同，按规定申请最高不超过200万元、期限最长不超过2年的小额担保贷款，由财政部门按中国人民银行公布的贷款基准利率的50%给予贴息（展期不贴息）。对企业招收符合就业困难人员条件的高校毕业生、签订1年以上期限劳动合同并缴纳社会保险费，按规定给予社会保险补贴和岗位补贴。高校毕业生到中小企业就业，在专业技术职称评定、科研项目经费申请、科研成果或荣誉称号申报等方面，享受与国有企事业单位同类人员同等待遇。

（李云萍）

城乡建设与环境保护

城乡建设与环境保护

概　述

2011年，全市规划和建设部门贯彻落实城镇建设“三年上水平”决策部署，以“转型升级、跨越赶超，建设幸福石家庄”为目标，在城市规划、建设和管理上积极作为，提速基础设施建设，加快城镇化进程，坚持以人为本，转变管理理念，强化服务意识，发动市民参与城市管理，城镇面貌得到显著改观。

全年安排规划编制任务38项，受理报建项目2654个，立案查处各类违法建设420件。全面启动总体规划修编工作，全市18个县（市）（包括矿区）均完成总体规划实施情况总结评估报告。道路等基础设施建设加速推进，中华北大街改造（联盟路－石太高速）等11条道路完工投用。34个城中村启动拆迁改造，拆迁建筑面积621万平方米、腾地767万平方米。2011年，全市拥有资质等级以上建筑企业252个，完成建筑业总产值725.0亿元，比上年增长31.1%。友谊大街（南二环－长青路）、时光街（槐安路－新石北路）等23个热网项目完工，新增供热管网53.96千米。年末28座污水处理厂（其中市区6座）日处理能力达到101万吨，污水处理率达到90%以上。老旧燃气管网改造完成18.5千米，更换超期服役燃气仪表4万余块。销售液化气3.42万吨，天然气3.19亿立方米。

全年开工项目103个、4.5万套住房，其中廉租住房7000套、经济适用住房3000套、限价商品房4000套、公共租赁住房21500套、危陋住宅改建改善9548户；年末全市83%以上开工项目达到主体五层；竣工保障性住房项目1.5万套，其中廉租住房7125套、公共租赁住房511套、各类棚户区改造住房7364套。全年享受住房保障家庭2.3万户，共发放廉租住房补贴4681万元。至2011年底，全市批准房地产开发企业资质382件，批准商品房预售项目59个、118件、490万平方米，办理各类房屋交易手续2.8万件，成交面积297万平方米，成交金额127亿元；完成各类房屋权属登记10万件、2556万平方米，发证8.2万个；市区商品住房上市442万平方米，成交面积328万平方米，商品住房均价5150元／平方米，同比上涨9%。

城市绿地大幅提高，生态环境显著改善。投资66亿的东南环水系竣工通水，新增水面242公顷，新增绿地291公顷。新建公园广场8座，到年末全市有公园广场62座。新增绿地708公顷（完成全年预期目标的118%），建成区绿地率达到41.6%，绿化覆盖率达到47%，建成区人均公园绿地面积达到14平方米，中心城区人均公园绿地面积达到5.5平方米。年内，栾城县通过国家级园林城市（县城）初验，晋州市、正定县通过省级园林城市（县城）验收，全市建成省级园林城市4个、县城4个。

2011年全市完成50条小街巷整修工程，完成路面维修8.4万平方米、便道维修1.1万平方米、更换维修路缘石2920.8米、补修井圈200个。维修、疏通市区排水管道设施728千米，掏挖维修收检井6.5万座，配换井盖、井箅6817块。更新改造部分城市夜间照明设施，亮化提升中山路、裕华路沿线120栋楼宇，新装夜景监控终端249台、路灯监控终端163台。累计更换、安装灯泡9882盏；主干道照明设施完好率达到95%以上、亮灯率达到98%以上。强化道路清扫保洁，投资1000多万元购置多功能洗扫车15辆，城区全天候保洁道路面积由910万平方米增加到1013万平方米。无害化处理生活垃圾40.1万吨，焚烧处置医疗垃圾2880吨，回收封存废旧电池

48吨。

实施以“洗城净天”和“清源净流”为主要内容的“蓝天碧水”行动计划,全面开展环境综合整治,有效解决了一批影响城市发展的环境问题，省会整体环境质量取得实质性改善。全年市区环境空气质量优良天数达到320天，在全国47个重点城市中，优良天数排在第35位，好于北京市、济南市、郑州市、太原市等周边城市。全市5条主要河流滹沱河、汪洋沟、洨河、邵村排干渠出境断面COD浓度比2010年分别下降13.2%、25.4%、48.7%、4.59%。年内，石家庄市被河北省政府评为“2010年度河北省环境保护目标管理优秀市”；鹿泉市、灵寿县、辛集市、裕华区被评为“2010年度河北省环境保护目标管理优秀县（市）区”。

城乡规划

【概况】 2011年，市城乡规划部门共安排规划编制任务38项，其中有《“十二五”保障性住房建设规划》、《十小便民设施规划》、《绿道及慢行系统规划》等一批和百姓日常生活息息相关的规划。按照优化发展环境需要，将原来12个行政审批事项缩减至6个。全年市规划审批委员会召开会议5次，通过审议项目69个。全年市城乡规划局受理报建项目2654个，报建项目按时办结率达到100%，其中用地处961个、建管处750个、市政处807个、监查处136个。全年立案查处各类违法建设420件，下达处罚决定书286件，移交法院173件，移交区政府采取行政强制措施328件。全面启动总体规划修编工作,全市18个县（市）（包括矿区）均完成总体规划实施情况总结评估报告，11个县市完成总规纲要编制，栾城县、高邑县、辛集市等3个县市总体规划纲要通过专家评审。年内，市城乡规划局被评为省建设系统精神文明建设先进单位和优秀服务窗口，规划设计院12个规划设计项目获得全国及省优秀城乡规划编制成果奖，勘测院5项勘测成果获省级大奖。

【规划编制】 全年安排规划编制任38项。规划编制始终把解放思想，大胆创新作为先导性工程，对标杭州等发达城市，在理念上实现“四个转变”。由关注宏观谋划转向注重民生规划。编制《“十二五”保障性住房建设规划》、《十小便民设施规划》、《绿道及慢行系统规划》、《110综合警务服务站选址规划》等一批和百姓日常生活息息相关的规划，实现城乡规划建设真正惠及民生。由关注实体规划转向注重生态、文化等软实力规划。编制《大石桥历史文化区规划》、《永安历史文化街区规划》、《正定新区生态专项规划》、《西山郊野森林公园规划》等；为高品质建设大西柏坡，在大西柏坡总体规划基础上，细化了大西柏坡历史文化遗产保护与利用规划、大西柏坡综合水系统规划、大西柏坡重点地段景观环境设计等16项专项规划。由关注城市扩张转向注重城市承载力提升。按照“中部率先隆起，东部整体突破，西部加快发展”的区域经济协调互动发展思路,及时编制完成《石家庄市中东西区域总体规划》，提升了城市辐射带动力；为完善城市基础配套，提升城市承载力，编制了《都市区及市域基础设施统筹规划》、《综合防灾规划》、《中心城区中水规划》等一系列专项规划。由顶级规划转向高端设计。为确保城市标志性区域高品质建设，邀请国内外高水平设计单位、顶尖专家编制重点项目规划，引领、带动石家庄市规划水平全面提升。

【主城区人行立体过街设施布局规划通过专家评审】 年内，主城区人行立体过街设施布局规划通过专家评审。此次规划范围为石家庄市主城区，规划以《城市综合交通规划》、《轨道交通线网规划》等为依据，在制定主城区人行立体过街设施规划原则基础上，确定主城区范围内人行立体过街设施布局方案。规划人行立体过街设施130座，其中规划保留现状立体过街设施27座、结合轨道交通工程建设立体过街设施48座、规划新建立体过街设施55座。主要包括五种情况：结合轨道交通工程建设、城市“三年大变样”期间一些新建或新修道路上建设、未来新建道路上建设、老百姓反映比较强烈的路段和一些学校附近建设，尽力减少平面交通交叉影响，有效缓解市区交通压力。

（刘智国　张跃彬）

【《中东西区域经济协调互动发展产业规划》通过论证】 2011年，由国家发改委产业经济与技术经济研究所组织编制的《石家庄市中东西区域经济协调互动发展产业规划》通过专家论证。论证委员会专家认为该《规划》提出的“以实现跨越赶超和中东西区域产业协调互动发展为目标，以推动产业链协调互动为抓手，着力发挥比较优势，加强分工整合”、“把石家庄建设成为中国现代药都，京津冀地区重要的特色装备产业基地，华北重要的现代服务业基地，华北农业现代化先行先导区”等总体思路和框架，符合石家庄市区域发展实际。该《规划》思路清晰，重点突出，结构合理，定位准确，对构建石家庄市区域良性互动发展格局，具有较强的指导意义。

（雷婷）

【审批流程再造】 按照省、市优化发展环境要求，2011年市城乡规划局对规划审批进行了流程再造。2～5月份，市规划部门到4个直辖市、12个省会城市开展调研，提出“一般项目再造流程，优化求快；房地产项目超前服务，稳中求快；精品项目跟踪服务，又好又快；工业项目简易审批，以简促快；小型项目即来即办，快上加快；重点项目保姆式服务，特办特快”的“六快方针”，将规划审批事项由原来12个压缩为6个，实现了一般项目规划审批只需10个环节28天，简易项目只需3个环节11天，小型项目只需2个环节3天，审批效率提高近一倍。在调研的4个直辖市、12个省会城市中，石家庄市实现了审批时限最短。

【规划馆改造】 石家庄规划馆位于体育大街以东，北临世纪公园西门。建筑面积约1.36万平方米。2009年5月20日正式对外开放，开馆后累计接待观众165万人次。2011年7月规划馆实施布展提升工程，2011年11月19日规划馆提升改造完成，对外亮相。此次布展提升以“秉承历史文脉、规划美好未来”为主题，借鉴上海世博会先进理念，注重市民参与和互动，将原本专业性较强的城市规划通过现代化多媒体互动技术直观展现。针对石家庄规划特点，量身打造了“中山路今与昔”、“新客站的一天”、“瑰宝石家庄”、“城市寄语”等互动展项。模型大厅是本次布展提升最大亮点，城市沙盘配合新增超大LED屏和国际顶尖投影设备打造出全国领先的四位一体数字沙盘，为市民营造出趣味观赏体验。提升后的规划馆对原有空间布局实施大刀阔斧的调整，调整后共分为13个展厅，以过去、现在、未来为脉络，系统展示城市历史和城市规划。一层为模型大厅、临展和城市寄语；二层布置城市春秋、总规纵览、模型主秀演绎厅、一河两环、百年铁路和正定新区，其中新增城市春秋展厅展示了从30万年前至2300年前，秦汉至明清、新中国从这里走来和四十年省会的历史，充分挖掘和浓缩了一座城市的历史和文化；三层为大西柏坡规划、航空港规划、东部产业新城规划和重点片区规划。规划馆提升开放后高质量完成各项参观接待工作，到2011年底，共接待团体210个，参观总数达到8万人次，成为展示城市形象窗口，开展城乡规划研究的重要基地。

【规划展馆网上公示】 7月份，石家庄规划展馆（原名“正定新区规划展馆”）在市城乡规划局网站公示。该规划展馆由日本著名建筑大师矶崎新领衔设计，选址在正定新区核心区中心公园西南侧湖心岛上，占地面积4.7公顷，建筑面积2万平方米，建筑高度21米，相当于7层楼高，地上3层、地下1层，绿地率45.8%。方案采用“鼎与螺旋丘陵相结合”的独特建筑造型，屹立湖心岛上，气势恢弘又有现代气派。该展馆采用很多先进技术，以实现低碳生态。屋顶将进行绿化，体现绿意盎然；使用太阳能光板，保证规划展馆一定比例用电；靠近湖水地方，建设亲水木质平台，打造绿色建筑示范工程和新区地标建筑。规划展馆内设有模型大厅、4D半球幕IMAX影厅、小型影院、中型报告厅和书店、咖啡厅等，市民可以通过模型、4D电影等方式，全方面了解省会和新区规划。

【规划审批】 2011年，市规划审批委员会召开会议5次，审议通过项目69个。全年市城乡规划局受理报建项目2654个，报建项目按时办结率达到100%。其中用地处961个、建管处750个、市政处807个、监查处136个。全年办理建设项目选址意见书15个；建设用地规划许可证104个，办理用地955公顷，其中住宅用地204.8公顷，商业办公45.8公顷，道路、铁路用地477公顷；核发市政类《建设工程规划许可证》156个，审批桥梁1座，道路工程9个、长10.7千米，综合管沟1条、长3.5千米，各类管线171.2千米；核发建筑类《建设工程规划许可证》198项(含临时证2个)，总建筑面积1284万平方米，其中居住699万平方米，商业222万平方米，办公163万平方米，其他包括文化、教育、工业等200万平方米。发放竣工验收函175个。

（刘智国　张跃彬）

【提升“十小”便民设施】 11月3日，市规划审批委员会举行第25次会议，会议研究并原则通过“十小”便民设施提升建设规划。市长艾文礼出席会议。“十小”便民设施提升建设规划内容包括小街巷、过街天桥(地下通道)、小型停车场、无障碍通道、街巷地名标志及道路指引牌、便民市场、社区卫生服务机构、公厕、小游园、小型体育设施等。

（刘娴　宋钧）

【数字规划建设】 重构规划管理系统，强化地理信息数据应用；数字规划工作向县（市）延伸，4组团县（市）规划分局、3个县级市（辛集市、晋州市、新乐市）规划部门及正定新区规划分局均纳入市城乡规划局管理系统，与市行政审批中心实现专网联接，提升了数据传输速度，方便了报建单位。市城乡规划局局属网站群建设完成运行，拓展了市民了解规划、参与规划渠道。三维辅助规划审批系统投入使用，主要用于市规划委员会项目审查、市城乡规划局规划审批等。

【完善法规体系】 全年市城乡规划局制定管理制度11部，牵头修订规范性文件4部。起草了《违法建设公布制度》、《违法建设案件首次不罚制度》、《违法建设案件处理办法（修订)》、《进一步规范商业办公用地管理的通知》等法规文件；配合《省城乡规划条例》制定，全面启动《石家庄市城乡规划条例》、《石家庄市城乡规划管理程序规定》、《石家庄市城乡规划管理技术规定》等法规文件起草工作,确保了依法、依规开展工作。

【批后管理】 本着“尊重历史、面对现实，依法依规、从快处理”原则，以实事求是的态度，对各类不同违法违规建设项目提出不同处理办法，从土地收储成本、保障房配建、土地手续办理、规划手续办理、处罚实施等方面提出解决办法，为解决历史遗留问题、处理违法违规建设项目提供了政策依据，使一些历史遗留问题得到解决。牵头起草《石家庄市城乡建设和房地产市场专项整治活动实施方案》、《石家庄市区房地产市场专项整治活动违法违规建设项目处理办法》，有力制止了违法违规行为的发生。协调多部门和辖区政府对桥西区“恒新公馆”、“军蔷苑”、“邮政储蓄楼”3个项目实施强制查封施工现场联合行动。按照省建设厅要求，建立了违法建设信息记录系统，并按季度上报了违法建设案件信息。至年末，全市立案查处各类违法建设420件,下达处罚决定书286件，移交法院173件，移交区政府采取行政强制措施328件。

【信访工作】 全年受理群众信访200件，其中办理转办交办信访案件68件，全部按时上报；接待群众信访95件、500余人。结案195件，化解率达到97.5%以上。开展大接访活动12次。在信访工作“百日会战”活动中，市联席办交办“百日会战”活动集中交办信访问题14件，全部得到结案。

【城乡统筹】 以健全城乡规划体系，提升规划设计水平，强化规划监督管理为目标，以县城扩容提质和新民居规划建设为重点，以编制亮点规划、样板规划为抓手，加强对各县市定期督导和专题指导。全面启动总体规划修编工作，全市18个县（市）（包括矿区）均完成总体规划实施情况总结评估报告，11个县市完成总体规划纲要编制，栾城县、高邑县、辛集市等3个县市总体规划纲要通过专家评审。重点专项规划编制、报批完成。18个县(市)和矿区编制完成“十二五”住房保障规划并通过专家评审和政府审批。县城控制规划有序推进，全市18个县市和矿区有14个县市实现城区控制规划全覆盖，县城规划建设用地实现平均 90% 以上控制规划覆盖率。新民居建设规划编制进展顺利，2011 年全市将完成规划编制作为新民居示范村遴选必要条件，250 个省级新民居示范村全部完成规划编制。特色规划、亮点规划体系基本健全，各县市结合当地文化历史背景、民族风情、地域特色，完成“六个一”特色规划，初步搭建起县城“一条迎宾路、一个特色片区、一个标志性综合商务中心”及县域“一个现代农业观光园、一个特色产业园、一个特色旅游景区”的样板示范规划框架，并高标准完成历史文化名城、名镇、名村保护规划编制工作。年内，正定国家级历史文化名城，赵县省级历史文化名城，井陉县天长镇国家级历史文化名镇、于家石头村及大梁江国家级历史文化名村、小龙窝省级历史文化名村均完成保护规划编制和审批。

（刘智国）

城乡建设

【概况】 2011 年，市建设部门围绕“转型升级、跨越赶超，建设幸福石家庄”目标，以城镇建设“三年上水平”为契机，大力提速基础设施建设，加大行业管理，加快城镇化进程。5 月 17 日，格力工业园一期工程下线生产，6 月 1 日，二期空调产业园项目全面开工建设。集中开发改造槐安路－建设大街－南二环－中华大街围合区域 7.9 平方千米，拆除原铁路职工培训基地、市电业局、市潜水电泵厂址建筑 4.9 万平方米、腾地 223 亩。开发改造胜利大街新华路－裕华路之间长 1.3 千米地下空间，建成宽 90 米、建筑面积 10.6 万平方米集购物、休闲、娱乐于一体地下商业街。推进市区道路建设改造，中华北大街改造（联盟路－石太高速）等 11 条道路完工投用。热源热网建设稳步推进，市区新增用热面积 3748 万平方米，总用热面积达到 12204 万平方米；良村热电一期 2×300MW 供热机组、桥东区污水热源热泵、钢厂余热等 7 个热源项目和赵佗路等 22 个热网项目竣工投用。城中村改造步伐加快，到年末 34 个城中村启动拆迁改造，拆迁建筑面积 621 万平方米、腾地 767 万平方米。燃气安全稳定供应，全年销售液化气 3.42 万吨，天然气 3.19 亿立方米。至年末，全市拥有资质等级以上建筑企业 252 个，完成建筑业总产值 729.9 亿元，比上年增长 30.7%，其中建筑工程产值 656.2 亿元，增长 27.9%。

（王吉利）

【召开城镇建设三年上水平工作动员部署大会】 2 月 18 日，石家庄市召开城镇面貌三年大变样总结表彰暨城镇建设三年上水平工作动员部署大会，总结表彰全市城镇面貌三年大变样工作和安排部署城镇建设三年上水平工作。省委常委、市委书记孙瑞彬出席会议作重要讲话，市委副书记、市长艾文礼总结城镇面貌三年大变样工作和安排部署城镇建设三年上水平工作。市委常委、副市长王大虎宣读《关于表彰石家庄市城镇面貌三年大变样模范集体、先进集体、先进个人的决定》。孙瑞彬、艾文礼等领导为先进集体、先进个人颁奖。市委副书记刘云峰主持会议。省国土厅厅长张绍廉、省环保厅厅长姬振海、省建设厅副厅长苏蕴山，市领导王增明、王华清、杨志辉、栗进路、郭领域、张小国、李天印、贾连海等参加会议。孙瑞彬讲话要求，要正确处理“五个关系”，实现“五个突破”。一要正确处理形象改善与功能提升的关系，在增强综合承载能力上实现新突破；二要正确处理城市建设与产业发展的关系，在聚集先进生产要素上实现新突破；三要正确处理中心城市与城镇建设的关系，在推进统筹城乡协调发展上实现新突破；四要正确处理城市建设与改善民生的关系，在保障和改善民生上实现新突破；五要正确处理硬件建设与软件建设的关系，在提升城市品质上实现新突破。艾文礼讲话要求，要明确一个思路，抓好四大重点区域，打好五大攻坚战。一个思路：深入贯彻落实科学发展观，紧紧围绕打造繁华舒适、现代一流省会城市，坚持老城提升与新区建设双轮驱动、城市建设与产业发展统筹协调，更新理念，转变方式，深化改革，通过实施新一轮大规模的城建开发改造，着力推动城市环境质量、聚集能力、承载功能、居住条件、风貌特色、管理服务上水平，快速聚集现代产业、优质要素，真正把省会打造成为区域经济发展高地、生态宜居幸福家园。四大重点区域：一是老城区，要集中打造一批各具特色、聚集人气的中心商务区和城市新地标；二是正定新区，要全力打造财智要素集聚、功能多元复合、生态文明和谐、水绿交融共生的创新动力之城、宜居活力之城和滨水魅力新城；三是空港工业园，要打造年吞吐能力2000万人次的区域航空枢纽和“首都第二机场”，构造集空港物流、国际商务、高新技术产业为一体的国内知名临空业集聚区；四是大西柏坡，要着力打造全国一流爱国主义教育基地、国家级干部教育培训中心和环京津休闲度假胜地。五大攻坚战：一是打好综合承载能力提升攻坚战；二是打好先进生产要素聚集攻坚战；三是打好民生改善攻坚战；四是打好城乡协调发展攻坚战；五是打好城市品质提升攻坚战。

（张明星）

【新胜利大街地下空间利用工程主体完工】 年内，新胜利大街地下空间利用工程主要用作步行商业街的中幅结构主体完工。新胜利大街地下空间利用工程，位于铁路入地工程上方1米处，南自裕华路起，北至新华路附近止，全长1.28千米，宽度90米，中间为10米宽人行通道，主体高度4.9米，总建筑面积10.6万平方米，其中商业面积8.1万平方米，车库建筑面积2.5万平方米，能提供560个车位，地上为新胜利大街及中央绿轴。在地下空间利用工程中，设有8个下沉式广场，其中中山路以南5个，以北3个，出入口处预留自动扶梯出入，铁路入地工程隧道顶板上方铺设50厘米浮土和50厘米混凝土组成垫层，垫层上方做了防水处理，铺设90厘米钢筋混凝土作为底板。整个工程分中幅、东幅和西幅三幅建设，相互连通，中幅宽度38米，采用框架式结构，建在铁路入地工程隧道上方，建筑面积4.45万平方米，占总工程建筑面积42%。东、西两幅宽度均为27米，主要用作停车场。工程建成后可有效沟通胜利大街两侧区域，满足行人过街需求；地下商业和停车功能设置还将提升区域服务品质，增加区域活力。

（王吉利）

【三环路开发区大桥工程获得国家优质工程奖】 经国家工程建设质量奖审定委员会评定，2011年初石家庄市三环路开发区大桥在获得国家级火车头优质工程奖后，又获得国家优质工程银质奖。这是三环路继石鹿大桥、北新城大桥分别获得国家级火车头优质工程后，再次获得国家级奖项。至此，三环路创造出河北省国、省道建设史上最高奖项和最多奖项。三环路主路全长74.9千米，建设桥梁59座，其中互通式立交桥13座，分离式立交桥13座，大桥3座，中小桥涵30座。有8座大桥投资1亿元以上。三环路桥梁建设广泛采用新工艺，其中由中铁十七局集团有限公司和中铁十九局集团有限公司承建的开发区大桥，因跨307国道、石德铁路、石津灌渠原因，采用钢管拱顶推法施工，一次性顶推重量达8030吨，是国内采用顶推法施工宽度最大、重量最重、顶推距离最长的钢管混凝土系杆拱桥；由中铁七局集团有限公司承建的石鹿大桥，采用斜拉桥转体施工，创造了转体重量、转体角度2项全国之最。

（范玉蕾）

【格力工业园投产】 石家庄格力工业园是一个科技含量高、附加值大的制造业项目，投资规模大、就业率高、带动能力强，项目总投资近100亿元。年内，市建设部门抽调50余名业务骨干，驻场指导，连续作战，有序推进该项目建设。3月8日，一期工程开工建设，占地428亩、建筑面积20万平方米，5月17日下线生产，用时69天；6月1日，二期工程空调产业园项目全面开工，占地800亩，建筑面积65.7万平方米，主体工程于9月底前竣工投用，10月产品正式投产下线。格力工业园项目实现当年签约、当年投资、当年建设、当年投产。格力工业园三期项目预留地约1000亩，主要用于精密模具、压缩机、电机、冰箱、商用空调生产和销售，达产后计划年产压缩机500万台，电机800万台，冰箱300万台。

（刘宝芝）

【热源热网建设】 1月份，市政府办公厅印发《关于2011年城区热源热网建设的意见》，要求市区坚持以集中供热为主、多元化供热为辅，狠抓热源热网建设，积极推进供热方式多元化，实现市区供热全覆盖；鼓励、引导大型综合体项目和大片区开发项目采用地源热泵、壁挂炉以及燃气、燃油、工业余热供热。至年底，市区新增用热面积3748万平方米，总用热面积达到12204万平方米。年内，良村热电一期2×300MW供热机组、鹿华热电一期2×300MW供热机组、热电二厂2×168MW高温热水炉和石家庄热电公司22、23号机组技改项目、桥东区污水热源热泵、钢厂余热、诺奇水煤浆锅炉供热等7个热源项目和赵佗路等22个热网项目竣工投用，新增供热能力3710万平方米。友谊大街（南二环－长青路）、时光街（槐安路－新石北路）等23个热网项目完工，新增供热管网53.96千米。8月份，由小区物业等单位分散管理的2009个热交换站，根据供热区域分布全部移交供热企业管理。大力提升污染治理设施运行效率，全年95%以上的污水经污水厂净化实现治理。

（王吉利）

【良村热电1号机组转入商业运行】 4月18日，石家庄良村热电有限公司1号30万千瓦热电联产机组顺利通过168小时试运行，标志1号机组基建工程顺利完成，正式转入商业运营。良村热电是中电投集团公司与石家庄合作建设的第一家大型热电联产机组，也是中电投河北分公司第一家新建投产项目，担负省会东部工业和居民供热任务。良村热电设计建设4台30万千瓦热电机组。一期工程于2009年9月16日开工，1号机组先后实现了炉水压试验、锅炉风压试验、汽轮机扣缸、厂用系统受电、锅炉酸洗、点火吹管、机组整套启动、首次并网、168小时试运等“九个”一次成功。168小时试运期间，1号机组平均负荷率101.77%，电气自动、保护、仪表投入率、电除尘投入率均达100%，机组及系统的各项运行参数均达到或优于原设计值。

（李丹　雷婷）

【中华北大街高架工程竣工通车】 4月28日，中华北大街高架工程竣工通车，市区至正定机场实现了快速连通。市委副书记、市长艾文礼宣布通车，市委常委、副市长王大虎出席通车仪式并致辞。中华北大街高架工程投资10.04亿元，南起联盟路以南500米，北至石太高速以北400米，全长4490米，其中桥梁长3456米，道路红线宽45～50米，双向六车道。其中中华北大街跨北二环立交桥是石家庄市建设的首座涡轮型全互通立交桥，也是省会规模最大、层数最多、结构最复杂的桥梁，桥梁跨民心河、石津渠、太平河三条河道，在北二环处采用互通涡轮式立交，桥梁层数达到5层，共设置8条匝道，车辆可实现无障碍互通，成为继裕华路之后省会又一条高标准、现代化迎宾大道。

（张跃彬）

【城中村改造】 全年把二环路内19个城中村、裕西片区5个城中村和二环路外涉及市政建设20个城中村作为重点，明确工作任务和完成时限，加强调度和督导。至年末，34个城中村启动拆迁改造，拆迁建筑面积621万平方米、腾地767万平方米，其中2011年拆迁273万平方米，腾地356万平方米。二环路内19个村12个启动拆迁改造，累计拆迁建筑面积308万平方米。2011年，全市共有71个村启动拆迁改造，累计拆迁建筑面积1204万平方米，搬迁村民6.2万户，腾地1556万平方米，其中45个村全部完成拆迁。全年全市有46个村、637栋、1162万平方米回迁房开工建设，其中156栋、325万平方米主体封顶，305栋、496万平方米竣工入住，回迁村民2.3万户，其中2011年安置4942户。

【房屋征收】 变更征收机构名称，完成政府规章《石家庄市国有土地上房屋征收与补偿暂行办法》及其配套文件制定，为开展房屋征收奠定了坚实基础。妥善搞好项目衔接，重新梳理原审批拆迁项目，强化督导，狠抓推进。全年32个拆迁项目涉及3.15万户、283万平方米居民住宅，搬迁2.01万户、190万平方米。慎重实施协调裁决，重点对药博园、小沿村、金世界等项目进行行政协调裁决，召开行政协调会116次，行政答辩会11次，出具行政答辩裁决书10份。通过协调裁决，阀门一厂、中山路整治改造等5个项目完成拆迁，棉一生活区改造、东风小区等多个老大难项目取得突破性进展。严格落实听证制度，共召开行政裁决听证会8

次，会审通过15个城中村改造方案，确保了拆迁项目合法有序进行。严查违规拆迁行为，按照《国务院办公厅关于开展征地拆迁制度规定落实情况专项检查的通知》要求，全面排查所有征收拆迁项目，共查处违法、违规拆迁项目11起，送达《责令整改通知书》4份，《责令停止拆除通知书》1份。妥善处理矛盾纠纷，全年承办上级转办信访案件34件，接待群众上访60余次，接待群众咨询200余人次，召开信访协调会40余次，中迪项目轻工招待所赵江案、市一中张定民案等一大批拆迁纠纷案件得到妥善解决。全年全市未发生一起因征收拆迁引发重大事故和纠纷案件。

（王吉利）

【污水处理】 大力提升污染治理设施运行效率，狠抓污水治理和综合利用工程。年内日处理5万吨的良村南污水处理厂开工建设，该工程总投资3.2亿元。全年桥东区污水处理厂处理污水1.76亿吨，日均处理48.27万吨，处理量达到设计能力的96.5%；除设备正常检修外，日处理污水量不低于50万吨。全市出水COD达标合格率为99%，超额完成年达标合格率不低于95%的目标。全年削减COD 9.1万吨，超额完成年削减7.3万吨COD减排任务。至年底，全市共建成污水处理厂28座，市区建成6座，18个县（市）区和矿区建成污水处理厂22座，日处理能力101万吨，污水处理率达到90%以上，实现至少每个县（市）区建成1座污水处理厂（栾城县、藁城市、鹿泉市2座）的建设任务。年末市区日处理污水能力达到106万吨，污水处理率达到100%。

（张跃彬）

【燃气监管】 组织春季防火演练和新奥车用燃气公司“车用加气站灭火扑救应急演练”及“石家庄2011液化石油气泄漏事故演练”，开展燃气市场专项检查，实施拉网式安全生产检查6次，抽查9次，下发隐患整改通知书56份，行政处罚不合格施工企业6家，共处罚金52.5万元；检查饭店591家，查出不合格燃气钢瓶2366只，下发责令改正通知书5份；检查公福用户22家，下发限期整改通知书8户。完成老旧管网改造18.5千米，更换超期服役仪表4万余块。销售液化气3.42万吨，天然气3.19亿立方米。

【城建档案管理】 全年验收工程竣工档案73项，催缴建设工程档案22项，对1个开发企业下达责令整改通知书。做好城建档案收交入库，完善城建档案管理系统软件，加强案卷组卷、录入工作指导。至年底，全市接收、校验各类城建档案5000卷；提供档案查询服务1200余人次，提供利用档案932卷，复印文字、图纸6027张，为房屋产权、建筑审批、规划审批等提供了有效依据，得到查阅单位及个人的广泛赞誉。加强县级城建档案管理业务指导，11次到元氏、正定2个县，从立卷、装订、整理、编目以及制度建设、库房管理等方面开展面对面指导，手把手帮助，实现县级档案管理水平提升。9月份，省住房建设厅组织档案检查，元氏县获得全省城建档案管理实绩突出单位称号，正定县获得优秀单位称号。

（王吉利）

城市管理

【概况】 2011年，全市城管系统以“效能革命”为动力，强化服务意识，开展“讲文明、除陋习”等系列宣传教育活动，大力营造“人民城市人民管”的浓厚氛围。实施环境卫生提升工程，开展“路见底色”等活动，城市保洁质量提升。加强路面和夜景照明设施建设和维护，开展渣土专项治理，精心维护市政设施，完成50条小街巷整修工程。市本级完成路面维修8.4万平方米、便道维修1.1万平方米、更换维修路缘石2920.8米、补修井圈200个。开展桥涵日常巡视检修，检测普查桥梁1231座次，处理桥梁被撞事故6起，维修桥梁107座次。维修、疏通市区排水管道设施728千米，掏挖维修收检井6.5万座，配换井盖、井箅6817块；完善城区防汛监控系统，实现城区38座桥涵泵站视频监控，保证了市区安全度汛。为保证城市夜间照明及景观照明，亮化提升中山路、裕华路沿线120栋楼宇，新装夜景监控终端249台、路灯监控终端163台，提高了及时发现处理照明故障的能力。严格按照承诺时限、认真处置投诉报修电话2119个，累计更换、安装灯泡9882盏；主干道照明设施完好率达到95%以上、亮灯率达到98%以上。道路机械化清扫率提高，保洁质量提升，城区全天候保洁道路面积由910万平方米增加到1013万平方米。全年无害化处理生活垃圾40.1万吨，焚烧处置医疗垃圾2880吨，回收封存废旧电池48吨。8月份，石家庄市城市管理局正式更名为石家庄市城市管理委员会（简称城管委）。

【重点项目建设】 小街巷整修是市政府向市民承诺的27件实事之一。年内，在城建资金整体不到位情况下，市城管委从民生角度考虑，多方自筹资金，如期完成50条小街巷整修任务。启动餐厨垃圾处理中心项目，该项目经积极申请，被列入全国33个餐厨垃圾项目建设试点城市之一，争取到国家支持资金3000万。到年末，已完成项目立项批复，选址初步确定，并按照BOT建设模式，正在推进招商工作。实施夜景亮化工程，亮化提升中山路、裕华路沿线120栋楼宇，并在平安大街、友谊大街建设2条灯光隧道，打造出繁华亮丽的夜观美景。

【环卫清扫】 年内，投资1000多万元购置15辆多功能洗扫车正式上路，年末省会多功能洗扫车保有量增至22辆，市区道路机扫面积增加约200万平方米，机扫率由49%提高到53%。此次新增多功能洗扫车改变了以往环卫清扫理念，做到洗扫结合，特别对路牙石等清洗死角，具有更好的清洗效果，洗过的路面达到了“无尘、无渍、无积水”效果；比过去道路保洁作业模式（机扫、冲洗、人工推水）大为简化，提高了工作效率，减少了工人工作强度。节假日等重要时间段，城管环卫部门积极开展“路见底色”行动，集中冲洗四横八纵主干道，主干道保洁质量大幅提升。2011年，市内各区环卫临时工每人每月工资待遇提高300元，有力地稳定了环卫清扫队伍。

（张伟义）

【首次设立“环卫工人节”】 10月份，经市政府常务会议通过，每年10月26日确定为石家庄市“环卫工人节”。10月26日，石家庄市召开首届“环卫工人节”庆祝大会。省委常委、市委书记孙瑞彬发贺信，市委副书记、市长艾文礼出席大会。会议表彰了首届“环卫工人节”评选出的“五十佳城市美容师”并颁发证书。

（靳晓磊　徐雁斌）

【渣土专项治理】 加强建筑渣土源头管理，大力提高建设单位、施工单位、运输单位守法意识，依法治理渣土运输乱象。出台《建筑垃圾管理规定》，协调市交管部门实行联合执法，开展专项整治行动。全年查扣运输渣土不合格车辆1690台次，查处违章工地65处，罚款430万元；采取“打黑车、加铁盖、改车号、严考评”等7项有力举措，成立180人的长期联合执法机动大队，落实车辆和装备，采取分点包区，连续开展夜查行动，重拳出击、重典治乱，有效遏制了渣土运输乱象。

【出台城市排水新规定】 2010年12月30日，全市印发《城市排水许可管理规定》，要求新建、改建、扩建项目排水设施实行雨污分流，有效期为2011年1月1日至2016年1月1日。该《规定》主要作出要求为：对已建成的雨污合流排水设施，应逐步进行雨污分流改造；禁止任何单位或者个人混接雨、污水管道；排水户应在与城市排水管网及其附属设施连接处，设置采样、检测流量、排水控制装置的排水专用检测井。对符合规定的排水户，经审查合格后，10个工作日内核发城市排水许可证；排水许可证有效期5年。城市排水许可证书有效期满、需要继续排放污水的，排水户应在有效期满30日前，向排水管理部门提出申请。对排水户排放污水水质不符合要求的，排水管理部门应责令限期改正；逾期仍不符合要求的，撤回城市排水许可证书，禁止其向城市排水管网及其附属设施排放污水，并将有关情况及处理结果告知环保部门。

【发动市民参与城市管理】 4月份，开展“万名城管齐上阵、带动市民清环境”活动；5月份，开展“城管连着你我他，管好城市靠大家”便民服务宣传咨询活动；6～7月份，开展“问计于民”系列活动；9月份，开展“讲文明，改陋习，严管理，提升市容环境”活动；10～11月份，开展城管进社区、机关、学校、商家、工地“五进”活动；12月份，在中小学校开展“小手拉大手，文明齐步走”主题实践活动；免费向市民发放《城管便民服务手册》50万册，督促公众了解城市管理知识，接受文明教育。通过一系列城市管理主题宣传活动，群众对城管工作关注度和参与热情明显提升。年末城管义务监督员发展到3000人，有20多万市民主动做出文明承诺。

【城管文明执法】 连续3次下发加强和改进城管执法工作通知，并与区、县城管部门签订文明执法“承诺书”，把区、县城管文明执法情况列入市容考评内容。制订文明执法“十二条禁令”和48条执法人员行为规范，编发《文明执法手册》，开展区、县执法人员文明执法集中培训。购置视频监控执法车30台，全程跟踪摄像执法行为，要求各区影像资料每月底上报城管委备案，在全国首次实现城管执法全程视频监控。会同市优化办成立联合检查组，严查城管不文明执法行为。年内，石家庄市城管文明执法行为在全国引起反响，《法制日报》、凤凰卫视等多家主流媒体给予报道和肯定。

【推行“城乡容貌环境一体化管理”】 6月17日，石家庄在鹿泉市召开“城乡容貌环境一体化管理”现场会，推广鹿泉市的经验做法。鹿泉市“城乡容貌环境一体化管理”按照“全域鹿泉”的理念，在完善城区管理的同时，将城管机制向农村全面延伸，并把全部乡镇（区）纳入环境容貌考评范围；从完善乡镇环境容貌管理体制入手，组建了乡镇环境容貌管理机构；为强化城乡环境容貌管理，鹿泉市建立了“二级政府、二级考评、三级落实”市容管理新机制，并制定《城乡环境容貌考评奖惩办法》和《城乡环境容貌考评实施细则》，其中“二级政府”为鹿泉市政府和乡镇（区）政府，“二级考评”为市政府对乡镇（区）进行考评，乡镇（区）政府对村进行考评，“三级落实”为市政府、乡镇（区）政府、村委会三级共同落实城乡环境容貌管理工作。在此基础上，鹿泉市重点打造开发区样板乡镇，以点带面，促进了全市13个乡镇（区）环境容貌整体迈上新水平；对垃圾围村、通村公路管理不到位等重点问题，强力攻坚，极大地推动了农村区域容貌提升。

（张伟义）

【峡石沟垃圾卫生填埋场封场】 10月份，峡石沟垃圾卫生填埋场封场。1997年7月1日，峡石沟垃圾卫生填埋场投入运行，地点在鹿泉市西南峡石沟，距市区19.7千米，日处理垃圾1000吨，使用年限14年。峡石沟垃圾卫生填埋场是市政府投资1.03亿元建成的重点环卫设施，担负着市内五区及鹿泉市生活垃圾的处理任务，已填埋垃圾294万吨，达到封场要求。新选定的填埋场为在建的井陉县东水垃圾卫生填埋场。该填埋场位于市区以西35千米处，选址于山区山谷天然冲沟内，占地约120亩，原为井陉县垃圾填埋场，设计总库容75.1万立方米。

（靳晓磊）

【户外广告管理】 全年整治、提档升级市区及4组团县（市）门店牌匾6541块、6万平方米。本着“公开、公平、公正、透明”原则，首次公开拍卖市区部分路段灯杆广告使用权，6条路段572根灯杆拍得830万元，全部上缴市级财政。此次拍卖将市场竞争机制引入城市管理具体实践，实现了广告使用权由行政审批走向有偿使用，迈出由管理城市向经营城市第一步转变。

（张伟义）

城市园林绿化

【概况】 2011年，全市园林系统按照市委、市政府城镇建设“三年上水平”决策部署，加快推进城市园林绿化，实现城市绿地大幅提高，生态环境显著改善，城市形象品位快速提升。投资66亿的东南环水系竣工通水，新增水面242公顷，新增绿地291公顷。新建公园广场8座，年末全市有公园广场62座。实施园林绿地管理提质工程，规范园林广场管护秩序，全年受理举报案件171起，移交各区48起，办结123起，其中行政处罚案件31起，处罚金额18.9万元。全年累计新增绿地708公顷（完成全年预期目标的118%），建成区绿地率达到41.6%，绿化覆盖率达到47%，建成区人均公园绿地面积达到14平方米，中心城区人均公园绿地面积达到5.5平方米，环城水系开发公司成功融资8.68亿元，三年上水平各项指标基本达标。以创建园林城市为载体，推进县城建设上水平。年内，栾城县通过国家级园林城市（县城）初验，晋州市、正定县通过省级园林城市（县城）验收。到年末，石家庄市建成省级园林城市4个、县城4个。

【环城生态水系工程】 环城水系主要包括西北部水利生态防洪工程（含太平河）、西北部南水北调段、滹沱河太行大街至子龙大桥段和东南环水系四部分，全长108千米，可形成水面8.2平方千米、绿地24.5平方千米。该工程于2010年11月8日全面开工建设，东南环线于2011年4月27日提前实现“五通”。 石家庄东南环水系西起五支渠（南石环和红旗大街交叉口东南行900米），沿南石环路内侧2千米向东、北方向延伸，贯穿主城区东南部，北与滹沱河相接，新建河道全长31千米，总投资66.6亿元。该水系水最深2.5米，最浅1.5米，水面最宽地方85米，最窄地方35米，形成水面242公顷。该工程围绕实现“五通”要求，在充分利用中水基础上，综合利用雨水收集系统和南水北调水源供给，实现“水通”；沿线建设50多座桥梁、2个橡胶坝、2个钢坝(带船闸)，实现“船通”；沿河建设总长31千米彩色景区路和自行车道，在主要部位设置多处停车场，实现“路通”；在水系流经107国道、体育大街等重要节点部位高标准打造9处公园，实现“景通”；沿线通过大面积种植国槐、杨树、柳树等乡土树种形成自然野趣景观带，实现“林带通”。水系两侧绿化带宽150米，新增绿地291公顷。4月初，启动太平河通航和滹沱河生态园周边环境整治工程，国庆节前完成提升改造任务，建造游船码头5座，整治绿地36公顷。

【新增公园广场8个】 2011年，市区新建成公园和广场8个，分别是：槐安路与时光街交口东南角的时光公园；位于植物园门前至石太高速公路区域的植物园广场；环城水系南线总面积达241公顷的泊水公园、天山公园等6座水景公园。其中，时光公园占地5.98公顷，绿化面积31571.34平方米，硬化铺装面积19178.64平方米，水池湿地面积4979.5平方米，栽植油松、白皮松、合欢等乔木896株，小叶女贞、珍珠梅等花灌木25054株，竹类等2250平方米，铺植草皮16804.2平方米；植物园广场占地 33.3公顷。至2011年末，全市公园、广场数量达到62座，占全省总量的30%。年内，位于正定新区、占地91.7公顷的园博园正在建设，完成工程总量75%。参加第八届中国园博会，精心打造的太行古驿文化园落户重庆市园博园。

【街道绿化美化】 推进京港澳高速公路、友谊大街北延、槐安路西延、学府路等绿化工程，完成规划设计、拆迁摸底等前期工作。建成20处街旁游园，新增绿地8.5公顷。启动城市绿廊绿道工程，编制《石家庄市城市绿廊绿道系统规划》，完成首批绿道建设方案设计和招投标工作，确定城市绿道标识设计方案，太平河北侧（北新城至滹沱河口）21.6千米绿道开工建设，环城水系、滹沱河沿线绿道已具备基础条件。开展花卉种植、摆放花钵及立交桥美化活动，栽植各类时令花卉1000余万株。成功举办第十届月季展和金秋菊展，展出月季800个品种、20万盆，展出菊花1200个品种、30万盆，布置景点60余处。国庆节期间，在城市重点部位摆放大型立体花坛44座，其中设置民心广场的“一帆风顺”立体花坛，由15万盆鲜花组成，创造出省会历史之最。运用“燕赵风情”城市雕塑大赛成果，在裕华路、槐安路等主干道重要节点及火车站广场、国际机场等重点部位建成“胜利之城”、“绿色丛林”、“子弟兵的母亲”等15座大型城市主题雕塑，有力提升了城市文化内涵。

【裕华路民心河节点改造】 民心河建成十多年，节点处草坪老化，便道砖破损较多，沿线设施设备锈蚀等问题日渐突出。为提升裕华路绿化、美化水平，园林部门实施民心河节点绿化和改造工程，该工程主要涉及民心河东线、西线、南线与裕华路交叉的三个节点。施工人员全部更换裕华路两侧甬路，增加亭、廊、雕塑等园林小品，民心河东线增设园林雕塑，西线增加凉亭、假山等设施，增强了园林美感和实用性，方便了游人游览、休憩和欣赏；部分绿地边缘、广场入口设置大理石隔离墩，防止车辆乱停践踏草坪；增加夜间景观效果和方便市民夜间出行，甬路两侧全部安装庭院灯。

【园林绿化养护】 实施管理提质工程，按照“无处不精细，无处不精美，无处不精心，无处不精彩”要求，深入开展园林管护大会战、“双优双先”创建等活动，大力强化园林养护管理。全方位实施树木修剪整形、环境卫生整治、基础设施整修等，并针对城市雕塑管理出台《石家庄市城市雕塑管理办法》。以迎接创建省级文明城市测评活动为契机，加强日常巡查，遇有问题及时处置，公园广场环境秩序进一步规范，道路绿地、城市水系景观效果显著提升。随着城市园林绿地面积急剧扩增，市园林部门及时调整思路，加大绿化养护管理执法力度，全年受理举报案件171起，移交各区48起，办结123起，其中行政处罚案件31起（简易程序20起、一般程序11起），处罚金额188994元，案件发现率达95%，办结率达98%，有效遏制了毁绿现象的发生。

【建设园林城市（县城）】 以创建园林城市为载体，大力推进县城建设上水平工作。围绕“产城互动、宜居和谐”目标，市区通过开展创建省、市级园林式单位和小区活动，动员全社会累计植树20余万株。18个县（市）区（含高新区）拉大县城框架、完善载体功能、提升容貌景观、推进产业集聚，谋划重点项目871个、总投资884.6亿元。至年末，全市开工736个项目，其中辛集市、高邑县、平山县、井陉县、晋州市、元氏县等6个县(市)均完成投资30亿元以上。18个县（市）区（含高新区）建成产业聚集区10个，新改扩建道路46条、138千米，人均道路面积达到8平方米，路网密度达到每平方千米6千米，支路密度达到每平方千米3千米，排水管网密度达到每平方千米1千米；全年新增绿地面积247万平方米，人均公园绿地面积达到11平方米。18个县（市）区（含高新区）实施风貌环境整治活动投入21.2亿元。其中，清理卫生死角4310处，整治广告牌匾1.8万块，规范马路市场602处，整治交通标识3100个，整修小街巷176条，建设特色街道和夜景样板街20条，县城硬化、绿化、净化、亮化水平明显提升。年内，栾城县通过国家级园林城市（县城）初验；晋州市、正定县通过省级园林城市（县城）验收。到年末，石家庄市建成省级园林城市4个、县城4个。

【创建省星级公园和十佳公园】 开展创建省星级公园和十佳公园活动，实施精品公园战略，提升公园管理水平，有针对性地提质改造基础条件较好的公园，完善配套设施，提高绿化档次，推行星级管理，为市民创造放心、安心、舒心的游园环境。年内，市区裕西公园、长安公园等4座公园被评为河北省五星级公园，石太公园等3座公园被评河北省四星级公园，秀水公园被评河北省三星级公园；市区世纪公园和鹿泉市海山公园被评为河北省十佳公园。

（王锡江　左晗伟　戎腾飞）

【世纪公园获省十佳公园称号】 2011年末，石家庄世纪公园获得河北省十佳公园称号。至次，石家庄市区获得河北省十佳公园称号的公园达到3家，另2家分别是市植物园和长安公园。根据《河北省十佳公园评选办法和标准》，十佳公园内主要景区、景点要富有特色，需合理利用原地形、地貌，深入挖掘利用当地的历史文化资源，充分展现当地的地域风貌，具有较高的文化价值和艺术价值。公园建设注重低碳、环保等新技术运用，环境清新、整洁，景观优美，主要景区、景点及游览路线周围按照一级养护管理标准进行养护，各类设施齐全、完好，具有较高的园林艺术性。本次评选，包括石家庄市区世纪公园共有10个公园获得“河北省十佳公园”称号。

（宋钧）

【命名市级园林式单位64家】 2011年，市园林部门对照“市级园林式单位、园林式小区、绿化样板街道”标准，组织园林专家对21个县（市）、区申报的107个单位、39个小区和22条（段）街道进行实地检查验收。10月份，经市政府批准，决定命名河北省通讯建设有限公司等64个单位为“市级园林式单位”，桥东区礼域尚城小区等19个小区为“市级园林式居住小区”，栾城县裕泰路等9条街道为“市级园林绿化样板街道”。

（靳晓磊）

【行业管理】 年内，市园林部门积极规范园林绿化建设市场，开展园林绿化资质就位工作，完成135家园林绿化企业资质就位申报、审批；完成18家新申报资质企业及申请升级企业资料审核、报批；备案外地企业进入石家庄园林绿化市场61家。实现所有园林绿化工程招投标引入市建筑市场，落实统一、公开、公正、透明运作。至年末，市园林部门在行政窗口办理行政许可事项53项，办结53项，其中砍伐或移植城市树木审批26项、临时占用城市绿地审批2项、城市园林绿化企业资质审批25项；参加市行政服务中心组织的施工图联合审查50项次、现场联合验收46项次。所有审批件无超时办结、退件现象发生，按时办结率达到100%

（王锡江 左晗伟 戎腾飞）

环境保护

【概况】 2011年，全市环境保护工作以污染减排为主线，以大气和水环境治理为重点，树立省会意识、创新意识、争先意识和服务意识，启动环保模范城市和生态城市创建活动，实施以“洗城净天”和“清源净流”为主要内容的“蓝天碧水”行动计划，全面开展环境综合整治，有效解决了一批影响城市发展的环境问题，全市整体环境质量取得实质性改善。以全国污染源普查动态更新数据为基础，按照全省年度减排目标要求，石家庄市确定2011年减排目标为化学需氧量、氨氮、二氧化硫、氮氧化物排放量分别比2010年净削减0.360万吨、0.025万吨、0.312万吨、0.406万吨，4项主要污染物削减比例均为1.5%（石家庄市2010年化学需氧量、氨氮、二氧化硫、氮氧化物排放总量分别为24.01万吨、1.67万吨、20.81万吨、27.08万吨），年末全市污染物减排目标如期实现。2011年，石家庄市3项主要大气污染物达到国家空气质量二级标准要求，实现年初既定目标。全年市区环境空气质量优良天数达到320天，与上年相比增加1天，其中I级36天，增加2天。在全国47个重点城市中，石家庄市优良天数排在第35位，好于北京、济南、郑州、太原等周边城市。重点流域水环境质量保持平稳。石家庄市5条主要河流滹沱河、汪洋沟、洨河、邵村排干渠出境断面COD浓度比2010年分别下降13.2%、25.4%、48.7%、4.59%。饮用水水质情况良好。集中式饮用水源地水质合格率为100%，地下饮用水源和地表饮用水源全部达到国家标准要求。环境保护“十二五”规划编制完成。确定石家庄市“十二五”规划重点工程项目为水污染减排工程，大气污染减排工程，固体废物污染减排工程，有毒、有害重金属污染防治工程，生态环境保护工程和环境保护能力建设与环境管理工程等六大类，共计117个项目，计划投资628825.01万元。年内，石家庄市被省政府授予“2010年度河北省环境保护目标管理优秀市”，鹿泉市、灵寿县、辛集市、裕华区被授予“2010年度河北省环境保护目标管理优秀县(市)区”。12月27日，经市第十二届人大常委会第三十二次会议审议通过，决定自2012年起，每年9月16日设立为“石家庄生态日”。

【城市环境质量】 石家庄城市环境空气以“煤烟型”污染为主，呈现由“煤烟型”污染向“复合型”污染转化的趋势，主要污染物为可吸入颗粒物。城市环境空气为轻度污染水平，较2010年未发生较大变化。市域内地表水体总体呈“有机污染型”，各地表河流受沿途工业污染源污染较重，城市（镇）下游河段水质多超过地表水功能区划标准。全年Ⅴ类和劣Ⅴ类水质的河段占常年有水河段的52.9%，主要污染物为氨氮、生化需氧量、石油类、总磷等。城市地下水环境总硬度超标较普遍。受工业和生活废水排放的影响，硫酸盐、氨氮、氯化物、硝酸盐与溶解性总固体等指标出现超标现象。饮用水源地水质状况良好，水质达标率100%。城市声环境以交通噪声和生活噪声为主要噪声源，城市功能区噪声昼间基本达到国家标准要求，夜间仍存在超标现象。区域环境噪声平均等效声级值为54.1分贝，比2010年上升3.9分贝。道路交通噪声平均等效声级值为68.6分贝，比2010年上升3.0分贝。全市工业固体废弃物主要为粉煤灰、炉渣等无机固体废物，处置利用率为93.28%，其他固体废弃物基本上得到妥善处理。废水、废气重点污染企业监督性监测达标率均为100%，城镇污水厂监督性监测达标率为99.38%，有超标现象出现。

一、环境空气质量 2011年石家庄城市环境空气质量状况较2010年变化不大，污染等级为轻污染，主要大气污染物浓度时空分布特征显著。城区环境空气综合污染指数为0.88，污染等级为轻污染，主要污染物为可吸入颗粒物。可吸入颗粒物、二氧化硫和二氧化氮的年日均值为0.099毫克／标立方米、0.051毫克／标立方米、0.041毫克／标立方米，比2010年可吸入颗粒物上升1.0%，二氧化硫下降5.6%，二氧化氮持平。

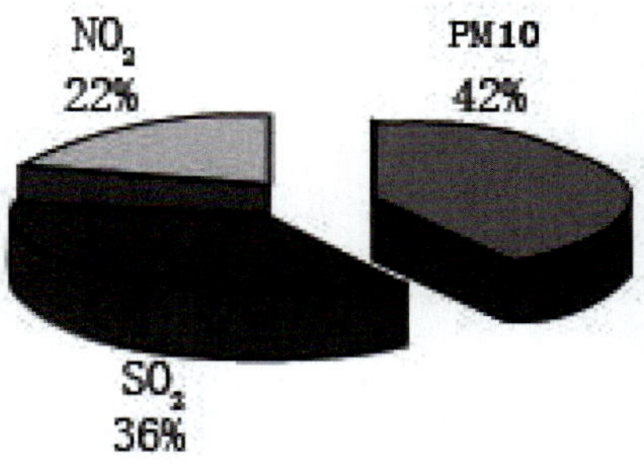

2011年三项污染物污染分担率

2011年石家庄城市环境空气质量处于Ⅱ级及优于Ⅱ级天数为320天，占总天数的87.7%，其中Ⅰ级天数为36天，占总天数的9.9%，Ⅱ级天数为284天，占总天数的77.8%，Ⅲ级天数为45天，占总天数的12.3%，无Ⅳ级、Ⅴ级天。优良天数比2010年增加1天，其中Ⅰ级增加2天，Ⅱ级减少1天。2011年石家庄城市空气污染指数为2.36，其中可吸入颗粒物、二氧化硫污染指数分别达0.99、0.86，两者污染负荷分别占42.0%、36.2%，可吸入颗粒物所占污染负荷最高。

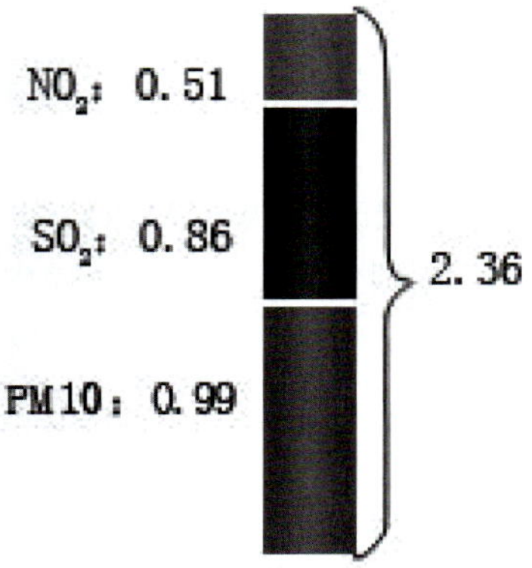

2011年污染综合指数

城市大气污染物浓度呈现“晨峰午谷”及“冬重夏轻”的污染变化规律。一天中，污染物小时浓度值最高值常出现于清晨，最低浓度多出现在午后；污染最严重的月份为12月，污染最轻的月份为8月；全年四个季度中，四季度污染最重，三季度污染最轻。

环境空气污染状况 2011年石家庄市环境监测中心例行监测了城市空气中的可吸入颗粒物、二氧化硫、二氧化氮、硫酸盐化速率、降尘、一氧化碳、臭氧和降水等指标。监测结果表明，2011年石家庄城市环境空气中可吸入颗粒物年平均浓度值为0.099毫克／标立方米，二氧化硫年平均浓度值为0.051毫克／标立方米，二氧化氮年平均浓度值为0.041毫克／标立方米，均达到国家二级标准。

表 12　2011 年石家庄市大气污染物监测数据统计表

项　目	浓度值范围	年均浓度	超标率 (%)	二级标准
可吸入颗粒物	0.021—0.298 毫克 / 标立方米	0.099 毫克 / 标立方米	11.0	0.10 毫克 / 标立方米
二氧化硫	0.010—0.462 毫克 / 标立方米	0.051 毫克 / 标立方米	4.5	0.06 毫克 / 标立方米
二氧化氮	0.012—0.126 毫克 / 标立方米	0.041 毫克 / 标立方米	2.8	0.08 毫克 / 标立方米
降　尘	3.86—26.90 吨 / 平方千米 •30 天	10.55 吨 / 平方千米 •30 天	7.6	19.00 吨 / 平方千米 •30 天
硫酸盐化速率	0.206—1.995 毫克 SO_3/100 平方厘米碱片 • 日	0.680 毫克 SO_3/100 平方厘米碱片 • 日	/	/
一氧化碳	0.100—11.978 毫克 / 标立方米	1.946 毫克 / 标立方米	8.8	4.00 毫克 / 标立方米
臭　氧	0.001—0.166 毫克 / 标立方米	0.028 毫克 / 标立方米	0	0.20 毫克 / 标立方米

* 臭氧为小时均值。

可吸入颗粒物。2011 年石家庄城市环境空气中可吸入颗粒物年日均值为 0.099 毫克 / 标立方米，达到国家二级标准，全年日均值超标率为 11.0%，年平均浓度与 2010 年相比上升 1.0%。全年城区可吸入颗粒物污染程度由高到季度排序为：四季度 > 二季度 > 一季度 > 三季度。

二氧化硫。2011 年石家庄城市环境空气中二氧化硫年平均值为 0.051 毫克 / 标立方米，达到国家二级标准，全年日均值超标率为 2.5%，年平均浓度与 2010 年相比下降 5.6%。全年城区二氧化硫污染程度由高到低季度排序为：一季度 > 四季度 > 二季度 > 三季度。

二氧化氮。2011 年石家庄城市环境空气中二氧化氮年日均值为 0.041 毫克 / 标立方米，达到国家二级标准，全年日均值超标率为 0.3%，年平均浓度与 2010 年相比持平。全年城区二氧化氮污染程度由高到低的季度排序为：一季度 > 四季度 > 二季度 > 三季度。

降尘。2011 年石家庄城市降尘年月均值为 10.55 吨 / 平方千米 •30 天，与 2010 年相比下降 33.4%。降尘最大值出现在化工学校点位，监测值为 26.90 吨 / 平方千米 •30 天。全年四个季度降尘量由高到低排序为：二季度 > 四季度 > 三季度 > 一季度。

硫酸盐化速率。2011 年石家庄城市硫酸盐化速率月均值为 0.680 毫克 SO_3/100 平方厘米碱片 • 日，与 2010 年相比下降 38.6%。硫酸盐化速率最大值出现在平安电站监测点位，监测值为 1.995 吨 / 平方千米 •30 天。全年四个季度污染程度排序为：一季度 > 二季度 > 四季度 > 三季度。

一氧化碳。2011 年石家庄市城市一氧化碳年均值为 1.946 毫克 / 标立方米，与 2010 年相比上升 60.7%。全年四个季度一氧化碳污染程度排序为：三季度 > 四季度 > 一季度 > 二季度。

臭氧。2011 年石家庄城市臭氧年均小时值为 0.028 毫克 / 标立方米，与 2010 年持平。全年四

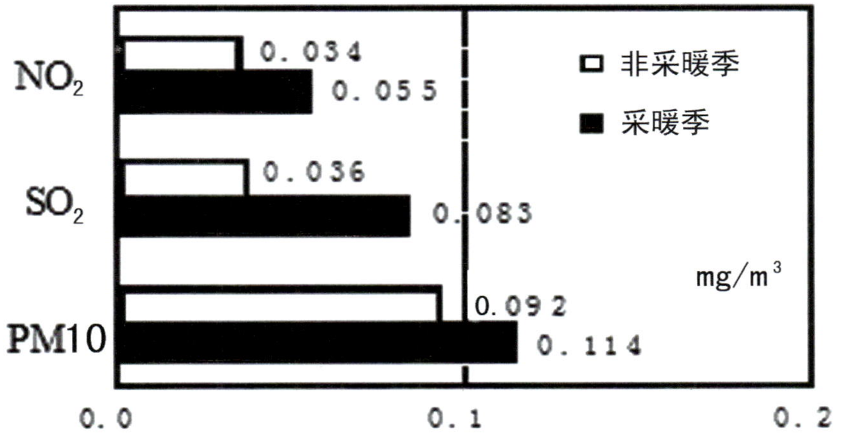

2011年采暖期与非采暖期大气污染浓度变化

个季度臭氧浓度由高到低排序为：三季度＞四季度＞二季度＞一季度。

大气污染物时空变化。2011 年石家庄城市主要大气污染物浓度变化具有明显的季节特征，总体上呈现“采暖期重于非采暖期”和“冬重夏轻”的污染特征。大气污染物浓度日变化呈现“晨峰午谷”的污染规律。一天中污染物小时浓度值最高值常出现于清晨，最低浓度多出现在午后。

受采暖期燃煤量增大影响，采暖期空气中可吸入颗粒物、二氧化硫及二氧化氮浓度均大于非采暖期。可吸入颗粒物采暖期浓度(0.114 毫克／标立方米）为非采暖期的 1.24 倍，二氧化硫采暖期浓度(0.083 毫克／标立方米）为非采暖期的 2.31 倍，二氧化氮采暖期浓度(0.055 毫克／标立方米）为非采暖期的 1.62 倍。

受气候变化和气象因素影响，春、冬季尘污染严重，空气中可吸入颗粒物明显增高。冬春季(12 ～ 5 月）与夏秋季(6 ～ 11 月）相比，可吸入颗粒物、二氧化硫、二氧化氮三项污染物分别高 0.13 倍、1.09 倍和 0.55 倍。夏季是一年中空气污染最轻的季节，污染物降低幅度明显。

大气污染物空间分布特征。污染物空间分布与污染源的分布情况、气象条件、建筑结构、城市布局及污染物的迁移扩散特征有密切关系。二氧化硫和二氧化氮的空间分布，受工业污染源和生活污染源局部影响很大。可吸入颗粒物污染程度空间分布为：西南高教＞西北水源＞平安电站＞化工学校＞监测中心＞职工医院＞高新区；二氧化硫污染程度空间分布为：职工医院＞平安电站＞监测中心＞高新区＞西南高教＝化工学校＞西北水源；二氧化氮污染程度空间分布为：西南高教＞监测中心＞化工学校＞高新区＞职工医院＞平安电站＝西北水源。2011 年各县（市）区环境空气综合污染指数最大的为赞皇县，可吸入颗粒物污染最重的为赵县与灵寿县，二氧化硫污染最重的为赞皇县，二氧化氮污染最重的为赞皇县。

降水。2011 年石家庄市共获取大气降水样品 97 个，酸雨样品为 0 个，酸雨频率为 0.0%，降水 pH 最小值为 6.02。

大气环境质量国内、省内排名 2011 年石家庄城市环境空气质量优良天数在全国 47 个重点城市中，与天津并列排在第 35 位，高于北京、济南、郑州、太原等周边城市。在河北省 11 个设区市中，石家庄城市环境空气质量优良天数排在最后一位。

二、水环境质量 全市地下水总硬度、溶解性总固体、硝酸盐氮等指标超标，超标区域主要分布在市区西南部和中南部。地下饮用水源水质全部达标，满足《地下水质量标准》。全市地表河流受城市工业废水和生活污水大量排放的影响，各水体均受到不同程度的污染，以氨氮、生化需氧量、石油类、总磷等为主要污染物。水体受沿线工业企业污水排放影响，洨河、滹沱河、汪洋沟水体属劣 V 类水质。

地下水环境质量 2011 年石家庄市环境监测中心监测了城市 16 眼地下水井 25 项指标，结果表明，总硬度、硫酸盐、氨氮、氯化物、硝酸盐、溶解性总固体共 6 项指标出现超标。超标较重的指标为总硬度(75.79%)、溶解性总固体(26.32%)，其余指标超标率低于 10%。采用《地下水环境质量标准》(GB/T14848—93) 中推荐的地下水质量综合评价，对石家庄市区地下水质进行评价及污染程度分级。在获得监测数据的 16 眼井中没有水质优良、水质较好和水质极差的井，其中地下水质量良好的井数为 3 眼，占 18.75%，地下水质量

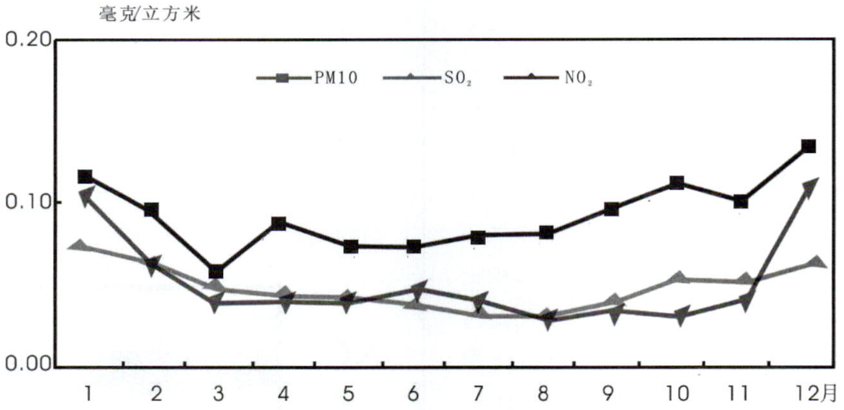

2011 年三项主要大气污染物月浓度变化

较差井数为13眼，占81.25%。石家庄市地下水质超标指标基本上为常规性理化指标总硬度、溶解性总固体、硝酸盐氮等，超标区域主要分布在市区西南部和中南部，超标井位分布呈“片状”和“点状”特征，地下水中总硬度和溶解性总固体浓度值较高，并呈“带状”分布特征，超标井位主要位于市辖区的西南部。石家庄市地下水质量除总硬度呈显著上升趋势外，其他主要污染指标无明显变化趋势。

城市饮用水源地水环境质量 石家庄市地表饮用水源地为岗南水库，按照《地表水环境质量评价办法（试行）》要求，2011年岗南水库出口水质类别为Ⅱ类，水质状况优，满足《地表水环境质量标准》（GB3838—2002）Ⅲ类标准要求。石家庄市地下饮用水源为市内5个水厂，2011年地下饮用水源水质全部达标，满足《地下水质量标准》（GB/T14848—1993）III类标准要求。

河流水环境质量 河流受工业废水和生活污水影响，各水体受到不同程度的污染，汪洋沟、滹沱河、洨河和邵村排干渠污染较重，为劣Ⅴ类水质。

绵河－冶河。2011年绵河－冶河水体水质属Ⅳ类，水体综合污染指数为7.14，绵河－冶河各断面污染程度排序为地都＞岩峰＞平山桥。首要污染断面为地都断面，污染分担率占到38.40%；其次为岩峰断面，污染负荷为37.76%；平山桥断面污染较轻，污染负荷为23.84%。全年绵河－冶河水体主要污染指标及其污染分担率分别为石油类28.56%、氨氮15.95%、生化需氧量11.81%。

石津渠。2011年石津渠水体综合污染指数为2.29。采用断面水质类别比例法进行评价，Ⅰ～Ⅲ类水质比例为20%，劣Ⅴ类水质比例为0%，石津渠水质状况为轻度污染。石津渠市区段上游监控断面的污染程度变化不大，市区下游污染程度较上游略重。石津渠各断面污染程度排序为南张村＞兆通＞运河桥＞杜北＞黄壁庄桥。首要污染断面南张村断面，污染负荷为28.45%，其次为兆通断面，污染负荷为23.95%。2011年度石津渠主要污染指标为石油类、生化需氧量、氟化物等，其污染分担率分别为18.99%、16.94%、13.59%。

洨河。 河全程污染严重，水质为劣Ⅴ类，水体综合污染指数为43.60。洨河各断面污染程度排序为石板桥＞大石桥＞总退水渠口。首要污染断面为石板桥，污染负荷为37.63%；其次为大石桥断面，污染负荷为34.48%；总退水渠断面污染负荷为27.90%。全年洨河水体主要污染指标依次为氨氮、总磷、生化需氧量，其污染分担率分别为50.07%、14.09%、12.63%。出境断面化学需氧量年均值为130毫克／升，较2010年均值（238毫克／升）有所下降，能满足考核指标（150毫克／升）要求。

滹沱河。2011年滹沱河水体水质为劣Ⅴ类，水体综合污染指数为30.10。滹沱河各断面污染程度排序为枣营＞固营桥＞张村桥＞下槐镇。首要污染断面为枣营，污染负荷为40.02%；下槐镇断面污染程度最轻，污染负荷为3.11%。水体主要污染指标为氨氮、生化需氧量、总磷，其污染分担率分别为50.68%、20.65%、12.61%。出境断面化学需氧量年均值为136毫克／升，较2010年均值（154毫克／升）略有降低，能满足考核指标（150毫克／升）要求。

汪洋沟。2011年汪洋沟水体水质为劣Ⅴ类，水体综合污染指数为23.87。水体中主要污染指标为氨氮、总磷、生化需氧量，污染分担率分别占37.43%、20.07%、14.46%。出境断面化学需氧量年均值为86.8毫克／升，较2010年均值（118毫克／升）有所降低，能满足考核指标（150毫克／升）要求。

邵村排干渠。2011年邵村排干渠水体水质为劣Ⅴ类，水体综合污染指数为47.64。水体中主要污染指标为氨氮、生化需氧量、总磷，污染分担率分别占67.77%、8.74%、8.58%。

湖库水环境质量 按照《地表水环境质量评价办法（试行）》进行评价，2011年度岗南水库、黄壁庄水库的水质类别均为Ⅱ类，水质状况优。岗南水库水质监测自动站2011年共报出水质周报52期，评价指标（水温、pH值、溶解氧、高锰酸盐指数、TOC、氨氮、电导率、浊度）测定结果均符合《地表水环境质量标准》（GB3878—2002）Ⅱ类标准。

三、声环境质量 2011年石家庄市道路交通噪声平均等效声级为68.6分贝，比2010年上升3.0

分贝。道路交通噪声声级值集中分布于66.0～70.0分贝之间，超过70分贝路段（超标路段）长度占总路段长度的24.08%。城市区域环境噪声平均等效声级值为54.1分贝，比2010年上升3.9分贝。影响城市声环境质量的因素还是交通噪声和生活噪声。

功能区噪声 按照石家庄市辖区不同区域的功能特点，将噪声功能区划为四类。监测结果表明，1类区昼间噪声平均等效声级值2季度均超标；2类区昼间、夜间噪声平均等效声级值各季度均达标；3类区昼间、夜间噪声平均等效声级值均达标；4类区昼间噪声平均等效声级2季度均超标。各测点年平均昼间等效声级值最大值为69.4分贝，夜间平均等效声级值最小值为43.7分贝。

表13 2011年功能区噪声监测数据统计表

单位：dB(A)

季度＼分区	1类区			2类区			3类区			4类区		
	Ld	Ln	Ldn	Ld	Ln	Ldn	Ld	Ln	Ldn	Ld	Ln	Ldn
一季度	52.9	43.7	53.2	57.8	49.5	58.5	62.9	54.6	63.6	67.8	54.8	67.0
二季度	55.4	45.0	53.4	58.7	49.6	58.0	63.6	54.9	63.6	69.4	55.9	67.3
三季度	53.5	44.7	54.0	58.3	49.5	58.8	64.4	54.7	64.5	68.3	54.6	67.4
四季度	52.9	43.9	53.2	57.9	49.0	58.3	62.9	53.9	63.3	67.5	54.7	66.8
全 年	53.7	44.3	53.5	58.2	49.4	58.4	63.5	54.5	63.8	68.3	55.0	67.1
标准值	55.0	45.0		60.0	50.0		65.0	55.0		70.0	55.0	
测点数		3			3			2			4	

表14 功能区噪声年均值比较统计表

单位：dB(A)

时间	年份	1类区	2类区	3类区	4类区	全市
昼间	2011	53.7	58.2	63.5	68.3	60.9
	2010	52.5	57.6	63.8	69.4	60.8
夜间	2011	44.3	49.4	54.5	55.0	50.8
	2010	43.7	48.7	54.9	55.6	50.7
昼夜	2011	53.5	58.4	63.8	67.1	60.7
	2010	52.9	58.0	64.2	68.5	60.9

比较2011年和2010年功能区噪声年均值，2011年市区平均等效声级值较2010年基本持平，其中昼间等效声级值上升0.1分贝，夜间等效声级值上升0.1分贝，昼夜等效声级值下降0.2分贝。

道路交通噪声 2011年石家庄市环境监测中心在市区8条主干线，23条次干线，37条支路，其他道路129条，合计197个路段、总长387.675千米的道路上共布设368个道路交通噪声监测点位。测试结果显示，市区道路交通噪声值为60.9～78.6分贝，平均等效声级为68.6分贝，比2010年上升3.0分贝。经统计，2011年度市区道路平均车流量为1790辆/小时，道路交通流量较2010年有所上升。

表15 2011年暴露在不同等效声级下路段分布情况统计表

声级范围dB(A)	55以下	56～60	61～65	66～70	71～75	76～80	81以上	超过70分贝的干线
路段长度（千米）	/	/	26.985	283.035	70.150	7.860	/	93.595
占交通干线总长度的%	/	/	6.96	73.01	18.10	2.03	/	24.08

2011 年与 2010 年相比，超过 70 分贝的干线长度上升由 16.25% 上升为 24.08%，噪声声级值主要集中在 66 分贝～ 70 分贝，占道路总长度的 73.01%。

区域环境噪声 经统计，2011 年度区域环境噪声值变化范围为 47.2 ～ 63.7 分贝，平均等效声级为 54.1 分贝，比 2010 年上升 3.9 分贝，上升明显。区域环境噪声值集中分布于 51 ～ 60 分贝声级值段，66 分贝以上声级覆盖区域出现 6 个，声级覆盖面积 1.5 平方千米，暴露在不同等效声级下的面积和人口分布状况比例较 2010 年变化较大，暴露在高分贝区域增加较为明显。

表 16　2011 年区域环境噪声数据统计表

网格大小（米 × 米）	网格（测点）总数	网格覆盖人口数（人）	Leq		L10		L50		L90	
			平均	σ	平均	σ	平均	σ	平均	σ
1000 × 1000	400	2377300	54.1	2.23	56.2	2.48	53.1	2.24	51.0	2.13

表 17　2011 年暴露在不同等效声级下的面积和人口分布状况统计表

声级范围 dB(A)	36 ～ 40	41 ～ 45	46 ～ 50	51 ～ 55	56 ～ 60	61 ～ 65	66 ～ 70	71 ～ 75	76 ～ 80	81 ～ 85
声级覆盖面积 (KM^2)	/	0	1.5	42.5	44.25	10	1.5	/	/	/
占总网格面积的 %	/	0	1.5	42.5	44.25	10	1.5	/		/
声级覆盖人口（万人）	/	/	/	/	/	/	/	/	/	/
占总网格人口的 %	/	/	/	/	/	/	/	/	/	/

2011 年城市内的声源构成为交通运输、建筑施工、日常生活及其他噪声，以交通噪声和生活噪声为主，各种声源所占比例较 2010 年持平。

表 18　2011 年石家庄市区域环境噪声源构成统计表

噪声源分类		交通	工业	施工	生活	其他
影响的测点数		275	47	18	53	6
噪声源构成比 %		68.75	11.78	4.51	13.28	1.50
L10	平　均	55.0	60.18	62.87	56.70	55.03
	σ	1.71	1.58	2.55	2.62	0.56
L50	平　均	52.0	56.56	59.36	53.59	52.20
	σ	1.56	1.38	2.58	2.41	1.27
L90	平　均	50.0	54.19	56.51	51.48	50.30
	σ	1.53	1.22	2.58	2.32	1.60
Leq	平　均	53.0	57.78	60.34	54.59	53.07
	σ	1.53	1.27	2.41	2.41	1.07

四、固体废物、工业废物 见 2011 年石家庄市各类工业固体废弃物产生量统计表。

生活垃圾 2011 年全年产生生活垃圾 94.9 万吨，无害化处理率 86.73%，填埋处理量 45.62 万吨，焚烧处理量 35.07 万吨，堆肥 1.62 万吨。

医疗垃圾 石家庄市区全年产生医疗垃圾 1244.5 吨，由市焚烧站统一清运，统一焚烧，无害化处理率为 100%。

表 19　2011 年石家庄市各类工业固体废弃物产生量统计表

单位：万吨／年

指标名称	实际产生量	指标名称	实际产生量
一般工业固体废物产生量	1520.2294	一般工业固体废物综合利用量	1516.6615
一般工业固体废物处置量	9.0534	一般工业固体废物贮存量	123.6852
危险废物产生量	24.6727	危险废物综合利用量	12.4476
危险废物处置量	12.2479		
危险废物内部年综合利用／处置能力	0.734		

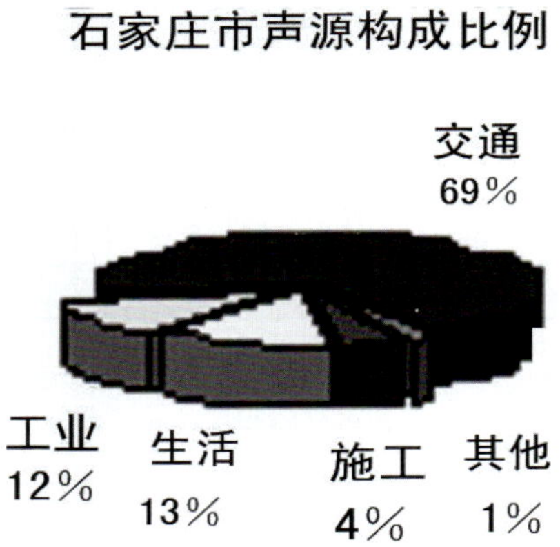

五、重点污染源监督监测　2011 年石家庄市重点污染源共 213 家，分为国控污染源、省控污染源、城镇污水处理厂和“双三十”重点企业。国控重点污染源：单纯废水污染源 85 家，单纯废气污染源 30 家，废水、废气污染源 4 家；城镇污水处理厂 24 家；涉及重金属排放企业 50 家。省控重点污染源：单纯废水污染源 7 家，单纯废气污染源 4 家，废水、废气污染源 1 家。“双三十”重点企业：单纯废水污染源 7 家，单纯废气污染源 1 家。

废水污染源　2011 年石家庄市废水污染企业监督性监测达标率为 100%，全部达标。

废气污染源　2011 年石家庄市废气污染企业监督性监测达标率为 100%，全部达标。

城镇污水处理厂　2011 年石家庄市城镇污水处理厂监督性监测达标率为 99.38%，只有石家庄经济技术开发区污水处理厂出现过 1 次超标。

表 20　2011 年石家庄市重点污染源统计表

类别	单纯水	单纯气	水＋气
国控	85	30	4
涉重金属企业	50		
省控	7	4	1
“双三十”	7	1	0
污水厂	24	0	0
合计	213		

【预算及专项资金】　年内，全市环境保护预算总支出 14119.27 万元。其中，人员经费支出 3443.56 万元，正常公用经费支出为 388.32 万元，专项公用经费支出 2162.02 万元，专项项目支出 8125.37 万元。全年上报项目 95 个，其中 69 个项目获得上级专项资金 21402 万元（中央资金 19527.16 万元，省

级资金 1874.5 万元），支持项目比 2010 年增加 16 个，增长 30%，获得专项资金增加 13346 万元，增长 165%。

【污染减排】 推进重点区域和重点行业综合整治，坚决关停取缔能耗大、污染重、产能低的企业。工业结构调整水污染物，关停取缔赵县淀粉、灵寿县和鹿泉市造纸、晋州市纺织行业企业 62 家；淘汰落后产能减排大气污染物，关停鹿泉市造纸、无极县和行唐县化工、元氏县和辛集市建材行业企业 137 家，关停石家庄热电四厂 3 台小火电机组、装机容量 4.2 万千瓦／时和石家庄泰丰铁业有限公司 240 立方米高炉、40 平方米烧结机，减少了污染物排放。全年石家庄市水污染物减排安排重点项目 110 个，其中污水处理厂新增削减能力 21 个，工业企业工程治理项目 27 个、工业结构优化调整的造纸、淀粉、纺织等行业结构减排项目 62 个；大气污染物减排安排重点项目 150 个，其中电力行业脱硫工程 1 个，烧结机烟气脱硫工程 2 个，工业企业焦炉煤气脱硫工程 2 个、燃煤锅炉烟气脱硫工程 3 个、煤改气工程 4 个、淘汰部分落后产能项目 137 个。经测算，至年末，全市化学需氧量、氨氮、二氧化硫排放量分别比 2010 年削减 1.6%、1.8%、2.0%，氮氧化物排放量同比上升 5.0%。2011 年，石家庄市减排工作存在一些问题。氮氧化物排放量不降反增。电力、水泥行业和机动车为氮氧化物主要排放源，分别占全市氮氧化物排放总量的 51%、8.8%、22.3%，合计占排放总量的 82.1%。农业源和机动车减排工作薄弱。“十二五”期间全市减排污染源新增了农业源和机动车，2011 年石家庄市农业源化学需氧量、氨氮排放量分别占全市排放总量的 76%、41.3%，机动车氮氧化物排放量占全市排放总量的 22.3%；减排潜力不足。“十一五”期间石家庄市各县（市）区均建成城镇污水处理厂并升级改造，形成处理能力 187 万吨／日，污水处理率达到 95.3%；2011 年全市 26 家电厂、819.4 万千瓦／时火电机组，有 812.5 万千瓦／时建成脱硫设施；全市水泥行业机立窑全部关闭，大部分有规模的减排工程基本完成，工程减排潜力有限。

（严 健）

【49 家污染企业搬迁改造】 按照 2011 ～ 2013 年城市建设“三年上水平”工作部署，市地产集团（土地储备中心）召开 2011 年土地收储项目洽谈会。会议采取自由研讨方式，通过宣讲全市企事业单位搬迁土地收储政策，详细沟通单位搬迁中存在的实际困难和土地收储问题。会同市主城区工业企业搬迁改造办公室、国土、财政、药博园管委会等部门，邀请计划列入 2011 年土地储备计划的 31 家搬迁企事业单位举行土地收储项目洽谈会，通过洽谈沟通，市地产集团现场与河北师大、南车集团、白龙化工、威远化工等 8 家拟搬迁单位签订土地收储意向书，涉及土地 2500 余亩。自 2007 年起，市土地储备中心（地产集团）严格执行石家庄市土地储备办法和有关收储政策，在市财政、国土、规划、工信、建设、房管等部门支持下，坚持“搬得动，搬得好，搬得有活力”原则，研究和出台多项土地收储优惠政策，完善收储工作流程，积极争取土地指标和破解资金瓶颈问题。经统计，2007 ～ 2011 年，石家庄市共搬迁污染企业 49 家，主城区收储企事业单位土地 8320 亩。

（张跃彬）

【建设项目环保审批】 落实项目环保审批严把“四关”（政策关、布局关、总量关、监管关），大力遏制新污染源的产生。调整部分审批事项，明确下放后建设项目环评审批权限，除跨区域和重污染项目，其他环评审批权全部下放至县（市）区和产业聚集区；通过向县（市）区环保局和特定区域下放建设项目环评审批权限，建设项目环保审批流程减化，建设单位办理手续环节和时间减少，实现入驻建设项目一站式服务，审批效率提高。至 2011 年底，全市共完成审批项目 3978 个，总投资 1667.57 亿元，同比分别增加 14.9% 和 25.8%。其中，市环保局完成审批项目 126 个，总投资 486.02 亿元，同比分别增加 − 35.05%（主要是下放审批权限原因引起）和 7.5%；县级环保部门完成审批项目 3852 个，总投资 1181.55 亿元，同比分别增加 20.75% 和 50.44%。2011 年全市完成建设项目验收 775 个，完成投资 81.63 亿元，同比分别增加 3.2% 和 76.77%。其中，市环保局验收审批项目 62 个，总投资

26.82 亿元，同比分别增加 3.3% 和 44.76%；县级环保部门完成验收项目 713 个，总投资 54.81 亿元，同比分别增加 − 4.6% 和 83.3%。2011 年石家庄市配合国家环保部、省环保厅初审建设项目 50 项，参与验收 43 项。全年市环保局拒接或否决建设项目 37 项，主要涉及“两高一资”、不符合产业政策、与园区产业定位不符和未进入化工园区的化工项目等。

【危险废物监管】 组织全市 265 家主要危险废物产生单位上报危险废物管理计划，审查危险废物产生单位危险废物转移计划 225 家。为规范危险废物管理，制定下发《石家庄市危险废物规范化管理工作实施方案》（石环保〔2011〕328 号）。组织各县（市）区环保局、市环境监察支队开展危险废物申报登记，动态更新石家庄市危险废物产生基础数据。初审并现场核实 7 家省环保厅核发危险废物经营许可证单位的年检材料。按照《废弃电器电子产品回收处理管理条例》规定，组织开展河北海晶再生资源开发有限公司电子废物拆解资质专家论证会，在提出整改要求基础上，计划对其核发废弃电器电子产品回收处理经营许可证，并按照国家环保部和省环保厅要求，每周将河北海晶再生资源开发有限公司电子废物接受、拆解、库存情况上报省环保厅。

【农村环境综合整治】 按照国家环保部《关于开展农村环境综合整治目标责任制试点工作考核的通知》要求，积极落实迎接国家农村环境综合整治目标责任制试点工作考核准备，召开各县市区环保局、市农村环境综合整治领导小组成员单位、环保部门调度会和专题培训会，逐一计算、核对、评分农村环境综合整治目标责任制试点工作 16 项指标、200 多项数据，评审 17 个县（市）和高新区自查报告，起草全市农村环境综合整治目标责任制试点工作自查报告并上报省环保厅。规范整理农村环境综合整治资料，建立资料档案，印刷装订成资料汇编。按照《石家庄市 2011 年环境保护工作方案》要求，检查、指导 54 个农村环境综合整治示范村建设，召开专题调度会 4 次，现场推广了晋州市周家庄乡、灵寿县同下村、无极县东丰庄村、深泽县西小封村、赞皇县秦家庄村、藁城市只照村等示范村建设。结合生态乡村创建，制定、出台《石家庄市市级生态村创建标准（试行）》。年末全市 25 个乡（镇）、42 个村通过省环保厅组织的国家级、省级生态乡镇和生态村申报材料专家评审。10 月份，栾城县被国家环保部授予“国家级生态示范区”称号；辛集市辛集镇、鹿泉市获鹿镇被授予“全国环境优美乡镇”称号。

【管控辐射和放射源】 全年辖区内共有放射源工作单位 94 家，放射源 672 枚；射线工作单位 316 家，射线装置 570 台，其中 133 家辐射工作单位具有辐射安全许可证。全年建立健全放射源使用单位管理档案，完善放射源管理台账，督促放射源使用单位完善安全保卫制度和事故应急预案，全面核查了放射源应用单位建立“两项制度”的情况。年内，全市共安全收贮密封放射源 180 枚（38 枚交省库，142 枚原单位回收），有效消除了核与辐射安全隐患。严格审批辐射项目，规定所有辐射项目一律在行政服务中心受理。针对放射源的购置、使用、转移、转让、退役、送贮等环节，认真落实各项管理制度，规范各项工作程序，做到每项工作有章可循，各个环节依法办理。至 2011 年底，全市共审查放射性废物、废源申报登记表 6 家，审查环境影响报告书 6 家，审查环境影响报告表 35 家，环境影响登记表 21 家，辐射安全许可证 26 家。

【环境监测和监察】 贯彻落实国家、省、市工作计划和监测制度，按时、保质、保量完成各月、各季度水、大气、噪声、辐射等常规监测任务。加大对国、省控重点污染源，市（县）区污水厂监督性监测力度，重点开展了地表水和涉重企业重金属专项监测。全年共报各类常规监测数据 886510 个，其中报环境空气质量常规监测数据 606715 个，水环境质量常规监测数据 69961 个，农村环境综合整治监测数据 32706 个，重点污染源和“双三十”企业监督性监测及在线比对监测数据 54016 个，区县考核断面水质监测数据 3036 个，县(市)区环境质量常规监测数据 209777 个。全年环境监测中心发出环境质量综合性分析报告 149 份，污染源自动监测数据有效性审核材料 381 份，国（省）控重点企业监测报告 519 份，各类常规、污染源监测数据报表167份，多项内容被作为环境要情和政府快报上报。加强三级站技术指导，提升全市环境监测系统整体能力。年内，全市18个县（市）区全部开始上报环境空气质量周报，其中16个县（市）区建成环境空气质量自动监测系统，实现与监测中心联网。至年末，全市共监察单位2775家（次），出动执法人员8931人次，检查污染处理设施2000台套，采集煤样169份、采集水样2647份；速测水样1358份。全年排污费征收完成10265万元，同比增长41%，超额完成省环保厅下达9500万元征收任务。200年，根据日常排查和群众举报，全市环保系统立案查处环境违法案件1107起，其中移送公安部门4起，5名责任人被行政拘留，2名责任人被刑事拘留；行政处罚立案98家，处罚金额521.15万元，同比增长76%。

（严 健）

【PM2.5监测】 PM2.5指空气中当量直径小于或等于2.5微米的细颗粒物，也称可入肺颗粒物。据监测分析，其主要来自化石燃料的燃烧（如机动车尾气、燃煤）、挥发性有机物等。2011年，石家庄市被确定为全国26个环境空气质量评价试点监测城市之一。2011年6月1日开始，石家庄市开展PM2.5的试点监测工作。到2011年底，石家庄市共有2个空气质量点位可监测PM2.5，分别是石家庄环境监测中心和平安电站监测点。

（靳晓磊）

【信息化建设】 按照2011年国家新下发《国、省控重点污染源名单》，对石家庄佳正实业有限公司等 22家企业35台监控设备安装了数据采集仪，经调试与市监控中心联网，并对设备进行维护、更换，共维护设备358台（次）。7月份，建立重点污染源动态管理平台系统，更新、维护了门户网站，至年末，共发布信息10510篇。配合全国环境信息与统计能力建设项目中标单位，在全市环保系统开展网络铺设、设备安装、调试联通等，高效率高质量完成国家、省、市、县四级环保专网开通。建立政府信息公开制度，配备兼职工作人员2名，设立信息申请受理点1个，实现政府信息公开咨询、申请以及答复工作顺利运行。2011年，市环保系统累计主动公开政府信息956条，全文电子化率达到100%，其中新增主动公开政府信息486条。在市环境保护局门户网站开通“12369”环保专线电话，方便公众与环保部门交流、沟通，增强了全社会对环保工作的关注和监督。

【秸秆利用率达到95%】 多措并举，有效控制秸秆焚烧现象。进入禁烧期前，针对可能出现突发性事件，制定了灵活的工作对策，在各村容易暴露地段和视野范围内设立若干个秸秆禁烧指挥部和火情观察点，明确观察员，搞好火情视察，发现火情，及时制止。各县（市）区严格实行领导分片包干责任制，县、乡、村层层签订秸秆禁烧责任书，采取县直部门包乡、乡领导及全体干部包村、村干部包地块的方法，明确禁烧及清运秸秆的责任。推广秸秆收贮机械，采取资金扶持、补贴等办法，鼓励、引导广大农户购买和使用玉米收割机械、秸秆还田机械、青贮机械，提高秸秆还田率。发挥高邑县秸秆沼气、晋州市秸秆发电、赵县玉米皮打捆外销、平山县秸秆压块、正定县秸秆填充制板、鹿泉市牲畜养殖育肥、辛集市果园沤制等优势，充分利用秸秆资源。年内，全市秸秆利用率达到95%，较好地解决了农作物秸秆出路问题。

（严 健）

建 筑 业

【概况】 2011年，石家庄市建筑行业有资质等级以上企业252个，全年完成建筑业总产值729.9亿元，比上年增长30.7%，其中建筑工程产值656.2亿元，增长27.9%。年内，全市共有勘察设计甲级企业104家，营业收入达到80亿元，共审查勘察设计项目136个，建筑面积664万平方米，纠正各类质量问题966个。严格工程交易管理。全年进场交易项目达到1416项，中标价139.7亿元，其中招标办监管招标工程930项，中标价115.6亿元，为园博园、新客站、正定新区等“三年上水平”重点项目提供了良好的招投标交易服务保障。实行合同跟踪制度，共巡查项目117项，提出书面警告单位28家，通过合同跟踪管理，市场主体合同意识增强。工程质量明显提升。全年实施建筑质量监督2112项、3663万平方米，检查建筑业企业262家，下发隐患整改通知书306份，停工指令书254份，行政处罚35.5万元；稽查在建工程2248个、面积3820万平方米、造价583亿元，下发稽查通知书320份，责令停止违法行为通知书490份，处罚违法工程95个，罚款1463万元，结案率达到100%。全年受理各种举报案件81起，全部落实调查处理和及时反馈。

【勘察设计】 全年审查勘察设计项目136个，建筑面积664万平方米，纠正各类质量问题966个。大力开展创优活动，创市优勘察设计项目65项，获省优项目占到全省三分之一。年内，勘察设计甲级企业达到104家，全行业营业收入达到80亿元，其中4家进入全国百强行列，19人获全省勘察设计大师称号，1人获全国勘察大师称号。加强服务指导，组织审图机构开展联检互查和讲评研讨，促进审图机构实现管理上水平、服务上品位、质量上台阶目标。发挥技术优势，对勒泰中心项目结构选型、格力电器项目地基基础处理以及太行大街电缆塔架基础质量问题提出优化方案和处理措施，帮助华强、勒泰、苏宁、恒大等4个重点项目完成超限抗震审查，为轨道交通防灾专项论证、新区会展中心前期设计及校舍安全工程等重点工作提供了技术支持。开展企业经理人发展研讨，邀请国家级专家进行新规范标准讲授，组织勘察大师、岩土师专题研讨地基处理技术，召集审图人员增进技术交流，积极搭建交流平台，推动企业发展，从业人员能力提升。

【工程交易】 全年进场交易项目达到1416项，中标价139.7亿元，其中招标办监管招标工程930项，中标价115.6亿元，为园博园、新客站、正定新区等“三年上水平”重点项目提供了良好的招投标交易服务保障。项目交易管理推行电子招投标制度，全年利用计算机辅助评标系统完成招标项目148项，为投标单位节省投标成本80余万元。实行合同跟踪制度，巡查项目117项，提出书面警告单位28家，通过合同跟踪管理，市场主体合同意识增强。全面推行招标代理机构比选制度，95项工程实行招标代理机构竞争性优选，其中实行招标代理机构比选42项，实行随机抽取确定招标代理机构53项。招标代理机构监管，监督检查全市招标代理机构90余家，对不符合资质管理规定的5家招标代理机构责令停止代理业务，限期整改。积极推进区域间学习交流，配合省建筑市场交易中心承办泛华北（环渤海）地区工程交易信息共享平台联席会第三次主席团会议，北京、天津等11个省市交易中心负责人出席会议，有效促进了区域有形建筑市场工程信息资源共享。

【质量安全管理】 2011年，全市实施建筑质量监督2112项、3663万平方米。市区施工现场发生上报范围内伤亡一般事故1起，死亡2人，重伤0人，轻伤0人，建设工程安全生产形势比较平稳。推进信息化管控，完成检测监管平台试运行，质量监管水平明显提升。加强原材料质量监管，巡查商品混凝土生产企业及分站72家，对存在问题的5家企业下发责令整改通知书，对问题较严重的8家企业下发质量监督建议书，并跟踪复查了整改情况。大力开展专项治理，结合不同时段组织开展安全生产年、安全生产月等不同主题的专项整治活动，全面加强汛期、国庆、省八次党代会和冬季等重要节日、重要会议及重点时期安全生产和文明施工的监督管理，共检查建筑业企业262家，下发隐患整改通知书306份，停工指令书254份，行政处罚35.5万元。妥善处理质量投诉，接待群众质量投诉100多人次，接听群众投诉咨询电话260多个，受理投诉35起，其中20起处理完毕，15起正在处理中。认真开展教育培训，全年培训和年检施工企业质检员7700余人次，培训安全生产“三类人员”1.1万名、质量见证取样员1000余人次，从业人员素质明显提升。

【科技项目评定】 全年完成建设科技项目15项，其中1个项目居国际先进水平，9个项目居国内领先水平，5 个项目居国内先进水平。组织申报并列入省建设科技示范项目 5 项，组织申报并列入省建筑业新技术应用示范工程 16 项；完成省建筑业新技术应用示范工程 14 项；19 个项目获得省级科技进步奖，获奖总数居全省之首。

（王吉利）

【建筑节能】 加强建筑节能监督管理，把建筑节能工作纳入建设管理程序，实行从施工设计到建筑竣工备案等环节闭合管理，保证了建筑节能法规政策和技术标准有效落实。至 2011 年末，全市竣工新建节能建筑面积 605 万平方米。2010 年起，石家庄市开展既有居住建筑供热计量及节能改造工作，制定《石家庄市既有建筑供热计量及节能改造工作实施方案》，采取"政府主导、市场运作、精心组织、积极推进"原则，统筹安排、合理使用市政府财政 1 亿元改造配套资金，以节能技术服务公司为主体组成项目改造实施联合体，承担项目改造过程中节能诊断、技术服务、方案设计、安装、设备造型、调试、运行等，实行全过程服务。2011 年，全市积极推进既有建筑节能改造摸底统计调查，组织实施中德技术合作中国北方既有居住建筑采暖能耗基准线研究和既有居住建筑情况调查。年末全市共完成 29 个项目（小区）460 万平方米既有建筑供热计量改造任务。开展绿色建筑、可再生能源建筑应用示范工作，市区可再生能源建筑应用面积达到 260.3 万平方米。年内，井陉县高速公路服务区和灵寿县中学光电示范项目被国家住建部、财政部联合批准为国家光电应用示范项目，春江花月小区、市科技服务中心大厦和中基礼域尚城 7 号楼 3 个项目分别被省住建厅授予全省十佳绿色小区和全省十佳绿色建筑称号，金正•君庭项目、滹阳花园小区和国仕山 H 区 3 个项目被确定为副省长宋恩华工作联系点。2011 年，全市建设领域节能减排工作顺利推进，其中新建居住建筑和公共建筑实现近 10 年设计、施工阶段节能标准执行率均达 100%。

（王吉利　张跃彬）

【建筑工程稽查】 围绕打击违法建设、维护市场秩序，坚持依法行政、全面管控、惩防并举、跟踪督办原则，加大建筑稽查力度，做到违法建设及时发现、及时制止，为全市建设市场健康发展奠定了坚实基础。全年稽查在建工程 2248 个、面积3820万平方米、造价583亿元，下发稽查通知书 320 份，责令停止违法行为通知书 490 份，处罚违法工程 95 个，罚款 1463 万元，结案率达到 100%。全年受理各种举报案件 81 起，全部落实调查处理和及时反馈，做到了有案必查，有结果、有反馈。

【劳务市场管理】 加强劳务合同备案监管，办理劳务分包合同备案工程 142 个，招标工程备案率达到 100%，建设领域劳务分包和用工活动实现全覆盖、全过程监管。推行建筑劳务实名制一卡通制度，录入实名制系统 1.29 万人，超额完成省住建厅下达 1 万张卡的推行任务。加大执法检查力度，严厉打击违法分包、挂靠资质和拖欠农民工工资行为，对鹏达建设集团有限公司、石家庄树阳建筑劳务分包有限公司不办理分包合同备案等 3 起案件分别给予行政处罚。积极处理拖欠问题，全年接待到省市上访投诉 38 次，处理省信访局督办件 3 起、市信访局督办件 5 起，解决拖欠农民工工资 1317 万元，涉及民工 1500 多人，其中民生财富广场商务办公楼项目、鑫科时尚公馆工地工商银行后台中心项目等一批重大上访事件得到妥善解决。

（王吉利）

住房保障和房地产业

【概况】 2011 年，市住房保障和房产管理部门按照"干事业、创家业、谋福祉"的总体工作目标，围绕保障性安居工程建设、房地产市场监管、自身经营开发三大中心任务，科学谋划、强化管理、协调推进各项任务目标。全年全市开工项目 103 个、4.5 万套，其中廉租住房 7000 套、经济适用住房 3000 套、限价商品房 4000 套、公共租赁住房 21500 套、通过危陋住宅改建改善 9548 户。到年末，有 83% 以上开工项目达到主体五层；竣工保障性住房项目1.5万套，其中廉租住房7125套、公共租赁住房511套、各类棚户区改造住房7364套。2011年，全市享受住房保障家庭2.3万户，共发放廉租住房补贴4681万元。全年批准房地产开发企业资质382件，批准商品房预售项目59个、118件、490万平方米，办理各类房屋交易手续2.8万件，成交面积297万平方米，成交金额127亿元。全年完成各类房屋权属登记10万件、2556万平方米，发证8.2万个；市区商品住房上市442万平方米，成交面积328万平方米，商品住房均价5150元/平方米，同比上涨9%。全市具备资质物业服务企业共有486家，其中一级企业3家，二级企业6家，三级企业477家，从业人员达4万多人。1月份，经市政府批准，市房产市场稽查大队在市住房保障和房产管理局正式挂牌成立。2011年底，石家庄市保障性安居工程建设作为全省综合考核第一名受到省政府通报表彰，新华通讯社分别在《内部参考》、《内参选编》、《国内动态清样》对石家庄市主要做法予以报道。年内，市住房保障和房产管理局被省住建厅评为集中清理执行积案活动先进集体。

2011年4月26日，河北省2011年保障性安居工程第二批建设项目集中开工仪式在石家庄市举行

【保障性安居工程建设】 2011年，全市保障性安居工程建设总任务量和廉租住房保障户数均占到河北省的八分之一，公租房任务相比2010年剧增70倍。在艰巨任务形势下，市住房保障和房产管理局创新工作举措，加大推进力度，扎实落实政策，积极破解难题，强化督导检查，全市共开工项目103个、4.5万套，占目标任务的100%，其中廉租住房7000套、经济适用住房3000套、限价商品房4000套、公共租赁住房21500套、通过危陋住宅改建改善9548户。至年底，全市有83%以上开工项目达到主体五层；竣工保障性住房项目1.5万套，其中廉租住房7125套、公共租赁住房511套、各类棚户区改造住房7364套。2010年8月份开工的11栋高层、4953套保障性住房实现主体竣工。严格工程质量督查，实现在建项目质量总体良好，其中市住房保障和房产管理局主导建设的12万平方米丰华家园和6万平方米高华家园2个保障房小区被评为省级示范项目。

【保障房分配】 全市通过居委会、街道办事处、区、市四级审核，居委会、区、市三级公示，确定具备申请资格家庭，并采取“公开摇号、系统打分、审核调整、递次配租”的方式，一次性集中分配廉租住房5034套，约占全省全年分配总量的六分之一。整个分配和组织入住过程全部实现公平、公正、公开，省市新闻媒体多次跟踪报道，社会反映良好。8月份开始，对低收入住房困难家庭资格审查实行随时受理和动态管理，严格落实日常入户回访制度，建立了涵盖房屋产权、车辆、社保、公积金等方面的信息共享平台，每半年对家庭信息组织一次比对，及时取消不符合条件家庭的资格。实行有奖举报制度，严格保障房准入和退出。至年末，全市享受保障家庭达到2.3万户，共发放廉租住房补贴4681万元。

（楚臣）

【出台《石家庄市市区配建保障性租赁住房实施细则》】 年内，《石家庄市市区配建保障性租赁住房实施细则》（简称《细则》）出台。该《细则》规定，配建保障性租赁住房是指在新建普通商品住房、经济适用住房、城中村改造、旧城改造等住房建设项目中按一定比例配建的廉租住房和公共租赁住房。其中，廉租住房的单套建筑面积不低于30平方米，不高于50平方米；公共租赁住房的单套建筑面积不低于30平方米，不高于60平方米；均以40平方米左右为主。配建的保障性租赁住房要与该项目的其他住房实行统一规划、统一设计、统一建设、统一验收、统一管理。2011年3月1日起，挂牌出让的商品住房用地新上项目，须按照项目总建筑面积10%（5%为廉租住房、5%为公共租赁住房）以上的比例配建保障性租赁住房。配建的廉租住房无偿交给政府，产权归政府所有。配建的公共租赁住房，政府按建筑安装成本价回购，其余燃气集资款等费用由开发建设单位负担，产权归政府所有。由开发企业投资建设的经济适用住房项目按住宅总建筑面积的15%比例配建保障性租赁住房，政府按照物价局核定的经济适用住房成本价回购，产权归政府所有；城中村改造、旧城改造项目按规划住宅总建筑面积扣除回迁安置面积后按5%的比例配建保障性租赁住房，政府按建筑安装成本价回购，其余燃气集资款等费用由开发建设单位负担，产权归政府所有。配建的保障性租赁住房一律免收城市基础配套设施费、防空地下室易地建设费等各项行政事业性收费和政府性基金；所涉及的经营服务性收费，按相关标准的下限收费或给予减免收费。该《细则》有效期自2011年4月7日起至2016年4月6日止。

【首批353户家庭入住廉租房】 7月4日，建华家园廉租住房小区开始办理入住手续，首批353户家庭领到廉租房钥匙，成为2011年第一批廉租房小区居民。建华家园廉租住房小区共有廉租住房1934户，6天内已全部办理入住手续。7月6日，另一廉租住房小区安华家园也开始办理入住手续。石家庄市办理廉租住户入住首先到所在地居委会领取《石家庄市廉租住房实物配租通知单》。办理廉租房入住手续共五步：一是验证，需提供《廉租住房配租通知单》原件等相关资料；二是交房租，需提前缴纳三个月房租；三是签订相关服务合同，包括物业管理服务协议、管理公约及消防安全责任书等；四是交相关费用，包括预交水费和物业费；五是领取钥匙并预约搬家时间。

（张跃彬）

【商品房销售实施明码标价】 5月份，《石家庄市商品房销售明码标价实施方案》出台。该《方案》要求，商品房经营者在取得住房建设部门许可，销售预售房、现房、存量房（含二手房）时，必须“一套一标”、“一房一价”，在规定时间内一次性向社会公布全部准售房源，在售房场所显著位置设置《商品房销售基本情况公示牌》、《石家庄市商品房销售价目表》、将《商品房销售明码标价手册》放置大厅内供消费者阅读。许可证进行预售或者已完成房屋所有权登记进行现房销售的商品房经营者，要在规定时间内一次性公开全部销售房源，严格按照申报价格明码标价对外销售。该《方案》提出，房地产开发企业违反明码标价规定未实行“一套一标”、“一房一价”的，将按照《价格法》和《价格违法行为行政处罚规定》，每套处5000元罚款。构成价格欺诈的，责令改正，没收违法所得，并处违法所得5倍以下罚款；没有违法所得，处5万元以上50万元以下罚款；情节严重的，要责令停业整顿，或者由工商行政管理机关吊销营业执照。

（刘宝芝）

【房地产市场监管】 2011年，全市批准房地产开发企业资质382件，批准商品房预售项目59个、118件、490万平方米，办理各类房屋交易手续2.8万件，成交面积297万平方米，成交金额127亿元；完成各类房屋权属登记10万件、2556万平方米，发证8.2万个。全年市区商品住房上市442万平方米，成交面积328万平方米，商品住房均价5150元/平方米，同比增加9%；1～12月份二手住房成交90万平方米，同比增长－37%，二手住房成交均价5007元/平方米，同比增长8%。全市商品房上市供应稳定增长，住房成交量有所下降，房价没有出现大起大落现象。加大打击违规预售行为力度，全市巡查在建在售房地产开发项目和经纪机构454个，下达《行政执法调查通知书》274份，立案123件，实施处罚38件。按照首违不罚原则，约谈开发企业15家，有效规范了全市房地产开发企业和经纪机构的房屋销售行为，维护了房地产市场秩序。

（楚臣）

【市区商品房市场供略大于求】 全年市区楼盘上市面积达到670.65万平方米，比2010年增加49.01万平方米，增长7.88%。其中，2011年市区各类住宅上市面积为442万平方米，比2010年增加30.47万平方米，增长7.40%。2011年受住房限购、限价、限贷等宏观调控政策影响，全市房地产市场发展呈健康平稳趋势，整体房价趋于合理。商业房、写字楼、别墅等市场供应量在下半年出现显著提高，高端住宅市场份额明显增强。除城中村改造回迁安置和开发商自持等不可销售面积外，市区2011年可销售商品房面积为499万平方米，其中商品住宅面积337.3万平方米，共计26682套，商用类写字楼面积65万平方米，其他物业类型97万平方米，相比2010年市区成交453万平方米的数量，市区内商品房市场呈现出供略大于求的态势。

（宋钧　史晓强）

【出台房地产市场调控政策】 2月19日，市政府办公厅下发《关于进一步做好全市房地产市场调控工作有关问题的通知》，对遏制投机投资性购房，合理引导住房需求等做出规定。主要内容为：对已拥有1套住房的本市户籍居民家庭限购1套住房（含新建商品住房和二手住房）；对已拥有2套及以上住房的本市户籍居民家庭、拥有1套及以上住房的非本市户籍居民家庭、无法提供1年（含）以上纳税证明或社会保险缴纳证明的非本市户籍居民家庭，暂停在本市市内五区、高新区范围内购房。该通知自2011年2月19日起至2011年12月31日止。

（刘娴　张跃彬）

【市区25个小区达到国家级物业管理标准】 全年计划改善旧住宅小区15个、45万平方米，实际完成改善项目15个，改善面积85万平方米。2009～2011年，全市共改善老旧小区77个、366.2万平方米，受益居民9.2万户、31.3万人。2011年，市区共有2栋楼以上居住小区1041个，其中3万平方米以上住宅小区420个，由物业公司负责管理的住宅小区227个，在居住面积上物业管理覆盖率为42%。年内，全市具备资质的物业服务企业共有486家，其中一级企业3家，二级企业6家，三级企业477家，从业人员4万多人。物业管理缺失给居民生活带来不便。为破解小区管理难题，市住房保障部门按照分类推进、重点突破的思路，推行物业公司管理、业主自行管理、产权单位管理、社区保障管理等4种物业管理模式，大力提高全市住宅区物业管理覆盖率。调整、健全由教授、律师、资深物业一线管理人员等60人组成的物业管理专家库，按照企业行为、制度建立、物业服务、人员行为等四大类15项具体标准，对全市227家物业服务企业所管理小区开展全面考核和评分，达标率为92%，其中25个小区达到国家级物业管理优秀示范小区标准，96个小区达到省级物业管理优秀住宅小区标准。

（楚臣）

住房公积金管理

【概况】 2011年，石家庄住房公积金管理中心以安全运作、适度增值为目标，以优化住房公积金服务为重点，以扩大覆盖面、巩固个贷率为基础，超额完成各项工作任务。2次召开住房公积金管理委员会会议，审议通过《石家庄住房公积金管理中心2010年住房公积金归集使用计划执行情况及2011年住房公积金归集使用计划的报告》、《关于规范住房公积金个人住房贷款政策有关问题的通知》、《关于开展住房公积金联名卡有关工作的报告》、《关于加强住房公积金业务管理信息系统建设的报告》等重要事项。全年全市新建公积金单位4343个，新增缴存职工42923人，归集住房公积金37.16亿元，完成计划的132.71%，比上年增长43.86%；提取住房公积金12.17亿元；发放住房公积金个人贷款11559户、24.91亿元，完成计划的124.55%；实现业务收入3.56亿元，其中存款利息收入0.58亿元，委托贷款利息收入2.98亿元，业务支出2.09亿元，支付职工个人住房公积金利息1.94亿元，委托贷款手续费支出0.15亿元。年末实现增值收益1.47亿元。2011年，全市累计归集住房公积金171.13亿元；累计提取住房公积金67.54亿元，住房公积金归集余额103.59亿元；累计发放公积金个人贷款51545户、102.22亿元，公积金个人贷款余额76.9亿元。年内，石家庄住房公积金管理中心被评为河北省住房和城乡建设系统先进集体，业务大厅被评为全省建设系统文明行业示范点和市级青年文明号。

【公积金归集扩面】 提高县（市）缴存比例，出台《关于逐步提高县（市）和矿区住房公积金缴存比例的通知》，明确2011年各县（市）区最低达到单位、个人各7%，2012年最低达到单位、个人各9%,2013年最低达到单位12%、个人10%的要求。利用多种渠道，多角度、全方位宣传住房公积金政策。在市电视台、电台黄金时间播放住房公积金公益广告，定期发行石家庄住房公积金管理中心所办内刊《石家庄住房公积金》和《住房公积金信息》，举办“住房公积金杯”书画摄影展、住房公积金制度调查问卷和缴存单位专管员培训班，多次深入企业、社区开展集中宣传活动。加强部门合作，与市质监局、总工会、国资委等部门协调联动，督促全市单位为职工按时足额缴存住房公积金。严格执行住房公积金执法相关规定，多次上门催缴、催建，对部分重点企业启动执法程序。至年末，全市共新建单位4343个，新增缴存职工42923人，310个单位补缴住房公积金2.6亿元，有效维护了职工合法权益。

【资金运行管理】 印发《中心内设机构及管理部工作职责》，有效避免业务交叉。研究出台《关于进一步规范住房公积金归集、提取业务有关事项的暂行规定》，对全市归集、提取业务中出现新情况、新问题进行明确，规范业务流程。提高资金运作能力。2011年，中央银行连续不对称加息，公积金存贷利差空间大大缩小。针对国家政策变化，住房公积金管理中心与合作银行成立理财小组，借鉴银行先进经验，合理运作资金，科学规避调息风险，实现了增值收益稳定增长。各县(市)管理部利用县（市）房地产政策相对宽松的机会，积极开拓市场，加大贷款力度，2011年贷款额首次超过10亿元，全部实现盈利。加强逾期贷款催收，成立专门催贷小组，采取电话催收、短信催收、上门催收、委托扣款等多种措施，有效遏制了贷款风险。至2011年底，中心贷款逾期率0.01%，同比下降0.02个百分点。

（底宪民）

【公积金房贷政策收紧】 为规范全市住房公积金个人住房贷款，石家庄市出台《关于规范住房公积金个人住房贷款政策有关问题的通知》，规定住房公积金个人住房贷款只能用于满足缴存职工基本住房需求，支持缴存职工购买、建造、翻建、大修自住住房。严禁使用住房公积金个人贷款进行投机性购房。保持缴存职工家庭（包括借款人、配偶及未成年子女）使用住房公积金个人住房贷款购买首套自住房政策的连续性和稳定性。购买建筑面积在90平方米（含）以下的，贷款首付款比例不得低于20%；建筑面积在90平方米以上的，贷款首付款比例不得低于30%。该《通知》规定，第二套住房公积金个人住房贷款的发放对象，仅限于现有人均住房建筑面积低于石家庄市统计局最新公布的城镇居民人均住房建筑面积的缴存职工家庭；购买第二套住房的住房公积金个人贷款用途仅限于购买改善居住条件的自住住房。不得向所购第二套住房为公寓、别墅及其他高档住宅的借款人发放住房公积金个人贷款；购买第二套住房的住房公积金个人贷款首付款比例不得低于50%，即个人贷款额度不得超过房屋评估价值或实际购房款（以两者中较低额为准）的50%；所购房屋为第二套住房的个人贷款利率为同期首套个人贷款贷款利率的1.1倍。停止向购买第三套及以上住房的缴存职工家庭发放住房公积金个人住房贷款。

（张跃彬）

【提升服务水平】 完善机构设置，新增人事教育科、客户服务中心、住房公积金执法大队和长安区、裕华区2个管理部。增加市区业务网点，方便群众就近办理业务。优化业务流程，印发《工作人员行为规范和服务指南》，提取、贷款办结时限分别比国家规定减少5个和7个工作日。成立青年文明号服务队，开展预约和上门服务。创新服务手段，升级公积金提取付款方式，开展网银付款，减少提取中间环节。增加公积金缴存方式，在所有营业网点安装POS机，实现银行卡缴存。开通全市统一服务热线85290000，畅通咨询和查询渠道。

石家庄住房公积金管理中心
主　任：王树欣
副主任：王根恒　王书刚
　　　　曹元华　耿占合
　　　　杜琳琳

（底宪民）

区划地名

【居住小区和建筑设施命名、更名】 2011年，石家庄市共计命名居住区39个，分别是景祥苑、天林苑、西美五洲天地小区、尚水苑、佳兴园、天水丽城、梦溪园、金立方大厦、世祥府邸、东方魅力商住大厦、瑞城、嘉和城、丽水居、东三教生活区、原河名墅、晶彩苑、佳琳花园、建华家园、荣御府、秀河家园、秀玉家园、安华家园、晨曦园、振二街南苑、振二街北苑、源筑福邸、乐汇城、紫鑫苑、二十里铺新村、四季福园别墅、清木苑、仁华家园、民华家园、众美城、同祥城、君庭苑、文书苑、建投十号院、中盛嘉园；命名大型建筑物24个，分别是民心广场地下商业中心、泽龙大厦、金领域商城、民生银行大厦、勒泰中心、长城大厦、汇盛商业办公楼、盛和广场、中银金融中心、嘉和商务中心、盛龙商务楼、颐宏大厦、澳怡大厦、石家庄裕华万达广场、百度空间大厦、海悦天地购物广场、风尚宜都、中环商贸中心、石邑大厦、振岗商厦、新石商厦、河北冀铁商务楼、盛安大厦、华锦商务大厦；更名大型建筑物1个，文化广场地下商业城更名为文化广场欢乐商城。

【正定新区、空港工业园区街路命名】 经河北省政府批准，正定新区和石家庄空港工业园区陆续开工建设，正定新区占地135平方千米，规划街路100余条；空港工业园区占地124平方千米，规划街路66条。按照“指位明确，传承历史，提高品位”命名原则，采取“实地考察，精心编研，专家评议，征求意见，政府审批”程序，分别命名正定新区和石家庄空港工业园区200余条街路，并通过报纸、电视等新闻媒体予以公告。正定新区新命名街路名称体现弘扬历史文化、站位全国高度、保留原古村名原则：用省、直辖市、大城市命名街路40条，如新疆大道、内蒙古大道、湖南道、北京大街、台北大街等；用正定县文物古迹命名21条，如隆兴大道、天宁街、凌霄街、鼓楼路等；用革命纪念地命名5条，如井冈山街、瑞金街、遵义街、延安街、柏坡大道等；用原有村庄命名8条，如朱河路、黄庄街、九门街、堤里街、周辛街、南屯路、白皮街、早知街，保留了历史文脉。空港工业园区新命名街路名称体现出“指位明显、历史厚重、时代特色鲜明”的特点，其中用“港”字排序命名的6条，如石港路、远港路、兴港路、云港路等；用“安”字排序命名的6条，如安国街、安民街、安华街、安平街等；用古文物命名的6条，如虞国大道、古垣大道、镇宁街、望尧街、景羲街、敬仲路等；用原有村庄名命名的6条，如杨庄大道、蒲城大道、北屯路、小慈路、慈邑路、增村路等，保留和传承了历史文脉。

【界线勘管与联查】 按照国家民政部关于创建和谐平安边界要求和省民政厅的部署，市民政部门检查了本市与邻省、市边界线情况。完成冀晋边界石家庄沿线联查，其中包括石家庄市与山西省阳泉市段（井陉县与山西省阳泉市平定县、井陉县与山西省阳泉市的盂县、平山县与山西省阳泉市盂县）、石家庄市与山西省忻州段（平山县与山西省忻州市的五台县）、石家庄市与山西省晋中市段（赞皇县与山西省晋中市昔阳县、井陉县与山西省晋中市昔阳县）各段边界联查；在无纠纷情况下，边界双方市、县勘界领导小组办公室签字盖章，保持了边界线稳定。完成省内石家庄市与保定市边界线联合检查，其中包括深泽县与保定市安国市、无极县与保定市定州市、新乐市与保定市曲阳县、行唐县与保定市曲阳县、行唐县与保定市阜平县、灵寿县与保定市阜平县、平山县与保定市阜平县等8条界线的联查；在无纠纷情况下，边界双方市、县勘界领导小组办公室签订了平安边界协议。深入现场调解处理辖区各县、市、区边界线纠纷地段，调解了高邑县与赞皇县、元氏县与赞皇县、平山县与井陉县、灵寿县与平山县、长安区与裕华区的边界纠纷。

（刘平刚　周连颖　白三学　张岩）

石家庄年鉴 Traffic Transportation

交通运输

交通运输

概　述

2011年，石家庄市认真抓好“大交通”发展规划与建设，在完善高速公路网建设的同时，加快铁路、空港和信息港建设，全力将石家庄打造成在全国有重要影响的公路、铁路、航空和信息枢纽。至2011年末，全市铁路合计营业里程达到328.72千米，共有车站27个。11月21日，石家庄车辆段正式成立，主要担负京广、京九、石德、石太、邯长、邯济等铁路干线及合资铁路朔黄线货物列车的定期检修及日常维修任务。新开行2对旅客列车（邯郸至包头K220/K219次、石家庄北至上海K1012/K1011次）。全年铁路发送旅客2046.95万人，发送货物416万吨（旅客数据来源石家庄站，货运数据来源石家庄南站）。全市公路建设里程完成1168.36千米，公路通车总里程达到15768.67千米，较上年增加359.67千米，路网密度110.9千米／百平方千米，同比增加5.9千米／百平方千米。全年公路建设完成投资79.47亿元，其中，高速及普通干线公路完成投资74.54亿元，主要用于西柏坡、西阜高速及石邢公路、三环辅道等工程；农村公路完成投资4.93亿元，建设里程917.3千米。国省干线大中修完成投资7.3亿元，实施干线大中修工程23项408.7千米，维修加固桥梁18座4913.2延米。公路绿化美化完成投资1792.26万元，栽植各类树木153.4万株、花草6.9万平方米，新植成活率达96%以上，国省干线适宜路段全部实现绿色全覆盖。现代物流服务业快速发展，年内石家庄内陆港按照“一手抓建设、一手抓经营”部署，加强自身硬件和软件环境建设，坚持走出去战略，寻找市场需求源，拓展业务，全年完成集装箱吞吐量71051标准箱，同比增长18.42%；铁路运输发散货74100吨，同比增长197.59%；铁路集装箱发运2122标箱，同比增长100%；营业收入完成25.07亿元，同比增长337.52%；实现利润总额达到715万元，同比增长335.98%。石家庄机场航空运输能力稳步提高，年内新开辟国内旅客航线20条，增开至台北地区旅客航线1条，开辟定期货运航线1条（也是首条），至年末，石家庄机场运营航空公司达到22家，运营航线66条，全部通航城市达到44个；通过上海、广州等机场中转国外城市达到45个，初步形成“沟通南北、通达东西、延伸海外”航线网络。全年河北机场集团旅客吞吐量达到421.25万人次，同比增长44%，货邮吞吐量3.36万吨，同比增长29.3%。其中，石家庄机场402.12万人次，同比增长48%，货邮吞吐量3.32万吨，同比增长29.2%，每周往返航班最高达到910班，同比增长5%。全年机场集团保障飞机起降5.79万架次，同比增长5.7%，其中，石家庄机场保障飞机起降5.49万架次，同比增长5.7%，实现机场集团第8个和河北民航机场第27个安全年。城市轨道交通建设有序开展，3条线路建设规划上报国家，并被列入国家“十二五”规划交通建设重点项目。4月25日，下发《石家庄市人民政府办公厅关于印发石家庄市轨道交通土地收储实施意见的通知》（石政办函〔2011〕45号），由政府统一规划和实施轨道交通控制范围和特定区域土地收购储备工作。6月9～10日，受国家发改委委托，中国国际工程咨询公司组织北京、天津、上海、广州、成都、深圳等地9位专家，全面评审石家庄市城市轨道交通建设规划，标志石家庄市城市轨道交通项目国家审批工作进入实质推进阶段。6月20～30日，石家庄市轨道交通有限责任公司开始面向社会公开评选轨道交通标志图形，共有近3500多人参加网络投票，其中62%的市民比较倾向于方案一，38%的市民比较倾向于方案二。10月8～14日，轨道交通1、3号线一期工程38个车站站名方案开始征集市民意见，经多方研讨和修改完善，10月21日上报市政府。轨道交通1号线工程进入到初步设计阶段前期勘察阶段。城市公共交通向着“靓丽、绿色、科技”方向推进，年内购置环保公交车400辆，营运车辆达到3489辆，其中天然气公交车2400辆，占营运车辆总数的68.8%，合4519标台，万人拥有公交车18.5标台，公交出行分担率22%；开辟营运线路19条，调整优化线路28条，营运线路达到184条，线路长度2833.3千米；年营运总里程17619.06万千米，运送乘客5.86亿人次，平均每天运客160多万人次。

重大节假日旅客运输保障能力提升。春运期间（1月19日至2月27日），全市投入长途客运车辆3400部，发车班次34万辆，发送旅客612万人次，投入公交车4015标台，公交客运量5998万人次。客运总量较2010年同期增长8.7%，市区增长2.6%。其中，开行农民工包车243辆次，开设农民工临时或流动售票点10个，为农民工售票、送票3816张，累计发送农民工15.6万人。铁路开行临客43对，旅客列车达174对（含北站），平均4.2分钟有一列客车进出站；发送旅客人数191万人，总办理旅客415万，均创石家庄站春运发送旅客人数历史纪录；日均发送旅客4.8万人次，较2010年同期增加0.2万人次；行装车间总办理78659批次、317862件行包，日均办理8000件。河北航空公司提前5天启动春运方案，从1月14日提前进入春运，每天安排30个航班，共计1350班，15万个座位投入春运。春节期间（2月2～8日），市公交部门安排营运车辆1.89万余台次，行驶15万余趟次，安全运送乘客590万人次，同比增长17%。石家庄长途客运运输管理部门投入车辆19286部，发送班次40748次，运送旅客72.32万人次（市区旅客19.27万人次），同比增长12.2%。其中，市公路枢纽中心所属运河桥客运站、客运北站、白佛客运站、南焦客运站、西王客运站等各客运站发送10269班次，运送旅客168856人次。石家庄火车站发送旅客30.2万人，较2010年同期增长22.3%。其中2月2日发送旅客4.7万人，3日发送旅客1.5万人，4日发送旅客3.4万人，5日发送旅客4.1万人，6日发送旅客5.1万人，7日发送旅客5.2万人，8日发送旅客6.2万人。石家庄机场运送旅客人数超过4.43万人次（2月2～7日），同比增长87.2%。“五一”小长假期间（4月30日至5月3日），石家庄火车站发送旅客超33万人，同比增长13.1%。日均发送旅客达到8.3万人，4月30日当天全站发送旅客10.3万人，较平时客流增长一倍以上，超过历年“五一”小长假运输最高峰，成为自建站以来日发送旅客最高记录。石家庄机场运送旅客3万人次，同比增长121.9%，再创历史新高。旅客以旅游和商务为主，石家庄机场飞往三亚、广州、上海、温州、成都、重庆、昆明、杭州等地航班客座率均达到80%以上，随着西安世博园开园，飞往西安航线火爆，石家庄至西安航班客座率达到95%。石家庄至秦皇岛、青岛、呼和浩特、郑州航线客座率也达到75%以上。中秋节小长假期间（9月9～14日），市公交部门安排营运车辆2954辆，主干公交线路配车增加15%，支干和其他城乡接合部线路增加配车10%以上，旅游景点线路增加配车130%以上，安全运送乘客556万人次，同比上升13%。石家庄火车站发送旅客25.6万人，同比增长26.8%，日均发送旅客6.4万人，总办理旅客47.3万人，同比增长8.1%，最高峰出现在9月10日，发送旅客7.9万人。石家庄机场旅客吞吐量达到3.4余万人次，较2010年同期增长17.1%。假期短，较短程航线受到市民青睐，其中石家庄至杭州、成都、武汉、长春、大连、呼和浩特等热门商务、旅游、探亲航线平均客座率超过80%，至南京、重庆、昆明等航线平均客座率超过85%。“十一”黄金周期间（10月1～7日），市公交部门日均配车超过3000辆，运送乘客1200万人次。投入长途客车27037辆次，运送旅客112.1948万人次，同比下降18.03%。石家庄火车站发送旅客68万人次，日均发送旅客7万人次。其中10月1日发送旅客11.2万人次，比该站最高记录增加9.2%，刷新铁路单日发送旅客最高记录（以上数据均含石家庄北站）。石家庄机场运送旅客超过8.8万人次，同比增长10.3%，再创新高。

铁 路

【概况】 2011年，石家庄市域内铁路干线有京广、石太、石德、石太客运专线4条和新井、凤山支线2条，分别起止京广铁路207.9千米（寨西店承安铺间）至321.3千米（高邑鸭鸽营间），石太铁路石家庄至70.1千米(南峪娘子关间)，石德铁路石家庄至85.25千米（東新王家井间），石太客运专线石家庄北站至59.97千米（井陉北阳泉北间）；两支线总长18.1千米，合计营业里程328.72千米。设有车站27个。11月21日，石家庄车辆段正式成立，属北京铁路局直属段管理，正处级建制；管辖范围：主要担负京广、京九、石德、石太、邯长、邯济等铁路干线及合资铁路朔黄线货物列车定期检修及日常维修任务，管辖区段1869.6千米，安全保证区段3587.4千米；石家庄车辆段共有检修台位28个，分两班制作业，日检修任务50余辆；车间设置石家庄修车车间、石家庄配件车间、石家庄设备车间、石家庄南运用一车间、石家庄南运用二车间、石家庄南运用四车间、石家庄西运用一车间、石家庄西运用二车间、保定运用车间、衡水西运用车间、邯郸运用一车间、邯郸运用二车间、阳泉运用车间、白羊墅运用车间、简子沟运用车间、肃宁运用车间、石家庄南站修车间、阳泉站修车间、石家庄动态设备检测维修车间、衡水动态设备检测维修车间、阳泉动态设备检测维修车间、后勤车间共22个车间。至2011年末，北京铁路局在石家庄派出机构有石家庄铁路办事处，驻石家庄主要运输单位有石家庄站、石家庄南站、石家庄客运段、石家庄电力机务段、石家庄工务段、石家庄供电段、石家庄电务段、石家庄车辆段。非生产单位有石家庄职工培训基地、石家庄工程项目管理部、石家庄铁路疾病预防控制所、石家庄铁路公安处、石家庄铁路运输检察院、石家庄铁路运输法院、石家庄铁路招待所以及河北冀铁集团公司、河北铁建工程有限公司。石家庄客运段担负着石家庄至广州、至上海、至北京西、至秦皇岛、至哈尔滨、至承德、至张家口、至杭州、至太原、至安阳、至烟台、至邯郸、至临西、至德州、至高碑店、至阳泉、北京西至重庆等36对旅客列车客运乘务和担当京广、石德、石太、京九线121对图定客车的运转乘务任务。邯郸至包头K220/K219次(自1月11日起新开行)；石家庄北至上海K1012/K1011次（自1月15日起新开行）。石家庄电力机务段配属及支配机车453台，其中配属机车383台，包括SS4机车157台、DF4K机车25台、DF4机车74台、DF4D机车9台、DF4DK机车13台、DF8B机车39台、DF7机车66台；长期支配机车70台，包括SS4机车2台、HXD3机车16台，HXD3B机车32台，DF4机车20台。担当石家庄－太原北、石家庄－济南西、石家庄－唐山、石家庄－阜阳、石家庄－南仓、太原－上海、邯郸－济南西、邯郸－长治北间282对客货列车牵引任务，担当里程9818千米。其中，客车40对，货车208对，小运转32对，行包2对。石家庄供电段担负石太客运专线0.000千米至222.400千米、京广线64.500千米至485.800千米、京九线24.426千米至372.776千米、津霸线1.796千米至73.673千米、石德线0.000千米至176.500千米、石太线0.000千米至117.000千米电气化铁路供电和生产生活供水、供电任务，以及邯长线0.000千米至215.500千米、沙午线0.000千米至69.000千米、马磁线0.000千米至46.225千米的供水、供电及设备更新、改造、大修、维修养护任务。主要设备有：接触网4378.094条千米，牵引变电所29个、开闭所9个、分区亭30个、AT所6个；电力线路7202.192线条千米，变（配）电室38个，无人变、箱变456个；给水管路489.1千米，给水所182个；汽车199辆，接触网作业车76辆，动力机械设备720台（面）。石家庄电务段担负着京广线66.150～485.837千米、京九线74.500～372.777千米、石德线0.000～176.500千米、石太线0.000～117.000千米、邯长线0.000～215.491千米、沙午、马磁等18

条支（矿）线共计1547.566千米信号设备的维修维护任务。石家庄站位于京广、石德、石太、石太客运专线交汇点，站中心里程（客站）为京广线266.17千米，为客运特等站。石家庄站所辖石家庄北站为二等站，并管辖正在建设中的石家庄新客站和京石客运专线的涿州东、高碑店东、保定东、定州东、正定机场站，石武客运专线的高邑西、邢台东、邯郸东等9个高铁客运站。车站线路管辖里程：京广线263.55千米至270.65千米，北与柳辛庄站衔接，南与平南站衔接；石太线0千米至5.27千米，与石家庄西站衔接；石德线0千米至2.38千米，与石工业站衔接。石家庄客站日均接发旅客列车90对（办理业务81对），其中始发、终到列车19对；石家庄北站日均接发旅客列车42对（办理业务37对），其中始发、终到列车9对。年内，石家庄站全站完成运输收入148180.49万元，其中客票收入142018.66万元，其他收入6161.83万元；运输总支出14306.41万元，其中有权支出2838.09万元；运输业劳动生产率1750958元/人年。完成旅客发送量2046.95万人。10月1日发送旅客11.4万人，创车站单日旅客发送量历史新高。石家庄南站位于京广、石德、石太3条干线交汇点，车站等级为一等站，业务性质为货运站，技术性质为编组站。主要担负南、北京广、石德、石太四个方向货物到发和运输组织工作。车站行政管辖一等站1个（石家庄南编组站，站场设置为纵列式二级四场）、二等站4个（石家庄南站、石工站、石家庄西站、正定站）、三等站1个（获鹿站）、四等站2个（平南、柳辛庄站）。石家庄南站完成运输收入60439.69万元，其中客运收入46.52万元，货运收入38994.2万元，货物发送量416万吨；日均装车182.9车，日均卸车548.1车；中转时间5.7车小时，停站时间24.4车小时，日办理车23602.8辆。

（王洁英）

【京石铁路客运专线石家庄机场站开建】 4月2日，京石铁路客运专线石家庄机场停车站站房工程开工建设，石家庄机场站距北京西站248千米，列车运行约45分钟；距石家庄新火车站39千米，列车运行约15分钟；距石家庄正定国际机场约3千米。站房主体为1层，车站设计为两台四线，建筑面积约1万平方米，建筑高度为19.5米，站台面积为8100平方米，旅客地道面积为613平方米。站房中间为候车室，两侧为售票厅、贵宾厅、出站厅、机场用房、车站办公用房等设施。

（范玉蕾）

【石武高铁铺轨完工】 石武高铁客运专线工程于2008年开建，是国家“四纵四横”快速客运网——京广（深）客运专线的一部分，该项目正线长度840千米，北起石家庄新客站，经河北省跨黄河后至郑州，终点为武汉新火车站，设计时速为350千米，通车后，可单向年输送旅客8000万人次，并可实现从石家庄到武汉只需要3个多小时的行程。10月21日上午11时，石武高铁最后一块钢轨铺设完毕。石武客运专线建成后与京石、武广客运专线连成一体，组成京广客运专线，与京广线实行客货分线，大幅度提升旅客运输服务质量，缩短沿线城市时空距离，释放既有京广线能力，有效缓解货运紧张状况。

（宋钧）

【裕华热电有限公司铁路专用线工程】 该工程走行线由平南站牵出线上接轨引出，跨过既有107国道，线路转向北，走行约2.0千米后进入厂区。线路向北在南牛有庄和北牛家庄村东通过，跨过洨河，在平南站南咽喉西侧引入车站。设计总投资21469.95万元，2010年5月开工。至2011年底，完成走行线护网、厂内站电力、平南站电力、平南站站台部分拆除还建及轨道铺设工程，完成合同内投资9618万元。该工程剩余工作为平南站14道工程、疏解线部分。

【鹿华热电有限公司铁路专用线工程】 该工程由石太线头泉站石家庄端接轨，穿过动物园后下穿石太高速公路出隧道进入厂区。2010年8月12日，与河北华电石家庄鹿华热电有限公司签订《河北华电石家庄鹿华热电有限公司2×300MW级空冷供热机组铁路专用线委托代建合同》，工程工期18个月。工程合同价款20184.68万元。2011年1月13日开工。至2011年末，工程完成厂内站路基、走行线涵洞、走行线桥梁基础；完成隧道650米（余1566米）；完成合同内投资2578万元。

【良村热电有限公司铁路专用线工程】 该工程在石家庄炼油厂铁路专用线K4＋351接轨，转向东0.9千米进入热电厂，设电厂站。工程设计总投资11386.4779万元。2011年8月3日开工。至2011年底，工程完成路基填方38000平方米；塔西大街桥基坑挖方20000平方米，护桩10根；完成合同内投资326.94万元。

【京石客运专线石家庄枢纽（代建）工程】 工程规模：石家庄枢纽改造工程建设指挥部负责工程为京石客运专线北京铁路局代建部分，包括六线隧道、新客站和站场改造三部分。石家庄六线隧道工程：石家庄六线隧道全长4980米，隧道下穿石太直通线段采用暗挖法，穿越和平路、中山路、裕华路采取盖挖法，其余地段均采用明挖法施工。基坑开挖宽度30～52米，深度8.5～22米，隧道西侧距离既有线中线最小距离不足6米。石家庄新客站工程：新石家庄站中心里程为DK285+080，分普速场、京广客专场、太青客专场三场横列布置，规模为13台、30线。总建筑面积：107059平方米，其中地上76814平方米，地下30245平方米；无站台柱雨棚总面积86100平方米。站场改造工程：石家庄新客站站场工程范围包括新建京石客运专线、石青客运专线、石太客运专线直通线及相关联络线、动车线；改建京广线、石太联络线，以及新建动车运用所、客机折返段、客车整备所等相关配套工程。至2011年底工程进展情况：石家庄六线隧道：京石、京广主体工程于3月底完工，剩余局部第7线石太联络线隧道待京广线进隧道后施工，正在开展沉降观测评估。站场改造工程：1.京广普速系统：改建京广上下行正线于6月15日过渡开通使用，同时开通的有京广普速场内25至28道及普速场两端咽喉道岔、新建普速客车整备所、新建机务折返段。2.动车所及动Ⅰ、动Ⅱ线路基土方施工全部完成，剩余部分站房建设、铺轨、铺道岔工作。3.京石高速系统：地基处理CFG桩全部完成，管桩全部完成，灰土挤密桩完成设计71%；桩顶混凝土板及U型槽全部完成；级配碎石填筑完成37%；桥涵完成53%；支承层完成13%。新石家庄站站房工程：1.西站房混凝土结构工程全部完成。2.西站房钢结构工程全部完成。3.西站房雨棚网壳已经吊装完毕，屋面板完成98%。4.东站房M−J轴，基础桩、土方开挖全部完成。地铁层和出站层结构施工完成，高架层施工完成50%，出站通道6#、7#、8#、10#结构完成。5.东站房J轴−E轴地铁层结构完成90%，出站层、高架层结构完成50%。6.E−A轴桩基全部完成，土方、护坡完成95%。全年完成计划投资24亿元，占年投资计划的100%，累计完成投资57亿元。

（王洁英）

公 路

【概况】 2011年，全市公路通车总里程达到15768.67千米，路网密度达到110.9千米/百平方千米。其中，高速公路4条（石黄高速公路、青银高速公路、京昆高速公路、京港澳高速公路）400.64千米，国道4条（107国道、207国道、307国道、308国道）417.81千米，省道33条1483.73千米，县道43条1548.73千米，乡道4941.36千米，专用公路218.99千米，村道6728.05千米。桥梁3813座200643.3延米，永久性桥梁3806座200850延米，桥梁永久率为99.82%。全年全市公路建设里程完成1168.36千米，通车里程比上年增加359.67千米；完成投资79.47亿元，其中高速及普通干线公路完成投资74.54亿元，农村公路完成投资4.93亿元。

【高速和普通干线公路】 全年全市高速公路及普通干线公路完成投资74.54亿元，主要用于西柏坡、西阜高速及石邢公路、三环辅道等工程建设，完成建设里程251.06千米。其中，西柏坡高速公路一、二期工程和西柏坡高速行政学院路连接线建成通车，完成建设里程65.11千米。重大工程项目有序推进，京昆高速石太北线工程已报国

建设中的高架桥

家发改委审批，平赞高速工程获省发改委批复，南绕城高速、石津(港)高速获省发改委批复立项，石衡高速项目建议书已报省发改委审批。

【乡村公路】 全年全市完成乡村公路建设 917.3 千米，完成投资 4.93 亿元。其中，省补农村公路建设项目 249.8 千米 10096 万元；省补燃油税桥梁改造项目 13 座 411.1 延米 1319 万元。

【公路养护管理】 公路养护全面推行标准化、规范化、精细化养护模式，提升养护质量，干线公路技术状况指数优良率达到 85.2%，超过全省平均水平。养护工程完成投资 7.3 亿元，实施干线大中修工程 23 项 408.7 千米，桥梁维修加固 18 座 4913.2 延米，工程验收优良率均达 100%；完成小修投资 3306 万元，挖补 12.2 万平方米、灌缝 70 万延米、桥梁小修 140 座、道班维修 25 处、水毁修复 3460 处，标志维修 1228 处、增设 341 块，施划标线 72 万平方米。公路绿化完成投资 1792.26 万元，栽植各类树木 153.4 万株、花草 6.9 万平方米，新植成活率达 96% 以上，实现国、省干线适宜路段绿色全覆盖。投资 2300 万元，实施西柏坡高速一二期工程绿化初见成效。推进公路文化工程建设，在三环路龙凤大桥等重要路段设置一批具有省会特色标志性景观，在 107 国道北等出市口道路设置文化景观墙，大力展示公路文化元素。

【内陆港建设】 至 2011 年末，石家庄内陆港有限公司完成集装箱吞吐量 71051TEU，比上年增长 18.42%；铁路散货吞吐量达到 74100 吨，比上年增长 197.59%；铁路集装箱发运 2122 标箱，比上年增长 100%；营业收入 25.07 亿元，比上年增长 337.52%；实现利润总额 715 万元，比上年增长 335.98%。2011 年，石家庄内陆港有限公司相继开通“铁路散货运输业务、铁路集装箱业务、汽车集装箱运输业务、货代报关业务、仓储租赁业务、物流贸易业务”等业务，建成多元综合物流业务体系，实现由单一经营向多元经营、单一物流向多项物流、单一服务向综合服务转变。发挥冀津公司直通关服务平台，增强港口辐射能力，延长口岸功能。坚持走出去战略，寻求市场需求源，与首都钢铁、天津五矿、中铁物资及石家庄炼油厂签订业务合同，开通青岛港至内陆港集装箱业务，完成集装箱吞吐量 68929TEU，区域通关报关 9511 票，比上年增长 37%。加强作业现场管理，装卸和仓储能力提高。全年接卸散货 1235 车，计 74100 吨；吊装集装箱 9105TEU，发货 67604 吨；掏装 40 英尺集装箱 30 个、20 英尺集装箱 7 个，发货准确率达 100%。新购进集装箱运输车 5 辆，全年完成汽车运量 88498.5 吨，周转里程 1332 万吨千米。内陆港基础设施条件持续完善。2011 年，6 号库全面完成回收利用，增加仓储面积 6418 平方米；修复铁路水沟 380 米，砌筑场区围墙 260 米，平整场地 4 万平方米；国际保税物流园区一期工程完成项目简介、可研报告、项目备案、环评报告、项目选址、土地预审等前期工作，4 月份省政府在邯郸市召开冀南重点项目评审会，石家庄内陆港国际保税物流园区列入省重点项目，落实新场区选址和土地指标 5.33 公顷。与天津港、青岛港、黄骅港、中铁集团、船运公司等重点企业建立战略合作伙伴关系，实现与沿海港口无缝对接，物流由内陆向沿海延伸，实现为海港物流提供“喂给”服务。在天津港开通“直通关”和汽运集装箱业务；在青岛港开通铁路集装箱业务；在中远、中海、马士基等船泊公司开通海运集装箱业务。经营体制趋于科学合理。在原有冀津公司基础上，新成立业务公司2个（河北四诚贸易公司、报关行公司）。报关行公司与15家公司建立业务联系，与石家庄泛亚园艺、河北轻工进出口、华北制药、沧州华港等公司开展报关业务，服务客户增加，仅11～12月完成报关量115票；四诚贸易公司严格合同把关、资质审查和票据审核，全年实现营业收入25亿元，实现利润840万元。

（黄金元）

【西阜高速公路开建】 4月11日，省政府在平山县举行西阜高速公路（西柏坡—阜平）开工奠基仪式。西阜高速公路项目分石家庄、保定两段，起于平山县苏家庄，与在建的西柏坡高速公路相连，向北经平山、灵寿、阜平三县，终于阜平县法华村与保阜高速公路相接，全长58.7千米，其中石家庄段长33.8千米、保定段长24.9千米，全线位于西部太行山区，沿途地形地貌复杂，桥隧比高达47%。西阜高速公路项目总投资约60亿元，全线按双向四车道高速公路标准设计，路基宽24.5米，时速为80千米，计划2013年建成通车。

（范玉蕾）

【石邢公路赞皇段开工】 4月8日，石邢公路赞皇段开工建设。石邢公路总长49.46千米，是石家庄市通往南部工业区的一条重要道路，也是与邢台市连接的重要通道。该工程建成通车后将使南部工业区与市区联系更加紧密，促进市区更多的企业退市进郊。石邢公路赞皇段北起赞皇元氏交界，南到赞皇高邑交界，总长10千米，按双向四车道一级公路标准建设，设计行车时速80千米，为水泥混凝土路面。

（霍向辉　张国飞）

道路施工

【西柏坡高速公路一、二期工程通车】 西柏坡高速公路是国家规划的京昆高速石太北线的重要组成部分，与国家高速路网相连，是北京、石家庄乃至全国各地通往革命圣地西柏坡的高速直达通道。西柏坡高速公路沿线有天桂山、驼梁、沕沕水等丰富的旅游资源。开通西柏坡高速公路，旅客可经东焦收费站，前往东方巨龟苑景区；经东回舍收费站，到清凉山滑雪场和井陉矿区；经温塘收费站，到天桂山和沕沕水景区；经岗南收费站，到驼梁和五岳寨景区。西柏坡高速公路起点位于石家庄市区西北二环交叉处，终点位于西柏坡，途经市区、鹿泉市、平山县等，全长71.4千米，建设标准为双向六（四）车道，项目概算总投资86.30亿元。共分三段实施建设，按实施先后分别为高庄至北沟段（一期）、北沟至西柏坡段（二期）、二环路至霍寨段（三期）。10月1日，西柏坡高速公路一期工程（高庄至北沟段）通车。西柏坡高速公路一期工程（高庄至北沟段）全长42.71千米。通车后开放北胡庄、东焦、东回舍以及温塘4个收费站。11月1日，西柏坡高速公路二期工程（北沟至西柏坡段）通车，该路段通车实现了西柏坡与京津及石家庄周边城市的高速直通。西柏坡高速公路北沟至西柏坡段由原西柏坡一级路改造而成，全长19.6千米，为23米宽双向四车道高速公路，设计速度80千米／小时。沿线共设两个收费站（西柏坡收费站、岗南收费站）和一处服务区（岗南服务区），其中西柏坡收费站距离西柏坡纪念馆约7千米。西柏坡高速公路二期竣工通车，实现了从京津、太原、济南、郑州等石家庄周边大城市不下高速公路直达西柏坡。

（孙会芳　范玉蕾　王建勋　栾昕　王紫薇）

【行政学院路建成通车】 行政学院路是连接中共中央组织部旧址（即行政学院）至西柏坡高速公路一条重要支线，全长2.8千米。4月1日开工建设，6月6日全线贯通，填铺路基土石110余万平方米，新建120大桥1座，按照城市道路三块板标准设计，增设慢车道，完成道路绿化和美化工程。

（黄金元）

运输市场管理

【概况】 2011年，全市共有营运车辆4442辆，其中，载货汽车118辆，载客汽车4114辆，出租汽车207辆；完成投资6.58亿元，石家庄聚和港物流园区一期工程主体竣工，新建农村客运简易站10个，候车亭37个，招呼牌155个，开工建设汽车站3个（鹿泉、晋州、井陉）；完成旅客运量5.97亿人，客运周转量53.4亿人千米；货运量27万吨，货运周转量4088万吨千米。全年道路运输市场查扣各类道路运输违章2018辆次；完成投诉调查案件3021件；查扣无证培训车辆18辆次，向公安机关移交违规车辆、涉案车辆8辆次。货物运输源头治超扎实有效，全市55吨以上车辆基本杜绝“双超”行为，超限超载率下降到2.1%，低于全省目标要求0.9个百分点，道路、桥梁得到有效保护。道路运输信息化建设取得新进展，运政信息网络通达至辖区运管站、机动车驾驶员培训学校、二级维护作业站、汽车综合性能检测站、旅游客运公司和汽车救援网点，远程联网点达到263家，注册用户1300多个，数据总容量230G，各项业务信息应用率实现100%。全年水路运输管理实现安全无事故。

【道路运输市场管理】 严厉打击黑车、跨区域经营车辆。春运前夕，开展为期三个月道路运输市场专项治理活动；从3月20日起，联合市公安局公交分局开展严厉打击无证黑车等非法从事出租汽车经营车辆专项治理活动，组织联查26次，对衡水市、辛集市、平山县、深泽县、新乐市、赵县等地“黑面包”、“黑出租”给予严厉打击，取得较好效果。规范开展投诉举报调查。突出抓好“标准化调查、筛网式受理和举报车辆书面记录”三个重点，减少案件办理“人为”因素，有效降低错误投诉数量；对群众提供的举报线索，顺利查扣的限时结案，没有发现的做到登记在案。加大拒载车辆治理力度。坚持通过群众投诉治理拒载现象的同时，采取稽查人员便衣取证、邀请媒体共同参与等方式，加大拒载车辆治理。保障省、市文明城市迎接检查和市内各项大型活动。与市文明办、交管局保持密切联系，全天候掌握检查动态；石家庄国际投资贸易洽谈会和中共河北省党员代表大会期间，道路运输市场保障稳定有序，没有发生一起代表投诉事件。积极解决焦点问题。2011年，省会部分媒体曝光出租汽车行业、长途客运行业一些不良市场现象，针对媒体报道认真剖析根源、及时沟通情况，赢得社会和媒体的支持和理解，促成曝光问题圆满解决。至2011年末，全市查扣各类道路运输违章214项、2018辆次，其中，异地经营90辆次，黑车132辆次，拒载633辆次，不使用计价器或计价器作弊乱收费119辆次，客车不按线路、班次行驶或不按批准站点停靠294辆次，其他运输违章750辆次；完成投诉调查案件3021件，查扣无证培训车辆18辆次，向公安机关移交违规车辆、涉案车辆8辆次。

【货物运输源头治超】 开展货运源头单位二次摸底公示。针对初次公示后个别货运源头单位关、停、并、转，个别单位非法生产经营的实际情况，制定下发《关于进一步做好货运源头单位公示的通知》，重新核定公示范围和标准，并二次公示，减少超限超载车辆非法上路。开展源头治超交流学习。组织各县站站长、主管站长和专职人员到源头治超工作先进单位参观见学，推进治超管理数字化、规范化。加强治超督导巡查。对已公示货运源头单位，坚持“一日一查、不定期抽查、重点巡查”，并规定每月巡查次数。至10月底，全市检查货运源头单位461家、4796次，检查货运车辆5306辆，发现、制止超限超载货运车辆527辆，查处擅自改装已取得道路运输证货运车辆4辆，查处其他违规经营货运车辆328辆；出动巡查人员800余人（次），对在巡查中涉超34家货运源头单位、44辆货运车辆全部按规定抄报抄告，结案率达100%。开展铁矿、水泥、煤炭、沙石料运输专项治超行动，查处超限超载车辆21辆，清理非法沙场34家，非法沙场转运站12家，规范治理沙场20家。落实超载车辆倒查和“黑名单”制度，查处涉及倒查车辆和源头单位12起，全部按规定程序予以处理和反馈。开展“无双超”示范单位创建活动，创建“无双超”信用企业83家，达到公示货运源头企业数的17%，超额完成省交通运输局10%创建目标。

路政执法人员利用新型执法车开展货车治超检查

【道路运输信息化建设】 开发燃油消耗量达标车型数据接口程序，完成16期33061个达标车型参数导入，极大地方便了业户业务办理。开展“两客一危”卫星定位监管，将危货、客运等重点营运车辆纳入联网联控平台，完成2056辆危险品运输车、1955辆客车卫星定位数据接入。加强业务信息系统升级改造，完成交通部试点项目“石家庄市运输管理处运政综合信息管理系统”改造需求的制定；完成交通部试点工程“出租汽车服务管理信息系统”认可和初步设计。至2011年底，石家庄市运政信息网络拥有业户34240户、车辆260168辆、从业驾驶员248722名，电子照片273622张，电子档案321858份，各项业务信息应用率达到100%。

【出租汽车行业管理】 参与文明城市创建活动。制定《出租汽车行业创建文明城市迎检方案》和《创建文明城市奖惩办法》；加强行业宣传，印发各类宣传材料2万余份；落实责任制，与25家出租汽车公司签订责任状，加强各公司检查自有车辆，并与每名出租司机签署“创建文明城市出租车文明出车保证书”。组织爱心送考活动。中、高考期间，参加活动出租汽车1000余辆，免费运送考生2万余名。开展爱心公益活动。以“爱心车队”、“学雷锋车队”、“助残车队”为典型，组织全市22个爱心公益车队，利用“学雷锋日”、“植树节”、“劳动节”、“助残日”等时机，赴赞皇县、平山县、行唐县等地开展帮扶贫困、爱心助残、捐资助学等活动。开展星级驾驶员评比活动。考核从业人员经营行为、仪表着装、文明服务等，评选出星级驾驶员762名，促进驾驶员自觉提高服务水平。开展服务质量信誉考核。建立质量信誉考核机制，分别对出租汽车公司、班线客运公司、旅游客运公司、货运企业、维修企业及驾驶员培训学校等实施质量信誉考核，行业秩序得到规范。

【水路运输监管】 全市海事和航运围绕水上交通安全中心工作，完善安全生产事故预防和水上应急救援工作机制，深入开展文明达标单位创建活动，建成科学、透明的行政管理机制。落实行政执法责任制，强化水上交通安全监管，全年实现安全无事故。2011年，全市组织实施通航水域安全检查28次，排除安全隐患7处，纠正缺陷19例；协助保定市船员培训机构举办适任培训班1期，培训船员39名；制作发放船员服务手册166册、船员适任证书75册。至2011年底，石家庄有市级地方海事机构1个，县级地方海事机构8个；有通航条件水库9座（有营运船舶水库5座），自然河流4条，人工河2条，公园1个；有水路运输企业17个（经营船舶旅客运输企业12家、经营内河漂流企业5家）；水路运输服务企业1个，营运机动船舶37艘，普通客船4艘、游艇33艘。

（黄金元）

民用航空

【概况】 2011 年，石家庄机场贯彻落实省委、省政府加快河北民航跨越发展战略决策和部署，大力实施“大众化、差异化、精细化”三大战略，着力打造“从家飞”、“低成本”、“国际货运直达”三大服务品牌，扎实开展“温馨空港、感动服务”主题创建活动，引进航空运力，完善航线网络，打造华北地区航空枢纽机场和首都“第二机场”。年内，在省内保定市、沧州市、邢台市设立城市候机楼，开通机场至周边地区旅客班车线路 30 多条，初步构建起以石家庄机场为中心，覆盖冀中南、涵盖山西阳泉、河南安阳、北京等地区的地面交通服务网络，实现空地联运“立体化”。7 月 11 日，石家庄机场中转服务柜台正式开通，在中转休息室等候航班中转旅客，可享受免费饮料、免费餐食等服务，赢得航空公司和旅行社青睐。12 月 28 日，河北航空引进两架波音 737 和两架 E—190 飞机。12 月 29 日，香港－石家庄定期货运航线开通，每周 5 班，结束石家庄机场没有定期货运航班的历史。至 2011 年末，石家庄机场运营航空公司达到 22 家，运营航线 66 条（低成本航线 9 条，通航城市 9 个），全部通航城市 44 个，每周往返航班最多达到 910 架次；中转国际航线是石家庄机场 2011 年的亮点，开通中转国际航线 50 条，可飞往 45 个国外城市，初步形成“沟通南北、通达东西、延伸海外”的航线网络。全年河北机场集团保障飞机起降 5.79 万架次，同比增长 5.7%，实现集团公司第 8 个安全年和河北民航机场第 27 个安全年。2011 年，河北机场集团公司被省安委会授予“河北省安全生产先进单位”称号；石家庄正定国际机场航空护卫部被民航华北地区管理局授予“2011 年度华北民航航空安保工作先进集体”称号；石家庄机场在秦皇岛“4•12”森林火灾扑救中贡献突出，获得河北省委、省政府表彰。

【机场运输生产】 2011 年，石家庄机场通航城市 44 个，新增远东航空、祥鹏航空、韩国易斯达航空等 3 家航空公司；运营航空公司达到 22 家，恢复了南昌、珠海、福州等 10 个城市航线，加密了至广州、成都、重庆、台北等 14 个城市航班。新开通旅客航线 20 条（1 月，开通石家庄－南昌－珠海航线；3 月，开通上海－石家庄－秦皇岛航线；4 月，开通石家庄－绵阳航线；5 月，开通石家庄－重庆－南宁和石家庄－宁波－长沙航线；6 月，开通昆明－石家庄－唐山航线和石家庄－昆明航线；7 月，开通石家庄－厦门、石家庄－南京、石家庄－大连、武汉－石家庄－秦皇岛、石家庄－呼和浩特－海拉尔和石家庄－济州航线；8 月，开通昆明－石家庄－哈尔滨航线和石家庄－鄂尔多斯航线；9 月，开通石家庄－重庆航线；10 月，开通石家庄－秦皇岛－青岛、石家庄－沈阳、石家庄－鄂尔多斯－兰州和石家庄－长沙－昆明航线），新开通货运航线1条(12月29日,开通石家庄－香港国际定期货运航线），航线数量达到 45 条，同比增长 2.3%，每周往返航班最高达到 910 班，航线通达能力显著增强，初步形成“沟通南北、通达东西、延伸海外”的航线网络。至 2011 年底，全国机场旅客吞吐量平均增长 10%，石家庄机场旅客吞吐量平均增长高达 47.6%，增速在全国省会机场中位居第一，旅客吞吐量全国排名由 2010 年的第 38 位上升至第 36 位。2011 年，河北机场集团实现旅客吞吐量 421.25 万人次，同比增长 44%，其中石家庄机场 402.12 万人次，同比增长 48%，客流量突破 400 万；货邮吞吐量 3.36 万吨，同比增长 29.3%，其中石家庄机场 3.32 万吨，同比增长 29.2%。

【机场安全管理】 年初，河北机场集团联合 15 家驻场单位成立石家庄机场运行管理委员会，建立以机场为中心，机场与驻场单位齐抓共管的安全运行管理联合机制。年内，秦皇岛机场和石家庄机场顺利通过民航局安全审计和航空保安后续审计；完成建党 90 周年、广州大运会、国庆节等重要活动航空安保工作；石家庄机场改扩建工程在不停航情况下实现安全施工；秦皇岛机场安全保障抚宁森林火灾救火飞行132架次和重要公务飞行6架次。全年保障飞机起降5.79万架次，同比增长5.7%，其中石家庄机场保障飞机起降5.49万架次，同比增长5.7%。

【台湾航空公司首次进入河北航空市场】 10月31日，台湾远东航空开通石家庄至台北航线。该航线是远东航空公司重返两岸天空的第一条航线，也是台湾航空公司首次进军河北航空市场，为两地人员交流搭建起更加便捷的空中桥梁。远东航空公司执飞石家庄至台北航线初定为每周一执行1班。由东航河北分公司执飞石家庄至台北航线为每周四1班。10月30日起，东航河北分公司每周日再增加1班石家庄至台北航班。随着远东航空公司进驻，石家庄至台北航线达到每周3班，石家庄每周一、周四、周日均有航班往来台湾，两家航空公司飞台北航班在时间上互不冲突，形成良好互补。

【首条定期货运航线开通】 12月29日，石家庄－香港货运定期航班首航仪式在石家庄国际机场举行。石家庄－香港货运定期航线由中远国际航空货运代理有限公司代理，利用香港航空公司航班执飞，每周5班。该航线是河北机场集团利用省、市政府航空货运发展支持政策，以“百家央企走进河北战略合作”为契机，满足石家庄市打造全国重要区域物流中心和物流节点城市需求，全力打造华北地区航空货运基地的阶段性成果，是石家庄机场首条定期货运航线，结束了石家庄机场没有定期货运航班的历史。

【低成本枢纽建设】 2月28日，河北省政府与春秋航空公司签署《共同推进河北航空运输发展战略合作框架协议》。借此契机，春秋航空公司运用自身低成本优势，打造石家庄机场“价格洼地”，推进石家庄机场作为国家航空大众化试点建设进程。年内，春秋航空在石家庄机场设立过夜基地，开通国内低成本航线25条，其中，开通石家庄至上海等地直达航线9条，引进重庆等地经由石家庄机场中转航线16条；国际航线网络建设也逐步加快，开通国际低成本航线50条，其中，开通石家庄至韩国济州岛旅游航线1条，与其他航空公司合作开发石家庄机场经由上海浦东等机场国际中转航线49条，通达国际城市或地区45个。

（荣素宾　郭平）

【改扩建工程航站楼主体完工】 石家庄国际机场改扩建工程是河北省交通建设重点项目，是省委、省政府着眼河北经济社会发展全局，构建综合立体交通体系，加快推进民航强省战略一项重大决策。石家庄国际机场改扩建工程总投资50亿元，由世界500强企业冀中能源集团投资建设。项目建成后，可新增年旅客吞吐能力1500万人次，满足年货运吞吐量25万吨目标。石家庄国际机场改扩建工程航站楼钢结构吊装工程采用双曲面屋面造型，工程结构形式比较复杂，总用钢量达到1.2万吨。8月25日，工程钢结构吊装工作全部完成，标志航站楼主体工程完工。

（范玉蕾　闫洪涛）

【中转服务柜台开通】 7月11日，石家庄国际机场中转服务柜台正式开通，中转旅客休息室、行李库正式运营，旅客行李首次实现免提中转。中转旅客到达石家庄机场后，在5号廊桥登机口南侧中转服务台中转登记后，可到中转休息室休息。石家庄机场为旅客办理登机牌及下段航程行李托运手续，并将登机牌及行李牌送至中转休息室。中转休息室等候航班的中转旅客可享受机场提供免费饮料，用餐时间提供免费餐食。中转停留时间6小时以上旅客，可免费乘坐往返市区旅客班车。隔夜中转旅客（含团队旅客）可免费住宿一晚，机场宾馆每日为中转散客预留一定数量房间。中转旅客前段航班延误无法乘坐后续航班，机场将协助旅客办理航班改签手续。隔夜中转及外出旅客可通过机场安检绿色通道再次进入隔离区，行李可寄放机场新建中转行李库内。

（范玉蕾　张毓）

【桥西始发旅客班车开通运营】 8月1日，石家庄机场桥西始发旅客班车正式开通运营。石家庄机场桥西旅客班车始发站为新石北路与友谊南大街交口处碧海云天假日酒店，运行线路为碧海云天假日酒店－新石北路－西二环－和平路－中华大街－石家庄国际机场，停靠站点为碧海云天假日酒店、和平路民航售票处（石家庄市和平路462号）、石家庄机场。桥西班车由机场集团和冀运集团合作运营。桥西班车开通后，省会至机场的旅客班车有桥东和桥西两条运营线路，桥东始发站为民航大酒店。12月份，石家庄机场桥西旅客班车运营线路调整。石家庄机场桥西班车市区始发站由碧海云天假日酒店调整为金圆大厦，沿中华大街北行直达机场，不再绕道北二环，具体线路为由金圆大厦（中华大街）－富驿时尚酒店（中华大街与市庄路交叉口）－石家庄机场。石家庄机场至桥西市区班车终点由碧海云天假日酒店改为市公安交通管理局，具体路线为石家庄机场－富驿时尚酒店（中华大街与市庄路交叉口）－金圆大厦（中华大街）－中华大街工农路口（工商银行）－市公安交通管理局。

（范玉蕾　张毓　张红昱）

【航空运输服务】 开展“温馨空港、感动服务”主题创建活动，推进“从家飞”服务品牌建设，大力完善服务网络。2011年，石家庄机场建成并开通异地城市候机楼3个。异地城市候机楼为石家庄机场品牌和服务实体延伸，配备有国际先进的航班查询系统、终端安全系统，与石家庄国际机场连接，旅客可实现实时、全方位航班信息共享，可享受现场购票、机票变更、办理登机手续、贵宾接待、旅游信息咨询、一站式旅客直通车往返接送等服务，为旅客有效缩短旅途时间、节省出行成本。3月18日，保定市候机楼开通运营；5月21日，沧州市候机楼正式启用；6月30日，邢台市候机楼正式运营。旅客直通车开行班次增加，邯郸市、邢台市旅客直通车由每天3班增至5班；新增石家庄市桥西旅客班车。石家庄机场中转旅客服务程序得到优化，设置有中转旅客专用柜台，最短中转时间达到10分钟以内。发挥青年志愿者作用，推出自助值机业务。

（荣素宾　郭平）

城市公共交通

【概况】 2011年，石家庄市公共交通部门以服务市民为己任，秉承“构建和谐公交，服务省会大发展”理念，围绕“靓丽、绿色、科技”发展目标，坚持公交优先战略，科学制定公共交通发展规划，加强公共交通站场设施建设，建立健全公共交通运行体系，实现公共交通服务水平全面提升。至2011年末，市公交总公司拥有公交车辆3489辆，营运线路184条；在职员工10399人；营运行驶总里程17619.06万千米，运送乘客5.86亿人次，平均每天运客160多万人次。年内，在全国交通运输企业文化建设优秀成果评选中，市公交总公司获得“企业文化建设优秀单位”称号。

【线路开辟优化】 全年开通线路19条。开辟四组团县城线路10条：藁城市3条（516路、536路、537路），栾城县2条（202路、快202路），鹿泉市5条（319路、320路、326路、328路、旅游11路）。开辟市区线路9条：快线5条（快51路、快75路、快107路、快2环1路、快2环2路），夜观光线路2条（夜观光3路、夜观光4路），普线2条（25路、99路）。优化和调整其他线路28条。

【新增400辆环保公交车】 年内，

新型环保公交车启用

投资2.35亿元购置环保公交车400辆（空调公交车300辆、天然气大载体公交车100辆），分别投入到1路、2路、6路等23条主干线路运营。首批50辆空调公交车于7月19日投入运营，最后84辆空调公交车于8月17日上线运营。至2011年底，全市公交营运车辆达到3489辆，其中天然气公交车2400辆，占营运车辆总数的68.8%；全市万人拥有公交车达到18.5标台。

（黄金元）

【43条公交线路首末车延时】 3月1日起，配合“三横六纵”主干道13条夜经济特色街区、14个区域消费商圈、8个夜经济综合体营业时间延至22:30，市公交部门延时调整21条公交线路运营时间，平均延时46分钟。6月13日起，为方便市民夜间走出家门参与夜间消费，市公交总公司延时调整22条支干公交线路，平均延时29分钟。

表21　　21条公交线路延时具体方案（3月1日起）

序号	线路	起止点	原末车发车时间	调后末车发车时间	调后末车返程时间	调后末车收车时间
1	28	铝塑市场—省博物馆	21:30	22:20	22:53	23:28
2	32	信息学院—火车站	21:30	22:10	22:50	23:30
3	31	火车站—正定小商品市场	21:30	22:00	22:45	23:30
4	34	世纪康城—北国商城	22:30	23:00	23:31	0:10
5	76	康庄—火车站	21:30	22:20	22:52	23:24
6	10	小谈村—世纪方舟	22:30	23:00	23:34	0:10
7	19	小谈村—省汽贸	21:30	22:20	22:54	23:30
8	39	小谈村—世纪公园	21:30	22:20	22:54	23:30
9	317	永壁村—石家庄解放纪念碑	20:00	21:00	21:38	22:13
10	325	理工职业学院—新百广场	21:00	21:30	22:03	22:37
11	357	小宋楼—小谈村	21:00	21:30	21:55	22:20
12	游6	动物园—运河桥客运站	首车发：车时间由7:00提前到6:30			
13	2	南货场—柳辛庄	22:30	23:00	23:30	0:00
14	7	塔谈—沿东小区	21:30	22:20	22:53	23:26
15	58	人民医专—天苑小区	21:30	22:15	22:55	23:30
16。	107	宫家庄—火车站	21:30	22:30	23:00	23:30
17	6	医大一院—省三院	22:40	23:00	23:36	0:10
18	16	位同—新百广场	21:30	22:15	22:55	23:30
19	26	南焦客运站—棉六	21:00	22:15	22:50	23:29
20	35	南焦客运站—火车站	21:00	22:30	22:55	23:23
21	73	医大一院—运河桥客运站	21:00	22:20	22:50	23:26

表22　　22条公交线路延时具体方案（6月13日起）

序号	线路	起止点	原末车发车时间	调后末车发车时间	调后末车返程时间	调后末车收车时间
1	快1路	谈固—西王			19:30	20:00
2	3路	科技大学—火车站			20:30	21:00

（续表）

序号	线路	起止点	原末车发车时间	调后末车发车时间	调后末车返程时间	调后末车收车时间
3	5路	谈固－北站			21:30	22:00
4	9路	车管所－火车站			22:00	22:30
5	15路	车管所－公交驾校	5:45	5:30	21:00	21:30
6	24路	西王－火车站			21:00	21:30
7	30路	南焦客运站－新百广场			21:30	22:00
8	51路	天然城－省四院			20:30	21:00
9	52路	医大一院－河北化药学院			20:30	21:00
10	56路	方村－亚龙花园			20:00	20:30
11	79路	南焦客运站－海世界			20:30	21:00
12	98路	银白佛市场－南焦客运站			19:30	20:00
13	102路	凌透－纪念碑			19:30	20:00
14	302路	公交驾校－高迁			18:30	19:00
15	314路	瑞泰澜庭－纪念碑			20:30	21:00
16	553路	谈固－石药工业园	6:00	5:40	21:00	21:30
17	572路	北乐乡－谈固			19:30	20:00
18	574路	信息学院－石炼			20:00	20:30
19	快118路	河北经贸大学－纪念碑	6:30	6:00		
20	游1路	植物园－纪念碑			20:30	21:00
21	17路	车管所－火车站			21:30	22:00
22	112路	河北经贸大学－省图书馆			20:30	21:00

【4条公交线路命名为“工人先锋号”】 2011年，市公交部门以服务市民为目标，深入开展争创“工人先锋号”、争当“岗位技术能手”、“服务明星”等活动，掀起学技术、钻业务热潮，职工整体素质提高。凭着精湛技术和优质服务，公交22路、55路、2环2路、游1路等4条公交线路被市总工会命名为2011年度“工人先锋号”。其中，22路线准点率达96%以上，有责投诉为零；55路自开通起，一直保持安全行车记录；2环2路是一条民心线路，在安全、服务、运营质量等方面始终起到模范带头作用；游1路为旅游线路，结合乘客特点，车长争当“活地图”和省会导游，得到外地旅游乘客广泛赞扬。

（靳晓磊）

【改进公交服务】 开展优化发展环境，提高工作效能。年内，与河北交通广播电台合作举办“行风热线”节目3次，组织人大代表、政协委员座谈会2次，乘客代表座谈和便民咨询、问卷调查1次，并通过报纸、电台广泛征求市民意见建议，改进服务水平。推出多项便民服务举措，发放《公交乘车指南》7万余册。主动接受社会监督。2011年收到人大建议、政协提案48件，答复回访100%，满意率100%；受理热线电话近31万个，收到表扬电话1799个，表扬信160封，锦旗18面，媒体表扬报道158件。年内，石家庄市组织年度优化发展环境建设民主评议，公共交通服务在全市28家窗口单位中获得第一名。

【场站、站路设施建设】 2011年，全市新建公交站亭78座，更换坏损站牌 3267个，安装排队乘车护栏31组，偏远道路设置安装新式石材站杆356个；新建农村客运简易站10个，候车亭37个，招呼牌155个；鹿泉市、晋州市、井陉县汽车站开工建设；南位公交停车场建设项目进入收尾阶段。市区50条线路完成公交车载LED信息显示屏安装。

（黄金元）

信息产业

信息产业

概　述

2011年，市信息化产业围绕工业化、信息化融合和社会信息化工作，抓应用、重安全、促融合，推进《石家庄市国民经济和社会发展信息化发展规划》(2009～2020)、《石家庄市电子政务发展规划》(2009～2020)和《石家庄市电子商务发展规划》(2009～2020)落实，10个单项信息化应用率先在河北省实现突破，并在全省信息化经验交流会上作经验介绍。年内。石家庄市成为河北省唯一进入国家三网融合第二批试点城市，被评为“全国数字城市建设应用示范市”和河北国际信息产业周先进单位。至2011年底，全市电子信息产业主营业务收入161.16亿元，同比增长26.87%，实现利税25.42亿元，同比增长49.97%，出口创汇9127万美元，同比增长65.01%。

电子政务建设。“中国·石家庄”网站群以市政府门户网站为中心，连接23个县（市）区、61个部门网站，成为政府面向公众的统一服务入口。全市各级行政机关和管理公共事务职能组织以及医疗、教育、供气、供电、供水、供热、公共交通等单位日均更新信息近百条，具有行政审批职能的部门开展网上办事和网上服务，在线查询、在线申请数量增多。工程建设领域项目信息公开和诚信体系建设实现全覆盖。石家庄市作为国家和河北省确定的政府部门互联网安全接入试点，落实专项资金348万元，实施方案顺利通过省级专家论证。政府网站群建设和应用带动全市电子政务水平提高，信息技术与市直部门主要业务呈现出融合发展的良好势头。市财政系统构建政府采购电子化等4大应用系统，有效支撑了专项资金支出监控、非税收入管理等业务；市科技部门的科技计划管理信息系统和科技奖励申报系统，实现了课题在线申报和全程管理；市发改委经济运行监控系统、市工业和信息局重点企业运行监测平台及民营企业数据库等，提高了经济管理与决策的信息化水平；市住房保障和房产管理部门在房产测绘、房产交易、权属登记、档案管理各个环节全部实现数字化；市统计局市、县、乡三级统计信息网和网上直报系统，极大地方便基层工作，提高了统计数据的准确性和及时性。

信息化和工业化融合。2011年，全市省级两化融合重点企业达到28家，其中冀凯实业、四药股份、际华3502、神威药业等7家企业入选省级两化融合示范企业，入选总数居全省首位。在栾城县、行唐县、元氏县、赞皇县等县举办骨干企业两化融合推进专家对接会，宣传推广两化融合示范企业经验和政策，2家企业精确复制动冀凯实业两化融合经验。邀请工业和信息化部育林计划项目组特聘专家栾润峰教授为县（市）区工业和信息化部门、124家中小型企业普及“精确管理”理念，用“零成本、微投入、周期短、见效快”的信息化手段提升中小企业管理水平。全国两化融合深度行(石家庄站)启动仪式——华北制药两化融合专题交流活动得到国家、河北省工业和信息化部门领导的高度评价。四药股份现代制剂物流信息化等7个两化融合项目获得省市技改专项资金支持，市油漆厂等5家企业在两化融合方面开展对标活动获得石家庄市对标专项资金支持。

农业信息化。全市17个农业县（市）全部完成“电视、电话、电脑、科技服务大厅”建设，农业科技进村服务站总数达1300多个；所有乡镇和90%以上村能够利用宽带或电话接入互联网，查询和下载农业信息，90%以上龙头企业、科技园区、专业组织和批发市场能够利用互联网开展生产经营，4000个行政村可通过IP广播”村村通”系统收听富民政策等。2011

年，藁城市涉农信息服务成为全国样板。

城市管理和公共服务领域信息化。市国土资源局构建城市地理信息公共平台，开通综合应急指挥等 7 个应用示范系统；市城管委数字化城市管理指挥系统全年受理各类问题近 80 余万件，平均每天受理 2500 余件，结案率达到 99.62%，提高了城市管理效率和质量；市公安局基于信息技术对高危人群识别与管控等 4 项关键技术达到深度应用；市食品药品监管部门对生物制品、血液制品、高风险注射剂和涉及基本药物生产的 38 家企业、200 多个品种实行电子监管码管理；市工商局食品安全电子台账管理系统建立企业数据 4314 条，食品销售数据 700 多万条，实现了食品保质期行政监管；市畜牧水产局奶站监控、生猪追溯、质量检测等系统提高了畜产品质量监管；市规划部门用信息化手段实现现状数据库等规划管理及规划审批各类数据“一张图”式管理；市建设局对 200 个工地现场实现远程数字化监管，城建档案馆基本实现数字化；市环保局建成执法车辆 GPS 调度指挥系统等 6 大应用系统，在环境监管、监察、监测和统计等领域发挥出重要作用；市水务局防汛抗旱指挥调度系统初具雏形；市人防机动指挥通信系统实现事发现场与指挥中心之间异地会商，满足了平战应急需要；市国税局在全国地市级首家完成“金税”三期网络信息化工程，在全市推行防伪税控远程抄报税系统，提高了办税效率，降低了办税成本；市交通运输系统应用收费、售票等业务信息系统 35 个，客运站、高速公路和一级公路全部计算机收费，全天监控，6594 辆车安装 GPS LED 系统，占到市区营运车总数的 98.2%；市桥东区运用物联网技术，将二维码作为数据信息识别载体，推行社区“网格化”管理。

社会事业领域信息化。建立企业养老保险等人力和资源系统信息化应用系统，实现网上业务办理、公共服务和资金监管。数字石家庄信息亭在街道、大学校园、部分超市、写字楼、社区等人群密集地点设置数字石家庄信息亭 200 个，满足了省会部分市民需求，搭建起政府与群众沟通平台。据统计，政务信息查询日均 9000 多人次，电子地图、公交换乘等民用信息查询日均 6000 余人次，月平均代收费 38 万笔、2300 万元。“石家庄一卡通”在各大商场、超市、大型便利店和部分宾馆、饭店消费，部分小区水、电、气缴费，部分出租车付费等得到广泛应用。

（郭会珍）

城市信息化建设

【概况】 2011 年，市电子信息产业做大做强通信、半导体照明、电子材料、汽车电子等优势产业，培育壮大卫星导航、太阳能电池、节能和电力电子、电子仪器和专用设备、集成电路品等新的增长点，产业结构优化升级，整体规模得到较快提升。全年全市电子信息产业主营业务收入 161.16 亿元，同比增长 26.87%，实现利税 25.42 亿元，同比增长 49.97%，出口创汇 9127 万美元，同比增长 65.01%。其中，电子信息产品制造业主营业务收入 113.07 亿元，同比增长 25.31%，实现利税 18.03 亿元，同比增长 75.6%，出口创汇 9067 万美元，同比增长 64.35%；软件及信息服务业主营业务收入 48.09 亿元，同比增长 30.71%，实现利税 7.39 亿元，同比增长 10.59%，出口创汇 60 万美元，同比增长 327.05%。

【重点项目】 落实产业调整振兴规划，督导 20 个在建项目和 6 个新开工项目加快建设进度，对项目建设进行跟踪问效。组织行业企业申报国家电子信息产业发展基金，争取国家资金扶持，其中河北远东通信系统工程有限公司基于北斗系统的民用终端研发与产业化项目争取国家支持 500 万元。做好项目技改工作，获省技改资金支持项目 6 个，总投资 12.2 亿元；获市技改资金支持项目 6 个，总投资 2.6 亿元。“十一五”期间，全市电子发展基金项目共有 10 个，项目总投资 8.08 亿元，获得国家电子发展基金支持 1500 万元。2011 年，各项目获得支持资金全部到位，并严格按照资金使用要求合理安排落实，其中完成验收项目5个，处在执行期项目5个。

【软件和计算机信息服务业】 全年新认定软件企业30家，软件产品登记124项，4家计算机信息系统集成企业资质初审申报、7家计算机信息系统集成企业资质换证申报、2家信息系统工程监理单位资质初审申报、2家信息系统工程监理单位资质换证申报完成。至2011年底，全市经过认定软件企业达到120家、计算机信息系统集成资质企业46家、监理企业8家，分别占全省的44%、63%、100%。其中，一级资质4家（全省5家），二级资质10家（全省11家），通过软件能力成熟度模型CMM3的系统集成企业2家，通过ISO9001:2000认证的信息系统集成企业42家。

（郭会珍）

【IBM全球信息科技服务部成立】 6月2日，IBM全球信息科技服务部石家庄分公司正式成立。作为IBM服务核心部门之一，IBM全球信息科技服务部（GTS）是全球最大的信息技术服务提供商，提供从IT基础架构规划到安全、绿色的系统服务等全面的IT解决方案与实施服务及战略外包服务。2011年2月份，IBM参与设计了石家庄市正定新区智慧研究项目，获得论证通过，成为国内首批IBM规划的“智慧城市”先锋。IBM全球信息科技服务部进驻石家庄后，计划通过全面的IT解决方案与实施服务，推动石家庄与河北省智慧城市建设，并为企业提供全面的IT解决方案。

（张明星）

【社会信息化应用】 全年在街道、大学校园、部分超市、写字楼、社区等人群密集地点设置数字石家庄信息亭200个，方便了居民生活，搭建起政府与市民沟通平台。据统计，政务信息查询日均9000多人次，电子地图、公交换乘等民用信息查询日均6000余人次，月平均代收费38万笔、2300万元。“石家庄一卡通”在各大商场、超市、大型便利店和部分宾馆、饭店消费，部分小区水、电、气缴费，部分出租车消费等广泛应用。市卫生系统实施了国内覆盖规模最大、服务床位最多、技术标准统一度最高的区域电子病历信息系统；10家市级医院全部开通与社区卫生机构之间网上双向转诊服务。市民政系统加快建设《民政综合业务管理信息系统》，逐步延伸覆盖全市的街道和村镇。市教育网接入学校近1800余所，建设中小学计算机网络教室3270个，多媒体教室4885个，市区90%、县（市）80%基本实现农村中小学现代远程教育“校校通”；建成一大批电子阅览室、远程教育计算机室，学生用计算机达到10万台，基础教育学生与计算机比接近10∶1，初步实现教育信息化。市数字档案馆录入机读目录600多万条，累计扫描重要档案原文1600多万幅。

（郭会珍）

【政府采购电子化应用系统开通】 年内，市财政局政府采购电子化应用系统开通并试运行。石家庄市是全省首家开通运行该系统的城市。政府采购电子化应用系统，是根据政府采购工作业务流程，创建采购人、供应商、招标代理机构，在招标、投标、开标、评标、用户信息、系统维护等功能上，基本实现采购人等相关人员足不出户可完成政府采购工作。电子化采购系统实现了采购任务随需求下达、采购文件模块化编制、招标文件自行下载、网上评标等工作目标，增强了采购过程的公开透明度，提高了招标采购工作效率，实现了对采购全过程的动态监管。该系统还能与河北省财政厅相关政府采购电子化应用系统对接，便于监管部门对集中采购机构进行监督管理。

（胡建津 康英）

【网上新华集贸中心开市】 5月份，市新华集贸中心市场正式启动网上交易中心，用电子商务方式开辟了市场发展又一个新通道。点击进入www.ecxhjm.com，便可在新华集贸中心18个纺织服装和电子信息产品专业市场实现购物。新华集贸中心网上交易平台具备其他电子商务平台线上洽谈、交易、支付等功能，还具有对物流协同服务适时监管功能。门户网站由一个总门户和18个产权单位的18个子门户组成，形成新华集贸中心电子商务门户群。该商务平台采取实体店与网上店相结合方式，为入驻新华集贸中心商户提供网上店铺服务，业主持各个产权市场入驻证明或摊位租赁协议，即可免费开通网店。

（钱锐）

【举办石家庄·中国半导体光谷专家论证会】 5月29日，石家庄·中国半导体光谷专家论证会在河北翠屏山开幕。国内光电产业界19位知名专家到会，探讨光电产业发展，论证建设石家庄·中国半导体光谷的必要性、可行性和发展定位。专家论证会由中电科技集团13所、54所主办，石家庄信息产业基地管委会承办。中国科学院院士、半导体物理专家夏建白，中国工程院院士、感光材料专家邹竞，中国工程院院士、静电与电磁防护工程专家刘尚合，工信部电子信息司副司长关白玉，科技部国家半导体照明重大项目管理办副主任阮军，中电科技集团公司副总经理胡爱民等出席论证会。本次专家论证会上，由光电行业两院院士、知名专家、行业协会、企业代表等组成专家委员会，听取了石家庄信息产业基地《关于建设石家庄·中国半导体光谷的建议》方案，实地考察了同辉电子、普兴电子、河北远东等企业。专家委员会经过认真讨论，一致认为，石家庄在光电核心芯片和通信设备方面具有自主知识产权和持续创新能力，在基础设施条件、技术支撑等方面具有良好的基础，具备建立半导体光谷的条件。

（焦莉莉）

【全国显示应用技术信息交流会在石召开】 7月16日，2011全国显示应用技术信息交流会在石家庄市召开。此次信息交流会旨在为从事LED显示及其相关产品领域的技术开发、生产工程、市场营销及经营管理等方面工作的单位和人员提供技术交流、加强联系、开展产业研讨的平台；共同展示交流LED显示领域的新产品、新技术、新成果，探讨LED显示产业的发展。

（雷婷）

【2011河北国际信息产业周达成意向合同37亿元】 9月23～25日，由中国国际贸易促进委员会河北省分会、河北省工业和信息化厅、市政府联合主办的2011河北国际信息产业周在石家庄国际科技博览中心举行。工业和信息化部电子信息司副司长刁石京，中国光学光电子行业协会秘书长王琳，副省长张杰辉，省工信厅厅长王昌，中国国际贸易促进委员会河北省分会会长郭风集，市委副书记刘云峰，副市长刘明轩等出席开幕式。克罗地亚、马来西亚、哥斯达黎加、秘鲁驻华使馆商务参赞参加展会，美国、德国、日本等国家和台湾地区，特别是全球最重要的两大LED公司日本日亚化工、美国科锐公司首次参会。中国格力电器等大公司大集团以及北京、天津、四川、广东、山东、江苏、浙江、福建等省市业界代表到石家庄市参展寻求合作。2011河北国际信息产业周参展企业共236家，其中外省参展企业50余家，石家庄市参展企业108家。展会期间，河北省共发布项目50个，总投资124亿美元，拟利用外资56亿美元，项目签约、达成意向或合同约107个，总金额80多亿元。举办了信息产业重点项目发布及签约仪式暨对口洽谈会、物联网技术应用研讨会等7个主题活动，其中半导体照明产业发展对接会，用创新模式和信息化手段全面提升中小企业管理软实力专题培训，运营、提速、成长——2011成长型企业信息化应用全国推进工程河北站等活动贴近石家庄市的实际。在2011河北国际信息产业周上，石家庄市取得丰硕成果，共发布项目31个，签约项目、合作意向或合同104项，达成意向或合同总金额37亿元。

（范玉蕾）

【中电13所张万生教授获"中国LED先锋人物"奖】 2011年12月份，在中国国际工业博览会——第四届城市照明论坛上，中电13所张万生教授获得"2003～2011中国LED先锋人物"奖。张万生毕业于成都电子科技大学半导体器件设计与制造专业，在13所半导体照明研发中心从事LED光源可靠性研究，是中国光电子协会光电器件分会（LED协会）资深专家、顾问。他在半导体光电器件研制中曾获长波长InGaAsP发光管国家科技进步二等奖和国家发明三等奖，被评为享受国务院特殊津贴专家，曾参加国家工业和信息化部半导体照明标准工作组组织的多项标准制定，是国内InGaAlP超高亮度最大规模LED芯片生产线的引领者以及国内先进MOCVD设备的先锋人物。

（焦莉莉）

【四方通信获评"河北省光通信杰

出企业”】 12 月份，河北四方通信设备有限公司获评“河北省光通信杰出企业”，并接受河北省工业经济联合会授牌。2011 年 7 月 14 日，河北四方通信设备有限公司母公司——中国光纤网络系统集团有限公司在香港证券交易所主板上市，成功进入国际资本市场。2011 年，该公司有光纤活动连接器生产线 6 条，预研磨生产线 2 条，年产光纤活动连接器 900 万套。

（刘宝芝）

电子政务

【概况】 2011 年，市政府信息中心以建设安全、便捷的电子政务系统为目标，推动网上办公和办事服务，加强市属部门网站群管理，严格履行信息安全制度，有效提升了政府机关办公效率。较好地完成中国·石家庄门户网站信息维护，网站动态和常用栏目内容更新及时，确保了政府门户网站信息及时性、有效性。“中国·石家庄”网站群以市政府门户网站为中心，连接 23 个县（市）区、61 个部门网站，成为政府面向公众的统一服务入口。开展网上办事、网上服务、在线查询、在线申请数量增多，政务信息查询日均 9000 多人次。2011 年，石家庄市作为国家和河北省政府部门互联网安全接入试点市，落实支持专项资金 348 万元，实施方案通过省级专家论证。

【信息维护】 及时更新政府门户网站动态和常用栏目，确保网站信息变化及时性和有效性。围绕市委、市政府重大决策部署和公众关心的热点问题，组织建立“优化发展环境、地球一小时、创建全国环保模范城市、保障性经济住房、推进夜经济”等十几个特色专题栏目，在宣传石家庄，传递市委、市政府决策部署上发挥了重要作用。落实分工，明确维护内容和责任要求，推进政府信息公开平台维护。召开“市政府信息公开工作会议”，总结全市政府信息公开平台维护情况，维护工作开展较好的单位作了典型发言，年末市政府部门网站信息公开数量增加。

【网上办事】 3 次组织具有行政审批职能部门召开网上办事应用方面协调调度会议，指导、督促有关政府部门做好网上办事信息资源的组织和发布。政府门户网站互动交流栏目管理加强，互动交流栏目回复情况落实经常检查，对回复不及时或回复内容不清楚、不具体等问题，及时督促，有效提高了网站互动交流栏目回复质量。全年接收公众留言 8055 条，回复和处理有效留言 7742 条，答复率达到 96.1%。开展网上听政活动，接收社会公众意见建议 3000 多条，为开展工作提供了科学决策依据。年内，政府门户网站现场直播了 2011 年“全国环保局长石家庄论坛”、赞皇县乡镇和局领导年度承诺大会；完成网络视频、电子签章、手写批示及机房安全监控系统改造升级。到 2011 年末，全市各部门网上办事表格、办事指南、在线查询、在线申请数量大幅增多。

石家庄市信息中心

主　任：范宪林

副主任：安才良　黄德伟

总工程师：于惠

（姚喜中）

无线电管理

【概况】 2011 年，河北省石家庄无线电管理局围绕管好频率、管好台站和维护好空中电波秩序三项中心工作，提高无线电管理水平，依法行政，圆满完成各项任务。全年办理超短波电台设台审批手续 592 部，指配超短波频率 30 个，办理公众移动通信基站设台审批手续 1925 部；举办业务技术培训 4 次，培训专（兼）管员 139 余人；收取频占费 118.25 万元，涉及用户 172 家。

【开展宣传月活动】 8月份，组织开展无线电宣传月活动，坚持“面向领导、面向社会、面向用户”指导思想，以通信运营商、广播电视、出租车移动传媒系统、公交车移动电视、社区宣传栏等为媒介，以广大市民为受众，以无线电管理知识竞赛、政务信息宣传、政策法规宣传贯彻会和“无线电管理杯”篮球友谊赛等活动为形式，开展14项大型宣传活动。8月26日，在石家庄18个县（市）、区广播电视部门开展无线电管理宣传电视片制播评比活动，宣传受众人数900万人以上，提高了公众无线电频谱资源意识和无线电科普知识水平。

【监测和监督检查】 全年各频段累计监测时长15776小时；完成公务员、研究生、司法、高考和各类职称考试保障19次，查处作弊案件20起，抓获涉案人员31人、作弊设备75台套。开展行政执法44次，查处无线电干扰15起，查处违章设台6起，没收非法电台16部，罚款2万元。。

河北省石家庄无线电管理局

局　长：李长征

副局长：刘兰萍（女）

（王勇　闫少文）

邮　政

【概况】 2011年，市邮政系统围绕创建具有现代经营理念、和谐企业战略目标，坚持拓市场、强管理、抓服务，行业发展质量、效益提升，企业工作健康、有序、高效推进。科学把握发展形势，加快业务结构调整，做强支柱性业务，做大成长性业务，培育新兴业务，企业经营取得平稳较快发展。年内市邮政部门代理金融业务余额达215.24亿元，成为全国邮政和银行分开后首个金融业务突破200亿元的省会邮政局。打击违规违法销售邮票行为，出动执法人员983 人次、检查市场4个、商店店铺2440个。

【主营业务】 与社会优势资源建立合作置换营销模式。3月初正式加入省市广告协会，与18家广告公司实现合作，开发了“名车驿站”车展和“游知石家庄”等项目。5月20日，在市博物馆举办“红邮颂歌”纪念中国共产党建党90周年精品珍邮巡展活动，弘扬先进集邮文化，并在13个县级局组织巡展。石家庄市举办正定博览会期间，组织开展“生肖系列邮品”、“河北题材邮品”、“西柏坡系列邮品”等40多种邮品活动，扩大了河北省题材邮品的知名度。联合平山县委、县政府和西柏坡纪念馆，举办新华社建社80周年邮票首发活动。包裹业务举行“爱心包裹项目2011年革命老区及全国贫困地区百万学生六一关爱行动启动仪式”，与大学生志愿者共同开展爱心包裹捐赠，受捐爱心包裹192个，筹集善款2万余元。

【代收费业务】 市社会保障局“市本级代发养老金”业务月代发养老金户数11.6万户，新农保服务代发11个县、58万户。电子商务业务“缴费一站通”全面推广，覆盖

纪念中国共产党建党90周年珍邮巡展

率为全省第一。新增“缴费一站通”业务1667户，累计达到3948个。新增有线电视费、新奥燃气费等多项代收费项目，“缴费一站通”终端全部实现各项代收功能。县区以代收电费为切入点，以加盟方式与小超市、杂货店等店铺合作，建立“缴费一站通”便民服务站3710个，行政村覆盖率达到78.64%。分销业务全面推广预订会销售新模式，召开县级预订会34场，村级预订会430余场，预订会销售模式有效解决了化肥资金需求量大、销售量不确定问题，得到省邮政部门认可并在全省推广。

【基础设施建设】 9月份，成功进驻市政府行政管理中心，履行新建住宅楼房信报箱验收手续。全年申请通过信报箱验收新建住宅小区14个、商务楼11个，信报箱安装率达到100%。更新邮政信筒242个，新增信筒20个。市区4个网点和16个县级局新增LED滚动宣传屏。新增银行ATM机30台，45个邮政局、所安装叫号机。组织安全培训，投入资金改造物防、技防设施。投资4万元对火车北站邮政大楼内消防系统维护保养和检测；19个运钞单位订做验枪台22个；督导和改造县区金库15个。

【网点建设】 加大“三农”（农业、农村、农民）服务站、便民服务站和报刊亭等重要渠道建设投入，打造覆盖城乡、贴近百姓、功能齐全的现代邮政综合服务平台。“三农”服务站利用加盟、代办等方式加快农村网点建设，新建加盟店592个，农村网点总数达到2571个，行政村覆盖率达到59.54%。便民服务站建设有序推进，从加载业务、规范流程、理顺环节、扩张总量等着手，发展便民服务站80家，其中自主加盟60家，合作加盟20家。邮政报刊亭建设取得突破进展，市政府将省会邮政报刊亭建设列入为民办实事项目之一，要求规划部门、城管部门配合邮政部门先期建设报刊亭50个。

【经营管理】 坚持质量效益并举，提升科学管理水平。人力资源管理制订“双定”（劳动定额、编制定员）标准实施方案，完善营业、内部处理、投递和营销4个岗位编制定员，解决了企业结构化冗员和缺员矛盾；采取“先签合同再上岗”方式规范招聘流程，防范用工风险，维护企业和谐稳定；加强教育培训，组织、安排各类培训121次，培训员工7157人次，3552人参加网上学习竞赛。财务管理推行市县一体化专业经营核算，确定5个实行损益核算网点，用网点核算结果指导基层开展经营；以平衡积分卡形式从经营管理、发展能力、运行质量、服务水平、综合评议5个层面，对各单位进行综合考核；开展存货和固定资产清查，优化资源配置，提高资源利用率。

石家庄市邮政局

党委书记、局长：李陕川

副局长：张彦石（兼纪委书记）

赵斌　（兼工会主席）

（张海霞）

电　信

【概况】 2011年，市电信系统积极应对市场竞争，狠抓内部综合管理，加强基础设施和网络建设，完善客户服务质量，较好地完成各项任务。中国移动石家庄分公司深化成本分类管理，合理配置资源，推进物流平台建设，推行营业人员绩效考核办法，加强员工培训，完善财务管理和企业业务公开制度，加大内部审计，整改发现的无效控制点，实施重点部位安全管理升级；31座存在安全隐患的传输信号铁塔及时拆除报废处理；完成3套MSC POOL组建及全网61套BSC双归属改造和GSM17期182个基站、TD五期247个基站、正定新区384个基站的规划选址。年末网上通话客户达到678万户。中国联合网络通信有限公司石家庄市分公司按照省公司部署，高速发展宽带和移动业务，加快融合业务渗透，跟进各领域信息化项目，全年收入保持稳定增长；公司推出的平安城市、企业办公、手机查勘、移动采编、智能公交、平安校园、手机证券等多种特色行业应用项目在全市投入运行。年末公司拥有县

（市）区分公司18个，职能部室62个，营业厅233个，员工2903人，网上通话客户达到320多万户，获得国家级称号4个、省级称号21个。

中国移动通信集团石家庄分公司

【综合管理】 2011年，移动石家庄分公司通过深化管理，运行流程更加顺畅，效率大大提高。2次组织管理、技术、服务与业务创新成果评选，申报成果50项。深化预算和成本分类管理，优化标杆管理，资源配置合理性提高。创新性地将标杆法引入采购管理，采购计划性增强。完成库存数据核查及维护，物资消耗情况实现动态掌握。强化绩效薪酬激励作用，全面推行营业人员及客户经理计件考核办法，实施薪酬与销售业绩挂钩。开展业务培训，组织一级培训27次，培训员工2840人次；兼职内训师二级培训587次，培训员工13901人次。完善企业业务公开制度，制定《“三重一大”实施细则》，逐级分解“三重一大”制度执行责任。开展“小金库”专项治理，有效遏制资金跑、漏现象。

【业务发展】 推行校园市场常态化营销，从“大学生就业创业实习基地”入手，破解校园厅建设难题，开展校园信息化综合解决方案、一卡通、WLAN等基础建设。开展“畅享移动福生活”、“相携移动，再迎巅峰”、存费赠礼等活动，得到老客户一致认可。推出全球通上网套餐、商旅套餐，社会版动感地带套餐，加快3G客户普及速度。策划开展短、彩信提升，数据业务组合包，“TD客户回家”等活动，促进数据业务走进千家万户。推动信息化产品推广，成功举办中小企业信息化巡展。拓展WLAN业务，建成热点314个。31所高校开展网上放号、号码预约和销售终端工作。联合市邮政局打造“无线便民服务站”，提供24小时缴纳电费、天然气费、手机话费、有线电视费等多功能服务平台，开启便民服务功能。加速推进无线城市建设，上线基本应用接入30项、行业应用上线25项，有效推进了城市数字化进程。

【网络建设】 以保持客户感知的网络质量领先优势为抓手，以提高客户满意度为目标，网络应变能力增强，网络优势得到巩固。联合开展宏站建设、室分建设、降投诉专题、投诉流程优化、网络TOP小区主动处理五项关键措施，网络投诉同比降幅超过50%以上。完成全区3套MSC POOL组建及全网61套BSC双归属改造，网络设备运行安全性能提高。优化整治承载4个以上基站业务传输长链，微波改光缆力度加大，微波保护技术应用得到拓展；完成微波改光缆112跳，实现微波长链保护接入32处，传输业务承载安全性能提升。创新网络站址管理，站址管理事务实行专门负责，并建立起站址获取、站址维系等一系列流程。根据早规划、早建设原则，完成GSM17期182个基站、TD五期247个基站、正定新区384个基站的规划选址。成立网络服务中心，规范集团客户从售前到售后全程网络服务，提高了品牌客户、重要客户差异化网络服务感知。

【客户服务】 落实“客户为根、服务为本”理念，实现问题及时反馈、解决进度通报、疑点难点协商、亮点工作宣传的闭环管理，增强了部门间协调意识和和责任意识。开展满意度专项调研，召开服务沟通会，量身制定各分公司满意度提升方案，有计划、有步骤地提升满意度水平。制定班长现场管理工作控制点要求、执行服务补救措施等，降低等候时长，改善客户感知度。加强重复投诉率和客户回访满意度考核，关注客户投诉问题落实解决情况。建立健全分公司层面投诉预警机制，针对投诉热点、焦点问题归属到责任部门，提高投诉反应速度，投诉万户比2011年首次降到全省平均水平以下。开展“创星评优”服务竞赛、营业厅服务明星评选活动，从营业厅环境、服务规范执行等方面提升服务水平。创新集团市场“我上客门”服务模式，制定客户经理多项服务规范，探索出“一站式营销服务流程”。

中国移动通信集团
河北有限公司石家庄分公司
总经理兼党委书记：贾东启
副总经理：吉雨顺　张燎原
李文宇
党委副书记：柴晓冰
总经理助理：冯亮（12月任）
顾问：鲁聚平

（韩容）

中国联合网络通信有限公司石家庄市分公司

【经营管理】 增强业务管控，开展欠费清理专项活动，坏账占收比低于全省平均水平；规避结算风险，2G企业间网间结算净额由负转正。佣金支付效益提升，好于省公司平均水平。财务管控实行四级预算管理，落实分档分级全口径对标，合理释放资源，有效支撑经营发展；实现分专业线全成本管控，营销成本效益稳步提高，运营维护成本得到有效控制。完善风险防控管理，细化收入稽核，完善监管体系，增强审计效能。开展“安全生产月”活动，遏制电缆偷盗行为，打掉犯罪团伙4个，抓获犯罪嫌疑人15名。开展节能降耗、网络瘦身、通信局站整治等工作，节约电费、维护保养费等约276万元。发挥3G终端补贴政策优势，加大终端、渠道、应用推广，梳理社会渠道，清理无效用户，加强佣金管控，2G业务收入质量和规模同步提升。以光纤化改造为契机，坚持宽带主导策略和全业务融合策略。创新增值服务，初步实现规模提速。

【客户营销】 强化精细化经营和管理，提升服务水平，建立面向集团客户的营销管理体系。逐步完善名单制、网格化与行业化相结合的销售组织和管理模式。聚焦商务楼宇和专业市场，开展专项拓展活动。拓展商务客户社会直销渠道，提升商务客户市场占有率。稳固公众客户市场，统一宽带受理渠道，实现宽带无条件无障碍受理。发挥电子渠道优势，全年电子渠道网上交易额，使用客户两项指标均超额完成任务。开通自助缴费终端134台，迷你终端350台，覆盖石家庄所有县市城区以及40余个乡镇。

【拓展业务】 行业信息化推广取得突破。按照省公司行业应用发展要求，转变观念，聚焦重点，加大业务创新，加快行业应用规模发展，以综合信息服务平台和3G行业应用为核心，打造出行业解决方案。采取展会式营销、体验式营销、培训式营销相结合的组合式营销方式，推广、带动整体转网和促进传统业务发展，重点打造行业应用产品化、标准化，实现了行业应用规模化发展。2011年第二季度起，开展“春雷行动”，末梢营销渠道在县级城区、市区50%的居民小区实现“一区一点”；第三季度，开展“橙色风暴”营销活动，重点对小区及街道进行多频次、全覆盖业务宣传。渠道升级转型见成效，规模和质量提升。2011年，公司改善体验式营销环境，完成市区中山路营业厅等8个自有营业厅环境升级改造及9个农村营业部标准化环境改造，转型后销量提升。

【客户服务】 加快宽带光纤网络建设，至2011年底，城域网带宽达到210G。光纤入村率提高，3G网络在乡镇覆盖率，A类建筑室内覆盖率及2G网络在行政村覆盖率均达到预期指标。坚持3G服务领先，落实投诉首问负责制和预约服务标准。客户服务热线20秒接通率全年保持在80%以上；3G百元拍照客户保有率达到 81.79%，位列全省第4名。推进10018VIP客户服务专线建设，10018维系外呼话务量达2.2万次，居全省第1名；3G VIP客户保有率达到87.25%。年内，公司宽带修机及时率为99.41%，固话修机及时率为99.24%，分别同比提升0.47、0.42个百分点。提升重要客户保障能力，完成重要客户网络隐患排查和大商客户应急项目713项，满足了重要客户的通信需求。

中国联合网络通信有限公司
石家庄市分公司
总经理、党委书记：雷云
副总经理、党委副书记：武文柱
副总经理：郝琳　李虹
慈志勇　李霞
张诗杰　何伟

（宋朝霞）

国内外贸易·旅游

国内外贸易·旅游

商贸流通

【概况】 2011年，全市商贸流通业快速发展，社会消费品零售总额完成1663亿元，同比增长18%，按可比口径计算，同比增长19.1%，总量和增速位居全省首位。其中桥东区、长安区、桥西区从总量、增速和完成年度计划总体情况看表现较突出。年内，在《石家庄市商业网点规划》(2009～2020) 基础上，编制了《石家庄市商业网点控制性详细规划》。到年末，全市“20+X”（石家庄市把20个重点商贸服务业项目和投资5亿元人民币以上、3000万美元以上商贸服务业项目列为重点支持范围，统称“20+X工程”）重点商贸项目发展到39个，万达广场、方北广场、南花园金世界等10个项目竣工并营业，在建项目19个进展顺利，累计完成投资120多亿元。12个县域重点商贸项目竣工，累积完成投资12亿元。其中辛集市、正定县、无极县、灵寿县建设进展较快，为改善城乡面貌、畅通农产品流通渠道发挥了积极作用。为繁荣市区农产品消费市场，商务部门指导各大型商贸流通企业开展农超对接，探索建立车载市场试点，推出各类促销活动，满足市场供应。北国商城、家乐福保龙仓、天客隆3个大型连锁超市26个门店与27个农产品生产加工企业建立长期合作关系，带动农户2.6万户，采购量达到2.9万吨。全力办好药博会、皮博会、正博会、医疗器械展览会等展会，挖掘新型会展资源，积极开发规模大、影响力强的国内、国际性展会，筹备新会展10余个。

（陈佩君）

【举办第四届正定小商品博览会】 4月26日，2011中国·石家庄（正定）国际小商品博览会（简称正定小商品博览会）开幕。省委常委、副省长杨崇勇，省委常委、市委书记孙瑞彬，中国商业联合会会长张志刚共同启动开幕装置。中国商业联合会名誉会长何济海，省政协副主席崔江水，省政府副秘书长李璞等出席开幕式。市长艾文礼主持开幕式。省商务厅厅长王志欣在开幕式上致辞。市领导王华清、杨志辉、王中联、张殿奎、韩宪章出席开幕式。本届正定小商品博览会为第四届，由河北省人民政府、中国商业联合会主办，石家庄市人民政府、河北省商务厅、河北省文化厅承办。埃塞俄比亚、孟加拉国、阿尔巴尼亚、波黑等国家驻华使节；中国国际商务促进会、中国国际友好交流促进会、天津市商业联合会、

2011年4月26日，第四届正定国际小商品博览会开幕

青岛市商业联合会、天津市老字号协会、阿拉伯交流协会等国家和省（市）行业协会、侨联和侨商会领导；美国、俄罗斯、意大利等国家和地区有关商会、协会代表；美国得梅因市、以色列卡梅尔市、韩国南杨州市、台湾台南市、陕西省咸阳市等友好城市，以及河北省各设区市代表应邀参加开幕式。美国沃尔玛集团、美国二零国际贸易公司、加拿大燕海企业公司、荷兰王室企业集团，以及北京泰沃德、天津海山等来自国内外知名企业代表出席开幕式。4 月 29 日，第四届正定小商品博览会闭幕。本届正定小商品博览会共签署各类合作协议和购销合同 17 个，总金额达 100.2 亿元，同比增长 466.7%；展馆现场订单和交易额突破 8500 万元，同比增长 26.9%。本届正定小商品博览会设会展场馆 2 个，国际标准展位 1200 个，特装展区面积 1000 平方米，展示展销 10 大类商品，参展企业 910 家，实现综合经济效益 101.05 亿元，同比增长 450.67%。本届正定小商品博览会共有 7000 余家专业采购商前来参会，其中有来自美国、韩国、印度、巴西、比利时、荷兰等 33 个国家和地区的 96 个境外采购团组到会进行采购，展览期间各展馆客流量突破 35 万人次。

（刘宝芝）

【正博会获得 2 项全国大奖】 8 月 24 ～ 26 日，“2011 中国国际会展创新与发展论坛 · 全国会展业合作交流大会”暨第八届“中国会展之星”颁奖盛典在上海市举行。中国石家庄正定国际小商品博览会（简称正博会）获得“2011 年度中国会展产业大奖暨第八届‘中国会展之星’品牌展会奖”、“全国政府主导型展会 50 强”两项殊荣。第八届“中国会展之星”暨 2010 ～ 2011 年度中国会展业品牌大奖”评选活动，由全国城市会展管理办公室、《第一会展》杂志、全国会展联盟、各省市会展行业协会等联合主办，自 2011 年 4 月份开始，经过全国会展办、行业协会、知名专家、权威机构共同推选，联合全国会展城市、新闻媒体、组委会调查问卷等综合情况，经过严格评审，最终确定出国家级奖项。正博会自 2008 年开始，每年于 4 月 26 ～ 28 日在河北正定举办，是河北省确定的四大品牌展会之一，已连续成功举办四届，曾被评为“2008 年度中国最具成长性的品牌展会”、“2008 年度中国十大最具发展潜力品牌展会”，2009 年荣获“建国 60 周年全国知名品牌展会暨政府主导型展会百强”称号。

（刘宝芝　于金华）

【第四届中国 · 石家庄茶博会开幕】 9 月 2 日，“2011 中国 · 石家庄（北方）茶博览会”在中国（正定）北方茶城开幕。国内众多品牌茶企集体亮相展会，品牌茶企和茶产地客商所占比重高达 60%。市领导王中联、张殿奎、李天印等出席开幕式。应邀出席开幕式的有中国国际茶文化研究会、中国茶叶流通协会领导、参展商代表、采购商代表、国内外知名茶企业代表等。本届茶博会以茶产品展示展销、经贸洽谈、茶企业推介为重点，共设 2 个展馆，200 个国际标准展位，27 个特装展位，展区总面积 1.2 万平方米，参展茶企来自福建、湖南、湖北、四川、浙江、安徽、广东、台湾等 10 多个重点产茶省份和地区，有 410 家茶企参会布展。北京吴裕泰、湖南怡清源、天品国香祁门红茶、介福茶业、大益集团、四川蒙顶山吉祥茶业、黄山毛峰谢裕大、山东日照绿茶、新疆罗布麻茶业、湖南岁康号黑茶等品牌茶企，都设有专门的特装展位。参展区除绿茶、白茶、黑茶、红茶、青茶、黄茶六大茶系的展示展销外，各种新颖茶具、茶器、茶食品、茶保健品等科技创新茶品同时亮相。2011 年，中国（正定）北方茶城年销售额为 1.5 亿元。

【参加第 110 届广州商品交易会成交 3.24 亿美元】 10 月 15 日至 11 月 4 日，第 110 届广州商品交易会举行（简称广交会）。石家庄市有 216 家企业参展，成交 3.24 亿美元，占河北省总成交额的 36.4%。本届广交会企业签单，长单明显减少，短单占比较高，其中 6 个月以内的中、短订单占比达到 86%。石家庄市中小企业参展踊跃，216 家参展企业，9 家为品牌企业，其余 95% 为中小企业；新参展企业 19 家，参展企业更新率 8.8%；展位 513 个，品牌展位 76 个，其余 85% 为一般性展位。

【举办第三届皮革裘皮博览会】 11 月 18 ～ 20 日，2011’第三届中国（石家庄）国际皮革裘皮博览会在国际科技博览中心举行。展区面积

12000平方米，设置标准展位420个，其中特装展位8个。省政协副主席王刚，中国食品土畜进出口商会会长边振瑚，国家商务部服务贸易司副司长李元，省商务厅副厅长乔树立，副市长张殿奎主持，市政协副主席韩宪章，及土耳其驻华使馆商务参赞萨拉·凯克（女），柬埔寨驻华使馆商务参赞普尼瑞塔（女），泰国驻华使馆商务助理段莉芬（女），墨西哥驻华使馆商务助理孙义峰，中国纺织品进出口商会秘书长张锡安，中国畜产品流通协会会长赵佐仙，中国皮革协会理事长李玉中，中国皮革工业标准化技术委员会秘书长赵立国，国际毛皮协会公关媒体总监朱晓琳（女），哈萨克斯坦经济工业部出口促进司驻华代表处首席代理爱詹（女）等出席开幕式。展会期间，国内外专业贸易商及采购商、国内贸易商和销售经营企业代表等2000多人到会洽谈、采购。参展企业覆盖河北省石家庄辛集市、无极县，沧州市肃宁，衡水市枣强、故城，保定市白沟、蠡县，邢台市南宫等地，河北省外的北京市、上海市、广州市、浙江省、内蒙古自治区、山东省等皮革裘皮产地众多厂家共360多家企业参展。俄罗斯、丹麦、韩国、土耳其、意大利、阿塞拜疆等国外专业采购商30多人和国内专业采购商、贸易商2000多人到会。展出品类包括原皮、皮革裘皮服装、皮草、皮具、皮件、箱包、毛皮、PU及PVC合成材料、皮革机械设备、皮革化工及皮革五金制品等。本届皮博会在新闻发布会、开幕式、展品展览展示等活动基础上，增加了皮革裘皮服装模特T型台走秀活动，14家知名企业参加，走秀场次14场，有448套服装上台展示。石家庄市及周边地区参观群众2.5万人，参展企业签订贸易合同及合同意向3亿元。

【大型商贸服务业项目向三环延伸】 2011年末，市商务局对沿三环大型商贸服务业项目发展情况进行调查，结果显示，全市大型商贸服务业项目呈现出向三环发展延伸态势。石家庄市沿三环大型商贸服务业项目达到29个，总投资553.2亿元，总建筑面积1275万平方米，其中在建项目10个，前期项目17个，谋划项目2个。29个项目中有5个大型城市商业综合体项目，分别是滹太商贸城、勒泰广场（长安区）、北方家居博览中心、拉美风情国际城、河北·奥特莱斯等；有4个大型农产品现代流通项目，分别是石家庄雨润农产品全球采购中心、双鸽农产品交易中心、北方农产品物流中心一期、供销农副产品大型批发交易市场等；有16个生产性服务业项目，主要为聚和港物流园、润德物流产业园、苏宁家电物流园、石家庄宇翔国际物流中心、石家庄装备制造基地百营物流中心、石家庄城市商品配送中心等；有4个新型科技服务园区，分别是石家庄国际会展中心、河北省中小企业创意创业基地、石家庄内陆港国际保税物流园区、服务外包园区等。

【北方五金市场销售联盟成立】 4月25日，“2011中国北方五金机电、陶瓷卫浴产品展销会”在石家庄润德市场开幕。副市长张殿奎，市政协副主席曹社会参加开幕式。展销会由中国商业联合会、中国商业企业管理协会、河北省商业联合会主办，石家庄市桥东区人民政府、石家庄市商业联合会、石家庄润德市场承办。本届展销会是一场五金机电、陶瓷卫浴行业品牌盛会，大会共设置1300个展位，特别设置永年标准件、孟村弯头法兰、安平丝网、宁晋电线电缆等全国12个五金机电、陶瓷卫浴生产基地到会参展，吸引了5000多名经销商、采购商组团参会。展销会期间，由石家庄润德市场发起，石家庄高邑瓷砖生产基地、邯郸永年标准件生产基地等全国16个重要五金、卫浴生产基地以及河北、山东、山西、陕西、内蒙古等5个省、自治区的33家五金市场共同成立了“中国北方五金市场销售联盟”。

（刘宝芝）

【完善便民商业服务设施】 针对群众生活必需品流通环节多、占场费高造成物价过高问题，研究制定公益性惠民、便民社区商业网点建设和管理办法，经争取成为全国试点。年内，全市规范提升标准化菜市场60个，清理占道市场34个。国家商务部在2010年给予2000万元专项资金用于标准化菜市场建设基础上，2011年又支持资金2000万元。

（戴丽丽）

【15家美食休闲广场提档升级】 2011年，市区15家美食休闲广场实行规范管理。15家美食休闲广

场分布在市内五区，营业面积全部在 2000 平方米以上。分别代表青岛啤酒、哈尔滨啤酒、珠江啤酒、雪花啤酒、嘉禾啤酒、慕尼黑啤酒、燕京啤酒等 7 家品牌厂家，并由品牌啤酒厂商和授权经销商统一管理，啤酒种类有扎啤、瓶啤等多种分类。美食休闲广场在精选烧烤系列、干锅系列、海鲜系列基础上，引进省内外不同种类知名小吃百余种，做到了烧烤现场不乱冒油烟，从业人员全部持证上岗，啤酒广场现场统一规范，悬挂统一标识接受社会监督。

表 23　　15 家美食休闲广场名单

所属区	名　称	地　址
桥西区（4 家）	青岛多彩啤酒花园	红旗大街与南二环交口东南角
	地中海啤酒花园	中华南大街家乐福保龙仓超市广场
	珠江啤酒美食嘉年华	友谊大街与新石中路交口东南角
	德国慕尼黑多彩扎啤美食花园	桥西区建东路与三简路交叉口
裕华区（3 家）	青岛多彩啤酒花园	东岗路与谈固大街交口西南角
	青岛多彩啤酒花园	体育大街与槐安路交口东南角电视塔院内
	珠江啤酒美食嘉年华	裕华路与体育大街交口东南角
长安区（2 家）	哈尔滨啤酒体育休闲广场	育才街体育馆广场
	裕彤青岛多彩扎啤广场	中山路与体育大街交叉口裕彤体育中心广场
新华区（4 家）	美乐汇青岛多彩啤酒花园	友谊北大街华润万家超市广场
	燕京商务啤酒广场	和平西路与泰华街交口西行 200 米路南
	嘉禾啤酒音乐广场	中华北大街与柏林南路交叉口路西
	龙淋宫哈啤美食广场	石获北路中山公园东侧龙淋宫广场
桥东区（2 家）	阿尔卡迪亚荣景园 珠江啤酒美食嘉年华	和平路与长征街交口西北角
	168 风尚青岛多彩啤酒广场	和平路与平安大街交口东北角

（刘宝芝）

【北杜昊璟广场开工】 2 月 20 日，北杜村城中村改造重点商业项目——北杜昊璟广场正式开工，这是 2011 年桥西区第一个新开工建设重点项目。北杜昊璟广场位于桥西区槐安西路和西二环交叉口西南角，总占地 16700 平方米，总投资 3.5 亿元，建筑高度 99.8 米、28 层。一至五层为商业，五层以上为公寓、商务办公为一体综合建筑，计划 2013 年 9 月底全部投入使用。

（张跃彬）

【发展夜经济】 3 月 15 日，石家庄市“夜经济”正式启动，商场、超市、特色商街、餐饮、体育、文化等业态参与，全市三横六纵主干道、13 条特色街区（夜市）、14 个区域消费商圈、8 家国家级商业示范社区区域内所有门店近 3000 家单位 5000 余家商户延时营业至 22：30，各具特色的促销活动点亮石家庄夜经济。为促进“夜经济”繁荣，石家庄市专门对有关单位和商户推出优惠措施。企业延长营业时间后，政府分行业给予电费补贴，补贴具体办法由延时企业提出申请，经各区政府确认，市政府有关部门审核备案后，列入市政府电费补贴范围。工商部门在证照办理等方面提供方便。税务部门在经营管理、税收等方面给予减免扶持。对企业举办的主题休闲美食广场、美食节等活动项目给予适当补贴。到年末，启动 7 个月全市商贸服务企业夜间销售收入完成 18.7 亿元，占全天销售额的 18.9%，同比增长

47.9%，增加企业利润2582万元，新增上缴国家税金2602万元，12个夜经济重点建设项目基本完成，均已开始服务市民，实现了财政增税、企业增利、市容提形象、市民更幸福、社会更和谐的可喜局面。

【“早餐工程”升级】 出台《关于推动全市早餐工程深入开展的意见》，将早餐车经营时间由原来早6点至8点半，变更为夏季（5月1日至10月31日）早6点至8点半，冬季（11月1日至4月30日）早6点至9点。引入市场竞争机制，适当增加1～2家早餐经营企业。按照早餐工程“车、点、店”三位一体全面发展原则，全市在市区现有300多辆流动早餐车基础上，推动在公交站台、学校、医院、社区周边等有条件的位置设置固定早快餐经营网点。鼓励早餐经营企业招用下岗失业人员，享受税费减免和社会保险补贴等政策。给予每个下岗失业人员早餐经营网点8000元补贴。鼓励符合条件的早餐经营企业向社区和县（市）及矿区发展，实行总部统一办理营业执照，统一纳税，按照规定给予税费方面扶持。

（戴丽丽）

【冬春蔬菜储备制度建立】 6月13日，市政府第55次常务会议决定建立冬春蔬菜储备制度。冬春两季是全市蔬菜生产淡季，也是影响蔬菜运输的突发自然灾害频发期，容易出现供应偏紧、价格上涨情况。石家庄市建立冬春蔬菜储备制度总体思路和目标主要是：以保证冬春蔬菜供应、满足应急需要、平抑菜价大幅波动为目的，坚持市场化运作，依托若干骨干企业，采取“政府委托、企业运作、政府适当补贴”的方式，建立储量合理、管理严格、投放及时、运转顺畅的冬春蔬菜储备制度。市财政每年安排专款，设立市级冬春蔬菜储备专项资金。本着易储存、消费量大、价格相对较低的思路，选择大白菜、圆白菜、白萝卜、胡萝卜、土豆、洋葱等6种蔬菜作为储备品种。储备规模为7500吨。储备期限自12月1日开始至次年3月31日止，共计121天。12月1日前储备蔬菜入库完毕。储备蔬菜在以下情况发生时动用：一是发生重大自然灾害、事故灾难、突发公共卫生事件和突发社会安全事件等致使蔬菜市场出现脱销断档趋势；二是市区蔬菜价格出现大幅度上涨，供应偏紧时；三是其他需要动用的情形。市政府规定，储备蔬菜是市级专项储备物资，未经市政府批准，任何单位和个人不得动用。储备蔬菜销售实行定点、限量、挂牌销售。

（刘娴）

【雨润农产品全球采购中心开建】 7月15日，石家庄雨润农产品全球采购中心在鹿泉市开工建设。该项目是河北省重点项目，由江苏雨润集团投资建设，总投资102.09亿元，总建筑面积256.65万平方米。项目集农副产品展示展销、批发交易、电子拍卖、仓储冷藏、加工配送、检验检测以及配套服务等功能于一体。雨润集团是一家经营食品、物流、百货、旅游和房地产等产业的中国500强企业，总部位于江苏南京，旗下拥有雨润食品、南京中商两家上市公司。2010年，雨润集团在中国企业500强中排名165位，在中国肉食品加工业中排名第1位，拥有“雨润”、“旺润”、“福润”、“大众肉联”四大品牌，市场覆盖全国300多个大中城市，并出口销售到俄罗斯、东南亚、港澳等国家和地区。

（刘宝芝　王宁）

【双鸽农产品交易中心开市】 11月30日，双鸽农产品交易中心开市，500多家经营速冻食品、调料品、肉类、酒店用品、粮油的经销商进驻市场，开门营业。双鸽农产品交易中心是石家庄双鸽食品有限责任公司下属单位，也是石家庄新火车站商圈的重要商业设施。在该农产品交易市场内，可一站式采购各种生鲜食品、调料。为杜绝问题产品流入市场，双鸽市场与全国50家知名食品生产企业、市工商局、市动物卫生监督所及500多家双鸽市场经营户，共同签订了《保障食品安全四方协议》，从厂商发货关、经销商检验关、产品质量入市关、执法部门监管关等4道关卡，最大限度保障了食品安全。

（刘宝芝）

【首家低价超市型菜市场投用】 12月13日，桥东区桃园镇柳林铺社区的北城菜市场开业。该市场由近20家供销社共同参与，统一经营，是一个低价格超市型标准化菜市场。市场内所有蔬菜肉类等，都由市供销社统一采购，统一销售。北城菜市场位于107国道东侧、汉河南150米，是市政府确定的60个标准化菜市场之一。市场由桥东区筹资近500万元投资兴建，是桥东区规模最大的菜市场。市场内共有150个摊位，分为蔬菜类、综合类、肉类、水产类和活禽类等多个区域。每个摊位经营人员统一服装、持证上岗。市场内设置有蔬菜检测室，早晨由专人对进场经营的各种蔬菜进行检测。

（刘宝芝　宋扬）

【农村流通网络体系建设】 “万村千乡市场工程”由国家商务部2005年2月开始启动。为推动和支持万村千乡市场工程开展，国家财政部会同商务部出台对“万村千乡市场工程”专项资金扶持政策。2011年石家庄市争取国家扶持资金3000万元，至年末，全市建设改造“万村千乡市场工程”农家店188个、配送中心4个，全市农家店总数达到3739个，覆盖100%的乡镇和83%的行政村。年内，全市8个国家商务部、财政部农产品现代流通试点项目全部完成建设任务。

【家电下乡和以旧换新】 为促进消费，拉动内需经济，石家庄市按照国家出台的家电和汽车有关政策，全力推进家电下乡和家电、汽车以旧换新工作。全年家电下乡销售网点达到1720个，销售48亿元，销售产品200万台，补贴额5.5亿元。家电以旧换新销售家电72万台，销售额26.7亿元，回收旧家电73.9万台，回收金额 1800万元，居全省首位。

【市场监测】 年内，市商务部门完成1000吨市级冻猪肉和7500吨储备菜任务，得到国家商务部部长助理房爱卿高度评价。市场监测重视做好市场分析、信息发布和生活必需品市场供应应急体系建设，市场供应稳定有序。石家庄市正定县、栾城县、赵县建立县级生活必需品供应应急预案和投放网络相对较早，应急商品重点联系企业多，应急体系建设和管理工作规范。根据国家商务部发布的监测信息，在全国普遍CPI高位运行情况下，2011年石家庄市主要农副产品平均价格较全国平均水平低4个百分点以上。

【规范市场秩序】 全年以肉类、酒类商品为重点，开展一系列市场专项整治行动，集中打击了私屠滥宰、制售假冒伪劣商品和侵犯知识产权等违法活动。全年出动肉类执法人员11万人次，查处违法案件180起，查封、停业整顿生猪屠宰厂3家，取缔私宰窝点3个；出动酒类执法人员2.6万余人次，查处违法违规案件2514起，没收假冒伪劣酒4.7万瓶，端掉制假售假窝点3个。加快推进诚信体系建设，搭建社会服务平台，设立食品安全诚信档案，大力构建商务诚信体系。积极推进“12312”商务举报投诉平台建设，在巩固完善市级平台基础上，完成10个重点县（市）投诉系统建设。

【建立肉菜粮油流通追溯体系】 2011年，石家庄市被列为全国第二批肉类蔬菜流通可追溯体系建设10个试点城市之一，得到4000万元中央财政资金支持，市财政配套资金4700万元。按照国家商务部要求和全市实际，市商务部门制定完善了追溯体系建设实施方案和技术方案，起草《关于肉类蔬菜流通追溯体系建设工作的指导意见》以及16项规章制度。按照品种可增加、范围可扩大、节点可前移、平台可提升总要求，体系建设基础工作有序推进。

（陈佩君）

对外贸易

【概况】 2011年，全市对外贸易进出口总值完成141.7亿美元，同比增长27.7%，比全年计划增长12%的目标高15.7个百分点。其中出口完成70.8亿美元，同比增长22.3%；进口完成70.9亿美元，同比增长33.7%。县市区对外贸易呈现亮点。从进出口总量看，桥西区、新华区、长安区均超10亿美元，桥西区突破55亿美元；从增速和完成年度计划情况看，平山县、灵寿县、赵县表现较好，列前三名，增速分别为99.2%、78%、72.9%，完成年度计划分别为176.3%、150.7%、144.8%。应对国际贸易摩擦能力提高，积极协助企业应诉，及时为企业提供产业预警信息，2起反倾销、反补贴调查案件实现胜诉。

【发展服务外包业】 年初，市商务部门提出关于加快石家庄市服务外包产业发展建议，起草完成《石家庄市加快服务外包产业发展的若干意见》（征求意见稿）。为解决中远期服务外包企业聚集发展问题，石家庄市积极申办占地1000公顷国内首个省级“石家庄国际服务外包开发区”，打造规划超前、设施先进、配套齐全的国内一流服务外包开发区，得到省、市领导大力支持。加快引进上海桑迪亚医药研发、河北玛雅3D影视制作等17个服务外包项目落户石家庄市。到年末，中国电信北方总部、全国医药研发服务外包龙头企业上海桑迪亚医药技术有限公司、大唐电信物联网园区、全球最大3D电影制作基地、中国服务外包云计算公共服务平台、上海那弩数码科技对日动漫游戏外包、北京奥塞乐思对欧软件外包等10个服务外包项目落地或确定落户石家庄，累计投资规模25亿元。年末全市服务外包企业达到146家，从业人员1.7万人，实现服务外包收入17亿元。

【扩大出口主体规模】 全年共为794家企业办理对外贸易经营资格备案登记。年末全市拥有进出口经营资格企业达5474家，其中有出口实绩企业达到2383家，同比增长13%，出口超千万美元企业达到123家，同比增长35.8%。积极组织企业参加“广交会”、“高交会”、“华交会”以及德国科隆五金工具、美国拉斯维加斯汽车零部件等国内外知名专业展会，帮助企业扩展视野、扩大交易，为企业开拓市场搭建起有效平台。

【加快“走出去”步伐】 全年新增境外投资企业12家，项目总投资6644万美元，同比增长21.7%；签订对外承包工程及外派劳务合同额575万美元，同比增长24.2%；新外派各类劳务人员479人，同比增长12.2%。考察、对接，有序推进埃塞俄比亚工业园建设。积极用好外贸扶持政策。年内，全市具有申请“中小企业开拓国际市场资金”资质企业累计达到722家，23个省级外贸公共服务平台项目得到国家1051万元支持，115家企业争取出口信用保险扶持发展补贴资金675万元，撬动银行资金1.5亿美元；辛集皮革制品集聚区升级为国家级出口基地。

（陈佩君）

招商引资

【概况】 2011年，全市投资促进和招商引资抓住“优化投资环境、创新招商方式、推动产业招商、引进重大项目、拓展区域协作、促进开发区发展”等重点工作，积极应对国际资本流动性降低、国际直接投资增长放缓、环境容量和要素配置压力加大不利因素，大力开展各种形式招商引资活动。全年实际利用外资8.1亿美元，同比增长27.1%。到位外资500万美元以上重点企业主要有：新天绿色能源股份有限公司香港上市项目外资到位4.3亿美元；港联融资租赁有限公司外资到位8056万美元；河北四方通信设备有限公司外资到位7287万美元；河北保龙仓家乐福有限公司外资到位3446万美元；河北四药有限公司外资到位2275万美元；河北省天然气有限公司1363万美元；河北鹏宸科技发展有限公司1300万美元；益海（石家庄）粮油工业有限公司1650万美元；河北青山红动物药业有限公司504万美元；石家庄麦迪森达动物药业有限公司504万美元。全市引进国内资金实现较大幅度增长，共引进市外资金500亿元，同比增长52.8%，完成全年目标114%。引进省外技术645项，完成全年100.9%；引进省外人才8800人，完成全年104.8%。其中资金到位数额较大的项目有：万达城市广场项目到位31.6亿元；华强电子项目到位7.69亿元；华电鹿华热电项目到位5亿元；君乐宝乳业项目到位4.29亿元；13所硅单晶项目到位2.95亿元；苏宁电器项目到位4.1亿元；三一重工项目到位1.5

亿元。爱立信、格力电器、可口可乐、中粮集团、力宝集团、麦德龙集团等国际国内500强企业布局性项目相继落户石家庄市，全市对内对外开放质量和水平显著提高，开放型经济综合实力和竞争力增强。

【产业招商】 全年参加及举办各级各类投资促进活动和经贸洽谈会达到40余次，举办投资环境说明会和招商项目签约与专题推介活动20余场，与2010年相比，经贸洽谈活动内容更加丰富和充实，项目对接与洽谈取得丰硕成果。主要有：以“河北省3•26香港洽谈会”为契机，以生物医药、电子信息、现代服务业为重点，深化和促进对港合作，协议引进外资6.4亿美元；以“廊坊5•18洽谈会”为契机，全面推进京津冀合作，协议引进内资112亿元；以“中国厦门9•8投资贸易洽谈会”为契机，重点推进对台、对闽合作，与台湾、厦门、龙岩、泉州等地区和城市签订10项引资协议；以“对标国际医药健康产业，开展精细化产业招商”为目的，举办“2011年中国•石家庄医药健康产业合作与发展洽谈会”，达成6项合作协议，投资金额36.8亿元；结合石家庄市建设创新型城市、开展全民创业和发展文化创业工作目标，组织以“创新、创意、创业”为主题的合作对接活动;以“树立新形象、展示新实力、充实新内容、突出新成效、办出新水平”为目标，围绕“开放共享、创新驱动、绿色产业、都市经济”主题，精心谋划、举办内容丰富、形式新颖、富有突出成效和重要影响力的“2011年中国•石家庄国际投资合作洽谈会”，推动一批具有影响力、带动力内外资大项目签约，其中利用外资项目20项，协议利用外资26.4亿美元，国内合作项目34个，协议引资570.03亿元。石洽会期间，成功举办“绿色产业发展合作对接会”、“电子信息产业合作对接会”、“装备制造业合作对接会”、“生命科学产业合作对接会”等系列专题专业对接洽谈活动。2011年“石洽会”新闻宣传和整体形象策划全面提升，达到专业化水平，国际化、品牌化，年度性的“石洽会”成为石家庄市对外开放和扩大与国内外客商交流合作的重要平台。

【外经贸促进活动】 2011年，走出国门进行小团组招商洽谈、举办经贸促进活动取得成果，主要有：在新加坡、印尼举办投资说明会；在日本举办投资环境说明会和项目洽谈会，推介产业招商项目；在意大利、英国组织陶瓷产品和产业项目专题对接会；在美国、加拿大推介开发区（园区）建设和重点引资项目推介会。年内，通过举办和参加各级各类投资促进洽谈会，开展多层次、高效率、重实效招商引资活动，引入一批国外行业领军企业的布局性投资项目，较上年项目质量和水平有很大提高，项目引资规模大、产业带动性强、符合国家产业发展政策，招商效果明显，产业布局进一步合理。

（陈俊琪）

【香港投洽会17个外资项目签约】 3月27～31日，石家庄市经贸代表团参加了2011年河北省（香港）投资贸易洽谈会。此次洽谈会，石家庄市一批合作项目实现签约，美国可口可乐、瑞典爱立信、印尼力宝集团、韩国乐天集团等一批世界500强和著名跨国公司与石家庄市开启合作之路。投洽会期间，全市有17个外资项目签署合作协议，协议利用外资6.4亿美元，其中协议外资1000万美元以上项目5项，协议外资6.3亿美元。全市参加“省重点合作项目签约仪式”的有中粮可口可乐公司在石家庄市藁城经济技术开发区独资建设系列饮料生产项目、香港新世纪工程及物料供应有限公司在空港工业园独资建设年产8亿套易拉罐项目等。勒家华商业地产集团有限公司在石家庄市长安区、裕华区建设勒泰广场项目参加了“勒家华公司与11个设区市合作项目签约仪式”。

（刘宝芝　杨辉印）

【与中国南车公司签署合作协议】 4月2日，市政府与中国南车股份有限公司签署战略合作框架协议。市长艾文礼出席签约仪式并发表祝词，副市长刘明轩出席签约仪式。此次中国南车与石家庄市签署战略合作框架协议主要涉及中国南车石家庄公司整体搬迁产业升级项目。该项目计划投资58亿元，2011年5月底开工建设，2012年年初一期工程建厂投产，到“十二五”末建设完毕，将建成年产值达百亿元的南车集团石家庄产业园。

（雷婷）

【康明斯集团落户高新区】 4月16日，世界500强企业美国康明斯集团和天远科技有限公司签署合资合同，双方以50 ：50的股比联合组建“康明斯天远科技有限公司”，合作开发和应用车用及非公路用发动机远程控制解决方案。这是康明斯集团在海外首个以合资形式设立的研发基地，也是康明斯集团全球首个IT技术公司。美国康明斯集团是全球最大的独立发动机制造商，产品包括柴油和代用燃料发动机、发动机关键子系统以及发电系统，是世界500强企业，连续5年入选道琼斯全球可持续发展指数榜，是最早来中国寻求合作和进行发动机本土化生产的西方企业。天远科技有限公司成立于1992年，总部设在石家庄市高新区，是以提供行业管理解决方案和机械产品专用远程监控系统为主的高新科技公司。康明斯集团和天远科技有限公司合作分两步：第一步注册资金2000万元人民币，双方各投资50%，设立以研发为主的合资公司，产品主要应用在中国市场，与康明斯发动机配套。第二步增资至5000万元～1亿元，以扩大研发增加生产为主，将市场开拓推向全球。

（张跃彬　房晓丹）

【廊坊贸易洽谈会签约项目20个】 5月18日，2011年中国·廊坊国际经济贸易洽谈会在廊坊市举办。此次洽谈会，石家庄市共签约项目20项，其中外资项目7个、内资项目13个；总投资364.84亿元，协议引进资金340.81亿元。副市长王大军率领市直有关部门、各有关县（市）区及企业和项目单位参加了洽谈会。石家庄在此次洽谈会签约项目涉及生物制剂、电动客车、服务外包及产业研发基地、城市综合体、纺织、服装、医药中间体和原料药、基础设施等行业和产业；参加省签约仪式项目3项，分别是石家庄河北昊源志业集团与台湾客商陈宜明先生合资建设生物制剂生产项目；长安区政府与深圳赛格集团合资建设的赛格电子广场项目；石家庄柏奇化工有限公司与重庆科瑞制药有限公司合资建设原料药中间体生产项目。洽谈会期间，石家庄参会单位代表参加了“两岸三地合作洽谈会”、“央企投资项目对接会”、“知名民营企业投资项目对接会”等6项专题活动；还参加了2项高端会议，即“京津冀区域合作高端会议”和“APEC智慧城市智能化产业高端会议”。

（刘宝芝）

【举办医药健康产业合作与发展洽谈会】 5月23日，由市政府主办的“2011年中国·石家庄医药健康产业合作与发展洽谈会”在市区中茂海悦酒店开幕。此次洽谈会以“发展高端产业，关爱生命健康”为主题。市委副书记、市长艾文礼，市委常委、常务副市长栗进路，副市长王大军出席开幕式。参会嘉宾有加拿大皇家科学院院士、健康科学院院士、遗传医学院院士、加拿大麦基尔大学科研与国际关系事务副校长丽玛·罗森（女）率领的来自加拿大、美国、芬兰、西班牙、葡萄牙等8个国家和地区的国际医药与健康领域专家代表团，以及来自清华大学、北京大学、中科院、天津大学、河北医科大学、河北师范大学等高等院校代表。本次洽谈会上，石家庄市聘请加拿大麦基尔大学副校长丽玛·罗森，韩国国家动物检验检疫局研究员、韩国动物病理学会副会长尹顺西、美国强生集团药品研发部高级研究员、美国FDA指南政策研究高级研究员刘青为医药健康产业合作与发展顾问，并颁发聘书。此次洽谈会，中外客商和国内外著名科研和服务机构广泛参与，在生物医药、中医药、医疗与康复器械、医疗服务体系等4大板块强化了推介合作招商

2011年5月24日，召开医药健康产业科研新成果及产业新项目推介会

活动。5月24日，“2011年中国·石家庄医药健康产业合作与发展洽谈会”有6个项目成功签约。分别是：河北高远房地产有限公司投资4亿元在石家庄市北方药博园建设医药物流中心项目；杭州达缘供应链管理有限公司在石家庄市独资建设医药物流中心项目；华北制药集团国际贸易有限公司与英国思泰文康公司合作开发欧盟市场项目；石药集团投资30亿元在栾城县建设生物酶及酶法他汀药物项目；加拿大EPS全球医学发展集团建设高科技成果转化服务中心项目；河北奕康生物科技有限公司投资8000万元在高新区建设河北省细胞生物技术研发与转化中心项目。

（范玉蕾　张娇娇）

【举办第三届特色医疗博览会】 9月2～4日，2011石家庄第三届医疗机构特色专科特色诊疗技术暨医疗器械博览会在市人民会堂举行。市人大常委会副主任李屏东，市政协副主席朱增海出席开幕式。此次博览会由市卫生局主办，博览会共有24家医疗机构参展，其中包括省儿童医院，10家市直医疗卫生机构和13家民营医疗机构。国内知名医疗器械厂商、理疗器械厂商30余家到会。

（王丽强）

【参加厦门投资贸易洽谈会】 9月8～11日，第十五届中国国际投资贸易洽谈会在福建省厦门市举办，副市长王大军率团参加本届投洽会。会议期间，石家庄市参会各部门、各单位和企业参加了大会组委会组织的各项专题活动，签约项目6项，总投资13993.8万美元，协议外资8841.63万美元，涉及化工、机械、电子、医药中间体、咨询服务等行业。参会单位代表参加了组委会组织的17场招商项目对接会、企业“走出去”对接会和38场论坛及研讨活动。主要有：外商对华投资项目对接会、2011国际投资论坛、两岸经贸合作与发展论坛、金融支持企业“走出去”政策说明会等。会议期间，石家庄市共举办4次经贸交流促进活动，与一批台湾客商就在石家庄建设农业观光园以及台湾水果交易中心、台湾小吃一条街等项目进行了深入沟通；与厦门河北商会等一批在厦门经商办企业的河北籍企业家进行座谈；在福建省泉州举办“石家庄—泉州项目合作恳谈会”，石家庄市赞皇县、正定县的参会代表与企业家广泛接触，就项目合作、南资北移、产业承接与转移等进行了探讨和沟通；在福建省龙岩举办“石家庄—龙岩项目合作肯谈会”，为促进石家庄市与龙岩市的项目合作搭建了平台。

（刘宝芝）

【参加中国（河北）非公有制经济发展论坛招商】 10月20日，由中国民主建国会中央委员会、工业和信息化部、河北省人民政府共同主办的2011’中国（河北）非公有制经济发展论坛在石家庄开幕。出席开幕式的有全国人大常委会副委员长、民建中央主席陈昌智，省委书记张庆黎，省委副书记、代省长张庆伟，民建中央常务副主席马培华，工信部副部长苏波，民建中央副主席辜胜阻，省委常委、常务副省长赵勇，省委常委、市委书记孙瑞彬，市委副书记、市长艾文礼等。本届论坛主题是“新形势下非公有制经济的转型与升级”，论坛设置“36条文件解读及融资政策介绍”、电子商务、光谷产业、生物制药业等4个专题，安排了投资项目推介及签约仪式等内容。10月21日，2011’中国（河北）非公有制经济发展论坛投资项目推介会暨签约仪式在河北会堂举行，石家庄市40个项目实现签约，引资总额530亿元。

（戴丽丽）

【国际会展中心奠基】 11月4日，石家庄国际会展中心在正定新区奠基。副市长张殿奎，省供销社副主任郭志江出席奠基仪式。石家庄国际会展中心项目规划占地900亩，投资27.5亿元，总建筑面积26万平方米，其中会议中心5.6万平方米、展览中心14.4万平方米、配套设施2.26万平方米、地下公共交通设施3.74万平方米。石家庄国际会展中心项目根据澳大利亚伍兹贝格建筑设计咨询有限公司和中国中元国际工程公司联合体设计方案建设，把展览和会展设施与整合五星级酒店、酒店式公寓和高品质写字楼通盘考虑，利用人工湖和城市公园，形成一个城市公共空间。

（王巍）

【举办2011’中国·石家庄国际投资合作洽谈会】 11月6～8日，“2011’中国·石家庄国际投资合作洽谈会”在石家庄市举办。本次石洽会由河北省人民政府主办、石家庄市人民政府承办。省委常委、副省长杨崇勇，省委常委、市委书记孙瑞彬，市委副书记、市长艾文礼，省政府副秘书长李璞，省商务厅厅长王志欣，省发改委副主任王立忠及国民党中央常委、中华两岸劳动关系发展协会理事长姚江临，美国、波兰、日本、巴西、印度等国家嘉宾，兴业证券、晋煤集团、创维集团、美国通用电气等国内外知名公司代表，大连、厦门等兄弟城市代表团参加开幕式；全国工商联、全国总工会港澳台办、国家商务部中国国际投资促进会、中国青年企业家协会、中国绿色产业联盟等国家级专业权威机构组织高层次的企业家代表团到会，美国、加拿大、德国、荷兰、日本、韩国等发达国家和地区的代表团和客商及来自珠三角、长三角、环京津环渤海等国内经济先进地区的知名企业，美国沃尔玛、可口可乐，英国特易购，法国家乐福，德国西门子、豪运时代、罗泽化工，日本铃木、松下、三浦化成，韩国现代集团、乐天集团，印尼力宝集团，香港华润集团、嘉里集团等世界500强企业和韩国大韩投资贸易公社、屈臣氏，台湾康师傅、三一重工、格力电器等国内外知名企业和商务机构参会。本届石洽会主题为“开放共享、创新驱动、绿色产业、都市经济”。石洽会期间，举办了生命科学、电子信息、装备制造、现代服务业、绿色产业、创新型园区等六个专题对接活动，互动、推介近200个优势产业、新兴战略产业、特色产业引资合作项目，并与国内外客商就产业合作的模式、路径和具体项目进行了深入洽谈。54个内外资项目在石洽会上成功签约，其中外资项目20个，引资额25.6亿美元，内资项目34个，引资额560.13亿元。石洽会签约项目主要集中在装备制造、生物医药、新能源、农业产业化、商贸流通、现代物流、城市综合体等行业。签约项目有：香港泓德集团有限公司投资8.05亿美元在高新区建设保健品生产项目；香港新能源（风电）控股有限公司投资3亿美元在行唐县建设风电场项目；香港中晟国际发展有限公司投资2.36亿美元，在高邑县建设中药药剂生产项目；浙江玉宏控股在鹿泉市投资建设20亿元的石家庄美每家建材家居项目；广东省中山市华星染织水洗有限公司与石家庄市染料厂合作，在藁城市投资25.83亿元的年产20万吨丙烯腈及3万吨还原靛蓝项目；天津和泰集团在辛集市投资41.8亿元的中国皮革总部基地项目；北京中联博奥科技有限公司在灵寿县投资3.2亿元，建设纳米粒子金属防爆膜系列产品项目；勤上光电集团在鹿泉市投资10亿元，建设半导体照明应用产品运营中心项目；深圳市立翔慧科光电科技有限公司在高新区投资3.2亿元，建设LED光电产业基地项目；韩国乐天玛特项目落户桥东区，项目总投资5亿元，拟引进外资1000万美元，该项目由世界500强企业——韩国乐天集团和河北华基房地产开发有限公司签约，是集购物、餐饮、娱乐为一体的大型综合性购物中心，总营业面积5万平方米；

2011年11月7日，举办“石洽会”创新型园区合作对接会

2011年11月7日，举行“石洽会”合作项目签约仪式

沃尔玛河北总部落户新华区；印尼力宝集团投资8亿美元在正定新区建设会展中心、商务酒店项目；德国麦德龙在高新区独资建设仓储超市项目。

（陈佩君　刘宝芝）

【参加深圳第十三届中国国际高新技术成果交易会】 11月16～21日，在深圳市举行的第十三届中国国际高新技术成果交易会上，石家庄市参会企业成交高新技术合资合作项目7项，项目总金额7190万美元，其中合同2项，金额1150万美元；协议1项，意向4项，金额6040万美元。市代表团由商务局、发改委、科技局、投资促进局等部门以及高新区等县（市）区、国家生物产业基地、高端医药产业园、深圳办等组成，发放宣传品500余份，接待国内外客商200余人。交易会期间，石家庄市成功举办了河北省石家庄生物医药产业项目对接会，重点发布推介了生物制药、现代中药、化学药新型制剂、医药工业园区、物流园区等5大类75个项目及国际技术需求项目50个，国家医药产业基地、高端医药产业园项目41个。石家庄市的38家企业与来自俄罗斯、韩国、德国、香港地区的代表团和客商，进行了针对性洽谈和对接，以岭药业、河北维尔康制药有限公司、河北博海生物工程开发有限公司、诚志永华液晶等企业签订合资和出口贸易协议。市代表团举办了国家科技兴贸创新基地特装展，石药集团、华药集团、神威药业、常山生化等11家企业参展；与深圳国家生物产业基地进行了对口洽谈和商务考察；与深圳国际会展中心就场馆建设、服务功能、运营机制等方面进行了交流和座谈。高新区、长安区、新乐市、平山县、栾城县等县（市）、区结合自身产业特点，赴东莞、惠州、台州、中山等珠三角地区，在生物医药、信息技术、服务外包、电子新材料等方面举行了专题招商和项目洽谈活动。市代表团还参加了第十三届高交会“高新技术产品进出口论坛”、“美国337调查应对措施研讨会”、“中小科技型企业风险投资”等专业论坛活动，与来自美国、日本、意大利、加拿大等国家和地区以及国内的高新技术企业代表、贸易机构和投资促进机构进行了接触。

（刘宝芝）

【区域交流与合作】 年内，石家庄市区域协作呈现出“高层推动、产业对接、项目引入、关联带动”新局面，结合优势特色产业与京津地区、长三角、珠三角等重点区域合作基础和优势，拓展了城市间、县域间、园区间合作关系。以引进金融资本、央企投资为重点，推进与京津合作，与兵器工业、中航、中电、首创、北控、汉能、建信基金、恒基伟业等大型集团企业建立战略合作伙伴关系，系统性地推动重点项目合作；以装备制造业为重点，促进与辽沈地区重点企业合作，与实德集团及大连、沈阳企业对接一批引资项目；以电子信息产业为重点，促进与珠三角地区合作，引进勤上光电、光电运通、赛格集团等企业半导体照明、金融电子、电子市场等产业链项目；以创新、创意合作为重点，促进与长三角地区合作，对接和引入达缘供应链、美每家家居、青年产业园、云计算产业园等新兴产业带动性项目；以皮革、家具等特色产业为重点，推动与佛山、顺德、海宁等国内百强县市与石家庄市县域特色产业对接；以中国青年企业家协会、中国绿盟等具有影响力、带动力组织和机构为重点，促进与全国高成长性企业和新兴产业企业交流与合作。

【开发区（园区）建设】 7月6日，经河北省政府批准，河北平山西柏坡经济开发区、河北无极经济开发区、河北晋州经济开发区、河北赞皇经济开发区、河北行唐经济开发区、河北正定现代服务产业园区、河北石家庄矿区工业园区等7家开发区（园区）列入省级开发区（园区）管理序列。年末石家庄市省级以上开发区（园区）达到12家。经省政府批准，石家庄循环经济化工示范基地、河北省（石家庄）高端医药产业园、石家庄装备制造基地、辛集清洁化工园区、赵县工业聚集区、晋州市纺织工业园区、鹿泉市绿岛火炬开发区、藁城工业新区、新乐工业新区、深泽县工业园区等10家园区成为省级工业集聚区。开发区（园区）提档升级为发展和壮大开发区经济搭建起新的发展平台，拓宽了区域经济发展空间。年内，按照《石家庄市产业园区发展与管理工作导则》，全市大力提高开发区（园区）管理的科学性、规范性，创造出优良发展环境，各级各类开发区（园区）

已成为产业转移的承接地、技术创新的孵化地、自主品牌的发育地和新兴企业的成长地。

【编撰《2011石家庄投资环境与竞争力报告》】 市投资促进局与中国人民大学投资与房地产研究中心合作，共同编撰了《2011石家庄投资环境与竞争力报告》，为开展招商引资工作指明了方向。该《报告》采用科学、客观、开放、符合国际惯例的环境评价体系指标，对投资环境所涉及的区位、资源、金融、创新、法制、产业基础、政策环境、投资服务、投资促进与管理等各个方面进行深度思考和评价，是利市、利商、利民的基础性工作，为开展招商引资，提升投资促进活动的质量和水平，与国际惯例接轨起到重要推进和示范作用。该《报告》提高了外界对石家庄的认知度，突出了石家庄市的产业优势和产业特色。常务副省长杨崇勇对该《报告》作出批示："石家庄市的做法很好，值得总结推广，这是为客商服务的有效举措。"

【三一重工华北混凝土搅拌基地开工】 三一重工是全球机械制造前10强，中国工程机械行业最具成长性企业，在建筑机械、路面机械、挖掘机械、桩工机械、起重机械、非开挖施工设备、港口机械等产品产量、质量、市场占有率、科技创新能力等方面均居全国领先水平。2月16日，三一重工投资7亿元在鹿泉市绿岛火炬开发区建设"三一重工华北混凝土搅拌基地"项目正式开工，该项目占地23.2公顷，主要生产水泥混凝土搅拌设备，项目全面建成投产后年可产值约20亿元，利税达1亿元。

（陈俊琪）

【可口可乐独资项目落户藁城】 3月30日，可口可乐公司在藁城市独资建设饮料生产线项目签约。该项目为藁城市新添可口可乐和中粮两家世界500强企业。此次签约可口可乐项目一期计划投资6000万美元，在藁城经济开发区建设3条国际最先进的无菌生产线，产品有碳酸饮料，还有非碳酸饮料，新厂生产产品主要辐射河北南部，计划于2012年8月产品上市。中粮可口可乐饮料有限公司为中国大陆覆盖地域最广的可口可乐装瓶业务投资公司，是中粮集团有限公司和可口可乐公司两家世界500强企业的合作公司，该公司成立于2000年。

（边利伟 李永峰）

【投资促进局成立】 6月10日，石家庄市投资促进局成立。该局规格正县级，为市政府直属事业单位，主要职责为研究拟定全市招商引资的发展战略、发展规划、政策措施，吸引和利用国际、国内资金，组织开展全市投资促进和招商引资重大活动，对全市招商项目进行谋划、包装、发布、推介，开展经济技术合作，组织和促进委托招商、代理招商、中介招商、专业招商、网上招商等多种形式的招商活动，对全市外商投资企业执行国家有关法律法规、规章及合同、章程情况进行监督、检查等。事业编制28人，工勤编制3人，其中局长1名，副局长2名，纪检组长1名，科级领导职数11名（含纪检室）。

（陈俊琪）

供销合作商业

【概况】 2011年，全市供销社系统实施项目、网络"双轮驱动"战略，深入推进"五大攻坚战"，各项重点工作取得多个亮点，供销合作事业蓬勃发展。全年全系统商品购进完成72.3亿元，占计划的130.12%；商品总销售完成78.6亿元，占计划的128.27%；农资销售完成12.8亿元，占计划的182.8%；农副产品购进完成17.1亿元，占计划的173.59%；消费品零售完成26.8亿元，占计划的177.79%；实现利润3299万元，占计划的108.95%；完成碘盐购进4.86万吨，占计划的124.6%；碘盐销售4.83万吨，占计划的123.8%；实现社有资产保值增值4.5亿元。加强企业文化建设，开展以"育名牌、创名企、树名店"为主要内容的"三名"工程，培育了河北中山日化、润华国际物流、红满楼、赞皇土布、甲壳素大枣等一批知名企业和名牌产品。2011年，全系统有6家企业被评为河北省3A级劳动关系和谐企业、3家企业被评为石家庄市劳动关系和谐单位；国务院总理温家宝就赞皇县原村土布专业合作社工作作出重要批示，给予肯定。年内，市供销社获得全国文明单位、河北省文明单位、省供销社系统“两项重点工程”建设特等奖和市社会治安综合治理先进单位等荣誉和称号。

【项目建设】 按照巩固、完善、提高、拓展的思路，大力实施项目驱动战略，扎实推进“5531”工程，培植了一批支柱产业、骨干企业和知名品牌。2011年，全系统谋划和建设项目68个，规划总投资69.53亿元。其中1亿元以上项目12个，有6个项目列入省重点。26个项目开工建设，累计完成投资13.12亿元。重点项目建设进展顺利。正定国际物流园项目仓储设施投入运营，综合大楼、信息大楼正在装修；石家庄小商品加工制造产业园项目列入河北省重点，完成项目一期招商，正在建设标准厂房；项目二期160亩用地指标已经落实；石家庄国际会展中心项目开工建设；石家庄再生资源科技工业示范基地项目，被列为2011年国家资源节约和环境保护中央预算内投资备选项目，项目一期100亩土地指标已落实，并争取到1000万元财政资金支持；石家庄北方农产品物流中心项目、石家庄北方农资物流配送中心项目、石家庄市食盐储备物流配送中心项目、绿青缘养殖基地等项目进展顺利。

【新合作农副产品展销中心揭牌】 5月份，由市供销社主办，市副食糖酒总公司承建的石家庄新合作农副产品展销中心揭牌营业。该展销中心位于中华北大街中储食品城正门北侧，营业面积120余平方米，注册资金100万元。展销中心汇聚了石家庄各县（市）区80余家农民专业合作社最具有鲜明地域特色的农副产品300余种，基本上涵盖了全市范围内所有“名、优、特”农副产品。为把展销中心打造成城乡对接的桥梁和纽带，进入展销中心的农民专业合作社必须证照齐全，拥有自己的农副产品商标，产品质量必须达到国家相关标准。农副产品进入展销中心展示和销售不收取入场费，采取农民专业合作社直接销售模式，减少中间环节，降低经营成本，可最大限度将利润空间让给农民，将实惠让给消费者。

【流通网络建设】 围绕改造、提升、整合、优化思路，突出经营网络“连结城乡、供销并举、综合经营、系列服务”特点，市供销社全力推进农村现代流通网络建设。围绕主导产业和特色产品，推进联合合作，增强了网络流通功能，提高了农村流通业组织化程度。全年培育网络龙头企业27家；各类配送中心78家，连锁配送网点总数达到7334个；建设农副产品购销网点978家；新建和升级改造日用品超市1808家；发展村级农资综合服务站2948家，培育农产品基地40个，培育各类交易市场36个，交易额达15亿元。至年末，改扩建再生资源集散中心3个，再生资源网点达到1520家；建设具有电子商务、网上开店、科技服务、质量控制等多功能示范安全农资超市117家，圆满完成市政府交办的办实事工程。

（王彦生　贡丽凯）

【再生资源科技工业示范基地项目签约】 1月7日，由市供销社与栾城县人民政府共同建设的再生资源科技工业示范基地项目签约。该项目建设完成后，每年可回收处理各类再生资源150万吨。石家庄市是国家发改委、商务部确定的再生资源回收体系建设“双试点”城市，已初步建成集收购、集散、分拣、处理等功能于一体的再生资源回收网络。此次建设再生资源科技工业示范基地项目，旨在推动石家庄市乃至河北省报废机电设备、电线电缆、家电、汽车、手机、铅酸电池、塑料、橡胶等重点“城市矿产”资源的循环利用、规模利用和高值利用。该项目位于石家庄装备制造基地，计划总投资21亿元，共分两期建设。其中，一期工程占地380亩，总投资规模16.5亿元，主要建设示范基地基础设施，建设废旧家电、废旧汽车拆解、废旧金属加工及物流配送体系，搭建促进资源循环利用的公共服务、信息服务、技术服务平台等，建设年处理36万台废旧家电拆解加工生产线、年处理6万辆废旧汽车拆解生产线、年处理100万吨废金属（钢铁）加工生产线等三部分内容。二期工程总投资规模4.5亿元，主要是汽车拆解后的再制造项目，及其他“城市矿产”资源可以深加工利用的再制造项目生产线，并配有加工配送物流中心等。该项目总建设期限为4年，其中一期工程2年，二期工程2年。

（王巍）

【农村社会化服务】 发挥社农合联组织、引导、领办作用，大力发展农民合作经济组织，做强做优服务平台。搭建合作经济组织服务平台，发展乡级农合联办事机构180个，领办各类专业社、行业协会1643家，辐射带动27.95万户，为农民推销农产品15.2亿元，助农增收1.6亿元。搭建农村综合服务平台，建设社区综合服务中心195家，辐射村庄1250个，较好地满足了农民群众生产和生活需求。搭建“三位一体”新型农村金融服务平台，为16个县（市）41家专业社提供风险保障1200多万元，赔付受灾农户106.2万元，解决了农民后顾之忧。

（王彦生　贡丽凯）

【获得2011中国合作经济年度成就奖3项】 2012年5月份，“2011中国合作经济年度成就奖”评选结果揭晓，石家庄市灵寿县供销社主任时兵江荣获2011“中国合作经济十大年度人物大奖”，赞皇原村土布专业合作社荣获2011“中国50佳合作社”，灵寿县冀乐食用菌专业合作社荣获2011“中国具有影响力合作社产品品牌奖”。此项评选活动由中华全国供销合作总社指导，中华合作时报社、中国合作经济杂志社、中国人民大学农业与农村发展学院、中国人民大学中国合作社研究院共同主办，是中国合作经济领域最为权威的评选活动。2011年度该项评选活动主题是“推动合作经济发展、促进社会和谐进步”。此次评选设“中国合作经济年度人物奖”30名、“中国具有影响力合作社产品品牌”20个、“中国50佳合作社”3个奖项。

（吴温）

【产权制度改革】 坚持政府主导，供销社主办，农民群众为主体的三位一体改革发展思路，扎实推进基层供销社组织体系创新。2011年，全市新建和改造基层供销社68家，发展团体社员723个，个人社员5459个，辐射农户27万户。藁城市、元氏县、灵寿县基层组织创新经验得到省委、省政府领导和省供销社领导的重视和认可，并在全省推广。正定城关、城区孙村供销社跃入全国双百强基层社。新型基层社已成为政府用得上，农民靠得住，经营服务好的农村基层合作组织。深化社属企业改革，创新体制，完善机制，社有企业获得新的活力，在市场经济大潮中实现了生存和发展。至年末，全系统10家直属企业完成产权制度改革，9家进入改制程序。

石家庄市供销合作总社

党委书记、理事会主任：毕凤鸣

党委副书记、理事会副主任：李清慧

任素江（1月任）

理事会副主任：刘占海（1月免）

卢书清（1月任）

李玉民

监事会副主任：敦建伟　赵义存

王彦生　贡丽凯

个体私营商业

【概况】 2011年，全市个体私营商业（单指从事批发、零售、和餐饮业的个体户和私营企业）呈现良好发展势头，年末全市登记、纳入管理的个体、私营商业总数为22.86万户，比上年增加3.35万户，同比增加17.2%；从业人员（包括投资人雇工）总数为52.99万人，比上年增加3.37万人，同比增加6.7%；注册资本金565.9亿元，比上年增加121.9亿元，同比增长25%。

【出台50条政策措施支持民营经济发展】 根据《河北省人民政府关于进一步加快民营经济发展的意见》（冀政〔2010〕136号）有关规定，石家庄市结合实际，制定50条政策措施支持民营经济发展。主要体现在9个方面：(1)放宽民营经济投资领域；(2)放宽民营企业准入条件；(3)加强对民营企业的财税支持；(4)加强对民营企业的金融支持；(5)加强对民营企业的土地资源支持；(6)支持民营企业做大做强；(7)加强对民营企业的科技支持；(8)加强对民营企业的人力资源保障；(9) 加强对民营经济发展的组织领导。50条政策措施自2011年 3月 10日起至2013年12月31 日止，有效期3年。执行期间如遇国家和省政策调整，按上级政策执行；石家庄市现有政策与本政策措施不一致的，按本政策措施执行；国家和省、市支持民营经济发展政策与本政策措施重复的，按最优惠政策执行，不重复享受。

（李志英）

【民营经济实缴税金 303.2 亿元】 年内，全市民营经济发展迅速，实力壮大，出口稳步增长，实缴税金创下新高。至2011年底，全市民营经济单位个数达27.4万个，同比增长0.79%，其中民营企业43358个；民营经济从业人员315万人。全年民营经济实现增加值2698.5亿元，按可比价计算，比2010年增长13.9%，增速高于全省平均水平1.1个百分点，高于全市GDP增速1.9个百分点。民营经济增加值占全市GDP比重达到66.1%。在民营经济增加值中，第一产业完成47.0亿元，比2010年增长2.8%；第二产业完成1694.1亿元，比2010年增长15.7%；第三产业完成957.4亿元，比2010年增长11.5%。2011年，全市民营经济出口额达到57.7亿美元，比上年增长18.4%。其中，私营企业完成出口42.3亿美元，比2010年增长37.0%；集体经济完成出口2.3亿美元，比2010年增长12.2%。三资企业完成出口12.9亿美元，比2010年下降11.6%。至2011年底，全市民营经济实缴税金创下新高，达到303.2亿元，比2010年增长29.6%。民营经济实缴税金占全市全部财政收入比重达62.03%，比2010年末提高1.7个百分点。

（王巍）

【个体商业】 各级工商行政管理机关加强个体商业管理和扶持，同时发挥个体劳动者、私营企业协会作用，开展下岗失业人员参加再就业技能培训，建立下岗失业人员与个体商业业主双向选择渠道。改进年检方式、方法，千方百计为个体商业经营者提供方便。年末全市经工商行政机关登记并纳入管理的个体商业（单指从事批发、零售、和餐饮业的个体户）总户数中从事批发和零售业的有18.68万户，从业人员40.75万人，注册资金54.36亿元，其中城镇12.28万户，从业人员24.46万人，注册资金37.03亿元;从事住宿和餐饮业有1.02万户，从业人员5.78万人,注册资金4.94亿元，其中城镇7580户，从业人员4.49万人，注册资金3.83亿元。

【私营商业】 私营商业借助国家拉动内需政策、调整结构之机，抓机遇争发展，企业实力进一步壮大。年末全市私营商业企业中从事批发、零售的有3.2万户，从事住宿和餐饮业的私营企业有471户，从业人员(含投资人和雇员)11.56万人，注册资金555.56亿元；在私营独资商业企业中从事批发零售业有1806户，从业人员8608人，出资额4.76亿元；从事住宿和餐饮业有87户（其中分支机构7户），从业人员1582人，出资额达3084万元，企业总体实力得到加强和扩展。

（李志英）

粮油购销

【概况】 2011年，市粮食部门贯彻落实《粮食流通管理条例》和国家粮食政策，加强粮食宏观调控，坚持依法行政、依法管粮，确保了省会粮食安全和粮食流通市场有序发展。全年收购粮食411.9万吨，其中国有企业收购50万吨，同比增加13.2万吨，增幅35.8%；全年粮食销售509万吨，其中国有企业销售47万吨，同比增加15.9万吨，增幅51.1%，最大限度地保护了农民利益。全年检查粮食87.8万吨，涉及企业109家；检查油脂8.4万吨，涉及企业17家；查办行政执法案件320例，其中责令改正122例，警告58例，取消粮食收购资格13例，移交其他部门处理29例，罚款98例，罚款金额15.34万元。完善粮食应急机制，全市设立应急储运网点45个，加工网点40个，供应网点137个。狠抓军粮特供工作，2011年石家庄市新建军粮特供店10家，总数达到19家，占全省总数的19%，居全省之首，实现销售收入4000多万元，连续五年实现军粮供应计划完成率、供应部队军粮质量合格率、部队满意率三个100%。年内，市粮食局被评为全国粮食统计执法大检查工作先进单位；被省粮食局推荐为全国粮食监督检查工作示范单位；军粮供应工作被省粮食局评为全省先进单位。

【购销储备】 粮食收购落实小麦最低收购价政策，积极配合中储粮系统开展工作，督导企业落实商品粮收购前准备，千方百计帮助企业筹措资金，引导企业采用委托收购、代收代储、联合经营等方式开展商品粮收购经营，力争多收粮、多储粮，充分发挥国有企业主渠道作用。全年收购粮食411.9万吨，其中国有企业收购50万吨，同比增加13.2万吨，增幅35.8%；全年粮食销售509万吨，其中国有企业销售47万吨，同比增加15.9万吨，增幅51.1%。完善粮食应急机制。建立粮油市场价格监测报告系统，修订粮食应急管理、应急加工、应急储存、应急供应机构基本信息，应急管理机构由19家行政管理部门组成，有效保证了应急指挥系统和应急物资保障单位信息完整准确、联系渠道畅通。全年设立应急储运网点45个，加工网点40个，供应网点137个。充实市县两级粮油储备规模。加大建立市县两级粮油储备督导力度，市级储备完成省下达市级储备指导性计划，其中14个县（市）完成县级储备指导性计划，完成计划数量近80%。完成省市两级粮油储备轮换计划，保证了储备粮油数量真实、质量完好、长储常新。开展放心粮油进社区进农村活动。2011年全市评审放心粮油店18家，放行粮油加工企业2家。到年末，全市放心粮油示范店达到61家，放心粮油加工企业16家。

【质量监管】 根据《食品安全法》要求，加大原粮质量监督检查力度，从源头上确保食品安全。做好收获环节粮食质量监管。全市实施地理位置按12KM×12KM范围网格化区分，形成监测网格86块，设基本监测点177个；筛选100个监测点调查小麦生产质量，收集样品430份，检测指标包括等级、品质、卫生等方面18个指标。监管好储存和加工环节原粮质量。全年抽取样品60个，检验了质量指标、品质指标和卫生指标。逐步规范粮油质量监管制度。从2011年初起，全市实施一系列标准化要求和规范化操作，到年底，完成“一柜、一包、一袋、一盒、一图”五个一建设（即建立一个“粮食质量监管专柜”，制作一个“粮食质量样品采集作业包”，统一印制“原粮监管抽样样品袋”，建立“粮食质量监管档案盒”，制作“收获粮食质量监测图”）。建立粮食质量监测监管系统，实现电子化管理。大力做好粮油仓储工作，确保库存粮油安全，为全市人民吃上“放心粮油”打下坚实基础。

（刘翔）

【提供放心军供粮油】 市军粮供应有限责任公司在做好部队服务同时，响应实施放心粮油工程，开拓市场，让普通老百姓也吃上放心军供粮油。该公司落实粮油采购索证索票和“一车一检一报告”制度，化验检测每一车入库粮油，不合格粮油绝不接收、绝不入库。建立严格的来粮质量管理档案和熟食检验制度，全程监控入库粮油，详细记录每批粮油产地、车号、质量检测数据、经办人等基本情况，实现粮油产品购入和销售可追溯。生产面粉从麦源上严格把关，抽样每批入厂小麦，然后用试验磨磨出小批面粉，再通过粉质仪和拉伸仪等专业设备，评定品质状况。积极开拓市场销售和农村网点建设，到年末，该公司在全市发展直销点110家，家乐福保龙仓、北国超市25家，军粮产品连锁门店10家，开设农村网点177个，产品远销山西省、北京市等地。2011年，该公司粮油销售量达到1.6万余吨。

【确定第三批进农村进社区粮油生产经营示范单位20家】 2011年，全市开展放心粮油进农村进社区示范单位评定工作。经过企业申请，所属县（市）、区粮食局和粮食行业协会审核推荐，市粮食行业协会进行审查筛选、现场督导、样品检测、整改验收、专家评审等程序，最终有18家粮油销售店和2家面粉加工企业，分别被确认为“石家庄市第三批放心粮油进农村进社区示范销售店”和“石家庄市第三批放心粮油进农村进社区示范加工企业”。18家“放心粮油示范经销店”均有固定经营场所，营业面积在30

平方米以上，营业执照、卫生许可、健康体检三证齐全。2 家“放心粮油生产经营企业”均运行 2 年以上，拥有企业法人“营业执照”、“食品生产许可证”或“食品流通许可证”和“商标注册证书”。

表 24　　18 家示范销售店

序号	名　　称
1	石家庄宏起商贸有限公司
2	桥东区宏起粮油店
3	桥东区平安君良粮油店
4	裕华区宜佳旺商行
5	裕华区丰谷食品商行
6	家家惠粮油食品西城店
7	家家惠粮油食品英华店
8	市油脂公司粮油销售部
9	桥西区宏起粮行
10	裕华区金谷食品商行
11	新华区秉德粮油店
12	桥西区长青槐林超市
13	新华区民安粮油店
14	长安区鑫谷食品商行
15	中央储备粮石家庄直属库栾城县三农服务中心社
16	正定县雄威军粮供应有限责任公司
17	赞皇县爱山粮油店
18	赞皇县南马路调味店

表 25　　2 家示范加工企业

序号	名　　称
1	今麦郎面粉（正定）有限公司
2	石家庄市军粮面业有限责任公司

【与省供销社签署战略合作协议】 12 月 8 日，省供销社与市政府签署战略合作协议，双方以“打造新型供销合作社，发展农村合作经济，构建农村现代流通和社会化服务体系，服务新农村”为宗旨，建立全面战略合作关系。省供销社党组书记、理事会主任张彦惠，副市长张殿奎出席签约仪式。依据合作协议，双方重点在推进现代流通服务网络体系建设等多个方面加强合作，依托省、市农资公司，改造、提升、整合现有经营资源，以统一品牌、统一配送、统一价格、统一标识、统一服务为主要内容，打造规模大、市场竞争力强、为农服务优良的现代化农资企业；推进农副产品现代购销网络建设，促进农超对接；推进农民合作经济组织服务体系建设和基层供销合作社组织体制改革。

（王巍）

【依法行政】 完善行政审批、行政执法各项规章制度。制订《首次不罚制度》、《行政裁量权政务公开制度》、《行政处罚回避制度》、《行政处罚说明理由制度》、《行政裁量权基准制度适时评估修订制度》。修订并完善《石家庄市粮食局行政执法责任制》、《七项配套制度》、《重大事项调查研究和集体决定制度》、《石家庄市粮食局行政执法评议考核制度》、《石家庄市粮食局行政审批案卷管理制度》、《石家庄市粮食局AB角工作制》、《石家庄市粮食局一次性告知制度》、《政府信息公开工作考核制度》、《政府信息公开工作社会评议制度》和《政府信息公开工作责任追究制度》。做好粮食法规宣传。在《粮食流通管理条例》颁布实施七周年和《河北省粮食流通管理规定》颁布实施五周年之际，在全市粮食系统开展知识竞赛和科技、文化、卫生“三下乡”等活动，广泛宣传粮食流通法规以及粮油消费常识，为依法管粮营造出良好气氛。举办全市粮食行政执法实务培训班，培训全市一线执法人员200多名。落实粮食收购政策和抓好粮食流通监管。全年检查粮食87.8万吨，涉及企业109家；检查油脂8.4万吨，涉及企业17家。严肃查处涉粮案件。全年查办行政执法案件320例，其中责令改正122例，警告58例，取消粮食收购资格13例，移交其他部门处理29例，罚款98例，罚款金额15.34万元。开展粮食流通监督检查示范单位创建活动。元氏县、鹿泉市、正定县、平山县、井陉县、赵县等6个县（市）粮食局被授予全市粮食流通监督检查示范单位。行政审批进驻市行政大厅，全面实现网上审批，缩短了审批时限；行政许可实现全年无复议。

【企业兼并重组】 立足做强做大，狠抓粮食企业兼并重组。国有粮食企业经营总量得到较大幅度提高，年末全市国有粮食企业统算实现营业收入13.32亿元，同比增长56%。以“调减总量、壮大规模、提高质量”为指导，积极谋划，因地制宜、因企施策，鼓励多种所有制企业通过兼并、重组、合资、参股等形式参与粮食企业资产重组。到2011年底，全市国有粮食企业由70家整合重组为44家，完成整合重组任务县达到16个，超额完成年初既定目标。

【重大项目建设】 开展市场调查，准确选定重点项目。全年争取项目资金1373万元。其中，争取国债资金250万元，仓房维修改造资金456万元，农资综合补贴资金667万元，有效改善了仓储条件。加强项目建设。石家庄国家粮食储备有限责任公司搬迁一期工程，通过改建、新建增加仓容12万吨；晋州粮油批发市场一期工程，完成投资800万元，建成门市1800平方米、综合配套设施3400平方米；无极县直属粮库搬迁工程，项目占地120亩，完成6栋仓房建设，新增仓容量6万吨。部队应急保障基地建设和“放心馒头”工程进展顺利，落实土地50亩。部队应急保障基地落实省专项资金280万元，市配套资金300万元；“放心馒头”工程在西安、天津等地学习考察基础上，制定出石家庄市实施方案，得到市政府批准，争取市财政专项资金支持1500万元。

（刘翔）

成品油供应

【概况】 2011年，中石化河北石家庄石油分公司面对国际油价震荡起伏，国内资源尤其是柴油资源供需矛盾突出等不利局面，以客户开发为重点实施扩销增量，以进攻态势加强网络建设，以精益求精态度狠抓内部管理，经营和网络发展实现“三个新突破”，基础管理实现“两个稳步提升”，企业实现安全运行、和谐发展。至年末，公司共拥有加油站216座，累计完成年销售成品油总量102万吨，实现报表利润2.06亿元。

【业务经营】 年内，公司克服资源紧张带来可用库存低、保供压力大、配送调整率高等困难，积极想办法找对策，研究应对方案，合理调配资源。树立“以客户为中心”经营理念，主动承担引导消费模式、引领消费时尚社会责任，推广自助加油，为消费者提供更安全、更便捷的加油服务方式。集中优势资源，设置60座“三夏”绿色通道加油站，全力保障“三夏”、“三秋”和重点行业油品供应。以重点商品、特色商品为龙头，大力开展全员全网络营销活动，制定和灵活运用各项激励政策，实施烟草、燃油宝等阶段性营销竞赛等措施，强化品类管理，优化商品结构，推动了非油品业务经营管理水平综合提升。

（张路萍）

【国内首套柴油加氢装置建成投产】 12月24日，由中国石化自主研发、拥有自主知识产权的国内首套260万吨／年上行式柴油液相循环加氢工业装置，在石家庄炼化完成全流程，生产出合格产品，实现开工一次成功，标志这套具有国际先进水平的柴油加氢装置建成投产。此项新技术使柴油产品中硫含量比国3车用柴油标准硫含量下降80%以上，可有效减少对大气的污染。与传统技术相比，此技术可降低装置能耗40%以上，具有明显的经济效益和社会效益。

（范玉蕾　王叶敏）

【质量管理】 践行“每一滴油都是承诺”的理念，树立数质量是企业生命线意识。扎实开展“3•15消费者权益日”和“中国石化质量日”等活动。246座加油站对外公开承诺事项和便民措施，411名党、团员佩戴党、团徽上岗，精心打造28座样板、标杆站和15座服务区加油站，广泛接受社会公众监督。配合质检部门，在货源组织、油品运输、存储和销售等各个环节进行严密检测和检查，强化动态监管和抽检力度，确保了流入市场每一滴油百分之百合格。

中国石油化工股份有限公司
河北石家庄石油分公司
经　　理：王树伟
党委书记：尹保民
副 经 理：王旭东　王晓茹

（张路萍）

商业集团

【北国人百集团有限责任公司】 2011年，石家庄北国人百集团有限责任公司实现销售218.7亿元，完成计划的110%，同比增长35.07%；实现利税8.27亿元，同比增长74.11%；实现利润总额5.15亿元，同比增长92.88%，完成市国资委下达任务171.67%，完成计划154%；实现净利润3.85亿元，同比增长90.12%。至年底，集团经济实力进一步增强，总资产达到77.76亿元，同比增长19.89%，较集团成立初增长7.3倍；净资产15.7亿元，同比增长30.83%，较集团成立初增长9.6倍。2011年集团各业态新增网点44家，其中百货业态新开店4家；超市业态新开大型超市5家，便利店3家；电器业态新开直营店1家，郊县独资、控股门店7家；珠宝连锁业态新开珠宝专卖店24家，新增营业面积近30万平方米。9月10日，北国超市中华北店广场开业。这是世纪联华撤出后，北国超市接手开出的一家升级版旗舰店，也是北国超市在市区第19家店。北国超市中华北店营业面积2万平方米，位于北国超市各店之首，负一层为近5000平方米的停车场，营业面积、配备超大停车场创下北国超市升级版门店的先例。该店拥有200多家知名品牌供应商、30000余种精选商品，设有园艺花卉、合利汽车美容、代收电费、代售电影票等服务功能。至年末，集团各类门店达到145家，其中百货店12家，超市连锁店25家，电器连锁店37家，珠宝专买连锁店66家，经营网点延伸至河北、河南、山西、山东、内蒙古、北京及天津七省21座城市，极大增强了企业发展后劲。2011年北国超市与省内外52家果蔬产地签订对接协议，下半年对接基地果蔬销售量就达2.06万吨，较同期1.2万吨增加8600吨，首次实现正毛利301.24万元，毛利率由2010年的－0.28%增加到6.4%，同比增加6.68个百分点。为平抑商品价格，北国超市加强定制商品和主厨产品经营开发，定制商品采用成本谈判法与生产厂家谈判，全年定制经营25个品类166种商品，共计销售1251万元，同比增长133%；通过建立主厨基地，实现66种商品自产自营。8月1日，集团主厨基地投产，到年底，5个月时间里销售主厨产品399.75万元，特别是馒头自制后，价格优势明显，实现销售112.7万袋，同比增加80.6万袋，是2010年的3.5倍。年内，集团认真落实《关于推进夜经济发展的实施意见》，从3月15日至10月15日，集团所属门店统一将晚间闭店时间延长至22：30,开展了“越夜越优惠”、“夜间购物专项服务”等针对性的营销活动和丰富多彩的文化公益活动，得到省市领导、广大市民及媒体的关注和好评。夜经济营销活动期间，夜间实现销售13.3亿元，比2010年多销售8.2亿元，增幅达60.78%；夜间销售占到全天20.1%，同比提升4个百分点，夜间消费占比明显提升。租赁会展业取得良好发展，全年承揽各种会议28起，其中市级以上会议16起，完成展会收入941万元，完成目标收入计划的134 %；针纺织品公司继2010年实现扭亏为盈，全年完成收入565.1万元，完成集团下达任务520万元的108.7%，同比增长17.7%，开创了企业发展的新局面。

（北人集团有限责任公司）

【银座商城东购店】 银座商城东购店原名为石家庄东方城市广场有限公司（简称东购），成立于1992年7月7日，位于省会石家庄商业黄金地段，营业面积约5.5万平方米，是集购物、餐饮、娱乐、休闲、物业管理为一体的大型综合性商业企业。自1996年9月29日开业，东购坚持开拓创新战略、时尚品牌战略、诚信经营战略、星级服务战略，准确把握商业发展速度与实质，赢得了众多消费者的信任与青睐。2008年经过商务部从经营规模、财务指标、商品结构、经营环境、企业管理、服务水平、诚信经营、节能降耗、信息化建设等软硬件方面综合评定，该公司从215家达标百货店脱颖而出，成为全国首批认定的74家“金鼎百货店”之一。2009年，效益与品牌价值都堪称良好的东购挂出股权出让牌子，最终，山东银座集团以9.2亿元入主。2009年11月，东购加入山东银座集团，成为旗下控股企业。2011年9月20日，东方城市购物广场正式换标为“银座商城东购店”。2011年，东购圆满完成开业15年来最大规模调整改造。此次改造由日本专业设计公司设计方案，大力倡导环保节能概念，投入巨资深挖设备节能降耗潜力，实现了改造节能新突破。通过此次改造，东购店中央空调、消防、广播等硬件设施全部淘汰升级，品牌柜台全面更新，同时引进大批国际、国内一线顶尖品牌，调整品牌达到40%，实现了银座东购店中高档精品百货店市场定位，为省会消费者打造出一个全新的购物环境。至2011年末，东购实现销售10.08亿元，取得良好的经济效益。

（叶秉燕）

【天元发展有限责任公司】 2011年，石家庄天元发展有限责任公司根据企业实际，科学修订三年战略规划，重新确立天元名品总部定位，调整天元酒店、兴达物业管理机制，实现在转型中求得发展。以战略规划为指导，突出抓好开篇布局各项工作，克服了经济危机不利影响，企业发展突出问题得到较好解决。超市分公司结合自身实际，合理制订商品价格，提升毛利率，适时增加多种类别服务项目，开展了形式多样的促销活动，巩固、发展会员人数，拓展、提升了销售空间。天元名品把握市场脉搏，适时调整续签政策，积极开发可利用空间，主动引进新项目，拓展营销思路，强化形象宣传，引导商户调整商品结构，鼓励商户装修店铺，发挥经管会自治功能，营造出和谐发展的软环境；天元名品张家口3个项目稳步推进，万全项目完工开业。博隆房地产想法设法推进项目进展，跃进路“天元公馆”项目完成奠基并进场施工；安平合作项目如期动工。天元酒店积极拓展新店，西王店与环宇店开业，实现连锁拓展与管理输出新尝试，扩大了公司规模。2011年，天元公司多手段加大营销力度，多渠道拓展客源市场，降低运营成本，规范内部管理，夯实了企业发展基础。至年末，公司实现经营收入1.07亿元（包括子公司），完成年初既定目标。

（康蕙英）

【饮食集团公司】 2011年，石家庄饮食集团公司（简称饮食集团）在改制、拆迁和物价成本上扬经营环境中，狠抓经营成效，较好地完成市国资委考核指标。至年末，饮食集团所属企业共有30家，其中营业企业15家，停业企业15家；在册员工1813人，离退休人员2667人；完成营业收入13109万元，同比增长9.92%，集团公司所属15家正常经营企业有13家企业收入增长，其中中和轩、石家庄照相等企业收入增长20%以上。住宿业创新经营。石家庄饭店、燕风楼、新山东、富豪酒店、福满楼等旅馆部，在竞争中增加协议房，发展长包房，加大外联力度，积极改造环境，住宿率达到70%以上。节日市场，婚宴市场、窗口外卖市场，创收增效。饮食集团全年婚宴实现13000余桌；燕风楼、釜洋斋、中华分店等企业窗口外卖市场实现经营收入2500余万元。抓好网点建设，改造经营环境。全年投资近百万元，对中华分店售货厅、富豪大酒店消防设施、中和轩二楼雅间和操作间、福满楼和石家庄饭店客房、釜洋斋外装饰等进行部分装修改造，10多个企业更新了部分经营设备。推进产权制度改革。配合政府有关部门对公司改制进行风险评估，召开120多名中层干部和职工代表参加的民意测评会，采取个别谈话征求意见，聘请中介机构评估资产，修订《职工安置方案》，审理职工档案近2000名，有序推进改制工作。

（姚玉民）

【国大集团有限责任公司】 2011年，国大集团坚持“集中精力，以酒店、商贸餐饮为核心，做大做强主业”的思路，深入挖掘集团无形资产价值，规范公司法人治理结构，强化人才建设，集中精力全力提升企业成长速度和发展质量。聚焦主业经营，提升企业经济效益。国大酒店公司以宾客需求为关注焦点，持续改进创新，实现顾客价值突破，有效提升宾客满意度，建设驿家365企业文化，实施品牌推广，取得显著效果。至年末，国大集团直营、加盟及委托管理酒店发展到38家，其中驿家365直营店6家，加盟店24家；千里行客栈加盟店4家，委托管理酒店4家，客房超过4000间；平均出租率超过100%，并创造出单日平均出租率158%的历史记录；发展区域从石家庄拓展至河北省保定市、唐山市、邯郸市、邢台市、山东省烟台市等地，共实现营业收入5700多万元，获评“河北省服务名牌”，并在中国经济型酒店排名中，进入“全国快捷连锁酒店20强排行榜”，排名第18位。所属洛杉奇食品公司抓好“金凤”、“洛杉奇”系列食品开发，肉食扒鸡车间整合改造原有产品，推出一批口感好、消费者喜爱的产品，其中研发的低温保鲜类产品受到市场认可，为公司发展探索出一条新路；积极加大市场开发，努力提高市场占有率，洛杉奇食品公司在原有渠道精耕细作基础上，与沃尔玛等跨国企业开展合作，步入走出石家庄、迈向全国市场道路；与邯郸、北京、山西等地合作者合作，创新营销模式；以直营或加盟连锁形式发展金凤肉食连锁店，在石家庄市区累计开店100多家，并拓展到鹿泉市、栾城县、藁城市、平山县等周边县市；在淘宝网建立专卖店，尝试利用网络销售。至年末，洛杉奇食品公司实现销售近1亿元，利润较2010年取得较大提升。在指导参控股企业发展同时，国大集团用“管理输出”、“品牌输出”吸引境内外资金参与石家庄市重点项目、大型项目和新兴文化产业项目开发建设。2011年初，国大集团与香港宣威集团签署《战略合作框架协议》，约定共同发展石家庄市政府鼓励的新项目、大项目、重点项目，宣威集团负责资金筹集，国大集团负责具体运作。

（胡振菊）

【裕华万达广场开业】 9月23日，裕华万达广场正式开业。裕华万达广场总投资86.2亿元，总建筑面积184.3万平方米，其中商业面积60万平方米，是集超五星级白金酒店、万千百货、国际影城、连锁超市、5A级写字楼和高档精品住宅于一体的大型城市综合体。该项目于2008年7月30日签约，2010年4月奠基。裕华万达广场是万达集团在石家庄开发的大型城市综合体，国际购物中心建筑面积20万平方米，其中包括万千百货、万达影城IMAX、华润万家、国美电器、大歌星KTV、大玩家等13大主力店及室内外商业步行街。

（刘宝芝）

旅　游

【概况】 2011年，全市旅游业呈现出强劲发展势头，共接待海内外游客3260.6万人次，同比增长38.03%；实现旅游业总收入200.63亿元，同比增长51.65%；旅游业创汇收入4942.63万美元，同比增长12.7%。在第二季度全国50个样本城市游客满意度指数排名中，从2010年年底第45位上升至第19位，首次进入全国前20名。全年在建、续建旅游项目135个，完成投资131.82亿元，其中16个列入全省“十二五”旅游规划重点项目完成投资26.64亿元。精心做好旅游重点项目筛选策划包装，充实完善旅游项目库。参加5·18廊坊投资洽谈会等投资招商活动，5个项目实现签约，引进资金7700多万元，达成投资意向70亿元。争取到国家、省、市级旅游专项资金和贷款贴息资金2300多万元。研究制定《石家庄市旅游商品评定管理办法》。参加浙江义乌国际旅游商品博览会等招商展会，红地根农业科技有限责任公司、贾氏烙画工艺品厂2家企业到会参展。年内，西柏坡景区被评为国家5A级旅游景区，灵寿县秋山景区、平山县黑山关景区、辛集国际皮革城被评为国家4A级景区。到年末，全市共有A级景区27家，其中5A级景区1家，4A级景区21家，3A级景区3家，2A级景区2家；星级饭店66家，其中五星级3家，四星级22家，三星级29家，二星级12家；旅行社217家（出境组团社17家，一般组团社200家），分社22家，服务网点300家。严格实行旅游安全一票否决制度，旅游安全目标责任书签订率保持100%。全年未发生重大旅游安全责任事故。2011年，石家庄市获得“全国优秀生态旅游城市”和“中国最佳文化旅游城市”称号；市旅游局连续六年被市政府评为“安全生产监督管理先进单位”。

【《石家庄市旅游发展总体规划》颁布实施】 10月份，经市政府批准，《石家庄市旅游发展总体规划》(2011－2030年）正式颁布实施。该《规划》确定全市旅游发展总体布局为“一个中心，三大片区，一条风景道，一条休闲带”。一个中心即中部都市文化商务休闲区，三大片区即西北部红色旅游片区、西南部山地生态旅游片区、东部平原乡村田园观光片区，一条风景道即西柏坡到嶂石岩的旅游景观公路，一条休闲带即滹沱河水系景观带。《石家庄市旅游发展总体规划》由天津大学城市规划设计研究院编制，历时一年半时间编制完成。这是石家庄市旅游发展中长期战略规划，是未来石家庄市旅游发展的总体部署和行动纲领。2011年，市第九次党代会提出“要把石家庄市打造成为国内外热点旅游目的地城市，努力把旅游业培育成支柱产业”后，各县（市）区都制定了发展旅游业的具体举措。赞皇县成立高规格的旅游管理委员会，确定实施“龙飞凤舞战略（工业强县为龙，旅游富民为凤）”，提出把赞皇县打造成为“北方旅游明珠城市”目标，出台《加快发展旅游业的实施意见》；平山县把旅游业确定为拉动县域经济的龙头产业；赵县、井陉县、灵寿县等重点旅游县（市）均确立“旅游兴县”战略。至年末，全市共有3个旅游规划通过评审。

【景区建设】 大西柏坡建设谋划61个项目竣工23个，完成投资104.7亿元；38个项目在建，还有10个建设项目正在做前期准备工作。西柏坡景区获得国家5A级旅游景区，入选中国百强景区名列第32位，成为河北旅游名片。西柏坡高速公路建成通车，首批17处革命旧址、西柏坡温泉滑雪场、白鹿温泉二期VIP高端温泉休闲区对外开放。西柏坡圣地城一期、西柏坡华润小镇、大西柏坡旅游行政服务中心等正在建设主体工程。驼梁——五岳寨景区改造升级项目进展顺利，五岳寨景区客运索道完工，五岳寨假日酒店、五峰大酒店竣工投入使用。石家庄市“三年上水平”十大景区（藁城现代农业观光园一期工程、抱犊寨景区升级提档水景瀑布工程、正定古城南城门门楼复建工程、赵州桥景区迎宾观光大道和景区绿化美化工程、苍岩山景区景观长廊和步行商业街）整体改造完工。

【宣传促销】 围绕“红色西柏坡、多彩石家庄”主题，在中央电视台《新闻联播》、《朝闻天下》等重要栏目投放石家庄旅游形象广告片，在北京西客站出站口 LED 显示屏投放石家庄旅游宣传片。与香港《大公报》、《文汇报》合作策划 6 个石家庄旅游专版，与新华网合作开设石家庄旅游专页，与河北一鸣视屏公司合作开设《旅游之窗》栏目。实施“北上南下、东联西合、走出国门、精准营销”宣传促销战略，强力推介石家庄旅游。举办“2011’石家庄人游石家庄启动仪式暨第四届华北（石家庄）旅游交易会”，组织参加西安旅游交易会、北京国际旅游博览会等知名展会，提升了石家庄旅游知名度。组织旅游大篷车到西安市、北京市、济南市、太原市、郑州市等地推介石家庄旅游，吸引周边游客。9 月份，在广东省举办了“红色西柏坡 多彩石家庄”旅游推介活动。各县（市）区旅游宣传促销亮点主要有：平山县在中央电视台《旅游卫视》、河北卫视《河北新闻联播》等品牌栏目投放旅游宣传广告片，在全市 6000 多辆出租车上滚动播放旅游宣传广告；正定县邀请全国旅游联盟年会会员到正定采风洽谈，协助中央电视台拍摄了大型记录片《古郡传奇》；赵县赵州桥景区与邢台临城崆山白云洞、柏乡汉牡丹园联合开通惠民旅游免费直通车，极大地便利了市民和游客出游。

2011年3月18日，举办2011’石家庄庄人游石家庄启动仪式暨第四届华北（石家庄）旅游交易会

【策划旅游主题活动】 围绕中国共产党“建党 90 周年”和“5•19 中国旅游日”主题，成功举办 5•19“新都市、新感受、新生活”——百万市民游省会、旅游征文和石家庄旅游风光摄影大赛、红色景区迎接建党 90 周年活动月闭幕仪式、春秋集团千人旅游团走进西柏坡等大型主题活动。春节期间，组织 20 余家景区开展“旅游惠民大拜年”活动，各景区对游客实行大幅度价格优惠，提高了市民出行热情。以乡村旅游为重点，推出栾城草莓采摘节、赵县梨花节、藁城红梨采摘节等系列春季踏青赏花旅游产品，带动了农民增收、农业增效。结合黄金周、小长假，推出清凉山冰雪文化旅游节、苍岩山传统大庙会、正定千年古韵历史文化旅游节、西柏坡温泉城桃花浴旅游文化节等丰富多彩的旅游节庆活动，取得良好的经济和社会效益。

【行业管理】 严格执行旅行社审核、审批制度，全面规范旅行社门市部设立。2011 年，全市 214 家旅行社年检和统计报表网上填报工作完成，新审批旅行社 23 家，注销旅行社 18 家，办理旅行社变更 70 家。年末全市共有旅行社 217 家（出境组团社 17 家，一般组团社 200 家），分社 22 家，服务网点 300 家。积极开展 2010 年度 106 家全市诚信旅行社评定并进行公示。推进旅行社责任险统保示范项目，石家庄市投保率连续两年达到 90% 以上，成为河北省投保单位数量和投保金额最多的地级市。开展星级酒店评定及绿色饭店创建工作，新评定国家四星级旅游饭店 2 家（唐宁汇酒店、京州国际酒店），国家三星级旅游饭店 1 家（上海国际酒店）。年末全市共有星级饭店 66 家，其中五星级 3 家，四星级 22 家，三星级 29 家，二星级 12 家；新评定国家金叶级绿色饭店 1 家（国御温泉假日酒店），市级绿色饭店4家（银河宾馆、汇文大酒店、美丽华大酒店、野生原度假村）。至年底，全市有国家金叶级绿色饭店3家，省级绿色饭店6家，市级绿色饭店21家。加强市场监管。以“大西柏坡”为重点，开展全市旅游服务质量提升、创建平安景区及迎“七一”整治景区“脏乱差”等专项活动。会同有关部门，加大旅游市场综合整治工作力度，严厉查处一批违法、违规行为，并通过媒体公开曝光，净化了市场环境。全年接待各类咨询780余人次，协调解决纠纷48起，处理投诉21起，投诉结案率达到100%，有力保障了旅游市场秩序和谐稳定。新成立石家庄旅游调解处理中心和石家庄旅游鉴定委员会2个机构，全年共接报案67起，赔付金额51900.96元，有效维护了旅行社和旅游者保险权益。

（刘伟东）

【平山县高山寨森林公园通过省级评审】 2011年上半年，平山县高山寨森林公园通过省级评审。自此，石家庄市省级森林公园达到9处。高山寨省级森林公园位于太行山深处的平山县营里乡高山寨村，东距革命圣地西柏坡30千米，总面积约10.4平方千米。该森林公园植被覆盖率高、种类繁多，仅高等植物就达89科440余种，森林郁闭度高达90%以上。公园内沟壑纵横、山峰林立，石英岩脉、岩墙明显，在基岩上形成水墨画一样的山水画卷，地质活动痕迹清晰可见，是天然的野外地质教材。高山寨山高水长，水资源充沛，有大小不一瀑布19处，从山顶到沟底，一年四季溪水长流不绝。

（潘双清　赵靖）

【A级旅游景区（点）名录】 至2011年末，石家庄市共有A级旅游景区（点）27处。

赵州桥

表26　2011年度石家庄市A级旅游景区（点）名录

序号	等级	景区名称	地域
1	AAAAA	西柏坡	平山县
2	AAAA	天桂山	平山县
3	AAAA	驼梁景区	平山县
4	AAAA	白鹿温泉	平山县
5	AAAA	西苑亭水湾	平山县
6	AAAA	东方巨龟苑景区	平山县
7	AAAA	水生态风景区	平山县
8	AAAA	藤龙山景区	平山县
9	AAAA	拦道石红色生态风景区	平山县
10	AAAA	黑山关大峡谷	平山县
11	AAAA	佛光山	平山县
12	AAAA	水泉溪自然风景区	灵寿县

（续表）

序号	等级	景区名称	地域
13	AAAA	五岳寨	灵寿县
14	AAAA	秋山景区	灵寿县
15	AAAA	棋盘山景区	赞皇县
16	AAAA	嶂石岩	赞皇县
17	AAAA	隆兴寺	正定县
18	AAAA	天山海世界	市区
19	AAAA	辛集国际皮革城	辛集市
20	AAAA	国大御温泉渡假村	藁城市
21	AAAA	苍岩山	井陉县
22	AAAA	抱犊寨景区	鹿泉市
23	AAA	荣国府	正定县
24	AAA	仙台山	井陉县
25	AAA	紫云山景区	平山县
26	AA	赵云庙	正定县
27	AA	清凉山景区	矿区

【诚信旅行社名单】 根据市旅游局《关于开展2011年度诚信旅行社评比工作的通知》（石旅〔2011〕146号）规定，各旅行社企业自愿参与，通过自评申报、综合考评等阶段，经向社会公示等程序，市旅游局最终命名87家旅行社为2011年度石家庄市诚信旅行社（名单排名不分先后）。

表27　　2011年度石家庄市诚信旅行社名单

序号	旅行社名称	序号	旅行社名称
1	河北航空集团天鹅国际旅行社有限公司	15	河北中山旅行社有限公司
2	河北省中国青年旅行社	16	河北远华国际旅行社有限公司
3	河北省东方国际旅行社有限公司	17	河北风光国际旅行社有限公司
4	河北省海外国际旅行社有限公司	18	河北天伯旅行社有限公司
5	河北航空国际旅行社有限公司	19	河北华绪旅行社有限公司
6	河北省中国国际旅行社有限公司	20	河北风情假日旅行社有限公司
7	石家庄华夏国际旅社有限公司	21	河北四方旅行社有限公司
8	河北西柏坡国际旅行社有限公司	22	河北北方旅行社有限公司
9	河北光大国际旅行社有限公司	23	河北方舟假日旅行社有限公司
10	石家庄国际旅行社	24	河北省新闻国际旅行社
11	石家庄青年国际旅行社有限公司	25	河北神州旅行社有限公司
12	河北锦华国际旅行社有限公司	26	河北汇文旅行社有限公司
13	河北平安旅行社有限公司	27	河北永安旅行社有限公司
14	河北天马旅行社有限公司	28	河北凤凰假期旅行社有限公司

（续表）

序号	旅行社名称	序号	旅行社名称
29	河北西柏坡国际旅行社有限公司	59	石家庄市爱民国际旅行社有限公司
30	河北运通旅行社有限公司	60	石家庄新程旅行社有限公司
31	河北霞光旅行社有限公司	61	石家庄怀特国际旅行社有限公司
32	河北华宇国际旅行社有限公司	62	石家庄昶亨旅行社有限公司
33	河北环球行旅行社有限公司	63	石家庄众心国际旅行社有限责任公司
34	河北精英旅行社有限公司	64	河北人民旅行社有限公司
35	河北非凡之旅旅行社有限公司	65	石家庄海滨国际旅行社有限公司
36	石家庄市公共交通总公司旅行社	66	石家庄北航国际旅行社有限公司
37	石家庄园丁旅行社	67	河北博闻旅行社有限公司
38	石家庄燕赵旅行社有限公司	68	石家庄群凯旅行社有限公司
39	石家庄隆兴寺旅行社有限公司	69	石家庄华嘉旅行社有限公司
40	石家庄金色假日旅行社有限公司	70	石家庄原野国际旅行社有限公司
41	石家庄市西电旅行社有限公司	71	石家庄长城国际旅行社有限公司
42	石家庄金辉国际旅行社有限公司	72	石家庄市新大路旅行社有限公司
43	石家庄时代报业旅行社	73	石家庄畅游国际旅行社有限公司
44	石家庄爱江山国际旅行社有限公司	74	石家庄海峡旅行社有限公司
45	石家庄海纳国际旅行社有限公司	75	河北合福国际旅行社有限公司
46	石家庄市长兴国际旅行社有限公司	76	石家庄华亿国际旅行社有限公司
47	石家庄凯撒国际旅行社有限公司	77	石家庄市旭日国际旅行社有限公司
48	石家庄今朝国际旅行社有限公司	78	石家庄冀欣旅行社有限公司
49	石家庄青之旅国际旅行社有限公司	79	石家庄观光国际旅行社有限公司
50	石家庄大自然国际旅行社有限公司	80	河北海燕国际旅行社有限公司
51	河北金凯国际旅行社有限公司	81	河北纵横国际旅行社有限公司
52	石家庄金鹰旅行社有限公司	82	石家庄瑞尔旅行社有限公司
53	石家庄中桥国际旅行社有限公司	83	石家庄市天龙国际旅行社有限责任公司
54	石家庄市圣康国际旅行社有限公司	84	河北瀚邦国际旅行社有限公司
55	河北光辉假日旅行社有限公司	85	河北芳草国际旅行社有限公司
56	海口民间旅行社有限公司河北分公司	86	石家庄山川旅行社有限公司
57	石家庄云海旅行社有限公司	87	河北康辉国际旅行社有限责任公司
58	石家庄康桥国际旅行社有限公司		

（市旅游局）

【游客满意度调查首进全国20强】 7月份，根据中国旅游研究院发布的2011全国游客满意度调查报告，石家庄市在50个样本城市中名列第19名，首次进入全国前20名。中国旅游研究院发布的全国游客满意度调查，是中国最具权威的旅游调查之一，列入抽样调查的50个样本城市是全国旅游城市中的代表。调查是通过网络调查、向散客发传单调查、电话调查等方式，对全国各地的游客进行抽样调查，由游客对不同城市旅游景区、旅行社服务、酒店住宿、购物满意度等总体评价打分，最终确定出名次。2011年第二季度全国游客满意度调查报告，石家庄市游客满意度指数为77.27。

（刘宝芝）

【城市夜游和乡村旅游】 研究制订《关于进一步推进城市夜游及周末旅游发展的工作方案》，启动“夜经济”文化旅游在行动活动，确定石家庄民间工艺博物馆（河北习三内画博物馆）和洪顺曲艺社为首批“石家庄旅游定点接待单位”。推出首批适合团队出游15家夜游景点、4条城市夜游线路及20条周末一、二日游线路，藁城国大御温泉、平山白鹿温泉等重点景区策划推出丰富多彩的夜游活动，通过《石家庄日报》、石家庄电视台等媒体广泛发布，极大激发了市民夜游热情。开通井陉县、鹿泉市、藁城市“城乡互动”周末游免费直通车线路，推进周末乡村旅游发展和城乡互动。按照《河北省农家乡村酒店等级划分与评定》标准，在全市开展农家乡村酒店星评定工作，100多家农家乡村酒店30家通过初评。至年末，全市拥有国家农业旅游示范点1处，河北省休闲农业和乡村旅游示范点9处，河北省工业旅游示范点4处。

【辛集国际皮革城4A级购物旅游景区挂牌】 12月18日，辛集国际皮革城4A级购物旅游景区挂牌。辛集国际皮革城是河北省重点项目，也是河北省“十二五”旅游建设重点项目，是国家级外贸转型升级示范基地。辛集国际皮革城精品贸易中心一、二期总建筑面积36万平方米，投资12.6亿元。一至三层面向国内市场，主要经营中高档皮革精品，一层经营皮具、皮鞋、皮毛饰品；二层经营皮衣、尼克服；三层经营裘皮；四层设立餐饮和外贸专区，集中展示外贸产品。一期工程于2010年9月开业，入驻企业650家，国内外知名品牌130个；二期工程于2011年7月开工，计划2012年9月建成开业。辛集国际皮革城依托产业优势和超值价格优势，结合全方位宣传推广，与周边7个省市自治区180多个旅行社建立了由旅行社团发送游客的合作关系。2011年，辛集国际皮革城共接待旅游大巴车2.1万辆，游客96万人次，海外游客1.2万人次，旺季日接待游客达8000人以上，实现销售收入25.6亿元。

（刘伟东）

金　融

金　融

概　述

2011年，全市经济金融环境概括为挑战与机遇并存。从挑战方面来讲，国际金融危机影响仍未消除，世界经济恢复缓慢，国内通胀压力加大等国内外经济形势出现新变化，促使国家货币政策由适度宽松转向稳健。从机遇方面看，中央实施稳健的货币政策不是一概紧缩，是区别对待、有扶有控。石家庄市需要融资的很多战略项目恰恰属于“扶”的范围，大量民间资本存在也为融资提供了更多选择。面对后金融危机时代复杂多变的经济形势和城镇面貌“三年大变样”艰巨任务，2月22日，围绕推动经济社会转型升级、跨越赶超，建设繁华舒适、现代一流省会城市这个大局，隆重召开自改革开放以来首次全市金融工作会议，就如何做好新形势下金融工作进行安排部署。会议要求围绕大局，贯彻落实中央宏观调控政策，发挥金融配置资源、调节经济、服务发展的职能，抓住关键环节，突出工作重点，拓宽融资渠道，提高融资实效，为全市经济社会又好又快发展提供有力的资金保障。2011年，金融环境得到大幅改善，初步形成党委政府推动、金融机构主导、全社会支持的工作新局面，为金融业快速发展提供了良好外部条件。截至2011年底，全市金融机构人民币各项存款余额6715.34亿元，比年初增加637.84亿元；人民币各项贷款余额3659.79亿元，比年初增加405.92亿元；存贷款余额、新增存贷款等指标均居全省第1位；人民币存量存贷比为54.5%，比上年同期提高0.99个百分点；人民币增量存贷比63.64%，比上年同期提高24.27个百分点，高出存量存贷比9.14个百分点；金融业增加值达到169.8亿元，较上年增长12.7%，占全市GDP的4.25%。金融机构引进来走出去取得新成绩。2011年，新设石家庄村镇银行1家，银行业金融机构达到24家，营业网点1200余个；渤海银行在石设立分支机构申请获批准，处于筹建阶段；浙商银行在石设立分行申请上报银监部门审批；9月30日，元氏信融村镇银行开始试营业，成为继平山西柏坡冀银村镇银行之后第二家村镇银行；哈尔滨银行、中国农业发展银行、澳洲联邦银行、成都商业银行，在辖内县域设立村镇银行工作正在推进；新入驻保险公司省级分公司6家，总数达到53家；新设小额贷款公司11家，总数达到35家，实现县域全覆盖；河北银行新建异地分行1家，其异地分行总数达到7家。采取企业直接上市融资、企业场外交易上市融资、“新三板”试点申办和债务市场融资等多种措施，企业融资渠道拓宽。年内，以岭药业、常山药业、四方通信3家企业成功上市，占全省公开市场上市企业数量的43%，直接融资34亿元，累计实现企业上市24家，直接融资210亿元；石家庄高新区“新三板”试点申办工作正在加紧推进；常山纺织、石药集团等企业发行短期融资券、中期票据179亿元；石家庄城投集团成功发行10亿元“市政项目建设债券”；中信银行承销的“石家庄市2011年度第一期中小企业集合票据”于12月份成功注册，拟发行金额2.8亿元，成为河北省第一支集合票据。利用国家鼓励保险业扩大融资功能的机遇，探索，引导保险资金合理进入贷款投资领域，保险业服务社会、保障民生作用日益凸显。研究制定《关于进一步做好政策性农业保险工作的通知》和《实施方案》，扩大开展政策性农业保险，完成投保金额8400万元，提供风险保障6641万元。推进农民小额人身保险、小额贷款等保险业务，2011年全市实现原保险保费收入132.54亿元，占全省保费收入的比重超过六分之一。引导金融机构创新金融产品，广泛运用信贷替代产品，融资瓶颈出现持续积极变化，中小企业和“三农”融资难问题得到缓解。年内，召开联保贷款研讨会3次，大力引导银行机构开展中小企业联保贷款，至9月底，各银行机构完成审批浙江丽水商会、华北鞋城等联保组织176个，联保户数544户，审批贷款额度14.07亿元，发放贷款7.76亿元；组织开展大型银企对接活动6次，专题项目对接10余次，二季度组织金融机构深入24个县（市）区和产业基地（园区），逐县市、逐园区、逐企业开展“一对一”银企对接活动。至2011年底，全市全部企业贷款余额2131.54亿元（中小企业贷款占比62.38%），新增企业贷款217.69亿元（中小企业贷款占95.35%）。全年全市小企业贷款较年初增长23.15%，贷款增速同比提高10.05个百分点，有力地支持全市经济社会发展。积极推进政府融资平台规范化运作，市场化经营，严厉打击逃废债务行为，加强防范和处置非法集资活动，金融风险防范能力提升。2011年，退出政府融资平台2家（地产集团、建投集团），加速推进城投集团、发投公司等其他政府融资平台建设，着力构建可持续发展的政府融资体系；处置非法集资案件1起（舜地案件）；处置涉嫌非法集资案件一批，包括晶莹黄金、天凯基金、大连金澳、黑龙江圣瑞等；各银行机构不良贷款指标大幅降低，至2011年末，全市银行业不良贷款余额115.63亿元，比年初减少6.42亿元，不良贷款率3.06%，比年初下降0.58个百分点。

银行业金融机构。2011年，石家庄市新设村镇银行1家（9月30日，元氏信融村镇银行开业试运营），截至年底，全市共有银行业金融机构24家，营业网点1200余个。其中，法人银行业机构5家：包括城市商业银行1家（河北银行），农村信用联社1家（石家庄市农村信用合作社联合社），农村合作银行1家（石家庄汇融农村合作银行），村镇银行2家（平山西柏坡冀银村镇银行、元氏信融村镇银行）；一级分行19家：包括政策性银行分行1家（中国农业发展银行），中资全国性商业银行分行14家（国家开发银行、工商银行、农业银行、中国银行、建设银行、交通银行、中信银行、光大银行、华夏银行、民生银行、邮储银行、浦发银行、兴业银行、招商银行），外资银行分行1家（东亚银行），城市商业银行分行3家（廊坊银行、邯郸银行、张家口银行）。

保险业金融机构。2011年，石家庄市新入驻保险公司省级分公司6家。截至年底，石家庄拥有保险公司省级分公司53家，其中财险公司25家，寿险公司28家，全市保费规模居全省第一位，保险业继续保持高速发展良好态势。全年实现原保险保费收入132.54亿元，占全省保费收入的1/6强。其中，财险保费收入45.90亿元，同比增长28.68%，人身险保费收入86.64亿元，同比减少10.35%。至2011年末，全市保险业税收入库5.2亿元，同比增加9888万元，增长23.6%，创下增幅新高。

证券期货业金融机构。2011年，全市共有证券法人公司1家，证券分公司2家，证券营业部47家；期货法人公司1家，期货营业部9家。

其他金融机构。2011年，全市共有国有金融资产管理公司分支机构4家（信托投资、金融租赁、企业财务公司、产权交易中心），农村资金互助社1家，小额贷款公司35家。截至年末，全市小额贷款公司贷款余额22.06亿元，全年累计投放40.44亿元，成为社会融资的有力补充。

（彭秀文　勒晓磊）

银　行

2011 年，国家货币政策由宽松转为稳健。年内，上调存款准备金率 6 次，下调存款准备金率 1 次，上调存款利息 3 次，综合运用公开市场操作、存款准备金率、利率、汇率等多种价格和数量工具，消除通货膨胀的货币因素，着力处理好促进经济增长和抑制通货膨胀的关系。在一系列调控政策作用下，前期释放的流动性得到有效回收，与此同时，实体经济运行中资金配置问题也愈发突出，具体表现为实体经济资金缺乏与资金炒作泛滥并存。贷款基准利率达到 6.56%，为 2008 年 11 月以来的最高点，实体经济资金短缺、贷款难，致使民间借贷高速急剧扩张；大量社会资本积极寻找投资目标，房地产、贵金属、蔬菜、字画、中药材都遭到爆炒，物价出现非正常上涨。造成以上问题的根本原因是包括利率市场化等真正价格型政策工具缺乏。自 2010 年 10 月以来人民银行连续加息五次，因大比例利差存在，社会资本并没有回流银行系统，反而激发了民间投资热情，资金加速流向房地产等投资领域。从石家庄情况看，金融运行总体平稳，存款增长趋缓，季节性波动明显，贷款投放渐趋均衡，对实体经济和弱势领域支持力度加大，促进了地方经济增长。截至年末，全市金融机构本外币各项存款余额 6755.79 亿元，比年初增加 623.48 亿元，比 2010 年同期增长 9.86%。其中，本外币个人存款余额 3283.32 亿元，比年初增加 348.68 亿元，比 2010 年同期增长 11.88%；本外币单位存款余额 3227.23 亿元，比年初增加 261.94 亿元，比 2010 年同期增长 8.96%。本外币各项贷款余额 3698.06 亿元，比年初增加 428.25 亿元，比 2010 年同期增长 13.40%。其中，中长期贷款余额 2078.18 亿元，比年初增加 222.64 亿元，比 2010 年同期增长 13.58%；短期贷款余额 1492.30 亿元，比年初增加 193.69 亿元，比 2010 年同期增长 12.62%。信贷增长呈现以下主要特点：从增速看，2011 年贷款增速低于近年来同期水平，略高于 2008 年；从信贷增量看，基本延续逐步回落态势，四季度略有回升；从行业看，贷款余额较多的 3 个行业是制造业，交通运输、仓储和邮政业，批发和零售业，分别为 770.81 亿元、543.13 亿元和 353.00 亿元，贷款年增量较多的 3 个行业是批发和零售业，制造业，交通运输、仓储和邮政业，分别增加 83.83 亿元、67.39 亿元和 47.49 亿元；小微企业信贷支持力度加大，年内新增小企业贷款在全部企业贷款中占比基本维持在 55% 左右的水平，远高于大、中型企业贷款占比；大型银行放贷多，小型银行贷款增长较快，年内贷款增量较多的 5 家机构是建设银行、农村信用社、中国银行、农业发展银行、工商银行，分别增加 65.56 亿元、65.04 亿元、45.20 亿元、35.17 亿元和 32.79 亿元，贷款增长较快的 5 家机构是：东亚银行、招商银行、邮政储蓄银行、财务公司和农业发展银行，同比分别增长 1530.68%、112.68%、94.76%、51.68% 和 43.31%。

表 28　2011 年 1 ～ 12 月石家庄市人民币信贷收支情况一览表

2011—12—31

栏目 / 月份	各项存款（亿元）		各项贷款（亿元）		存贷比（%）	
	余　额	月增量	余　额	月增量	存　量	较上年同期
1 月	6091.5	14.19	3325.37	66.85	54.59	−2.67
2 月	6107.56	16.07	3350.34	24.97	54.86	−1.51
3 月	6341.97	234.41	3408.3	57.96	53.74	−2.56
4 月	6299.45	−42.67	3430.5	22.2	54.46	−1.05

（续表）

月份	各项存款（亿元）		各项贷款（亿元）		存贷比(%)	
	余额	月增量	余额	月增量	存量	较上年同期
5月	6369.71	70.25	3450.74	20.24	54.17	-0.79
6月	6514.84	145.13	3493.06	42.32	53.62	-0.41
7月	6408.71	-106.13	3537.39	44.36	55.2	1.09
8月	6475.07	66.36	3542.35	4.96	54.71	1.18
9月	6501.19	26.12	3564.64	22.3	54.83	1.06
10月	6579.00	77.81	3610.77	46.13	54.88	1.54
11月	6705.69	126.69	3630.12	19.35	54.13	0.71
12月	6715.34	9.65	3659.79	29.67	54.5	0.99

（樊秀华）

人民银行

【概况】 2011年，人民银行石家庄中心支行认真落实总行、天津分行工作部署，内抓管理保安全，外抓服务树形象，认真执行稳健的货币政策，积极维护金融安全稳定，大力推进外汇管理改革，不断提升金融管理和服务水平。深入贯彻执行国家各项调控政策措施，加强政策宣传解释和执行情况监测，组织实施差别准备金动态调整，做好信贷投放测算、监测和信贷规划调整，确保实现信贷增量节奏平稳、总量适度调控目标，促进石家庄经济社会平稳较快发展。制定并组织落实金融支持环首都绿色经济圈、沿海经济隆起带、民营经济、小微企业等方面指导意见，推动重点区域、重点项目、重点行业建设发展。印发并组织落实《金融支持保障性安居工程建设的指导意见》，支持保障性住房建设工作。出台《加大企业直接融资的指导意见》，拓宽企业融资渠道。开展涉农和中小企业信贷政策导向效果评估，发挥再贴现、再贷款政策引导作用，推动涉农和中小企业信贷政策有效落实。加强跨境人民币业务宣传推介，支持试点企业开展跨境人民币业务，推动人民币跨境结算工作。2011年人民银行石家庄中心支行较好地履行了中央银行分支机构职责，石家庄地区金融运行总体平稳。至年末，石家庄市人民币各项存款余额达到6715.34亿元，人民币各项贷款余额达到3659.79亿元，人民币存量存贷比为54.5%，比上年同期提高0.99个百分点。全年增量存贷比为63.64%，比上年同期提高24.27个百分点，比存量存贷比高9.14个百分点。

【风险防范】 制定《河北省新设金融机构加入人民银行金融管理与服务体系管理办法》、《河北省金融机构执行人民银行金融管理政策评价办法》、《石家庄中心支行综合执法检查工作暂行规定》、《河北省金融管理和服务操作手册》等制度办法，出台各类金融管理配套制度156个，构建“党委领导、部门参与、协调联动”的省市县三级联动金融管理新模式。开展银行机构、证券机构、保险机构综合评价和执法检查，着力推进“两综合、两管理”工作，有效规范了金融机构经营行为。制定《金融机构稳健性现场评估办法》，组织开展金融机构稳健性现场评估。继续发挥“1＋4”稳定报告体系和“三位一体”评估体系作用，为领导全面掌握金融稳定状况提供参考。

【外汇管理】 积极配合总局NAS数据备份改造试点、“货物贸易外汇监测系统”开发测试、总局政府网站上线测试工作。全面实施外债转贷款登记、结汇和购付汇“三统一”，降低市场主体办事成本，促进贸易投资便利化。适当放宽企业进口付汇和远期收汇备案条件，严格控制贸易融资和国内外汇贷款规模，利用价格杠杆引导和鼓励企业少结汇、多购汇，着力推动河北省“减顺差”工作。深入分析外汇资金流动特点，密切关注服务贸易可疑线索和违规案例，加强“热钱”流入管理，有效防范了跨境资金流动风险。利用非现场检查系统，以

"打热钱"为切入点，优化检查方法，提高检查频率，加大处罚力度，扩大检查覆盖面，全年组织专项检查11次，检查金融机构88家，企业158家，个人11名，有效地维护了河北省外汇市场秩序。

【金融服务】 成立河北省金融统计标准化工作领导小组，全面推进金融机构统计标准化工作。研发推广"金融统计数据核对系统"，促进数据审核电子化、规范化。围绕经济金融运行中的热点、难点问题，深入开展调研分析和课题研究，《河北钢铁行业发展与金融支持对策建议》和《金融支持推动环渤海区域经济转型》被总行《分支行行长调研报告》采编，《河北省中小企业融资情况的调查》、《河北省水利建设情况及金融支持对策》、《河北省淘汰落后产能及金融支持对策》、《河北省小型微型企业融资情况调查》、《河北省金融支持新农村建设情况报告》等5篇调研报告得到省委、省政府主要领导批示肯定。大力开展支付结算执法检查，提高支付结算业务管理水平。扎实推进全省助农取款服务试点工作，开通银行卡助农取款服务点2011个，办理取款业务15.45万笔，金额2142.11万元，有效提高了农村支付服务水平。与省公安厅联合建立打击银行卡犯罪协作机制，提高了打击银行卡犯罪效率。完成全省金融业机构信息管理系统验证检查、金融城域网升级改造建设，制定《河北省金融IC卡应用工程总体工作规划》，积极推动河北省金融IC卡应用推广和社会保障卡加载金融功能工作。加强制度建设和督促检查，大小额支付系统、支票影像系统、票据自动清分、网上退票系统安全稳定运行。加强发行基金调拨管理，搞好跨区域基金发行调拨，满足了社会经济发展合理现金需求。组织"打击防范经济犯罪、共建和谐美好生活"大型宣传咨询活动，全社会反假货币意识增强。推进财税库银横向联网工作，河北省横联业务量居全国第1位。在全省税务系统推广横联刷卡缴税业务，提高了税款征缴入库电子化水平。开展国库直接支付政府补贴资金工作，打造涉农补贴资金"国库直通车"，实现涉农补贴资金从国库账户"点对点"直接拨付到农民个人收款账户。建设运行河北省信用门户网站，开展中小企业信用体系实验区建设，实现全省环保行政处罚、行政许可信息集中录入征信系统，推进了全省社会信用体系建设。完善反洗钱综合管理信息系统，被总行确定为2012年反洗钱信息化建设申报项目，并准备在全国范围内推广应用。加大反洗钱调查和协查力度，共调查、协查案件22起，向侦查机关报案4起，涉案金额38.4亿元。

【内控管理】 建设运行规章制度在线学习测试系统，2次组织全员开展在线测试活动，推动各项规章制度有效落实。推广领导干部履行职责审计现场检查指引和内控管理与评价信息系统，组织完成货币发行、银行账户管理和"两网分离"等专项审计。修订《石家庄中心支行领导干部履行职责绩效审计实施细则(试行)》，完善事后监督规章制度，实现由规范性监督向审慎性监督转变。组织全省人民银行系统评估和修订完善1500多项应急预案，圆满完成全省国库会计数据集中系统突发事件等多项应急演练，危机管理和应急处置水平提高。

表29　　2011年石家庄地区全部金融机构人民币信贷收支情况一览表

2011—12—31　　单位：万元

来源项目名称	金　额	运用项目名称	金　额
一、各项存款	67056675	一、各项贷款	36542324
1.单位存款	31956381	(一)境内贷款	36541829
其中：活期存款	14945562	1.短期贷款	14542234
定期存款	7729689	(1)个人贷款及透支	1795185
通知存款	725571	其中：个人消费贷款	374623
保证金存款	5644930	(2)单位贷款及透支	11757149

（续表）

来源项目名称	金　额	运用项目名称	金　额
2.个人存款	32656403	其中：经营贷款	11490562
储蓄存款	32411319	固定资产贷款	240648
保证金存款	13038	(3)普通并购贷款	
结构性存款	232046	(4)银团贷款	205000
3.财政性存款	779978	(5)贸易融资	784900
4.临时性存款	116902	(6)境外投资转贷款	
5.委托存款	190142	2.中长期贷款	20759808
6.其他存款	1356869	(1)个人贷款	5118715
二、金融债券	79541	其中：个人消费贷款	3989838
三、中长期借款	869	(2)单位贷款	14202309
四、应付及暂收款	1343963	其中：经营贷款	3376391
其中：应付利息	641657	固定资产贷款	10825918
五、同业往来（来源方）	848915	(3)普通并购贷款	4900
六、系统内资金往来（来源方）		(4)银团贷款	1430884
七、外汇买卖（来源方）	1045629	(5)贸易融资	
其中：结售汇	1045443	(6)境外投资转贷款	3000
八、各项准备	958535	3.融资租赁	
其中：贷款损失准备金	927475	4.票据融资	1206913
九、所有者权益	1789424	其中：贴现	1206913
其中：实收资本	707346	5.各项垫款	32874
十、其他	−3287140	(二)境外贷款	494
		二、有价证券	2302696
		三、股权及其他投资	27085
		四、应收及预付款	410051
		其中：应收利息	148797
		五、同业往来（运用方）	348
		六、系统内资金往来（运用方）	28580696
		七、金银占款	
		八、外汇买卖（运用方）	1048372
		其中：结售汇	1047947
		九、固定资产	581538
		十、库存现金	343300
		十一、投资性房地产	
资金来源总计	69836410	资金运用总计	69836410

表 30　2011 年石家庄地区全部金融机构本外币信贷收支情况一览表

2011—12—31　　单位：万元

来源项目名称	金　额	运用项目名称	金　额
一、各项存款	67461020	一、各项贷款	36925026
1.单位存款	32200076	(一)境内贷款	36924531
其中：活期存款	15171305	1.短期贷款	14913065

（续表）

来源项目名称	金　额	运用项目名称	金　额
定期存款	7730030	(1)个人贷款及透支	1795280
通知存款	725571	其中：个人消费贷款	374717
保证金存款	5662541	(2)单位贷款及透支	11942361
2.个人存款	32808595	其中：经营贷款	11675773
其中：储蓄存款	32553389	固定资产贷款	240648
保证金存款	13372	(3)普通并购贷款	
结构性存款	241835	(4)银团贷款	205000
3.财政性存款	779979	(5)贸易融资	970424
4.临时性存款	123334	(6)境外投资转贷款	
5.委托存款	191738	2.中长期贷款	20771679
6.其他存款	1357297	(1)个人贷款	5118715
二、金融债券	79541	其中：个人消费贷款	3989838
三、中长期借款	3012	(2)单位贷款	14202309
四、应付及暂收款	1394594	其中：经营贷款	3376391
其中：应付利息	642500	固定资产贷款	10825918
五、同业往来（来源方）	850624	(3)普通并购贷款	4900
六、系统内资金往来（来源方）		(4)银团贷款	1430884
七、外汇买卖（来源方）	1609437	(5)贸易融资	
其中：结售汇	1598143	(6)境外投资转贷款	14871
八、各项准备	960819	3.融资租赁	
其中：贷款损失准备金	929760	4.票据融资	1206913
九、所有者权益	1800123	其中：贴现	1206913
其中：实收资本	707346	5.各项垫款	32874
十、其他	−3204449	(二)境外贷款	494
		三、股权及其他投资	27085
		四、应收及预付款	448203
		其中：应收利息	152055
		五、同业往来（运用方）	15180
		六、系统内资金往来（运用方）	28694320
		七、金银占款	
		八、外汇买卖（运用方）	1609336
		其中：结售汇	1598046
		九、固定资产	581538
		十、库存现金	351337
		十一、投资性房地产	
资金来源总计	70954722	资金运用总计	70954722

中国人民银行石家庄中心支行

行　　长：张文汇（兼国家外汇管理局河北省分局局长）

副 行 长：邵延进（11月免）　李小秋（兼国家外汇管理局河北省分局副局长）　贾广军　光兰明

纪委书记：任德智

助理巡视员：王云峰　张辰辰（1月任）　乔志彬（1月任）

（樊秀华）

农业发展银行

【概况】 2011年，农业发展银行河北省分行营业部围绕中央宏观调控政策及强农惠农政策落实，牢牢把握“四着力四提升”这条主线，积极支持中央粮库及地方企业加强粮棉油收储，做大做强中长期政策性贷款业务，上下联动，清防结合，大力提升信贷资产质量，多措并举，增收节支，稳步提高经营绩效。严格头寸管理，坚持小额勤调，最大限度减少低息无息资金占用，资金运用率达到103%。加大贷款收息力度，做到各项利息应收尽收，实现利息收入5.32亿元，综合利息收回率96.97%，同比提高0.90个百分点。厉行节约，勤俭办行，严格费用支出管理，全年实现账面盈利2.86亿元，同比增加1.17亿元，人均利润55.11万元，同比增加22.88万元。年内，组织贷后检查9次，完善抵押手续2家，退出不符合贷款条件企业8家，收回贷款1.8亿元，政策性中长期贷款第二还款来源补充落实92.39%，中长期贷款本息收回率达到100%，客户结构优化，信贷质量提高；销售上年度粮油4.71亿公斤，收回贷款9.96亿元，小麦、玉米、油料收购贷款本息实现双结零，有效地规避了市场风险；全力落实清收风险贷款，收回栾城县、元氏县支行1027万元已逾期或即将逾期重组贷款622.5万元，收回藁城市常安油脂公司收购贷款1100万元。至年末，不良贷款余额6801.04万元，较年初净下降3370.12万元，现金清收不良贷款2146.11万元，完成任务的165.09%，清收绝对额、完成任务占比分别列全省农发行系统第一和第二；不良贷款率0.61%，较年初下降0.64个百分点。全年累计发放各项贷款64.58亿元，同比多放24.54亿元。至年末，各项贷款余额111.7亿元，较年初增加30.5亿元（如考虑消化新增粮食财务挂账贷款4.66亿元因素，较年初增加35.16亿元）；各项存款余额44.7亿元，比年初增加5.5亿元。

2011年7月11日，农业发展银行河北省分行营业部总经理康宗琪（中）到辛集市禾佳粮油购销有限公司调研

【贷款业务】 按照“多收粮、收好粮、防风险”的原则要求，加大信贷投放力度，支持中央和地方增加粮食储备，支持农业产业化龙头企业和农产品加工企业发展，支持农村土地整理开发和新民居建设，支持信贷优质客户做优做精做强。全年累计发放各项贷款64.58亿元，同比增加24.54亿元，同比增长43.67%，其中累计发放政策性粮油储备及国储肉贷款12.32亿元，同比增加6.55亿元（地方储备贷款增加2.99亿元）；累计发放准政策性粮油收购及化肥储备贷款10.51亿元；累计为16家农业产业化龙头企业及农产品加工企业发放发展贷款7.63亿元；累放政策性中长期贷款34.71亿元，同比增加22.43亿元，其中发放正定新区建设项目（6月底，该项目通过总行审批）贷款23.9亿元。至年末，各项贷款余额达到111.7亿元，创历史最高水平；政策性中长期贷款余额达到54.11亿元，较年初增加33.47亿元。

【存款业务】 狠抓存款组织，主动抓，早安排，将低成本存款营销作为春季行动的重点，强化措施，加强督导，存款业务实现首季开门红。自8月份始，针对存款下滑情况，开展百日竞赛活动，加大考核和督导力度，按月通报进度，激发组织存款积极性，企事业单位和财政低成本存款较上年日均增加11亿元，完成任务的307.82%。至年末，各项存款余额达到44.7亿元，较年初增加5.5亿元，日均增加10.5亿元，各项存款增幅和任务完成率均居全省首位。

【中间业务】 分解考核任务，加大营销力度，拓宽经营渠道，扩大收入来源，重点发展咨询顾问业务，稳步推进保险代理业务，积极开展国际结算业务，超额完成省分行下达的全年任务。全年实现中间业务收入367.31万元，完成任务的105.16%，较上年增加51.78万元，同比增长16.41%。

【国际业务】 创新国际业务品牌，完善营销激励机制，健全目标考核评价体系，提高服务水平，促进国际业务发展。至年末，实现国际业务收入55万元，较上年减少11万元。

中国农业发展银行
河北省分行营业部
总　经　理：康宗琪
副总经理：张国君
　　　　　张惠仙（女）
　　　　　王建民

（白江丰）

工商银行

【概况】 2011年，中国工商银行石家庄分行营业部以经济效益为中心，以转型发展为主线，深入推进竞争力改革，全面实施精细化管理，突出抓好三项重点工作（存款、中间业务、不良贷款清转），全面提升市场竞争力。大力加强培训管理，提高干部队伍素质、优化干部队伍结构、增强干部队伍能力。深入开展“同心工程”，积极创新工作形式，丰富员工工作内容，提升企业战斗力、凝聚力、向心力。扎实开展“送温暖”活动，为困难职工、老党员、劳动模范发放慰问金，为“一班制”非营业室职工发放午餐补助，开展网点“送粥工程”，营造和谐发展环境。积极开展爱心援助活动，为国家级贫困县赞皇县见守小学捐建“爱心书屋”1个，履行企业社会责任，树立了良好的社会形象。组织开展企业文化小故事征集、“我的五年”征文、“同心杯”演讲比赛等活动，推进企业文化示范行建设，为加快转型发展提供了内在动力。深化开展“领导点评”、“公开承诺”、“党员下基层助力服务”等争先创优活动，推进党建工作走上新水平。成立摄影、乒乓球、羽毛球、舞蹈等多个群众性文体组织，举办丰富多彩的文体活动，“职工之家”建设深入扎实，营业部获得“全国模范职工之家”称号，桥西支行获得“全国金融模范职工之家”称号，胜利支行获得石家庄市“模范职工之家”称号。全面实施签订《2011年党风廉政建设和案件防范工作责任状》和《员工禁止性规定承诺书》，开展“内控和案防制度执行年”、“消除八种风险　防范案件事故”等活动，搞好各类应急预案演练，确保企业安全、规范、高效运营。制订《营业部竞争力改革方案》及40余个改革实施细则，全面实施管理、标准、素质、形象、效率“五大工程”，强化绩效考核结果运用，降低网点服务投诉率，服务工作取得进一步好转。加强信贷风险监控平台建设，前移风险把控关口，做到及早发现及时防范，同时加大对不良贷款清转力度，全年信款大户没有发现劣变事件，信贷不良额和不良率实现“双降”，信贷资产质量提升。截至年底，分行拥有内外勤员工3200余名，营业网点机构33家；各项

2011年8月17日，中国工商银行河北省分行营业部与藁城市政府签署战略合作协议，并举行藁城支行良村分理处开业庆典仪式

存款余额达到859.65亿元，较年初增加2.53亿元，同比增长0.29%；各项贷款余额达到455.19亿元，较年初增加32.79亿元，同比增长7.76%；实现中间业务收入5.76亿元，较上年增加1.9亿元，位居全省首位；实现拨备前利润16亿元，同比增加1.69亿元。

【存款业务】 开展“大联运大营销”活动，开拓重点市场，发展中高端客户，强化渠道建设，实现到期理财产品承接率提高，扭转了存款发展基础不牢、波动性较大的被动局面，增强了企业核心竞争力。至年末，各项存款余额达到859.65亿元，较年初增加2.53亿元，同比增长0.29%。

【信贷业务】 以中型企业扩户增容、小企业和个人贷款做大做强为重点，坚持大中小客户并重、公司与个人客户并重、表内与表外业务并重，强化市场营销，加快产品创新，推进资产业务多元化，实现信贷业务转型发展。年内，为大客户发放贷款58亿元，居系统首位；为中型客户办理融资36.82亿元，居系统首位；发放全省首笔小企业专利权质押贷款1500万元，累计发放小企业贷款39.26亿元，居系统第二位；为个人客户发放贷款32.67亿元；发放房地产项目贷款29.97亿元，系统占比25.47%，居系统首位。至年末，各项贷款余额为455.19亿元，较年初增加32.79亿元，同比增长7.76%。

【中间业务】 开辟新的资产性业务，抓好基础性业务，做大做强理财性业务，挖潜增效、应收尽收。年内，贵金属、信用卡、国际贸易融资、财务顾问等15个产品线收入突破千万元，同比增加5个，实现资产类业务收入2.3亿元；结算、银行卡、电子银行、国际业务等基础性业务发展加快，结算业务增盈4337万元，居系统首位，办理国际结算22.65亿美元，较上年提高7.92%，国际业务结算量居同业第三位，摆脱了多年占比末位的局面，实现跨越式发展；保险、基金、贵金属等理财类业务整体创利能力提升，设立省会首家、全省最大的贵金属旗舰店和全省首个“工银金行家投资俱乐部”，成功营销全省首个黄金租赁客户，成功办理省内首笔品牌金回购业务，全年实现白银业务总量1320吨。至年末，实现中间业务收入5.76亿元，同比增加1.9亿元，增幅达49.36%。

【网点建设】 年内，完成物理网点改造18个，建设离行式自助银行6个，网点升格30个，新增ATM机67台，发展特约商户527家，安装POS机819台，完成河北省首个3G无线外派业务终端的应用案例。至年末，分行共拥有支行33家（分行营业部、桥西支行、和平支行、长安支行、建华支行、中华支行、光明支行、胜利支行、石岗支行、东风支行、桥东支行、开发支行、新华支行、建南支行、西苑支行、高新支行、鹿泉支行、辛集支行、正定支行、平山支行、藁城支行、井陉支行、晋州支行、栾城支行、灵寿支行、元氏支行、无极支行、深泽支行、新乐支行、赵县支行、赞皇支行、行唐支行、高邑支行），营业网点149家，特约商户累计达到1269户，POS机总计2263台，新增电子商务客户2户，新增银企互联客户2户，企网新开6952户，个网新开21万户。

中国工商银行河北省分行营业部

总 经 理：李金辉

副总经理：侯建敏　朱守臻

李黎　刘斌

张顺元

鲍振香（兼）

郭会科（兼）

纪检书记：程春明

工委主任：冯建中

总经理助理：侯惠鹏

（蔡海骥）

农业银行

【概况】 2011年，中国农业银行股份有限公司河北省分行营业部围绕工作目标任务，加强内部管理，转变发展方式，积极拓展优质客户，做大做强城市业务，做深做细“三农”工作，全力支持地方经济发展。采取多种方式，加强队伍建设，提升企业发展后劲。开展业务培训，举办各类培训班115期，培训人员2万多人次；开展岗位资格认证，组织人员参加各种考试1600多人次，其中柜员岗位资格考试1100多人，产品经理资格考试57人，全国高级会计师、全国职称外语等社会考试500多人；开展全员岗位练兵，在省行组织的系列技术比赛中，获得信用卡知识竞赛一等奖、国际业务知识竞赛一等奖、金融市场知识竞赛二等奖、柜台业务团体第一名、产品组合创意组一等奖等9个团体奖项和6个个人奖项；开展基层矛盾化解活动，慰问特困劳模、特困员工198名，发放慰问金26.8万元，解决了部分困难员工生活之急，带去了组织关怀和温暖。持续推进“基础管理提升年”活动，加强临柜业务“标准化、规范化、制度化”建设，促进营业机构实现“铁账、铁款、铁规章”管理目标，“三化三铁”达标率实现100%。加强安全保卫检查，确保了金库、营业场所和自助机具等重点部位安全；加强消防安全“四个能力”（检查消除火灾隐患的能力、组织扑救初起火灾的能力、组织人员疏散逃生的能力、组织消防宣传教育培训的能力）建设，落实线路改造要求，消除火灾风险隐患。安全保卫建设通过总行、省分行安全评估验收，5家支行被市公安局评为“平安支行”。开展基本理论、基本知识、基本制度、基本技能（简称“四基”）学习教育活动，制定落实《员工违规处理办法》，增强全员合规意识，提高了企业合规经营能力。年内，5家支行获评营业部“四基”活动先进支行，25人获评营业部先进个人；2家支行（广安支行、藁城支行）获评省分行“四基”活动先进支行，5人获评省分行“四基”活动先进个人；28家支行达到内控评价一类行标准，较上年增加17家，占全行支行总数的84.8%，另外5家支行达到内控评价二类行标准，占全行支行总数的15.2%；连续9年实现安全经营无案件，整体合规管理水平全面提高。推进运营后台建设，有效控制操作风险。年内，全辖所有网点授权全部实现远程授权；市区范围内现金清点业务全部上收到市行现金中心；市区范围内重要空白凭证配送业务全部实现集中配送；联行往来、同城交换、开户审批、司法查询等部分业务纳入集中作业运营中心集中处理。严格控制信用风险，强力清收不良资产。全年清收自营不良贷款3132万元，贷款不良率为1.15%，较年初下降0.28个百分点，低于全省平均水平。截至年末，各项存款755亿元，较年初增加51亿元；各项贷款299亿元，较年初增加35.8亿元，同比多增4.83亿元，其中法人贷款增加39.5亿元，同比多增29亿元，个人住房贷款增加10.6亿元；中间业务实现收入40175万元，完成年计划的99.94%，同比增加12129万元；实现拨备前利润14.05亿元，同比增加2.13亿元，完成全年计划101%。

2011年2月25日，河北省授予农业银行河北省分行营业部（前排左二为营业部纪委书记刘斌）“AAA级河北省劳动关系和谐企业”称号

【对公业务】 制定《营业部对公核心客户建设管理办法》，成立由营业部总经理、前台部室经理和支行行长组成的服务团队，启动核心客户群建设，初步选定2543个优质客户组成营业部核心客户群。完善客户信息、制定服务方案，积极跟踪走访，部分客户（格力电器、轨道交通等）初见成效。放开分理处办理对公业务权限，办理对公业务网点由年初78个增加到122个。全年全辖对公结算账户新增8284户，达到2.18万户，完成省行任务238%。提供发债、信托、融资顾问等增值服务，维护客户、稳定存款。全年累计销售对公理财产品111亿元，实现对公理财业务收入279万元，完成年计划126%；实现投行收入8285万元，完成年计

划 165%；现金管理平台上线账户达到 743 户，新增 187 户，完成计划 233%，累计交易额 395.6 亿元，月均存款 29.9 亿元。

题及时落实整改。加强网点改造，提高单点产能。截至年末，共装修网点 51 个，累计装修网点 100 个，占全部网点的 65%；全辖个人客户达到 437.7 万户，比年初增加 28.7 万户；储蓄存款余额 544 亿元，较年初增加 49 亿元；个人贷款余额 37.2 亿元，较年初增加 10 亿元，同比增加 3 亿元。

2011 年 3 月 24 日，与河北省中小企业信用担保服务中心举行合作签约仪式

【零售业务】 将优质客户管理系统和金钥匙专家系统相结合，在原有主任、大堂经理管理客户基础上，增设柜员管户经理，加强与客户联系互动，实施精细化管理。加强神秘人暗访检查，对检查出来的问

【"三农"业务】 制定《加快重点县域支行业务发展的意见》，优先发展重点县域支行的资产业务。年内，藁城市、正定县、辛集市、鹿泉市 4 家重点县域支行累计发放贷款 10.2 亿元，占县域支行新增投放的 35.4%。加强农户贷款区域结构、客户结构、产品结构和要素匹配结构调整，明确业务发展重点区域、重点产业和重点客户群体。新增惠农卡 5.29 万张，新增农户小额贷款 6880 万元。开展农户贷款精细化管理，积极稳妥开办农村个人生产经营贷款业务，实现有效支持与风险防范并举。年内，新增个人生产经营贷款 1167 万元，在藁城支行确定助农取款服务点 24 个，覆盖该市 14 个乡镇、24 个行政村，当年实现交易量 200 笔，交易金额 12.4 万元。开展"农户不良贷款零余额支行"创建活动，全辖"农户不良贷款零余额支行"达到 11 家，农户不良贷款占比 0.05%，较年初下降 0.11 个百分点，居全省最低水平。

2011 年 6 月 26 日，与北人集团开展"重重礼，重重送，北国店庆尽享农行四重好礼"刷卡促销优惠活动

【网点渠道建设】 大力拓展有效商户，拓宽服务渠道，以 MIS 系统、POS 机为切入点，陆续入住世贸酒店、东购广场、东明家具、红星美凯龙等 100 余家高档商户。全年新增签约商户 2451 户，商户总量 4607 户；新增 POS 机 4184 台，总量达 7250 台。新增贷记卡发卡量 51531 张。积极发展电子银行注册客户，全年新增 96.16 万户，其中个人网银新增 27.12 万户，电子渠道分流率达 62.46%，较上年末提高 9.7 个百分点，超过全省平均水平 1.59 个百分点。

中国农业银行股份有限公司
河北省分行营业部
总 经 理：王占水（3月免）
宋雷 （3月任）
副总经理：唐国辉 张万钧
崔金涛
陈肯（7月免）
刘海青（1月任）
纪委书记：刘斌

（张丽）

中国银行

【概况】 2011年，中国银行河北省分行有效整合石家庄地区资源，成立二级分行中国银行石家庄管理部，全面管理石家庄地区中行业务。1月11日，中国银行石家庄管理部正式成立，内设综合管理部、人力资源部、公司业务部、个人金融部、计划财务部、风险管理部、监察部等14个部门（不含基建办），营业网点77家（城区支行12家、县支行12家、二级支行33家、分理处20家），员工1700人。年内，石家庄管理部秉承“以客户为中心，以市场为导向”的经营理念，以“振奋精神，明确目标，强化内控，提速发展，实现突破”为主线，突出抓好“存款、客户数量增长和中间业务”三项重点工作，认真开展以“落实操作指引，纠正违规行为”为主要内容的内控合规综合整治“春雷行动”及“平安中行”创建和“消防安全责任年”活动，坚持一手抓内控合规、一手抓业务发展，扎实推进各项工作。截至年末，全行本外币资产余额达到748.13亿元，较年初增长32.06%，居全省系统第一名；负债余额达到748.55亿元，较年初增长33.86%，居全省系统第一名；本外币净收入14.33亿元，同比增长20.95%，营业利润9.14亿元，同比增长27.36%。

【业务发展】 建立客户营销、产品拓展与各网点匹配度清单，对公司、个金条线业务指标实行“日点评、周排名、月分析、季通报”，确保了营销进度和效果，促进了业务快速发展。积极推进产品定价绩效考核模式，加强绩效管理过程控制，通过“过堂会”、“行政督导机制”、“上门督导”、“黄牌警告”、“诫免谈话”等形式，及时与落后单位负责人开展绩效沟通，推动了机构整体健康快速发展。截至年末，公司金融基础客户达到17205户，其中，有效客户3994户，较年初新增610户；结算账户19316户，新增4980户，新增额在全省排名第一位；全行个人有效客户860462户，新增99796户；全行人民币各项存款余额668.34亿元，较年初新增166.01亿元，余额和新增额均列全省系统第一位，其中人民币公司存款余额254.27亿元，较年初增加39.42亿元，新增额列全省系统第一位，人民币储蓄存款余额227.1亿元，较年初增长28.85亿元，新增额列全省系统第二位。

【渠道建设】 B类网点业务转型，制定出台《高管层B类行联系制度》、《A类行与B类行业务转型结对子方案》、《B类行转型激励方案》等诸多措施，有效促进了网点对公业务发展。网点标准化建设和网点服务营销流程导入，实现网点从交易型向营销服务型和客户关系型转变，客户满意度和网点营销服务能力提高，网点竞争力提升。加快自助设施投放，完善运行维护机制，建立全辖离行式ATM集中运营模式。年内，成功转型B类支行达到27家，成功转型率71.05%。截至年末，共有38家B类支行开办对公业务，B类支行对公业务开办率为67.86%，较上年末提高28.57个百分点；B类支行对公存款新增贡献率为13.43%，储蓄存款（含理财）贡献率达到62.98%。

中国银行石家庄管理部
总 经 理：张立波
副总经理：边向利 解法林
于大为 赵永军
钟捷 刘汉武
纪委书记：张秋奎

（刘志辉 翟炜霞）

建设银行

【概况】 2011年，建设银行河北省分行营业部按照“保增长、扩内需、调结构、防风险”的思路，大力实施综合发展改革，创新业务发展推动机制，加强资产质量管理，提升案件风险防范能力，实现持续稳定发展。截至年底，全口径存款余额888.7亿元，比年初新增112亿元，系统内排名第一，同业排名第二；各项贷款余额378亿元，较年初新增55亿元，系统内排名第二，同业排名第一；中间业务收入实现5.39亿元，系统内排名第二，同业排名第一；实现账面利润13.4亿元，系统内排名第二，同业排名第一。年内，综合改革深入推进，改革项目5个（业务转型、人事改革、渠道建设、机制建设、服务管理），建立机构6个（资金结算部、自助业务管理中心、服务质量效率中心、私人银行3个），选任个人客户经理205名，完成团队建设4个（经营中心任务型团队、对公对私两个电子银行团队、卡分期业务中心直销团队），统一开展争创“十佳百星”表彰，优化完善考核激励机制，服务水平实现快速提升，在第四期神秘人检查中排名居全省第二位。风险防控能力增强。明确各级各类人员职责，全面落实员工积分管理办法，开展营业机构操作风险评级活动，坚持按季召开风险分析例会，构筑起严密的风险防范网络，促进各项业务平稳健康发展；开展会计风险排查活动，组织各类会计检查39次，累计检查机构627个次，下发整改通知书245份，累计处罚积分271分，发布会计柜面业务风险提示12期，下发各类业务检查通报17期，夯实了会计管理基础。资产管理质量持续向好。强化重点行业和客户风险排查，重点关注和监测进出口行业企业、外商投资企业、两头在外企业、中小企业风险变动情况；加强房地产开发商贷款管理，坚持每周实地走访客户，强化贷后监管，及时掌握企业真实现金流，对重点关注项目制定提前分期还款风险预案，按期或提前全额回收重点关注项目贷款，全年房地产开发贷款不良率继续保持“零”良好状态；加强个人贷款管理，对逾期未办理抵押手续和抵押率偏低的支行尽快落实抵押，采取差异化贷款催收办法，稳步推进不良贷款清收处置工作，全年实际不良贷款余额3.68亿元，较年初减少49.9万元，不良率0.96%，较年初下降0.32%，其中，个人贷款不良额2988万元，较年初下降1563万元，不良率0.34%，较年初下降0.30%。

【存款业务】 开展“客户推荐客户”、客户营销服务季活动，拓展大中型资产类客户、小企业客户、结算户和小额无贷户，以二代转型为抓手，加强对个人高端客户营销服务，努力扩大客户规模和质量。对公条线实施表格化管理，分层管理客户，抓机构、抓重点客户和重点区域，对私抓高端、抓源头，实现对公、个人存款快速增长。截至年底，全口径存款、一般性存款、对公存款、同业存款余额及新增均在系统内排名第一，其中，全口径存款余额达到888.7亿元，比年初新增112亿元，位居同业排名第二位。

【信用卡业务】 成立信用卡分期业务中心，发挥柜面销售和团队直销两个渠道协调联动作用，在做好商户收单和网点预审批系统发卡两项业务的同时，积极推进分期付款和特惠商户业务，做到质量、效益和规模并重。截至年底，信用卡累计营销客户6.26万户，完成年计划的120%，较上年同期增长128%。

【国际业务】 面对国内外经济金融形势，大力加强风险识别，在确保风险可控前提下，加快国际业务发展，提升贡献度。截至年底，营业部国际业务授信客户数达到47户，位居全省第一，本年度新产品应用达到10项，应用跨境人民币产品3项（其中2项省内第一）。

【中间业务】 在利差空间收窄形势下，多渠道组织中间业务收入。个人条线积极研究市场，针对股市低迷、基金保险销售难的实际，明确将信用卡分期、理财产品、贵金属业务作为全年新的增长点，积极组织系列专题营销活动，个人条线10项产品有7项在全省新增排名第一；对公条线在做好财务顾问、单位结算、CTS、保函、承诺、银团贷款、造价咨询等传统优势产品上保持领先优势，同时，重点加大供应链融资保理业务拓展营销。至年末，对公基本结算户新增、代理保险收入完成省分行计划指标，中间业务收入实现5.39亿元，同业排名第一位，系统内排名第二位。

【电子银行业务】 成立电子银行服务团队，以“直面市场、专业专注”为宗旨，致力重点项目客户营销、电子银行营销现场指导及客户、营销活动策划及推进、机构电子银行服务支持等业务。开展“131”签约工程、2011年进校园活动、2011年进市场活动、“抓柜面、促签约”营销竞赛、企业电子银行“E路争先”、“1元开户六重礼、企业网银新体验”、“2011年四季度争先进位收官季”等系列网下营销活动，努力扩大客户规模。截至年底，电子银行业务收入实现2747.6万元，完成计划101.8%，总量在全省系统内遥遥领先，成为全省唯一一家连续两年电子银行直接业务收入超过两千万元的分行，电子银行账务性交易占比较上年提高11.9个百分点，达到45.9%，有效缓解了柜面压力，降低了经营成本。

中国建设银行河北省分行营业部
总 经 理：尹全振
副总经理：赵昱辉　王旭涛
　　　　　彭文英（女）
纪委书记：商凤群

（聂硕）

中信银行

【概况】 2011年，中信银行石家庄分行按照总行“转型、提升、发展”指导方针和分行“注重资本约束、严细价值管理、主动结构调整、突出创新发展”经营思想，开展“亮身份、比贡献、树形象”活动，在党员队伍中倡导“五个带头”（带头学习业务、带头争创佳绩、带头弘扬正气、带头遵章守纪、带头合规经营），在各经营单位实施“五个一工程”（建设一个好班子、理顺一个好思路、倡导一种好作风、打造一支好队伍、营造一个好环境），着力夯实企业发展基础。加强管理平台建设，优化内部机构设置，创新业务金融服务品牌，量身定制业务方案，拓展盈利模式和渠道，落实一户一策营销，提升了战略客户贡献度，实现了盈利水平提高，资产质量改善，结构调整初见成效，基础工作扎实的目标。继2010年，分行再次被人民银行石家庄中心支行评为“年度河北省支付清算系统优胜单位”，并以优良的金融服务摘得“河北消费者最满意的银行品牌”桂冠，被《当代金融家》评为2011年“好分行——产品创新奖”，其中牵头筹组的“西柏坡高速公路高庄至北沟段”银团贷款项目获得“2010年度银团贷款业务最佳交易奖”，分行行长韩光聚当选“2011年度河北省十大经济风云人物”。截至年末，分行总资产达到380.43亿元，同比增长12.69%；本外币各项存款余额363.53亿元（自营性存款余额331.05亿元，比年初增加10.57亿元，增长3.3%），比年初增加39.7亿元，增长12.26%；本外币各项贷款余额283.4亿元，比年初增加19.61亿元，增长7.43%；不良贷款率0.63%，比年初下降0.17个百分点。

2011年7月18日，中信银行总行行长陈小宪（二排右第八位）、石家庄分行行长韩光聚（二排左第八位）一起出席石家庄分行十周年文艺汇演，与“十年忠诚奖”获得者合影

【公司业务】 按照“构建中小股份制银行对公业务主流银行”要求，开展金融产品创新和融资模式创新，加强供应链管理平台建设，推进供应链金融业务专业化、精细化管理。开拓中间业务盈利模式和渠道，改进和丰富营销推动方式，建立持续的业务储备，夯实业务发展基础，推进了投资银行业务稳步发展。加快公司网银推广步伐，通过服务创新和系统支持提升了网银支付替代率和网银交易结算量。强化电子银行渠道对企业日常结算性存款支持作用，激活已签约尚未开展实质性业务的睡眠客户，加强公司网银签约客户深度营销，深挖存量客户资源。强化B2B电子商务系统支撑作用，与行业协会、商会、现货交易市场等系统性平台有效对接，通过电子银行类产品全方位覆盖，实现特定类型对公客户的批量开发和规模营销。加大现金管理营销推广力度，针对大中型企业

集团客户日益加强资金集中化管理趋势，积极拓展大中型企业集团下属成员企业网络，强化对其外部结算资金和内部流动资金的获取能力，实现客户资金在分行系统内循环与沉淀。年内，成功开展承德钢铁“1+N”应收账款质押融资业务；成功推动进口信用证项下未来货权转现货质押融资模式，分行首笔国内保理融资实现投放；汽车金融信息系统成功上线运行，实现包括操作判断、业务提示、合格证管理、档案资料、报表管理等多个方面电子流程化管理；6月份，机构及战略客户部成立，同时制定《中信银行石家庄分行战略客户管理办法》，提高了战略客户贡献度。截至年底，对公存款余额231.80亿元，较年初增加18.60亿元；对公贷款余额239.23亿元，较年初增加15.13亿元；银行承兑汇票余额174.30亿元，较年初增加30.14亿元；银承保证金余额92.63亿元，较年初增加5.10亿元。

【零售业务】 按照“源头开发、POS跟进、批量获取、重点筛选、促进增值”的指导思想，积极应对外部不利环境，及时调整发展策略，以储蓄工作为核心，从源头抓起，加大业务创新力度，拓展业务渠道，优化业务结构，提升盈利能力，确保零售业务健康、可持续发展。组织开展“开门红”和“攀高峰”活动，策划实施“百亿有你”和“储蓄达人”营销评比，为行庆十周年献礼，至6月底，零售负债较年初新增10亿元。建立数据管理和数据分析兼职岗位，加强数据库分析及运用，不断改进营销组织模式。至年末，零售条线共向总行申请营销项目11个，涉及理财、基金、保险、贵金属等业务，内容包含邀约、推荐、调研、慰问等方面，总计外呼数据约21万人次，实际可用客户数量12.8万人次，对支行一线营销形成强有力的支持和推动。开展专业产品市场活动，大力推进香卡系列营销，每2～3个月组织一项主题活动，开展了“刷香卡、迎新春、兑好礼”，“香飘三月、礼意浓浓”，“芬芳五月母爱香聚”，“童趣无限、分香快乐”，“夏日香行季”，“香卡缤纷节日季”等刷卡抽奖活动，扩大了发卡人群，提升了客户用卡活跃度。截至11月末，香卡客户新增3万户，储蓄存款较年初增量4亿，其中，新开客户存款1.85亿。推出“中信燕赵都市报联名卡”系列活动，逐步形成月月周周持续不断、常态化营销态势，实现金卡客户占比和交叉率提高。建立战略合作联盟（中信银行、中国移动公司、中国联通公司、中国银联河北分公司），资源共享、互惠互利，扩大零售客户获取渠道，丰富客户经营手段，建成标准化的零售营销、服务模式。截至年底，分行零售储蓄时点86.31亿元，较年初新增3.29亿元；个贷余额40.36亿元，较年初新增16.31亿元；销售理财类产品48.65亿元。

【国际业务】 适时推出国内信用证项下代付、代偿业务，创新业务品牌“票证通”，突出创新发展，实现未来货权质押开证和国内证与承兑汇票的转换，成功办理首笔跨境人民币贸易结算和内保外贷业务。至年末，国际业务实现考核口径收付汇量23.21亿美元，同比增长36.53%，完成年计划（20.07亿美元）的115.65%；市场占有率达8.81%，在石家庄金融机构中，市场份额占比保持第四位，居中小股份制商业银行第一位。

【资本创收】 运用新产品设计方案，开办远期代客外汇买卖业务和人民币对外汇掉期业务，突破创新汇率避险产品。针对境内外汇率市场价格倒挂的实际情况，推出“境内远期售汇＋境外远期结汇”和“外汇理财＋海外代付”两项产品组合方案，满足进口付汇客户新套利需求，推动了负债营销业务发展。截至年底，分行进出口收付汇量达到23.27亿美元，计划完成率102.5%；外汇交易量达到14.65亿美元，计划完成率120.3%；资金资本市场业务预算指标综合完成率达127%，系统内排名第2位，较上年同期上升6个位次。

【农校对接】 8月17～19日，由教育部和农业部联合主办的第二届全国“农校对接”洽谈会在济南市舜耕国际会展中心举行。洽谈会上，全国320余家企业与农校对接服务网及500余家高校签署了价值28亿元的供货合同。中信银行是第一个与“农校对接”服务网签订全面战略合作框架协议的金融机构。中信银行石家庄分行是此次金融项目开发和主办单位，独家承办了以“金融机构在农校对接项目中的支点作用”为主题的金融论坛，并与河北省师大后勤服务集团签订以农校对接B2B业务为核心的全面合作框架协议，揭开了中信银行“农校对接”金融服务项目的序幕。

【网点建设】 2011年，分行与河北金城房地产公司签署购房协议，拟迁建石家庄分行办公大楼。新办公大楼中信大厦，坐落在自强路与南小街交叉口金世界国际金融中心（桥西区南小街10号），坐南朝北，建筑面积17006.16平方米，大厦整体装修进展顺利。年内，新建异地二级分行1家（邯郸分行），筹建同城支行1家（友谊北大街支行），装修改造同城支行2家（高新技术开发区支行、和平西路支行），获准装修改造同城支行1家（中华南大街支行），申请迁址改造同城支行2家（裕华东路支行、自强路支行）。6月3日，邯郸分行开业。截至年底，分行拥有营业网点21家，包括分行营业部、同城支行18家（裕华东路支行、和平西路支行、建设北大街支行、体育北大街支行、裕华西路支行、中华南大街支行、体育南大街支行、槐安东路支行、高新技术开发区支行、休门街支行、翟营大街支行、自强路支行、广安大街支行、丰收路支行、中山东路支行、平安北大街支行、红旗大街支行、谈固南大街支行），异地二级分行2家（保定分行、邯郸分行）。

中信银行石家庄分行

行　长：韩光聚

副行长：林向阳

（吴红梅　高山云）

华夏银行

【概况】 2011年，华夏银行石家庄分行围绕“调结构、控风险、创效益、促发展”的核心目标，大力加强“三个能力”建设（合规运营能力、优质服务能力、持续盈利能力），着力推进规模增长和发展方式转变，各项业务保持健康发展的良好势头，超额完成15项经营指标中的14项，多项经营指标位居系统前列，达到历史最好水平。资产质量持续向好，全年清收五级后三类不良资产6笔，共计1.59亿元，不良贷款率达到0.78%，同比下降0.93个百分点，提前两年完成“511工程”资产质量管理目标。盈利能力显著提高，全年实现拨备前利润6.9亿元，较上年增加2.4亿元，拨备覆盖率达到222%，较上年提高43个百分点。深入开展“创先争优”活动，扎实推进党建工作，实现“三个转变、两个提高、一个发挥”预期目标，经民主测评，党员、群众对党委满意率达到100%，对基层党支部满意率达到100%，对党员满意率平均达到98.5%。实施分行团委换届，完善二级分行工团组织，开展“乒动华夏”客户乒乓球邀请赛、职工运动会、书画摄影展、服装设计大赛等文体活动，卓有成效地推进企业文化建设，2012年1月14日，红旗路支行获得总行“青年文明号”称号。深化“内控和案防制度执行年”活动，落实廉政建设责任制，坚持“一岗双责”，全面排查异常行为，加大安全保卫技防投入，内控管理水平提升，安全管理实现“零案件”目标，资金监管全面达标，受到河北省银监局通报表彰。截至年底，全行一般性存款余额达到283.5亿元，较上年增加45.1亿元；各项贷款余额达到203.8亿元，较上年增加34.3亿元。

【负债业务】 完善业务营销机制，优化公司客户结构。制定实施市场开发计划，打通优质客户绿色通道；

2011年9月4日，举办“乒动华夏”客户乒乓球邀请赛

建立信息引导中心，提高营销的有效性；实施客户倍增计划，推动客户链式开发；加强客户流失管理，对有潜力、有价值客户进行二次营销，客户保有量和价值量提高；研究制定无贷户管理办法，完善“三分”工作模式(分层营销、分类管理、分级服务)，加大费用倾斜和激励力度。年内，成功营销财政系统、产权交易、住房保障、安全管理等无贷户，突破分行机关事业单位存款短板，推动存款数量有效增长。增强个人业务营销力量，持续保好稳存增存工作。围绕村民补偿款、单位集资款、中小企业接力贷等业务，强力争取储蓄增存；围绕优质开发商和本地优质楼盘，强力开展个贷营销，促进个贷规模和综合效益两提升。截至年末，全行一般性存款余额达到283.5亿元。对公存款余额228.8亿元，增加32.6亿元，对公存款日均206.6亿元，增加42.1亿元；储蓄存款余额54.7亿元，增加12.4亿元，储蓄存款日均45.8亿元，增加7.4亿元；个人金融资产总量70.7亿元。

2011年4月28日，华夏银行沧州分行开业

【中小企业业务】 设立中小企业信贷分部4个（分别位于分行本部、保定分行、唐山分行、沧州分行旗下），定制度、抓产品、促开发、控风险，业务规模显著增长，区域影响不断扩大。全年累计审批中小企业信贷业务570笔，总计金额134亿元，业务量居全系统前3名。

【中间业务】 中间业务收入快速增长，收入结构明显改善。至年末，中间业务收入完成1.1亿元，同比增加5800万元，完成年计划135%，收入占比达到8.8%，同比增长2.4个百分点。

【国际业务】 全年国际业务结算量达到12.5亿美元，首次突破10亿美元，同比增加3亿美元，增幅32%，居河北省股份制银行第二位，达到总行确定的卓越目标；完成国际业务收入2504万元，同比增加1254万元，增幅100%；对公国际结算有效客户数230户，完成计划的160%；国内信用证开证业务量达到39.2亿元，全系统排名位居前列，成为分行业务收入新的增长点。

【网点建设】 2011年，分行网点建设卓有成效。财富管理中心建成投用；新核心系统上线运行；筹建完成异地分行1家：沧州分行；筹建获批支行2家：正定支行、保定东风东路支行；筹建报批支行1家：辛集支行；装修改造同城支行4家：广安街支行、裕华东路支行、和平东路支行、和平西路支行；完成硬件配套升级8家，网点服务设施更加完善，整体服务形象有效提升，网点布局更趋合理，服务标准更加规范，服务层次进档升级。4月份，沧州分行开业。8月26日，新核心系统上线，运行状态良好，年内未发生1笔非计划性生产数据调整。

华夏银行股份有限公司
石家庄分行
行　长：王宏杰
副行长：赵巍　苏彦民　王庆华
（崔梦琳）

民生银行

【概况】 2011年，民生银行石家庄分行结合金融市场形势，加强网点机构建设，创新业务品种，调整业务结构，重视员工队伍建设，开展“民生发展　合规护航”和“民生金融直播间”活动，打造“民营企业的银行、小微企业的银行、高端客户的银行”品牌，各项业务安全高效运营，实现管理“四无”目标（无各类经济案件、无职工违法犯罪、无治安、无火灾事故），7家支行（友谊北大街支行、和平西路支行、中山东路支行、胜利北大街支行、槐北路支行、西二环支行、维明大街支行）获得“平安支行”称号。品牌建设卓有成效，在“2011河北消费者最满意的银行品牌评选活动”中，分行以总票数第一成绩当选消费者最满意的银行品牌。员工队伍建设进步较大，在总行“金案例－跨越2011”年度竞赛中，“秦皇岛港煤炭抵质押”、“M+1+N模式项下交易融资业务批量开发”分别获得一、二等奖，“分行公司业务结构转型”案例被评为全行优秀案例。投行业务成功发行信托理财项目2个，创出理财业务先河。7月份，跨行资金归集系统成功上线，并与秦皇岛港务局、京唐港港务局分别签订合作协议。至年末，分行一般性存款569.62亿元，较年初增加137.13亿元；各项贷款348.70亿元，较年初增加60.67亿元；资产规模达到644.26亿元，较年初增加132.3亿元；中间业务收入2.50亿元，较上年增加1.71亿元。

【负债业务】 整合客户经理，促进客户营销系统化、专业化；整合业务产品，发挥产品带动作用；提升零售客户质量，促进储蓄存款稳步增长。至年底，分行负债余额达到619.03亿元，较年初增加120.12亿元，其中存款余额571.3亿元，较年初增加136.08亿元。储蓄存款余额占石家庄8家股份制银行的40%强，储蓄存款增量在系统内排名第一，占石家庄8家股份制银行的50%以上。

【中小微企业业务】 组建专业营销团队，实施“规划先行、批量开发”营销策略，加强项目集群和商圈开发，带动商贷通快速发展；全面推行“信贷工厂”工作模式，实行“专业化、标准化”作业，最大程度地提高工作效率，节约客户的时间成本；广泛开拓业务渠道，与省、市工商联以及各类行业协会进行合作，积极搭建长期稳定、互惠共赢的多点、多层次、多领域银企对接融资平台，有组织、有计划地扩大对小微企业的金融支持与服务。至12月末，分行中小微企业授信客户近6500户，信贷余额达到127.39亿元。

【网点建设】 2011年，该行稳步推进机构建设，提升网点竞争优势。新建4家县域支行(任丘支行、鹿泉支行、黄骅支行、武安支行)和1家同城支行（建设南大街支行），改扩建老旧支行2家（新华西路支行、裕华东路支行）。1月份，任丘支行开业；3月份，建设南大街支行开业；10月份，鹿泉支行开业；11月份，黄骅支行开业；12月份，武安支行开业。

中国民生银行石家庄分行

行　　长：王家智

副 行 长：杨德　　胡国荣

　　　　　宋立新（4月任）

行长助理：宋立新（4月免）

　　　　　武颖　（12月任）

（白亮）

光大银行

【概况】 2011年，中国光大银行股份有限公司石家庄分行围绕年度工作目标任务，开展各级各类人员培训和业务任职资格考核，严格落实银监会“三个办法一个指引”文件精神，大力加强营销渠道和业务品牌建设，有效提升工作效率和服务水平，全力谋求“更有内涵的发展”，整体经营管理工作取得长足进步，为河北省经济发展做出了积极贡献，获得河北省政府金融创新奖。年内，举办集中培训178场次，培训人员5340人次，较上年增加38场次2432人次，参加监管机构及外单位培训35次、42人次，组织考试6场，全员业务素质全面提升。组织开展各类检查4项（产能过剩行业梳理检查、政府融资平台贷款自查、房地产贷款梳理检查、人员操作风险排查），内控管理水平提升，实现安全运营目标。设置阳光服务专人岗位，开展“阳光服务明星”评选等活动，完善阳光服务考核管理办法，阳光服务管理水平有效提升。康乐街支行通过全国级“银行业文明规范服务千佳示范单位”复查，中华大街支行、建华北大街支行、友谊北大街支行获省级“银行业文明规范服务百佳示范单位”称号。分行贸易部和邯郸分行获得总行

“2011年度先进集体”称号，分行获得总行“2011年度对公存款先进分行”和“贸易融资综合先进分行”称号。至2011年末，分行一般存款时点余额230亿元，较年初增加77亿元，增长44%；各项贷款时点余额210亿元，较年初增加37亿元，增长22%；不良贷款余额659万元，较年初减少806万元，降幅55%，不良资产率0.03%，较年初下降0.05个百分点；实现账面税后利润4亿多元。

2011年7月2日，与光大永明人寿河北分公司联合举办纪念中国共产党建党90周年红歌演唱会

【业务发展】 对公业务以“存款、利差、中间业务”三项工作为核心，零售业务紧抓“营销渠道和业务品牌建设”两大关键环节，投行业务借势而为，利用光大集团金融牌照齐全、功能全面的独特优势，综合运用短债、中票、理财、信托、企业债等投行类产品，支持河北省上市、拟上市企业业务发展。全年各项经营管理成效突出，圆满完成总行下达的各项主要经营指标。至2011年末，一般存款时点余额230亿元，较年初增加71亿元，增长44%，一般存款日均余额173亿元，较年初增加44亿元，增长34%。一般存款时点余额增幅居系统排名第一名，净增量居系统排名第四名。各项贷款时点余额210亿元，较年初增加37亿元，增长22%；各项贷款日均余额190亿元，较年初增加22亿元，增长13%。其中，对公贷款时点余额171亿元，较年初增加28亿元，增长20%，对公贷款日均余额156亿元，较年初增加12亿元，增长8%；对私贷款时点余额39亿元，较年初增加9亿元，增长31%，对私贷款日均余额34亿元，较年初增加10亿元，增长42%；银承、国内证等表外余额238亿元，较年初增加80亿元，增长50%。中间业务收入实现净收入（税后）1.30亿元，较上年同期增加3003万元，增幅30%。投行业务为河北省内企业直接融资36.5亿元，有效降低企业融资成本。

【网点建设】 年内，新建异地二级分行2家(邯郸分行、廊坊分行)，获准筹建支行2家(友谊大街支行、唐山新华道支行)，获准迁址改造支行1家(新华路支行)。5月18日，邯郸分行开业；9月28日，廊坊分行开业；12月份，经银监会批复，友谊大街支行、唐山新华道支行获准筹建，新华路支行获准

2011年5月18日，中国光大银行邯郸分行正式开业

迁址并更名为“西王支行”。至年底，分行拥有分支机构13家，其中，包括分行营业部、同城支行9家（建华北大街支行、康乐街支行、中华大街支行、富强大街支行、西王支行、广安大街支行、槐安东路支行、友谊北大街支行、中山路支行）、异地分行3家（唐山分行、邯郸分行、廊坊分行）；拥有现金类自助设备90台，拥有在行式自助银行服务区13个，离行式自助银行服务区3个；新增电子银行（包括网上银行、手机银行、电话银行）客户72995户，累计交易202.38万笔，交易金额959.12亿元，其中，对私电子银行新增38481户，累计交易193.6万笔，交易金额299.94亿元，对公电子银行新增850户，累计交易8.77万笔，交易金额659.18亿元。

中国光大银行股份有限公司
石家庄分行

行　长：阚华　（6月免）
　　　　高名安（7月任）
副行长：武贯群

（康虞）

邮政储蓄银行

【概况】 2011年，邮政储蓄银行石家庄分行坚持在发展中“提升能力、加速转型”，推进管理体制转型，促进各项业务发展。因地制宜，因人而异，开展差异化、层级化督导，提高一级支行发展能力。加强网点机构建设，提升客户服务质量，树立邮储品牌形象。年内，该行协助市公安局经文保分局在友谊南大街支行开展2011年度石家庄市银行业金融机构反抢劫演练，积极参与由市金融工作办公室举办的“第五届河北省石家庄金融理财文化推广节”，以及人民银行开展的“普及金融知识万里行”、团委与银监会开展的“送金融知识下乡”等活动，向广大民众宣传金融知识，加强与其他金融机构交流，深化了邮储银行金融产品在群众中的影响力。7月2日，国务院副总理王岐山到邮储银行石家庄裕华东路支行调研指导，邮储银行改革发展工作受到王岐山的高度评价。至年末，实现收入4.2亿元，同比增长32.2%。其中，储蓄业务收入1.47亿元，占收入总额的35%，信贷业务收入1.19亿元，占收入总额的28%，公司业务收入1.26亿元，占收入总额的30%，三项业务实现全面均衡发展。资产类业务收入1.51亿元，占收入总额的36%，同比增加8个百分点；负债类业务收入1.32亿元，占收入总额的31.5%，同比增长9.6%。

2011年3月18日，石家庄市银行业金融机构反抢劫演练观摩会在中国邮政储蓄银行石家庄分行友谊南大街支行举行

【个人业务】 推出VIP客户服务，重视客户服务质量，加强高端客户维护。开展理财经理特训营活动，完善理财经理晨会制度，促进理财业务迅速发展。至年末，发放信用卡1万余张，代理保费4.8亿元，销售基金8528万元，销售机构理财产品3亿元，储蓄存款余额101.51亿元，较年初增加13.65亿元。

【公司业务】 以项目开发为基础，开展总－分联动营销，成功开发市区社保项目、住房公积金项目，全面取得石家庄市全区新农保及城镇居民养老保险代理资格，利用现金管理产品与财政类客户实现新的合作，业务中心从县区转向市区。至年末，公司存款余额63.91亿元，较年初增加21.86亿元，公司业务时点余额63.91亿元，日均余额49.92亿元。其中，市区实现19.43亿元，县区实现44.48亿元。

【信贷业务】 开发以再就业小额担保贷款、一手房贷款、汽车消费贷款、华夏接力贷、经营性车辆按揭贷款等新型业务，拓宽服务范围，加快向专业化金融机构转型步伐。至年末，信贷总规模32.77亿元，较年初增加15.56亿元，其中个人贷款余额22.64亿元，小企业贷款余额10.13亿元。

【网点渠道建设】 2011年，新建营业机构2家（晋州市槐树镇营业所、无极县北苏镇营业所），迁址改造营业网点7家（石家庄市方北路支行、辛集市兴华路支行、栾城县惠源路支行、井陉县支行、井陉矿区支行、深泽县支行、元氏县文化路支行），报批迁址改造计划7家（深泽县西苑街支行、赵县支行、晋州市总十庄镇支行、新乐市支行、石家庄跃进路支行、石家庄学府路支行和石家庄新浩城支行），完成网点置换1家（大郭村支行）。6月2日，无极县北苏镇营业所开业；7月11日，晋州市槐树镇营业所开业；12月6日，石家庄市井陉矿区支行开业；12月24日，石家庄市方北路支行开业；12月29日，栾城县惠源路支行开业。至年底，营业机构由204个增加至207个，网点布局更趋合理，企业形象提升，核心竞争力增强。加大网银终端布放面，加强网银知识宣传，促进电子银行业务快速发展，提高了电子银行渠道替代率。年内，发展电子注册客户12万余户，实现交易271万笔，同比增长256%，交易金额16.5亿元，同比增长1944%。

中国邮政储蓄银行石家庄分行

行　　长：时国校

副 行 长：赵蒙林

　　　　　张国平（9月免）

　　　　　米荣杰

行长助理：于会龙（9月任）

（孙吉硕）

河北银行

【概况】 2011年，河北银行坚定不移走差异化、特色化、精细化之路，大力推动战略转型，转变资产增长方式，资产规模实现快速增长。至年末，资产规模首次突破千亿元，达到1065.58亿元，同比增长40.56%。盈利水平大幅提升，实现拨备前营业利润14.45亿元，同比增长43.92%，实现净利润9.83亿元，同比增长72.15%。主要监管指标总体稳定，局部优化。资本充足率12.19%，不良贷款率0.80%，拨备覆盖率310.30%，贷款拨备率2.47%，均保持国内城市商业银行先进水平。品牌化经营步入新阶段，重点推出核心子品牌2个："惠友亨通"、"益友融通"。社会影响力显著提升。响应政府开展"山区教育扶贫工程"号召，为赞皇县野草湾联办小学改扩建项目捐资200万元，践行了企业社会责任；1月13日，中国银监会副主席王兆星到河北银行调研指导；7月2日，中共中央政治局委员、国务院副总理王岐山到河北银行华兴支行考察指导；年内，在中国金融网、中国金融研究院主办的"2011中国金融形势分析、预测与展望专家年会暨第七届中国金融（专家）年会"活动中，河北银行被评为"2010年最具发展潜力中小银行"，董事长乔志强被评为"2010中国银行业年度人物"；在中国金融认

2011年5月22日，河北银行青岛分行开业

证中心主办的“2011中国电子银行年会”活动中，河北银行被授予“2011年区域性商业银行网上银行最佳市场推广奖”；河北银行还获得“全国企业文化建设2011年度优秀单位”、“2011河北消费者最满意的银行品牌”等荣誉；平南支行与建华南大街支行、开发区支行、金桥支行、营业部分别获得中国银行业协会与河北省银行业协会评选的“2010年度中国银行业文明规范服务千佳示范单位”和“河北省银行业文明规范服务示范单位”称号。

【业务发展】 调整信贷政策，优化资源配置，创新产品和服务，改善金融服务质量，实施业务转型发展。年内，引入移动签约机，尝试建立离柜服务体系，针对不同客户群体提供上门签约服务，实现功能包括开借记卡、短信即时通签约、个人网银和手机银行开户等；继续开展“代理缴费业务便民工程”，开通代收城镇居民医疗保险业务拉卡拉渠道跨行卡缴费，国大36524超市部分网点自助缴纳交通罚款，方便市民生活；优化各营业网点大厅内自助多媒体一体机，提高客户体验度，促进各项业务发展。至年末，各项贷款余额390.42亿元，同比增长18.86%；各项存款余额734.02亿元，同比增长8.65%；中间业务收入突破2亿元，同比提高4.67个百分点。中小企业业务实现转型，到年末，中小企业贷款余额204.95亿元，较年初增长32.98%，占全部贷款余额的52.49%，同比提高5.58个百分点。其中，小企业贷款余额95.81亿元，较年初增加17.33亿元，增长22.08%。中高端零售客户数量增加，年末达到7.5万户，较年初增加1.35万户，占比达到8.04%。金融市场业务取得新突破，全年债券交易总量2.72万亿元，较上年同期增长11%，居银行间债券市场总排名第27位，居全国城市商业银行总排名第7位；现券交易量1.95万亿元，较上年同期增长20%，居银行间债券市场总排名第11位，居全国城市商业银行总排名第3位。年内，河北银行成为具备全部利率债承销资格的城市商业银行（全国6家，河北1家），研发理财产品239期，发行金额269亿元，获得财政部2011年记账式国债承销进步奖，实现票据业务收入2.33亿元。

2011年12月29日，与邢台市政府在战略合作暨银企对接会上签约

【网点建设】 年内，新建异地二级分行1家：青岛分行，新建支行4家：鹿泉支行、天津南开支行、唐山龙泽路支行、邯郸开发区支行。5月22日，青岛分行开业；10月份，各新建支行相继开业。至年底，河北银行营业网点达到78家，其中，分行7家（下辖支行7家），石家庄地区支行63家，营业部1个，环渤海区域布局雏形初现。

河北银行股份有限公司

董事长：乔志强

行　长：姚浩俊

监事长：盛俊龙

副行长：张荣斌

张肃建（12月免）

李艳霞　杨书林

张克星（8月任）

梁静　（8月任）

总会计师：王振宇

董事会秘书：赵清辉

（卢冲）

农村信用合作社联合社

【概况】 2011年，石家庄市农村信用合作社联合社围绕实现战略规划目标，扎实开展全员轮训，开办各类培训17班次，培训员工3283人，其中，举办中高层班6个，培训891人；基层班2个，培训282人；新员工班3个，培训970人；置换班6个，培训1140人，有效推动全员经营意识、管理能力、服务技能提升。“以点带面、分类推进、先行先试”，加快推进县级联社“双改”步伐（农商行、股份制）。2月18日，下发《石家庄市2011年股份制改革实施方案》，全面清理资格股，年底投资股占比达到100%；5月27日，正定县和井陉县联社农村商业银行改革获得省联社批复同意，并参加当日由省联社组织的股权推介会，正式启动石家庄市农商行改制；12月31日，新乐市和赵县联社股份制改造申请获批，为圆满完成全市三年“双改”规划奠定出良好基础。围绕做好中心工作，积极开展各种活动，加强企业文化建设。1月25日，主动参与扶贫帮困，分组走访慰问困难职工、离退休党员干部86人，送去慰问金18.6万元和价值5万余元的慰问品；1月27日，到对口帮扶村平山县高山寨村慰问，向每户居民送去大米、面粉、食用油等春节慰问品和石家庄全体农信人的新春祝福；“五一”节前夕，向全辖干部职工发出“向劳模学习做岗位精英”倡议书，弘扬爱岗敬业、争创一流，艰苦奋斗、勇于创新，淡泊名利、甘于奉献的劳模精神；5月18日，选派6名选手参加河北省银行业“工行杯”羽毛球比赛，展示了农信社良好精神风貌，获得“精神文明奖”；6月15日，印发《石家庄市农村信用社关于开展“阳光工程”实行社务公开实施细则》，深入开展“阳光工程”建设，公开经营决策、信贷管理、财务管理、人事管理、窗口服务等方面内容，推进经营决策管理“三化”（民主化、透明化、科学化）进程；组织全辖400余名员工参观第四监狱，听取服刑人员悔过报告，并对案例进入剖析，挖掘犯罪作案动机；深入开展“讲责任，树正气”活动，做到警钟长鸣，提高了全员拒腐防变能力。出台《县级联社员工职级工资管理办法》，开展流程银行试点建设，打造以小额贷款信息化系统、薪酬绩效考核系统、考勤指纹录入、远程监控和金库管理等五大系统为核心的自动化管理平台；实施机构机制改革，有效整合联社发展资源，促进各项业务健康、快速发展。10月份，全市绩效考核系统成功上线。制定出台相关措施，加强农户小额不良贷款清收；与国有资产管理公司合作，打包出售不良资产，提升资产管理质量。6月29日，正定联社与中国长城资产管理公司达成协议，转让不良资产8238笔，金额11.56亿元，总受偿金额5.2亿元。至年底，市联社辖县级联社18家，1家农村合作银行，拥有营业网点558个（信用社360个，信用分社146个，储蓄所52个），员工6627名；资产总额983.13亿元，负债总额930.89亿元，所有者权益52.24亿元；各项存款余额801.84亿元，较年初增长111.31亿元；各项贷款余额516.31亿元，较年初增长67.67亿元，当年实现营业收入54.98亿元，实现拨备前利润15.9亿元；历年亏损挂账全部消化完毕，资产质量提升。

【业务发展】 牢固树立“大农业”、“大服务”观念，做到跳出金融做金融，跳出“三农”做“三农”，真正将农民需求落到实处，做农民致富的桥梁和纽带，将政府政策宣传到位。全面推广小额贷款信息化，推动农村信用体系建设，成功破解农民“贷款难”问题，为石家庄市县域经济发展与和谐社会构建注入新的动力。至年末，全市农信社各项存款余额801.84亿元，较年初增加111.31亿元，增长13.88%；各项贷款余额516.31亿元，较年初增加67.67亿元，增长13.11%。中间业务实现收入1.14亿元，较年初增加3400万元，增速达42.5%，其中代理保险收入3372万元，较年初增加658.74万元，增速达19.5%。资金营运业务实现非信贷资金收入11.95亿元，同比增加2.89亿元，增幅32%，全年银行间市场交易量1309亿元，在全国农信社系统排名32，在全国1879个机构中，排名第235名。实现拨备前利润15.9亿元，较上年增加5.43亿元，增长48%。

【"农信村村通"工程】 开展"农信村村通"工程试点，选择确定试点单位85个，并在正定县开展先期试点，选出5户信誉、经济状况较好的商户开展学习培训，使参训人员熟练掌握了EPOS机的基本原理与操作，为后续全面工作铺开奠定了基础。截至12月末，全市ATM设备安装到位188台，比年初增加164台，超过省联社全年布放任务38台，累计布放POS机具2084台，完成省联社全年布放任务的171.12%。

石家庄市农村信用合作社联合社

理事长：陈树松

主　任：王文娟（女）

监事长：刘宏峰

副主任：刘合芳

（杨智皓）

证　券

【概况】 2011年，市金融工作办公室围绕推动经济社会转型升级、跨越赶超，建设繁华舒适、现代一流省会城市这个大局，大力优化金融发展环境，创新金融服务产品，积极引进和壮大市场主体。抓住国家鼓励保险业扩大融资功能机遇，引导保险资金合理进入贷款投资领域，扩大了社会融资规模。借国家鼓励提高直接融资比重机遇，采取"政府引导、企业运作、政策扶持"办法，积极协调推动一批符合产业政策、经营业绩突出、具有自主创新能力的优势特色企业上市融资。年内，以岭药业、常山药业、四方通信3家企业成功上市，占全省公开市场上市企业数量的43%，直接融资34亿元；中煤装备、汇金机电上市申请材料上报证监会审核，河北众诚、德尔科技香港上市进入审核程序。至年末，累计实现企业上市24家，直接融资210亿元。组织20余家企业到天津股权交易所学习培训，邀请天津股权交易所专家到石家庄辅导，推进企业场外交易上市融资。跟踪盯办"新三板"试点建设，争取石家庄高新区进入国家"新三板"试点范围，拓宽投融资渠道。开展银企对接活动，支持中小企业发展。年内，组织大型银企对接活动6次，专题项目对接10多次，二季度组织金融机构深入24个县（市）区和产业基地（园区），逐县市、逐园区、逐企业开展"一对一"银企对接活动。至年底，全市全部企业贷款余额2131.54亿元（中小企业贷款占62.38%），新增企业贷款217.69亿元（中小企业贷款占95.35%）。全年全市小企业贷款较年初增长23.15%，贷款增速同比提高10.05个百分点，有力支持了全市经济社会发展。

表31　　2011年石家庄市证券营业机构情况一览表

机构名称		办公地址
财达证券（19个）	财达证券有限责任公司	自强路35号庄家金融大厦24层
	石家庄工农路证券营业部	石家庄市工农路558号
	石家庄广安大街证券营业部	石家庄市广安大街10—1号
	石家庄槐北路证券营业部	石家庄市槐北路309号
	石家庄建设南大街证券营业部	石家庄市建设南大街80号
	石家庄新华路证券营业部	石家庄市新华路199号
	石家庄中华北大街证券营业部	中华北大街183号 华兴集团商务综合楼2—3楼
	石家庄裕华路证券营业部	石家庄市裕华东路171号
	石家庄平安北大街证券营业部	石家庄市平安北大街136号
	石家庄裕华西路证券营业部	石家庄市裕华西路73号
	石家庄自强路证券营业部	石家庄市自强路37号
	石家庄石化证券营业部	炼油厂生活区工商银行石化支行办公楼

（续表）

机构名称		办公地址
财达证券（19个）	石家庄晋州市府路证券营业部	石家庄晋州市市府路
	石家庄井陉建设南路证券营业部	石家庄市井陉县建设南路53号
	石家庄鹿泉向阳大街证券营业部	鹿泉市向阳大街财政局办公楼
	石家庄栾城丰泽大街证券营业部	石家庄市栾城县丰泽大街1号
	石家庄平山柏坡东路证券营业部	平山县柏坡东路152号 万和世家小区十号铺
	石家庄无极光明南街证券营业部	无极县光明南街13号锦绣园小区
	石家庄新乐鲜虞街证券营业部	石家庄新乐市鲜虞街122号
广发证券（2个）	石家庄友谊南大街证券营业部	友谊南大街23号美迪亚酒店三层
	石家庄裕华西路裕园证券营业部	裕华西路9号裕园广场A座裙楼一层东北
海通证券（2个）	石家庄师范街证券营业部	石家庄市师范街2号
	石家庄藁城胜利路证券营业部	石家庄藁城市胜利路22号
华安证券	石家庄青园街证券营业部	青园街235号怀特科技楼二、三层
华泰证券	石家庄中华北大街证券营业部	中华北大街50号军创国际大厦1层
平安证券	石家庄中山西路证券营业部	中山西路83号东方大厦8楼
齐鲁证券	石家庄中华南大街证券营业部	中华南大街172号泰丰大厦4层
山西证券	石家庄槐安东路证券营业部	桥东区槐安东路66号
申银万国	石家庄翟营南大街证券营业部	翟营南大街389号卓达商贸广场北楼五层
首创证券（3个）	石家庄平安北大街证券营业部	石家庄市平安北大街56号
	石家庄新华路证券营业部	石家庄市新华路196号
	石家庄中山东路证券营业部	桥东区中山东路176号（原中京大酒店）
新时代	石家庄联盟路证券营业部	联盟路707号中化大厦14层
信达证券	石家庄裕华东路证券营业部	裕华东路148—1号神农大厦9楼
兴业证券	石家庄中山西路证券营业部	中山西路188号中华商务A座20楼
银河证券（2个）	石家庄红旗大街证券营业部	石家庄市红旗大街98号
	石家庄胜利北街证券营业部	石家庄市胜利北街156号
中国民族（2个）	石家庄水源街证券营业部	石家庄市水源街156号
	石家庄谈固西街营业部	石家庄市谈固西街22号
中信建投（2个）	石家庄建设南大街证券营业部	石家庄建设南大街29号
	石家庄辛集新开街证券营业部	石家庄辛集市新开街中段
中信证券	石家庄建设北大街证券营业部	石家庄建设北大街26—5号
中原证券	石家庄新华路证券营业部	新华路563号汇特大厦2层
安信证券	石家庄建设北大街证券营业部	建设北大街1号富邦大厦
东北证券	石家庄民生路证券营业部	民生路89号新休门燕赵财富中心D区二层
国泰君安	石家庄建华南大街证券营业部	石家庄建华南大街161号
国信证券	石家庄广安大街证券营业部	石家庄广安大街32号3层

【10亿城投债券成功发行】 3月9日，市城投集团成功发行10亿元城投债券，为泰华街高架工程和建设大街南延道路工程融资。“城投债券”融资工作，从政府投融资平台优化重组到完成发行，历经两年时间。2011年1月26日，城投债券正式获国家发改委发行核准，3月9日，石家庄城投债券在上海交

易所公开发行，10亿元募集债券资金全部到位。此次债券融资是河北省地市级政府投融资平台发行的首只债券，也是河北省城建投融资平台在资本市场首次进行的证券化融资尝试。石家庄城投债券成功发行，标志石家庄市政府投融资平台已开启通向资本市场直接融资的大门，在推行资产证券化、融资多元化方面实现了新的尝试和突破，对有效缓解全市城市建设资金难题，推进城市基础设施建设具有十分重要的现实意义和示范效应。泰华街高架工程起于北二环，终点为南二环，全长9.5千米，建成后为时速80千米的城市快速路。建设大街南延工程：始于南二环路，终于南石环，红线宽45米，全长11.3千米，主要包括道路、桥梁、排水、绿化、照明等市政配套设施。

（张跃彬　张娇娇）

【美国纳斯达克石家庄工作站揭牌】 3月10日，美国纳斯达克石家庄工作站正式建立。省委常委、市委书记孙瑞彬为工作站揭牌。美国纳斯达克–OMX集团高级副总裁、亚太区总裁尼尔森·格里格斯，美国洛克菲勒·玫瑰岩资本合伙人公司董事长史蒂文·洛克菲勒（二世），美国普凯律师事务所资深合伙人、中国法律事务组联合主管萨思力；省委常委、市委书记孙瑞彬，中国国际经济交流中心副秘书长张小冲，国家发改委国际合作中心主任曹文炼，市委常委、常务副市长栗进路，副市长王大军等出席揭牌仪式。美国纳斯达克股票交易所是全球最大的股票交易所之一。石家庄市是京津冀都市圈重要城市和冀中南区域中心城市，是国务院批准实行沿海开放政策和金融对外开放城市，也是中国北方最具发展潜力和投资前景的城市之一。该工作站功能主要是帮助石家庄市中小企业赴美国开展上市业务，包括（不限于）在美国上市、融资，在纳斯达克股票交易所挂牌，企业交易（包括兼并和并购），开展跨国投资，学习企业最佳治理模式，与美国法律和行政监管机构协调沟通，企业法律事务代理等；向市政府和企业介绍美国的投资者，增进美国投资者对投资项目的了解，帮助美国投资者对石家庄市企业投资；向石家庄市企业介绍美国高科技企业，促进技术转让协议的签署或其他商业合作；为石家庄市企业在美国纳斯达克股票交易所挂牌上市提供全方位服务。

（靳晓磊）

【四方通信香港上市】 7月25日，河北四方通信设备有限公司举行新闻发布会，宣布其2011年7月14日在香港联交所主板成功上市，名称为中国光纤，股票代码3777 HK。此次四方通信在香港联交所上市发行3.71亿股，募集资金4.5亿港元，上市募集资金全部用于扩产及研发投入。河北四方通信设备有限公司是中国最大的光纤活动连接器生产厂商，始建于1998年4月，地处石家庄经济技术开发区阿里山大街18号，公司注册资本金1.1663亿元，资产总额8.77亿元，固定资产5.79亿元，总占地面积约22万平方米，建筑面积93813平方米，生产厂房面积53119平方米，光纤大楼面积13278平方米。

（刘宝芝）

【以岭药业挂牌上市】 7月28日，石家庄高新区以岭药业在深圳证券交易所正式挂牌上市，成为河北省第一家登陆A股市场的中药企业。以岭药业此次发行6500万股，发行后总股本不超4.25亿股。以岭药业是一家致力于中成药研发、生产与销售的国家重点高新技术企业，由中国工程院院士吴以岭教授创建。围绕心脑血管病、糖尿病、恶性肿瘤等疾病，该公司研发出一批独家创新中药，拥有国家医保品种专利新药6个，获得国家科技进步二等奖3项、国家技术发明二等奖1项，取得发明专利22项。以岭药业是“国家创新型企业”，以岭商标为中国驰名商标。

（焦莉莉）

【上市公司】 2011年，石家庄有3家企业实现新上市，占全省公开市场上市企业数量的43%，直接融资额达到34亿元。7月份，河北四方通信有限公司在香港联交所主板挂牌上市，股票代码3777HK，募集资金4.5亿港元；当月，河北以岭药业股份有限公司在深交所中小板挂牌上市，股票代码002603，募集资金22.46亿元；8月份，河北常山生化药业股份有限公司在深交所创业板挂牌上市，股票代码300255，首发融资7.56亿元。至年底，注册地或办公地在石家庄的上市企业累计共有24家，退市1家，迁离1家，存量22家，23只

表 32

2011 年石家庄市境内上市公司基本情况一览表

2011—12—31

公司简称	企业主营业务	注册地址	股票简称	股票代码	上市交易所	总股本（万股）	上市时间	首发融资（亿元）	总资产（亿元）	净资产（亿元）	总收入（亿元）	净利润（亿元）
威远生化	生物制药	和平东路 393 号	威远生化	600803	上交所	23644	1994.01	1	16.85	8.67	17.78	0.27
华北制药	制药	和平东路 388 号	华北制药	600812	上交所	102858	1994.01	2.75	112.67	13.14	121.37	1.25
常山股份	棉纺制品	和平东路 183 号	常山股份	000158	深交所	71886	2000.07	6.18	52.91	24.15	47.05	0.57
宝石电子	电子玻璃制品	黄河大道 9 号	宝石 A/B	000413/200413	深交所	38300	1996.07	3.54	3.74	2.60	0.78	0.12
建投能源	能源发电	裕华西路 9 号	建投能源	000600	深交所	91366	1996.06	0.74	156	40.68	60.32	0.14
东方热电	热电联产	建华南大街 161 号	东方热电	000958	深交所	29948.5	1999.12	2.56	14.17	−6.98	9.70	−2.77
博深工具	金刚石、合金工具	海河道 10 号	博深工具	002282	深交所	17340	2009.08	4.99	10.87	8.96	5.61	0.68
恒信移动	移动通讯	天山大街副 69 号	恒信移动	300081	深交所	6700	2010.05	6.59	10.63	8.07	9.78	0.16
先河环保	环保设备	湘江道 251 号	先河环保	300137	深交所	12000	2010.11	6.60	9.22	8.69	1.47	0.40
以岭药业	医药制造	天山大街 238 号	以岭药业	002603	深交所	42500	2011.7	22.46	42.25	37.02	19.53	4.54
常山生化	医药制造	正定县富强路 9 号	常山生化	300255	深交所	10785	2011.8	7.56	11.86	9.87	4.23	0.71

股票，共从资本市场募集资金约210亿元，一大批企业借力资本市场实现跨越式发展。其中，上交所挂牌2家：威远生化、华北制药；深交所挂牌9家：常山股份、宝石电子、建投能源、东方热电、博深工具、恒信移动、先河环保、以岭药业、常山生化；港交所挂牌8家：神威药业、中国制药、河北诺特、石家庄四药、中集安瑞科、天山发展、新天绿色能源、四方通信；美国纽约证券交易所挂牌1家：奥星药业；美国纳斯达克交易所挂牌1家：开元汽车；英国伦敦交易所挂牌1家：中亚玻璃。

（彭秀文）

保 险

中国人寿保险

【概况】 2011年，中国人寿保险股份有限公司石家庄分公司围绕科学发展主题和加快转变发展方式主线，贯彻落实总公司、省公司决策部署，深化改革，加快发展，综合实力和市场竞争力增强。年内，在河北省国寿系统年度工作考核中取得总成绩第一名，被评为“优秀公司”，并晋升为“AAA级”公司。积极落实展管分离目标，销售管理、运营管理、资源管理、风险管控、行政管理等更加科学规范、精细高效，制度管理水平提升。全年接受各级各类审计检查10余次，均未发现任何明显问题，得到上级相关部门充分肯定。以私设“小金库”、诈骗及非法集资、商业贿赂、侵占及挪用保费等四大风险隐患为重点，开展合规经营专项自查，推进反洗钱工作，开展保单借款专项清理，依法合规经营，防范了经营风险。加强业务质量管理，严格费用预算管控，直接销售成本、非人员经营管理费用、员工薪酬预算和费用总体均有结余，经营效益显著提高。深入推进薪酬福利改革，继续向基层倾斜，基层员工薪酬收入实现稳步增长。开展“诚信我为先”活动，大力推进行风建设，销售人员信用评估AA级以上人员达到333名，较上年明显增加，获得“石家庄市保护消费者权益工作先进单位”称号。推进“国寿E家”电子投保，优化工作流程，加强运营管理，保全业务、短险理赔业务实现市级集中处理，长险理赔业务实现省级集中处理。开展“服务基层百日活动”，重新规划装修本部办公楼，新建本部“职工食堂”建成投用，基层机构及公司形象建设全面加强。提炼企业文化精神内核，构建企业文化核心体系，加强企业文化建设，落实老干部待遇，关心老干部生活，开展职工运动会、登山比赛、节日慰问、联谊等系列活动，营造出团结和谐、奋发向上、无私奉献的良好氛围。坚持市场化用人机制，提高干部队伍年轻化、知识化、专业化水平；开展各级各类制式、非式教育培训活动，实训人员1万余人次，员工专业素质提升，年末销售队伍达到6617人，可持续发展后劲增强。全年实现保费收入33.26亿元，同比增长6.49%，占市场份额38.62%，其中，个险渠道以及新单、首年期交市场份额分别为42.98%、35.95%、39.89%；银保渠道以及新单、首

2011年10月10日，开展“重阳节”老干部联谊会活动

年期交市场份额分别为39.96%、41.81%、46.89%；团险渠道短期险、意外险市场份额分别为30.56%、45.88%，均居同业之首，保持了行业主导地位。

【业务发展】 业务平稳较快发展。全年实现总保费33.26亿元，同比增长6.49%，高于全市寿险行业平均增长水平。其中，长险首年保费17.14亿元，长险首年期交保费5.24亿元，长险续期保费15.12亿元，短险保费9905.56万元。渠道销售能力增强。个险渠道实现保费收入15.59亿元，占比总保费46.87%；团险渠道实现保费收入4110.81万元，占比总保费1.24%；银保渠道实现保费收入17.26亿元，占比总保费51.89%。业务结构持续优化。续期保费增长快于总保费增长，十年期及以上增长快于首年期交增长，意外险增长快于短期险增长。

2011年6月14日，在西柏坡举行第五届“国寿客户节”

表33　2011年中国人寿保险石家庄分公司保费收入情况一览表

项目			保费收入（万元）	占比（%）	同比（%）
险种	长险	总费	322651.93	97.02	6.03
		首年保费	171417.06	51.55	—
		续期保费	151234.87	45.48	33.69
	短险		9905.56	2.98	24.17
渠道	个险		155869.48	46.87	10.21
	团险		4110.81	1.24	—
	银邮		172577.19	51.89	3.31
总保费			332557.49	100	6.49

备注：2011年，根据《会计准则2号解释》，永泰、年金类险种收入未纳入保费统计范围。

【客户服务与赔付】 贯彻总公司和省公司要求，在参与政府“民生工程”、“社会公益”事业方面，采取有效措施，大力开办惠民保险业务（计划生育系列保险、农村小额人身保险等）；坚持扶贫扶弱，开展文化、科技、卫生“三下乡”活动，为独生子女、特困家庭“送温暖”等活动。年内承保石家庄市计生系列保险，承保人数达20万人，支付赔款近112万元；城镇职工、城镇居民补充医疗保险分别覆盖93万人、63万人，赔付2000余万元；农村小额人身保险承保6.82万人，赔付128.02万元。全年赔给付合计5.80亿元，其中赔款支出、年金给付和死伤给付1.28亿元，为社会和谐稳定做出了积极贡献。围绕国寿“1+N”服务，开展丰富多彩增值服务，签订特约商家136家，较上年增加31家，为客户医、食、住、行、玩、用等提供了方便；免费为钻石卡、金卡客户提供体检服务；组织VIP客户开展“红色之旅”并赠送国寿专刊《特别关注》；组织开展88个社区居民保险宣传活动；举办“牵手国寿，绿动中国”少年儿童绘画大赛等大型客户服务活动10余次；与工行、农行、中行、建行、交行、邮政储蓄银行等代理机构开展业务合作，拓宽了服务覆盖面；柜面部分业务实现免填单服务，客户满意度提高。

中国人寿保险股份有限公司
石家庄分公司
总 经 理：刘彦军
副总经理：张国杰
韩松 （2 月免）
何献敏 贾美荣
邱军
黄辛 （5 月任）

（阎媛敏）

中国人民财产保险

【概况】 2011 年，中国人民财产保险股份有限公司石家庄市分公司围绕“转方式促发展、强合规增效益”工作主线，加强班子队伍建设，创新发展业务平台，坚持依法合规经营，主动强化风险管控，稳步推进转型发展。推进机构调整变革，成立农业保险事业部、三农保险部、车商管理中心和电子商务业务部，细化产品线部门，充实力量，强化风险管控和业务分析指导作用，有效提高了承保政策调整的及时性、业务分类管控和费用差异化配置。以效率为核心，以服务为基础，加快出单中心改革，初步完成出单运营平台建设，实现“集中录单、分散打单”，运营效率逐步提高，车险自动核保率上升到 90%，承保手续日趋标准化、规范化。改革理赔事业部，成立理赔分中心 4 个、理赔分部 10 个，整合人力资源，梳理业务流程，严格理赔管控，采取“杭流”监控、拆解中心、4S 店远程定损、易损件修复、复查核损、医疗审核前移、打击假骗赔案等多项举措，减少不合理赔款 3000 万元。强化未决赔案管理，定期清理，夯实基础，为公司经营决策提供精准依据。加强诉讼案件管理，积极应对外部不利环境，采取有效措施，切实维护公司合法权益，共减少赔款 2900 万元。严肃财经纪律，加强财务管控和费用预算管理，合理压缩费用开支。开展内控缺陷测评和“小金库”自查自纠活动，推进合规检查制度化；全面落实审计整改要求，有效堵塞经营管理漏洞。促进各保险主体定期沟通协商机制建设，维护保险市场秩序稳定。开展商业贿赂和反洗钱治理自查，大力防范经营风险。年内，招录毕业大学生 19 名，开展团队学习实验室培训 8 次，考核公司部门班子 17 个，任免调整干部 27 名，班子队伍活力增强，人力资源优势实现互补。全年实现保费收入 15.17 亿元，较上年净增 0.72 亿元，同比增长 4.98%。

【业务发展】 以续转业务、农险增收和非车险市场反攻为重点，实施“多渠道抓续转，多节点抓反攻”战略，谋求发展多元化，推动各险种协调发展。与一批重点客户建立业务联系，筑牢高端市场基础。成功续保北人集团、华药集团、常山纺织集团等重要客户，承保 6 条高速公路、南水北调、地铁预留工程等项目，增收保费 1500 万元。车险通过加强与 4S 店次新车续保合作、加大转保奖励和续保率考核，实现续保率达到 60%，转保保费占比达到 17.2%，同比上升 1.2 个百分点；农险积极公关政府，建立政企联合推动机制，实现保费 6855 万元，完成年计划的 198%；非车险实施“108 项目计划”，全力开展市场反攻；企财险开辟新市场、扩大客户群，促进保费规模提升，全年新增业务 275 笔，增收保费 1354 万元；校责险、医责险、治安保险实现快速发展，保费收入达到 570 万元。着力提升销售能力，形成多渠道协调发展格局。新车方面，牢牢掌握 4S 店主渠道，通过启动“杭流”送修、派员驻店、提供远程定损服务、费用差异化配置等措施，提高了店内份额。年末合作 4S 店达到 102 家，占全市 4S 店总数的 80%，保费收入 2.63 亿元，同比增长 22%。其他渠道实行逐步整合，推进专管专营，渠道控制力和专业性提高。大力发展电网销收业务，增速逐月加快，保费达到 1.16 亿元。县域方面，深化农网建设，将“学泊头”与“三农保险服务体系建设”紧密结合，科学合理地构建农村保险服务网络，栾城县、正定县、晋州市等支公司因地制宜，落实到位，成效显著，有力支持了业务发展。全年实现保费收 15.17 亿元，同比增长 4.98%，计划完成率 97.73%，其中，机动车险实现保费收入 13.17 亿元，占总保费收入的 86.8%，计划完成率 95.87%；财产险实现保费收入 0.75 亿元，占总保费收入的 4.97%，计划完成率 93.15%；农业险实现保费收入 0.69 亿元，占总保费收入的 4.52%，计划完成率 198.5%；责任信用险实现保费收入0.31亿元，占总保费收入的2.02%，计划完成率86.93%；意外健康险实现保费收入0.10亿元，占总保费收入的0.67%，计划完成率66.80%；船货险实现保费收入0.14亿元，占总保费收入的0.94%，计划完成率123.32%。

表34　　2011年中国人保财险石家庄市分公司保费收入情况一览表

类　别	签单数（件）	签单保费（千元）	保险金额（亿元）	计划完成率(%)
机动车险	503988	1317417	1118	95.87
财产险	5749	75451	711	93.15
农业险	3000	68683	16	198.50
责任信用险	4139	30774	1055	86.93
意外健康险	14391	10154	62	66.80
船货险	23957	14305	153	123.32
合　计	555224	1516784	3114	97.73

【客户服务】 开展“客户服务年”活动，优化服务流程，升级服务标准，创新服务举措，强化服务监督。开展“满意在人保”主题活动，对外广泛宣传、推广公司品牌和服务，对内大力宣导公司服务理念，客户满意度显著提升，裕华区、新华区、藁城市支公司入围总公司、省公司两级“金牌示范窗口”评选。启动服务窗口标准化建设，制定考核制度5项，统一营业厅建设标准，规范窗口人员行为，公司对外形象提升。在总公司两次神秘人测评中取得较好成绩，在省公司神秘人测评中总体达标率同比上升12个百分点，排名较上年提高5个位次。开展理赔提速活动，制定“小额案件处理实施方案”，加大考核奖惩评比力度，充分调动各岗位人员积极性，整体理赔效率提升。2011年，案件处理率达到104%，同比上升4.3个百分点。制定《客户投诉管理规定》，加强客户投诉管理，着力降低投诉率。全年有效投诉案件同比下降43%，投诉处理率达到100%，在全省系统考评中被评为A类优秀分公司。开展行风评议活动，实施理赔环节考核，提升理赔服务质量。年内，公司在23个参评单位中名列第7位，较上年前进1位，三年来首次位列保险行业第一名。灵寿县、新乐市、元氏县支公司在当地排名位居前3位，元氏县和赞皇县支公司前进5个位次。

中国人民财产保险股份有限公司
石家庄市分公司
总 经 理：丁萍（女）
副总经理：张彦春
段荣平（10月免）
梁学军
张立军（10月任）
李文钢（10月任）
石炳英

（张剑）

太平洋人寿保险

【概况】 2011年，中国太平洋人寿保险股份有限公司石家庄中心支公司坚持“以目标为导向，以成果为驱动”的经营理念，对标市场、对标系统、对标先进，转变发展理念，创新企业管理，加强队伍建设，逐级细化工作职责，实施追踪管理，完善考核机制，夯实管理基础，加强渠道建设，创新营销模式，加大县域市场开拓力度，延伸服务触角，提升服务品牌形象，实现协调可持续发展。全年规模保费收入55058万元，核心业务保费收入13243万元。年内，公司被市消协评为“石家庄市保护消费者权益工作先进单位”，被中国质量万里行促进会评为“服务质量A类单位”。

【业务发展】 转变发展理念，创新企业管理，实现发展新目标。营销渠道以组织发展为主线，以准主任增员计划为抓手，加强队伍建设，实现“上半年四级机构晋级，下半年成功保级”发展目标。至年底，13家四级机构全部晋级，提前两个月完成年度期缴预算目标。续期渠道开展层级细化追踪管理，加强基础管控，完善督导和室主任考核机制，建设标准化、专业化团队，全面提升各项KPI指标（Key Performance Indication关键业绩指标）。继续率指标保持全辖领先地位。银保渠道坚持“四重原则”，做好渠道维护沟通，确保主力渠道优势。县域市场开拓创新销售模式，取得业务平台稳步发展。期缴业务保持全省第一位置。直销渠道以提高盈利能力和综合效益为目标，重视团队建设、夯实业务基础，转变发展方式，巩固原有优势渠道，拓展新增业务，实现可持续价值增长。至年末，实现规模保费收入55058万元，同比减少12.14%，其中，个险渠道实现新单保费收入6906万元，同比增长19.78%；银邮渠道实现新单保费收入14581万元，同比减少56.29%；直销渠道实现新单保费收入1866万元，同比减少23.56%。核心业务累计完成保费收入13242万元，其中，期缴保费收入11826万元，同比减少10.15%；意外险保费收入1417万元，同比减少0.14%。

表35　2011年太平洋人寿石家庄中心支公司保费收入情况一览表

类别		金额（万元）			增加额（万元）	同比（%）
		2009年	2010年	2011年		
个险渠道	总额	13239	17314	23248	5934	34.27
	新单	3552.1	5439	6906	1467	26.97
银邮渠道	总额	36644	42603	28980	−39713	−31.98
	新单	34140.7	33361	14581	−18780	−56.29
直销渠道	总额	1429.3	2441	1866	−575	−23.56
	新单	—	2441	1866	−575	−23.56
总保费		51685.4	62667	55058	−7609	−12.14

【赔款与给付】 加强专业基础知识学习，提升窗口服务技能，延伸服务触角；集中服务管理，提升服务意识，树立“大服务”理念，主动服务，主动理赔；在四级机构设立客户咨询、投诉电话，听取客户意见，主动了解客户需求；建立双向沟通长效机制，对客户提出的问题，做到及时落实、及时反馈；注重发挥客户监督职能，塑造良好的品牌服务形象。全年累计处理理赔案件1932件，赔款金额1242.57万元，同比增长3.45%；满期给付金额6053.68万元，同比减少53.0%。

中国太平洋人寿保险股份有限公司
石家庄中心支公司
总 经 理：董仕海
副总经理：王刚（8月免）
范艳萍（女，8月免）
梁永东
徐丽娜（女，8月任）

（田江芸）

太平洋财产保险

【概况】 2011年，中国太平洋财产保险股份有限公司石家庄中心支公司以市场为坐标，以客户需求为导向，整合营销资源，创新营销模式，优化人力配置，转变业务发展方式，实现综合竞争力提升。加强内控制度建设，严格业务流程，突出抓好规范化经营。开展合规宣传教育、重点流程监管和自查整改活动，加大日常风险排查，提升了合规管理水平；强化重大突发事件预案管理和做好反洗钱工作，大力推进业务稳健发展。创建理赔服务品牌，挖掘市场潜力，推动业务快速发展和可持续价值增长，市场份额实现有效提升，确保了综合成本行业领先地位。至年底，完成保费收入34255.53万元，同比增长13.99%，综合赔付率49.04%，同比上升14.76个百分点。

【业务发展】 车险业务在客观分析市场基础上，准确定位发展方向，重点发展优质业务。采用差异化管理办法，区分不同使用性质车险业务，结合满期赔付率高低，有针对性地加大费用投入，提升优质车险业务规模，增大了盈利性车险业务比重；针对不同的分支机构，实行差异化核保政策和费用政策，在确保经营质量前提下提升业务规模。非车险业务继续抓好续保业务，保证续保不流失；加强新项目公关，年内新介入业务主要有邢汾、邯大、滨海高速路建工险，石家庄医责险统保项目，河北石焦化工、石钢、东光化工企财险，石家庄理工学院团意险等；抓好大项目跟踪，打好业务拓展基础；抓好渠道统保业务，利用车商渠道资源优势，全力推进汽车延保责任险业务。年内，客运承运人业务规模有较大幅度增长；校园方责任险在已业务成功签单106万。至年末，完成保费收入34255.53万元，同比增长13.99%，其中，车险完成保费收入29568.52万元，同比增长23.11%，完成计划的93.57%；非车险完成保费收入4687万元，同比下降22.31%，完成计划的71.02%。

表36　　2011年太平洋财产保险石家庄中心支公司保费收入情况一览表

类　别	金　额（万元）		增加额（万元）	同比（%）
	2010年	2011年		
车　险	24017.94	29568.52	5550.58	23.11
非车险	6033.08	4687	−1346.08	−22.31
总保费	30051	34255.52	4204.5	13.99

【赔款与给付】 狠抓人员教育培训管理，全面加强人才队伍建设，严格执行持证上岗制度；建立理赔自查自纠机制，采取案卷检查、现场检查、客户回访等方式摸底排查案件真实性、合理性，严格案件赔付管理；开展“两防”（防灾防损）服务，完善应急处理机制，提高“两防”工作质量和效率；推行移动视频查勘定损系统，年内，5000元以下案件，在单证收集齐全情况下做到24小时内支付赔款，最快结案速度达到2～3小时；严格落实《分公司车险理赔普通查勘组人员绩效考核办法（试行）》，提高理赔服务时效，缩短理赔结案时间。至年末，车险赔款支出14307.69万元，同比增长15.54%；非车险赔款支出2491.09万元，同比增长18.09%；综合赔付率49.04%，同比上升14.76个百分点。

中国太平洋财产保险股份有限公司
石家庄中心支公司

总 经 理：刘云超

副总经理：张峰　（6月任）

张海洋（6月任）

（李世彤）

平安人寿保险

【概况】 2011年，中国平安人寿河北分公司以管理促发展，以服务增效益，健全管理制度，加强队伍建设，提升营销人员素质，规范产品营销行为，巩固企业诚信信誉，完善E化平台支持，深挖业务发展潜能，转变纠纷化解方式，重视服务品牌形象和客户需求分析，搭建多产品推动平台，实现规模和效益双提高。推进BCP计划（业务持续计划），积极应对突发事件，保证公司在遇到火灾、地震、水灾、恐怖事件、示威等突发重大事件时，能够迅速恢复运营。10月份，公司举行BCP演习，检验BCP推广效果，演练取得圆满成功。推进纠纷化解方式由事后处理向事前防范转移，把安全隐患化解在苗头和萌芽状态，在处理纠纷过程中，遇特殊情况，法务人员提前介入，协助相关部门妥善处理争议，减少和化解了诉讼风险。加强市场开拓，在有潜力的市场，以健康人海发展模式搭建有规模、有效益的销售网点，促进个代业务快速增长。至年底，按照河北省保监局“二号统计口径”，公司在石家庄地区个人业务累计完成保费收入79917万元，较上年增加13419万元，同比增长20.2%；累计赔款支出568万元，较上年增加77万元，同比增长15.7%；给付合计17763万元，较上年增加6714万元，同比增长60.8%。

【业务发展】 2011年，石家庄地区个险主力分红险完成保费收入

53897万元，较上年增加12634万元，同比增长30.6%，占总保费的67.4%；投连险完成保费收入721万元，较上年增加180万元，同比增长33.3%，占总保费的0.9%；万能险完成保费收入5043万元，较上年减少1071万元，同比减少17.5%，占总保费的6.3%。个险普通险完成保费收入20256万元，较上年增加1676万元，同比增加9%，占总保费的25.3%。保费收入呈现如下特点：长险续期完成保费收入58153万元，同比增长10%，占比达到72.8%，成为稳定保费收入的主力；各渠道业务向分红险转型，分红险市场得到积极开拓，完成保费收入53897万元，同比增长30.6%，占比达到67.4%；意外险、健康险占比仍然偏低，合计占总保费的18.5%，成为公司业务发展的战略任务。至年底，公司在石家庄地区个人业务累计实现保费收入79917万元，较上年增加13419万元，同比增长20.2%，保费增长势头良好。按险种分类，人寿保险收入65157万元，较上年增加11379万元，同比增长21%；健康保险收入14218万元，较上年增加1875万元，同比增长15%；意外保险收入542万元，较上年增加166万元，同比增长44%。按渠道分类，个人代理渠道收入76797万元，较上年增加11387万元，同比增长17%，占总保费的96%；银邮代理渠道收入3119万元，较上年增加2032万元，同比增加187%，占总保费的4%。按期限长短分类，长险完成保费收入78375万元，较上年增加13182万元，同比增加20.2%，占总保费的98.1%，其中：长险新单收入20222万元，同比增长62%，占总保费的25.3%，长险续期58153万元，同比增长10%，占总保费的72.8%；短险完成保费收入1541万元，较上年增加237万元，同比增加18.2%，占总保费的1.9%。

表37　　2011年平安人寿河北分公司保费收入情况一览表

类别			金额（万元）			增加额（万元）	同比(%)
			2009年	2010年	2011年		
险种	人寿保险		445452	53779	65157	11379	21
	意外保险		2488	376	542	166	44
	健康保险		53740	12342	14218	1876	15
渠道	个人代理		381509	65410	76797	11387	17
	银邮代理		120171	1087	3119	2032	187
期限	长险	总额	492593	65193	78375	13182	20.2
		新单	232928	12468	20222	7754	62
		续期	259665	52725	58153	5428	10
	短险		9087	1304	1541	237	18.2
总保费			501680	66497	79917	13419	20.2

备注：2010年、2011年数据使用标准为河北省保监局“二号统计口径”。

【赔款与给付】 严格执行P-STAR服务标准，规范日常投诉处理。规范电话使用规程，力求用简单、明了、易懂的语言提高沟通效果；在处理投诉过程中，做到及时响应和答复客户，主动告知案件处理进展情况；遇到疑难案件时，主动与上级和相关监管部门搞好沟通，为投诉案件顺利解决搭建平台；遇到误导、滞挪等事件时，及时知会相关部门及监管单位，防止事态恶化，减少客户损失。落实《人身保险业务基本服务规定》，严格兑现服务承诺，帮助客户寻找理赔依据，遵循拒付审慎原则，检视拒付案件，确保每一起拒赔案件均由具有多年从业经验的资深核赔人审慎核查。提速理赔服务时效，打造理赔服务品牌。3月1日，平安人寿再次承诺“标准案件、资料齐全、三天理赔”，提升了服务时效。全年累计赔款支出568万元，较上年增加77万元，同比增长15.7%；给付合计17763万元，较上年增加6714万元，同比增长60.8%，其中，满期给付10181万元，同比增长113%，年金给付4277万元，同比增长22%，死伤医疗给付3305万元，同比增长20%。

表38　　2011年平安人寿河北分公司赔退付情况一览表

名　　称		金　额（万元）			增加额（万元）	增长(%)
		2009年	2010年	2011年		
赔　款		2818	491	568	77	15.7
给付	满期	21874	4776	10181	5405	113
	年金	5552	3513	4277	764	22
	死伤医疗	10596	2760	3305	545	20
给付合计		38022	11048	17763	6714	60.8

备注：2010年、2011年数据使用标准为河北省保监局“二号统计口径”。

中国平安人寿河北分公司

总 经 理：吴越

副总经理：赵津　耿剑　王泽根　苏海超　樊兆昌　张树新

（刘航）

平安财产保险

【概况】 2011年，中国平安财产保险股份有限公司石家庄中心支公司秉承“专业经营、服务领先”经营理念，坚持“客户至上，服务至上”服务宗旨，开展透明化管理活动，公示内部管理制度，规范业务操作流程，加强财务管理，严格内部经营管理和成本管控，深入开展监察稽核活动，加强风险防控，依法合规经营，创新业务品牌，夯实了业务发展基础。开展全方位、多角度、多层面培训活动，大力引进创新型人才，实行有效增员与新人育成相结合，建设“专业、高效、团结”的业务团队，实现公司内勤管理人员全部达到本科以上学历，两核人员全部通过初级资格考试及资格评定。贯彻落实河北保监局提出的绿色保险、保险护城河、保险信誉等三项工程，主动承担社会主体责任，认真履行对客户服务承诺，以高品质服务和高度的社会责任感，继续为社会稳定发展贡献力量。年内，公司获得“河北省服务质量优秀单位”、“河北省服务名牌”、“维护消费者合法权益承诺单位”等称号。全年实现保费收入68052.1万元，比上年同期增长60.1%。

【业务发展】 推广绿色保险相关产品，倡导绿色保险消费理念，引导公众理性投保，实现自身与经济社会长期可持续发展。以安全生产责任险、人身险、治安保险等项目为重点，发展与公众利益紧密结合的相关险种，深入推进“保险护城河工程”。紧盯政府城市建设三年大变样推动项目，上下联动，强力营销，积极招揽保险业务，承保或参与承保省内外多条高速公路、铁路、港口和厂矿企业建设及运营业务；与农村信用合作社密切合作，大力发展农村小额借款人意外保险业务。全年实现保费收入68052.1万元，比上年同期增长60.1%，其中，车险保费收入46585.9万元，同比增长51.4%；财产险保费收入19839.9万元，同比增长88.2%；意健险保费收入1626.2万元，同比增长36.5%。

表 39　　2011 年平安财产保险石家庄中心支公司保费收入情况一览表

类　别	保险收入（万元）		增加额（万元）	同比(%)
	2010 年	2011 年		
车　险	30764.91	46585.9	15820.99	51.4
财产险	10540.35	19839.9	9299.55	88.2
意健险	1190.99	1626.2	435.21	36.5
合　计	42496.25	68052.1	25555.85	60.1

【理赔服务】 兑现“万元以下，资料齐全，1 天赔付”服务承诺，在客户提交索赔资料齐全有效情况下，公司承诺 1 个工作日内完成案件审批并通知付款。依托公司强大的 IT 平台与 E 化办公系统，开展一站式服务，提升理赔效率与品质。开展“一袋式”理赔服务，对于定损金额在 5000 元以下纯车损、非代理索赔案件客户，公司查勘员在出险后会告知客户应准备的理赔资料，并赠送客户“理赔资料专用快递袋”，客户只需要拨打信封上的“快递受理电话”，快递公司将上门代收资料，送达至理赔内勤，客户无需上门递交索赔资料。开展全国免费非事故道路救援服务。12 座以下非营业用客车和轿车均可在保单有效期内，免费享受道路救援服务，不限次数。服务范围：全国城市中心区 100 千米以内、施救车辆所能通行和到达的区域，不包括交通特殊管制地段。服务内容包括：接电服务、紧急送油、紧急加水、更换轮胎、现场抢修、拖车牵引、吊装救援 7 项服务。开展客服节活动，举办增值服务、专业论坛、客户体验等系列活动，践行了“承诺不变、服务升级”服务理念。实施“保险信誉工程”，大力解决理赔难、销售误导等突出问题；开展理赔服务创新，推进理赔服务标准化、规范化建设。全年已决赔案 47140 笔，总赔案金额 21655.8 万元，共为 163000 名个人客户和 18000 个团体客户提供风险保障，有效发挥了社会稳定器作用。其中，车险已决赔案 45151 笔，赔款 17243.9 万元；财产险已决赔案 1206 笔，赔款 4043.7 万元；意健险已决赔案 783 笔，赔款 368.3 万元。

表 40　　2011 年平安财产保险石家庄中心支公司赔付情况一览表

已决赔案	决　赔		赔　款	
	笔数（笔）	同比(%)	金额（万元）	同比(%)
车　险	45151	13.4	17243.9	56.6
财产险	1206	57.9	4043.7	−1.2
意健险	783	−47.8	368.3	−15.2
合　计	47140	12	21655.8	39.4

中国平安财产保险股份有限公司
石家庄中心支公司

总经理：孙烨（女）

（李丹阳）

新华人寿保险

【概况】 2011年，新华人寿河北分公司坚持创新发展，完善制度，重视队伍建设，强化服务意识，转变发展方式，建立健全组织体系，规范细化业务流程，强化内审监督职能，加大自查自纠力度，预防和治理销售误导行为，减少和遏制经营风险，规范业务经营，开展达标创建活动，推进机构质量建设，参与各项社会公益活动，创新品牌宣传形式和客户服务模式，落实服务十大承诺，提高了服务质量，推进了各项事业全面发展。年内，承办赢动力培训班，选训人员100多人，举办储备管理培训班，培训人员60人，参加河北省保监局举办的高管培训60多人次，参加总公司举办的核动力培训20多人次，并全年组织员工参加总公司举办的哈佛在线学习，员工整体素质提高，内勤团队部分优秀典型模范在总公司荣誉盛典上受到表彰，外勤团队9名营销员被河北省保险行业协会评为行业明星。开展"唤起万众善行之举，共建和谐美好家园"系列慈善公益活动，捐款17.23万元；举办客户联谊会、捐资助教、客户健康知识讲座和少儿书画大赛等活动，捐赠书籍10000余本，文体用品5000套，文具2000套，课桌椅200套，衣物500件，宣传健康知识5000多人次，极大地提高了公司服务形象和知誉度。至年底，公司拥有内外勤员工1万多人，中心支公司9家，四级机构65家，业务覆盖石家庄、秦皇岛、唐山、廊坊、保定、衡水、沧州、邯郸、邢台等9个地市，形成个人、银代、团体、续收四大业务销售作业体系；全省有效客户数达71万余人；累计实现规模保费32.65亿元，保费规模进入系统内同级机构前十行列；累计赔付金额37856万元，同比增加5232万元，增长16%；9家中心支公司全面实现管理达标，其中6家入围系统百强行列。

【业务发展】 加强岗位技能培训、机构质量建设和追踪检查督导，严格绩效考核标准，创新经营理念和营销模式，发展个人、代理、法人和续期四大核心价值业务。至年底，累计实现规模保费32.65亿元。其中，个人业务实现规模保费4.02亿元，保费规模位居新华保险各二级机构第九位；银代业务实现规模保费7.29亿元，银代期缴累计达成1.34亿元，提前59天完成全年计划；法人业务累计短险保费5615万元，同比增长27.2%，排名全国第八，创下公司历史最高名次；续收业务关键指标再创新高，实现规模保费20.77亿元，同比增长44.4%，个人续收、银代续收分别完成保费收入9.40亿元和11.37亿元，同比分别增长71%和28%；实现新单保费收入8352万元，同比增长18.67%，实现续收、首期、队伍全面飘红。

【赔款与给付】 创新客户服务模式，践行十大服务承诺，建立健全监督机制，全面开展投保提示；加大客户回访力度，坚持做到100%回访，及时征求客户意见和要求。开辟理赔绿色通道，及时调查、及时给付确属保险责任案件；对边远山区等特殊客户，采取上门或集中理赔的方式，为出险客户理赔提供便利。创建移动理赔服务平台，实现理赔系统无缝对接；开展一站式理赔和"零距离"现场理赔，理赔时效加快，客户服务水平提升。2011年，新华人寿河北分公司再次被总公司评为"最佳理赔服务分公司"。至年底，公司累计赔付支出37856万元，同比增加5232万，同比增长16%。其中，赔款支出1921万元，同比增长47%；给付支出35935万元，同比增长15%，其中，满期给付29253万元，同比增长11%，死伤医疗给付4103万元，同比增长28%，年金给付2579万元，同比增长42%。

新华人寿保险河北分公司
总 经 理：张运旭
副总经理：张战
总经理助理：张欣 郑晓涛

（王占义）

生命人寿保险

【概况】 2011年，生命人寿河北分公司秉承"转方式、调结构、防风险、稳增长"的发展理念，加强内控机制建设，加大业务品牌创新力度，走出内涵价值较高业务发展路线，市场竞争力实现持续提升。积极参加社会公益活动，加强企业文化建设，传承优良文化传统，扩大公众影响力。1月份，生命人寿衡水中心支公司响应衡水市妇联发起关爱困境儿童"爱心志愿者"活动，捐款6600元，为冀州市徐家庄乡22名困境儿童提供学费1年；9～11月，生命人寿河北分公司联合石家庄书法家协会、大名人书画院共同举办河北省首届“生命人寿杯”书画大赛，旨在弘扬传统书画文化，宣传生命人寿价值理念，活动主题为“关爱生命，促进和谐”。此次活动征集到书画作品500余幅，遴选获奖作品80余幅。11月5日，河北省首届“生命人寿杯”书画展暨颁奖典礼在维多利亚国际大酒店举行。加强业务团体建设，提高机构整体实力。年末，公司拥有人力8418人，较年初净增2854人，增长51.3%；全年人均产能8353元，较上年增加1230元，增长17.3%；公司60%的分支机构月均平台分布于15万～50万之间，23%的分支机构月均不足15万，机构产能呈现出良性橄榄型分布，发展势头良好；公司主渠道业务13个月继续率全线高升，其中，个险13个月继续率同比增长25.44%，达到90.54%，银行险13个月继续率同比增长3.88%，达到89.48%，经代渠道13个月继续率同比增长13.65%，达到85.05%，全面超出总公司年初任务计划指标。完善公司服务体系，提高服务质量。制定总经理接待日制度和《柜面人员午间值班制度》，节省客户时间；印发《关于对个险离职业务员保单进行回访的通知》和《关于对银行险客户经理离职前期缴保单客户进行回访的通知》，建立离职保单回访制度，避免“孤儿单”退保；开展“客服节”活动，为特困客户捐款、特殊人群提供“上门服务”、VIP客户提供免费体检，并聘请专家举办大型健康知识讲座。年内，生命人寿河北分公司获得“河北省保险业服务质量达标先进单位”、“河北省市场诚信用户满意单位”；保定中心支公司在保定市首届金融理财博览会上获得十佳明星理财团队奖和优秀组织奖。至年底，公司实现总保费收入11.49亿元，同比增长27.73%，市场占有率上升至2.35%，市场排名第8位。其中，新单保费收入9.6亿元，续期保费收入1.9亿元。

【业务发展】 个险渠道主推富贵全能等长期保障型产品，个险新单实现增速75%，市场份额由1.2%增加到2.5%，市场排名第8位；银代渠道转变销售模式，变银保专管员自主销售为辅导银行柜面人员自主销售，主推生命金惠两全、红上红D款等产品，定期开设期缴训练营活动，并开设SFP（Sino-life Financial Planner 生命人寿高级理财规划师）业务渠道销售长期保障型产品，银保趸缴实现增速1.62%，市场份额3.7%，市场排名第6位，银保期缴实现增速－13%，高出河北寿险银保期缴市场平均增速37个百分点，市场份额由2.14%上升至3.15%，市场排名第7位；经代渠道开发国内首款女性婚姻保险2个（《生命红玫瑰年金保险（分红型）》和《生命附加红玫瑰女性重大疾病保险》），自10月1日起开始销售，至年末，经代渠道保费收入占比增至6.7%，较上年提高2.08个百分点。全年实现总保费收入11.49亿元，同比增长27.73%，市场占有率由1.55%上升至2.35%，市场排名第8位，提升1个位次，其中，实现新单保费9.6亿元，市场排名第7位；实现续期保费收入1.9亿元，同比增加1.54亿元，同比增长367.9%。按险种划分，人寿保险实现保费收入11.13亿元，同比增加2.34亿元，同比增长27%；健康保险实现保费收入1583万元，同比增加493万元，同比增长45.23%；意外保险实现保费收入2022万元，同比增加1068万元，同比增长112%。按渠道划分，个人代理渠道实现保费收入2.35亿元，同比增加1.49亿元，同比增长171.5%；银行代理渠道实现保费收入8.18亿元，同比增加0.98亿元，同比增长13.67%；团险渠道实现标准保费收入1925万元，同比增加872万元，同比增长82.81%；经代渠道实现保费收入7730万元，同比增加3574.8万元，同比增长86.03%。

表 41　　2011 年生命人寿河北分公司保费收入情况一览表

类别	名称	保费收入（万元）		增加额（万元）	增长 (%)	占比 (%)
		2010 年	2011 年			
险种	人寿保险	87946	111305	23359	27	96.9
	健康保险	1090	1583	493	45.23	1.4
	意外保险	954	2022	1068	112	1.7
渠道	个人代理	8663	23518	14855	171.5	20.5
	银行代理	71938.4	81771	9832.6	13.67	71.1
	团险渠道（标保）	1053	1925	872	82.81	1.7
	经代渠道	4155.2	7730	3574.8	86.03	6.7
总保费		89990	114910	24920	27.73	100

【赔款与给付】 开展特色关爱理赔服务“1234”（简易案件 1 日内快速理赔、住院医疗 2 日内 100% 探视、一般案件 3 日内给付理赔款、特殊案件 4 日内预付理赔款），印发《关于规范生命人寿住院客户探视流程的通知》，明确规范探视流程和注意事项。开通理赔绿色通道，凡理赔资料齐全、赔付金额在 2000 元以下案件，均启动理赔绿色通道服务，从受理到结案 0.5 个工作日完成。建立理赔报案后回访制度和理赔未结案件每周沟通机制，提高理赔时效和质量。全年立案数 2288 件，结案数为 2288 件，未决赔案件数为 0，结案率达 100%，决赔案件数同比增长 348%。至年底，累计赔款支出 468 万元，同比增长 142.5%；累计给付支出 3345 万元，其中累计满期及年金给付 2848 万元，同比增长 1737%，累计死伤医疗给付 497 万元，同比增长 68%。

表 42　　2011 年生命人寿河北分公司赔付情况一览表

类　　别		金　额（万元）		增加额（万元）	同比增长（%）
		2010 年	2011 年		
赔　款		193	468	275	142.5
给付	满期及年金	155	2848	2693	1737
	死伤医疗	296	497	201	68
合　　计		644	3813	3169	492

【网点建设】 2011 年，生命人寿河北分公司经营网点迅速扩张。年内新建三级机构 3 家（廊坊中心支公司、承德中心支公司、张家口中心支公司），新建四级机构 19 家。1 月份，抚宁支公司、景县支公司等 2 家机构开业；3 月份，乐亭支公司、平山支公司、任县支公司、柏乡支公司、黄骅支公司、涿州支公司、饶阳支公司、成安支公司、辛集支公司等 9 家机构开业；7 月份，承德中心支公司、迁西支公司、滦县支公司等 3 家机构开业；9 月份，故城支公司、武强支公司、深州支公司、东光支公司、涉县支公司等 5 家机构开业；11 月份，卢龙支公司开业；12 月份，张家口中心支公司开业。至年末，公司拥有三级机构 10 家，网点覆盖率达到 100%，拥有四级机构 55 家，网点覆盖率达到 53%，战略布局实现广覆盖、多层级，初步建成多层级客户服务体系，公共服务能力明显增强。

生命人寿保险股份有限公司
河北分公司
总　经　理：邓明远
总经理助理：张峰松
　　　　　　张玉然
　　　　　　崔会利
　　　　　　李广清（4 月任）

（冯丹）

综合经济管理

综合经济管理

计　划

【概况】 2011年，面对复杂的国内外形势，全市各级各部门围绕主题主线，以“转型升级、跨越赶超”两大任务为中心，优化发展环境、强化工作措施、狠抓工作落实，全市经济社会保持了平稳较快发展，实现“十二五”良好开局。全年地区生产总值完成4082.6亿元，同比增长12%。农业生产稳中有增。粮食生产连续8年获得丰收，总产量达到531.7万吨，创历史新高。农林牧渔业总产值达到727.3亿元，同比增长3.1%。工业经济回升向好。规模以上工业增加值完成1746.3亿元，同比增长16.2%；规模以上工业利润完成502.9亿元，同比增长24.4%；工业运行质量较好，规模以上工业增加值利润率达到28.4%，销售收入利润率达到6.9%，均居全省前列。现代服务业加快发展。开元环球中心、勒泰商业中心等“20+X”重点商贸项目和栗源农产品物流交易中心等“10+X”重点物流项目建设快速推进，全年共有6个项目开工建设、5个项目竣工投用。国际会展中心开工建设，成功举办药博会、正博会、动漫节等展会。以大西柏坡红色旅游为龙头的旅游开发全面推进，金融服务业有序发展，产业支撑作用进一步增强。投资保持较快增长。全年固定资产投资完成3021.5亿元，同比增长26%。第三产业投资占据主体地位，全年完成投资1887.4亿元，占全市固定资产投资的62.4%；主导产业增势明显，生物医药、装备制造、纺织服装产业投资分别增长87.4%、61.9%、37.6%。重点项目建设进展顺利。全年120项省重点建设项目共完成投资408.1亿元，占年度计划的122.7%。石药药物制剂及医药财富中心等45个项目开工建设，双鸽肉品加工等4个项目竣工，河北航空城基地、新客站广场及道路配套工程、园林博览园3个前期项目提前启动。85项市重点建设项目共完成投资214.2亿元，占年度计划的150.5%。财政收入实现快速增长。全年全部财政收入完成488.9亿元，同比增长26.1%；其中一般预算收入完成221.2亿元，同比增长35.2%，增长创十年以来最好水平。财政收入占GDP的比重达到12%，一般预算收入占全部财政收入的比重达到45.2%，收入质量提高。金融运行平稳，全市金融机构贷款余额3659.8亿元，比年初增加405.9亿元；存款余额6715.3亿元，比年初增加637.8亿元。存量存贷比为54.5%，增量存贷比为63.6%，增量存贷比高于存量存贷比9.1个百分点，信贷投放进一步增大，满足了多层次融资需求。重点改革稳步推进。金刚集团、宝石集团等5家国有企业完成改制；电动工具厂、冲剪机床厂等5家集体企业和18个城中村集体经济组织完成改制工作；城区供销社、司法局所属3家事业单位改革进入职工安置成本测算阶段；医改五项重点任务进展顺利，221家乡镇卫生院综合改革基本完成。内外开放不断扩大。认真组织香港投洽会、廊坊投洽会、石洽会等重大招商活动，成功举办北京、天津市校（院）合作项目对接会，积极开展与京企、央企、国内500强企业合作，全年引进市外资金500亿元，同比增长52.8%。引进外资取得突破，与可口可乐、韩国乐天、印尼力宝、瑞典爱立信等世界500强企业成功签约，部分项目已经取得实质性进展。全年实际利用外资8.1亿美元，同比增长27.1%。对外贸易实现增长，全年外贸进出口总值141.7亿美元，同比增长27.7%，其中出口70.8亿美元，同比增长22.3%。民生得到持续改善。全年农村居民人均纯收入

7822 元，同比增长 18.9%。城市居民人均可支配收入 20534 元，同比增长 12.3%。城镇新增就业达到 10.5 万人。城镇登记失业率控制在 3.79% 以内。加大保障性住房建设，全年解决了 5034 户低收入家庭的住房困难。新建改建标准化学校 30 所，农村卫生体系建设如期完成。城市建设三年上水平取得实效，城市环境进一步改善，市区二级以上优良天数达到 320 天，其中一级天气 36 天，较上年同期提高 2 天。全市 19 个县域污水处理项目纳入河北省重点流域水污染治理“十二五”规划，总投资近 7 亿元。完成《石家庄市水利项目建设资金筹集管理办法》起草工作，报市政府同意并下发执行。11 月份，井陉矿区被国务院批准列入全国第三批资源枯竭城市，井陉矿区驶入经济社会全面转型的“快车道”。解决了农村 47.5 万人的饮水安全问题。基本完成与人民群众密切相关的 27 件实事。经济社会和谐发展。教育、科技、文化、卫生、体育各项事业全面进步，社会管理创新工作取得新的成绩，安全生产形势和社会治安环境持续好转。

【“十二五”规划公布实施】 2009 年 10 月 16 日，全市召开“十二五”规划编制工作会议，规划编制工作正式启动，制定编制工作方案，印发专项规划目录和具体要求 44 个，完成 30 个重点研究课题和规划纲要的公开招标。2010 年 9 月，《石家庄市国民经济和社会发展第十二个五年规划纲要》完成初稿。其后，广泛征求社会各界和市委专家决策委员会的意见，进一步修改完善。2011 年 1 月 22 日，石家庄市第十二届人民代表大会第四次会议审议通过。此后，根据审议意见再次修改完善，2011 年 6 月 30 日起，在《石家庄日报》及发改委网站等公共媒体公布实施。

【经济运行调节】 加强生产要素协调调度，保持供需平衡，保障全市经济平稳运行。年内，推广使用优质低硫煤炭 649.32 万吨，有效减少燃煤二氧化硫排放；组织煤炭经营企业与金融单位对接，协调市煤炭经营行业协会与民生银行石家庄分行签署战略合作协议，帮助会员企业新增贷款 4 亿元；组织 524 家企业和单位错峰、避峰用电，日均消减高峰负荷 12.3 万千瓦，有效缓解用电负荷紧张状况；争取省级电力管理支持资金，获得省电力需求侧管理示范项目 10 个，补贴资金 1465 万元；加强“春运”期间运输调度，发送旅客 6839.1 万人次，同比增长 18.3%，旅客运输安全、高效、有序、便捷。

【经济体制改革】 年内出台《关于印发石家庄市 2011 年深化重点领域改革指导意见的通知》（石政办发〔2011〕19 号）、《关于加快推进企业直接债务融资的意见》（石政办发〔2011〕6 号）、《关于提高城乡居民最低生活保障和五保供养标准的通知》（石政办发〔2011〕1 号）等文件，积极稳妥推进经济体制改革。在 18 个农村县（市）区设立行政服务中心并投入运行，统一受理行政、非行政许可事项；公布第四批审批项目削减目录，削减行政许可项目 104 项，削减率 70%，削减非行政许可项目 141 项，削减率 35%，优化了发展环境。开展城镇居民社会养老保险试点，全面启动社会保障卡信息采集和发放工作，扩大新农保试点，实现失业保险市级统筹。提高城乡居民最低生活保障和五保供养标准，城市低保平均标准达到每人每月 330 元，农村低保平均标准达到每人每年 1660 元。城乡统筹发展，18 个农业县（市）区全部建立土地承包经营权流转服务机构；全市农村土地承包经营权流转面积突破 100 万亩，500 亩以上流转大户达到 96 家；全市登记注册农民专业合作社达到 3300 家，入社农户 12 万户，合作社总数在全省排名第一；4342 个村建立村级集体经济组织，占行政村总数的 99.8%，注册公司等经济实体 944 个，实施财富积累项目 413 个；申报省级新民居建设示范村 198 个，累计达到 618 个，开工建设 479 个，累计新建开工 6510 栋、完工 4380 栋、入住 3.36 万户。加大科技体制创新力度，“石家庄国际生物医药技术服务平台”投入使用；“中欧生物医药联合实验室”正式揭牌启动；“石家庄市科技资源共享服务平台”正式开通；“河北省省会生产力促进联盟筹备会”正式成立，盟员单位达到 16 家。加快金融市场建设，全市各类银行业机构达到 24 家，营业网点 1200 余个；引进和谐健康保险等 3 家保险公司，驻石保险公司增加到 51 家；新设小额贷款公司 11 家，小额贷款公司总数达到 35 家，实现县域全覆盖。加快企业上市融资步伐，以岭、常山、四方三家企业上市，融资33.96亿元，其中，以岭药业融资22.46亿元，常山生化融资7亿元，四方通信融资4.5亿元。加强生态建设，实施超限额惩罚性电价、高能耗差别电价政策，完成县域水价并轨，制定石家庄市主要污染物排放权交易价费体系。企业改革步伐加快，国有企业改制完成5家，集体企业改制完成5家（市工信局系统工艺美术总公司（工贸中心）、五金工业总公司、电动工具厂、冲剪机床厂、市供销社系统第二棉麻总公司），城中村集体经济组织改制完成21个。

（狄玺亚）

【经济结构调整】 2011年，全市把“调结构转方式”作为经济转型升级、跨越赶超的突破口和着力点，取得明显效果。经济发展结构优化突出表现在“一高一低一优”。即，一是装备制造业增速高。2011年，规模以上装备制造业一直保持20%左右的高增长，共完成增加值274.9亿元，同比增长20.8%，高于全市规模以上工业增速4.6个百分点。二是高耗能行业生产增速低。全年六大高耗能行业完成工业增加值610.3亿元，同比增长13.5%，低于全市规模以上工业增速2.7个百分点。三是投资结构优化。2011年装备制造等高附加值产业投资持续快速增长，钢铁、石化、建材等高耗能行业投资减速。2011年，全市经济平稳较快发展，运行质量和企业效益稳步提高，概括为“一个跨越三个提高”：2011年，全市全部财政收入完成488.9亿元，同比增长26.1%，增收超百亿，达到101亿元，实现跨越式增长；财政收入占GDP比重达到12.0%，同比提高0.6个百分点；一般预算收入占财政收入比重达到45.2%，同比提高3个百分点；企业效益继续提高，规模以上工业利润同比增长24.4%。

（王巍）

【医药卫生体制改革】 2011年，石家庄市医药卫生体制五项重点改革工作取得突破性进展。全市城镇职工和居民参保率达到94.9%，新农合参合率达到96.8%，城镇居民医保和新农合补助标准均由每人每年120元提高到200元，新农合政策范围内住院费用支付比例达到70%，最高支付限额达6万元，19个县（市）区开展城镇居民门诊统筹，17个县（市）对住院大额医疗费用给予封顶线不低于10万元的再补偿，全市379所定点医疗机构实现参合农民住院费“出院即报”，9个县（市）实现村级联网结算，24个县（市）区开通医疗救助与定点医院联网“一站式”结算。基本药物制度全面实施。政府办乡镇卫生院、村卫生室和城市社区卫生服务机构全部实施基本药物制度，全市国家基本药物制度覆盖人口数达到843.78万人，占全市人口总数的84.38%。基层医疗服务体系进一步完善。全市221个乡镇卫生院和44家政府办社区卫生服务机构综合改革基本完成，4041个行政村卫生室建设任务和2009～2010年国债建设项目全面完成，2011年县级医院国债项目和省属投资项目全部开工建设。基本公共卫生服务均等化项目进展顺利。政府办城市社区卫生服务机构和乡镇卫生院均设立公共卫生科，国家9类基本、6项重大公共卫生服务项目基本完成，人均基本公共卫生服务经费标准提高到25元，城乡居民健康档案建档率达到75.8%，65岁以上老人、高血压、糖尿病人规范化管理率和白内障筛查、手术目标均超计划完成。公立医院改革稳步推进。在栾城县、辛集市等7个县级医院开展“三双”机制试点；栾城县医院被确定为省级公立医院改革试点单位，完成公立医院改革方案，初步建立起新的运行机制。

【工业聚集区建设】 年内规划建设工业聚集区24个，其中首批省级工业聚集区10个。5月3日，根据河北省政府《关于批准设立首批省级工业聚集区的通知》（冀政函〔2011〕74号文件），石家庄市有10个聚集区列入首批省级工业聚集区，其中市周边3个（石家庄循环经济化工示范基地、河北省〔石家庄〕高端医药产业园、石家庄装备制造基地），县周边7个（晋州市纺织工业园、赵县工业聚集区、辛集市清洁化工园区、鹿泉市绿岛火炬开发区、新乐工业新区、藁城工业新区、深泽县工业园区）。10家省级工业聚集区总规划面积229.3平方千米，建成区面积54平方千米，共实现主营业务收入1225亿元，同比增长35.4%，比规模以上工业主营业务收入增速高4.9个百分点；实现利税127亿元，同比增长12%；固定资产投资完成279亿元，同比增长26%。10个省级工业聚集区完成前期及谋划项目204个，总投资1995亿元，其中正在跑办的项目98个，已经签约的项目40个；新开工项目97个，总投资221亿元，其中投资5000万元以上的有60个；续建项目75个，总投资296亿元，其中投资5000万元以上的有68个。石家庄市24个工业聚集区共实现主营业务收入1960亿元，同比增长26.3%，占全市规模以上工业主营业务收入的27.4%；实现利税251亿元，同比增长21.6%，占全市规模以上工业利税的32.8%；工业增加值完成508亿元，同比增长25.7%，占全市规模以上工业增加值的29.1%；固定资产投资完成397亿元，占全市固定资产投资的13%。石家庄市24个工业聚集区完成前期及谋划项目439个，总投资2191亿元，其中正在跑办的项目221个，已经签约的项目114个；新开工项目210个，其中投资5000万元以上的有128个；续建项目162个，其中投资5000万元以上的有132个。石家庄市工业集聚区经过几年发展，在园区基础设施建设、大项目引进、机构管理等方面取得初步成效，已成为招商引资、产业升级的承接平台，推进工业化、城镇化进程的重要抓手，调整经济结构、转变发展方式的有效载体。

【高技术产业】 年内，全市有1家企业技术中心通过国家认定，13家企业技术中心通过省认定，占全省认定总量24%。至年末，全市共有省级以上企业技术中心61家，占全省总量的20%，同比提高1.2个百分点。其中，生物医药类18家，电子信息类5家，合计占比37%。工程实验室建设实现新的突破，14家工程实验室获得批复，其中，国家地方联合实验室3家，省级工程实验室11家，至此，石家庄市正在建设的工程实验室达到25家，占全省总量的57%。其中，生物医药类17家，单项占比达到68%。这些企业创新平台的建设，为推动经济发展方式转变，强化全市主导产业创新能力奠定了坚实的基础。2011年，全市规模以上高技术产业增加值完成268亿元，增速达到25.46%。

【重点项目建设】 2011年，全市省级重点建设项目120项，总投资2976.4亿元，年计划投资332.7亿元，实际完成投资721.63亿元，占年度投资计划的195.3%。其中续建项目43项，实际完成投资222.91亿元，占年度投资计划的210.21%，竣工投产项目31个（高邑县工大化工大型及中高压化工过程和核电站装备制造、正定县国际小商品市场二、三期、辛集市东贞皮业有限公司皮革服装生产线、鹿泉市河北华电石家庄鹿华热电二期等）；计划新开工项目65个，实际新开工63个（藁城市石药集团药物制剂及医药财富中心、藁城市华北制药集团有限责任公司新制剂和总部基地、鹿泉市中电集团13研究所信息产业等）；前期项目12个，完成前期手续并提前启动建设的有8个（新华区河北航空投资集团有限公司河北航空城基地、平山县西柏坡文化发展有限公司西柏坡生态环保影视示范基地等），实际完成投资61.23亿元。市级重点建设项目85个，总投资1701.98亿元，年度计划投资142.33亿元，实际完成投资329.05亿元，占年度投资计划的231.19%。其中，续建项目28个，完成投资166.97亿元，占年度投资计划的213.3%，竣工投产13个（新乐市河北金万泰化肥有限责任公司金石化肥生产装置技术改造、赞皇县河北玻尔陶瓷有限公司年产2000万平方米高档墙地砖、晋州市石家庄滹沱河化肥有限责任公司10万吨／年氨醇搬迁、长安区开元环球中心等）；计划新开工项目30个，实际新开工28个（灵寿县石家庄市华新制药厂心脑血管药物产业化、无极县石家庄鑫农机械有限公司新型农牧机械研发生产、藁城市化肥总厂搬迁升级改造暨回收利用焦炉煤气等）；前期谋划项目27个，完成前期手续并提前启动建设的有6个（井陉县河北省德祥陶粒砂石油支撑剂有限公司陶粒砂石油支撑剂、栾城县石家庄安瑞科气体机械有限公司能源气体关键装备制造等），完成投资53.6亿元。

【43个重点项目集中开工】 2月11日，石家庄17个县（市）区分别举行“2011年春季项目集中开工活动”仪式，活动主会场设在鹿泉市，其他16个县（市）区设分会场，共有涉及农业产业化、工业、服务业和其他类项目43个集

中开工，总投资597.32亿元，单体平均投资规模13.89亿元。从投资规模上看，100亿元以上的项目有2个，总投资430.8亿元，分别是：鹿泉西部长青综合性山地主题休闲度假区、鹿泉恒大金碧天下项目；10亿～20亿元的项目有4个，总投资59.03亿元；5亿～10亿元的项目有8个，总投资56.36亿元；1亿～5亿元的项目有20个，总投资45.91亿元；1亿元以下的项目有9个，总投资5.22亿元。从产业结构上看，农业产业化项目2个，总投资3.84亿元，占项目总数的4.65%；工业项目18个，总投资42.52亿元，占项目总数的41.86%；服务业项目19个，总投资511.52亿元，占项目总数的44.18%；其他项目4个，总投资39.94亿元，占项目总数的9.3%。此次开工项目个数最多的三个县（市）区分别是：鹿泉市13项，总投资476.17亿元；井陉县4项，总投资33.2亿元；元氏县4项，总投资22.27亿元。

【节能降耗工程】 制定年度实施方案，开展节能目标考核，在全面总结“十一五”工作基础上，隆重表彰“十一五”和2010年做出突出贡献的单位、企业和个人，81名个人被授予“石家庄市劳动模范”称号。大力加强结构调整，坚决淘汰落后产能，全力推进重点节能项目建设，共有146个节能重点项目竣工投运，每个项目年节能54万吨标煤，淘汰落后产能减少能源消耗60万吨标煤。加强重点能耗单位管理，“双三十”单位、省百家重点用能企业、省“千家”企业均完成年度节能目标任务。开展节能执法监督监察，摸底调查420家市重点用能企业用能情况，现场监察221家重点企业、162家未入统企业和31家公共机构。制定督导方案，组成9个督导组，巡回督导检查各县（市）区节能减排工作，确保各项措施落到实处。开展节能宣传活动，3月份，举办石家庄市2011年“地球一小时”暨第二届“低碳宣传周”活动；6月份，开展“节能我行动，低碳新生活”为主题的节能宣传周活动。2011年，全市万元GDP能耗同比降低4.19个百分点，超额完成省下达的目标任务（下降3.89%）。

【农业农村经济】 全市共争取中央预算内资金5.62亿元、省预算内资金0.72亿元用于支持农业农村经济发展。其中，农业生产基础建设方面，争取中央资金2亿元，主要用于大型灌区建设和节水改造、滹沱河道治理、千亿斤粮食增产、农技推广服务体系、生猪奶牛标准化养殖、动物防疫和农产品质量检测体系、巩固退耕还林成果及太行山绿化、水土流失治理和保护性耕作等方面。农村生活环境改善方面，争取中央资金0.52亿元，支持新建农村户用沼气池和乡村沼气服务网点建设；争取中央资金1.36亿元，解决47万农村人口饮水不安全问题；争取中央资金1.44亿元，支持2个污水治理项目续建；争取中央资金0.28亿元，通过以工代赈的方式，帮助赞皇县、灵寿县、平山县3个国家扶贫开发工作重点县加快脱贫致富步伐。

【现代服务业】 编制完成《石家庄市服务业发展“十二五”规划》、《石家庄市现代物流业“十二五”发展规划》，出台《关于支持现代物流产业聚集区发展的若干政策》（石政发〔2011〕13号）、《支持商贸服务业加快发展的意见》（石字〔2011〕4号）和《鼓励工业企业加快发展生产性服务业的政策意见》（石政办发〔2011〕32号），落实市级服务业发展专项引导资金1000万元，支持服务业载体项目建设14个（河北快运集团石家庄甩挂运输场站、聚合港物流园、石家庄正定国际物流园商务信息平台、石家庄市农业生产资料现代流通体系建设等），促进全市服务业发展。石家庄装备制造基地百营物流中心和灵寿县双鸽食品有限公司生猪屠宰冷链物流两个项目，争取到中央预算投资计划（地方切块部分）资金各150万元；29个“10+X”重点物流项目，实际完成投资29亿元，完成年度计划投资255%；省级确立的19个物流产业聚集区中，有2个聚集区获得批准（石家庄南部综合物流、正定商贸物流）。开展服务业发展专项考核，强力推动现代服务业发展，桥东区、桥西区等9个县（市）区政府被评为先进单位。9个县（市）区服务业增加值完成1635.8亿元，同比增长12.1%，高于全市GDP增速0.1个百分点，占全市GDP的40.1%；服务业固定资产投资完成1887.3亿元，同比增长31.8%，高于全市5.8个百分点，占全市固定资产投资总额的62.3%。

【社会事业基础设施建设】 年内，全市社会事业项目获得国家及省资金支持的有82个，专项资金总额2.87亿元。其中：教育方面，争取国家资金1.21亿元，用于支持特教学校、教师周转宿舍、校安工程、初中改造等28个项目建设；卫生方面，争取国家资金1.13亿，用于支持精神卫生、县级卫生监督所和急救中心等33个项目建设；旅游方面，争取省级专项资金3100万元，用于支持市旅游综合服务中心、大西柏坡基础设施等15个旅游项目建设；民政、计生等其他方面，争取国家资金2205万元，用于支持市示范性老年公寓等6个项目建设。

【商贸流通项目谋划】 谋划一批商贸后续支撑项目。全年备案商贸流通项目29个，总投资179亿元，单体平均投资6.2亿元。超前谋划投资过亿项目14个（庄西商业区、怀特金融大厦、新世界大酒店、藏龙国际商贸广场等），投资千万元以上的项目10个（天元公馆、华飞大厦等）。加快推进39个"20＋X"商贸项目总体进度，总投资1240亿元。其中，竣工8个（万达广场、万象天成、国大御温泉度假小镇等）；10亿元以上项目开工的有4个（华强广场、拉美风情国际城、北方家居博览中心、石家庄会展中心）；续建项目17个（祥云国际、中银广场、勒泰中心等），实际完成投资120亿元，年度计划完成率100%。

【企业融资渠道建设】 创新企业融资方式，加强融资渠道建设，争取国债资金支持，开展银企对接，发行企业债券，多措并举，破解企业融资难题。年内，石家庄城投公司成功完成10亿元企业债券申报发行工作；争取中央预算内资金400万元，支持石家庄油脂公司、灵寿双鹤食品有限公司发展；备案股权投资基金公司5家，基金管理公司7家，注册资本10.4亿元；以岭药业、常山生化、四方通信分别在深市中小板、创业板和香港主板上市，直接融资人民币30.02亿元、港币4.5亿元。

【重要农产品储备】 制定《石家庄市冬春蔬菜储备制度》，开展市级食盐储备，保持重要农产品总量平衡。年内，新增市级储备小麦30000吨，稻米5000吨，食用油2000吨；冬春两季储备蔬菜7500吨；建立市级食盐储备3000吨。

（狄玺亚）

【7家县级开发区步入省级序列】 年内，经省政府批准，7个县级开发区（园区）进入省级开发区（园区）管理序列，它们分别是西柏坡经济开发区、无极经济开发区、晋州经济开发区、赞皇经济开发区、行唐经济开发区、正定现代服务产业园区、矿区工业园区。至此，全市省级以上开发区（园区）由4家增加到11家，居全省之首。县级开发区（园区）的提档升级，为全市的经济发展打造了新的发展平台，为开放型经济发展拉开了新的框架和格局，为引进内外资大项目打下良好的基础，为实现跨越赶超和转型升级战略目标注入新的强大动力。

（刘宝芝　底艳慧）

【电动公交汽车项目落户鹿泉】 中大集团是以汽车制造、汽车设备等为核心产业的大型民营股份制企业集团，现有员工6900多名，在全球范围内，拥有31家控股、合资公司，350多个销售分公司及售后服务机构，是中国汽车和机械制造领域最具有影响力的品牌之一。4月12日，中大集团正式与鹿泉市签约建设电动公交汽车项目。该项目填补了河北省新能源电动公交汽车制造的空白，标志着鹿泉新能源产业建设进一步加速。该项目计划投资20亿元，分三期进行，一期投资近6亿元。

（徐立康　冯战平）

【空港工业园产业总体规划编制完成】 按照省政府关于加快石家庄机场建设的有关要求，2010年5月石家庄市发展和改革委员会委托罗兰贝格管理咨询（上海）有限公司编制《石家庄空港工业园产业总体规划》（简称规划）。2011年2月，在经过大量调研访谈和广泛征求意见的基础上，完成《规划》编制工作。《规划》控制面积124平方千米，核心区32平方千米，产业总体定位为"两大枢纽、三大基地"。2011年3月4日，市发改委聘请中国物流与采购联合会副会长崔忠付、中国国际工程咨询公司副主任李开孟等专家对规划进行评审。

2011 年 5 月,《规划》获得市政府批准,空港工业园管委会及相关县(市)按照《规划》积极组织实施,空港工业园建设迈出坚实步伐。

【外资利用】 年内,相继筹办香港、廊坊、厦门和石家庄等投资贸易洽谈会,签约项目 50 个,总投资 47.60 亿美元,协议外资 36.00 亿元(同比增长 32.1%);新批外商增资项目 14 项,外商增资 3.31 亿美元,同比增长 96%;石家庄市第三医院利用奥地利政府贷款引进医疗设备项目可行性研究和资金申请报告已获得省发改委批复,总投资 4771 万元,其中利用奥地利政府贷款 500 万欧元;美国可口可乐、瑞典爱立信、印尼力宝集团、韩国乐天集团等一批世界 500 强和著名跨国公司在石家庄投资力度进一步加大,另外,美国雅培公司、以色列格普农业科技有限公司、中欧生物能源联合财团、美国 CIVA 组织等多家具有世界影响力的企业(组织)到石家庄考察投资环境,石家庄吸引外资能力和城市外向度增强,直接利用外资和间接利用外资实现同步增长。3 月份,美国高级金融商务代表团回访石家庄,在 2010 年合作基础上,以美国洛克菲勒·玫瑰岩资本合伙人有限公司为首的 7 家跨国公司考察了石家庄市近期规划、远景规划以及软硬件投资环境,举办了石家庄国际融资研讨会。期间,在基础设施、金融合作、城市品牌推广等领域达成一系列合作意向。5 月份,美国国际科技工业园项目开始谈判,美国宏弧资本(ARC)公司与鹿泉市政府就在鹿泉绿岛火炬开发区建设该项目进行实质性接触,在园区投资管理、总体建设要求、筹备工作开展方式等方面达成重要共识。全年全市实际利用外资 8.08 亿美元,同比增长 27.1%,其中,实际到位 1000 万美元以上项目 8 个。

【内资引进】 全年引进市外资金 500 亿元,完成年计划的 113.6%,同比增长 52.9%;其中引进省外资金 495.6 亿元,完成年计划的 113.9%,同比增长 65.6%。引进省外技术 645 项,完成年计划的 100.9%,同比增长 0.9%;引进省外人才 8800 人,完成年计划的 104.8%,同比增长 9.8%。“中国·廊坊国际经济贸易洽谈会”期间,签约并上报成果项目 13 项,总投资 337.02 亿元,合同引资 320.92 亿元。其中参加省签约仪式 2 项,总投资 112.6 亿元,合同引资 106.5 亿元。深圳赛格集团在长安区投资建设赛格电子广场项目及重庆科瑞制药有限公司与柏奇化工有限公司在深泽县合资建设医药原料药中间体生产基地项目分别在会上签约。2011 年,石家庄市与中国电子科技集团、中国南车股份有限公司、中国石油化工集团公司、中粮集团等 17 家央企开展合作项目 35 项,总投资 947.4 亿元。其中,已竣工项目 2 项,总投资 77 亿元;在建项目 15 项,总投资 344.2 亿元;前期项目 16 项,总投资 478.2 亿元;在谈 2 项,总投资 48 亿元。与北京金隅集团有限责任公司、青岛啤酒股份有限公司、雨润集团等 13 家国内 500 强企业开展合作项目 13 项,总投资 495.85 亿元。其中,已竣工项目 4 项,总投资 40.01 亿元;在建项目 9 项,总投资 455.84 亿元。

(狄玺亚)

财 政

【概况】 2011 年,市财政部门坚持“促发展、培财源,调结构、增实力,保重点、惠民生,讲效益、重创新”工作思路,发挥职能,加强收入工作领导,增强财税部门征管合力,落实收入目标,挖掘增收潜力,实现财政收入稳定增长。强化税源监控,着力抓好重点行业、重点企业、重点税种的税收征管。深化综合治税,防止跑冒滴漏,做到应收尽收。规范非税收入管理,强化国有资产和国有资本收益征缴。加强收入调控,努力提高财政收入占 GDP 的比重和地方收入占全部收入的比重。积极探索市场化融资新渠道,加大财政筹融资力度,保障重点项目建设资金需要。发挥财政资金调控作用,引导社会资金参与省会建设,实现城市建设投资多元化。完善投融资决策机制、运营机制和内控机制,促进政府融资

2011年6月16日，市财政局代表队参加全市“颂党恩 扬正气 唱廉政 促发展”群众歌咏活动

平台规范运作，提高投融资能力。完善重点投资项目监管措施，发挥财政监察员作用，把好资金使用关口。加强投资预决算评审工作，提高政府投资评审效率。加强政府债务管理，实现借用还良性循环，化解了财政风险。创新财政管理监督模式，提高财政管理水平，增强预算执行约束力和有效性，科学合理安排支出，严格控制公用经费和一般性支出增长，全力保证重点支出需要。至年末，全市全部财政收入完成488.9亿元，占年初预算的110.58%，同比增长26.05%，其中，一般预算收入完成221.2亿元，占年初预算的117.56%，同比增长35.2%。

【财政收入组织】 坚持提升收入规模和优化收入结构并重，加强重点税源监控，加大收入征管力度，“实事求是、应收尽收、不搞虚收”，大力提升收入规模。完善财政体制，调动县（市）区加快财源建设和强化收入征管的积极性。对各类省级产业聚集区、开发区、工业园区缴纳的增值税、营业税和企业所得税省级留成超基数部分，三年全部返还；对正定新区实行“收入全留、支出自负、自求平衡”的财政体制；对城区土地收入实行了激励性政策。加强涉税信息平台建设，推进涉税信息资源共享，实现税务、房管、建设、规划等多部门信息联网，完善了综合治税工作格局。针对二手房交易中存在的偷漏税款问题，推广使用新的二手房交易税收管理系统；建立多部门协调联动机制，坚持财税部门“周碰头、旬调度、月分析”和“三长联席会”工作机制，及时分析收入运行情况，研究工作措施，全年通过综合治税直接增加收入10亿元。推进生产性企业实施主辅分离，着眼提高一般收入占全部收入的比重。以石炼化、石钢集团、烟厂等大企业为突破口，制定工作方案、细化激励措施，推进主辅分离，全市267户工业企业实施主辅分离，增加地方税收4.5亿元。加大专项税收稽查力度，对交通运输、房地产、建筑安装等重点行业和零散税收行业，集中力量、集中时间，开展专项稽查，加强堵漏增收。加大非税收入组织力度，开展清缴欠费专项行动，做到应收尽收。完善组织收入工作机制，加强县（市）区收入工作督导。市财政局领导班子“分片包县”抓收入，国地税部门对重点地区、重点行业、重点企业实行经常性督导，县（市）区建立党政“一把手”抓收入机制，定期通报收入工作开展情况，强化各级各部门组织收入工作责任，全市全部财政收入增收额突破百亿元，收入增幅创下1994年分税制改革以来最好水平。财政收入占GDP比重较上年提高0.8个百分点，达到12.2%；一般预算收入占全部财政收入比重较上年提高3个百分点，达到45.2%；税收收入占全部收入比重达到90.9%。

【民生事业发展支出】 以建设民生财政为目标，全力支持就业富民、教育提升、医疗健康、社保扩面提标、安居保障、食品药品放心、平安省会以及社会管理创新等“八大民生工程”建设，财政资金分配向基层倾斜，向与人民群众切身利益息息相关的民生领域倾斜，大力调整财政支出结构。全年全市各级财政用于民生支出295.8亿元，同比增长38.8%，占全市一般预算支出的75.2%，较上年提高5.3个百分点，民生和社会事业支出得到较好保障。全市教育事业支出84.9亿元，增长21.3%。推进农村义务教育经费保障机制改革，落实财政资金4.8亿元；推进中小学校舍安全工程，累计投入资金23亿元；启动下山扶贫教育工程，安排资金6000万元，用于贫困山区学生异地安置免费就学；推进农村义务教育债务化解工作，促进农村义务教育持续健康发展，成功化解债务3.6亿元。全市医疗卫生事业支出38亿元，增长38%。落实各级财政资金7亿元，支持全市4312个行政村建设标准化卫生室；加强乡镇卫生院设备投入，推进乡镇卫生院基本药物实行零差率销售，改善了农村就医条件。全市社会保障支出29亿元，增长26%。落实各级财政补助资金12.2亿元，新农合和城镇居民医保的人均财政补助标准由120元提高到200元，新农合参保率达到96.8%，城镇居民参保人数达到108万，较上年增加18万人；投入3.1亿元用于城乡养老保险体系建设，新农保试点县达到11个（鹿泉市、正定县、藁城市、栾城县、元氏县、赵县、晋州市、行唐县、赞皇县、辛集市、灵寿县），共有58.3万农村60岁以上老人领取基础性养老金；启动城镇居民养老保险试点工作，11个试点县城镇居民参保人数达到4.9万；提高城乡低保水平，自10月1日起，城市低保平均标准达到每人每月375元，农村低保平均标准达到每人每年2000元，农村五保户分散供养平均标准每人每年2500元；免除市区基本殡葬服务收费，提高城镇居民和职工医保报销比例，启动预防新生儿出生缺陷免费筛查。筹集保障性住房建设资金19.8亿元，确保上级下达的保障性住房任务圆满完成，按要求开工45048套。全市农林水事务支出31.6亿元，增长28.3%。全面落实惠农强农政策，兑现粮食直补、良种补贴等各类补贴资金11.3亿元；下达统筹城乡发展资金3亿元，支持城乡一体化发展和新民居建设；落实村级“一事一议”财政奖补资金1.6亿元，审批项目2262个，惠及全市农村人口387余万。全市文化体育事业支出5.6亿元，增长51%。安排资金1124万元，用于文化馆、图书馆等文化设施改造提升；支持3763个农家书屋等文化惠民工程建设；筹集资金3700万元，保障市博物馆、西柏坡纪念馆、市美术馆及全市图书馆、文化馆向群众免费开放；加强体育设施建设，省会体育中心建设开工，总投资21.4亿元。全市公共安全支出25.5亿元，增长17.5%。市级财政投入6000万元，建设警务服务站110个；拨付资金7000万元，用于标准化菜市场建设；落实食品药品安全保障投入，启动肉菜流通追溯体系建设。

【重大项目建设支出】 围绕全市经济发展方式转变和经济结构战略性调整的关键环节和薄弱问题，按照集中财力办大事的原则，加强资金整合使用，提高资金使用效益。落实国家积极财政政策，扩大内需，兑现家电和汽车摩托车下乡财政补贴5.5亿元，销售产品202万台（件），拉动消费超过48亿元。推进现代产业体系建设。对年初预算安排的6亿元现代产业发展资金，按照资金使用方向相近和相似的项目进行大力度整合，尽可能实现财政资金集约整合使用，工业企业技术改造和淘汰落后产能资金投入1.5亿元，商贸服务业发展资金投入1.3亿元，落实工业50强和园区税收返还5500万元，工业企业流动资金贷款贴息5000万元。增强传统产业竞争力和小企业发展活力。落实2.5亿元，用于企业技改贴息、对标行动、创名牌产品和驰（著）名商标、淘汰落后产能、流动资金贷款贴息和支持中小企业发展。支持重点产业项目建设。落实资金10.1亿元，支持格力项目建设；筹措资金1亿元，支持空港工业园建设；落实资金1.82亿元，支持大西柏坡建设；拨付资金1亿元，支持高端医药园建设；调度资金4700万元，支持南部工业区建设；拨付7300万元，用于夜经济延时电费补助、打造夜经济综合体和特色街区，市级重点项目建设资金得到较好保障。

【现代投融资体制建设】 为更好地发挥融资平台功能，支持产业发展和城市建设，化解政府债务，市财政本着“放权、让利、松绑”原则，积极推进城投、地产、发投等传统融资平台向具备市场融资功能的一般性公司转变。通过明确城投土地收储收入分成机制，改进投资评审机制，建立财务监督和绩效考核机制，制定确保平台公司产生现金流政策，将国控集团功能由单纯为城市建设融资，逐步改造为以产业投资为主的投融资平台，采取持股、参股、委托担保等方式，支持重点产业和民营经济发展。

【财政管理】 预算管理改革。全面规范各类非税收入管理，除教育收费以外的所有预算外收支全部纳入预算管理；加强预算绩效管理，扩大一般转移支付和重点专项资金绩效评价范围，市级对农业、教育、社会保障、新民居建设等13大类专项资金开展绩效跟踪。国库管理制度改革。市级所有预算单位和资金全部纳入国库单一账户管理体系，实行国库集中收付；24个县（市）区全部启动国库集中收付制度改革；推行公务卡制度，规范公务消费支出，市级374个行政事业单位实现全覆盖。政府采购改革。市级在全省率先启动电子化政府采购，进一步提升采购效率，完成采购78.3亿元，节约资金4.7亿元。非税收入征缴方式改革。全面推行统一的非税收入收缴管理系统，实现征收管理、票据管理、监督稽查和会计核算“一体化”，有力地推进非税收入管理改革进程。全面推行国有资产调度使用改革。新设临时机构办公设备统一由公物仓配置，防止资产重复购置和浪费；加强国有资产收益征缴，实现收益9123万元。财政监督改革。完善投资评审机制，强化廉洁评审、高效评审、科学评审，市级审核资金285亿元，审减资金47亿元；开展人员派驻监督，财政监察员派驻项目和单位达到25个。开展会计信息质量检查，检查行政事业单位191个，查出违规问题金额1.9亿元，补交各项税款10.13万元，行政处罚违规单位36个，罚款171.67万元。开展“小金库”治理，复查单位4309个，发现问题单位2个，涉及金额227.89万元。

2011年6月20日，市财政局党组书记、局长李晋宇（前排右二）到集中支付中心检查指导

表43　　2011年度石家庄市一般预算收支决算总表一

单位：万元

预算科目	调整预算数	决算数	预算科目	调整预算数	决算数
一、税收收入	1683051	1774372	一、一般公共服务	424100	415799
增值税	185482	181348	二、外交		
营业税	700855	743196	三、国防	1054	1000
企业所得税	154856	164611	四、公共安全	260336	255249
企业所得税退税			五、教育	890108	875153
个人所得税	84236	86661	六、科学技术	64176	63205
资源税	3032	3032	七、文化体育与传媒	59398	58727
固定资产投资方向调节税			八、社会保障和就业	301976	293026
城市维护建设税	133433	141007	九、医疗卫生	423295	395996
房产税	59485	63987	十、节能环保	112292	108670

（续表）

预算科目	调整预算数	决算数	预算科目	调整预算数	决算数
印花税	40618	41954	十一、城乡社区事务	397468	383635
城镇土地使用税	63097	64241	十二、农林水事务	349074	331412
土地增值税	71080	93665	十三、交通运输	284200	276302
车船税	39796	42101	十四、资源勘探电力信息等事务	124803	121964
耕地占用税	25530	25972	十五、商业服务业等事务	100193	96813
契税	121323	122369	十六、金融监管等事务支出	1462	1272
烟叶税	228	228	十七、地震灾后恢复重建支出		
其他税收收入			十八、国土资源气象等事务	83369	81922
二、非税收入	431619	437912	十九、住房保障支出	150732	144426
专项收入	95933	100390	二十、粮油物资管理事务	8742	7253
行政事业性收费收入	167817	168306	二十一、储备事务支出	1130	1130
罚没收入	107766	108369	二十二、预备费		
国有资本经营收入	30153	30231	二十三、国债还本付息支出	6607	6607
国有资源（资产）有偿使用收入	25128	26366	二十四、其他支出	242394	115820
其他收入	4822	4250			
本年收入合计	2114670	2212284	本年支出合计	4286909	4035381

表 44　2011 年度石家庄市一般预算收支决算总表二

单位：万元

预算科目	决算数	预算科目	决算数
本年收入合计	2212284	本年支出合计	4035381
上级补助收入	2119012	上解上级支出	89092
返还性收入	213668	一般性转移支付	60589
增值税和消费税税收返还收入	126042	体制上解支出	52187
所得税基数返还收入	57103	出口退税专项上解支出	8402
成品油价格和税费改革税收返还收入	30523	成品油价格和税费改革专项上解支出	
其他税收返还收入		专项转移支付	28503
一般性转移支付收入	1005593	专项上解支出	28503
体制补助收入		计划单列市上解省支出	
均衡性转移支付收入	182865		
民族地区转移支付补助收入	18		
调整工资转移支付补助收入	152822		
农村税费改革转移支付收入	64875		
县级基本财力保障机制奖补资金收入	37446		
结算补助收入	268752		
化解债务补助收入			
资源枯竭型城市转移支付补助收入	13500		
企业事业单位划转补助收入	10816		

（续表）

预算科目	决算数	预算科目	决算数
成品油价格和税费改革转移支付补助收入	21803		
工商部门停征两费转移支付收入			
一般公共服务转移支付收入	2246		
公共安全转移支付收入			
教育转移支付收入	77035		
社会保障和就业转移支付收入	53866		
医疗卫生转移支付收入	81089		
农林水转移支付收入	18756		
产粮（油）大县奖励资金收入	19617		
其他一般性转移支付收入	87		
专项转移支付收入	899751		
地震灾后恢复重建补助收入			
省补助计划单列市收入		财政部代理发行地方政府债券还本	
财政部代理发行地方政府债券收入		转贷财政部代理发行地方政府债券支出	
转贷财政部代理发行地方政府债券收入	40000	增设预算周转金	
国债转贷收入		拨付国债转贷资金数	200
国债转贷资金上年结余	1758	国债转贷资金结余	1558
国债转贷补助			
上年结余	205493		
调入预算稳定调节基金		安排预算稳定调节基金	204556
调入资金	19432	调出资金	
1．政府性基金调入	588	年终结余	267192
2．国有资本经营预算调入		其中：本级	122074
3．财政专户管理资金调入	16515	减：结转下年的支出	239409
4．其他调入	2329	其中：本级	111484
地震灾后恢复重建调入资金		净结余	27783
预算稳定调节基金调入		其中：本级	10590
收入总计	4597979	支出总计	4597979

（刘铭严）

税　务

国家税务

【概况】 2011年，市国税系统面对经济税收复杂多变形势，以提升“税法遵从度和纳税人满意度”为切入点，围绕实现“转型升级、跨越赶超”总体目标，贯彻落实上级各项重大决策部署，加强干部队伍建设、党风廉政建设和内控机制建设，积极开展“效能革命”，规范内部管理，提高工作效能。加大执法监察，严肃责任追究，推进依法行政。下放税务审批权限，优化办税程序，简化办税环节，积极探索国地税联合办税方式，加强纳税人维权渠道建设，创新税务服务手段，提高纳税服务质量。开展税收专项整治和专项检查，严厉打击虚假发票违法犯罪行为，净化税务税收环境。开展优化税收管理体系试点工作，推进税源管理专业化，实施信息管税，实现税收征管质量稳步提高。开展全员岗位练兵和业务竞赛活动，组织各类培训 19 期，培训人员 202 名。组织岗位业务考试，参考干部 2461 名，参考率 96.12%。参加省国税局业务竞赛，选拔备战选手 24 名，实际参赛 18 名，9 人步入全省业务标兵、业务能手行列，30 名受到通报表彰。全年全市国税系统共组织税收收入 262.13 亿元，同比增长 17.6%，税收收入总量在全省 11 个地级市中保持第 2 位，其中，增值税完成 125.98 亿元，消费税完成 55.82 亿元，企业所得税 60.46 亿元（内资企业所得税 47.08 亿元，涉外企业所得税 13.38 亿元），储蓄利息个人所得税 0.11 亿元，车辆购置税 19.73 亿元。

表 45　　2011 年石家庄市国税收入累计完成情况表

单位名称	金额（万元）	±%
全　市	2621270	17.6
长安区国税局	212000	9.5
桥东区国税局	214742	24.4
桥西区国税局	309754	22.7
新华区国税局	96026	38.2
高新区国税局	150002	16.4
裕华区国税局	93154	29.6
井陉矿区国税局	32377	14.0
辛集市国税局	75215	21.6
晋州市国税局	41867	20.1
深泽县国税局	10692	30.8
无极县国税局	25750	29.6
藁城市国税局	739625	14.4
赵　县国税局	24734	11.0
栾城县国税局	48687	14.5
正定县国税局	41958	17.6
新乐市国税局	23290	15.8
高邑县国税局	14679	41.0
元氏县国税局	44581	22.3
赞皇县国税局	22848	31.8
井陉县国税局	58900	−17.0
鹿泉市国税局	75914	6.1
平山县国税局	111679	17.3
灵寿县国税局	20123	33.3
行唐县国税局	16980	22.6

备注：河北省税收收入包括：国内增值税、国内消费税、内外资企业所得税、储蓄利息个人所得税、车辆购置税。

【税收收入状况】 税收收入增长呈现“前高后低”态势。2011年，随着国际和国内经济逐渐复苏，全市经济回升向好，加上税收征管质量进一步提高，税收收入保持平稳较快增长，但月度间收入增幅差距较大，从二季度起增幅回落较明显。从月度看，前3个月均保持20%以上增长，3月份受缓缴税款入库及加大征收力度因素影响，与上年同期相比增幅达43.9%，4、5、6月份增幅分别下滑到12.8%、9.2%和13.1%，8月份同比下降11%，11月份同比下降2.7%；从累计增幅看，一季度非即期因素影响逐步减弱，税收收入增幅逐步下降。

增值税和企业所得税是增收主体。年内，增值税完成125.98亿元，占总收入的48.1%，同比增长13.9%，增收15.41亿元；消费税完成55.82亿元，占总收入的21.3%，同比增长14.6%，增收7.11亿元；企业所得税完成60.46亿元，占总收入的23.1%，同比增长29.6%，增收13.8亿元；储蓄存款利息个人所得税完成0.11亿元，同比下降60.4%，减收0.17亿元。增值税和企业所得税增收额占总增收额的74.3%，成为增收的主体。

中、东、西三大区域发展不平衡。中、东、西三大区域税收收入分别完成193.99亿元、23.91亿元和23亿元，同比分别增长17.1%、24%和9.4%，东部增幅分别快于中、西部6.9和14.6个百分点，快于全市平均增幅6.8个百分点。从总量看，中、东、西三大区域收入差距较大，中部区域占据绝对主导地位，除正定县、栾城县低于5亿元外，其余6区2市均超过5亿元，藁城市最高，入库72.95亿元，占全市收入的30.4%，桥西区入库30.94亿元，占全市收入的12.9%，桥东区入库21.47亿元，占全市收入的8.9%，长安区入库21.2亿元，占全市收入的8.8%；东、西部区域各县（市）区合计占比不足全市的20%，收入规模超过10亿元的仅有平山县10.6亿元。从增幅看，中部区域增幅最高的新华区同比增长32.6%，桥东区、桥西区超过20%；东部区域的高邑县同比增长51.7%，增幅在全市排名第1位，深泽县、无极县、行唐县增幅超过30%；西部的赞皇县、灵寿县同比分别增长38.7%和37.4%，井陉县受上安电厂影响（减收1.17亿元），同比下降15.5%。东部区域增幅较高，和西部一样，弱势格局难以改变，仍有较大发展空间。

现代服务业优势突出，传统主导行业贡献较低。从产业结构看，第二产业入库税收155.93亿元，占税收收入比重为64.7%，同比增长11.1%，增收15.6亿元，第二产业支撑并主导着税收收入总量；第三产业入库税收84.97亿元，占税收收入的35.3%，同比增长29.3%，增收19.24亿元，税收增幅快于第二产业18.2个百分点，对税收增长的贡献较大，极具发展潜力。从重点行业看，近年来商业、金融、电信、交通运输等成为石家庄市重点发展行业，位居全省前列，四个行业合计入库80.57亿元，占全部收入的33.5%，增收19.08亿元，占全部增收额的54.2%，对国税收入增长贡献突出，其中商业入库47.03亿元，同比增长31%，金融业入库15.47亿元，增长39.6%，电信业入库11.64亿元，增长10.9%，交通运输业入库6.43亿元，增长59.8%；成品油制造业和烟草制品业分别入库37.46亿元和28.4亿元，税收收入占比依然较大，合占总收入的27.4%，受国家计划影响难以有较大增幅，对税收收入增长有一定抑制作用；传统主导行业医药制造业、电力、黑色金属冶炼及压延加工业、机械、化工和纺织业分别入库15.78亿元、11.64亿元、10.58亿元、9.11亿元、7.64亿元和4.46亿元，合计入库59.21亿元，同比增长5.5%，增收3.09亿元，增收额较小、增幅较低。从全省情况看，商业、黑色金属冶炼及压延加工业、主要装备制造业和黑色金属矿采选业分别入库200.48亿元、159.58亿元、147.46亿元和103.26亿元，合计增收102.43亿元，占总增收额的48.4%，是全省主要增收行业。在这四个主要增收行业中，石家庄市除商业收入较高外，其余三个行业差距较大：黑色金属冶炼及压延加工业，唐山市入库78.03亿元，增收24亿元，石家庄市入库10.59亿元，增收1.47亿元；主要装备制造业，保定市入库45.62亿元，增收7.47亿元，唐山市入库17.47亿元，增收4.44亿元，石家庄市入库12.3亿元，增收1.02亿元；黑色金属矿采选业，唐山市入库40.85亿元，增收8.72亿元，承德市入库32.66亿元，增收11.24亿元，石家庄市入库1.28

亿元，增收0.38亿元。与相邻省会城市郑州市相比，商业、烟草制品业、煤炭开采和洗选业、交通运输设备制造业、建材行业、金融业是石家庄市重点行业，也是郑州市主要行业，2011年分别入库68.04亿元、53.59亿元、29.91亿元、26.3亿元、20.12亿元和19.64亿元，同比增长25.5%、28.6%、15.2%、83.8%、38.7%和44.5%，税收收入总量和增量远低于郑州市。

重点税源监控企业增收不足。全市监控2010年度入库亿元以上重点税源企业共有22户，入库税收109.64亿元（不含免抵调库），占总收入的45.6%，同比增长6.5%，增收6.66亿元，对税收增长的贡献率是18.9%，增速低于总体增速10.7个百分点。亿元企业中有10户减收，其中石药集团维生药业（石家庄）有限公司和河北维尔康制药有限公司因产品价格大幅下降，入库税收同比下降80.6%和69.8%，分别减收1.21亿元和1.3亿元，上安电厂同比下降53.2%，减收1.17亿元，中国人寿保险河北省分公司同比下降48.9%，减收1.09亿元。中石化石炼化分公司受原油加工量减少因素影响，入库两税37.43亿元，同比仅增长2.3%。

重点税源结构和税收结构呈资源偏好型，全市国税收入潜力不足。2011年，国税系统入库达到亿元以上企业共有28户，较上年增加6户，其中本年新增11户，减少5户，入库税收118.14亿元，占税收收入的51.7%，同比增长15.7%，增收16.04亿元。28户亿元企业中除石炼化分公司和河北白沙有限公司外，共涉及9个行业，其中金融业7户，入库8.14亿元，增长14.3%，商业5户，入库10.4亿元，增长34.1%，电信业2户，入库11.02亿元，增长10.5%，交通运输业2户，入库6.29亿元，增长64.4%，医药制造业1户，入库2.48亿元，增长19.9%，燃气生产和供应业1户，入库1.18亿元，增长40.5%，印刷和记录媒介复制业1户，入库1.13亿元，增长33.3%，黑色金属冶炼及压延加工业4户，入库6.54亿元，下降8.9%，电力3户，入库5.14亿元，下降3.9%。按照这些行业对28户企业税收贡献率统计，成品油31.7%，烟草制品业24%，电信9.3%，商业8.8%，金融业6.9%，黑色金属冶炼及压延加工业5.5%，交通运输业5.3%，电力4.4%，医药制造业2.1%，燃气生产和供应业、印刷和记录媒介复制业均为1%。

【依法行政】 开展税收规范性文件清理工作，清理税收规范性文件62件，其中，审查确定现行全文有效文件21件，部分有效5件，全文失效或废止文件36件。落实重大税务案件审理、复查制度，集中审理重大案件27起，其中，维持初审意见20件，要求补证6件，变更初审意见1件。开展全市2011年已结重大案件专项检查，抽查已结重大税务案件17起，涉及6个基层单位，复查面25%，复查比例100%。上线推行“税收执法管理信息系统疑点信息库”，开展疑点数据核查，核查疑点数据9282条，实地核查率为100%，确认疑点成立数据555条，查补税款84.95万，滞纳金17.77万，退税20.91万，有效地规范了基层税务人员执法行为。制定《石家庄市国家税务局2011年税收执法督察工作实施方案》，通过CTAIS系统查询与调阅存档资料相结合的方式开展检查，自查项目10项，自查数量30922户，发现问题365条，重点督察项目6项，督察数量310户，发现问题23条（涉及税款270.65万元，全部入库）。开展广告业、煤炭经销业、房地产、交通运输业和重点税源企业5项税收专项检查以及纺织、服装鞋帽制造、批发企业，皮革、毛皮、羽毛绒及其制品业，废旧物资等3项税收专项整治工作，严厉打击虚假发票违法犯罪行为，配合公安部门捣毁假发票印刷厂1家，打掉贩卖虚假发票团伙1个，抓获犯罪嫌疑人24名，缴获各类假发票89078份。加大对企业发票使用情况的检查力度，共查处违法使用发票企业27户，涉及非法发票1441份，查补税款795.8万元，罚款246.43万元。

【税收征管】 大力推进金税三期工程试点建设，全面推行防伪税控远程抄报税系统、税务与组织机构代码信息共享系统，着力加强信息化建设，筑牢信息支撑基础，加速信息管税进程。完善《综合征管软件数据管理维护暂行办法》和《数据质量管理办法》，建立市、县、分局三级数据信息质量联动考核监督机制，抽调10名业务骨干组成税收业务测试组，开展数据分析和风险测试，针对数据分析测试结果，签发督办单124次，涉及纳税人26115户次；选取全市487个行业、17559户增值税一般纳税人的数据作为样本，对风险指标进行量化打分、排序，初步完成前50个行业的风险排序；强化数据分析利用，指导基层有针对性地开展纳税评估，共评估纳税人7502户，其中有问题的4084户，补税1.13亿元，调减留抵7867.31万元，弥补亏损7518.26万元。组织开展大企业自查，全市涉及2009年度14户、2010年度17户。加强税种管理。组织召开全市加强税收管理防范执法风险工作会议，明确对煤炭、铁精粉经销企业，农产品加工企业及商贸企业注销等政策管理规定，安排部署开展执法检查、税务稽查等工作，加强增值税管理。制定《企业所得税分类管理指导意见》，开展重点税源企业专项辅导和风险预警，督导检查所得税政策落实情况，加大注销类企业清算管理，完成年度所得税汇算清缴工作。2011年度全市企业所得税纳税人参加汇算清缴企业33794户，汇缴面100%，企业所得税亏损面22.27%，同比降低19个百分点，实现所得税54.67亿元，减免所得税5.94亿元。加强消费税、车辆购置税管理，全年国内消费税收入52.22亿元，车辆购置税收入17.80亿元。加强非居民企业管理，调查核实部分非居民企业涉税问题，按规定补缴税款。开展反避税工作，通过对关联业务往来报表审核，筛选出避税嫌疑企业8户转入避税调查，其中上报省局申请立案1户。加强发票管理，以票控税增收。完成普通发票换版，开展普通发票管理系统二期升级培训及虚假发票专项整治，积极研发委托代开普通发票软件。完善《基层税务分局税收管理质量考核办法》，加大基层征管质量考核力度，基层一线税收管理水平有效提高。指导正定县国税局完成试点方案草拟工作，积极开展税收管理体系试点，优化税收管理结构，促进税收征管质量稳步提高。

2011年9月23日，召开加强税政管理，防范执法风险会议

【“城乡通办”服务】 在市内五区及高新区国税服务实现“同城通办”基础上，经过积极努力，“同城通办”业务拓展到栾城县、藁城市、鹿泉市、正定县4个市区周边县（市），初步实现“城乡通办”。10月份，推行准备阶段，进行方案制定、业务流程梳理、人员培训、对纳税人宣传等项前期准备工作，随后开展了金税卡升级和综合征管软件权限修改，共升级金税卡3358户，权限维护82人次。11月1日起，推行实施阶段，市内六区开始受理周边四县纳税人涉税业务，共为4县（市）发售发票505户次19879份，其中，高新区国税发售发票116户次3525份，长安区国税发售发票17户次645份，桥东区国税发售发票58户次3450份，桥西区国税发售发票137户次6490份，新华区国税发售发票57户次1497份，裕华区国税发售发票120户次4272份。12月1日起，联网开通阶段，周边4县（市）正式纳入“同城通办”范围，“同城通办”拓展为“城乡通办”，11.3万户纳税人受益，占到全市纳税人的90%。

【车购税征收搬进汽车城】 优化办税服务网点布局，将车购税集中征收大厅“一分为四”，在汽车销售相对集中的时代汽车广场、中联汽车贸易中心、国际汽车贸易园区和北环机动车监测站设立4个征收处，并与市交管、保险等部门合作，在全省率先开展购车、交税、上险、验证、挂牌“一站式”服务，为市区居民购买新车后就近办税、一次办清提供便利。2月份，开始车购税4个征收点的网络建设，3月7日起，4个征收点正式上线征收。原石家庄市新石南路171车辆购置税办税服务厅仅办理旧车业务（车辆转籍、过户、完税证明遗失补办等）、车辆购置税免税、退税业务。车购税汽车城征收实现了交管、税务、保险多部门在汽车销售集聚地一线协作办公，消除了购车人交税、上保险、挂牌照等排长队，来回跑现象。原来从提车交税到挂上牌照需要2～3天才能办完的手续，变成只需40多分钟时间即可全部办完。

【网站服务平台升级】 构建升级税务门户网站，强化网上办税和服务功能，规范网站服务内容，及时、有效地公开税收政策法规、征管制度等政府信息，满足纳税人税收信息和知识获取需求。12月26日，新网站成功上线运行。网站的页头、标识及栏目设置，严格按照国家税务总局《税务网站内容与界面基本规范（试行）》进行设计和规范，能够链接总局法规库和场景式办税服务系统，大大增强了网站服务的针对性、权威性和实用性。新网站更加突出办税服务特色，开设市局纳税人学校及360°维权服务等办税服务专题栏目，首页划分为信息公开、办税服务、公众参与和税收宣传4个相对集中的功能模块，方便纳税人和社会公众及时、快速地访问浏览。其中，信息公开涵盖政府信息公开、政务公开及税收政策法规公开等项职能；办税服务开设办税指南、办税下载、网上办税、税收咨询、通知公告等栏目，涉及当前主要税收业务；公众参与设有局长信箱、涉税举报、维权投诉、意见征集和网上调查等栏目，方便纳税人互动参与；税收宣传以税收知识为主，开设新闻动态、国税文化、国税风采等栏目。

【信息化建设】 全面推行防伪税控远程抄报税系统、税务与组织机构代码信息共享系统，完成《汇总纳税企业所得税管理系统》推行及《税收执法管理系统》升级调整，进一步加强外部信息采集与交换综合服务平台的管理应用。推进金税三期工程试点建设，率先在全国完成广域网项目建设任务，国税系统网络架构更趋合理。率先在省内试点推行单点登陆系统，加强网络系统改造，提高基层工作效率。年内，多个系统实现单点登录；稽查一、二、三分局完成网络改造；原税校网调整完成，投资13万扩大了网络容量；调整所级网络节点5个（撤掉原网络节点4个，新增网络节点3个），所级节点调整率100%；各业务系统完成升级20余次，人员维护200多次，维护发行金税卡142套。

【金税三期网络工程】 金税工程是国家电子政务“十二金”工程之一，核心是建设强大的增值税防伪税控系统。1994年、2001年先后经历一期和二期建设阶段。2011年，总局启动金税三期建设，石家庄市国税局成为金税三期广域网项目首批施工单位。7月15日，市国税局召开动员会议，全面部署全系统金税三期网络项目工作，成立“金税三期石家庄网络项目实施”领导小组，制定《石家庄市国税局金税三期网络项目实施方案》，在全国国税系统打响金税三期工程“第一枪”。按照金税三期工程总体规划，石家庄金税三期工程网络项目在市局部署2台核心路由器，负责全市的路由汇聚、分发、访问控制，以及市局局域网接入。各区（县）局部署2台路由器，负责区（县）局级网络节点及所属分局节点的路由引入、汇聚、分发、访问控制，以及区县局局域网接入。更换现有所级单位20%路由器，作为与（区）县局连接的广域网路由器。项目任务下达后，金税三期网络工程项目工作人员连夜奋战，更换相关设备，实施网络迁移，历时10天，市局层面更换新路由器2台，增加交换机1台、防火墙2台；24个县（市）区局每单位更换新路由器1台，新交换机1台；20个所级单位每单位更换新路由器1台，新交换机1台。整个项目及网络设备数量为327台，所有施工项目全部通过国税技术人员、总局网络项目实施公司、项目实施监理公司三方共同测试验收。7月29日，国家税务总局信息中心副主任赵国际到石家庄实地调研项目完成情况时表示：河北作为全国的试点单位，石家庄作为河北的试点单位，创新工作，成功实现网络迁移，高质量完成金税三期网络项目工作任务，为其他地市，其他省市项目开展积累了宝贵经验。金税三期网络工程项目完成后，市国税系统网络架构更加合理，线路运行更加稳定，网络安全提升，为金税三期业务开发和运行奠定了良好的基础。

【纳税服务】 开展纳税服务需求调查，发放调查问卷9000份，收回调查问卷7188份，问卷收回率为85.76%。同时，聘用“第三方”开展“两度”（纳税人依法纳税的遵从度、纳税人对纳税服务的满意度）调查，为进一步有针对性地完善举措、改进工作、提升服务打下基础。完善制度措施，优化办税程序，简化办税环节，下放审批权限，研究制定创新纳税服务模式、深化税收宣传和加强税收政策辅导等7个方面工作措施18条，减少审批项目38项多，审批项目由40多项减少到2项。建立纳税人维权新渠道，设立“维权360°”信箱，纳税人维权渠道增至5个（国税维权中心、各办税服务厅、12366热线、“维权360°”信箱、咨询热线）。率先在省内开展“维权360°满意在省会”活动，建立健全纳税人需求及时搜集和纳税人投诉快速反应机制。积极探索国地税共建办税服务厅（试点），共同商讨扩大联合办税事宜，内容包括网上办税、税款征收、税务稽查、信息交换等。至年末，国地税已联合制定《企业所得税征管信息交流制度》，实现国税代征城建税，国地税联合办理税务登记证，数据信息相互交换等。创新纳税服务手段，全力打造过硬省会服务品牌，提升纳税人满意度和社会认可度。在“一站式”、“一窗式”、服务模式基础上，积极推行“一窗通办”、“同城通办”服务模式，实现管理分区域、服务无界限的纳税服务新格局，减轻了纳税人的办税负担。还在市内六区办税服务厅配备自助办税终端，提供24小时自助办税服务。

【纳税人满意度调查】 为全面掌握全市纳税服务工作的现状，及时发现纳税服务工作中存在的问题和漏洞，了解纳税人的希望和诉求，10～12月份，委托第三方机构开展2011年石家庄市纳税人满意度（遵从度）调查。调查范围是全市24个县（市）区国家税务局。抽样范围为全市121228个纳税人，共抽取样本2760个，抽样比例2.3%，其中，一般纳税人抽取比例8.26%；小规模纳税人抽取比例1.78%；个体工商户抽取比例0.52%；出口退税及享受税收优惠纳税人抽取比例2.54%。调查内容包括：规范执法、规范服务、纳税咨询、办税程序、办税效率、税法宣传、办税服务厅环境建设、纳税人的需求建议、纳税遵从度等34大类134项内容。调查采取神秘纳税人监测、问卷调查、拦截访问、深度访谈4种方式。纳税人对每个问题评价分为5档：非常满意、满意、基本满意、不满意和非常不满意。经过调查，2011年纳税人满意度平均综合得分83.19分。桥东区国税局、高邑县国税局、辛集市国税局、行唐县国税局、赞皇县国税局综合得分排名靠前。纳税人满意度最高的项目是“国税局对开票系统的严格监控”和“无推销搭售”，分别得分93.75、93.30分。调查显示：纳税人期待提升税收管理员业务素质，加强办税服务厅软环境建设，简化办税流程、减少审批环节和涉税资料报送，简便出口退税程序，强化网上办税功能等。

【纳税人学校成立】 为建立规范的纳税辅导机制，全面提升纳税人满意度和税法遵从度，构建和谐的税

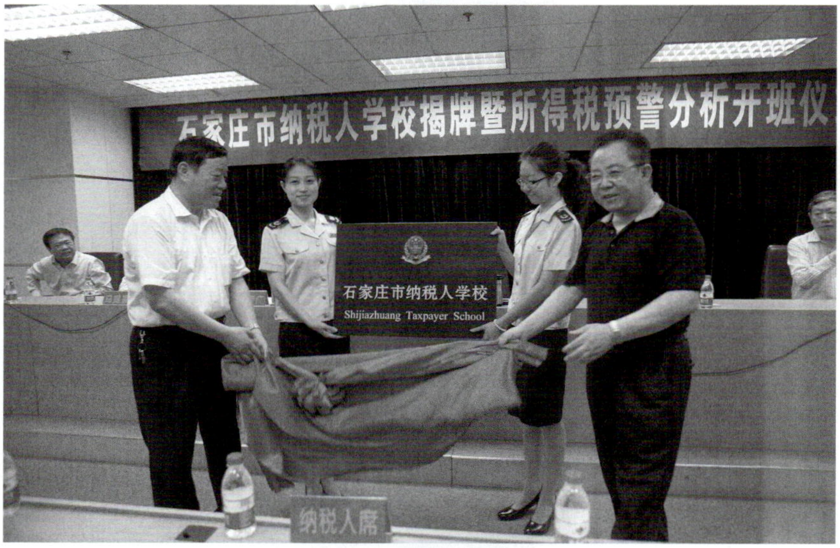

2011年5月18日，市纳税人学校揭牌成立

收征纳关系，市国税局与市地税局联合创办纳税人学校，并在各县（市）区局成立分校。纳税学校以教学讲座、座谈交流、特别辅导为主要教学模式，内容涉及税收法律法规、办税流程、稽查案例、税收热点难点问题等。教学场地一般利用各级税务机关的会议室、活动室；日常教学工作由县（市）区国、地税局业务骨干担任授课老师，根据教学需要，聘请省局、市局人员和系统外专家进行有关专题讲座。纳税人学校实行免费办学，不向纳税人收取任何费用，不收取纳税人的赞助，不利用纳税人学校的名义向纳税人推销任何产品和服务。4月2日，结合石家庄市税收宣传月活动启动仪式，市高新区纲税人学校在高新区国税局率先成立。河北钢结构工程有限公司、以岭药业等180户纳税人代表参加了首场税收业务培训。5月18日，石家庄市纳税人学校成立。至年末，市纳税人学校在24个县（市）区设立分校，培训辅导纳税人3万多人次，此做法被省委专报以信息形式刊发推广。

【360° 维权】 为切实维护纳税人合法权益，促进税务干部依法行政，构建公平公正的纳税人权益保护体系，和谐税务征纳关系。3月1日，组织开展“维权360° 满意在省会”工作，以畅通投诉渠道，规范行政程序，为纳税人提供全方位无盲区的维权服务，打造便捷高效、社会认知度高的维权服务平台。市局和各县（市）、区局设立维权中心及投诉电话；全市各办税厅设立导税台，负责现场投诉事宜；受理“12366”热线和各局设立的维权中心热线电话投诉；市局开设“维权360° ”信箱与邮箱，受理纳税人信函及电子邮件投诉；市局门户网站建设维权平台，受理网上投诉。受理投诉，坚持“即时受理－迅速安排－及时回访”原则，一般要求10日内办结，情况复杂的经受理税务机关负责人批准可以适当延长办理期限，最长不得超过45个工作日。至年末，各种维权受理途径全面开通，受理投诉事项215件，其中：咨询类164件，投诉类51件。

【内控机制建设】 完善《石家庄市国家税务局加强部门内控机制建设工作的意见》，围绕岗位风险管理的3个环节（“查、防、控”），对税收执法权、行政管理权的运行过程进行梳理分析，明确岗位职责、规范运行程序、强化风险管理，查找风险点105项，编制流程图45张，制定防范措施105条。细化分解内控任务，责任落实到人，每季反馈一次情况，部门内控实现“有岗、有权、有险、有责”。在此基础上，将内控机制建设工作全面推行到各县（市）区局。深入开展执法监察，对商贸企业一般纳税人的认定和注销环节，开展立项执法监察；对226户企业的税收执法和税务管理情况，开展专项监察。全年开展执法监察120项，提出执法监察建议113条，发现问题128个，查补税款12.6万元，查处问题干部81名，经济追究11980元，管理松懈、责任淡化问题得到有效遏制。

石家庄市国家税务局

局　　长：梁传刚

副 局 长：陈福财　袁西军

岳平子（2月免）

张博　（9月任）

王建中（9月任）

纪检组长：张博　（9月免）

李成聚（9月任）

总会计师：王建中（9月免）

高国利（9月任）

总经济师：李成聚（9月免）

赵建平（9月任）

（吴树存　董美福）

地方税务

【概况】 2011年，市地税系统以“科学发展、和谐地税”为主题，以提高纳税人“两度”（对依法纳税的遵从度和对纳税服务的满意度）为切入点，加强“两力”（创新力、执行力）建设，强化税收分析和收入预测，加强重点税源监测，规范行业和单税种管理，扩大机打发票使用范围，压缩手工发票，降低纳税人经营成本和税务机关管理难度，逐步实现从“以票控税”向“信息管税”转变。开展税费改革，推进企业主辅分离，增加地方税收收入，加大扶持小微型企业税收力度，提高小微型企业增值税和营业税起征点，减半征收小微型企业所得税，促进税收征管与税源涵养科学发展。优化纳税服务环境，将纳税服务融入到征收、管理、稽查等工作各个环节，与市国税局共同创办“纳税人学校”，及时、准确地向广大纳税人宣传讲解最新税收政策、辅导税收业务知识。建立国地税办税服务厅互派人员、互设窗口试点，实现“一方受理、双方认可、一证两章、信息共享”，共同办理税务登记设立、变更、注销等事项。开展年代扣代缴个人所得税100万元以上的单位和12万元个人所得税自行纳税申报提醒服务。强化“12366”纳税服务热线运行管理，工作时间确保人工坐席接听畅通；完善24小时税收政策语音自动答复等服务功能，为纳税人提供全天候服务，创建出纳税人“四最”（负担最轻、秩序最好、办事最快、信誉最高）发展环境。全年全市地税系统共完成各项税费收入277.96亿元，同比增收66.47亿元，增长31.43%。其中，税收收入实现（含契、耕两税）196.12亿元，同比增收49.42亿元，增长33.69%，第二、第三产业地税收入保持较快增长，第二产业实现税收56.6亿元，同比增收12.2亿元，增长27.4%，第三产业实现税收139.4亿元，同比增收39.9亿元，增长40.1%；社保费入库66.74亿元，同比增收13.1亿元，增长24.43%；其他收入15.1亿元，同比减收6.4亿元，减少29.8%。年内，“12366”纳税服务热线被全国妇联授予“全国巾帼文明示范岗”称号；地税二分局房产税交易大厅被授予市级“青年文明号”称号；裕华区局、无极县局被省地税局评为“感动地税·创先争优”先进集体；高邑县局肖振献、灵寿县局曹云平被省地税局评为“感动地税·创先争优”先进个人。

2011年1月13日，召开全市地税工作暨党风廉政建设工作会议

【税收征管】 重点税源管理。制定《重点税源企业税收管理办法》，加强重点税源管理人员配备，深入重大建设项目开展税收调研。选调业务骨干248名，全程动态跟踪管理重点项目237项。重点行业和税种管理。推广建筑房地产业税收管理软件和总局大企业风险防范软件，强化风险防范预警和纳税评估工作。全年房地产、建筑业入库69.18亿元，同比增收20.44亿元，增长41.93%；入库营业税81.08亿元，同比增收19.09亿元，增长30.79%；入库企业所得税24.6亿元，同比增收7.28亿元，增长42.05%。强化以票控税。开展创建无假票社区、发票宣传进校园、发票宣传进行农村、百店承诺无假票等主题宣传活动，聘请社会各界人员560人担任发票打假义务监督员，缴获假发票23578份，伪造公司印章18枚。开展“积票有奖”活动，发票用量同比增加4720万份，增长81.66%。坚持以查促收。开展建筑安装、房地产、化工等重点行业专项检查，在全系统组织“闪电行动”，重点对房地产、建筑安装、餐饮、旅游、化工、房地产评估等行业的发票开具、取得、使用情况进行全面检查，全年共检查企业2576户，查结30万以上大案要案52件，实现稽查收入5.01亿元。提高一般预算收入。制定《关于加快推进工业企业主辅分离发展生产性服务业的实施方案》，全年完成主辅分离企业267户，累计增加地方税收收入4.5亿元。开展存量房申报评估工作，聘请房地产评估专家、评估师、专职从业人员，组成存量房交易价格申报评估工作专家论证组，联合房管局委托3家评估机构进行信息采集，规范了存量房交易价格评估程序。根据《河北省城镇土地使用税实施办法》规定，报请市政府批准，对全市城区现行城镇土地使用税地段等级做出适当调整，增加了一般预算性收入。

（颜丰　陈旭光）

【营业税增值税起征点调至2万元】 10月28日，财政部发布公告，修改《中华人民共和国增值税暂行条例实施细则》和《中华人民共和国营业税暂行条例实施细则》，提出把增值税起征点调整为每月5000元～20000元，营业税起征点也定为5000元～20000元，各地区适用何种起征点，财政部没有详细界定，由地方掌握。经反复研讨，河北省营业税和增值税起征点最终确定为2万元，自11月1日起，营业税按期纳税起征点调整为月营业额2万元、次（日）营业额500元。营业税起征点调整后，凡达不到起征点的，营业税及随营业税附征的税费（城建税、教育费附加和地方教育附加）不再征收。营业税新政惠及个体工商户达17140户。由国税部门征收的增值税，销售货物、销售应税劳务的，为月销售额2万元；按次纳税的，为每次（日）销售额500元。

（陈霞　惠彦超）

【执法服务】 优化外部环境。利用公交车和出租车循环播放税收宣传口号，在市电视台、市电台新闻广播等媒体播放地税工作宣传片、税收宣传公益广告和税收宣传情景剧。与市国税局共同创办“纳税人学校”，及时、准确地向纳税人宣传税收政策、辅导税收业务知识，发放征求意见信2000多封，召开税企座谈会46次，征求意见建议135条，融洽了征纳关系。优化税收执法环境。开展“双百”（百日无过错税务单位和百名全年无过错征管理员）活动，月通报，季分析，年考核，表彰奖励“百日无过错税务分局”18个、“全年无过错税务分局”8个、“全年无过错征管员”100名。4月1日，市地税局在华北制药集团举行优化环境服务企业税收宣传月启动仪式。4月份是全国第20个税收宣传月，活动主题为“税收·发展·民生”。严格执法过错追究，全年追究847人次，执法过错数同比减少6218条，同比下降66.2%，执法水平明显提高。优化税收服务环境。出台优化发展环境、强化税收服务20条措施和40项禁令，创建“纳税人之家”，实行“一窗式”服务，推广财税库银联网和数字证书网上报税系统（CA认证），开展国地税办税服务厅互派人员、互设窗口试点工作。规范“12366”纳税服务流程，完善服务制度。“12366”处理话务量343574件，发送提醒短信342万余条。利用视频监控系统，不定期检查通报办税服务大厅工作和服务情况。在每个办税窗口安装政风行风社会满意度评价器，建立百名特别监督员制度。全年全系统开展明察暗访177次，检查基层单位251个次，责任追究19人次。

（颜丰　陈旭光）

【560名发票打假义务监督员上岗】 年内，石家庄市聘请发票打假义务监督员560名，人员分别来自各级人大代表、政协委员，党政机关有关部门，工、青、妇等社会团体，企、事业单位，新闻媒体记者和关心税收事业的群众，主要是在日常消费过程中监督商家违法使用发票行为，一旦发现违法使用发票行为举报将比普通市民更加快捷。12月6日，560名发票打假义务监督员正式上岗。

（陈霞）

2011年7月20日，市政协主席王华清（左二）到市地税局调研优化发展环境工作举措和经验，现场视察了裕华区地税局办税服务厅

【干部队伍建设】 制定完善《系统目标及领导班子政绩考核办法》、《基层领导班子副职考核办法》，明确职责及考核标准，实行末位淘汰

制。创新干部选拔工作机制，增强干部队伍活力。年内，采取个人报名、全员参与、上下联动、综合考试、多轮推荐、竞职演讲、党组决策的方式，开展副科级干部竞争上岗，提拔科级干部47名，交流科级干部24名。完善“两级三考”和奖惩机制，狠抓“一线、两基、三师”培训工程，实施“人才兴税”战略。组织本级培训16期，培训干部3430人次；聘请专业讲师辅导“三师”报考人员，9人取得注册税务师资格，“三师”人才累计达到277名；举办北京大学高级研修班，培养机关和基层“一把手”50多人；开展文化讲坛活动，聘请全国知名专家举办专题讲座6期，培训干部4500多人次。落实党风廉政建设责任制，检查27家基层单位党风廉政建设情况，1个单位（市地税局）被命名为全省廉政文化建设示范点，6个单位被命名为全市文化建设精品示范单位，市地税局在行风评议中取得全市第一名的好成绩。开展“夺旗争星、亮牌示范”活动，推进创先争优活动深入开展，全系统涌现出创先争优先进单位32个、先进个人128名。开展“一创一”活动，推进“两力”（创新力、执行力）建设，市地税系统自行申报创新项目56个，包含纳税人之家、税收分析模块应用系统、车船税管理、个人社保费联网征缴系统等。

石家庄市地方税务局

局　长：马提福

副局长：张志平　徐国民

　　　　宋泽军　李亚

纪检组长：刘健

总经济师：葛旭鸿（3月任）

（颜丰　陈旭光）

海　关

【概况】　石家庄海关成立于1989年9月1日，是国家设在河北省的进出境监督管理机关，直属海关总署领导，担负着进出境管理方面4项基本任务：监管进出境的运输工具、货物、行李物品、邮递物品及其他物品；征收关税和其他税费；查缉走私；编制海关统计。坐落于石家庄市和平西路528号，监管区域为河北省全境。石家庄海关为正厅级机构，下辖5个隶属海关：秦皇岛、唐山、保定、廊坊、沧州海关，4个派驻机构：现场业务处、驻机场办事处、驻邯郸办事处、驻曹妃甸港区办事处（筹建），内设17个部门：办公室、法规处、关税处、审单技术处、综合统计处、监管通关处、稽查处、风险管理处、财务处、关务保障处、政治部、人事教育处、政工办（机关党委）、监审室、缉私局（副厅级）、机关服务中心和数据分中心。关区现有在职干部700余人，其中总关机关280余人。2011年，石家庄海关认真践行“把好国门、做好服务、防好风险、带好队伍”总体要求，坚持业务建设与队伍建设齐抓，基础工作与改革创新同步，职能管理与现场执法互促，执法、廉政、管理风险共控，从严管理与关心爱护并重，扎实推进各项工作，巩固和发展了风正、人和、事业兴的良好局面。以石家庄海关门户网站和报关协会等行业协会网站为平台，推进政务信息公开。加强“12360”海关服务热线建设，在海关与企业、管理相对人之间搭起沟通的桥梁与纽带。加强与公、检、法、海事、检验检疫、商务等部门沟通协调、执法协作，提高了海关服务地方经济建设的能力和水平。2011年，石家庄海关获得上半年省直行风评议行政执法类第二名和下半年直接服务对象网上问卷评议第二名。至2011年末，关区税收入库383.95亿元，同比增长58%，突破三百亿元大关，再创历史新高，其中，归类补税390万元，审价补税3.28亿元，稽查补税5130万元，加工贸易内销征税1.69亿元。监管进出境货物1.78亿吨，运输工具8030辆（艘），进出境人员25.7万人次，集装箱10.5万箱次，行邮物品12.8万件，报关单接单7.1万份，分别增长25.9%、14.14%、21.9%、4.51%、16.7%、15.7%。立案各类走私违规案件158起，案值7805.55万元，结案131起，案值1.31亿元，罚没入库544.32万元。

【货运监管】　严密监管海关监管场所、舱单、运输工具、货物和物品，在秦皇岛港、唐山港开通卡口联网，验收监管场所25个，查验率6.46%，查获率10.4%。稳步推进分类通关改革，出口分类通关全部完成，进口分类通关试点效果显现。企业稽查、减免税核查和保税中后期核查实行统一管理，监管资源实现有效整合。引入中介机构参与稽核工作，稽查企业158家，稽查有效率39%。科学、动态地开展企业分类管理，上调企业111家、下调28家，促进企业守法经营。开展“打击侵犯知识产权和制售假冒伪劣商品专项行动”，查获侵犯知识产权案件9起，查没侵权货物（物品）4269件，案值18.83万元。

【查稽走私】 深入开展“查缉旅检行邮渠道走私”、“海鹰行动”、“打击武器弹药走私”等专项行动，规范行邮监管，加大对枪支、弹药、毒品、珍贵动物制品、反动淫秽音像制品和散发性宗教宣传品的查缉力度，查扣走私入境枪管6根，与地方公安机关联手抓获一个非法组装枪枝的犯罪团伙，查处成品油走私案件7起，办理珍贵动物制品走私案件6起，查扣象牙制品及材料（碎块）19.2千克，在“秦仁航线”等地查扣超量携带、夹藏进境香烟1000余条、化妆品400余支，收缴1800余张盗版光盘和一批违禁印刷品及淫秽光盘，有效履行关境保护职能，维护国家政治经济安全和社会稳定。全年立案158起，案值7805.55万元，结案131起，案值1.31亿元，罚没入库647万元。

【外贸进出口】 发挥海关进出口数据优势，加强对外贸进出口整体形势、重点地区、重点产业、重点商品的分析力度，为领导决策和社会服务，并与石家庄市多家主流媒体建立良好的合作机制。全年撰写各类统计分析文章113篇，报送《海关统计专报》、《农产品监测月报》24篇。加强同地方政府、相关项目投资主管部门和企业的沟通，到华药医药化工园等重点项目、石药集团等数十家企业进行政策宣传，对重大项目提前介入、跟踪服务。对业务量大、具有代表性的鸿锐集团等企业实行“特殊问题会商”制度，将业务政策咨询、特殊通关需求随时进行整合研究，及时处理反馈。落实进出口税收政策，促进先进技术、关键设备和零部件进口，全年办理减免税证明1806份，减免税款8.35亿元。2011年石家庄市进出口总值居全省各市首位，达141.7亿美元，增长27.7%，占全省全部进出口总值的26.4%，其中出口70.8亿美元，增长22.3%，进口70.9亿美元，增长33.7%。

表46　　2011年1～12月石家庄市进出口总值统计表

时间	累计总值（千美元）			同期±%		
	进出口	出口	进口	进出口	出口	进口
1月	1337360	613450	723910	80	35.3	150
2月	2207328	980710	1226617	63.4	21	127
3月	3323407	1526355	1797052	55.6	24.2	98.1
4月	4617830	2155447	2462383	61.2	37.3	90.1
5月	5668655	2702265	2966389	52.3	28.3	83.5
6月	6748150	3339578	3408571	44.7	26.9	67.8
7月	7960814	3965000	3995813	37.9	24	55.1
8月	9227824	4605706	4622118	36.6	25.1	50.4
9月	10440591	5218395	5222197	30.5	23.6	38.2
10月	11599449	5813777	5785673	31	23.6	39.3
11月	12899669	6438071	6461598	30.6	23.8	38.2
12月	14168522	7080955	7087567	27.7	22.3	33.7

表 47　　2011 年 12 月河北省各市进出口总值统计表

区 域	累计总值（千美元）			同期 ±%		
	进出口	出口	进口	进出口	出口	进口
河北省合计	53599100	28583862	25015238	27.4	26.7	28.3
石家庄市	14168522	7080955	7087567	27.7	22.3	33.7
唐山市	10863230	3892098	6971132	43.8	33.2	50.4
保定市	7348988	5363802	1985186	25.5	24.1	29.5
廊坊市	5294057	2711420	2582636	10.4	23	−0.3
秦皇岛市	4348874	2221940	2126934	23.9	17.9	30.9
邯郸市	3847201	1415221	2431980	24.8	60.1	10.6
衡水市	2897838	2443112	454726	40.2	37.5	56.7
邢台市	2181824	1161045	1020779	19.8	20.6	19
沧州市	2147811	1882185	265625	28	35.3	−7.3
张家口市	312491	249922	62569	9.7	36.6	−38.6
承德市	188265	162162	26103	−41	−30.8	−69.1

【加工贸易转型】 支持申请设立石家庄综合保税区，做好与海关总署、省市部门的沟通协调，邀请海关总署相关司局、“两区”（中国保税区、出口加工区）协会等部门领导就国家审批综合保税区的相关政策、形势和入区项目筛选等详细讲解和指导，有序推进海关特殊监管区域建设。石家庄海关主要领导到石家庄空港开展现场指导，安排业务骨干培训空港工作人员和相关企业保税业务知识，为综合保税区申报工作提供政策支持。推行内销化便利措施，对于符合条件、信誉好、内销频繁的企业，实行月度集中申报内销，帮助企业降低生产经营成本。宣讲海关政策，鼓励企业开展研发、展示等业务，拓展新业务增长点。合理规划关区保税仓库布局，批准设立保税仓库 13 家，为各地保税物流业务发展留出合理空间。引导物流企业入区，拓展出口加工区保税物流功能。针对石家庄市加工贸易企业门类集中、行业宽泛的特点，主动宣讲，支持企业采用加工贸易电子账册海关保税监管模式，提升企业通关效率和市场竞争力。全年石家庄关区加工贸易电子化手册备案 2476 份，减少 6.1%，备案金额 18.64 亿美元，增长 5.8%，加工贸易内销补税 1.69 亿元，增长 45.6%。

【通关环境建设】 开展分类通关改革，以企业守法管理为核心，构建差别化海关通关作业制度，诚信企业通关速度提高近 50%。综合运用 7×24 小时预约通关、提前报关、担保验放、区域通关等通关便利措施，降低企业通关成本，为企业进出口创造便利条件。主动走访昆明市、北京市等空港口岸海关，开通石家庄至昆明空运转关航线，开通石家庄机场、首都机场互为进出境口岸的空陆联程货物航线，推进空运货物“国际中转”业务，提高石家庄机场航空资源的利用率。多次到俄国包机出口业务相对集中的枣强、辛集两地和进出业务量较大的华药、鸿锐、冀雅等大型企业介绍石家庄机场口岸通关运行模式和海关业务改革重点，吸引更多企业到石家庄机场通关进出。主动协调联系相关单位，开展推动石家庄机场国际货运直航业务。开展规范性文件清理，清查整合业务制度 140 项，新增制度 1 项、修订制度 13 项、废止制度 32 项。

【执法风险防范】 建设“风险防控、职能监控、现场自控”三级防控体系，对执法进行全过程、全方位控制。复核监控关区整体业务运行情况，开展季度风险会诊处置工作，风险布控率 12.75%，布控有效率 15.84%。坚持“日监控、月分析、季通报、年总结”工作机制，以业务质疑、分析、预警等形式对业务现场及时进行风险提示和业务指导，形成监控日志 1512 份，发布业务质疑 82 条，质疑命中率 73%。开展各业务现场纸质作业单证自查，自查复核率 100%。开展现场单位之间互查，复核检查纸制单证 4.5 万份。对存在价格异常等 6 类风险的 13 家重点企业开展集中核查行动，重点口岸、重点渠道进出口秩序得到有效规范。实行业务量化指标管理，设定 35 项业务量化指标及目标值，定期开展分析评估，对主要业务指标及任务进度实行月报制度，查找隐藏风险，开展综合治理。2011 年，石家庄海关在总署执法评估综合评价排名中位居全国海关第二名。

石家庄海关

关　　长：连文生

副 关 长：吴华　杨春杰

　　　　　吴长有

　　　　　盛南光（10 月免）

纪检组长：高继科（12 月免）

　　　　　武书明（12 月任）

（程捷）

统　计

【概况】 2011 年，全市统计系统围绕“转型升级、跨越赶超”两大目标任务和实施中东西三大区域协调互动发展战略，全力抓好“三项重点”（基本单位名录库建设、企业一套表改革、第六次人口普查后续工作），努力提升“三个水平”（制度规范、素质提升、作风建设），深入推进“三个提高”（政府统计公信力、统计数据质量、统计能力）。第六次全国人口普查工作，重点开展城乡连接属性、百岁以上老人、少数民族人口等重要指标核实，建成市、县两级人口普查数据库，发布全市第六次全国人口普查主要数据公报，录入《户主姓名底册》，实现建筑物管理数字化，年末第六次人口普查进入开发应用尾声阶段。完成全省开展的意度调查、文化产业调查、月度劳动力调查、工业成本费用调查等普查和常规调查活动。年内，《石家庄统计年鉴 2010》被国家统计局评为市级年鉴组三等奖；市统计局获得“《中国统计》发行先进单位”，“河北省‘十一五’节能降耗模范单位”、“河北‘十一五’节能降耗先进集体”、“全省统计宣传工作先进单位”、“河北省统计局综合统计一等奖”、“全省对外经济统计工作二等奖”，全市“2010 年度节能降耗先进单位”、“人口和计划生育综合治理先进单位”、“工业经济调控目标先进单位”、“工业建设优秀项目先进单位”、“民营经济工作先进单位”、“五五普法先进集体”、“三年大变样工作先进单位”、“2010 ~ 2011 年度全市人力资源社会保障综合统计工作先进单位”和“妇女儿童监测工作先进单位”等荣誉和称号。

【统计服务】 把统计服务作为一切统计工作的出发点和落脚点，围绕党政领导和社会公众需求搞好服务，加强统计服务公共产品生产。时效性增强。《石家庄统计月报》改版为上下册，月度经济形势分析会和统计分析报告比提前 3 天，服务内容更加丰富。按季增编《全国 26 个省会城市综合统计资料》，增加中东西区域分组数据和重点产业、主要产品产量数据。统计监测更加科学。制定《关于加强统计数据监测与评估提高 GDP 核算预测预警能力的有关办法》，下发《关于做好 2011 年市委市政府考核统计服务工作的通知》；联合发改委、工信局建立工业竣工投产项目信息抄送制度，加强工业竣工项目监测；完善重点行业和重点企业能耗情况和全市利用外资情况预警监测机制。统计信息公开主动。每季度在政府信息公开平台发布主要经济指标 13 项，同比增加 7 项；及时发布《石家庄市 2010 年国民经济和社会发展统计公报》和《石家庄市 2010 年第六次人口普查主要数据公报》等主要统计信息；加大向市委报送统计信息力度，全年信息报送量及采用量居市直各部门前列，其中，《石家庄市局完成市县广域网升级改造工程》、《河北省“正博会”展商云集 会展经济效益突出》被国家统计信息网采用。社情民意调查更具针对性。围绕市委、市政府促进全民创业的重大决策部署，开展全民创业群众意愿调查，完成《石家庄市全民创业群众意愿调查报告》和《我市居民夜经济消费意向调查报告》，受到市政府主要领导的关注和批示。统计决策更有参考性。全年完成决策咨询报告182篇，其中，受到市委书记孙瑞彬等领导批示15篇；《上半年我市服务业平稳较快发展》等多篇文章在石家庄广电网、《河北日报》头版刊登。

【“四大工程”建设】 扎实开展“四大工程”建设，实施统计调查流程再造，变革统计数据生产方式，推进统计数据采集、传输、汇总、加工科学化和规范化，加速统计工作现代化进程。按照“统一标准、一库在线、分级维护、及时更新”模式，建成真实完整、及时更新的基本单位名录库；按照“统一设计、统一标准、统一调查单位、统一布置”原则，建立了统一规范、方便填报的企业（单位）一套表制度；按照“功能完善、方便使用、标准统一、友好兼容”总体要求，建成功能完善、统一兼容的数据采集处理软件系统；建立安全畅通、便捷高效的联网直报系统。年内，石家庄成为河北省首批“四大工程”建设试点城市，一季度开始全面试运行。其间，按照国家、省统一部署，重点抓了五个方面工作。抓工作组织谋划，按照市政府办公厅《关于加强基层统计工作的意见》、《关于做好“企业一套表”改革工作的通知》要求，成立领导小组和办公室，加强领导，明确责任，突出重点，制定全市工作方案和工作制度，每月调度工作进展情况，全力指导“企业一套表”改革试点工作；抓工作督导协调，及时通报试点工作情况，协调解决工作问题，研究部署月度工作安排，加强督导检查，重点解决“企业一套表”名录库核实、试点平台支撑及网络保障，IP地址重复使用、在线审核不及时等问题；抓平台报送跟踪监测，报送期间实行每天在线跟踪监测，第一时间在线查询解决问题；抓并轨关键环节，制定并轨工作方案，强化措施，加大行政推动力度，重点对不具备上网直报条件的企业，开展“一对一”指导和帮扶，推动试点工作顺利开展，实现“三上”企业在线填报、在线审核。

（张伟）

【农资价格上涨10.4%】 2011年，在经济大环境影响下，石家庄市农业生产资料价格延续2010年上涨趋势，继续较快上涨，较2010年同期上涨10.4%，涨幅较2010年扩大6.1个百分点。农资价格运行特点。2011年农业生产资料价格变动主要是受农用种子和农业生产服务等多种基础产品价格上涨影响，具体特征为：(1) 全年各月涨幅均超过5.0%。分月看，2011年各月农资价格总水平都较高。前8个月，涨幅逐月走高，1月份同比上涨5.9%，而后一路高走，3月份上涨8.5%，6月份涨幅超过10.0%，为11.7%，8月份上涨13.9%，成为全年涨幅之最；9月份与8月份持平，10月份涨幅有所回落，当月涨幅降为12.4%，12月份涨幅继续回落，为9.1%。(2) 产品畜价格上涨最多。在编制农资价格指数的十大类商品中，所有大类价格全部上涨。其中，产品畜价格上涨最多，同比上涨71.1，主要是仔猪和生猪价格上涨较多影响。(3) 化学肥料价格上涨成为拉动农资价格总水平上升的主动力。与2010年同期相比，化肥价格上涨13.0%，影响农资价格总水平上涨3.7个百分点，影响程度为35.6%，主要是受氮肥和复合肥价格上涨的影响。(4) 其他农业生产资料价格上涨是影响农资价格总水平上涨的第二大因素。2011年，受农用种子价格上涨影响，其他农业生产资料价格与2010年相比上涨较多，涨幅为18.8%，影响农资价格总水平上涨1.9个百分点。(5) 农业生产服务价格普遍上涨。由于劳动力成本上涨，以及能源、农业机械价格上涨，导致农业生产服务价格也普遍上涨，2011年农业生产服务价格上涨8.5，涨幅比2010年扩大4.7个百分点。主要是由于排灌费和农业用工上涨影响，排灌费和农业用工同比分别上涨15.9%和16.0%。农业生产资料价格上涨的主要原因。2011年农资价格上涨主要是受化学肥料、其他农业生产资料、饲料和产品畜价格变动的影响，四类共计影响农资价格总水平上涨8.7个百分点，贡献率为83.7%。经分析上涨原因主要表现为：(1) 生产原料价格的提高推动农资价格上涨。许多农资产品是能源产品，如化肥、农膜等，其价格受石油、原煤、天然气等资源性产品的价格影响较大。2011年石家庄市汽油、柴油、液化石油气、管道燃气、原煤价格分别比2010年上涨13.5%、13.6%、16.2%、6.7%和7.2%，由于这些原材料价格上涨，导致农资产品成本提高，带动农业生产资料价格快速上涨。(2)种植面积扩大，农资需求量增加。近年受取消农业税一系列惠农政策利好的影响，农民重新返乡耕种土地积极性提高，种植面积扩大，农资需求量增加。强大的需求是拉动农资价格上升的另一个原因。(3)流通环节影响。运输“颈瓶”制约，作为中国主要物流的铁路运输供求矛盾十分突出，运力紧张局面短期内难以根本改变；受仓储等费用提高影响，流通企业采购价格上涨；由于农资供货环节和渠道较多，容易造成各个环节层层加价；国内劳动力成本上涨，增加了农资生产成本和流通费用。(4)政策执行监管弱化，信息预警机制欠缺。为保障生猪市场健康发展，鼓励规模养殖，国家于2007年出台一系列鼓励生猪养殖的各项政策，并于2011年再次重申继续支持生猪标准化规模养殖场（小区）建设和能繁母猪发放补贴等政策；个别地方补贴落实口径不一，有执行政策性不到位现象，政策执行缺乏连续性和有效监管；预警机制欠缺，不能及时、准确地向养殖户提供有关市场信息和跟踪服务，难以指导养殖户根据市场变化调节生产和规避风险，加大了市场不确定性。

（位书贤）

【基层基础建设】 根据市政府《关于加强基层统计工作的意见》，狠抓统计基层基础建设，通过抓推动、抓规范、抓典型、抓督导、抓升级，基层基础建设水平明显提高。以“规范、巩固、提升”为目标，推进乡镇（街道）办事处统计站和统计队伍建设进程。制定《统计工作规范》、《石家庄市乡镇和街道办事处统计业务工作规范化评定实施方案和操作细则》，建立“双基”考评机制，完善考评办法；开展学先进、抓示范活动，以邯郸市、承德市先进县为典型，提出乡级统计建设“八到位”要求，基本建成覆盖全市较为完善的基层统计网络，年末全市达标县（市）区6个，桥东区、栾城县被评为省级规范化建设优秀县；县以下统计机构改革卓有成效，裕华区、鹿泉市、矿区等县（市）区基本实现统计机构垂直管理模式。推进统计信息化建设。加大资金投入力度，完成由市到县统计信息广域网升级改造，由VPN升级到MSTP电路专线，由不对称2M升级到对称4M宽带。加强法制保障能力建设，开展专项和重点执法检查，严厉查处统计违法案件，全年共查处统计违法案件56件。

【月度劳动力调查移动数据采集系统正式启用】 为提高月度劳动力调查工作效能，提高调查数据质量，改革创新月度劳动力调查数据采集、生产方法，在全国统计系统率先探索建立月度劳动力调查移动数据采集系统。8月6日，石家庄市举行“大城市月度劳动力调查移动数据采集系统开通仪式”，标志月度劳动力调查移动数据采集系统正式启用。该系统主要是应用现代网络技术，由调查员采用手持终端，入户直接采集数据，并对调查数据同步录入、审核、上报网络中心数据库。与传统调查方式相比凸显四大优势：由调查员实时填报、审核、上报，减少了编码、报表转移、录入等环节，优化了调查流程，提高了工作效率；数据上报完成后，网络中心数据库平台上随即收到此户信息，省市两级调查指导员可随时查看上报，适时指导调查，变事后督导为事中监控；将审核关系写入手持终端，调查员对所填写的报表即时审核，减少了人为误差，有效提高了数据质量；手持终端自带卫星定位功能可对调查员实行入户情况监督，有效解决了入户率问题。在半年系统研发中，重点解决了三大难题：月度劳动力调查程序在手持终端中的植入；手持终端采集的信息通过专网专线向网络中心数据库报送；网络中心数据库与国家下发的月度劳动力调查汇总程序衔接。经过试运行，年底前该项数据调查采集技术已在全市各抽中县（市）区全面推广，并在实践中得到改进和完善。

（张伟）

审 计

【概况】 2011年，全市审计系统以“依法审计、当好卫士、发挥免疫系统功能”为宗旨，创新审计模式，提高审计质量，加大对重点领域、重点部门、重点资金审计监督力度，推动全市经济社会实现健康稳定运行。全年审计单位408个，经济责任审计89人，查出违规金额25.84亿元，管理不规范金额152.09亿元，上缴财政6.79亿元，核减工程款8678万元，向其他部门移交处理事项7件，移送涉案人员2名。2011年，石家庄市在河北省审计信息宣传考核评比获得第一名；市审计局荣立全国地方政府性债务审计公务员集体三等功；获得全省债务审计先进集体称号；被评为市级文明单位、依法行政先进单位、普法先进单位、民主评议先进单位；市供水集团经济责任审计项目被评为全国地方表彰项目；市审计实施系统（AO）实例和计算机审计方法入选省审计署优秀项目数量位居全省首位。年内，市审计局局长齐惠明撰写的党课教案《充分发挥审计免疫系统功能在“创先争优”中再创新辉煌》获得市优秀党课教案二等奖，入选市委宣传部《优秀党课教案选编》；由其撰写理论研讨文章《努力做到五个围绕推动审计工作创先争优》获得二等奖，受到市创先争优领导小组通报表彰。

【财政审计】 以实施“财政大格局”为契机，加大财政资金和公共资源整合，加强财政资金使用过程控制和追踪问效，提高财政资金安排使用的合法性和有效性，推动财政管理和服务向公开透明、科学规范、安全高效方向发展。全年全市完成93个单位预算执行审计和42个单位财政决算审计。在省审计厅授权的邯郸武安财政决算审计中，查出各类问题20项，居全省授权审计之首，涉及金额16亿多元，收缴罚没款1230多万元，部分问题移交当地政府和纪检部门处理，有效震慑了违纪违规行为。8月23日，市审计局局长齐惠明受市政府委托，向市第十二届人大常委会第二十九次会议作了《关于2010年度市本级预算执行和其他财政收支的审计工作报告》。在分组审议期间，市人大委员们对审计工作报告给予充分肯定和高度评价，一致认为，2011年审计工作报告内容全面，客观反映了市级财政管理、地税征管、部门预算执行、重点工程建设、民生资金和救灾资金等方面情况。

【地方政府性债务审计】 2～6月份，在全国统一组织实施的地方政府性债务审计中，市审计机关抽调人员339名，组成审计组23个，审计了23个县（市）区2595个单位的政府性债务情况，全面摸清县（市）区地方政府性债务的规模、结构、类型、成因和管理，为防范潜在财政金融风险，促进转变经济发展方式，加强财政财务管理提供了重要依据。省委常委、市委书记孙瑞彬召集四大班子主要领导听取了审计情况汇报；各县（市）区党政“一把手”亲自过问，给予大力支持。省审

2011年3月11日，地方政府性债务审计现场

计厅厅长葛梦彬、副厅长王克5次批示石家庄市债务审计工作经验，在全省予以推广。10月26日，市审计局局长齐惠明受市政府委托，向市第十二届人大常委会第三十次会议作了《关于地方政府性债务和融资资金审计情况的报告》。市人大常委会对报告给予充分肯定和高度评价。

【经济责任审计】 2011年，市委根据新的经济责任审计规定和换届工作形势需要，制定《石家庄市市管干部经济责任审计工作规定》，建立和完善经济责任审计联席会议等制度，加大干部任中审计力度，对问题做到早发现、早纠正，有效监督干部廉洁从政。年内，审计结果报告被市委、市政府主要领导批示27次；市经济责任审计工作经验，得到河北省委副书记赵勇批示，在《情况交流》简报刊登向全省推广；市供水集团经济责任审计项目获评全国34个表彰审计项目之一。全年全市共对82个单位89名领导干部进行经济责任审计，查出违规资金4.13亿元，管理不规范资金11.42亿元，其中市本级审计8个单位11名市管干部，查出违规资金3.88亿元，管理不规范资金11.13亿元；移交案件线索3起，移送涉案人员2人。

【专项资金审计】 加大各类专项资金综合治理，规范资金管理，确保专项资金发挥出最大经济效益和社会效益。年内，开展企业养老保险、政府重点投资建设项目、就业再就业资金、环保资金、扶贫开发专项资金、农民工培训专项资金、义务教育保障经费、节水灌溉、“家电下乡”工程财政补贴以及其他500万元以上各类专项资金审计，共计10大类322个项目，涉及金额137.17亿元；抽调审计人员178名，组成审计小组67个，分别走访156个乡镇、729个行政村、5513户村民；沿着专项资金流向，开展延伸审计和审计调查，查出财政资金拨付不及时款43548万元，专项资金滞留款7575.72万元，以及配套资金不到位、挤占、挪用等问题，提出合理化建议62条。

【投融资平台审计】 年内，市审计局审计了市投资办、财茂公司、地产集团等8家投融资机构近三年账目，涉及建设项目399个，资金流经单位50多个，组织施工单位100多个。针对审计中发现的问题，提出整改意见和要求，市政府还将问题整改工作列入市政府重要议事日程，积极促进问题整改落实，推进融资平台改革进程，严格债务资金管理，防范化解债务风险。省委常委、市委书记孙瑞彬和市长艾文礼等领导分别作出批示，市政府常务会议专题研究整改措施，确保问题整改到位。10月9日，市人大常委会副主任王中联带领市人大常委、财经委委员和市人大代表一行12人视察全市政府性融资资金使用审计情况，听取了市审计局对市政性融资资金使用审计情况的汇报，实地察看了民心广场、中华北大街改选工程、滹沱河生态开发综合整治工程，对审计工作给予肯定。

【固定投资审计】 开展竣工决算和跟踪审计，完成政府重点投资建设项目审计35个（中华大街北延、西柏坡高速公路、滹沱河生态开发整治、铁路入地工程等），审减工程款8678万元。其中，西柏坡一级公路竣工决算审计，审减工程款7710万元，审减率10.47%；四川省平武县灾后恢复重建项目跟踪审计近两年，审减工程款1.26亿元，审减率16.8%；新疆巴州库尔勒市援建资金和项目跟踪审计，及时向市援疆办提交专题报告，提出合理审计建议，保证了项目正常实施，此项做法得到省审计厅厅长葛梦彬、总审计师马建平等领导的批示和肯定。

【质量管理】 以审计质量为主线，加强审计项目管理，打造“精品”审计项目。按照新准则要求，制定和完善项目审理办法，严格执行审理程序，保证审计项目质量。开展“总结项目、展示成果”活动，回顾总结2008～2010年所有审计项目，选出优秀项目10个，全部入选河北省审计案例文集，其中供水集团审计和新华区医院审计两个项目分别入选省审计厅《乱象》和《利剑》多媒体课件。

【信息化建设】 建成并启用县局视频会议系统17个；开发审计管理系统2个(经济责任审计管理系统、固定资产投资审计管理系统)，全市经济责任和投资审计信息资源实现共享，在此基础之上，实现公文流转过程中短信提醒，提高了工作效率。全年全市审计机关有14篇

AO应用实例和8篇计算机审计方法被国家审计署采用，采用数量居全省榜首，受到省审计厅通报表彰，并被授予河北省审计信息化工作先进单位称号。

（刘永辉）

质量技术监督

【概况】 2011年，市质量技术监督部门强素质、兴业绩、树形象，推进科学监管，提升服务质量，严格依法行政，全面提升执行力。实施质量兴市战略，鼓励企业开展质量提升、质量攻关活动，强化自主创新能力，加强知识产权保护，优化产业结构，促进产业升级。实施名牌带动战略，引导农产品创品牌，加大地理标志产品注册和保护，加强具有原产地地域特征产品开发，培育一批质量水平高、生产规模大、市场影响力和竞争力强的名牌产品，壮大一批具有影响力的服务品牌和大型企业集团。以企业质量信用档案为基础，以质量信用分类监管为手段，加强市场诚信记录信息库建设，逐步健全诚信评价机制。以食品、药品、农产品、特种设备、工程建设等安全为重点，建立和完善产品质量和工程质量安全监管机制。整合检验检测资源，广泛吸收社会资源搭建检验、检测平台，提高质量检验检测能力和设备利用率，形成与全市经济快速发展相适应的技术支撑服务体系。12月份，石家庄市“双鸽”和“果维康”两枚商标被正式认定为中国驰名商标，年末全市中国驰名商标数量达到28件。2011年，全市获评省质量奖企业1家，省质量奖个人2名，省质量效益型先进企业20家，省服务名牌奖企业8家，省服务质量奖企业8家，省名牌产品65项，省优质产品35项；市质量技术监督局（简称质监局）获得全国质检系统政务信息工作先进单位，省级安全生产监督管理先进单位、安全生产目标管理优秀单位，市级保护消费者权益先进单位、“五五”普法先进集体等称号。

【食品安全监管】 10类重点产品专项整治。开展以酒类、饮料、蜂蜜、饮用水、调味料、肉制品、淀粉及淀粉制品、蜜饯、食品添加剂、食品包装等10类食品为重点的专项整治行动，出动人员2612人次，车辆1125台次，检查企业1068家，抽样检验260个批次。食品安全专项整治。按照省、市政府“五个一批”和省质监局“九个一律”、“三个三分之一”整治要求，拉网式排查摸底食品企业，详细掌握食品企业及小作坊情况。2011年，全市注销获证企业434家、吊销7家，占总数的31.5%，累计注（吊）销生产许可证532家，获证食品类企业由年初1380家减少到966家，其中食品企业867家、食品添加剂（香精香料）企业36家、相关产品企业63家。小作坊由原来341家减少到252家。打击食品非法添加和滥用食品添加剂违法行为。制定《严厉打击生产加工环节食品非法添加和滥用食品添加剂工作方案》，严厉打击生产销售假冒伪劣和有毒有害食品违法犯罪活动，出动执法人员6452人次，检查企业2112家

帮助市民辨识真假食品

次（食品添加剂企业123家次、其他食品企业1989家次），抽检产品344个批次，查处超量使用食品添加剂企业9家，均责令停产整改，依法顶格行政处罚。重点产品和乳制品专项整治。开展“地沟油”、“瘦肉精”、问题乳粉、蛋白饮料生产企业、酒类产品等产品专项整治，检查相关企业326家，吊销生产许可证6家，责令停产整顿22家，责令改正14家，注销生产许可证15家。

【监督抽查】 严格审批程序，严把生产许可关，从源头上控制工业产品质量。提升监管人员业务素质，开展证后监管工作，严格控制生产环节产品质量。开展机动车安检机构检验人员培训，定期巡查机动车安全技术检验机构，确保安检机构行为公正、结果准确。年内，组织获证企业年度自查544家，抽查54家，抽查率9.9%；通过计量认证并获得资格许可的机动车安检机构有23家，占拥有量的100%；完成输电线路铁塔、纤维板、陶瓷砖等14类产品国家级监督抽查；完成复混肥、有机肥、无机肥、农药、一次性生活用纸、聚苯乙烯泡沫板等26类产品480批次省级监督抽查，合格率达82%；完成复混肥、防水卷材、洗涤用品、人造板、水泥、服装等6类产品256家生产企业268个批次市级监督抽查，抽样平均合格率76.9%。

【名牌、优质产品评定】 编制《2010年石家庄市工业产品质量安全状况》和2011年第一、第二、第三第季度全市产品质量安全状况分析报告，开展质量创建表彰和“质量月名牌企业行”活动，积极推进产品质量安全建设。年内，申报省政府质量奖企业7家、个人3名，申报省质量效益型先进企业21家，申报省服务名牌奖企业9家，申报省服务质量奖企业16家，申报省名优产品110项，其中，名牌产品72项，优质产品38项。经过严格审核评比，获评省质量奖企业1家，省质量奖个人2名，省质量效益型先进企业20家，省服务名牌奖企业8家，省服务质量奖企业8家，省名牌产品65项，省优质产品35项。

表48　2011年石家庄市获得河北省名牌产品一览表

序号	编号	注册商标	产品名称	生产企业
1	HBMP2011－004	古威隆	西裤	河北鑫威服装有限公司
2	HBMP2011－006	唯帅	西裤	河北唯帅服饰有限公司
3	HBMP2011－007	夲标狼	西裤	河北夲标狼服饰有限公司
4	HBMP2011－008	东方金兄弟	西裤	河北东方金兄弟服饰有限公司
5	HBMP2011－009	欧玛尼	西裤	河北欧玛尼服装有限公司
6	HBMP2011－010	智伦	西裤	河北康威制衣有限公司
7	HBMP2011－011	火山榕	制式服装	辛集市亿隆服饰有限公司
8	HBMP2011－019	松鼠	高支高密纯棉坯布	石家庄常山纺织股份有限公司
9	HBMP2011－036	梦洁	电热毯	石家庄梦洁实业有限公司
10	HBMP2011－037	望峰	电热毯	石家庄市望峰电器有限公司
11	HBMP2011－038	长城	电热毯	河北东方长城电器股份有限公司
12	HBMP2011－058	万通	滤纸	石家庄辰泰滤纸有限公司
13	HBMP2011－059	柯林	滤纸	石家庄柯林滤纸有限公司
14	HBMP2011－095	冀珠	聚乙烯醇	石家庄化工化纤有限公司
15	HBMP2011－096	五洲	钡锶盐	河北辛集化工集团有限责任公司
16	HBMP2011－102	华运鸿业	塑料球固体润滑剂（钻井液用塑料小球）	河北华运鸿业化工有限公司
17	HBMP2011－103	华博	工业沉淀碳酸钙	河北华博精细化工有限公司
18	HBMP2011－104	立信	工业沉淀碳酸钙	河北立信化工有限公司

（续表）

序号	编号	注册商标	产品名称	生产企业
19	HBMP2011—105	HAORI	工业沉淀碳酸钙	石家庄市红日钙业有限公司
20	HBMP2011—106	梁山	工业沉淀碳酸钙	石家庄旭东钙业有限公司
21	HBMP2011—108	诚信	三聚氯氰	河北诚信有限责任公司
22	HBMP2011—116	太行	棉纺悬锭粗纱机	河北太行机械工业有限公司
23	HBMP2011—118	农哈哈	播种机	河北农哈哈机械集团有限公司
24	HBMP2011—123	石域	工业锅炉	河北石域锅炉制造有限公司
25	HBMP2011—126	梆子	工业锅炉	河北金梆子锅炉有限公司
26	HBMP2011—127	石煤	随车起重运输车	石家庄煤矿机械有限责任公司
27	HBMP2011—129	华潜	潜水泵	晋州市水泵厂
28	HBMP2011—133	石工泵	杂质泵	石家庄工业泵厂有限公司
29	HBMP2011—142	JULL	金属补偿器	石家庄巨力科技有限公司
30	HBMP2011—148	东方久乐	汽车零部件	东方久乐汽车安全气囊有限公司
31	HBMP2011—161	H Z	滚动轴承	河北轴承厂
32	HBMP2011—164	博远机械	自走式玉米收获机	河北中农博远农业装备有限公司
33	HBMP2011—166	中泡塑机	泡塑机械	河北雪龙机械制造有限公司
34	HBMP2011—167	金鹿	泡塑机械	河北广兴泡塑机械有限公司
35	HBMP2011—170	华柴	柴油机	河北华北柴油机有限责任公司
36	HBMP2011—176		玻璃基板生产线	河北东旭投资集团有限公司
37	HBMP2011—188	石钢	圆钢	石家庄钢铁有限责任公司
38	HBMP2011—199	河冶	高速工具钢棒材	河冶科技股份有限公司
39	HBMP2011—209	FENGHUI	塑料型材	河北丰辉型材有限公司
40	HBMP2011—211	文生	铝合金门窗塑料门窗	石家庄市文生门业装饰有限公司
41	HBMP2011—213	力马	建筑陶瓷（室内砖）	高邑县力马建陶有限公司
42	HBMP2011—217	二蒙	实木复合门	石家庄市天发木业有限公司
43	HBMP2011—220	肯特	纸面石膏板	晋州市红日板业有限公司
44	HBMP2011—222	石药	阿莫西林胶囊	石药中诺药业（石家庄）有限公司
45	HBMP2011—223	华北	阿莫西林胶囊 青霉素V钾	华北制药股份有限公司
46	HBMP2011—224	华北	阿莫西林	华北制药集团先泰药业有限公司
47	HBMP2011—227	以岭	通心络胶囊	石家庄以岭药业股份有限公司
48	HBMP2011—228	神威、五福	藿香正气软胶囊 心脑清软胶囊	神威药业有限公司
49	HBMP2011—230	石门	氯化钠注射液	石家庄四药有限公司
50	HBMP2011—236	心乐	西瓜种子	新乐市种子有限公司
51	HBMP2011—237	极峰	小麦种子	河北极峰农业开发有限公司
52	HBMP2011—238	万家兴	小麦种子	石家庄市万丰种业有限公司
53	HBMP2011—239	石兰	小麦种子	辛集市马兰农场

(续表)

序号	编号	注册商标	产品名称	生产企业
54	HBMP2011—248	家家缘	蔬菜	河北家家缘农产品有限公司
55	HBMP2011—257	冀金农龙	无公害甜玉米	晋州金农龙农业种植服务专业合作社
56	HBMP2011—259	紫藤	葡萄	石家庄紫藤农业技术开发有限公司
57	HBMP2011—262	天华	梨	河北天华实业有限公司
58	HBMP2011—263	芙润仕、金朵	梨	河北省晋州市长城经贸有限公司
59	HBMP2011—264	天宇	梨	辛集市裕隆保鲜食品有限责任公司
60	HBMP2011—265	裕龙	梨	河北鲜鲜农产有限公司
61	HBMP2011—271	满山红	石榴	元氏县林业技术服务站
62	HBMP2011—277	广威	配合饲料	石家庄广威农牧有限公司
63	HBMP2011—278	海天	配合饲料	河北海天饲料有限责任公司
64	HBMP2011—283	河欣	预混合饲料	河北科星药业有限公司
65	HBMP2011—287	康态	中华鳖	河北康态中华鳖良种有限公司

表 49　2011 年石家庄市获得河北省优质产品一览表

序号	编号	注册商标	产品名称	生产企业
1	HBYZ2011—031	脱硫泵	石工泵	石家庄工业泵厂有限公司
2	HBYZ2011—035	聚氯乙烯绝缘通用橡套软电缆电线	高晖	华达线缆有限公司
3	HBYZ2011—049	预拌商品混凝土	旭成	石家庄金隅旭成混凝土有限公司
4	HBYZ2011—050	陶瓷片密封水嘴	庆明	石家庄马斯特洁具有限公司
5	HBYZ2011—058	建筑防水卷材	三盛、舰长	辛集市三盛防水材料有限公司
6	HBYZ2011—059	沥青防水卷材	京石	河北新星佳泰建筑建材有限公司
7	HBYZ2011—072	复混肥料	庆回归	河北庆回归化肥有限公司
8	HBYZ2011—073	复混肥料	冀联	河北联丰肥业有限公司
9	HBYZ2011—076	阿维菌素原药	兴柏万达	石家庄市兴柏生物工程有限公司
10	HBYZ2011—077	丙二酸二乙酯	诚信	河北诚信有限责任公司
11	HBYZ2011—088	2 号岩石乳化炸药	金钟	河北天宁化工有限公司
12	HBYZ2011—089	复混肥料、掺混肥料	中吉	石家庄中吉化肥有限公司
13	HBYZ2011—090	亚硝酸钠	FHS	石家庄凤山化工有限公司
14	HBYZ2011—091	轻质碳酸钙	双兰	井陉县京华钙业有限公司
15	HBYZ2011—097	99 作训胶鞋	3554	河北三五五四鞋业有限公司
16	HBYZ2011—104	全自动捆钞机	汇金机电	河北汇金机电股份有限公司
17	HBYZ2011—105	民用水暖煤炉	农哈哈	河北农哈哈机械集团有限公司
18	HBYZ2011—115	电流、微型电压互感器	申科	河北申科电子股份有限公司
19	HBYZ2011—116	软聚氯乙烯 压延薄膜和片材	正洋	河北正洋建材有限公司
20	HBYZ2011—124	农用节水管材管件	RD	新乐市太行铸造有限公司

（续表）

序号	编号	注册商标	产品名称	生产企业
21	HBYZ2011—127	农用节水管材管件	农丰	新乐市冀新铸造有限公司
22	HBYZ2011—128	低合金高强度结构钢钢板	敬业	河北敬业中厚板有限公司
23	HBYZ2011—137	麦芽糊精	高淀	河北华辰淀粉糖有限公司
24	HBYZ2011—152	发酵乳	君乐宝	石家庄君乐宝乳业有限公司
25	HBYZ2011—153	液态乳	君乐宝	石家庄君乐宝乳业有限公司
26	HBYZ2011—156	床上用品	原村	赞皇县原村土布专业合作社
27	HBYZ2011—160	清洁巾	益康	河北益康针棉织有限公司
28	HBYZ2011—162	牛仔裤	唯帅	河北唯帅服饰有限公司
29	HBYZ2011—168	皮革、皮毛服装	兆伦	河北兆伦服饰有限公司
30	HBYZ2011—173	天然核桃	汇川	赞皇县汇川优质核桃专业合作社
31	HBYZ2011—190	鸡蛋	安格	石家庄修远牧业有限公司
32	HBYZ2011—193	蛋鸡配合饲料	永青	河北永青饲料科技有限公司
33	HBYZ2011—194	长白猪	晟旗	河北绿恒农业开发有限公司
34	HBYZ2011—195	奶牛精料补充料	鑫实	石家庄正诚饲料有限公司
35	HBYZ2011—198	小儿清肺化痰颗粒	神苗	神威药业有限公司

【标准建设】 年内，完成地方标准上报项目14项，其中，工业4项，农业2项，服务业8项；审定批准发布地方标准5项，分别是《煤矿用异型钢轨》、《晋州鸭梨》、《发酵床养猪技术规程》、《白竹炭粘胶短纤维》、《阻燃竹浆粘胶短纤维》；修订完成农业标准8项，分别是《羊附红细胞体病防治技术规程》、《地理标志产品晋州鸭梨生产技术规程》、《有机食品核桃》、《平山有机核桃生产技术规程》、《种猪种用价值评定技术规程》、《非种用乳公牛育肥生产技术规程》、《生猪产品质量溯源管理技术规范》、《重大动物疫病流行医学调查管理规范》。

【采标工程】 指导企业主动采标，完成省政府列入《2011年高技术产业发展投资计划》重点采标项目2项，计划完成率100%；29项产品通过国际标准及国外先进标准审核，获得《采用国际标准认可证书》，25项产品获得《采用国际标准产品标志证书》，采标产品生产总值达13.8亿元。

【计量器具管理】 开展民生计量监察。组织集贸市场检查，加强春节、五一、中秋等重大节日前市场检查工作，共为72家有主办者集贸市场（标准化菜市场）办理在用计量器具免费周期检定17500余台件，检定率达90%以上。开展计量宣传“四进”（进社区、进学校、进乡镇、进农村）和“5.20”计量日宣传活动，发放计量宣传材料8900余份，免费检测血压计1500台，电能表280块，检测、清洗、修理眼镜3600副，检测视力760人，校准人体秤250台，展示C标志产品24种。提升能源计量服务。培训计量检定人员321名，累计408项。办理制造计量器具许可证6家，其中复查换证5家，新发证1家。办理修理计量器具许可证2家，协助省质监局考核重点计量器具制造企业21家。帮助企业通过国家测量管理体系认证2家（石家庄钢铁有限责任公司、金隅集团鼎鑫水泥有限公司）；帮助企业通过河北省计量保证能力合格确认21家（石家庄煤矿机械有限公司等）。推进诚信计量建设。免费培训计量管理人员60名，涉及企业58家，培训内容主要包括：计量法律法规、计量器具配备、定量包装商品、计量工作管理等。引导、培育“诚信计量自我承诺示范单位”58家，其中商店（超市）29家，餐饮店29家。

【实验室规范化建设】 按照《河北省建筑建材实验室整顿活动方案》要求，组织精干力量对包括质监系统外从事建设、市政、交通、电力、水利行业工程质量、室内环境、建筑材料检测的70家实验室治理整顿。组织实验室规范化建设现场观摩学习，11月18日，全省质监系统实验室规范化管理示范点现场观摩会在石家庄辛集市举行，省质监局党组副书记、副局长夏延军等实地观摩了质监检验所和皮革、食品等实验室建设和运行工作情况。完善实验室档案管理，及时更新全市211家实验室管理档案。开展获证实验室监督评审，完成实验室评审85家，计划完成率100%。

【特种设备安全管理】 开展专项执法检查，加强对充装站管理，快速推进车用气瓶充装管理IC化。推广物联网技术在电梯安全管理上的应用，加强电梯维修保养单位备案管理，确保不发生重大电梯安全事故。年内，车用气瓶加气机全部改装完毕，发放IC卡23206张，基本实现充装管理IC化；重新备案电梯维修保养单位52家，电梯管理实现安全无事故目标。至年末，全市共有各类特种设备50383台，其中，锅炉4281台，压力容器23761台，电梯13268台，起重机械7865台，场（厂）内机动车辆1110台，大型游乐设施86台，客运索道12条；设备办证率99.59%，使用单位现场检查率65.46%，检验率70.08%。

【区域性产品整治】 制定《石家庄市重点区域、重点产品质量整治行动实施方案》，围绕重点产品违法案件和领导关心、媒体关注、消费者反映强烈的大案要案，加大执法力度，开展了汽车配件、化妆品、食品添加剂、饮料、毛巾产品、日化洗涤用品、人造板、电热毯、絮用纤维制品打假，农资“春雷”打假、节能减排执法和打假保名优活动，以及“清新居室”执法等联合行动123次，检查生产、经营单位3136家，执法检查覆盖率100%，查出各类违法行为1911起，接到群众举报234起，取缔1725家，关停整改598家，帮助办理相关资质619个，为群众挽回损失179.28万元。

（陈玉）

向小学生讲解特种设备安全知识

【11家计量检定机构通过省级达标验收】 2011年，石家庄市确定辛集市、行唐县等12家县（市）级计量检定机构作为实验室建设达标单位，其中辛集市、鹿泉市、平山县作为省、市试点单位，藁城市、晋州市、行唐县、灵寿县、高邑县、井陉县等9家机构为推广阶段达标单位。年内，市质监局开发出一套“计量器具管理系统”（软件），从计量器具收发、检定、数据录入、检定证书打印到检定收费、发票发放等，实现全方位微机化管理。4月21日，全市在辛集市召开“计量管理系统软件”现场推广培训会。各县级计量检定机构以此为契机，通过改善实验室环境、更新和改造计量标准设备、完善管理制度和计量文化、提高检定人员素质，检测能力和水平全面提升，实现跨越式发展。至年底，全市县级计量检定机构实验建设任务圆满完成，辛集市等11家计量检定机构顺利通过省质监局达标验收。

（刘宝芝　焦强）

【省级服务标准化试点建设】 2009年11月，河北省政府发布《进一步加强服务标准化工作实施意见》，提出未来5年培育服务标准化试点单位200个以上，制定服务地方标准200项的目标。试点涉及国家标准化委员会要求的旅游、商贸和交通服务及餐饮住宿业服务标准化等七方面内容。2010年，河北天山健身服务有限公司的服务标准化试点和东方龙大酒店承担的河北省服务标准化试点通过专家组评估验收，成为石家庄市首批河北省服务标准化试点单位。2010年3月，河北省有3家企业申报并批准为省级服务标准化试点单位，它们分别是：鹿泉市文化旅游公司、中国石油化工股份有限公司河北正定石油分公司、河北省高速公路禄发实业总公司元氏服务区。中石化正定分公司结合石油供销加油服务经营的运行实际，编制标准体系表，收集制定服务基础标准、服务保障标准和服务提供标准等共计三大类，126项标准，国家、行业标准58项，制定企业标准68项，形成相对完善、切实可行的加油服务项目标准体系，标准覆盖率达到95%以上。2011年8月26日，该公司通过河北省质量技术监督局评估验收，成为2011年全省第一个通过审核验收的服务标准化试点企业。鹿泉文化旅游公司根据《服务业组织标准化工作指南第2部分标准体系》要求，收集制定旅游服务基础标准、服务保障标准和服务提供标准等三大类，185项标准，其中收集国家行业标准68项，修订企业标准117项，标准覆盖率达到95%以上。其中《停车场收费员收费标准》、《售票员售票服务规范》、《检票员检票服务规范》、《客运索道站台服务流程》、《景区导游员工作流程》等企业标准具有很强的操作性、实用性，能够满足企业实际运行的需要。9月28日，鹿泉市文化旅游公司抱犊寨风景区通过河北省专家评估验收组评估验收，成为石家庄第二家通过审核验收的服务标准化试点企业。2011年，无极县无公害蔬菜示范区，获批第七批国家级农业标准化示范区项目，成为石家庄市首个农业标准化示范区。至2011年底，全市共有2家企业通过省质监局验收；3家企业通过省级服务标准化试点验收；辛集皮革商城、河北快运集团、赵县联通公司、天赐良缘婚纱影楼等4家被确定为省级服务标准化试点单位；累计创建国家级服务业标准化示范单位1个（中储物流），省级服务业标准化示范单位9个。

（康英 郑丽娟 刘宝芝 焦强）

【十大质量违法典型案例】 2011年，市质监局查处十大质量违法典型案为：1. 生产假冒化肥包装袋案。2011年3月23日，市质监局执法人员对无极县东侯坊村李彦丛印刷化肥包装袋的场所进行了执法检查。经查，李彦丛在没有取得生产资质的情况下，从2008年至2011年3月共生产、销售化肥包装袋货值达到600余万元。该案件已移交公安机关立案查处。2. 生产假化肥案。2011年3月31日，市质监局交办灵寿县质量技术监督局对位于索阜安村的索金刚假化肥加工窝点进行执法检查，现场查封假冒包装袋1500条，假冒复混肥成品75吨，货值15万元。该案已移交公安机关立案查处。3. 冒用他人厂名厂址农药案。2011年6月1日，市质监局检查发现，当事人尹丽杰组织人员生产假冒他人厂名厂址的农药产品，共计350件，货值金额84534元。经调查核实，尹丽杰无营业执照及相关资质，生产加工的农药产品均冒用了他人的厂名厂址。市质监局依法对尹丽杰给予责令停止生产，没收全部违法产品，罚款10万元的行政处罚。4. 冒用他人厂名复混肥案。2011年3月23日，市质监局执法人员对位于无极县东侯坊乡的刘君波生产化肥的场所进行执法检查时发现，刘君波组织人员生产了18吨冒用他人厂名厂址的冲施肥，货值21680元。经查，刘君波无营业执照及相关资质，生产加工的化肥产品均冒用了他人的厂名厂址。市质监局依法对刘君波进行了行政处罚，并对其全部违法产品予以没收。5. 生产假冒乳饮料案。2011年3月2日，市质监局执法人员对李新中食品加工点进行执法检查。经核实，该厂共生产销售软质包装的假冒乳品饮料1.6万件，销售总额10万元，查封货值总额12万元。因货值金额较大，涉嫌犯罪，目前该案已移交公安机关立案查处。6. 生产假冒“万佳”CC乐糖案。2011年11月11日，市质监局执法人员对肖宏伟生产假冒糖果的场所进行检查发现，肖宏伟在没任何资质的情况下，组织人员生产假冒“万佳”CC乐糖，现场有假冒“万佳”CC乐糖120件。市质监局取缔了该窝点，并依法进行了行政处罚。7. 销售假冒日化品案。2011年6月28日，市质监局执法人员对许俊芬销售日化品的场所进行检查。经联合利华（中国）投资有限公司鉴定，该处存放的“清扬”洗发水和“力士”洗发水共计128件，均为假冒产品，货值为2万元。市质监局依法对许俊芬经销假冒日化品的行为给予了行政处罚。8．生产冒用他人厂名厂址肥皂案。2011年7月15日，市质监局执法人员到格瑞特日化有限公司进行执法检查，发现该公司成品库内有其生产的标识为“雕”牌、“奇强”、“汰渍”品牌的洗衣皂共762件。经调查核实，该厂行为构成冒用他人厂名厂址行为，涉案货值金额1.36万元。市质监局依法对该公司的违法产品予以没收并罚款。9．无证生产电热毯案。2011年9月17日，市质监局执法人员对石家庄市冠华电器厂进行执法检查，在该厂成品库内查获该厂生产的电热毯1554条。经查，该厂没有取得电热毯生产许可证，属于无证生产行为。该批产品货值金额3.34万元。市质监局依法对该企业的违法产品全部予以没收，并处罚款7万元。10．分装芝麻油掺杂掺假案。2011年1月21日，辛集市质监局对石家庄福盈食品有限公司进行执法检查发现，该公司分装的芝麻油产品包装上标注厂名、厂址不规范。同时，在其西北角一地下储藏室内，发现5桶酱黑色物质，该公司负责人张明文承认这5桶酱黑色物质为香精色素，且该公司原材料进货发票中有购进玉米油的记录。经调查核实，该公司涉嫌在芝麻油中掺杂掺假。执法人员依法对该公司进行了处理。

（王巍）

【“双打”执法行动】 2010年11月16日至2011年5月31日，全市开展“双打”(打击侵犯知识产权、打击制造假冒伪劣商品)执法行动，将日化洗涤用品、人造板、电热毯、絮用纤维制品、饮料、汽车配件、食品添加剂、毛巾等产品作为重点内容，将有过质量违法记录、产品质量不合格记录、消费者投诉、媒体曝光以及抽查不合格的企业和涉嫌生产加工假冒伪劣产品的企业作为重点对象，全力开展执法检查。“双打”行动，全市组织开展了“天网”、“雷雨”、食品及相关产品、一次性生活用纸、聚苯乙烯泡沫塑料产品、汽车轮胎产品等专项整治和专项行动，立案查处案件146起，捣毁窝点107个，关停非法生产企业327个，查处违法产品货值金额504.78万元，为企业和消费者挽回经济损失103万元。

石家庄市质量技术监督局

局　　长：侯洪彬

副 局 长：曹长随　夏玉颖

　　　　　吴保成　刘占

　　　　　韩秀娟（女）

　　　　　焦书建

纪检组长：柯旭

（陈玉）

物价监督管理

【概况】 2011年，全市各级物价部门按照“保增长、控物价、调结构、惠民生”的总要求，围绕转型升级、跨越赶超和保持物价基本稳定、促进经济发展方式转变、保障和改善民生等重点工作，发挥价格调控、价格监管、价格改革和价格服务的职能作用，圆满完成各项物价工作任务。稳定市场物价、发展夜经济、医疗卫生体制改革、支持农业生产、支持城市综合治理等重点工作中得到市委、市政府领导的肯定和表扬。起草完成《价格调节基金征收使用

2011年11月4日，市人大副主任王中联（前排中）、市物价局局长霍国林（前排左一）到家乐福保龙仓超市留营店调研

管理办法（草案）》；审查备案规范性文件5件；召开审价委员会6次，审议定调价项目20余项，获得市级依法行政先进单位称号。经统计，1～12月份，市区居民消费价格总指数为105.7，同比上涨5.7%，其中食品价格上涨10.0%。全年受理价格咨询、举报14578件，回复率100%，立案167件，办结164件，办结率98.2%；查处价格违法案件349件，查处价格违法金额896.8万元，经济制裁金额900.6万元，有效维护了消费者合法权益，树立了良好社会形象。

【居民生活必需品价格管理】 2011年，物价总水平持续高位运行，居民生活必需品价格大幅上涨，城乡

2011年12月24日，在北国商城开展"价格服务进万家"活动

居民特别是中低收入群体的生活压力加大。全市各级物价部门落实市委、市政府关于稳控生活必需品价格一系列政策措施，发挥调控监管职能，扎实开展稳物价惠民生活动。建立由物价、发改委、民政等21个部门组成的价格调控联席会议制度，发挥多方职能作用，加大生产保障、仓储、流通、销售等环节的监管力度。开通农产品运输"绿色通道"，落实通行费免收政策，督导检查公路收费站政策实施情况，清理和取消主副食品生产、流通、销售等环节不合理收费项目。完善价格应急监测预警机制，对30种居民生活必需品价格实行"一日一报"。加大大型粮油批发市场、超市和农副产品市场巡查，坚决打击价格欺诈、哄抬物价、囤积居奇、价格垄断等坑害消费者的价格违法行为。召开提醒告诫会，督导商家守法经营、诚信经营。及时开展食盐价格监控，迅速平息食盐涨价风波。建立社会救助和保障标准与物价上涨挂钩联动机制，牵头落实临时价格补贴2152万元，受益低收入群27.8万人。8月份开始，全市CPI涨幅由最高点7.3%逐月回落至12月份4.9%，2011年市区CPI涨幅5.7%，低于全省平均水平。

【价费改革】 推进医药卫生价格改革，落实基层医疗卫生机构基本药物零差率销售政策和抗微生物类、循环系统类等药品价格调定。适应煤炭市场价格变化，缓解供用热矛盾，适当调整市区非居民供热价格，非居民供热（蒸汽）价格按表计量由原每吉焦52元调整为62.6元；非居民按面积计算的冬季采暖价格暂不作调整，仍然按每平方米每采暖期31元计收。实行季节差别热价。在2011年供暖期内（2011年11月15日至2012年3月15日），供热企业提供给工业、商业（服务业）直接用于该企业生产经营的，其蒸汽价格由每吉焦62.6元调整为每吉焦68.9元，上浮10%；非居民用热按面积收费的，冬季采暖价格由每个采暖期每建筑平方米31元调整为34.1元，上浮10%；供热企业提供给热交换站的其他非居民蒸汽，其结算价格由每吉焦62.6元调整为每吉焦65.7元，上浮5%。推进水价改革。根据省物价局《关于水价重新分类并轨的通知》精神，审批完成灵寿县、井陉县、元氏县、高邑县、深泽县、无极县6个县水价重新分类并轨工作，至此，全市水价分类并轨工作全部完成。建立公共租赁住房租金标准，并在全省率先实施。经过市场调研并报市政府批准，长安区建华家园小区公共租赁住房租金标准确定为每建筑平方米9.10元／月。规范公交票价，涉及线路7条（游11路、202路、快202路、130路、536路、321路、530路），其中一票制线路5条，分段计费制线路2条。制定空调公交车票价，空调开放期实行

2元一票制，其他时间执行同线路普通公交车票价。

【清费治乱】 全面清理整顿行政许可审批事项，取消行政事业性收费31项，年减轻企业负担6200万元。制定《涉企收费项目目录》，开展公示活动，透明收费内容。与市监察局、财政局联合下发《关于全面推进“两证一书一卡”收费管理制度的通知》，明确进企业收费必须持有《收费许可证》、《物价员证》、《进企业收费批准通知书》、《企业交费登记卡》，规范收费行为。加强收费许可证年审，应审收费单位3244个，实审3180个，年审验率98.02%。呈报《关于规范我市停车服务收费管理工作的意见》，拉网式检查市区停车场收费，公开曝光乱收费停车场并给予严厉处罚，停车乱收费行为得到有效遏制。制定《关于加强电信资费管理有关问题的通知》，建立电信资费备案制度、电信行业市场巡查制度、情况报告制度、电信资费管理责任人制度、电信资费违规行为通报告诫制度，促进电信行业规范收费行为。按照市委、政府主要领导指示要求，积极办理落实市区参与夜经济商贸服务企业执行平段电价优惠政策，涉及全市餐饮、超市、运动、家具、百货等商业企业67家，年减收电费约2500万元，减轻了企业负担，推动了市区夜经济发展。2011年，市物价局被市政府评为减轻企业负担先进单位。

【价格监督检查】 开展“市场价格监管年”活动和市场价格监管专项检查百日行动，重点突出节日和商贸流通企业市场价格监督检查。建立“价格举报工作月分析制度”，及时掌握人民群众反映的投诉、举报热点，有针对性地开展市场价格监管。办理群众价格投诉举报事件，全年受理价格咨询、举报14578件，立案167件，办结164件，办结率98.2%，回复率100%。年内，全市开展专项检查8项，包括涉农价格与收费、医药价格、电力价格、成品油市场价格、教育收费、国土资源收费、商业银行服务收费、商品房销售明码标价等。至2011年末，全市共查处价格违法案件349件，查处价格违法金额896.8万元，经济制裁金额900.6万元，有效维护了消费者合法权益。

2011年12月20日，在东明家具博览中心召开节日市场价格监管提醒会

【召开西柏坡高速公路收费听证会】 西柏坡高速公路是联系省会石家庄与革命圣地西柏坡的直达高速通道，衔接市区石太高速、绕城高速、石环公路，沿线经过市区、鹿泉市、平山县等县（市）区。2010年4月开工建设，路线全长71.36千米，建设标准为双向六（四）车道，项目概算总投资86.30亿元。2011年5月3日，省政府批复，同意项目建成后设置匝道收费站5处（分别是胡庄、东焦、东回舍、温塘、岗南收费站），主线收费站2处（霍寨、西柏坡），收取机动车辆通行费，除用于公路、机电系统及附属设施管理，主要用于偿还贷款本息，收费期限为15年。9月21日，为确保西柏坡高速公路开通后正常运营，省物价局召开西柏坡高速公路收费标准听证会。15名代表参加听证。代表组成：市人大推荐人大代表2名，市政协推荐政协委员2名，市政府研究室推荐交通运输研究方面专家1名，市政府法制办推荐法律方面专家1名，由政府交通主管部门推荐经营者2名，选取包括运输公司、个体运输户等不同类型消费者7人。听证会上，15名代表均表示基本同意收费方案，并在三套收费标准选择上及听证方案未涉及的

一些问题各抒己见。结合听证代表意见，省物价局确定基本采用B套方案（收费最低的一套方案）落实调整。调整后，一类至四类车选用收费标准最低的B方案，第五类车以及计重费率则比B方案还低，为0.075元／吨千米。据此标准，从市区开小车到西柏坡，全程高速费约为28元。

表50　听证会车型划分及拟定收费标准

类　别	车　　型					计重费率（元／吨千米）
	一类车（元／车千米）	二类车（元／车千米）	三类车（元／车千米）	四类车（元／车千米）	五类车（元／吨千米）	
A套方案	0.45	0.8	1.15	1.4	0.085	0.075
B套方案	0.4	0.7	1.1	1.36	0.085	0.08
C套方案	0.5	0.9	1.2	1.5	0.085	0.08
备注	一类车：七座以内的小车和2吨以下货车；二类车：8座到19座客车，2吨至5吨货车；三类车：20到39座客车，5吨到10吨货车；四类车：40座以上客车，10吨到15吨以上货车；五类车：15吨以上货车。					

（秋凌）

【价格公共服务】 发挥物价网站在信息发布、投诉互动和舆情引导上的作用，通过网站和新闻媒体公示百姓密切关注的物业、电信等备案价格，满足人民群众知情权。开展价格认证工作，突出抓好涉案财物价格鉴定，及时调解价格矛盾纠纷，全年受理业务9732件，标的值2.8亿元。开展生产成本调查，完成调查任务3项（农户存粮情况、购买农资情况、生猪生产情况），办结成本监审17项，监审标的总额7.3亿元，依规核减约1.3亿元。开展重大价格问题调研，取得一批理论性、实践性、指导性较强的调研成果，在2011年度全省物价系统优秀调研成果评比中，10篇调研成果获得一二三等奖。加强职业技能培训，提升公共服务水平，举办各行业物价员、收费员培训25期，培训3000余人。成立全市价格协会。举办“12358”价格举报电话开通十周年宣传活动。开展“两送一征”活动，向执法服务对象送优化发展环境、推进经济社会发展的价费政策和服务，广泛征求执法形象、工作效能上的意见和建议。围绕群众期待和社会关注的热点和难点，通过实地走访、编印《物价便民服务手册》等多种形式，工作效能提高。全年发布新闻媒体稿件30余篇，在市物价局网站上发布工作动态116篇。

（李剑利）

工商行政管理

【概况】 2011年，石家庄市工商行政管理系统围绕市委、市政府关于保持经济平稳较快发展的决策部署，把握省工商局“提高三个方面能力和水平”总体要求，简化审批程序，减少审批环节，创新服务方式，优化发展环境，致力打造全省乃至全国最安全、最适合资本落地成长、最适合创业发展的城市目标。开展“监管水平提升年”活动，更新监管执法理念，加大监管执法力度，营造安全的消费环境，促进市场主体健康发展。加大教育培训力度，提升队伍素质，转变队伍作风，夯实基层基础，完善管理机制，大兴求真务实之风，狠抓各项工作落实，实现全年目标任务圆满完成。出台《石家庄市工商局实施商标战略“十二五”规划》和《实施商标战略指导规范》，实施商标战略，促进产品提质增效。开展银企对接活动，拓宽企业融资渠道，缓解企业发展融资压力，推动企业创新发展。至2011年底，全市登记注册内资企业新增653户，吊销943户，吊销后注销65户，累计达到18629户，注册资本金11974696万元；个体工商户新增47926家，注销6400家，累计达到261800家，注册资本金达1097348.0万元；私营企业新增16050家，注销1542家，累计达73172家，注册资本金达21978343.0万元；全年查处经济违法违章案件9526件，罚没款9306万元，较上年增长41.5%。2011年，市工商局被国家工商总局评为年度“双打”行动、合同管理、个私服务、消费维权先进单位；被市政府评为依法行政先进单位，并获得市直执法部门行风评议第一名。

【市场主体监管】 优化市场主体准入政策环境。按照“非禁即可、非禁即入”原则，突破制约市场主体发展“瓶颈”，放宽名称核准、住所条件、经营范围等限制，落实“零成本”注册政策，同时将市区300万元以下民营企业注册登记权下放至区工商局。规范和创新服务方式。制订《注册大厅规范化管理意见》、《企业登记质量审查制度暂行办法》和《违诺责任追究制》等20多项制度，开通石家庄企业名称远程核准系统，实行网上年检和上门年检，推行前期材料指导、首问首办责任、审批事项合一等七项行政审批工作机制。对重点产业、重点企业和重点项目设立“绿色通道”，实行专人负责、提前介入、上门指导、全程服务、特事特办，推进投资招商。发布市场主体信息分析报告，分析和研究市场主体的数量、规模、行业结构、产业分布，为政府决策和市场投资提供参考。年内，市本级免收注册登记费3117万元，优化市场主体准入工作取得成效。6月16日，“全省工商系统优化市场主体准入现场工作会”在市工商局企业注册分局召开。至2011年底，全市新增内资企业16703户，同比增长26.5%；新增外资企业137户，同比增长53.9%；新增个体工商户47926户，同比增长15.2%；新增农民专业合作社1133户，同比增长29.9%，各类市场主体呈现出“数量增加、规模扩张、结构优化、活力增强”的良好局面。

【实施商标战略】 制订《石家庄市工商局实施商标战略“十二五”规划》和《实施商标战略指导规范》。建立著名商标企业储备库100家，驰名商标企业储备库50家，确定农产品商标战略帮扶对象18个单位16种产品（八大蔬菜基地、十大蔬菜龙头企业和十六种特色果品），确定商标战略实施示范单位4家（辛集市、晋州市、赵县和长安区）。开展第四届中国商标节活动，与市委宣传部协作，在省会4家主要媒体推出《石家庄市“中国驰名商标”企业巡礼》栏目，展示全市实施商标战略成果，宣传驰名商标培育、运用、管理和保护的成功经验，营造出争创驰（著）名商标浓厚氛围。年内，新增驰名商标5件，地理标志证明商标4件。至年底，全市共拥有中国驰名商标28件，占全省总数的22%，在全国省会城市位居第5位；拥有地理标志证明商标5件。

【推动银企合作】 召开银企对接洽谈会，开展股权出质登记、商标专用权质押登记、动产抵押登记，联合金融部门开展“走企业、进市场”活动，推动银行机构开设“好借好还”小额贷款业务，协助企业办理贷记“光彩卡”，拓宽企业融资渠道，解决企业发展资金困难。至年底，共帮助企业融资217.05亿元。其中，组织银企对接洽谈会落实贷款7.1亿元；办理动产抵押登记1092件，融资89.65亿元；办理股权出质登记550件，融资113亿元；办理股权出资登记5件，融资1.2亿元；办理“光彩卡”1780张，授信6.1亿元。

【依法行政】 开展执法检查，全面规范执法行为，实现执法程序规范化、执法文书格式化、执法档案标准化。开展执法案卷达标管理，检查全系统行政执法案卷，发现问题及时责令整改。落实涉法局务会议列席制度，发挥法制机构在依法行政方面参谋作用。开展案件核审整治活动，解决执法行为不规范、不作为、乱作为问题。开展“监管水平提升年”活动，制订工作措施10个，设计活动载体54项，同时加大督导检查力度，提升行政执法效能。全年查处经济违法违章案件9526件，罚没款9306万元，较上年增长41.5%。

【市场交易秩序维护】 加强市场监管风险防控，确定区域性生产型风险点23个，集中交易市场型风险点16个，经营型风险点3个，其他类风险点9个。推行网格化监管模式，细化市场巡查任务，科学安排巡查人员和时间，做到问题早发现、早预警、早处理。开展反不正当竞争执法，查处商业贿赂案件75件，罚没款183.1万元。桥西区、新华区查办案件力度大、领域广，在全系统处于领先地位。推进虚假违法广告整治，查处案件173件，罚没款246.74万元。开展清理无照经营专项行动，清理无照经营10083户，抄报相关部门4647户，取缔430户，罚没款923.3万元。加强成品油、汽车摩托车下乡、限塑、再生棉、房地产、互联网交易服务、网吧等市场和经营行为监管，有力维护了公平市场秩序。

【食品安全监管】 制定食品经营主体准入、经营行为监管、食品添加剂管制、质量检测等标准，推进安全监管制度化建设。加强电子监管系统建设，按时超额完成安装目标，基本实现全市食品批发商、批零兼营商及大中型商场超市全覆盖，同时将4324家食品经营户纳入电子监管系统，实现食品网上追溯21万个批次。集中开展“食品安全突击月”活动，专项整治肉制品、儿童食品、葡萄酒、食用油、食品添加剂、节日食品市场和暑期夏季食品等，展开拉网式清查整顿流通环节食品安全，集中销毁不合格食品，在省会主要媒体连续报道食品安全监管工作，启动“食品安全进万家，自律经营我先行”活动。年内，经过联查考核，8家工商机构（井陉县、灵寿县、平山县、鹿泉市、长安区、桥东区、桥西区、新华区）食品安全监管成效突出；9家工商机构（井陉县、深泽县、元氏县、行唐县、赵县、新乐市、晋州市、桥西区、裕华区）特色突出、成效明显；3家工商机构（无极县、高邑县、桥东区）监管细致到位，执行力强；1家工商机构（高新区）监管水平明显提升；1家工商机构（栾城县）监管全面、深入。2011年，食品安全监管工作扎实有效，国务院食品安全检查组对此给予充分肯定；省委常委、副省长聂辰席批示：石家庄市工商局组织的“红盾扫雷”行动可在全省开展；省委常委、市委书记孙瑞彬批示：继续抓紧这项工作，务必抓出成效，并建立长效机制，让人民群众真正放心。至年末，全市共查处食品违法案件742件，抽检食品4687个批次，取缔食品无照经营634户，收缴不合格食品124吨，罚没款310万元。

（李志英）

【首块“食品电子监管系统经营户”公示牌颁发】 5月17日，市工商局将全市首块“食品电子监管系统经营户”公示牌颁发给桥西区“帅帅便利店”，标志食品安全电子监管系统在石家庄市正式启用。食品安全电子监管系统是专门用来监管食品流向及实现用户间数据共享的信息平台，主要由食品安全电子监管平台、市场商品准入系统、食品安全电子台账管理系统和食品安全信息交换系统等部分组成。该系统为食品经营户提供2项基础服务内容，即电子索证和电子记账。该系统为工商监管提供三大功能，即对食品经营主体的动态监管、对食品流向的全程追溯、对问题食品的快速发现和快速处置。

（王巍）

【首批“食品安全工作站”成立】 5月30日，石家庄市首批6家“食品安全工作站”在赵县正式挂牌成立。赵县信誉楼商厦专门为“食品安全工作站”设置办公区。工作站在醒目位置公示商厦内各类自制食品的具体生产原料及原料来源。商厦内销售的快过保质期商品，也贴上明显的保质期警示标志。工作站内还配备食品检测设备，消费者随时可以对在该处购买商品，进行食品添加剂、农药残留等检测。建立6家“食品安全工作站”，是石家庄市工商部门加强流通领域食品安全监管的一次尝试和创新，进一步提高了全市食品经营者的责任意识和自律意识，推进了食品经营者走“自我监督、自我管理、自我发展”经营模式和管理制度，构建了市场监督第一防线。各“食品安全工作站”均由企业自行设立和管理，在消费者、商家和工商部门间搭建起一道相互沟通的桥梁。

（王巍　张娇娇）

【知识产权保护】 各县（市）区局精心组织，重点突出，有力推进。桥西区查处通过互联网销售欧莱雅化妆品及服装案，被国家工商总局列为十大移送案件之一；井陉县、无极县、赵县、晋州市、新华区以及栾城县城区分局、桥东区桃园分局、灵寿县城区分局被省工商局评为先进集体；市工商局被国家工商总局和省工商局评为“双打”（打击侵犯知识产权、打击假冒伪劣商品）工作先进单位，并在全省系统“双打”行动总结表彰大会上作经验介绍。全年全市共检查各类市场主体13.28万个，捣毁制售假窝点10个，查处案件2683件，移送公安机关处理8件，在媒体曝光16件，罚没款1174万元。其中，查扣军服仿制品922套，罚没款21.28万元，军服管理工作强化，得到国家军服管理检查组高度评价。

【“红盾护农”专项整治】 加强市场规范化管理，建立监管长效机制。推广元氏县种子留样试种做法，严厉查处无照经营、假冒伪劣、虚假宣传等九类农资经营违法行为，净化了农资市场环境。强化行业自律，促进诚信经营，提高监管效能。年内，5家工商机构（深泽县、高邑县、灵寿县、赵县、新乐市）长效机制建设卓有成效，4家工商机构（行唐县、晋州市、辛集市、藁城市）案件查处力度大，成效明显。全年共查处案件449件，抽检化肥700个批次，为农民避免经济损失350万元。

【内资企业登记管理】 2011年，石家庄市新登记注册的国有、集体、联营、股份合作公司等内资企业653户，注册资本金877067.0万元，吊销943户，吊销后注销65户，国有企业改制为公司3780户，国有企业改制为其他企业885户，集体企业改制为公司975户。注销的国有、集体、联营、股份合作及公司等内资企业169户，注册资本金43139.0万元，其中，注销国有企业31户，注册资本金3493.0万元，注销集体企业38户，注册资本金1845.0万元，注销股份合作企业1户，注册资本金6.0万元，注销公司制企业99户，注册资本金37795.0万元。至年末，内资企业累计达到18629户，企业法人8045人，注册资本金11974696.0万元。其中，国有企业2494户，企业法人965人，注册资本金689512.0万元；集体企业4204户，企业法人2119人，注册资本金414305.0万元；股份合作企业679户，企业法人170人，注册资本金291172.0万元；公司4753户，企业法人4753人，注册资本金10559107.0万元；其他企业6499户，企业法人38人，注册资本金20600.0万元。

表51　　2011年石家庄市内资企业基本情况表

行业分类	企业个数（个）	企业法人数（人）	注册资金（万元）
农、林、牧、渔业	283	165	78462
采矿业	48	35	30185
制造业	1942	1631	2626835
电力、燃气及水的生产和供应业	171	117	494862
建筑业	988	409	552359
交通运输、仓储和邮政业	803	239	166580
信息传输、计算机服务和软件业	916	121	46461
批发和零售业	6700	2469	1568438
住宿和餐饮业	357	179	107830
金融业	2128	117	748214
房地产业	1114	623	1164814
租赁和商务服务业	1897	1074	3532494
广告业	235	158	32201
科学研究、技术服务和地质勘查业	572	421	601100
水利、环境和公共设施管理业	123	111	164780
居民服务和其他服务业	412	224	49745
教育	13	9	614
卫生、社会保障和社会福利业	39	13	8092
文化、体育和娱乐业	120	86	32728
其　他	3	2	103
合　计	18629	8045	11974696

表 52　　2007～2011 年石家庄市国有企业个数统计表

行业分类	2007 年	2008 年	2009 年	2010 年	2011 年
农、林、牧、渔业	106	71	62	49	47
采矿业	39	33	22	8	3
制造业	597	406	333	213	191
电力、煤气及水的生产和供应业	54	57	59	65	67
建筑业	197	129	116	125	125
交通运输、仓储及邮政业	668	361	333	364	356
信息传输、计算机服务和软件业	128	149	107	127	127
批发和零售业	1687	1179	981	928	828
住宿和餐饮业	207	133	127	126	112
金融业	441	283	234	52	37
房地产业	81	66	63	61	64
租赁和商业服务业	212	149	128	279	280
广告业	—	27	26	32	34
科学研究、技术服务和地质勘查业	64	55	50	87	91
水利环境和公共设施管理业	37	35	37	40	39
居民服务和其他服务业	152	147	117	91	88
教　育	9	7	8	6	5
卫生、社会保障和社会福利业	10	7	7	4	4
文化、体育和娱乐业	36	32	28	29	30
其　他	32	32	32	—	—
合　计	4757	3358	2844	2654	2494

（李志英）

【首张免费《营业执照》发出】 1月4日，石家庄市巨龙电器有限公司法人代表哈雷在新华区工商局注册大厅，领到自己的营业执照，免交登记费250元，成为石家庄市享受“取消民营企业和个体工商户注册登记费等行政事业性收费”优惠政策的第一位受益者。根据《河北省人民政府关于进一步加快民营经济发展的意见》，河北省对民营经济实行“零成本”注册，对注册登记民营企业、个体工商户以及变更注册登记的，自2011年1月1日起，免收登记类、证照类行政事业性收费，减免的费用由省、市、县三级财政纳入预算安排。新华区工商局为石家庄市巨龙电器有限公司发放的“营业执照”，是石家庄市工商部门根据该政策办理的首张免费“营业执照”。

（王巍）

【个体私营经济登记管理】 2011年，市工商行政管理部门开展行政“效能革命”，简化审批程序，减少审批环节，提速登记注册速度，下放审批权限，规范审批行为，提高服务管理水平，营造良好投资环境，推动了全市个体工商户和私营企业等非公有制经济健康发展。全年个体工商户新增47926家，注销6400家，累计达到261800家，注册资本金达1097348.0万元，从业人员687579人；私营企业新增16050家，注销1542家，累计达73172家，注册资本金达21978343.0万元，从业人员326992人，其中投资者人数154935人（2010年215人订正为134215人），较上年增加20724人，雇工人数172053人，较上年增加39723人。至年底，登记在册的个体工商户和私营企业达到33.5万户(个)，同比增加约4.5万户(个)；从业人员约101.5万人，较上年增长19.4%；注册资本金2307.57亿元，较上年增长44.3%。实有私营企业集团1684户；实有注册资本100～500万元私营企业2933户，500～1000万元652户，1000万～1亿475户，1亿以上18户。从产业结构分类来看，第一产业有个体私营企业4732个，占个体私营企业总数的1.4%；第二产业有个体私营企业36757个，占个体私营企业总数的11%；第三产业有个体私营企业296261个，占个体私营企业总数的87.4%。

表53　　2011年石家庄市个体工商业情况一览表

行业分类	户数（个）	从业人员（人）	资金数额（万元）
农、林、牧、渔业	3596	11448	53922
采矿业	170	804	3640
制造业	19003	87737	176755
电力、燃气及水的生产和供应业	31	90	222
建筑业	1071	5744	10008
交通运输、仓储和邮政业	11485	24999	119343
信息传输、计算机服务和软件业	1133	2464	5874
批发和零售业	186799	407529	543575
住宿和餐饮业	10204	57784	49429
金融业	5	6	8
房地产业	459	1143	1701
租赁和商务服务业	2268	7066	14674
广告业	290	848	1052
科学研究、技术服务和地质勘查业	116	340	490
水利、环境和公共设施管理业	61	246	480
居民服务和其他服务业	23628	72410	99038
教育	107	624	1308
卫生、社会保障和社会福利业	1070	3154	5696
文化、体育和娱乐业	594	3991	11185
合　计	261800	687579	1097348

表54　　2011年石家庄市私营企业基本情况表

行业分类	企业个数（个）	投资人数（人）	雇工数（人）	注册资金（万元）
农、林、牧、渔业	1136	2377	1895	293087
采矿业	167	442	671	58133
制造业	11234	26214	50083	3097453
电力、煤气及水的生产和供应业	104	277	35	140224
建筑业	4977	11160	42014	2280655
交通、仓储及邮政业	1690	3464	1426	269899

（续表）

行业分类	企业个数（个）	投资人数（人）	雇 工 数（人）	注册资金（万元）
信息传输、计算机服务和软件业	3333	6062	3582	453592
批发和零售业	31159	63809	44282	5462424
住宿和餐饮业	471	831	1654	93140
金融业	556	1279	202	2203669
房地产业	4932	10296	20941	3515152
租赁和商业服务业	8225	17361	1632	2936236
广告业	2488	5093	228	308050
科学研究、技术服务和地勘查业	3077	7396	972	824140
水利、环境和公共设施管理业	336	762	233	189344
居民服务和其他服务业	1376	2446	1489	97021
教　　育	49	96	336	6196
卫生、社会保障和社会福利业	94	185	358	10489
文化、体育和娱乐业	251	473	228	46536
其　　他	5	9	20	953
合　　计	73172	154939	172053	21978343

【传销打防治理】 完善“打、防、控、管”体系，保持打击传销高压态势，晋州市在打击传销工作中坚持“机构不撤、队伍不散、力度不减”，裕华区将打击传销宣传融入社区文化建设，新华区、无极县、正定县强化与公安机关协调配合，提高了打击传销工作效能。年内，晋州市创建“无传销市”活动卓有成效，其成功经验在全省推广学习。全年全市捣毁传销窝点26处，遣散传销人员663人次，市工商局获得全省打击传销工作考核评比第一名。

【消费者权益保护】 落实行政约见与告诫制度，推进消费法庭建设，建立维权案件诉前调解机制，提高消费者权益保护水平。此项做法在全省得到推广。开展餐巾纸、汽车、家电等商品质量专项整治，加大质量监测力度，严厉打击制售假冒伪劣商品违法行为。年内，2个工商机构（桥西区、行唐县）“12315”维权建设更加规范，消费维权绩效提升；1个工商机构（井陉县）消费维权“五进”工作成效显著，以现场会形式在全省推广。全年市工商局“12315”指挥中心受理举报5027件，案值684.63万元，罚没款547.4万元；受理申诉8081件，为消费者挽回损失216.63万元。

【行风建设】 开展执法风险排查，实施重点监控，减少执法风险。清理行政审批事项，规范行政审批行为，完善首问首办责任制。强化监管审核备案管理，加大效能监察力度，严格落实责任追究，依法查处违规违纪行为。全年查办各类违纪问题40余次，下发整改通知书32份，调查投诉举报案件35起，处理违纪人员5人，给予党政纪处分4人。2011年，市工商局获得全市执法部门行风评议第一名，所属企业分局、经检支队和交通分局位列市直窗口单位前三名。

石家庄市工商行政管理局

局　　长：曹新华

副 局 长：孙桂莲（女）　尹兵辉

纪检组长：张俊和

（李志英）

食品药品监督管理

【概况】 2011年，全市食品药品监管系统结合“食品药品安全省”创建工作,实施食品药品放心工程,在巩固“两网”（供应网和监督网）建设成果基础上，积极开展创建餐饮服务食品安全示范县（市）、示范街、示范单位（店、食堂）活动，大力推进药品安全示范县试点建设和医疗机构药库药房规范化建设，保障广大人民群众饮食与用药安全，促进食品医药经济持续快速健康发展。开展“地沟油”、“瘦肉精”、非药品冒充药品等专项整治50余项，出动执法人员35206人次，车辆11907台次，检查各类单位27125家次，查处各类案件892起，立案339起，移送司法机关3起，取缔餐饮服务单位302家，查处伪劣食品750千克，责令85种违法保健食品下架停止销售。全市食品药品安全环境明显好转，全年未发生食品药品安全事故，人民群众饮食与用药安全得到有效保障。2011年，市食品药品监督管理局（简称食药监局）被授予“河北省食品药品监管先进集体”、“河北省药品安全监管先进集体”、“河北省药品安全专项整治先进集体”、“河北省药品生产安全监管工作先进集体”、“河北省药品市场监管先进单位”及“石家庄市保护消费者合法权益先进单位”、“人口与计划生育综合治理先进单位”、“全市社会治安综合治理先进单位”、“石家庄市行政服务中心优秀服务单位”、“餐饮服务单位食品安全工作能力建设先进单位”等称号。

【机构改革】 完成县（市）食药监局职能交接16个，除元氏县确定不进行职能划转外，其他县（市）全部完成。积极推进区级机构建设，年底前，市编办向市编委会提交在市区内各辖区设立食品药品监管机构意见，正在等批待建。恢复成立石家庄市食品药品检验所，投资800余万元，加强软硬件建设，为达到检测条件正在推进。提前完成市、县药品不良反应监测机构建设任务，实现全国首个地、市全覆盖。建立起涵盖18个县(市)区局、36家基本药物生产企业、27家药品经营企业、24家医疗机构制剂室、11家省市级医疗机构的药品不良反应监测网络，全年上报药品不良反应病例3272例，同比增长74%。

征求意见，发放宣传资料

【日常安全监管】 以小餐饮整治规范和药品安全示范县创建活动为重点，坚持日常监管与认证、专项整治、现场验收、换发许可证相结合，共检查市直管餐饮服务单位492家,保健食品生产经营企业880家，化妆品生产经营使用单位1986家，药品生产企业95家，药品经营企业2891家，医疗器械生产经营企业993家，省市医院、厂矿民营医院、门诊部和社区服务站273家，检查覆盖率100%；整改小餐饮单位538家，取缔199家；整改药品生产一般缺陷项450余项、药品经营企业53家；藁城市、赵县药品安全示范县创建工作达到省级验收标准;监测违法药品广告600余条，发布消费警示4期,网上曝光67个，向省食药监局申请采取行政强制措施8个，撤销有关企业GSP认证证书 2 家；完成省第八次党代会等重大活动食品安全保障任务 55 次，下达监督意见书 272 份，提出改进建议 286 条，现场快速检验 2430 批次，实现“双无”（无差错、无事故）目标。

【专项整治行动】 按照“标本兼治、打防结合、综合治理”原则，开展“地沟油”、“瘦肉精”、非药品冒充药品等专项整治 50 余项，出动执法人员 35206 人次，车辆 11907 台次，检查各类单位 27125 家次，查处各类案件 892 起，立案 339 起，移送司法机关 3 起，取缔餐饮服务单位 302 家，查处伪劣食品 750 千克，责令 85 种违法保健食品下架停止销售。其中，重点查处大案 2 起（“南栗村”保健食品制假窝点案、“沿西小区”假药窝点案），集中销毁假冒伪劣药品 19.6 万余盒（瓶），价值 75.5 万元。省委常委、市委书记孙瑞彬和副市长刘明轩分别就食药监部门开展的“决战百天，保障食品药品安全”行动作出重要批示，给予充分肯定。

封存假药

【机制、制度建设】 加强食品药品安全责任机制建设。对各项工作逐级、逐项责任分解，责任到岗、到人，建立无缝隙责任链条，定期督导，确保工作任务落到实处。完善食品药品安全诚信自律机制。制定药品生产企业诚信体系建设工作实施方案和等级评定考核标准，建立完善 95 家药品生产企业、1221 家药品经营企业诚信档案；对第一批参评的 182 家医疗器械生产、经营和使用单位进行诚信等级评定，企业诚信自律意识提高。建立食品药品安全风险防控机制。制定药品生产质量风险管理制度和药品经营环节安全风险评估和预警制度，提高风险防控能力。完善食品药品安全应急处理机制。成立市、县、乡三级食品安全管理机构和食品安全事故应急组织机构，修订餐饮化妆品保健品药械安全突发事件应急预案和药品生产质量安全突发事件应急预案，形成横向到边、纵向到底的食品药品安全应急体系。制定保健食品化妆品企业约谈制度和餐饮服务、保健食品、化妆品行政处罚自由裁量权等监管制度，奠定规范化监管制度基础。规范行政执法行为，修订完善制度及规范性文件 27 项。颁发《石家庄市药品零售监督管理办法》（石家庄市政府令第 178 号），对药品零售企业设立、经营行为管理和监督检查等内容作出具体规定，完善了药品监管法规体系。

【基本药物电子监管】 推进实施药品生产企业基本药物电子监管，全市 36 家基本药物生产企业、130 家基本药物配送企业全部加入药品电子监管网，国家基本药物生产中标企业达到入网率和改造率两个 100% 目标，按时完成国家、省食药监局交办目标任务。4 月 1 日起，全市基本药物中标品种全部具备“电子身份证”。此项工作得到全国政协食品药品安全调研组的肯定和高度评价。

（李建　宋绍龙）

【“安全用药月”活动】 根据国家食药监局《全国食品药品安全科普行动计划》，确定在“十二五”时期，每年 9 月开展“全国安全用药月”活动，普及用药安全知识。河北省决定自 9 月 6 日起，省、市、县三级食品药品监管部门全面启动“安全用药月”科普宣传行动，活动主题是“谨防网络欺诈销售假药”，倡导人们“安全用药，健康生活”。9 月 6 日，省、市食药监局联合在省会民心广场举办 2011 年“全国安全用药月”启动仪式。主要活动包括举办200场“食品药品安全知识大讲堂”，普及食品药品安全知识；在省、市、县级电视台播放1万条次“食品药品安全公益宣传广告”；在社区、公交站牌设置500块药品安全知识宣传栏；全省播放2000条次数字电影安全用药公益宣传片；广泛发放安全用药科普宣传资料；组织市民代表走进药品生产经营企业和检验机构，加深了解药品安全全过程质量控制。启动仪式上，省食药监局聘请5位药学专家为全省首批“食品药品安全知识大讲堂”专家讲师，现场颁发聘书。11月18日，市食药监局联合省会8家药品零售连锁企业、10家省市级医院开展“安全用药宣传日”科普宣传活动。年内，市食药监局组建完成食品药品安全专家库，并深入学校、社区、厂矿企业开展“食品药品安全知识大讲堂”，普及食品药品安全知识。

（范玉蕾　祝巍　王凤伟）

【“地沟油”专项整治】　“地沟油”是一个泛指的概念，是人们在生活中对各类劣质油的统称。可分为三类：1.狭义“地沟油”，即将下水道中的油腻漂浮物或者将宾馆、饭店的剩饭、剩菜（通称泔水）经过简单加工、提炼出的油；2.劣质猪肉、猪内脏、猪皮等畜禽肉加工以及提炼后产出的油；3.用于油炸食品的油使用超过一定次数后，再被重复使用或往其中添加一些新油后重新使用，不符合国家食用油标准的油脂。“地沟油”食用后，可引起消化不良，剧烈腹绞痛、贫血、中毒性肝病等症状，还会引发癌症。2011年，市食药监系统采取十项措施，严把进货关，坚决打击采购使用“地沟油”等假冒伪劣食品违法行为，严防“地沟油”流入餐饮服务环节。加强日常监管。把餐饮单位食用油采购、使用情况作为一项日常监督检查重点内容，在监管检查过程中逐一对使用油脂进行感官检查，再认真查看采购使用的所有品种食用油的产品标识是否符合有关要求，对照台账登记逐一核对，确保食用油来源合法，质量合格。开展专项整治。结合创建“食品最放心城市”和“创建卫生城市”、“安全隐患百日大排查”等活动，开展两次“地沟油”专项整治行动，严厉打击采购使用“地沟油”等假冒伪劣食用油加工食品违法行为，有效杜绝“地沟油”回流餐桌。7月份，开展为期一个月“地沟油”专项整治行动，拉网式检查管辖305家餐饮单位1次，出动监督执法人员234人次，车辆67台次，未发现所辖餐饮单位采购使用不合格食用油情况。10月份，开展“地沟油”专项整治二次行动，巩固了前次整治成果。召开专题会议签订责任书。为强化餐饮服务单位食品安全第一责任人意识，市食药监局执法队适时召开专题会议，要求餐饮服务单位规范食品采购台账登记，建立健全严格落实废弃油脂等餐厨废弃物处置制度；为保证落实，市食药监局执法队与餐饮服务单位签订责任书。加强使用环节抽样检测。在开展日常监督和专项整治活动中，积极开展对食用油快速抽样检测，利用科学手段筛选和鉴定市直管餐饮单位食用油，抽样检测食用油403份，检测结果全部合格。宣传普及“地沟油”常识。市食药监局执法大队组织编印“地沟油”知识宣传单，内容包括“地沟油”概念、分类、危害及鉴别等内容，向餐饮单位和市民发放宣传资料2600余份，收到良好的社会效果。推行食品安全信息公示制度。要求市直管餐饮单位对采购使用的食用油必须在店堂内“监管信息公示栏”公示，内容包括食用油的品牌、生产厂家、供货商等信息，接受广大消费者和社会各界监督。实行备案审查制度。要求市直管餐饮单位把采购使用食用油的品牌、生产厂家、供应商、食用油检测报告等资料送监管部门审查备案，对新品牌和小厂家生产食用油，监管部门帮助餐饮单位把关，弥补可能存在的漏洞。餐饮服务单位公开承诺。要求市直管餐饮服务单位向社会和广大消费者公开承诺，张贴承诺书，保证不采购使用“地沟油”等假冒伪劣食用油脂，确保烹饪加工的餐饮食品安全合格，以保证就餐者的合法权益和身体健康。倡导推广使用名优品牌和新包装产品。大力倡导市直管餐饮单位采购使用信誉度高、生产规模大、加工工艺先进、产品质量更有保障的大型油脂生产企业生产的名优品牌食用油，尽量避免采购小型油脂生产企业的产品和使用散装食用油脂。提倡采购纸质软包装等新型包装食用油，避免使用不法经营者利用回收塑料桶非法加工食用油。鼓励与诚信度高的供货商签订供应合同。鼓励市直管餐饮单位选择诚信度高的供货商，尽量和区域总代理或一级批发商签订供货合同，筛选并仔细查看供货商资质，坚决杜绝从无经营资质或资质不全的经营单位采购食用油违法行为。

（刘立）

【“餐饮、药械安全知识进企业”活动】 7月7日，市食品药品监督管理局开展“餐饮、药械安全知识进企业”活动，让市民代表在制药企业亲身了解药品质量及安全生产知识。此次活动除邀请区人大、政协、办事处、居委会代表30余人外，还邀请了东风西路小学四年级一班4名学生代表（2011年5月份，该班48名同学给国务院总理温家宝写了一封信，孩子们在信中提到“想走进药厂看看药片是怎样生产的”）。市民代表现场参观了华民公司自动化仓库、现代化生产车间等。市食品药品监督管理局领导、企业负责人与市民代表座谈，介绍药品生产质量管理规范（GMP）有关知识和监管措施，征求广大群众在药品监管方面的合理化建议和意见。此次活动，有效普及了药品生产和安全监管知识，市民充分了解了对餐饮、药械、安全监管的全过程。

（范玉蕾）

【行风建设】 制定完善一站式办理、一次性告知等10项制度，实行药品零售企业预约办公制和局领导坐班制，制作行政许可事项岗位职责作业指导书，开展创先争优“四亮”（亮流程、亮身份、亮形象、亮职责）活动，规范行政审批行为。整合《药品经营许可证》核发流程，简化行政审批程序，对不需要现场检查、材料齐全、符合法定形式和条件标准的申请，坚持1个工作日办结，提高工作效率。全年受理行政许可事项1206件，办结1190件，未发生违规超时限问题。改进监管服务方式，采取现场办公、登记备案、实地巡查等措施，加大对啤酒广场帮扶指导和监管力度，提出整改意见400余条并督导落实。开展餐饮化妆品保健品药械知识“五进”（进企业、进军营、进社区、进学校、进机关）活动，以“关爱百姓生活，情系百姓健康”为主题，加强健康知识宣传，发放各类宣传资料13300余份，接受咨询100余次。

（李建　宋绍龙）

国有资产监督管理

【概况】 2011年，全市国有资产管理系统围绕开好局、起好步，夯实基础、敢于突破的工作思路，稳步推进工作重点战略转移，持续抓好国有企业改革，通过调结构、转方式，提升了国有经济自主创新能力和竞争力。严考核、抓服务，防止国有资产流失，改进和完善国有资产监管方式。组织引导各企业与国内、国际同行业先进水平对标，选择标杆企业，建立对标指标体系，瞄准目标，制定追标和超标措施，全力推进国资系统工业企业对标行动，促进国有资产效益提升。年内，市国资委系统入统企业28家。至年末，实现营业收入238.5亿元，同比增长29.73%；实现利税13.34亿元，同比增长21.36%，其中实现利润5.37亿元，同比增长17.19%，资产总额达到339.6亿元，同比增长5.54%，各项经济指标均创国资委成立以来最好水平。全年全系统安全生产无重大事故发生；10家企业被评为全市企业文化建设先进单位。

【企业改革】 涉及企业37家，其中采取不同形式改制企业11家，破产重组企业26家。全年完成天同汽制公司、天同轻汽公司、金刚集团、运输总公司、宝石集团等5家改制企业国有产权、股权转让工作；完成电视机厂、轴承制造厂、空调器厂等14家破产企业职工安置和破产清算工作，其中6家企业具备破产终结条件；完成8家央企公安机构和退休教师移交工作，审查企业资质90家、教师资质3000多个。石纺厂和焦化集团两个重点企业改制工作取得重大进展。

【资产监管】 制定下发《关于履行出资人职责企业在改制或清产核资中核销、处置不良资产的管理办法》和《国有资产评估项目核准备案工作流程》等文件、制度，完善国资监管制度体系，推进国资监管规范化建设。完善业绩考核体系，发挥考核激励作用，促进国资监管提质增效。严格执行《重大事项及预警事项管理暂行规定》和《石家庄市属企业国有资本收益管理暂行办法的通知》等，建立财务审计检查、风险防控和资本收益收缴制度，加强基础管理和风险防范。细化监事会实施有效监督的规则和办法，完善国资监管体系，提高监事会监督效能。

（谷中伟）

【优化结构】 以石家庄市中部崛起、东部跨越、西部发展战略为机遇，以保即期增长、促长远发展为核心，以科技进步、技术创新为支撑，以好项目、大项目为抓手，谋划和建设一批有利于结构优化升级、产业链条延伸、促进环保节能和涉足新兴战略性领域的优质项目。年内，北人集团投资6.1亿元建设的阳泉北国商城、辛集北国商城、保定先天下广场等5家新卖场已相继开业，新增营业面积28万平方米，为企业增加销售收入16亿元、税金3400万元；东方热电与中电投共同投资37亿元的东方热电良村2×300MW热电机组项目，顺利实现并网发电；总投资58亿元的常山股份公司整体搬迁改造优化升级项目，二期工程15万锭纱厂和800台喷气织机布厂主体工程竣工，新购设备正在安装。全年全系统新开工和在建项目合计19项，总投资90.5亿元。至年末，实际完成投资23.2亿元，9个项目竣工投产。

【投融资平台发展】 市建投集团融资规模和资本体量扩大，经济效益大幅提升。至年末，市建投集团企业资产总额达64.06亿元，营业收入和利润收入同比分别增长198.6%和255.8%。宝德担保公司积极拓展业务范围和融资模式，与10余家金融机构签订合作协议，推出知识产权质押贷款担保、集合债券发行担保、信托理财产品担保以及设备租赁等多种担保业务。至年末，宝德担保公司担保余额达28亿多元，营业收入同比增长136.8%，利税、利润同比分别增长4.31倍和5.65倍，企业资本总量和担保余额位列全省同行业第二位、设区市第一位。根据市委、市政府《关于重组石家庄市城投集团的实施意见》要求，以盘活资产、股权整合、融通资金、统一运营，实现国有资产优化配置为目的，加快推进新城投集团组建工作，注册成立国有资本运营公司，为发挥国有资本效能、确保国有资产保值增值、推动国有企业发展提供了保障。

（谷中伟　雷婷　武春华）

【廉政建设】 严格执行国有企业领导人员经济责任审计规定，坚决查处和纠正通过同业经营或关联交易为本人或利益关系人谋取非法利益等违纪行为。4月1日，市国资委召开全市国有企业反腐倡廉建设工作会议，全面部署推进国资委系统反腐倡廉建设。全年查处“小金库”1个，制发监察建议和整改通知18份，帮助企业堵塞管理和经营漏洞36项，挽回经济损失290余万元。年内，市国资委纪委因工作成绩突出被评为全省纪检监察系统先进集体。

（谷中伟　雷婷）

【信访维稳】 全年解决信访积案和各类历史遗留问题59件，其中完成上级交办案件45件，结案率100%。市国资委系统个体访和群体访批次和人数均为历年最低，其中，发生到市群体访同比下降75%，到省群体访同比下降87.8%，首次实现无进京群体访，维护了社会稳定大局。

（谷中伟）

安全生产监督管理

【概况】 2011年，市安全生产工作坚持“安全第一、预防为主、综合治理”方针，树立“安全压倒一切，没有安全就没有一切”的理念，从基层抓起，抓制度、抓管理、抓工程技术、抓监督、抓培训，做到常抓不懈。创新管理机制，推进安全生产工作经常化、规范化、制度化，实现安全生产由事后管理向事前管理转变，由事故管理向安全隐患管理转变，由结果管理向预警管理转变。推行公众举报奖励制度，鼓励广大群众、企业职工、新闻媒体全程监督安全生产，及时举报安全隐患，实行群防群治。深入开展

“安全生产年”活动，强化目标管理、隐患排查、专项整治、监察执法、基层基础、培训教育、应急管理、行风建设等8个方面重点工作，落实安全生产责任体系和安生生产刚性问责，继续保持全市安全生产形势总体平稳。到2011年末，全市共发生各类事故871起，同比减少165起，下降15.9%，死亡321人，同比减少10人，下降3%，事故起数死亡人数实现“双下降”。其中，工矿商贸企业事故26起，同比减少11起，下降29.7%，死亡41人，同比减少5人，下降10.9%；道路交通事故439起，同比减少141起，下降24.3%，死亡280人，同比减少2人，下降0.7%；火灾事故406起，同比减少13起，下降3.1%，无死亡，同北减少3人，下降100%。

召开全市2011年第五次防范重特大安全事故例会

【安全生产目标管理】 签订目标管理责任书，明确目标管理责任人，深化和落实安全生产“三项行动”和“三项建设”及综合治理等措施，开展半年抽查和年度考核，推进主体责任落实，确保实现安全管理目标。7月份，市安全生产监督管理委员会办公室（简称安委办）下发《关于开展上半年安全生产目标管理执行情况检查的通知》，各单位自查目标完成情况，市安委办抽查部分单位；12月份，市安委办下发《关于对2011年安全生产目标管理完成情况进行考核的通知》，分9个组到全市24个县（市）区和16个市直部门考核安全生产目标管理完成情况，桥东区、长安区、裕华区、桥西区、新华区、高新区、鹿泉市、辛集市、晋州市、藁城市、栾城县、正定县、井陉县、平山县、灵寿县、赞皇县、元氏县、无极县、深泽县，市安监局、市公安局、市发改委、市国资委、市城管委、市质监局、市教育局、市工信局、市建设局、市商务局、市供销社、市旅游局、市卫生局、市交通局、市粮食局、市国土局、市文广新局等36个单位被考核为2011年度安全生产目标管理优秀单位（石政函〔2012〕15号）。

【2个单位7名个人获国家先进】 年内，石家庄市有2个单位7名个人获得国家级安全生产先进荣誉。国家级先进单位分别是：市安全监管局（简称安监局）获“2011年全国安全生产月活动优秀单位”称号（安委办〔2011〕33号）；裕华区安监局被国家人力资源和社会保障部、国家安全监管总局联合表彰为“全国安全生产监管监察系统先进集体”（人社部发〔2012〕2号）。国家级先进个人分别是：市安监局副局长安全喜，市安监局办公室科员李英良，裕华区安监局副局长韩少波，鹿泉市安监局党组书记、局长王富田，井陉县安监局党组书记、局长梁书龙，栾城县安监局党组书记、局长王书正，赞皇县安监局党组书记、局长齐海琴（安监总人事〔2012〕6号）。

【35个单位64名个人获省先进】 2011年，石家庄市35个单位64名个人获得省级安全生产工作先进荣誉。省级先进单位分别是：石家庄市被省政府考核评定为“2011年河北省安全生产目标管理优秀单位”（冀政函〔2012〕15号）；鹿泉市人民政府、辛集市人民政府、裕华区人民政府、桥东区人民政府、栾城县人民政府、鹿泉市上庄镇人民政府、桥东区彭后街道办事处等7个单位被评为“2011年河北省安全生产工作先进单位”；市安监局、市公安交通管理局、市质量技术监督局、井陉县安监局、正定县安监局、平山县安监局、赞皇县安监局等7个单位被评为“2011

年河北省安全生产监管先进单位”；市安全生产监察支队、市安全生产监察支队二大队、井陉县安全生产监察大队、鹿泉市安全生产监察大队、栾城县安全生产监察大队、裕华区安全生产监察大队、藁城市安全生产监察大队、正定县安全生产监察大队等8个单位被评为“2011年河北省安全生产执法监察先进单位”；市安监局安全科学技术中心、鹿泉金隅鼎鑫水泥有限公司、中国建筑第七工程局有限责任公司华北公司、石药集团有限公司、中国联合网络通信有限公司石家庄市分公司、晋州市运输管理站、河北华旭化工有限公司、石家庄市新星化炭有限公司、河北合诚化工有限公司、元氏县宏升化工有限责任公司、高邑县供电公司、行唐县维明超市等12个单位被评为“2011年河北省安全生产管理先进单位”（冀安委办〔2012〕1号）。获得省级先进个人64人（冀安委办〔2012〕1号）。

表55　2011年石家庄安全生产获得省级表彰先进个人一览表

类别	姓名	所在单位及职务
全省安全生产执法监察先进个人（29人）	张东林	石家庄市安全生产监察支队办公室主任
	王超	石家庄市安全生产监察支队执法监督室主任
	宋敏华	石家庄市安全生产监察支队一大队副主任科员
	张振宇	石家庄市安全生产监察支队二大队科员
	张凌云	石家庄市安全生产监察支队三大队科员
	李素萍	石家庄市长安区安全生产监察大队大队长
	魏瑛凯	石家庄市桥东区安全生产监察大队大队长
	张建伟	石家庄市桥西区安全生产监察大队大队长
	郭飞	石家庄市新华区安全生产监察大队科员
	杜丽根	石家庄市裕华区安全生产监察大队副大队长
	张志平	石家庄市高新区安全生产监督管理局科员
	杜考廷	石家庄井陉矿区安全生产监督管理局副主任科员
	杨宏凯	藁城市安全生产监察大队大队长
	李志军	无极县安全生产监察大队大队长
	吕树春	辛集市安全生产监督管理局局长
	张晓磊	赵县安全生产监察大队大队长
	齐玉清	灵寿县安全生产监察大队大队长
	孙胜利	元氏县安全生产监察大队大队长
	张颖川	晋州市安全生产监察大队大队长
	徐玎	新乐市安全生产监督管理局副局长
	刘晓东	平山县安全生产监督管理局科员
	任增茂	高邑县安全生产监察大队大队长
	柳瑞辰	正定县安全生产监察大队大队长
	李立强	行唐县安全生产监察大队大队长
	张红卫	深泽县安全生产监察大队大队长
	梁路平	井陉县安全生产监察大队大队长
	马友良	鹿泉市安全生产监察大队大队长
	程素卿	栾城县安全生产监察大队一中队中队长
	郭英杰	赞皇县安全生产监察大队大队长

（续表）

类别	姓名	所在单位及职务
全省安全生产管理先进个人（16人）	刘敬海	市政府国有资产监督管理委员会企业分配处处长
	王雅宁	石家庄市旅游局监督管理处副处长
	敦建伟	石家庄市供销合作总社副主任
	刘庆国	石家庄市工业和信息化局集体办副主任
	刘江平	新乐市永兴化工厂厂长
	孙永彬	石家庄中冀正元化工有限公司总经理助理
	王立军	深泽县供电局局长
	高士贤	中国黄金集团石湖矿业有限公司董事长
	许夜中	石家庄市桥西区振头街道办事处副主任
	李勇	东方购物中心副总经理
	常国峰	石家庄市中嘉化肥有限公司总经理
	崔燕收	石家庄市玉晶玻璃有限公司安全部长
	李萍	石家庄力晶科技发展有限公司总经理助理
	陈增军	石家庄茂新化工有限公司安全部长
	牛风刚	河北鹿泉曲寨集团安全部长
	马建平	高邑县五羊陶瓷有限公司总经理
全省安全生产监管先进个人（19人）	崔同英	石家庄市安全生产监督管理局副局长
	扈传森	石家庄市安全生产监督管理局协调处处长
	李天征	石家庄市安全生产监督管理局监管三处处长
	闫庆学	石家庄市安全生产监督管理局监管四处处长
	方卫东	石家庄市公安局危爆物品管理处政委
	赵彦民	石家庄市建设工程安全生产监督管理站副站长
	王宝文	石家庄市交通运输局安全监管处处长
	陈建奎	藁城市安全生产监督管理局局长
	李加仲	石家庄市新华区安全生产监督管理局局长
	陈晶	石家庄市长安区安全生产监督管理局局长
	张彦林	赵县安全生产监督管理局局长
	梁香敏	石家庄市高新区安全生产监督管理局局长
	李英宾	无极县安全生产监督管理局副局长
	钱建文	元氏县安全生产监督管理局党组成员
	雷明	新乐市安全生产监督管理局副局长
	孟宪麟	灵寿县安全生产监督管理局副局长
	刘建博	晋州市安全生产监督管理局办公室主任
	吴哲	石家庄市桥西区安全生产监督管理局综合科科长
	彭兰虎	深泽县安全生产监督管理局危化科科长

【安全生产监管】 认真贯彻全国、全省安全生产工作会议精神，狠抓安全生产工作部署、督导检查与基层建设。2月24日，召开全市安全生产工作会议暨一季度防范重特大安全事故工作例会，通报全市"十一五"期间和1月份安全生产工作情况，安排部署2011年度安全生产工作，并表彰2010年度安全生产先进单位和先进个人（石政办函〔2011〕11号、石政办函〔2011〕12号）；4月28日，市长艾文礼主持召开二季度防范重特大安全事故工作例会，通报一季度全市生产安全事故情况，分析全市安全生产形势，并对安全生产工作再部署，要求做到"七个强化"，即强化安全生产责任体系落实、强化各级安委会作用、强化安全生产台账式管理、强化正定新区安全监管、强化安全生产的刚性问责、强化打非专项行动；7月19日，召开三季度防范重特大安全事故工作例会，部署安排汛期安全生产工作，要求认真落实安全生产约谈制度；10月28日，市长艾文礼主持召开四季度防范重特大安全事故工作例会，传达学习上级领导对安全生产工作的指示要求，分析全市安全生产形势，要求在三季度安全隐患互查活动基础上，进一步强化责任落实，强化隐患整改，强化执法监督，坚决杜绝重特大事故；12月19日，代市长姜德果主持召开第五次防范重特大安全事故工作例会，安排部署"两节"及"两会"期间安全生产工作，要求做好应急救援和安全值班工作，深入开展安全隐患排查整治，扎实抓好各项安全生产工作措施落实，夯实安全生产基础。全年全市召开安全生产工作会议和防范重特大安全事故例会6次，市安委会（办）召开调度会7次。

【出台安全生产约谈制度】 为加强安全生产工作，强化政府和企业"两个主体"责任，6月30日，市政府第55次常务会议审议通过《石家庄市安全生产约谈制度》（石政办发〔2011〕37号）并经市政府办公厅下发。制度规定，对未履行或未全面正确履行职责，未及时排除治理重大安全隐患，未按时完成重要安全生产工作任务，连续发生一般事故或较大以上事故的主要负责人，以集体或个别形式进行约谈。根据制度，发生以下十二种情况的，市政府将对其负责人进行约谈。（一）对已批准或许可的安全生产事项发生变化后，未及时发现其不符合安全生产条件问题的；（二）组织领导不力，未按时完成省、市部署的安全生产重大专项工作任务的；（三）对所辖地区、所管行业存在非法违法生产经营建设行为打击不力的；（四）不履行安全生产责任制，不配合安全监管部门整治重大安全隐患及存在违法行为的；（五）对高危行业（企业）及重大危险源未按要求监控的；（六）被上级部门通报或挂牌的重大事故隐患，未按要求进行整改的；（七）发生较大及以上安全事故或同一单位一年内发生两次及以上一般事故的；（八）隐瞒事故、事故查处不力或事故处理决定不落实的；（九）安全生产事故起数及伤亡人数超过安全生产阶段控制指标进度的；（十）年度安全生产工作考核不合格的；（十一）不认真对待群众关于安全生产方面的举报，造成群众上访或产生不良影响的；（十二）其他违反安全生产法律法规，造成不良后果，市政府认为有必要约谈的。制度规定，对约谈事项未落实或落实不到位而引发生产安全事故，要按相关法律法规上限处理，追究被约谈对象责任。对不履行约谈义务的企业存档备案，将该企业列入"黑名单"，直至关闭该企业。

【煤矿安全生产】 研究制定兼并重组方案，推进煤矿整合重组，加强安全设施建设督导检查，推进正常生产煤矿井下安全避险"六大系统"建设，完善隐患排查、确认、整改、验收"四位一体"管理体系和隐患排查整改责任体系，坚持驻矿督导员制度，实行24小时不间断监控，督促煤矿严格执行领导带班下井，定期开展隐患排查活动，针对检查中发现的问题，督促煤矿及时整改落实，确保生产安全无事故。年内，井陉矿业集团兴元矿业公司和瑞丰煤业有限公司，除紧急避险系统尚在建设中外，其他"五大系统"（井下监测监控系统、压风自救系统、供水施救系统、通信联络系统、人员定位系统）全部建成并通过验收。8月5日前，关闭小煤矿4家。

【非煤矿山和冶金建材安全治理】 督促企业投入治理资金2000余万元，推进地下矿山安全避险"六大系统"建设，开展安全整治七项（防透水、防坠落、防中毒窒息、防冒顶片帮、防采空区塌陷、防爆破事故、防火灾）活动。整治露天矿山高陡坡开采安全，监督高陡坡开采企业全部采用先进适用技术装备。落实尾矿库县、乡、村包库安全责任制，年内治理危库、险库、病库90余座，关闭尾矿库40余座，核发尾矿库安全生产许可证124个，未发生溃坝、漫坝事故。深化冶金行业安全专项整治，督促冶金企业投入安全经费9000余万元。开展建材“安全生产规范年”活动，对标整改安全标准，提升建材规范化生产水平。

【危化品和烟花爆竹安全专项整治】 加快推进防护距离不足并构成重大危险源的市区危化品生产企业搬迁进度，年内，完成整体搬迁并投入生产1家（市油漆厂），完成搬迁新址安全审查2家（威远生化有限责任公司、白龙化工股份有限公司）。结合安全许可核查、专项安全检查、节日督导检查，积极开展危险化学品安全专项整治，排查整治隐患和问题500余项，依法注销危险化学品经营许可证64个，吊销危险化学品经营许可证1个，报请省安监局注销危险化学品安全生产许可证10个。推行栾城县先进的零售管理办法，全面实行安全管理“六统一”（统一布设网点、统一牌匾标识、统一网络配货、统一销售价格、统一安全设施、统一安全管理制度），春节期间设置安全存放仓库19个，设置零售网点3200个，指定集中燃放点6个。开展烟花爆竹安全专项整治，依法查处零售网点销售私炮、销售A级产品等问题，撤销违规经营网点许可证6个，取消越界经营销售点1处，报请上级安监部门注销烟花爆竹安全生产许可证1个。

【职业危害专项治理】 以制革业和石英砂行业为重点，开展高毒物品与粉尘危害专项治理行动，在全市14个行业148家企业开展职业危害治理试点。灵寿县石英砂粉尘危害治理取得突破进展，135家证照齐全的石英砂企业有110家完成除尘设施设备整改，依法实施关闭无证石英砂加工户60家。开展作业场所职业危害申报，全年全市2000家企业完成申报，其中，市属及其以上企业135家。依法查处职业危害事（故）件，调查群众举报尘肺Ⅰ期职业危害事件3起。

【建设领域百日安全专项整治】 3月22日，全市召开建设领域安全生产百日专项整治行动工作会议，决定从3月下旬至6月30日，在全市建设领域深入开展安全生产百日专项整治行动，坚决遏制各类安全事故发生。此次百日专项整治行动重点内容包括：建设工程各方责任主体，特别是建设、施工和监理单位安全生产责任制建立和落实情况；建设工程安全生产文明施工措施费用的提取和使用；脚手架等危险性较大部分工程安全方案的制定、论证、执行落实及隐患排查治理；安全教育培训，特别是施工企业主要负责人、项目负责人和专职安全生产管理“三类人员”、特种作业人员持证上岗和生产一线职工（包括农民工）的教育培训；应急救援预案的制定、演练及有关物资、设备配备和维护；建筑施工企业、项目和班组的安全检查和整改落实等情况。

【执法监察】 第一季度，开展“两节”（元旦、春节）“两会”（人大会、政协会）期间安全生产专项监察执法，重点对非煤矿山、危化品、烟花爆竹、冶金、建材等行业和供气、供热、供电单位，以及冶金、建材行业职业危害情况开展执法。第二季度，3月下旬至6月30日，开展建设领域百日安全专项整治；4月1日至5月31日，市安监部门联合交通、交管、工信、园林、教育、卫生、消防等部门，对全市通信设施，学校、医院，商场、超市、游乐场所，客运车站、民航机场，以及军工、制革、箱包、选煤等企业作业场所职业危害情况开展联合执法。第三季度，4月中旬至7月中旬，开展“打非治违”专项行动，查处各类非法、违法生产经营建设行为3095家（处），责令停工停产整顿企业526家，取缔关停企业439家，行政处罚生产经营单位100多家；6月25日至9月30日，开展24个县（市）区隐患互查，成立互查组12个、执法队42个，检查企业1443家，排查治理事故隐患12263条，行政处罚未按期完成隐患整改的企业103家。第四季度，开展“决战四季度安全隐患销号”专项行动，复查问题隐患60257项，复查率100%。11月份，开展工矿商贸行业安全大检查、安监系统集中执法、安全专项督查等三项活动，组织实施拉网式隐患排查，检查市属以上重点企业127

家，包括所有市属和规模以上高危企业。全年全市共检查生产经营单位 11306 家，查处事故隐患 60257 项，督促生产经营单位投入整改资金 5683.26 万元。

【基础建设】 开展“承诺制建设深化年”活动，4 月 7 日，市安委会办公室印发通知，组织各县（市）区政府、市安委会有关成员单位和有关企业持续深化法人代表安全生产承诺制度建设。推进企业安全生产标准化建设，2011 年，有 9 家机械、纺织企业完成达标挂牌；16 家危险化学品生产企业实现达标认证；117 家非煤矿山企业达到五级以上标准，其中 9 家达到四级标准；7 家冶金企业（省属企业 1 家）达到三级以上标准（4 家达到二级标准、3 家达到三级标准）。开展优秀乡镇和全国安全社区建设，在 2010 年 43 个乡镇（街道）完成创建基础上，2011 年全面开展优秀乡镇（街道）创建活动，至年末，市区 16 个街道在中国职业健康协会备案。

【应急管理】 推进省、市共建安全生产应急救援指挥中心（应急救援训练基地）项目建设，进一步加强重大危险源联网监控工作，在做好重大危险源辨识评估建档备案基础上，指导有关县（市）区安监部门和各联网监控企业加强投入和日常维护，用科技手段实现重大危险源远程监控。组织 5•12 防灾减灾宣传日和宣传周（5 月 9 ~ 15 日）活动，以“防灾减灾从我做起”为主题，制作安全生产知识宣传教育展牌 10 块，发放《市民安全常识手册》1000 余册。大力增强企业应急救援技术支撑能力，组织 8 个山区县（市）区的矿山企业与市矿山应急救援中心签订应急救援协议 44 份。到 2011 年末，8 个山区县（市）区累计签约 101 家，其中地上矿山企业 80 家，地下矿山企业 21 家。开展应急演练周活动。6 月份应急演练周，全市组织应急演练 101 次，其中政府演练 17 次，部门演练 18 次，企业演练 66 次。组织应急事故处置演习。9 月 30 日，由市政府主办，正定县政府协办，在市民兵训练基地举办市液化石油气管道泄漏事故应急救援演习。省安监局副局长郭来庄、省安监局应急办副主任张合到场观摩指导演习，市安委会成员单位主管领导、各县（市）区政府主管领导及安监局长、市属以上企业负责人共 180 余人到场观摩演习。市政府副市长刘明轩担任演习总指挥。演习背景：市液化气总公司石油液化气管线在某地被违章作业挖掘机挖漏，液化石油气大量泄漏、迅速气化、大面积扩散，遇居民区生活明火发生爆炸，造成多人伤亡。演习过程共分为四个阶段：第一阶段为事故发生，企业自救阶段；第二阶段为应急上报，请求救援阶段；第三阶段为市级响应，展开救援阶段；第四阶段为救援结束、现场恢复阶段。通过各参演单位协调配合，取得圆满成功。

2011年9月30日，举行液化石油气泄露事故处置演习

【“12350”电话值班登上《中国安全生产报》】 8 月上旬，《中国安全生产报》记者通过电话机，对全国 25 个市、区、县“12350”安全生产举报投诉电话做了一次随“机”调查，并以《12350，你那里通了没有》为题在 8 月 16 日《中国安全生产报》四版专版报道。据此报道，8 月 7 日（周日）记者调查了石家庄市“12350”安全生产举报投诉电话 24 小时值守、值班日志填写、举报内容记录、接到举报后如何处理等情况。在接听迅速、服

务态度良好的 9 个地区中，石家庄市榜上有名。

【第二届河北省安全生产技术设备博览会】 11 月 10～12 日，2011 年第二届河北省安全生产技术设备博览会在石家庄国际博览中心成功举办。本届博览会由省安监局主办，省煤炭工业安全管理局、各市县安监局协办，主题是“以人为本，生命至上”，旨在集中展示河北省各行业、各领域安全生产新技术、新设备和新产品，促进安全生产产、学、研、用的交流合作，推动安全生产科技进步，提升企业安全生产管理、技术及装备水平。与 2007 年 12 月河北省第一届安全生产博览会相比，本届博览会档次更高，规模更大，辐射面更广，内容更丰富。在为期三天时间里，博览会举行了安全生产高峰研讨会、技术交流会、项目推介会、招商引资项目签约仪式、供需信息发布会、商家对接联谊会等活动。此次博览会邀请到 150 多家参展商及企业代表参展，设有 180 个展台，展览内容主要包括职业安全健康防护用品，矿山新技术、新设备，应急救援新技术、新设备，危化新技术、新设备，消防新技术、新设备，电力安全技术设备，交通安全技术设备，安全生产文化、形象成果，安全中介服务等，展品近千种，涉及矿山、危化、消防、职业健康防护、应急救援等多个行业和领域。

【培训、宣传】 开展各类安全培训，举办企业主要负责人培训 12 期 2407 人次，企业安全管理人员培训 65 期 5186 人次，特种作业人员培训 148 期 28031 人次。与市公安局、市供销社和市烟花爆竹协会联合制作烟花爆竹安全宣传画 6000 套，分发到各县（市）区和烟花爆竹经营单位；刊发各项政务信息 121 篇，其中《安监总局要情》2 篇、《安监总局网站》103 篇、《省安监局网站》4 篇、《河北安全生产简报》12 篇；编发《石家庄市安全生产信息简报》32 期。

【第十个全国安全生产月活动】 6 月份是全国第十个安全生产月，围绕“安全责任，重在落实”活动主题，石家庄市组织开展了 5 项诠释活动，旨在通过开展一系列执法检查和宣传活动，普及安全法律法规和安全知识，提高全民安全意识，全面推动安全生产各项工作落实，促进安全生产状况持续稳定好转。组织市领导电视动员讲话。5 月 31 日，副市长刘明轩发表电视讲话，题为“安全责任，重在落实”，启动安全生产月活动。开展送安全“四进”（进工地、进企业、进学校、进社区）活动，6 月 1 日，市安监局联合中国移动集团石家庄分公司，在新华区友谊北大街华润万家购物广场举行“百场电影送安全”活动启动仪式。6 月 1 日至 7 月 30 日，市安监部门与石家庄移动分公司联合组织放映电影 100 场，其中建筑工地 40 场，企业 30 场，学校 10 场，社区 20 场，发放印有“安全生产人人有责”字样安全宣传毛巾 5000 条、《石家庄市市民安全常识手册》10000 册。举办安全生产主题宣传咨询日活动。6 月 12 日，石家庄市在省会西清公园举行安全生产宣传咨询日活动。市安监局、交管局、消防支队、建设局、质监局、总工会等单位 500 多人参加此次活动。活动现场设置安全生产宣传展牌 180 块，准备各类安全宣传册 4000 册，免费向市民发放。组织安全生产事故警示教育展览。6 月 28～29 日，安全生产事故警示

2011年6月12日，举办“安全生产月”宣传咨询日活动

教育展览活动在市人民会堂举办，为扩大教育范围，在24个县（市）区企事业单位组织了巡回展览，受教育人数达10万余人（次）。活动期间，全市悬挂各类宣传标语、条幅5800余条，制作宣传展牌3200余块，发放安全生产宣传册（页）2万份、安全生产宣传扑克3000副。

【行风建设】 深入开展优化发展环境主题教育活动，在行政审批、执法监察、事故处理、权力运行等方面强化安监系统行风建设。优化许可流程，流程再造8项行政许可事项、2项非行政许可事项，平均消减6个环节，审批时限最多缩短25个工作日，最少缩短10个工作日。完善执法方式，坚持执法与服务相结合，实行专家随队执法，帮助企业排查隐患；统一执法计划，不重复执法；严格落实《行政处罚自由裁量权实施办法及执行标准》，认真执行自由裁量权。规范事故处理，严格依法依规调查处理每一起生产安全事故，事故受理率、调查率、结案率、处罚到位率实现4个100%。深入推进行政权力公开透明运行，推行处务会会议纪要制度、事故处理会审会制度和政府信息公开制度，主动接受社会和纪检监察部门全程监督。

（寇军波）

国土资源管理

【概况】 2011年，石家庄市国土资源系统以节约、集约、高效利用土地为基本要求，以促进经济和社会快速发展为重点，贯彻落实“十分珍惜、合理利用土地、切实保护耕地”基本国策，坚持总量适中、内部均衡、统筹兼顾、重点保障，盘活存量、控制总量原则，合理安排各类用地数量、结构、布局，全力为经济社会可持续发展提供用地保障和支撑。加强基本农田和耕地保护，新建标志牌2657块，完成基本农田保护区标志牌新建、更新及上图标注工作，自觉接受社会公众监督。全面履行国土资源管理职责，积极推进两个规划编修，完成年度土地利用计划分解方案（草案）编制。加快建设用地报批速度，完成大项目用地组卷报批12个（滹沱河防洪综合整治、京石铁路客运专线等），经省批回建设用地总面积23917.08亩，其中，农用地13206.05亩（耕地11187.81亩）。严格落实土地收储计划，完成土地收储27379.46亩，占年度计划任务的102.2%。提高国土融资规模，结合2011～2013年土地收储计划、大片区规划征收储备计划和政府储备地，对未来4年偿债工作匹配融资项目146个，涉及土地43316.69亩，计划投资约1044亿元，贷款规模约766亿元。保障性安居工程用地全面落实，涉及土地1725亩，其中，新增用地1090亩，存量土地230亩；市区集中建设保障性安居工程项目9个，占地总面积630亩；下达各县（市）保障性住房用地指标514.1亩。开展第十一次土地、矿产卫片执法检查，经实地核查，新增建设用地1767宗49037亩(耕地23541亩)，其中，合法用地229宗12039亩（耕地8722亩），往年批本年建设103宗6548亩（耕地5031亩），违法用

2011年6月25日，举办第二十个全国“土地日”活动

地1435宗30450亩(耕地9788亩)；非立案查处87宗，立案1348宗，立案率100%，缴纳罚款2.25亿元，罚款到位率95.45%。开展国土资源动态巡查，通过巡查，全市发现违法占地572宗，涉及土地7456.2亩（耕地4287.45亩），制止12宗，恢复土地385.6亩；立案查处560宗，移交公安机关追究刑事责任5宗；移送纪检监察机关5宗，处理5人，罚款1475.68万元。严查无证采矿违法行为，加强矿产资源保护。全年全市共查处违法采矿59起，（其中越层越界采矿2起），全部立案办结，查扣非法采矿设备127台件，取缔无证矿点12家，申请法院强制执行1起，有效遏制了各类非法行为，确保了矿业秩序稳定。加强地质灾害防治，制定《2011年地质灾害防治方案》，确定地质灾害隐患点441处，其中对94个省市级防灾重点建立三级群测群防网络；从6月1日起，配合市地质灾害气象预警中心全面启动地质灾害气象预警机制。规范行政审批程序，全年政务大厅各窗口共受理各类事项1468件，其中，办结1106件，转处室办理361件，退卷1件。

【矿产资源开发管理】 整合矿产资源，规范开采秩序。第一批列入整合的矿区有26个，完成具体整合实施方案26个，其中完成报批24个（完成采矿登记手续1家，其余23家采矿手续正在办理中），未完成报批2个（平山县南、北马冢铁矿因纠纷未办理）；第二批列入整合的矿区有4个，全部完成报批，整合主体业已确定。4月份，国土资源部矿产资源整合到河北检查验收，在听取石家庄市关于矿产资源整合工作汇报后，对石家庄市此项工作开展情况给予充分肯定。严格登记审查，加强采矿管理。全年上报市政府审批扩大范围采矿权设置方案2宗，上报省国土资源厅审批探转采设置方案1宗，审核开发利用方案30个，办理探矿权保留审核3个，组织审核探矿设计6个，公开挂牌出让采矿权3宗，出让成交价810万元。开展矿山企业年检，加强矿山安全监管。关闭不符合生产条件的非煤矿山17家；查处违法采矿59起（其中越层越界采矿2起），全部立案办结，查扣非法采矿设备127台件，取缔12家无证矿点，申请法院强制执行1起，有效维护了矿业秩序。全年全市未发生职责范围内重大矿山安全责任事故。

【地质环境保护与灾害防治】 开展地质灾害群测群防“十有县”创建活动，全力加强地质灾害防治工作。2011年元氏县、井陉矿区按照标准完成“十有县”建设，等待国土部和省国土资源厅验收。开展全市乡（镇）国土资源所地质灾害防治“五到位”宣传培训，组织5·12“防灾减灾”日宣传活动，提高群众防灾减灾意识。制定《2011年地质灾害防治方案》，确定地质灾害隐患点441处，其中对94个省级、市级防灾重点建立三级群测群防网络。配合市地质灾害气象预警中心建立地质灾害气象预警机制，自6月1日始，开通地质灾害实时管理与应急指挥系统，全面启动地质灾害气象预警工作，年内发布信息180条，发布三级预警信息1次。编制矿山地质环境保护与治理恢复方案，落实新建、改扩建矿山保证金制度。至11月底，完成矿山地质环境保护与恢复治理恢复方案备案45个，征收保证金1479.38万元。

【新民居建设】 贯彻落实国务院和河北省关于新民居建设工作的要求，大力开展城乡建设用地增减挂钩试点和农村土地整治清理工作，配合省国土资源厅撤销国发〔2010〕47号下发后省级批准新民居周转用地项目文件8个、不具备开工条件项目文件4个，撤销市级新民居周转用地项目文件6个。推进旧村址复垦工作，全年全市拆除旧住宅949户，土地面积509亩，复耕105亩。开展拉网式清查整顿，大力排查新民居项目违规销售行为，查获新民居违法建设项目170个，其中有合法审批文件项目143个，无合法审批文件项目27个。

【保障性安居工程】 按照“应保尽保”原则，全面落实保障性安居工程项目用地，共涉及土地面积1725亩（新增用地1090亩，存量土地230亩，用地保障率100%），其中，市区集中建设保障性安居工程项目9个，占地面积630亩；下达各县（市）保障性住房用地指标514.1亩（完成土地征地手续490.27亩，完成供地手续301.67亩），其中，存量土地完成土地供应手续180亩。

【建设用地保障】 采取周调度、月通报、现场办公等措施，全力推进建设用地组卷报批，大力提升建设用地报批速度。年内，石家庄市内6区计划征地50块，总面积8382.59亩。8月5日，农用地转用征收方案上报省国土资源厅，经省国土资源厅审核后上报国土资源部，获得国土资源部批复。至年底，获批建设用地2.39万亩，其中，农用地1.32万亩（耕地1.12万亩）；完成组卷报批项目12个（滹沱河防洪综合整治工程、京石铁路客运专线等），其中，国土资源部和省国土资源厅批准项目3个，面积6804.36亩。

【土地收储】 按照“应收尽收、未征先控、成片收储”工作思路，以企业搬迁、城中村（旧城）改造、大片区征收为重点，超前谋划，强化措施，狠抓落实，明确责任，加强国土收储。全年全市完成土地收储2.74万亩，具体为：企事业单位收储2585.57亩（含药博园）；旧城及城中村改造6566.26亩；农用地转用、征收6534.71亩；正定新区建设征地5170亩；滹沱河生态园项目555亩；铁路入地移交发投1025亩；高新区2723.80亩；环城水系1980亩；新客站项目239.12亩。

【土地供应】 全年全市完成土地供应515宗，面积2.19万亩，其中，划拨土地128宗，面积4019亩；公开出让土地367宗，面积1.72万亩，出让价款113.28亿元；协议出让土地20宗，面积618亩，出让价款2亿元。城中村改造项目，完成土地供应25宗，面积1265.28亩，其中，公开出让土地6宗，面积477.01亩，出让价款14.17亿元；划拨提到19宗，面积788.27亩。棚户区改造项目，完成土地供应5宗，面积84.47亩，出让价款3.62亿元。企业改制资产处置项目，完成土地出让12宗，面积130.13亩，出让价款1.15亿元。保障性安居工程项目，完成土地供应1725亩，其中，新增用地1090亩，存量土地230亩，实现“应保尽保”目标。

表56　2011年石家庄市国土资源局国有建设用地使用权出让结果

石家庄市国土资源局国有建设用地使用权公开出让结果（石国土资〔2011〕68号）
石家庄市〔2011〕001号、002号地块于2011年4月11日公开出让

编号	土地位置 容积率	土地面积（平方米）	土地用途	容积率	出让年限（年）	受让人	成交价格（万元）	成交时间
〔2011〕001号	民族路二期旧城改造地块：东至颐高数码广场西，西至青年街东，南至民族路，北至规划路	30274.5	商服	≤6.65	40	石家庄华强广场房地产开发有限公司	43000	2011.4.11
	民族路二期旧城改造地块：东至颐高数码广场西，西至青年街东，南至民族路，北至规划路	2042.8	交通运输、商服					
〔2011〕002号	东至黄山街、西至耕地、南至漓江道、北至珠江道	59026.2	工业，产业类型为信息化学品制造	0.8—2.0	50	石家庄诚志永华显示材料有限公司	5010	2011.4.11

（续表）

石家庄市国土资源局国有建设用地使用权公开出让结果（石国土资〔2011〕99 号）
石家庄市〔2011〕004—011 号地块于 2011 年 5 月 16 日公开出让

编号	土地位置 容积率	土地面积（平方米）	土地用途	容积率	出让年限（年）	受让人	成交价格（万元）	成交时间
〔2011〕004 号	建华东路以南，东二环南延线以西	172675.6	城镇住宅	不大于 2.6	70	河北高杰士房地产开发有限公司	43500	2011.5.16
〔2011〕005 号	中华大街东、裕华路南、礼让街西	21980.5	商服住宅	综合容积率≤8.0	商服 40 年 住宅 70 年	石家庄联邦伟业房地产开发集团有限公司	16900	2011.5.16
〔2011〕006 号	东至维明街，西至民心河，南至南二环路，北至中核石辐公司宿舍	21736.538	城镇住宅	综合容积率≤3.25	70	河北天地富华房地产开发有限公司	11200	2011.5.16
〔2011〕007 号	裕华路以南，休门街以西	3839.4	商服住宅	地上建筑面积 24764.66 平方米，其中住宅建筑面积为 20701.68 平方米，商业办公建筑面积 4062.98 平方米	商服 40 年 住宅 70 年	石家庄市美城房地产开发有限公司	2900	2011.5.16
〔2011〕008 号	华西路以南、西建街以西	4078.9	住宅	不大于 3.5	70	石家庄佳业房地产开发有限公司	2500	2011.5.16
〔2011〕009 号	裕华路以南、建设大街以东	4155.7	商服住宅	规划指标：住宅地上建筑面积为 30028.09 平方米，建筑高度为 25 层；配套商业地上建筑面积为 1840.95 平方米，建筑高度为 5 层	商服 40 年 住宅 70 年	石家庄市神龙房地产开发有限公司	4350	2011.5.16
〔2011〕010 号	东至文苑街，西至泰华街，南至四十二中，北至北二环路	26784.2	住宅	综合容积率：≤4.5。居住容积率：≤3.5	70	河北润达房地产开发有限公司	13700	2011.5.16
〔2011〕011 号	百花街以东、丰收路以南	18407.5	商服住宅	≤3.0	商服 40 年 住宅 70 年	石家庄盈佳房地产开发有限公司	11050	2011.5.16

石家庄市国土资源局国有建设用地使用权公开出让结果（石国土资〔2011〕134 号）
石家庄市〔2011〕012、013、014、016、017 号地块于 2011 年 6 月 27 日公开出让

〔2011〕012 号	东至国有存量地、西至太行大街、南至新世纪药业公司、新汇金公司，北至长江大道	61221.7	工业用地，产业类型为计算器及货币专用设备制造，建设金融自动化设备生产项目	0.8—2.0	50	河北汇金机电股份有限公司	3450	2011.6.27

(续表)

编号	土地位置 容积率	土地面积（平方米）	土地用途	容积率	出让年限（年）	受让人	成交价格（万元）	成交时间
〔2011〕013号	槐安路南侧规划路以南、谈固东街以西	5453.8	商服	不大于3.0	40	河北立方房地产开发有限公司	4050	2011.6.27
〔2011〕014号	石闫路以西、上京村以北	60649.9	文体娱乐	≤1	50	河北上京上城水岸文化创意园投资有限公司	6370	2011.6.27
〔2011〕016号	谈固大街以东、规划路以北	14630.2	城镇住宅	不大于3.3	70	石家庄市西美房地产开发有限公司	9050	2011.6.27
〔2011〕017号	翟营大街以东、跃进路以北	36325.4	住宅 商服（沿街可做底商）	不大于2.61	住宅70年 商服40年	石家庄市亿嘉房地产开发有限公司	19650	2011.6.27
石家庄市国土资源局国有建设用地使用权公开出让结果（石国土资〔2011〕195号） 石家庄市〔2011〕019、020、021、035、036号地块于2011年9月5日公开出让								
〔2011〕019号	东至昆仑大街、西至祁连街、南至海河道，北至307国道	155312.26	住宅 商服	≤3.4	住宅70年 商业40年	石家庄金石房地产开发有限公司	56700	2011.9.5
〔2011〕020号	东至祁连街、西至天山大街、南至海河道、北至307国道、国有存量土地	106104.897	住宅 商服	≤3.44	住宅70年 商服40年	石家庄金石房地产开发有限公司	49900	2011.9.5
〔2011〕021号	东至峨眉街、西至祁连街、南至耕地、北至珠江大道	130799.992	商服文体娱乐、住宅	≤2.5	商服文体娱乐40年、住宅70年	世华传媒文化产业有限公司	39850	2011.9.5
〔2011〕035号	东至恒山街、西至国有存量地、南至金谷农业科技公司、北至长江大道	20843.489	工业、产业类型为计算器及货币专用设备制造	0.8—2.0	50	石家庄高新区留村乡南庄村委会	9200	2011.9.5
〔2011〕036号	东至昆仑大街、西至岗当商贸城、南至国有存量地、北至学苑路	46009.461	住宅	≤3.1	70	河北双峰房地产开发有限公司	16800	2011.9.5
石家庄市国土资源局国有建设用地使用权公开出让结果（文件号不详） 石家庄市〔2011〕022、023、024、025号地块公开出让								
〔2011〕022号	东至井陉县北正乡中乐村土地，西至平涉路，南至横南村土地、平涉路，北至横北村土地、井陉县北正乡中乐村土地	35129	商服 住宅	≤3.2	商服40年 住宅70年	河北燕春房地产开发有限公司	1850	—

（续表）

编号	土地位置 容积率	土地面积（平方米）	土地用途	容积率	出让年限（年）	受让人	成交价格（万元）	成交时间
〔2011〕023 号	东至横南村、横涧乡人民政府，西至横南村土地，南至金川东路，北至横南村土地	29161.2（其中配建保障性住房占地 3000）	商服 住宅	≤ 3.2	商服 40 年 住宅 70 年	河北燕春房地产开发有限公司	1380	—
〔2011〕024 号	东至杨家沟居委会土地，西至杨家沟居委会土地，南至杨家沟居委会土地，北至杨家沟居委会土地	28004.4	工业	不小于 0.5	50	石家庄市矿区华岚经贸有限公司	590	—
〔2011〕025 号	东至横北居委会、康盛街，西至嵘运达房地产开发有限公司、矿区农村信用联社，南至矿区房管所，北至南纬东路	2726.2	商服	不大于 2.0	40	石家庄市矿区煤炭营销中心	240	—
石家庄市国土资源局国有建设用地使用权公开出让结果（石国土资〔2011〕196 号） 石家庄市〔2011〕026、027、028、029、031、032、033、034 号地块于 2011 年 9 月 7 日公开出让								
〔2011〕026 号	东至滨河小区，西至振三街企业，南至河北工业职业技术学院，北至工运学校	5653.2	住宅	≤ 3.25	70	河北金标房地产开发有限公司	4050	2011.9.7
〔2011〕027 号	东至石太铁路，西至三环绿化带，南至五支渠，北至中山路	21818.4	商服	≤ 3.0	40	石家庄百盛房地产开发有限公司	8300	2011.9.7
〔2011〕028 号	东至河北华业建材市场，西至市裕华区水电管理站，北至新华路，南至五十四研究所	6501.2	商服	≤ 6.0	40	石家庄汇科房地产开发有限公司	5700	2011.9.7
〔2011〕029 号	中山西路 491 号	27337.4	商服 住宅	≤ 2.5	商服 40 年 住宅 70 年	石家庄冀达房地产开发有限公司	14800	2011.9.7
〔2011〕031 号	东至公交公司，西至中华大街，南至赵佗路，北至无线电十厂	3409.6	商服	建筑面积：≤ 800 平方米	40	河北友和贸易有限公司	1600	2011.9.7
〔2011〕032 号	东至友谊大街，西至后太保农用地，南至后太保农用地，北至后太保农用地	6131.9	商服	≤ 0.3	40	石家庄龙闻喜贸易有限公司	2000	2011.9.7

（续表）

编号	土地位置 容积率	土地面积 （平方米）	土地 用途	容积率	出让年限 （年）	受让人	成交价格 （万元）	成交时间
〔2011〕033号	塔南路以南，翟营大街以西	50201.9	商服 住宅	商业≤3.5、居住≤2.5	商服40年 住宅70年	河北龙海房地产开发有限公司	35900	2011.9.7
〔2011〕034号	东至华药金坦、西至珠峰大街、南至筑业花园、北至淮河道	65487.519	住宅 商服	住宅2.5 商业4.0 综合2.5—3.5	住宅70年 商服40年	石家庄华山房地产开发有限公司	17800	2011.9.7
石家庄市国土资源局国有建设用地使用权公开出让结果（石国土资〔2011〕235号） 石家庄市〔2011〕037号地块于2011年10月19日公开出让								
〔2011〕037号	东至峨眉街，西至昆仑大街，南至闽江道，北至湘江道	106695.643	住宅	3.0	70	天山房地产开发有限公司	26380	2011.10.19
石家庄市国土资源局国有建设用地使用权公开出让结果（石国土资〔2011〕237号） 石家庄市〔2011〕038、039、040、041号地块于2011年10月21日公开出让								
〔2011〕038号	东至空地，西至燕山大街，南至淮河道，北至空地	21894.167	工业，产业类型为汽车零部件及配件制造	0.8—2.0	32	河北东安集团	1005	2011.10.21
〔2011〕039号	东至空地，西至燕山大街，南至空地，北至307国道	38032.988	工业，产业类型为冶金设备专用制造	0.8—2.0	32	河北钢神设备制造安装工程有限公司	1750	2011.10.21
〔2011〕040号	东至小西帐耕地，西至兴安大街，南至湘江道，北至金环模具	61534.987	工业，产业类型为食品制造业	0.8—2.0	50	石家庄统一企业有限公司	3430	2011.10.21
〔2011〕041号	东至岗当商贸城，西至规划路，南至金沙江道，北至学苑路	20437.257	商务 金融	≤3.0	40	石家庄市裕华区宋营镇岗当村民委员会	5960	2011.10.21
石家庄市国土资源局国有建设用地使用权公开出让结果（石国土资〔2011〕251号） 石家庄市〔2011〕045号、046号、047号地块于2011年11月11日公开出让								
〔2011〕045号	中华大街西、规划路北、高柱路南	18781.9	住宅	≤3.5	70	河北爱普房地产开发有限公司	11900	2011.11.11
			商服	≤4.5	40			
〔2011〕046号	谈固北大街以东，北二环以南	2295.7	商服	≤4.5	40	河北博胜房地产开发有限公司	1560	2011.11.11
〔2011〕047号	裕华路—维明街—工农路—民心河—师范街围合区域（地下空间）	28614.0	商服		40	永辉超市股份有限公司	土地1300，房屋及其配套设施21655.0304	2011.11.11

（续表）

编号	土地位置 容积率	土地面积 （平方米）	土地 用途	容积率	出让年限 （年）	受让人	成交价格 （万元）	成交时间
石家庄市国土资源局国有建设用地使用权公开出让结果（石国土资〔2011〕281号） 石家庄市〔2011〕054号、055号、056号地块于2011年12月8公开出让								
〔2011〕054号	东至梦凡布公司，西至智同药业，南至湘江道，北至新世纪药业	6458.251	工业，产业类型为医药制造业	0.8—2.0	50	河北智同医药控股集团投资咨询有限公司	375	2011.12.8
〔2011〕055号	东至旭新公司，西至黄山街，南至珠江大道，北至闽江道	111454.287	工业，产业类型为专用设备制造业	0.8—2.0	50	东旭集团有限公司	6360	2011.12.8
〔2011〕056号	东至兴安大街，西至方亿科技及永正润生，南至区间路，北至闽江道	44012.461	工业	0.8—2.0	50	石家庄高新区方亿投资有限公司	2510	2011.12.8
石家庄市国土资源局国有建设用地使用权公开出让结果（石国土资〔2011〕286号） 石家庄市〔2011〕048号、049号、050、051号地块于2011年12月19，052号地块于2011年12月28日公开出让								
〔2011〕048号	规划路北、北二环路南、体育大街东、规划路西	129216.9	住宅	≤3.0	70	保利（北京）房地产开放有限公司	86300	2011.12.19
			商服	≤4.5	40			
〔2011〕049号	丰收路北、规划路南、体育大街东、规划路西	175030.8	住宅	≤3.0	70	保利（北京）房地产开放有限公司	115900	2011.12.19
			商服	≤4.5	40			
〔2011〕050号	跃进路以北，市园林局苗圃以东，冶金研究所东厂区以南，原谈固冲压件厂以西	9724.8	商服	4.5	40	河北凯际房地产开发有限公司	5200	2011.12.19
〔2011〕051号	翟营大街以东、槐安路以北	8223.1	商服	≤4.5	40	河北丹阳房地产开发有限公司	6900	2011.12.19
〔2011〕052号	东至中华商务楼，西至聚乐街，南至兴华路，北至中山路	3169.1	商服	≤5.0	40	河北圣龙房地产开发有限公司	6520	2011.12.28

【土地测绘管理】 审批下发《关于加快石家庄市数字城市基础建设的实施意见》，贯彻落实河北省政府办公厅《关于加快推进全省数字城市基础建设的通知》和河北省测绘局《关于加快推进全省数字城市基础建设实施方案》文件精神。编制《石家庄市测绘市场信用管理办法（试行）》，组织有关单位进行论证，促进行业自律。开展数据资源整合专题研究，起草《石家庄市数据资源整合实施意见》，以供市政府决策管理。加强测量标志保管，严格测绘资格审查，坚决打击无证测绘行为。年内，新增国家测量标志3个，组卷上报测绘资质申请16家，其中，审查批准9家，审批程序中7家。

【地理信息公共平台开通】 12月13日，数字石家庄地理信息框架建设项目顺利通过国家测绘地理信息局以及专家的验收，并开通“石家庄市地理信息公共平台”。2010年7月，石家庄市正式启动数字城市地理空间框架建设项目，在国家测绘地理信息局以及河北省测绘局的支持下，顺利完成数字石家庄地理空间框架项目建设，建立了公共服务和公众服务平台，实现了卫生医疗、应急指挥系统等七个应用示范系统的开发对接。

【国土执法监察】 加大国土资源执法监察力度，严厉查处土地违法案件。全年全市共发现违法占地572宗，涉及土地7456.2亩（耕地4287.45亩）；制止违法案件12宗，恢复土地385.6亩；应立案查处560宗，已立案查处560宗，立案查处率100%；移送公安机关追究刑事责任5宗，落实5人；移送纪检监察机关5宗，处理5人，罚款1475.68万元。加强信访监察与巡查，严厉打击违法采矿行为。全年全市共查处违法采矿59起（其中越层越界采矿2起），立案59起，结案59起，罚没款168.48万元，查扣非法采矿设备127台，取缔制止12家无证矿点，申请法院强制执行1起，有效维护了采矿业依法、合理、科学的开采秩序。

【第十一次卫片执法检查】 第十一次卫片图斑涉及石家庄3977个，地块总面积59724.1亩。经实地核查，2010年度新增建设用地1767宗、49037亩(耕地23541亩)，其中，合法用地229宗、12039亩（耕地8722亩）；往年批本年建设103宗、6548亩（耕地5031亩）；违法用地1435宗、30450亩（耕地9788亩）。在1435宗违法用地中，87宗系非立案查处，应立案1348宗，已立案1348宗，立案率100%；应缴罚款2.36亿元，已缴纳罚款2.25亿元，罚款到位率95.45%；拆除建筑物114万平方米，复耕2595亩，拆除复耕到位率80%；移送纪检监察机关83宗，落实46人次，落实率55.4%；移送公安机关追究刑事责任21宗，落实11人次，落实率52.4%；应申请法院强制执行1337宗，已申请934宗，申请率70%，受理934宗。

【信访办理】 围绕职能中心任务，扎实做好国土信访工作，着力化解信访矛盾。全年受理群众信访770件次，其中，来访80起305人次（集体访9起115人次），电话举报570人次，群众来信120封。与上年相比，信访总量同比下降10%，来信下降41%，来电上升7%，来访批次下降33%，来访人数下降39%。受理信访复查28件，完成信访复查28件，办结率100%；办理各类转办、交办件686件（省国土资源厅转办、交办588件，市委、市政府、市信访局、市长公开电话等市级有关部门交办53件，新闻媒体曝光案件15件，市国土资源局本级交办30件），办结686件，办结率100%。

【“4·22”世界地球日宣传】 根据省国土资源厅《关于组织开展第42个世界地球日主题宣传活动周的通知》要求，市国土资源局精心筛选准备宣传内容，订购《中国国土资源报》世界地球日特刊500份；宣传册500份；宣传画200份；印刷宣传材料5000余份；制作宣传展牌20块；广泛开展宣传进校园暨千人签名活动。4月22日，石家庄市在桥西区西清公园举办第42个“世界地球日”暨科技活动周科普宣传活动，借助地球日活动平台提高公众对国土资源国情认识，普及有关科学技术知识，引导全社会积极参与节约集约利用资源、促进经济发展方式转变。活动主题为“珍惜地球资源转变发展方式”。活动现场，市高校大学生志愿者表演了自编环保节目，志愿者们还和来自省国土资源厅、市国土资源局、省地质学会等单位工作人员一起，通过现场发放宣传专刊、宣传折页、科普读物、宣传袋，解答群众现场提问，展示离退休干部志愿者环保画展等多种方式，宣传地球科普知识，呼吁大家关爱共同家园。当天，石家庄市还在火车站广场举办了“善待地球，保护环境”现场签名和宣传活动，多家新闻媒体参加宣传报道。

（刘清振　张凤兰）

烟草专卖管理

【概况】 石家庄市烟草专卖局、河北省烟草公司石家庄市公司成立于1985年7月，所属单位包括灵寿县烟草专卖局（营销部）、栾城县烟草专卖局（营销部）、行唐县烟草专卖局（营销部）、鹿泉市烟草专卖局（营销部）、平山县烟草专卖局（营销部）、正定县烟草专卖局（营销部）、藁城市烟草专卖局（营销部）、高邑县烟草专卖局（营销部）、赵县烟草专卖局（营销部）、元氏县烟草专卖局（营销部）、赞皇县烟草专卖局（营销部）、新乐市烟草专卖局（营销部）、无极县烟草专卖局（营销部）、深泽县烟草专卖局（营销部）、晋州市烟草专卖局（营销部）、井陉县烟草专卖局（营销部）、辛集市烟草专卖局（营销部）等17个二级单位。2011年，市烟草专卖系统贯彻落实国家烟草专卖局“卷烟上水平”战略部署，围绕省烟草专卖局“11158”发展思路，努力推进石家庄烟草全员服务型现代卷烟流通企业建设进程，取得卓有成效的业绩，实现烟叶未出现质量事故，调拨数量未突破国家计划标准，烟叶项目顺利通过国家烟草专卖局验收目标。全年全市累计销售卷烟37万箱，同比提高1%，其中销售重点品牌25.4万箱，同比提高12.2%；实现利税11.3亿元，同比提高16.4%。6月10日，团市委授予市烟草专卖局物流中心订单部“石家庄市青年文明号”称号。

2011年11月11日，举办帮扶元氏县西城角村道路建设项目开工仪式

表57　2011年石家庄市烟草专卖局（公司）主要情况统计表

类别		数据
地市级局（公司）名称		石家庄市烟草专卖局（公司）
主要负责人／法人代表		罗明海
总资产（万元）		187648.11
资产负债率（%）		6.39
所属县级局（个）		17
所属县级营销部（个）		17
从业人员（人）		892
所属业务机构	访销机构	1个营销中心、1个电访中心
	物流配送机构	1个物流中心
	稽查机构	3个稽查分局
销售卷烟	数量（亿支）	185
	较上年比（%）	1
卷烟销售收入（万元）		4700166653
实现税利	总额（万元）	113415.53
	较上年比（%）	16.4
查处涉烟违法案件（起）		486
查处涉烟违法案件案值（万元）		12000
烟草行业投入烟叶生产基础设施建设资金（万元）		38.04
烟水配套工程累计受益面积（万亩）		0.11
烟叶种植（亩）		5400

（续表）

类　　别	数　　据
烟叶收购（担）	16179
零售户数（户）	33156
零售户销售毛利率（%）	10

【专卖管理】 严厉打击涉烟违法活动，破获涉烟网络案件16起，其中，国标案件8起（含1起国家部督办案件），涉案卷烟6140.5万支、案值1.12亿元，判刑38人，批捕19人、刑拘21人。全力开展市场专项整治、“暴风雪”双节联合专项行动和“打四黑除四害”集中治理行动，查获违法卷烟434.54万支，案值246.81万元，市场秩序得到有效规范。重新修订完成《卷烟零售点合理化布局规定》，缩短审批时限，完成流程再造，将零售许可证新办从申请到审批时限缩短到15日。7月13日，河北省烟草行业内部专卖管理监督现场交流会在正定县烟草专卖局召开。

2011年10月25日，在晋州市举办暴力抗法应急预案演练现场会

表58　2011年石家庄市烟草专卖局（公司）部督案件查处情况表

网络案件名称	网络标准	查处单位		查处时间	涉案人员			案值			
		烟草部门	公安机关		判刑人数	刑拘人数	人数合计	假烟实物		数量合计（件）	金额合计（万元）
								数量（件）	标值（万元）		
部督京冀“1·09”特大运输存储销售假烟网络	部督	北京，石家庄市局及元氏、鹿泉、辛集、藁城	石市裕华公安分局	1月9日	10	4	14	2336.12	694.97	2336.12	10000

【营销服务】 开展终端标准店竞赛，建立客户俱乐部、服务中心、直营体验店，扩大对零售终端的服务范围。开展零售客户陈列指导，在有条件的零售店开辟体验区，通过客户经理个性化服务，充分挖掘和发挥终端作用。拓宽订货渠道方式，推进电子商务建设，计算机网上订货9622户，网上配货242户，手机订货12255户，终端机订货867户，三种订货方式占总订货户数的69.29%。推进“135”工作法试点建设，创新卷烟营销服务管理平台。6月27～28日，河北省烟草专卖局（公司）召开全省烟草商业系统“135”工作法推广现场会暨终端服务座谈会，贯彻落实全国烟草行业工作会、全国低焦油卷烟品牌培育工作座谈会暨卷烟品牌精准营销推广启动会和全国卷烟零售终端建设研讨会会议精神，市烟草专卖局（公司）“135”工作法在此次会议上被全省推广。

【品牌建设】 引入钻石（蓝钻新一代）、钻石（硬时尚）、白沙（硬尚品白）、黄金叶（大金元）、黄山（软一品）、娇子（新概念）、泰山（软红八喜）等规格，满足市场需求，增加客户盈利。协同湖南中烟集团

2011年11月18日，在新乐市举办首条无假冒卷烟示范街揭牌仪式

开展卷烟市场调研，协同工业企业对七匹狼、中华等品牌从零售客户和消费者两个层面开展多次市场调研，增强了市场控制力和把握力；积极开展知名品牌建功立业活动，进一步规范品牌管理流程；开展七匹狼品牌培育竞赛、七匹狼“通”系列卷烟高端品鉴会、“钻石”品牌培育座谈会、直营店体验推介等系列品牌培育创优活动，提高了品牌培育服务水平。11 月 18 日，由烟草、工商、客户三者共同创建的全市首条无假冒卷烟示范街揭牌仪式在新乐市举行。至年末，全市销售重点品牌卷烟 25.4 万箱，同比提高 12.2%。

（吴建辉）

【白沙烟草易地技改项目通过验收】 10 月 12 日，河北白沙烟草有限责任公司（简称白沙烟草）易地技术改造项目总体竣工验收会议在石家庄市举行。河北白沙烟草有限责任公司易地技术改造项目于 2005 年 12 月开工奠基，2008 年 12 月竣工试生产。验收委员会在听取、审阅工程项目竣工验收报告等有关资料，实施现场验收，分两个专业组审议后，一致同意该项目通过总体竣工验收，并颁发合格证。

（范玉蕾）

【物流项目建设】 8 月 16 日，卷烟配送中心及综合业务用房项目整体调整计划获得国家烟草专卖局批复同意，规划投资额增至 4.7 亿元。年内，完成卷烟配送中心及综合业务用房项目调整；新建物流中心主体工程进入收尾阶段，工艺设备安装并单项调试完毕；谋划建立物流综合管控调度服务平台，完成建设思路和功能需求确定，实现物流作业效率提高，运行成本降低，服务水平提升。

石家庄市烟草专卖局（公司）

局　　长：刘庆岩

经　　理：罗明海

副 局 长：李琏柱　吴江

副 经 理：安志发

工会主席：王义录

总会计师：付立民

（吴建辉）

科学技术

科学技术

概　述

2011年，石家庄市取得科技成果270项，新增省级自主创新产品14项；获省突出贡献奖1项，省科技进步奖20项，市科学技术特别奖4项，市科技进步奖83项；专利授权2487件，新增专利申请4035件。争取国家、省各类科技计划项目490项，经费1.8亿多元。全市新增高新技术企业35家，国家级创新型企业1家；58家知识产权优势企业培育工程效果明显，7个项目获2011年河北省知识产权优势企（事）业培育工程专利奖，石药集团恩必普药业“丁苯酞软胶囊及其制备工艺”项目获第十三届中国专利奖金奖（河北省唯一金奖项目）。

科技创新人才和科技创新平台建设加快，科技领军人才、创新团队建设和院士对接活动扎实开展，新增院士工作站6家，新增省级工程技术研究中心（重点实验室）8家、市级27家；石家庄科技中心二期主体工程建设顺利，省会生产力促进联盟盟员单位达到16家，市科技资源共享服务和大型仪器设备共享两个平台正式启动。农业科技创新稳步推进，新选育农作物新品种（系）75个，省以上审定品种8个，“石麦15号”创一水646.7千克全省单产纪录；“国家粮食丰产科技工程”小麦攻关田亩产达615.45千克，平均亩增产68.61千克；新增省山区星火产业带示范基地和山区特色产业科技园区2家；全年培训农民80万人次，示范推广农作物新品种139个。科技改善民生能力提升，实施医药卫生新产品新技术课题78项，节能减排技术创新项目6项；正定国家可持续发展先进示范区建设取得较好效果。

科技合作交流与技术转移增加，开展大型产学研合作对接活动2次，签署科技合作协议项目7840万元；举办“爱尔兰驻华大使洽谈合作”、“石家庄市政府对接科技外交官活动”等科技国际合作交流活动；参加“香港洽谈会”等全国性、区域性大型科技展览活动，科技招商渠道拓宽。科技创新发展环境得到完善，技术开发费加计抵扣、高新技术企业税收优惠等各项科技创新政策全面落实。科技周、科普巡回宣讲团、科普知识进万家等活动蓬勃开展，举办科普活动556次，参加人数近85万人次。

（市科技局）

科学技术研究与发展计划

【概况】 2011年，石家庄市科学技术研究与发展计划围绕“十二五”科技发展规划确定的目标任务，以科技进步和科技创新支撑经济发展方式转变为主线，以提高创新能力、创新引领产业竞争力提升、保障和改善民生为核心，以创新型城市建设为重点，以创新型人才队伍和创新环境建设为根本任务，积极实施科技重大工程和重大专项。采取有效措施，多措并举加大项目、资金支持力度，在广泛收集国家、省级政策信息和研究、分析投资导向基础上，准确把握国家投资方向和重点领域，结合全市经济社会发展实际，整合科技资源，积极帮助企业争取项目资金支持，促进石家庄市经济平稳较快增长。全年争取国家、省级科研项目及平台486项，争取资金达23813.9万元，其中，国家级计划项目89项，资金17343万元；省级计划项目390项，平台7项，资金6470.9万元。

【计划部署】 围绕创新型城市建设和现代产业体系建设，重点实施“科技支撑计划”、“政策引导类计划”和“科技基础条件平台建设计划”三类科技计划。“科技支撑计划”包括生物技术、创新药物及中药现代化专项，半导体照明、电子信息及现代服务业专项，装备制造关键技术研发专项，化工与循环经济关键技术研究专项，农牧业新品种选育、种养、农副产品精深加工专项和纺织新产品、新技术研发专项以及工业、农业和社会发展方面技术创新项目。政策引导类计划主要是指技术转移与科技成果转化推广项目包括国内科技合作与技术转移、先进实用技术成果示范与推广，国际科技合作，软科学。科技基础条件平台建设计划重点支持石家庄科技中心建设、市级工程技术研究中心建设、引导支撑农村科技服务体系建设与示范和科学技术普及能力建设等其他创新平台建设。

【经费安排】 年内，市本级财政安排应用技术研究与开发专项资金（简称研发资金）10850万元。其中，市科技局掌握经费8850万元，其他资金2000万元。全年市科技局编制下发科技发展指令计划2批，课题260项，经费8850万元；指导性计划2批，课题227项。指令性计划中，科技支撑196项，经费4116万元；成果推广8项，经费101万元；软科学15项，经费75万元；国际科技合作3项，经费33万元；条件平台建设30项，经费3565万元；其他计划8项，经费960万元。八大科技专项安排课题125项，经费5777万元。企业安排课题200项，经费6865万元；科研院所安排课题19项，经费385万元；高等院校安排课题10项，经费60万元。产学研课题126项，经费2185万元。

【实施效果】 全年通过课题实施，聚集了一批精通理论、具有丰富实践经验的专业技术人才。课题参加人员中，享受政府津贴专家28人，省、市管专家52人；吸引市外人才173人，其中省外人才101人，省外人才中京津人才21人，培养研究生104人。获得一批创新性成果，取得新产品、新材料153个，新工艺、新装置86个，计算机软件21个，完成学术论文156篇，制定技术标准84项。获得一批自主知识产权成果：专利申请178件，其中发明专利申请86件；专利授权58件，其中发明专利授权12件。关键技术取得重大突破，开发和形成一批具有应用价值的技术成果。全市新增销售收入6.04亿元，新增利税1.89亿元，出口创汇2015万美元；取得农业新品种18个，新品种推广面积1804万亩，畜禽推广数量303万头（只），年总收入11.06亿元。节能减排成效显著，节煤16.84万吨，节电817.01万度，节水72.22万吨，减排废气1048.97万立方米，减排废水1.59万吨，减排废物12.48万吨。

（市科技局）

工业科技与发展高新技术产业

【概况】 2011年，围绕石家庄市“十二五”期间高新技术产业、战略性新兴产业等重点领域技术需求，重点在半导体照明、新能源汽车、卫星导航、物联网、大型煤矿装备、通用飞机、新型纤维等重大重点项目给予支持。组织实施高光效高可靠性LED产品关键技术研究、大型煤矿采掘装备研制、喷射成型大截面高速钢制备技术、高速宽幅铝板带轧制添加剂研究与开发等41项重大、重点项目。煤炭拔头工艺技术研发及产业化、粉末冶金高速钢产业化开发等17个项目列入省科技计划，获得经费710万元。组织申报2012年国家高新技术领域科技支撑计划预备项目18项，其中用于抗生素生产过程强化的膜材料与设备的开发及工业应用、卫星移动通信测试与验证平台、6英寸SOI MEMS标准加工技术及在高性能MEMS器件中的应用等10余个项目入库。

【培育高新技术企业】 加大高新技术企业培训、辅导等服务工作力度。采取集中培训与一对一辅导相结合方式，在县区举办培训班，深入20余家企业开展辅导。

科技计划项目向高新技术企业倾斜，重点项目全部由高新技术企业承担。注重培育，给县市区下达重点培育高新技术企业数量考核指标，选择一批优势企业列为重点培育对象，优先支持科技计划项目企业。2011 年，全市新认定高新技术企业 47 家，复审 60 家。加强高新技术企业上市培育。向省科技厅推荐兄弟伊兰、常山生化、申科电子、小蜜蜂工具、巨力科技、远征药业、博信通信等 13 家上市重点培育企业。2011 年以岭药业（深圳 A 股）、常山生化（创业板）2 家高新技术企业上市；推荐石家庄煤矿机械有限责任公司、石家庄安瑞科气体机械有限公司、河北先河环保科技股份有限公司 3 家企业成为国家火炬计划重点高新技术企业。推进科技创新对标。制定 2011 年度科技创新对标行动实施方案，从优化创新环境，突出项目带动，抓好高新技术企业认定工作，加强科技创新平台建设，推进创新型企业建设，推进知识产权战略实施工程等 6 个方面全方位推进全市工业企业科技创新对标行动。强化创新型企业培育。继华北制药、石药集团后，以岭药业成为全市第三家国家创新型企业。至 2011 年底，全市共有国家创新型（试点）企业 4 家；省级创新型企业 5 家，试点企业 20 家；市级创新型企业 29 家。

（市科技局）

【7 家认定为 2010 年全省第三批高新技术企业】 2011 年初，省科技厅公布 2010 年全省第三批高新技术企业名单，共认定 26 家，其中石家庄市 7 家，数量位列全省第一。这 7 家企业分别是：农哈哈机械集团、京华电子实业、柏奇药业、宏昌天马、宏润重工集团、河北博信通信、科航光电。自 2008 年高新技术企业重新认定起，至 2010 年底，全市共有 160 家高新技术企业通过省级认定并在国家高新技术企业认定管理办备案，主要涉及 4 大技术领域，分别是生物与新医药、电子信息、新材料、新能源与节能技术。

【12 家认定为 2011 年全省第一批高新技术企业】 2011 年，省第一批高新技术企业认定有 38 家通过评审，其中石家庄市有 12 家，占总认定企业数的 32%，位列全省第一。12 家企业分别是：天工化工机械、玖翔节能、联合制药、天泉良种奶牛、冀雅电子、三川科技、宝石节能照明、巨龙皮革机械、冀科双实科技、博远农牧机械、九派制药、晶达节能建筑。

【组建生产力促进联盟】 推进石家庄科技中心创建国家级孵化器工作。在 2009 年建成石家庄科技中心一期工程基础上，推动省、市重点建设项目二期工程科技创业中试基地研发中心项目全面展开。筹备组建省会生产力促进联盟。为加快区域特色生产力促进中心建设与发展，更好地服务区域特色产业、工业聚集区发展，省会生产力促进联盟于 11 月 27 日正式成立，盟员单位达到 16 家。联盟有效整合、聚集石家庄市区域内各生产力促进中心、科技中介服务机构、科技服务机构的优势科技资源，搭建起高效产力促进服务体系工作平台，实现了优势互补、资源共享、深化服务、互利多赢；探索新的合作模式和服务模式，为“政产学研金”合作搭建桥梁，加快科技成果转化为企业核心竞争力，为科技型中小企业提供了多元化、高水平的技术服务。

【半导体照明产业基地建设】 推进半导体照明产业基地建设。制定基地发展规划，明确“十二五”基地发展思路、目标和工作重点；举办半导体照明产业创新与发展座谈会；加强全产业链技术创新，保持石家庄市半导体照明技术创新优势。石家庄国家半导体照明产业化基地通过科技部复核，并核名为“石家庄国家半导体照明高新技术产业化基地”，成为保持国家级基地资格 156 家基地之一。组织 13 家企业从芯片、封装到应用百余种产品，参加“第八届中国国际半导体照明展览暨论坛”，全面展示出石家庄市半导体照明领域的创新成果及基地建设取得的成绩。

【推动科技型中小企业发展】 通过开展培训、深入宣传、广泛挖掘、积极指导，做好科技型中小企业创新基金申报工作。全年受理 2012 年创新基金项目 52 项，经过严格把关，组织筛选，上报省管理中心项目 42 个，涉及领域包括电子信息、生物医药、资源环境、新材料、新能源与高效节能、光机电一体化等。为企业争取到国家、省科技型中小企业技术创新基金（资金）项目54项，获得支持资金3596万元，争取资金数量在全省名列前茅。组织申报河北省中小企业技术创新公共服务示范机构9家；石家庄生产力促进中心、辛集皮革生产力促进中心、高邑建陶生产力促进中心3家企业，成为省中小企业公共服务机构。

（市科技局）

社会发展领域科技进步

【概况】 2011年，社会发展领域科技工作以提高自主创新能力为核心，按照突出重点，打造亮点要求，大力推进新药创制、节能减排、生态与环境、人口与健康、公共安全、可持续发展等社会发展领域科技进步，深化工作机制，创新工作模式，各项工作取得新进展和新突破。全年组织实施医疗卫生新产品新技术课题154项，主要针对发病率高，严重危害人民健康的常见、多发及重大疾病（心脑血管病防治、妇幼保健、中西医结合疑难病、肝病）治疗方法实施技术创新。根据市政府要求，组织开展2011年全市防灾减灾知识普及活动，重点做好防汛抗旱、地质灾害、防震减灾、森林防火和有害生物防治等防灾减灾科技知识宣传展板、挂图和资料手册。

【生物医药技术创新】 全年19项创新药物及中药现代化项目列入市科技支撑计划。这些项目技术创新性强，市场前景广阔，经济和社会效益显著，包括一类新药左旋多沙唑嗪临床前研究、抗心律失常中药大品种参松养心胶囊技术改造研究；盐酸莫西沙星、盐酸奥普力农、达肝素钠、布南色林等原料药及制剂研究开发；非布司他片、环孢素软胶囊、交联葡聚糖凝胶栓塞剂、盐酸吡格列酮格列美脲片等产品开发。实施这些项目对于提升全市医药企业创新能力，促进生物医药产业优化升级发挥积极作用。组织市医药企业谋划和办理国家、省科技计划项目。华北制药一类新药左旋多沙唑嗪临床前研究、重组人源抗狂犬病毒单抗注射液临床研究项目，石药集团冻干重组胰高血糖素样肽－1受体激动剂临床研究、抗癌大品种楷莱的仿制品－多柔比星脂质体的研究开发、决奈达隆原料及制剂、非典型抗精神药伊潘立酮的研究开发、阿卡波糖原料药及制剂研究与开发、心血管药大品种改造等项目被列入国家“十二五”重大新药创制专项；以岭医药牵头承担的“基于微血管病变性疾病的营卫‘由洛以通、交会生化’研究”项目，被列为科技部973计划。争取省社会发展领域重大科技创新项目5项（全省14项）。争取国家科技项目20项，资金7695万元；争取省指令性科技支撑项目23项，资金1688万元，列入省自筹资金项目27项。一批重大项目顺利完成并通过验收。7月份，“抗生素大规模生产关键技术创新联盟”和“维生素C与B_{12}生产工艺技术创新联盟”通过科技部验收；“重组人血白蛋白”获得国家食品药品监督管理局颁发的“药品生产许可证”，同时获得专利20余项；河北省重大科技创新项目“新型液体生物燃料－生物丁醇制造的关键技术研究”、“石家庄生物制药关键技术研究及免疫抑制剂系列产品研发”项目通过省科技厅验收。推进全市生物医药产业科技创新工作交流，组织全市生物骨干企业召开“全力打造石家庄市生物医药科技创新国家队座谈会”，回顾“十一五”技术创新工作成效，交流在组织科技创新方面工作经验，展望“十二五”全市生物医药产业发展，并对全市生物医药科技工作提出建设性意见和建议。

【节能减排技术创新】 全年安排节能减排技术创新项目10项，项目注重行业共性关键技术创新。围绕“十二五”规划中节能降耗工作目标和全市医药、化工、建材、冶金、环保等重点行业，组织开展节水节能节材技术、水循环利用技术、余热余能梯级利用、废弃物资源化利用、清洁生产技术等一批节能减排关键技术研究与示范，如“建筑废物资源化关键技术及产业化示范研究”、“合成氨铜液余压能量回收装置研发”等。组织参加2011年石家庄市节能宣传周大型节能宣传活动，宣传节能新技术、新产品、新成果，国内外节能技术前沿领域，取得良好效果。

【科技强警】 石家庄市为“科技强警示范城市”和“全国警用地理信息基础平台建设试点城市”。年初，省科技厅领导到市公安局调研，参观了市公安交通管理局全市交通中心控制室和开发的新产品，充分肯定石家庄市科技强警工作。重点支持“警用地理信息基础平台应用关键技术的研究”、“智能交通系统综合信息平台集成技术研究”、“基于公网与公安网接入数据资源共享与安全关键技术的研究”、“基于信息技术对高危人群识别与管控关键技术的研究”、“综合通信系统互联方式的研究”等项目进展顺利。

（市科技局）

科技合作与交流

【概况】 2011年，科技合作与交流工作围绕全市科技工作重点，以提升自主创新能力为核心，以服务主导产业、骨干企业、知名品牌发展要求为主线，组织实施市指令计划7项，安排经费89万元。争取省指令计划项目4项，共计55万元。全年有5个项目列入科技部国际科技合作计划，其中，对俄专项3项，争取资金3000多万元，另有4个项目通过2012年科技部国际科技合作计划技术评审。全年派出赴南非、肯尼亚、俄罗斯、台湾、香港科技考察和招商团组5批17人次，接待来自芬兰、爱尔兰、俄罗斯、澳大利亚等国专家30人次到石家庄市有关科研院所和企业开展科技考察和项目洽谈。其中，邀请芬兰金属结构残余应力控制系统研发中心（CRS Development Center）董事长佩尔蒂·纳乌帕等到石家庄市考察冀凯集团和强大泵业集团等企业，就成立研发中心具体事宜探讨，达成初步合作意向；接待澳大利亚西澳大学自然科学与农学院博士、教授闫桂军到市农科院洽谈合作，双方就“抗小麦基腐病主效基因的QTL的定位和克隆”课题达成初步合作意向。

【开展交流活动】 2月21日，组成以副市长张妹芝为团长的代表团赴北京拜访科技部领导和科技外交官，举办“石家庄市政府对接科技外交官活动”座谈会，借助科技外交官信息、资源优势，帮助石家庄市企业和单位寻找科技合作伙伴，促成项目合作。组织企业和科研院所，精心筛选8个拟申报国际科技合作计划项目和20个国际合作技术需求项目向科技部合作司和科技外交官推介，促成企业和外交官零距离对接。科技部国际合作司副司长马林英、人事司副司长蒋苏南，合作司有关处长以及中国驻美国、印度、巴西、南非等国家科技参赞，河北省科技厅副厅长郭玉明和国际合作处处长康健应邀出席座谈会。加强石家庄市与台湾地区科技合作与交流，组织全市有关企业到台湾开展科技考察和项目合作洽谈，重点推介石家庄市国际科技合作项目，石家庄京华电子与台湾聚积科技在台北签署战略合作协议。5月10日，在石家庄科技中心举行了“石家庄市与台湾企业项目对接座谈会”。来自台湾泉臣股份有限公司、精星股份有限公司、讯杰科技公司等4家企业和石家庄市金博电梯、亿生堂、西比克仪表、实华科技、创宇等5家企业实现对接。河北金博电梯智能设备有限公司和台湾精星股份有限公司就先进自动化表面黏着线（SMT）合作达成初步意向。

【参加展览招商】 加强国际科技合作交流，组织参加一系列国际性学术研讨会。年内，组团参加香港“投洽会”、北京“科博会”、南宁“中国－东盟博览会”、乌鲁木齐“中国－亚欧博览会”以及深圳“高交会”等各类重大科技展览活动，帮助石家庄市企业利用会展平台，推介项目、交流信息、增进了解、和谐互动，促进科经贸技术交流和区域经济合作，取得可喜成绩。全市企业发放宣传资料7000余份，接待洽谈约2800人次，促成全市企业与外地科研院所、高校及企业达成科技合作协议和意向35项，涉及电子、能源、生物医药、机械制造等领域，合作金额接近5亿元。年内因组织有力、工作出色，石家庄市获得河北省科技厅颁发的“第十四届中国（北京）国际科技产业博览会最佳组织奖”。

【科技合作平台建设】 自2007年以岭药业被第一个授予国家级国际科技合作基地起，到2011年，已有5家国家级“国际科技合作基地”落户石家庄市，约占全省总量的50%。合作基地是开展国际科技合作的骨干和中坚力量，石家庄市采取有力措施，鼓励支持“项目－人才－基地”相结合新模式，加大培育和扶持力度，至2011年末，5家基地共执行国际科技合作项目19项，在国际科技合作方面总投入达到18800万元，其中获得各级财政经费支持近5000万元。通过国际科技合作，取得一批国际先进水平以上科技成果，引进一批高层次人才和创新团队。合作基地在国际科技合作中领引和示范作用得到发挥，极大地推动了全市国际科技合作的开展。

（市科技局）

【中欧联合实验室揭牌】 6月28日，由石家庄润柏医药科技有限公司与爱尔兰十字动保制药集团合作建立的中欧联合实验室揭牌。该实验室位于石家庄科技中心，总投资2800余万元，建筑面积1400平方米，依据国际通用优良实验室管理规范标准设计施工。拥有高效液相色谱仪、中压液相制备色谱仪、气相色谱仪、傅立叶红外分光光度计等大型进口精密仪器设备，具备国际最高标准的化学检测能力、微生物检测能力、法规注册和准入能力，以及新药研发能力。该实验室已申报美国FDA（美国食品和药物管理局）、欧盟COS（欧洲药典适用性认证）、CNAS（中国实验室认可）、国际GLP（优良实验室管理规范）等资质。中欧联合实验室可为石家庄市医药企业提供技术研发、国外技术引进、质量检测等公共服务，承担石家庄国际生物医药技术服务平台、生物产业基地技术服务中心、中药现代化技术公共服务平台等三大公共服务平台建设任务。爱尔兰十字动保制药集团生产的生物制药产品出口75个国家，在爱尔兰都柏林、加拿大剑桥、美国明尼苏达州勒苏尔和中国石家庄分别设有4个研发基地。中欧联合实验室顺利建成是全市国际科技合作取得的新成果，也是石家庄市科技企业孵化工作取得的新成果，为石家庄市制药企业完善质量体系，提升国际市场准入能力提供了良好服务，对全市整个医药产业实现又好又快发展，加快国际化步伐起到积极推动作用。

（焦莉莉）

【全国首家军地合作国家级重点实验室落户】 年内，解放军第309医院全军结核病防治重点实验室（协作实验室）项目在石家庄市高新区揭牌成立，这是中国首家军地合作成立的国家级重点实验室。该项目为解放军第309医院与禾柏生物技术股份有限公司共同建立的“结核病防治重点实验室（协作实验室）”。协作实验室主要开展结核病快速诊断技术、结核病新型疫苗和抗结核病新药的研发成果转化和产业化，并以结核病防治研究为起点，进行各类型传染病防治研发和成果转化工作。

（张跃彬）

【“2011天俱时科技论坛”召开】 11月25日，“2011天俱时科技论坛”在石家庄市举行，来自全国各地近150名专家学者应邀参加。论坛主题是“新技术、新工艺、新模式”。天俱时科技论坛，每年一届，是跨学科、跨行业、跨地区的学术交流活动，由天俱时集团承办。自2008年开始已连续成功举办三届，为国内专家学者和业界精英搭建了交流合作平台，促进了不同学科技术的交叉和融合。此次论坛上，中国科学院过程工程研究所副主任、著名冶金反应工程专家、博士生导师叶树峰，中国工程院院士、国家杰出青年科学基金获得者、哈尔滨工业大学副校长任南琪等专家，从不同视角、不同层面，就科学技术在不同领域的创新、应用与发展前景发表演讲，与会企业代表也就自己关心的问题与专家进行了交流和探讨。

（刘宝芝）

【产学研合作】 组织驻石高校科研院所与企业产学研合作对接。年内，组织召开“石家庄市工业企业技术升级合作对接会”和“石家庄市促进区域产业发展技术对接活动”。组织石家庄铁道大学、河北科技大学、河北师范大学、石家庄经济学院、河北省科学院、河北省机械科学研究院等10多家高校、科研院所的专家和石家庄市企业参加对接，编印《专家推介册》，推介专家学者150余人、各类科技成果及专利技术430余项，现场签署科技合作协议13项，合作项目总投资额超过8000万元。

（市科技局）

民营科技管理与服务

【概况】 深入贯彻落实省政府《关于进一步加快民营经济发展的意见》和市委、市政府《关于支持和鼓励民营经济加快发展的若干政策措施》文件精神，坚持以“转变工作作风、优化发展环境”为主题，以推进民营企业自主创新为主线，在为企业创造宽松的创新环境和提高服务质量上下功夫，促进全市民营科技企业稳步、健康、发展。鼓励民营企业建立自主研发机构，对新认定为国家级企业技术中心、重点实验室、中试基地、工程技术研究中心的，市政府给予企业500万元奖励（同一机构不重复计奖）；获得省、市技术中心称号的企业，市政府分别给予50万元、10万元奖励；新列入国家级、省级孵化器的，分别给予500万元、50万元奖励。2011年，全市（驻石）新增省级工程技术研究中心7家，省级重点实验室1家，市级工程技术研究中心27家。至2011年末，全市拥有国家级、省级、市级工程技术研究中心（重点实验室）达到154家，其中国家重点实验室2家，省部共建国家重点实验室培育基地2家，省级重点实验室37家，国家级工程技术研究中心1家，省级工程技术研究中心38家、市级工程技术研究中心74家。

【落实自主创新政策】 抓好《河北省企业研究开发费用税前加计扣除项目鉴定办法》和《河北省科学技术进步条例》贯彻落实。通过编印政策汇编，举办政策解读、项目鉴定培训班等措施，全面落实企业研发费用税前加计扣除等优惠政策，即开发新技术、新产品、新工艺发生研发费用，未形成无形资产计入当前损益的，在依据现行规定据实扣除基础上，按研发费用的50%加计扣除；形成无形资产的，按无形资产成本150%摊销。初步统计，全市有3.67亿元企业研发费用享受到企业研发费用税前加计扣除税收政策。

【鼓励申报科技计划项目】 对承担国家科技计划项目，市科技经费给予一定比例配套资金。对国家级和省级创新型企业，由市、县（市）区政府给予适当奖励，其科技项目给予优先安排，获得国家级、省级科技进步奖，除国家、省奖励外，市政府分别给予50万元、20万元奖励。2011年，全市35家企业被确定为高新技术企业，1家企业晋升为省级创新型企业。年末全市拥有高新技术企业195家，国家级创新型企业3家，国家级创新型试点企业1家，省级创新型企业5家，省级创新型试点企业20家，企业步入创新驱动之路。全年获省突出贡献奖1项，省科技进步奖20项，市科学技术特别奖4项，市科技进步奖83项；2008～2010年4项市科学技术特别奖累计新增产值10.8亿元，新增利税3.03亿元。

【公共技术服务平台建设】 加大政府资金对公共技术服务平台建设投入，引导在石各类研究中心为民营企业提供服务。支持有条件的投资者和相关机构建立公共技术平台、检测服务平台和科技合作交流咨询平台，为民营企业提供新产品和新技术研发、设计、测试、检测等服务。推进石家庄科技中心创建国家级孵化器工作，石家庄科技中心运行良好，“石家庄国际生物医药技术服务平台”投入使用，“中欧生物医药联合实验室”正式揭牌启用，入驻科技中心42家孵化企业较快发展，其中8家企业被认定为高新技术企业；总投资2.12亿元、高24层、建筑面积达6.52万平方米的二期建设工程（石家庄科技创业中试基地）全面展开。年末，全市拥有孵化器6家，其中国家级1家，省级3家，孵化面积34.35万平方米，孵化企业512家，累计毕业企业103家，孵化企业技工贸收入27.31亿元。加快推进生产力促进中心创新服务资源整合，“河北省省会生产力促进联盟筹备会”正式成立，盟员单位达到16家，“石家庄医药化工公共服务平台”被认定为“河北省技术创新公共服务示范机构”；科技服务平台建设取得新进展，“石家庄市科技资源共享服务平台”正式开通，“大型仪器设备共享平台”功能提升。

（市科技局）

科学技术普及

【概况】 召开全市科普工作联席会议，30家科普联席会议成员单位参加，会议上下发《2011年科普工作要点》，安排和部署全市科普工作。开展全市年度科普统计，按时高质量完成全市近400家单位科普统计任务。举办“科技活动周”启动仪式和集中宣传活动，组织科普活动247场次，专题讲座、培训100余场，参与80余万人次。省、市联合举办第二届“科技活动周”网络科普知识竞赛，共有7000多人参加答题，符合抽奖条件80分以上人员6000多名，抽出一二三等奖123名。此次活动短时间内，科普网点击率达到近7万人。开展科普宣讲活动，发挥“石家庄科普巡回宣讲服务团”作用，组织专家开展科普进社区、到农村等“科普六进行动”200余场，受益群众达4万余人。

（市科技局）

【命名第二批科学素质教育基地】 11月2日，石家庄市举行第二批“科学素质教育基地”命名仪式。经市全民科学素质工作领导小组认定，包括石家庄经济学校在内33个单位入选。“科学素质教育基地”是依托教学、科研、生产等机构具有开展和实施科学素质教育功能，并取得显著成绩的场所。“科学素质教育基地”承担的基本任务为组织开展科学素质教育和专业技能培训；组织参与大型主题科普活动，以及面向社会公众的科普宣传教育活动；建立联合协作工作机制，与其所在地的社区、乡镇、学校、部队、企事业单位等定期合作开展社会化科学实践活动；组织开展以提高全民科学素质为目标的专题研究等。到2011年末，全市有“科学素质教育基地”单位55个。

（顾晓萍）

【新增2家省级科普基地】 12月份，省科技厅公布第二批16家省级科普基地名单，其中石家庄市有2家，分别是省妇女儿童活动中心和高邑金世纪林果园区科普基地。至2011年末，全市共有9家省级科普基地。

（焦莉莉）

山区经济技术开发

【概况】 2011年，山区经济技术开发办公室（简称山区办）立足石家庄市山区实际，加强调研，认真谋划，围绕山区特色产业发展、科技示范基地建设、科技型龙头企业等实施各级科技项目，提高了产业基地、龙头企业建设科技含量。全年全市山区县（市）区承担省科技项目17项，经费95万元；组织实施市级科技项目15项，经费135万元。

【示范基地管理】 在井陉钙镁产业基地、行唐奶业产业基地、元氏石榴产业基地、赞皇柴鸡产业基地和灵寿中药材产业基地5个河北省太行山星火产业带示范基地基础上，平山大西柏坡红色旅游与生态农业休闲产业基地和鹿泉市奶业标准化生产技术集成与产业化基地被省科技厅认定为河北省山区星火产业带示范基地。被认定的示范基地，河北省将在山区经济技术开发、科技项目及经费支持等方面给予重点倾斜。2011年，按照省科技厅要求，山区办协调基地所在县，加强示范基地管理，建立组织领导机构，制定有效措施，加大科技创新和科技投入力度，加快示范基地发展。至2011年底，在7个示范基地实施省、市科技计划项目20多项，基地多次举办各种类型培训班、印发技术资料、推广新技术等活动，有力推动了基地发展，经济效益和科技进步水平明显提升。按照省科技厅关于建立市级示范基地要求，市科技局印发《关于组织申报石家庄市山区星火产业带科技示范基地的通知》。经各县（市）区推荐申报，市科技局组织专家评审，最终认定赞皇核桃等17个基地为石家庄市山区星火产业带科技示范基地。认定的17个市级示范基地，山区办在科技立项和经费支持等方面给予倾斜，推动发挥示范带动作用。

【龙头企业新产品、新技术开发】 扶持星火产业带龙头企业开发新产品、新技术，提高龙头企业技术创新能力和产业辐射带动作用。支持石家庄君乐宝乳业有限公司承担的“新鲜奶酪的开发及其工艺研究”及“高密度活性乳酸菌发酵关键技术的研究”、石家庄市苍山钙业有限公司承担的“清洁连续石灰消化新工艺研究与示范”等项目，有效促进了企业产品提档升级，取得显著的经济和社会效益。“新鲜奶酪的开发及其工艺研究”项目，通过优选乳酸菌菌种组合，开发出能产生奶酪芳香风味和独特功能性成分，具有“后酸化”性能发酵剂，采用菌种在线添加工艺、待灌装液在线升温、灌装后发酵凝乳工艺，全面保留了牛奶中的营养成分。该项目实施，极大地提高了奶酪制品行业整体技术水平，取得显著的经济社会效益。“清洁连续石灰消化新工艺研究”项目，采取化灰新工艺，有效提高灰乳质量，改善操作人员劳动条件，由原来人工操作改为机械化连续生产，提高工作效率，实现对反应进度实时监测，降低能耗约20%，减少CaO粉尘排放约90%。

【新农村科技示范村建设】 按照市委、市政府印发《关于加强石家庄市山区资源综合开发 加快山区经济发展的意见》中“十二五”期间在山区建设100个新农村科技示范村要求，2011年山区办有重点地选择一部分示范村，除在科技项目方面重点支持外，还向市财政争取新农村建设专项资金20万元，支持示范村建立科技书屋、科技橱窗，聘请专家、开展培训等，推动示范村产业发展，提高农民科技文化素质和科技种养水平，加快新农村建设进程。山区办有重点地支持赞皇鲍家滩村樱桃产业、鹿泉市谷家峪村香椿种植、北黄壁村青鱼养殖、元氏西岭底核桃产业、灵寿王家沟村旅游产业、南朱乐村食用菌产业、平山南策城中华寿桃产业、矿区天户峪村苹果产业等10多个村，并结合产业发展在多个村开展技术培训，有力推动了产业发展，加快了新农村建设步伐。

【农民技术培训】 为提高山区农民科技种养水平、加快脱贫致富步伐，山区办把加强山区农民技术培训做为2011年工作重点，认真谋划、强化措施、明确任务、狠抓落实。年初即向各县下达全年培训任务，并重点利用春季农闲时节，集中开展培训活动，在全市山区掀起春季农民技术培训高潮。市、县以及有关部门密切配合，通过采取举办科技培训班、科技讲座、科技下乡、技术指导、现场咨询等多种形式的培训活动，全年培训农民10多万人（次）。元氏县科技局结合县委、县政府提出“二五三十”工程（山区发展五万亩柿子，五万亩大枣，十万亩核桃，十万亩石榴，平原发展十万亩设施蔬菜），举办“百村万民”大培训活动，培训186个村，受训农民2万多人（次）。

【科教兴山创业奖评审】 根据《石家庄市科教兴山创业奖励办法》及《石家庄市科教兴山创业奖实施细则》，2011年8月下旬开始组织实施2011年度石家庄市科教兴山创业奖申报，到9月底，收到经形式审查合格报奖项目55项。10月27日，山区办邀请省、市有关专家领导组成以市科技局局长王雁南为主任委员，省农林科学院副院长郑彦平、市科技局副局长纪卫国为副主任委员的评审委员会，对55个报奖项目评审，评出拟授奖项目43项，其中一等奖4项、二等奖8项、三等奖31项。从评审结果看，2011年拟奖项目技术水平高、经济效益显著，为推动全市经济、社会发展和生态环境建设发挥了重要作用。据统计43个项目累计实现经济效益24.9亿元。科教兴山创业奖评审，激励和调动起广大科技人员和山区干部群众开发建设山区的积极性。

（市科技局）

【3项太行山科研成果通过鉴定】 2月17日，中国科学院遗传与发育学研究所农业资源研究中心（石家庄）太行山生态研究3个科研项目通过河北省科技成果转化服务中心组织的专家委员会鉴定。专家一致认为，3个项目总体分别达到国际同类研究先进和领先水平。“太行山生态稳定机制与生态服务功能研究”和“山区生态产业与环境保育研究项目”，被鉴定为研究总体达到国际同类研究先进水平。这两个研究开发项目基于水文及生态过程模拟的生态林空间配置与结构优化决策支持系统，首次提出太行山生态稳定性的控制标准，以及太行山生态稳定的调控机制，建立起七个太行山生态产业技术开发模式和太行山生态产业技术体系与示范模式。“太行山星火科技型新农村建设技术开发研究”项目，被鉴定为国内同类研究领先水平。该项目开发出农村生活炉渣固体废弃物和食用菌废弃物制备的土壤扩蓄增容剂、生活垃圾制备有机肥、“猪－沼－菜”三位一体清洁能源等农村废弃物清洁利用技术；开发了适于山区农民信息进村入户终端产品“智能农用信息机”，从改善农民生活观念和行为角度，进行了农村信息技术建设与示范；提出村镇聚落结构优化的对策方案以及技术体系。

【新增2个星火产业带基地】 11月份，省科技厅新认定8个河北省山区星火产业带示范基地和山区特色产业科技园区，石家庄市平山县大西柏坡红色旅游与生态农业休闲产业科技示范基地、鹿泉市奶业标准化生产技术集成与产业化示范基地入选。河北省从2008年开始组织认定“河北省山区星火产业带示范基地、山区特色产业科技园区（试点）”，这些示范基地和园区建设要求以市场为导向，以先进技术应用及产品开发，促进成果转化为核心，对优势特色产业进行区域化布局、标准化生产、企业化管理、科学化配置。通过优化山区特色产业的产品结构、提高产业区整体效益，使基地和园区成为科学技术的辐射源，成为产学研相结合、人才培养、技术培训的基地，发挥了周边地区特色产业升级、山区经济发展和新农村建设的示范带动作用。至2011年底，石家庄市共有7个山区星火产业带示范基地和园区。

（焦莉莉）

专利与知识产权保护

【概况】 2011年，市知识产权局加强专利保护体系建设，推动10个县（市）区列入首批专利保护体系建设试点单位，部分县（市）区出台加强知识产权保护和促进专利实施政策。30家商贸流通企业被认定为“河北省无假冒专利示范单位”。至2011年底，全市申请专利4035件，专利授权2487件，同比分别增长22.1%和8.2%；发明专利授权400件。年内，市知识产权局获得全国、全省“知识产权系统打击侵犯知识产权和制售假冒伪劣商品专项行动先进集体”、“省知识产权工作综合管理先进集体”、“省知识产权政务信息工作先进集体”称号。

【打击侵犯知识产权和制售假冒伪劣商品专项行动】 组织协调市政府“双打”专项行动工作领导小组各成员单位和各县（市）区“打侵办”采取有效措施，全面、深入开展“双打”专项行动。全市共出动执法人员10万人次，检查商业、文化市场、娱乐场所20232家，检查商品400余万件，处理侵权案件188件，查处假冒伪劣案件254件，移送公安机关案件13起。出动专利行政执法人员402人（次），检查商贸场所（店）和专业市场300多家，检查商品4000多件，处理专利标识不规范商品500件，查处假冒专利案件6件，移交有关部门处理2件，调处专利侵权9件。

【专利权质押融资】 做好知识产权质押融资工作，针对全市100多家中小企业专利权质押融资需求情况开展调查。年内，全市6家企业获得金融机构专利权质押贷款，总额达5170万元。其中，河北四方通信设备有限公司用2项专利权获得2000万元质押贷款，石家庄百年巧匠木制品有限公司用4项专利权获得170万元质押贷款，石家庄巨力科技有限公司用7项专利权获得1500万元质押贷款，河北博宇节能设备有限公司用4项专利权获得1000万元贷款，石家庄理想汽车零部件有限公司用1项专利权获得300万元质押贷款，石家庄五龙制动器股份有限公司用1项发明专利权获得200万元质押贷款。知识产权质押融资政策全面落实，为专利权贷款企业快速发展注入新的生机，调动了其他企业运用专利权质押贷款政策提高自主创新能力的积极性。年内，全市20多家企业参加全省专利资产评估与企业知识产权价值管理制度建设培训班。

【知识产权优势培育企（事）业】 组织58家重点领域、重点行业及工业“5+3”企业列入省优势培育单位，重点在知识产权管理、人才培训、预警机制建设、维权援助、专利分析等方面引导扶持，形成一批拥有自主知识产权和知名品牌、国际竞争力较强的优势企业。2011年，58家优势培育单位申请专利1029件，同比增长21.7%，占全市总申请量的1/4。在第十三届中国专利奖评选活动中，石药集团中奇制药技术（石家庄）有限公司和石药集团恩必普药业有限公司共同完成的“丁苯酞软胶囊及其制备工艺”发明专利被国家知识产权局和世界知识产权组织授予“中国专利金奖”，是河北省唯一一个获金奖项目。河北东旭投资集团有限公司等7家单位项目分别获得“2011年河北省知识产权优势企（事）业培育工程专利奖”二、三等奖，石家庄市荣得优秀组织奖。2011年，石家庄市科技进步奖获奖企业73家，知识产权优势培育企业21家，占28.8%，专利项目占获奖项目14.9%。石家庄制药等企业3个专利项目被中国知识产权研究会、河北省知识产权局分别授予“河北省专利战略优秀研究成果”一、二、三等奖。

（市科技局）

【举办第五届中国·河北专利周】 11月9～15日，中国·河北专利周在新华区举行。河北专利周开幕式活动由省知识产权局、市政府联合主办，市科技局、市知识产权局承办，新华区政府协办。主题是“实施专利战略、推动创新发展”。专利周期间，组织开展专利技术展示交易会、项目对接会、交流研讨会等活动35场次。

【29家企业获评无假冒专利示范单位】 11月份，河北省确定2011年“无假冒专利示范单位”207家，其中石家庄赵县信誉楼百货有限公司、石家庄天客隆商贸有限公司、无极县人民商场等29家商贸流通企业名列其中。至2011年末，全市共有51家企业被授予无假冒专利示范单位，数量居河北省第一位。

（焦莉莉）

【专利资助】 年内，全市788项专利列入国家、省、市专利资助计划，获得专利资助资金153万元。其中，21项专利项目获得国家知识产权局PCT专利资助资金93.7万元；395项发明专利申请和发明专利获得省知识产权局专利资助资金36万元；372项专利获得市专利资助资金23.3万元。

【知识产权托管】 制定《石家庄市中小企业集聚区知识产权托管工作实施方案》，增强中小企业知识产权创造、运用、保护和管理水平。《石家庄市知识产权战略实施推进工程》项目列入国家知识产权局与工业和信息化部2011年度“区域经济知识产权促进工程”项目计划。建立综合服务机制，为中小企业提供各类知识产权公共服务，与藁城市科技局、良村开发区管委会共同举办石家庄市中小企业知识产权培训班，选择5家知识产权服务需求迫切企业与专利商标事务所签订知识产权托管服务协议。

（市科技局）

科学技术奖励

【概况】 依据《石家庄市科学技术奖励条例》，经石家庄市科学技术奖评审委员会评审，市科学技术奖励委员会审议，市科技局核准，市政府批准，授予“丁苯酞原料及软胶囊”等4项科技成果为2011年度石家庄市科学技术特别奖；授予“非均相生物催化和反应分离耦合法生产精细化学品新技术”等83项科技成果为2011年度石家庄市科学技术进步奖；授予河北师范大学等7家单位为2011年度石家庄市科学技术进步组织奖。

表59　2011年度石家庄市科学技术特别奖

序号	项目名称	完成单位	主要完成人员
1	丁苯酞原料及软胶囊	石药集团中奇制药技术（石家庄）有限公司	李建青 牛占旗 张宏武 王金戌 刘英发
2	低分子量肝素钙注射液	河北常山生化药业股份有限公司	姬胜利 李宗科 白文举 崔洁 李彦
3	高性能激光焊接金刚石工具	博深工具股份有限公司	孟凡爱 沈祥清 时会彬 樊云昌 江誠
4	节能环保型超大流量盘式连续干燥装置	石家庄工大化工设备有限公司	张继军 底国栋 张晓松 赵敏刚 徐彦国

表60　2011年度石家庄市科学技术进步奖一等奖

序号	项目名称	完成单位	主要完成人员
1	非均相生物催化和反应分离耦合法生产精细化学品新技术	河北科技大学 石家庄中天生物技术有限责任公司 河北诚信有限责任公司 石家庄合佳化学品有限公司 石家庄市冀荣药业有限公司	刘守信 郑学明 尚会建 于奕峰 甄小丽 褚现英 崔哲峰 刘振强 贾晓波 申银山
2	高光效大功率LED路灯	河北神通光电科技有限公司	李彦伟 周晓黎 崔泽英 李德峰 安国雨 谷青博 李少鹏 郭效尧 许栋
3	美罗培南原料和制剂	石药集团中奇制药技术（石家庄）有限公司	张宏武 史颖 吴文芳 吕健 马玉秀 汪玉梅 郭文敏 李银贵 谢赞 梁亚丽
4	盐酸沃尼妙林预混剂	河北远征药业有限公司	岳永波 梁先明 杨芳 刘海亮 刘毅 李金明 刘波
5	麻材功能化纤维技术的开发与应用研究	河北吉藁化纤有限责任公司	宋德武 郑书华 张永久 李振峰 薛振峰 冯爱芬 范梅欣 范小永 张焕志
6	肝再生增强因子重组质粒对实验性大鼠肝纤维化的影响	石家庄市中心医院	李青 杨淑芳 高春梅 高晓玲 赵彦
7	新型颗粒生物复混肥的研制及应用研究	石家庄金太阳生物有机肥有限公司	刘志军 马清河 唐兆宏 魏亚新 李宾 赵从波 陈文杰 古述江 梁雪平 高志华
8	EBH300(A)悬臂式岩石掘进机研究开发	石家庄煤矿机械有限责任公司	魏景生 张兰胜 周迎春 王彦海 高会春 李树辉 辛恒奇 耿凤肖 宋月辉 李伟

（续表）

序号	项目名称	完成单位	主要完成人员
9	参芪强力胶囊治疗腓骨肌萎缩症理论与临床研究	河北以岭医院	陈金亮 周顺林 李红霞 王殿华 杨晓黎 锁海虹 何艳梅 张月敬
10	油雾润滑油	石家庄新泰特种油有限公司	丁贞君 丁峰 甄国芬 周增强 王慧霞 周志刚 丁浩 李学兵 杨秉陆
11	高产优质强筋冬小麦新品种师栾02－1选育与应用	河北师范大学 栾城县原种场	黄占景 岳聚兴 赵慧芳 许顺芝 沈银柱 张忠良 赵宝存 葛荣朝 梁玉岭 林永玲
12	功能型聚羧酸系减水剂的分子设计及合成研究	河北金舵建材科技开发有限公司	马国栋 任盛隆 李红双 靳通收 安玉红 王磊 崔亚培 张连臣 王双保 李昊
13	鸡中药免疫增强剂－黄芪红花散研究与应用	石家庄市畜牧兽医技术开发中心 河北工程大学	强慧勤 石玉祥 孙莉 赵洪明 崔岩 王玉清 王荣申 武瑞栓 武革利 王万华
14	优质、抗逆核桃新品种——西岭	石家庄市果树站、河北省林业科学研究院	毛向红 剧慧存 杨慧娟 张建英 庞国强
15	依诺低分子肝素原料与注射液开发	河北常山生化药业股份有限公司	姬胜利 白文举 牛聪敏 崔洁 左积文 李志敏 李文茂 刘梅菊 刘碧昭
16	软包装输液生产关键技术集成创新研究	石家庄四药有限公司	张清江 李俊德 田建宣 李建刚 刘新 梁擘 夏国龙 关珊
17	万吨级楔横轧高质量汽车轴类件生产技术及应用	河北东安集团有限公司 北京科技大学	张康生 刘庚寅 胡正寰 刘爱国 王宝雨 卜欣宗 刘晋平 李昱 张巍 穆士昌
18	户外全彩色表贴LED显示系统关键技术研究	石家庄市京华电子实业有限公司	远松灵 王保柱 安胜彪 王晓君 杨鹏飞 李春明 轩宗泽 张振男

表61　2011年度石家庄市科学技术进步奖二等奖

序号	项目名称	完成单位	主要完成人员
1	石家庄市奶牛疫病流行病学调查及综合防治技术研究	石家庄市动物防疫监督总站	张德全 魏青华 张文龙 焦兰芬 贺小云 岳海祥 李国方
2	分子生物学原位杂交核酸探针及配套试剂盒的开发与应用	河北博海生物工程开发有限公司	李彬 徐晓荣 闫静辉 张锐 刘玉翠 吴萌 邹岳琦
3	高产优质抗逆广适大豆新品种石豆1号的选育与应用	石家庄市农林科学研究院 中国科学院遗传与发育研究所农业资源研究中心	王玉岭 李占军 金素娟 杜郁 武金 王志国
4	盐酸氨溴索缓释片的开发	石药集团中诺药业（石家庄）有限公司	汪玉梅 王亚静 郝伶闪 郭慧娟 王蓓 高洁 侯红存
5	年产10万吨葡萄糖结晶新技术 的开发	河北赵州利民糖业集团有限公司 河北科技大学	康明丽 刘方方 吴军彩 赵锁军 李英仁 焦威跃 孙瑞敏
6	头孢他啶原料及其制剂质控研究及相关杂质分析	石家庄市餐饮化保执法大队 河北省药品检验所	张冬 张会兰 苑华 郭毅 武少馨 常俊山 杨梁
7	2型糖尿病患者血浆凝血因子Ⅶ、Ⅷ水平与大血管病变的相关性研究	石家庄市第一医院	潘志兰 汪建平 邢英杰 张宏煜 张国欣
8	纺织新产品新技术开发－节能节水型服装生物整理技术的开发	石家庄美施达生物化工有限公司 河北科技大学	姚继明 张玲 秦志刚 崔淑玲 魏赛男 麻利坤 阴建华

（续表）

序号	项目名称	完成单位	主要完成人员
9	职业装裁剪过程优化与仿真系统开发与研究	际华三五零二职业装有限公司 天津工业大学	张凤林 仇满亮 李英琳 王晓云 高维 刘建萍 刘世红
10	桡骨骨折愈后研究及带蒂回盲肠间置在外科的应用	石家庄市第三医院等	于金河 赵志敏等
11	石家庄铁路入地三维地理信息系统的研发	石家庄铁道大学	张文胜 王明生 刘伟 颜月霞 张良 赵军华 刘锦娣 姚芳
12	乙型肝炎病毒cccDNA检测技术的建立与临床应用	石家庄市第五医院	戴二黑 叶立红 赵召霞 李兵顺 刘云燕 何朝霞 侯军良
13	适应不同种植模式早熟棉花品种的选育与应用	石家庄市农林科学研究院	朱青竹 眭书祥 冯恒文 李增书 赵丽芬 李爱国 张艳丽
14	无公害肉兔高效养殖技术研究与示范	井陉县科技发展研究中心 河北农业大学	谷子林 卢锁柱 黄玉亭 陈宝江 杨慧 冯小明 梁博军
15	TMR饲料加工成套设备关键技术研究及产品开发	石家庄万通机械制造有限公司 河北科技大学	李保章 崔彦平 李荣廷 黄凤山 王凤娟 赵志伟 陈久璋
16	IPS－TFT用液晶材料	石家庄诚志永华显示材料有限公司	朱起鸣 王奎 梁志安 员国良 田秋峰 丁兴立 张胜茂
17	那格列奈分散片	石药集团中奇制药技术（石家庄）有限公司	陈玉洁 陈素锐 王莉芳 郑峤 刘钫 杜旭召 刘亚英
18	水性客车阻尼涂料	石家庄市油漆厂	李莉 姚海龙 赵庆军 王维强 吕战强 张鹏 史崇明
19	球形不锈钢粉末的研制与开发	石家庄铁道大学 石家庄市大冶金属粉末厂	付华 田秀淑 张光磊 于建廷 王瑞敏 李彦芳 吕臣敬 吕玉栋
20	石家庄市危险废物污染防治规划及国防科技动员支前保障体系建设研究	石家庄市环境科学研究院等	岳存义 张英才等
21	中小型企业ERP系统的研究与开发	石家庄铁道大学	毛晚堆 王晓 刘永军 张磊 牛江川 韩立华 杨子光 徐红
22	三种中心静脉插管术的成功率到位率及并发症的临床观察	石家庄市第一医院等	翟美琴 赵砚丽 逯豫霞 刘小明 崔素巧 韩翠欣 董晓瑜
23	整体式分光束LED路灯	河北大旗光电科技有限公司	付孟坤 李亚平 荆允昌 贾发军 刘利军 李彦卿 赵义军
24	替奈替普酶左治疗玻璃体视网膜疾病中的临床应用研究	石家庄市第一医院	孙朝晖 姚一民 熊朝晖 冯艳霞 孙瑞雪 杨瑛 张哲

表62　2011年度石家庄市科学技术进步奖三等奖

序号	项目名称	完成单位	主要完成人员
1	节能减排关键技术研究与示范——炭黑生产节能减排技术研究	石家庄市新星化炭有限公司	苏喜文 苏吉春 高献亭 苏建军 毕志虎
2	高产蛋用型白羽鹌鹑良种选育及配套养殖技术研究	河北中禽鹌鹑良种繁育有限公司	褚素乔 赵祥英 刘伯华 王荣申 段秀波

（续表）

序号	项目名称	完成单位	主要完成人员
3	Embosphere 栓塞微粒球在部分脾动脉栓塞术中应用的临床研究	石家庄市第五医院	马立伟 孝奇 贾彦生 耿惠杰 苏国权
4	女性盆底功能障碍性疾病防治对策的临床研究	石家庄市第一医院	莫中福 吕英璞 仇俊英 杨瑛 刘彦丽
5	颈动脉粥样硬化斑块形成与人类白细胞抗原关联性研究	石家庄市第一医院	赵旭红 梁建英 田春凤 刘丽军
6	突发性重大灾害灾情快速获取评估与应急决策系统研究	石家庄铁道大学	张文胜 温少芳 肖剑 高桂凤 王雪红
7	新型禽用免疫调节剂黄芪多糖溶液的研制与应用	河北科星药业有限公司 河北农业大学中兽医学院	杨广平 钟秀会 赵素娟 朱秀君 武路刚
8	科技干部继续教育效果评价系统平台研究	石家庄市科技干部教育学院	张海国 路彩霞 焦晨明 樊香萍 王猛
9	多囊卵巢综合征大鼠动物模型研究糖代谢、IGF—1 及下丘脑、垂体电镜改变	石家庄市第四医院	蒋彦 于湄 范玉香 孟繁玉 刘淑香
10	脑卒中早期介入治疗及社区康复网络管理效果分析	石家庄市第三医院等	吴秀品 白国芳等
11	脑疲劳瞌睡脑电图的动态观察与分析	石家庄市第一医院	赵英莉 姚丽娜 韩楚源 胡江敏 秦红茹
12	石家庄城市立体绿化示范研究	石家庄市城市科学研究会	周素颖 赵伟彦 季杨 尹新彦 杨楚
13	IgA 肾病患者血清中 Il—12、Il—15 与蛋白尿的关系及临床意义	石家庄市第一医院	张慧儒 薛兰芬 马素伟 孙雪 祁洁
14	规范化护理应用于胸部及手部外科术后的效果观察	石家庄市第二医院等	杨九菊 姚力等
15	整体硬质合金高速刀具	河北高工工具有限公司	刘新平 申军辉 雷彬 韩占平 吴乐
16	石家庄房产建筑变化监测与房产信息系统的研发	石家庄职业技术学院	邵英秀 刘智勇 王立群 张文胜 赵占军
17	石家庄市奶牛养殖动物卫生监督长效管理机制研究	石家庄市动物防疫监督总站	焦兰芬 贺小云 魏青华 张文龙 岳海祥
18	无搅拌连续转化法硝酸钠生产工艺	石家庄凤山化工分公司	吴庆华 任保亭 左顺成 李晓 王娟红
19	脱硫石膏的深度资源化利用研究	鹿泉金隅鼎鑫水泥有限公司 河北科技大学 石家庄市未来建材有限公司	赵风清 魏卫东 刘洪杰 何金梁 陈建波
20	混凝土膨胀剂及新型抗滑低噪水泥路面应用研究	无极县公路站等	严战友 李乃珍等
21	慢性病（冠心病、糖尿病）并发症的相关性研究及超声心动在大血管病变诊断中的应用研究	石家庄市第一医院等	胡喜田 刘素波 秦利强 白玉茹等
22	大豆的乳酸菌发酵技术及应用	石家庄市兄弟伊兰食品配料有限公司	陈庆森 葛春美 张荣宁 赵永科 王喜缺 杨晓威

（续表）

序号	项目名称	完成单位	主要完成人员
23	脱脂核桃微粉生产技术	石家庄丸京干果有限公司	温凯 梁绍隆 秦绪平 姚自奇 韩瑞山
24	强脉冲光脱毛、胶原酶溶解术及皮肤软组织扩张器在外科临床应用	河北省正定县人民医院等	刘士斌 孙卫海 翟卷平等
25	慢性感染及重症感染鉴定方法及治疗策略研究	石家庄市疾病预防控制中心等	张海红 刘一婷等
26	河北省高职院校体育课改革实践与研究	河北化工医药职业技术学院	周利明 王晓欣 李孝录 贾振英 苏立坡
27	CO 等气体多点在线监测仪	石家庄市自动化研究所	李冰 边静 赵善祥 张冬雯 史佩红
28	围产期及围产儿及疾病调查及诊疗保健	石家庄市第一医院等	李淑敏 张国华 吴玲玲 曹琴英等
29	农业综合节水技术集成与示范——小麦高产节水技术集成与示范	河北科润种业技术有限公司 石家庄市农业技术推广中心	李月华 柴玉坡 刘强 党凤梅 赵军华 张淑丽 郜凤雷 张冉 彭超 何建兴
30	高山杜鹃开花生理研究	石家庄市神州花卉研究所 河北农业大学	李志斌 肖建忠 白霄霞 史宝胜 张芹
31	无痛技术在中孕引产及分娩中的应用	石家庄市第三医院等	鲍俊晰 孙立军等
32	中药材连翘规范化种植技术研究及示范	河北省农林科学院经济作物研究所	刘铭 田伟 岳晓丽 吕日新 刘灵娣
33	建筑陶瓷纳米釉料的研制及应用	石家庄学院	次立杰 张绍岩 刘树彬 陈丁龙 郭敬敬
34	潜油行星齿轮减速机构的研制	石家庄科一重工有限公司	杨晓亮 赵向坤 任士杰 康素文 王红梅
35	石家庄加强科普能力建设及技术转移体系建设研究	石家庄市科技信息研究所	刘延 张海国等
36	三藤通痹丸治疗类风湿性关节炎的疗效及安全性评价	石家庄平安医院	王晓军 李文英 李桂 韩聚方 李晓云
37	深松整地机研制与开发	石家庄市农业机械化推广站 藁城市博远农牧机械有限公司	刘虹亚 张增辉 张缺俊 李红霞 李建萍
38	宫颈病变筛查及治疗	辛集市第一医院等	王翠英 徐玉萍等
39	节能、减量洗衣粉包装	河北永新包装有限公司	姜志绘 方洲 于庄 陈宝生 解晓霞
40	藏诺培根胶囊的开发与应用研究	石家庄藏诺生物科技有限公司	王智森 高飞 马跃华 赵献超 安丽娜
41	D- 对羟基苯甘氨酸甲酯和酰胺的开发	石家庄中天生物技术有限责任公司 河北科技大学	刘守信 付建忠 崔哲峰 马素卫 王玉龙

表 63　　2011 年度石家庄市科学技术进步组织奖

序号	获奖单位
1	中电科技集团第五十四研究所
2	河北师范大学

（续表）

序号	获奖单位
3	河北以岭医药研究院有限公司
4	石家庄中天生物技术有限责任公司
5	中国地质科学院水文地质环境研究所
6	中国人民解放军白求恩国际和平医院
7	石药集团中奇制药技术（石家庄）有限公司

【科学技术特别奖项目简介】 石药集团中奇制药技术（石家庄）有限公司成果“丁苯酞原料及软胶囊”，是国际上第一个作用于缺血性脑卒中多个病理环节新药。2004年完成工业化生产，实现从天然植物提取到化学合成突破，建起国内第一个软胶囊技术开发平台，并将部分专利授权给美国、日本、韩国等多家制药公司，开创了国家新药研发的技术运作模式，实现中国首次向发达国家进行药品研发技术输出先例。2008～2010年累计新增产值4.7亿元，新增利税1.5亿元。

河北常山生化药业股份有限公司成果“低分子量肝素钙注射液”，使低分子量肝素钙注射液生产技术有了全新突破，为国内心脑血管疾病治疗增添一种安全、有效的国家新药。该产品拥有独立知识产权，创立了国家注册标准。2008～2010年累计新增产值1.1亿元，新增利税0.4亿元。

石家庄工大化工设备有限公司成果“节能环保型超大流量盘式连续干燥装置”，开发出高效节能大型装备设计制造技术，为国家节能、环保事业做了基础性工作。该装置填补国内在超大流量盘式干燥装置上的空白，形成自主知识产权，获得两项国家专利。2008～2010年累计新增产值2.2亿元，新增利税0.43亿元。

博深工具股份有限公司成果“高性能激光焊接金刚石工具”，开发出高速通用干切片、混凝土专业切割片与薄壁工程钻头等高性能激光焊接金刚石工具，为国家建筑业提供了优质金刚石工具，替代了进口产品。2008～2010年累计新增产值2.8亿元，新增利税0.7亿元。

（市科技局）

【两项目获国家科技进步二等奖】 2012年2月14日，以岭药业的“中药莲花清瘟治疗流行性感冒研究”项目、市农科院的“冬小麦节水高产新品种选育方法及育成品种”项目在2011年度国家科学技术奖励大会上获得国家科技进步二等奖。

【20项成果获得省科学技术奖】 2012年3月23日，在2011年度河北省科学技术奖励大会上，石家庄市20项成果获得省科学技术奖，其中省自然科学奖2项，省科技进步奖18项（一等奖1项，二等奖4项，三等奖13项）；中国科学院院士、中国科学院遗传与发育农业资源研究中心研究员刘昌明荣得省科学技术突出贡献奖。中科院遗传与发育农业资源研究中心李霞等科研人员完成的“盐胁迫下植物根系构型可塑性发育的生理和分子机理”成果，石药集团中奇制药李春雷、沈阳药科大学邓英杰等科研人员联合完成的“抗肿瘤纳米脂质体基础理论研究”成果获得省自然科学奖三等奖。由河北科技大学、中天生物技术、诚信公司等联合完成的“非均相生物催化和反应分离耦合法生产精细化学品新技术”成果获得省科技进步奖一等奖。2011年度省科学技术奖授奖项目共292项。

【莲花清瘟胶囊获国家科技进步二等奖】 2012年2月14日，在北京举行的2011年度国家科技奖励大会上，由石家庄以岭药业、北京佑安医院联合完成的“中药莲花清瘟治疗流行性感冒研究”项目荣获国家科技进步二等奖。这是以岭药业自2000年以来第五次获得国家科技大奖。该研究项目创新点是“积极干预治疗对策”。莲花清瘟胶囊药物组成吸取了历代医家治疗流感传染病的用药精华，结合现代抗病毒、免疫学研究，是一个传承了中医治疗外感热病规律，又融合现代医学防治流感研究的创新药物。在发病早期应用，“先证用药，截断病势”；

发病时期应用，“卫气同治，表里双解”;发病后期应用，“整体调节，多靶治疗”。

【农科院第四次获得国家科技奖】2012 年 2 月 14 日，在北京举行的 2011 年度国家科技奖励大会上，市农科院的“冬小麦节水高产新品种选育方法及育成品种”获得国家科技进步二等奖。这是市农科院第四次获得国家科技奖。市农科院此项科研课题立足华北严重缺水地区，坚持小麦节水高产协同育种，结合 20 年理论探索和育种实践，培育出节水高产型石家庄 8 号、石麦 15 号、石麦 18 号等系列节水高产小麦品种，已在河北省全面推广，在山东省、山西省、河南省和天津市等省（市）也有大面积应用。据不完全统计，2005 ～ 2010 年新品种累计推广 10592 万亩，增产小麦 27.26 亿千克，节水 43.34 亿立方米；其中 2009 ～ 2011 年推广 6691.92 万亩，增产小麦 17.23 亿千克，增收节支 44.70 亿元，节水 26.9 亿立方米。

【6 个项目获省专利战略成果奖】2011 年，中国知识产权研究会和河北省知识产权局授予石家庄市 6 个项目企业专利战略优秀研究成果奖。分别是：石药集团承担的“河北省医药行业（头孢类抗生素）专利战略研究”，荣获河北省企业专利战略优秀研究成果一等奖；河北冀凯的“煤矿井下地质钻机知识产权发展战略”，华北制药的“新型埃博霉素类药物专利战略研究”获得二等奖；中电科技十三所的“MEMS 波长选择开关（WSS）扭镜阵列研究”、博深工具的“金刚石圆锯片”、神威药业的“五福品牌系列产品专利战略研究”获得三等奖。

【“丁苯酞软胶囊及其制备工艺”获中国专利金奖】 11 月 8 日，在北京召开的第十三届中国专利奖颁奖大会上，石药集团恩必普药业的“丁苯酞软胶囊及其制备工艺”项目获得中国专利金奖。这也是全省唯一获此殊荣的项目。丁苯酞是中国加入 WTO 之后第一个研制成功的、拥有完全自主知识产权的国家一类抗脑缺血新药，填补了世界脑血管领域“缺血性脑卒中治疗药物”的一项空白，获得 9 项国内与国际专利，在世界 86 个国家受到保护。丁苯酞，最早在中国南方水芹菜籽的提取物中发现，后经人工化学合成。

（焦莉莉）

【奖励 5 个高新技术成果落地项目】 2011 年末，市政府决定，对在 2011 年度高新技术产业化项目建设、高新技术成果转化方面做出突出贡献的 5 个项目的单位和个人给予奖励，授予 3 个项目二等奖、2 个项目三等奖。获得 2011 年度高新技术成果落地奖二等奖 3 个项目分别是：华北制药河北华民药业有限责任公司新型头孢原料药系列产品项目、河北东旭投资集团有限责任公司液晶面板成套设备生产线、河北博宇节能有限公司通信基站用高效节能智能隔离式空气换热器产业化项目；三等奖 2 个项目分别是，石家庄四药有限公司软包装输液生产关键技术、石家庄巨力科技有限公司新型节能集束氧枪产业化项目。

（雷婷）

【“科技特别奖”奖金提高到 30 万元】 11 月份，市政府决定提高科学技术奖奖励标准，从 2011 年起，把“科学技术奖特别奖”由 10 万元提高到 30 万元，进步奖奖金分别提高到一等奖 5 万元、二等奖 3 万元、三等奖 2 万元。全市科学技术奖于 1999 年 8 月由市人大批准设立，按照推荐、评审、授予等严格程序每年评选一次，目的在于调动科学技术工作者的创造性，鼓励科技创新，加速科学技术产业化。

（靳晓磊　马月奎　王再奇）

科技成果转化推广与管理

【概况】 2011 年，全市完成第一、二批科技计划项目筛选、考察、申报及评审工作，安排科技成果推广及产学研合作项目 11 个，安排资金 126 万元。年内，石家庄生产力促进中心获得“国家优秀中心”称号，是河北省唯一一家获此荣誉的机构。全年石家庄生产力促进中心为全市 1512 家企业开展过各类服务，其中孵化器是该中心的核心服务。在孵化服务中，该中心开展了平台服务、大型仪器共享服务、科研项目包装服务、共性技术推广等12项标准化服务。

【医药企业产学研合作情况调查】 2011年上半年，市委书记孙瑞彬对市政协委员赵月霞在市政协十一届四次会议上关于产学研合作方面发言作出重要批示。市科技局党组高度重视，在走访并征求赵月霞委员意见基础上，组成专题调研组，选择石家庄市21家有代表性医药企业深入调查，摸清了医药企业产学研合作方面基本情况，向市委提交了《关于石家庄市医药产业产学研合作情况及对策建议的汇报》。

【举办工业企业技术升级合作对接会】 6月9日，市政府在石家庄科技中心举办“石家庄市工业企业技术升级合作对接会”。此次会议上，市8家企业与国家糖工程技术研究中心、石家庄铁道大学、河北工业大学、河北师范大学、河北医科大学及河北科技大学等高等院校及科研院所签署科技合作协议，合作项目总投资额7840万元。

（市科技局）

【石药集团华药集团两项目通过科技部验收】 7～8月份，由石药集团、华药集团牵头的“十一五”国家科技支撑计划“抗生素大规模生产关键技术创新”和“维生素C与B_{12}生产工艺技术创新研究与开发”项目通过国家科技部验收。这两个项目，是由省科技厅组织，分别由石药集团、华药集团牵头，集聚国内在同领域的优势企业、学校科研单位、国家重点实验室、研究中心、863计划成果产业化基地等40个单位共同实施。验收专家组认为，“抗生素大规模生产关键技术创新”项目，首次完成顶头孢霉的全基因组测序，建立了高通量筛选方法，获得可以大规模产业化显示的遗传优势资源，青霉素发酵单位提高25%，头孢菌素发酵单位提高32%，实现了工业规模抗生素发酵过程的优化，解决了抗生素分离纯化过程的关键技术问题，达到节能减排清洁生产目标。“维生素C与B_{12}生产工艺技术创新研究与开发”项目，完成三株维生素C生产菌株的基因组测序，建立了维生素C生产菌株的基因改造技术体系，维生素C一步发酵法摇瓶转化率达到80%以上；研究了不同操作条件和结构参数下气升罐流动和传质特性，开发集成了超滤、纳滤和陶瓷膜于一体的分离提取新方法，通过工艺优化，缩短维生素C和B_{12}的发酵周期，提高了总回收率，降低了能耗、物耗和生产成本；开发了先进的维生素B_{12}结晶干燥工艺技术和新型的结晶干燥设备，通过工艺优化，维生素B_{12}的含量达到99%以上；研制、开发了含有11种维生素的注射用复合维生素亚微乳剂。

（焦莉莉）

【举行重大新药创制项目对接与成果交流会】 11月16日，由“重大新药创制”科技重大专项实施管理办公室主办，石药集团有限公司独家承办的“重大新药创制”科技重大专项产学研技术创新联盟与综合性大平台项目对接与成果交流会第一次会议在石家庄万达洲际酒店开幕。全国人大常委会副委员长、“重大新药创制”科技重大专项总体专家组技术总师桑国卫等参加会议。会议主题是“探索新型举国体制、发挥企业创新主体作用，为建设医药强国提供科技支撑”。会议汇集了上海药物所、军事医学科学院、中国医学科学院等3家“重大新药创制”综合性大平台的科研院所，以及石药集团、浙江医药、上海医药、天津天士力等11家“重大新药创制”产学研联盟的牵头企业。会议期间，综合性大平台和产学研联盟课题负责单位进行了成果汇报。石药集团还与军事医学科学院大平台和中国医学科学院大平台分别签订了项目对接合作协议；专项实施管理办公室主任何维与产学研技术创新联盟行政责任人签订责任书；产学研技术创新联盟责任专家与产学研技术创新联盟技术负责人签订责任书。

（范玉蕾）

【“玄宁”入围国家新药创制重大品种】 11月份，石药集团欧意药业的“玄宁”（马来酸左旋氨氯地平）入围“重大新药创制”科技重大专项“十二五”计划，并被确定为新药创制重大品种。“玄宁”是河北省著名商标，是国内高血压药物市场知名品牌。欧意药业在国内率先开展马来酸左旋氨氯地平系统研究，掌握了较多原料性质、药效、毒理等成果，左旋氨氯地平服用剂量为氨氯地平一半时就可达到相同降压效果，有效降低不良反应，提高用药安全性。

【“磁性纯铁金属纤维”研发成功】 8月份，市科技局组织专家鉴定组鉴定了正定小蜜蜂工具集团研发的“磁性纯铁金属纤维”新产品。专家一致认为，该产品填补了国内空白。金属纤维是一种新型材料，生产成本较高，价格昂贵。研制成本较低的纯铁金属纤维为工具制造业的发展方向。小蜜蜂工具集团聘请国家材料领域学术带头人、燕山大学材料学院教授王明智任课题组长，研发出“磁性纯铁金属纤维”。该产品采用集束拉拔工艺，通过工艺参数优化，铜、铁材料变形量和变形速率实现有效匹配，解决了不同材质不能统一拉拔技术难题；在保证每束纤维直径变异系数最佳的同时，得到长束状纯铁纤维；采用自主研发涂覆与钝化技术在纯铁细纤维表面形成转化膜和采用气相防锈包装技术，解决了铁纤维长时间放置易生锈技术难题。

【中电科技54所两个科技支撑计划项目通过验收】 10月份，中电科技54所承担的“多模卫星导航终端基带SoC芯片研发与产业化”和“传感器网络电磁频谱监测关键技术研究”两个科技支撑计划项目通过省科技厅验收。“多模卫星导航终端基带SoC芯片研发与产业化”项目研发的GPS/RNSS卫星导航基带SoC芯片，技术处于国内领先地位，可广泛应用于车载、手持、便携等各类导航终端，与单星座相比，该芯片具有定位准确度高、可靠性高和可用性强等独特优势。该项目获得软件著作权1项，集成电路布图保护1项，申请发明专利2项，培养了一批技术骨干。“传感器网络电磁频谱监测关键技术研究”项目解决了分布式电磁频谱监测无线传感器网络架构、协同跨层协议、分布式信号检测与识别、定位与跟踪等多项关键技术问题，完成典型设备研制并搭建演示验证环境。

【产业技术对接会签约项目5个】 11月16日，市科技局与藁城市政府联合举办“促进区域产业发展技术对接会”。河北科技大学、石家庄市农科院等10所高校、科研院所，以及藁城市、辛集市、新乐市、晋州市、无极县、深泽县、正定县、栾城县和赵县等东部9个县（市）科技局及企业技术人员代表参加。对接会向参会企业推介150余名专家学者，430项各类科技成果及专利技术，专业涉及生物医药、石油化工、机械、冶金及农业等多个领域。市知识产权局推荐2011年30余项新取得的专利技术。河北科技大学纺织服装学院与河北吉藁化纤有限责任公司，河北省农林科学院谷子研究所与藁城市农业局，中国农科院农业资源与农业区划研究所与石家庄大众肥业有限公司，河北农业大学、河北农业机械化研究所有限公司与河北中农博远农业装备有限公司，河北科技大学与河北绿洲机械制造有限公司分别签订科技合作意向。

【智能汽车安全气囊项目通过验收】 11月份，省科技厅专家验收组通过“智能型汽车安全气囊系统研究”验收。该项目由东方久乐汽车安全气囊有限公司、中电科技集团十三所联合承担，是河北省科技支撑计划重大项目之一。智能型汽车安全气囊系统可智能识别和有效保护乘员，其双级烟火式和混合式气体发生器符合国家排放规定，满足环境保护要求；突破了微加速度传感器低电压高量程结构设计、低成本集成封装等关键技术。该项目实施期间，申请专利11项，其中授权专利4项，并编制出智能型汽车安全气囊系统国家标准建议稿。

（焦莉莉）

技术市场与技术贸易

【概况】 2011年，全市技术市场成交技术合同（技术合同是就技术的开发、转让、咨询或服务订立的合同，包括技术开发合同、技术转让合同、技术服务合同和技术咨询合同）1160项，成交总金额9.06亿元，比2010年增加1.45亿元，增长18.95%，总成交额占河北省的33.93%，位居全省首位。石家庄市技术交易合同主要集中在生物医药、电子信息、装备制造、现代农业等主导产业领域。4月份，制订、下发《石家庄网上技术市场信息采集管理办法（试行）》和《石家庄市技术合同认定登记工作管理办法（试行）》。“石家庄网上技术市场”是技术转移与科技成果转化的服务平台。年内，市科技局改版、升级网上技术市场，网上技术市场功能得到完善，使用更加方便，技术信息更加充实。首次编印、发布《石家庄市技术市场统计年报2010》。该报告对各级领导掌握石家庄市技术交易整体情况，了解石家庄市技术开发重点领域及研发资金流向，以及全市各行业发展状况等具有重要意义。

【技术市场业务培训】 5月份，举办“石家庄市技术市场工作及业务培训会”。邀请省科技厅成果与市场处和市地税局领导讲解国家、河北省技术市场有关政策及国家、省、市税收优惠措施。各县（市）区科技局主管领导及工作人员、各技术合同登记站工作人员及高新区有关企业120余人参加培训。

（市科技局）

【市科技局获得中国技术市场协会金桥奖】 12月18日，第五届“中国技术市场协会金桥奖”颁奖大会暨2011中国技术市场协会年会在浙江省杭州市举行。本届“金桥奖”共有257个单位获先进集体奖，147个项目获优秀项目奖，233名个人获先进个人奖。石家庄市科技局获得先进集体奖，石家庄中天生物技术有限责任公司的“两菌两酶非均相法生产D—对羟基苯甘氨酸新技术”项目获优秀项目奖，市科技局高任辰获先进个人奖。金桥奖是经国家科技奖励办公室审定批准的全国技术市场最高奖项，为国家科技进步二等奖，主要表彰在全国技术市场中做出突出贡献的集体、个人和创新水平与转化效益突出项目，每两年评选一次。

（焦莉莉）

教　育

教　育

概　述

2011年，石家庄市拥有各级各类学校（含幼儿园）3079所，在校生165.26万人，教职工11.06万人，专任教师9.45万人。全年拨付市财政性教育经费89.42亿元，比2010年增长22.29%。各县（市）、区教育财政拨款比2010年增长21.98%，高于财政经常性收入增长近7个百分点。义务教育阶段生均教育事业费、生均公用经费均实现明显增长，财政教育经费投入刚性机制进一步健全，支撑教育改革发展能力显著增强。各县（市）、区普遍加强教育资金监管，9个县（市）被评为省级农村义务教育经费保障机制改革绩效评价和管理示范县，5个县（市）被推荐参评国家示范县。义务教育阶段学生人均公用经费小学为1175.45元，比2010年的988.22元增长18.95%，初中为1818.74元，比2010年的1408.53元增长29.12%。2011年，全市免除城市义务教育学生杂费5877万元，其中获得中央、省级资金3399万元，惠及学生14万多人。免除教科书8509万元，惠及学生82.2万人。发放寄宿生生活费补助资金4144万元，其中中央和省级资金2688万元，资助贫困生寄宿生4.5万人。发放中职助学金7330万元，其中中央、省级资金4460万元，实际资助人数月均5.2万人。资助高中家庭经济困难学生补助资金6311万元，资助学生43003人，占高中在校生总人数的22%。发放高校国家奖、助学金3293.4万元，惠及学生1万余人，获得生源地信用助学贷款学生人数达到2698人，贷款金额1498.4万元，比2010年增加156人。教育提升工程全面启动，“规划先行”逐步形成共识，校园“单体建筑有特色，整体建筑有风格”成为学校建设者一种基本理念，全市城乡涌现出一批“校园规划到位、功能布局完善、建筑风格突出、文化内涵丰富”的特色精品校园，“美丽校园”正在成为省会城乡一道靓丽风景线。全市学前三年入园（班）率达到88.4%。以藁城市为代表的“政府主导，集团化管理”办园模式，有效破解了农村地区优质公办学前教育资源不足、办园水平参差不齐难题。义务教育坚持规划引领，县域教育布局和校园规划建设水平整体提高，推广和完善城市“一托二”、农村“学区一体化”义务教育均衡发展模式，探索建立全方位、多层次协作机制，深入开展“城乡结对、互助共赢”活动，395所城乡学校结成互助对子，共同分享优质教育资源。高中教育新课程改革有序推进，教育教学质量稳步提升。职业教育服务社会经济发展能力增强，校企合作不断深入，组建了由企业、学校共同组成的高端装备等9大职教集团，职教园区项目建设快速推进，积极开展职业技能大练兵，落实德育、文化素养与职业技能并举措施。高等教育办学规模扩大，石家庄幼儿师范学校顺利实现升格，成为全省唯一一所独立设置的幼儿师范高等专科学校，市属高校达到5所，在校生达到4.5万人。新增生物制药、信息网络等专业23个，服务地方经济社会发展能力提高。民办教育在规范管理中健康发展。市委、市政府开展惠及深山区60万百姓的山区教育扶贫工程顺利启动，2011年投入资金2.1亿元，规划建设56所项目学校高标准完成规划设计，28所建成投用，圆满完成首批18431名贫困山区学生转移安置。出台《石家庄市山区寄宿制学校管理办法》，确保“山区教育扶贫”项目学校建设到位、管理规范，真正让山区学生享受到优质、规范、安全放心的教育服务。“三支队伍”建设全面加强。在清华大学等知名院校培训管理人员和骨干教师600余人；举办“教育改革与发展论坛”16期，受益教师达5万人次。启动“名师、名校长”工程，开办“名师讲堂”36期，与中国教育学会、美国哥伦比亚大学中国教育研究中心等机构联合开展“成长中的教育家”培养工程，组织61名干部教师到美国、法国、新加坡接受高端培训。完善教师补充机制，妥善解决了947名中小学代课人员和471名高校自聘人员入编问题；面向社会公开招录中小学教师591名；招聘特岗教师380名，大大缓解了山区县教师数量和结构性短缺问题。教育国际交流合作深化，市1中、2中、15中等学校分别与丹麦、加拿大、美国等学校达成合作办学协议，13所中等职业学校与韩国9所高职院校开展合作办学，全市中外友好学校新增50所，累计达到146所。开展汉语国际推广工作，加强孔子课堂建设。至2011年末，石家庄市在瑞典、英国、美国等国家建立孔子课堂5所，22所学校入选河北省孔子课堂项目申办学校资料库，居全省首位。42中韩国京畿道泰成高中孔子课堂被国家汉语办公室评为先进孔子课堂。与美国大学委员会共同主办石家庄AP国际课程及高效教学研讨会；42中、25中被中国教育国际交流协会命名为AFS国际文化交流项目先进单位。教育重点项目建设进展顺利，列入“为民办实事”30所标准化学校建设项目全部竣工投用，50所公办幼儿园建设项目任务完成。校安工程进展顺利。至2011年底，全市开工面积244万平方米，竣工面积152万平方米；落实资金23.1亿元，资金总投入率达73%；谋划启动市15中迁建工程；实施校园环境改造提升工程，完成500所学校的校园总体规划和单体建筑规划论证工作。教育督导扎实开展，实行督学责任区试点，全市督学责任区达到94个。启动实施中小学评估工作，评估学校906所，矿区、赵县等5个县（区）顺利通过省政府教育督导评估验收，高邑县、栾城县等4个县（区）通过省政府基本普及高中段教育评估验收。选聘专兼职督学360名，初步建立起一支结构合理、素质较高、专业性较强、专兼职相结合的教育督导队伍。

发展规划。坚持“科学规划先行”的工作理念和“先规划，后建设；不规划，不建设”原则，根据学校定位、功能、特色和发展任务，科学制定全市学校基本建设“十二五”规划，重点完善了中小学校舍安全工程、农村初中校舍改造二期工程、农村学前教育推进工程、农村教师周转宿舍建设工程四个专项规划。建立专项规划项目库，为争取上级资金做好项目储备基础性工作。2011年组织规划建设专家对山区教育扶贫工程56所项目学校、中小学校校园规划建设改造提升工程404所项目学校以及新建学校校园总体规划、单体建筑效果和环境规划进行论证，印制规划图册，确保了校园建设规划的科学性、合理性。推进校舍安全工程，全市五年共需改造D、C级危房项目3077个，规划建设面积397万平方米（加固191万平方米，新建206万平方米），规划投资31.4亿元。至2011年底，全市累计开工项目学校667所，开工项目1370个，开工面积244万平方米，其中竣工项目学校504所，竣工项目数1084个，竣工面积152万平方米。累计投入资金23.1亿元，其中中央、省级资金10.2亿元，市级资金3.4亿元，县级及其他资金9.5亿元，资金总投入率达到73%。加快实施市直学校重大工程建设，确定市第一中学正定新区分校工程、石家庄市第十五中学整体迁建工程和石家庄市第二中学整体改造工程。加强居民小区配套教育设施建设管理，解决了石家庄市部分区域出现入学难问题，配套建设中学14所，小学41所，幼儿园48所。投入资金6686万元，新、改扩建校舍建筑面积7.5万平方米，完成30所标准化学校项目建设。投入资金4322万元，新、改扩建幼儿园园舍建筑面积38985平方米，改造活动场地面积6967平方米。组织各县（市）开展2011年农村中小学校舍维修改造工程、农村义务教育薄弱学校改造工程、农村初中校舍改造二期工程、特殊教育学校建设工程、农村学前教育推进工程和农村学校教师周转宿舍建设工程等中央、省级资金项目申报工作。申报项目规划总投资21845万元，其中中央、省级资金17534万元，安排项目学校87所，规划建设面积16.6万平方米，装备教学仪器和多媒体设备项目学校173所。加强督促指导，推进一批县级优质高中建设，新建赞皇中学项目竣工，栾城中学项目正在内外装修，井陉一中新建项目开工建设，行唐一中、无极中学、平山西柏坡中学、藁城中学新建项目正在征地和规划设计中。认真做好农村义务教育经费保障机制管理工作，及时下达农村义务教育经费保障机制改革资金，全力保证保障机制规范运行。2011

年，全市下达市级以上农村义务教育经费保障机制改革资金 51135 万元，其中补助公用经费（含取暖费）42129 万元，校舍维修改造长效机制资金 6300 万元，补助寄宿生生活费 2706 万元。

民办教育。2011 年，理顺民办教育管理体制，将民办初级中学审批权和民办中等职业学校管理权下放到县级教育行政部门，加强督导检查，强化办学行为规范，对没有达到中职学校设置标准的，督促其加大办学投入，改善办学条件，尽快达标；对在教育教学、学校管理等方面存在问题的，提出整改意见，责令整改，对一部分办学不规范，问题严重的学校，责令停止办学。规范培训机构，净化文化教育市场，对各级各类培训机构存在乱招生、乱补课等问题督导检查，对有偿招生、代理招生等非法招生行为和招生过程中恶性竞争起到遏制作用。做好民办学校校长培训，更新教育理念，拓宽办学思路，提高管理水平，引导民办学校体制机制全面创新，推进民办教育由规模发展向内涵发展转变。

素质教育。举办青少年读书教育、百万中小学生春节感恩行动等系列活动，探索培育城乡各具特色的两种社会实践模式，未成年人理想信念教育和思想道德建设成效明显提高，戏曲进校园等校园艺术活动日益多样化。3 所学校入选全国优秀文化传承学校。12 月 7 日，石家庄市桥东区裕华西路小学、井陉县皆山中学、正定县弘文中学入选教育部公布的第一批全国中小学中华优秀文化艺术传承学校名单。辛集一中女篮在 2011 年第十一届全国中学生运动会上获得女子篮球比赛冠军，23 中男篮获得第八届 CSBA 全国初中男篮锦标赛冠军。心理健康教育深化，承担教育部“中小学生积极心理品质调查研究”样本调研，年末全市未成年人心理健康心理维护站点总数达到 246 个，取得国家资格证书心理咨询师达到 1260 人。开展创新实践教育，举办了第 11 届全市中小学生“探索者”科技创新大赛；承办了由教育部主办的全国中小学信息技术创新与实践活动大赛，学生获得特等奖 5 个、一等奖 6 个；教师组获得特等奖 5 个、一等奖 12 个。

表 64　2011 年石家庄市预算内教育经费占财政支出比例情况统计表

县（市）区	预算内教育经费占财政支出比例（%）			预算内教育拨款		
	2010 年	2011 年	增减	2010 年（千元）	2011 年（千元）	增减（%）
石家庄市	23.07	20.99	−2.08	6678106	7916582	18.55
长安区	53.66	53.68	0.02	341008	415506	21.85
桥东区	45.48	46.26	0.78	317475	420277	32.38
桥西区	39.79	40.08	0.29	312602	426671	36.49
新华区	52.86	46.94	−5.92	390496	424331	8.66
裕华区	41.49	43.53	2.04	280691	349782	24.61
井陉矿区	22.53	21.64	−0.89	59091	90964	53.94
高新区	11.37	15.50	4.13	71103	93257	31.16
井陉县	25.34	23.40	−1.94	195236	212680	8.93
正定县	29.37	25.88	−3.49	270105	314913	16.59
栾城县	33.10	27.57	−5.53	238042	248922	4.57
行唐县	27.13	23.86	−3.27	212569	239897	12.86
灵寿县	21.96	22.88	0.92	173612	218872	26.07
高邑县	24.38	24.33	−0.05	113920	142760	25.32
深泽县	21.56	17.48	−4.08	103059	116722	13.26
赞皇县	18.21	16.27	−1.94	132245	123031	−6.97

（续表）

县（市）区	预算内教育经费占财政支出比例（%）			预算内教育拨款		
	2010年	2011年	增减	2010年（千元）	2011年（千元）	增减（%）
无极县	31.32	27.08	-4.24	210635	266623	26.58
平山县	20.94	21.20	0.26	282598	365466	29.32
元氏县	29.73	23.47	-6.26	213507	236125	10.59
赵　县	30.13	28.17	-1.96	276720	342701	23.84
辛集市	27.01	24.06	-2.95	326406	364090	11.55
藁城市	26.73	25.17	-1.56	434847	529080	21.67
晋州市	26.14	26.26	0.12	243220	313605	28.94
新乐市	29.87	24.03	-5.84	222262	245988	10.67
鹿泉市	28.70	26.51	-2.19	324303	387970	19.63

表65　2011年石家庄市财政经常性收入增长与预算内教育拨款增长情况统计表

县（市）区	财政经常性收入			预算内教育拨款增长高于财政经常性收入增长（%）
	2010年（千元）	2011年（千元）	增减（%）	
石家庄市	13709850	—	-100.00	118.55
长安区	498810	574830	15.24	6.61
桥东区	488000	560110	14.78	17.60
桥西区	559790	697210	24.55	11.94
新华区	495530	531980	7.36	1.30
裕华区	499560	612880	22.68	1.93
井陉矿区	163820	161650	-1.32	55.26
高新区	440450	427700	-2.89	34.05
井陉县	330280	344170	4.21	4.72
正定县	438920	496410	13.10	3.49
栾城县	303930	330320	8.68	-4.11
行唐县	134070	152260	13.57	-0.71
灵寿县	111690	125270	12.16	13.91
高邑县	118710	134930	13.66	11.66
深泽县	133630	139350	4.28	8.98
赞皇县	132880	139440	4.94	-11.91
无极县	158720	196230	23.63	2.95
平山县	523420	573080	9.49	19.83
元氏县	202350	267750	32.32	-21.73
赵　县	147410	181220	22.94	0.90
辛集市	536400	595240	10.97	0.58
藁城市	679060	763180	12.39	9.28
晋州市	287550	350200	21.79	7.15

（续表）

县（市）区	财政经常性收入			预算内教育拨款增长高于财政经常性收入增长（%）
	2010 年（千元）	2011 年（千元）	增减（%）	
新乐市	215980	266700	23.48	−12.81
鹿泉市	662140	786730	18.82	0.81

表 66　2011 年石家庄市生均预算内教育事业费支出增长情况统计表

县（市）区	普通小学			普通初中			普通高中		
	2010 年（元）	2011 年（元）	增减（%）	2010 年（元）	2011 年（元）	增减（%）	2010 年（元）	2011 年（元）	增减（%）
石家庄市	4254.61	4737.92	11.36	5752.12	6900.65	19.97	4904.66	5993.74	22.21
长安区	5651.52	6025.10	6.61	9177.74	10274.51	11.95	9680.62	10608.29	9.58
桥东区	8280.54	8798.00	6.25	9077.18	9952.08	9.64	10712.62	11722.95	9.43
桥西区	4531.82	4821.78	6.40	6000.94	6625.30	10.40	6548.50	7155.53	9.27
新华区	4916.94	5189.16	5.54	8190.94	8705.83	6.29	9364.35	9986.62	6.65
裕华区	4467.41	4468.67	0.03	6107.19	6686.45	9.48	7608.01	7663.86	0.73
井陉矿区	6451.28	7010.66	8.67	5820.12	7417.39	27.44	4459.14	6728.52	50.89
高新区	5812.04	7087.34	21.94	6178.73	10868.62	75.90	7287.08	10132.00	39.04
井陉县	4027.83	4534.76	12.59	5939.16	6752.02	13.69	3597.29	3671.80	2.07
正定县	3938.93	4604.97	16.91	5742.83	6818.71	18.73	3468.10	5927.16	70.91
栾城县	4120.86	4424.73	7.37	5572.39	7616.10	36.68	4307.57	5293.67	22.89
行唐县	3904.50	4028.33	3.17	6292.68	7121.25	13.17	3348.40	4153.65	24.05
灵寿县	3769.05	4724.27	25.34	3706.10	4969.99	34.10	1724.81	2961.32	71.69
高邑县	6271.20	6293.32	0.35	5381.17	7467.04	38.76	2837.45	3307.40	16.56
深泽县	3975.30	4141.61	4.18	6066.56	7155.90	17.96	1686.57	1785.16	5.85
赞皇县	3521.17	3226.60	−8.37	6714.60	6737.35	0.34	5627.16	3914.32	−30.44
无极县	3809.62	4356.35	14.35	5548.79	7764.48	39.93	2348.67	3383.12	44.04
平山县	3694.40	5235.70	41.72	4574.40	6466.84	41.37	9184.93	9641.13	4.97
元氏县	3361.36	3942.23	17.28	4163.68	4880.75	17.22	3405.40	3455.59	1.47
赵　县	2531.78	2613.57	3.23	4806.67	4964.97	3.29	2691.47	3137.23	16.56
辛集市	3891.31	4673.47	20.10	4986.62	5779.14	15.89	3153.02	3312.18	5.05
藁城市	3950.01	5152.38	30.44	5499.40	7949.02	44.54	2257.19	3655.25	61.94
晋州市	3497.55	3830.66	9.52	5528.45	5931.40	7.29	2635.75	3171.21	20.32
新乐市	3804.85	3825.75	0.55	4793.02	5055.50	5.48	2393.53	3117.43	30.24
鹿泉市	5903.54	6274.99	6.29	6135.52	8741.48	42.47	4685.11	6579.88	40.44

表 67　　2011 年石家庄市生均预算内公用经费支出增长情况统计表

县（市）区	普通小学			普通初中			普通高中		
	2010 年（元）	2011 年（元）	增减（%）	2010 年（元）	2011 年（元）	增减（%）	2010 年（元）	2011 年（元）	增减（%）
石家庄市	988.22	1175.45	18.95	1408.53	1818.74	29.12	987.53	1270.94	28.70
长安区	554.08	592.59	6.95	1013.60	1013.89	0.03	793.41	799.96	0.83
桥东区	801.80	881.35	9.92	776.99	826.19	6.33	905.21	944.39	4.33
桥西区	642.81	731.46	13.79	733.87	807.44	10.02	594.73	688.73	15.81
新华区	572.66	579.52	1.20	1387.19	1554.29	12.05	1567.05	1852.56	18.22
裕华区	809.67	913.85	12.87	886.82	1309.77	47.69	710.22	713.17	0.42
井陉矿区	735.34	750.79	2.10	883.97	911.03	3.06	139.85	143.55	2.65
高新区	1046.73	2100.52	100.67	1074.84	3229.07	200.42	1294.74	3583.10	176.74
井陉县	753.16	857.78	13.89	924.23	1017.19	10.06	—	62.72	—
正定县	1534.45	1766.54	15.13	1902.66	2105.14	10.64	1010.72	1455.50	44.01
栾城县	607.22	921.14	51.70	1031.40	2084.78	102.13	390.01	975.82	150.20
行唐县	1352.68	1353.75	0.08	1982.54	2017.49	1.76	637.66	655.35	2.77
灵寿县	1364.08	1809.96	32.69	1253.45	1832.27	46.18	128.83	223.68	73.62
高邑县	1514.83	2057.23	35.81	1635.54	2465.75	50.76	140.19	143.30	2.22
深泽县	1368.08	1510.08	10.38	2351.95	2463.83	4.76	66.62	76.33	14.58
赞皇县	1054.73	1127.57	6.91	1936.69	2003.61	3.46	3467.84	1219.63	-64.83
无极县	816.25	1275.28	56.24	1668.20	4128.95	147.51	—	915.85	—
平山县	814.24	918.22	12.77	1011.77	1537.43	51.95	6357.71	3530.48	-44.47
元氏县	726.63	1430.05	96.81	1369.80	2075.95	51.55	458.86	689.74	50.32
赵　县	741.02	765.29	3.28	1555.68	1817.92	16.86	596.02	629.11	5.55
辛集市	1179.83	1303.56	10.49	1740.97	1881.60	8.08	321.45	364.69	13.45
藁城市	1142.29	1195.76	4.68	1780.91	1823.73	2.40	254.05	257.10	1.20
晋州市	1001.41	1167.61	16.60	1107.53	1233.33	11.36	195.34	213.48	9.29
新乐市	1791.07	1880.30	4.98	1745.76	1788.28	2.44	148.56	158.27	6.54
鹿泉市	1067.35	1243.91	16.54	1548.14	2664.42	72.10	217.95	1853.44	750.40

（王素军）

基础教育

【概况】 至 2011 年底，全市拥有幼儿园 823 所，比 2010 年增加 125 所，在园幼儿 20.72 万人，比 2010 年增加 1.67 万人；教职工 11337 人，专任教师 7433 人。小学 1642 所，比 2010 年减少 108 所，在校生 70.01 万人，比 2010 年增加 2.82 万人；教职工 40686 人，专任教师 41234 人。普通中学 427 所，比 2010 年减少 10 所，在校生 49.68 万人，其中初中 29.46 万人，比 2010 年减少 1.93 万人，普通高中 20.22 万人，比 2010 年增加 0.86 万人；教职工 45214 人，专任教师 36545 人（初中 23335 人，高中 13210 人）。

【学前教育】 立足各县（市）区

实际，为满足区域内适龄幼儿入园需求，科学规划、合理布局，制定下发《石家庄市学前教育三年行动计划》。利用农村小学闲置校舍和富余资源，制定2011～2013年新建、增设幼儿园规划，为未来三年满足适龄幼儿入园奠定良好基础。制定《石家庄市加快发展学前教育的实施意见》，建立保基本、广覆盖的公共服务体系等措施，保证适龄儿童接受基本的、有质量的学前教育，有效防止"入园难"、"入园贵"发生。指导、评估、验收全市70多所不同等级幼儿园，促进各级各类幼儿园办园水平提升。推动学前教育内涵发展，以集体教研为主，借助"早期阅读研习联盟"形式，促进行政、教研、教师、幼儿、家长五位一体共同发展模式。

【义务教育】 推行联合体办学模式，促进义务教育均衡发展。制定县域义务教育基本均衡发展年度目标规划，按照国家、省、市教育发展规划以及河北省教育厅《关于报送推进义务教育均衡发展年度规划的通知》要求，确定到2012年初步实现县（区）域内义务教育均衡发展，到2015年基本实现县（区）域义务教育均衡发展。在城市"一托二"和农村学区一体化均衡发展模式基础上，深化体制改革，实行联合体均衡发展模式。深入开展"城乡结对、互助共赢"活动。2011年，全市395所结对学校通过构建和完善"联合体"工作机制、"定向帮扶"工作机制和"共促共建"工作机制，为城市和农村、城市和城市、农村和农村学校之间搭建起互助共赢大平台，扩充了优质教育资源辐射面和示范效应，实现了城乡学校协调一致和共同发展。制定科学规范的义务教育均衡发展督导评估指标体系，建立激励机制。结合中央教科所义务教育均衡发展标准研制工作，探索并建立区域内义务教育均衡发展监测机制，检测结果作为"义务教育示范县"评选指标。加大教师交流力度。教师交流比例由5%提高到10%以上；推动教师交流在学区或联合体内部进行，增强教师归属感。

（王素军）

【民办普通初中审批权下放】 年内，市教育局下发《关于民办普通初级中学和中等学历教育审批管理的意见》(简称《意见》)。根据该《意见》规定，从4月15日起，市教育局把民办普通初级中学和中等非学历教育的审批管理进行下放。由县级教育行政部门负责，批准后报市教育局备案。原经市教育局审批的民办普通初级中学和中等非学历教育学校，按属地管理的原则，由学校所在地的县级教育行政部门实施管理。县级教育行政部门有权对中等学历民办学校的招生、收费、办班、制发招生广告、教师队伍建设及教育教学管理、学校安全等事项进行评估检查，有权听取学校情况汇报、查阅档案文件资料、现场核查等；检查中发现有违法违规行为，有权要求被查学校立即改正或限期纠正。

【中考控制分数线划定】 7月5日，全市2011年中考阅卷、登统、划线工作全部结束。经市招生委员会确定，各类学校招生录取最低控制分数线划定。高中录取最低控制分数线：市区普通高中420分，民办普通高中390　分；市区高中音乐、美术特长生最低文化控制分数线336分；报考高中音乐、美术专业班的考生（含各县考生），音乐专业成绩最低控制分数线42分，美术专业最低控制分数线92分；体育特长生文化成绩最低控制分数线210分；各县（市）、矿区报考省级示范性高中（含42中招各县部分）最低控制分数线561　分(含公助生和择校生)。五年制（含3+2）大专班录取控制分数线暂定成绩在190分(不含理化实验操作、信息技术成绩）以上。

【召开推进义务教育均衡发展暨大力发展学前教育工作会】 12月28日，石家庄市在赵县召开推进义务教育均衡发展暨大力发展学前教育工作会，会上市政府与各县（市）区政府签署推进县域义务教育均衡发展责任书。2011年10月，省政府与石家庄市签署推进县域义务教育发展责任书，要求2012年实现县域内义务教育初步均衡；2015年全部实现县域义务教育基本均衡发展。在此基础上，石家庄市提出2020年实现全市城乡义务教育高位优质均衡。2011年5月，市政府制定下发《石家庄市学前教育三年行动计划（2011—2013)》，要求到2013年底，全市各县（市）区至少有1所公办幼儿园达到省级示范性幼儿园标准，学前三年毛入园率达到 88.8% 以上。

（顾晓萍）

【高中教育】 全市有高级中学 65 所，同比增加 4.8%；毕业生 6.86 万人，同比增加 1.3%；招生 6.25 万人，同比减少 13.1%。寒假、暑假后开学第一周组织开展听课周，全体高中教研员和市教育局机关部分干部到高中听课，感受新课改理念和氛围；教研员通过听课、评课，及时解决了一线教师在教学上的困惑。聘请国家知名专家以及全国名校校长介绍课改经验，促进广大教师观念更新，课改执行能力提升。

（王素军）

【举办全国青少年动漫作文大赛】 8 月 24 日，“2011 中国·石家庄第六届国际动漫博览交易会”全国首届青少年动漫作文大赛颁奖仪式在市人民会堂举行。本届大赛以“民族文化 动漫天空”为主题，由石家庄第六届动博会组委会、中国动画学会、河北省教育学会共同主办，河北师大《语文周报》社协办。大赛分三个阶段进行，分别为征集和选拔推荐参赛作品阶段、评审评奖阶段和颁奖阶段。大赛面向全国征集作品，由各地选拔推荐。比赛分为小学一组、小学二组和中学组三个组别，各设一、二、三等奖和优秀奖，并设辅导教师奖和优秀组织单位奖。本届大赛参与地区达 19 个省（市）自治区，推荐参赛作品 5000 多件。经大赛评委会评审，最终评选出一等奖 12 个，二等奖 28 个，三等奖 58 个，优秀奖 105 个，先进组织单位 25 个，优秀辅导教师 40 名。

（岳金宏）

【一中正定新区分校开建】 11 月 24 日，市第一中学正定新区分校举行开工典礼。一中分校地处正定新区的东南方位，总面积达 21.33 公顷，计划建筑总面积 14 万平方米，校区内分为教学区、体育运动区和生活区等。

（顾晓萍）

【特级教师待遇】 5 月 13 日，市政府出台《关于进一步提高特级教师生活待遇的意见》（石政函〔2011〕43 号），规定在市内公立医院（市级及以下）门诊就医，免收挂号费；免费办理石家庄市区公交月票卡，在市区月票有效的全部公交线路免费乘车；在石家庄市辖区内 A 级及以上旅游景区（点）游览，免收门票费；在石家庄市辖区内收费公园免收门票费；在职特级教师享受市级保健对象每年免费体检一次。至 2011 年底，全市共有特级教师 265 名，其中在职 142 名，退休 123 名。年内，市教育局制作特级教师卡，自 6 月 1 日起特级教师持卡可到石家庄公交公司办理免费公交卡，并于 9 月 5 ~ 11 日，组织 142 名在职特级教师在市人民医院开展健康体检。

【首届免费师范毕业生就业安置】 自 2007 年起，国家在教育部直属六所师范类高校招收免费师范生。根据省教育厅要求，免费师范毕业生就业一般采取省内“双向选择优先，生源地安置为辅”原则，双向选择不能落实工作单位的毕业生，由生源县（市）、区安排。2011 年，石家庄市接收安置免费师范毕业生 25 人，其中市直属学校 15 人，县（市）区 10 人。

（王素军）

【法国科技学院院长联合会项目落户省会】 4 月 9 日，法国大学科技学院院长联合会与市十五中学举行合作签约挂牌仪式。市十五中作为该项目在石家庄的选拔基地，开始接受全市中学生的报名，这是该项目首次与省会中学进行合作。法国大学科技学院是由法国的 115 所大学的科技学院组成，由法国教育部直接拨款。该学院独立自成体系，由法国政府授权向世界各国招收优秀高中毕业生。法国大学科技学院院长联合会项目，即由这些科技学院的部分院长组成考官，在各国选拔高中毕业生。参加该项目赴法国留学的学生，通过法方的面试，且高考成绩达到本二录取分数线，即可被法国大学科技学院院长联合会录取，且享受法国使馆免面签、在法学费免除及法国政府生活费补贴等政策。4 月 9 日，该项目首次面试在十五中开展，十五中的 20 名高中生成为首批拿到预录取资格的学生。

（顾晓萍）

【国际课程及高效教学研讨会】 5 月 20 ~ 22 日，成功举办石家庄 AP 国际课程及高效教学研讨会。研讨会由市教育局、美国大学委员会主办，北京康福外国语学校、河北正定中学、市二十八中协办。各县（市）、区教育局主管局长，教研室主任、省级示范性高中学校校长（或主管校长）、教学主任参加，研讨了 AP 课程设计理论与实践，AP 课程全球发展现状等。此项活动有益引进国际课程，实现教育国际化。

（王素军）

【山区教育扶贫】 2011 年，市委、市政府积极实施山区教育扶贫工作，通过将深山区学生在城镇免费集中安置就学、就业，促进深山区人口向城镇转移、安家置业，最终从根本上解决贫困深山区群众脱贫问题。3 月 9 日，省委常委、市委书记孙瑞彬到赞皇县就山区教育扶贫工作调研并召开调度会。3 月 17 日，市政府第五十次常务会听取了山区教育扶贫工作进展汇报，就实施好这一民生工程进行了安排部署。山区教育扶贫工作涉及石家庄市赞皇、灵寿、元氏、行唐、井陉、平山 6 个山区县的 45 个乡镇，覆盖人口 60 万人，共有小学生 33835 人，初中生 16916 人，高中阶段与初中阶段学生数量相当。45 个乡镇需转移安置小学生 15892 人（含教学点学生 12335 人）；初中生 8349 人；高中阶段学生已基本得到妥善安置，重点是引导未升入普通高中的学生接受中职教育或接受职业技能培训。山区教育扶贫工作总体思路：计划 2 ~ 3 年内，6 个山区县要新建 6 所城区寄宿制初中，新、改扩建 50 所中心乡镇寄宿制小学，将深山区学生全部免费异地安置到新、改扩建寄宿制学校就读。实施步骤：2011 年赞皇、元氏 2 个试点，8 月底前初步完成新建初中学校建设和完全小学改造提升工作，完成首批贫困山区学生转移安置。平山、井陉、行唐、灵寿 4 个县在 2012 年 8 月底前完成新建中学建设和全部完全小学改造提升，实现全部集中就读。2013 年 8 月底前完成 6 个县职教中心扩建。2011 年 2 月份，全市“山区教育扶贫工程”启动实施，新改扩建寄宿制学校工程建设顺利推进，工程确定的 56 所项目学校有 28 所建成投入使用，学生食宿等设施基本完备，共转移安置深山区中小学生 18431 名。其中赞皇县 12 个项目学校，9 所投入使用，转移安置学生 4266 名；元氏县 7 个项目学校建成投用，转移安置学生 6518 名。石家庄市山区教育作为扶贫工程治本之策经验引起中央高层和媒体高度关注，国务委员刘延东为此作重要批示：“石家庄市山区教育扶贫工程一举三得，值得推广。”

（王素军　顾晓萍）

【赞皇第二中学开工】 4 月 8 日，赞皇县第二中学举行奠基仪式，标志全市山区教育扶贫工作在该县全面启动。赞皇县作为全市试点县先行一步，开工新建的赞皇县第二中学从选址征地到开工建设仅用一个月时间。赞皇县第二中学总投资 8000 多万元，占地 120 亩，设计规模为 16 轨，48 个班，可容纳 2400 名学生就读，完全可满足“十二五”末该县 5 个山区乡镇 107 个行政村群众子女的就读需要。学校建成后，拥有教学用房 14027 平方米，生活用房 20853 平方米，办公用房 1870 平方米，体育场地 22276 平方米，将成为赞皇县最高标准的初级中学。

（顾晓萍）

【心理健康教育】 积极参与教育部基础教育一司开展的“中小学生积极心理品质调查研究”课题研究，从 9 个样本县（市）、区 70 所学校抽取 4000 余名中小学生参加测试。开展农村心理健康教育教师培训班，培训教师 100 多人；经过 14 个专业科目培训，全部结业。深化心理健康教育，发挥心理健康教育在未成年人思想道德建设方面的积极作用，市委宣传部、省会文明办、市教育局决定将每年 5 月确定为石家庄市心理健康教育月，每年 5 月 10 日定为全市中小学生心理健康日。

【体育活动】 高质量完成河北省第十六届中学生运动会承办及参赛工作。河北省第十六届中学生运动会于 9 月 19 日落幕，作为承办城市，圆满完成承办和参赛任务，取得运动成绩和精神文明双丰收。石家庄市派出运动员、教练员 120 名参加了全部项目比赛，囊括 6 个比赛项目冠军，展示出中学生勇于争先、奋发进取的良好精神风貌。成功组织开展全市中小学生冬季长跑活动和石家庄市中小学生田径运动会。举办 2011 年“肯德基”全国青少年校园青春健身操大赛石家庄市级比赛，推广普及武术健身操等体育项目，扩展体育活动内容。

【安全教育】 各学校将学校安全教

育列入年度计划，纳入教学内容，做到计划、课时、师资、读本、考核五落实。利用“全国中小学生安全教育日”、“安全生产月”、安全教育周、“5•12”防灾减灾日、“11•9”消防日、“12•2”交通安全日、节假日前等时机，根据季节特点，有针对性地组织学生进行安全专题教育。开展校车整治活动，坚决取缔使用报废车辆、农用车、低速载货车、拖拉机等接送学生行为，选择赞皇县、元氏县等6个山区教育扶贫县落实校车试点，确保了学生上、下学交通安全。

【预防疾病、保护视力】 开展以普及预防手足口病、结核病、麻疹等疾病知识为主要内容宣传教育，做好学生年度体检。结合“无烟日”、“爱眼日”、“爱牙日”、“艾滋病日”等主题日活动，开展健康教育或讲座课、主题班会、知识竞赛等宣传教育活动，增强师生卫生保健意识。学生视力健康干预工程取得成效，免费为3505人散瞳，排除假性近视593人，免费为859人开展视力训练，改善人数712人，改善率达到82.99%，其中2946人视力得到矫正。

【艺术教育】 参加河北省第六届音美教师基本功大赛，音乐课和美术课报送18节课，取得省级特等奖5节课，省级一等奖7节课的好成绩。6月27日，市艺术学校组织开展“快乐校园－艺术手拉手”活动，在市区10所中小学校开展音乐、舞蹈、主持等专业培训、交流演出；通过艺术教育指导，培养了学生的艺术兴趣，增强艺术鉴赏能力和修养。

【社会实践】 市综合实践活动基地逐步探索出“自主实践、合作探究，综合提高，全面发展”教育理念，年累计培训中小学生4.5万人。学生社会实践活动结合地域文化特色，依托赵州桥、柏林寺、雪花梨、千年古县、井陉拉花等特有文化资源，扎实开展“家乡文化大搜索”活动，丰富了学生社会实践教育内容。

（王素军）

【6所中小学获“全国中小学信息技术创新与实践活动”一等奖】 7月17～19日，第九届“全国中小学信息技术创新与实践活动”比赛在鹿泉一中进行。本次比赛设有网络中文、发明创新、虚拟机器人搜救等13个竞赛项目，分中学组、小学组举行。在3天比赛中，来自全国32支代表队参赛，600余名参赛者参与了最后的角逐。最终，河北代表队在39个分项比赛中获得了15个一等奖，其中石家庄市中小学获得6个，有5人获得恩欧希教育信息化发明创新奖（特等奖）。

（顾晓萍）

【小学生范梦祥被授予“中国少年科学院小院士”称号】 11月25～28日，在江苏省昆山市举行的中国少年科学院“小院士”课题研究成果展示交流会上，石家庄市南马路小学学生范梦祥被授予“中国少年科学院小院士”称号，南马路小学被评为“中国少年科学院科普教育示范基地”。此次“小院士”课题研究成果展示交流会有近千名来自全国各省、市、自治区的学生带来近1000多个研究成果现场答辩。范梦祥的答辩课题是《校园多功能垃圾桶》。中国少年科学院小院士，是中国少年科学院授予优秀青少年科技爱好者的最高荣誉称号。中国少年科学院是共青团中央、全国少工委于1999年初成立的公益性少年儿童科普工作机构，主要以6～14岁少年儿童为服务对象，向广大少年儿童宣传科学精神，普及科学知识，传播科学思想和科学方法，开展青少年学术交流活动和科学技术教育活动。

（焦莉莉）

【教学科研活动】 发挥科研引领作用，坚持高效、提质，着眼内涵发展总体思路，优化教研机制，提升教研文化，推进课程改革，促进教育均衡发展和教育教学质量提高。成立课改专家指导委员会，建立课改专家支撑体系，以专业引领为重点，强化“以科学的课堂观察为手段，以课例分析为载体”校本教研活动模式，推进课程改革。加强教育科研队伍建设，完善科研机制，创新协作机制，推进区域教研，重点发挥科研实验学校“龙头”作用，提倡“全程化、跟进式”目标教研模式，体现以“教学目标”为主线，以学生为主体，教研员、指导教师参与教研全过程，从根本上落实学生主体地位。聚焦课堂，探索高效教学模式。积极推介“四环节”教学模式，开展高效教学模式和学习方式研究，抓住课堂教学主阵地，针对新课改课堂教学中出现的典型问题，及时安排问题研究课、专题研究课予以解决；重视培训针对性和实效性，提高课改实施能力。明确导向，完善评价机制。建立高中教学评价方案，制定“两进步，一综合；同起点，同参照”高中教学评价方案，逐步完善本土化九年义务教育阶段评估制度和评估方案。2011年，高邑县、赵县、灵寿县、无极县、井陉矿区5个县区高质量通过河北省评估检查。推进教研工作全面开展。做好科研课题管理和课题立项，坚持“问题确定课题，课题解决问题”基本思路，完成“十二五”课题立项和“十一五”课题结题工作。2011年，全市获得教育部规划课题立项3项，河北省教育科学规划重点课题立项55项。

【师资队伍建设】 根据国家教育部、省教育厅文件精神和要求，选拔推荐1085名教师参加中小学教师省级培训项目，5507名教师参加国家培训项目。在举办市级班主任素质大赛基础上，推荐优秀选手参加省级决赛，获得小学组特等奖3个，一等奖12个，二等奖17个；初中组特等奖3个，一等奖8个；高中组一等奖2个，二等奖12个；市教育局获得优秀组织奖。成立班主任名师团及班主任人才库，从整体上提高全市班主任队伍素质和工作水平。2011年，全市有8个县（市）、区以及直属2所学校及妇联下属2个单位面向社会公开招聘教师，面试考生495人。部分县（市）区公开招聘代课人员，补充教师队伍。2011年，各县（市）区代课人员入编834人，其中长安区300人，桥西区250人，新华区68人，裕华区26人，桥东区35人，藁城市90人，行唐县18人，新乐市47人。年末全市代课人员由2008年6138人减少到2910人。

（王素军）

【举办第二届教师风采大赛】 9月23日，市第二届教师风采电视展示大赛闭幕，中山西路小学、栗胜路小学、市第一中学、石家庄外国语学校等学校的20名中小学教师，分获中小学组最佳风采教师一等奖。本届比赛活动由市教育局主办。来自全市的340名一线教师在历时3个多月的初赛和复赛中，分别进行了微型课讲授、个人才艺展示及教师基本功展示等环节的比拼，中学组和小学组分别评选出10名一等奖获得者。

（顾晓萍）

【普通高考】 2011年，全市高考本一批上线6546人，比2010年净增257人，占全省增加总数（840人）的31%；本二批上线16036人，比2010年净增910人，占全省增加总数（3361人）的27%；万人上线率和保送生数全省领先。

（王素军）

中等职业教育

【概况】 2011年，全市拥有中等职业学校163所，比2010年减少3所；毕业生8.04万人，同比减少1.9%；招生8.07万人，同比减少11.3%；在校生24.67万人，同比减少6.0%；教职工12957人，同比减少10.4%；专任教师9017人，同比减少7.1%。石家庄市职教中心、平山县职教中心、藁城市职教中心3所国家级重点职业学校晋升为国家改革发展示范性中职项目学校。职业教育园区规划建设方案在市政府第57次常务会议获得通过，规划设计模型制作完成，园区建设纳入河北省重点建设工程项目。参加2011年全国中职学生技能大赛，石家庄市代表河北省队摘取了唯一一个团体一等奖，获得奖牌23个，占河北省获得奖牌总数（44个）的52.3%。

【校企合作】 组织53个职业学校开展遍访企业活动，实现专业与产业对接；各学校骨干专业与企业共同组建专业指导委员会，积极开展教学指导活动；酝酿筹备组建9大职教集团。至2011年底，全市共建立专业指导委员会80多个。与市政府政策研究室共同完成2篇校企合作政策研究报告，为校企合作制度化建设奠定了基础。与相关部门共同制定人才需求预测计划，开展有目的培养和用人活动。

【国际交流】 组织12位校长到新加坡培训、19位校长到法国开展职业教育管理体制与合作办学培训，学习借鉴两国职业教育改革发展先进经验和做法，拓宽视野，更新了观念。举办德国职业教育教学方法培训班，32 名学校中层管理干部和骨干教师接受培训。与韩国职业教育代表团开展研讨对话活动，双方达成 12 项合作交流意向书。

（王素军）

高等教育

【概况】 2011 年，驻地设在石家庄市普通高等学校有 47 所，同比增加 14.6%；毕业生 10.54 万人，同比增加 9.7%；招生 12.35 万人，同比增加 14.4%；在校生 38.82 万人，同比增加 8.8%；教职工 3.40 万人，同比增加 5.7%；专任教师 2.22 万人，同比增加 6.7%。市属高等学校 5 所，同比增加 1 所，分别是石家庄学院、石家庄职业技术学院、石家庄信息工程职业学院、石家庄科技工程职业学院、石家庄幼儿师范高等专科学校，共有在校生 49004 人，教职工 3578 人，专任教师 2295 人。年内，石家庄信息工程职业学院招生 3686 人，在校生 10356 人，毕业生 3154 人，教职工 1479 人，专任教师 675 人；石家庄幼儿师范高等专科学校招生 628 人，在校生 628 人，教职工 322 人，专任教师 258 人。

【专业设置】 市属 5 所高校专业设置由原来 157 个增加到 177 个，围绕全市主导产业和转型升级取消专业 3 个，增加新专业 23 个。为适应全市经济产业需求，加快培养更多更好有用人才，各高校主动适应全市经济转型升级和新兴产业发展要求，优化专业结构，实现教学与转方式、调结构紧密结合，主动开展“对标”升级。石家庄学院调整本科专业 3 个，石家庄职业技术学院增加新专业 8 个，石家庄信息工程职业学院和石家庄科技工程职业学院分别增加新专业 6 个，石家庄幼儿师范高等专科学校增加新专业 3 个。

（王素军）

【9 所高职院校列入单招试点】 2011 年，石家庄有 9 所高职院校被批准为 2011 年实行单独考试招生改革试点院校，分别是：石家庄外国语职业学院、石家庄外语翻译职业学院、石家庄外事职业学院、石家庄外经贸职业学院、石家庄科技职业学院、石家庄科技信息职业学院、石家庄理工职业学院、石家庄计算机职业学院、石家庄工商职业学院。各试点院校首次实行单独考试招生计划数纳入本校 2011 年省教育厅核准的招生计划总数之内且不超过 10%。单独考试招生对象为取得 2011 年河北省普通高考报名资格的考生（含中职、中技毕业生，具有高中同等学力考生及往届高中毕业生）。

（顾晓萍）

【石家庄学院】 石家庄学院全年招生 5729 人，其中高中起点本科招生 2393 人，专接本招生 549 人，专科招生 2787 人。生源来自河北、湖南、湖北、安徽、河南、山东、山西等 7 省；在校学生 17254 人，毕业生 4444 人，教职工 988 人，专任教师 740 人。2011 年学校除举办大型招聘会外，开设专场招聘会 50 余场，2011 届毕业生初次就业率达到 87.02%，就业率逐年攀升，并获得“河北省高校毕业生就业（创业）服务基地”资格。制药工程、旅游管理等 8 个专业顺利通过学士学位授予权评审。增设物流工程、市场营

2011 年 6 月 30 日，石家庄学院举办庆祝中国共产党成立九十周年“先锋颂”表彰大会

销、舞蹈学等3个本科专业，新上食品科学与工程、化学工程与工艺、学前教育等3个本科专业，停招思想政治教育、化学制药技术等2个专科专业。到2011年底，学校设有15个院系、77个本专科专业（其中本科专业40个），涵盖法学、教育学、文学、史学、理学、工学、医学、管理学、艺术学等9个学科门类。拥有教授92人、副教授259人；具有博士、硕士学位教师542人。经省、市政府部门批准，省知识产权培训基地、国家动漫产业发展（石家庄）基地人才培养中心、西柏坡文化研究中心在学校挂牌成立。建成河北省高校微生物制药应用技术研发中心、石家庄市食品工程技术研究中心、石家庄市建陶工程技术中心。学校积极与企业开展技术合作，建有新药开发中心等7个研发机构。9月份，在2011年全国大学生数学建模竞赛中，学校1组学生获得国家级二等奖、省级一等奖，7组获得省级二等奖。11月份，在首届“全国数媒专业大学生课外作品联赛”中，学校学生两项作品分获二、三等奖。12月份，在教育部第六届全国信息技术应用水平大赛决赛中，学校2名学生获得全国二等奖、5名学生获得全国三等奖。10月19日，学校第二届科研工作会议召开。大会出台《石家庄学院关于进一步加强科研工作的意见》，完善了各项科研管理文件，总结了“十一五”规划期发展经验，并形成“十二五”规划期发展新思路。2011年，学校组织申报各级各类课题638项，获准立项258项。其中，国家自然基金项目3项、全国教育科学规划项目3项，其中1项为学校首次承担全国教育科学规划课题资助项目；河北省科技厅计划项目13项、河北省社科基金项目19项、河北省教育科学规划项目54项。5月份，“河北省高校微生物制药应用技术研发中心”获得省教育厅批准立项建设。学校与高邑县力马建陶有限公司共建的石家庄建陶工程技术研究中心获批“国家示范级建陶生产力促进中心”。12月17日，学校召开第三届一次教职工暨工会会员代表大会，参加会议代表233人；党委副书记、院长王俊华作了题为《加强内涵建设提高教育质量 为建设较高水平的地方性应用型大学而努力奋斗》工作报告。

2011年12月17日，召开石家庄学院第三届一次教职工暨工会会员代表大会

【石家庄职业技术学院】 石家庄职业技术学院全年招生4073人，在校生11876人，毕业生3457人，教职工673人，专任教师572人。拥有管理系、经济贸易系、信息工程系、建筑工程系、化学工程系、机电工程系、电气与电子工程系、艺术设计系、公共外语部、公共体育部、社科部、动画学院、继续教育学院、软件学院等8系3部3学院，设有6大类49个专业，其中6个专业为河北省高职高专教育示范专业，1个专业为省级教学改革试点专业；开设国家精品课程2门，省级精品课程11门。影视动画实训基地、机电一体化实训基地被确定为中央财政支持职业教育实训基地；建筑技术实训基地被确定为河北省职业教育实训基地。拥有省级教学团队2个，国家级教学名师1人，省级教学名师1人，省市专业技术拔尖人才、专家等7人，省市优秀教师5人。2011年，学院拥有固定资产总值近3亿元，教学仪器设备总值7000余万元；毕业生就业率达到98%以上。6月16日，在河北省第一届大学生动漫文化艺术节——原创动漫大赛颁奖典礼中，石家庄职业技术学院动画学院选送的三维动画片《上帝之约》获得一等奖、三维动画片《追》获得

二等奖、三维动画片《上学去了》获得三等奖、三维动画片《遁业创作》和《这货不是烧饼》获得优秀奖，成卓、钟晶、张天翔、李源等4位老师获得优秀指导教师奖。6月25日，学院信息工程系代表队代表河北省参加“2011年全国职业院校技能大赛（高职组）信息安全技术应用赛项”比赛，获得一等奖，实现了河北省在全国职业院校技能大赛中一等奖“零”的突破。9月2～4日，学院化工系首次组队在“第三届高职高专环保类专业环境监测技能大赛”中获得团体项目一等奖，并包揽仪器分析操作、化学分析操作、个人全能一、二等奖。

【石家庄科技工程职业学院】 石家庄科技工程职业学院全年招生1342人，在校学生3113人，毕业生671人，教职工209人，专任教师164人。拥有研究生学历教师25人，具有硕士学位教师35人，教授3人，副教授37人。设有数控技术、应用电子技术、材料成型与控制技术（精密铸造方向）、计算机应用技术、软件技术、计算机速录、旅游管理、文秘、法律事务、应用英语、商务英语、旅游英语、会计电算化、物流管理、市场营销、电脑艺术设计、动漫设计与制作、室内设计技术、影视多媒体技术、音乐表演、社会体育21个专业。2011年，石家庄科技工程职业学院被省工业和信息化厅、省教育厅评为“2010年度电子行业职业技能鉴定先进单位”；被市政府评为“石家庄市保护消费者合法权益工作先进单位”；被市教育局评为“安全和谐校园”；获得省教育厅“‘移动杯’河北省第十七届大学生运动会女子篮球（乙组）第六名”。学院设有“信息化人才职业技术培训项目速记培训基地”、“信息化人才职业技术培训项目河北省考试管理中心”、“华润集团白洋淀管理培训学院技能人才培养基地”、“北方大厦技能人才培养基地”，与南京夏普、北京中国电信合作公司、河北敬业集团等30家企业签订顶岗实习协议，与青岛海尔集团、富士康精密电子（廊坊）有限公司等20家企业建有长期稳定的校企合作关系，学生就业率达到96%。

（王素军）

成人教育

【概况】 2011年，全市成人教育工作以服务“三农”（农业、农村、农民）为宗旨，以实施劳动力转移培训工程、农村实用人才培养工程为重点，大力完善“以县级职教中心为龙头、乡镇成人学校为骨干、村成人学校为基础”的农村三级教育培训网络，充分发挥出在提高劳动力素质与能力、传播专业技术、促进农村劳动力转移就业等方面的作用，各级各类职业与成人学校面向“三农”服务能力增强。至2011年底，全市组织开展农村劳动力转移培训15万人次，农村实用技术培训40万人次。积极开展星级示范性乡镇成人学校评选活动，共评选出星级乡镇成人学校11所。

【送教下乡教学点】 年内，全市职业教育设立涉农专业送教下乡教学点105个，其中70个设在农村乡镇成人学校。实施涉农专业送教下乡教学点，促进了农村乡镇成人学校健康发展，提高了服务“三农”及农村经济发展水平。

（王素军）

特殊教育

【概况】 2011年，全市有特教学校24所，比2010年增加1所；在校生1291人，比2010年减少538人；教职工364人，专任教师293人。

【石家庄市特教学校】 年内，市特教学校发挥省会聋校中心校作用，承担组织指导省内聋校教育教学研究、学术交流、师资培训等任务，为兄弟学校领导、教师到校参观学习提供了优质服务。多次承办河北省特教年会，3次承办石家庄市特教教师素质比赛，并组织召开河北省和石家庄市特殊教育学校校长论坛等活动。

（王素军）

石家庄年鉴 Culture

文　化

文 化

文化新闻出版

【概况】 2011年，市文化广电新闻出版局（简称文广新局）以文化惠民为宗旨，以建设文化强市为目标，以改革为动力，狠抓工作落实，各项工作任务圆满完成。文化市场综合执法改革实现文化新闻出版与广电执法职能整合，文化部门大机构改革基本完成，走在全省前列。年末全市共有艺术表演团体18个，艺术表演场所16个，文化馆、群艺馆24个，公共图书馆25个。全年组织新闻发布会和采访活动30余场（次），在中央和省、市各级媒体刊播稿件500余篇（条）；网站更新和发布信息1000余条，回复市民网上咨询、投诉70人（次）。为民办实事任务超额完成；成功举办“第十三届中国吴桥国际杂技艺术节”。5月19日，市演艺集团整合省会优质演艺资源，创建“石演大舞台”演艺品牌并首演。此后每周五、周六都有优秀剧（节）目演出，包括戏曲、歌舞、音乐、杂技、曲艺、小品等门类，突出艺术性、观赏性、娱乐性。文化遗产保护卓有成效，举办“非遗”博览周和“穿越千年时空，探秘中山文明”公众考古活动；启动正定古城风貌恢复工程；中山古城国家考古遗址公园项目列入“十二五”期间河北省文化保护重点项目；推进赵县省级历史文化名城建设，启动赵州桥整体保护规划编制工作；完成铁行会馆、封崇寺大殿等工程立项；启动东垣古城遗址保护规划编制工作。开展扫黄打非，强化文化市场监管，全年查处涉非涉黄案件11起，对电子游戏娱乐市场开展“铁拳”行动，查处网络文化大案要案5起；开展“版权卫士网上行”活动，查处侵权盗版案件10起，办结国家新闻总署交办重点案件3起。年内，市文广新局被国家扫黄打非领导小组授予全国扫黄打非先进集体；被国家新闻出版总署、人力资源和社会保障部授予全国新闻出版系统先进集体；获得全国查处侵权盗版案件有功单位三等奖。

【文化体制改革】 文艺院团改革取得实质性进展。针对演艺集团组建时间短，困难问题多，注重理顺市文广新局与集团、集团内部、集团与各子公司的关系，采取“双轨”运行方式，保障了演艺集团及其子公司正常运转；与省、市相关部门沟通，出台人员安置补充配套政策，实现与省安置政策对接，制约改革的人员安置、职称评聘、土地变性、财政扶持等瓶颈问题得以解决，演职员诸多利益得到保障。帮助演艺集团整合文化资产，处理遗留问题，谋划建设项目，推动演艺集团发展壮大。演艺集团凝聚力增强，集团与院团协调管理机制逐步形成。全年市直文艺院团演出收入460余万元，比2010年增长25%。文化市场综合执法改革基本完成，文化新闻出版与广电执法职能实现整合。加强综合执法队伍内部建设和外部工作机制建设，理顺内外关系；开展“综合执法建设年”建设，举办“大练兵、大比武、强素质、上水平”活动，执法人员素质和执法水平提高。影乐宫改制稳步推进。针对影乐宫改制矛盾大、困难多等特点，与有关部门沟通，修改完善人员安置方案，最大限度地保障职工权益；做好政策宣传和思想工作，保持单位稳定；严格执行有关政策，确保国有资产不流失。年末职工安置方案已经职工代表大会通过。

（王惠恩　姜小青）

【出台推动省会文化大发展大繁荣政策】 2011年一季度，市委、市政府制定出台《关于深入推动省会文化大发展大繁荣的实施意见》（石发〔2011〕6号文件，简称《意见》），共四部分十五条，主要包括：总体要求、主要任务、扶持政策和保障措施。《意见》明确提出到 2015 年，文化产业增加值年均增长 25% 以上，占全市 GDP 比重超过 5%，成为支柱性产业的发展目标。还提出深入推动省会文化大发展大繁荣的“五项主要任务”和“四大扶持政策”。五项主要任务：一是加强思想道德建设，包括推进社会主义核心价值体系建设、大力弘扬以“两个务必”为核心的西柏坡精神、争创全国文明城市。二是繁荣文化事业，包括进一步加强公共文化服务体系建设、打造正确的舆论强势、促进文艺精品创作生产、打造石家庄特色文化品牌。三是创新文化体制机制，包括继续深化文化体制改革、创新文化宏观管理体制。四是壮大文化产业，包括做大做强现代传媒业、加快发展印装业、推动动漫产业迅速扩张、培育壮大演艺娱乐业、加快民俗文化产业发展、大力发展文化市场和培育市场主体。五是实施项目带动战略，列入了文化事业、文化产业和文化创作等三个方面的重点文化建设项目。四大扶持政策：包括投融资支持政策、土地支持政策、税收优惠政策、动漫发展和工商注册等相关优惠政策。《意见》还从加强组织领导、优化文化建设环境、强化人才保障、加大考核力度等方面提出一系列保障措施。

（王庆芳）

【文化产业发展】 按照“十二五”期间把文化产业打造成为支柱性产业目标和超常发展、跨越发展要求，积极谋划，强力推进。在调查研究基础上，从省会实际出发，确定文化与科技、旅游、工业、商贸、金融、物流等行业融合发展的战略定位，重点培育和发展演艺娱乐、出版印装、广电传媒、文化旅游、民间工艺品等传统产业，加快发展文化创意、数字传媒和动漫游戏等新兴产业，着力发展文化物流业和文化旅游业。启动“夜经济文化旅游在行动”活动，市民间工艺博物馆、洪顺曲艺社被确定为旅游定点接待单位。通过培育和扶持，形成怀特古文化茶城、古韵文化广场等多个年销售额 5 亿元以上艺术品市场；组织举办第九届印刷包装机械器材展览会，合同订货额达到 1 亿元；配合“大西柏坡”建设，完成中央部委旧址修复工作；配合有关部门，成功组织第六届国际动漫博览交易会；加强文化龙头企业培育，8 家企业被命名为“河北省文化产业示范基地”。市文广新局按照全面协调可持续发展要求，大力实施项目带动战略，谋划了园博园艺术长廊、北方书城、华北印刷包装产业园、电影文化广场、民生路历史文化街区等一批重点文化产业项目，推动文化产业规模化、集约化发展。霞光大剧院（演艺大厦）项目完成立项。

（王惠恩　姜小青）

【90 个文化项目社会招商】 2011 年度石家庄市文化项目招商活动由市委宣传部、市文化广电新闻出版局、石家庄日报社等单位组织，是石家庄市第六次文化项目招商活动。本次文化招商项目共 90 个，金额约 190 亿元，分为文化基地园区、演艺、文博会展、动漫游戏、思想道德建设、民俗文化产品、影视剧制作等 7 个类别。

（王庆芳）

【文化惠民工程】 以保障和改善文化民生为出发点和落脚点，加强公共文化服务体系建设，广泛开展文化惠民活动。“千场电影进社区、万场电影进农村”活动，在社区放映 1266 场，在农村放映 53796 场；优秀剧目展演和送戏下乡活动，在市区演出 114 场，在农村演出 903

开展送书刊到基层活动

场；“彩色周末”活动在广场、公园等公共场所演出1670场；新建农家书屋1636家。公益场馆全部实行365天免费开放并延时服务，有效满足了市民文化需求。全年市美术馆举办展览30余场，反响强烈。特别是《全国重大历史题材美术作品展》，吸引观众10万余人（次），创10个巡展城市新高，受到文化部领导高度评价。全年市图书馆拥有持证读者8.5万余人，年接待读者205万人（次），“石图大讲堂”举办各类讲座160余场，成为市民理想的学习、休闲场所。市群艺馆免费培训基层文艺骨干2万余人（次）。市博物馆举办各类展览30余场，累计参观人数达8万人（次）。市民间工艺博物馆，成功举办“非遗展示周”等活动，成为石家庄市乃至全省“非遗”展示中心和文化旅游新亮点。加强城乡基层文化设施建设，基本建成市、县、乡、村四级公共文化服务网络。县（区）级图书馆、文化馆普遍升级改造，区级“两馆”取得实质性突破；17个县、市及井陉矿区全部完成数字影院建设任务；农家书屋建设顺利，被评为河北省农家书屋工程建设工作先进集体；市区新建居民小区均配建文化活动中心；新建文化信息资源共享基层服务网点682个，文化部督导组给予高度评价；市群艺馆、灵寿县文化馆等5个馆被文化部命名为国家一级馆；正定县、井陉县、晋州市被评选为“中国民间文化艺术之乡”；辛集市、鹿泉市等10个县（市）被命名为“河北省文化先进县”；无极县马村文化大院等19个基层文化单位被评为“河北省农村文化之星”。

【繁荣省会文艺舞台】　实施精品战略，精心组织艺术创作与生产，积极举办剧（节）目展演，广泛开展节庆活动，人民群众文化生活日益丰富。“第十三届中国吴桥国际杂技艺术节”圆满成功，举办规模、影响范围、演出效果、票房收入均创历史最好水平。本届杂技节创新推出“进广场、进学校、进社区、进农村”等惠民演出活动，受到广大市民热烈欢迎，得到文化部和省主要领导充分肯定，70多家新闻媒体给予宣传报道。艺术生产硕果累累，人才辈出。评剧现代戏《红叶》获得河北省第十届“五个一工程”奖；动画电影《西柏坡》获得第14届电影“华表奖”；油画《进京赶考》代表河北省参加中国共产党“庆祝建党90周年综合大展”；市艺校和市丝弦剧团参加央视2011年春晚和戏曲春晚；市歌舞团参加文化部2011年春晚，3次参加央视一套大型文艺演出；市京剧团演员赵玉华荣得中国戏剧梅花奖，至此，全市“戏曲梅花”增至“7枝8朵”；演艺集团开拓城市演出市场，“石演大舞台”惠民演出54场，实现演出常态化；“一月一名剧”已经成为省会戏曲演出品牌。文化活动丰富多样。组织开展“欢乐大广场”“盛世欢歌”等系列文化活动，市民踊跃参与，活动规模日益扩大，新华社、中新社等媒体给予报道；纪念中国共产党建党90周年，组织开展以歌颂党、歌颂祖国为主题的大型系列群众歌咏活动，中央电视台《新闻联播》报道了活动盛况；助力夜经济，演艺集团组织开展文艺调演活动35场，洪顺曲艺社、梨园剧场等参与演出，成为省会夜文化亮点；开展全民阅读和科普宣传活动，举办农村“文化直通车”、青少年听说读写大赛等，激发出市民阅读热情，中央电视台《新闻联播》等媒体报道了阅读活动。2011年，市文广新局被评为“河北省全民阅读活动先进集体”。

（王惠恩　姜小青）

【2009～2011年度“五个一工程”奖获奖作品】　10月份，市委宣传部组织专家评审，确定石家庄市2009～2011年度精神文明建设“五个一工程”奖获奖作品为：组织工作奖3名，分别是桥西区、正定县、新乐市；戏剧类入选作品2部，分别是河北梆子现代戏《石门风萧萧》、深泽坠子《故乡情》；广播剧类作品1部，为广播剧《安娥与田汉》；动画片类作品2部，分别是动画片《豆丁的快乐日记》、《笨笨牛历险记之森林奇遇》；电视片类作品1部，为电视片《璀璨时空》；电影类作品1部，为故事影片《苏醒》；歌曲类作品5首，分别是歌曲《山里的孩子爱大山》、《家里有我》、《年轻宣言》、《中国红　宫灯红》、《飞翔石家庄》；图书类作品5部，分别是图书作品《当家的男人》、《家在南三条》、《石门烈火》、《亿万富姐》、《大爱无形》。

（市委宣传部）

【全国首届动漫真人秀大赛】　10月1～4日，全国首届动漫真人秀大赛决赛在市人民会堂举行。北京D剧团的《黑猫警长》获得本次大赛的金奖，天津的水翼动漫社获得银奖，石家庄的天城之羽动漫社获得铜奖。本届大赛由2011中国·石家庄第六届国际动漫博览交易会组委会、中国动画学会、中国动画产业网、香港职业训练局共同主办，石家庄市动漫协会、石家庄人民会堂承办。全国首届动漫真人秀大赛于2011年8月份启动，经过预选评审，有30家社团的38个节目入围本次决赛。

【第六届国际动漫博览交易会】 10月27～31日，2011中国·石家庄第六届国际动漫博览交易会（简称动博会）在市人民会堂举行。本届动博会经国家文化部批复同意，由省委宣传部、石家庄市委、石家庄市人民政府、中华文化促进会、中国动画学会、省文化厅等单位共同主办。全国政协副主席、民盟中央第一副主席张梅颖、国家部委及省市领导等出席开幕式和动博会相关活动，参会规格、人数、规模超过历届，其中主会场观展人数达12万人次，分会场客流量累计100多万人次，参展国内外企业、机构、院校达到210家。在动博会上，先后举办了“全国首届青少年动漫作文大赛”、“全国首届动漫真人秀大赛”、“全国第二届动漫衍生产品设计开发大赛”、“中国动漫实训与考级中心揭牌仪式”和“全国动漫衍生产品设计开发高峰论坛”。其中“中国动漫实训与考级中心”是石家庄市动漫产业发展的一个新里程碑，树立了石家庄市在全国动漫实训考级认证领域的权威性和领跑地位，使动漫基础教育从培训到社会认证成为一个完整、规范的体系，填补了国内这一领域的空白。“全国动漫衍生产品设计开发高峰论坛”以“中国动漫衍生品研发策略与商业模式”为主题，从动漫衍生品设计、开发到品牌授权等进行了探讨。本届动博会签约项目13项，签约总额55.575亿元；发布项目3项，总金额3770万元，两项均远超往届。在签约项目中，签约金额最高的是石家庄动漫协会和国投开元文化投资有限公司的签约项目《动漫产业总部基地》，金额达36亿元。另外，河北玛雅影视有限公司与韩国SPK影视公司签约了《立体电影产业基地》项目，签约金额1亿元；石家庄市文化产业协会和河北银特商贸有限公司签约了中国·石家庄动漫大厦暨中国动漫衍生产品展示交易中心项目，项目金额8000万元。动漫产业总部基地项目包括动漫主题公园、动漫会展中心和研发大厦等；立体电影产业基地为全球最大的立体电影产业基地。在其他签约项目中，比较突出的是香港职业训练局和石家庄市动漫协会合作开发的《人才培训及交流合作项目》，根据该项目，石家庄的动漫人才可赴港培训，并进行学术交流等。本届动博会主会场设在市人民会堂，新华区分会场设有8大活动板块、28个分项活动，基本涵盖了动漫文化和动漫产业链。石家庄本土动漫企业、院校和社团在本届动博会上异常活跃，深度动画公司的《赵云与咔哒盒子》、河北精英影视公司的《顽皮豆豆的365个晴天》、河北极限科技公司的网络游戏《Q战风云》等一批作品亮相。

（岳金宏）

2011年10月27日，第六届国际动漫博览交易会开幕

【图书馆成为古籍重点保护单位】 1月13日，石家庄市图书馆“全国古籍重点保护单位”揭牌仪式在市图书馆举行。市图书馆是国家一级图书馆，馆藏图书110万册，其中古籍约20万册。古籍藏量大

为该馆特色。该馆34种古籍图书628册被收入《中国古籍善本书目》，定为国家级善本。2种古籍孤本为全国独家收藏，分别是《周易传义大全》二十四卷——明弘治4年（1491）罗氏竹坪书堂刻本和《湟中牍》七卷《家食藁》一卷——明万历刻本。市图书馆4种古籍善本《易经讲意纲目集注》、《四书大全》、《学林就正》、《新刻三苏论策选粹》为国内两家收藏。8种古籍善本入选《国家珍贵古籍名录》。2010年5月，市图书馆参加了第三批全国古籍重点保护单位的申报和评选，6月份，经国务院批准公布，被授予第三批"全国古籍重点保护单位"称号。

（王惠恩　姜小青　岳金宏）

【非物质文化遗产】 1月27日，经市政府批准，正式公布《韩信背水一战的传说》等58个第四批市级"非遗"名录项目。其中，民间文学7项，民间音乐4项，民间舞蹈1项，传统戏剧8项，曲艺1项，传统体育、游艺与竞技2项，民间美术6项，传统手工技艺16项，民俗11项，传统医药2项。至此，全市非物质文化遗产名录项目达到148个；年内，经申报，新乐伏羲祭奠、评剧（石家庄）和晋剧（井陉县）被国务院公布为第三批国家级非物质文化遗产名录；编辑出版《石家庄市非物质文化遗产图典》（第二辑）；完成《将相和》等8部省级"非遗"名录剧（曲）目整理和音像录制工作；经文化部批准，石家庄市非物质文化遗产名录项目"晋剧"与山西晋剧打包，作为中国向联合国推荐项目，申报入选2012年联合国教科文组织"优秀实践名册"。

民间艺术

【版权保护】 以版权服务"进企业、进学校、进社区、进科研单位"为抓手，以实施国家知识产权战略纲要为重点，开展一系列宣传活动，市民版权保护意识增强。开展政府机关使用正版软件工作，得到国务院专项行动督导组肯定，中央新闻媒体给予专题报道；各县（市）区政府机关和企业软件正版化工作取得阶段性成果，40余家企业实现软件正版化。年内，利用国家启动打击侵犯知识产权和制售假冒伪劣商品、打击网络侵权盗版和打击非法预装计算机软件等专项行动，石家庄市开展了"版权卫士网上行"活动，查处侵权盗版案件10起，办结总署交办重点案件3起。2011年，市文广新局被评为河北省版权管理工作先进集体和打击侵犯知识产权和制售假冒伪劣商品专项行动先进集体。

【扫黄打非】 全年查处涉非涉黄案件11起，收缴各类非法音像制品、出版物20余万册（张、盘），集中销毁非法音像制品、出版物30余万册（张、盘）；收缴并销毁各类违规电子游戏机320台，违禁电路板2600余块，取缔无证经营场所25家；查处网络文化大案要案5起。开展打击侵犯知识产权、制售假冒伪劣商品、非法出版物、传播淫秽色情信息等专项行动，组织实施侵权盗版及非法出版物集中销毁等活动。专项整治西柏坡旅游景区周边非法出版物问题，有效净化了景区周边文化市场环境，受到国家和省扫黄办公室的好评。结合省印刷复制业专项整治"百日行动"等活动，加强法律法规培训，与经营单位签订守法经营责任书。开展清理整顿专项行动，规范印刷发行市场。按照主动服务、勇于创新、科学管理思路，着眼内资服务中心工作、服务文化产业、服务版权，开展了治理内资刊登广告和打击非法报刊专项行动。举办内资服务省会经济文化建设论文研讨活动，组织版权知识内资编辑部培训 360 家，内资管理工作受到省新闻出版局通报表彰。2011 年，组织研究内资如何服务中心工作课题，获得省社科基金项目成果奖。

（王惠恩　姜小青）

【庆新春·欢乐大广场】 2 月 7 日，省会第八届“庆新春·欢乐大广场”活动在市人民广场举行，此项活动集大型文艺演出、民间艺术表演、戏曲票友演唱、灯谜竞猜、趣味游戏等于一体，人民广场设立主会场，市内六区分别设立分会场，吸引数万名市民参与，形成以群众自娱自乐为主的节日欢乐大广场。2011 年欢乐大广场活动特别突出娱乐性和市民参与性，举办体现娱乐性、知识性、趣味性，适合不同年龄市民参与游戏项目比赛 30 余项。

【“彩色周末”文化活动】 5 月 1～3 日，由中华文化促进会和石家庄市政府共同主办的“中国非物质文化遗产全国巡展——走进石家庄”暨省会第十八届“彩色周末”文化工程活动在省会文化广场举行。“中国非物质文化遗产全国巡展——走进石家庄”内容包括全国各地非物质文化遗产精品展和全国十多个省市 20 多名非物质文化遗产项目传承人现场技艺展示及国家非物质文化保护政策、保护措施文字图片展览 3 项内容。本届“彩色周末”文化工程活动于 5 月开始，10 月结束。活动期间，省会文化广场设立主会场，市内长安公园广场、平安公园广场、西清公园广场、水上公园广场、世纪公园广场设分会场，主会场每季度采用“文企联姻”或市场运作方式举办一次有一定规模和较高水平的示范性“彩色周末”大型综艺演出活动，分会场每月举办两次优秀群众文艺展演活动。市内五区在 20 个基层单位设立演出点，每个周末举办戏曲票友演唱会、家庭文艺比赛、合唱比赛、民间艺术表演、书画展览等小型多样、各具特色的社区文化娱乐活动。市群艺馆、市内五区文化馆每月在省会主要社区举办一次大型综艺演出活动。本届“彩色周末”文化活动共举办各类文化活动 1670 场，超额完成市委、市政府下达的 1500 场演出任务。

举办第十八届“彩色周末”文化活动慰问农民工演出

【参加第七届深圳文博会】 5 月 13～16 日，市政府组团参加第七届深圳文博会。在第七届深圳文博会上，石家庄市重点宣传推介了伏羲文化园、国家历史文化名城正定、沕沕水生态风景区、河北习三内画博物馆（石家庄民间工艺博物馆）、石门 1925 国际文化创意街区、石家庄国家动漫产业发展基地创业孵化园等 6 个文化产业项目。成功签约蟠龙湖国际旅游度假区、西柏坡红色胜典主题公园、河北东垣文化艺术品市场等 3 个文化产业项目。

【国家重大历史题材美术创作工程作品石家庄巡展】 9 月 8 日，国家重大历史题材美术创作工程作品石家庄巡回展在石家庄美术馆开展。国家重大历史题材美术创作工程作品巡回展以中国波澜壮阔的历史事件为主题内容，集中展出一批反映自 1840 年至 2010 年国家重大历史事件大型主题性美术作品，呈现出现阶段国内主题性美术创作最高水平。本次展出作品 75 幅，浓缩了中华民族自 1840 年以来 170 年间历史事件和风云人物，以其大题材、大画面、大制作、大手笔，为观众呈现出一场爱国主义旋律的视觉艺术。此次巡展自 9 月 8 日起至 11 月结束，向市民免费开放，吸引观众 10 万余人（次）。

（王惠恩　姜小青）

【第 13 届吴桥国际杂技节】 10 月

22 ~ 30 日，由文化部和省政府共同主办，石家庄市人民政府和河北省文化厅等承办的第 13 届中国吴桥国际杂技艺术节在河北省艺术中心举行。本届杂技节共有来自 17 个国家和地区的 27 个团体的 30 个节目、200 多位杂技艺术家同台竞技。朝鲜平壤国家杂技团的《空中飞人》、俄罗斯莫斯科尼古灵马戏团的《大跳板》、中国河北省杂技团的《行车蹬人》获得金狮奖；越南胡志明市马戏团的《男子双人技巧》、中国杂技团的《极——摇摆高拐》、中国吴桥杂技团的《灵性——单车手技》、中国新疆生产建设兵团杂技团的《魂——倒立技巧》等 6 个节目获得银狮奖；加拿大马戏艺术家的《双人技巧》、美国马戏艺术家的《双人吊子》等 9 个节目获得铜狮奖，另有 18 个节目获得特别奖。

吴桥杂技节大棚表演

杂技走进社区

【石家庄列入“大陆魅力城市”】 2011 年，石家庄市被国务院台湾事务办公室列为“大陆魅力城市”并专项入岛宣传项目。8 月 26 日至 9 月 1 日，来自台湾中时文化传媒集团旗下中国电视、中国时报、时报周刊等 3 家媒体 10 名记者组成采访团到石家庄市集约采访，着重宣传报道了石家庄市历史文化、城市建设、经济发展及两地经济合作等。采访团一行采访拍摄了隆兴寺、开元寺、安济桥、柏林寺、苍岩山、毗卢寺博物院、大石门文化一条街、无极剪纸等历史文化名迹和文化产业项目。

【3 县市获得“中国民间文化艺术之乡”称号】 12 月份，国家文化部印发《关于命名 2011 ~ 2013 年度“中国民间文化艺术之乡”的决定》，公布了 2011 ~ 2013 年度“中国民间文化艺术之乡”评选结果，正定县被命名为常山战鼓“民间文化艺术之乡”，井陉县被命名为晋剧、拉花“民间文化艺术之乡”，晋州市营里镇被命名为书画“民间文化艺术之乡”，数量居全省首位。

（王惠恩　姜小青）

报　纸

【概况】 2011 年，石家庄日报社贯彻落实办好党报、加快报社事业产业发展精神，按照“树雄心壮志、做敬业模范、办一流党报、创优势产业”总要求，圆满完成“做到两个确保（舆论导向准确有力和报纸发行量稳中有升），实现两大突破（经营收入和产业发展获得突破），推进三项工程（推进体制、机制改革和人才再造工程）”目标。1 月 6 日，石家庄日报社正式启用报社（集团）新形象标识，原形象标识同时作废。新社标采用变化了的“石”字和红、金两种色彩，强调作为“社会守望者，历史记录者”媒体责任，象征传统媒体与新兴媒体交融成长、不断探索、永不止步的发展态势。开展“走转改”活动，所属媒体纷纷开辟专栏专版、制定方案、确定蹲点目标、搜集基层资料、实地调查研究，采编一线人员深入社区、群众、生活和实际采访，编发出贴近当地、关注民生、来自基层、好看可读、吸引力强、影响力大的精品力作。至 2011 年末，石家庄日报社实现总收入 2.53 亿元，同比增长 6%。其中，广告现金收入

1.78亿元，同比增长5%，创下历史新高；66件新闻作品获得省级以上奖项，在《人民日报》等中央媒体发稿370篇，稳居全省地市级报刊之首。年内，石家庄日报社获得“全国报纸自办发行先进集体”、“先进基层党组织”、“普法工作先进集体”等市级以上奖励11项；《燕赵晚报》第四次获得“全国晚报20强”；石家庄日报社旗下一鸣视屏文化传播有限公司获得“2011河北最具影响力广告公司”称号。

【引导舆论导向】 坚持政治家办报和正确舆论导向，开展提高舆论引导水平年活动，制定、实施提高舆论引导水平若干措施。站在市委、市政府和全局高度，准确及时、全面有力地传达市委、市政府权威声音，推出“优化发展环境”、“工业强市十问”、“石家庄人的幸福从哪里来”、“迎接党代会系列报道”等十几个思想性和指导性强劲系列报道，在全市政治经济和社会生活中地位得到巩固和凸显，发挥了推动工作、凝聚力量重要作用，营造出转型升级、跨越赶超舆论氛围。

【谋划传媒大厦项目】 为实现市委、市政府提出“到2015年报业集团年总收入达5亿元，力争进入全国省会城市传媒业综合实力第一方阵、实现上市”目标，石家庄日报社党委针对经营格局单一、缺乏新增长点、抗风险能力弱、收入增长慢、发展后劲小等突出问题，经过扎实调研，提出在正定新区建设传媒大厦设想，得到市委、市政府及有关部门大力支持。该项目实施后，石家庄日报社可转变“一条腿”走路为“多条腿”走路，收入结构产生根本性改变，由主要以广告收入为主转变为广告、新媒体、数字出版、印刷、楼宇经济等多渠道收入格局，年总收入达到或接近5亿元，年纯利润可达3000万元以上，全面实现“十二五”规划期目标。至2011年底，石家庄日报社兴建传媒大厦可研报告获得批复，勘察设计等正在推进。

【《燕赵晚报》改版】 《燕赵晚报》编辑部按照石家庄日报社党委把晚报办大办强的要求，高站位思考、高起点谋划，于6月份成功改版，报纸版面和品相实现质的跨越，大批独家抢眼、弘扬正气、激人奋进的优秀报道相继推出，赢得读者追捧，零售量明显增加，影响力变大，在同城同质媒体中一跃占据领先地位，获得“全国晚报20强”和“全国十大城市晚报”称号。

【印务公司试点机制改革】 针对印务公司忽视成本费用、分配平均主义等问题，石家庄日报社决定将其作为日报社改革试点单位，先行启动内部运行机制改革，为全社改革积累经验。成立专项小组，深入调研，制定具体方案，印务公司内部运行机制改革实现预期效果，超额完成创收任务，职工收入大幅增长，凝聚力增强。

【人才再造工程】 着眼提升全员综合素质，采取请进来、走出去等形式，加强员工培训。全年石家庄日报社组织各类教育培训7期，授课200小时，参训员工1650人次。建立“人才再造工程”专家库，聘请詹国枢、李文海、刘畅、刘素红等4名专家培训辅导全社中层干部及采编人员，提高了政治素养和业务水平。

【数字报纸语音读报和检索功能开通】 10月31日，石家庄日报社在石家庄新闻网（www.sjzdaily.com.cn）开通数字报纸语音读报和检索功能。数字报纸语音读报功能通过文字识别软件，将数字报文字稿件识别转换为语音播放功能，全篇朗读在数字报纸中要阅读的稿件。数字报纸“全文检索”功能可在数字报页面“搜索框”录入关键词或者感兴趣的内容，即可搜索到数字报系统中的相关内容并且指向出版日期和版面，可准确、便捷、快速获取新闻信息。

（王汉南）

【一鸣传媒获评最具影响力广告公司】 11月份，由石家庄日报报业传媒集团创办的河北一鸣视屏文化传播有限公司获得“2011河北最具影响力广告公司”称号。河北一鸣视屏文化传播有限公司成立于2008年，是石家庄日报报业传媒集团打造的户外新媒体。“2011河北最具影响力广告公司评选”活动于2011年8月16日启动，以“创意、文化、渠道、影响力”为标准，经专家评委评议投票选出。获此称号还有河北春秋文化传播有限公司等9家公司。

（戴丽丽　肖洋）

【报道《石家庄人的幸福感从哪里来》获得好评】 5月6日，中国社科院《中国城市竞争力蓝皮书》关于“石家庄市居民幸福感在全国排名第一位”调查结果一经公布，迅即引起社会热烈反响。《石家庄日报》以此为契机，自5月10日起，推出《石家庄人的幸福感从哪里来》系列报道，紧贴市委、市政府中心工作，大力宣传和展示全市社会保障、交通、住房、医疗、治安、环境等方面亮点，内容翔实，形式生动，刊发后受到全市社会各界广泛好评。

【全城寻母报道引起社会反响】 8月11日，省委常委、市委书记孙瑞彬对当日《石家庄日报》刊发文章《为给母亲挣药费　边上大学边打工　患病母亲三天前走失　女儿希望好心人提供线索》作出批示，要求尽快安排，协助女大学生孙小娜找到亲人。接到批示后，石家庄日报社高度重视，立即调集精干力量，组织指挥新闻记者与公安、民政等部门联合，迅速在全市开展起一场搜寻“走失母亲”行动。当日下午，找到女大学生孙小娜母亲，切实让人民群众体会到党和政府的温暖，唤起城市中人间大爱和真情，引起广泛的社会反响。

石家庄日报社

党委书记、社长：赵俊芳（1月免）

党委书记、社长、总编辑、石家庄报业传媒集团董事长（兼）：王勋涛（3月任）

党委副书记、副社长：王勋涛（3月免）

党委副书记、副社长：杨东波

副　社　长：冯立恒　翟洪权　王乃飞

副总编辑：张振江　祁辉　李永林　刘云道　王海刚

（王汉南）

广播电影电视

【概况】 2011年，全市广播电影电视宣传管理规范，播放秩序正常，播出安全。广播电视完善安全播出应急预案，落实值班、带班制度，保障播出系统信息畅通，运行正常。重大节日及敏感时期，利用广播电视指挥调度平台，监测和调度市、县两级广播电视安全播出，做到重要播出期零秒停播。检查和整顿辖区广播电视发射台（站），严厉查处私设频道、擅自开办地面数字电视业务等不法行为。广播电视宣传实施市、县播出机构影视剧三级审查制度，节目购置渠道落实专项检查；查处违规广告，并下发整改通知书12次，确保了广播电视舆论导向正确，播出秩序规范。卫星电视管理按照省级部门统一安排，开展打击非法网络共享网站及设备产品专项治理行动，查处了非法安装、使用卫星地面接收设施等违规、违法行为，明确界定了市、县两级卫星电视和小片网管理，理顺了管理关系。至2011年末，全市广播电视创收2.35亿元，比上年增长13%。其中，电视广告收入1.9亿元，增长10%，广播广告收入4500万元，增长25%。全市拥有有线电视用户103.5万户，有线数字电视用户85.2万户。广播综合覆盖率为99.4%，电视综合覆盖率为99.4%。开展“千场电影进社区、万场电影进农村”活动，在社区放映1266场，在农村放映53796场。

2011年6月25日，开展“感受巨变　薪火相传”90名老党员、90名90后畅游省城活动

【电视文献片《赶考》播出】 7月16～17日，由市文广新局主持录制的电视文献片《赶考》，分别在石家庄电视台新闻综合频道和第三频道播出。该剧由市文化艺术研究所承制。电视文献片《赶考》摄制组查阅大量革命史料，采访众多专家学者和人员，历时一年完成；片长25分钟，生动再现了1949年毛泽东率领中共中央离开西柏坡前往北平这一历史事件，形象地把这次历史转折比喻为“赶考”，并追寻了“两个务必”历史回声。

2011年3月1日，举办四集文献纪录片《没有共产党就没有新中国》开机仪式

【有线电视网络完成大规模主干光缆升级改造】 2011年，全市有线网络升级改造步伐加快，市有线网络管理中心分五期连续实施了光纤网络大规模扩容割接改造。该工程涉及市区7个分配中心机房及35条干线光缆，在未出现任何安全播出故障，基本不影响用户收看情况下，实现近半个市区网络扩容升级，受益用户达到20余万户。

（王惠恩　姜小青）

档案工作

【概况】 2011年，全市档案系统按照河北省《关于加强档案工作的意见》及市委、市政府关于《石家庄市档案事业发展实施意见》要求，大力加强档案馆基础建设、档案法制建设、档案信息化建设及业务基础建设，档案管理工作得到全面落实。编辑完成《石家庄解放》（上下册）和《石家庄解放档案文献图集》，被河北省档案局分别评为2011年度河北省开发利用档案优秀服务成果一等奖和二等奖。依据《河北省档案科学技术研究项目管理办法》，指导立项科研项目单位9个；按照河北省档案局《关于报送2010年河北省开发利用档案优秀服务成果的通知》，上报11项优秀服务成果，其中获得一等奖2项、二等奖2项、三等奖4项、优秀奖3项。

【档案数字化】 市档案局将档案信息化作为重点工作，加以推进。按

档案管理实现数字化

照招标方案要求，签订新的数字化加工、存储合同，录入案卷级目录近2万条，录入卷内文件级机读目录40万条，扫描300多万幅。对已完成的8个全宗11个目录382张电子光盘全面检查，逐一打印封面，整理装盒。与南昌市档案局就相互建立"重要档案数据异地备份基地"事宜协商、沟通和实地考察，进展较为顺利。加大各县（市）区档案信息化督导力度，逐月通报各县（市）区信息化进展情况，大力促进各县（市）区积极开展信息化工作。至2011年末，各县（市）区录入文件级机读目录5万条，累计达到515万条；扫描原文52万幅，累计达到644万幅。其中，桥东区、鹿泉市、藁城市、正定县、长安区5个县（市）区全部完成原有档案目录录入工作；新乐市、长安区、桥西区全年扫描达到10万幅以上；高邑县、赵县、藁城市、元氏县、深泽县、辛集市、鹿泉市、正定县、井陉县、行唐县10个县（市）区扫描工作稳步推进。

【档案接收】 按照《中华人民共和国档案法》要求，全年指导、接收23个市直机关单位保管满10年文书档案8253卷13240件。各县（市）区档案馆接收入馆档案4837卷21322件。加大全市单位上报政府信息公开资料整理及提供利用，方便群众了解政策。2011年市档案馆共接收国务院公报、市政府公报12期计800 册；接收14个单位续交公开信息154份，都做到及时向利用者公开。

【档案征集】 加大石家庄市地方特色档案信息资源及重大活动、重要事件、重要人物等专题档案征集力度，对石家庄历史文化有价值、具有地方特色的档案尽全力征集入馆。年内，征集到曾经在石家庄市工作过原北京市城乡建设集团总公司党委常委、组织部长曹德绪捐赠各种珍贵档案191卷，2万余件，包括52万字"四清"日记；1980年代改革开放初期著名企业家、"满负荷工作法"创立者，原石家庄市第一塑料厂厂长张兴让档案资料，包括文稿、剪报、照片等共计542件，并为其录制口述档案；熊基权书法作品手稿42件；石家庄市解放前地下工作者邢燕有关解放石家庄文章、照片50余件；党和国家领导人王刚、王岐山到石家庄市视察照片档案49张。至2011年末，全市征集各种载体档案3500件，丰富了馆藏，扩大了影响。

2011年6月16日，举办曹德绪藏品捐赠仪式

【机关、团体、企业、事业单位档案管理】 督导和审核市编制办、市金融办、市人社局、市统战部编制《机关文书材料归档范围和文书档案保管期限表》工作。于8月1日至9月25日，分14个考核组检查考核了市直各机关、团体、事业单位年度档案整理归档工作。在列入考核的112个市直机关、团体、事业单位中，有106个单位按时完成2010年度文书档案整理归档工作，形成文书档案1206盒60168件，其中永久卷631 盒31511 件，保管期限30年的332盒16591 件，10年的243盒12096 件；业务档案20726件；会计档案738卷（册）；荣誉档案46件；照片档案1492张；录像带109盒；光盘15张；设备档案12卷。档案整理合格率达到98%。成立企业档案工作协作组，协助石家庄炼油厂、华夏银行、850厂、石家庄新联合投资控股有限公司开展标准培训。完成石家庄市商务局所属8家破产企业档案处置工作。按照河北省《重点建设项目档案管理办法》，监督指导石家庄市三环路、环城水系、滹沱河综合整治、国家多模卫星导航系统兼容终端及系统应用开发与产业化项

目、石太高速复线等重点建设项目档案工作。

【农村档案工作】 按照《石家庄市推进“村档乡代管”工作实施方案》，11 月份，由市档案局与市纪委共同检查验收了 11 个县（市）区“村档乡代管”工作。2011 年，全市 222 个乡镇、4454 个行政村中，191 个乡镇全部实现“村档乡代管”，占到全部乡镇的 86%。实施“村档乡代管”过程中，注重把服务新农村建设、服务民生作为档案工作着力点，重点抓好土地流转、林权、低保、新农合等涉及农民切身利益事件开展建档工作。

【档案开发利用】 按照《档案法》满 30 年档案需要鉴定开放规定，依据鉴定程序，逐卷、逐件审查鉴定馆藏 1981 年度 3041 卷档案，在确保内容不泄密、不失密情况下，鉴定出可开放档案 2752 卷、控制档案 289 卷，并将开放档案及时向利用者开放。对征集的 287 卷文书档案按照《石家庄市归档文件整理规则实施细则》整理归档。查阅馆藏 48 个全宗 20000 张照片，遴选出 859 张建立目录，成功建成《石家庄市城市面貌变迁照片档案专题目录》。至 2011 年末，市县两级档案部门接待各界利用者 11232 人次，提供利用档案 29005 卷次，其中市档案馆提供利用档案 11466 卷次，报刊资料 545 册次，为利用者提供复印件 6000 余张，现行文件 180 件次，接待利用者 984 人；接待利用照片档案者 72 人次，利用照片档案 439 卷，32212 张，光盘 38 张，录像带 2 盘，翻拍照片 45 张。

【业务培训】 贯彻落实国家档案局《关于加强业务人员培训工作的意见》和《河北省档案专业技术人员继续教育暂行规定》，针对档案管理薄弱环节有计划地开展培训工作。3 月下旬，举办“村档乡代管”档案管理人员培训班，培训各县（市）区乡镇档案业务管理人员 150 名；5 月下旬，举办企业档案管理人员岗位培训，培训市直属企业档案管理人员 120 余名。年内，各县（市）区结合档案管理工作实际举办各种类型培训班 24 期，培训业务人员 1400 余人。

（马彦春）

文物工作

【概况】 2011 年，市文物工作坚持“保护为主，抢救第一，合理利用，加强管理”方针，大力推动文物保护各项工程进度，做好地上、地下文物保护，全面加强文物保护单位和博物馆、纪念馆馆藏文物安全防范工作。文物宣传、研究取得优异成绩，由市文物局、文物保护研究所专业人员参与编写、拍摄的《沕沕水水帘洞探秘》一书正式出版，电视纪录片《璀璨时空——石家庄历史文化影像志》、《古郡传奇——正定》等在中央电视台播出，获得好评。全年文物工作下放、取消行政审批项目 3 项，增加保护

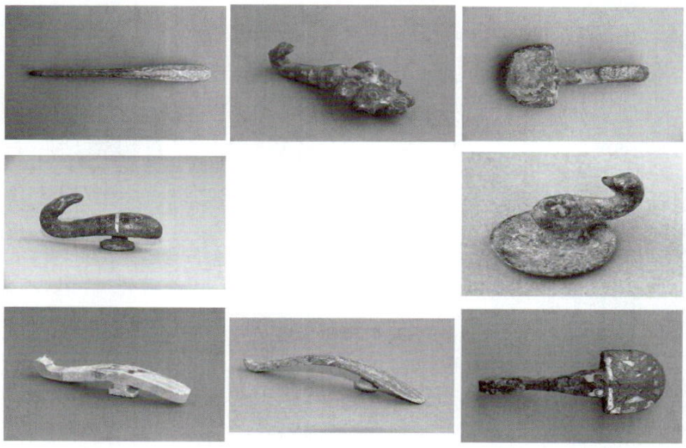

平山县张杨村墓群出土各种带钩

张杨村墓群出土陶器

市级文物保护单位行政审批项目2项。至2011年底，石家庄市拥有全国重点文物保护单位25处，省文物保护单位141处，市、县文物保护单位240处，各类不可移动文物5000多处，各类馆藏文物3.9万余件，其中三级以上文物精品1万余件。

【举办沕沕水水帘洞文化论坛】 7月29～31日，由市文物局参与主办、市文物保护研究所参与承办的“沕沕水水帘洞文化论坛”在平山县沕沕水风景区成功举行。平山沕沕水水帘洞旧石器时代洞穴遗址自发现以来，引起众多关注，为挖掘和考证水帘洞遗址文化价值和历史地位，省、市、县相关部门联合举办此论坛。来自北京大学、中国科学院古脊椎动物与古人类研究所的吕遵谔、黄蕴平、高星、王幼平、李超荣、何嘉宁等6位国内最具权威旧石器考古、研究专家到会，省会数十位专家学者、文化名人及新闻媒体参加。专家、学者共同考察水帘洞遗址现场、观看发掘出土遗物，深入讨论沕沕水水帘洞遗址的文化性质、文化价值、历史地位及其在中国旧石器考古学上的意义。到会专家、学者对如何保护遗址、合理利用其文化内涵提出建议和愿景规划。此次论坛上，省、市文物部门正式公布了由北京大学测定的水帘洞遗址确切年代为距今2.8～3.5万年。

2011年7月29～31日，举办沕沕水水帘洞文化论坛

【文物保护网络建设】 5月份，由市文物局委托北京创智沟通数码科技公司开发研制的“文物保护单位综合管理系统”网络信息平台试开通运行。5月份、11月份两次举办培训班，来自各县（市）、区和市直文博单位系统操作人员70余人参加了“网络信息管理平台操作方法”专业培训，并两次通报平台运转情况。文物网络信息管理平台开通后，运行状态良好，数据填充走向正规。创建文物网络信息管理平台，是石家庄市文物保护理念、文物管理手段与模式的一次创新，有利于文物资源共享和增强文物保护意识。

【打击文物犯罪】 全市各级文物管理部门加大野外文物巡查力度和频率。2月19日，平山县中山国遗址管理人员发现遗址边缘有可疑人员活动，立即与当地派出所共同行动，当场抓获1人，缴获若干作案工具，立案追捕团伙分子2人，打掉1个盗挖古墓犯罪团伙。4月11日，井陉县文广新局与县公安部门密切协作，破获1起盗挖古墓案件，现场抓获犯罪嫌疑人7名，缴获汽车、钻探、挖掘等作案工具若干件，追捕其他团伙成员8人，追缴文物56件，其中二级文物1件，三级文物2件。

【公众考古】 6月11日，为做好文化遗产日宣传活动，续2010年“探访石家庄先民之家——沕沕水公众考古”活动，省、市文物部门与平山县政府、文化、文物部门再次联合举办大型公众考古活动——穿越千年，探秘中山文明即平山县张杨村墓群公众考古。张杨村墓群紧邻古中山国国王墓，面积4000平方米，探明墓葬16座。活动当天，省会40余名普通市民、考古专家、社会历史学者、省会及驻石新闻媒体共同参观了考古发掘工地，聆听专家讲解，亲自动手打探孔，参与墓葬清理、人骨架清理、遗物提取等墓葬发掘全过程，并在专业人员指导下尝试器物修复。此次活动在省会掀起文物保护，文化

张杨村墓群公众考古——清理人骨

遗产传承热烈讨论。

【文物保护】 国家级历史文化名城正定的历史风貌因年代久远而渐失，为保护古城，还古城千年古韵，编制完成《正定古城局部修复工程方案》。"中山古城国家考古遗址公园"项目作为"十二五"期间河北省三大重点项目之一，开始实施项目规划、方案编制。永安桥、铁行会馆、封崇寺大殿修缮工程、尖岭石造像迁移工程等项目完成立项，部分项目进入实地勘察、设计方案阶段。年内，市文物保护研究所调查、勘探了辛集市清利寺、藁城市刘海庄、井陉县窦天德景区、石津灌渠桃园段等地下文物，调查面积50000余平方米，勘探面积25000平方米，探明古文化遗址9处。2011年，市文物局加强文物安全督导、检查，抽查了正定县、平山县、井陉县、鹿泉市及毗卢寺等重点县、市和市直文博单位文物安全工作。要求各县（市）、区吸取故宫文物被盗教训，督促查找安全隐患，加强文物库房、展室安全防范，健全馆藏文物电子化数字档案管理系统，确保博物馆、纪念馆文物安全。全市各级文物管理部门全部签订文物安全岗位责任制。

（夏素颖）

【正定县通过国家历史文化名城检查评估】 8月22日，由住房和城乡建设部、国家文物局有关专家组成的国家历史文化名城检查评估专家组，到河北省石家庄市正定县检查国家历史文化名城和中国历史文化名镇名村保护工作。按照住房和城乡建设部、国家文物局关于《开展国家历史文化名城、中国历史文化名镇名村保护工作检查的通知》要求，对检查中发现已不具备条件的名镇名村，将其列入濒危名单或撤销称号；对已不具备条件的国家历史文化名城将向国务院建议列入濒危名单或者撤销称号。正定县于1994年被确定为第三批国家历史文化名城，是国家可持续发展示范区，现存隋唐以来建筑38处，其中国保8处、省保6处、县保24处，为中国县级城市所罕见，素有"三山不见，九桥不流"、"九楼四塔八大寺,二十四座金牌坊"的美誉，被梁思成誉为"古建艺术宝库"。专家组听取了正定历史文化名城保护工作情况，观看了正定县历史文化名城保护纪实片，并到正定古城保护规划沙盘，查看了古城文物建筑分布和规划保护情况，实地考察了隆兴寺、天主教堂历史建筑、天宁寺以及多个历史文化街区等文物建筑的保护、修缮工作。专家组充分肯定正定县政府对名城的保护工作，尤其是实施隆兴寺大悲阁落架重修多项文物修缮工程，使珍贵的历史文物得到高标准保护，凸显出正定作为国家级历史文化名城的宝贵价值。专家组还就如何加强历史文化街区保护，做好文物周边环境配套等工作，建议正定县加大保护规划的执行力度，处理好保护与旅游开发的关系，加强名城保护宣传引导，提高全社会的名城保护意识。

（李云萍　宋钧）

西柏坡纪念馆

【概况】 2011年，西柏坡纪念馆以“大西柏坡建设”和中国共产党“建党90周年”为契机，以“做大做强西柏坡品牌，实施发挥教育基地功能和发展红色旅游齐头并进双引擎驱动，打造全国最优爱国主义教育基地和全国红色旅游龙头”为发展目标，对外搭建教育平台，对内狠抓教育基地建设，各项事业取得长足发展。全年接待观众450万人次。举办和接待了“红歌颂党”中央电视台激情广场走进西柏坡、“党旗更鲜艳”中国榜书艺术家走进西柏坡、“童心向党 同声欢唱”、“红动柏坡”我们的见证、2011西柏坡红色电影周、“西柏坡红色旅游景区月”、“白衣天使西柏坡行”、“西柏坡之魂”全国书法大赛作品展等重大活动40多次；接待在西柏坡采风、采访创作新闻媒体210多家，发表以西柏坡为题材各类新闻、专题、纪录片等400多篇次，网络新闻宣传20000多次，中央电视台“新闻联播”、“走遍中国”等精品栏目给予大量专题报道，有力提升了西柏坡品牌的知名度和美誉度。基础设施建设实现大发展。改造国家安全教育馆，争取到国家安全部资金500多万元；新建西柏坡丰碑林，争取到省财政资金1000多万元；重建革命圣地西柏坡纪念碑，争取到省财政资金1000多万元；全面维修中共中央旧址，争取到资金200多万元；改扩建领袖风范雕塑园，争取到中国东方航空公司资金70多万元。改善和提升配套设施建设。争取省市财政资金8300多万元，按照四星级标准改造西柏坡宾馆；争取到省市财政支持1000多万元，改造提升景区环境；投入2000多万元新建文物库办公楼1座。西柏坡历史、精神研究水平提高。西柏坡纪念馆围绕党中央在西柏坡的光辉历史，向纵深方面深度发掘，建成全国最权威的西柏坡研究中心，为西柏坡综合开发提供了精神和智力支撑；与河北经贸大学、石家庄学院、市委党校联合组建西柏坡研究中心，采取委托、共同攻坚等合作方式，借助社会各界人才优势和资源优势，深入挖掘西柏坡精神和红色文化内涵；成功立项1个国家级课题《西柏坡统战思想研究》，3个省级课题《西柏坡纪事》、《西柏坡记忆》、《西柏坡档案》，1个市级课题《关于大西柏坡核心景区建设的思考》；加大西柏坡历史基础研究，与中央文献研究室、中央党史研究室以及中央档案馆共同完成《西柏坡档案》、《西柏坡纪事》、《毛泽东西柏坡时期文稿手迹精选典藏》、《西柏坡精神的当代价值》等5本专著，填补了3项西柏坡研究空白；借鉴百家讲坛品牌栏目，利用西柏坡纪念馆自身研究成果和优势，确定课题，共同攻关，以讲座形式向社会各界人士公布和传播。2011年，西柏坡纪念馆被全国红色旅游工作协调小组授予“全国红色旅游工作先进集体”称号；被国家旅游局评为“国家AAAAA级旅游景区”；西柏坡纪念馆党委书记、馆长王荣丽被授予河北省“三八”红旗手称号。

【基础设施建设】 根据河北省和石家庄市召开的西柏坡综合开发建设现场办公会会议精神要求，西柏坡纪念馆实施了文物库、办公楼提升改造工程。新办公楼、文物库位于西柏坡纪念馆办公区内，工程总投资2118万元，建筑面积5668平方米，占地面积2500平方米，集办公、文物库房、物品库、业务用房等于一体。新建文物库房按照国家一级博物馆要求建设，恒温、恒湿；办公楼共4层，办公设施完善，办公环境大大改善。该工程于2010年12月28日开工建设，2011年11月4日竣工投入使用。依照尊重生态自然、追求自我风格、引领旅游文化、造就区域资源的思路，投资1329.10万元，分别绿化、美化、亮化了主路两侧、码头区、故居前广场区、花房区、南侧驳岸区等景区环境。总施工面积15600平方米，其中土建3100平方米，绿化12500平方米。投资280余万元，实施了景区大门500米处公路两侧路灯、展览馆前面房顶及立面、五大书记铜像、纪念碑顶部、国家安全教育馆房顶等夜景照明工程，全方位亮化景区。投资8386.25万元，按照四星级标准水平全面改造和提升西柏坡纪念馆宾馆，改造后西柏坡纪念馆宾馆中西合璧，大气、简洁、高雅、生态，整体空间划分为公共区、接待就餐区、客卧休息区3部分，主体建筑共4层，设有标准间、商务豪华单人间、标准套房、行政套房60余套，餐厅设有宴会厅、大小雅间，可容纳300余人同时就餐，还设有多功能厅、会议室、贵宾休息室和商务中心等，成为集旅游、会议、餐饮、度假为一体的景区高档宾馆。投资493.4万元，在馆区最高处柏坡岭和塘塔垴新建两座中水水池，污水处理站安装深化处理压力罐，景区内铺设管道，将景区内产生的污水经处理后储备起来，作为日常绿化和冲洒用水，实现了污水零排放和废水再利用两大目标，有效保护了岗南水库水质。

【中央党校省部级干部进修班到西柏坡开展体验式教学】 3月8～9日，中央党校第49期省部级干部“党的执政经验和执政能力建设”研究专题进修班一行到西柏坡开展体验式教学。学员们观看了纪录片《新中国从这里走来》及西柏坡纪念馆红色情景剧演出，向五大书记雕像敬献花篮，重温入党誓词，瞻仰中共中央旧址、西柏坡陈列展览馆和廉政教育馆。学员们结合参观学习情况召开专题研讨会，中央党校党史部教授罗平汉在研讨会上为学员作了题为《中国共产党的执政准备》讲座，总结、提炼了党在西柏坡时期为成立新中国所做的工作及贡献。经集体学习讨论，学员们一致认为：当前中国共产党面临着长期执政和国内外复杂环境的考验，只有继续保持清醒的头脑，始终牢记“两个务必”，继承和发扬艰苦奋斗精神，才能继续赢得人民的拥护和支持，永葆中国共产党的政治本色，将中国特色社会主义事业继续推向前进。

【空军美术书法研究院艺术家向西柏坡纪念馆捐画捐款】 3月12日，为落实中央政治局委员、中央军委副主席郭伯雄关于“部队要把西柏坡作为教育基地，要多组织军旅艺术家到西柏坡体验生活，创作出一批红色经典艺术精品，丰富教育内容，弘扬西柏坡精神”的指示精神，空军美术书法研究院副院长王界山带领创作室艺术家一行11人到西柏坡举行采风活动启动仪式并向西柏坡纪念馆捐画、捐款。王界山代表该院向西柏坡纪念馆捐款30万元，并赠送由该院雷洪连和李长文共同创作的巨幅油画《人民空军党缔造》（宽5米、高3米）。该油画描绘了1949年3月8日，毛泽东、朱德、刘少奇、周恩来、任弼时、邓小平等领袖人物在西柏坡听取东北老航校副校长常乾坤、副政委王弼汇报关于筹备成立中国人民空军的设想。

【国家安全教育馆改造完工】 西柏坡安全教育馆始建于1999年，由国家安全部、河北省安全厅和西柏坡纪念馆共同建设。2004年对外开放，总建筑面积3700平方米，展览面积700平方米。因陈展手段及相关设施日渐落后和陈旧，在国家安全部和河北省安全厅支持下，投资500多万元，实施改造提升。改造提升工程主要分为土建和展览两部分，土建部分由河北大元建业集团股份有限公司负责，主要扩建安全教育馆三楼，改造一、二楼。2010年10月28日土建工程开工，2011年3月11日结束。展览部分经过公开招标，确定石家庄雅虹公司为展览设计制作单位；2月13日，设计方案获得通过；4月份，国家安全部批准展览大纲；4月23日，雅虹公司进场施工；6月20日，展览部分基本完工。修改后展览面积由原来700平方米增加到1150平方米。内容上增加了解放后情报战线上的杰出人物事迹；表现形式上引进了最先进的设计理念和展示手段。

【纪念碑重建落成】 西柏坡纪念碑位于景区入口处停车场南侧、纪念馆后面山顶上，是西柏坡革命纪念地迎宾建筑及标志性建筑之一，始建于1993年。2011年5月26日，西柏坡纪念碑动工重建，6月25日竣工。纪念碑由基座、主体和顶部五角星三部分组成，主体以六面体柏坡黄大理石贴面，取六合之意。纪念碑碑身通高28米，寓意中国共产党自1921年建立以来，带领全国各族人民，浴血奋战，众志成城，到1949年新中国诞生28年革命历程。纪念碑正面镶嵌“革命圣地西柏坡”鎏金大字，为毛泽东手迹；碑文是1991年9月21日江泽民为西柏坡题词：“牢记两个务必，建设有中国特色的社会主义”；碑座周围大理石浮雕再现了党中央在西柏坡时期的重大历史事件；碑体顶部为鲜红的五角星，象征中国共产党领导全国人民，经过28年艰苦奋战，最终取得革命的伟大胜利。纪念碑前依山势设计了三组浮雕，以气势磅礴、波澜壮阔的壮丽形象，塑造了辽沈、淮海、平津三大战役场面，充分体现了西柏坡在解放战争时期作为总指挥部的光荣历史和在中国革命史上的重要地位。

【丰碑林建成投用】 西柏坡丰碑林由原“西柏坡石刻园”改扩建而成。西柏坡石刻园修建于1997年，建筑面积3100平方米，园内收入题词书法作品323幅。为庆祝中国共产党建党90周年，在保留石刻园原有自然风貌基础上，2011年投资1026.52万元实施石刻园景区改扩建，并改名为“西柏坡丰碑林”。该工程新建建筑面积1250平方米，改建面积600平方米，占地面积11000平方米，总建筑面积4910平方米，石刻容量新增239幅（党和国家领导人题词19幅，将军题词66幅，全国书法协会理事以上书法家题词154幅），共计560余幅。西柏坡丰碑林工程于4月18日开工，6月25日竣工投用。园内主要设有党和国家领导人题词区、书法家题词区、将军题词区和社会知名人士题词区、管理及纪念品区。改扩建后，西柏坡丰碑林成为北方最大的红色文化精品园林。

【中共中央旧址维修】 西柏坡中共中央旧址是全国重点文物保护单位。因年久失修，部分房屋、围墙、道路均出现不同程度损坏。2009年底，西柏坡纪念馆申请到旧址维修保护专项资金200万元，用于中共中央旧址全面维修。在维修过程中，多次组织专业人员研究讨论，并委托河北省德和文物保护规划设计有限公司制定出详细的《西柏坡中共中央旧址维修方案》。该方案确定维修项目14个，主要包括房屋房顶维修、室内地面维修、更新旧址供电线路、部分室内吊顶、旧址房屋围墙墙面更新、步行路维修改造、完善旧址防洪排水系统、房檐门窗维修、刷桐油清漆保护、院落平整和绿化美化等。2010年12月，维修工程正式开工。由河北省建筑科学研究院具体施工，遵照“修旧如故”原则，更新了旧址围墙和部分旧居内外墙面，维修或更换了损坏门窗，维修房顶1处、修筑环柏坡岭排水沟300多米，维修损坏房檐400多米，更新了供电线路、配电柜、配电盘，维修步行路2600平方米，栽种果树、柏树、竹子、花木等200多棵。全部工程2011年7月1日前基本竣工。

【创建国家AAAAA级旅游景区】 自2009年底开始，西柏坡纪念馆按照《旅游景区质量等级的划分和评定》标准，从细处着手，本着标准、规范、美观，与景区自然环境相协调的原则，综合提升了景区旅游交通、改陈建设、绿化硬化、污水处理、滑坡治理、景点建设等。从管理着手，完善各种规章制度，并投入建设资金7000多万元。2011年8月29日，全国旅游景区质量等级评定委员会依照中华人民共和国国家标准《旅游景区质量等级的划分与评定》与《旅游景区质量等级评定管理办法》，批准西柏坡景区为国家AAAAA级旅游景区，并颁发荣誉证书。9月6日，国家旅游局在北京市举行AAAAA级景区授牌仪式，西柏坡纪念馆获得授牌。9月14日，河北省常务副省长杨崇勇和市长艾文礼在省会河北会堂为西柏坡纪念馆AAAAA级旅游景区揭牌。

【领袖风范雕塑园落成】 9月26日，由中国东方航空集团公司捐建的“西柏坡领袖风范雕塑园”正式落成。西柏坡“领袖风范雕塑园”位于西柏坡纪念馆和中共中央旧址之间，占地约700多平方米，是由中国东方航空集团公司2.3万名党员捐赠的70万元主题党费提升改造而成。在中国共产党建党90周年之际，东航集团党组启动“红色经典”主题服务活动。7月22日，双方举行签药仪式。经过两个月施工，“领袖风范雕塑园”重新落成。新落成的“领袖风范雕塑园”包含“五大书记”生活雕像，还建有花园景观，展现出“木质亭榭首尾相连，石板甬路曲径通幽，名贵花木点缀其间”，成为一个集参观、教育于一体的新景点。

（王彦红）

石家庄年鉴 Public Health & Sports

卫生·体育

卫生·体育

卫　生

【概况】 2011年，全市共有各级各类医疗卫生机构6458个，其中省级和部队17个，市级19个，县级106个，乡镇卫生院221个，社区卫生服务中心（站）210个，门诊部33个，民营医院35个，诊所（医务室）1579个，村卫生室4238个。开放床位40811张，卫生人员69560名，其中卫生技术人员51117名，执业（助理）医师24187人，注册护士16876人。平均每千人口拥有卫生技术人员5.03人，医生2.38人，注册护士1.66人。人口平均寿命73.3岁。孕产妇死亡率控制在6.72/10万，婴儿死亡率控制在9.56‰，分别低于全国26.1/10万和15.6‰的平均水平。年内，市卫生局被中央文明委授予“全国文明单位”称号，市卫生局党委被河北省委命名为“先进基层党组织”。

【农村基层医疗服务】 省、市、县三级政府投入6.22亿元，按照设计图纸、建设标准、标识标牌、外观形象“四统一”原则，在全省率先完成4041个村卫生室标准化建设，做到诊室、药房、治疗室、观察室、处置室、健康档案室“六室”分开。按照每个中心卫生院100万元、乡镇卫生院60万元、村卫生室2.6万～3.7万元的标准，为210个乡镇卫生院和4238个村卫生室配置了必备、适用的诊疗设备，农村基层医疗卫生服务网络基本服务能力大幅提升。

（市卫生局）

【确定为全省深化农村医改试点】 2011年初，河北省出台《深化农村医药卫生体制综合改革试点方案》（简称《方案》），明确石家庄全部县（市）为河北省深化农村医改试点，在卫生室建设、村医配备、基本药物制度、公共卫生服务等方面先行推进。该《方案》要求，试点地区村卫生室建设纳入统筹城乡发展规划，每个行政村要有一个标准化卫生室，并为每个行政村卫生室配齐5万元的基本检测和诊疗设备。所有行政村卫生室全部配备使用国家基本药物和省增补的纳入基本药物管理的非基本药物，实行统一采购。政府举办的乡镇卫生院全部实施国家基本药物制度，实行药品零差率销售。每个乡镇卫生院建立公共卫生科，每个行政村卫生室设置不少于1名乡村医生专（兼）职从事公共卫生服务，每个乡镇卫生院配齐100万元设备。每个农村居民定期进行健康体检，其中45岁以上居民每年进行一次。试点地区村级要有一个标准的卫生室、一名具备执业资格的医生、一套基本药物保障制度；乡级有一个标准的卫生院、有一支适应农村医疗工作的好队伍、有一套基本检测设备。公共卫生服务为所有群众建立一套健康档案，并建立定期检查制度。

（王丽强）

【基层综合医改】 全市44个政府办社区卫生服务机构和221个乡镇卫生院全部推行基本药物零差率销售，实行集中采购、统一配送，有效地缓解了“看病贵”问题。2011年底前，按照河北省统一安排，全市所有村卫生室推行了基本药物零差率销售。根据统计，实施基本药物销售累计减轻群众药品费用负担3104.16万元。核定乡镇卫生院人员编制7117名，核定政府办社区卫生服务机构人员编制2562名，所有乡镇卫生院和15个政府办社区卫生服务中心的基层综合改革基本到位，完成院长（主任）竞聘、全员聘任、绩效考核等改革任务，为推进各项医改工作奠定了坚实基础。

【新型农村合作医疗】 新型农村合作医疗（简称“新农合”）每人每年筹资标准由140元提高到230

元，参合率达到96.8%。所有农村县（市）开展门诊统筹，县、乡两级住院费用报销比例分别达到65%和80%，最高支付限额达到6万元，实现“出院即报”。所有农村县(市)开展了儿童先天性心脏病、儿童白血病等重大疾病保障工作，8个县（市）开展了按病种付费和总额预算支付方式改革。全面启动大病统筹工作，在新农合最高补偿基础上，对住院大额医疗费用给予再补偿，最高补偿额达到10万元。全年新农合补偿参合农民1651.19万人次，补偿总金额12.59亿元，创下石家庄市开展新农合5年以来补偿金额新高。

（市卫生局）

【新增8个新农保试点县】 8月份，2011年河北省新农保试点县和城镇居民社会养老保险试点县名单正式批复。2011年石家庄市新农保试点县（市）包括元氏县、赵县、晋州市、栾城县、赞皇县、辛集市、灵寿县、行唐县等8个县（市）；城镇居民社会养老保险试点县(市)包括元氏县、赵县、晋州市、栾城县、赞皇县、辛集市、灵寿县、行唐县、鹿泉市、正定县、藁城市等11个县（市）。

（李云萍）

【社区卫生服务】 率先在全省实施“首席医师（中医师）”进社区工作，组织二级以上医院的专家骨干，定期到158个社区卫生服务机构坐诊，诊治患者1.7万余人次。投入400余万元，为政府办社区卫生服务中心配备了居民健康体质监测设备。开展社区卫生服务机构与二级以上医院“网上双向转诊”和“心电图远程会诊”试点，至2011年底，上转患者1570人次，回转580人次。2011年，新华区东焦街道办事处社区卫生服务中心、桥西区裕西社区卫生服务中心创建成为“全国社区卫生服务示范中心”。

（市卫生局）

【首支社区健康宣教队成立】 11月份，由20名社区医护人员组成的市首支社区健康宣教队正式成立。社区健康宣教队队员是从全市社区卫生服务机构医护人员中通过自愿报名、公开选拔的形式选出。上岗前，市社区卫生服务管理中心对宣教队员进行了系统培训，并向培训合格者颁发“社区健康宣教队讲师”聘书。

（王丽强）

【公共卫生】 实施11类国家基本和5类重大公共卫生服务项目，完成省卫生厅下达的各项指标，整体服务水平全省领先。全力做好传染病防控，全年未发生重大疫情暴发流行。启动慢性非传染性疾病综合防控示范区创建工作，桥东区首批通过卫生部考评验收。实施“健康知识普及行动”，走进1209个行政村、551个单位，受益群众20余万人次。完成“12320”公共卫生公益电话升级改造，整体服务能力上升到全国较高水平。深入开展打击非法行医“暴风行动”，查处医疗违法案件1985起，取缔黑诊所139家。孕产妇死亡率降至6.72/10万，婴儿死亡率控制在9.56‰，基本消除新生儿破伤风病。

（市卫生局）

【命名为河北省卫生城市】 4月29日，全市召开创建河北省卫生城市工作总结表彰大会。会议总结了创建省级卫生城市工作取得的成绩和经验，并对创建国家卫生城市工作进行安排部署。市委副书记刘云峰、市人大常委会副主任李屏东、市政协副主席朱增海出席会议。副市长张妹芝主持会议。省爱卫办副主任杨毅在会议上宣读了《关于命名石家庄市“河北省卫生城市”的决定》。

【“12320”升级改造完成正式启用】 12月1日，石家庄市“12320”公共卫生公益电话开通5周年暨升级改造启用仪式在市疾控中心举行。市人大常委会副主任李屏东，副市长张妹芝，市政协副主席朱增海出席启用仪式。2006年11月28日，石家庄市在全国首家开通“12320”公共卫生公益电话，日接听量超过300人次。2011年年初，市卫生局决定对“12320”进行全面升级改造。改造后“12320”面积从原来20多平方米扩展到300多平方米，坐席数从8个增加到35个。市民可直接拨打“12320”电话，发送手机短信到“12320”，或登录http://www.sjz12320.gov.cn网站，进行咨询投诉。市卫生局还从全市各大医院选取277名医学专家组成“12320”专家库，采取定期接听热线或三方通话等形式，就广大市民关心的公共卫生问题解惑答疑。

（王丽强）

【公立医院改革】 石家庄栾城县被确定为河北省县级公立医院综合改革试点，在全省县级医院综合医改现场会上作典型发言。51个医院、244个病区推行优质护理服务，市第一医院、市第四医院开展预约诊疗。市本级投入1300余万元，完成市级卫生信息平台建设，在8个市级医院推行电子病历系统。2011年，石家庄市被卫生部确定为全国“电子病历试点城市”及“孕产妇和儿童保健管理信息系统试点城市”。加强县级医院建设，全面提升农村医疗机构信息化应用水平，对每个县医院投入230万元，对每个村卫生室投入3600元，年末信息化建设落后局面得到改观。

（市卫生局）

【医疗纠纷调处中心成立】 5月27日，石家庄市医疗纠纷调处中心成立，标志全市医疗纠纷第三方调解机制正式建立。市委常委、政法委书记刘志鹏，副市长张树志为调处中心揭牌。市医疗纠纷调处中心承担综合调解、处置市区内市级以上参保医疗机构发生的医疗纠纷，并通过调解工作宣传有关法律、法规、规章和医学知识，引导医患双方当事人依据事实和法律公平公正解决纠纷。石家庄市范围内各医疗机构诊疗过程中形成的医疗纠纷，调处中心都可受理。

（李云萍）

【市级医院全部开通网上双向转诊】 8月19日，市第九医院正式开通与社区卫生服务机构之间的网上双向转诊工作。至此，10家市级医院网上双向转诊全部开通。2010年6月，市卫生局开通市属医院与社区卫生服务机构之间的“双向转诊网络信息平台”。社区医生在开具转诊单的同时，通过网络对患者信息进行转诊。接诊医院在得到社区卫生服务机构上转病人信息后，能打开该患者的健康档案，了解患者在社区的治疗情况。诊疗活动结束后，医院方面在开具回转单的同时，通过网络将患者诊断、治疗、检查、住院的情况回转社区，方便社区医生对患者实施进一步的康复护理治疗。

（王丽强）

【卫生行政领域损害消费者权益五大案例】 2011年，市卫生局查获卫生行政领域损害消费者合法权益五大典型案例为：1.无证开展诊疗活动案。2011年3月30日，市卫生局接到群众举报称，“六驾马车战胜糖尿病系统工程”在建华大街某宾馆会议室非法开展诊疗活动。经查，“六驾马车战胜糖尿病系统工程”负责人郭某等系未经卫生行政部门许可，在现场使用检眼镜、音叉等医疗器械开展诊疗活动，且正在为患者提供诊疗服务的夏某、高某不能出示《执业医师证》。市卫生局对郭某予以罚款3000元的行政处罚。2.未取资质擅自开展诊疗。2011年12月23日，鹿泉市卫生局执法人员在日常监督检查时发现，铜冶镇永壁大街一门面房前放有诊所的广告牌。执法人员对该诊所进行检查发现，其房间内摆放有药架、药柜及药品，药架后有治疗床2张、输液架及使用后的一次性输液器。该诊所负责人王某系在未取得《医疗机构执业许可证》和《医师执业证书》的情况下，擅自开展诊疗活动。市卫生局当场对其予以取缔，并对其予以没收违法所得110元，没收药品2箱共计39盒、药柜1个、治疗床2张、输液架2个，罚款5000元的行政处罚。3.销售无卫生许可批件的涉水产品。2011年3月4日，卫生执法人员对位于新华区太和电子城一层A63号的王敏英门市部进行日常监督检查时发现，其正在销售的安吉尔天使RO水质处理器、三景牌家用豪华双级净水器、三景牌豪华超滤净水器、三景牌RO逆渗透纯水机无卫生部核发的卫生许可批件。市卫生局对其予以罚款1000元的行政处罚。4.未取得卫生许可证擅自营业。2011年10月19日，市卫生局执法人员在日常监督检查时发现，位于宫北路11号的石家庄城市职业学院院内设有公共浴池，但未取得公共场所卫生许可证擅自营业。在责令改正的期限内，该单位未按要求改正。市卫生局对该单位予以警告，并罚款3000元的行政处罚。5.药房违反《消毒管理办法》案。2011年8月15日，市卫生局执法人员对位于长安区跃进路79号的石家庄达鑫堂大药房有限公司进行监督检查，发现该单位经营的“达克宁硝酸咪康唑喷剂”和“苗一草一摸灵中药乳膏”等消毒产品外包装标签标注疾病症状、疾病名称等内容，暗示对疾病的治疗效果。执法人员依法责令其立即停止销售违法产品，并进行了罚款处罚。

（王巍）

【参加京津冀应急医疗救援联合演习】 10月13～14日，京、津、冀三省市在河北省张北县举行应急医疗救援联合演习。市急救中心派出8辆急救车及20余名急救人员参加此次演习。演习模拟京、津、冀交界处发生1起客货车相撞特大交通事故。接报后三省市迅速行动，立即启动紧急医疗救援预案并调派急救力量奔赴现场。到达现场后，建立医疗救援联合指挥部，根据伤情对伤员进行现场紧急处置、救护车转送及直升机航空转运。各地急救队还在事故现场建立医疗站，并进行了野外生存训练。

【首家晚期癌症关怀机构揭牌】 11月23日，全市首家晚期癌症患者关怀机构——河北医大四院宁养院正式揭牌。副市长张妹芝出席揭牌仪式。医大四院宁养院是由李嘉诚基金会与河北医科大学第四医院合作创办，旨在免费为贫困的晚期癌症病人缓解症状、提供镇痛治疗、并进行心理和护理指导的公益机构。服务对象为石家庄市周边地区低收入的晚期癌症病人。服务内容包括：疼痛、厌食、呕吐、便秘等常见症状的评估与治疗；口腔、皮肤、翻身、排痰，以及预防跌倒、压疮的护理指导等。服务方式包括：居家探访、电话随访和门诊接诊。

（王丽强）

【中医药工作】 率先在全国以设区市为单位将“中医治未病”纳入基本公共卫生服务项目，所需经费纳入公共卫生服务经费，并制定绩效评价标准。2011年，石家庄市被国家中医药管理局确定为“全国基本公共卫生中医药服务项目试点市”。坚持统筹城乡、重心下移，在25个社区卫生服务中心设置“国医堂”，在121个乡镇卫生院成立中医科，创建中医药特色示范性村卫生室188个。举办“名中医师带徒仪式”，6名省级名中医、市级“十大名中医”与28位学术继承人建立师徒关系。组织开展“百名市民体验中医药适宜技术”活动。2011年。在全国中医药工作会议上，石家庄市就基本公共卫生中医药服务项目工作做经验介绍。

【人才和学科建设】 召开石家庄市医疗卫生人才和学科（专科）建设工作会议，评选命名石家庄市“十大”名医、“十大”名中医、“十大”名护、“十大”名教和“十大”名科，在社会各界引起强烈反响。面向全国为市级医疗卫生单位公开招聘76名博士或正高级卫生专业技术人才。培训乡级医务人员及管理人员888人次、村卫生室人员5399人次。组织510名二级以上医院医务人员对口帮扶64所乡镇卫生院，培训基层卫生人员3048人次。加强重点学科建设，重新遴选确定20个市级重点学科、19个市级重点发展学科和11个市级重点培养学科，其中3个学科被确定为省级重点学科，4个学科被确定为省级重点发展学科，实现历史性突破。2011年，全市共有102项医学科研成果获得河北省和石家庄市科技进步奖。

（市卫生局）

体　育

【概况】 2011年，全市体育工作按照“增强群众体育活力，提升竞技体育实力，打造体育产业竞争力”的总体思路稳步发展。至2011年底，全市选手在省级以上比赛中获得金牌185枚，银牌157枚，铜牌124枚；建成国家级体育传统学校3所，省级25所，市级99所。年末全市共有社会体育指导员7693人，社会体育指导站624个，拥有各类晨、晚练点2000多个，参加体育活动人数占到全市总人口的37%，其中市区常年参加体育锻炼人数占到全市总人口的40.01%。规范社会体育指导员（站）监督与管理，调整培训方式，拓宽培训渠道。年内全市培训社会体育指导员近600人。《石家庄市全民健身实施计划（2011－2015）》、《石家庄市体育社团管理办法》、《石家庄市体育社团量化考评制度》出台。推进体育社团发展，建成体育总会13个，年末市辖县（市）区本级体育总会机构全部成立。体育设施逐步完善，场馆建设加快。2011年，全市安装全民健身路径1274条，实现社区健身器材全覆盖；122个公园广场安装体育设施，1988个村镇实施农民体育健身工程。

【体育设施】 省会体育中心建设快速推进，其中体育馆综合体施工图完成设计，北区围场和清理表面作业基本完成，体育场基坑开挖及试桩开始。至2011年底，体育中心工程完成投资6000余万元，支付2583万元。“环京津体育健身休闲圈”户外基地建设以元氏县蟠龙湖国际旅游度假区为依托，以CS野战对抗、户外拓展训练等为基础，扩建了蹦极、攀岩、自行车、环湖健身步道、钓鱼、帆船运动等系列体育项目。实施市区裕西公园体育设施升级改造，增加笼式篮球场420平方米，笼式乒乓球场420平方米，羽毛球场164平方米，健身路径4处、2000平方米，翻新原有健身步道2400平方米，扩大健身操舞广场至3000平方米，健身器材品质提升，体育元素突出，打造出全市第一个体育主题公园。同时，对平安公园、友谊公园、太行秋色园、中山广场、绿荫广场等公共场所体育器材设施进行更新提升，为市民创造了更加优美舒适的健身环境。结合河北省社区体育健身工程，在整合划分后的小区和需要更新器材的社区地点建设健身路径74条。平山县、高邑县、无极县、鹿泉市、行唐县、元氏县、栾城县等7个县市申报县级全民健身活动中心工程。确定新乐市彭家庄乡、井陉县微水镇、灵寿县灵寿镇、赞皇县张楞乡、元氏县槐阳镇等5个乡镇为实施乡镇体育健身工程单位，获得省体育局批准，并确定藁城市良村技术开发区北席社区为环京津乡镇体育健身示范工程。

【竞技体育】 8月8～17日，举办市第十四届全民运动会，来自全市各县（市）区代表团近6000名运动员参加比赛。本届全民运动会名称由四年一届市运会转变而来。市第十四届全民运动会改革竞赛机制，竞赛奖励从金银铜牌变为一二三等奖，竞赛重心向全民参与倾斜，突出健身性；分青少年组、成年组、老年组，突出全民性；比赛设田径、乒乓球、羽毛球、航模、台球、拔河、健身秧歌等25个大项，其中非奥运会项目占21项。10月11～19日，第八届全国残疾人运动会在浙江省举行。此次全国残运会，全市有31名运动员参加田径、游泳、羽毛球、射击、飞镖、盲人柔道、轮椅篮球、坐式排球等8个大项，16个级别，42个小项的比赛，最终夺得27枚奖牌，其中金牌15枚、银牌8枚、铜牌4枚，两人破三项世界纪录。河北省在此次运动会上共夺得金牌41枚、银牌31枚、铜牌16枚。10月15日，市体育代表团183人到江西省南昌市参加全国第七届城市运动会，参与田径、射击、跳水等15个大项比赛。市代表团最终夺得2枚金牌、4枚银牌、5枚铜牌，奖牌总数创下市代表团参赛城市运动会最好成绩，并获得体育道德风尚奖。在田径项目比赛中，市铅球运动员李萌以20.63米的成绩刷新保持近10年的全国青年纪录。

【社会体育】 1月1日，举办“中国体育彩票杯”第41届元旦长跑活动，近2万名群众参加。5月21日，市第四届社区运动会在长安区金谈固家园开幕。社区运动会注重与市第十四届全民运动会和全民健身志愿服务燕赵行活动相结合，在延续零门槛参与、运动趣味兼顾、

社区群众健身舞蹈表演

快乐参与基础上，新增社区品牌健身项目展演大讲堂活动，聘请国家级社会体育指导员、权威人士对健身项目的锻炼方法、健身功能与技能提高等方面进行现场讲解，使群众了解科学的健身知识，掌握正确的健身方法。7 月 25 日至 11 月 1 日，举办石家庄市棋王争霸赛。8 月 6 ~ 12 日，承办 2011 年河北省国际象棋锦标赛。9 月 10 日，无限极 2011 世界行走日首次走进石家庄，6000 余市民邀约朋友、家人在细雨中结伴同行，由世纪公园出发，共同倡导科学行走的健身理念，掀起一股全民行走健康风潮，向全社会传递了健康行走带来的快乐。9 月 24 日，石家庄第九届自行车环城赛在开发区火炬广场开幕，近千名自行车爱好者参加了 10 千米大众健身组骑行，来自全国各地的 172 名选手参加了男、女 50 千米公路车组的比赛，上海市杨威以 1 小时 13 分 53 秒的成绩夺得男子组桂冠，广州市的简志航和邯郸市的张欣分列男子组二、三名，上海市的林盈、山东省的胡晓涵、四川省的佐格分别获得女子组 50 千米公路车组比赛前三名。2011 年，全市还举办了迎新年“冬泳日”计时表演赛、“卡卡杯”羽毛球比赛、春季门球比赛、“宁安杯”小学生三棋赛、第 21 届体育舞蹈比赛、全国俱乐部乙 B 乒乓球比赛、禧玛诺山地自行车石家庄站比赛等 12 项比赛。

【体育产业】 完成《石家庄市体育产业发展战略的研究》，为全市体育事业“十二五”规划和体育产业快速发展提供了理论依据。在市中山体育馆举办全国拳击冠军赛暨拳王争霸赛，在省体育馆举办石家庄市体育舞蹈比赛，吸引广大爱好者到场观看，推动体育经济发展。按照市政府夜经济建设工作会议要求，组织长安体育场、中山体育场、游泳馆、少儿体校等单位，中体倍力、超越健身、宝力健身、平安健康家园等多家知名健身俱乐部参与夜经济建设活动，开展延长营业时间、夜间免费健身、办卡优惠、赠送礼物等活动，丰富市民夜生活。至 2011 年末，全市体育彩票销售额 3.7 亿元，比 2010 年增长 54%。

（市体育局）

社会生活

社会生活

人口和计划生育

【概况】 2011年，市人口计生工作以“省内争一流，全国有位次”为目标，围绕“统筹解决人口问题，稳定适度低生育水平，促进人口长期均衡发展”这一主线，创先争优，务实奋进，人口计生工作取得明显成效。至年末，全市共出生114810人，符合政策生育率为89.74%，人口出生率为11.60‰，自然增长率为6.40‰，圆满完成省下达的人口计划生育责任目标。全市有8项工作在全国和全省率先实现创新突破：在全国率先建立计划生育家庭关怀扶助中心，帮扶救助计划生育家庭302582个，落实惠民资金3650余万元；建成全省首家流动人口（新居民）综合服务中心，创新推广流动人口“1+12+X”服务模式，为流动人口享受均等化公共服务开辟了“绿色通道”；军民共建“一通三”工程经验在全军、全国推广，全市5万多名无工作军人家属在市军地医院及计划生育服务机构享受优惠诊疗服务；率先建成八大人口文化传播基地成为全省人口计生工作新亮点，中国人口报专版予以报道。石家庄市被国家人口计生委等四部委确定为“全国青少年健康人格工程”首批试点单位；率先建成“全员人口基础信息管理系统”和“石家庄市行政执法信息化服务管理系统”，省人口计生信息化工作会全面推广了石家庄市的经验；免费生殖健康检查和免费孕前优生健康检查两项人口计生公共服务惠及百万计生家庭，创出石家庄品牌；“强基提质”工程创出新经验，全省人口计生系统基层组织建设现场会在石家庄市召开。计划生育协会探索建立“1234”诚信人口计生工作模式在全省推广；人口计生系统“情系国策·创先争优”主题教育活动成效显著。2011年，藁城市创为“全国计划生育优质服务先进单位”；裕华区建通街道办事处等8个基层单位分别获得国家和省依法行政示范乡镇（街道）；晋州市被授予全省首批“阳光计生示范单位”。

2011年8月18日，“中国幸福家庭万里行”走进石家庄

【经常性基础工作】 年初专项部署育龄妇女普查服务工作，推行节育措施奖励制度，引导育龄群众自觉落实以长效为主的避孕节育措施。2011年，全市县、乡站提供季普查服务378万人次，开展各类宣传咨询服务421万人次；完成各类计划生育手术10.8万例，当年生育育龄夫妇长效避孕措施落实率达80%以上。严格执行计划生育政策审查制度，全年计划生育政策审查拟提拔人员科级1365名、副处级以上301名，否决7名；计划生育政策审查国家、省、市表彰先进集体1174个、先进个人576名，否

决38个集体、6名个人。加大党员干部违纪查处力度，全市各级纪检监察机关立案调查违反计划生育政策案件278件。严格征收社会抚养费，17个农村县（市）全部成立行政执法大队，全市社会抚养费征收立案10983件，征收社会抚养费10649万元。开展“双无”创建活动，制发《创建方案》，明确创建标准及申报程序，逐级建立健全监督检查制度。全市17个农村县（市）创建无政策外多胎生育乡（镇）75个，无政策外生育村1371个。狠抓后进转化，依据“13+X”质量评估办法，对倒排的20个后进乡（镇）和6个落后县（市）实行市人口计生委主任分包，业务处室重点联系。加大县、乡、村直查解剖力度，全年调查解剖85个村。到2011年底，全市后进转化率达95%以上。

【落实奖励优惠政策】 兑现独生子女父母资金：全市落实65775名退休人员3000元一次性奖励19567．8万元，落实率达77.3%；落实147859名农村和321311名城镇独生子女父母每月10元奖金5660.22万元，落实率分别达到100%和99.1%。落实“三项制度”：新增资格确认7808名（其中半边户2654名）奖扶对象、202名特扶对象，并足额发放奖扶金；落实3740名参加中考、2651名参加高考的农村独生子女加分政策。在赞皇县、灵寿县投放“少生快富”贴息资金20万元，在高邑县、赞皇县投放“幸福工程”项目款40万元，帮助80名计生贫困母亲发展养殖、种植和加工业。实施生育关怀行动：市本级实施救助独生子女死亡或患重大疾病家庭40个，发放救助公益金36.5万元；投保意外伤害保险117514户独生子女家庭、297户独生子女夭亡家庭、370个基层计生干部、473户军人独生子女家庭；协调市级理事单位捐款16000元，资助16名考上重点大学的女孩；市人口计生委会同市第一医院启动“微笑列车”驶向幸福家庭公益活动，免费实施修复手术唇腭裂患儿50名。

【计生家庭关怀扶助】 2011年，市政府将“在17个农村县（市）建立计划生育家庭关怀扶助中心”列入为民办实事内容，制定印发《石家庄市计划生育家庭关怀扶助中心VI视觉识别标准》、《石家庄市县级计划生育家庭关怀扶助中心“八个一”工作规范》，并在元氏县召开全市深化人口计生利益导向政策体系建设现场会。全年17个农村县（市）全部按要求建立计划生育家庭关怀扶助中心，全市302582个计划生育家庭得到救助帮扶，受益金额3650余万元。中央电视台、《新华每日电讯》、《人民日报》、《河北日报》、《石家庄日报》等新闻媒体给予报道。

【人口计生公共服务】 年初召开全市“民心工程”拓展升级现场会，总结推广县级“1+8+X”、乡级“1+5+X”服务模式，为计生家庭提供妇科B超、乳透等免费服务项目。统一设制“计划生育家庭健康体检簿”，为计生家庭成员分别建立健康管理档案，服务群众137.8万人次。晋州市与残联合作，建立0～6岁儿童脑瘫康复中心；新乐市成立女子更年期保健“金惠工程”服务中心。实施“优生促进”工程。开展免费孕前优生健康检查，晋州市（国家试点）和鹿泉市、正定县等10个省级试点县（市）累计投入项目启动资金542.5万元，

计划生育家庭关怀扶助中心

年底全部完成国家和省下达的任务目标。创新避孕药具发放模式，在流动人口密集地和居民小区安装避孕药具身份感应免费自取机37台，实现免费避孕药具“多渠道、全方位、开放式、全天候”服务，满足了流动人口和高危人群避孕节育、安全防病的需求。建成正定县、鹿泉市2个“数字化”服务站试点，初步建起“服务环境人性化、服务标准超前化、服务管理数字化、系统设计智能化、孕前优检一站化、信息查询实时化”六位一体服务模式。至2011年末，全市创建国家优质服务先进单位5个、省级优质服务先进单位15个，其中藁城市获得“全国计划生育优质服务先进单位”称号。

【军人家属“一通三”工程】　“一通三”工程是石家庄市推广实施的军人家属计划生育服务项目，即为户籍在石家庄且无固定职业的军人家属和临时来石家庄探亲一个月以上且无固定职业的军人家属办理《石家庄市军人家属计划生育服务手册》，军人家属凭该《手册》到军、地医院和各县（市）区人口计生服务机构就医享受相关优惠政策。2011年，市警备区政治部、市卫生局、市人口计生委联合印发文件，将“一通三”服务机构拓展到市直属医院、各驻石部队医院，县级综合医院、县级人口计生服务中心，乡级中心医院、乡级人口计生服务站和社区卫生服务中心。“一通三”工程共为部队官兵和军人家属开展健康讲座80多次，直接受众3万多人次；为无工作军人家属开展健康检查诊疗服务2.1万人（次），组织军地医院免费体检1726人次，减免优惠费用141.8万元。2011年，此项工作获得国家人口计生委“综合改革创新奖”。

【计划生育协会】　开展“建千会创百优”活动，探索建立联合会、行业协会、产业协会、物管协会等新型计划生育协会（简称计生协）组织形式，实现计生协组织向城市社区、非公企业和流动人口聚居地延伸。2011年，全市整建社区计生协466个，其中新建社区计生协21个；整建机关企事业单位独立计生协551个，建立联合会52个，涉及单位1301个；新建流动人口计生协49个；新建非公企业计生协277个，涉及企业642家。全面推进诚信人口计生工作，市级成立诚信人口计生领导小组，出台《石家庄市人口计生系统全面推进诚信人口和计划生育工作方案》，印发《关于开展创建诚信人口和计划生育工作示范县（市）、区活动的通知》，并在赞皇县抓试点，召开全市现场会。年内，探索建立“1234”诚信人口计生工作模式在全省诚信人口计生现场会上介绍了作法和经验。到2011年底，全市培养和树产国家级计生基层群众自治示范村（居）16个、省级示范村（居）70个、市级示范村（居）100个。

【人口计生信息化建设】　建立全员人口基础信息系统。2011年市政府把建立全员人口基础信息系统列为社会管理创新内容，成立由副市长张妹芝任组长，人口计生、公安、卫生等部门为成员的领导小组，制定实施方案，明确职责和任务。年末全市建成988.42万全员人口基础信息库，信息内容涵盖114项公民基本情况和人口计生信息。普及行政执法信息化服务管理系统。全市推广使用“石家庄市人口计生行政执法信息化服务管理系统”，实现网上审批发证、行政执法监督、社会抚养费征收、奖扶特扶等业务全程信息化。石家庄市代表河北省参加国家人口计生委行政执法信息化研讨会，并作现场演示，受到国家人口计生委肯定。探索和开发信息化建设新领域。与河北师范大学合作，研发“人口多维辅助决策支持系统”，为政府快速应对重大自然灾害和突发公共安全事件提供从微观到宏观决策支持数据；指导桥东区研发“人口信息服务管理物联网系统平台”，得到国家人口计生委发规司副司长郭震威高度评价，新疆、重庆、湖北等省市9个考察组到石家庄市考察学习；《经济日报》以“推进人口信息化建设和社会管理创新”为题专版报道，“新浪网”、“新闻网”、“腾讯网”、《石家庄日报》等多家网站和报刊也给予报道。

【流动人口均等化服务“绿色通道”】　成立市委、市政府主管领导任组长，10个相关部门主要负责人为成员的流动人口均等化服务试点工作领导小组，制订《石家庄市创新流动人口服务管理体制推进流动人口计划生育基本公共服务均等化实施方案》，明确目标任务、部门职责、实施步骤、保障措施。市及县（市）、区全部成立流动人口服务管理专门机构，乡（镇）及街道办事处全部配备1～2名专职人员，社区配备楼院长和单元长，大型集贸市场设立流动人口计生协会，由市政府购买流动人口计生协管员公益岗位558名充实到基层一线，建成横向到边，纵向到底均等化服务网络。城市和流动人口相对聚集地建立流动人口（新居民）服务中心，实行人口计生、民政、人力资源和社会保障、教育、公安等部门协同服务，主要为流动人口提供法律援助、帮扶救困、计生惠民、社会保障等服务。长安区、裕华区、正定县、辛集市等4个县（市）、区率先建成流动人口（新居民）服务中心。

长安区流动人口（新居民）服务中心开业

【出生人口性别比专项治理】 成立集中整治"两非"专项行动领导小组，抽调人口计生、卫生、食药监、公安、妇联等部门相关人员，采取定期办公、联合检查形式开展工作。省、市性别比重点治理县，全部成立实体运行办公室。各县（市）区明确重点乡镇、重点部位，实行重点管理、重点治理。从设备药品管理、从业人员教育、地区协作治理、出生实名登记等重点环节入手，严厉打击非法行医和"黑B超"，大力规范市场行为。市、县开设公开举报电话和电子邮箱，落实群众举报每一条线索有报必查、一查到底。2011年，全市查处扰乱出生人口性别比案件50件。各县（市）、区以政府文件形式，明确独女户、双女户应享受各种奖励优待政策。开展村规民约加强男女平等、关爱女孩、维护妇女权益等条款修订试点，全市4469个村有4050个完成修订。2011年，开展"天使圆梦"爱心救助和"金秋助学"活动，市、县两级共捐款29.97万元，资助贫困计生家庭女孩258名。全年帮扶、救助计划生育女孩家庭43667人（户），资金501.09万元。

【打造人口文化传播新载体】 按照"县县有特色、乡乡有亮点、村村有精品"整体布局，建成平山西柏坡红色旅游人口文化广场、新乐伏羲古生育文化园、灵寿秋山人口影视文化园、晋州绿色农业生态观光园和水上公园人口文化长廊等8个人口文化传播基地。创作反映女大学生创业发展《女大学生之恋》剧本和反映关爱女孩成长《假如20年后》3D动漫片；制作完成《关注人口·关爱家庭》、《我们都来做计生志愿者》、《情系国策·创先争优》3部电视公益广告片；配合中央电视台《中国人口》栏目组拍摄制作《爱要让你听见》和《宫灯父子情》两部反应全市人口计生工作专题片，并在中央电视台一套播出；落实人口计生数字电影《小丫头子》（2010年拍摄）纳入"电影村村到"工程，实现新型婚育观念和人口文化渗透到群众心中。开展"创建和谐人口、幸福家庭"为主题的"人口·家庭"文艺汇演活动，演出近100场，参演人员1000余人，创作演出节目560多个，观众达1万人次。开展"情系国策·创先争优"十大典型人物评选活动，在全市人口计生系统营造创先争优氛围。

【开展阳光计生行动】 把全面实施人口计生政务公开作为实行"阳光计生行动"切入点，通过媒体、网络、政府信息网、公开栏等向社会公开人口计生部门职权范围、办事程序、办事依据、办事内容、办事标准、办事纪律。精简下放审批权限，市本级仅保留再生育审批一项行政审批事项，并由原来季审批改为月审批。全市各乡（镇、办事处）均建立高标准人口计生便民服务大厅，实现“一站式”服务。与市司法局联合成立计划生育法律援助中心，市、县开通“12356”阳光服务热线和政府网站便民信箱，定期参加市电视台阳光访谈节目，听取群众意见，受理群众咨询，畅通群众诉求。2011年，政府便民信箱受理留言1000余条，答复率100%。市级设立举报奖励基金10万元，用于违法生育、“两非”行为及违法施政举报奖励。开展基层人口计生依法行政示范乡（镇、街道）创建活动。2011年，裕华区建通街道办事处等8个基层单位获得国家和省依法行政示范乡镇（街道），其中晋州市被授予全省首批“阳光计生示范单位”。

【人口计生综合改革】 制定出台《石家庄市人口和计划生育综合改革示范县（市、区）创建活动实施方案》，深化重点领域和关键环节综合改革，培养和树立各个层级、各个方面先进典型。制定《关于在普惠政策中对计划生育家庭实行优先优惠的若干意见》，在全市农村县（市）建立计划生育家庭关怀扶助中心，计划生育利益导向政策体系得到完善。开展创建诚信人口计生示范县（市）、区和基层群众自治百村（居）示范活动，探索和建立“1234”诚信人口计生模式。按照“五级联创”要求，市级重点抓晋州市、鹿泉市、灵寿县3个省级和正定县、辛集市、元氏县3个市级综合改革示范县（市）创建，县级重点抓国家级优质服务先进单位创建活动，乡级重点抓基层依法行政示范单位创建活动，村级重点抓基层群众自治和诚信计生创建活动。2011年，在全省人口计生综合改革工作会议上，石家庄市以“加强全员人口基础信息系统建设，积极参与社会管理创新”为题介绍了做法和经验。

（麻蕾）

城乡居民生活

城市居民生活

【城镇人均可支配收入首破2万元】 2011年，全市城镇居民人均可支配收入达到20533.96元，比2010年增长12.3%。这是石家庄市居民人均可支配收入首次突破2万元，扣除涨价因素影响，居民可支配收入实际增长率为6.2%。居民收入结构状况由工资性收入、转移性收入、财产性收入和经营净收入等构成。其中工资性收入占居家庭总收入的绝对主导地位，与2005年相比，2011年市区居民家庭的工资性收入上涨92.3%，6年间年均增速为11.5%。工资性收入对居民可支配收入贡献率最大，占到49.9%。

（吴温）

【居民家庭收入构成】 根据石家庄市区300户城镇居民家庭抽样调查资料显示：2011年石家庄市区城镇居民家庭人均总收入22230.40元，比2010年同期增长13.4%。城镇居民家庭人均可支配收入20533.96元，比2010年同期增长12.3%。从家庭总收入构成看，工资性收入占人均家庭总收入的54.0%，是城镇居民家庭收入的主要来源。工资性收入增长：2011年石家庄市区城镇居民家庭人均工资性收入11994.16元，同比增长16.4%。工资性收入增长主要原因是企业经营效益提高，加上2011年将最低工资标准提高为1100元，为广大工薪阶层增加收入提供了政策支持。经营净收入：2011年石家庄市区城镇居民家庭人均经营净收入为2103.59元，同比增长67.4%。增长幅度较大的原因是政府出台《关于鼓励和支持全民创业若干政策》等一系列鼓励和支持创业的优惠政策，个体私营经营者人数增加及就业形势好转。财产性收入：2011年石家庄市区城镇居民家庭人均财产性收入333.74元，同比增长1.3倍。主要原因是居民理财意识增强，对资产投资把控逐步趋于理性，城镇居民投资收入和出租房屋等各类财产性收入增长所致。转移性收入：2011年石家庄市区城镇居民家庭人均转移性收入7798.92元，同比下降1.2%。原因是赡养收入同比下降29.2%，导致转移性收入略有下降。

【居民家庭消费构成】 2011年石

家庄市区城镇居民人均消费支出12518.93元，同比增长18.5%，保持较快增长态势。八大类消费呈现全面上升，增速排在前四位的分别是医疗保健（40.4%）、教育文化娱乐服务（31.6%）、其他商品和服务（30.2%）、食品支出（18.6%）。食品支出：随着食品市场供应日渐丰富，以及居民购买能力和生活品味持续提升，居民对食品消费更加注重合理膳食结构，追求营养性、均衡性和多样性，保健、环保的绿色食品越来越受到人们的欢迎。2011年石家庄市区城镇居民人均食品支出4341.32元，同比增长18.6%。衣着支出：衣着支出较快增长是2011年城镇居民消费热点之一，表现在企业衣着加工服务费大幅增加，推动纺织、化纤等衣着材料成本价格上涨，衣着服饰价格逐渐走高，但是随着居民生活品质提高，穿着追求时尚化、品牌化、个性化又带动了居民的消费欲望。2011年石家庄市区城镇居民人均衣着支出达到1392.63元，同比增长16.8%。其中，人均购衣支出增长17.0%，购鞋支出增长15.5%。居住类支出：由于居民购房和租房费用增加，居民用于居住方面支出提高。2011年石家庄市区城镇居民人均用于居住支出1439.52元，同比增长2.6%，其中人均住房类支出增长18.2%，居住服务类支出增长32.4%。水、煤炭、煤气等基本生活资料价格有所上涨，但随着人们节能意识提高和环保型家电普及，居民家庭水电燃料及其他支出仍较2010年下降1.6%。家庭设备用品及服务支出：2011年石家庄市区城镇居民人均家庭设备用品及服务支出861.66元，同比增长13.4%。增长的主要原因是随着收入提高，居民生活越来越注重品位，对室内装饰品、床上用品、家庭日用杂品的要求从便宜实用逐渐过渡为质量品牌，使得室内装饰品、床上用品、家庭日用杂品支出同比增长47.7%、21.8%、49.1%。另外，随着收入提高、居民快节奏生活，带动家政服务需求增加。医疗保健支出：人们在生活水平提高同时，更加注重身体保健。2011年医院、药店、健身馆、足疗馆等生意红火，花钱买健康成为部分人生活上不可缺少的内容。2011年石家庄市区城镇居民人均医疗保健支出1165.78元，同比增长40.4%。其中，人均药品费支出同比增长46.6%；医疗费支出同比增长65.8%；人均滋补保健品同比下降39.9%。交通和通讯服务支出：2011年石家庄市区城镇居民人均交通和通讯支出1497.61元，同比增长12.1%。随着城市居民外出休闲活动日趋频繁，带动车辆、燃油等支出增加，2011年石家庄市区城镇居民交通支出人均费用同比增长19.4%；通信服务消费小幅上升。移动电话和互联网普及，极大地方便了人们日常交往和信息获取，信息消费成为人们生活不可或缺的一部分。2011年石家庄市区城镇居民通信支出人均费用同比增长2.6%。教育文化娱乐服务支出：随着城市居民收入稳定增长，消费水平提高，刺激人们消费形式转变，旅游、健身、娱乐成为居民家庭业余生活的主流。特别是社会竞争日益激烈，百姓望子成龙心情尤为迫切等，使城市居民对教育文化娱乐消费需求大大提高。2011年石家庄市区城市居民教育文化娱乐服务人均支出1355.86元，增长31.6%。其中，教育支出增长23.9%；文化娱乐服务支出增长68.8%，在文化娱乐服务支出中，旅游支出是2010年的2.4倍。其他商品和服务支出：2011年石家庄市区城镇居民其他商品和服务支出464.53元，同比上涨30.2%。杂项商品和服务支出提高体现出时尚、奢华等个人用品及人们追求美的心理正改变平常百姓的生活。

（王丽霞）

农民生活

【概况】 2011年，全市围绕农业增效、农民增收任务，优化创业环境，制定实施鼓励和支持全民创业若干政策，实施帮扶农民增收工程，加快统筹城乡发展步伐，推动农民收入快速增长。根据全市23个县（市）区1900个农村住户抽样调查，2011年全市农民人均纯收入7822元，比2010年增加1245元，同比增长18.9%，增量超过千元，创下历史新高。

【农民收入增长特点】 农民工资性收入增长较快带动农民纯收入增长。2011年，市委、市政府积极实施农民转移就业增收工程，健全完善促进农村劳动力转移就业政策体系、市场体系、培训体系、保障体系和组织体系，极大地改善了农民工的就业环境，农民转移就业率提高。根据调查，农民外出从业人数比2010年增长32.4%，平均日工资水平由2010年100元左右增加到120元左右，增长20.0%，全市农民人均从外出从业得到收入943元，比2010年增加360元，增长61.9%。全市农民在本地务工劳动力人数比2010年同期增长4.5%，青壮年务工日工资由2010年平均80元左右增加到100元左右，平均增长25.0%，全市农民人均在本地务工得到收入3460元，比2010年增加969元，增长38.9%。非农产业收入增长，促进农民增收。发展农村非农产业是促进农村经济发展、增强农村经济活力、提高农民收入的有效途径。2011年，全市实施支持农民创业增收工程若干优惠政策，促进农村二、三产业健康发展，吸纳农村劳动力就业和带动农民增收能力全面提升。根据调查，全市农民从家庭经营非农产业得到收入人均854元，比2010年增加120元，增长16.4%。农产品价格高位运行促进农民增收。调查显示，2011年粮食价格同比增长8.7%，蔬菜价格增长2.8%，肉类价格增长40.9%，禽蛋价格增长19.9%，农产品价格上涨，拉动农民收入增长，因农产品价格增长农民人均实现增收236元。非生产性收入增长成为农民增收的有效补充。2011年由于租金收入增长较多，人均增收50元，增长2.1倍；粮食直补、良种补贴、生产资料综合补贴等各项补贴收入人均增收20元，增长18.7%；离退休金、养老金人均增收81元，增长93.5%。全市农民非生产性收入人均598元，比2010年增长25.6%。

（刘利萍）

扶　贫

【概况】 2011年扶贫工作围绕脱贫目标，服务大局，贯彻和落实中共中央扶贫开发工作会议精神，创新工作理念、工作思路、工作方式、工作机制，主动和扎实工作，圆满完成年初制定的扶贫开发目标和任务，实现3.5万贫困农村人口脱贫计划。深入开展专项资金综合治理，全年以专项资金综合治理为主要任务，组织开展扶贫专项资金治理整顿活动，按照“标本兼治、惩防并举、注重预防”方针，制定方案，定期检查督导，及时发现资金监管不足和问题，并提出整改要求，保证了各项数据准确。2011年，石家庄市专项扶贫资金综合治理受到河北省扶贫办公室好评。

【扶贫措施】 贯彻落实国家新十年扶贫规划纲要，研究制定石家庄市落实新十年扶贫开发规划实施意见，提出新十年扶贫开发指导思想及目标任务，明确新十年扶贫开发重点难点和突破口。确定首批重点村。重点县启动135个村，非重点县35个村，落实资金7141万元，实施扶贫项目316个。明确主导产业。做大做强核桃、大枣、食用菌、奶牛、柴鸡等五大特色主导产业。推进旅游开发扶贫，发展都市农业，形成集旅游观光、农家采摘、产业发展为一体的现代农业，把旅游扶贫作为山区发展新的经济增长点。2011年，在国家和省扶贫资金支持基础上，争取到国家福彩基金项目、国家扶贫基金会资助项目、国家扶贫办科技项目及省片区建设项目、以奖代补项目、贷款贴息项目等8个，争取到资金2892万元，扶贫资金累计达到7374万元。贯彻落实市委、市政府关于实施帮扶农民增收工程意见，与市农工委密切协作，制定开展对口帮扶工作实施办法，提出目标任务、帮扶原则、帮扶责任、帮扶内容及具体要求，全市820个贫困村实现全覆盖。研究制定具体管理措施，出台帮扶单位具体考核办法，落实帮扶资金491.7万元，帮扶项目51个。采取在岗培训等多种形式，提高扶贫对象综合素质，完成劳动力转移培训820人，转移就业率95%以上。开展实用技术培训70余期，培训农民12860人次。

【贫困村互助金试点】 全年确定互助资金试点村70个，有67个互助资金试点村在民政部门注册，注册率达95.7%，位居河北省前列。全市互助资金总额1236.98万元，财政扶贫资金925.4万元，覆盖10735户，其中贫困户8292户，基本达到“五规范、四提升”（注册、章程、硬件、档案、财务规范，农户入社率、资金使用率、贫困户受益率、风险防范和控制能力提升）要求。

（市民政局）

社会福利和社会事务

【概况】 2011年，市政府出台《2011—2015年养老服务业发展规划》、《关于加快推进养老服务体系建设的意见》、《石家庄市“十二五”期间养老服务体系建设目标任务责任分解方案》等3个文件；市民政局、市财政局、市物价局等部门出台《石家庄市养老服务体系资金管理办法》、《石家庄市农村互助幸福院建设实施意见》、《关于落实养老机构有关价格及收费标准的通知》、《关于对在岗养老护理员开展免费职业培训和技能鉴定工作的通知》、《关于做好高龄津贴发放工作的通知》等9个部门文件。市级示范性老年公寓主体工程正在建设。公办养老机构增加到71家，共有床位11112张，比2010年增加1400张。民办养老机构由2010年底的64所发展到85所，养老床位由2010年底的7900张增加到12980张。至2011年底，全市结婚登记95482对，离婚登记7230对，收养登记办理46起，合格率100%。全市死亡人口57499人，火化区死亡人口数51844具，火化遗体52396具，社会火化率为91.1%，火化区火化率为98.7%。接待城市流浪求助人员5441人，经核查后实际救助4711人；市救助管理站提供车票返乡4334人，亲属寄路费返乡21人，护送返乡167人，被亲人接走161人，自愿离站返乡603人，送福利院2人；医疗救治302人次。

（市民政局）

【全省首家流动人口服务中心启用】 7月5日，全省首家流动人口服务中心在石家庄市长安区建成启用。该中心位于长安区政府西院大门北侧，主体服务面积80平方米，财政投入30余万元。中心分为信息发布、咨询交流、宣传教育等功能区域。内设6个综合服务窗口，分别提供法律援助、帮扶救困、社会保障、文化教育、医疗卫生和计生惠民服务。长安区一名副区长担任中心主任，从司法、人事劳动、民政、卫生等16个部门抽调专人，联合入驻，每天保证3～4个部门在岗办公，为流动人口提供服务。

（王丽强）

【农村互助幸福院建设】 3月17日，召开专题会议进行安排部署。7月28日在元氏县召开调度会，随后市民政局联合市委督查室两次督导检查各地推进情况，并以市养老服务体系建设领导小组名义通报了各地贯彻情况及完成进度。各地采取领导包乡、部门包村、企业对接等方式，全力推进农村互助幸福院建设。2011年，全市完成农村互助幸福院1180所，完成行政村的26%。

【居家养老信息呼叫中心建设】 按照省民政厅部署，6月份完成石家庄市城区与藁城市、栾城县、鹿泉市养老呼叫信息中心建设。11月23日，全市在新乐市召开现场会，要求年底前18个农村县（市）区全部建成养老呼叫信息中心，达到有场地、有设备、有人员、有服务商、有入网老人的标准。2011年石家庄市共有20个县（市）区建成居家养老信息呼叫中心。

（市民政局）

【市区居民基本殡葬服务费全免】 12月份，市政府研究决定，自2012年1月1日起，市区居民基本殡葬服务费用全免，这在全国省会城市尚属首个。按照规定，凡户籍在石家庄市长安区、桥东区、桥西区、新华区、裕华区、高新区的城乡居（村）民；驻石部队现役军人；驻石全日制大中专学校的学生；驻石企业签订劳动合同并按规定缴纳养老保险一年以上的外来打工人员。在石家庄市殡仪馆火化遗体，其丧属或单位在办理遗体火化手续时，均享受免费范围内的惠民殡葬政策。其中包括：每具遗体火化免收三项基本殡葬服务费；对市区烈士遗属、省级以上劳模、低保户、百岁老人，在免收三项基本殡葬服务费用的基础上，市财政每人再增加500元补助用于骨灰存放及购置骨灰盒。其中三项基本殡葬服务费共计630元，包括普通殡仪车遗体接运费210元（本市行政区域内）；平板式火化炉遗体火化费270元；普通遗体冷藏柜三天遗体存放费用150元（殡仪馆或所属医院太平间）。凡享受免除基本殡葬服务费用的，丧属或单位在结算殡仪服务费用时，直接由殡仪馆办理免费手续，由市财政按每火化一具遗体630元标准拨付。

（李云萍）

城乡救助

【概况】 2011年，城乡救助以规范管理、完善制度、开拓创新、狠抓落实为着力点，以加强能力建设为保障，全面提高社会救助水平。建立社会救助标准与物价上涨挂钩联动机制。2011年1月1日和10月1日，两次提高城乡低保和农村五保供养标准。提高标准后，城市低保标准最高达到每人每月400元，农村低保标准最高每人每年2150元，在河北省排名第一位。2011年，全市享受城市低保对象5.6万人，发放保障金1.6亿元，人均补助241.94元；全市农村居民享受最低生活保障15.2万人，发放资金2.5亿元，月人均补助135.8元。城乡医疗救助效果提高，各县（市）区医疗救助实现与定点医院联网"一站式"及时结算，救助16.1万人次，发放救助金3344万元。"三院合一"建设加快，集中供养能力和供养水平提升。至2011年底，全市有五保对象19973人，发放供养资金6355.4万元，新建民政事业服务中心5所，新增床位2556张，其中集中供养10660人，建成床位17773张，集中供养能力达到89%。

【儿童福利院落成使用】 6月1日，石家庄市儿童福利院落成使用。140多名在社会福利院生活的孤残儿童全部搬入新建儿童楼。新建儿童楼总建筑面积10342平方米，总投资1720余万元，2008年12月施工，2010年底竣工。大楼分南北两座，南楼为儿童生活楼，共4层，主要用于儿童居住和开展日常服务；北楼为特教康复楼，主要用于开展孤残儿童康复训练、特殊教育和开展社工活动等。

【国内首个"婴儿安全岛"建成】 6月1日，中国首个专门救助弃婴生命设置的"婴儿安全岛"在石家庄市社会福利院门前小木屋建成。中国儿童福利和收养中心主任张世峰为小木屋安放"婴儿安全岛"牌。市社会福利院"婴儿安全岛"小木屋门常年敞开，里面放置婴儿保温箱、延时报警器，工作人员夜间每2个小时察看一次，有被遗弃婴儿，可立刻进行救助。至2011年末，婴儿安全岛收到弃婴30名，多病身残婴儿20个，均得到及时救助，起死回生。

【孤儿基本生活费标准提高】 自2011年起，按照省民政厅、财政厅《关于发放孤儿基本生活费有关问题的通知》（冀民〔2011〕24号）要求，全市机构抚养孤儿基本生活养育标准为每人每月1000元，散居孤儿基本生活养育标准每人每月600元。根据国家和省市有关规定，石家庄市孤儿基本生活保障对象为：经县以上民政部门认定，同时符合具有石家庄市户籍、在石家庄市辖区内居住、父母双亡或法院宣告其父母死亡（或失踪）或查找不到生父母、未满18周岁等条件的公民。孤儿基本生活费由中央、省、设区市和县四级财政共同承担，即：按照机构抚养每人每月1000元、散居孤儿每人每月600元的标准，扣除中央财政补助的每人每月270元后，剩余部分由省、设区市和县按比例分担。2011年，全市孤儿2853人，其中市财政管县（市）区孤儿938人（机构抚养322人、散居抚养616人），实施省、市、县3：3：4比例配比。4月份，省级拨付孤儿基本生活养育资金126.18万元、市级补助资金142万元全部下发。全市事实无人抚养儿童2183名，均纳入低保保障。

（李云萍）

【流浪未成年人救助保护】 按照国家和省政府关于加强流浪未成年人救助保护工作会议精神，市政府制定《加强和改进流浪未成年人救助保护工作方案》，开展了"保护儿童、告别流浪"为主题的"接送流浪孩子回家"专项活动。在市区主要街道、商场、天桥等人员密集场所悬挂30多条横幅，利用电视、报纸等载体，大力宣传保护流浪儿童的重要性，提高市民保护流浪孩子意识。救助管理采取更加积极主动的救助保护措施，全力救助流浪儿童。全年救助流浪乞讨人员13000余人次，其中救助流浪儿童321人，117人被护送回家或所在地救助站，204人被家人接回。

【困难残疾人基本生活保障】 7月

6日，市民政局会同市财政局、市残疾人联合会下发《关于做好重度残疾人生活救助工作的通知》（石民政〔2011〕55号）。对靠父母或者其他亲属供养的成年重度残疾人，经本人或者其供养人申请可以单独纳入城乡居民最低生活保障范围。

（市民政局）

防灾救济

【概况】 2011年，石家庄市局部地区遭受干旱、风雹和强降暴雨等自然灾害，因灾造成农作物受灾面积17.17万公顷，受灾人口169.28万人，倒损房屋158间。因灾造成直接经济损失6.62亿元。针对灾情特点和需要政府救助情况，全市发放救灾资金2115万元，发放救灾和社会捐赠棉衣被12.1万件，有效保障了灾民群众的基本生活。

【争创全国综合减灾示范社区】 围绕创建"全国综合减灾示范社区"活动，建立社区灾害应急管理工作体系。年内，桥西区、新华区、裕华区7个基层社区获得2011年"全国综合减灾示范社区"称号。至年底，全市有21个社区被国家减灾委员会、民政部评为"全国综合减灾示范社区"。

【防灾减灾宣传】 为推进全市减灾救灾工作，增强市民群众防灾减灾意识，提高群众应对灾害和自救互救能力，市减灾委员会、市民政局精心组织防灾减灾宣传，做到"防灾减灾从我做起"，实现防灾减灾科普知识走进社区、走进家庭。2011年全市5·12"防灾减灾日"暨应急科普宣传教育活动期间，开展各种形式演练活动100多次，利用城区LED户外视屏和出租车移动媒体连续滚动播放防灾减灾知识和宣传标语20多万次，设置宣传展板1.5万多块，发放防灾减灾宣传卡片、光盘、减灾扑克、宣传画册和宣传单等41.6万张，减灾科普图书9万册，参与群众达百万人之多。

【应急预案演练】 由新华区民政局牵头，北苑街道办事处承办，在变电街社区举办"防灾减灾从我做起"为主题的基层社区避震防火应急预案演练和减灾科普图书捐赠活动。活动分为三个阶段，第一阶段是变电街社区北苑小区进行避震防火应急预案演练，演练场景设置逼真，活动规模大，参与人数多，演练资源充足，其中公安警车2辆、民政专用救灾车1辆、救护车1辆、消防车1辆，轮椅担架若干，通讯设备10套，民政救灾帐篷10顶，其中疏散转移安置点4顶，卫生医疗救护点2顶，救灾物资发放2顶，老弱病残安置点2顶。这次演练，近千人得到安全转移安置。第二阶段在北苑小学进行小学生避震逃生演练，整个演练过程井然有序，没有发生互相推挤或踩踏事故。第三阶段由石家庄华锦图书信息咨询有限公司为全市小学捐赠科普图书10000册，小学生用童声宣读"防灾减灾从我做起"倡议书。活动会后，省、市、区领导和群众代表在"防灾减灾从我做起"百米长卷上签名，学生们把千余只象征平安的纸鹤粘贴在"防灾减灾爱在行动"纪念墙上，意寓平安幸福永远伴随在身边。

【确定为救灾志愿服务体系建设试点城市】 石家庄市被民政部救灾司确立为"救灾志愿服务体系建设试点项目"试点城市。以民政部救灾司进行救灾应急志愿服务机制研究以及在地方省份组织开展项目试点为契机，9月份，市民政局与民政部救灾司在协商一致基础上，共同签订《救灾志愿服务体系建设试点委托合同书》，石家庄市获得救灾志愿服务体系建设试点项目经费8万元。

（市民政局）

【国家级陆地搜救基地开建】 4月21日，国家陆地搜寻与救护基地（河北基地）在石家庄市正定县奠基。该基地为华北地区唯一国家级陆地搜寻救护基地。基地投入使用后，可形成覆盖河北省，辐射北京市、天津市、山西省、内蒙古自治区等省区市的跨区域综合应急救援体系。该项目占地面积11.47公顷，总投资9288万元，建筑面积15870万平方米，主要建设指挥用房、部队营房、多功能训练、仓储、医疗救护等用房。国家陆地搜寻与救护基地以抢救人员生命为主要目标，主要在建（构）筑物坍塌、地震、山体滑坡、泥石流、坠崖等灾害（事故）面前发挥紧急救援功能。国务院共确定8个国家级陆地搜寻与救护基地，分别在沈阳市、绍兴市、广州市、重庆市、兰州市、平顶山市、乌鲁木齐市和石家庄市组建。

（董智永）

【抗灾捐助】 11月22日，市民政局在市救灾物资储备中心举行“送温暖·献爱心”捐助月棉衣被发送仪式。24辆满载首批社会各界爱心捐赠棉衣被8.3万床（件）救灾物资专用车辆及时送往贫困地区，掀起全市爱心捐赠月活动高潮。11月份，全市接收社会捐赠棉衣被等物资18.41万件（床），接收爱心捐款81.93万元。

（市民政局）

双拥工作

【概况】 2011年，全市双拥工作以创建全国双拥模范城为载体，加强组织领导，完善工作机制，拓展服务领域，丰富双拥内容，广泛开展双拥共建活动，促进了地方经济社会发展和部队战斗力提高。加强与“石家庄”舰共建交流。8月份，受中共石家庄市委、石家庄市人民政府委托，市政协主席王华清率慰问团走访慰问“石家庄舰”全体官兵，送去20万元慰问金和价值5万元慰问品。围绕实现省会“三年大变样”和“城镇建设上水平”工作，深入开展军民共建活动，主要开展了军民共建文明生态村、文明安全社区活动。2012年2月份，经全国双拥模范城检查考核组和省双拥检查验收组逐项考核，石家庄市再次被评为2011年度全国双拥模范城，这是第七次获得此项殊荣。

【宣传教育】 结合中国共产党建党90周年和建军84周年，积极开展“双拥宣传月”活动，组织了双拥汇报文艺演出，特邀著名演员陈寒柏和刘际登台献艺。树立一批双拥先进典型单位和个人。在省会民心广场建成200平方米永久性双拥电子宣传屏，不间断播放双拥信息和双拥宣传片。全年组织国防知识报告会，知识竞赛、文艺演出180多场，受教育军民达百万人。

【拥军优属】 春节、“八一”节前夕，市领导到驻石部队、光荣院、部分重点优抚对象及军队离退休干部休养所走访慰问。2011年全市为部队举办各类学习班、培训班36期，科技报告讲座40多场，培训官兵3000多人，帮助解决技术难题5项，市民政局筹集20万元科技拥军经费，为部队送去空调、计算机、照相机、摄像机等多种器材，为部队科技练兵、活跃军营文化提供了有力保障。坚持“给军人子女安排优质学校”原则，现役军人和重点优抚对象子女义务教育全部实行就近入学。落实军人游览旅游景点免门票优待政策，协调市旅游局和市物价局下发《关于旅游景（区）点落实军人优待政策的通知》，实现了现役军人和残疾军人游览市辖区内A级以上旅游景区（点）免收门票。

【拥政爱民】 驻石部队主动参与地方建设，积极参加地方各类大型活动，全年出动官兵4000余人次，参加“三年上水平”活动动员和城镇建设“三年上水平”等项目。主动参与正定新区建设、铁路穿城入地、环城水系建设、大气环境综合治理、造林绿化、街道景观提升等重点工作和重大工程项目建设，积极作为。全年出动部队官兵6300余人，到西部山前大道和西柏坡义务植树基地植树40余公顷，有力支持了省会造林绿化工作。驻石部队在国家级扶贫开发重点县、革命老区赞皇县开展对口帮扶，为对口帮扶点提供经费60余万元。

（市民政局）

优待抚恤

【概况】 2011年，全市享受抚恤补助优抚对象80904人，其中伤残人员9980人，“三属”（烈士遗属、因公牺牲军人遗属、病故军人遗属）5281人，在乡复员军人11641人，带病回乡退伍军人1890人，参战参试退役人员8911人，60周岁以上农村籍退役士兵39401人，部分烈士（含建国前错杀后被平反人员）子女3799人，铀矿开采退役人员1人。全市共有光荣院17所，县级以上烈士纪念建筑物保护单位10个，优抚医院1所。

（市民政局）

【工伤补贴及工亡抚恤金】 根据《工伤保险条例》和《河北省工伤保险实施办法》规定，河北省对全省工伤职工伤残津贴、生活护理费、工亡职工供养亲属抚恤金标准进行统一调整。石家庄市调整范围为2010年12月31日前享受伤残津贴、生活护理费、工亡职工供养亲属抚恤金的工伤职工及其供养亲属。调整标准为：一至四级工伤职工伤残津贴，按照伤残等级每人每月分别增加：一级伤残 300 元，二级伤残 280 元，三级伤残 260 元，四级伤残 240 元。用人单位难以安排工作的五、六级伤残职工津贴，用人单位应当为其增加伤残津贴，五级每人每月增加额不得低于 220 元，六级每人每月增加额不得低于 190 元。生活护理费方面，按照 2010 年度职工月平均工资的 50%、40%、30% 确定，即生活完全不能自理的护理费为 2010 年度职工月平均工资的 50%；生活大部分不能自理的护理费为 2010 年度职工月平均工资的 40%；生活部分不能自理的护理费为 2010 年度职工月平均工资的 30%。工亡职工供养亲属抚恤金方面，配偶每人每月增加 140 元，其他亲属每人每月增加 120 元。新标准自 2011 年 1 月 1 日起执行。

（李云萍）

【优抚对象抚恤补助标准】 根据省民政厅、省委组织部、省财政厅通知，从 2011 年 10 月 1 日起，提高残疾军人、伤残人民警察、伤残国家机关工作人员、伤残民兵民工残疾抚恤金，烈士遗属、因公牺牲军人遗属、病故军人遗属定期抚恤金和在乡复员军人、带病回乡退伍军人及部分参战、参试退役人员生活补助标准。在 2010 年基础上，残疾抚恤金每人每年提高 4300 ~ 410 元不等，“三属”定期抚恤金每人每年提高 1750 ~ 720 元不等，在乡复员军人生活补助每人每年提高 720 元，带病回乡退伍军人生活补助每人每年不低于 3310 元，不高于 3240 元，部分参战涉核部队退役人员每人每年 3000 元。

【优抚政策】 7 月中旬，出台《关于做好“八一”建军节期间优抚工作的通知》，要求在“八一”节前对重点优抚对象普遍走访一次，标准每人不低于 100 元。11 月上旬，组织各县（市）区召开全市优抚工作会议，安排部署重点工作。11 月中下旬，组织全市原 8023 部队和其他参加核试验军队退役人员约 1250 人在市人民医院体检中心进行健康体检。11 月下旬，下发《关于做好近期优抚对象有关工作的通知》，要求为每位在乡重点优抚对象发放不少于 500 元的采暖补贴。11 月底，按照相关文件规定，市内 6 区部分重点优抚对象实行冬季采暖补贴。

【优抚事业单位建设】 光荣院硬件建设和辅助设施配置有较大改善，住院老人每人每月伙食标准不低于 360 元，年服装费不低于 500 元，医疗费实报实销。分散烈士纪念设施管理保护工作成效显著。2011 年，按照国家和省《关于加强零散烈士纪念设施建设管理保护工作的通知》要求和部署，按时、高质量完成零散烈士纪念设施普查录入工作。各县（市）在普查基础上，科学制定零散烈士纪念设施抢救保护总体规划和实施方案。2011 年，全市投入资金 1000 多万元，将分散且不能很好保护的烈士纪念建筑物迁移至烈士陵园集中管理。

（市民政局）

军休安置

【概况】 2011 年，全市累计接收安置军队离退休干部（士官）5299 人，无军籍退休退职职工 1427 人。8 月 2 日，召开省会驻军军休干部移交安置军地联席会，通报有关军休干部（士官）移交安置情况，并就移交工作有关事宜协商，达成共识。年内全市接收军队退休干部(士官）562 名，做到了部队、地方和休干本人“三见面、三满意”。6 月 28 日至 7 月 3 日，成功举办“真情颂党恩”石家庄市军队离退休干部庆祝中国共产党建党 90 周年书画展，参展作品刊印成《真情颂党恩》画册。7 月 28 日，常务副市长栗进路到市直军休五所走访慰问，与军休干部一起庆祝“八一”建军节。积极参加民政部组织开展的第二届“和谐军休家园、和谐军休家庭”创建活动，石家庄市军休四所被评为“和谐军休家园”，军休二所左世杰被评为“和谐军休家庭”。至 2011 年底，全市下拨军休经费 47087 万元。

【医疗保障】 全年解决军队离退休干部 、六级（含）以下伤残退休干部及经组织批准随军无经济收入家属遗属医疗费 1526.3 万元。为减轻退休干部医疗负担，出台《关于军队离退休干部医疗保障有关事宜的通知》，全年共为 426 名退休干部按规定给予医疗补助 171.4 万元。2011 年，新接收 551 名军队退休干部全部纳入市医疗保障体系；组织军休干部、包干家属、遗属健康体检3799名。

（市民政局）

老龄工作

【概况】 2011年，全市老龄工作稳妥推进，注重宣传，营造出敬老、爱老、助老浓厚氛围。市区由市老龄办牵头，协调成员单位利用室外大屏幕、出租车、公交车广告字幕等广泛开展敬老爱老宣传；各县（市）区在主要街道利用横幅、广告牌、电视节目专栏、广播、广场专题宣传等形式宣传敬老、孝老文化。开展敬老月活动及“重阳节”期间慰问贫困老年人活动，形式新颖，内容丰富。新乐市开展以孝老敬老为核心内容的民政文化活动月，行唐县委、县政府在全县开展声势浩大的“孝义之县”创建活动，栾城县利用一个多月时间，组织开展了全县范围的老年文体展演、比赛。市人社局组织全市人社系统举办老年“文体节”，市妇联、共青团、文明办、老干部局等部门及其他各县（市）区根据各自实际组织开展敬老爱老助老活动，提升了老龄工作社会关注度。“重阳节”期间，完成230户贫困老年人慰问任务，11.5万元慰问金全部发放到户。部分县（市）区扩大慰问面，将百岁老人全部纳入慰问范围，走访慰问老年人家庭620户，发放慰问品价值8.4万元。

【机构建设】 以老龄工作机构建设为重点，加强督促督导，并以5个部门《关于贯彻落实省第一次老龄工作会议精神，加强老龄工作机构建设和老龄事业经费投入的通知》为依据，深入重点县（市）区督促做好具体工作，全市有2个县落实县级工作机构，2个县配备专职副主任，3个县（区）调整充实了工作人员，为老龄工作开展提供了条件。制订计划，把加强乡镇老龄工作机构及社区老年人组织建设作为机构建设新领域，用两年时间推进乡镇、社区机构和队伍建设取得进步，促进老龄工作在基层全面落实。

（市民政局）

防震减灾

【概况】 2011年，市防震减灾系统贯彻落实全国、全省防震减灾工作会议精神，把保护人民生命财产安全、保障经济发展、维护社会稳定作为工作出发点和落脚点，大力优化发展环境服务，防震减灾综合能力全面提升。坚持多层次、有针对性地开展防震减灾科普知识宣传教育，将防震减灾科普知识纳入教学课程。与教育、科技、宣传等部门联合，并以专家为主组成防震减灾科普知识巡回宣讲服务团，深入机关、学校、社区举办防震减灾科普知识系列讲座。2011年，全市共举办科普讲座17次，听课公众万余人次。建立、实施全市防震减灾系统法律法规培训制度，防震减灾依法行政能力提高。

【规划编制】 完成《石家庄市防震减灾“十二五”规划》、《石家庄市城市抗震防灾规划（2010—2020）》和《石家庄市防灾减灾能力“十二五”专项建设规划》编制工作，分别在市政府第58次常务会议、市规划审批委员会第22次会议和省发改委审查通过，为石家庄市“十二五”期间防震减灾事业科学发展绘制出目标蓝图。各县（市）、区政府把防震减灾纳入当地国民经济和社会发展总体规划，依法制定了当地防震减灾“十二五”规划。

【震情监测】 针对复杂严峻的震情形势，制订《石家庄市2011年度震情跟踪方案》。实施业务人员分县、包点、接对子，利用年中地震趋势会商、落实异常等对台站观测员及“三网一员”骨干开展针对性辅导，结合检查、调研等深入乡镇面对面指导督促，并利用电子邮件、电话等手段交流指导，全年开展各类指导培训50余次。确定正定县为防震减灾“三网一员”示范县，井陉县威州镇为“三网一员”示范乡，赵县南柏庄为“三网一员”示范村，通过示范试点建设，推动防震减灾“三网一员”社会管理工作规范化、制度化。2011年，全市落实各类异常10起，召开周、月、临时、半年、年会商70次，会商意见与实际震情相符，维护了社会稳定。年内，石家庄市地震分析预报工作获得河北省2011年度地震分析预报工作二等奖，晋2井水位模拟观测、CK电井水氡模拟观测、新乐地磁、短波通讯获得省级优秀奖。

【防范演练和宣传教育】 3月28日，省教育厅、市教育局、市地震局、石家庄消防支队联合在市第六中学举行河北省中小学生地震、消防应急演练。市第六中学2000余名师生参加演练，全市各中小学校主管校长观摩演练。4月14日是玉树抗震救灾一周年纪念日，石家庄玉树中学举行了防震减灾科普宣传教育活动。市地震局分析预报中心副主任李薇为千余名玉树藏族学生进行了防震减灾科普知识讲座。4月28日，河北省地震局、石家庄市政府在省博物馆广场联合主办省会文明使者与《防震减灾法》同行志愿服务宣传活动，百余辆出租上街宣传。活动现场接待公众咨询5000余人次，展出宣传展牌40块，发放宣传资料1万余份。“5·12”全国防灾减灾日，举办了公交车地震应急避险演练活动、裕华区中小学地震应急演练现场观摩会、矿区中小学生防震避险知识培训、鹿泉市中小学“提高避险能力，构建和谐校园”防震减灾科普知识宣传活动。5月15日，在2011年河北省暨石家庄市科技活动周开幕式上，发放防震减灾宣传材料6000余份，接受群众咨询1000余人次。“7·28”唐山大地震纪念日，在元氏县铁屯村举行河北省纪念“7·28”唐山大地震35周年暨地震科普知识进农村宣教活动启动仪式。河北省地震局副处长郭建素代表省地震局向全省第一支农村村委会组建的铁屯民兵地震应急救援队授旗，河北省地震局预测研究中心副主任张素欣代表省地震局向铁屯村委会授予防震减灾科普示范村牌匾。12月4日，市地震局组织工作人员参加在省会法制公园举办的以“深入学习宪法，大力弘扬法制精神”为主题的普法宣传活动。采取摆放展板、设立咨询台、发放宣传资料等多种形式大力宣传防震减灾法律法规，普及防震减灾科普知识，向群众发放宣传资料3000余份，接受群众咨询2000余人次。发挥国家级防震减灾科普教育基地——石家庄防震减灾科普宣传教育培训基地在防震减灾科普宣传教育中的龙头作用，与市内五区教育局、地震局

2011年3月28日，在市第六中学举办中小学生地震应急演练

2011年4月28日，开展《防震减灾法》宣传活动

签订合作协议，把防震减灾科普教育基地作为市内五区中小学校防震减灾科普教育实践基地，定期组织中小学生到基地参观学习。2011年，市内五区共有300余所中小学校组织学生到基地参观，参观人数10万余人次。会同宣传、教育、科协等部门，加大对防震减灾科普示范学校、示范社区、示范企业检查验收力度，41个示范学校、14个示范社区、8个示范企业达到有规划、有阵地、有老师、有教材、有活动的“五有”标准。年末全市23个县（市）区建设宣传教育基地27个，覆盖率达到100%。

2011年5月12日，举行公交车地震应急避险演练

【安全社区建设】 年内石家庄市建立健全社区防震减灾组织领导机构，落实活动场所，制定社区防震减灾规划，建立社区地震应急预案管理体系，开展防震减灾宣传、演练、培训活动的做法和经验，受到中国地震局、河北省地震局的肯定并予以推广。北京市、海南省、西安市、邢台市、保定市等多个省市地震局到石家庄参观学习。桥东区建安街道办事处、长安区育才街道办事处等6个办事处被命名为国家级安全社区，裕新社区、联盟社区等3个社区被命名为河北省地震安全示范社区。年末全市建成地震安全示范社区14个。

【应急救援】 加强民兵地震应急救援队伍建设。新华区民兵地震应急救援分队开展专业设备使用培训，系统培训了地震应急救援志愿者骨干，提高了专业地震应急救援设备使用技能。至2011年末，全市形成以专带群、专群结合、多层次、多类别的地震应急救援机制，应对地震灾害和突发性事件能力提高。抓好地震应急救援志愿者队伍建设。以石家庄市地震应急救援志愿者协会为龙头，做深、做实地震应急救援志愿者队伍建设，推动全市地震应急救援志愿者工作形成一体化。2011年，全市组织志愿者参加市志愿者协会服务活动8次。以志愿者为载体，在社区和乡村开展地震宏观异常观察、震情速报、地震科普知识宣传等活动。推进地震应急管理体系建设。全市所有街道、市区、乡镇、村和各类企事业单位修编完成各自地震应急预案；各级、各部门建立预案编制、修订、备案制度，形成横向到边、纵向到底的地震应急预案管理体系。与市发改委、财政局、民政局等部门密切配合，协调联动，落实地震应急物资储备，定期对各类应急物资核查，及时补充和更新。2011年9月1日16时41分，河北省石家庄市辛集市、衡水市冀州市、深州市交界发生3.3级地震，石家庄市地震局、辛集市地震局立即启动三级震情跟踪方案，并按照规定立即上报市委、市政府，组织开展临时会商、加密观测、现场考察等措施，维护了社会稳定。

（王秀辰）

县（市）区概况

县（市）区概况

长 安 区

【概况】 长安区总面积110.24平方千米，农作物播种面积9568公顷；辖3个镇、8个街道办事处，61个居委会，33个行政村；常住人口48.99万人，人口自然增长率4.45‰。2011年，全区地区生产总值完成194.3亿元，比上年增长11.0%。其中，第一产业完成增加值2.0亿元，比上年下降5.5%；第二产业完成增加值56.7亿元，增长5.0%；第三产业完成增加值135.6亿元，增长14.3%；第一、二、三产业比例由2006年的1∶65∶34调整为1∶32∶67。全社会固定资产投资完成234.6亿元，比上年增长26.4%。规模以上工业总产值192.5亿元，实现利税7.3亿元，完成工业增加值34.52亿元，比上年增长2.2%。农林牧渔业总产值3.2亿元；粮食总产量4.58万吨。财政收入44.5亿元，比上年增长16%。社会消费品零售总额136.1亿元，比上年增长21%。拥有各类专业市场22个，市场成交总额164.4元，比上年增长9%。区属在岗职工年平均工资33278元，比上年增长9.5%；农民人均纯收入10199元，比上年增长20.3%。

中共长安区委书记：安树国
区人大常委会主任：苌大雨
区　　　长：张聪　（2月免）
马文刚　（2月任）
区政协主席：李世奎

【项目建设】 全年在建、拟建及谋划项目87个，总投资1498亿元，是2006年的11倍。其中，开元环球中心等39个续建项目完成形象进度；北方家居博览中心、庞大汽车文化博览园等23个重点项目开工；顺心商务广场、滹太商贸城等25个谋划项目启动；与英国乐购集团、韩国乐天集团等世界500强企业成功签约。

【城镇改造】 2007～2011年，全区规划建设面积930万平方米，拆除各类建筑473万平方米，粉刷楼宇651栋，平改坡250栋，亮化楼宇67栋，整修道路63条。21个村列入石家庄市城中村改造，其中小沿村顺利回迁，谈固、花园等11个城中村正在建设中，中建一局六公司宿舍、经编厂宿舍等3个旧小区改建完成。

【生态环境】 石太高速、京港澳高速、307国道、体育大街北延等道路沿线完成绿化322公顷，植树60万株，城区绿化覆盖率达到35.1%。开展“洗城净天”、“蓝天碧水”等专项整治活动，拆除燃煤锅炉（炉窑）151台，推广使用优质低硫煤17.9万吨，二氧化硫排放削减280吨，化学需氧量削减800吨。

【农业农村工作】 依托农业特色基地，发展旅游观光农业。滹沱河驼鸟养殖园、颐非农业生态园辐射增强，大丰都市农业体验园项目开工，集旅游、休闲、采摘为一体的滹沱河休闲观光产业带初具规模。推进农村股份制改革，探索实行土地入股新模式，17个村完成改制。

【社会事业】 2007～2011年，全区转化推广科技成果43项，列入国家和省市科技发展计划84项，建立国家级、省级研发中心3家；撤并学校18所，新建小学5所，创建省级示范性幼儿园6所、示范性普通高中1所、示范性职业中学2所；组织春节文化活动和“彩色周末”系列活动900余场；免费开办各类技能培训和创业培训班455期，培训2.9万人，实现新增就业4.3万人；城镇职工基本养老保险、工伤保险、失业保险覆盖面扩大，累计参保人员16.3万人，其中城镇居民医疗保险参保10.6万人；建立社区为老服务站17个，区老年公寓被评为全国爱心护理工程示范基地；分配廉租房1807套，发放廉租住房租赁补贴4089万元；发放救助金6100万元。

（房丽英）

桥 东 区

【概况】 桥东区总面积43.07平方千米，农作物播种面积631公顷；辖1个镇、9个街道办事处，67个居委会；常住人口42.16万人。2011年，全区地区生产总值完成124.1亿元，同比增长13.8%。其中，第一产业增加值完成0.4亿元，同比下降4.2%；第二产业增加值完成22.1亿元，同比增长10.4%；第三产业增加值完成101.6亿元，同比增长14.6%；三次产业结构比例由2010年的0.4 ∶ 18 ∶ 81.6调整为0.35 ∶ 17.76 ∶ 81.89。全部财政收入41.6亿元，同比增长27.4%；地方一般预算收入完成17.9亿元，同比增长24.3%；财政支出9.8亿元，同比增长29.9%。全年引进市外资金25.62亿元，同比增长98.45%；实际利用外资141万美元；贸易出口额完成45427万美元，同比增长22.06%。全区个体工商户注册登记21800户，拥有私营企业5026户；民营经济实现增加值62.19亿元，同比增长14.23%，占全区生产总值比重为50.1%；民营经济实缴税金19.88亿元，同比增长29.13%，占全区财政收入比重为47.78%。

中共桥东区委书记：李旭阳
区人大常委会主任：张丙谦
区　　长：陈彦报
区政协主席：田玉芬（4月免）
　　　　　　郑丁江（4月任）

【农业经济】 全年完成农业总产值7188万元，同比下降5.7%。粮食产量2264吨，蔬菜产量11341吨，水果产量3059吨，肉、蛋、奶产量分别是284吨、365吨、321吨。全区免疫高致病性禽流感7万只，牲畜口蹄疫免疫猪1.01万头，羊0.2万只，牛600头；高致病性猪蓝耳病免疫1.01万头；猪瘟免疫1.01万头；鸡新城疫免疫7万只，免疫密度均达到100%。免疫档案建档率达到100%；耳标佩戴率、免疫合格证发放率达到100%。年内，全区各类农产品市场共抽检蔬菜水果样品16530个，总体农药残留合格率99.35%；抽检肉类样品1000个，瘦肉精、莱克多巴胺合格率100%；开展生猪出栏前盐酸克伦特罗、莱克多巴胺检测160批次，合格率100%。

【工业经济】 开展对标活动。制定《桥东区2011年关于开展企业对标行动实施方案》，组织辖区72家（规模以上企业26家）企业分行业、分批次参加市级对标培训，累计培训150人次。引导企业加大技术改造，促进产业结构调整升级。胶印厂投资5000万元引进意大利先进印刷生产线，长鹿客车厂投资1.2亿元引进先进印刷生产设备和投资5亿元新建综合办公楼项目，石一泵业投资3000万元引进生产线，农机公司投资5亿元建设农机装备制造基地和农机研发中心等。调整细化2011年度全区节能目标，逐级签订节能目标责任书。突出重点用能企业，强化节能跟踪监察，建立健全能源计量统计制度，开展能源审计、督促。到2011年末，全区规模以上工业企业完成增加值10.98亿元，同比增长1%；重点企业全面完成节能降耗目标，万元工业增加值能耗降低7.34%。

【重点项目】 年内，全区全社会固定资产投资完成238.7亿元，同比增长31.6%。安排重点项目62项，总投资817.5亿元。其中，商贸设施建设项目29个，总投资493.8亿元；旧城旧村改造项目20个，总投资398.9亿元；基础设施项目7个，总投资24.5亿元；工业项目6个，总投资0.3亿元。年末聚和港物流园一期工程、昆仑盛阳门等7个项目竣工；勒泰中心、新源国际财富中心等19个项目完成部分主体，塔谈城中村改造等8个项目开工建设，浙江大厦、棉一西区改造等7个项目正在进行拆迁。全年新增商业面积50.34万平方米。

【国内贸易】 2011年全区限额以上贸易企业达62家，其中批发零售业企业43家，住宿餐饮业企业19家；全年社会消费品零售总额完成198.4亿元，同比增长21%；服务业增加值完成101.6亿元，同比增长14.6%。总部经济发展壮大。2011年，全区集中力量对世界500强、中国500强等国内外跨国公司、知名大企业开展招商，世界500强企业7家，中国500强企业4家落户桥东区，企业总部达到40家。贸易、生活服务业繁荣发展。成功举办“2011中国·北方润德五金机电陶瓷卫浴产品展销会”，实现展销交易额5.3亿元；8家菜市场通过市级验收；东风路特色街区及主路、主街夜景亮化全面完成。

深入开展夜经济建设。年内荣景园啤酒广场、青岛啤酒广场建成营业。

【城区建设】 拆除、整改胜利北街、平安大街、中山路、裕华路、和平路等15条街道广告、门头牌匾808块，面积5540.5平方米；清理违章小广告7万余张，清查运输违章车辆1200余辆，处罚违规车80余辆，处罚金额30余万元。开展城镇建设“三年上水平”工作，完成城中村、旧城拆迁33.15万平方米，拆除违法简陋建筑800余平方米，楼宇景观亮化52栋，投资34万元对辖区街道绿化带进行补植，新增面积21135.9平方米，顺利完成10条“市容环境管理标准街道”创建任务；投资200余万元，对平安大街、建设大街、东风路、汇通路等18条道路近1万余平方米破损路面进行维修。动员镇办和社会自愿者1000余人，参加义务植树活动，共植树20000余株。全年对公园植物进行春季、冬季两次集中修剪，单次修剪乔木400余株，草坪27726.6平方米，开花植物3000余株，植物造型5组。年末，全区拥有市级园林式单位35个，市级园林式居住小区26个，省级花园式单位16个，省级花园式居住小区10个，“十佳”小区1个，绿色社区14个。

【社会事业】 企业完成新产品开发、科技成果推广与应用、专利实施项目14项，落实项目经费207万元；下拨科技计划项目6个，落实科研经费700万元，研制开发新产品6项，推广应用科技成果6项，实施专利项目6项。2011年新认定河北广联信息有限公司为高新技术企业，全区高新技术企业总数达到5家。知识产权优势培育工程取得重大突破，阀门三厂、四方阀门、华荣制药、数英仪器4家企业被认定为知识产权优势培育企业。教育事业蓬勃发展。2011年，全区共有中小学41所，其中，小学29所，中学12所，在校学生36177人；幼儿园23所，在园幼儿8954人；全区学前三年幼儿入园率达99%，义务教育阶段入学率达100%，高中阶段入学率达99.8%。教育质量提高。2011年全区中考再创佳绩，600分以上考生达到124人，其中17人进入全市前100名，市23中学夺得全市中考第1名；“网络课堂教学实验研究”、“国学进课堂”实验教学研究被河北省授予“网络课堂实验区”、“国学教育实验区”。全年举办大型文化演出活动23场，社区举办小型彩色周末文化活动10场。获得石家庄市第14届全民运动会“体育道德风尚奖”、“最佳组织奖”、“青少年优秀组织奖”、“成年组优秀组织奖”和“老年组优秀组织奖”五项大奖。卫生事业稳步发展，医疗服务条件改善。年末全区共有社区卫生服务机构47家，社区卫生服务街道覆盖率达到100%，基本形成“十分钟社区卫生服务圈”。2011年，全区共有在岗职工9024人，发放工资总额42.01亿元，年平均工资45789元，同比增长10.52%；全区参加养老保险49612人，参加工伤保险22100人，参加失业保险8745人；新增就业9941人，下岗失业人员再就业5801人，城镇登记失业率控制在2.41%；享受城市低保待遇48292人次，发放低保金1152.35万元；医疗救助400人，发放医疗救助金77.83万元。

（王立峰）

桥 西 区

【概况】 桥西区总面积54.46平方千米，农作物种植面积1248公顷；辖12个街道办事处，80个居委会、15个行政村；常住人口60.71万人。2011年，全区地区生产总值完成249.4亿元，同比增长14%，总量和增速位居市内区第一；全部财政收入完成60亿元，地方一般预算收入完成26.1亿元，同比分别增长29.1%和32.9%，全部财政收入和地方一般预算收入总量，连续六年位居市内区第一名；全社会固定资产投资完成240.1亿元，同比增长38.9%；外贸进出口总值45.08亿美元，同比增长48.34%；实际利用外资4.7亿美元；全区城镇固定资产投资增速和实际利用外资分别位居全市第一名。

中共桥西区委书记：
聂英武（8月免）
陶明法（8月任）
区人大常委会主任：王来传
区　　长：陶明法（8月免）
周立新（9月代）
区政协主席：路中林（2月免）
赵新惠（2月任）

【规划发展格局】 2011年，桥西区提出构建“一心、两环、三街、四路、五大方向、六大战略、七大片区”经济发展格局。一心，即依托华润城市综合体、金世界、中银广场等项目建设，发挥金融聚集区带动作用，将中华大街、站前街、中山路、裕华路合围1平方千米区域打造成中央商务商贸金融核心区。两环，即结合玉村、东良厢等城中村改造，以省烟草物流中心、宇翔国际物流中心等项目为引领，在二环沿线打造高附加值的商贸经济隆起带；在石环沿线打造物流产业隆起带。三街、四路，即依托中华大街、红旗大街、友谊大街和中山路、自强路、裕华路、槐安路，建设一批现代化的文化教育大厦、金融大厦、医药保健大厦、商贸大厦，打造现代服务业样板街、样板路及标志性商务楼宇。五大方向，即以楼宇经济、总部经济、金融经济、商贸经济、知识经济为重点，推动现代服务业向内涵式、高效型发展。六大战略，即深化大改造、大开发、大招商、大项目、大管理、大和谐战略，促进经济社会科学发展。七大片区，即依托裕华路和中华大街，以金正海悦天地、万象天成等项目为支撑，打造中裕高端商务商贸区；依托槐安路，结合振头四个街村改造，打造集居住、商业商务、娱乐休闲等为一体的槐安西路综合商业商务区；发挥高校优势，以祥云国际·吃遍中国文化主题公园建设和西三教、东五里、西五里城中村改造为依托，打造省会西南文化商务商贸区；以新客站及广场建设为契机，依托密集的人流、物流、资金流，打造新客站现代商务商贸区；结合大谈、小谈等村改造，打造环境一流、特色鲜明的裕西精品商务商贸区；结合东简良、留营村改造，以桥西蔬菜中心批发市场为龙头，建设特色市场，打造辐射全国的省会西部商贸流通区；结合石桥、孔寨等村改造，在市车管所周边区域发展汽车会展、汽车物流、汽车维修服务及二手车交易等产业，打造省会西部规模最大的汽车贸易特色商务区。

【经济结构调整】 把发展服务业作为优化产业结构、转变经济增长方式的方向，推动传统服务业提档升级，发展壮大现代服务业和培育新兴服务业。2011年全区安排服务业重点项目40个，占在建项目总量的41%；总投资347.81亿元，占项目总投资额的42.9%。总部经济取得成效。年末全区总部型企业达到64家，总部经济税收占财政收入比重达到62%。以自强路为核心“省会金融产业聚集区”显现。全年驻区各类金融机构180家，对税收贡献率达到29%。至2011年末，全区完成第三产业增加值187.8亿元，对GDP增长贡献率达77.7%，三次产业结构比例由0.4∶26.4∶73.2调整为0.4∶24.4∶75.2，现代服务业成为经济发展的主导产业。

【项目建设】 全年安排建设项目139个，总投资810.68亿元。其中，超亿元以上项目78个，占项目投资总额97.7%；超10亿元项目26个。30个区重点建设项目完成投资81.51亿元，超额完成年计划40.6%。其中，祥云国际、省烟草物流中心、中国工商银行客服中心等正在建设，并提前2个月完成年度投资计划；金世界二期、华域城等商贸项目建成；恒大城一期、振二街城中村改造等房地产项目按期竣工。

【招商引资】 以“金融经济聚集发展，总部经济壮大发展，楼宇经济提质发展”为目标，创新招商手段。吸引河北中财担保有限公司等企业总部和渤海银行、中信银行等金融企业入驻；引进龙凤圣都旅游开发公司、石家庄许强商贸公司等纳税千万元项目3个；新增中顺农业、桥睿贸易等外资企业2家。

【城区建设】 围绕打造靓丽文明新城区目标，实施强力度拆、高效率整、精细化管，实现了考评位次在全市大幅前移的历史性突破。城中村改造，全年6个村拆迁任务基本完成，4个村拆迁过半，完成城中村拆迁129万平方米，腾地165万平方米，特别是省市重点基础设施工程新客站项目拆迁取得阶段性成果。对重点路段、重要节点和重点商圈以及出入市口周边等区域实施美化、绿化、亮化综合整治，加强街路沿线绿化带、隔离带建设，种植补植乔木、灌木11.2万株，新增绿地面积22.1万平方米。居住环境改善，改造小街巷11条、老旧小区5个，保晋南街、红旗大街地道桥、城角街、花园东街等10条小街巷整修全部完成；东简良、西简良、南郭等3个新民居示范村建设加快；投资75万元在市内五区率先购买多功能道路洗地车1辆；创建教育街、长丰路、靶场街、谊北街等 4 条环卫标准街道。推广优质低硫煤 8500 吨。

【社会事业】 完善区、街、居三级服务网络，“10 分钟社区生活服务圈”模式得到市委书记孙瑞彬的肯定。整合养老服务资源，投资建设“老年服务院”。推进和谐社区建设，创建“魅力社区”37 个。启动保障性安居工程红河小区项目，1313 户家庭申请到实物配租住房。落实就业援助政策，新增就业岗位 10000 余个，城镇登记失业率控制在 4.3% 以内。社会保险覆盖面扩大，城市社会救助体系得到完善。2011 年全区享受最低生活保障 18617 户、43568 人，发放低保金 1164.51 万元；参加企业养老保险 48010 人，职工基本养老金发放率、企业离退休人员社会化管理和服务率均达到 100%。整合公共卫生服务资源，完善以社区服务中心为基地一站式医疗结算信息系统，在 1 家省级医院和 6 家社区卫生服务站建立定点“一站式”结算。至 2011 年底，全区享受医疗救助 3909 人次，发放救助金 75.81 万元；医疗救助优抚对象 694 人次，发放救助金 32.05 万元；通过医疗救助平台救助 4603 人次，发放救助金 107.86 万元。开展“食品安全最放心城市”创建活动，做好“食品安全提升工程”，对华北食品城、桥西蔬菜批发市场，以及“城中村”、城乡结合部等重点场所、重点部位进行综合整治。开展“省级人口与计划生育综合改革示范区”创建活动，打造“全国军地共建人口文化传播示范基地”。

（王锋　张彦敏　翟红卫）

新　华　区

【概况】 新华区总面积 92.11 平方千米，农作物播种面积 5048 公顷；辖 2 个镇、2 个乡、11 个街道办事处，90 个居委会、19 个行政村；常住人口 63.54 万人。辖区内市以上重点文物保护单位众多，有大石桥、石家庄解放纪念碑、正太铁路纪念碑、正太铁路总工会旧址、赵佗先人墓、毗卢寺、懋华亭、高克谦烈士纪念馆等；天主教、基督教、伊斯兰教、道教等四大宗教活动场所均设在新华区，保留有古朴典雅的清真寺、天主教堂、基督教福音堂 3 所宗教建筑。2011 年，全区实现地区生产总值 146.8 亿元，同比增长 13.9%；全部财政收入 28.8 亿元，同比增长 26.8%，其中一般预算收入 15.5 亿元，同比增长 24.0%；全社会固定资产投资完成 220.3 亿元，同比增长 19.5%；实现社会消费品零售总额 123.3 亿元，同比增长 20.8%。

中共新华区委书记：蒋文红
区人大常委会主任：门秀敏
区　　长：王德庆（9 月免）
韩学军（9 月代）
区政协主席：周玉林

【产业结构】 重点培育现代服务业，建成尚德国际、英华汽配城、广本恒达 4S 店等一批现代服务业项目。至 2011 年末，全区第三产业增加值达到 101.3 亿元，同比增长 19.04%，占全区经济比重达到 69%，占全部税收比重达到 81.7%，成为支撑经济发展的主要力量。培育都市工业，扶持科技型企业，淘汰落后产能，单位工业增加值能耗降低 48%。培育休闲农业，以生态观光、休闲采摘为主的高效农业得到持续发展，龙城花卉、西环无公害蔬菜基地规模扩大，上京文化生态园建成开业。

【重大项目】 全年在建、续建、新开工千万元以上项目 72 个，总投资 511 亿元。其中，10 亿元以上项目 13 个，100 亿元以上项目 1 个，省重点项目 3 个。苏宁广场、华强广场开工，完成投资 15.5 亿元；占地 28 亩的湾里庙热源厂拆迁完毕；投资 30 亿元中环广场项目启动拆迁；投资 80 亿元、由浙江广厦组织实施的北焦城中村改造进入拆迁扫尾阶段；高柱、市庄城中村改造列入市级改造计划；占地 1100 亩、投资 200 亿元的新华世贸中心项目列入市级重点；投资 120 亿元的河北航空城项目进展顺利，标志性建筑航空大厦主体封顶。

【城区建设】 城区主干道沿线，建成高层建筑 20 余栋，其中现代商务楼宇 10 余栋。6 个城中村实施改造，拆迁旧村 12 万平方米，竣工回迁楼 20 栋。秀河小区保障性住房工程开工，建设住房 2064 套，发放廉租房 884 套、廉租房补贴 3242 万元。绿化补植 30 条街道，新增绿地 36 万平方米。实施民族路步行街综合治理，启动联强小区私搭乱建专项整治。主街、主路全部实现机械化清扫和 24 小时保洁。推广优质低硫煤 1.56 万吨。

【商贸服务业】 坚持招大商、引巨资，出台《加快第三产业发展的意见》、《招商引资工作奖励办法》，冀中能源、中石油、苏宁集团、深圳华强、浙江广厦、沃尔玛等国内外500强企业和战略投资者落户新华区。2011年，“动漫博览会分会场”、“纺织博览会”、“数码电脑节”三大商务会展活动累计实现成交额6亿元；新华集贸中心市场网上交易平台开通，完成订单交易1万笔，交易额500万元。落实支持全民创业政策，健全服务机制，规范服务行为，形成低门槛、多层次、宽领域创业格局。至2011年末，全区新增私营企业715家，个体工商户0.4万户。

【社会事业】 全年参加养老保险人数4.49万人，新增城镇就业5万人，建成人力资源一站式服务中心、三级劳动力网络信息平台和大学生创业辅导基地，成立劳动争议仲裁委。建成乡镇文化站2个。落实国家基本药物制度，7家基层卫生医疗机构实行“零差率”销售。开展食品安全专项整治活动，建成10家餐饮安全示范单位和24条食品安全示范街。优化教育资源配置，新开办学校3所，撤并10所，接收学校、幼儿园10所，完成水源街小学、党家庄学校、35中新校区建设。2011年，新华区获得“全国全民健身先进单位”、“全国残疾人康复示范区”荣誉称号，人口计生工作评为国家级先进，连续15年获得“全国科技工作先进区”称号。

（蔡旺）

裕 华 区

【概况】 裕华区总面积60.8平方千米，农作物种植面积1979公顷；辖2个镇、9个街道办事处，75个居委会、6个行政村；常住人口50.49万人，人口自然增长率为5.14‰。2011年，全区地区生产总值完成134.2亿元，同比增长13.7%；全部财政收入完成35.9亿元，同比增长50.1%，占地区生产总值比重达26.7%，其中，地方一般预算收入完成22.5亿元，同比增长67.8%；全社会固定资产投资完成261.8亿元，同比增长34.3%，投资总量连续五年全市第一；全区规模以上工业企业实现增加值19.3亿元，同比增长13.7%；社会商品零售总额97.3亿元，同比增长20.8%；城镇居民人均可支配收入21002元，同比增长12.4%；农民人均纯收入13247元，同比增长31%。

中共裕华区委书记：
赵宏魁（8月免）
张连钢（8月任）
区人大常委会主任：张金海
区　　长：王丽君
区政协主席：韩志芳

【项目建设】 全年建设千万元以上项目117个，其中，亿元以上项目95个，占项目总数的81.2%。罗马假日广场、藏龙国际、中城商务大厦、怀特文化大厦等49个项目开工建设，怀特华堂聚瑞、红星美凯龙方北店、财库大厦等43个项目竣工投用。方村工业园4个工业项目进展顺利。项目投资直接拉动全区经济增长6个百分点。坚持科学招商、主动招商，引进韩国乐天、广州恒大等战略投资者和国内外知名企业落户。至2011年末，全区引进内资28.8亿元，实际到位外资5921万美元。

【产业布局】 “三圈两线一轴”为核心的省会东南现代商业中心基本形成。9月23日，裕华万达广场正式营业，“万达商圈”成为带动中部、辐射省会的高端商业中心。怀特商务楼、怀特文化大厦正在建设，“怀特商圈”经过增量扩容，营业面积达到150多万平方米，成为裕华区商贸服务业发展最具活力的区域。“联邦商圈”集聚北国益东百货、联邦明珠地下商业街、春天广场、石门1925特色商业街等大型商业设施，商业面积近50万平方米，形成时尚、特色、鲜明的商业街区。裕华东路、东南二环沿线依托皇宫大酒店、东明家具东二环店、福建茶城、华北五金机电城等商业项目，初步形成省会东南部第三产业隆起带。体育大街汇聚盛典商务、怀特陶瓷城等服务业项目，成为省会东南繁华商业街。实施南焦、南王、塔冢等城中村改造，引进上海仲盛、广州恒大等战略投资者，谋划建设集高档写字楼、五星级酒店、超市卖场等商业设施为一体的城市综合体，商业面积均在50万平方米以上。大石门特色商业街、联邦地下商业街成为全市夜经济亮点，夜景亮化升级投入500多万元。至2011年底，全区商业总面积突破900万平方米，第三产业占地区生产总值比重达到68.3%，对经济增长贡献率达到72%。民营经济快速发展，占经济总量比重达到45.2%。三次产业结构比例由2010年0.5∶28.3∶71.2调整为0.4∶31.3∶68.3，经济结构得到优化。

【城区建设】 坚持提速城市化进程与提升城市功能齐头并进、城市建设与产业发展统筹协调的原则，推动城区建设和管理服务实现新突破。城中村拆迁改造稳步推进，槐底、位同等6个村拆迁进展顺利。至2011年末，全区累积拆迁150万平方米，新开工回迁楼36栋、83万平方米，交付使用回迁楼34栋、81.8万平方米，村民实现回迁3334户。开展以扬尘污染、渣土遗撒、烟煤污染治理和违法排污企业整治为重点的“蓝天特别行动”，城区空气质量持续好转。按照精细化、规范化、长效化要求，完善数字化城市管理网络，创新城管执法远程可视、小广告治理、流动摊贩规范管理等长效机制。东南环城水系、民心河二期征地及两侧绿化任务完成，建成区绿地率达到42.3%。综合整治小街巷7条，新建垃圾转运站3座，所有村庄全部纳入城市管理范畴。2011年，裕华区在全市市容环卫考核中，连续9年位居市内五区第一名。

【社会事业】 全年新增就业9501人，下岗失业人员实现再就业5520人，城镇登记失业率控制在2.4%以内。全区参加城镇职工养老保险44790人，净增参保6880人，新增城中村居民参保3078人。社会保险扩面工作全部完成，基本实现人人享有基本社会保障。推进保障性住房建设，文河小区4栋、2012套保障性住房建设至地上五层。按照“以强带弱、重点帮扶、整合资源”的思路，推动教育均衡发展；投资3000余万元对青园街小学等8所学校校舍实施加固改造。基层医疗服务实现社区（村）全覆盖，11家政府办社区医疗卫生机构全部落实基本药物制度和药品零差率销售。规范社会救助，按时、足额向全区2556名低保对象发放低保金、各种补贴和一次性救助。社区建设加强，基础设施改善，新建标准化菜市场11个，并率先在全市大幅度提高社区居委会办公经费标准和兼职人员生活补贴标准。开展群众性文化活动，共举办各类文化活动1500场次。开展严打整治和社会巡逻防控，建成投用裕华区反恐防暴指挥中心和16个综合警务站。加强和创新社会管理，打造心理减压计划、社区议事会、阳光心灵驿站、律师会客厅等一批解民困、暖民心项目，中央电视台《焦点访谈》栏目以“创新管理促和谐”为题对裕华区社会管理工作给予报道。2011年，中共河北省委授予裕华区“基层党建工作先进区”荣誉称号。

（周立康）

井陉矿区

【概况】 井陉矿区总面积70.29平方千米，农作物播种面积2964公顷；辖2个镇、1个乡、2个街道办事处，52个居委会；常住人口9.62万人。2011年，全区完成地区生产总值50.9亿元，同比增长12.4%。全社会固定资产投资完成34.3亿元，同比增长27.3%。财政收入5.0亿元，同比增长10.7%，其中一般预算收入1.98亿元，同比增长12.3%。全区规模以上工业完成增加值43.8亿元、利税15.4亿元、利润7.8亿元，分别比上年增长18.7%、32.2%、44.6%。全社会消费品零售总额8.2亿元，同比增长20.2%。全区城镇居民人均可支配收入17412.2元，同比增长11.3%；农村居民人均纯收入9817元，同比增长16.0%。

中共井陉矿区区委书记：
黄朝庆（8月免）
张旭（8月任）
区人大常委会主任：王禄文
区　　长：栾建英
区政协主席：康贵春

【经济结构】 2011年，井陉矿区成为河北省唯一被国务院列入第三批资源枯竭城市，工业园区被批准为省级园区。至2011年末，全区续建和新开工亿元以上项目28个，其中市级重点项目4个；全区规模以上企业达到53家，煤焦化产能达到400万吨；三次产业比例由2∶67∶31调整为1.3∶76.8∶21.9。

【城乡建设】 井陉矿区东入口提档改造、垃圾填埋场、污水处理厂中水回用、平涉路和矿市南街大修等提升城市形象和载体功能的重点工程竣工投入使用。市级部分国有土地使用权限下放至区管理。京昆高速石太北线、平赞高速两个连接线和307国道改线项目确定。西岗头拆迁复垦代表石家庄市通过国土资源部等六部委检查验收。统筹城乡发展列入全市首批试点。新民居建设受到省、市表彰。新增供热企业1家，供热面积30万平方米。清凉湾湿地公园荣获“2011中国城市景观绿化优秀样板工程”。年末全区城镇化率达到74.06%，在全市各县（市）区名列第一。

【社会事业】 至2011年末，全区养老、医疗、失业、工伤、生育五大保险覆盖率均达到95%以上。率先在全市实行为60岁以上无固定收入老人发放养老补贴，为城区内70岁以上“空巢”老人提供“居家养老”服务。全年获国家发明专利8项，工业泵厂被国家科技部认定为高新技术企业，“凤凰”牌硝酸钠和“SGB”牌离心泵获河北省著名商标，填补了全区无省级著名商标的空白。矿区中学、实验中学新建教学楼投入使用，并顺利通过省政府4年一次教育教学督导评估。医疗改革11项基本公共卫生服务全面实施，乡、村两级医疗机构全部实行药品零差率销售。率先在全市建立以赵村店社区为试点的“幸福家庭人口文化园”。数字影院和3个乡镇文化站建成并投入使用；以西岗头社区文艺节目为班底的河北省迎新年文艺晚会在省会大戏院上演。区供销社率先在全省实现基层全覆盖。2011年，井陉矿区凤山司法所荣获全省首批“优秀司法所”称号，矿市街司法所高秋生荣获全国“人民调解能手”和全市“十大金牌调解员”称号。

（张密廷）

井 陉 县

【概况】 井陉县总面积1381平方千米，农作物播种面积32226公顷；辖10个镇、7个乡，4个居民委员会、318个行政村；常住人口为31.13万人。2011年，全县地区生产总值完成120.2亿元，同比增长12.7%。财政收入10.2亿元，同比下降4.1%。全社会固定资产投资136.8亿元，同比增长26.5%。实现社会消费品零售总额27.5亿元，同比增长17.5%。城镇居民人均可支配收入19440元，同比增长12%；农民人均纯收入6961元，同比增长15.9%。金融机构存款余额96.1亿元，同比增长22.2%；城乡居民储蓄存款余额71.4亿元，同比增长16.7%。

中共井陉县委书记：

庞彦须（8月免）

田耀筠（8月任）

县人大常委会主任：彭朝信

县　　长：田耀筠（8月免）

苏志超（8月代）

县政协主席：王新民

【重大项目】 全年实施项目1000多个，累计完成投资430亿元，其中千万元以上项目200多个，亿元以上项目53个。张河湾抽水蓄能电站、乾昊100万吨冶金钙、鼎星大水泥等支撑项目建成投产；晋冀北方物流、德祥石油支撑剂、隐凤山冰雪世界等项目开工建设；20万吨碳素、20万吨合成氨、冶河生态谷等项目正在筹办。北正、乾昊两大产业聚集区建设加快，已申报省级园区。

【产业结构】 2011年，全县培育万亩生态庄园13个，龙头企业25个，农民专业合作社81个，农业产业化率提高4.6个百分点。年末全县规模以上工业企业增加值增长2.2倍，利税实现翻两番。8家钙镁企业进入全国同行业20强；煤炭洗选突破800万吨。全年旅游业接待游客160万人次，煤炭物流等运输企业达到74家，第三产业比重提高6.2个百分点。

【城乡建设】 全年投资46亿元，实施城乡建设工程39项。其中，陉山大道竣工通车，以陉山广场为标志的新区开发正在推进；金良河、绵蔓河形城水景13万平方米；陉山双星等住宅工程建成；县城河边路完成升级改造；污水处理厂、垃圾填埋场投入使用。至2011年末，井陉县新改建县、乡公路100余条、600千米；建成通讯基站74座、乡镇客运站12个，其中县城客运中心建成使用；完成电网改造工程22项。推进生态创建。全县植树203万株，太行山绿化12万亩，森林覆盖率达到36.5%；实施节能减排工程61项，实现县城Ⅱ级以上天气312天。年末韩信公园被石家庄市命名为“十佳”公园，县城获得省级“园林县城”和“全国生态文明示范县”称号。

【社会事业】 2011年，全县新增养老、医疗、工伤等保险参保人员4.9万人；新农合补偿农民医疗费用1.4亿元；发放医疗救助金8000万元，农业综合补贴6000万元，低保金5000万元；新增就业岗位1.2万个。建成保障性住房501套，危房改造325户。创建新民居示范村43个，建成农村公园185个，农村养老互助幸福院81所，其中县中心敬老院获得“全国模范敬老院”称号。解决4万多人饮水安全问题。农村贫困人口稳定脱贫1.6万人。全年撤并学校283所，建成寄宿制学校52所，县城一中实施迁建。26项科技成果达到国内领先水平。市八院井陉院区移交井陉县，17个乡镇卫生院达到规范化要求，271个标准化村卫生室投入使用。成立河北省首家县级文化产业协会，井陉拉花获得全国民间文艺最高奖——山花奖，天长镇、于家村、大梁江村被命名为中国历史文化名镇村，南张井老虎火等4个项目列入国家级非物质文化遗产。年末，井陉县被评为河北省教育工作先进县、全国科技进步先进县，被授予全国农村中医工作先进县和计划免疫工作先进县，获得“中国民间文化艺术之乡”和“中国感恩文化之乡”称号。

（朱凯荣）

正　定　县

【概况】 正定县总面积470平方千米，农作物播种面积55737公顷；辖2个镇、5个乡、2个街道办事处，14个居委会，174个行政村；常住人口47.19万人，人口自然增长率7.25‰。2011年，全县地区生产总值完成198.1亿元，同比增长8.7%。其中，第一产业增加值27.0亿元，增长3.3%；第二产业增加值94.6亿元，增长6.8%；第三产业增加值76.6亿元，增长13%。三次产业结构比例由13.9∶47.6∶38.5调整为13.5∶47.5∶39.0，非农产业增加值占GDP比重达到86.5%，同比提高0.4个百分点。全社会固定资产投资129.4亿元，同比增长25.7%。进出口贸易总额10959万美元，同比增长8.3%，其中出口9849万美元，增长4.9%；进口1110万美元，增长51.8%。实际利用外资107万美元，引进域外资金24.3亿元。财政收入10.04亿元，同比增长25.5%，其中地方一般预算收入6.2亿元，增长23.5%；财政支出12.8亿元，同比增长32.5%。城镇居民人均可支配收入12584元，同比增长9%；农民人均纯收入9459元，同比增长16.2%。年末全县金融机构本外币各项存款余额220.7亿元，比年初增长22.6%，其中城乡居民储蓄存款余额154.1亿元，增长18.4%；金融部门各项贷款余额112.10亿元，增长56.38%。2011年10月份，在中国中小城市科学发展评价体系研究成果发布暨第八届中国中小城市科学发展高峰论坛上，正定县再次荣膺“全国最具投资潜力中小城市百强”，这是正定县连续第六年获此殊荣。

中共正定县委书记：毛全球
县人大常委会主任：
肖建儒（3月免）
王秋生（3月任）
县　　长：米志奇（8月免）
杨立中（8月代）
县政协主席：徐玲（女）

【农业农村工作】 2011年，全县农林牧渔业总产值56.5亿元，同比增长1.7%。其中，农业产值22.43亿元，增长7.1%；牧业产值32.86亿元，增长23.5%。畜牧业成为农民增收的主导产业，畜牧养殖业发展位居石家庄市前列。到2011年底，全县肉、蛋、奶产量分别达到7.97万吨、12.76万吨和10.9万吨，同比分别增长7.2%、0.5%和3.9%。粮食生产喜获丰收。全县农作物播种面积83.61万亩，粮食播种面积63.45万亩，粮食总产33.21万吨，其中小麦播种面积31.49万亩，平均亩产491千克，总产达到15.46万吨，同比增长7.69%；玉米播种面积30.06万亩，平均亩产579千克，总产达到17.39万吨，同比增长2.31%。经济作物、瓜类作物、豆类、薯类种植面积分别为7.39万亩，8731亩、1.48万亩和4149亩。农业产业化水平提高。年末全县农业产业化经营总额85.2亿元，同比增长12.3%，产业经营率达到70.1%；拥有各种加工、销售农业龙头企业25家，实现销售收入45.4亿元，同比增长2.6%。建成西平乐金农禾生态农庄、南楼磁河古道生态农业观光园、塔元庄都市农业园等农业科技示范园及滹沱河北岸正定镇、曲阳桥乡2个万亩设施蔬菜示范基地和东贾村、西里双村、陈家疃村、南化村4个千亩设施蔬菜示范方。农业农村基础设施得到完善。

投资 1.06 亿元，完成 103 条乡村道路建设，新增通车里程 209.4 千米；投资 4663 万元实施 6.34 万亩中低产田改造，解决了 2 个乡镇 7 个村 2.38 万人的安全饮水问题；发展节水灌溉 19.56 万亩，新增造林绿化 8000 余亩；开工建设省市级新民居示范村 28 个，完成投资 5.1 亿元；落实农村财富积累机制，实现村级集体收入 7739.8 万元。

【工业经济】 到 2011 年末，全县规模以上工业企业（年主营业务收入 2000 万元及以上的工业法人企业）完成总产值 437.8 亿元，同比增长 13.1%；实现增加值 83.8 亿元，同比增长 5.4%；实现利税 33.5 亿元，同比增长 7.0%。1 ~ 12 月份，全县规模以上工业 19 个行业大类中，“农副食品加工业”（饲料加工）、“木材加工业”、“纺织服装制造业”、“塑料制品业”、“纺织业”和“金属制品业”六大支柱行业累计完成工业总产值 324.3 亿元，占全县规模以上工业总量的 74.1%；“纺织业”企业大部分受拆迁影响，产值下降，其他五个支柱行业增速分别为 30.0%、33.1%、30.9%、24.5% 和 20.7%，均超过全县平均增长水平。2011 年，河北金源化工股份有限公司和河北苹乐面粉机械集团有限公司 2 家企业进入省百强民营企业；常山药业上市融资成功，实现正定县企业上市“零突破”。年末全县拥有省级以上名牌和著名商标 56 个，其中苹乐牌面粉机、小蜜蜂工具获得“中国驰名商标”，久强建材高效减水剂评为“中国名牌产品”。

【商贸旅游业】 全年实现社会消费品零售总额 72.2 亿元，同比增长 15.9%。其中，县城零售额 51.60 亿元，同比增长 16.9%；县以下零售额 10.72 亿元，增长 11.0%。2011 年 4 月 26 ~ 29 日，成功举办第四届正定国际小商品博览会，实现综合经济效益 101.05 亿元，同比增长 450.67%。总投资 66 亿元的省重点产业项目——正定国际小商品城建设顺利，现代服务产业园区和商贸物流产业聚集区批准为省级园区；正定小商品市场一期、二期、三期，物流园区一期、二期基本竣工并投入使用，市场经营面积达到 150 万平方米，物流设施面积达到近 40 万平方米。旅游业精心打造“三国子龙故里、佛教临济祖庭、京外名刹之首、世界冠军摇篮、元曲创生中心、红楼文化经典”六大品牌，全年共接待国内外游客 185.11 万人次，收入 4102.26 万元，同比分别增长 14.8% 和 12.91%，均创下历史新高。

（戴世丽）

【再获“中国民间文化艺术之乡”称号】 11 月份，在 2011 ~ 2013 年度“中国民间文化艺术之乡”命名颁牌仪式上，正定县再获“中国民间文化艺术之乡”荣誉称号。此次颁牌仪式由国家文化部主办，在江苏省常熟市举行，全国共有 528 个县（县级市、区）、乡镇（街道）入选。应国家文化部邀请，正定常山战鼓参加了 2011 年 11 月 15 日、16 日江苏常熟“中国民间艺术之乡”命名颁牌仪式和展演展示活动。“中国民间文化艺术之乡”是指运用民间文化资源或某一特定艺术形式，通过创新发展，成为当地广大群众喜闻乐见并广泛参与的群众文化活动形式和表现形式，并对当地群众文化生活及经济社会发展产生积极影响的县（县级市、区）、乡镇（街道），是文化部为推动中国民族民间文化普及发展、丰富广大基层群众精神文化生活、保障基层群众基本文化权益而设立的文化品牌项目。活动自 2008 年开始，每 3 年进行一轮评选，正定县曾于 2008 年获此殊荣。

（祁彦利　贡蕾）

【重点项目】 全年 38 个重点项目完成投资 21.9 亿元，占年度计划的 101%。乐仁堂医药物流中心、橡一股份等投资超亿元重大项目落地建设。纺织服装基地规划布局、产业定位确定，基础设施建设基本完成，其中常山纺织、常山药业 2 个项目入园建设，完成投资 19.66 亿元。总投资 102 亿元的际华职业装产业园项目签约，投资 40 亿元的润德服装园等 4 个项目正在办理手续。综合工业园总体规划修编初步完成，起步区 4.62 平方千米完成总体规划和规划环评等工作，10 个入驻项目中 6 个竣工投产。科技工业园基础设施建设和招商全面完成，总投资 24 亿元的 18 个项目入驻，5 个项目竣工投产。木都工业园 6 个入驻项目正在建设。

【城市建设】 投资 141 亿元，开工建设城建项目 358 个，完成拆迁拆违 86 万平方米，实施子龙大桥、成德街等城市路网建设，建成子龙广场、长乐门绿地广场、迎旭公园等公园绿地广场。年末全县建成区绿化面积663.48公顷，绿化覆盖率达到40.7%，绿地面积566.14公顷，绿地率34.73%，其中公园绿地面积133.6公顷，人均公园绿地9.7平方米。城区新增供热面积50万平方米，供热普及率达到96%。新增天然气用户0.6万户，天然气普及率达70%。自来水供水管道总长度56千米，日生产能力1.2万立方米。顺利通过国家历史文化名城复查评估，成功晋升省级园林县城。投资5037.2万元，完成机场路、房里线、城慈线等15条道路工程，新增公路通车里程44.8千米。建设保障性住房676套，完成农村危房改造384户。推进古城保护，编制《正定历史文化名城保护整治与提升规划方案》，完成府文庙等文物修缮工程和古城墙迁坟工作，加装8处国家级文物保护单位消防和安全防护设施。2011年全县空气质量二级及以上天数达到322天；出境断面水质COD浓度在103mg/L以下；化学需氧量年排放量2.81万吨，比上年削减798.44吨，削减率为2.76%；二氧化硫年排放量2659.73吨，比上年削减84.96吨，削减率为3.09%。农作物秸秆综合利用率保持100%。

【社会事业】 全年新增就业岗位2450个，转移农村劳动力7100人；城镇登记失业率控制在3.39%以内。新农合门诊统筹和大病统筹全面实施，参合率达到99.31%。争取国家、省、市科技项目29项，争取资金1049万元，完成鉴定验收19项，取得国内先进水平以上科技成果9项；申请专利136项，授权64项；5个项目获得石家庄市科技进步奖；第8次获得“全国科技进步先进县”称号；年末拥有省级认定高新技术企业5家，市级以上工程技术研究中心8家。整合中小学校39所；南楼课改教学经验全省推广；高中阶段毛入学率达87.9%。年末全县拥有中等职业教育学校6所，普通中学22所，小学108所，幼儿园64所，特殊教育学校 2所。开展鼓王争霸赛及送戏、送文艺辅导、送图书下乡等文化体育活动，编创了《古郡传奇》、《常山少年·赵云》、《田野的希望》等文艺作品，其中河北梆子《审女婿》获得全国“群星奖”，广播剧《责任》获得河北省“五个一”工程奖。年末，建成农家书屋96个，县文化馆晋升为国家一级文化馆，正定县被国家文化部授予“中国民间文化艺术之乡”称号。

（戴世丽）

栾　城　县

【概况】 栾城县总面积345平方千米，农作物播种面积48895公顷；辖5个镇、3个乡，6个居委会、173个行政村；常住人口33.73万人，人口自然增长率8.55‰。2011年，全县地区生产总值完成144.6亿元，同比增长12.3%。其中，第一产业增加值 27.8亿元，增长3.1%；第二产业增加83.5亿元，增长15.2%；第三产业增加值33.3亿元，增长13.4%。农业总产值50.7亿元，同比增长1.7%；粮食总产量27.6万吨。规模以上工业企业完成增加值59.5亿元，同比增长19.6%。财政收入9.3亿元，同比增长26%。全社会固定资产投资103.4亿元，同比增长28.9%。社会消费品零售总额47.3亿元，同比增长15.8%。城镇居民人均可支配收入19836元，同比增长12.2%；农民人均纯收入9226元，同比增长16.2%。

中共栾城县委书记：王韶华
县人大常委会主任：李雪辉
县　　　　长：孟胜林
县政协主席：曹金亮

【两大基地】 辖区内装备制造基地和生物医药基地是石家庄市“六大基地”重要组成部分。装备制造基地在全市“六大基地”中率先完成总体规划、详细规划、专项规划等系列规划；生物医药基地总体规划、详细规划、产业规划通过专家论证，基地区域环评基本完成编制工作，基地8个专项规划正在编制。装备制造基地建成区面积扩大到9.1平方千米，生物医药基地建成区面积扩大到5平方千米。两大基地共投资2亿多元，实施了道路、管网、污水处理厂建设和高压线迁改等工程。2011年5月，装备制造基地被批准为省级工业聚集区。至2011年末，装备制造基地实现产值64亿元，生物医药基地实现产值69.9亿元。

【工业经济】 全年工业实施重点产业技术改造项目53项，总投资46亿元；技术改造新增销售收入90

亿元,新增利税18亿元。开展“对标行动”，确立96家标杆企业，20多个行业标准，350个对标指标，规模以上工业企业全部开展对标行动。年末全县主营业务收入2000万元以上工业企业新增13家，达到150家，其中销售收入过亿元企业增加30家，达到66家；工业总产值238亿元，利税36.4亿元，利润26.2亿元。实施节能减排。全年淘汰落后机器设备98台(套)，推广低硫煤16万吨，消减化学需氧量311.36吨，消减二氧化硫352.32吨，消减氨氮26.28吨，消减氮氧化物31.98吨，超额完成石家庄市下达的任务指标。至2011年末，全县建成国家级实验室3家（神威药业、圣雪大成、新诺威)，建成国家级研发中心1家(神威药业),省级研发中心2家(河北电机、新宇三阳)，市级科研中心9家，并再次荣获“全国科技进步先进县”称号。

【现代农业】 2011年，全县粮食总产量27.6万吨，连续获得“全国粮食生产先进县”称号；农业总产值由2010年的44亿元增加到47亿元。推广粮食种植先进技术和优良品种，良种普及率达到100%。设施农业较快发展，新增设施大棚500个,设施蔬菜种植7.1万亩。标准化、规模化养殖场达到185个。连续9年成功举办“阳春草莓采摘节”，草莓采摘园区发展到40余个采摘品种，年吸引游客50余万人次，促进农民增收5000余万元。农业产业化、规模化程度提高，全县农业产业化龙头企业由50家增加到70家，专业合作社增加到140家，农业产业化经营率达到61.3%。土地流转面积4万多亩，占耕地总量的11.5%。

【城乡建设】 投资2.5亿元，建成人民公园、樱花公园、古柏园等10余个公园景区。完成15个公园绿地、10个道路绿地、11个附属绿地共35万平方米建设任务。投资2300万元，完成国家园林县城3条迎接检查道路美化、亮化，顺利通过国家园林县城验收。2012年2月8日，国家住房城乡建设部命名栾城县城为2011年“国家园林县城”，成为住房城乡建设部在石家庄市第一个命名的“国家园林县城”。启动旧城改造工程，完成拆迁15万平方米。城区污水处理厂一期、二期工程投入使用，日处理能力达到6万吨。加快与省会同城化建设步伐，太行大街南延工程栾城段率先竣工。环城水系率先在石家庄市完成征地拆迁任务。开通直达省会202公交线路4条。县城绿化覆盖率达到40.9%。

【社会事业】 栾城县列入全省第一批城镇居民和第三批农村居民新型养老保险试点县，农村居民养老保险参保率达到93%；新农合参合率达到97%；城乡低保实现动态管理，做到应保尽保。落实70岁以上老龄人每年免费体检一次，90岁以上老人每人每月发放生活补贴100元，百岁以上老人每人每月发放生活补贴220元的养老政策。城关区域敬老院和县中心敬老院投入使用。自2011年10月1日起，60岁以上参保农民和城镇居民开始领取养老金。投资1300余万元，新建村卫生室104所，改扩建43所，173个村卫生室全部达到标准化。县乡村三级医疗卫生机构全部实行国家基本药物零差率销售，乡村医疗机构实现行政、人员、业务、药品、财务、信息、绩效考核和社会保障“八统一”一体化管理。县医院实行12种常见病、多发病临床路径管理，大型诊疗设备诊疗费下调10%，医用高值耗材加成率降低40%。全年医疗改革为群众减轻就医负担2000万元。

（栾城县史志办公室）

行唐县

【概况】 行唐县总面积1025平方千米,农作物播种面积59250公顷；辖4个镇、11个乡，8个居委会、322个行政村；常住人口40.92万人，人口自然增长率12.9‰。2011年，全县地区生产总值完成109.6亿元，同比增长12.6%。其中，第一产业增加值20.6 亿元，增长6.2%；第二产业增加值66.7亿元，增长15.6%；第三产业增加值22.3亿元，增长11%。农林牧渔业总产值38.6亿元，同比增长5.4%。其中，农业总产值15.7亿元，增长7.7%；畜牧业总产值21.77亿元，增长3.8%。规模以上工业总产值243.11亿元，同比增长44.3%；工业增加值62.54亿元，同比增长20.1%。粮食总产量30.88万吨，夏粮、秋粮亩产分别为399千克和479千克；棉花总产量452吨，平均亩产45千克；

油料总产量2.03万吨，平均亩产214千克。财政收入3.21亿元，同比增长29.3%；财政支出10.21亿元，同比增长29.0%。社会消费品零售总额36.8亿元，同比增长15.6%。全社会固定资产投资完成85.2亿元，同比增长29.5%。在岗职工年平均工资26464元，同比增长19.5%；城镇居民人均可支配收入17821元，同比增长11.5%；农民年人均纯收入3995元，同比增长9.5%。年末城乡居民储蓄存款余额60.7亿元，同比增长17.3%。

中共行唐县委书记：李震国

县人大常委会主任：高和福

县　　　长：吕素维

县政协主席：赵大水

【农业农村工作】 投资684万元用于7600亩中低产田改造项目全部完成；投资1809万元实施小型农田水利县重点项目竣工并投入使用，实现节水灌溉7.18万亩；投资554万元完成口头项目区水土流失综合治理18平方千米；投资818万元完成米家庄水库、江河水库除险加固工程。粮食生产喜获丰收，总产量30.88万吨，是全市山区县唯一一个吨粮县。特色产业发展较快，新增优质核桃4000亩、苹果500亩。全县奶牛存栏8.2万头，实现畜牧业总产值21.77亿元，被中国畜牧业协会授予“全国适度规模化奶牛养殖示范县”。实施红枣提质增效工程，红枣年产量达10万吨，实现产值5亿元，同比增长33.3%。中国科学技术协会、财政部授予甲壳素红枣科普示范基地“全国科普惠农兴村先进单位”。全县列入“115行动计划”的国家标准化苹果示范基地、龙兴贡米加工基地等产业化项目完成投资1.8亿元，办理产业化龙头项目贷款1900万元，农业产业化经营率达到47%。落实国家惠农政策，发放抗旱浇水补助和农业救灾资金337万元；实施10个村30所学校饮水安全工程，解决了1.99万农村人口的饮水安全问题；新建农村公路61.4千米，桥梁3座。

【园区建设】 编制完成行唐县工业园总体规划、控制性详细规划、产业发展规划、土地利用规划修订、城乡建设规划衔接和环境评价报告批复。完成工业园区内双回路电网、行唐段8.7千米天然气入园区管道埋设、光明路及新合街等主干道路建设和第二污水处理厂、变电站、水厂选址及2000多亩土地收储工作，工业园基本实现“七通一平”(通给水、通排水、通电、通讯、通路、通燃气、通热力以及场地平整)。7月份，规划总面积15.22平方千米行唐经济开发区被省政府批准纳入省级经济开发区（园区）管理序列。

【招商引资】 全年县级以上重点续建和新开工项目74个，总投资98.96亿元，平均单体投资规模1.34亿元，总体投资规模和平均单体投资规模分别比2010年增长53.2%和99.1%。其中，续建项目18个，总投资55.08亿元，新开工项目56个，总投资43.88亿元；收益性项目56个，总投资95.81亿元，公益性项目18个，总投资3.15亿元。单体投资规模1000万元至1亿元项目16个，单体投资规模1亿元以上项目14个，创下历史新高。鑫裕陶瓷微晶复合瓷砖续建、新开工鸿鑫食品肉鸡深加工产业化基地和九都商贸物流园3个项目列入省重点，总投资26.6亿元；新开工中加合资生物环保垃圾处理厂、年购销3000万吨煤炭物流交易中心和鹏海制药整体搬迁3个项目列入市重点，总投资规模28亿元；玉晶玻璃四线、迈尔斯通液晶材料二期、中润纺织、鹏峰化纤、甲壳素红枣、玉龙镜业、盛唐国际开发等其他亿元以上项目正在建设。投资12亿元潘什奴裤业产业园、投资53亿元行唐国际家具园区项目正在办理前期手续。年末，全县实际引进外资1082.4万美元，完成市下达任务的135.3%。

（李永　赵翠玉）

【天然色素项目开建】 11月1日，总投资10.8亿元的河北食品添加剂有限公司天然色素项目在行唐县奠基。行唐县工业园天然色素项目占地300亩，总投资10.8亿元，主要建设年产1600吨包括提取、皂化及过滤、柱层析、精制、包装、回收六个生产车间在内的天然色素系列产品加工生产线以及辅助生产设施等。项目全部建成后可实现产值12.5亿元，利润2亿元，税收1亿元，安排就业310人。

（宋钧　申卫霞）

【城镇建设】 重点推进总投资1.7亿元、27项重点城镇建设工程。

完成上方、上碑、口头、南桥等4个乡（镇）总体规划和控制性详细规划及18个中心村庄、11个省级新民居示范村建设规划；编制完成旅游业发展总体规划和牛王寨景区规划。对上碑镇东街、东北街、西街、西北街、西南街、东南街、杨村和龙州镇东街、西街、顺城街、北街、南街、西关、南关、北关、马凹等16个村进行环境综合整治。县第一中学、中医院等重点项目建设进展顺利。实施2号路（张石高速行唐－灵寿连接线）综合整治提升工程，4个节点进行高标准建设，形成县城西拓南跨框架；完成永昌路、升仙桥南路综合整治工程。九都物流园开工建设；投资1300万元、建设13000平方米农贸市场改造工程竣工，实现服务业领域上档升级。投资2700万元、占地231亩的龙州生态公园一期建设工程竣工投入使用，成为全县境内规模最大的公园。

【农村劳动力转移】 结合县域实际，对农村劳动力开展免费职业介绍、技能培训、创业培训等服务，按政策对培训、职业介绍等机构给予补贴；把发展劳务经济任务分解到乡镇、部门，分段考核，年终总评；开展“一对一”定向推荐，做到登记一人，宣传一次就业政策，开展一次就业指导，推荐一次就业培训，开展一次职业推荐。全年组织大型招聘活动2次，联系县内外招聘单位278个，提供就业岗位18900个，达成就业意向14800人，向非农产业转移农村劳动力30200人次。年内省政府授予行唐县“发展劳务经济先进县”称号。

（李永　赵翠玉）

【召开“‘孝义行唐’现象”研讨会】 10月26日，由中国老龄事业发展基金会、中国伦理学会德育专业委员会、北京大学和谐社会发展研究中心主办的“‘孝义行唐’现象”研讨会在行唐县举行，来自国家、省、市有关专家学者及行唐县各级干部、道德模范、各界代表近百人共同进行了探讨。国家司法部原党组书记、部长高昌礼，“希望将军”——省军区原副政委赵渭忠，市人大常委会副主任杨志辉、行唐县长吕素维、《家庭百科报》总编助理张彦广等出席研讨会。本次“‘孝义行唐’现象”研讨会主题是传统文化弘扬如何与社会主义核心价值观和社会管理创新紧密结合。专家表示，社会道德建设应坚持从细节入手，以善行、善举为切入点，贴近老百姓的生活；应坚持常抓不懈，形成长效机制，将活动引向基层；坚持方法创新，多管齐下，营造舆论氛围，充分发动群众的参与意识。

（张晓娟）

【卫生医疗】 投资3108万元建设16400平方米县医院新建综合病房楼竣工投入使用，开放床位430张，有效缓解了群众住院难问题；筹资1020万元为乡（镇）卫生院配备医疗设备180台（件），筹资922万元为村卫生室配备医疗设备1308台（件），280个新建和47个改建村卫生室全部竣工。县、乡、村全年开展健康教育2367次，发放各类宣传材料16万份，制作健康教育宣传栏535期。建立农村居民健康档案367066份，其中电子健康档案250067份。争取农村孕产妇住院分娩、白内障患者复明和结核病、艾滋病防治等中央重大公共卫生项目资金346.55万元。开展“医学专家大篷车”和“千名医师下乡村”活动，县医院、中医院医务人员到边远山区为群众义诊6200多人次。全年药品采购350品种，采购金额238.3万元；2011年5月31日起，全县15所乡（镇）卫生院全部实行药品零差率销售。年末全县新型农村合作医疗参合农民353528人，参合人数比2010年增加1439人，参合率达到92.35%；政府补助标准由每人每年120元提高到200元，统筹补偿封顶线由4.5万元提高到6万元，大额医疗补偿封顶线由6万元提高到10万元；2011年7月1日起，乡、村两级开展门诊统筹工作，补偿封顶线达到60元。至2011年末，全县补偿参合农民129784人次，补偿费用6853.92万元；门诊统筹补偿323人次，补偿费用2504.9元。

【社会事业】 完成省下达的企业养老保险扩面任务，并率先完成“两保”（城镇居民社会养老保险和新型农村社会养老保险）试点；全年发放医疗救助金130万元。创建“民生联络站”和“爱心责任代养制”，解决了县村之间民生工作断层和农村“五保户”老人养老难问题。组织送文艺下乡和专场文艺演出61场次，15个乡（镇）综合文化站全部配备器乐设施；成功举办行唐县第二届全民运动会。实施21所学校22个项目“校安工程”，18个项目学校改扩建工程竣工。开展食品药品安全专项整治，构建县、乡、村三级食品安全监管网络，对城区和330个行政村所有食品生产经营户以及110个奶牛养殖小区进行清查备案，签订食品安全责任状，并重点对淀粉加工、酒类、红枣蜜饯等食品行业进行集中整治。成立“三位一体”调解员联合会，排查各种矛盾纠纷622件，调处成功592起，调处成功率达到95%以上。

（李永　赵翠玉）

灵　寿　县

【概况】 灵寿县总面积1546平方千米，农作物播种面积36869公顷；辖6个镇、9个乡，3个居委会、279个行政村；常住人口33.51万人。2011年，全县地区生产总值完成72.8亿元，同比增长11.5%。其中，第一产业增加值12.9亿元，增长4.2%；第二产业增加值41.6亿元，增长14.4%；第三产业增加值18.3亿元，增长10.5%。三次产业结构比例为17.9：57.0：25.1。全社会固定资产投资56.4亿元，同比增长28.2%。财政收入3.3亿元，同比增长31.7%；地方一般预算收入1.6亿元，同比增长31.4%。规模以上工业增加值41.5亿元，同比增长18.4%；利税17.3亿元，同比增长18.1%。社会消费品零售总额24.9亿元，同比增长17.2%。城镇居民人均可支配收入16933元，同比增长12.1%；农民人均纯收入3455元，同比增长10.28%。

中共灵寿县委书记：
王建海（8月免）
李彦明（8月任）
县人大常委会主任：郝建英
县　　长：姜阳
县政协主席：傅连英

【农业农村工作】 制定出台《关于整合涉农资金集中投放使用的实施意见》，确保资金重点扶持特色种植片区和龙头企业。至2011年末，全县建成农业龙头企业10个、农产品生产基地7个、万亩食用菌标准化生产示范区2个、千亩食用菌示范方2个、韭菜生产和食用菌工厂化生产示范村3个。制定出台《关于加快水利改革发展意见》和《今冬明春农田水利基本建设方案》，争得中央小型水利建设资金400万元，实施了一批农田水利建设工程。环县城区建成大型“绿色”蔬菜生产基地、综合批发市场和加工储运中心及10个无公害畜产品标准化养殖基地，食用菌种植面积达到620万平方米，年产值6.2亿元。2011年，灵寿县被农业部评为国家食用菌标准化示范县。丘陵区以扶贫连片开发为抓手，重点扶持发展脱毒甘薯和核桃产业，脱毒甘薯种植面积达到3万亩，核桃、板栗种植面积分别达到12.5万亩和8.2万亩。山区新增林地1.7万亩，森林覆盖率达到43.03%，净增1%；发展以脱毒丹参为主的中药材种植，面积达到5.28万亩；规划建设太行山“茶叶生产示范区”，建成中国纬度最高的优质绿茶产研基地。

【工业经济】 城东工业园区内水、电、路、讯等基础设施得到完善，一区实现“七通一平”，入驻企业85家；二区总投资37.3亿元的4个工业项目入驻。加大项目建设，专门成立灵寿县招商促进工作和办理联络国家发改委等部委工作领导小组，举全县之力实施“项目带动”战略。2011年，全县实施重大项目60个，其中24个续建项目总投资33.34亿元，36个新开工项目总投资86.65亿元，5个项目竣工投产，55个项目正在建设。2011年9月19日，灵寿县中山水泥有限责任公司日产4500吨熟料新型干法水泥生产线项目竣工投产。到2011年末，全县11个项目列入省市重点，列入省重点项目个数在全市排名第四位，在西部五县排名第一位。同时，谋划38个项目，总投资329.67亿元，其中5个项目完成前期工作，13个项目完成备案，20个项目正在洽谈。

【旅游】 对照国家5A级旅游景区创建标准，重新修订五岳寨景区规划，规划面积由原来24平方千米扩展为122平方千米。采取市场化运作方式，在五岳寨景区谋划总投资35亿元的新景点开发和基础设施项目建设，启动头道岭、驼沟、漫山、小东沟等4个景点开发，建成景区入口标志性大门景、客运索道及3家星级宾馆，完成数字有线电视信号光缆架设。水泉溪、秋山通过国家4A级景区验收，年末全县4A级景区达到3个。

【城乡建设】 33个“村村通”工

程、慈贾线改线、滹沱河大桥罩面工程、新汽车站选址、总投资24.2亿元西阜高速（灵寿段）及4.6亿元22千米连接线项目前期准备工作完成。天然气入城工程启动，高压管线正在铺设。污水处理厂升级改造工程已在进行过滤池建设；垃圾转运站开建，垃圾填埋场一库区建成投用。中天商厦投入运营，中山宾馆、五岳宾馆2个四星级宾馆进行升级改造，飞达物流园商贸项目开工建设。开展城乡容貌综合整治活动，取缔关停污染企业；编制城区亮化专项规划，实施城区主次街道两侧主要建筑物亮化提升及城区主要街道和重要节点绿化工程，县城绿化覆盖率达到40%以上。开展大吴庄、北关、胡庄部分城中村改造及新民居建设工程，建设廉租住房262套，农村危房改造1375户。

（郑云鹏　董玉峰）

【获得“千年古县”评定】 2011年8月份，民政部、联合国地名专家组中国分部在北京召开的第16次“千年古县”专家评定会上，灵寿县申请“千年古县”报告得到专家组一致好评和肯定，顺利通过“千年古县”评定验收。据《山海经》载，远古时灵寿县有一种奇树，似木类竹，长有枝节，长不过八九尺，围三四寸，顶端自曲，自然合杖制，不用加工即可做杖之用。老者以此杖助步，竟能敏思捷行（灵）、祛病延寿（寿），因名“灵寿木”。汉高祖三年（公元前203年）始置灵寿县，乃以灵寿木为县名。县名“灵寿”历代传承，长达2214年，从未变更。

（赵军　刘鹏）

【社会事业】 完成为民办实事20件。在做好城镇职工基本养老、工伤、城镇居民基本医疗、生育、失业等五大保险征缴扩面基础上，启动农村和城镇居民社会养老保险，从制度上实现全覆盖。确定168个新扶持贫困村，筛选和启动首批贫困村35个。顺利通过省政府教育督导评估，成为石家庄市唯一一个省政府教育督导评估先进县；实施中小学校布局调整，启动寄宿制中学建设，完成中小学校危房改造项目，教师周转宿舍基本完工。2011年，教育工作被评为全国义务教育经费管理示范县。计划生育工作通过石家庄市政府年终考核验收。完成所有乡镇卫生院综合医改任务；总投资3357万元的县医院综合业务楼和总投资110万元的牛城中心卫生院业务用房项目开工建设。年末标准化乡镇卫生院和村卫生室覆盖率分别达到100%和80%以上。建成乡镇文化站15个、农家书屋167个，完成农民体育健身工程村105个；广播电视覆盖率达到95%。

（郑云鹏　董玉峰）

高　邑　县

【概况】 高邑县总面积211平方千米，农作物播种面积31018公顷；辖3个镇、2个乡，9个居委会、107个行政村；常住人口18.78万人，人口自然增长率7.95‰。2011年，全县地区生产总值完成54.6亿元，同比增长12.7%。其中，第一产业增加值8.8亿元，增长4.4%；第二产业增加值31.9亿元，增长16.2%；第三产业增加值13.9亿元，增长12.0%。全社会固定资产投资35.2亿元，同比增长34.2%，其中固定资产投资34.2亿元，增长28.0%。财政收入3.06亿元，同比增长49.7%，其中地方一般预算收入1.61亿元，增长30.8%；财政支出6.1亿元，同比增长26.3%。城市空气质量等级好于二级以上天数327天，占全年90%以上。农业总产值15.7亿元，同比增长2.9%；粮食总产量15.7万吨，蔬菜总产量45.40万吨，棉花总产量108吨。规模以上工业完成增加值25.08亿元，同比增长20.4%；实现利税8.8亿元，同比增长37.07%。社会消费品零售总额20.2亿元，同比增长16.7%。职工年平均工资22485元，同比增长16.4%；城镇居民人均可支配收入15229元，同比增长13.6%；农民人均纯收入7204元，同比增长18.0%。年末金融机构存款余额42.21亿元，较年初增长19.25%；城乡居民存款余额34.23亿元，较年初增长17.47%；贷款余额17.57亿元，较年初增长23.0%。

中共高邑县委书记：李锡海
县人大常委会主任：李连平
县　　　长：王雁南（1月免）
　　　　　　杨国芳（2月任）
县政协主席：陈金锁

【招商引资】 全年新开工重点项目33个，总投资52亿元，其中投资亿元以上工业项目16个，项目单体规模、投资总额、质量水平创下新高。招商引资强化领导干部责任，分解下达300亿元招商任务，落实到每名县级领导、科级干部；调整招商队伍，完善落实招商政策，县财政拿出130万元，重奖招商引资第一引荐人，极大调动了全县干部群众招商引资的积极性。至2011年末，全县引进项目24个，总投资68亿元，鸿锐集团、天山工业园、际华3502等9个重大项目成功落户，大唐电力、燕春集团、香港森仕、鹿泉水泥搬迁、鹏烨制剂等15个项目正式签约，首次实现与国字号、央字号企业对接合作。项目推进实行县级领导分包和“一个项目、一名领导、一套班子、一抓到底”的“四个一”推进机制，坚持每周召开调度会，及时协调解决项目推进中的相关问题；工大二期、东城纺织、永利纺织、左安铝业、金翱单晶硅、力马陶瓷第五条线等19个项目竣工投产，万城综合配套中心、王同庄化工集团等21个项目列入省市重点项目库。发展环境优化，倡导“政府就是服务、部门就是保姆”和“墙内的事企业办、墙外的事政府办”理念，组建新的工业区管委会和行政服务中心，实行“一条龙”办公、“一站式”审批。

【工业经济】 全年工业用电量7.13亿度，同比增长18.8%，增幅位居全市第三。力马、工大两企业分别实现税收1364万元和1302万元，首次填补高邑县企业没有纳税超千万元空白。园区建设。园区规划编制完成南部工业区配套中心、凤凰山组团、泲河南岸控制性详细规划和城东工业区总体规划、控制性详细规划及产业规划。积极申报省级工业聚集区，城东工业区通过市发改委审批。开展“园区基础设施建设攻坚年”活动，重点实施南水北调与红旗大街南延交汇立交桥、辛庄110KV电站、兴华路东延等13项建设工程，工业区1号路、2号路竣工通行，园区载体功能增强。产业结构调整。深化工业“对标”行动，加强与中科院、昊华集团、西南化院、省科学院、景德镇陶瓷学院的联系与合作，加速技术创新和科研成果转化，建陶、纺织、氧化锌三大行业竞争力增强，建陶生产力促进中心被认定为首批“河北省技术创新公共服务示范机构”。以工大压力容器为代表的装备制造、以金翱单晶硅为代表的新能源、以力马煤改气为代表的循环经济等新兴产业相继崛起。亿博建材城完成工程建设。节能减排。推广节能环保新技术，严格项目节能环保评价，淘汰落后产能，关停金龙、中信等4家建陶企业和天力金属小高炉，完成节能减排任务目标。

【城乡建设】 坚持“一县两城、带状发展”和“规划引领、旧城扮靓、新城起步、城乡统筹”的思路，启动城镇建设“三年上水平”工作，并列入石家庄市两个上水平重点县之一。规划体系得到健全。聘请同济大学专家，高起点、高标准完成县域发展总体规划和11项重点区域专项规划，县城规划面积由7.22平方千米扩大到12平方千米。城市承载能力增强。采取BT、BOT等模式，多渠道筹集建设资金，谋划实施八大重点工程，其中投资6000万元、全长6.7千米的府前路西延，投资2400万元、全长4千米的南环路拓宽及393大修等工程竣工投用，建陶会展中心、府北路拓宽、线缆入地等工程全面启动，污水管网改造工程深入推进。城市形象提升。围绕创建国家级园林县城，实施一批亮点工程，其中刘秀公园二期、107国道高邑段10千米亮化、南环路亮化建设工程完成，“六路四园两片区”绿化工程正在建设中。2011年，城市建设创出“高邑速度”，得到石家庄市委、市政府主要领导的肯定。

【农业农村工作】 全年发放农业补贴1951.5万元，完成9200亩中低产田改造、农业节水、小麦高产高效栽培等33项工程建设，农业综合开发项目连续5年名列省市前列。农业产业化加速推进，千秋合作社被授予全国供销社系统示范社和“中国50佳合作社”称号。粮食生产实现单产、总产“八连增”。蔬菜产业按照“园区发展、基地育苗、科技增效、精品蔬菜”的思路，制订了蔬菜发展“十二五”规划。蔬菜批发市场国债项目、省级应急蔬菜储备库项目顺利实施，被省政府确定为“十二五”重点提升改造市场，并与北京市新发地蔬菜批发市场就蔬菜直供、信息共享达成战略合作意向。年内新发展蔬菜种植3万亩，其中设施蔬菜1.4万亩。开展蔬菜示范园区建设，规划建设万亩示范区2个、千亩示范方5个、百亩精品园 10 个，众林、垚淼两个高标准、现代化、生态型蔬菜示范园区建设启动。开展“农超对接”、“农企对接”，建成 4 个蔬菜配送中心。2011 年，全县有 5 个蔬菜品牌获得绿色食品认证，两次代表河北省接受农业部无公害蔬菜验收，全部达标。新民居建设稳步推进，千秋小镇 14 栋楼、良庄新区 6 栋楼达到入住条件，二期工程正在建设；开展村庄环境综合整治，新修和改造农村道路 16 条。

【财政金融】 财政收入在 2010 年突破 2 亿元基础上，2011 年突破 3 亿元，有效保障了重点支出需求。财政专项争资实现突破，共争取到资金 4.4 亿元。财政一体化管理综合评比全省第一，国库支付改革走在全省前列。金融经济日趋活跃，全年新增贷款投放 3 亿元，同比增长 20.8%，存贷比达到 41.63%，位居全市 17 个农村县(市)第四名。成功举行河北银行与高邑县银企对接活动，达成贷款意向 2 亿元，首次实现县内企业与域外银行大规模对接。华鹏小额贷款发展壮大，永利小额贷款组建运行。

【社会事业】 2011 年，全县投入民生资金 1.56 亿元，占全部财政支出的 26%。筹资 450 万元，将 830 名破产、困难企业退休职工纳入县医保体系，解决了困扰多年的历史遗留问题。新农合参合率达到 95.91%，发放补偿 2000 多万元。就业再就业工作确定为河北省创业帮扶定点县。率先在石家庄市普及学前三年教育和高中阶段教育；争取国债资金 1000 万元，启动 5 所标准化幼儿园建设；投资 1300 万元改善学校办学条件，顺利通过四年一次省政府教育督导评估。6 个乡镇文化站和 108 个农家书屋全部建成。投资 640 万元，启动 107 个村卫生室建设；县医院病房楼工程基本竣工。保障性住房建设顺利推进，120 套廉租房和 376 套公租房建设启动。建成农村“幸福院”36 所，“高邑经验”得到石家庄市推广，并代表河北省接受辽宁省民政系统的观摩学习。2011 年，全县信访量下降 65%，并率先在石家庄市实现涉法涉诉信访积案全部化解，中共中央政治局常委、中央政法委书记周永康对高邑县大调解做法给予充分肯定并做出批示，《人民日报》刊发了高邑县东关村 30 年无上访的经验和做法。

（籍飞龙）

深 泽 县

【概况】 深泽县总面积 286 平方千米，农作物播种面积 35014 公顷；辖 3 个镇、3 个乡、2 个办事处（原赵八乡于 2011 年 11 月经省政府批准由乡改为镇），3 个居委会、125 个行政村；常住人口 25.19 万，人口自然增长率 5.51‰。2011 年，全县地区生产总值完成 67.78 亿元，同比增长 12.6%。其中，第一产业 12.18 亿元，增长 6.0%；第二产业 41.50 亿元，增长 16.6%；第三产业 14.1 亿元，增长 8.0%。规模以上工业完成增加值 35.57 亿元，同比增长 20.1%。粮食总产量 19.33 万吨；棉花总产量 606 吨。民营经济实现增加值 50.54 亿元。财政收入 3.04 亿元，同比增长 25.1%；财政支出 6.88 亿元，同比增长 39.5%。社会消费品零售总额 25.8 亿元，同比增长 15.3%。全社会固定资产投资 37.7 亿元，同比增长 31.1%。城镇居民人均可支配收入 15261 元，同比增长 12.5%；在岗职工年平均工资 23277 元；农民人均纯收入 6671 元，同比增长 16.1%。年末城乡居民储蓄存款余额 56.1 亿元，贷款余额 56.1 亿元，同比分别增长 15.2% 和 14.1%。空气质量二级以上天数 324 天。

中共深泽县委书记：
杜振琪（8 月免）
王德庆（8 月任）
县人大常委会主任：王生力
县　　　长：盛庆功
县政协主席：杨秋

【重点项目】 2011 年，全县办理在建投资千万元以上项目 174 个，其中亿元以上项目 60 个，列入省市重点项目 4 个。总投资 1 亿元的鸿泽包装、总投资 8000 万元的茂林重工等 50 个项目竣工投产；总投资 5.5 亿元的盛驰气门、总投资 1.52 亿元的凯思利头孢生物酶、总投资 7000 万元的泰克维斯电子等 45 个项目正在建设；总投资 3 亿元的成悦化工、总投资 2.6 亿元的同成矿业等 13 个项目正在做开工前准备。年内，谋划规模项目达 153 个，项目建设呈现梯次推进、滚动发展的良好格局。

【工业园区】 编制完成园区总体规

划、详细规划和产业规划，规划面积达到28平方千米，初步建成以医药化工、轻工纺织、机械电子为主导产业的综合性工业园区，被国家批准为国家生物（医药）产业基地深泽生物产业园，被河北省批准为首批省级工业聚集区。2007～2011年，县工业园区累计投资5亿元完善了水、电、路、讯等基础设施，新建改建道路6条，铺设排水管6千米，形成“三纵三横”路网格局。投资3670万元的一期道路建成通车，投资3039万元的二期道路和配套管网工程顺利启动，园区框架基本拉开。

【城乡建设】 按照“小县大县城”的发展定位，完成城镇建设“三年大变样”目标任务，同时启动城镇建设“三年上水平”工作。2007～2011年，投资1.88亿元建设了城区污水处理厂一期工程，二期扩建工程正在启动，还开工建设了城南污水处理厂，污水处理率达到100%；供排水管网达到87千米。投资2100万元完成北极台公园、丽泽广场升级改造和烈士陵园主体工程；投资2500万元建成街头绿地7处、绿化带3条，道路拆墙透绿6条，新增绿地面积18万平方米，城区绿地率达到20%。投资2.6亿元，新建、改建南苑路、北苑路、西环路等城区道路12条；总投资2亿元实施东苑街、东外环路、北外环路等12条城乡道路建设；投资1.35亿元改造、新建干线公路和农村公路166千米，形成城区“七横七纵一环”、城乡贯通的路网格局。新客运站综合大楼建设开工，运营出租车达到110辆。投资4.24亿元，新建、增容变电站7个，建成电气化村45个，并通过省电气化县验收。投资9572万元建设通讯基站122个，传输管道82千米；实施宽带升级，数字电视用户达到1.8万户。启动6个城中村改造，建设面积15万平方米；11个精品小区初具规模，建筑面积达59万平方米；配建保障性住房576套，改造农村危房173套。坚持拆建结合、以建为主，共拆除破旧、违章建筑38万平方米，还投资5000万元对6条道路灯、3条夜景带和公园广场进行了亮化升级。向阳街改造正在推进，文庙广场竣工投用，商贸文化中心正在施工，特色街区呈现新亮点。建立精细化、无缝隙管理机制，城区主次干道全部纳入清扫范围。同时，对建筑市场、占道经营等进行规范整顿，县城管理水平提升。

（何志敏）

【文庙广场落成】 11月17日，深泽县文庙广场落成。深泽文庙始建于宋代元　三年，曾多次增修或重建，随着年久失修及战乱影响，到二十世纪末文庙只剩下至圣大成殿一处。2010年，深泽县启动文庙大修工程。2011年，深泽县再次对文庙大成殿及其配殿进行修葺，并投资1800万元启动文庙广场建设工程。该工程由文庙大成门和配殿，地下商城以及文庙休闲广场三部分组成，恢复文庙建筑250平方米，建设地下商城5000平方米，把地上商铺全部移入地下，在文庙前建成休闲广场6000平方米。

（刘炯　陈晓宁）

【葡萄种植】 深泽县杜社村是一个以葡萄种植为主的专业村，家家户户种葡萄，主要街道、农户庭院都建起一条条葡萄架长廊，成为独具特色的亮丽景观，被称为“冀中平原的吐鲁番”。全村800口人，2400亩耕地，其中葡萄种植面积1700多亩，年产葡萄400多万斤，收入1200多万元，每人每年增收1.5万元。在杜社村带领示范下，周边村庄发展起葡萄种植近1万亩。2011年，深泽县以杜社村为中心，采取公司+农户形式，启动实施了葡萄观光园建设项目，计划总投资18亿元，分五期发展设施葡萄10万亩，建设百里葡萄长廊、农家餐饮中心、葡萄酒堡、钓鱼休闲区等，打造集观光、采摘、休闲、娱乐为一体的大型现代农业观光园。至2011年底，该项目一期工程完成投资2000万元，葡萄长廊、钓鱼池、农家饭店初具雏形。

（乔建勇）

【农业农村工作】 2011年全县小麦单产456千克，玉米单产522千克，粮食总产量19.33万吨，单产、总产均创历史最高水平，被列入河北省产粮大县。2011年全县种植白山药6800亩，葡萄6600亩，设施蔬菜6000亩，核桃5000亩，果品总产量达到10万吨，其中深泽县皇冠梨成为国际著名品牌沃尔玛超市在河北省建立的首家农超对接基地。至2011年末，全县建成规模养殖场195个，6个养殖小区评为省、市级示范小区；肉、蛋、奶产量分别达到2.2万吨、1.8万吨和3.9万吨。全年投资1.7亿元实施节水灌溉、中低产田改造、深松整地等项目20余个。年末拥有农机总动力63万千瓦，大中型农机具1500台。实施万树进村工程，栽植苗木100万株，森林覆盖率达到17.95%。年内拥有市级龙头企业和专业合作社16家，建成“一村一品”专业村24个，农业产业化经营率达到33%。实施农村饮水安全工程，2007～2011年累计投资3345万元解决了农村饮水安全问题。实施“一事一议”财政奖补，争取资金1491万元，建设公益项目336个。25个省级新民居示范村全部开工。年末城乡客运线路达到8条，村村实现通客车。

（何志敏）

赞　皇　县

【概况】 赞皇县总面积1210平方千米，农作物播种面积35176公顷；辖2个镇、9个乡，8个居委会、212个行政村；常住人口24.7万人。2011年，全县地区生产总值完成70.1亿元，同比增长12.8%。全社会固定资产投资71.6亿元，同比增长26.8%。财政收入3.3亿元，同比增长32.5%；一般预算收入1.5亿元，同比增长24.7%。社会消费品零售总额25.4亿元，同比增长17.2%。规模以上工业增加值完成40.5亿元，同比增长19.8%；实现工业利税18.9亿元，同比增长4.23%。城镇居民人均可支配收入15261元，同比增长12.5%；农民人均纯收入3405元，同比增长10.5%。年末全县金融机构各项存款余额45.4亿元，同比增长17.3%；各项贷款余额20.9亿元，同比增长35.8%。年内，赞皇县被评为“全国法制宣传教育先进县”，县人民银行被评为“全国先进县支行”，嶂石岩地质公园确定为“国家科普基地”，中央电视台连续播放赞皇县宣传片3集，知名度得到提高。

中共赞皇县委书记：
凌青利（1月免）
张小国（1月任）
县人大常委会主任：武瑞国
县　　　长：宋存汉
县政协主席：张万银

【农业农村工作】 粮食总产量12.6万吨，创下历年新高。原村土布、蜜蜂养殖、酸枣仁加工等特色产业迅速发展，赞皇大枣、核桃种子随“神舟八号”飞船升空，实施太空育种。至2011年末，全县大枣种植45万亩，核桃种植22万亩，柴鸡饲养500万只，农业专业合作社达到143家。年内原村土布专业合作社、汇川优质核桃专业合作社被评为石家庄市“十佳”合作社，原村土布专业合作社得到国务院总理温家宝的肯定和鼓励。

（田凤英）

【核桃大枣太空育种】 2011年，赞皇县种植红枣、核桃60万亩，总产量15万吨。随着规模扩大，影响果树产业发展的不利因素逐渐暴露，主要表现在红枣品种单一，核桃没有特色品种。2月25～27日，副市长、赞皇县委书记张小国到北京与相关部门沟通和洽谈，寻求利用“神舟八号”飞船发射契机，开展红枣、核桃航天育种。赞皇县就开展航天育种咨询了河北农业大学教授、博士生导师、全国知名大枣专家刘孟军，全国知名核桃专家、博士生导师张志华研究员，河北省农科院樱桃专家杨振伟等，并得到专家指导。种源采集从115个国内外优良核桃品种、51个优良红枣品种中确定核桃选育5个品种，即辽宁1号、辽宁7号、清香、赞美、珍珠香，红枣选育1个品种，即红珍珠枣。11月1日，“神舟八号”飞船搭载赞皇县核桃200克（每个品种40克），大枣40克，樱桃30克，蔬菜粮食种子50克，开始赞皇县太空育种首次尝试。11月21日，中国载人航天工程办公室和中国航天科技集团公司，在中国空间技术研究院举行“神舟八号”飞船返回舱开舱仪式，中国空间技术研究院院长杨保华将赞皇县红枣、核桃种子交给赞皇县代表商旭民、褚发朝。种子包裹印有中国邮政4个大字，邮政编码是901001。此举标志赞皇县红枣、核桃航天育种工作完成天上诱变阶段。

【命名为中国核桃之乡】 赞皇县种植核桃历史悠久，嶂石岩、黄北坪、许亭、院头等乡镇分布数十株胸围1.7米多、高20余米，树龄达百年的核桃大树。近年，赞皇县抓住国家退耕还林、太行山绿化等林业以及扶贫开发重点项目实施机遇，把林业生态建设和发展核桃特色产业相结合、把发展核桃产业同扶贫开发相结合，核桃产业发展取得明显成效。2011年，赞皇县核桃种植20万亩，形成龙门乡东、西坛山、院头镇南峪、清河乡郭万井等3个万亩片区和20个千亩片区，年产核桃8000吨（鲜），产值达到3200万元；核桃种植遍及全县11个乡镇150个村，种植农户达到1.2万户，综合核桃产业总收入1.15亿元；农民人均核桃产业收入530元，占全县农民收入的18%，成为赞皇县继大枣产业带动农村经济快速增长又一支柱产业。3月份，赞皇县被中国经济林协会命名为“中国核桃之乡”。

（安文联　乔建勇）

【产业结构】　谋划发展五马山、槐北、济河3个工业园区；河北赞皇经济开发区正式命名，并纳入省级管理序列。金隅水泥、玻尔陶瓷、九维生物、晋祥能源、聚祥泰陶瓷、维士康氨基酸等重点项目建成投产，与东风汽车、国电电力等“国字号”、“央字号”大企业、大集团成功签约。拆除河北特水、富隆水泥等7座机立窑，关停小硅砂20余家。旅游业快速发展，旅游投入4300万元，约是近十年的总和；旅游收入突破2亿元，接待游客42万人次。森林覆盖面扩大，覆盖率提高8.6个百分点。

【城镇建设】　东大街、盛贸路等37条道路改建和137条小巷拓宽工程完成，京赞公路（赞皇段）、石邢公路（赞皇段）建成开通，平赞高速公路建设工程启动。污水处理厂、垃圾填埋场、儿童公园等公共服务设施建设完工。保障性住房、集中供气和供热工程建设启动，西街花园、名仕嘉园等居民小区正在建设。

（田凤英）

【举行省市“三下乡”集中活动】　12月30日，河北省暨石家庄市共同举办的文化科技卫生“三下乡”集中示范活动在赞皇县城文化广场举行。省委常委、宣传部长艾文礼，中宣部宣教局副局长杨樱，省委宣传部副部长解永会，市委常委、宣传部长孙万勇，市委常委、赞皇县委书记张小国等参加示范活动。示范活动现场，省直38个“三下乡”成员单位，市直52个“三下乡”成员单位开展了捐赠、咨询、科普宣传、义诊、文艺演出等活动，省、市共向赞皇县赠送现金、物品、项目帮扶资金总额达1.4亿元。其中，市直“三下乡”成员单位帮扶总金额4521万余元。

（焦莉莉）

【社会事业】　全年完成企业养老保险征缴1.3亿元，扩面4524人。发放各类救助、救济资金近1亿元，救助困难群众22.5万人次；争取扶贫资金8617万元，有效解决了4万名贫困人口的温饱问题。年末享受最低生活保障、五保户等民政部门扶助对象达到1.4万人。办理惠民实事58件，转移农村劳动力12万人次。实施“山区教育扶贫工程”，山区5个乡镇初中生全部安置在县城新建第二中学就读；职教中心争创省级重点中等职业学校通过验收。卫生院和村卫生所全部实现药物“零差率”销售。建成盛唐数字影院和125个农家书屋，县丝弦剧团恢复演出，赞皇镇西街村铁笼灯在全国第十届山花奖舞龙大赛上获得银奖，并被河北省确定为非物质文化遗产。

（田凤英）

无　极　县

【概况】　无极县总面积524平方千米，农作物播种面积64461公顷；辖6个镇、5个乡，4个居委会、213个行政村；常住人口50.53万人，人口自然增长率7.47‰。2011年，全县地区生产总值完成132.11亿元，同比增长11.8%，比2006年增加63.7亿元。全社会固定资产投资67.7亿元，同比减少28.9%，比2006年增长195%。财政收入4.3亿元，一般预算收入2.2亿元，同比分别增长32.1%和31.7%，比2006年分别增长73%和91%。全社会消费品零售总额71.2亿元，同比增长16.7%，比2006年增长135%。城镇居民人均可支配收入17012元，同比增长11.61%，比2006年增加7577元；农民人均纯收入7876元，同比增长16.0%，比2006年增加2997元。年末全县金融机构各项存款余额97.2亿元，同比增长15.6%；各项贷款余额26.3亿元，同比增长16.37%。2011年，无极县被评为国家科技进步先进县。

中共无极县委书记：

苑彦刚（9月免）

董晓航（9月任）

县人大常委会主任：岳双群

县　　长：韩清榕

县政协主席：杨成岱

【农业农村工作】 全年粮食总产量36.3万吨，是全市9个“吨粮县”之一。现代高效农业发展加快，建成小吕环渤海农业产业园、北苏阳初农业科技示范园等五个标准化蔬菜园区，培育市级以上养殖示范场10个，新增设施蔬菜种植面积2000亩；肉、蛋、奶产量分别达到5.28万吨、7.38万吨、9.51万吨，均与上年基本持平。农业产业化稳步推进，市级以上农业产业化龙头企业达到11家。农业综合开发改造中低产田6500亩，实施低压节水灌溉5万亩。落实对种粮农民各项补贴政策，发放各类补贴资金5561万元，同比增长11.6%。开展村级公益事业建设一事一议财政奖补试点工作，拨付资金692万元，实施项目114个，受益农村人口31万人。

【工业经济】 全县规模以上工业实现增加值63.07亿元，同比增长19.9%；实现工业利税20.6亿元，同比增长32.37%；利润16.3亿元，同比增长57.2%；三次产业结构由2010年的17：55：28调整为16.2：56：27.8。无极经济技术开发区进入省级经济开发区管理序列，鑫农农牧机械加工、和合硫酸等10个亿元项目在经济技术开发区开工建设。

【项目投资】 合成氨综合循环化工示范等6个省市重点建设项目完成投资8.97亿元，占年度计划任务的115%。合成氨综合节能改造、三特机电等46个投资千万元以上项目竣工投运，皮革产业园、康贺威制药等20个投资亿元项目建设顺利。2011年，全县共引进县外资金8.34亿元，实际利用外资52万美元。

【改革改制】 扎实推进国有企业改革，筹措资金2.2亿元，解决了5071名改制企业职工养老保险等问题。推行工资制度改革，事业单位全部实行绩效工资。推进投融资体制改革，新增小额贷款公司3家，邮政储蓄银行落户成功。

【节能减排】 2007～2011年，全县累计投资近10亿元，实施节能减排工程38项，单位生产总值能耗下降3.8%，并顺利通过省“双三十”考核验收。3个污水处理厂竣工通水，解决了长期困扰无极县经济发展的污水处理问题。实施管理减排，集中开展环保执法专项行动，治理重金属污染，打击小制革、小水胶、小炼油等非法生产行为，铲除一批非法排污场点。实施结构减排，严把项目准入关，否决一批“三高一低”项目，关停一批高污染、高耗能企业和落后生产线。

【城乡建设】 重新修编城乡总体规划和12个专项规划，并通过专家论证和市级以上审批。翻修改造定魏线、正港线、无繁线3条省级道路，综合改造和拓宽无极路、西环等9条城区道路，新建城市无害化垃圾处理厂、城区水厂、果蔬专业市场等基础设施。城区供热扩能，供热面积达到93万平方米。实施旧城改造和新区开发，拆除违章破旧建筑43万平方米，新建住宅75万平方米。新建平安公园、勤廉文化街等标志性新景观，打造出千山路、无极路等3条特色夜景路，实施东出市口及城区部分节点绿化、美化，新增城市绿地10万平方米。至2011年末，全县森林覆盖率达到13.1%。

【社会事业】 2011年，全县城镇养老保险覆盖人数达到16682人，新农合参保率达到98.3%。城镇新增就业2800人，城镇登记失业率为0.9%。开工建设公租房、廉租房548套，部分工程主体完工。省政府教育督导评估验收顺利通过；撤并农村中小学校48所，新建改建中小学校10所。县医院新病房楼基本完工，11个乡镇标准化卫生院全部建成，211个农村标准化卫生室开工建设。移动通讯、宽带网络、有线电视实现城乡全覆盖。3D数字影院建成投用。至2011年末，全县拥有乡镇文化站11个、农村文化大院80个、新农村书屋92个。

（张志良）

平　山　县

【概况】 平山县总面积2951平方千米，农作物播种面积46371公顷；辖12个镇、11个乡，7个居委会、717个行政村；常住人口44.74万人，人口自然增长率7.6‰。2011年，全县地区生产总值完成192.7亿元，同比增长10.6%。全社会固定资产投资107.6亿元，同比增长36.7%。财政收入18.3亿元，同比增长27.0%，其中地方一般预算收入8.3亿元。规模以上工业增加值120.6亿元，实现利税18亿元，分别比上年增长11.5%和16%。全社会消费品零售总额33.6亿元，同比增长16.1%。服务业增加值41.3亿元，同比增长10.3%。城镇居民人均可支配收入17557元，同比增长10.1%；农民人均纯收入4168元，同比增长13.2%。全年接待游客760万人次，旅游总收入40亿元，分别比上年增长34%和42.9%，创下历史新高。西柏坡景区荣获全市首家5A级景区，全县4A级景区达到9家，星级宾馆达到14家。核桃栽植35.4万亩，产量1万吨。食用菌栽培90万平方米，无公害蔬菜种植4万亩。2011年，西柏坡经济开发区被省政府批准为省级开发区；敬业螺纹钢荣获国家质量金杯奖，中厚板年产量全国第一；华莹玻璃制品荣获“中国驰名商标”；平山绵核桃连续两年获得国家金奖，核桃产业被评为“中国知名特色产业”；平山县被命名为“中国核桃之乡”和“全国粮食生产先进县”。

中共平山县委书记：王俊英
县人大常委会主任：郝书文
县　　　　长：李彦明（8月免）
　　　　　　　赵宏魁（8月任）
县政协主席：张大平

【大西柏坡建设】 大西柏坡空间发展战略规划、总体规划等8项规划批准实施。开工建设重点项目61个，总投资388.3亿元。其中，西柏坡高速公路、中央国家部委旧址恢复、华润希望小镇、红色胜典主题公园、西柏坡滑雪场等25个项目按期竣工；西柏坡圣地城、西柏坡干部学院等项目完成主体工程；西柏坡污水处理厂等10个项目完工前期工作。通往中央组织部旧址、中央宣传部旧址、九部委旧址区、华北人民政府旧址区5条道路改建工程竣工通车。

【项目投资】 全年续建、新开工500万元以上项目347个，完成投资110.6亿元，其中9个大项16个子项目列入省市重点项目。敬业棒材、矿渣微粉，三环阀门一期，九源塑业PVC手套生产线等项目建成投产；敬业矿渣微粉二期、冀华铝业管材、博琅机械零件、炳岩特钢生产线等项目开工建设。到香港、厦门、廊坊等地参加招商活动，签约项目6项，合同引资28亿元。

【城乡建设】 城区管理以“治堵治乱”为重点，开展环境综合整治活动，并出台《城建项目审批流程》和《国有土地房屋征收程序》等制度性文件，对在建项目进行集中清理。2011年，全县实施城镇建设重点项目31个，总投资50亿元。其中，县城外环路建成通车，冶河西路、正义路改造工程完工；县城标志南街改造、丽水湾步行街完成主体工程；北街、东街等6个城中村和老旧小区改造正在建设中，南贾壁二期完成拆迁；电厂供暖实现县城全覆盖。2011年，全县城乡基础设施建设完成投资6.4亿元。改造修缮万亩灌溉渠3条，实施小水电项目5个，完成核桃基地水利配套4200亩，生态综合治理1.6万亩，开发整理土地1.3万亩，还实施了标准良田建设、测土配方施肥和旱作节水等农业项目。路网建设完成国道207线长桑至王岸6.8千米、省道宝平线平山段22千米大修工程，实施了上柳至观音堂15千米和131千米通村公路改建工程。年末全县98%的行政村实现“客车通”，公路密度达到每百平方千米97千米。西柏坡高速公路电力迁改、西柏坡电厂至平山站换线等工程完成，新增配变190台，新建10千伏线路76.8千米。1100户农村危房改造完成，平安二期、石上流名苑、蒲吾商贸中心廉租房项目全部完工；新建、改造新民居建设示范村37个，建成华润希望小镇、梁家沟等省市新民居建设先进典型。启动首批“整村推进”规划项目35个，发展种殖养殖和基础设施项目123个。年内，平山县列入2011～2020“国家扶贫开发重点县”。

（曹军军）

【获得“全国生态文明先进县”称号】 11月18日，全国生态文明先进县推介委员会评定平山县为“全国生态文明先进县”。这是该县继获得“全国双拥模范县”、“中国优秀红色文化旅游县”和“中国优秀温泉旅游县”、国家级自然保护区、全国粮食生产先进县之后，获得的又一国家级荣誉称号。2011年，平山县坚持“生态立县”、“旅游兴县”、“特色富民”，走清洁发展、低碳发展、循环发展道路，实施生态富民工程、绿化造林工程和西部屏障建设，核桃栽植面积达35.4万亩，位居全省第一；森林覆盖率达到

49.73%。至2011年末，平山县城区绿地面积达到372万平方米，绿化覆盖率达到41.08%，人均公园绿地面积达10.2平方米。此次全国共评出生态文明先进县（乡镇）65个，其中生态文明先进乡镇23个。

（贾保卫　曹永刚）

【社会事业】 2011年，全县养老、医疗、失业、工伤、生育等五项保险覆盖面扩大，参保人数达到17.4万人次。至2011年末，全县新农合参合率达到98.98%，统筹基金使用率达到93.3%；全县最低工资标准由760元提高到960元。还出台了《农民工工资保证金制度》，实施了老年人生活补贴、免费体检、意外伤害保险等惠民制度。2011年，全县用于科技、教育、文化、卫生等事业发展投入达到5.1亿元。教育投资4000多万元，实施中小学新建、改建16所，完成校舍危房改造工程35个；引进高学历教师人才12名，并率先在石家庄市实施免除高中阶段学生课本费。新建县医院主体工程完成，新建、改造村卫生室634个。建成23个乡镇综合文化站、150个农家书屋和20多个农村文化活动室；举办纪念中国共产党建党90周年红歌比赛、西柏坡红色电影周等活动；《中山古城遗址总体保护规划》通过国家评审，3项非物质文化遗产列入省级“非遗”名录。建成农村科技传播站5个，推广新技术、新品种20多项。2011年，平山县司法局荣获“全国先进司法局”；平山县通过“全国双拥模范县”验收，实现“两连冠”。

（曹军军）

元　氏　县

【概况】 元氏县总面积676平方千米，农作物播种面积63185公顷；辖6个镇、9个乡，4个居委会、208个行政村；常住人口42.2万人，人口出生率13.2‰，自然增长率6.52‰。2011年，全县地区生产总值完成127.9亿元，同比增长12.2%。其中，第一产业增加值20亿元，增长3.7%；第二产业增加值68.3亿元，增长15%；第三产业增加值39.5亿元，增长12.3%。粮食总产量34.02万吨；油料总产量7622吨；肉、蛋、奶总产量分别达到4.32万吨、5.18万吨、8万吨。财政收入7亿元，同比增长25.3%。全社会固定资产投资105.7亿元，同比增长27.7%。全社会消费品零售总额32.0亿元，同比增长16.6%。城镇居民人均可支配收入1.83万元，同比增长11.7%；农民人均纯收入7656元，同比增长16%。年末全县各项存款余额75.7亿元，比年初增加7.17亿元；各项贷款余额28.25亿元，比年初增加3.15亿元。

中共元氏县委书记：吴时茂
县人大常委会主任：
柳国芹（2月任）
县　　长：陈联记
县政协主席：史全斌

【项目建设】 石家庄市南部工业区、城东产业聚集区、马村新兴产业聚集区产业规划和控制性详细规划编制完成，全县工业园区规划面积达到28.64平方千米。投资5.7亿元，实施元北煤矿供电专线迁改、城东污水收集管网、天山国际制造产业园一期等工程，启动槐东污水处理厂、天山国际制造产业园二期工程建设，完成石家庄市装备制造基地元氏区域道路主干网、107国道经济综合排污管网工程立项和设计。工业区道路总里程达到30千米，园区年供电能力达到18亿千瓦时。年末入驻工业园区企业57家，比2010年增加12家，完成产值71亿元，实现利税8.3亿元。2011年，全县列入省级重点项目7个，总投资99.47亿元，截至12月底完成投资17.6亿元；列入市级重点项目4个，总投资83.7亿元，截至12月底完成投资4.93亿元。

【农业农村工作】 年末全县拥有规模化标准化奶牛养殖小区21个，奶牛存栏2.63万头。农业综合开发引进项目5个，总投资7956万元，国富恒联设施蔬菜示范园、赵同农业生态园、生源绿色农业示范园等现代农业项目初见成效；完成中低产田改造3600亩，建设高标准农田1.12万亩，建成温室大棚290座。2011年，元氏县被列为“全国平安农机示范县”、石家庄市“环省会高标准农田示范圈和设施蔬菜示范带”重点县。森林覆盖率达到25%，同比提高5个百分点。核桃、石榴等特色林果种植19.3万亩，新增5.7万亩，“西岭”核桃获得全国核桃节银奖，“满天红”石榴获得全国石榴生产与研讨会金奖。投资6000万元，实施水利工程26

项，解决了3万余人饮水安全问题；成功申报河北省第三批小型农田水利建设重点县。实施农村民生工程，发放各项惠农资金6510万元；村级经济实体达到59个；落实村级一事一议财政补贴政策，申报“一事一议”项目111个，申请到省级奖补资金774万元，覆盖15个乡镇106个村。

【工业经济】 2011年，全县拥有规模以上工业企业72家，完成增加值60.83亿元，同比增长19.4%；实现利税26.1亿元，同比增长30.69%。纳税超百万元企业66家，同比增加14家；上缴税金4.2亿元，同比增长4600万元。全县售电量14.65亿千瓦时，同比增长8.8%。万元生产总值能耗下降3.8%，COD和SO_2排放量分别消减1371.88吨和393.82吨。

【商贸服务业】 全年销售“家电下乡”产品11万台（件），补贴资金3429万元，拉动内需2.87亿元。总投资120亿元的石家庄南部重型汽车城、冀中能源煤炭物流园、聚元商业城、山田国际装饰城等8个项目开工建设；与省供销合作总社签署《战略合作框架协议》，合作项目总投资100亿元。年末全县煤炭运销企业达到156家，营运货车保有量8900多辆，比2010年增加2500辆，年实现税收8000多万元，比2010年增加2000多万元。旅游业综合收入2860万元，蟠龙湖、封龙山、白果树等景区托管开发有序推进，封龙书院复建工程竣工。

【城乡建设】 围绕创建省级园林县城，投资25亿元，实施生态水系、道路建设、旧城区改造、碧水蓝天、城市安居、功能提升六大工程，常山路综合改造、外环路绿化等29个项目完工，常山路评为市级绿化样板街道。投资42亿元的“三关四街”旧城改造和投资2.2亿元的潴龙河生态综合整治等工程启动。投资7000多万元，建设廉租房、公租房830套，超额完成石家庄市下达的任务目标。投资372万元，改造农村危房501套。投资2.1亿元，完成井元路西段大修、潴龙河桥改造、仝梅吕至高速公路引线道路改建、元许公路改建等8条城乡道路建设和农村电网升级改造、新农村电气化等工程。年末全县道路总里程达到812千米。2011年，元氏县率先在县城设置空气质量监测显示屏，县城主路口全部安装交通信号灯，实现二级以上天气335天，被环保部评为“国家级优美小城镇”。

【社会事业】 2011年，全县拨付社会保障资金2.33亿元，同比增长74.42%。城镇居民医保、新农合财政补贴标准均提高到200元，城镇低保标准由245元提高到320元，农村低保由年人均990元提高到1620元；城乡养老保险实现全覆盖，参保人数达21.8万人，拨付资金1601万元，4.5万名60岁以上老人领取到保险费；投资700多万元，建设农村互助幸福院63座。全年转移农村劳动力1.64万人次，发放群众自主创业小额贷款2598万元，贴息210.5万元，在全省财政直管县中位列第一名。拨付教育经费2.42亿元，同比增长8.47%；化解农村义务教育债务2434万元，多年来遗留教育欠债问题得到解决。医疗卫生支出1.39亿元，同比增长53.87%；国家基本药物制度全面推行，15个乡镇卫生院、205个村卫生室全部实现药品集中采购配送和零差率销售。15个乡镇综合文化站、166个新农村书屋建成投用；电影《甜玉米的笑声》在元氏县拍摄完成；老年体育工作成为石家庄市唯一省级示范县。2011年，元氏县被评为“2011～2015年全国科普示范县”和全省“计生工作先进县”。

（景胜跃　杨夕群）

赵　县

【概况】 赵县总面积714平方千米，农作物播种面积85834公顷；辖7个镇、4个乡，9个居委会、281个行政村；常住人口57.26万人，人口自然增长率为7.45‰。2011年，全县地区生产总值完成162.72亿元，同比增长11.6%。其中，第一产业增加值29.50亿元，增长3.3%；第二产业增加值102.43亿元，增长15.9%；第三产业增加值30.78亿元，增长6.8%。农林牧渔业总产值50.2亿元，同比增长2.6%。粮食总产量56.7万吨，同比增长5.9%。规模以上工业增加值98.76亿元，实现利润25.2亿元。财政收入4.6亿元，同比增长20.1%。社会消费品零售总额68.5亿元，同比增长17.0%。全社会固定资产投资79.2亿元，同比增长 25.3%。用电量 139105 万千瓦时，同比增长 12.95%。职工年平均工资 26107 元，同比增长 7.0%；城镇居民人均可支配收入 17905 元，同比增长 11.4%；农民人均纯收入 7910 元，同比增长 16.1%。年末全县金融机构存款余额 77.6 亿元。

中共赵县县委书记：
罗二虎（8 月免）
王建海（8 月任）
县人大常委会主任：孟国忠
县　　长：张军卫
县政协主席：陈炜兴

【优化发展环境】 制定《关于深入推进发展环境建设的实施方案》、《关于进一步优化发展环境的若干规定》等政策措施，实行重大项目全程帮办、涉企收费“一费公示”等制度。对 38 个部门 431 项行政许可、非行政许可审批和行政监管事项进行清理和流程再造，全部执法执纪人员落实执法资格认定和岗位审核。全年办理审批服务事项 11500 余件次，办结率达到 99.6%。定期开展银企对接、金融入企活动，各类金融机构累计为企业发放贷款 33.69 亿元。帮助企业谋划包装项目和办理项目前期工作，争取到上级扶持资金 9243.6 万元。

【农业农村工作】 粮食生产连续 8 年增产丰收，被确定为全国 50 个整建制推进粮食高产创建示范县之一，国务院、河北省政府分别授予赵县“全国粮食生产先进县”和“夏粮生产先进县”称号。中国农科院、中国科学院在赵县建立永久性科研基地。调整优化种植结构，发展高效农业、设施农业、生态观光农业，建成旭海无公害蔬菜种植基地、亚太国际生态果蔬科技园、梨乡花海现代果品示范园、佳利蔬菜种苗繁育基地、诚荣蔬菜基地等现代农业项目基地和园区，新增设施高效农业 3610 亩。实施畜牧养殖示范工程，新建改建规模养殖场 12 家。梨果产业提质增效，品牌建设强化、包装营销全面改进。发展农民专业合作经济组织，农民专业合作社达到 390 家，居全市首位。重点培育 30 个特色鲜明、示范带动力强的“一村一品”示范村，带动农民增收 5000 多万元。制定《关于实施“空心村”改造、推进新民居建设的实施意见》，规划启动 32 个村和 4 个联建社区新民居建设，新寨店、刘家庄、南白庄中心社区确定为石家庄市“百点样板村”。落实“一事一议”财政奖补政策，实施项目 143 个；改造升级乡村公路 29.2 千米；南柏舍、南西章 35KV 变电站增容扩建等电力工程开工；还解决了 2.1 万人饮水安全问题。

（屈海平）

【赵州桥牌雪花梨获第二届林业博览会金奖】 11 月 1 ～ 4 日，在浙江省义乌市举行的第二届中国国际林业产业博览会上，赵县选送的“赵州桥”牌雪花梨摘得金奖。林业博览会是全国性林业产业展会，本次林业博览会由国家林业局和浙江省政府共同主办。2011 年，赵县梨果种植面积 25 万亩，年产量 5 亿千克。为实现提质增效，该县推广梨果“标准化”管理，开展“降树高、限产量、提质量、增效益”标准化生产。到 2011 年末，赵县成立梨果专业合作社 108 家，注册梨果出口公司 20 家，辐射梨园 21 万亩，建成梨果出口基地 21 个，形成“公司＋基地＋标准化”、“公司＋合作社＋标准化”两种模式，梨果生产组织化、标准化程度显著提高，梨果品质大幅提升。

（徐哲普）

【工业经济】 按照石家庄市“中东西区域经济协调互动发展战略”和“加速实现东部突破”的部署要求，把抓工业、上项目、兴产业、强园区、求突破作为重中之重，着力提升工业经济整体实力。赵县工业园区形成集聚建设、集约发展，入区企业达到 80 余家，固定资产达到 100 亿元，年销售收入 150 亿元。依据“抓项目就是抓发展、抓大项目就是抓大发展”的理念，加大项目谋划、办理和建设力度。全年实施规模以上工业项目 245 个，总投资 595 亿元，其中列入省市重点项目 6 个，列入省重点项目储备库 37 个。冀中能源中试基地等 76 个项目竣工、试产；宏润化工、中硕医药园、纽康恩食品等 71 个项目正在建设；投资 110 亿元的华药生物技术产业基地、投资 60 亿元的兴柏生物医药发酵产业园等 98 个项目正在谋划和办理。开展对标行动，支持骨干企业提档升级、做大做强。成立省级研发机构 2 家，争创国内行业领军企业 5 家。制定《关于支持企业上市工作的政策意见》，推进兴柏公司与以色列英菲尼迪公司合作上市，推进利民集团与京粮集团合作，延伸产业链条，提升核心竞争力。开展企业节能降耗技术改造，至2011年末，全县实施投资500万元以上企业技术改造扩能项目76个。

【城区建设】 编制完成“三年上水平”等重点专项规划，实施重点工程38项，总投资46.7亿元。“一城四区”建设加快，县城发展空间拓展，中等城市框架初现。制定《严格落实全省“双三十”节能减排示范工程的意见》等文件，加大结构减排、工程减排、管理减排力度，保证了入　河、汪洋沟水质持续稳定达标排放和全县空气质量持续好转，空气二级以上天数达到326天，实现全年生态补偿金零扣缴。

【社会事业】 全年新农合参合率达96.66%，补偿参合农民174.6万人次，补偿资金5659.45万元。开展“新农保”惠民工程，参保人数21.36万人，参保率达92.9%，被命名为“全国农村社区建设实验全覆盖示范单位”。劳务经济被省政府评为全省劳务经济20强县(市)，授予“河北省发展劳务经济先进集体”称号。投资6500万元改善办学条件，建成李春学校及高村、前大章等标准化学校，通过省政府第二轮教育督导评估。完善县乡村三级卫生服务网络，县新中医院和北王里、韩村等乡镇中心卫生院完成主体工程建设，新建改建农村卫生室281所。建成11个乡镇综合文化站、173个农家书屋及265个文化信息资源基层点，何庄武狮等5项非物质文化遗产列入省市“非遗”名录。2011年，赵县被命名为“河北省文化先进县”。

（屈海平）

辛　集　市

【概况】 辛集市总面积1100平方千米，农作物播种面积102718公顷；辖8个镇、7个乡，15个居委会、344个行政村；常住人口61.91万人。2011年，辛集市地区生产总值完成318.19亿元，同比增长11.9%。财政收入14.08亿元，同比增长28.0%，其中地方一般预算收入7.06亿元，增长33.6%。社会消费品零售总额158.9亿元，同比增长15.8%。各项存款余额208.3亿元，其中城乡居民储蓄余额175.6亿元。全社会固定资产投资146.3亿元。规模以上工业实现增加值171.36亿元，同比增长19.4%。工业用电量25.05亿千瓦时，同比增长9.39%。粮食总产量54.23万吨，同比增长6.1%，受到国务院表彰，并被评为全国粮食生产先进县。城镇居民人均可支配收入18528元，同比增长12.6%；农民人均纯收入8789元，同比增长14.9%。全年辛集市规模以上企业达到269家，其中澳森公司实现产值102亿元，成为辛集市首家年产值过百亿元企业。辛集国际皮革城一期工程建成投用，51家制革企业完成清洁生产工艺改造。农业产业化水平提升，农民专业合作社达到497家，产业化经营率达到76.7%；实施“农村现代流通网络工程”，组建农村生产生活资料配送中心6个，改造提升连锁店165家。

中共辛集市委书记：
张连钢（8月免）
聂英武（8月任）
市人大常委会主任：刘计良
市　　长：巴利凯
市政协主席：高保平（2月免）
彭砚英（2月任）

【实施“四大跨越”决策】 9月5日，中国共产党辛集市第七次代表大会批准中共辛集市委书记聂英武代表中共辛集市第六届委员会所作的《坚持科学发展，实现“四大跨越”，为建设繁荣富裕文明幸福辛集而努力奋斗》的工作报告，明确实现初级中等城市向高品质中等城市跨越、区域经济强市向区域经济中心跨越、中国皮都向世界皮都跨越、传统文化教育大市向现代文化教育强市跨越，建设繁荣富裕文明幸福辛集的战略部署。

（张建辉）

【参加第九届全国梨王擂台赛】 9月6日，中国园艺学会、北京市园林绿化局、北京市大兴区政府等单位联合举办“2011中华名梨（中早熟品种）评选暨北京大兴第九届全国梨王擂台赛”，全国8省市100多名选手携316份样品参加梨王奖、风味皇后奖及四大梨系统安全优质品种奖角逐，辛集市彭六佐村王建中等人选送的15个样品分获沙梨、白梨、秋子梨、西洋梨系统安全优质金奖和“中华名梨”称号。

（乔建勇）

【确定为“出口鲜梨质量安全标准化示范市”】 10月17日，辛集市通过国家质量监督检验检疫总局考核验收组验收，被确定为“出口鲜梨质量安全标准化示范市”。2010年辛集市与河北省出入境检验检疫局签订“出口鲜梨质量安全标准化示范市”创建协议。为做好此项工作，辛集市组建创建工作领导小组，制定《辛集市出口鲜梨质量安全标准化示范市实施方案》，建立健全标准化体系，强化基地环境治理，完善农药等化学投入品质量安全监管，定期检验检测，并选择一批规模大、标准高的示范基地给予重点扶持。至2011年末，辛集市建成标准化梨果示范园8万亩，注册果园35个，总面积达1.2万亩，注册加工厂5个，年出口鲜梨5万吨。

【柳润庄园开业】 2011年底，投资2800万元的柳润庄园建成开业。柳润庄园地处辛集市双柳树村，由河北柳润园农业科技有限公司投资创建，是辛集市首个集旅游、休闲、娱乐、餐饮与一体的种养殖生态园，被辛集市列为旅游景点之一。河北柳润园农业科技有限公司注册有“柳润”商标，常年聘请林业部门技术专家对庄园内果品生产全程技术指导，严格按照绿色果品生产技术规程进行果品生产。该公司确定柳润庄园建设思路为生态旅游采摘园，以实现“春季赏花秋采果，农乐休闲在园中”为目标。庄园内建有美食中心、娱乐中心等辅助服务设施，可提供商务、会议、培训等服务。

【举办第19届辛集皮博会】 9月28日，第19届中国（辛集）皮革博览会开幕。本届皮博会由河北省人民政府、中国轻工业联合会、中国皮革协会共同主办，石家庄市人民政府、辛集市人民政府承办，为期3天，以国际皮革城为主展区，展出有皮装、裘皮服装以及皮革、皮具、皮革化料、皮衣辅料等380多个品种。至2011年底，辛集市规模以上制革制衣企业发展到135家，年销售收入186亿元。

（张建辉）

【成为首批国家外贸转型升级示范基地】 2011年12月份，辛集市被国家商务部认定为“河北省石家庄辛集皮革及制品基地”，并在北京市参加商务部授牌仪式，成为全国首批59家国家外贸转型升级示范基地之一。辛集皮革产业集聚区规划面积13.32平方千米。2011年，辛集皮革产业集聚区拥有皮革企业1356家，其中进出口经营资格企业410家，技术研发设计人员1200多名。至2011年末，辛集皮革产业集聚区实现销售收入150亿元。

（温婕　贾凤霞）

【开展“中国已婚育龄妇女不孕症调查项目”】 1月14日，由卫生部、国家人口计生委组织开展的“中国已婚育龄妇女不孕症调查项目”在辛集市正式启动。辛集市是河北省选定的3个调查点之一，参与调查3个样本乡镇分别为新垒头镇、和睦井乡和中里厢乡。此项目主要包括调查育龄人群的生育状况、避孕情况、不孕症重大相关因素和不孕症治疗需求。通过调查，全面了解育龄夫妇不孕不育症情况及其影响因素，为指导育龄夫妇自我保健和患者正确治疗提供科学依据。调查为期7天，调查相关数据已上报国家有关部门用于医学科学研究。

【开展“书香辛集”全民读书活动】 2011年5～12月份，辛集市委宣传部、组织部、市直机关工委、文明办、教育局、文广新局、总工会、团市委、妇联、电视台、新闻中心等部门联合开展以“阅读 和谐 提高”为主题的“书香辛集”全民读书活动。此次活动重在培养干部群众养成多读书、读好书、好读书的良好习惯，营造全民读书、终身学习的良好社会氛围，为建设文明辛集、和谐辛集提供坚强的思想保证、精神动力和文化基础。

（张建辉）

【9项产品荣获省名牌】 2011年，辛集市有7家企业的9种产品荣获2011年“河北省名牌产品”，名牌拥有量位居全省县市之首。此次辛集市荣获省名牌的产品有：河北广兴泡塑机械有限公司生产的泡塑机械，河北雪龙机械制造有限公司生产的泡塑机械，辛集市亿隆服饰有限公司生产的制式服装，辛集市马兰农场生产的小麦种子，河北辛集化工集团有限责任公司生产的工业碳酸锶、工业碳酸钡、工业沉淀硫酸钡，河北天华实业有限公司和辛集市裕隆保鲜食品有限责任公司生产的梨。至2011年末，辛集市共有56个产品荣获河北省名牌或河

北省著名商标。

（郑丽娟）

【获得“全国科技进步考核先进县（市）”称号】 2011年底，辛集市获得“全国科技进步考核先进县（市）”称号，辛集市科技局局长王全福被评为2011年“全国科技进步先进个人”。2011年，辛集市科技局加强与各大专院校、科研院所的联系，借助京津冀高级人才促进县域经济发展，专家信息库入库专家300人；组建河北省皮革研究院、石家庄市工程技术中心和省级行业工程技术中心；为促进皮革业发展，经与中国工程院院士石碧教授联系，建立了河北东明实业集团公司院士工作站。2009～2011年，辛集市申请专利126件，授权98件，其中发明专利19件。2010～2011年，辛集市累计与国家、省、市科研院所签订合作协议33项，解决技术难题72项，完成技术合同登记交易额3千多万元；承担“科技型中小企业创新基金”、“农业科技成果转化”、“科技支撑”等国家、省级科技计划项目16项，开发出省级以上新产品12个，取得省级以上科技成果23项，其中居国际先进水平1项，居国内领先水平6项。

【城镇建设】 2011年，辛集市城区面积达到27.8平方千米，城市人口22.6万人，城市绿化覆盖率达到41.16%。投资6亿元，完成城市污水处理厂升级改造、无害化垃圾填埋场等33个重点减排工程，COD、SO_2排放量分别削减12.3%、25.4%。辛集市区二级以上天数达到344天。2011年，辛集市被评为国家可再生能源建筑应用示范县和全省“双三十”节能减排工作先进单位。年末辛集市森林覆盖率达到32.2%，被评为全国绿化模范县。

（张建辉）

【文化馆获评国家一级馆】 2011年12月份，辛集市文化馆被国家文化部评定为国家一级馆，成为石家庄市唯一3次获得国家一级馆的县级文化馆。2004年，全国首次进行群艺馆、文化馆评估晋级，辛集市文化馆即被评为国家一级馆。全国文化馆评估定级每4年一次，实行动态化管理，一级馆代表最高水平。

（温婕　贾凤霞）

【社会事业】 2011年，辛集市新农合参合率达到97.76%，城镇居民医疗保险参保率达到98.3%，新型农村居民养老保险全面启动，参保率达到97.4%，发放保险金2923.7万元。2011年5月份，辛集市首期经济适用住房摇号销售，逸香园经济适用住房小区254套经济适用住房按摇号选房顺序售出235套。8个产品荣获中国名牌或中国驰名商标，56个产品荣获河北省名牌或省著名商标，5家企业被认定为国家高新技术企业，并被评为全国科技进步先进县（市）和全国科普示范县（市）。建成乡镇文化站15个，农村书屋276个。2011年，辛集市被评为全国文化先进地区和全国民间文化艺术之乡。

（张建辉）

藁城市

【概况】 藁城市总面积836平方千米，农作物播种面积109568公顷；辖13个镇、1个乡，6个居委会、236个行政村；常住人口78.2万人，人口自然增长率6.87‰。2011年，藁城市地区生产总值完成390.5亿元，同比增长11.9%。其中，第一产业增加值59.97亿元，增长3.7%；第二产业增加值243.94亿元，增长15.9%；第三产业增加值86.59亿元，增长7.4%。粮食总产量57.1万吨，同比增长7.3%；蔬菜总产量281.5万吨；肉类总产量8.3万吨；禽蛋总产量14.81万吨。规模以上工业增加值201.22亿元，同比增长18.5%。财政收入88.3亿元，同比增长16%，其中一般预算收入12.03亿元，同比增长25.0%；财政支出22.44亿元，同比增长29.9%。全社会固定资产投资178.6亿元，同比增长27.8%。实际利用外资额9208万美元。社会消费品零售总额106.54亿元，同比增长15.7%。在岗职工年平均工资32626元，同比增长16.4%；城镇居民人均可支配收入19670元，同比增长13.3%；农民年人均纯收入9999元，同比增长16.2%。年末金融机构存款余额167.7亿元，同比增长14.1%；贷款余额72.8亿元，同比增长15.6%；城乡居民储蓄存款余额130.3亿元，同比增长14.7%。

中共藁城市委书记：王普增
市人大常委会主任：高国才
市　　　长：张旭　(8 月免)
　　　　　　高玉柱(8 月代)
市政协主席：王永生

【财政收入居全省县市首位】 2011 年，藁城市以“蓄财源增后劲”为中心，市乡两级党委、政府坚持经济建设提升规模和优化结构两手抓，依法征管，及时调度，服务项目，服务企业，持续培育后续财源；加强重点行业、重点企业、重点税源监控，开展交通运输、房地产、建筑安装等行业专项稽查，做到查漏增收；推进综合治税，实行纳税信息沟通和统计分析，落实月调度、季分析制度，形成部门联动、信息共享的征管机制，有效地促进了财政收入快速增长。全年藁城市财政收入 88.3 亿元，比 2010 年财政收入 76.1 亿元多出 12.2 亿元，财政收入总量在河北省 136 个县市中位居首位。2006 ~ 2011 年，藁城市财政收入 5 年连跨 8 个 10 亿元台阶，较 2006 年增长 10 倍。

【第 8 次获得“全国粮食生产先进县（市）”称号】 2011 年 12 月份，在北京人民大会堂举行的全国粮食生产表彰奖励大会上，藁城市连续第 8 次获得“全国粮食生产先进县（市）”称号。2011 年，藁城市落实农作物良种补贴 1420 万元，有种普及率达到 100%。粮食播种面积 107 万亩。其中，53.38 万亩小麦平均亩产 518 千克、总产 27.7 万吨；49.9 万亩玉米平均亩产 606 千克、总产 30.2 万吨。全年粮食总产量取得 57.1 万吨历史最好收成，小麦最高单产 711.5 千克，刷新河北省小麦单产最高纪录。

【重点项目】 全年建设超千万元项目 111 个，超亿元项目 31 个。新招商引资世界 500 强企业 3 家，大型中央企业 2 家，列入河北省重点项目投资规模和个数均位居石家庄市第一名。投资 6 亿元的青岛啤酒、投资 40 亿元的华药新制剂等项目竣工投产，投资 4.68 亿元的中粮可口可乐、投资 12.34 亿元的威远生化搬迁等项目正在建设，投资 13 亿元的中农博远农业装备基地、投资 26 亿元的中国杂粮城等项目顺利推进，重点项目在建个数、总投资规模、项目平均单体投资规模创下历史新高。

【城乡建设】 按照“一市双城”空间布局定位，高标准编制完成藁城市城乡总体规划、镇村建设规划和市区 10 个专项规划。2011 年，全市城建投资 13.3 亿元，兴华路新建、育才路改造、金五线一期等工程竣工通车，四明楼主体完工，516、519 两条城区直通石家庄市公交线路开通，北尚庄、西刘村改造、金五线二期、保障性安居工程等重点项目按期推进。总投资 6483 万元的 12 个节能技术改造项目竣工投产，天然气进城工程全线竣工。全年空气质量Ⅱ级及以上天数达到 320 天，重点流域出境断面水质稳定达标，拒批不符合节能减排要求及产业政策项目 25 个。

【工业园区】 藁城经济开发区成立于 1991 年，位于藁城市境内西部，与石家庄市裕华区接壤，总体规划面积 9.8 平方千米，起步区为 3.6 平方千米，辖良村、北席、北邑 3 个行政村。1995 年 7 月份，经河北省政府批准，良村开发区更名为石家庄经济技术开发区。2009 年 12 月份，岗上镇内族、南席、西马村北街、西马村南街、塔元庄 5 村划归藁城经济开发区托管，规划面积扩展到 26.3 平方千米。2006 ~ 2011 年，藁城经济开发区累计投入 12.8 亿元用于基础设施建设，区内拥有较大规模企业 80 多家。2011 年，藁城经济开发区固定资产投资 60.4 亿元，财政收入 36.4 亿元，综合实力在全省各类开发区中位居第四名，成为河北省优先推荐晋升国家级开发区的重点园区。藁城化工基地按照石油化工、煤化工、氯碱化工“三化合一”思路，推进以 800 万吨油品质量升级改造为龙头的产业链项目建设，一期工程 7 个投产项目运行良好，二期工程 3 个项目正在推进，三期工程项目全面开工。2011 年，藁城化工基地实现主营业务收入 282.7 亿元。藁城工业新区 2006 ~ 2011 年累计完成固定资产投资 43.3 亿元，入区规模企业 32 家，其中投资超亿元企业 13 家，2011 年成功升级为首批省级工业聚集区。2011 年，藁城市 3 个工业园区集聚藁城市大项目达到 80%。

【招商引资】 全年引进域外资金 63 亿元，同比增长 56.3%；实际利用外资 9208 万美元，创历史新高。2011 年，投资 6 亿元的河冶科技与法国埃赫曼合资项目签署增资扩股协议，投资13亿元的中农博远农业装备基地项目签约，至2011年末，在藁城市投资世界500强企业达到10家，大型中央企业达到8家。与中国银行、工商银行签署3年授信50亿元战略合作协议；河北银行顺利入驻；新成立小额贷款公司2家。

【新农村建设】 以文明生态创建活动为载体，以农村环境综合整治为突破口，以道路硬化、村庄绿化、街院净化“三化”为重点，藁城市连续3年被评为河北省新农村建设先进市，南孟村被确定为国家新农村建设示范村，岗上村被命名为国家级生态村。2011年，藁城市聘请浙江省规划院编制统筹城乡发展规划，制定《试点方案》和《若干政策》，启动城乡统筹发展工作，开工建设28个新民居示范村，其中只照村确定为河北省新民居建设优秀示范村。坚持“村级抓特色、乡镇抓园区、市级抓集群”方针，培育壮大纺织服装、板材家具、农产品加工、特色种植养殖等劳动密集型产业，形成“一村一品”特色经济村83个。研究、起草《藁城市关于帮扶农民增收工程的意见》，谋划粮菜畜基础产业和农民合作组织增收等帮扶农民增收工程。全年依托农业基础优势，争得各类农业项目51个，资金1.64亿元。

【社会事业】 2011年，藁城市城镇居民养老保险试点启动，社会保障基本实现无缝隙、宽领域、广覆盖，新农合参合率95%，新农保参保率97.9%，城镇居民医保参保率100%；城镇登记失业率0.31%，低于控制目标4.19个百分点。乡镇卫生院综合改革全面完成，中医院病房楼竣工，239个村标准化卫生室建设基本完成。

【张志国获得全国第四届京剧戏迷票友电视大赛金奖】 2011年12月份，藁城市张志国参加中央电视台“第四届京剧戏迷票友电视大赛”获得金奖。中央电视台全国京剧戏迷票友电视大赛由非专业领域京剧爱好者参与，是业内规格最高、范围最广的比赛，吸引了全国广大观众及全世界热爱京剧的华人广泛参与，近3000名选手报名参加，经过半年初赛和复赛选拔，100名选手进入决赛。按年龄划分，藁城市张志国属于中老年组。比赛时，张志国演唱的京剧是《野猪林》选段《大雪飘》。评委杨乃鹏对张志国演唱京剧评语是无可挑剔，说张志国把“李派”唱腔把握得非常到位。张志国从小爱听样板戏，后对传统京剧产生浓厚兴趣，在无专业老师指导情况下，利用工作之余学会部分京剧名段，并经常参加藁城市文化系统赴部队、农村、厂矿、学校等慰问演出。

【岗上村获得“国家级生态村”称号】 2011年12月份，藁城市岗上镇岗上村被国家环保部命名为“国家级生态村”。石家庄市获此荣誉共3个村。岗上村3次被国家文明委命名为“全国文明村”，多次被河北省委、省政府命名为“省级文明村”、“创建文明生态村先进村”、“小城镇建设示范村”，多年被藁城市评为“农村红旗党支部”。2010年11月份，岗上村被评为“石家庄市十大魅力村庄”。多年来，岗上村大力优化产业结构，发展绿色循环经济，改善村民居住环境，全村大街小巷全部进行了硬化、美化、绿化、亮化，村内直径在15厘米以上树木达3万余株，建有植物园占地80亩，村民文化活动广场和活动室1400平方米，图书馆藏书7.7万余册，建成多层、高层居民楼53栋，村民97%住进楼房，投资1300万元改建煤炭锅炉供暖为水源热泵供暖，投资30多万元建起天然气站，居民楼住户全部用上天然气。

（路永兵　米志科）

晋　州　市

【概况】 晋州市总面积716平方千米，农作物播种面积63720公顷；辖9个镇、1个乡，10个居委会、224个行政村；常住人口54.01万人，人口自然增长率7.3‰。2011年，晋州市地区生产总值完成177.92亿元，同比增长12.6%。其中，第一产业增加值23.9亿元，与上年持平；第二产业增加值96.22亿元，增长17.9%；第三产业增加值57.8亿元，增长10.6%。农林牧渔业总产值44.21亿元，同比减少0.8%，其中农业产值24.78亿元，同比增长1.3%，林业产值0.11亿元，同比增长1.4%，牧业产值18.26亿元，同比减少4%。规模以上工业增加值86.13亿元，同比增长20.3%，实现利税47.75亿元，同比增长30.48%。全社会固定资产投资127.9亿元，同比增长33.2%。社会消费品零售总额68.6亿元，同比增长15.6%。财政收入8.0亿元，同比增长25.4%，地方一般预算收入4.29亿元，同比增长27.9%；财政支出12.32亿元，同比增长28.0%。城镇居民人均可支配收入18653元，同比增长12.6%；农民人均纯收入9675元，同比增长16.2%。建设保障性廉租房596套。参加养老、医疗、失业、工伤、生育等保险34.4万人。年末金融机构存款余额139.9亿元，城乡居民储蓄存款余额114.4亿元；金融机构贷款余额51.07亿元。

中共晋州市委书记：楚行宇
市人大常委会主任：杨立保
市　　长：田嘉一（1月免）
　　　　　陈慧明（2月任）
市政协主席：柴香稳（女）

【农业经济】 全年拥有农村劳动力27.66万人，农业从业人员25.91万人。粮食种植面积5.42万公顷，总产量37.52万吨，亩产461.6千克。其中，夏粮种植面积2.76万公顷，总产量18.95万吨，亩产457.8千克；秋粮种植面积2.66万公顷，总产量18.57万吨，亩产656.6千克；油料种植面积3071公顷，总产量9699吨，亩产211千克；棉花种植面积60公顷，总产量54吨，亩产60千克；蔬菜种植面积6341公顷，总产量46.79万吨。造林面积4.01万公顷，零星植树71万株。果园面积1.61万公顷，其中苹果园545公顷，梨园1.21万公顷，葡萄园2872公顷，桃园589公顷。水果总产量44.48万吨，其中苹果6549吨，梨38.74万吨，葡萄3.66万吨，桃1.41万吨。大牲畜存栏5200头，猪存栏28.72万头，羊存栏10.65万只，家禽存栏784.08万只，兔存栏41.77万只。肉类总产量5.07万吨，其中猪肉3.18万吨，牛肉3310吨，羊肉1786吨，家禽肉1.24万吨。奶类总产量2.18万吨，禽蛋总产量7.12万吨。农业机械总动力137.09万千瓦，大中小拖拉机1.48亿台，农用排灌机械2.15万台，机械收获面积3.56万亩，化肥施用量10.54万吨，农药使用量1015吨。发展特色农业和现代农业。双鸽肉食品加工基地建成投产，集养殖、加工、冷链物流、产品于一体瘦肉型猪产业链基本形成；“晋州鸭梨”获批国家地理标志产品，晋州市被确定为省级出口鲜梨标准化生产示范市；长城经贸、双鸽集团跨入农业产业化国家级重点龙头企业行列。年末拥有省级龙头企业5家、市级龙头企业14家，各类农民专业合作组织57家，农业产业化率达到62%。

【园区建设】 按照“基础完善、服务高效、布局合理、环境优美”的目标，加快纺织工业园、循环经济园区和晋州（马于）经济开发区建设。投资6亿元，完成第二污水处理厂、40.6千米配套管网和15条主干道、160千米电力线路等园区基础设施建设工程。纺织工业园列入省级工业聚集区；晋州（马于）经济开发区列入省级经济开发区，并被确定为河北省海外留学人员创业园和石家庄市海外高层次人才创新创业基地。

【优化发展环境】 制定完善《鼓励和支持民营经济加快发展的若干政策措施》、《招商引资和项目建设实行全程VIP保姆式服务试行办法》等政策，为滹沱河化肥、业盛源等35家企业项目提供全程VIP保姆式服务。2011年，晋州市被确定为全国依托电子政务平台加强县级政府政务公开和服务试点县（市）。

【工业经济】 全年晋州市拥有规模以上工业企业202家，从业人员48877人，工业总产值350.1亿元，总资产119.2亿元，实现利税47.8亿元，利润34.1亿元。总投资218亿元、23个工业重点项目签约，新建续建亿元以上项目25项，同比增加6项，其中6项竣工投产。在工业企业中选取鹰特化工、安达汽配、光晋阀门、长城经贸等30家优秀企业作为标杆开展企业对标活动。投资1055万元实施7项节能技术改造，淘汰落后产能企业3家，关停取缔污染超标企业21家，集中整治矿棉、石膏板生产企业47家。年末城区污水集中处理率、生活垃圾无害化处置率、工业固定废物处置利用率、建设项目环评执行率均达到100%；万元地区生产总值能耗下降3.8%，万元工业增加值取水量下降8.5%；主要污染物排放指标化学需氧量、二氧化硫排放量、氨氮排放量、氮氧化合物分别为10634吨、4846吨、1147吨、1290吨，同比下降2.47%、

6.52%、2%、0.15%。

【商贸服务】 2011年晋州市拥有消费品市场68个，生产资料市场1个，市区大型购物超市6个，农村惠农连锁超市224个。“肯德基”、“苏宁电器”、“惠友超市”等知名连锁企业加盟入驻；信誉楼、摩尔新街、金惠生态园等大型购物中心投入运营，形成集购物、娱乐、休闲、餐饮于一体的地标性商贸街区。投资13亿元的志诚化工物流项目获批河北省重点项目，总投资5.3亿元的香港区泰记和总投资6亿元的佳佳红2个农产品物流项目签约。金惠生态园酒店、迎宾酒店、帝景怡园酒店等3家星级酒店正在建设，投资110亿元、占地3000亩的营里光电温泉度假区项目顺利推进。魏征故居景区一期建成对外开放；成功举办第六届梨花节、第三届金秋采摘节，累计接待游客40万人次。

【城乡建设】 按照“新区开发与旧城改造同步推进、城市建设与新农村建设协调发展、政府主导与市场运作有机结合”的思路，以新型城镇化为着力点，统筹推进城乡建设。东部新区建设，中兴路东延、朝阳街东延、东环路等12条新区主要道路基本完工，时代新城、欧景城、润和绿洲、世纪金街、市医院迁建等城市建设重点工程正在建设，文体中心、新汽车站、大众4S店顺利推进。旧城改造，完成滨河市场、机关印刷厂、红楼商场拆迁；总投资20亿元的香江国际城、阳光盛景、朝阳南区等15个高标准住宅区初具规模；光明街、工业路改建等20项、总长49.5千米的城市道路通车。省级园林城市创建，按照省级园林城市标准，投入5000万元，实施时代公园二期、陵园公园改造、东环路绿化长廊等30项园林绿化工程，打造出绿化、亮化、特色区域、标志性建筑等城市亮点，城区形成“四园、一区、一场、十街景”的园林绿化格局。年末城区新增绿地50万平方米，绿化覆盖率达到36.5%，人均公园绿地面积达到11.89平方米，以分区考核第一名成绩获批“省级园林城市”，成为石家庄市唯一获得河北省人居环境进步奖县（市）。农村新民居建设，按照“依托集镇建社区、依托园区建社区，乡镇统筹建社区、城乡统筹建社区”及有利群众生产、生活条件改善，农民就业和增收，节约土地资源，农业集约化经营，农村工业化、城镇化，农业产业的思路，推进新民居建设。2011年，晋州市44个省级新民居示范村39个完成村庄规划编制，143栋、建筑面积62万平方米新民居住宅楼主体竣工，在建住宅楼50栋，建筑面积26万平方米。农村公路完工13条、16千米，城市公交车开通。年内，晋州市在城区还新打深水井12眼，建成8座变电站、455千米高压线路和7600个用户沼气池。

【社会事业】 组建群众工作部，建立覆盖11个乡镇及园区的群众工作站和214个村、485家企业的群众工作室。民生投入加大，全年财政用于一般公共服务16540万元，公共安全6562万元，教育34558万元，科学技术1388万元，文化体育与传媒1161万元，社会保障和就业10355万元，医疗卫生18740万元，城乡社区医务3110万元，住房保障2801万元。至2011年末，晋州市新增城镇就业人数2811人，转移农村剩余劳动力1.78万人；城镇职工医疗保险参保255770人，企业养老保险参保21428人，企业工伤保险参保17983人，城镇居民医疗保险参保288868人；新农合参保435928人，参合率97.3%，新农保参保305717人，参保率93.4%；享受城乡低保人员12988人；五保户老人1099人，供养率达70%，发放五保供养金294.53万元；新建廉租住房132套，新建公共租赁住房464套。投资1200万元，实施第六小学、祁底中学宿舍楼、总十庄中心学校、特教学校综合楼、马于中学宿舍楼、河头小学教学楼建设及23所中小学校舍改建完成。市医院迁建综合楼主体完工，标准化卫生院和224个村卫生室实施扩建，中医院、刚进泽仁医院、健康服务中心正在建设。制定出台《关于推动文化大发展大繁荣的实施意见》，完成电影《梨花美人》、《雪痕》和电视剧《小城故事多》的后期制作。拥有群众文艺团院300余个，开展各类活动1000余场（次），营里镇被评为“中国民间文化艺术之乡”，“魏征传说”、“郭家庄东路丝弦、李家庄咳嗨腔”、“晋州赵氏剪纸”、“冀中小曲”列入石家庄市第四批非物质文化遗产。“紫铜浮雕工艺品开发研制”、“历史文化影像志”、“营里温泉度假区”、“周家庄生态旅游”列入石家庄市重点文化产业项目。新增有线电视和农村无线数字电视用户1.4万户。“沃尔旺”、“双鸽”获评中国驰名商标，至2011年末，晋州市拥有中国驰名商标3个、河北省著名商标14个。

（安锁然　刘景荣）

新　乐　市

【概况】 新乐市总面积625平方千米，农作物播种面积64937公顷；辖8个镇、3个乡、1个街道办事处，10个居委会、160个行政村；常住人口49.37万人，其中农业人口37.17万人，占总人口的74.4%。2011年，新乐市地区生产总值完成143.17亿元，同比增长11.5%。其中，第一产业增加值22.5亿元，增长1.8%；第二产业增加值83.04亿元，增长16.4%；第三产业增加值37.64亿元，增长8.1%。农林牧渔业总产值40.79亿元，同比增长1.3%。其中，农业总产值20.85亿元，增长0.2%；林业总产值1556万元，增长28.1%；牧业总产值18.41亿元，增长2.9%；渔业总产值17万元，增长6.25%；农林牧渔服务业总产值1.36亿元，减少4.96%。年销售收入2000万元以上工业企业总产值300.65亿元，同比增长37.6%。民营经济增加值112.7亿元，同比增长13.3%。粮食总产量33.8万吨，同比增长4.7%，平均亩产505.7千克，其中夏粮亩产452.9千克，秋粮亩产568.8千克；棉花总产量177吨。财政收入5.12亿元，同比增长26.6%；一般预算支出10.5亿元，同比增长38.0%。社会消费品零售总额63.7亿元，同比增长15.7%。全社会固定资产投资112.5亿元，同比增长15.3%。在岗职工年平均工资26827元，同比增长13.4%；单位从业人员平均报酬26235元，同比增长12.8%；城镇居民人均可支配收入17540元，同比增长8.1%；农民人均纯收入9035元，同比增长10.6%。年末金融机构存款余额80.6亿元，同比增长14.9%；城乡居民储蓄存款余额68.6亿元，同比增长14.1%；金融机构贷款余额32.04亿元，同比增长15.2%。8月16日，“河北省政府非税收入收缴改革现场会”在新乐市召开，新乐市非税收入征管经验在此次会议上得到河北省推广。2011年，新乐市公安交通警察大队党支部被中央政法委、河北省委分别评为“全国政法系统先进基层党组织”和“全省先进基层党组织”。

中共新乐市委书记：
刘海生（8月免）
杜振琪（8月任）
市人大常委会主任：张鹏
市　　长：赵丽娟
市政协主席：杨运良

【农业农村工作】 2011年，新乐市粮食总产量33.8万吨，同比增长4.7%；奶牛存栏2.95万头，生猪存栏33.0万头，禽存栏835.4万只。建设万亩无公害瓜菜示范区1个，千亩展示田2个，种植蔬菜10.2万亩、西瓜5.7万亩、花生12万亩。落实国家粮、棉、油补贴项目资金930万元，奶牛、生猪补贴项目资金859.5万元，争取到中央和河北省农机购置补贴资金492万元。特色农业快速发展，2家国家级畜禽规模养殖典型示范场改造完成，新建大型规模养殖场5家。至2011年末，新乐市拥有石家庄市级以上标准化典型示范场达到7家，奶牛养殖小区达到22家，规模猪场达到476家，规模鸡场达到762家，其中无公害畜产品产地认定单位和产品认证单位8家，种畜禽生产经营单位3家。实施新能源建设工程，建成沼气池2.2万座，其中“河北省新乐市清真肉类有限公司大型沼气工程”土方工程完工。农业基层科技推广体系建设加快，建成基层农技推广区域站6个。争取到中央财政土地深松项目10万亩。新发展节水灌溉4.2万亩，节水灌溉达到18万亩。农村安全饮水项目顺利推进，79个村完成农村饮水工程，普及率达到49.4%。

【项目建设】 全年新乐市安排重点项目88项，总投资779.77亿元。其中投资11亿元的金万泰化肥等10个项目竣工投产，投资4.2亿元的高效环保洗涤剂等26个项目开工建设，投资2.5亿元的甲醇下游系列产品开发等8个亿元以上项目进入进场准备阶段，投资120亿元的伏羲湾生态旅游休闲区等15个项目正在办理前期手续。争得新增建设用地计划指标，有效保障了项目建设用地。2011年新乐市项目建设用地下达计划指标111.3亩，先行建设大项目办理用地指标达到340.425亩。

【招商引资】 参加“5·18中国廊坊国际经济贸易洽谈会”、“石家庄国际投资合作洽谈会”、“深圳第十三届中国国际高新技术成果交易会”等招商活动，成功举办“新乐招商引资活动周”，引进投资12亿元燕赵商城升级改造，投资1.28亿元信誉楼商城、投资2.5亿元、4.5万吨一水硫酸锌，投资8亿元布匹市场，投资1.3亿元绿色生态种养示范园等项目。乡镇投资项目建设按照《鼓励全民创业的实施意见》和《新乐市特别贡献、项目建设奖励办法》，掀起抓项目、上项目高潮。2011年，新乐市乡镇安排投资100万元以上项目70个，总投资7.2亿元，其中新建项目40个，扩建项目30个。至2011年底，67个项目开工建设，完成投资5.8亿元。

【工业经济】 2011年，新乐市入统工业企业完成工业增加值68.99亿元，同比增长20%；实现利税42.4亿元，同比增长32.96%；实现利润31.9亿元，同比增长36.9%。开展工业提质增效攻坚活动。按照“调结构、扩规模、上水平、提效益，培育壮大主导产业，推进工业率先突破”的总体思路，引导重点企业和产业开展“对标行动”，出台《新乐市工业企业对标行动考核办法》，在原有5家标杆企业基础上，筛选久乐公司、卫星民爆、望峰电器公司、高明电线等4家企业申报省级对标示范企业。工业承载能力提升。按照“布局集中、产业聚集、土地集约”原则，完善工业园区功能分区，加强基础设施和配套服务设施建设，编制工业园区《总体规划》、《产业规划》、《控制性详细规划》。工业新区成功列入首批“省级产业聚集区”，临空经济区纳入石家庄市空港工业园规划。工业新区入驻企业49家，储备项目26个；临空经济区谋划签约投资5亿元的汽车物流园区、投资120亿元的北京国泰上城公司伏羲湾生态旅游休闲区和投资8亿元的布匹交易市场等3个项目，建设物流、临空制造、食品加工等三大适合临空产业基地项目正在谋划。实施产业集群建设。按照“控制总量、扶大关小、组建集团、入区发展、提升质量”的思路，加强对乡镇的协调、指导和扶持力度。2011年新乐市12个乡镇、街道办事处共建设特色经济区25个，入驻企业360家，乡镇特色产业规模和效益提升。帮助困难工业企业争取省、市级支持资金1900万元。成立新乐市万启创业担保有限公司和石家庄市森烽担保有限公司，获得河北省工业和信息化厅资格审批。

【商贸服务业】 全年新乐市实现社会消费品零售总额63.7亿元，同比增长15.7%；外贸进出口总值4000万美元，同比增长8.6%；实际利用外资44万美元。商贸服务业项目建设。重点推进投资13亿元石家庄经济学院华信学院整体搬迁、投资3亿元商贸综合体、投资1.28亿元信誉楼商城等项目，其中华信学院开工建设；投资8.76亿元德银国际物流园、投资9.2亿元城市综合体开发等项目正在谋划。市场改造升级。开展新乐集贸市场、邯邰集贸市场、承安集贸市场“农改超”、“露进超”工程试点；投资500多万元，实施东长寿农副产品批发市场、承安花生米市场标准化市场建设改造工程，改造面积1.2万平方米；拓展农家店开发改造，新开发改造加盟店40家，年末新乐市加盟店和配送店增加到249家。农村消费环境改善。实施“万村千乡”、“农改超、农加超”等市场工程，“农家店”达到310家；设立“家电下乡”销售网点102户，全部家电下乡产品直补资金实现当场兑现。

【城乡建设】 修编完善《新乐市城乡总体规划》（2011～2030年），编制道路、绿地等15个专项规划，完成《新乐市“十二五”住房保障规划》（2011～2015）和东长寿、南环路等重点地块、关键地段控制性详细规划。投资5932万元实施城区路网建设工程，幸福路、邮电街、新兴路等6条道路建设工程准备完成，其中京新大街、邮电街、东名街等3条道路开工；投资6.7亿元的京港澳高速公路改线、107国道改建、无繁路大修工程启动；采取BT方式，投资6650万元的新井、团贾、新化等县级道路开工。污水管网建设工程竣工，铺设污水管道200余米，污水处理厂、机场路、工业区3座污水提升泵站建设工程完成。实施都市花园、骊景名都、宝港上城、雅荷春天等旧城改造项目，完成拆迁19400平方米。投资8500万元、占地194亩的东名公园建设工程正在谋划。实施道路绿化提质工程，在南环路两侧、新行公路绿化带、幸福路北侧绿化带栽植花卉、苗木61000平方米，城市北、西2个出入口绿化工程启动。实施城市容貌综合整治工程，全面维修城区路灯、霓虹灯、彩虹门等亮化设施，集中整治占道经营、乱堆乱放、乱贴乱挂等行为，新增小型垃圾转运、收集站点34个。

【社会事业】 城乡基本保险覆盖面扩大，养老、医疗、工伤、生育、失业五大保险顺利实施，城乡低保、五保供养全部实现动态条件下“应保尽保”。新农合参合率达到98.06%，筹资标准提高到230元。落实职业技能培训、就业援助、农村劳务输出、小额贷款贴息、就业困难人员岗位补贴和社保补贴，累计支出就业专项资金965.87万元。开展“特色学校”和“净美校园”创建活动，出台《中小学管理规范》；实施校舍安全建设工程31个，总投资4251万元，建筑面积43625平方米。开展手足口病和脊髓灰质炎防治培训；新乐市卫生监督所、市医院新病房楼、市急救中心等项目建设前期准备就绪；新建承安、邯邰2所中心卫生院；153个村集体卫生室建设、改造完成。2011年，新乐市农村村级活动场所全部达标，其中高标准场所达到50%。

（吴静　丁然平）

鹿　泉　市

【概况】 鹿泉市总面积603平方千米，农作物播种面积47652公顷；辖9个镇、3个乡，11个居民委员会、208个村民委员会；拥有2个省级开发区；常住人口43.62万人，人口自然增长率11.1‰。2011年，鹿泉市完成地区生产总值261.4亿元，同比增长12.4%。其中，第一产业增加值20.0亿元，增长2.5%；第二产业增加值156.73亿元，增长13.6%；第三产业增加值84.67亿元，增长12.8%。民营经济增加值209.1亿元，同比增长14.2%。粮食总产量20.88万吨，同比增长1.4%；棉花总产量232吨，同比减少6.45%。财政收入17.2亿元，同比增长26.8%，其中6个乡镇（开发区）财政收入超过亿元，同比增加1个，乡级收入占鹿泉市收入比重达到65.4%，同比提高2.4个百分点；财政支出15.7亿元，同比增长29.6%。建成区天气优良天数达到333天，其中一级天数53天，同比增加2天。全社会消费品零售总额74.76亿元，同比增长15.4%。全社会固定资产投资172.7亿元，同比增长26.3%。职工年平均工资31658元，同比增长10%；城镇居民人均可支配收入19441元，同比增长13.2%；农民人均纯收入10063元，同比增长16.5%。年末金融机构存款余额171.2亿元，同比增长14.9%，其中城乡居民存款余额115.0亿元，增长12.8%。2011年，鹿泉市综合实力位居河北省十强、石家庄各县（市）首位。

中共鹿泉市委书记：郝竹山
市人大常委会主任：安明法
市　　　　长：董晓航（9月免）
　　　　　　周永会（9月代）
市政协主席：尤拴庆

【农业农村工作】 2011年鹿泉市农业支出2.3亿元，同比增长46.2%。粮食总产量20.88万吨；肉、蛋、奶总产量分别达到2.8万吨、3.7万吨和6.7万吨；水产品总产量0.6万吨；干鲜果品总产量4.1万吨。基层农业技术推广体系改革完成，被评为国家级农业技术推广创新试点市。实施万树进村、封山育林、太行山绿化等工程，启动西山森林公园建设，完成引水上山试点工程。至2011年末，鹿泉市植树227万株，森林覆盖率达到35.2%，同比提高1.29个百分点。建立土地流转服务平台，流转土地面积3.2万亩。完成投资7580万元，建成紫藤葡萄、森泰都市农业等7个现代化农业示范园，被河北省评为休闲农业与乡村旅游示范点。2011年，鹿泉市拥有农产品加工基地6个，农民专业合作组织152家，农业龙头企业9家，农业产业化经营率达到65%，连续五年被评为省级农产品加工示范基地市。解决5.6万名农村群众饮水安全问题，新改建小街巷87千米，新农村电气化村达到89个；累计投入16.8亿元用于新民居建设，74个成为省级、石家庄市级示范村，获得河北省推进社会主义新农村建设先进市称号。

【项目建设】 全年引进千万元以上项目159项，总投资1308亿元，其中亿元以上项目119个，超百亿元项目4个。建立项目准入评价推进等制度，鹿泉经济开发区、绿岛火炬开发区、西部山前生态新区综合承载力提升。鹿华热电一期、科达科技等45个项目竣工投产；吉信同普、鑫兴仓储等49个项目正在建设；凯翔电气、科林电网等21个前期项目具备开工条件。至2011年末，投资鹿泉市国内外500强企业达到13家；争列河北省、石家庄市重点项目15项，投资规模250.73亿元，2011年完成投资92.9亿元。

【产业结构】 初步构建起以休闲服务和电子信息、轻工食品、装备制造、新型建材为主的“1+4”产业新格局。编制休闲产业规划，引进总投资700多亿元的河北融投集团、西部长青等39个休闲服务项目；旅游景区升级，乡村生态游初具规模；金融业服务网点58个，存贷比达到57%。石家庄 中国半导体光谷建设启动，并被列入河北省“十二五”规划重点培育千亿元级园区；电子信息企业达到41家。引进建设洛杉奇、汇源果汁等知名企业，珠江啤酒扩建进展顺利；食品加工企业达到41家。引进建设三一重工、中友机电等17个装备制造项目；曲寨、鼎鑫现代化大型旋窑熟料生产线达到8条。到2011年底，鹿泉市主导产业税收占比达到61.9%，初步实现资源型经济向多元化新型经济转变。

【工业经济】 2011年，鹿泉市规模以上工业企业完成增加值140.93亿元，同比增长18.2%；实现利税78.2亿元，同比增长36.22%；税收超千万元企业增加到17家，鼎鑫集团、君乐宝乳业、曲寨集团突破亿元。开展对标定标、技术改造扩建和品牌创建活动，年末工程技术研究中心达到6家；拥有省级以上品牌42个，其中“君乐宝”乳业为首个自主培育的中国驰名商标。

（于国慧 李晓伟）

【7次获得“全国科技进步先进市”称号】 2011年11月份，国家科技部下发《关于表彰2011年全国县（市）科技进步考核先进集体和先进个人的通知》，其中鹿泉市被确定为2011年全国县（市）科技进步考核先进市，董晓航、赵明芳、王文魁被确定为2011年全国县（市）科技进步考核先进个人。这是该市自1997年以来连续第七次荣获该荣誉称号。“全国科技进步先进市”是国家衡量一个城市综合科技实力、综合竞争力和可持续发展潜力的标志性评价体系。由科技部组织实施，每两年考核一次，重点考核各地依靠科技进步与创新在提高城市竞争力、推动当地经济和社会发展等方面的成效。到2011年底，鹿泉市争列石家庄市以上科技项目38项，新认定高新技术企业6家，拥有国家级高新技术企业达到19家，高新技术产业实现产值130亿元。

（焦莉莉）

【城乡建设】 编制城乡总体规划，实施总投资50.4亿元、36项重点城建工程，主城区面积扩大到19.2平方千米，城镇化率达到44%。至2011年底，鹿泉市人均公园绿地面积11.3平方米，实现翻一番；建成区供水管网达到40千米，日最大供水量1.7万吨；污水处理厂达到4座，污水处理率提高到91%；集中供热率达到80%；移动通信网络实现全覆盖，光纤入村率达到100%。昌盛大街改造、动物园停车场等7项城建工程完成，规划展馆、湿地公园等正在建设。京赞线拓宽改造、翠屏路西延、西柏坡高速公路平山连接线等9条道路竣工通车，红旗大街南延、石铜路拓宽改造等8条道路正在施工；公交线路增加到39条，公路通车总里程达808.4千米。秀山、鼎鑫等矿山地质环境恢复工程完成，治理面积8万平方米。筹措资金2.2亿元，支持绿岛工业园区道路、湿地公园、衡井线大修等重点项目建设；投入资金560万元用于农村环境改善和新民居建设工程。建立“两级政府、两级考评、三级落实”城市管理体系，城区环境容貌评比名列石家庄市区及组团县城第一名。2011年，海山公园列入河北省“十佳公园”；鹿泉市被河北省评为省级园林城、卫生城，并连续三次获得“河北省宜居城市金奖”。

【社会事业】 全年用于民生领域资金4.9亿元，占全部财政支出的44.5%。社会保障和就业支出1.2亿元，同比增长7.9%。制定高龄老人津贴制度，完善新农保运行机制，启动城镇居民养老保险试点，基本实现城乡养老保险全覆盖；城区五保集中供养中心投入使用，农村幸福院达到109个；城乡低保、五保集中供养和分散供养标准分别提高到每人每年340元、3300元和2300元；筹措8000多万元用于失地农民社会保障政策落实；6个保障性住房项目进展顺利，131户农村危房改造完成。转移农村劳动力5125人，城镇登记失业率降低到1.65%。新农合参保率达到94.4%。教育支出4.2亿元，同比增长20.8%。落实中等职业学校贫困生免费、普通高中助学金等新政策，开发区九年一贯制学校基本完工，职教中心实训楼主体完工；小学、初中入学率保持100%，高中阶段入学率达到90%；获得河北省义务教育均衡发展先进市称号。全年投入专项资金1.04亿元用于基层卫生院医药卫生体制改革、村卫生室建设以及合作医疗、农民体检等基本公共卫生服务，208个村全部建立标准化卫生室，实行药品零差价销售，基本药物使用率达到100%；推行基本公共卫生服务项目，35岁以上城乡居民免费体检工作完成。创新人口计生工作服务机制，被国家确定为全国人口计生综合改革示范市。文化体制改革基本完成，城区公共文化服务设施全部免费开放；投入专项资金537万元，用于农村群众文化活动设施、电影场次补贴、彩色周末、群众体育健身等支出；建设文广数字影院，12个乡镇综合文化站和40家农家书屋建设完成；获得石家庄市“彩色周末”文化活动先进县（市）区称号。全面落实双拥优抚政策，获得省级双拥模范城“三连冠”。青少年法律教育基地建成投用。一批信访积案和遗留问题得到妥善解决，群众安全感指数达到95.7%。

（于国慧　李晓伟）

人　物

人　　物

英雄模范

张岐山　崔如意　2011 年 2 月 18 日，寒假的最后一天。正定县东平乐村小学四年级学生崔如意和茹茹早早地将课本和寒假作业装进书包，准备第二天上学。中午 12 时许，正定县东平乐村村南的污水坑边，11 岁女孩茹茹一脚踩塌了冰面，下半身坠入冰窟中！崔如意听见呼救声，赶紧找来一根木棍，将另一端传递给茹茹，奋力要将她拉出危险。但这根细小的木棍很快就折断了。看着在污水中挣扎的茹茹，年仅 10 岁的小如意忘记危险，扔下断了的木棍，用尽全身的力气，把小手伸向茹茹。“嘎吱”一声，冰面又破裂了，小如意也坠入冰凉的水中！“救命！救命！”两个孩子在冰窟中挣扎着，呼喊着。此时，该村 41 岁农民张岐山正巧路过，听到呼喊后跑了过去，将小茹茹抱到坑边。茹茹脱离了险境！可如意还在冰窟中挣扎着。之后，张岐山又趴在冰面上，一边向小如意靠近，一边喊：“孩子，别怕！”此时冰面再一次破裂，还在努力去救崔如意的张岐山也掉进水里。茹茹只能无助地看着小如意和救人叔叔被冰窟里的污水淹没。3 小时后，被抬出水面的崔如意，瘦小的胳膊惨白惨白，乡亲们含着眼泪说，孩子用尽了毕生的力气。6 个小时后，被抬出水面的张岐山让人们惊呆了，他双手依旧保持着托举姿势，张岐山在牺牲那一刻，仍没有放弃营救落水的孩子，感动得在场人们热泪横流。张岐山用最后的“托举”定格了人生，铸就了大义。2011 年 2 月 24 日，受河北省委常委、市委书记孙瑞彬委托，市委常委、宣传部长孙万勇，市委宣传部副部长、省会文明办主任薛建廷看望慰问了张岐山和崔如意的家属。当日，张岐山和崔如意两位英雄被授予“石家庄市道德模范”称号。2011 年 2 月 25 日，正定县追认张岐山、崔如意为正定县“见义勇为先进个人”。

习朝峰　24 岁，石家庄新乐市人，解放军驻石某部战士，二级士官。2010 年 2 月 7 日 22 时 30 分许，李女士在新乐市区邮电南街与东后巷交叉口，突遭 3 名歹徒抢劫并大声呼救。正在休假的习朝峰买东西回家途经此地，听到呼救声，他看到一名歹徒抢走呼救妇女的包，准备上车离开。习朝峰扔掉自行车，飞奔上去将这名歹徒制服并夺回被抢的挎包。另两名歹徒见同伙被擒，便手持砍刀和棍棒从等在一旁的车上下来，对习朝峰乱打、乱砍，致使习朝峰头、背、手臂多处受伤，晕倒在地，后被群众送往医院抢救。习朝峰的英雄行为，体现了军人疾恶如仇的正义感，体现了军队爱人民的鱼水情，体现了解放军战士大无畏的英雄主义精神。习朝峰因勇斗歹徒被授予“石家庄市文明公民标兵”、“石家庄见义勇为模范”、“河北省优秀共青团员”、“河北省见义勇为英雄”、“北京军区优秀青年标兵”、“中国青年五四奖章”、“全国见义勇为英雄”等荣誉称号。2011 年 3 月份，中央文明办授予习朝峰“中国好人”荣誉称号。2011 年 4 月 19 日，北京军区授予习朝峰“见义勇为英雄战士”荣誉称号。

李桂杰　2010 年 7 月 10 日下午，藁城市石井村农民闫某携女友在太平河湿地戏水游玩，不小心滑进深水坑，瞬间就沉入水底。危急关头，不远处的驻石某部军官李桂杰赶来，奋不顾身第一个跳入水中，并与闻讯而来的游客康龙共同救出闫某，并抬到沙丘，随即进行人工呼吸，给因水下窒息时间过长造成“颅内及体内严重损伤”的闫某赢得了宝贵的抢救诊治时间。2011

年1月20日，长安区政府授予李桂杰、康龙二人2010年度“长安区见义勇为先进分子”称号；2011年2月18日，因“生死关头忘我一跳，救人事迹感动燕赵”，河北省政府授予李桂杰“河北省见义勇为英雄”称号。

吴文德　郭峰　吴文德，48岁，藁城市南孟村人，患有小儿麻痹症，走路依靠拐杖，二级肢残。2011年5月1日15时10分许，20岁女孩小魏到藁城市南孟村小姨家串亲戚，途中遇到一歹徒拦截和袭击，奋力抵抗，身体多处受伤。小魏正在绝望时，听到呼喊声的吴文德挺身而出，驾驶小铲车堵住歹徒。疯狂的歹徒用尖刀向吴文德乱刺，吴文德身中数刀，因流血过多牺牲。29岁藁城市南孟村人郭峰闻讯赶到，上前拦截歹徒，凶狠的歹徒又连续向郭峰刺了数刀，郭峰双手被严重刺伤，送往河北省三院治疗。2011年5月3日起，《石家庄日报》连续报道了吴文德、郭峰救人的英雄事迹，在社会引起广泛关注和反响。2011年5月3日，省委常委、市委书记孙瑞彬看到吴文德、郭峰见义勇为事迹报道后，做出重要批示，对他们的英勇壮举表示称赞。5月4日，受孙瑞彬委托，市委常委、宣传部长孙万勇，市委宣传部副部长、省会文明办主任薛建廷分别到藁城市南孟村、省三院慰问吴文德家属和郭峰，并颁发“石家庄市文明公民标兵”证书。5月6日，河北省见义勇为基金会理事长李德兴到吴文德家中慰问，他说：“吴文德虽然是一名残疾人，在危急情况下却能够挺身而出，做出了不平凡的事迹。”2011年8月份，省会文明委授予吴文德、郭峰石家庄市见义勇为“文明公民标兵”称号。

体育比赛世界冠军

米娜　女，1986年8月5日出生，行唐县安香乡米霍口村人，肢体三级残疾。2004年12月份，米娜进入河北省残疾人田径队。2008年9月份，在北京残疾人奥运会上获得女子F37级铅球、F37级铁饼两项冠军，并打破两项世界纪录。2010年在广州亚洲残疾人运动会上获得女子F37级铅球、F37级铁饼两项冠军和F37级标枪亚军，并被授予贡献奖。2011年1月份，在新西兰世界田径锦标赛上获得女子F37级铅球、F37级铁饼两项冠军；2011年10月份，在全国第八届残疾人运动会上获得女子F37级铅球、F37级铁饼两项冠军和F37级标枪亚军；2011年11月份，在阿联酋世界轮椅运动会上获得女子F37级铅球、F37级铁饼两项冠军。

全国见义勇为英雄

习朝峰　见“英雄模范”。

全国三八红旗手

杨明华　女，1968年出生，中共党员，研究生学历，河北华莹集团董事长。1996年，下岗后的杨明华白手起家创建企业，从一个家庭作坊式小炉子做起，经过十多年艰苦创业，企业发展成为集玻璃工艺制品、温泉旅游、水泥制品于一体的大型民营集团企业。2011年，她开创的集团企业拥有员工

5000多名，总资产12亿元，年上缴税金1.3亿元，成为河北省重点民营企业、国家高新技术企业、全国扶贫龙头企业。其中玻璃公司拥有从模具制作、成型生产、后加工、包装、彩盒等完整产业链，形成独特的核心技术，产品远销欧美、中东等50多个国家和地区，50%的产品在世界上有定价话语权。杨明华的公司是中国日用玻璃行业十强企业，在国内钠钙压制玻璃行业中技术最领先、产品档次最高、规模最大，所注册华莹商标是“中国驰名商标”，也是中国日用玻璃行业十大品牌之一。2007年，杨明华涉足温泉旅游业，建成华北地区首家规模最大的国家AAAA级室外温泉综合性休闲旅游度假景区白鹿温泉，业绩做到全国温泉旅游业第二位。杨明华曾荣获全国劳动模范、全国巾帼创业带头人、全国兴村富民百佳领军人物、全国十大杰出创业女性、河北省三八红旗手等荣誉称号，现为河北省第十一届人大代表，并担任中国轻工工艺品进出口商会玻璃分会副理事长、中国日用玻璃协会副理事长、河北省工商联常委等职务。2011年，杨明华获得“全国三八红旗手”称号。

中国好人

王惠周 54岁，中共党员，石家庄市委宣传部常务副部长。从1982年大学毕业，一直在石家庄市委宣传部工作，几十年如一日，心无杂念，忠于职守，甘于清贫，淡泊名利，勤奋工作，努力学习，一心一意扑在宣传事业上。王惠周悉心研究石家庄历史文化，参与编写《石家庄历史名人》和《石家庄通史》；主持创建石家庄电视台《理论之窗》节目和“石家庄宣传网”网站，开辟理论宣传的新窗口，其中电视理论宣传获得河北省一等奖，撰写理论文章获得两届河北省精神文明建设“五个一工程”奖，并被评为石家庄市优秀社会科学青年专家。王惠周坚持理论联系实际，自创一套“三边理论宣传法”，即一是用身边事例给群众讲道理，二是月外边的大事论道理，三是用上边的精神明道理。2004年，市委宣传部开设“燕赵讲坛”。作为宣传思想工作的引导者，王惠周在导向问题上保持清醒头脑，时刻树立筑牢阵地、守土有责和坚决抵制低俗庸俗媚俗不良文化影响的意识，严把讲座审题关和新闻宣传关，倡导以先进文化引导社会、教育市民。王惠周用自己的行动，肩负起新时期宣传干部光荣而艰巨的使命，践行了一名共产党员的承诺。2009年王惠周获得石家庄市首届爱岗敬业道德模范，2010年中共石家庄市委做出《关于开展向王惠周同志学习活动的决定》，《光明日报》、《石家庄日报》等媒体报道了王惠周的先进事迹。2011年3月份，中央文明办授予王惠周敬业奉献“中国好人”荣誉称号。

习朝峰 见“英雄模范”。

秦英 女，34岁，石家庄移动公司市区营销中心火车站营业厅营业员。2010年9月22日(中秋节)下午4点多钟，秦英与家人一起在水上公园凉亭休息时，突然发现在公园湖边玩耍的一名小男孩不慎滑入湖中，岸边另外两名小男孩试图用树枝救起同伴，可拼命的挣扎使落水小男孩离岸边更远。秦英把自己孩子扔给丈夫就跑向了湖边，纵身跳入湖中向落水小男孩游去。很快，小男孩被抓住揽在怀里，艰难地朝岸边游。然而，湖底到处是湿滑的淤泥和青苔，无论怎么努力，秦英始终无法顺利靠岸。这时，秦英的丈夫眼见妻子体力不支，也跳进湖里帮忙。看到根本不会游泳的丈夫贸然下水，秦英更加焦急，一面让孩子紧紧搂住自己的脖子，一面腾出手去救丈夫。秦英在情急之下，对两条生命都没有放弃。渐渐地，秦英的丈夫将踩到的石头作为支撑点，暂时稳定下来。恰在这时，湖里划来一条游船相助，在游船及岸边群众的共同努力下，秦英和丈夫及落水儿童一起被安全拉上湖岸。面对顽童落水惊险一幕，秦英非但没有回避，反而奋不顾身勇敢施救，她的英勇行为得到社会各界与普通市民的高度认可。2010年9月26日，《燕赵晚报》第5版刊发“夫妻接力水上公园救溺水男童”，随即多家媒体予以报道。2011年3

月份，中央文明办授予秦英见义勇为“中国好人”荣誉称号。

武凤庭 49岁，井陉县上安镇头泉村人。2006年8月30日12时20分许，他下班回家沿着铁路行走，发现铁路东侧发生山体滑坡，山石堵到铁轨上，将石太铁路上行线铁轨埋得严严实实，当时塌方地点东侧信号灯为绿色，火车三五分钟内就要通过。顺着塌方地点往前100米左右，是一个90度的直角弯道，上行线来车不拐过弯道根本无法看见塌方情况，要是不把上行线来车及时截住，火车肯定会撞上去。滑坡山体前数百米铁路两边，是四五十米深的山坡，东侧山坡下，是头泉村村民的房屋。按照火车当时的速度，如果撞上山石，会将载满货物车厢甩到山坡下的村里，车厢还会因为惯性而弓起，挂到半空间的高压电线。情况危急，他顺着火车驶来的方向拼命跑去，同时用手机将情况汇报给县公安局110，当跑出大约400米的时候，在前面山巷拐弯处，火车头已经驶过来，他脱下身上红色雨衣，跑到铁路中间，挥舞着红雨衣，迎着火车边跑边喊：“停车，停车，前面塌方了，铁路被石头埋住了！”火车司机虽然听不清他在喊什么，但理解了他的意图，采取紧急刹车措施，火车停在了离塌方处只有30米左右的位置。司机从车上跳下来，拉着他的手说：“真是谢谢你，要不是你，就会造成车毁人亡的重大事故。”接着便问他叫什么名字，是哪儿的人。他说，这种事碰在谁身上，都会这样做。在司机师傅一再追问下，他只说“我姓武，是头泉村的”，便离开了。2011年7月份，中央文明办授予武凤庭见义勇为“中国好人”荣誉称号。

张岐山 2011年7月份，中央文明办授予张岐山见义勇为“中国好人”荣誉称号。见“英雄模范”。

梅巧娃 女，51岁，井陉矿区西王舍村村民。1983年夏天，她和爱人主动承担起赡养本村孤寡老人梅傻子的义务，至2011年已有28个年头。巧娃自幼心善，尊老爱幼。看到邻居梅傻子无儿无女，居住在几间破房子内，年老体弱，无人照管，很是伤心，便萌生终身照顾这位老人的恻隐之心。当巧娃夫妇和这位老人刚刚居住在一起时，村里炸了锅，有人说“亲儿女和父母在一起还生气哩，就别说非亲非故的人了，兔子的尾巴长不了，等着看笑话吧……”。当有人将这些话传给巧娃时，她只是笑着摇了摇头。巧娃时刻铭记着自己发下的誓言：要一生一世照顾好这位孤寡老人，不让别人看笑话。于是，她克服各种困难，每天变着花样，精心准备可口饭菜，总是将第一碗端给老人。每星期为老人换洗一次内外衣服，保持干净利落。每天给老人开一次窗户、收拾一次床铺，每十天半月更换一次床上用品，保持窗明几净、空气清新。老人性格内向，脾气孤僻，有时生闷气，每逢老人怄气时，她就给老人讲些稀奇事，逗老人开心。老人爱好看戏剧，她便购买影碟机及戏剧小品光碟，供老人消遣。日月如梭，一晃28年过去了，街坊邻居改变了最初的看法，他们说：“巧娃了不起，为别人家的老人出了大力气，可真不容易啊！”巧娃心胸开阔，乐于助人。凡有老人的亲戚朋友到家看望时，她总是笑脸相迎，备好饭菜，让老人的亲戚抱着怀疑来，带着满意走。凡有亲友邻居遇到困难求助时，她从不找借口推脱，能帮多不帮少，大家有口皆碑。自打她赡养照顾孤寡老人梅傻子之日起，她和爱人便将老人当做亲生父亲对待，每天爸爸不离嘴，让自己的儿女喊爷爷，教孙女喊太爷爷，老人被逗得合不拢嘴，每天像个笑面佛。1997年，老人患轻微脑溢血，每天输液，巧娃天天守护在身边，喂药喂饭喂水，端屎端尿，精心护理，使老人的病情很快好转。巧娃的公婆居住在井陉县小作镇沙窑村，连续数年患病，求医求药。为看病和照顾方便，巧娃经常将公婆接在自己家里居住。为给公婆治病，她从不在钱财方面抠算，有时不惜借钱给公婆看病和买药。她从没有与梅傻子和自己的公婆红过一次脸，更没有说过一句难听话。老人们患病时，她经常跪在老人面前喂药喂水。老人和其他在场人被感动的热泪盈眶，老人常说：“过去都说百日床前无孝子，现在看来这些话并不对，我家不知祖上哪一辈积的德，修下巧娃这么孝顺的晚辈啊。”巧娃性格开朗，勤劳肯干。刚开始赡养照顾孤寡老人梅傻子时，家庭特别贫寒，只有解放前留下的破旧不堪几间土坯房，每逢刮风下雨旧房摇摇欲坠，一家人担惊受怕。后来村委会分给她家一处宅基地，由于当时她的两个孩子上学，老人身体不好，仅靠丈夫一人上班的工资养家糊口，没钱盖房。为了让老人和全家尽快住上新房、过上好日子，巧娃咬紧牙关，经常到井陉一矿矸子山拣煤渣，将拣下的煤渣卖出去攒钱；她到井陉矿区林场按批发价购回鸡蛋，沿街叫卖，挣些批零差价；她还承包、开发7亩土地，种田卖粮。得道多助，娘家、婆家及亲友邻居家看到巧娃勤劳孝顺，纷纷伸出援助之手，有钱帮钱、有力帮力。就这样，巧娃靠着自己的勤劳、家人的团结和亲友的帮助，很快就盖起一处宽阔明朗的四合院。当全家乔迁新院时，她将最好的房子让给老人居住，老人激动得不知道说什么好。2008年，巧娃的儿女相继结婚成家，她家在村里购买了一套三室两厅住宅楼，2010年添了小孙女。四世同堂，同住一楼，家和业兴，其乐融融，让人羡慕，其他孤寡老人更是赞不绝口！梅巧娃——一个没有高深文化和豪言壮语的农村女性，28年如一日，不离不弃，精心照顾非亲非故的孤寡老人。2011年7月份，中央文明办授予梅巧娃孝老爱亲“中国好人”荣誉称号。

杜贵花 女，52岁，石家庄市远东边贸商行经理，赞皇县院头镇贾沟村人。1996年，杜贵花成立石家庄市远东边贸商行，凭着“诚实守信、合法经营、质量第一、信誉第一”的经营理念，从最初“只有几名管理人员、租用办公场所、露天加工车间”的小公司迅速发展壮大。至2011年末，公司拥有管理人员26人，职工200余人，固定资产950万元，流动资产850万元，企业占地面积1万平方米，年加工核桃仁、核桃、杏仁、红枣、蜜枣、柿饼、豆类等农副产品超过1500吨。公司拥有“路花核桃仁”专利商标，享有自营进出口权，产品远销美国、德国、英国、加拿大、澳大利亚、俄罗斯以及东南亚等国家和地区。1997年，在杜贵花创业第二年，亚洲爆发金融危机，赞皇县核桃仁加工行业受到重创，损失惨重，几十个公司所剩无几。杜贵花的企业正处于创业期，经受了更加沉重的打击，面对瞬息万变的市场应对不及。“企业怎么办？客户资金给不给？银行贷款还不还？工人工资发不发？”杜贵花在心中自问。“咬紧牙，使足劲，再苦再难自己扛，诚实守信不能丢”，杜贵花下定决心，硬是在1998年春节前，偿还所有银行贷款，足额发放员工工资。经过亚洲金融危机的洗礼，杜贵花总结教训，积累经验，认真学习市场营销专业知识和现代企业管理体制，创新核桃仁加工技术，实现了加工流程由手动式向现代机械化过渡，降低了生产成本，提高了效率，在1998年底打了一个翻身仗，公司实现扭亏为赢，当年赢利20多万元。近几年，杜贵花紧跟县内经济发展步伐，响应县委、县政府提出“两龙一凤”经济发展模式，购置大批优质核桃种，并对贫困村种植户实行优惠，与种植户签订收购承诺书；在从种植户手中收购核桃时，实行市场价格上浮制，保障农户经济利益，拉动区域内核桃种植，为当地核桃种植户脱贫致富做出了贡献。一个产业带富一方人，杜贵花在扩大生产规模的同时，积极吸附城镇闲置居民和乡村剩余劳动力参与到核桃仁加工行列，带领他们学习业务知识和加工技能，培养出一批批技术能手，实现人均增收1.5万元。公司经过多年经营，逐步走上正轨。2010年冬季，由于公司厂房电线老化，加工车间失火，损失达到100多万元。面对重大经济损失，企业危机又一次摆在杜贵花面前，她坚信诚信是企业不倒的旗帜，千方百计想办法，在年底偿还了所有银行贷款，足额发放了所有工人工资，用实际行动诠释了什么是企业诚实守信。杜贵花经营公司十五年，凭着对客户的诚实守信和过硬的产品质量，公司在激烈市场竞争中脱颖而出。2002年，公司产品被中国经济林协会评为“中国名优果品”；同年，由于从未拖欠过职工工资、农户加工款及银行贷款，公司被赞皇县委、县政府评为首家“诚实守信企业”；2005～2010年，公司连续六年在石家庄核桃仁加工行业中出口量位居第一名，销售收入连续六年位居赞皇县行业之首，被评为AAA和AA级诚信企业，被市、县两级确定为农业产业化龙头企业，经理杜贵花被评为“赞皇县三八红旗手”。2011年11月份，中央文明办授予杜贵花诚实守信“中国好人”荣誉称号。

河北省见义勇为英雄

王宏杰　正定县教师进修学校退休干部

李桂杰　驻石某部军官

朱淑萍　石家庄市桥西区巡防队员

陈宏伟　正定县委干部

杨振英　无极县农民

河北省三八红旗手

刘凯　石家庄市桥东区小学研究室主任

田玉妙　石药集团有限公司党委书记

王旭霞　石家庄高新区财政局副局长

杨翠芝　无极县东丰庄村幼儿园园长

尚翠芳　赵县职工子弟学校音乐组长少先队大队辅导员

彭敬彩　中国联通栾城县分公司总经理

崔金晴　石家庄市第一中学教师

张慧巧　石家庄市城乡规划局综合规划处处长

李轶儒　石家庄市审计局科员

王琳　行唐县上碑镇政府镇长

王荣丽　西柏坡纪念馆党委书记、馆长

郭伟男　正定县妇幼保健院院长

河北十大新闻人物

2012 年 1 月 16 日，由省委宣传部和河北日报报业集团主办的 2011 年（第八届）河北十大新闻、年度十大新闻人物评选揭晓，石家庄市刘琼芳、王超华当选 2011 年河北年度十大新闻人物。

刘琼芳　原石家庄市第一医院内科主任医师

王超华　石家庄市金马小区菜市场菜贩

河北省名中医

邢月朋　石家庄市中医院

王淑玲　石家庄市中医院

刘真　石家庄市中医院

郭光业　石家庄市中医院

郭纪生　石家庄大德中医门诊部

张士舜　石家庄华光中医肿瘤医院

石家庄市见义勇为模范

张岐山　正定县农民

吴义华　辛集市务工者

刘占会　元氏县政府办公室干部

石家庄市文明公民标兵

2011年3月10日、11日、14日、15日，《石家庄日报》以《“无名战士”献爱心感动小山村》、《“无名战士”叫高庆》、《夫妇俩送来山货表谢意 众官兵自发捐款两千元》为题，连续报道驻石某部战士高庆默默资助赞皇县川房村贫困学生陶立强的感人事迹。2011年3月16日，省会文明委授予高庆石家庄市“文明公民标兵”称号。

高庆　驻石某部战士

2011年8月份，省会文明委授予25名市民石家庄市“文明公民标兵”称号。

助人为乐（4人）

张利红　女，34岁，石家庄市公交公司十四路车队车长

李华伟　34岁，灵寿县灵寿镇北托村人，南寨学区教师

李福现　67岁，鹿泉市上庄镇小车行小学退休教师

乔荣格　女，45岁，新华区格格慈善会会长

见义勇为（8人）

王俊良　45岁，高邑县万城乡城照村人

田福林　58岁，灵寿县寨头乡寨头村村民

梁振中　53岁，鹿泉市海山公园管理处职工

张文杰　40岁，栾城县窦妪镇北陈村人

吴义华　25岁，辛集市周氏世家公司员工

吴文德　48岁，藁城市南孟镇南孟村人

郭峰　29岁，藁城市南孟镇南孟村人

梁磊　30岁，高邑县供电局职工

诚实守信公民（1人）

张铁仁　45岁，石家庄市乐万家沙发家具有限公司总经理

敬业奉献（5人）

张艳萍　女，50岁，深泽县平安医院院长

刘梅欣　女，42岁，正定县解放街小学高级教师

贾海霞　女，46岁，正定县人民医院急诊科主任，副主任医师

张晓丽　女，37岁，行唐县龙泉中学教师

张晋威　34岁，赵县国税局工业园区分局局长

孝老爱亲（7人）

田凤珍　女，53岁，石家庄市世纪康城17号楼楼长

张丛贤　女，39岁，元氏县上张村村民

于文珍　女，41岁，正定县吴兴村人

赵五妮　女，52岁，井陉县小作镇胡雷村村民

李瑞彩　女，49岁，藁城市梅花镇西白露村村民

董雪平　女，56岁，鹿泉市获鹿镇北海山村的妇代会主任

田云　女，31岁，深泽县西河学区教师

2011年9月份，省会文明委授予19名市民石家庄市“文明公民标兵”荣誉称号。

见义勇为（3人）

郑立权　辛集市新城镇李家屯村人，衡运集团六公司客车司机

张桂庭　中共党员，鹿泉市大河镇邵营村人，鹿泉市顺发工业公司造纸厂业务员

王青山　石家庄市裕东社区棉二宿舍居民

敬业奉献（5人）

何月宵　女，市第四十一中学教师

王艾华　女，市第二中学教师

吕日新　中共党员，省疾病预

防控制中心退休干部

刘伟　中共党员，鹿泉市南水北调工程建设委员会办公室征迁科科长

周英欣　女，中共党员，鹿泉市教育局干部

拾金不昧（2人）

沃倩　女，共青团员，中国农业银行栾城县支行柜员

张玲　女，中国农业银行栾城县支行柜员

助人为乐（8人）

徐业成　中共党员，石家庄"一家人"志愿服务队队员

肖秋林　女，石家庄"一家人"志愿服务队队员

张慧军　女，中共党员，石家庄"一家人"志愿服务队队员

韩国友　石家庄"一家人"志愿服务队队员

焦伟　石家庄"一家人"志愿服务队队员

司云龙　中共党员，石家庄"一家人"志愿服务队队员

段立业　鹿泉市获鹿镇七街村民

聂建荣　女，鹿泉市获鹿镇七街村民

热心公益（1人）

林步旭　河北旭日东升商贸有限公司总经理

2011年11月10日，省会文明委授予23名市民石家庄市"文明公民标兵"荣誉称号。

助人为乐（18人）

救助危难老人（7人）

邓方明　36岁，石家庄市高柱小区居民

刘果果　29岁，河北世茂房地产开发有限公司职员

王鹏　30岁，石家庄市裕华分局民警

张瑞宾　47岁，石家庄市动物园治安办公室民警

王峰　23岁，河北艺术职业学院传媒系播音班学生

李中翔　21岁，河北艺术职业学院传媒系播音班学生

靳少康　28岁，鹿泉市公安局获鹿分局民警

十载义养战友父母亲（11人）

敦立平　42岁，中石化鹿泉分公司

杨疆　41岁，鹿泉市农村信用合作联社

曹宏　39岁，鹿泉市水务局

杜志军　40岁，鹿泉市水务局

王洪泽　40岁，国储133处

吴应浩　40岁，鹿泉市建设管理处

东庆峰　40岁，中国联通鹿泉分公司

魏永辉　40岁，中国工商银行鹿泉支行

张立刚　40岁，北京铁路通信段获鹿通讯公司

梁勇　38岁，中国农业银行鹿泉支行

冯增刚　37岁，鹿泉市工商局

见义勇为（2人）

张德云　47岁，正定新区诸福屯办事处诸福屯居委会居民

王文报　54岁，藁城市廉州镇表灵村人

孝老爱亲（3人）

翟翠英　女，55岁，新乐市邯邰镇坚固村人

尤泽　19岁，石家庄市第42中学高三10班学生

剧京侠　女，34岁，廉州镇陈一村村民

2011年11月底，省会文明委授予勇斗歹徒"见义勇为模范"刘占会石家庄市"文明公民标兵"荣誉称号。

刘占会　元氏县政府办公室干部

石家庄市第二届道德模范

2011年9月16日，省会文明委公布表彰10名第二届道德模范。

助人为乐道德模范（2人）

靳国芳　女，75岁，石家庄市建南社区3302工厂退休职工，现任小区业委会主任、建南志愿者服务站站长

韩金贵　55岁，中共党员，井陉县民政局干部

见义勇为道德模范（2人）

习朝峰　24岁，中共党员，石家庄新乐市人，驻石某部队士官

周中强　46岁，石家庄市西兆通村居民

诚实守信道德模范（2人）

张焕民　51岁，中共党员，河北农哈哈机械集团有限公司董事长兼总经理

苏亿位　55岁，中共党员，河北益康针棉织有限公司总经理兼党支部书记

敬业奉献道德模范（2人）

陈玉信　54岁，中共党员，河北怀特集团股份有限公司董事长

郑建峰　48岁，中共党员，中学特级教师，中国中学生体育协会篮球秘书长、教练员委员会副主任，辛集市第一中学体育教研组组长兼女篮主教练

孝老爱亲道德模范（2人）

吴会敏　女，22岁，栾城县柳林屯乡北屯村村民

范兰荣　女，76岁，行唐县龙州镇柴家庄村人

石家庄市中国好人

助人为乐（5人）

王君花　女，52岁，藁城市南孟村人

耿罗莎　女，25岁，石家庄学院学生

王蓬　41岁，桥西区糖烟酒食品有限公司职工

靳国芳　女，72岁，原3302工厂退休职工

王桂申　女，76岁，河北省电信设计院退休干部

见义勇为（3人）

周中强　46岁，长安区西兆通村村民

郭书秀　53岁，元氏县苏村乡北营村村民

田福林　58岁，灵寿县寨头乡寨头村村民

诚实守信（1人）

许双军　42岁，石家庄市乐仁堂医药集团股份有限公司董事长

敬业奉献（1人）

高能权　92岁，晋州市马于镇吕家庄村村民

孝老爱亲（4人）

郄秀英　女，92岁，行唐县上闫庄乡上安里村农民

李洪信　50岁，石家庄力驰多经贸公司经理

高清华　女，45岁，灵寿县陈庄粮站下岗职工

吴会敏　女，20岁，栾城县人

石家庄市美德少年

2011年11月10日，省会文明办授予张萌、刘宴宁“助人为乐美德少年”称号，授予高婷“自强自立美德少年”称号。

张萌　女，14岁，石家庄市第四十中学1018班学生

刘宴宁　男，9岁，石家庄市沿西街小学三年级三班学生

高婷　女，14岁，石家庄市行唐县上碑镇太子庄村人

石家庄市十大金牌工人

周峰　石家庄三环阀门股份有限公司电工

刘冀静　石家庄常山纺织有限公司棉一分公司喷气织机工艺工

齐名　华北制药金坦生物技术有限公司维修电工

马永树　际华三五零二职业装有限公司焊工

卜建立　河北白沙烟草有限责任公司烟机设备修理工

毛锐　石家庄印钞有限责任公司维修电工

翟延昌　灵寿县新技术研究所职工

张卫国　中国人民解放军第5721工厂飞机系统安装调试工

剧国强　中国石化石家庄炼化分公司电气试验工

刘泡林　石家庄煤矿机械有限责任公司铆工

石家庄市十大名医

王生池　石家庄市第一医院名誉副院长，急诊科、重症医学科主任，主任医师

白凤楼　石家庄市第四医院名誉副院长、大妇科主任，主任医师

冯燕光　石家庄市第一医院名誉副院长、心脏中心主任，主任医师

高鹏志　石家庄市第一医院名誉副院长、大外科主任、外一科主任，主任医师

李锋　石家庄市第三医院副院长、骨科中心主任，主任医师

方芳　石家庄市第四医院产科主任，主任医师

胡永权　石家庄市第二医院口腔科主任，主任医师

李兵顺　石家庄市第五医院肝病科专家，主任医师

赵旭兰　石家庄市第一医院名誉院长，主任医师

刘瑛　石家庄市中心医院神经内四科主任，主任医师

石家庄市十大名中医

赵振兴　石家庄市中医院

于慧卿　石家庄市中医院

吕士君　石家庄市中医院

刘春英　石家庄市第二医院

王延峰　石家庄市中医院

邢燕军　石家庄市第一医院

张照琪　石家庄市第五医院

吴维海　石家庄平安医院

李荣彦　新乐市中医院

武小妮　井陉县中医院

石家庄市十佳名护

苏增罗　无极县医院外科护士长，副主任护师

刘素波　石家庄市第一医院内分泌科护士长，副主任护师

孙梅花　石家庄市第五医院ICU护士长，副主任护师

周颖　石家庄市第三医院关节外科护士长，副主任护师

戎惠娟　石家庄市第四医院产房护士长，副主任护师

张哲　石家庄市中医院介入治疗室护士长，副主任护师

羊淑平　石家庄市第一医院外一科护士长，主任护师

廖英　石家庄市第一医院妇科二病区护士长，副主任护师

张素芹　石家庄市第一医院手术室科护士长，主任护师

刘伟　石家庄市第四医院产三科护士长，副主任护师

感动河北十大人物

郭立青　女，1971年12月29日出生，石家庄市行唐县只里乡北高里村人，1991年嫁到只里乡习村。2007年11月，郭立青的二儿子王子宁出生，全身长满黑痣。2010年得知这是一种严重时可癌变致死的皮肤病变。从此，郭立青夫妇开始为儿子到处求医治病，家境日渐贫困。在热心人士的帮助下，2011年6月9日，王子宁住进北京空军总医院烧伤整形外科。主治医师针对王子宁的病情给出两套手术方案：一是用美国进口的异体脱细胞真皮移植，但费用高达60多万元；二是用父母的皮肤直接移植给孩子，但对供体来说会非常痛苦。郭立青毫不犹豫的选择了第二套方案。2011年6月23日，母子俩同时进行手术，郭立青为救儿子毅然奉献出腹部的全部皮肤。为了省钱给儿子治病，手术后郭立青拒绝使用止疼棒。一个普普通通的农村妇女用行动向世人诠释了伟大母亲的慈爱和坚强。2011年12月25日，郭立青当选"感动河北"十大人物。

感动省城十大人物

2012年1月13日，2011年度"感动省城"十大人物颁奖盛典在石家庄广电中心演播大厅举行，2011年度"感动省城"十大人物现场揭晓，分别是：

播绿大山的无腿老兵马三小

63岁，河北省井陉县秀林镇马峪村人。这名无腿的退伍军人在过去11年里，爬行于山野之间，栽种成活3150棵速生杨树。植树行程7万多千米，比绕地球一圈半还要多。对于失去双腿的马三小老人来说，上山的路异常艰难。由于失去双腿，他每天要用半个小时穿戴，用20多分钟把上山的工具绑在双拐上。他一手拿镐头，一手拿铁锹，再用双手撑住身体，向山腰的植树点出发。不到500米的路程，他爬了1个半小时。有人要以一棵树300元的价钱买他的树，可他说就是再苦，也不会卖掉一棵树。而他唯一卖的一棵杨树换来50元钱也是为了给四川省汶川地震捐款。他说：每当坐在树下享受树荫的清凉时，一身的疲劳和疼痛就会烟消云散，不能为钱卖掉绿色，要给后人留下绿荫。

寒风中的良心守护者王超华

石家庄市金马社区菜市场个体经营商户。2011年11月9日凌晨，在进菜路上，王超华捡到一个钱包，里面有6250元现金以及身份证、护照等若干证件。为了把钱包尽早还给失主，他在街头寒风中苦等6个半小时。在苦等无果后，他将钱包交到金马社区菜市场管理办公室。在办公室工作人员指引下，王超华等人赶到卓东派出所，民警根据钱包内证件信息，很快查询到失主。他的感人事迹经过媒体报道后，得到全国各地网友一片盛赞，称卖菜老王的平凡义举让2011年初冬好温暖。河南省商丘当地主流媒体《京九晚报》记者闻讯连夜兼程赶到石家庄，探访这位可亲可敬的河南老乡，称赞其行为最朴实，最平凡，也最高贵。王超华说："家庭再困难也要做堂堂正正的人，靠自己双手挣钱过日子才舒坦。"

侠骨柔肠女警官冯志宏　女，40岁，石家庄市建北派出所一名普通民警。面对犯罪分子，她比铁还硬。她曾只身到张家口深山区抓获五大三粗的逃犯。而面对求救群众，她比水还柔。2011年11月9日，建北派出所新浩城警务站接到一个急促的电话，打电话的男子称自己是广东韶关人，一个月前，他的女儿从学校出走，夫妻苦寻没有消息。接听电话的冯志宏纠结万分。随后，冯志宏以自己的机智和果断，6天6夜上网，不断变换身份，最终"钓"到女孩的男网友，并成功从仓库里找到女孩。但是，叛逆的女孩对自己的家庭有太多不满，任冯志宏怎么游说，女孩就是不肯回家。最后，她以慈母般的侠骨柔情，感化了女孩冰冷的心。2007 年至今，冯志宏破获各种案件 300 多起，抓获违法犯罪嫌疑人 74 名，救助群众 230 人次，向各类困难群众捐款近万元。

老百姓的好医生刘琼芳 女，79 岁，原石家庄市第一医院内科主任医师。1974 年，41 岁的刘琼芳做了乳腺癌切除手术，切除了整个右侧乳房和腋下组织，手臂都抬不起来。从那以后，一个个病魔向她袭来，她相继做过甲状腺癌手术、胆囊切除术、肺癌手术，同时还患上高血压、糖尿病、冠心病。但刘琼芳从未把自己当作病人，始终坚持在诊疗第一线：为病人抠大便、乘公交登门巡诊、雷打不动地夜间查房。刘琼芳好像在与死神赛跑，要把自己毕生的精力奉献给她的病人。行医 56 年，她诊治病人 11.4 万多人次，抢救危重病人 1.5 万多人，利用业余时间免费长期跟踪治疗患者 360 多名，培养医学技术骨干 360 余人。刘琼芳去世后，留下八千多份、十几万字手抄病历，成为难得的病理研究材料。去世当天，上千名医院职工和病人家属，为这位百姓的好医生送行。刘琼芳用一生的执着奉献，为医务工作者树立了一个职业标杆。中国卫生部部长陈竺批示：刘琼芳是“三好一满意”活动中涌现的一个非常突出的典型。

最美女教师何月霄 女，45 岁，石家庄市第 41 中学初中数学老师兼班主任。2011 年 5 月，何月霄被查出慢性粒细胞白血病。这期间，医生给出两个治疗方案：做骨髓移植，有可能根除此病；服药维持现状，但每个月需负担 2 万余元药费。经历最初的恐惧、不安后，何月霄选择了后者。她说，无论如何，也要把这一届学生带下来，不能舍下这些可爱的孩子，骨髓移植推迟两年也无妨。接下来，何月霄藏起化验单，一如既往地微笑着走进学校。6 月 25 日，在班里上学期最后一次班会上，何月宵把自己得病的消息告诉了班里的 62 名同学，全班同学齐声呐喊出“何老师，加油”！何月宵说：“我会一直站在三尺讲台上，直至倒下的那一刻。”就这样，何月霄用自己的行动为孩子们上了一堂影响深远的人生课，也为人们敲开了生命价值之门。

明星“嫂子”杨千惠 女，43 岁，石家庄市“千惠”家政服务中心创始人。从下岗职工到成立自己的“嫂子家园”，几年来，“千惠家政”创造了从无到有、从小到大、从弱到强的发展奇迹。现在“千惠”家政服务中心已是集家政月嫂、手工编织、培训就业为一体的多元化服务机构，成功安置从业人员数千名，成为省会家政行业的知名品牌。她不仅为解决城乡妇女就业开辟了一块爱心园地，更用自己的努力告诉人们：只要有信心、肯付出，创业其实并不难。杨千惠的事迹得到社会各界的肯定，她先后被评为“河北省百优家政服务员”、“河北省十佳大学生创业导师”、“石家庄市三八红旗手”、“石家庄市十佳月嫂”、“石家庄市十佳创业明星”等。

14 岁的顶梁柱高婷 女，石家庄市行唐县上碑镇太子庄村一名初中生。2009 年 11 月 24 日，高婷的父亲高永革遭遇车祸，造成多处骨折。而后，骨折逐渐转化成骨髓炎，几十万元的治疗费让这个家庭变得一贫如洗。这一切，女儿高婷看在眼里，记在心中。每天凌晨 5 点，她第一个出现在课桌旁；放学路上，她拖着编织袋捡拾废品，攒下几元“破烂钱”；为了给遭遇车祸的父亲筹钱看病，她卖掉了自己最心爱的头发；妈妈带着爸爸外出治病，她自己在家洗衣做饭，种地锄草，摆摊卖菜。2011 年 2 月 12 日，第五届中国演艺界十大孝子颁奖盛典在北京举行，高婷作为开奖嘉宾赴北京参加了晚会。她的事迹感染了现场众多演艺界人士。2011 年 11 月 4 日，《人民日报》要闻版“身边的感动”专栏以《高婷：14 岁的顶梁柱》为题进行了专题报道，引起社会各界广泛关注；2011 年 11 月 11 日，高婷被省会文明委授予“自强自立美德少年”荣誉称号。

大地之子郭进考 60 岁，石家庄市农科院院长、河北省首席小麦育种专家、国家小麦产业技术体系岗位科学家。郭进考从事小麦育种 36 年，先后主持育成省级以上审定小麦新品种 21 个，帮助农民增产逾 50 亿千克，可供 1000 万人吃近 5 年。2011 年 6 月 16 日，由郭进考和他的团队培育的“石麦 15 号”被评为河北省首批优良农作物新品种。6 月 17 日，同样由他们培育的“石麦 18 号”，亩产达到 711.5 千克，刷新河北省小麦单产最高纪录。2011 年，石家庄市粮田面积达到 1154.8 万亩，总产 531.7 万吨；小麦亩产 443 千克，玉米亩产 521 千克；藁城市、赵县、正定县、无极县、栾城县、晋州市、辛集市、行唐县、新乐市 9 个县(市)达到“吨粮”水平。近 5 年来，郭进考培育的高产和节水小麦新品种在多个省区推广超过 1 亿亩，累计为农民增收节支超过 70 亿元。

爱心寻母“接力棒”——“寻母”行动中的爱心群体（群体） 2011 年 8 月 7 日，河北经贸大学大三学生孙小娜的母亲在省会意外走失。父亲去世、带着病母上大学的孙小娜面对这突来的打击，焦急万分，手足无措。无奈之下，孙小娜向媒体求助。经媒体报道后，这位坚强孝顺的女孩感动了省会无数人，而她母亲的走失，更是牵动了省会无数人的心。省委常委、市委书记孙瑞彬看到报道后当即做出批示，要求有关部门尽快协助孙小娜找到亲人，并妥善照顾好母女俩的生活。爱心开始在全城涌动，一场“全城寻母”行动在省会温暖展开。2011 年 8 月 11 日下午 16 时，孙小娜的母亲终于找到。得知消息，孙瑞彬再次批示：我们就是要用真心、真情去帮助、关心老百姓生活中遇到的困难，让我们的人民群众切实体会到党和政府的温暖，从而焕发出对这座城市的大爱真情，让咱们石家庄人因生活在这座光荣的城市而感到安心、舒心、放心。

神八“画家”——石家庄铁道大学“神八”三维可视化系统平台研发团队（群体） 2010 年 10 月 1 日，嫦娥二号升空，精彩的飞天绕月之旅栩栩如生展示在世人面前。2011 年 11 月 3 日，“神八”飞船与“天宫”轨道舱在近地轨道交会对接任务堪称完美。这些都得益于石家庄铁道大学信息科学与技术学院院长赵正旭教授带领的刘展威、佟宽章、王威等 4 人团队研发而成的三维可视化系统平台。在“神八”飞天之初，三维系统快速捕捉到“天宫”运行到距离飞船入轨最近点，保障了“神八”时间准确到秒级和准时发射升空，实时、准确地监控“神八”发射入轨及姿态情况，完美助力“神八”发射创造入轨精度最高纪录。从“萤火一号”到嫦娥二号成功“奔月”，从助力“天宫一号”飞天到“神八”太空寻梦，赵正旭的团队研制的三维可视化系统平台得到完善和升级。有关专家称：具有完全自主知识产权的该系统平台，核心技术已达到国际领先水平。

逝世人物

张柱国（1915～2011） 1915 年 2 月出生于河北省正定县，1938 年 8 月加入中国共产党参加工作。历任五专署科员，四专署副科长、副局长，晋冀粮食局科长，冀晋行署财政厅科长，华北人民政府财政部科长，中央财政部科长、处长，农产品采购部办公厅副主任，城市服务部办公厅副主任，第二商业部办公厅副主任，中央商业部办公厅副主任，贵州省供销社副主任，贵州省财政局副局长，石家庄市第一商业局副局长、党委常委、市革委财办副主任、党组副书记，中共石家庄市纪检委筹备组副组长、石家庄市第六届人大常委会副主任。1983 年 10 月离职休养。因病于 2011 年 6 月 27 日在石家庄市逝世，享年 96 岁。

刘香久（1916～2011） 1916 年 2 月出生，1956 年 2 月参加工作。历任桥西区首届政协副主席，民建石家庄市委委员、桥西支部主任。因病于 2011 年 1 月 18 日逝世，享年 95 岁。

朱松岭（1920～2011） 河南永城人，1938 年加入中国共产党，同年入伍。历任抗日游击队分队长、连指导员，区政府行政区员、特派员、股长，营教导员，团政治处主任、团政委，师政治部副主任、师政治部主任，军事学院中央党史教授会教员、政治部理论教研室教员、参谋系副政委，师政委，军政治部主任、副政委、政委，石家庄高级步兵学校副政委（副兵团职）等职，参加过津浦、小窑、朝阳朝、仁和圩子、南麻、淮海、渡江等战役战斗和抗美援朝战争。因病于2011年2月11日在石家庄逝世，享年91岁。

刘旭原（1920～2011） 原石家庄市物资回收总公司党委书记、离休干部，河北省饶阳县人。1939年10月参加工作，1940年10月加入中国共产党，1983年12月离休，享受副厅级待遇。因病于2011年9月26日逝世，享年91岁。

靳进华（1921～2011） 原石家庄化肥厂副厂长、离休干部。1921年10月出生于河北省正定县，1939年2月加入中国共产党，1940年4月参加工作，1983年离休，享受厅（局）级待遇。因病于2011年2月8日逝世，享年90岁。

崔克仁（1922～2011） 原三五零二厂厂长，山西省长治人。1922年9月出生，1938年1月参加中国人民解放军，1942年7月加入中国共产党，1983年6月离休，享受正厅级离休干部待遇。因病于2011年4月29日逝世，享年89岁。

崔志（1923～2011） 原名王维卿。1923年10月出生于河北省安平县，1939年4月加入中国共产党参加工作。历任冀中军区锄奸部干训班学员，冀中二分区二总队锄奸科干事、分区公安局科员、八分区工作队队员，束鹿、束晋、束北县公安局股长，冀中十一专署公安科股长，石家庄市公安局股长、副科长，绥远省入城工作团团员，归绥市公安局科长、秘书主任，省公安厅办公室副主任，归绥市公安局第一副局长，内蒙古呼和浩特市公安局局长，内蒙古呼和浩特市副市长兼市公安局局长、市委政法小组副组长、自治区政法干部学校校长，河北省政法干部学校副校长、党委副书记。“文革”期间遭受冲击，受到不公正待遇。恢复工作后，历任冶金部邢台冶金厂党的核心小组组长、革委会副主任、主任，河北省石家庄市第二机床厂革委会副主任，石家庄市检察院检察长，石家庄市委常委，石家庄市委政法委顾问等职。1985年12月离职休养，享受副省（部）级待遇。因病于2011年12月18日在石家庄市逝世，享年88岁。

黄世成（1925～2011） 原石家庄供水集团离休干部，河北省阜平县人。1925年11月出生，1939年2月参加工作，1940年10月入党，1989年1月离休，享受县处级待遇。因病于2011年10月22日去世，享年86岁。

史银竹（1927～2011） 女，原石家庄市农机局离休干部。1927年8月出生于河北省平山县史白雁村，1945年3月加入中国共产党参加工作，1982年12月离休，享受副县级待遇。因病于2011年5月8日逝世，享年84岁。

靳淑荷（1927～2011） 原石家庄地区妇联主任、党组书记，河北省深县人。1939年7月参加工作，1943年9月加入中国共产党，1982年12月离休，享受地区专员级待遇。因病于2011年10月6日逝世，享年84岁。

白良（1928～2011） 原石家庄市文化艺术研究所离休干部、国家一级编剧、中国戏剧家协会会员、中国戏剧文学学会会员、石家庄市文化局戏研室副主任、石家庄市艺术研究所副所长。因病于2011年1月17日逝世，享年83岁。

韩银和（1928～2011） 原石家庄市化炭局书记、市国有资产监督管理委员会离休干部，河北省邯郸人。1928年2月出生，1945年7月参加工作，1946年7月加入中国共产党，1989年3月离职休养，享受副厅级待遇。因病于2011年2月7日逝世，享年83岁。

吴振雪（1928～2011） 原石家庄地区行署水利局离休干部，河北省定县人。1928年2月出生，1945年9月参加工作，1950年8月加入中国共产党，1987年6月离休，享受副县级待遇。因病于2011年6月6日逝世，享年83岁。

王义芝（1928～2011） 1928年出生于河北省深泽县耿庄，1947年开始工作，参加过解放战争、抗美援朝战争等。历任战士、宣传组组长、政治处干事、政治处股长、政治处主任、副政委、政委等职务。1981年回到地方后任石家庄运输总公司党委书记，1988年10月离休，享受地区专员级待遇。因病于2011年7月8日逝世，享年83岁。

武梦和（1929～2011） 河北省藁城人。1929年11月出生，1944年11月参加工作，1983年9月加入中国共产党，1990年1月离职休养，享受副处级待遇。因病于2011年6月12日逝世，享年82岁。

刘琼芳（1932～2011） 女，原石家庄市第一医院内科主任医师、省市知名专家，中共党员，广东省人。1932年出生，1955年参加工作，先后被授予"全国劳动模范"、"全国优秀医务工作者"、"全国三八红旗手"、"全国卫生文明建设先进工作者"，2次获得"全国卫生系统先进工作者"称号，4次被授予"河北省劳动模范"，为第七届全国人大代表。因病于2011年7月9日逝世，享年79岁。

成志强（1934～2011） 江苏省宜兴人。1934年8月出生，1951年10月参加工作，1954年6月加入中国共产党，1984年4月任石家庄地区行政公署统计局局长、党组书记。因病于2011年4月11日在江苏省南京市逝世，享年77岁。

崔荫桐（1935～2011） 原石家庄市交通局党组副书记、正县（处）级退休干部。因病于2011年1月28日逝世，享年76岁。

仇锁贵（1936～2011） 原石家庄纺织研究所所长，全国劳动模范。因病于2011年7月22日逝世，享年75岁。

董永仁（1940～2011） 原石家庄市人民政府办公厅副主任，河北省清苑人。1940年10月5日出生，1960年8月参加工作，1964年9月加入中国共产党，2001年2月退休。因病于2011年5月11日在石家庄市逝世，享年71岁。

张清双（1943～2011） 原石家庄市政协学宣文史资料委员会主任，石家庄市裕华区贾村人。1961年参加工作，1966年加入中国共产党。因病于2011年8月16日逝世，享年68岁。

白梅芳（1944～2011） 原石家庄市裕华区人大常委会副主任。1944年11月出生，1973年10月参加工作，1977年2月加入中国共产党，2005年4月退休。因病于2011年1月26日逝世，享年67岁。

商银海（1946～2011） 原石家庄市政府副秘书长（正县级）。1946年5月出生，1969年8月参加工作，1979年6月加入中国共产党，2006年11月退休。因病于2011年3月28日在石家庄市逝世，享年65岁。

于光（1946～2011） 原石家庄市司法局副局长。1965年8月参加工作，1969年8月入党，2006年2月退休，享受副县级待遇。因病于2011年7月20日在石家庄市逝世，享年65岁。

王胜岩（1952～2011） 原石家庄建工集团有限公司党委书记。因病于2011年1月11日逝世，享年59岁。

米栓国（1953～2011） 河北省赵县杨户办事处任庄村人。1953年3月16日出生，1970年6月参加工作，1979年3月加入中国共产党。历任赵县石油公司经理、赵县交通局局长、赵县政协副主席、赵县人民政府党组成员。因突发心脏病于2011年9月27日不幸逝世，享年58岁。

王玉坤（1957～2011） 河北省晋州人。1957年10月出生，1976年12月参加工作，1981年7月加入中国共产党，历任炮兵第六十八师、六十五集团军装备技术部副处长、处长等职务，2003年9月转业到石家庄市畜牧水产局任局党组成员、副局长，因病于2011年11月28日逝世，享年54岁。

石家庄年鉴 Literatures & Regulations

文献法规

文献法规

石家庄市人民政府令第174号

《石家庄市医疗纠纷预防和处置暂行办法》已经二〇一一年二月二十一日市第十二届人民政府第四十九次常务会议讨论通过，现予发布。自二〇一一年四月一日起施行。

市长：艾文礼

二〇一一年二月二十二日

石家庄市医疗纠纷预防和处置暂行办法

第一章　总　则

第一条　为有效预防和妥善处置医疗纠纷，维护正常医疗秩序，保障患者和医疗机构及其医务人员的合法权益，根据《中华人民共和国人民调解法》等有关法律法规的规定，结合本市实际，制定本办法。

第二条　本市行政区域内医疗机构的医疗纠纷预防和处置适用本办法。

第三条　本办法所称的医疗纠纷，是指医患双方当事人对医疗机构及其医务人员的检查、诊疗、护理行为和结果及其原因，在认识和责任承担上产生分歧而引发的争议。

第四条　医疗纠纷的处置应当遵循预防为主、处置规范、及时便民、属地管理的原则。

第五条　卫生行政部门应当依法履行对医疗机构的监督管理职责，指导监督医疗机构做好医疗纠纷的防范与处置工作。

司法行政部门应当依法加强对医疗纠纷人民调解委员会工作的指导。

保险监督管理机构应当依法加强对医疗责任保险工作的监督管理。

公安机关应当加强对医疗机构的治安管理，维护正常医疗秩序，依法处理扰乱医疗秩序的行为。

第六条　新闻媒体应当遵守有关法律、法规的规定，恪守职业道德，客观公正地报道医疗纠纷，正确引导社会舆论。

第七条　本市建立医疗责任保险制度，鼓励医疗机构参加医疗责任保险。

第八条　市、县两级成立医疗纠纷人民调解委员会(以下简称“医调委”)，分别负责市区和各县（市）医疗纠纷的人民调解工作，接受当地司法行政部门的业务指导。医调委调解医疗纠纷不收取任何费用，工作经费由本级财政予以保障。

医疗纠纷调解规则由医调委依据《中华人民共和国人民调解法》和本办法的有关规定制定，并报同级司法行政部门备案。

第二章　预　防

第九条　卫生行政部门应当规范医疗机构执业准入，加强对医疗机构执业行为的监督和管理，提高医疗机构及医务人员医疗服务质量。

第十条　医疗机构应当按照有关法律、法规和规章的规定，建立健全医疗安全责任、医疗质量监控和评价、医患沟通、医疗事故责任追究等制度和医疗纠纷处置预案。

医疗机构应当安排接待场所，配备专门人员接受患方咨询和投诉。

第十一条　医务人员应当遵

守下列规定：

（一）遵守卫生法律、法规、规章和技术规范；

（二）遵守职业道德，关心、爱护、尊重患者，保护患者的隐私；

（三）努力钻研业务，更新知识，提高专业技术水平；

（四）在诊疗活动中应当向患者说明病情和医疗措施，需要实施手术、特殊检查、特殊治疗的，应当及时向患者说明医疗风险、替代医疗方案等情况，并取得其书面同意；不宜向患者说明的，应当向患者的近亲属说明，并取得其书面同意；

（五）因抢救生命垂危的患者等紧急情况，不能取得患者或者其近亲属意见的，经医疗机构负责人或者授权的负责人批准，可以立即实施相应的医疗措施；

（六）按照规定书写病历资料，不得隐匿、伪造或者销毁医学文书及有关物品和资料。

第十二条 患者及其近亲属应当遵守下列规定：

（一）遵守医疗机构规章制度；

（二）如实向医务人员陈述病情，配合医务人员进行诊断、治疗和护理，并按要求签署相关的知情同意书面材料；

（三）按规定支付医疗费用；

（四）发生医疗纠纷后，依法表达意见和要求。

第十三条 公立医疗机构应当参加医疗责任保险，非公立医疗机构可以自愿参加医疗责任保险。

市卫生行政部门可以通过招投标或者其他方式确定承保医疗责任保险的保险机构。

参保费用从医疗机构业务经费中列支，按规定计入医疗机构成本；医疗机构不得因参加医疗责任保险而提高现有收费标准或者变相增加患者负担。

第十四条 公安机关应当依照有关法律规定，指导督促医疗机构落实治安防范制度、措施和治安保卫工作规定，及时发现和整改治安隐患。

第三章 报告与处置

第十五条 发生医疗纠纷后，医疗机构应当及时向当地卫生行政部门报告，启动医疗纠纷处置预案，并按下列程序处置：

（一）及时组织医院专家会诊，将会诊意见告知患者或者患者近亲属；

（二）在医患双方当事人共同在场的情况下，按《医疗事故处理条例》规定封存或启封现场实物及相关病历资料；

（三）患者在医疗机构内死亡的，按规定将尸体移放太平间或殡仪馆。医患双方不能确定死因或对死因有异议的，按《医疗事故处理条例》规定进行尸检；

（四）告知患者或者患者近亲属有关医疗纠纷处置的方法和程序，答复患者或者患者近亲属的咨询和疑问；

（五）患者或者患者近亲属以及其他人员严重扰乱医疗工作秩序不听劝阻的，及时向所在地公安机关报警；

（六）参加了医疗责任保险的医疗机构，应当如实向医疗责任保险承保机构提供医疗纠纷的有关情况；

（七）处置完毕后，向卫生行政部门提交医疗纠纷处置报告，如实反映医疗纠纷的发生经过及调查、处理情况。

第十六条 卫生行政部门接到医疗纠纷报告后，应当责令医疗机构立即采取有效措施，必要时派人赶赴现场指导、协调处置工作，引导双方当事人依法妥善解决医疗纠纷。

第十七条 公安机关接到严重扰乱医疗工作秩序行为的报警后，应当及时出警，依法处置。

第十八条 医疗纠纷发生后，双方当事人可以自行协商解决或者向医疗机构所在地的医调委申请调解，也可以向卫生行政部门申请医疗事故争议行政处理，或者向人民法院提起诉讼。

医疗纠纷索赔金额2万元以上的，公立医疗机构不得自行协商处理，应当告知患者及其近亲属可到当地医调委调解或者向卫生行政部门申请医疗事故争议行政处理，也可向人民法院提起诉讼。

第十九条 因药品不良反应或者医疗器械不良事件引起的医疗纠纷，医疗机构应当根据鉴定结论向受害方支付补偿费用。

医疗机构支付补偿费用后，可以依法向药品或者医疗器械的生产者、经营者追偿。

第四章 调解与理赔

第二十条 医调委承担以下工作职责：

（一）调解医疗纠纷；

（二）通过调解工作，宣传相关法律、法规、规章和医学知识；

（三）向卫生、司法行政等部门报告医疗纠纷和调解工作的情况；

（四）分析医疗纠纷发生的原因，向医疗机构提出医疗纠纷防范意见和建议；

（五）提供有关医疗纠纷调解的咨询服务。

第二十一条 医调委的调解员应当为人公道、品行良好，具有医疗、法律专业知识和调解工作经验，并热心于医疗纠纷调解工作。

第二十二条 医调委应当建立由相关医学、药学和法律等专家组成的专家库，为医疗纠纷的调查、评估和调解提供技术咨询。

第二十三条 医调委对当事人提出的医疗纠纷调解申请，符合受理条件的，应当在 3 个工作日内予以受理；不符合受理条件的，不予受理，书面通知当事人并说明理由。

医调委受理调解申请后，应当告知双方当事人在调解活动中享有的权利和承担的义务。

第二十四条 医疗纠纷调解申请有以下情形之一的，医调委不予受理；已经受理的，终止调解：

（一）一方当事人已向人民法院提起诉讼的；

（二）一方当事人已向卫生行政部门申请医疗事故争议行政处理的；

（三）一方当事人拒绝医调委调解的；

（四）已经医调委调解未达成调解协议，一方当事人再次申请调解的；

（五）非法行医引起的纠纷；

（六）法律法规规章规定的其他情形。

终止调解的，应当书面通知当事人并说明理由。

第二十五条 调解员有下列情形之一的，应当回避，当事人也有权向医调委提出回避申请：

（一）是当事人或者当事人、代理人的近亲属；

（二）与医疗纠纷有利害关系；

（三）与当事人、代理人有其他关系，可能影响公正调解的；

（四）接受当事人、代理人的请客送礼的。

第二十六条 医调委受理医疗纠纷调解申请后，医患双方当事人可在医调委调解员名单中各自指定一名调解员，并共同指定一名首席调解员组成医疗纠纷调解小组进行调解；医患双方当事人未指定调解员或者无法共同指定首席调解员的，由医调委代为指定；当事人对调解员提出回避要求的，应当予以更换。

双方当事人可以委托律师和其他代理人参与调解活动，委托代理人参与调解活动的，委托人应当向医调委提交授权委托书。

第二十七条 医调委应当自受理医疗纠纷调解申请之日起 7 个工作日内，分别向双方当事人了解相关事实和情况，并根据当事人的要求，组织调查、核实、评估。需要进行医疗事故技术鉴定的，应当告知双方当事人申请医疗事故技术鉴定。

在医疗纠纷调解过程中，医患双方当事人应当向医调委提供病历、诊疗资料、鉴定结论等证据、证明材料。

第二十八条 经调解解决的医疗纠纷，应当制作调解协议书。调解协议书由双方当事人签名、盖章或者按指印，经调解人员签名并加盖医调委印章后生效。

依法达成的调解协议，双方当事人应当自觉履行。

第二十九条 医调委应当自受理调解申请之日起 30 个工作日内调结。因特殊情况需要延长调解期限的，经双方当事人同意，可以再延期 30 个工作日；超过期限仍未达成调解协议的，视为调解不成。

第三十条 医疗责任保险机构可以参加医疗纠纷调解，并协助医调委做好医疗纠纷的受理、调查、评估及理赔等工作。

第三十一条 经医患双方当事人协商一致的协议、医调委调解达成的调解协议，应当作为医疗责任保险承保机构的理赔依据。医疗责任保险承保机构应当依据保险合同约定的保险责任，自申请理赔之日起 10 个工作日内支付赔偿金。

医疗责任保险承保机构未在 10 个工作日内支付赔偿金的，医疗机构应当先行垫付。医疗机构垫付赔偿金后，可依法向医疗责任保险承保机构追偿。

第五章　法律责任

第三十二条　违反本办法规定，有关行政机关工作人员在处置医疗纠纷过程中滥用职权、玩忽职守、徇私舞弊的，依法给予行政处分；构成犯罪的，依法追究刑事责任。

第三十三条　医疗机构违反本办法第十条、第十五条第一项、第二项、第三项、第四项、第七项和第十八条第二款规定的，由卫生行政部门责令限期改正，逾期不改的，处以2000元以上10000元以下罚款。

第三十四条　医务人员违反本办法规定，有下列行为之一的，由卫生行政部门依法予以处罚，构成犯罪的，依法追究刑事责任：

（一）违反卫生行政规章制度或者技术操作规程，造成严重后果的；

（二）不负责任，延误危重患者的抢救和治疗，造成严重后果的；

（三）隐匿、伪造或者擅自销毁医学文书及有关资料的。

第三十五条　患者、患者近亲属及其他人员有下列行为之一的，由公安机关依照《中华人民共和国治安管理处罚法》进行处罚；构成犯罪的，依法追究刑事责任：

（一）聚众占据医疗机构诊疗或办公场所，扰乱医疗机构秩序的；

（二）拒绝、阻碍将尸体移放太平间，在医疗机构随意停放尸体或者因停放尸体影响医务人员正常生活、工作秩序的；

（三）在政府机关或医疗机构实施拉条幅、设灵堂、张贴大字报、摆花圈、烧钱纸、封堵大门等行为，经劝说无效的；

（四）阻碍医务人员依法执业，侮辱或者捏造事实诽谤医务人员及医疗机构管理人员，威胁、殴打医务人员及医疗机构管理人员，或侵犯医务人员及医疗机构管理人员人身自由，干扰医务人员正常工作和生活的；

（五）故意损毁医疗机构的设备、财产和重要文件资料的。

第六章　附　则

第三十六条　本市行政区域内的疾控机构、计划生育服务机构在履行职责过程中发生的医疗纠纷，参照本办法执行。

第三十七条　本办法自2011年4月1日起施行。

石家庄市人民政府令第175号

《石家庄市生活饮用水二次供水卫生监督管理办法》已经二〇一一年二月二十一日市第十二届人民政府第四十九次常务会议讨论通过，现予发布。自二〇一一年四月一日起施行。

市长：艾文礼

二〇一一年二月二十二日

石家庄市生活饮用水二次供水卫生监督管理办法

第一条　为保证生活饮用水二次供水水质卫生，预防和控制传染病的发生和流行，保障人民群众身体健康，根据《中华人民共和国传染病防治法》等有关法律法规的规定，结合本市实际，制定本办法。

第二条　本市行政区域内生活饮用水二次供水卫生监督管理，适用本办法。

第三条　本办法所称二次供水，是指将来自集中式供水管道的水，另行加压或贮存，再送至水站或用户的供水方式。本办法所称二次供水卫生监督管理，是指对二次供水水质和设施的卫生监督管理。

第四条　生活饮用水二次供水水质，应符合国家生活饮用水卫生标准。

第五条　对违反本办法的行为，任何单位和个人均有权举报或投诉。

第六条　市卫生行政部门主管全市生活饮用水二次供水的卫生监督管理工作；各县（市）、区、矿区卫生行政部门负责本辖区内二次供水的卫生监督监测工作。

建设、规划、环境保护、水务

等部门在各自的职责范围内负责生活饮用水二次供水的管理工作。

第七条 生活饮用水二次供水设施由二次供水设施所有权人或其委托的管理单位、物业服务公司（以下简称二次供水设施管理单位）负责日常管理，并履行下列职责：

（一）建立二次供水设施卫生管理制度，制定生活饮用水突发公共卫生事件应急处置预案，配备专（兼）职管理人员；

（二）负责或委托专业清洗消毒单位对二次供水设施每半年至少进行一次清洗消毒；

（三）委托有水质卫生检测资质的机构按照《生活饮用水卫生标准》的规定进行水质常规指标检测，每年不少于一次，水质检测结果应及时公布；

（四）当水质受到污染或出现异常，可能危及人体健康时，应立即采取控制措施，及时向当地卫生行政部门报告，并协助卫生行政部门调查；

（五）建立卫生档案，将清洗消毒记录、供管水人员健康检查证明、水质检测报告等相关资料归档保存；

（六）保持二次供水设施周围环境清洁。

第八条 新建二次供水设施应当与主体工程同时设计、同时施工、同时交付使用，工程施工图设计审查和竣工验收时，建设单位应当通知卫生行政部门参加。

第九条 新建、改建、扩建二次供水设施，应当符合下列要求：

（一）二次供水储水设施应与消防水池分建，不得与城市公共供水管网或自建供水管道直接连接；

（二）二次供水设施应便于防护和清洗，排水应通畅。室外蓄水池周围十米以内不得有渗水坑、化粪池、垃圾收集和处理设施、有毒有害物品等污染源，周围两米以内不得有污水管道；

（三）储水设施内壁应坚固、光洁、不渗漏，入孔或水箱入口应有盖（或门），并高出水箱面五厘米以上，有上锁装置，并有防止雨雪渗漏的设施，透气孔有防止蚊虫、异物进入的装置，通风管应安装防护罩；

（四）储水设施结构合理，无死水区，机泵室与储水设施分建，泄水管应设置在水箱的底部，溢水管与泄水管均不得与排水设施直接相连；

（五）二次供水设施使用的建筑材料和内壁涂料应无毒无害，使用的管材阀门以及过滤、软化、净化、加压、消毒、防腐等产品、设备必须安全、卫生；

（六）法律法规规定的其他要求。

第十条 二次供水设施管理单位在二次供水设施投入使用前应当向所在地县级以上卫生行政部门提出申请，取得《供水卫生许可证》后方可投入使用。

第十一条 二次供水设施管理单位和二次供水设施专业清洗消毒单位直接从事二次供水设施供水、管水和清洗消毒作业的工作人员应每年进行卫生知识培训，并到具备预防性健康检查资质的医疗卫生机构进行健康检查，取得健康合格证明后方可上岗。

凡患有痢疾、伤寒、甲型病毒性肝炎、戊型病毒性肝炎等消化道传染病及患有活动性肺结核、化脓性或渗出性皮肤病的人员，不得从事供水、管水工作。

第十二条 二次供水设施专业清洗消毒单位，应当具备下列条件：

（一）有相适应的专业机构、经费、设备；

（二）配备有不少于两名的卫生专业技术人员；

（三）有经卫生知识培训，取得健康检查合格证明的工作人员；

（四）建立完善的内部管理制度；

（五）具有法人资格，能够独立承担民事责任。

第十三条 二次供水设施专业清洗消毒单位应当在取得营业执照后二十日内持本办法第十二条规定条件的证明材料到市卫生行政部门备案。未达到规定条件的，市卫生行政部门应当主动告知二次供水设施专业清洗消毒单位予以改正。

第十四条 二次供水设施专业清洗消毒单位应当履行下列职责：

（一）建立用户资料档案，按照国家有关消毒技术规范进行清洗消毒，记录清洗消毒情况，做好跟踪服务；

（二）每次清洗消毒完毕，应将水样送有水质卫生检测资质的机构进行水质微生物检测，达到《生活饮用水卫生标准》后方可交付使用；

（三）清洗消毒工作结束后，应及时将清洗消毒记录水质微生物检测报告交付二次供水设施管理单位。

第十五条 二次供水设施清洗消毒使用的除垢剂、净水剂、消毒剂应符合国家生活饮用水的卫生要求。

第十六条 卫生行政部门应加强对二次供水设施的监督监测，对二次供水设施水质常规指标监测每两年不得少于一次，水质细菌学指标监测每年不得少于一次。

监测所需经费列入本级政府财政预算，由本级财政予以保障。

第十七条 卫生行政部门应当设立生活饮用水应急事件和违法行为投诉举报受理平台，接到二次供水设施管理单位报告或群众举报后，应当及时组织人员调查处置。

第十八条 因供水污染，造成人体严重中毒或介水传播疾病危及人身安全的，卫生行政部门有权采取封闭供水设施、通知供水部门停止供水等措施，并通过新闻媒体予以通报。

第十九条 违反本办法第七条规定，二次供水设施管理单位未履行规定职责的，由卫生行政部门责令限期改正，逾期不改的，处500元以上2000元以下罚款。

第二十条 违反本办法第九条规定，新建、改建、扩建二次供水设施不符合要求的，由卫生行政部门责令限期改正，逾期不改的，处以1000元以上5000元以下罚款。

第二十一条 违反本办法第十条规定，二次供水设施管理单位未取得《供水卫生许可证》将二次供水设施投入使用的，由卫生行政部门处1000元以上5000元以下罚款。

第二十二条 违反本办法第十一条规定，二次供水设施管理单位或二次供水设施专业清洗消毒单位直接从事二次供水设施供水、管水和清洗消毒的工作人员未取得健康合格证明上岗的，由卫生行政部门责令限期改正，逾期不改的，处500元以上1000元以下罚款。

第二十三条 违反本办法第十三条、第十四条规定，二次供水设施专业清洗消毒单位未按规定备案或未履行规定职责的，由卫生行政部门责令改正，逾期不改的，处1000元以上2000元以下罚款。

第二十四条 违反本办法第十五条，二次供水设施管理单位或专业清洗消毒单位清洗消毒使用的除垢剂、净水剂、消毒剂不符合卫生要求的，由卫生行政部门责令改正，并处1000元以上5000元以下罚款。

第二十五条 卫生行政部门对二次供水设施进行监测，发现水质达不到生活饮用水卫生标准的，责令二次供水设施管理单位限期改正，逾期不改的，处2000元以上5000元以下罚款；情节严重的，责令停止供水，限期治理，并处5000元以上20000元以下罚款。

第二十六条 卫生行政部门卫生监督执法人员玩忽职守、滥用职权，由所在单位或上级机关追究领导和直接责任者的责任；涉嫌触犯刑律的，移送司法机关依法处理。

第二十七条 本办法自2011年4月1日起施行。1997年11月14日市人民政府令第89号颁布的《石家庄市生活饮用水二次供水卫生监督管理办法》同时废止。

石家庄市人民政府令第 176 号

《石家庄市企业负担监督管理办法》已经二〇一一年六月十三日市第十二届人民政府第五十五次常务会议讨论通过，现予发布。自二〇一一年八月一日起施行。

市长：艾文礼

二〇一一年六月二十七日

石家庄市企业负担监督管理办法

第一章　总　则

第一条　为加强对企业负担的监督管理，优化企业发展环境，维护企业的合法权益，根据有关法律、法规、规章的规定，结合本市实际，制定本办法。

第二条　本市行政区域内各类企业负担的监督管理适用本办法。

第三条　市、县（市）、区人民政府应当加强对企业负担监督管理工作的领导，组织、协调和督促有关部门依法做好企业负担的监督管理工作。

第四条　市工业和信息化局负责本市行政区域内企业负担监督管理工作。其主要职责是：

（一）监督检查有关企业负担的法律、法规、规章的执行情况，提出减轻企业负担的政策建议；

（二）受理涉及企业负担的投诉、举报，并依法查处；

（三）督促同级人民政府有关部门和下级人民政府主管企业负担监督管理工作部门查处企业负担案件；

（四）负责企业负担监督管理的其他工作。

县（市）、区人民政府确定的主管企业负担监督管理工作的部门，负责本行政区域内企业负担监督管理工作。

第五条　监察、财政、价格、审计、法制等有关部门应当按照各自职责，做好企业负担监督管理工作。

第六条　新闻媒体应当加强对违法增加企业负担行为的舆论监督。

第二章　监督管理

第七条　市、县（市）、区人民政府及其部门制定规范性文件，无法律、法规、规章依据的，不得做出任何增加企业负担的规定。

第八条　任何单位或组织不得违反规定，设立行政事业性收费项目，提高收费标准，扩大收费范围。所有行政事业性收费、政府性基金项目、收费标准应在媒体上公告，增加透明度。

第九条　向企业收取行政事业性收费、政府性基金和政府性集资，应当符合法律、法规和国务院、省人民政府的有关规定。不符合规定的，企业有权拒绝缴纳。

企业对收费项目的适用范围、依据和标准有异议的，有权要求收费部门和单位予以说明，或者向企业负担监督主管部门以及财政、价格行政管理部门查询，有关部门应当提供便利。

第十条　有收费职能的部门向企业收费时，应当出示价格部门颁发的《进企业收费批准通知书》、《收费许可证》和《收费员证》，使用省财政部门统一制发的行政事业性专用收费票据，并在《企业缴费登记卡》上，按规定要求登记收费单位名称、收费时间、收费项目、收费标准、收费金额和收费人员姓名等内容。对手续不全或未按要求填写的，企业可拒绝缴费。

第十一条　行政机关办理许可、审批、年审、登记等事项时，除收取国家和省规定的费用外，不得收取或代收其他任何费用。

第十二条　行政机关或者具有行政管理职能的组织对企业实施

行政处罚应当以法律、法规或者规章为依据，并使用财政部门统一印制的罚款专用票据，不得向其工作人员下达或者变相下达对企业实施罚款、没收财物的指标。

第十三条 行政机关对违法行为轻微，没有造成危害后果的，实行首次不罚制，责令企业限期改正。行政机关做出的责令停产停业、吊销许可证或者执照、较大数额罚款等重大行政处罚决定，应当在下达处罚决定的同时，报同级政府法制部门备案。

第十四条 除安全生产检查、食品安全检查、重大环保案件调查和刑事案件，以及国家和省安排的执法检查、群众举报投诉案件以外，任何单位不得擅自对企业进行检查评比活动。依法进行检查评比的，应当在开展活动3个工作日前报同级政府法制部门审批备案，经批准后方可组织实施。对企业检查评比时，应当出示行政执法证件和批准文书。

第十五条 社会团体不得在行政机关办理许可、审批、年审、登记等事项过程中，搭车收取会费或其他费用。

第十六条 中介机构受行政机关委托对企业进行检验、检测、咨询、评估等所需费用，依据法律、法规应当由行政机关支付的，不得向企业收取。

第十七条 邮政、电信、民航、铁路、公路、供电、供水、供热、燃气、广播电视等公用事业企业，不得擅自提高政府定价或者超出政府指导价规定的幅度制定价格。

第十八条 禁止下列增加企业负担的行为：

（一）将行政职能变相转移到事业单位或中介机构，向企业收取费用；

（二）将应当由企业自主选择的咨询、评估、检测等中介服务变为强制性指定服务，向企业收取费用；

（三）不按法律、法规规定，提前征收企业各类税、费；

（四）借用企业的资金，占用依法应当划拨给企业的拨款以及依法应当退还给企业的税金、收费、罚款、政府性基金和补助金等；

（五）无偿使用企业的房产、交通工具、通讯设备和电子设备等财物；

（六）要求企业承担差旅费、通讯费、会议费、餐饮费、医疗费等费用；

（七）强迫企业提供办案经费；

（八）强迫企业提供赞助、资助、捐款；

（九）强迫企业参加法律、法规规定以外的保险；

（十）强迫企业订购图书、报刊、音像制品或刊登广告等；

（十一）强制企业参加培训、技术考核、学术研究，强制企业加入学会、协会等；

（十二）强制企业出资编写名录、年鉴、大全、画册及拍摄影像资料；

（十三）以办学、助学名义索要费用和财物；

（十四）限定企业购买（接受）指定的产品（服务），擅自提高商品（服务）价格；

（十五）违法增加企业负担的其他行为。

第十九条 不执行法律、行政法规或者国务院和省、市人民政府关于对企业减税、免税、退税、减息、减免征收行政事业性收费以及政府性基金的规定的，视为违反本办法增加企业负担。

第二十条 在发生严重自然灾害、重大事故等突发公共事件时，县级以上人民政府可以依法或者按有关规定向企业征用物资和劳务，事后应当归还或者依法给予补偿。法律法规另有规定的，从其规定。

第二十一条 各级企业负担监督管理部门应当建立企业负担监督网络，选择若干个企业作为负担监督点，负责指导企业掌握收费管理政策，了解收费政策执行情况，协调处理收费矛盾，了解企业负担状况。听取企业对减负的意见，每半年不得少于一次。

第二十二条 监督点企业应当明确一名监督员，作为企业负担监督责任人，一般由各企业财务负责人担任。监督员的主要职责是：

（一）审验收费单位《收费许可证》及收费项目、标准；

（二）拒绝和举报乱收费行为；

（三）向有关部门进行收费政策咨询；

（四）汇总企业负担情况。

第二十三条 各级企业负担监督管理部门应当建立企业负担监督管理档案，记录增加企业负担的违规行为，并定期公布。

第二十四条 企业应当自觉遵守法律法规，依法经营管理，落实安全生产、食品安全和环境保护等管理制度，提高产品（服务）质量，维护消费者合法权益。

第二十五条 行政机关应当加强对企业的监督管理，制定监督检查计划并组织实施，依法查处企业违法经营行为，维护市场经营秩序。

第三章 举报、投诉和处理

第二十六条 任何单位和个人都有权对违法增加企业负担的行为进行投诉、举报。

第二十七条 各级企业负担监督管理部门应当设立企业负担监督举报电话、信箱，并为投诉人、举报人保密。

第二十八条 企业负担监督管理部门接到投诉、举报后，应当组织、协调或责成有关部门依法进行调查处理，并按规定时限做出处理决定。涉及两个以上职能部门处理的投诉、举报案件，由企业负担监督管理部门协调组织有关部门共同调查处理。

第二十九条 被投诉、举报的单位及其工作人员，应当接受企业负担监督管理部门和相关部门的调查，被调查的单位和个人必须如实反映情况并提供有关资料，不得拒绝和阻挠调查工作，不得打击、报复投诉、举报人。

第三十条 企业认为市、县(市)、区人民政府及其部门制定的规范性文件侵犯企业合法权益的，可以要求有关机关对规范性文件予以审查处理。

第四章 法律责任

第三十一条 违反本办法第十四条规定，未经批准擅自对企业进行检查评比的，由政府法制部门责令停止违法行为，并由所在单位或者监察机关对主管人员和责任人员予以行政处分。

第三十二条 社会团体、中介机构违反本办法第十五条、第十六条和第十八条规定，由县级以上人民政府企业负担监督管理部门责令停止违法行为，限期将企业所承担的财物、费用退还企业，无法退还的，责令上缴财政，并对社会团体处一千元以下罚款，对中介机构处一万元以上三万元以下罚款。

第三十三条 违反本办法第十七条规定，由价格主管部门依据《价格违法行为行政处罚规定》予以处罚。

第三十四条 行政机关、具有行政管理职能的组织及其工作人员违反本办法规定增加企业负担的，由县级以上人民政府企业负担监督管理部门和查处机关责令其停止违法行为，限期将企业所承担的财物、费用退还企业，无法退还的，责令上缴财政，并由所在单位或者监察机关对主管人员和责任人员予以行政处分；给企业造成损失的，应当依法赔偿；构成犯罪的，依法追究刑事责任。

第三十五条 县级以上人民政府企业负担监督管理部门和监察、财政、价格、审计、法制等部门及其工作人员有下列情形之一的，由其所在单位或者监察机关对主管人员和责任人员给予行政处分；构成犯罪的，依法追究刑事责任：

（一）包庇或者纵容违法增加企业负担行为的；

（二）不履行保密义务，致使投诉、举报人受到打击报复的；

（三）对受理的投诉、举报案件未在规定的时限内依法作出处理决定的；

（四）违反监督管理职责的其他行为。

第五章 附 则

第三十六条 对违法增加个体工商户负担行为的监督管理，参照本办法执行。

第三十七条 本办法自二〇一一年八月一日起施行。

石家庄市人民政府令第177号

《石家庄市国有土地上房屋征收与补偿暂行办法》已经二〇一一年六月十三日市第十二届人民政府第五十五次常务会议讨论通过，现予发布。自二〇一一年八月五日起施行。

市长：艾文礼

二〇一一年六月二十九日

石家庄市国有土地上房屋征收与补偿暂行办法

第一章　总　则

第一条　为规范国有土地上房屋征收与补偿活动，维护公共利益，保障被征收房屋所有权人的合法权益，根据《国有土地上房屋征收与补偿条例》，结合本市实际，制定本办法。

第二条　为公共利益的需要，在本市行政区域内征收国有土地上单位、个人的房屋，应当对被征收房屋所有权人（以下称被征收人）给予公平补偿。

第三条　房屋征收与补偿应当遵循决策民主、程序正当、补偿公平、结果公开的原则。

第四条　石家庄市人民政府负责本行政区域内国有土地上的房屋征收与补偿工作，并对下级人民政府征收与补偿工作实施监督。

经市人民政府决定由桥西、新华、桥东、长安、裕华区（以下简称市内五区）人民政府进行征收的项目，由市内五区人民政府负责房屋征收与补偿工作。

各县（市）、矿区人民政府负责本辖区内国有土地上房屋征收与补偿工作。

第五条　市、县（市）、矿区建设行政主管部门和市内五区人民政府确定的房屋征收部门（以下简称房屋征收部门）负责组织实施本辖区内的房屋征收与补偿工作。

市建设行政主管部门及所属的房屋征收管理机构应加强对各县（市）、区房屋征收部门的监督指导，规范其房屋征收与补偿行为。

被征收房屋所在地辖区政府、有关部门和街道办事处应当按照各自职责协同房屋征收部门做好房屋征收与补偿的相关工作。

第六条　房屋征收部门可以委托房屋征收实施单位，承担房屋征收与补偿的具体工作。房屋征收实施单位不得以营利为目的。

房屋征收部门委托房屋征收实施单位实施征收工作的，应当向房屋征收实施单位出具委托协议书。委托协议书应当明确委托范围、权限、期限、工作经费以及其他相关内容。

房屋征收部门对房屋征收实施单位在委托范围内实施的房屋征收与补偿行为进行监督，并对其行为后果承担法律责任。

房屋征收实施单位应当具备与房屋征收规模相适应的管理人员、专业技术人员、法律服务人员及其他必备的工作人员。

第七条　市建设行政主管部门应建立房屋征收人力资源库和信用档案，并对全市房屋征收部门、房屋征收实施单位、房地产价格评估机构从事房屋征收工作的人员进行业务培训。

第二章　征收决定

第八条　为公共利益的需要，有下列情形之一，确需征收房屋的，由市、县级人民政府作出房屋征收决定：

（一）国防和外交的需要；

（二）由政府组织实施的能源、交通、水利等基础设施建设的需要；

（三）由政府组织实施的科技、教育、文化、卫生、体育、环境和资源保护、防灾减灾、文物保护、社会福利、市政公用等公共事业的需要；

（四）由政府组织实施的保障性安居工程建设的需要；

（五）由政府依照城乡规划法有关规定组织实施的对危房集中、基础设施落后等地段进行旧城区改建的需要；

（六）法律、行政法规规定的其他公共利益的需要。

第九条 依照本办法第八条规定确需征收房屋的各项建设活动，应当符合国民经济和社会发展规划、土地利用总体规划、城乡规划和专项规划。

保障性安居工程建设、旧城区改建，应当纳入市、县级国民经济和社会发展年度计划。

第十条 市房屋征收部门会同有关部门根据国民经济和社会发展规划和年度计划、土地利用总体规划、城乡规划和专项规划编制市区年度房屋征收计划，报市人民政府批准后实施。

第十一条 根据本办法第八条规定需要征收国有土地上房屋的，项目单位应当向房屋征收部门提交以下材料：

（一）属于本办法第八条第一、二、三、四项政府组织实施项目提交发展改革部门出具的项目建议书批复；属于本办法第八条第五项旧城区改建项目提交发展改革部门出具的该项目符合国民经济和社会发展年度计划的证明；

（二）城乡规划部门出具的项目用地规划条件和项目用地红线图；

（三）国土资源部门出具的符合土地利用总体规划证明；

（四）财政部门、项目主管部门或银行出具的征收补偿概算资金到位证明；

（五）其他需要提交的材料。

第十二条 房屋征收部门根据城乡规划部门出具的项目用地红线图，拟定房屋征收范围，经市、县级人民政府批准并予以公布。

第十三条 自房屋征收范围公布之日起，房屋征收范围内的单位和个人不得实施下列不当增加补偿费用的行为，违反规定实施的，不予补偿。

（一）新建、改建、扩建房屋；

（二）改变房屋用途；

（三）分割转让和分户，但法律另有规定的除外；

（四）非住宅房屋租赁；

（五）其他不当增加补偿费用的行为。

房屋征收部门应当就前款所列事项，以书面形式通知发展改革、国土资源、城乡规划、房管等有关部门暂停办理相关手续。暂停办理的书面通知应当载明暂停期限。暂停期限最长不得超过 1 年。

第十四条 房管部门应当向房屋征收部门提供被征收房屋范围及其邻近周边房地产价格评估所需的房产交易案例和相关房产档案信息；国土资源部门应当提供土地登记卡、宗地图等土地登记资料。

房地产价格评估机构应当随时采集房屋交易价格信息。

第十五条 房屋征收部门可委托房屋征收实施单位和房地产价格评估机构实施调查登记和预评估，调查内容包括：

（一）被征收人基本情况；

（二）征收范围内房屋的地址、权属、用途、结构、建筑面积等情况；

（三）征收范围内房屋土地权属、用途、面积等情况；

（四）被征收房屋装饰装修、附属设施、附属物情况；

（五）未经登记建筑和临时建筑等情况；

（六）被征收房屋出租、抵押、查封情况；

（七）被征收人拟选择的补偿方式；

（八）征收范围内及就近地段房屋交易价格情况；

（九）因房屋征收造成停产、停业损失等情况；

（十）被征收人是否符合住房保障条件的情况；

（十一）其他需要调查登记的情况。

调查登记结果应当在房屋征收范围内向被征收人公布。被征收人对公布的调查登记结果有异议的，房屋征收部门或房屋征收实施单位应当进行核实。

第十六条 被征收房屋的使用性质和建筑面积，一般以房屋权属证书和房屋登记簿的记载为准。房屋权属证书与房屋登记簿的记载不一致的，除有证据证明房屋登记簿确有错误外，以房屋登记簿的记载为准。

对房屋使用性质或建筑面积有异议的，由当事人提出书面申请，城乡规划、房管部门自接到申请之日起 5 个工作日内按照各自职责作出书面认定。

第十七条 房屋征收部门对

征收范围内未经登记的建筑和临时建筑，报市、县级人民政府组织国土资源、城乡规划、房管等相关部门依据各自职能进行调查、认定和处理。

对认定为合法建筑的和未超过批准期限的临时建筑给予补偿；对认定为违法建筑和超过批准期限的临时建筑不予补偿，并在征收范围内予以公布。

第十八条 调查、登记、认定结束后，房屋征收部门应组织编制旧城区改建项目用于产权调换的住宅房屋建设地块修建性详细规划或建设工程设计方案的总平面图报市、县城乡规划部门审定。

第十九条 房屋征收部门应当根据调查登记、项目预评估、修建性详细规划或建设工程设计方案的总平面图等情况拟定房屋征收补偿方案，房屋征收补偿方案应当包括以下主要内容：

（一）征收范围、补偿方式；

（二）不同类型被征收房屋市场平均价格；

（三）产权调换房屋的市场平均价格、修建性详细规划或建设工程设计方案的总平面图、户型图及交房条件等情况；

（四）不同类型被征收房屋的公摊补助系数；

（五）过渡方式、期限，临时安置用房标准，奖励与补助标准；

（六）停产停业损失计算标准；

（七）签约期限；

（八）其他应该纳入补偿方案的内容。

第二十条 房屋征收部门应当将拟定的房屋征收补偿方案报市、县级人民政府，由市、县级人民政府组织发展改革、国土资源、城乡规划、房管、财政等有关部门及专家进行论证。

市内五区房屋征收部门在房屋征收补偿方案论证前，应将房屋征收补偿方案报市房屋征收部门综合平衡。

第二十一条 房屋征收补偿方案经论证后，市、县级人民政府应当将房屋征收补偿方案在本级政府和房屋征收部门网站公开征询公众意见，征询公众意见期限不少于30日。在征询公众意见期间，房屋征收部门还应当将房屋征收补偿方案送达被征收人。

市、县级人民政府应当将征求意见情况、根据公众和被征收人意见修改后的方案，在征求意见期限结束后15日内予以公布。

第二十二条 因旧城区改建需要征收房屋的，半数以上被征收人认为房屋征收补偿方案不符合《国有土地上房屋征收与补偿条例》和本办法规定的，由市、县级人民政府组织召开被征收人代表、公众代表、房屋征收部门等参加的听证会。

市、县级人民政府应当根据听证会情况对房屋征收补偿方案组织修改。

第二十三条 市、县级人民政府应当组织发展改革、国土资源、城乡规划、房管、公安、财政、信访等有关部门进行研究，作出房屋征收决定；市区房屋征收决定涉及被征收人150户以上的，应当经市人民政府常务会议讨论决定；各县(市)、矿区房屋征收决定涉及被征收人75户以上的，应当经各县(市)、矿区人民政府常务会议讨论决定。

市、县级人民政府作出房屋征收决定前，应当按照有关规定进行社会稳定风险评估。

第二十四条 市、县级人民政府作出房屋征收决定后应当在10日内公告，并由房屋征收部门送达被征收人。公告应当载明房屋征收补偿方案和行政复议、行政诉讼权利等事项。

市、县级人民政府及房屋征收部门应当做好房屋征收与补偿的宣传、解释工作。

房屋被依法征收的，国有土地使用权同时收回。

第二十五条 县级房屋征收部门应当在本级人民政府作出房屋征收决定之日起7日内，将房屋征收决定及房屋征收补偿方案报市房屋征收部门备案。

第二十六条 作出房屋征收决定前，征收补偿费用应当足额到位、专户存储、专款专用。

房屋征收部门应当加强对征收补偿资金的监管，资金监管办法由市人民政府另行制定。

第二十七条 房屋征收所需的调查登记、预评估、论证、听证、鉴定、公告、公证、评估及其他工作经费，由项目单位在调查登记前先行拨付房屋征收部门。

第三章 补 偿

第二十八条 对被征收人的补偿包括：

（一）被征收房屋价值的补偿；

（二）因征收房屋造成的搬迁、临时安置的补偿；

（三）因征收房屋造成的停产停业损失的补偿。

对在规定的搬迁期限内搬迁的被征收人，市、县级人民政府应当给予奖励。

征收奖励办法由市、县（市）、矿区人民政府另行制定并公布。

第二十九条 征收国有土地上房屋的，在签约期限内，被征收人应当与房屋征收部门签订房屋征收补偿协议，房屋征收补偿协议应当载明下列内容：

（一）被征收房屋的地址、权属、建筑面积、用途、类型、结构、楼层等；

（二）补偿方式；

（三）货币补偿金额、付款方式、付款期限、结算方式等；

（四）用于产权调换房屋的地址、权属、建筑面积、用途、结构、楼层、差价结算方式；

（五）搬迁期限、搬迁过渡方式、过渡期限、搬迁费、临时安置费等；

（六）停产、停业损失等事项；

（七）违约责任；

（八）其他约定事项。

房屋征收补偿协议示范文本格式由市房屋征收部门统一制作并公布。

第三十条 对被征收房屋价值的补偿，不得低于房屋征收决定公告之日被征收房屋类似房地产的市场价格。被征收房屋价值的补偿，由具有相应资质的房地产价格评估机构根据房屋征收评估办法和房屋征收补偿方案确定的不同类型被征收房屋的市场平均价格，结合被征收房屋的建筑面积、结构、新旧程度和配套设施、占地面积、土地使用权等因素评估确定。

房屋征收部门应根据被征收房屋的具体情况给予公摊补助。公摊补助由房地产价格评估机构依据公摊基准补助系数结合被征收房屋评估确定。

公摊基准补助系数由市、县（市）、矿区人民政府公布。

第三十一条 征收未超过批准期限或未规定期限且使用时间未超过 2 年的临时建筑的价值，由房地产价格评估机构按其房屋重置价乘以折旧系数评估确定。

折旧系数按下列规定确定：

（一）有批准年限的，以批准年限为基数确定；

（二）无批准年限的，以 2 年的期限为基数确定。

第三十二条 房地产价格评估机构由被征收人在规定的时间内协商选定；协商不成的，由房屋征收部门通过少数服从多数的原则投票决定，或采取摇号、抽签等随机方式确定。

房地产价格评估机构应当独立、客观、公正地开展房屋征收评估工作，任何单位和个人不得干预。

市房屋征收部门每年应公布社会信誉好、综合实力强、具有相应资质的房地产价格评估机构名单，供被征收人选择。

第三十三条 房屋征收部门或被征收人对评估确定的被征收房屋价值有异议的，可以向原房地产价格评估机构申请复核评估。对复核结果有异议的，可以向市房地产价格评估专家委员会申请鉴定。

市人民政府应组织成立由房地产估价师、城市规划和法律等方面专家组成房地产价格评估专家委员会。

第三十四条 被征收人可以选择货币补偿，也可以选择房屋产权调换；因旧城区改建征收住宅房屋，被征收人选择在改建地段进行房屋产权调换的，市、县级人民政府应当提供改建地段或者就近地段的房屋，供被征收人选择。

第三十五条 被征收人选择货币补偿的，房屋征收部门应当向被征收人支付货币补偿费。

被征收人选择房屋产权调换的，房屋征收部门应提供产权调换房屋。产权调换房屋为现房的，房屋征收部门与被征收人计算、结清货币补偿费与产权调换房屋价值的差价；产权调换房屋为期房的，房屋征收部门与被征收人计算货币补偿费与产权调换房屋价值的差价，在交付房屋时，结清差价款。

用于产权调换房屋的价值，由房地产价格评估机构根据房屋征收评估办法和房屋征收补偿方案确定的产权调换房屋市场平均价格结合楼层等因素评估确定。

第三十六条 征收执行国家租金标准的公有住宅房屋实行货币补偿的，房屋承租人未享受过国家房改政策购房的，货币补偿费的 20% 支付给被征收人，80% 支付给房屋承租人，房屋承租人不再享受房改政策购房；房屋承租人它处房屋已按规定面积标准享受国家房改政策购房的，货币补偿费的 80% 支付给被征收人，

20% 支付给房屋承租人；房屋承租人已按国家房改政策购房，但未达到规定面积标准的，其不足规定面积标准的部分房屋面积，货币补偿费的 20% 支付给被征收人，80% 支付给房屋承租人，超过规定面积标准的部分房屋面积，货币补偿费的 80% 支付给被征收人，20% 支付给房屋承租人。

第三十七条 征收执行国家规定租金标准的公有住宅房屋实行产权调换的，如被征收人或房屋承租人不结算差价，房屋征收部门可用被征收房屋补偿费购买等价值量的房屋，由被征收人用于安置原房屋承租人，并重新订立房屋租赁合同。

第三十八条 征收执行国家规定租金标准的非住宅房屋，被征收人已对房屋承租人进行安置的，应实行货币补偿。实行产权调换的，房屋征收部门可用被征收房屋补偿费购买等价值量的房屋，由被征收人用于安置房屋承租人，并重新订立房屋租赁合同。

第三十九条 被征收人符合住房保障条件的，市、县级人民政府应当优先给予住房保障。

被征收人为特殊困难人员的，市、县（市）、矿区人民政府应当给予补助，具体办法另行制定。

第四十条 因征收房屋造成搬迁的，由房屋征收部门向被征收人支付搬迁费；过渡搬迁的，按一次性搬迁费的 2 倍计发。

用于产权调换的房屋尚未建成的，被征收人可自行过渡。对自行过渡确有困难的，由房屋征收部门提供周转房过渡。

征收住宅房屋，被征收人选择货币补偿的，房屋征收部门应支付被征收人 12 个月的临时安置费；被征收人选择现房进行产权调换的，房屋征收部门应支付 3 个月的临时安置费；被征收人选择期房产权调换自行过渡的，由房屋征收部门与被征收人在期房的合理建设工期内约定过渡期限，并支付临时安置费。

期房的合理建设工期 6 层以下的为 18 个月，7 层至 11 层的为 24 个月，12 层至 24 层的为 30 个月，25 层以上的为 36 个月。

搬迁费和临时安置费具体标准由市、县（市）、矿区人民政府根据本地经济发展情况制定，并予以公布执行。

第四十一条 过渡期限超过补偿安置协议约定期限，按下列规定执行：

（一）对自行过渡的被征收人或执行国家租金标准的房屋承租人，应当自逾期之月起，以规定标准为基数，增加临时安置费；

1、逾期 12 个月以内的，自逾期之月起增加 50%；

2、逾期 12 个月不满 24 个月的，自逾期第 13 个月起增加 75%；

3、逾期 24 个月以上的，自逾期第 25 个月起增加 100%。

（二）对房屋征收部门提供周转房的被征收人或执行国家租金标准的房屋承租人，应当自逾期之月起以规定标准按被征收房屋的建筑面积每月付给临时安置补偿：

1、逾期 12 个月以内的，自逾期之月起按规定标准的 50% 计发；

2、逾期 12 个月不满 24 个月的，自逾期第 13 个月起按规定标准的 75% 计发；

3、逾期 24 个月以上的，自逾期第 25 个月起按规定标准 100% 计发。

房屋征收部门与被征收人对前款另有约定的从其约定。

第四十二条 被征收房屋室内装饰装修价值，机器设备、物资、燃气、供热、空调、热水器等搬迁、安装费用，以及停产停业损失等补偿，由征收当事人协商确定；协商不成的，可以委托房地产价格评估机构通过评估确定。

前款补偿费用确定后，应当对被征收人进行补偿；被征收人与房屋承租人对受补偿人另有约定的从其约定。

第四十三条 征收设有抵押权的房屋，依照国家有关担保法律法规执行。

第四十四条 被征收人与房屋征收部门在征收补偿方案确定的签约期限内达不成协议，或者被征收人不明确的，由房屋征收部门报请作出房屋征收决定的市、县级人民政府依照本办法的规定，按照征收补偿方案作出补偿决定，并在房屋征收范围内予以公告。

房屋征收补偿决定应当公平，内容包括本办法第二十九条规定的有关征收补偿协议的事项，房屋征收补偿决定中确定的搬迁期限应不少于 15 日。

被征收人对补偿决定不服的，可以依法申请行政复议，也可以依法提起行政诉讼。

第四十五条 被征收人不明

确的，市、县级人民政府作出房屋征收补偿决定后，房屋征收部门或委托的房屋征收实施单位应制作勘察记录，并向公证机构办理证据保全。

第四十六条 被征收人与房屋征收部门签订征收补偿协议时应将房屋所有权证、国有土地使用权证交付房屋征收部门，房屋征收部门持房屋征收决定、征收补偿协议、房屋所有权证、国有土地使用权证到房管、国土资源部门办理注销手续。

第四十七条 被征收人在法定期限内不申请行政复议或不提起行政诉讼，在补偿决定规定的期限内又不搬迁的，由作出房屋征收决定的市、县级人民政府依法申请人民法院强制执行。

强制执行申请书应当附具补偿金额和专户存储账号、产权调换房屋和周转用房的地点和面积等材料。

第四十八条 实施房屋征收应当先补偿、后搬迁。

作出房屋征收决定的市、县级人民政府对被征收人给予补偿后，被征收人应当在补偿协议约定或者补偿决定确定的搬迁期限内完成搬迁。

任何单位和个人不得采取暴力、威胁或者违反规定中断供水、供热、供气、供电和道路通行等非法方式迫使被征收人搬迁。禁止建设单位参与搬迁活动。

第四十九条 房屋拆除应当由具备保证安全条件的建筑施工单位实施，由建筑施工单位负责人对房屋拆除安全负责。

第五十条 房屋征收部门应当依法建立房屋征收补偿档案，并将每户补偿情况在房屋征收范围内向被征收人公布。

第五十一条 公安、教育、民政、人力资源与社会保障等部门，应按照各自职责支持房屋征收工作，应及时办理被征收人的户口、子女入学、转学及社会保障等相关手续，不得借故增加房屋征收部门和被征收人的负担。

第四章 法律责任

第五十二条 市、县级人民政府及房屋征收部门的工作人员在房屋征收与补偿工作中不履行本办法规定的职责，或者滥用职权、玩忽职守、徇私舞弊的，由市人民政府责令改正，通报批评；造成损失的，依法承担赔偿责任；对直接负责的主管人员和其他直接责任人员，依法给予处分；构成犯罪的，依法追究刑事责任。

第五十三条 采取暴力、威胁或者违反规定中断供水、供热、供气、供电和道路通行等非法方式迫使被征收人搬迁，造成损失的，依法承担赔偿责任；对直接负责的主管人员和其他直接责任人员，构成犯罪的，依法追究刑事责任；尚不构成犯罪的，依法给予处分；构成违反治安管理行为的，依法给予治安管理处罚。

第五十四条 采取暴力、威胁等方法阻碍依法进行的房屋征收与补偿工作，构成犯罪的，依法追究刑事责任；构成违反治安管理行为的，依法给予治安管理处罚。

第五十五条 贪污、挪用、私分、截留、拖欠征收补偿费用的，责令改正，追回有关款项，限期退还违法所得，对有关责任单位通报批评、给予警告；造成损失的，依法承担赔偿责任；对直接负责的主管人员和其他直接责任人员，构成犯罪的，依法追究刑事责任；尚不构成犯罪的，依法给予处分。

第五十六条 房地产价格评估机构或者房地产估价师出具虚假或者重大差错的评估报告的，由发证机关责令限期改正，给予警告，对房地产价格评估机构并处5万元以上20万元以下罚款，对房地产估价师并处1万元以上3万元以下罚款，并记入信用档案；情节严重的，吊销资质证书、注册证书；造成损失的，依法承担赔偿责任；构成犯罪的，依法追究刑事责任。

第五十七条 对擅自征收国有土地上房屋的项目单位，由市、县（市）、矿区房屋征收部门责令其停止征收行为，并通知发展改革、国土资源、城乡规划部门停止对其办理项目审批手续。

第五十八条 任何组织和个人对违反本办法规定的行为，都有权向有关人民政府、房屋征收部门和其他有关部门举报。接到举报的市、县级人民政府、房屋征收部门和其他有关部门对举报应当及时核实、处理。

第五章 附 则

第五十九条 高新技术产业开发区可参照本办法执行。

第六十条 本办法自二〇

一一年八月五日起施行。2002 年 5 月 20 日石家庄人民政府令第 124 号公布实施的《石家庄市城市房屋拆迁管理实施办法》同时废止，在《国有土地上房屋征收与补偿条例》出台前已依法取得房屋拆迁许可证的项目，继续沿用原有的规定执行，但不得实施行政强制拆迁。

石家庄市人民政府令第 178 号

《石家庄市药品零售监督管理办法》已经二〇一一年十一月三十日市第十二届人民政府第六十次常务会议讨论通过，现予发布。自二〇一二年二月一日起施行。

代市长：姜德果

二〇一一年十二月十二日

石家庄市药品零售监督管理办法

第一章　总　则

第一条　为加强药品零售监督管理，保障药品质量安全，促进药品零售行业健康发展，根据《中华人民共和国药品管理法》、《中华人民共和国药品管理法实施条例》等法律法规的规定，结合本市实际，制定本办法。

第二条　本市行政区域内的药品零售、监督管理活动适用本办法。

第三条　市食品药品监督管理部门主管全市药品零售的监督管理工作。各县（市）食品药品监督管理部门负责本行政区域内药品零售的监督管理工作。

市食品药品监督管理部门可以依法委托县（市）食品药品监督管理部门履行药品零售经营许可等监督管理工作。

市商务行政主管部门负责药品零售行业发展规划的制定，建立药品零售行业统计制度，指导行业协会实行行业自律。

工商、物价、财政等有关部门在各自职责范围内负责与药品零售有关的监督管理工作。

乡（镇）人民政府、街道办事处应当协助食品药品监督管理部门做好辖区内的药品零售监督管理工作。

第四条　药品零售企业应当依法经营，对其经营的药品质量安全负责，接受社会监督。

鼓励药品零售企业依法成立行业协会，加强行业自律，推动行业诚信建设。

第五条　鼓励和支持药品零售企业引入先进的经营模式和现代管理方法，采取联合、加盟、购并等多种形式发展连锁经营。

第二章　药品零售企业的设立

第六条　药品零售企业的设立应当符合药品零售行业发展规划，药品零售企业名称应体现药品零售经营特点。

开办药品零售企业，应持工商行政管理部门出具的《企业名称预先核准通知书》到食品药品监督管理部门申请核发《药品经营许可证》，凭《药品经营许可证》依法办理工商登记注册。

第七条　经营处方药、甲类非处方药的零售企业应配备 2 名执业药师或药师以上职称的药学技术人员；有中药饮片经营范围的药品零售企业应有一名执业中药师或中药师以上职称的中药学技术人员。

药品零售企业从事质量管理、验收、养护人员应具有大专以上文化程度并具备相应专业知识，营业人员应具有高中以上文化程度。

经营乙类非处方药的药品零售企业应至少配备一名高中以上文化程度的从业人员。

药品零售企业从业人员应经食品药品监督管理部门培训并考核合格。

第八条　药品零售企业应具有与经营药品规模相适应的营业场所和仓库。药品批发企业、药品零售连锁企业设立的零售分支机构或门店以及实施委托配送的药品零售企业，可以不设置仓库。

药品零售企业应配备计算机，对药品购进、验收、销售等环节实行计算机管理。

第九条 申办《药品经营许可证》，应当向食品药品监督管理部门提交以下材料：

（一）《药品经营许可证》书面申请；

（二）工商行政管理部门出具的《企业名称预先核准通知书》或营业执照复印件；

（三）从业人员的身份证明、资格或职称证明、学历证明及岗前培训合格证明；

（四）企业经营场所和仓库的地理位置图、平面布局图及房屋产权或使用权证明，实施委托配送的需提供委托协议；

（五）企业质量管理文件及主要设施、设备目录；

（六）直接接触药品从业人员的《石家庄市医药行业工作人员健康合格证》；

（七）法律法规规章规定的其他材料。

第十条 食品药品监督管理部门受理申请后，应当按验收标准审查验收，符合法定开办条件的，应当在15个工作日内向申办人发放《药品经营许可证》；不符合法定开办条件的，应当做出不予行政许可的书面决定，并说明理由。

第十一条 药品零售企业变更《药品经营许可证》许可事项的，应当按规定提交申请材料，食品药品监督管理部门应当按照验收标准进行审查，符合条件的予以变更，不符合条件的应当作出不予变更的书面决定，并说明理由。

第十二条 《药品经营许可证》有效期5年，有效期届满1个月前6个月内，药品零售企业应向食品药品监督管理部门申请换发。食品药品监督管理部门按照验收标准进行审核，符合标准的，予以换发；不符合标准的，不予换发并说明理由。

第十三条 药品零售企业遗失《药品经营许可证》的，应向食品药品监督管理部门书面报失，并在本市主要媒体上登载遗失声明。食品药品监督管理部门在企业登载遗失声明满1个月后，按原核准事项补发《药品经营许可证》。

第三章　药品零售经营行为的管理

第十四条 药品零售企业取得《药品经营许可证》后，应当按照规定通过《药品经营质量管理规范》认证，取得认证证书，并按《药品经营质量管理规范》经营。

第十五条 药品零售企业应将《药品经营许可证》、《药品经营质量管理规范认证证书》、药学技术人员资格或职称证书悬挂于经营场所显著位置，并公布食品药品监督管理部门的举报投诉电话。

第十六条 药品零售企业购进药品应当建立并执行进货检查验收制度，审验供应商的经营资格，验明并保留合格证明和产品标识，索取、查验、留存增值税发票和购药清单。

第十七条 药品零售企业销售药品时，应当开具标明药品名称、生产厂商、数量、价格、批号等内容的销售凭证。

销售特殊管理药品应记录购买者姓名、身份证号、联系方式，并不得超出国家食品药品监督管理部门规定的销售数量。

第十八条 药品零售企业应建立药品购销台账，并存放营业场所备查。

第十九条 药品零售企业应当提供安全用药咨询，指导消费者合理选购药品，按规定配备和销售国家基本药物。

经营处方药、甲类非处方药和中药饮片的药品零售企业，执业药师（执业中药师）或者药师（中药师）不在岗时，应当挂牌告知，并停止销售处方药、甲类非处方药或调配中药处方。

第二十条 药品零售企业应当建立药品不良反应报告和监测管理制度，指定药学技术人员负责收集药品的不良反应，按规定报告不良反应监测机构和药品生产企业，不得瞒报、漏报、迟报。

第二十一条 药品零售企业在经营过程中发现假、劣药品，应当立即停止销售并封存，并及时向所在地食品药品监督管理部门报告。

第二十二条 药品零售企业应当执行药品召回制度，按照规定履行召回义务，收回药品生产企业主动召回、食品药品监督管理部门公布召回和企业在经营中发现的存在安全隐患的药品。

第二十三条 药品零售企业

应当执行国家药品价格政策。在突发公共事件发生期间，药品零售企业应当承担提供应急药品供应市场的责任，不得哄抬药价。

第二十四条 药品零售企业自行停业3个月以上的，应自停业之日起15日内向食品药品监督管理部门报告，告知停业期限，并将《药品经营许可证》交回发证食品药品监督管理部门保管；需要恢复营业的，应在停业期限届满或恢复营业前5日内，告知发证食品药品监督管理部门，经发证食品药品监督管理部门监督检查合格，领回《药品经营许可证》后可恢复营业。

药品零售企业终止经营药品或关闭的，应将《药品经营许可证》、《药品经营质量管理规范》认证证书交回发证机关。

第二十五条 药品零售企业不得有下列行为：

（一）在经营场所从事与药品经营无关的活动；

（二）在经营场所从事宣传促销活动，张贴、散发药品宣传品，夸大药品疗效，欺骗误导消费者；

（三）销售终止妊娠药品；

（四）以搭售、买药品赠药品等方式向公众赠送处方药或者甲类非处方药；

（五）法律、法规、规章禁止的其他行为。

第四章 药品零售企业的监督检查

第二十六条 食品药品监督部门应当按照规定进行《药品经营质量管理规范》跟踪检查，规范药品零售行为，对未按规定实施《药品经营质量管理规范》情节严重的药品零售企业，应当收回《药品经营质量管理规范》认证证书。

第二十七条 食品药品监督管理部门应当实施动态分类监督管理制度，建立药品零售企业药品质量安全信用档案，加强基本药物零售监督和质量抽查，推进药品零售电子信息监控。

第二十八条 药品零售企业一年内有2次违法行为或违法行为造成严重后果的，食品药品监督管理部门应当对其法定代表人或负责人约谈申诫，并予以记录。

对辖区药品零售企业严重违法产生恶劣影响的，市食品药品监督管理部门主要负责人应对县（市）、区食品药品监督管理部门主要负责人约谈申诫。

第二十九条 乡（镇）人民政府、街道办事处应当设立兼职的药品零售监督协管员，协助食品药品监督管理部门对药品零售活动进行监督。

第三十条 食品药品监督管理部门应依法公开以下信息：

（一）药品零售企业许可信息；

（二）吊销、注销、缴销《药品经营许可证》、终止经营或者暂停营业的药品零售企业名单；

（三）药品零售企业典型违法案例；

（四）假、劣药品信息；

（五）约谈申诫信息；

（六）药品违法行为举报投诉电话等联系方式；

（七）其他依法应当公开的信息。

第五章 法律责任

第三十一条 药品零售企业未取得《药品经营许可证》经营药品的，依照《中华人民共和国药品管理法》第七十三条进行处罚。

第三十二条 药品零售企业取得《药品经营许可证》后违反本办法第七条、第八条规定，不符合开办条件的，由食品药品监督管理部门责令改正，处以2000元罚款；逾期不改正的，依照《国务院关于加强食品等产品安全监督管理的特别规定》第三条第三款处理。

第三十三条 药品零售企业违反本办法第十五条规定的，由食品药品监督管理部门给予警告，责令限期改正；逾期不改正的，处1000元罚款。

第三十四条 药品零售企业违反本办法第十六条规定，未索取、查验、留存增值税发票和购药清单的，由食品药品监督管理部门责令改正，并处3000元罚款。

第三十五条 药品零售企业违反本办法第十七条第一款、第十八条规定的，由食品药品监督管理部门给予警告，责令限期改正；逾期不改正的，处以500元罚款。

药品零售企业违反本办法第十七条第二款规定，销售特殊管理药品未按规定记录购买者姓名、身份证号、联系方式或记录不全的，由食品药品监督管理部门责令限期改正，并处3000元罚款。

第三十六条 药品零售企业违反本办法第十九条第二款规定，执业药师（执业中药师）或药师（中药师）不在岗未挂牌告知或不在岗销售处方药、甲类非处方药或调配中药处方的，由食品药品监督管理部门给予警告，责令限期改正；逾期不改正的，处1000元罚款。

第三十七条 违反本办法第二十条规定，药品零售企业瞒报、漏报、迟报药品不良反应信息的，由食品药品监督部门给予警告，责令限期改正，并处1000元罚款。

第三十八条 违反本办法第二十一条规定，药品零售企业未停止销售和封存相关假、劣药品，或未及时向所在地食品药品监督管理部门报告的，由食品药品监督管理部门责令改正，并处3000元罚款。

第三十九条 药品零售企业违反本办法第二十四条第一款规定的，由食品药品监督管理部门责令限期改正，并处2000元罚款。

第四十条 药品零售企业违反本办法第二十五条第（一）项、第（二）项规定的，由食品药品监督管理部门给予警告，责令限期改正；逾期不改正的，处1000元罚款。

药品零售企业违反本办法第二十五条第（三）项规定的，由食品药品管理部门责令限期改正，并处10000元罚款。

药品零售企业违反本办法第二十五条第（四）项规定的，由食品药品监督管理部门按照《药品流通管理办法》第四十条规定予以处罚。

第四十一条 药品零售企业一年内因违法行为被约谈申诫2次以上的，由食品药品监督管理部门吊销其《药品经营许可证》。

第四十二条 食品药品监督管理部门违反本办法发放《药品经营许可证》、《药品经营质量管理规范》认证证书的，由其上级主管机关责令收回。

食品药品监督管理等部门及其工作人员违反本办法的，依法追究行政责任；涉嫌犯罪的，依法移送司法机关处理。

第六章　附　则

第四十三条 本办法所称特殊管理药品，包括第二类精神药品、医疗用毒性药品、胰岛素、含特殊药品类复方制剂等规定实施特殊管理的药品。

第四十四条 本办法自2012年2月1日起施行。

统计资料

统计资料

表 68

人口情况

行政单位	年末总户数（户）	2011 年比 2010 年（±%）	年末总人口（人）	2011 年比 2010 年（±%）
全市总计	2818571	2.0	9972927	0.8
市区合计	652928	3.1	2467361	1.2
长安区	122781	2.8	432237	1.2
桥东区	95220	1.4	384499	0.1
桥西区	126701	2.0	506800	−1.3
新华区	137813	1.4	489653	−0.1
裕华区	141761	8.4	557851	5.9
井陉矿区	28652	−0.3	96321	−0.3
高新区	—	—	—	—
井陉县	107102	3.2	329288	0.2
正定县	126136	0.5	475478	1.6
栾城县	88287	−5.6	327492	−6.6
行唐县	140930	2.1	450247	1.2
灵寿县	101142	1.6	335312	0.9
高邑县	52151	1.3	191848	1.7
深泽县	81357	3.5	257983	0.5
赞皇县	84899	4.6	261612	1.5
无极县	140851	1.9	516754	1.3
平山县	154680	2.2	485198	1.1
元氏县	98632	1.3	426561	1.1
赵　县	165950	1.0	588359	−0.0
辛集市	207797	3.2	626759	0.7
藁城市	215076	1.6	798368	1.3
晋州市	153364	1.5	543246	1.1
新乐市	131939	1.6	499853	1.7
鹿泉市	115350	1.6	391208	1.5

表 69 地区生产总值

行政单位	地区生产总值（万元）	2011 年比 2010 年(±%)	人均地区生产总值（元）	2011 年比 2010 年（±%)
全市总计	40826833	12.0	39919	9.8
市区合计	14699610	12.5	50823	—
长安区	1943439	11.0	—	—
桥东区	1241067	13.8	—	—
桥西区	2494148	14.0	—	—
新华区	1468232	13.9	—	—
裕华区	1341768	13.7	—	—
井陉矿区	509164	12.4	—	—
高新区	—	—	—	—
井陉县	1201654	12.7	36536	12.5
正定县	1980979	8.7	41988	6.8
栾城县	1446088	12.3	44454	10.2
行唐县	1095571	12.6	24455	11.1
灵寿县	727978	11.5	21809	10.1
高邑县	545686	12.7	28690	10.4
深泽县	677857	12.6	27645	11.8
赞皇县	701028	12.8	26994	9.8
无极县	1321149	11.8	16671	10.9
平山县	1927428	10.6	39947	9.5
元氏县	1278985	12.2	30151	10.6
赵　县	1627153	11.6	27654	11.1
辛集市	3181873	11.9	50934	11.2
藁城市	3905029	11.9	49238	10.1
晋州市	1779161	12.6	32923	11.5
新乐市	1431748	11.5	28883	9.9
鹿泉市	2614124	12.4	67759	11.6

表 70 全社会固定资产投资

行政单位	全社会固定资产投资（万元）	2011年比2010年（±%）	固定资产投资（万元）	2011年比2010年（±%）	建设项目投资（万元）	2011年比2010年（±%）
全市总计	31011626	26.5	30214978	26.0	22378365	—
市区合计	13472206	29.9	13472206	29.8	6850321	—
长安区	2345558	26.4	2345558	26.4	649002	—
桥东区	2386581	31.6	2386581	31.6	794577	—
桥西区	2401015	38.9	2401015	38.9	1545883	—
新华区	2202962	19.5	2202962	19.5	1509076	—
裕华区	2617635	34.3	2617635	34.3	1029577	—
井陉矿区	343203	27.3	343203	24.6	343203	—
高新区	1175252	29.0	1175252	29.0	979003	—
井陉县	1368000	26.5	1338726	24.0	1338726	—
正定县	1294000	25.7	1226186	23.5	1181060	—
栾城县	1034420	28.9	1000182	26.9	903151	—
行唐县	852000	29.5	782482	27.2	782482	—
灵寿县	564000	28.2	535437	26.2	506437	—
高邑县	352000	34.2	342098	28.0	342098	—
深泽县	377000	31.1	361068	27.5	324855	—
赞皇县	716000	26.8	693265	25.7	679905	—
无极县	677000	28.9	619890	26.0	599828	—
平山县	1076000	36.7	1016898	28.3	892505	—
元氏县	1057000	27.7	990515	24.4	898515	—
赵　县	792000	25.3	733568	23.2	728345	—
辛集市	1463000	25.9	1402734	23.8	1254852	—
藁城市	1786000	27.8	1711643	25.5	1711043	—
晋州市	1279000	33.2	1218304	27.6	1112035	—
新乐市	1125000	15.3	1071887	12.4	896387	—
鹿泉市	1727000	26.3	1697889	23.9	1375820	—

表 71

财政收入情况

行政单位	全部财政收入（万元）	2011 年比 2010 年（±%）	一般预算收入（万元）	2011 年比 2010 年（±%）
全市总计	4889697	26.1	2212284	35.2
市　区	2765631	30.6	1449754	38.4
长安区	445185	16.0	220384	24.4
桥东区	416050	27.4	178668	24.3
桥西区	600034	29.1	260853	32.9
新华区	287559	26.8	155395	24.0
裕华区	358649	50.1	225399	67.8
井陉矿区	50229	10.7	19782	12.3
高新区	251159	22.8	89867	26.5
井陉县	102298	−4.1	44620	11.1
正定县	101216	25.5	61735	23.5
栾城县	92612	26.0	50425	37.5
行唐县	32087	29.3	18367	36.3
灵寿县	33276	31.7	15805	31.4
高邑县	30600	49.7	16065	30.8
深泽县	30401	25.1	19645	27.9
赞皇县	33202	32.5	15132	24.7
无极县	43030	32.1	22307	31.7
平山县	183092	27.0	82985	40.3
元氏县	70026	25.3	32759	30.9
赵　县	45666	20.1	24264	29.2
辛集市	140800	28.0	70551	33.6
藁城市	882959	16.0	120317	25.0
晋州市	80021	25.4	42933	27.9
新乐市	51223	26.6	31140	31.8
鹿泉市	171557	26.8	93480	33.0

表 72　农产品总产量

行政单位	粮食总产量（吨）	2011年比2010年（±%）	小麦总产量（吨）	2011年比2010年（±%）	玉米总产量（吨）	2011年比2010年（±%）	油料总产量（吨）	2011年比2010年（±%）	棉花总产量（吨）	2011年比2010年（±%）
全市总计	5317179	4.7	2527071	7.4	2656871	6.6	215067	0.8	12629	−9.7
市区合计	134452	4.2	64774	18.7	69372	−4.6	5008	312.2	427	184.7
长安区	45791	−8.1	23811	10.7	21935	−21.6	668	−26.7	136	2.3
桥东区	2264	−2.2	1016	2.1	1248	−5.2	—	—	7	−50.0
桥西区	2043	−30.5	1201	−19.8	763	−37.2	—	—	—	—
新华区	20608	22.7	9415	49.6	11176	6.4	323	70.0	52	—
裕华区	9846	1.6	4705	22.2	5141	−12.1	—	—	—	—
井陉矿区	13762	1.8	4902	−2.5	8695	4.5	113	1.8	—	—
高新区	40138	18.3	19724	28.1	20414	10.0	—	—	—	—
井陉县	114734	8.5	37507	10.1	67909	18.3	5975	8.6	121	5.2
正定县	332078	3.8	154566	7.7	173940	2.3	19685	1.3	252	−55.0
栾城县	276118	5.7	131080	8.3	144265	3.7	1432	−4.6	37	−2.6
行唐县	308788	1.9	119802	5.9	168106	6.9	20301	1.0	452	−5.8
灵寿县	154058	6.0	58935	3.1	83658	19.8	5169	1.3	170	0.0
高邑县	156826	10.6	77316	0.2	76725	22.4	4663	−0.7	108	2.9
深泽县	193342	5.4	86528	0.9	101787	14.9	6603	−0.6	606	−2.7
赞皇县	126093	0.7	54511	−1.7	65625	9.0	15605	10.2	96	4.3
无极县	362863	5.2	182622	14.3	172162	0.3	16350	0.0	250	0.0
平山县	215351	2.6	103285	9.9	103651	2.3	8937	1.1	640	42.9
元氏县	340214	7.5	156220	6.1	169023	21.2	7622	0.2	700	−9.0
赵　县	566976	5.9	298329	2.1	267334	10.8	3876	1.8	109	−58.2
辛集市	542272	6.1	279926	9.8	251840	7.0	35719	0.4	8006	−9.3
藁城市	571041	7.3	269352	13.5	294676	5.5	11530	1.5	424	−16.5
晋州市	375179	−2.6	189480	5.4	173995	−4.8	9699	0.4	54	−65.2
新乐市	337997	4.7	164950	9.2	167358	3.8	36893	−1.5	177	−8.3
鹿泉市	208797	1.4	97888	3.6	105445	3.7	3904	−0.8	232	−4.5

（续表）

行政单位	蔬菜总产量（不含瓜类·吨）	2011年比2010年（±%）	园林水果总产量（吨）	2011年比2010年（±%）	肉类总产量（吨）	2011年比2010年（±%）	禽蛋总产量（吨）	2011年比2010年（±%）	水产品总产量（吨）	2011年比2010年（±%）
全市总计	12219605	1.8	2188003	3.9	762293	2.0	1063007	2.5	34619	1.1
市区合计	451534	−15.5	—	—	—	—	—	—	—	—
长安区	72199	−29.9	2680	0.0	2410	−12.1	1305	−27.1	9	−25.0
桥东区	11341	0.2	3059	0.5	284	−29.9	265	−11.7	4	0.0
桥西区	63300	0.0	80	−41.6	493	−5.00	790	−1.5	—	—
新华区	102080	−2.5	2680	3.6	755	−30.9	1133	0.1	52	−21.2
裕华区	32664	2.0	50	0.0	567	−27.6	731	−2.3	4	0.0
井陉矿区	19229	0.1	4832	5.0	2441	1.8	1960	3.2	30	0.0
高新区	80625	−31.6	—	—	884	−28.0	1834	−19.1	15	—
井陉县	196221	3.8	36694	2.8	24606	2.7	30822	4.2	553	10.4
正定县	814334	0.6	12000	−26.1	79738	7.2	127626	0.5	1580	−1.9
栾城县	1168067	0.3	3072	65.2	55821	1.5	105949	1.0	6	−53.8
行唐县	302550	17.3	108585	58.4	37625	1.1	31100	3.8	1997	0.1
灵寿县	181189	3.0	19427	−3.7	28889	7.9	18461	8.0	8050	4.8
高邑县	454015	2.6	1614	1.4	12637	1.5	14588	3.2	—	—
深泽县	395056	3.0	82140	4.0	22167	3.3	17873	5.1	104	40.5
赞皇县	117368	5.2	141800	36.5	26286	−4.6	19120	−2.4	1100	−9.8
无极县	720754	2.1	32960	−6.6	52794	−0.6	73811	−0.2	60	−3.2
平山县	215700	31.6	53374	0.2	22054	9.0	12480	9.8	13680	0.6
元氏县	399022	2.5	13580	−10.2	43239	1.5	51798	3.5	1032	1.2
赵　县	945504	2.7	524058	0.2	47412	5.4	60600	3.9	3	−93.5
辛集市	969507	2.0	440376	−5.3	84467	3.3	160221	4.3	42	−40.0
藁城市	2815464	1.7	190455	0.1	83281	3.1	148114	4.0	54	−28.0
晋州市	467909	3.0	444755	6.7	50721	−7.4	71185	0.1	—	—
新乐市	800460	−0.5	30010	15.4	54337	1.6	74424	3.9	21	5.0
鹿泉市	875047	1.9	39722	−3.7	28385	1.4	36817	1.0	6223	1.7

表 73

农林牧渔业总产值

行政单位	农林牧渔业总产值（万元）	2011年比2010年（±%）	农林牧渔业增加值（万元）	2011年比2010年（±%）
全市总计	7272965	3.1	4149966	12.3
长安区	32448	-7.6	20207	-12.5
桥东区	7188	-5.7	4271	1.1
桥西区	15974	1.8	8726	0.8
新华区	25790	0.8	17589	5.8
裕华区	10303	-0.1	5644	0.0
井陉矿区	12701	1.0	6781	6.9
高新区	22805	1.5	12951	3.6
井陉县	162262	3.5	93275	10.3
正定县	564592	1.7	269762	14.7
栾城县	507418	1.7	277853	16.1
行唐县	386495	5.4	205642	12.4
灵寿县	238326	3.3	129005	15.5
高邑县	156893	3.0	87924	11.6
深泽县	225147	4.8	121820	19.8
赞皇县	209595	8.6	125614	14.4
无极县	417627	1.2	215551	10.7
平山县	333215	5.0	203314	12.7
元氏县	371169	2.9	200464	17.1
赵　县	502332	2.6	295039	11.3
辛集市	809687	0.3	433276	13.3
藁城市	1084171	2.5	599692	22.3
晋州市	442060	-0.8	239012	13.2
新乐市	407850	1.3	225000	7.9
鹿泉市	339730	1.7	200111	14.2

表 74　社会消费品零售额

行政单位	社会消费品零售额（万元）	2011 年比 2010 年（±%）
全市总计	16629863	18.0
市区合计	7050835	20.6
长安区	1360731	21.0
桥东区	1983646	21.0
桥西区	900713	28.4
新华区	1233327	20.8
裕华区	973152	20.8
井陉矿区	81960	20.2
高新区	517307	18.1
井陉县	275297	17.5
正定县	722245	15.9
栾城县	472578	15.8
行唐县	368003	15.6
灵寿县	248811	17.2
高邑县	202474	16.7
深泽县	257999	15.3
赞皇县	254233	17.2
无极县	712232	16.7
平山县	335696	16.1
元氏县	319778	16.6
赵　县	684852	17.0
辛集市	1588807	15.8
藁城市	1065379	15.7
晋州市	686448	15.6
新乐市	636572	15.7
鹿泉市	747626	15.4

索　引

使用说明：

一、本索引包含类目、分目、主要条目和部分内文，按照首字汉语拼音字母顺序排列。

二、索引类目采用黑体字，其他采用宋体字，数字表示内容所在的页码。

A

B

C

D

E

F

G

H

J

K

L

M

N

P

Q

R

S

T

W

X

Y